제3판
전정증보

일반행정법

이광윤 · 김철우

法文社

머 리 말

　행정법이란 무엇인가? 한마디로 말하면 행정법이란 공권력 기관에 의한 공익을 목적으로 하는 불평등한 관계의 법을 말한다. 즉, 사인에 의한 행위는 공권력을 위임받지 않는 한 행정법관계가 아니다. 공권력의 행위라 하더라도 공익적 행위가 아닌 것은 행정법관계가 아니다. 공권력이 공익적 목적으로 행위한다고 하여도 평등한 사법관계는 행정법관계가 아니다. 따라서 행정법관계와 비행정법관계의 구분은 가장 중요한 행정법의 출발점이다. 법원은 행정소송의 대상이 되는 행정법관계를 구체적이고 최종적으로 판단하여야 한다. 이러한 행정법은 프랑스 대혁명 이후 정치적, 경제적, 사회적 변화에 따라 형성되어 왔으며 공공서비스의 모습으로 나타났다. 그러나 불행히도 우리나라의 행정법은 행정법의 준거에 대한 이론적 빈곤과 판별 메커니즘의 부실로 파행적 성장을 거듭하여 왔다. 1988년부터 대학 강단에서 2019년 퇴임할 때까지 줄곧 노력하여 왔던 것은 어떻게 하면 행정법의 준거를 확실히 하는 데 도움을 줄까 하는 것이었다. 이제 일반행정법은 새 시대의 새로운 인재를 맞아 대폭 증보되고 개정되어 세상을 대하게 되었다. 공동 저자인 김철우 교수는 스승 제자로 만났으나 누구보다도 나의 이러한 행정법관을 잘 이해하였고, 이번 증보판을 내면서도 많은 토론을 거쳤기 때문에 나로 하여금 여러 군데서 생각을 다듬고 수정할 수 있게 해 주었다. 앞으로 김철우 교수에 의하여 못다 한 나의 과업이 이루어지리라 믿어 의심치 않는다.

2024년 2월 인천 대교를 바라보며
이 광 윤

머 리 말

처음 법과대학에 입학하여 행정법을 공부한 지 20년이 지났다.

돌이켜 보면, 학부 시절 은사님이신 垌壤 이광윤 선생님의 교과서로 수업을 듣고 사법시험을 준비하면서 처음 행정법에 대해 흥미를 갖게 되었고, 사법연수원을 수료한 이후 본격적으로 법조인의 길을 걸으면서 대학원에 진학하기로 결심하였다. 본인이 행정법의 매력에 빠져 대학원에서 행정법을 전공하고, 석사학위와 박사학위를 취득한 후에 학계에 발을 들여놓을 수 있었던 것은 오롯이 선생님의 지도 덕분이었다. 지금 와서 생각해보면, 사법시험을 준비하기 위해 사마헌(고시반)에서 늦게까지 남아 전공서적과 씨름하던 학부생 시절, 15년 전 대학을 갓 졸업하고 패기와 자신감으로 충만했던 사법연수생 시절, 일과 학업을 병행해가며 학위논문을 준비하던 대학원생 시절이 가장 순수하고 치열했던 순간으로 기억된다. 당시 수많은 밤들을 하얗게 지새우며 학업에 몰두하고 앞을 향해 달려갈 수 있었던 것은 초심자만이 누릴 수 있는 행운이었다. 이제는 다시 돌아갈 수 없기에 너무도 소중하고 그리운 추억으로 남아 있다.

아직 공부가 많이 부족하여 이제 간신히 선생님의 행정법 이론체계를 이해하고 흉내 내는 수준을 벗어나지 못하였는데, 과분하게도 이번 판부터 공저자로 이름을 올리게 되어 매우 부끄럽고, 한편으로는 영광스럽게 생각한다.

이번에 출간된 본서는 2006년에 초판이 발행된 후 전면 개정작업을 거쳐 2012년에 출간된 선생님의 「일반행정법」(법문사) 교과서를 증보(增補)한 것으로, 2012년 이후 제·개정된 법령과 새로 나온 대법원 및 헌법재판소의 판례가 반영되었고, 2012년 판에서는 다루지 않았던 이론과 행정쟁송 부분이 새롭게 추가되었다. 특히 이번 판에는 법학전문대학원협의회의 연구용역 의뢰에 따라 한국공법학회에서 선정한 행정법 표준판례를 대부분 반영하였으며, 필요한 경우 판결 이유와 사실관계도 함께 소개하였다.

끝으로 이 자리를 빌려 아둔한 제자를 위해 끊임없이 가르침을 주시는 존경하는 은사님, 자식을 위하여 한평생 헌신하며 살아오신 사랑하는 부모님(김규홍, 박기자), 본서를 출간하는 데 도움을 주신 법문사 사장님과 편집부 김용석 차장님, 기획영업부 김성주 과장님께 깊은 감사를 드린다.

2024년 2월 세한(歲寒)을 지나 따뜻한 봄을 기다리며

김 철 우

차   례

제1편 행정법 서설

제 2 장　법치행정의 원리　　　　　　　　　　　　　　　　　　(44~62)

제 2 편　행정의 행위형식

제 5 장　행정법상의 확약 (424~436)

제 6 장 비정형적 행정의 행위형식 (437~451)

제3편　행정절차·행정정보공개·개인정보보호

제1장　행정절차　　　　　　　　　　　　　　　　(455~506)

제 5 편　행정상 손해전보

제 1 장　행정상 손해배상　　　　　　　　　　　　　(635~717)

제 6 편　행정쟁송

제 1 장　개　관　　　　　　　　　　　　　　　　　(783~784)

제 3 장　행정소송 (844~1062)

참고문헌

고영훈, 알기 쉬운 행정법총론, 법문사, 2022.

김남진/김연태, 行政法Ⅰ, 법문사, 2019.

김도창, 일반행정법론(상), 청운사, 1992.

김동희, 行政法Ⅰ, 박영사, 2018.

김성수, 일반행정법, 홍문사, 2010.

김중권, 김중권의 행정법, 법문사, 2021.

김철용, 행정법, 고시계사, 2022.

류지태/박종수, 행정법신론, 박영사, 2021.

박균성, 行政法論(上), 박영사, 2018.

박윤흔/정형근, 최신행정법강의(상), 박영사, 2009.

배병호, 일반행정법강의, 동방문화사, 2019.

석종현/송동수, 일반행정법총론, 박영사, 2020.

이광윤, 행정법이론, 성균관대학교 출판부, 2000.

이광윤, 신행정법론, 법문사, 2007.

이상규, 신행정법론(상), 법문사, 1997.

이일세, 행정법총론, 법문사, 2022.

정하중/김광수, 행정법개론, 법문사, 2021.

정형근, 행정법, 피앤씨미디어, 2022.

최정일, 행정법(상), 박영사, 2000.

하명호, 행정법, 박영사, 2023.

한견우, 현대행정법Ⅰ, 세창출판사, 2009.

홍정선, 행정법원론(상), 박영사, 2022.

홍정선, 행정기본법 해설, 박영사, 2021.

홍준형, 행정법, 법문사, 2017.

법원실무제요 행정, 법원행정처, 2016.

행정법 서설

제1장 행정과 행정법

제1절 행정의 의의 및 분류

Ⅰ. 행정의 의의

행정법이란 국내에서는 '행정에 관한 국내 공법'으로 정의되고 있고, 행정법의 모국인 프랑스에서는 "행정작용의 일반법"이라는 Benoit 교수의 정의가 일반적으로 받아들여진다. 행정법을 탐구하기 위해서는 행정법의 대상으로서의 행정에 대한 규명이 선행되어야 한다.[1] 행정의 관념은 권력분립에 따른 국가권력의 분화현상으로 탄생되었으며, 입법(立法)과 사법(司法)에 대칭하는 개념이다. 행정은 다른 말로는 행정권의 작용과 조직을 의미한다. 여기서 '행정권'이란 제1차적으로는 권력분립에 따른 형식적 의미에 있어서의 행정권을 의미한다.

권력분립에 따른 입법권과 사법권의 작용과 조직은 원칙적으로 행정법의 대상에서 제외되고, 그 다음으로는 기능적으로 접근하여 행정권의 작용 중에서도 민법이나 형법의 적용대상이 되는, 즉 사법(私法)(형벌)의 적용대상에 해당하는 행정의 경우에는 공법관계가 아니므로 행정법의 대상에서 제외된다. 그러나 한국의 행정법은 이러한 권력분립의 원칙에 그다지 철저하지 못하여 행정법원도 사법조직(司法組織)의 일부분을 이루고 있다. 따라서 행정법의 대상으로서의 행정이 무엇을 의미하는가에 대해서 종래부터 다양한 견해가 논의되어 왔다. 몇 가지 주요한 학설을 소개하면 다음과 같다.

1. 형식적 의미의 행정

행정의 관념을 국가작용의 성질에서 발견하기보다는 제도적인 입장에서 국가기관의 권한을 표준으로 정립하려는 견해로서, 행정권을 담당하는 국가기관이 행하는 모든 작용을 행정으로 이해하고 있다.

---

1) 행정의 관념을 정의하려는 목적은 이론적으로는 행정법학의 연구대상을 한정하고, 실제에 있어서는 행정사건에 적용되는 법규와 특수한 재판관할을 인정하는 데 있다.

2. 실질적 의미의 행정

행정의 관념을 입법·사법과의 성질상 구별에서 발견하려는 입장으로, 그 성질상의 구별기준에 대하여는 다음과 같이 다양한 견해들이 있다.

(1) 소극설(공제설)

소극설은 '공제설'이라고도 하는데, 이는 행정의 개념을 적극적으로 정의하기보다는 다른 국가작용(체벌)의 개념을 밝히고 이를 제외한 나머지 국가작용을 행정이라고 하는 견해이다. 소극설은 입법·사법의 관념이 명확하게 설정되어 있다는 것을 전제로 할 때 가능한 설명인데 입법·사법에 대한 명확한 성질상의 표준을 설정하지 못한 상태에서는 논리순환에 빠질 수밖에 없으며, 또한 입법·사법을 제외한 모든 다양한 국가작용을 행정이라는 하나의 관념에 묶어 그 공통의 원리를 발견하려는 시도 자체가 무모하다는 비판을 면하기 어렵다.

(2) 적극설

행정의 개념을 적극적으로 정의하여, 행정법의 탐구대상으로서의 행정에 대한 독자적 성질을 규명하려는 견해이다.

오토 마이어(Otto Mayer)는 행정을 "국가목적의 실현 내지는 공익의 실현을 목적으로 하는 국가작용"이라고 정의하였다.[2] 그러나 모든 국가작용은 공익의 실현을 목적으로 하는 까닭에 다른 국가작용과의 구별이 불분명하다는 비판이 가능하다.

포르스트호프(E. Forsthoff)는 행정이란 정의할 수 있는 것이 아니라 서술할 수밖에 없다고 전제하면서, 행정을 "법의 테두리 내에서 법에 의하여 행하여지는 장래에 대한 계속적인 사회형성활동"이라고 설명하였다.[3]

(3) 검 토

종래에 한국에서는 포르스트호프의 설명에 대체로 동조하여, 이른바 결과실현설(양태설)이 통설적 견해였다.[4] 종래의 통설적 견해에 따라 행정의 개념을 종합하면,

---

2) Otto Mayer, Deutsches Verwaltungsrecht, Erster band, 3. Aufl. 1924, S. 13. 한국에서는 이를 이른바 '목적실현설'이라고 소개하고 있다.

3) Ernst Forsthoff, Verwaltungsrecht, S. 1; vgl. dazu Rengeling, DVBl. 1976, S. 354; Hans-Uwe Erichsen und Wolfgang Martens, Allgemeines verwaltungsrecht, Walter de Gruyter, 1978, S. 2에서 재인용.

4) 김철용(43면).

행정이란 '법 아래에서 행하여지는 법집행작용이며, 사법(司法) 이외의 국가목적을 구체적으로 실현하는 작용이며, 전체로서 통일성을 지닌 계속적·형성적 국가 활동'이라고 정의할 수 있다.

그러나 최근에는 소극설을 지지하는 경향이 나타나고 있다.[5] 행정법학의 짧은 역사에도 불구하고 행정이 다루고 있는 영역이 매우 다양해졌고 양적으로도 증가하였는데, 이러한 현상은 앞으로도 지속될 가능성이 있으므로 행정의 개념을 명확하게 정의하는 것에 난점이 있기 때문이다. 따라서 행정을 적극적으로 정의하기보다는 행정의 징표를 발견하려는 시도가 있는데, 행정의 전형적인 징표로 사회형성작용, 공익실현작용, 적극적·미래지향적 형성작용, 구체적 조치 등을 들고 있다.

3. 소 결

행정법의 대상으로서의 행정에 관하여 우리나라 학계의 다수는 실질적 의미의 행정의 개념을 따르고 있는 것으로 보인다.

그러나 역사적으로 볼 때 권력분립이론이란 전제적 독점권력을 분산시켜 권력기관 사이의 균형을 유지하려는 의도에서 출발한 것이지 결코 처음부터 권한의 성질이 특질화되었던 것은 아니다. 따라서 분화된 기관의 관점에서 권력을 나누는 형식적 기준이 우선적으로 고려되어야 할 것이다. 물론 국가의 권력을 분리만 하여서는 곤란하고 상호 간에 조화와 협동을 할 수 있는 연결이 필요하기 때문에 기능상의 권력분립 역시 필요하다.

따라서 규범의 정립권을 의회에 맡기고, 그 집행을 행정권에 맡기며 그 집행에 대한 판정권을 사법부에 맡긴다고 하는 실질적 의미의 권력분립이 형식적 의미의 권력분립 위에 중첩되었을 뿐, 처음부터 국가권력이 성질상으로 구별되어 존재하였던 것은 아니다. 동서양을 막론하고 군주국가에 있어서의 권력분립은 왕권과 귀족권력의 2권분립이 일반적이었다. 이것이 로마 시대에 사법권의 일부가 원로원에 귀속되기 시작한 것이 기능적 권력분립의 시작이다. 이는 최근까지도 영국 상원이 영국의 최고법원이었다는 점이 그러한 역사를 함축적으로 설명하고 있다. 입법권이 의회에 소속되기 시작한 것은 불과 200년 정도에 불과하다.

헌법 제66조 ④ 행정권은 대통령을 수반으로 하는 정부에 속한다.

---

5) 류지태/박종수(12면).

여기서 '행정권'은 행정입법권과 행정사법권인 행정심판권을 포함하므로 형식적 의미의 행정권을 의미하며, 대한민국에서 형식적 의미의 행정권에는 헌법 제4장 제66조 제4항에 나와 있는 '정부' 이외에도 국가인권위원회와 같은 독립행정청도 행정권에 속하며, 헌법기관인 중앙선거관리위원회도 행정권에 속한다.

> **헌법** 제101조 ① 사법권은 법관으로 구성된 법원에 속한다.
> ② 법원은 최고법원인 대법원과 각급법원으로 조직된다.

여기서 '사법권'도 형식적 의미의 사법권이다. 헌법 제111조는 형식적 의미의 또 다른 사법권인 헌법재판소에 관하여 규정하고 있다.

> **헌법** 제40조 입법권은 국회에 속한다.
> 제118조 ① 지방자치단체에 의회를 둔다.

헌법 제40조에서 '입법권' 역시 형식적 입법권을 의미하며, 실질적으로 입법기능을 하는 '지방의회'는 형식적 의미의 '행정권'에 속한다.

그러나 행정을 이처럼 형식적으로만 개념화할 경우, ① 행정에 관한 민사법과 형사법적 관계, ② 행정권한을 특허받은 공무수탁사인에 의한 행정을 설명하기 곤란하다.

따라서 행정의 개념을 단계적으로 구체화시킬 필요성이 있다. 즉, 첫째, 형식적 기준을 적용하여 입법부와 사법부의 권한 사항을 배제한다.[6] 둘째, 실질적 기준을 적용하여 행정부의 활동 중 통치행위와 헌법상의 다른 기관들과의 관계를 제외하고, 다만 공무수탁사인[7]의 행위는 행정법의 대상이 되는 행정의 개념에 포함시킨다. 셋째, 법적 기준을 적용시켜 사법(私法)의 적용분야를 행정의 개념에서 제외시킨다. 넷째, 편의적 적용으로 아직 미발달된 의회권이나 사법권의 작용 중 공법적 집행작용은 행정의 개념에 포함시킨다(우리나라의 경우).

이상을 종합하면 행정법의 대상으로서의 '행정'은 국가운영의 행위(행정권이 가지고 있는 행정·입법·사법작용)로서 통치행위와 헌법기관 사이의 관계를 제외한 행정부의 행위와 행정부의 권한을 특허받은 공무수탁사인의 행위로서, 공법적 행위(공권력 행위+공적 관리행위) 및 입법부나 사법부의 행위 중 공법적 집행행위라고 정의할 수 있다. 즉, 행정법의 대상인 행정은 '행정청이

---

6) 입법부나 사법부의 집행행위는 입법법과 사법법에서 정할 사항이다. 그러나 입법법이나 사법법이 정비되지 못한 경우가 많으므로 편의상 행정법관계에 대위시켜 행정재판의 대상으로 삼을 수는 있다.

7) 국가 또는 자치단체의 사무를 위임받아 담당하는 사인으로, 특허·수탁사인 또는 수권사인이라고도 한다.

담당하는 공행정'을 말한다.

> **행정소송법** 제2조(정의) ② 이 법을 적용함에 있어서 행정청에는 법령에 의하여 행정권한의 위임 또는 위탁을 받은 행정기관, 공공단체 및 그 기관 또는 사인이 포함된다.

Ⅱ. 행정의 분류

1. 개 설

행정은 주체·목적·수단 등의 표준에 따라 여러 가지로 분류할 수 있다. 행정학에서는 슈타인($\frac{}{Stein}$)의 행정오분설에 따라 행정작용을 내무행정, 재무행정, 군사행정, 외무행정, 사법행정으로 분류하여 고찰하는 것이 일반적이다.[8] 이는 국가를 유지·존속하기 위해서는 내부의 질서유지, 국가재정의 조달, 외부의 침입방어, 외국과의 교류, 내부구성원 간의 다툼 해결 등이 전제되어야 한다는 사상에서 출발한 것이다.

그러나 행정법학의 탐구대상으로서 행정을 구분하는 것은 그 구분에 따라 행정법의 해석과 적용에 있어 특수성이 존재하는 경우에만 구별의 실익이 있는 것이므로 행정작용의 목적에 따른 분류는 큰 실익이 없는 것으로 보인다.

따라서 이하에서는 행정법의 해석·적용에 있어 특수성이 고려되어야 하는 행정의 주체·수단·효과에 따른 분류만을 서술하기로 한다.

2. 행정의 주체에 따른 분류

(1) 국가행정

행정의 담당자가 국가인 경우를 말한다. 행정권이란 국가통치권의 일부이므로 국가가 행정을 하는 것이 행정의 전형적인 형태이다.

(2) 자치행정

지방자치단체, 공재단(公財團) 등과 같은 공공단체의 사무를 공공단체의 기관이 담당하는 것을 말한다. 국가와 공공단체 간의 권한분배는 국가에 따라 다르다. 국가권한이 강화된 집권적 국가형태도 있고, 공공단체의 권한이 강화된 분권적 국가형

---

8) 김도창(84면).

태도 있다.

(3) 위임행정

국가 또는 자치단체의 사무를 각각 자치단체나 다른 자치단체에, 또는 사인에게 위임할 수 있는 데, 이때에 위임받은 사무를 자치단체 또는 사인이 담당하는 것을 말한다. 특히 사무를 위임받아 담당하는 사인(私人)을 공무수탁사인이라 하는데, 이들이 당해 사무를 집행하는 때에는 행정주체의 지위에 서게 된다.

3. 행정의 수단에 따른 분류

(1) 권력행정

국가 또는 공행정주체가 자신의 고유한 권력, 즉 공권력을 기초로 하여 개인에게 일방적·구속적으로 명령·강제하는 행정을 말한다. 권력행정은 일방성과 구속성으로 인하여 개인의 자유와 이익을 침해할 개연성이 크므로 법치국가의 원리상 엄격한 법의 기속을 받는다. 행정법관계에 있어서 가장 전형적인 행정작용이라 할 수 있다. 경찰처분, 조세부과, 각종 인허가, 토지수용 등이 이에 해당한다.

(2) 관리행정

행정주체가 공권력주체가 아닌 공물·공기업 등의 경영·관리주체로서 국민과 대등한 지위에서 행하는 작용을 말한다.[9] 독일에서는 이를 단순고권행정 또는 단순공행정(schlichte Hoheitsverwaltung)이라 하며, 이는 강제 없이 수행되는 공행정, 즉 행정행위의 형식이 아니면서 공법적 근거에서 행해지는 행정작용이라고 설명한다.[10]

그러나 공법관계란 공익을 목적으로 하는 불평등한 법관계이므로 '국민과 대등한 지위' 등의 설명은 잘못된 것으로, 지극히 불평등한 권위적인 권력관계의 관점에서 볼 때, 마치 대등한 것처럼 보였을 뿐이다. 관리관계는 다시 불평등한 공적 관리관계와 비교적 평등한 사적 관리관계로 나누어야 한다. 여기서 국민과 대등한 지위에서 행해지는 사적 관리행정의 경우에는 사법(私法)에 의해 규율된다.

---

9) 김동희(21면).
10) 홍정선(19면).

(3) 국고행정

행정주체가 사법상 재산권의 주체인 사인의 지위, 즉 국고의 지위에서 행하는 작용을 말한다. 국유재산 중 일반재산의 매각이 대표적이다. 국고행정은 다시 협의의 국고행정과 형식적 국고행정으로 나누어지며, 전자는 행정주체가 엄격한 국고의 지위, 즉 사경제주체로서 행하는 작용을 말하며, 후자는 전기·가스·수도 등의 공급과 같은 공행정의 책무를 사법적 형식에 의하여 수행하는 것을 말한다. 그러나 독일에서 유래한 국고행정(國庫行政; Fiskus)의 개념은 조달계약이나 정부공사계약 등을 사법상의 계약으로 취급하는 폐단을 가져왔고, 이는 국가의 책임범위를 축소시키기 위한 의도에서 비롯된 것이다. 따라서 이 이론에 의하여 공·사법관계의 구분이 모호하게 되었다고 평가할 수 있겠다.

행정의 수단에 의한 분류는 모리스 오류와 같이 관리행위를 공적 관리행위와 사적 관리행위로 나누고, 권력행위+공적 관리행위를 공법행위, 사적 관리행위+순수 사법행위를 행정에 적용되는 행정사법 행위로 분류함이 보다 더 논리적이고 현실에 부합한다.

4. 행정의 효과에 따른 분류

(1) 수익적 행정

행정의 상대방에게 제한된 자유를 회복시켜 주거나, 새로운 권리·이익을 부여하거나, 기존의 의무를 해제하여 주는 행정을 말한다.

(2) 침익적 행정

행정의 상대방에게 새로운 의무를 부과하거나, 기존의 권리·이익을 박탈 또는 제한하는 행정을 말한다.

(3) 이중효과적 행정

수익적 요소와 침익적 요소를 모두 포함하는 행정을 말한다. 이에는 행정주체에 의한 행정작용으로 인하여 ① 동일 당사자에게 수익적 효과와 침익적 효과가 동시에 발생하는 복효적 행정, ② 상대방에게는 수익적이지만 제3자에게는 침익적 효과가 발생하거나 그 반대의 경우가 발생하는 제3자효적 행정이 있다.

제 2 절   통치행위

I. 통치행위의 의의

법치국가의 원리상 국가의 행위도 당연히 사법심사의 대상이 된다. 그런데 국가의 행위 중에서 행정소송 및 민·형사소송의 대상이 되지 않는 행위가 있는데, 이를 통치행위($^{\text{acte de gouverne-}}_{\text{ment; Regierung}}$)라고 한다. 일반적으로 통치행위란 국가기관의 행위로서 국민의 권익 침해 등과 관련하여 논리적으로 보면 당연히 재판통제 또는 사법심사의 대상이 되어야 함에도 불구하고 고도의 정치성과 국가적 이익으로 말미암아 행정소송 및 민·형사소송의 대상으로부터 제외되는 행위를 말한다. 광의로는 헌법재판의 대상도 되지 않는 미국의 정치문제($^{\text{political}}_{\text{question}}$)를 통치행위 개념에 포함시킨다. 미국의 정치문제($^{\text{political}}_{\text{question}}$)란 법적인 문제가 아닌 정치적인 문제로 간주되는 것으로, 미국 연방대법원에 의한 헌법재판은 합법성만을 심사 대상으로 하기 때문에 정치문제는 사법심사($^{\text{justici-}}_{\text{ability}}$)의 대상이 되지 않는다. 그러나 이에 대한 심사를 하지 않는 것은 아니다. 결론적으로 정치문제이기 때문에 사법적 결정을 하지 않는 것이다.

오늘날 대부분의 국가는 판례를 통하여 통치행위를 인정하고 있으나, 각국의 권력구조와 재판제도가 상이한 까닭에 통치행위의 근거와 범위에 있어 약간의 차이가 있다.[11] 통치행위의 유형은 크게 두 가지로 나눌 수 있는데, 일반적으로 헌법재판을 포함하는 일체의 사법심사, 즉 위헌심사가 배제되는 미국형($^{\text{political}}_{\text{question}}$)과 행정에 대한 행정소송 및 민·형사소송만이 배제되는 프랑스형($^{\text{acte de}}_{\text{gouvernement}}$)으로 대별된다. 프랑스형에서는 통치행위가 헌법재판의 대상이 된다.

II. 외국에서의 통치행위 논의

1. 프랑스

프랑스에서는 통치행위에 해당하는 것을 '정부행위'($^{\text{Acte de}}_{\text{Gouvernement}}$)라 한다. 정부행위란 행정소송과 민·형사소송이 면제되는 행정권의 행위를 가리킨다. 따라서 입법부

---

11) 김철용, 「행정법 I 」, 박영사, 2010, 9면.

의 행위나 사법부의 행위는 그 대상이 아니다. 다시 말해서 프랑스에서의 통치행위
는 위헌심사의 문제가 아니고 행정에 대한 행정소송 여부가 핵심이다. 결국 프랑스
에 있어서 통치행위는 행정에 대해서 헌법재판을 제외한 나머지 소송이 배제되는
행정권의 행위를 말한다. 따라서 행정재판의 대상이 될 수 없으므로 행정권의 정부
로서의 업무가 통치행위로 불릴 수 있으나, 정부로서의 업무 그 자체가 통치행위로
인정되는 것은 아니고 행정작용을 대상으로 하여 제기되는 행정소송 및 민·형사
소송이 불가능하다고 판단될 때만 통치행위가 되므로, 통치행위란 행정권의 행정작
용에 대한 소송적 한계를 뜻한다. 따라서 통치행위는 선험적인 개념에 의하여 경계
가 확정되는 것이 아니고 '행정'에 대한 소송이 불가능하다고 선언할 때만 정부행위
로 인정받는다.

프랑스에서 초기에는 정치적 동기에 의한 정부행위를 통치행위로 이해하여 통치
행위의 범위를 상당히 넓게 인정하였으나, 통치행위의 초기 이론이었던 '정치적 동
기$\binom{\text{mobile}}{\text{politique}}$이론'의 포기[12]와 최근에는 '분리될 수 있는 행위이론'[13] 등을 통하여 통치
행위의 범위를 점차 좁혀가고 있다.

※ 분리될 수 있는 행위이론

국제관계에 있어서는 정부의 행위가 국제관계로부터 '분리될 수 있는 행위'로 인정되
면 통치행위로서의 사법심사 면제가 배제되고, 행정소송의 대상이 된다. 1979년 7월 13
일 꽁세이데따$\binom{\text{Conseil}}{\text{d'Etat}}$의 Coparex 판결에서 논고 담당관인 Bacquet는 Duez의 구분을
인용하며 "분리될 수 있는 행위는 그 기원이나 국제문제와는 독립적으로 재판의 대상이
될 수 있다."고 하였다. 꽁세이데따는 이 이론을 해석하면서 여러 차례에 걸쳐 어떤 행
위들은 '국제질서'보다는 '국내질서'에 더 밀접하게 관계된다고 판시하면서 재판을 하였
다.[14] 따라서 행정권의 외교적인 행위에 대하여도 행정법원의 관할을 확대하는 결과를
가져왔다.[15]

꽁세이데따의 판례에 의해 인정되고 있는 통치행위의 주요 분야는 행정부와 의
회의 관계 및 국제관계에서 찾아볼 수 있다. 우선 행정부와 의회의 관계에서 인정
되는 통치행위로는 ① 법률제정 과정에서의 협력관계, ② 법률의 공포, ③ 헌법 제

---

12) C.E. 1875. 2. 19. Prince Napoléon.

13) Conseil d'Etat, Section, 13 juillet 1979, Coparex, requête numéro 04880, rec. p. 319.

14) C.E. 1988. 1. 8. Min.chargédu Plan et de l'aménagement du territoire c./Cté urbaine de
Strasbourg; 범죄인 인도에 관한 영국 및 홍콩 총독 사건 C.E. 1993. 10. 15.

15) François Cuillandre, "Les actes de gouvernement, irréductible peau de chagrin?", R.D.P.
1995, p. 141.

16조에 의한 대통령의 비상대권발동결정, ④ 국민투표부의권, ⑤ 의회해산명령 등이 있다. 국제관계에서 인정되는 통치행위로는 ① 조약의 체결과 파기에 관련된 행위, ② 국가 간의 직접행위, ③ 외국에서 행한 프랑스 외교관의 외교행위, 전쟁의 수행과 전쟁과 관련된 행위, ④ 프랑스의 핵실험 기간 동안 국제 해역에 대한 안전지대 설치 명령, ⑤ 대통령의 핵실험재개 결정, ⑥ 국제재판소에 대한 제소결정 등이 있다.

프랑스의 경우, 과거에는 헌법재판이 사전적 위헌심사제도만 채택하고 있었으나 최근 헌법 개정을 통하여 사후심사제도를 도입하였기 때문에 앞으로는 통치행위가 헌법재판소의 통제대상이 될 전망이다.

2. 독 일

독일의 경우에는 제2차 세계대전 전까지 행정소송제도가 열기주의를 취하고 있었던 까닭에 통치행위에 관한 논의가 없었으나, 행정소송제도가 개괄주의로 전환된 이후 초기에는 통치행위를 집권자의 재량행위라고 보아 그 범위를 상당히 넓게 인정하였으나, 최근에는 수상선거, 국회해산, 조약체결 등으로 그 범위를 축소해 가는 경향을 보이고 있다.

3. 영 국

영국에서는 통치행위를 국왕의 대권행위($^{prerogative}_{act}$)라고 이해하고 있으며, 의회 내부행위, 국왕의 전권적 행위 등을 통치행위로 인정하여 재판의 대상에서 제외시켰다. 영국의 대권행위도 프랑스의 정부행위와 마찬가지로 사법심사의 대상 여부에 관한 문제이나, 다만 프랑스의 정부행위가 행정소송과 민·형사소송만을 면제받는 행위인데 비하여 영국의 경우는 헌법재판이 없으므로 헌법재판까지 면제받는 데 그 특징이 있다.[16)]

4. 미 국

미국에서는 통치행위($^{미국의 경우는 의회의}_{행위를 포함한다}$)에 해당하는 것을 이른바 '정치문제'($^{political}_{question}$)라고 한다. 정치문제란 ① 그 해결이 다른 정부부처($^{행정부 또는}$)의 배타적 심사권한에 속하거

---

16) 이광윤(신행정법론, 15면).

나, ② 적절한 사법심사의 기준이 결여되어 있거나, ③ 법원의 판결의 집행력을 담보할 수 없는 경우에 법원이 사법적 결정(위헌결정)을 하는 것이 적절하지 않다고, 즉 사법심사($^{우리식으로 표현}_{하면 헌법재판}$)의 대상이 되지 않는다고 결정하는 것을 의미한다.[17] 미국에서 '정치문제'($^{political}_{question}$)가 사법심사의 대상이 되지 않는 것은 주로 권력분립작용 때문이라고 본다. 정치문제는 권력분립에서 비롯되었기 때문에 정치문제에 있어서 사법심사의 면제란 곧 위헌심사의 면제를 말한다.

미국에서는 1962년 Baker 판결[18]을 통해 정치문제에 대한 위헌심사 면제의 구체적 기준이 정립되었다. Baker 판결에서 확립된 정치문제의 기준은 ① 헌법에 정치적 기관의 권한으로 명문의 규정이 있거나, ② 문제의 해결에 필요한 사법적 기준의 정립과 적용이 불가능하거나, ③ 명백히 비사법적인 재량에 기초한 정책결정이 선행하지 않고는 결정할 수 없는 사안이거나, ④ 독립적인 결정이 다른 헌법기관의 위상을 손상시키거나, ⑤ 이미 행해진 정치적 결정을 존중해야 할 필연적인 사정이 존재하거나, ⑥ 동일한 문제에 관해 헌법기관 간에 불필요한 충돌의 가능성이 있는 경우 등이다.

그러나 이와 같은 기준에 의해 재량행위로 인정된다 하더라도 최소한의 심사, 즉 절차적 통제와 재량권의 일탈·남용에 대한 통제는 행하여진다. 즉, 연방대법원에 의하여 정치문제라고 인정되는 것은 그 문제가 사법심사의 대상이 되지 않는 '정치문제'이기 때문이 아니라 연방대법원이 위헌결정을 하지 않기로 결정하였기 때문에 '정치문제'라고 선언하는 것이다. 따라서 '정치문제'($^{political}_{question}$)라고 결정하는 것은 전적으로 연방대법원의 결단에 달려있으며, 이 역시 사법적 결정의 하나로 볼 수 있다. 다시 말해서 어떤 사건이 '정치문제'($^{political}_{question}$)로 선언되는 경우, 그 형식은 각하이지만 내용적으로는 본안에 대한 검토를 거친 것이다. 다만 본안에 대한 판단을 선언할 의지가 없기 때문에 판단에 대한 기초를 무너뜨리는 '정치문제'($^{political}_{question}$) 선언을 하는 것이다.

---

17) 미국에는 헌법재판소가 별도로 구성되어 있지 않다는 점에 유의하여야 하며, 연방대법원이 헌법재판을 담당한다.

18) Baker v. Carr 369 U.S. 186, 1962.

Ⅲ. 통치행위의 인정 여부

1. 견해의 대립

(1) 부정설

헌법상 재판을 받을 권리와 행정소송제도가 개괄주의를 취하고 있는 상황에서 사법심사가 처음부터 면제되는 통치행위의 관념을 인정할 수 없다는 견해이다. 특히 행정소송의 대상이 되지 않는 정부의 행위라 하더라도 헌법재판의 대상은 되기 때문인데 부정설은 통치행위 관념 자체를 인정하지 않는 것이지, 헌법상 명문의 규정이 있거나 규정의 해석상 사법심사가 배제되는 것이 명백한 경우까지를 부정하는 것은 아니다.[19]

(2) 긍정설

1) 사법자제설

사법소극주의의 발로로서 사법부가 정치적 소용돌이에 휩싸이지 않도록 하기 위해 고도의 정치적 행위에 대한 판단을 자제한다는 견해이다. 포르스트호프($\frac{\text{E.}}{\text{Forsthoff}}$)는 "고도의 정책적 행위에는 그 행위의 실행을 저지하는 것이 그 실행 자체보다 더 큰 해악일 수 있다."고 하였다. 그러나 법률상 심사해야 하는 것을 사법부가 스스로 그 심사권을 포기 또는 기피하는 것은 사법부의 권한과 임무를 규정하고 있는 헌법에 위배될 뿐만 아니라, 그 자체가 이미 정치적 입장을 대변하는 것이 된다는 비판이 있다.[20]

2) 권력분립설(내재적 한계설)

권력분립의 원칙에 따라 사법부가 판단할 수 없는 내재적 한계, 이른바 정치적 책임이 없는 법원이 판단할 수 없는 영역이 존재하는바, 이를 통치행위라고 하는 견해이다. 정치적 문제는 정치적으로 책임이 있는 의회나 정부 등에 의해 정치적으로 해결되거나 국민에 의해 통제되어야 한다는 논리이다. 그러나 행정법원과 헌법

---

19) 스페인의 1998년 7월 13일의 행정법원법(Ley 29/1998, de 13 de julio, reguladora de la Jurisdicción Contencioso-administrativa) 제2조 a)항은 정치적 행위(actos poiticos)를 포함한 어떠한 행위(cualquiera que fuese la naturaleza de dichos actos)도 소송대상에 포함함으로써 통치행위에 대한 사법심사 면제에 대하여 종지부를 찍었다.

20) 김남진/김연태(9면).

재판소제도가 일반화된 오늘날에는 이를 인정하기 어렵다.

3) 재량행위설

통치행위는 헌법에 근거하는 국가 최고기관의 정치적 재량으로서, 이는 합목적성의 통제를 받을 뿐이지 합법성의 문제는 발생하지 않기 때문에 사법심사가 배제된다는 견해이다. 그러나 재량행위라 할지라도 재량권 행사의 범위를 일탈·남용한 경우에는 위법한 행위로서 사법심사의 대상이 된다는 점을 대비해 볼 때, 그 범위를 일탈·남용한 정치적 재량에 대해서 사법심사를 배제하는 것이 논리상 부적합하다는 비판이 있다.

4) 독자성설

오토 마이어($^{Otto}_{Mayer}$)는 넓은 의미의 행정을 '좁은 의미의 행정'과 '통치'로 이분하여, 좁은 의미의 행정과 구별되는 통치를 헌법보조적 작용 또는 제4의 국가작용으로 설명하였다. 이는 통치행위를 사법심사가 배제되는 행정작용으로 이해하지 아니하고, 기능상 최고 통치권자의 국가지도작용으로 보아($^{실질적 의미}_{의 권력분립}$) 일반행정작용·입법작용·사법작용과 구별되는 제4의 작용으로 이해하는 입장이다.[21] 레옹 뒤기($^{Léon}_{Duguit}$)도 "통치행위는 행정권이 정치적 목적에 의하여 결단한 행위로서 사법적 심사가 배제되는 정치적 행위($^{actes}_{politiques}$)이며, 정부가 정치적 기관으로서 행한 행위를 말한다."고 하면서 정부가 정치적 기관으로서 한 행위에 대하여는 사법심사가 배제되지만, 행정기관으로서 한 행위는 행정소송의 대상이 된다고 하였다. 그러나 오늘날에는 헌법재판소제도가 일반화되어 정부가 정치적 기관으로서 한 행위에 대하여 헌법재판을 하고 있다. 따라서 정부가 행정기관으로서 한 행위에 대하여는 행정소송의 대상이 되고, 정치적 기관으로서 한 행위에 대하여는 헌법재판의 대상이 된다. 따라서 제4의 국가작용이라는 말은 적절하지 않으며, 일반행정작용과 구별되는 헌법보조적 작용으로 이해하는 것이 타당하다.

---

21) 김용섭, "통치행위에 대한 사법적 통제", 고시연구, 2000년 10월호, 116면.

2. 판례의 태도

(1) 사법심사의 대상이 되지 않는 경우

① 대법원 1979. 12. 7.자 79초70 재정

대통령의 계엄선포행위는 고도의 정치적, 군사적 성격을 띠는 행위라고 할 것이어서, 그 선포의 당, 부당을 판단할 권한은 헌법상 계엄의 해제요구권이 있는 국회만이 가지고 있다 할 것이고 그 선포가 당연무효의 경우라면 모르되, 사법기관인 법원이 계엄선포의 요건 구비여부나, 선포의 당, 부당을 심사하는 것은 사법권의 내재적인 본질적 한계를 넘어서는 것이 되어 적절한 바가 못 된다.

② 헌법재판소 2004. 4. 29.자 2003헌마814 결정

이 사건 파병결정은 대통령이 파병의 정당성뿐만 아니라 북한 핵 사태의 원만한 해결을 위한 동맹국과의 관계, 우리나라의 안보문제, 국·내외 정치관계 등 국익과 관련한 여러 가지 사정을 고려하여 파병부대의 성격과 규모, 파병기간을 국가안전보장회의의 자문을 거쳐 결정한 것으로, 그 후 국무회의 심의·의결을 거쳐 국회의 동의를 얻음으로써 헌법과 법률에 따른 절차적 정당성을 확보했음을 알 수 있다. 그렇다면 이 사건 파견결정은 그 성격상 국방 및 외교에 관련된 고도의 정치적 결단을 요하는 문제로서, 헌법과 법률이 정한 절차를 지켜 이루어진 것임이 명백하므로, 대통령과 국회의 판단은 존중되어야 하고 헌법재판소가 사법적 기준만으로 이를 심판하는 것은 자제되어야 한다.

* 미국식의 '정치적 문제'$\left(\substack{\text{political}\\\text{question}}\right)$로 본 판례.

(2) 일부에 대해서 사법심사의 대상이 되는 경우

① 대법원 1997. 4. 17. 선고 96도3376 전원합의체 판결[22]

대통령의 비상계엄의 선포나 확대 행위는 고도의 정치적·군사적 성격을 지니고 있는 행위라 할 것이므로, 그것이 누구에게도 일견하여 헌법이나 법률에 위반되는 것으로서 명백하게 인정될 수 있는 등 특별한 사정이 있는 경우라면 몰라도, 그러하지 아니한 이상 그 계엄선포의 요건 구비 여부나 선포의 당·부당을 판단할 권한이 사법부에는 없다고 할 것이나, 비상계엄의 선포나 확대가 국헌문란의 목적을 달성하기 위하여 행하여진 경우에는 법원은 그 자체가 범죄행위에 해당하는지의 여부에 관하여 심사할 수 있다.

---

22) 이른바 '5·18 사건'이다. 참고로 대법원 2018. 11. 29. 선고 2016도14781 판결에서는 1979. 10. 18.자 비상계엄 선포에 따른 계엄사령관의 계엄포고 제1호는 구 계엄법 제13조, 제15조의 내용을 보충하는 기능을 하고 그와 결합하여 대외적으로 구속력이 있는 법규명령으로서 효력을 가지며, 따라서 헌법 제107조 제2항에 따라 그 위헌·위법 여부에 대한 심사권한은 법원이 가진다고 판시하였다.

② 대법원 2004. 3. 26. 선고 2003도7878 판결

[1] 입헌적 법치주의 국가의 기본원칙은 어떠한 국가행위나 국가작용도 헌법과 법률에 근거하여 그 테두리 안에서 합헌적·합법적으로 행하여질 것을 요구하며, 이러한 합헌성과 합법성의 판단은 본질적으로 사법의 권능에 속하는 것이고, 다만 국가행위 중에는 고도의 정치성을 띤 것이 있고, 그러한 고도의 정치행위에 대하여 정치적 책임을 지지 않는 법원이 정치의 합목적성이나 정당성을 도외시한 채 합법성의 심사를 감행함으로써 정책결정이 좌우되는 일은 결코 바람직한 일이 아니며, 법원이 정치문제에 개입되어 그 중립성과 독립성을 침해당할 위험성도 부인할 수 없으므로, 고도의 정치성을 띤 국가행위에 대하여는 이른바 통치행위라 하여 법원 스스로 사법심사권의 행사를 억제하여 그 심사대상에서 제외하는 영역이 있으나, 이와 같이 통치행위의 개념을 인정한다고 하더라도 과도한 사법심사의 자제가 기본권을 보장하고 법치주의 이념을 구현하여야 할 법원의 책무를 태만히 하거나 포기하는 것이 되지 않도록 그 인정을 지극히 신중하게 하여야 하며, 그 판단은 오로지 사법부 만에 의하여 이루어져야 한다.

[2] 남북정상회담의 개최는 고도의 정치적 성격을 지니고 있는 행위라 할 것이므로 특별한 사정이 없는 한 그 당부를 심판하는 것은 사법권의 내재적·본질적 한계를 넘어서는 것이 되어 적절하지 못하지만, 남북정상회담의 개최과정에서 재정경제부장관에게 신고하지 아니하거나 통일부장관의 협력사업 승인을 얻지 아니한 채 북한 측에 사업권의 대가 명목으로 송금한 행위 자체는 헌법상 법치국가의 원리와 법 앞에 평등원칙 등에 비추어 볼 때 사법심사의 대상이 된다고 판단한 원심판결을 수긍한 사례.

* 일단 미국식의 정치문제($^{political}_{question}$) 선언가능성을 인정한 다음, 프랑스식의 '분리될 수 있는 행위'이론을 적용하여 형사재판의 대상이 된다는 것을 대법원이 긍정한 판례.

(3) 사법심사의 대상이 되는 경우

① 헌법재판소 1996. 2. 29.자 93헌마186 결정

대통령의 긴급재정경제명령은 국가긴급권의 일종으로서 고도의 정치적 결단에 의하여 발동되는 행위이고 그 결단을 존중하여야 할 필요성이 있는 행위라는 의미에서 이른바 통치행위에 속한다고 할 수 있으나, 통치행위를 포함하여 모든 국가작용은 국민의 기본권적 가치를 실현하기 위한 수단이라는 한계를 반드시 지켜야 하는 것이고, 헌법재판소는 헌법의 수호와 국민의 기본권 보장을 사명으로 하는 국가기관이므로 비록 고도의 정치적 결단에 의하여 행해지는 국가작용이라고 할지라도 그것이 국민의 기본권 침해와 직접 관련되는 경우에는 당연히 헌법재판소의 심판대상이 된다.

이 사건 긴급명령은 헌법이 정한 절차와 요건에 따라 헌법의 한계 내에서 발포된 것이고 따라서 이 사건 긴급명령 발포로 인한 청구인의 기본권 침해는 헌법상 수인의무의

한계 내에 있다고 할 것이다.

　* 미국의 '정치문제'이론에 입각하고 있으나, 이 사건을 정치문제로 보지 아니하고 사법심사(觀違)를 하여 헌법적합성 여부까지를 선언한 사례.

② 대법원 2010. 12. 16. 선고 2010도5986 전원합의체 판결

　[2] 입헌적 법치주의국가의 기본원칙은 어떠한 국가행위나 국가작용도 헌법과 법률에 근거하여 그 테두리 안에서 합헌적·합법적으로 행하여질 것을 요구하고, 이러한 합헌성과 합법성의 판단은 본질적으로 사법의 권능에 속한다. 다만 고도의 정치성을 띤 국가행위에 대하여는 이른바 통치행위라 하여 법원 스스로 사법심사권의 행사를 억제하여 그 심사대상에서 제외하는 영역이 있을 수 있으나, 이와 같이 통치행위의 개념을 인정하더라도 과도한 사법심사의 자제가 기본권을 보장하고 법치주의 이념을 구현하여야 할 법원의 책무를 태만히 하거나 포기하는 것이 되지 않도록 그 인정을 지극히 신중하게 하여야 한다.

　[3] 헌법 제107조 제1항, 제111조 제1항 제1호의 규정에 의하면, 헌법재판소에 의한 위헌심사의 대상이 되는 '법률'이란 '국회의 의결을 거친 이른바 형식적 의미의 법률'을 의미하고, 위헌심사의 대상이 되는 규범이 형식적 의미의 법률이 아닌 때에는 그와 동일한 효력을 갖는 데에 국회의 승인이나 동의를 요하는 등 국회의 입법권 행사라고 평가할 수 있는 실질을 갖춘 것이어야 한다. 구 대한민국헌법(1980. 10. 27. 헌법 제9호로 전부 개정되기 전의 것, 이하 '유신헌법'이라 한다) 제53조 제3항은 대통령이 긴급조치를 한 때에는 지체 없이 국회에 통고하여야 한다고 규정하고 있을 뿐, 사전적으로는 물론이거니와 사후적으로도 긴급조치가 그 효력을 발생 또는 유지하는 데 국회의 동의 내지 승인 등을 얻도록 하는 규정을 두고 있지 아니하고, 실제로 국회에서 긴급조치를 승인하는 등의 조치가 취하여진 바도 없다. 따라서 유신헌법에 근거한 긴급조치는 국회의 입법권 행사라는 실질을 전혀 가지지 못한 것으로서, 헌법재판소의 위헌심판대상이 되는 '법률'에 해당한다고 할 수 없고, 긴급조치의 위헌 여부에 대한 심사권은 최종적으로 대법원에 속한다.[23]

　[4] 구 대한민국헌법(1980. 10. 27. 헌법 제9호로 전부 개정되기 전의 것, 이하 '유신헌법'이라 한다) 제53조에 근거하여 발령된 대통령 긴급조치(이하 '긴급조치'라 한다) 제1호는 그 발동 요건을 갖추지 못한 채 목적상 한계를 벗어나 국민의 자유와 권리를 지나치게 제한함으로써 헌법상 보장된 국민의 기본권을 침해한 것이므로, 긴급조치 제1호가 해제 내지 실효되기 이전부터 유신헌법에 위배되어 위헌이고, 나아가 긴급조치 제1호에 의하여 침해된 각 기본권의 보장 규정을 두고 있는 현행 헌법에 비추어 보더라도 위헌이다. 결국 이 사건 재판의 전제가 된 긴급조치 제1호 제1항, 제3

---

　23) 위 대법원 판결과 달리 헌법재판소 2013. 3. 21.자 2010헌바70 결정에서는 긴급조치가 최소한 법률과 동일한 효력을 가진다는 전제에서 긴급조치의 위헌 여부에 대한 심사권한은 헌법재판소에 있다고 보았다.

항, 제5항을 포함하여 긴급조치 제1호는 헌법에 위배되어 무효이다.[24]

　＊ 선결문제로서의 명령·규칙 또는 처분의 헌법 위반 여부($^{헌법 \, 제107}_{조 \, 제2항}$)에 대하여 정치문
　　제로 인정하지 아니하고 헌법적합성에 대하여 판단한 사례.

3. 소 결

　헌법재판소의 97헌바74 결정 및 2003헌마814 결정과 같이 한국에서 통치행위는
대체로 고도의 정치성을 띤 행위로 사법심사의 대상이 되지 않는 행위로 이해되고
있다. 또, 행정부의 행위뿐만 아니라 의회의 행위도 통치행위로 파악하고 있다. 그
러나 통치행위에 대한 이와 같은 이해에는 중대한 문제점이 있다. 왜냐하면 통치행
위가 주로 문제가 되는 것은 행정소송의 경우와 헌법재판의 경우인데, 행정소송의
경우 사법심사의 대상이 되지 않는다고 하는 것은 단순히 행정소송의 대상이 되지
않는다는 것을 뜻할 뿐, 헌법재판을 비롯한 일체의 사법심사가 면제된다는 것은 아
니기 때문이다. 이에 따라 통치행위라 하더라도 부분적으로는 재판의 대상이 된다
는 판례들도 나왔다.

　위에서 살펴보았던 대법원의 96도3376 판결은 프랑스의 '분리될 수 있는 행위'
이론에 가까우며, 헌법재판소의 93헌마186 결정은 기본권 분야에 한정하여 헌법보
조적 작용 또는 제4의 국가작용으로 파악하여 일단 헌법재판의 대상으로 삼고 있
다. 그런데 통치행위를 실체법적으로 파악하여 헌법보조적 작용 또는 제4의 국가작
용으로 이해할 경우, ① 통치행위는 당연히 헌법재판의 대상이 되어야 하고, ② '넓
은 의미의 행정' 개념은 형식적 의미의 행정으로, '좁은 의미의 행정'은 형식적 의미
의 행정 중에서 '통치'를 제외한 나머지 행정으로 이해하는 것이 타당하며, ③ 통치
행위는 행정권의 행위에 국한되어야 할 것이다. 왜냐하면 다수 학자들의 견해처럼
넓은 의미의 행정을 실질적 의미로 해석한다면, 입법 역시 실질적 의미로 해석하여
야 하는데, 법률의 제정행위인 입법 또한 헌법보조적 작용이므로 모든 입법작용이
통치행위라는 결론에 이르게 되기 때문에 통치행위와 입법작용의 개념적 구별이 곤
란해진다. 뿐만 아니라 입법을 실질적 의미로 해석한다면 행정입법 역시 헌법보조
적 작용이라는 아이러니한 결론에 도달하게 된다. 따라서 행정소송이 배제되는 통
치행위의 관념을 정확히 이해하기 위해서는 권력분립에 대한 형식적 접근이 전제되

---

24) 유신헌법 제53조에 근거한 '대통령 긴급조치'가 헌법에 위반되어 무효임을 선언하고, 위헌·무
효인 긴급조치를 적용하여 공소가 제기된 사안에서 무죄를 선고하였다.

어야 한다. 전술한 바와 같이 행정법의 대상으로서의 '행정' 관념은 우선 1차적으로 형식적 의미의 행정을 전제로 하는 것이지, 결코 실질적 의미의 행정을 대상으로 하는 것이 아니다. 실질적 의미의 '행정'의 개념은 제2차적으로 헌법재판의 대상이 되는 헌법보조적 작용으로서의 통치행위를 행정소송의 대상인 '행정'의 개념으로부터 분리하는 데 유용하다. 이에 비하여 권력분립의 제1차적 기준은 형식적 기준이 되고, 실질적 기준은 제2차적 기준이 되므로 입법부의 행위는 처음부터 원칙적으로 헌법재판의 대상(편의적 적용의 경우는 행정
소송 또는 민·형사소송)이 된다.

행정소송에 있어서의 통치행위의 문제는 대체로 프랑스 유형(행정소송 및 민·형사소송만이
배제되는 통치행위의 유형)을 참고할 필요가 있다. 그러나 프랑스 유형과 한국의 중대한 차이점은 다음과 같다. 한국에서는 사후통제로서의 헌법재판제도가 발달해 있는 반면, 프랑스는 최근까지 사전적 헌법재판제도만이 존재하여 왔기 때문에(최근 헌법 개정으로 사후심사제가 도
입되어 이미 사후심판이 진행 중임) 되도록이면 통치행위의 범위를 축소하여 행정소송의 대상으로 삼으려고 노력해 왔다는 것이다. 이에 비하여 한국에서는 보다 과감하게 헌법재판의 대상으로 넘겨버릴 수 있었다는 점에서 차이가 난다.

한편, 헌법재판에 있어서의 통치행위 문제는 대체로 미국의 '정치문제'(political question)와 성격을 같이 하는 것으로, 통치행위의 영역이 따로 존재하는 것이 아니라 사법적 판단 선언의 소극주의와 적극주의의 문제이다. 따라서 헌법재판소의 93헌마186 결정에서 "대통령의 긴급재정경제명령은 국가긴급권의 일종으로서 고도의 정치적 결단에 의하여 발동되는 행위이고 그 결단을 존중하여야 할 필요성이 있는 행위라는 의미에서 이른바 통치행위에 속한다고 할 수 있으나, 통치행위를 포함하여 모든 국가작용은 국민의 기본권적 가치를 실현하기 위한 수단이라는 한계를 반드시 지켜야 하는 것이고, 헌법재판소는 헌법의 수호와 국민의 기본권 보장을 사명으로 하는 국가기관이므로 비록 고도의 정치적 결단에 의하여 행해지는 국가작용이라고 할지라도 그것이 국민의 기본권 침해와 직접 관련되는 경우에는 당연히 헌법재판소의 심판대상이 된다."고 결정한 것은 상당히 통치행위이론을 발전시킨 모습으로 평가된다. 그러나 정치적인 행위라 하더라도 헌법재판소의 관할권을 벗어나는 국가의 행위는 있을 수 없기 때문에 헌법재판소의 심판대상이 '국민의 기본권 침해'에만 국한될 이유는 없다. 또한, 정치적 행위라고 하여 그 결단을 존중하여야 할 필요성이 있다고 미리 예단하여서도 안 된다. 그 결단을 존중할 것인지의 여부는 심사 후에 결정하는 것이다. 이른바 '정치문제'(political question)란 심사를 하지 않는 것이 아니라 심사 후

인용판결을 회피하는 일종의 사법적 소극주의의 한 표현일 뿐이다.[25]

Ⅳ. 통치행위와 국가배상청구소송

1. 이론적 논의

통치행위에서 제외되는 사법심사, 즉 쟁송에 국가배상청구소송이 포함되는 것인 가에 대해서는 견해가 대립하고 있다. 이에 대하여, ① 긍정설은 국가배상청구소송 도 당연히 쟁송에 포함되므로 통치행위로 인하여 발생한 손해에 대해서는 국가배상 청구소송이 배제된다는 입장이며, ② 부정설은 국가배상에 있어 위법성의 판단은 통치행위가 법적 근거에 의하여 이루어졌는가를 판단하는 것으로서 통치행위와 국 가배상의 문제는 결부지어 생각할 이유가 없으므로 통치행위를 인정할지라도 국가 배상청구소송은 가능하다는 견해이다.

종래에는 원칙적으로 통치행위를 행정책임의 대상이 되지 않는 것으로 보았으 나, 점차 법률에 대한 책임원리에 입각하여 국가책임을 인정해 가는 경향에 있다 (이론적으로는 행정의 자기 책임이 아닌 대위책임). 프랑스는 제2차 세계대전 중 독일군이 사용한 건물의 소유자가 1953년 2월 27일 독일과 연합국가 간에 체결된 런던협정으로 보상을 받을 수 없게 되자 국가의 배상을 청구한 '방사에너지회사 사건'[26]에서 국가의 배상책임을 인정한 바 있다. 우리도 사할린 동포 문제 등에 적용할 수 있는지 검토할 필요가 있다.

헌법재판을 제외한 일체의 사법심사가 배제된다는 통치행위의 개념을 철저히 관 철한다면 통치행위에 대하여 국가배상청구소송도 제기할 수 없다는 견해가 논리적 이다. 그러나 국가배상청구소송에서는 적극적으로 통치행위의 효력 자체를 부인하

---

25) 헌법재판소는 ① 신행정수도의건설을위한특별조치법 위헌확인사건(헌법재판소 2004. 10. 21.자 2004헌마554·566(병합) 결정)에서 "신행정수도건설이나 수도이전의 문제가 정치적 성격을 가지고 있 는 것은 인정할 수 있지만, 그 자체로 고도의 정치적 결단을 요하여 사법심사의 대상으로 하기에는 부 적절한 문제라고까지는 할 수 없다."고 판시하였으나, ② 대한민국과 일본국 간의 재산 및 청구권에 관한 문제의 해결과 경제협력에 관한 협정 제3조 부작위 위헌확인사건(헌법재판소 2011. 8. 30.자 2006헌마788 결정)에서는 "이 사건 협정 제3조가 말하는 '외교적 해결의무'는 그 이행의 주체나 방식, 이행정도, 이행의 완결 여부를 사법적으로 판단할 수 있는 객관적 판단기준을 마련하기 힘든 고도의 정치행위 영역으로서, 헌법재판소의 사법심사의 대상은 되지만 사법자제가 요구되는 분야에 해당한 다."는 반대의견이 있었다. 이 사건에서 법정의견이나 반대의견 모두 고도의 정치행위 영역인 외교행 위, 즉 통치행위가 헌법재판소의 사법심사의 대상이 된다는 점에는 이의가 없고, 다만 적극적으로 심 사하여 인용하느냐(법정의견) 아니면 사법자제가 요구되는 분야, 즉 미국식의 정치문제로 보아 각하형 식을 취하느냐(반대의견)의 차이만 있음을 알 수 있다.

26) C.E. 1966. 3. 30. compagnie générale d'énergie radio-électrique.

는 것이 아니라 소극적으로 그 위법성을 평가하는 데 불과하므로 누구에게도 일견하여 헌법이나 법률에 위반되는 것으로서 명백하게 인정될 수 있는 등 특별한 사정이 있는 경우 또는 국민의 기본권 침해와 직접 관련되는 경우에는 국가배상청구소송을 인정하여야 할 것이다. 이 경우 통치행위에 대한 국가배상책임은 행정부가 행정작용이 아닌 통치작용에 대하여 지는 대위책임의 성격을 지닌다.

2. 대법원 판례

종래 대법원은 대통령이 사후적으로 위헌·무효가 선언된 긴급조치 제9호를 발령한 행위가 국민 개개인에 대한 관계에서 민사상 불법행위를 구성하지 않는다고 보았다.

대법원 2015. 3. 26. 선고 2012다48824 판결

긴급조치 제9호가 사후적으로 법원에서 위헌·무효로 선언되었다고 하더라도, 유신헌법에 근거한 대통령의 긴급조치권 행사는 고도의 정치성을 띤 국가행위로서 대통령은 국가긴급권의 행사에 관하여 원칙적으로 국민 전체에 대한 관계에서 정치적 책임을 질 뿐 국민 개개인의 권리에 대응하여 법적 의무를 지는 것은 아니므로, 대통령의 이러한 권력행사가 국민 개개인에 대한 관계에서 민사상 불법행위를 구성한다고는 볼 수 없다.

그러나 최근 대통령긴급조치 제9호 위반 혐의로 수사 및 유죄판결을 받은 사람들 또는 그 유족들이 대통령과 수사기관, 법원의 불법행위를 이유로 국가배상을 청구한 사안에서, 긴급조치의 발령·적용·집행으로 강제수사를 받거나 유죄판결을 선고받고 복역함으로써 개별 국민이 입은 손해에 대하여 국가배상책임을 인정하였다. 다만 다수의견은 여기서 국가배상책임의 본질을 대위책임으로 보는 대신, 공무원 개인의 주관적 책임요건을 완화하고 있다.

대법원 2022. 8. 30. 선고 2018다212610 전원합의체 판결

[다수의견] 보통 일반의 공무원을 표준으로 공무원이 직무를 집행하면서 객관적 주의의무를 소홀히 하고 그로 말미암아 그 직무행위가 객관적 정당성을 잃었다고 볼 수 있는 때에 국가배상법 제2조가 정한 국가배상책임이 성립할 수 있다. 공무원의 직무행위가 객관적 정당성을 잃었는지는 행위의 양태와 목적, 피해자의 관여 여부와 정도, 침해된 이익의 종류와 손해의 정도 등 여러 사정을 종합하여 판단하되, 손해의 전보책임을 국가가 부담할 만한 실질적 이유가 있는지도 살펴보아야 한다.

구 국가안전과 공공질서의 수호를 위한 대통령긴급조치(1975. 5. 13. 대통령긴급조치 제9호.)(이하 '긴급조치 제9호'라고 한다)는 위헌·무효임이 명백하고 긴급조치 제9호 발령으로 인한 국민의 기본권 침해는 그에 따른 강제수사와 공소제기, 유죄판결의 선고를 통하여 현실화되었다. 이러한 경우 긴급조치 제9호의 발령부터 적용·집행에 이르는 일련의 국가작용은, 전체적으로 보아 공무원이 직무를 집행하면서 객관적 주의의무를 소홀히 하여 그 직무행위가 객관적 정당성을 상실한 것으로서 위법하다고 평가되고, 긴급조치 제9호의 적용·집행으로 강제수사를 받거나 유죄판결을 선고받고 복역함으로써 개별 국민이 입은 손해에 대해서는 국가배상책임이 인정될 수 있다.

[대법관 김재형의 별개의견] 긴급조치 제9호의 발령·적용·집행은 공무원의 고의 또는 과실에 의한 불법행위로서 국가배상법 제2조 제1항에 따른 국가배상책임이 인정되고, 대통령의 긴급조치 제9호 발령행위에 대해서 대통령이 국민에 대한 정치적 책임을 질 뿐 법적 책임을 지지 않는다는 대법원 2015. 3. 26. 선고 2012다48824 판결은 변경되어야 한다. 이때 긴급조치 제9호에 따라 수사와 재판, 그리고 그 집행으로 발생한 손해도 상당한 인과관계가 있는 손해로서 손해배상의 범위에 포함된다고 볼 수 있다. 한편 이 경우 법관의 재판작용으로 인한 국가배상책임을 독자적으로 인정할 필요는 없고, 위와 같이 재판으로 인해 발생한 손해를 배상하도록 하는 것이 법관의 재판작용으로 인한 국가배상책임을 엄격히 제한하는 판례와 모순되지 않는다.

[대법관 안철상의 별개의견] 헌법 제29조의 국가배상청구권은 헌법상 보장된 기본권으로서 국가와 개인의 관계를 규율하는 공권이고, 국가가 공무원 개인의 불법행위에 대한 대위책임이 아니라 국가 자신의 불법행위에 대하여 직접 책임을 부담하는 자기책임으로 국가배상책임을 이해하는 것이 법치국가 원칙에 부합한다. 국가배상을 자기책임으로 이해하는 이상 국가배상책임의 성립 요건인 공무원의 고의·과실에는 공무원 개인의 고의·과실뿐만 아니라 공무원의 공적 직무수행상 과실, 즉 국가의 직무상 과실이 포함된다고 보는 것이 국가배상법을 헌법합치적으로 해석하는 방법이다.

[대법관 김선수, 대법관 오경미의 별개의견] 긴급조치 제9호는 대통령이 국가원수로서 발령하고 행정부의 수반으로서 집행한 것이므로, 대통령의 국가긴급권 행사로서 이루어진 긴급조치 제9호의 발령과 강제수사 및 공소제기라는 불가분적인 일련의 국가작용은 대통령의 고의 또는 과실에 의한 위법한 직무행위로서 국가배상책임이 인정된다.

긴급조치 제9호에 대한 위헌성의 심사 없이 이를 적용하여 유죄판결을 선고한 법관의 재판상 직무행위는 대통령의 위법한 직무행위와 구별되는 독립적인 불법행위로서 국가배상책임을 구성하고, 이를 대통령의 국가긴급권 행사와 그 집행에 포섭된 일련의 국가작용으로 평가할 수는 없다.

제3절 행정법의 의의 및 성립

Ⅰ. 행정법의 의의

행정법은 '행정에 관한 국내 공법'이다. 다시 말해서 행정법이란 첫째, 행정에 관한 법이고, 둘째, 공법이며, 셋째, 국내법이다. 행정의 관념에 대해서는 이미 전술한 바 있다.

행정법은 행정에 관한 고유한 법으로서 공법을 그 연구대상으로 한다. 이는 일반 사인(私人) 간의 법률관계에 적용되는 사법(私法)과 구별되어 행정주체와 행정객체는 불평등한 법률관계의 지위에 서게 된다.

아울러 행정법은 국내법을 그 대상으로 한다. 외교행위도 널리 행정에 포함되지만 여기에는 국제법이 적용되는 까닭에 행정법의 탐구대상에서 제외되는 것이다. 물론 헌법 제6조 제1항이 "헌법에 의하여 체결·공포된 조약과 일반적으로 승인된 국제법규는 국내법과 같은 효력을 가진다."라고 규정하고 있기 때문에, 이 요건을 충족한 국제조약과 국제법규의 경우에는 행정법의 영역에 포함된다.

Ⅱ. 외국 행정법의 성립

권력분립에 의해 행정의 관념이 분화되었다고 해서 곧바로 행정법이 성립된 것은 아니다. 행정법의 성립은 '법치주의 사상'과 '행정제도'($^{Régime}_{administratif}$)의 발달에 힘입은 것이다.

'법치주의'란 국가권력의 행사는 반드시 법에 의거하여 법과 법관의 구속을 받아야 한다는 사상인바, 일반 국민과는 다른 행정을 규율하는 법의 정립이 필요하게 되었다. 법치주의에 관하여는 후술하기로 한다.

'행정제도'($^{Régime}_{administratif}$)란 행정권의 지위를 보장하는 제도로서 행정에 고유한 법의 형성과 행정재판제도의 확립을 의미한다.

이러한 행정법 성립의 일반적 배경을 바탕으로 주요 국가의 행정법 발달과정을 살펴보면 다음과 같다.

1. 프랑스

흔히 행정법이라고 할 때에는 두 가지의 의미가 있다. 첫째는 '행정에 관한 법'이라는 의미로 사용되는 것인데, 이러한 의미의 행정법은 법치국가에서는 어느 나라에나 존재한다. 영어의 'Administrative Law'는 이러한 의미에서의 행정법을 가리킨다. 행정법의 둘째 의미는 '행정에 관한 국내 공법', 즉 행정에 관한 민사법관계, 형사법관계를 제외한 공법관계로서의 행정법을 가리키는데, 프랑스어의 'Droit administratif'가 이에 해당한다. 이러한 의미에 있어서 행정법의 가장 커다란 특질은 공익을 목적으로 국민에 대한 '행정의 특권'을 전제로 한다는 데 있다.

행정법이 태동될 당시의 프랑스인들은 기존의 법질서는 의사의 자치에 기초하는 평등의 법질서인데 반하여, 공익을 추구하는 법질서는 공익을 실현하는 공권력($^{puissance}_{publique}$)에 기초하여야 하며, 사익에 우선한다고 생각하였고, 따라서 '행정'을 사법(私法)의 구속으로부터 해방시켜 독립적인 새로운 행정법을 건설하였다.

또한 행정재판에 대하여는 사법이 적용되는 보통법원이 아닌 공법이 적용되는 특별법원이 재판을 담당하는 '행정의 자치'($^{autonomie \, de}_{l'administration}$)를 정립하였다. 이와 같이 전문화된 행정재판의 존재, 그리고 사법과 구분되는 특수법칙에 행정이 기속되는 것을 가리켜 모리스 오류($^{M.}_{Hauriou}$)는 '행정제도'($^{Régime}_{administratif}$)라고 하였다.

행정제도의 내용은 ① 행정에 대한 사법(司法)적 통제, ② 행정법원의 행정부 내의 설치, ③ 행정판사에 의한 민법전의 전면적 배제와 자치적 법칙들의 창조로 요약할 수 있다. 따라서 행정제도는 새로운 공법원리로서의 행정법의 존재와 독립된 행정법원의 설치가 핵심적 구성요소이다.

영미법의 전통적 시각으로는 이러한 행정제도는 커먼로($^{common}_{law}$)의 궤도를 벗어난 것으로 보일 수도 있다. 그러나 프랑스에서는 일반법($^{Droit}_{commun}$)의 궤도를 벗어난 관계 자체가 행정법의 일반적 원리이기 때문에, 이러한 특수궤도선상에서의 법의 일반원칙($^{principes \, généraux}_{de \, Droit}$)을 도출하여 정리한 것이 바로 행정법이라고 이해하였다.

이렇게 보면 프랑스에 있어서의 법치국가란 '행정법에 의한 법치국가'를 의미한다. 이처럼 민사법과는 구별되는 행정자치적인 새로운 법원(法源)이 판결에 의하여 나타난 것이 바로 1873년 '블랑꼬(^{Blanco}) 판결'[27]이다. 프랑스 관할쟁의재판소는 블랑

---

27) T.C. 1873. 2. 8.; 블랑꼬(Blanco)라는 어린아이가 보르도 국립연초공장 소속 마차에 치어 상해를 입은 사건에서, 국가가 공공사업에 고용한 사람의 과실로 사인(私人)에게 입힌 손해는 개인과 개인의 관계를 규정한 민법의 원칙으로 규율할 수 없고, 그 성질상 행정재판소의 관할에 속한다고 판결하

꼬 판결에서 "국가의 책임은 사인 간의 관계를 위한 민법전의 원칙에 의하여 규정되지 아니하며, (중략) 공공서비스의 필요성과 국가의 권리와 사인의 권리를 조정할 필요성에 따라 달라지는 특별법규이다."라고 하여, 민법전에 대한 행정법의 자치를 명백히 선언하고 있다.

"국가의 책임이 사인 간의 관계와 다르다"는 것은 국가는 공익을 실현하는 기능을 가지고 있기 때문에 사인과는 다른 정치적 의미가 있다는 것이며, "공무의 필요와 국가의 권리와 사인의 권리를 조정할 필요성에 따라 달라진다"고 하는 것은 사법적인 해결기술과는 다른 해결책을 도모한다는 뜻으로서, 결국 행정법은 자연법적으로 특별한 법이 될 수밖에 없다는 것이다. 따라서 행정법은 '보통법의 궤도를 벗어나는 법'($^{Droit\ exorbitant\ de}_{Droit\ commun}$)이 아니라 '행정에 관한 보통법'($^{Droit\ commun\ de}_{l'administration}$)이다. 즉, 행정법은 점진적으로 사법(私法)으로부터 분리된 것이 아니라, 원초부터 자치적인 법이다.[28] 다만 그전에는 법치국가가 아닌 군주제였던 경찰국가였기 때문에 행정법이 실현되지 아니하였을 뿐이다. 행정법의 실체를 한마디로 요약하면 '공익을 목적으로 하는 불평등한 관계의 법'으로 정의된다.

초기에는 권력행위만을 이러한 행정법관계로 이해하였으나, 전술한 블랑꼬 판결부터 공공서비스($^{service}_{public}$) 관계를 행정법관계의 기준으로 삼았다. 그러나 1921년 '서부아프리카상사 판결'[29] 이후에는 관리관계를 공적 관리관계와 사적 관리관계로 나누어 공적 관리관계만을 행정법관계의 기준으로 삼고 있다. 결국 프랑스에 있어서 행정법관계란 권력행위와 공적 관리행위의 법관계를 의미한다.

2. 독 일

후발국인 독일은 프랑스 위그노의 손자인 오토 마이어($^{Otto}_{Mayer}$)에 의하여 프랑스 행정법을 본받아 학문적 체계를 이룩하였다. 오토 마이어는 1871년 프랑스·프로이센 전쟁 전까지는 프랑스 영토였던 알자스의 스트라스부르 대학에 있으면서, 1886년에 『프랑스 행정법 이론』을, 1895~1896년에 「독일 행정법」을, 그리고 1903~1906년

였다.

28) 공세이데따에 소송부가 설치된 것은 1800년이고, 나폴레옹 법전이 성립된 것은 1804년이다.

29) T.C. 1921. 1. 22.; 당시 프랑스의 식민지였던 코트디브와르에 있는 Eloka나루터에서 국가가 운영하던 페리선박이 전복되어 서부아프리카 상사의 화물이 침몰된데 대하여 서부아프리카 상사가 국가를 상대로 하여 제기한 손해배상청구소송이 행정소송의 대상인가 아니면 민사소송의 대상인가 하는 문제에 관하여 관할쟁의재판소는 페리 사업이 국가가 운영하는 공공서비스임에도 불구하고 일반 산업활동과 동일한 조건에서 하는 사업으로 보아 민사소송의 대상이라고 하였다.

에는 프랑스어로 「독일 행정법」을 저술하였다. 그의 저서를 살펴보면 프랑스가 오랜 중앙집권국가로서의 경험과 행정제도의 덕택으로 행정법이 독일보다 발달해 있기 때문에 프랑스 행정법을 따라잡기 위해 노력한 흔적이 많이 나타나 있다.

그러나 독일은 프랑스와 달리 시민혁명이 없었기 때문에, 공·사법을 구별하지 않았던 구(舊) 게르만법의 영향이 강하였고, 뿐만 아니라 경찰국가의 유습으로 인하여 행정법의 발달이 늦을 수밖에 없었다. 따라서 오토 마이어는 공국(公國) 시대 및 경찰국가 시대의 유물인 민법적 요소를 논리적으로 타파하는 데 역점을 두었다. 그러나 민법과의 대결에 지나치게 집착하다 보니 오히려 연구방법과 용어에 있어서 역설적으로 민법의 틀을 벗어나지 못하는 결과를 초래하게 된다.

오토 마이어는 그 당시 프랑스에서 유행하던 공공서비스이론을 소개하려 하였으나, 독일은 공화국이었던 프랑스와 달리 주권자인 황제가 존재하는 군주국가이었기 때문에 특별권력관계이론의 제약을 받을 수밖에 없었다. 오토 마이어는 공법적인 특수상황을 강조하여 '국민의 일반적 복종의무'를 역설하였으며, '국민의 일반적 복종의무'의 이론적 기초를 영조물의 이용관계에서 발견하려 하였지만, 이것이 법치국가의 특성인 '법률에 대한 행정의 복종'과 어떻게 양립될 수 있는가에 대한 설명에는 실패하고 말았다. 그런데 재미있는 현상은 이처럼 논리적으로 빈약한 그의 이론이 후대에 이르러 영조물이 번성함으로써 인기를 누리게 된다는 것이다. 영조물 이용관계이론의 빈약성과 민법과 행정법의 오토 마이어식 분리방법은, 바이마르 공화국 이후에 행정의 권위주의적 요소를 없애기 위하여 행정작용에 사법(私法)의 형식을 다수 채택함에 따라 독일 행정법을 더욱 혼미하게 만든 원인이 되었다.

이후에도 독일에서는 피스쿠스($\binom{Fiskus,}{國庫}$)[30]의 개념이 계속해서 전개됨으로 인하여 프랑스와 같이 이론적 카테고리에 의한 행정법의 독자적 발달을 이루는 데 커다란 제약을 받게 된다. 이처럼 독일에서는 공법과 사법이 엄격하게 구별되는 것이 아니라 상대적인 것에 지나지 아니하였기 때문에, 독일에서 말하는 국내 공법으로서의 행정법이란 행정에 관한 자연법적인 일반법이 아니라 독일의 관습과 입법에 의하여 구체적으로 규정되는 것이 된다. 따라서 행정청의 필요에 의해서, 즉 제도적으로만 공법으로서의 행정법이 된다고 할 수 있다.

---

30) 국가가 사법(私法)상 재산권의 주체로서의 지위에 있는 것을 이른바 '국고'(國庫)라고 하는바, 국가가 국고의 지위에서 행위를 하는 경우에는 사인(私人)과 마찬가지로 사법(司法)적 통제를 받는다는 이론이다. 이는 독일에서 경찰국가 시대에 재정에 관한 것만이라도 민법질서에 편입시켜 신자본가계급의 경제적 이익을 확보하기 위하여 등장한 이론이다.; Karl Albrecht Schachtschneider, Kritik der Fiskustheorie, exemplifiziert an § U.W.G., Berlin, 1986, S. 11.

프랑스와 비교하여, 독일 행정법의 체제에는 선험적 권력인 군주의 특권을 인정하기 위하여 특별권력관계이론과 같은 비법치적인 행정영역이 존재하였으며, 국민의 권리구제보다는 행정주체의 우월적 지위를 보장하기 위하여 행정재판에 대한 열기주의를 채택하였고, 법실증주의적이며 사법(私法)적인 영향이 여전히 강하였다. 행정법의 범위는 행정청의 필요에 의하여 자의적으로 설정하는 공법범위에 한정되었기 때문에 권력행위 및 '형식적인 법률에 의한 행정'에 집착할 수밖에 없었다.

이러한 독일 행정법의 특색은 제2차 세계대전 후, 어두웠던 과거에 대한 반발로 인하여 행정의 독자성과 우월성을 가능한 한 부정하려는 경향이 지배하게 되었고, 법률유보 범위를 확대하고, 재량에 대한 통제를 강화하여 행정에 대한 법적 구속을 최대한 확대하려고 하였다. 그 결과 행정소송에 있어 집행정지원칙이 채택되고, 민사소송과 동일한 행정소송 유형이 도입됨으로써 프랑스와는 달리 행정제도의 통일성과 연속성이 결여된 체계를 가지게 되었다.[31] 그러나 최근에는 행정의 독자성과 자율성을 인정하려는 경향을 보이는데, 1970년대 이후 연방헌법재판소에 의하여 확립된 중요사항유보설[32]이 그 대표적인 예이다.

3. 영 국

1885년에 「Law of the Constitution」 제1판에서 오로지 보통법의 지배만이 있을 뿐이라며 프랑스를 행정법 독재국가라고 비난하였던 다이시($^{Albert\ V.}_{Dicey}$) 교수는 1902년 「Law of the Constitution」 제6판에서 ① English misconceptions as to 'Droit administratif'(프랑스 행정법에 대한 영국인의 오해), ② The Evolution of 'Droit administratif'(행정법체제의 영국에서의 발전)이라고 하는 두 개의 부록(appendice)을 삽입함으로써 이미 그의 견해를 수정하였으며, 1908년 발행된 「Law of the Constitution」의 제7판에서는 제17장으로 위의 두 주제에 관한 글을 본문에 편입하였다.

특히, 제1차 세계대전 후의 경제 침체와 1931년 대공황의 결과는 막대하였는데, 1929년 Lord Hewart는 「The New Despotism」이라는 저서를 통하여 "영국에는 대륙적 의미의 행정법이 없고, 행정적 무법($^{administrative}_{lawlessness}$)만이 있을 뿐이다."라고 개탄(慨歎)하였다.

1931년 C. K. Allen은 「Bureaucracy Triumphant」에서 말하기를 "행정법은 확

---

31) 이광윤(행정법이론, 16-17면).
32) 김철용(69면).

실히 영국에도 찾아왔다. 그러나 다시는 떠나가려고 하지 않는다. 행정법이 영국에
는 없고 법의 지배만이 과거나 현재나 미래의 영국 사회에 있을 것이라고만 되풀이
하지 말고 우리는 이 초청하지 않은 객(客)을 적당한 장소에 두고 또 거기에 머물러
있도록 노력하지 않으면 아니 된다.”고 하였다.

Robson은 “오늘의 국가는 사회봉사자로서의 임무를 띠고 있다. 그 임무는 새로
운 의미에서 적극적이다. 1세기 전에는 국가가 경찰관, 군인 및 재판관으로서 행위
하였을 뿐이다. 지금은 의사, 간호원, 보험업자, 주택건설업자, 위생기술과 화학과
철도, 가스, 전기, 수도의 공급과 도시계획, 운송업, 병원경영, 도로건설업자로서 행
위하고 있다.”고 하였다.

이리하여 영국 행정법은 경제적 약자를 보호하기 위한 사회법의 성격을 띠게 되
었다($\binom{\text{사회적 유대감에 기초한 공공}}{\text{서비스이론과 유사함}}$).

W. Friedman은 오늘날의 국가가 질서유지자, 사회봉사자, 산업경영자, 경제통제
가, 중재자로서 기능하고 있다고 하였는데, 즉 국가의 경제 간섭이 그 특징으로 되
고 있다.

이리하여 시민법 질서에 대한 수정법으로서의 행정법이 탄생하게 되었는데, 행
정은 ① 소유권, ② 계약의 자유, ③ 수익권에 관하여 개입하게 된다($\binom{\text{행정의 특권}}{\text{발생}}$).

이리하여 영국에서는 새로운 행정법이론들이 생겨나게 되었는데, Jennings의 행
정중심주의($\binom{\text{administration}}{\text{centred}}$)이론에 의하면, 행정법의 역할은 국가 간섭에 대하여 대항하는
것이 아니라 국가의 행위를 쉽게 하는 데 있다고 한다.

영국에서는 다이시의 초기 이론과 같은 ‘행정법’($\binom{\text{Droit}}{\text{administratif}}$)에 대한 부정이론을 ‘Red
Light theory’라고 하며, 다이시의 후기 이론 이후의 ‘행정법’($\binom{\text{Droit}}{\text{administratif}}$)에 대한 긍정이
론을 ‘Blue Light theory’라고 한다.

4. 미 국

미국은 초기에는 영국과 마찬가지로 커먼로($\binom{\text{common}}{\text{Law}}$) 및 법의 지배($\binom{\text{Rule of}}{\text{Law}}$)의 전통 아
래에서 행정주체와 사인 간의 법률관계를 사인들 사이의 법률관계와 동일한 것으로
이해하였기에 행정의 특수한 법체계로서의 행정법은 성립되지 못하였다.

그러나 연방국가라는 특수성과 행정권의 기능이 확대됨으로 인하여 사법(私法)상
법률관계만으로는 해결할 수 없는 영역이 발생함에 따라 행정위원회[33]를 중심으로

---

33) commission, committee, board, council 등이 대표적이다.

그 조직·기능·운영·대외적 효력 등에 관련한 법제가 정비되어 갔으며, 이것이 미국 행정법의 성립과 발달의 근간이 되었다. 즉, 미국에서는 '행정에 관한 법'(Administrative Law)을 '행정위원회'(Administrative Agency)의 조직과 활동에 관한 법으로 정의한다.

예컨대 철도사업을 함에 있어 주마다 궤도의 넓이가 다르고 요금체계가 다를 경우 극심한 혼란을 초래할 수 있기 때문에 철도위원회가 창설되었으며, 이러한 철도위원회가 운영되기 위해서는 필연적으로 그 조직·권한·기능 등에 관한 법령이 정비되어야 하는바, 이러한 법령들의 출범이 미국 행정법의 모태가 된 것이다.

미국 행정법은 행정기관의 조직 및 권한, 행정입법의 제정절차와 통제방법, 행정구제 등을 중심으로 구성되어 필요에 따른 부분적 성립 단계에 있다.[34]

Ⅲ. 한국 행정법의 성립과 문제점

1. 전통적 행정개념

전통적인 유교적 국가관에 의하면, 도덕과 교육이 지극히 중시되었고, 그 다음으로는 부국강병, 즉 국방문제와 경제문제가 국가의 사명으로 인식되었다. 즉, 대부분의 국가가 정교분리원칙을 채택하여 민간부문으로 보고 있는 종교부문도 국가의 사무에 속하였으며, 성균관(成均館)과 사학(四學)으로 상징되는 교육의 공공서비스(public service)성이 두드러졌다.

경제문제에 관하여도 공공토목공사는 요·순(堯·舜) 이래 중요한 정부사업이었고, 더구나 조선은 토지에 대하여 과전법(科田法)을 시행하여 원칙적 국유제(國有制)를 채택하였을 뿐만 아니라 조선시대의 공장들은 관청에 대한 공급을 우선적으로 행하는 일종의 특허 사업체로 볼 수 있다. 무역도 원칙적 공무역제도를 채택하였고, 상평창(常平倉), 경시서(京市署) 등의 설치를 통해 시장의 물가 등에 대한 강한 통제를 실시하였으며, 종로의 독점상인들은 특권과 함께 조달의 의무를 부여받았던바, 역사적으로 간섭주의의 전통이 얼마나 강하였는가를 알 수 있다.

또한, 이러한 정부의 간섭이 사인들 사이의 정의규범인 사법상 계약에 의한 것이 아니라 행정청의 일방적 행위규범인 경국대전의 규정들을 근간으로 하여 이루어졌기 때문에 얼마나 강한 공법적 규율 속에서 이루어졌던가 하는 것을 알 수 있다.

---

34) William F. Fox, Understanding Administrative Law, Matthew Bending & Co., 1986, pp. 1-3.

1895년 3월 25일 갑오개혁 법률 제10호로 재판소구성법이 제정·공포되어 비로소 신 재판소제도가 창설되고, 지방재판소, 한성 및 개항장재판소, 순회재판소, 고등재판소 및 특별법원이 설치되어 행정권과 사법권이 분리되었으나, 이들 법원은 민·형사 사건만 담당하였을 뿐 행정사건은 일반사법권이 미칠 수 없는 영역이었다(행정에 관한 법/치국가가 아님).

2. 전통의 계승과 근대화

대한민국 임시정부 시절 삼균주의(三均主義)를 공식적으로 받아들인 1941년 11월 25일의 건국강령은 대규모 생산시설 및 기관, 토지, 수산, 자원과 수리시설, 기타 운수, 금융, 전기, 통신 등의 공공서비스 사업을 국유로 하여 공공부문을 광범위하게 규정하는 한편 1944년 4월 22일 시행된 대한민국임시헌장 제5장 심판원에서는 제45조가 "대한민국의 사법권은 중앙심판원, 지방심판소급 기타 특종심판위원회 등 기관에서 집행함"으로 규정하고, 제48조는 "각급 심판기관은 법률에 의하여 민사, 형사의 심판과 혁명자 징계처분에 관한 사항을 장리함"으로 규정하는 한편, 제49조에서는 "국사심판, 행정심판, 군사심판 등 특별기관의 그 조직급 권한은 법률로 정함"이라고 규정하였다.

즉, 사법권은 중앙심판원, 지방심판소의 일반사법부와 특별심판기관들에 분장되어 있고, 특별심판기관에는 정치법원, 행정법원, 군사법원 등이 있다고 해석되는바, 정치법원, 행정법원, 군사법원은 민·형사 사건을 담당하는 일반사법부와는 별도의 법원임을 규정하고 있다고 하겠다.

3. 보통재판소제도의 도입

해방 이후 신익희를 중심으로 한 행정연구회에서 마련한 헌법초안은 제55조에서 "행정청의 명령 및 처분에 관한 소송은 별도로 법률로써 정하는 바에 의하여 행정재판소의 관할에 속함"이라고 규정함으로써 행정재판소를 일반재판소와 분리하고 있었다.

그러나 유진오 박사가 그 초안을 작성하여 1948년 7월 17일 제정된 대한민국 헌법은 제76조에서 "사법권은 법관으로써 조직된 법원이 행한다. 최고법원인 대법원과 하급법원의 조직은 법률로써 정한다."고 규정하고, 제81조에서는 "대법원은 법률이 정하는 바에 의하여 명령, 규칙과 처분이 헌법과 법률에 위반되는 여부를 최종적으로 심사할 권한이 있다.”고 규정하였다.

이에 대하여 유진오 박사는 제안이유의 설명에서 “행정소송에 대하여 대륙식 특별재판소제를 취하지 않고 영미식 제도를 취해 본 것입니다. 종래의 불란서라든가 이러한 구라파 대륙에서는 행정권의 처분에 관해서 그 불법을 주장하는 사람이 있다고 하더라도 보통재판소에 소송을 제기하지 못하고 행정재판소라는 특별한 기관을 통해서만 할 수 있게 되어 있던 것입니다. 그러나 이렇게 행정권의 처분에 관한 소송을 행정권 자신에게 맡기는 것은 국민의 자유와 권리를 보장하는 의미에 있어서 적당치 아니하다고 해서 법률이 정하는 바에 의하여 명령, 규칙, 처분 그런 것이 헌법과 법률에 위반되는 경우에는 보통재판소에다가 소송을 제기할 수 있다고 이렇게 한 것입니다.”라고 말하였다. 이는 프랑스를 대표로 한 대륙법 국가의 행정소송제도는 국민의 자유와 권리를 보장하는 데에 미흡하기 때문에 영미식 제도를 취하여 보통재판소에 의한 소송제도를 채택하였다는 설명인 것 같다.

4. 사법국가화(司法國家化)의 문제점

(1) 행정제도에 대한 인식 부족

유진오 박사의 이러한 견해는 별다른 이론(異論)없이 채택되어 그 후 한국의 행정소송제도를 결정적으로 사법국가화(司法國家化)하고, 나아가 행정법의 공법적 성격 자체가 위협받는 데까지 이르렀다.

그러나 여기서 짚고 넘어갈 점은, 한국의 행정소송제도가 사법국가 시스템을 따른 것은 한국에 있어서의 국가의 계속성, 행정의 자치문제 등과 같은 기초적 문제를 고려함이 없이, 단지 다이시 교수가 1885년에 프랑스를 행정법 독재국가라고 비난하면서 보통법 체제를 옹호하였던 이유와 똑같은 이유로 사법국가 시스템을 채택하였다는 점이다(다이시 교수는 1902년에 견해를 바꿈).

그러나 프랑스 행정법에 대한 다이시 교수의 비판은 꽁세이데따의 지속적인 적법성에 대한 통제 및 특히 블랑꼬 판결 이후 국가책임의 확대를 통한 국민에 대한 보다 폭넓은 공법적 구제 등의 현상을 파악하지 못한 다소 성급한 비판이었다는 것이 영국에서 다이시를 비판 또는 옹호하는 모두의 지적이다. 단지 다이시의 우려와 똑같은 이유 하나만으로 보통법제도를 행정에 적용시켰다는 것은, ‘커먼로’라고 하는 것이 관습이 같아야 하며, 최소한 영어를 모국어로 사용하지 않는 나라에는 체계적으로 도입된 적이 없다는 점을 감안할 때 더욱더 석연치 않아 보인다.

(2) 한국에 있어서 행정권의 문제

한국은 유학자 관료에 의한 행정특권의 전통(권위주의적균존민비)이 있었으며, 더구나 일본과는 달리 범죄전쟁에 가담하여 패전한 것이 아니기 때문에 외부로부터 오는 사법국가에의 압력이 없었음에도 과거 침략국의 지위에 있던 일본과 유사한 사법기관을 가지게 된 것은 재고해 볼 점이라 하겠다.

더구나 한국은 1960년대에 들어 해방 이후 국토의 분단과 6·25 사변으로 이어지는 혼란기를 마감하며 본격적인 국가재건에 나섰을 때 행정권이 전면에 나선 이른바 '행정적 국가'를 무려 30여 년간 영위하여 왔다. 즉, 제3공화국 수립 이후 중앙집권적 권위주의 국가체제와 국가주도적인 명령자본주의체제가 자리를 잡았던바, 군부 출신의 집권세력은 경제 관료를 중심으로 한 관료와 경제 계급을 권력의 토대로 삼으면서 정당보다는 행정부를 중시하였다. 또한, 혁명 주체 세력들은 '기왕의 부패를 일소하고 국민들의 자치능력을 강화하여 사회정의를 구현하는 것이 당면의 목표라면 그 방법으로서 민주주의를 정치적으로 당장 달성할 것이 아니라 어디까지나 과도기적인 단계에 있어서는 행정적으로 구현해야 할 것'이라고 하여 행정적 민주주의를 역설하였는바, 이제 행정 관료는 혁명과업수행의 혁명적 특권을 지닌 존재로서 프랑스 혁명 직후 혁명과업의 수행에 주도적 역할을 담당했던 행정조직의 발전을 연상케 할 수는 있다. 그러나 프랑스는 제정법률[35]로서 보수적인 구 법률귀족 출신으로 구성된 사법부의 행정사건에 대한 권한을 박탈하고 행정제도를 건설하였음에 반하여, 한국에서는 계속하여 사법법원 시스템을 유지하였다는 점에서 차이가 있다(사법부에게 행정재판권을 그대로 유지시키면서 사법부를 시녀화 함).

행정부는 제1차 경제개발 계획부터 주도적 역할을 하였으며, 한국자본주의의 특색인 재벌의 형성 자체가 국가의 개입과 유도, 지원 및 조정에 힘입은 것이다. 농수산업 분야에 있어서도 국가는 통일 볍씨 권장과 같은 권위적 행정지도 등으로 보다 깊숙이 개입하였고, 교육법을 근거로 한 사학(私學)에 대한 통제, 문화경찰 등 국민생활 전반에 걸쳐 강하게 개입하였는바, 심지어 장발족 단속, 미니스커트 단속 등의 극단적 풍속경찰에까지 이르렀다.

제4공화국에 들어오면서 행정권의 수반인 대통령이 의회, 행정 각부 및 법원의 상위에 위치하는 소위 '영도적 대통령제'의 권력구조를 취함에 따라 사법법원의 행정권에 대한 통제는 더욱더 제한적일 수밖에 없었다.

---

35) 1790년 8월 16-24일 법률.

한편, 법에 대한 관념은 여전히 목적논리적($^{téléo-}_{gique}$)이 되지 못하였기 때문에 경부고속도로 건설의 초기에는 대통령이 사적으로 위임한 군 장교들이 그 임무를 맡았으며, 아무런 법적 근거 없이 새끼줄을 쳐가며 한편으로는 지프에 돈을 싣고 다니며 즉석보상을 하는 등 비법치적 현실주의의 양상마저 보이게 되었다. 즉, 행정권이 필요하다고 판단하면 법치주의는 유보되고, 사후적 입법이나 기구 창설을 하는 것도 불사하였다.

이렇게 되면 행정은 집행하는 것이 아니라 모두를 창조하는 것이 된다. 이에 반하여 정부의 강력한 경제 간섭에도 불구하고 재벌기업들의 경영에 대한 책임은 민간부문의 것이었으며, 경제적으로는 공공부문에 속하는 정부공사(政府工事)와 납품은 사적 계약으로 간주하여 왔다. 이렇게 되면 플라이너가 우려하였던 이른바 '행정의 사법(私法)에로의 도피'를 염려하게 된다.

'행정제도'란 행정의 특권과 동시에 무거운 공법적 책임을 의미함에도 불구하고, 한국의 행정권은 특권은 가지되 사법적(私法的) 책임밖에는 지지 아니하여 왔고, 행정지도라는 비법적(非法的) 사실행위를 통해 스스로 도피하기도 하여 왔다.

이처럼 그간의 한국의 행정권은 문화적·사실적·회계적 특권을 향유하여 왔다. 이는 한국의 행정이 특권도 가지지 아니하고 사법적(私法的) 책임만 지게 되는 보통법 체계나 특권과 동시에 보다 공법적인 보다 중한 책임을 지게 되는 행정법 체계의 어느 유형에도 합당하지 아니하다는 결론이 된다. 즉, 특권이 있기 때문에 합법성에 대한 통제의 강화와 공법적 책임의 확대를 통해 행정제도 국가로 나아갈 것인지, 아니면 행정의 특권 자체를 없애 가며 사법(私法)의 영역을 확대해 갈 것인지 정리가 필요하다. 아무튼, 이상과 같은 지극히 상식적인 검토를 적어도 오토 마이어적인 과학적 이론 체계의 수립의 단계에까지는 올려놓는 데 우선적 노력을 경주하여야 하리라 본다.

(3) 헌법재판소의 설치

오늘날 한국에는 헌법재판소라고 하는 특별법원을 가지고 있으며 의회의 활동에 대한 사법적 통제인 위헌법률심사권과 탄핵심판, 위헌정당해산심판 등과 같은 정치에 대한 사법적 통제권과 권한쟁의심판 및 헌법소원을 그 권한으로 정해 놓고 있다. 그중에서 헌법소원은 그 대다수가 행정권에 의한 공권력 행사의 합헌성 여부를 심판한다는 점에서 특별행정재판의 기능을 수행하고 있다. 또 권한쟁의심판에서도 지방자치단체 상호 간, 국가와 지방자치단체 간처럼 헌법적 분쟁이 아닌 법률적 분쟁인 행정사건도 헌법재판소의 관할로 하고 있다. 따라서 우리나라의 행정재판은 사실상 대법원을 정점으로 하는 사법부와 헌법재판소에 의하여 나누어 행사되고 있다. 오늘날 민주주의는 제1단계로서의 의회민주주의와 제2단계로서의 행정민주주의를 거쳐서 제3단계인 지속적 통제민주주의에 진입해 있다. 민주주의는 법치국가를 전제로 하는 것으로, 민주주의의 제1단계에서는 의회가 제정한 법률이 곧 국민의 주권의사의 표현으로 간주되었기 때문에 법률에 대하여 합헌성 여부를 심사한다고 하는 것은 불가능하였다.

그러나 국민의 주권의사와 대표들의 의사가 과연 동일한 것인가. 의회가 제정한 법률이란 것도 극단적으로는 의회 다수당의 의사표현에 지나지 않는다. 의회는 헌법을 제정한 국민의 주권의사를 더 이상 독점적으로 대변할 수 없고, 국민의 복리를 위한 기대는 기술관료들로 구성된 행정부에 주어지게 되고, 행정부의 국민 대표성도 긍정되어 가면서 행정권의 비대 현상이 나타났다. 프랑스의 경우는 제5공화국 헌법에 의하여 복지국가 건설을 위한 행정국가를 헌법적으로 뒷받침하는 단계까지 발전하였다. 물론 행정국가도 민주국가에서는 법치국가임에 틀림없다. 민주국가에서 행정부의 행위는 법원, 특히 행정법원에 의하여 늘 통제되어 왔기 때문에 행정국가도 법치국가의 한 모습이었다. 이것이 민주주의의 제2단계이다. 그러나 행정국가에 의한 복지국가 건설의 이상은 경제위기를 맞아 퇴색되고, 행정기술관료들은 경제위기에 효율적으로 대처할 능력을 상실함으로써 행정의 동맥경화 현상을 가져왔다. 이제 행정부는 더 이상 국민들에게 성장과 사회적 보호를 장담할 수 없게 되었다.

오늘날 민주주의는 제3단계에 진입해 있다. 국민의 주권의사는 의회의 법률에 의하여 독점되지도 않으며, 행정부가 의회를 대신하여 국민의 복리를 안정적으로 보장해주는 것도 아니다. 오늘날 국민의 주권의사는 시민단체나 매스컴을 통하여도 표현되고, 학자들의 저서나 논문들을 통해서도 표현되고 있으며, 무엇보다도 시민들 자신이 기고나 인터넷을 통하여 직접 그들의 주권의사를 표현하고 있다. 헌법재판소는 이렇게 다양하게 표현되는 국민의 주권의사를 수렴하여 국민을 위하여 국민의 대표인 의회가 제정한 법률이 국민이 제정한 헌법에 합치되는지와 국가기관의 공권력 행사가 헌법이 보장한 국민의 기본권을 침해하는지 여부를 심사한다. 이러한 다원화된 사회에서 국민의 주권의사의 집약인 헌법은 국민의 대표들에게 의회와 행정부를 구성하도록 하고, 다른 한편으로는 국민들에게 직접 그들의 주권의사를 대변할 헌법재판소를 마련하고 있다. 헌법재판소로 하여금 다른 국가기관들의 기본권 침해 여부를 심사하도록 하기 위해 국민들이 직접 제기하는 헌법소원제도는 헌법재판소의 국민 대변적 기능을 그대로 보여주고 있으며, 이로써 헌법재판소는 국민주권의 간접기관인 국회나 행정부와는 달리, 국민주권의 직접적인 대변기관이 되었다. 의회의 법률에 대한 합헌성 심사를 한다는 것은 곧 국민대표들의 의사를 국민의 주권의사에 예속시키는 것으로 직접 민주주의의 한 수단이다. 따라서 헌법재판소는 정치기관인 의회 및 행정부와 헌법상 병렬 관계에 있는 것이 아니고, 그들과는 성격을 달리하는 정치기관과 시민사회기관의 융합기관이다. 헌법재판소는 다른 국가기관에 대하여 국민의 권리를 존중하게 만드는 직접적인 시민사회기관으로서의 새로운 헌정기관이기 때문에 국민의 대표기관인 의회의 의사에 반하는 결정을 할 수 있으며, 주권자인 국민이 국민투표로써 채택한 헌법이 보장하는 기본권을 다른 국가기관이 침해하는 것을 방지함으로써 국민주권을 표현하는 기관이다.

이와 같이 헌법재판소는 국회나 행정부와는 다른, 그들을 통제하는 기관이므로 새로운 헌법질서는 '의회와 국민의 동일화'를 '헌법재판소와 국민의 동일화'로 대치하고 있다. 이제 법률의 지배 시대는 가고 언론과 통신매체 등 다양한 수단을 통해 표현되는 국민의 주권의사를 법적으로는 헌법규범을 통해 헌법재판소가 대변한다. 헌법재판소는 국가권력기관의 행위가 사회가치에 부합하는지를 판단하여 비판기능을 하므로 가치보존자의 역할을 하고, 국민의 기본권 보호를 위한 구체적인 문제들을 해결해 주고 있다.

(4) 특별법원으로서 행정법원의 설치 필요성

헌법재판소의 위헌심사는 인권의 보편성에 대한 심사인 동시에 다수에 의한 절대주의로부터 소수를 보호하기 위한 제도이다. 오늘날 의회가 제정한 법률은 헌법에 합치되는 한도 내에서만 국민의 주권의사를 표현할 뿐이다. 오늘날 시민은 국민의 대표자들이 만든 법률의 합헌성 심사를 위해 위헌법률심판에 대한 제청신청권과 헌법소원심판을 청구할 권리를 향유한다. 이와 같이 의회의 활동에 대한 사법적 통제권이 일반법원이 아닌 헌법재판소라고 하는 특별법원에 주어져 있다면, 당연히 권력분립의 원리상 행정부의 활동에 대한 사법적 통제인 행정재판도 일반법원이 아닌 특별법원에 주어져야 한다는 결론이 도출된다. 여기서 한국과 같이 대체로 의회의 다수당과 정부가 동일한 정당인 국가에서는, 사법적 정의국가(司法的 正義國家)에 있어서의 입법권과 집행권의 두 정치적 권력의 대립을 전제로 했던 사법(司法)의 제3의 권력으로서의 성격이 무의미해진다는 점과 결국 행정재판이란 공익이라고 하는 국가적 목적에 대한 사법적 통제로서 사익의 보호에 우선적 목적이 있는 민·형사재판과는 근본적 성격을 달리한다는 점 등을 고려해 볼 때 행정재판을 담당하는 특별법원에 대한 재검토의 필요성은 더욱더 시급해 보인다. 이는 행정재판의 전문성 보완을 위한 지방법원 차원에서의 행정법원의 설치 정도로 해결될 문제가 아니다.

제4절 행정법의 특색

Ⅰ. 공법으로서의 행정법

1. 공·사법 구별의 의의

흔히 행정법은 헌법과 더불어 민사법과는 구별이 되는 공법의 영역으로 연구되고 있으며, 일반적으로 행정법을 '행정에 관한 국내 공법'으로 정의하여 다시 한 번 공법임을 확인하고 있다. 법질서를 공법과 사법으로 구별하는 것은 역사적으로 로마법 시대로 거슬러 올라갈 수 있으며, 이러한 공·사법 구별론은 프랑스의 혁명 이후에 형성된 행정법의 성립과 민법전($_{civil}^{Code}$)의 제정에 큰 영향을 미쳤다.

오늘날 공법과 사법을 구별하는 실익은 법률관계를 공법관계와 사법관계로 나누어 공법관계에는 공법상의 규정 및 공법상의 법원칙이 적용되는 반면, 사법관계에는 사법의 규정 및 사법상의 법원칙이 적용되는 데에 있다. 이를 구체적으로 살펴보면, ① 공법관계에는 사법관계에서 인정되지 않는 공정력·불가쟁력·불가변력·강제력 등의 효과가 발생하고,[36] 권리·의무의 포기·이전이 제한 또는 금지되는 등 공법관계에만 인정되는 실체법상의 특수성이 존재하는 점, ② 민사관계와는 다르게 행정작용에는 그 절차에 있어서 행정절차법이 적용된다는 점, ③ 행정주체는 행정상 강제집행을 통해서 행정객체에 대한 직접적인 강제가 가능하다는 점, ④ 행정사건과 민사사건의 소송절차가 상이하여 공법의 영역에 해당하는 행정사건은 행정소송으로 관할이 결정된다는 점, ⑤ 국민이 공무원의 직무상 불법행위로 손해를 입은 경우에 국가배상법상의 규정을 통해서 국가 또는 지방자치단체에 손해배상을 청구할 수 있다는 점 등에서 공법과 사법을 구별하는 실익이 있다. 이처럼 실

---

36) 이상의 효력은 대부분 행정행위(처분)에 인정되는 특수한 효력이다.

무적인 문제를 해결하기 위한 필요성 이외에도 행정법학의 연구라는 이론적 관점에서도 공법의 영역을 사법의 영역과 구별할 필요성이 있다.

행정법이 형성되기 시작한 약 200년 전의 경우에는 경찰작용과 같은 권력적 행위가 행정법 영역의 주를 이루었고, 이와 같이 공권력을 기반으로 하는 권력적 작용은 쉽게 공법의 영역으로 간주할 수 있었다. 따라서 종래에는 공법과 사법을 구별하기가 용이하였으나, 자본주의가 발달함에 따라 행정작용의 수단이 다양해지고, 비권력적 수단이 도입되면서 공법과 사법의 구별이 어려워졌다. 특히, 행정계약의 경우에는 공법적 요소와 사법적 요소를 모두 지니고 있어 더욱 그러하다.

2. 공·사법 구별기준에 관한 학설

(1) 이익설

이익설은 법이 실현하고자 하는 이익에 따라서 공법과 사법을 구별하려는 이론이다. 즉, 공익을 실현하는 법이 공법이 되고, 사익을 실현하는 법이 사법이 된다.

그러나 공익과 사익의 구별이 명확하지 않고, 사법 역시 공익의 실현을 목적으로 할 수 있다는 점 등에서 비판이 제기된다.

(2) 종속설

종속설은 법률관계가 상하관계인가 대등관계인가에 따라서 공법과 사법을 구별하려는 이론이다. 즉, 상하관계를 규율하는 법이 공법이 되고, 대등관계를 규율하는 법이 사법이 된다. 성질설 또는 복종설이라고도 한다.

그러나 행정계약이나 사실행위의 영역과 같이 공법이 반드시 상하관계를 규율하는 것은 아니라는 점에서 비판이 제기된다.

(3) 주체설

주체설은 법률관계의 주체, 즉 법의 귀속주체에 따라서 공법과 사법을 구별하려는 이론이다. 즉, 공법은 일방 또는 쌍방의 당사자가 행정주체에 해당하는 경우를 규율하는 법이며, 사법은 사인(私人) 상호 간의 관계를 규율하는 법이 된다.

그러나 이는 행위주체의 형식적 측면만을 고려하여 법률관계의 실질적인 측면을 간과하였다는 비판이 제기된다.

주체설의 단점을 보완하기 위해서 '수정된 주체설'이 등장했는데, 이 이론에 따르면 공법은 행정주체에게만 권리나 의무를 부여하는 법이며, 사법은 모든 당사자에게 권리와 의무가 귀속되는 법이다.

　수정된 주체설은 기존의 주체설이 형식적 측면에 치우쳤다는 단점을 보완하였다고 평가할 수 있으나, 분쟁해결을 위한 적용법규가 명확하지 않은 경우에는 공법인지 사법인지 구별하기 곤란하다는 비판이 제기된다.

(4) 개별결정설

　개별결정설은 복수기준설이라고도 하는데, 위에서 살펴보았던 이익설·종속설·주체설 등의 다양한 기준들을 혼합하여 공법과 사법을 구별하려는 이론이다. 다수설의 입장이기도 한 개별결정설은 실정법이 공법관계임을 명시하고 있을 때에는 문제가 없지만 실정법이 이를 명시하고 있지 아니할 때에는 공법과 사법을 구별하는 제도적 의의 및 당해 행정법규가 규율하는 취지 등에 따라 개별적·구체적으로 판단하려는 것이다.[37]

3. 판　례

(1) 공법관계로 본 경우

① 대법원 1998. 2. 27. 선고 97누1105 판결

　공유재산의 관리청이 행정재산의 사용·수익에 대한 허가는 순전히 사경제주체로서 행하는 사법상의 행위가 아니라 관리청이 공권력을 가진 우월적 지위에서 행하는 행정처분으로서 특정인에게 행정재산을 사용할 수 있는 권리를 설정하여 주는 강학상 특허에 해당하고, 이러한 행정재산의 사용·수익허가처분의 성질에 비추어 국민에게는 행정재산의 사용·수익허가를 신청할 법규상 또는 조리상의 권리가 있다고 할 것이므로 공유재산의 관리청이 이러한 신청을 거부한 행위 역시 행정처분에 해당한다고 할 것이다.

② 대법원 2018. 5. 15. 선고 2016두57984 판결

　국가 또는 지방자치단체와 체결한 계약을 위반한 자에 대하여 중앙관서의 장이나 지방자치단체의 장이 국가를 당사자로 하는 계약에 관한 법률 제27조 또는 지방자치단체를 당사자로 하는 계약에 관한 법률 제31조에 따라 행하는 '입찰참가자격 제한조치'는 공법행위로서 항고소송의 대상이 되는 행정처분이라는 것이 대법원 판례의 입장이다.[38]

---

37) 김철용(53면).
38) 과거 한국전력공사 등 정부투자기관에 의한 입찰참가자격 제한조치의 경우, 구 정부투자기관 관리기본법에서 이에 대한 법적 근거를 두지 않았고, 그 근거가 되는 정부투자기관 회계규정이 법적 구

③ 대법원 2012. 10. 11. 선고 2010다23210 판결

구 공익사업을 위한 토지 등의 취득 및 보상에 관한 법률(2007. 10. 17. 법률 제8665호로 개정되기 전의 것) 제79조 제2항, 공익사업을 위한 토지 등의 취득 및 보상에 관한 법률 시행규칙 제57조에 따른 사업폐지 등에 대한 보상청구권은 공익사업의 시행 등 적법한 공권력의 행사에 의한 재산상 특별한 희생에 대하여 전체적인 공평부담의 견지에서 공익사업의 주체가 손해를 보상하여 주는 손실보상의 일종으로 공법상 권리임이 분명하므로 그에 관한 쟁송은 민사소송이 아닌 행정소송절차에 의하여야 한다.

④ 대법원 1988. 2. 23. 선고 87누1046, 1047 판결

국유재산법 제51조 제1항은 국유재산의 무단점유자에 대하여는 대부 또는 사용, 수익허가 등을 받은 경우에 납부하여야 할 대부료 또는 사용료 상당액 외에도 그 징벌적 의미에서 국가측이 일방적으로 그 2할 상당액을 추가하여 변상금을 징수토록 하고 있으며 동조 제2항은 변상금의 체납시 국세징수법에 의하여 강제징수토록 하고 있는 점 등에 비추어 보면 국유재산의 관리청이 그 무단점유자에 대하여 하는 변상금부과처분은 순전히 사경제 주체로서 행하는 사법상의 법률행위라 할 수 없고 이는 관리청이 공권력을 가진 우월적 지위에서 행한 것으로서 행정소송의 대상이 되는 행정처분이라고 보아야 한다.

(2) 사법(私法)관계로 본 경우

① 대법원 2000. 2. 11. 선고 99다61675 판결

국유재산법 제31조, 제32조 제3항, 산림법 제75조 제1항의 규정 등에 의하여 국유잡종재산에 관한 관리 처분의 권한을 위임받은 기관이 국유잡종재산을 대부하는 행위는 국가가 사경제 주체로서 상대방과 대등한 위치에서 행하는 사법상의 계약이고, 행정청이 공권력의 주체로서 상대방의 의사 여하에 불구하고 일방적으로 행하는 행정처분이라고 볼 수 없으며, 국유잡종재산에 관한 대부료의 납부고지 역시 사법상의 이행청구에 해당하고, 이를 행정처분이라고 할 수 없다.

② 대법원 1983. 12. 27. 선고 81누366 판결

예산회계법에 따라 체결되는 계약은 사법상의 계약이라고 할 것이고 동법 제70조의5의 입찰보증금은 낙찰자의 계약체결의무 이행의 확보를 목적으로 하여 그 불이행시에

속력이 없는 행정규칙이라는 이유로 사법(私法)상의 통지행위에 불과하다고 보았다(대법원 1999. 11. 26.자 99부3 결정). 그러나 이후 정부투자기관 관리기본법이 폐지되고 공공기관의 운영에 관한 법률과 그 위임을 받은 기획재정부령인 공기업·준정부기관 계약사무규칙에서는 그에 대한 근거 규정을 두고 있으므로 공기업 및 준정부기관의 입찰참가자격 제한조치는 항고소송의 대상이 되는 행정처분으로 보아야 한다(대법원 2018. 10. 25. 선고 2016두33537 판결).

이를 국고에 귀속시켜 국가의 손해를 전보하는 사법상의 손해배상 예정으로서의 성질
을 갖는 것이라고 할 것이므로 입찰보증금의 국고귀속조치는 국가가 사법상의 재산권
의 주체로서 행위 하는 것이지 공권력을 행사하는 것이거나 공권력 작용과 일체성을 가
진 것이 아니라 할 것이므로 이에 관한 분쟁은 행정소송이 아닌 민사소송의 대상이 될
수밖에 없다고 할 것이다.

③ 대법원 2020. 5. 14. 선고 2018다298409 판결

국가를 당사자로 하는 계약에 관한 법률에 따라 국가가 당사자가 되는 이른바 공공
계약은 사경제 주체로서 상대방과 대등한 위치에서 체결하는 사법상 계약으로서 본질적
인 내용은 사인 간의 계약과 다를 바가 없으므로, 그에 관한 법령에 특별한 정함이 있는
경우를 제외하고는 사적 자치와 계약자유의 원칙 등 사법의 원리가 그대로 적용된다.

④ 대법원 2012. 2. 23. 선고 2010다91206 판결

공익사업을 위한 토지 등의 취득 및 보상에 관한 법령(이하 '공익사업법'이라고 한다)에 의한 협의취득
은 사법상의 법률행위이므로 당사자 사이의 자유로운 의사에 따라 채무불이행책임이나
매매대금 과부족금에 대한 지급의무를 약정할 수 있다. 그리고 협의취득을 위한 매매계
약을 해석함에 있어서도 처분문서 해석의 일반원칙으로 돌아와 매매계약서에 기재되어
있는 문언대로의 의사표시의 존재와 내용을 인정하여야 하고, 당사자 사이에 계약의 해
석을 둘러싸고 이견이 있어 처분문서에 나타난 당사자의 의사해석이 문제되는 경우에
는 그 문언의 내용, 그러한 약정이 이루어진 동기와 경위, 그 약정에 의하여 달성하려
는 목적, 당사자의 진정한 의사 등을 종합적으로 고찰하여 논리와 경험칙에 따라 합리
적으로 해석하여야 한다. 다만 공익사업법은 공익사업의 효율적인 수행을 통하여 공공
복리의 증진과 재산권의 적정한 보호를 도모하는 것을 목적으로 하고 협의취득의 배후
에는 수용에 의한 강제취득 방법이 남아 있어 토지 등의 소유자로서는 협의에 불응하면
바로 수용을 당하게 된다는 심리적 강박감이 자리 잡을 수밖에 없으며 협의취득 과정에
는 여러 가지 공법적 규제가 있는 등 공익적 특성을 고려하여야 한다.

⑤ 대법원 1972. 10. 10. 선고 69다701 판결

공무원의 직무상 불법행위로 손해를 받은 국민이 국가 또는 공공단체에 배상을 청구
하는 경우 국가 또는 공공단체에 대하여 그의 불법행위를 이유로 손해배상을 구함은 국
가배상법이 정한 바에 따른다 하여도 이 역시 민사상의 손해배상 책임을 특별법인 국가
배상법이 정한데 불과하다.

⑥ 대법원 1995. 12. 22. 선고 94다51253 판결

개발부담금 부과처분이 취소된 이상 그 후의 부당이득으로서의 과오납금 반환에 관
한 법률관계는 단순한 민사관계에 불과한 것이고, 행정소송절차에 따라야 하는 관계로

볼 수 없다.

⑦ **대법원 2013. 2. 28. 선고 2010두22368 판결**

구 공익사업을 위한 토지 등의 취득 및 보상에 관한 법률(2010. 4. 5. 법률 제10239호로 일부 개정되기 전의 것, 이하 '구 공익사업법'이라 한다) 제91조에 규정된 환매권은 상대방에 대한 의사표시를 요하는 형성권의 일종으로서 재판상이든 재판 외이든 위 규정에 따른 기간 내에 행사하면 매매의 효력이 생기는바, 이러한 환매권의 존부에 관한 확인을 구하는 소송 및 구 공익사업법 제91조 제4항에 따라 환매금액의 증감을 구하는 소송 역시 민사소송에 해당한다.

4. 행정법의 공법적 요소

행정법의 실체는 '공익을 목적으로 하는 불평등한 법'이며, 행정법관계는 '공익을 목적으로 하는 불평등한 법관계'에 해당한다. 우선 행정법이 공익을 목적으로 한다는 것은 앞서 살펴본 '이익설'에서 주장하고 있는 공법의 공익 실현성과 관련된다. 또한 불평등하다는 것은 행정주체에게 특권을 부여하고 있다는 것인데, 이는 상하관계를 규율하는 법을 공법으로 보고 있는 '종속설'과 사법과 달리 공법에서는 법률관계의 당사자 일방인 행정주체에게 권리와 의무가 인정된다고 주장하는 '주체설' 및 '수정된 주체설'과 관련되어 있다. 다만 행정주체에게 특별한 권한을 부여하는 것은 공법상의 실체법적 특수성과 관련되어 있고, 이 역시 공익 실현과 밀접한 관계가 있다. 따라서 행정소송을 통해 행정주체의 특권을 통제하는 것도 마찬가지로 행정법의 목적이 공익에 있기 때문이다.

Ⅱ. 헌법과의 관계

헌법과 행정법은 공통적으로 공법의 영역에 해당한다. 베르너($^F_{Werner}$)는 행정법을 '헌법의 구체화법'이라고 하였는데, 이는 기본적으로 헌법이 행정법의 근거규범으로서의 성격을 지닌다는 것이다. 즉, 헌법이 그 내용에 있어서 추상적인 규범성을 갖기 때문에 행정법에 의하여 구체화되고 보충되는 것이다.

따라서 헌법과 행정법이 각각 규율하는 내용을 명확하게 구별하기는 어렵다. 다만 헌법이 국가의 최고규범으로서 국민의 기본권의 내용과 국가의 권력구조의 구성에 대한 기본원칙을 정하는 반면에, 행정법은 헌법의 이념을 바탕으로 하여 헌법이 정하고 있는 국가의 권력구조의 범위 내에서 국민의 기본권을 형성 또는 제한하는 것이다.

Ⅲ. 행정학과의 관계

행정학도 행정법학과 마찬가지로 행정이라고 하는 동일한 현상을 연구 대상으로 하고 있는 사회과학이다. 다만 행정법이 행정에 대해서 규범적인 요소를 다루고 있는 반면에, 행정학은 행정을 현실적 관점에서 행정작용이나 행정조직의 기능 등을 다루고 있다. 행정학과 행정법학은 상호 보완·연계 발전을 이룩해 나가야 하겠지만 이 둘은 오히려 상호괴리 현상을 보이고 있다.

행정학의 목적이 행정의 합리성·능률성·현실성을 제고하는 데 있는 반면에, 행정법은 절차를 중점적으로 하여 개인의 권리와 사법적 통제문제에 치중하기 때문에 상호불신을 가져왔다. 또한, 행정법학은 독일의 법제도를 계수한 반면에 행정학은 생산성을 중시하는 미국의 경영학적 방법론을 도입함으로써 이와 같은 현상이 더욱 심화될 수밖에 없다.

행정학자들은 경영적 방법론, 사회적 방법론, 정책학적 방법론 등을 통하여 분석한 연구 자료를 행정법학자에게 제공함으로써 건전한 행정의 운영을 위한 행정법학의 건설에 기여해야 할 것이며, 행정법학자들 역시 구시대적이고 주관주의적인 권리 개념이나 재량에 대한 통제 및 사법(私法) 적용의 확대에 대한 집착으로부터 벗어나 '행정의 건전한 운영'($_{governance}^{sound}$)의 문제를 직시할 필요가 있다.

제 2 장 법치행정의 원리

헌법 제37조 ② 국민의 모든 자유와 권리는 국가안전보장·질서유지 또는 공공복리를 위하여 필요한 경우에 한하여 법률로써 제한할 수 있으며, 제한하는 경우에도 자유와 권리의 본질적인 내용을 침해할 수 없다.

행정기본법 제8조(법치행정의 원칙) 행정작용은 법률에 위반되어서는 아니 되며, 국민의 권리를 제한하거나 의무를 부과하는 경우와 그 밖에 국민생활에 중요한 영향을 미치는 경우에는 법률에 근거하여야 한다.

제 1 절 행정법의 기본원리

행정법의 기본원리로는 헌법의 기본이념에 해당하는 권력분립원리, 민주국가원리, 법치국가원리, 사회국가원리 등을 들 수 있다. 여기서 법치국가원리를 행정에 반영하게 되면 '법치행정의 원리'가 되는데, 행정법의 성립은 권력분립에 의해 분화된 행정의 관념에 법치행정의 원리가 확립되었기 때문에 가능하였다.

제 2 절 법치행정의 의의

근대국가는 사람에 의한 사람의 지배를 법에 의한 사람의 지배로 바꾸어 놓는 한편 사람뿐만이 아니라 국가도 법에 의한 지배를 받도록 하였다는 점에서 과거와는 다른 국가사회를 수립하였는데, 이를 가리켜 법치국가원리라고 한다. 법치국가원리는 입법·행정·사법의 모든 영역에 적용되어 이들 권력이 법에 의한 지배를 받아야 한다는 것이지만, 법치주의가 행정에 반영된 것을 법치행정의 원리라고 한다. 그러나 법치행정의 내용은 근대국가가 성립된 각국의 사정에 따라 그 내용을 달리하고 있는데, 이를 단순히 영미의 실질적 법치주의와 대륙식의 형식적 법치주의로 분류하는 것은 첫째, 근대국가 성립의 선두에 섰던 프랑스의 경우를 형식적 법치주의로 치부해버리고, 둘째, 행정의 관념과 행정법의 의의를 퇴색시킨다는 점에서 매우 큰 오류를 범하는 것이다. 따라서 법치행정의 원리를 설명함에 있어서는 최소한 영미형, 프랑스형, 독일형의 3가지 유형으로는 나누어 관찰할 필요가 있다.

제 3 절 법치행정의 유형

Ⅰ. 영미형의 '법의 지배'(Rule of Law)

법의 지배(Rule of Law)의 원리는 영국에서 성립되어, 영국 불문헌법(不文憲法)의 기본원리가 되었으며, 다이시(Albert V. Dicey)에 의하여 체계화되었다. 법의 지배의 원리는 자의적 전제권력이 아닌 정규의 법의 절대적 우위, 모든 사람은 신분에 관계없이 국가라 하더라도 일반인과 마찬가지로 누구나 똑같이 보통법(common law)에 복종하여야 한다는 보통법 앞의 평등을 말하는 것으로, 판례를 통하여 형성된 인권에 관한 헌법상의 일반원칙의 존중을 내용으로 한다.

그러나 보통법의 지배는 일반 국민은 물론이고 국왕·국가라고 할지라도 오직 보통법 앞에 평등하게 놓인다고 함으로써 국가의 행위에 대하여는 개인의 행위와 다른 법적 취급을 한다는 전제에서 출발하는 행정의 관념 또는 '행정법'의 성립과 발달을 더디게 하였다. 하지만 전제권력에 의한 지배를 배제하고, 기본권을 보장하는 법에 의한 지배를 천명함으로써 일찍부터 실질적 법치주의의 길을 열었다. 그 후 커먼로 국가들도 공공서비스의 필요성을 자각하면서, 공공서비스의 효율적 제공을 위하여 행정권에게 공익 목적상 필요한 범위 내에서 우월적 특권을 인정해야 한다는 생각을 가지게 되었다. 이에 따라 최근에는 하급법원으로서의 행정재판소들도 생겨나고 있다.

미국에서도 헌법의 기본권의 선언과 보장, 법률의 헌법에의 구속, 연방대법원의 위헌법률심사권 등을 통하여 법의 지배의 원리를 확립하고 있다. 미국의 프리드만(W. Friedmann) 교수도 복잡한 현대 행정의 문제를 해결하기 위해서는 프랑스와 같은 행정법 체계가 필요하다고 주장한 바 있다.[1]

---

1) Wolfgang Friedmann, The State and the Rule of Law in a Mixed Economy, London, Stevens, 1971.

Ⅱ. 프랑스형의 '법치국가'(Etat de Droit)

프랑스에서 법치국가($\substack{\text{Etat de} \\ \text{Droit}}$)란 자유를 보호하기 위하여 법에 의하여 국가의 권력을 제한하려는 것으로, 까레 드 말베르($\substack{\text{Carré de} \\ \text{Malberg}}$)는 "경찰국가에 대항하는 법치국가는 국민에게 법을 위반한 행정행위의 취소, 변경, 또는 부적용을 법원에 요구할 수 있는 법적 권리를 부여하는 것이다."고 하였다. 따라서 기판력($\substack{\text{autorité de} \\ \text{chose jugée}}$)이 인정되어야 하고, 법치는 실질적인 것이어야 한다. 프랑스에 있어서의 법치국가란 행정제도 ($\substack{\text{Régime} \\ \text{administratif}}$)를 바탕으로 한 '행정법에 의한 법치국가'를 의미한다. 모리스 오류($\substack{\text{M.} \\ \text{Hauriou}}$)는 이것을 가리켜 프랑스의 법치행정이야말로 가장 완성된 형태의 법치행정이라고 하였다. 또한 프랑스에서는 법률에 의한 행정의 구속이 약해지는 대신 헌법, 법의 일반원칙, 특히 명령에 의한 행정의 구속이 강화되고, 법률에 의한 지배($\substack{\text{principe de} \\ \text{la légalité}}$)보다는 모든 법에 의한 지배($\substack{\text{principe de} \\ \text{la juridicité}}$)가 특징이다. 즉, 헌법, 조약, 법률, 법의 일반원칙, 판례, 법원의 결정, 행정계약, 집행결정에 의한 합법성의 통제를 의미하는데, 실정법뿐만 아니라 법의 일반원칙에 의한 통제도 의미한다.

Ⅲ. 독일형의 '법률에 의한 행정'(Die Gesetzmässigkeit der Verwaltung)

독일에서 법치국가는 'Rechtsstaat'라고 하나 이는 프랑스어의 'Etat de Droit'를 직역한데 불과하고 실제는 법에 의한 행정보다는 법률에 의한 행정의 모습이 나타났다. 독일에서의 법치국가는 영국이나 프랑스보다 1세기 정도 늦게 나타나 19세기에 와서야 부르주아 계층들이 자유주의를 구가하였고, 왕권과 부르주아가 타협하여 헌법을 제정하였으며, 이에 의하여 비로소 기본권이 보장되고 입법에 국민의 대표가 참여하게 되었다. 행정권은 여전히 세습군주의 손에 있었고, 세습군주는 특별권력관계를 인정받는 등 법치국가와는 거리가 멀었지만, 부르주아 계층이 가장 큰 관심을 가지고 있던 자유와 재산에 대한 침해에 대하여만은 그들을 대표하는 의회가 제정한 법률의 유보가 있어야만 했고, 이를 통해서 부르주아들은 자유와 재산을 보장받을 수 있었다. 따라서 당시 부르주아들은 법의 지배보다도 법률의 지배에 집착할 수밖에 없었다. 이러한 법률에 대한 집착이 독일을 풍미한 법실증주의와 결합하여 형식적 법치주의로 나아갔는데, 일반철학에서의 실증주의는 검증할 수 있는 모든 사실을 경험주의적으로 접근하는데 비하여 독일의 법실증주의는 정치, 경제, 도덕 등의 다른 가치는 배제하고 법만 가지고 경험주의적 접근을 한다는 것이므로, 필연적으로 법형식주의로 나아가지 않을 수 없었고, 정치적·경제적·사회적 환경과 가치관의 변화에 따라 급속하게 발전해 가는 근대 행정법의 특징과는 처음부터 모순적인 것이 될 수밖에 없었다. 나치스의 수권법은 법률의 내용이나 목적 같은 가치는 문제삼지 않고, 형식과 절차에만 집착하는 법실증주의의 바탕하에 통과되었다. 그러나 독일에서도 2차 세계대전 후 기본법이 제정되고 민주주의가 정착됨에 따라 헌법과 법의 일반원칙에 대한 적합성이 강조되고, 헌법재판소에 의한 위헌법률심사가 활발해짐에 따라 법률에 의한 지배라고 하는 형식적 법치주의로부터 벗어나 실질적 법치국가(^{Rechtsstaat})를 이룩하게 되었다.

제 4 절 법치행정의 내용

I. 개 설

행정권에게 우월적 특권을 인정은 하되, 행정권이 그 특권을 행사하기 위해서는 반드시 국민의 대표기관인 의회가 제정한 법률에 그 근거가 있어야 하고, 그 법률에서 정하는 권한의 범위 내에서 권한을 행사하여야 한다는 것이 법치주의(법치행정)의 가장 일반적인 설명이다.[2] 결국 의회가 제정한 법률이 가지는 의미는 바로 국민의 의사에 의해 행정권이 통제된다는 것이다. 오토 마이어는 법치행정에 있어서 집행권을 구속하는 법률의 범위와 관련하여서 법률의 지배이론을 창시하였다. 오토 마이어의 법률의 지배는 법률조직으로부터 정치구조를 유리시키는 것이 핵심인데, 이러한 태도는 법실증주의, 형식적 법치주의, 순수법학으로 발전하게 된다.

오토 마이어는 법치주의가 실현되기 위해서는 가장 기본적으로 아래에서 설명하고 있는 3가지의 기본요소를 갖추어야 한다고 역설하였다. 이른바 ① 법률의 법규창조력, ② 법률의 우위, 그리고 ③ 법률의 유보가 바로 그것이다.

---

2) 행정이 법률의 범위 내에서 이루어져야 한다는 것은 행정이 법률에 적합하여야 한다는 것을 의미하며, 이를 '행정의 법률적합성원칙'이라고 한다.

Ⅱ. 법률의 법규창조력

국민의 권리·의무에 관한 새로운 규율을 정할 때에는 반드시 국민의 대표기관인 의회가 제정한 법률의 형식으로 정하여야 한다. 다시 말해서 의회가 제정한 법률만이 법규로서 구속력을 가진다는 의미이다. 즉, 행정부가 발하는 법규명령은 파생입법으로 간주될 뿐인데 오늘날 집행명령, 법규성이 인정되는 행정규칙, 독립명령, 조례, 규칙의 존재로 인하여 더 이상 설득력이 없다.

Ⅲ. 법률의 우위

법률우위의 원칙은 법률 등을 포함하여 모든 법규는 행정보다 우위에 있고, 행정은 그 법규에 반할 수 없다는 원칙을 말한다. 다시 말해서 법률우위의 원칙은 의회에서 의결된 법률이 모든 다른 하위법적인 규범 또는 개별적인 행정행위에 선행한다는 것을 의미한다.

이 원칙은 행정을 위하여 두 가지 의미의 내용을 반영하고 있는바, ① 집행권은 입법자의 의사를 현실화시켜야 할 의무를 진다는 의미의 적용명령, ② 집행권은 법률에 위반되어서는 안 된다는 회피금지가 그것이다.

따라서 법률유보의 원칙이 행정권의 발동에 반드시 법률의 수권이 있어야 한다는 적극적 의미의 법률적합성의 원칙이라면, 법률우위의 원칙은 소극적 의미의 법률적합성의 원칙이라 할 것이다.

① 대법원 1991. 8. 27. 선고 90누6613 판결
법률이 주민의 권리의무에 관한 사항에 관하여 구체적으로 아무런 범위도 정하지 아니한 채 조례로 정하도록 포괄적으로 위임하였다고 하더라도, 행정관청의 명령과는 달라, 조례도 주민의 대표기관인 지방의회의 의결로 제정되는 지방자치단체의 자주법인 만큼, 지방자치단체가 법령에 위반되지 않는 범위 내에서 주민의 권리의무에 관한 사항을 조례로 제정할 수 있는 것이다.

② 대법원 1997. 4. 25. 선고 96추244 판결
지방자치단체는 법령에 위반되지 아니하는 범위 내에서 그 사무에 관하여 조례를 제정할 수 있는 것이고, 조례가 규율하는 특정사항에 관하여 그것을 규율하는 국가의 법령이 이미 존재하는 경우에도 조례가 법령과 별도의 목적에 기하여 규율함을 의도하는

것으로서 그 적용에 의하여 법령의 규정이 의도하는 목적과 효과를 전혀 저해하는 바가 없는 때, 또는 양자가 동일한 목적에서 출발한 것이라고 할지라도 국가의 법령이 반드시 그 규정에 의하여 전국에 걸쳐 일률적으로 동일한 내용을 규율하려는 취지가 아니고 각 지방자치단체가 그 지방의 실정에 맞게 별도로 규율하는 것을 용인하는 취지라고 해석되는 때에는 그 조례가 국가의 법령에 위반되는 것은 아니다.

Ⅳ. 법률의 유보

1. 의 의

법률의 유보란 행정권의 발동에는 반드시 개별적인 법률의 수권을 필요로 한다는 것이다. 전술한 바와 같이 법률우위의 원칙이 소극적으로 법률에 위반하는 행정작용을 금지하는 것인데 반하여, 법률유보의 원칙은 적극적으로 행정권의 발동에 법적 근거를 필요로 하는 것이다.

2. 관련 개념과의 구별

(1) 기본권적 법률유보

법률유보를 이른바 '기본권적 법률유보'와 '일반적 법률유보'로 나누어 설명하는 학자가 있다. 대체로 전자는 헌법학자들의 시각으로서 법률유보를 기본권의 한계 내지 제한의 문제로 인식함에 반하여, 후자는 행정법학자들의 시각으로서 법률유보의 개념을 행정이 특정한 사례에 있어 그것이 법률적인 규정을 통한 수권 근거가 있을 때에만 활동할 수 있다는 것을 의미한다고 한다.[3]

이처럼 법률유보의 두 가지 상이한 시각이 병렬적으로 존재한다는 것은 사실이다. 하나는 국가적인 침해를 위한 정당화의 근거, 즉 '기본권의 제한을 위한 근거'이며, 다른 하나는 '행정을 위한 활동 근거'이다. 행정을 위한 활동 근거로서의 법률유보는 입법자의 결정권을 보장하고 강화해야만 한다. 반면에 기본권의 제한을 위한 근거로서의 법률유보는 입법자에 반대하는 방향을 가지고 있다. 결국 기본권적 법률유보가 기본권의 제한을 입법자가 자의대로 하지 못하도록 하기 위해 입법자의 행동자유를 제한하는 반면에, 일반적 법률유보는 입법자의 권력을 강화하는 것이다.[4]

---

3) 김용섭, "급부행정의 법률유보에 관한 연구", 법제연구(제9호), 1995, 226면.
4) Michael Kloepfer, Der Vorbehalt des Gesetzes im Wandel, J.Z., 1984, S. 687.

경제적 성장에 비하여 상대적으로 정치적 입지가 좁았던 부르주아 계층이 정치로부터 독립된 법체계를 통하여, 즉 자신들이 장악하고 있던 의회의 전속적 관할에 속하는 법률을 통하여 자신들의 자유와 재산을 보호하려는 이념적 방패로서 법률유보원칙을 주장할 당시에는 오늘날의 행정권을 포괄하는 보다 막강한 권한을 가진 왕권과 의회의 대립구도 속에서 재산권 보장의 수단으로, 다시 말해서 기본권 제한의 정당화 근거로서 법률유보의 이념이 활용되었을 것이다. 그러나 오늘날에는 국민의 기본권 보장이 국가의 최고선(最高善)이라는 사실에 대해 완전한 합의가 도출되었기에 기본권 제한을 위한 기준과 행정권 통제를 위한 기준이 그 이념을 달리할 까닭이 없다. 따라서 일반적 법률유보와 기본권적 법률유보의 개념 구별은 그 의미가 없으며, 동일한 사실에 대한 시각의 차이일 뿐이다.

(2) 의회유보

의회유보란 특정한 사안은 의회의 전속적 규율사항으로 유보되어 있다는 것을 말한다. 이는 독일 연방헌법재판소의 판례에 의하여 전개된 개념으로서, 법률유보의 범위에 관한 학설 중 후술하는 이른바 '본질성론'과 관련되어 발전된 이론이다.

국민의 권익에 중요한 영향을 미치는 사항에 대해 법률이라는 형식에 기속을 받도록 하는 것이나, 의회의 전속적 결정사항으로 유보해 두는 것과 결과적으로는 큰 차이가 없다. 그러나 의회유보는 의회의 민주적 절차에 따른 결정, 즉 민주적 정당성에 포커스가 맞추어져 있고, 법률유보는 법치국가적 요청에 중점이 있다는 논리적 출발점에 있어 차이가 있다.

법률은 국가 활동의 정당화를 위한 장치일 뿐만 아니라 의회의 정당성을 중개하기도 한다. 의회의 가장 중요한 행동수단이 입법이다. 의회의 의사는 법률이라는 형식에 의해 표현된다. 전통적 의미의 법률은 합법성과 정당성의 전통적인 동일시에서 나온다. 그럼에도 오늘날에는 19세기 시민 법치국가 시대와는 달리 법률이라는 형식이 정당성을 반드시 담보하는 것은 아니다. 위헌법률은 연방헌법재판소의 규범통제에 따라 실정헌법상 정당성을 잃게 된다.

따라서 행정권을 발동하기 위해서는 법률이라는 형식으로부터 수권을 요한다는 것과 의회가 타 기관에 위임함이 없이 스스로 특정한 사안을 결정한다는 것은 그 의미상 차이가 있다.

의회유보는 의회의 형성요구를 보장해야 하나, 항상 법률이라는 형식만을 요구하는 것은 아니다. 의회의 의사는 단순한 의회의 결정을 통하여도 인식될 수 있다.

따라서 의회유보를 위임금지를 강조한 법률유보로 파악해서는 안 된다.

의회 다수와 행정부의 정치적 동질성의 상이성 문제와 이에 따른 두 권력에 미치는 정치적 영향력 때문에 19세기 정치 상황과는 달리 유보문제는 행정부를 통한 권력독점으로부터 의회를 보호하려는 데 있는 것이 아니라 의회에게만 속하는 실정헌법상 권한을 사실상 행사하도록 하고, 책임을 회피하거나 선거나 권력적 형량을 통하여 권한을 정부에게 넘겨주지 않을 것을 의회에게 촉구하는 것이다.

(3) 행정유보

행정유보란 행정의 독자적이고 고유한 영역을 인정하는 입장에서 검토하였을 때, 행정권이 법률의 제한을 받지 않고 스스로 규율할 수 있는 영역을 말한다. 법률유보의 원칙이 적용되는 부분의 행정을 제외한 영역, 즉 법률유보가 적용되지 않는 영역에서는 법률에 의한 근거가 없어도 행정권의 발동이 가능하다. 법률에 의한 근거가 없이 발하여지는 독립명령, 집행명령, 조례 등의 경우에서 행정유보의 그 예를 찾아볼 수 있겠다.

3. 법률유보의 한계

법률유보의 원칙에 의해서 행정권의 발동에는 법률의 근거가 필요하지만, 모든 행정권의 발동은 반드시 법률적 근거가 있어야 하는가. 즉, 법률적 근거가 없이는 어떠한 행정권의 발동도 있을 수 없는가라는 문제가 남는다. 이에 대한 견해들을 살펴보면 다음과 같다.

(1) 침해유보설

국민의 자유와 권리를 침해 또는 제한하거나 의무를 부과하는 불이익적 · 권력적 작용을 하는 경우에는 법률의 수권이 필요하나, 그 이외의 작용은 법률의 근거가 없어도 가능하다는 입장이다.

법률유보가 국민의 권익보호를 그 이념으로 한다는 점에서 일응 설득력이 있어 보인다. 그러나 오늘날 행정의 영역이 확대되면서 비록 침해적 성질의 행정작용이 아니라 할지라도 행정권의 발동이 법률에 유보되어 있는 것이 법적 안정성 또는 예측가능성 등에 도움이 되는 경우가 있다. 따라서 법률유보의 범위를 침해적 작용으로 한정할 이유는 없다고 할 것이다.

(2) 권력행정유보설

국민의 권리·의무와 관계되는 모든 권력행정은 법률적 근거를 요한다는 입장이다. 침해유보설에 비해서 법률유보의 범위를 넓게 인정하고 있으나, 여전히 침해유보설과 마찬가지로 급부행정과 같은 비권력적 작용을 법률유보의 대상에서 제외하고 있다.

(3) 전부유보설

모든 공행정작용은 법률적 근거가 있어야 된다는 견해이다. 그러나 이를 역으로 말하면 법률적 근거 없이는 어떠한 행정권의 발동도 있을 수 없다는 것인바, 이에 따르면 급변하는 행정현실에 탄력적으로 대처해야 하는 행정수요를 감당하기가 불가능해 보인다.

(4) 급부행정유보설(사회유보설)

사회국가 이념의 확대로 행정에 대한 의존도가 높아짐에 따라 불평등한 급부 또는 자의적인 급부 중단은 침해적 행정 못지않게 국민의 권익을 해칠 우려가 있다는 점을 인식하고, 급부행정의 경우에도 법률적 근거가 있어야 한다는 입장이다.

그러나 급부행정의 범위가 애매하고, 만일 급부행정에까지 법률의 근거를 요구하면 유연한 대처가 필요한 급부행정의 목적 수행이 위축될 우려가 있다는 비판이 있다.

(5) 중요사항유보설(본질성설)

법률유보의 범위를 획일적으로 결정할 것이 아니라, 행정의 기능과 내용 그리고 국민의 권익 등을 고려하여 개별적으로 법률유보 여부를 결정하여야 한다는 입장이다. 즉, 행정권을 발동하는 데 있어서 중요사항의 경우에는 반드시 법률의 근거가 요구된다는 견해이다. 예컨대 학교행정이 침해행정 또는 급부행정 중 어디에 속하느냐에 따라, 즉 행위의 성질에 따라 법률유보의 적용 여부가 결정되는 것은 아니고, 학교의 종류, 학생의 입학 등 학생에게 본질적으로 중요한 행정은 법적 근거가 있어야 한다는 것이다.

오늘날 법률유보원칙은 단순히 행정작용이 법률에 근거를 두기만 하면 충분한 것이 아니라, 국가 공동체와 그 구성원에게 기본적이고도 중요한 의미를 갖는 영역, 특히 국민의 기본권 실현과 관련된 영역에 있어서는 국민의 대표자인 입법자가 그 본질적 사항에 대해서 스스로 결정하여야 한다는 요구까지 내포하고 있다. 이처럼 특정사안에 대해서는 의회의 전속적 규율사항으로 유보되어 있다는 것을 전술한 바와 같이 이른바 '의회유보'라 한다.

헌법재판소는 한국방송공사 수신료결정사건에서 중요사항유보설의 입장에서 법률유보의 원칙을 적용하였다.

① 헌법재판소 1999. 5. 27.자 98헌바70 결정[5]

오늘날 법률유보원칙은 단순히 행정작용이 법률에 근거를 두기만 하면 충분한 것이 아니라, 국가공동체와 그 구성원에게 기본적이고도 중요한 의미를 갖는 영역, 특히 국민의 기본권 실현과 관련된 영역에 있어서는 국민의 대표자인 입법자가 그 본질적 사항에 대해서 스스로 결정하여야 한다는 요구까지 내포하고 있다(의회유보원칙). 그런데 텔레비전방송 수신료는 대다수 국민의 재산권 보장의 측면이나 한국방송공사에게 보장된 방송자유의 측면에서 국민의 기본권 실현에 관련된 영역에 속하고, 수신료 금액의 결정은 납부의무자의 범위 등과 함께 수신료에 관한 본질적인 중요한 사항이므로 국회가 스스로 행하여야 하는 사항에 속하는 것임에도 불구하고 한국방송공사법 제36조 제1항에서 국회의 결정이나 관여를 배제한 채 한국방송공사로 하여금 수신료 금액을 결정해서 문화관광부장관의 승인을 얻도록 한 것은 법률유보원칙에 위반된다.

② 대법원 2015. 8. 20. 선고 2012두23808 전원합의체 판결

[1] 특정 사안과 관련하여 법률에서 하위 법령에 위임을 한 경우에 모법의 위임범위를 확정하거나 하위 법령이 위임의 한계를 준수하고 있는지 여부를 판단할 때에는, 하위 법령이 규정한 내용이 입법자가 형식적 법률로 스스로 규율하여야 하는 본질적 사항으로서 의회유보의 원칙이 지켜져야 할 영역인지, 당해 법률 규정의 입법 목적과 규정 내용, 규정의 체계, 다른 규정과의 관계 등을 종합적으로 고려하여야 하고, 위임 규정 자체에서 의미 내용을 정확하게 알 수 있는 용어를 사용하여 위임의 한계를 분명히 하고 있는데도 문언적 의미의 한계를 벗어났는지나, 하위 법령의 내용이 모법 자체로부터

---

5) [비교 판례] 현행 방송법은 첫째, 수신료의 금액은 한국방송공사의 이사회에서 심의·의결한 후 방송위원회를 거쳐 국회의 승인을 얻도록 규정하고 있으며(제65조), 둘째, 수신료 납부의무자의 범위를 '텔레비전방송을 수신하기 위하여 수상기를 소지한 자'로 규정하고(제64조 제1항), 셋째, 징수절차와 관련하여 가산금 상한 및 추징금의 금액, 수신료의 체납 시 국세체납처분의 예에 의하여 징수할 수 있음을 규정하고 있다(제66조). 따라서 수신료의 부과·징수에 관한 본질적인 요소들은 방송법에 모두 규정되어 있다고 할 것이다. 한편, 수신료 징수업무를 한국방송공사가 직접 수행할 것인지 제3자에게 위탁할 것인지, 위탁한다면 누구에게 위탁하도록 할 것인지, 위탁받은 자가 자신의 고유업무와 결합하여 징수업무를 할 수 있는지는 징수업무 처리의 효율성 등을 감안하여 결정할 수 있는 사항으로서 국민의 기본권 제한에 관한 본질적인 사항이 아니라 할 것이다. 따라서 방송법 제64조 및 제67조 제2항은 법률유보의 원칙에 위반되지 아니한다(헌법재판소 2008. 2. 28.자 2006헌바70 결정).

위임된 내용의 대강을 예측할 수 있는 범위 내에 속한 것인지, 수권 규정에서 사용하고 있는 용어의 의미를 넘어 범위를 확장하거나 축소하여서 위임 내용을 구체화하는 단계를 벗어나 새로운 입법을 한 것으로 평가할 수 있는지 등을 구체적으로 따져 보아야 한다.

여기서 어떠한 사안이 국회가 형식적 법률로 스스로 규정하여야 하는 본질적 사항에 해당되는지는, 구체적 사례에서 관련된 이익 내지 가치의 중요성, 규제 또는 침해의 정도와 방법 등을 고려하여 개별적으로 결정하여야 하지만, 규율대상이 국민의 기본권 및 기본적 의무와 관련한 중요성을 가질수록 그리고 그에 관한 공개적 토론의 필요성 또는 상충하는 이익 사이의 조정 필요성이 클수록, 그것이 국회의 법률에 의해 직접 규율될 필요성은 더 증대된다.

[2] 헌법 제37조 제2항, 제38조, 제59조, 제75조에 비추어 보면, 국민에게 납세의 의무를 부과하기 위해서는 조세의 종목과 세율 등 납세의무에 관한 기본적, 본질적 사항은 국민의 대표기관인 국회가 제정한 법률로 규정하여야 하고, 법률의 위임 없이 명령 또는 규칙 등의 행정입법으로 과세요건 등 납세의무에 관한 기본적, 본질적 사항을 규정하는 것은 헌법이 정한 조세법률주의 원칙에 위배된다. 특히 법인세, 종합소득세와 같이 납세의무자에게 조세의 납부의무뿐만 아니라 스스로 과세표준과 세액을 계산하여 신고하여야 하는 의무까지 부과하는 경우에는 신고의무 이행에 필요한 기본적인 사항과 신고의무불이행 시 납세의무자가 입게 될 불이익 등은 납세의무를 구성하는 기본적, 본질적 내용으로서 법률로 정하여야 한다.

제 5 절   실질적 법치주의로의 전환

오토 마이어의 법치주의를 형식적이라 하는 까닭은 의회가 제정한 법률의 형식만 갖추면 법규성을 인정하고 있기 때문이다. 다시 말해서 법률의 목적이나 내용은 전혀 문제삼지 않고 그 형식만을 강조하고 있는 것이다.

그러나 법률이 비민주적 절차에 의해서 제정되거나 그 목적이나 내용이 기본권 보장을 이념으로 하지 않는다면 국민의 권익을 보호하고자 하는 법치주의의 본래 취지에 어긋날 뿐만 아니라 오히려 비민주적 행정을 정당화하는 수단으로 악용될 소지가 있다.

따라서 법규창조력·우월적 의사력·유보력을 가지는 법률은 의회가 제정하였다는 형식만으로는 인정될 수 없고, 합법적·민주적 절차에 따라 제정되고, 그 목적과 내용이 헌법 이념에 합치되어야 한다. 즉, 형식적 법률이 아닌 합헌적 법률만이 법규창조력 등을 가지게 되는 것이다.

제 6 절 중요사항유보설에 관한 검토

I. 오늘날 법률의 지배이론

법치행정의 법원(法源)은 헌법, 법의 일반원칙, 법률, 법규명령, 조례, 규칙, 행정계약 등이나, 이 중에서 특히 법률과 법규명령 및 조례와의 관계가 문제된다. 과거 독일의 오토 마이어는 '법률의 지배'를 주장하면서 그 내용으로 법률의 법규창조력, 법률의 우위, 법률의 유보를 들었다.

그러나 오늘날 행정의 모든 법원은 국민의 권리·의무에 관계가 있고 법규성이 있는 것으로, 독립명령, 집행명령, 법규성이 인정되는 행정규칙, 조례 등이 법률의 위임을 받지 않고도 법규성을 발하기 때문에 법률만이 법규창조력이 있다는 것은 받아들일 수가 없다.

법률의 우위는 오늘날 프랑스에서처럼 무너진 나라도 있고, 한국과 같이 대체로 이를 수용하면서도 헌법 제76조의 긴급명령권과 같이 법률의 효력을 가지는 명령을 부분적으로 인정하는 경우도 있다. 그러나 오늘날에는 활발한 헌법재판을 통하여 헌법도 직접적으로 국민의 권리의무관계에 효력을 미치고 있고, 또 법률은 헌법보다 하위규범이라는 점에서 그 의의는 약화되었다.

법률의 유보란 행정권의 발동에는 조직법적 근거 이외에 법률에 의한 개별적 근거가 필요하다는 것으로, 역사적으로는 국민의 권리·자유를 제한하거나 의무를 과하는 활동에는 반드시 작용법적 법률의 근거가 필요하다는 침해유보설로부터 모든 행정에는 법률의 근거가 필요하다는 전부유보설로, 그리고 본질적이고 중요한 사항에 대하여는 법률의 근거가 필요하다는 중요사항유보설로 중심이 이동해 왔다. 오늘날에 있어서 법률의 유보원칙은 의회의 비중 높은 정치적 대표성으로 인하여 중요사항에 대한 의회유보를 중심으로 받아들여지고 있는 것이다.

II. 외국에서의 중요사항유보설

1. 독 일

독일에서 중요사항유보설은 '매우 중요한 사항'에 대하여는 모든 사항을 법률로 써만 배타적으로 정하여야 하고, '보다 덜 중요한 사항'은 행정부에도 입법권이 위임될 수 있고(기본법 제80조에 의한 위임입법), '중요하지 않은 사항'은 법률의 근거를 요하지 않는다[6]는 것이다.

'중요하지 않은 사항'의 예로서는 규범구체화 행정규칙이 있는데, 독일연방행정법원이 1985년 12월 19일 뷜(Wyhl) 판결[7]에서 원자력법의 영역에 적용되는 연방 내무부장관의 지침을 대상으로 하여 인정한 개념이다. 규범구체화 행정규칙은 대외적인 법적 구속력을 갖는데 명시적인 위임 없이도 제정될 수 있다.

한편, 독일연방헌법재판소는 원자력발전소(칼카르) 결정에서, 중요사항유보에 대하여 "원자력 발전소의 설치와 같은 국가 사회 공동체 내에서 극단의 갈등요소가 존재하는 근본적인 결정은 전적으로 입법자인 의회의 몫이며, 입법자는 침해라는 특징과는 무관하게 기본적인 규범영역, 특히 기본권 실현의 영역에서 국가 전체적인 규율의 필요성을 감안하여 모든 본질적인 결정을 스스로 해야 한다."고 판시하였다. 문제는 무엇이 중요한 것인가 하는 점인데, 일단 기본권의 실현은 중요한 문제이나 그 나머지 것은 의회가 스스로 결정할 수밖에 없어 의회유보설로 연결되나, 그 중요성의 정도를 정하기가 애매하다는 난점이 있다.

2. 프랑스

프랑스는 헌법규정을 통해 중요사항에 대한 문제를 해결하고 있다. 즉, 프랑스 헌법 제34조 제2항과 제3항은 의회의 전속적 법률사항을 열거하고 있는데, 기본권 보장과 형벌, 조세, 국적 및 영조물법인의 창설 등을 주요 내용으로 하고 있다. 따라서 이는 독일에서의 '매우 중요한 사항'에 해당한다. 그리고 헌법 제34조 제4항은 법률이 국방의 일반조직, 지방자치의 운영, 교육제도, 소유권과 물권 및 채권제도, 노동법과 사회보장법의 기본원칙을 정하도록 규정하고 있는데, 이들 분야에서 법률로써 정하여진 기본원칙 이외에는 명령(독립명령)이 정하도록 규정하고 있으므로 이

---

6) 최정일(54면).
7) BVerwGE 72, 300, 301.

는 독일의 '보다 덜 중요한 사항'에 속한다. 한편, 헌법 제34조에서 열거된 사항 이외에는 모두 독립명령으로 정하도록 하고 있으므로 이는 독일의 '중요하지 않은 사항'에 속한다.

프랑스 헌법 제34조 ① 법률은 국회에서 의결된다.
② 법률은 다음 사항을 규정한다.
- 시민의 권리 및 공적 자유의 행사를 위하여 시민에 부여된 기본적 보장, 국방을 위하여 시민에 과하여진 시민의 신체상 및 재산상의 의무
- 개인의 국적, 신분 및 능력, 부부재산제, 상속 및 증여
- 중죄 및 경죄의 결정과 이에 과하는 형벌, 형사소송절차, 일반사면, 새로운 재판기관의 창설 및 사법관의 신분
- 모든 성질의 조세의 기준, 세율, 징수의 태양 및 통화발행제도
③ 법률은 또한 다음의 사항도 규정한다.
- 국회 및 지방의회의 선거제도
- 각종의 공공단체의 창설
- 국가의 공무원 및 군인에 인정되는 기본적 보장
- 기업의 국유화 및 공기업에서 사기업에로의 기업소유권의 이전
④ 법률은 다음 사항에 관한 기본원칙을 정한다.
- 국방의 일반조직
- 지방공공단체의 자유로운 행정, 그 권한 및 재원
- 교육
- 소유권, 물권과 민사상 및 상사상의 채무에 관한 제도
- 노동법, 노동조합법 및 사회보장법
⑤ 예산법률은 조직법이 정하는 요건과 그 유보하에 국가의 세입과 세출을 정한다.
⑥ 사회보장에 관한 재정법률은 예산 균형의 일반 조건을 정하고, 세입예상액을 고려하여 조직법이 정하는 요건과 그 유보하에 지출 대상을 확정한다.
⑦ 시정방침에 관한 법률은 국가의 경제적 및 사회적 활동의 목표를 정한다.
⑧ 본 조의 규정은 조직법에 의하여 구체화되고 보완될 수 있다.
제37조 ① 입법사항 이외의 사항은 (법규)명령(réglementaire)의 성격을 갖는다.
② 전항의 사항에 관하여 이전에 제정된 입법(법률) 형식의 조문은 꽁세이데따의 의견을 청취한 후에 발하는 명령(décrets)으로써 이를 개정할 수 있다. 이 헌법의 시행 후에 새로이 제정된 이러한 조문은 헌법위원회가 전항의 규정에 따라 (법규)명령(réglementaire)의 성격을 가진 것이라고 선언하는 경우에 한하여 이를 명령(décret)으로써 개정할 수 있다.

Ⅲ. 한국에서의 중요사항유보설

1. 헌법상 국회전속적 입법사항

대한민국 헌법 ① 제2조 제1항의 대한민국의 국민이 되는 요건, ② 제13조 제1항의 죄형법정주의, ③ 제21조 제3항의 통신·방송의 시설기준, ④ 제23조 제3항

의 재산권의 수용·사용·제한 및 그에 대한 보상, ⑤ 제38조와 제59조의 조세법 률주의, ⑥ 제41조 제2항과 제3항의 국회의원의 수와 선거구, ⑦ 제74조 제2항의 국군의 조직과 편성, ⑧ 제96조의 행정조직법정주의, ⑨ 제101조 제3항의 법관의 자격, ⑩ 제117조 제2항의 지방자치단체의 종류 등은 법률로 정하도록 하고 있다. 이와 같은 사항은 헌법에서 정하고 있는 국회전속적 입법사항, 즉 독일에서의 '매우 중요한 사항'에 해당하는 것이다.

2. 국회전속적 입법사항에 대한 위임입법의 허용

국내 다수설은 헌법에서 정하고 있는 국회전속적 입법사항의 경우에도 그 본질 적 내용을 법률로 정하는 것으로 해석하고, 구체적으로 범위를 정하여 위임에 의해 명령을 제정하는 것이 가능하다고 보고 있다.[8] 대법원과 헌법재판소도 다수설과 마 찬가지로 요건과 범위를 보다 엄격하게 요구하면서 포괄적 위임만을 금지할 뿐, 위 임입법을 허용하고 있는 입장이다.

① 대법원 2000. 10. 27. 선고 2000도1007 판결

사회현상의 복잡다기화와 국회의 전문적·기술적 능력의 한계 및 시간적 적응능력 의 한계로 인하여 형사처벌에 관련된 모든 법규를 예외 없이 형식적 의미의 법률에 의 하여 규정한다는 것은 사실상 불가능할 뿐만 아니라 실제에 적합하지도 아니하기 때문 에, 특히 긴급한 필요가 있거나 미리 법률로써 자세히 정할 수 없는 부득이한 사정이 있는 경우에 한하여 수권법률(위임법률)이 구성요건의 점에서는 처벌대상인 행위가 어 떠한 것인지 이를 예측할 수 있을 정도로 구체적으로 정하고, 형벌의 점에서는 형벌의 종류 및 그 상한과 폭을 명확히 규정하는 것을 전제로 위임입법이 허용된다.

② 헌법재판소 1998. 6. 25.자 95헌바35, 97헌바81, 98헌바5·10(병합) 결정

개발이익환수에관한법률 소정의 개발부담금은 그 납부의무자로 하여금 국가 등에 대하여 금전 급부의무를 부담하게 하는 것이어서 납부의무자의 재산권을 제약하는 면 이 있고, 부과개시시점의 지가는 개발부담금의 산정기준인 개발이익의 존부와 범위를 결정하는 중요한 요소가 되는 것이므로, 그 산정기준에 관한 위임입법시 요구되는 구체 성, 명확성의 정도는 조세법규의 경우에 준하여, 그 요건과 범위가 엄격하게 제한적으 로 규정되어야 한다.

---

8) 조태제, "법률의 유보원칙에 관한 연구-의회유보를 중심으로", 박사학위논문, 한양대학교, 1992, 97면.

따라서 사실상 우리나라에서는 국회의 전속적 관할사항으로서의 법률사항인 '매우 중요한 사항'이 존재하지 않는다. 즉, 법률이 기본원칙을 정한 후 명령에 위임하는, 독일에서 말하고 있는 '보다 덜 중요한 사항'과 법률에 의한 기속이 없이 집행명령이나 법규성이 인정되는 행정규칙 등으로 정할 수 있는 '중요하지 않은 사항'이 존재할 뿐이지, 국회에서 세부사항까지도 모두 정해야 하는 의회전속적 법률사항은 사실상 존재하지 않는다. 심지어 대한민국 헌법에 근거하여 국적취득 요건을 정하고 있는 국적법에도 시행령과 시행규칙이 존재한다.

앞서 살펴본 헌법재판소 1999. 5. 27.자 98헌바70 결정은 '중요사항유보설'을 따른 것으로 해석될 수 있으나, 이 결정마저도 "국회가 수신료 금액을 법률로써 직접 규정하는 것에 어려움이 있다면 적어도 그 상한선만이라도 정하고서 공사에 위임할 수도 있고"라고 판시하여 위임입법을 긍정하고 있다.

즉, 이 결정은 중요사항유보설을 언급하고 있으나, 실제로는 포괄적 위임금지만을 선언하고 있을 뿐 구체적 위임은 허용하고 있다. 따라서 대한민국에서는 아직 의회전속적인 중요사항유보설이 정착되지 않았다고 평가할 수 있다. 보다 정확히 표현하면 대한민국에서는 의회가 세부사항까지도 전속적으로 정해야 할 '매우 중요한 사항'과 기본원칙을 정한 후 명령에 위임하거나 명령의 분야로 남겨 놓을 '보다 덜 중요한 사항'을 구별하지 않고, 모두 위임명령에 위임하고 있다. 그러나 이때의 위임은 일반적·포괄적인 위임은 금지되며, 구체적으로 범위를 정한 위임만이 가능하다(헌법 제75조, 제95조). 다만 대법원은 지방자치법 제28조 제1항 단서에 따른 주민의 권리제한·의무부과에 관한 조례나 공법적 단체의 정관에 대하여는 자치법(自治法)의 영역에 속하기 때문에 포괄적 위임이 허용된다는 입장이다.

3. 지방자치법 제28조 제1항의 문제

지방자치법 제28조 제1항은 "지방자치단체는 법령의 범위에서 그 사무에 관하여 조례를 제정할 수 있다. 다만, 주민의 권리 제한 또는 의무 부과에 관한 사항이나 벌칙을 정할 때에는 법률의 위임이 있어야 한다."라고 하여 지방자치단체의 조례제정권을 규정하고 있다. 다수의 학설과 판례에 의하면, 조례는 주민의 대표기관인 지방의회의 의결로 제정되는 지방자치단체의 자주법인 만큼, 법령의 범위 안이라고 하는 사항적 한계만 적용될 뿐 일반적인 위임입법의 한계가 적용되지 않는다고 한다(대법원 2003. 5. 27. 선고 2002두7135 판결; 대법원 1991. 8. 27. 선고 90누6613 판결). 심지어 단서 조항의 주민의 권리 제한·의무 부과에 관한 사항까지도 구체적으로 범위를 정하지 않고 일반적·포괄적으로 위임할 수 있는 것[9]으로 해석하는 것이 일반적이다. 다만 벌칙규정에 대하여는 구체적·개별적 위임이 필요하다는 입장[10]도 있고, 벌칙조항까지도 포괄적(개괄적)인 위임이 가능하다는 입장[11]도 있다.

① 대법원 2003. 5. 27. 선고 2002두7135 판결

지방자치단체는 자치사무에 관하여 이른바 자치조례를 제정할 수 있고, 이러한 자치조례에 대해서는 지방자치법 제15조가 정하는 '법령의 범위 안'이라는 사항적 한계가 적용될 뿐, 일반적인 위임입법의 한계가 적용될 여지가 없으며, 여기서 말하는 '법령의 범위 안'이라는 의미는 '법령에 위반되지 아니하는 범위 안'으로 풀이된다.

② 대법원 1991. 8. 27. 선고 90누6613 판결

법률이 주민의 권리의무에 관한 사항에 관하여 구체적으로 아무런 범위도 정하지 아니한 채 조례로 정하도록 포괄적으로 위임하였다고 하더라도, 행정관청의 명령과는 달라, 조례도 주민의 대표기관인 지방의회의 의결로 제정되는 지방자치단체의 자주법인 만큼, 지방자치단체가 법령에 위반되지 않는 범위 내에서 주민의 권리의무에 관한 사항을 조례로 제정할 수 있는 것이다.

③ 대법원 1997. 4. 25. 선고 96추244 판결

지방자치단체는 법령에 위반되지 아니하는 범위 내에서 그 사무에 관하여 조례를 제정할 수 있는 것이고, 조례가 규율하는 특정사항에 관하여 그것을 규율하는 국가의 법령이 이미 존재하는 경우에도 조례가 법령과 별도의 목적에 기하여 규율함을 의도하는 것으로서 그 적용에 의하여 법령의 규정이 의도하는 목적과 효과를 전혀 저해하는 바가 없는 때, 또는 양자가 동일한 목적에서 출발한 것이라고 할지라도 국가의 법령이 반드시 그 규정에 의하여 전국에 걸쳐 일률적으로 동일한 내용을 규율하려는 취지가 아니고 각 지방자치단체가 그 지방의 실정에 맞게 별도로 규율하는 것을 용인하는 취지라고 해석되는 때에는 그 조례가 국가의 법령에 위반되는 것은 아니다.

그러나 지방자치법 제28조 제1항 본문의 '법령의 범위'라는 것은 '국가의 법률과 명령의 지방자치단체의 조례에 대한 우위원칙'을 선언하는 것이고, 단서 조항은 '중요사항에 대한 법률의 유보원칙'을 선언하고 있는 것으로, 지방자치법은 법률유보의 원칙이 지켜져야 할 중요한 사항으로 주민의 권리 제한 또는 의무 부과에 관한

---

9) 김철용, 「행정법Ⅱ」, 박영사, 2010, 110면.
10) 상게서(111면).
11) 홍정선, 「행정법원론(하)」, 박영사, 2022, 169면.

사항과 벌칙을 들고 있다. 대한민국과 같은 오랜 역사를 지닌 단일국가에서의 지방자치권은 고유권이 아닌 전래권에 입각한 것으로, 국가의 행정권을 분권받아 자치하는 것에 해당한다. 따라서 조례제정권 역시 국가행정권의 일부인 행정입법권에 대한 분권으로서의 자치입법이기 때문에 행정권이 아닌 의회가 정하는 법률에 대하여 분권적 자치를 주장할 수는 없다. 기본권의 보호를 위한 법률의 유보원칙은 조례에 대해서도 마찬가지로 적용되어야 하며, 조례에 대한 법률의 우위와 중요사항에 대한 법률의 유보의 범위 내에서 합의제 대표기관에 의한 자주적인 행정입법을 하는 것이다. 중요사항에 대한 법률유보의 원칙에 따라 중요사항에 대한 포괄적 위임은 불가능하며, 구체적 위임만이 가능하다는 것은 헌법 제2조 제1항의 국적취득의 요건, 제13조 제1항의 죄형법정주의, 제96조의 행정조직법정주의, 제38조와 제59조의 조세법률주의 등 국회전속적 입법규정이나 국민의 기본권 제한에 대한 법률의 배타적 권한이 헌법 곳곳에 나열되어 있는 것을 보더라도 명백하다. 독일에서도 기본권을 침해하는 조례에 대하여는 개별 법률의 수권이 있어야 한다.[12] 조례의 자주성을 들어 국민의 기본권을 제한하는 행정입법(행정입법의 분권인 조례)이 구체적 위임 없이 포괄적 위임만으로도 가능하다는 주장을 하는 것은 민주주의의 요체인 국민의 기본권 보장을 보다 위태롭게 한다는 사실을 직시할 필요가 있다. 말할 것도 없이 국민의 자유는 지방자치단체의 자유보다 귀중하기 때문이다.

결론적으로 지방자치법 제28조 제1항은 "주민의 권리 제한 또는 의무 부과에 관한 사항"이라고만 하여 어느 정도로 중요한 권리 제한(기본권 제한과 같은) 또는 의무 부과인지 구분하지 않고 있으나, 정부에 속하지 않는 독립행정청이나 분권기관인 공법인 또는 지방자치단체에게는 중요한 국민의 권리 제한, 의무 부과, 벌칙에 대하여는 구체적 위임이 있어야 하며, 벌칙 등 헌법에 정해진 중요유보사항에 대한 위임은 그 위임 자체가 중요사항유보설에 배치된다. 그러나 현행 판례 태도로 보아 중요성이 덜한 국민의 권리 제한, 의무 부과에 대하여는 자치입법권을 존중하여 포괄적 위임으로 가능하다고 할 수 있다.

① 헌법재판소 2006. 3. 30.자 2005헌바31 결정

헌법 제75조, 제95조의 문리해석상 및 법리해석상 포괄적인 위임입법의 금지는 법규적 효력을 가지는 행정입법의 제정을 그 주된 대상으로 하고 있다. 위임입법을 엄격한 헌법적 한계 내에 두는 이유는 무엇보다도 권력분립의 원칙에 따라 국민의 자유와 권리

---

12) 최정일(215면).

에 관계되는 사항은 국민의 대표기관이 정하는 것이 원칙이라는 법리에 기인한 것이다. 즉, 행정부에 의한 법규사항의 제정은 입법부의 권한 내지 의무를 침해하고 자의적인 시행령 제정으로 국민들의 자유와 권리를 침해할 수 있기 때문에 엄격한 헌법적 기속을 받게 하는 것이다. 그런데 법률이 행정부가 아니거나 행정부에 속하지 않는 공법적 기관의 정관에 특정 사항을 정할 수 있다고 위임하는 경우에는 그러한 권력분립의 원칙을 훼손할 여지가 없다. 이는 자치입법에 해당되는 영역이므로 자치적으로 정하는 것이 바람직하다. 따라서 법률이 정관에 자치법적 사항을 위임한 경우에는 헌법 제75조, 제95조가 정하는 포괄적인 위임입법의 금지는 원칙적으로 적용되지 않는다고 봄이 상당하다.

② 대법원 2007. 10. 12. 선고 2006두14476 판결

  법률이 공법적 단체 등의 정관에 자치법적 사항을 위임한 경우에는 헌법 제75조가 정하는 포괄적인 위임입법의 금지는 원칙적으로 적용되지 않는다고 봄이 상당하고, 그렇다 하더라도 그 사항이 국민의 권리·의무에 관련되는 것일 경우에는 적어도 국민의 권리·의무에 관한 기본적이고 본질적인 사항은 국회가 정하여야 한다.

제 7 절   법치행정과 의회주권

  인류의 역사는 행정이 법의 지배를 받지 않던 경찰국가로부터 의회주권주의에 바탕을 둔 법률의 지배 시대를 거쳐 제1·2차 세계대전을 거치며 현대 행정국가의 등장으로 인한 독립명령과 행정규칙의 법규성에 대한 긍정의 시대를 거치고, 1970년 이후에는 지속적 민주주의의 보루인 헌법재판의 일반적 활성화 시대에 돌입하였다. 형식적 법치국가는 법치국가의 유형이 아닌 독일에서 발생한 법치국가를 향한 노정에 있었던 병리현상이었을 뿐이다. 그럼에도 불구하고 일부 학자들은 흔히 영미식의 보통법의 지배는 실질적 법치주의이고 대륙의 '행정제도'는 형식적 법치주의라고 치부하여 '행정제도'$^{(\text{Régime}}_{\text{administratif})}$ 자체까지도 매도하거나, 오늘날의 민주주의가 이미 두 단계나 건너버린 의회주권주의라고 하는 2백년 전 프랑스 혁명 초기에나 유행하였던 이론들을 오늘날에까지도 적용하기를 주장하는 시대착오적인 오류를 범하여 왔다.

  오늘날 민주적 법치행정은 의회뿐만 아니라 행정부, 지방자치단체, 헌법재판소라고 하는 대단히 중요한 헌법기관들에 의하여 담보되고 있다. 의회는 법치행정을 위한 하나의 헌법기관일 뿐이다. 법률의 지배로부터 법의 지배로, 법의 지배로부터 '행정법'의 지배로 무리 없이 진행할 이론적·실무적 뒷받침이 요청된다.

제 3 장 행정법의 법원

제 1 절 의 의

법원에 대한 일반적인 설명에 따르면, 법원(法源)이란 '법의 인식근거 내지 존재형태'를 의미한다. 따라서 행정법의 법원은 '행정법의 인식근거 내지 존재형태'라고 할 수 있다. 이와 같은 행정법의 법원은 행정작용의 근거가 되기도 하고, 행정상으로 발생하는 분쟁을 해결하는 기준이 되기도 한다. 또한 행정조직, 즉 행정의 내부관계를 규율하기도 한다.

행정법의 법원은 다양한 형태에 의해서 존재하고 있는데, 큰 테두리로 보아 성문법원과 불문법원으로 나눌 수 있다.

제 2 절 성문법원

I. 종 류

1. 헌 법

헌법은 대한민국의 기본법이자 최고 규범으로서 국가의 조직과 작용에 관한 사항을 규율하고 있다. 따라서 행정에 관한 조직과 작용을 정하고 있는 헌법규정은 행정법의 법원이 되며, 헌법의 최고 규범성으로 인하여 다른 법원보다 상위의 효력을 갖는다. 형식적 의미의 헌법에 해당하는 헌법전뿐만 아니라 헌법상의 일반원칙, 관습헌법, 헌법재판소의 결정 등도 행정법의 법원이 될 수 있다.

2. 조약 및 국제법규

일정한 요건을 갖춘 조약과 국제법규가 국내의 행정에 관련되는 경우에는 행정법의 법원이 될 수 있다. 대한민국 헌법 제6조 제1항에서는 "헌법에 의하여 체결·공포된 조약과 일반적으로 승인된 국제법규는 국내법과 같은 효력을 가진다."라고 규정하고 있다. 조약이란 조약·협정·협약 등의 그 명칭의 여하를 불문하고 국가와 국가 사이 또는 국가와 국제기구 사이의 법적 구속력 있는 합의를 말한다. 국제법규는 당사국에 해당하지는 않더라도 다수 국가에 의하여 보편적·일반적으로 승인된 조약이나 국제관습법이 이에 해당한다. 따라서 헌법상의 절차에 의한 조약과 일반적으로 승인된 국제법규가 국내의 행정을 규율하는 경우에는 행정법의 법원으로서 기능을 하게 된다. 이와 같은 조약과 국제법규는 법률과 같은 효력을 가진다는 것이 통설적 입장이다.[1] 그러나 조약과 국제법규에는 한미행정협정과 같이 명령의 효력을 지니는 것도 있고, 인권에 관한 국제강행규범과 같이 헌법적 효력을 지니는 것도 있다.

대법원 2005. 9. 9. 선고 2004추10 판결

　[1] '1994년 관세 및 무역에 관한 일반협정'($\substack{\text{General Agreement on Tariffs and} \\ \text{Trade 1994, 이하 'GATT'라 한다}}$)은 1994. 12. 16. 국회의 동의를 얻어 같은 달 23. 대통령의 비준을 거쳐 같은 달 30. 공포되고 1995. 1. 1. 시행된 조약인 '세계무역기구(^{WTO}) 설립을 위한 마라케쉬협정'($\substack{\text{Agreement Establish-} \\ \text{ing the WTO}}$)(조약 1265호)의 부속 협정(다자간 무역협정)이고, '정부조달에 관한 협정'($\substack{\text{Agreement on Government} \\ \text{Procurement, 이하 'AGP'라 한다}}$)은 1994. 12. 16. 국회의 동의를 얻어 1997. 1. 3. 공포 시행된 조약(조약 1363호, 복수국가 간 무역협정)으로서 각 헌법 제6조 제1항에 의하여 국내법령과 동일한 효력을 가지므로 지방자치단체가 제정한 조례가 GATT나 AGP에 위반되는 경우에는 그 효력이 없다.

　[2] 특정 지방자치단체의 초·중·고등학교에서 실시하는 학교급식을 위해 위 지방자치단체에서 생산되는 우수 농수축산물과 이를 재료로 사용하는 가공식품($\substack{\text{이하 '우수농산물'} \\ \text{이라고 한다}}$)을 우선적으로 사용하도록 하고 그러한 우수농산물을 사용하는 자를 선별하여 식재료나 식재료 구입비의 일부를 지원하며 지원을 받은 학교는 지원금을 반드시 우수농산물을 구입하는 데 사용하도록 하는 것을 내용으로 하는 위 지방자치단체의 조례안이 내국민대우원칙을 규정한 '1994년 관세 및 무역에 관한 일반협정'($\substack{\text{General Agreement on} \\ \text{Tariffs and Trade 1994}}$)에 위반되어 그 효력이 없다고 한 사례.

3. 법 률

법률이란 헌법 제40조의 규정에 의하여 국회가 직접 제정하는 일반적·추상적

___
1) 김동희(46면).

법규, 즉 '형식적 의미의 법률'을 말한다. 앞서 설명한 법치주의에 따라서 국가의 작용도 일정한 부분에 있어서는 법률의 제한을 받아야 하기 때문에 법률은 행정법에 있어서 중심이 되는 법원이라고 할 수 있다.

4. 명 령

명령이란 행정주체가 법조(法條)의 형식으로 제정하는 일반적·추상적 법규를 말한다. 권력분립의 원칙에 따라서 법정립작용, 즉 법규의 제정은 입법부의 몫이었다. 그러나 사회의 변화로 인해 행정의 내용이 복잡해지고 전문성과 기술성을 요하는 등 법률이 미처 따라가지 못하는 경직성이 발생하게 되었다. 따라서 모든 법규범을 입법부에서 제정한다는 것은 불가능한 일이 되었고, 입법부는 법규의 기본적 규율을 정하고 방향성을 제시하는 데에 그치고 그 자세한 내용은 집행부에 위임하는 것이 일반적인 현상이 되었다. 오늘날에는 명령이 법률보다 국민의 일상생활을 보다 더 직접적이고 구체적으로 구속하고 있는바, 행정법에 있어서 중요한 법원이 되고 있다.

행정법의 법원이 되는 명령을 법률과의 관계에 따라 법률대위명령과 법률종속명령으로 나누어볼 수 있겠다. 법률적 효력을 가지는 법률대위명령에는 헌법 제76조 제1항의 긴급재정·경제명령과 제2항의 긴급명령이 있다. 법률보다 하위의 효력을 가지는 법률종속명령에는 헌법 제75조의 대통령령과 제95조의 총리령·부령이 있으며, 행정에 관한 실질적인 측면에서는 제64조 제1항의 국회규칙, 제108조의 대법원규칙, 제113조 제2항의 헌법재판소규칙, 제114조 제6항의 중앙선거관리위원회규칙의 경우에도 법률종속명령으로서 행정법의 법원이 될 수 있다.

5. 자치법규

국가의 권한을 지역적으로 분권 받아 행정의 작용을 담당하는 지방자치단체 역시 명령을 제정할 수 있는데, 이러한 명령이 자치법규이다. 헌법 제117조 제1항은 "지방자치단체는 주민의 복리에 관한 사무를 처리하고 재산을 관리하며, 법령의 범위 안에서 자치에 관한 규정을 제정할 수 있다."고 규정하고 있다.[2] 지방자치단체의 사무에 관하여 해당 주민이나 구역 내에서는 자치법규가 행정법의 법원이 될 수

---

2) 기관위임사무에 관하여는 법령의 구체적인 위임이 필요하다.

있다.

자치법규에는 지방자치법 제28조에 따라 지방자치단체가 정하는 조례, 제29조에 따라 지방자치단체의 장이 정하는 규칙, 지방교육자치에 관한 법률 제25조 제1항에 따라 교육감이 정하는 교육규칙이 있다.

6. 행정규칙의 법원성 여부

행정규칙은 행정주체에 의해서 법조의 형식으로 제정되는 일반적·추상적 규율이라는 점에서는 명령과 공통점을 갖는다. 그러나 행정규칙은 대외적 구속력이 없으며, 행정조직의 내부관계를 규율하기 위해서 제정된다는 점이 명령과의 큰 차이점이다. 행정규칙의 법원성에 대해서는 학설의 대립이 있는데, 행정규칙은 대외적 구속력이 부인되기 때문에 법원이 될 수 없다는 부정설과 행정사무처리의 기준이 된다는 의미에서 법원성을 인정하는 긍정설이 있다.

행정규칙의 경우에는 대외적 구속력이 부정되기 때문에 제정권자와 발령형식의 여하를 불문하고 행정법관계에서의 법원성을 인정하기 어렵다.

Ⅱ. 상호 간의 관계

행정법의 법원은 원칙적으로 성문법이어야 하는데, 성문법원 상호 간에는 헌법을 최고 규범으로 하는 규범구조가 존재한다. 따라서 먼저 상위법 우위의 원칙($\substack{\text{법단계구조}\\\text{의 원리}}$)이 적용되고, 같은 효력을 가지는 성문법원 간에는 특별법 우선의 원칙이 우선적으로 적용되며,3) 다음으로는 신법 우선의 원칙이 적용된다.

---

3) [판례] 국제항공운송에 관한 법률관계에 대하여는 일반법인 민법에 대한 특별법으로서 우리정부도 가입한 1955년 헤이그에서 개정된 바르샤바협약이 우선 적용되어야 한다(대법원 1986. 7. 22. 선고 82다카1372 판결).

제 3 절 불문법원

I. 불문법원의 필요성

행정에 있어서 예측가능성을 제시하고 법적 안정성을 확보할 필요성이 있기 때문에 행정법은 성문법주의가 원칙이다. 그러나 행정법은 그 범위가 매우 방대하기 때문에 통일적인 법전이 존재하지 않고 수많은 개별 법령이 존재하고 있으며, 또한 현대 사회의 급속한 변화로 인하여 법령이 지속적으로 제정·개정·폐지되는 등 행정에 관한 성문법은 불완전할 수 있다. 따라서 행정법의 흠결을 보완하고 국민에 대한 통일적인 행정작용을 달성하기 위해서는 불문법에 의한 보충이 필요하다.

II. 관습법

1. 관습법의 의의

행정법상 관습법이란 행정에 관하여 국민의 전부 또는 일부 사이에 동일한 사실이 다년간 계속하여 관행으로 반복되고, 이러한 관행이 일반 국민의 법적 확신을 통하여 성립된 법규범을 말한다.

그러나 행정법상 관습법의 경우에는 민사법과는 다르게 오늘날 큰 의의를 가지지는 못한다. 법치행정의 원리에 의해서 관습법이 성립할 여지가 많지 않고, 반대로 성문법원이 발달하기 때문이다.

2. 관습법의 성립요건

관습법이 성립하기 위해서는 ① 다년간 계속하여 동일한 사실이 관행으로 반복되어야 하며, ② 이러한 관행이 일반 국민에 의해서 법적 확신으로 이어져야 한다. 다만 이와 같은 요건에 추가하여 국가에 의한 승인이 필요하다는 주장이 있으나(국가승인설), 다수설과 판례는 국가에 의한 승인은 요구되지 않으며, 법적 확신만으로 충분하다는 입장이다(법적 확신설).

3. 관습법의 종류

관습법에는 행정청에 의한 선례가 지속적으로 반복되면서 성립되는 행정선례법과 민중 사이에서 지속적으로 반복된 관행에 의해 성립되는 민중적 관습법이 있다. 행정선례법의 경우에는 행정절차법[4]과 국세기본법[5]에서 그 존재를 명문으로 인정하고 있다. 민중적 관습법은 입어권(入漁權),[6] 관습상의 유수사용권 등이 있다.

4. 관습법의 효력 및 한계

관습법은 성문법의 흠결, 즉 공백규정인 경우에는 보충적 효력을 가진다.[7] 그러나 성문법 규정이 사문화된 경우에는 성문법의 개폐적 효력까지도 인정할 수 있다. 다만 법률유보의 원칙상 그 효과가 침해적인 관습법은 인정되기 어려우며, 헌법에 반하는 관습법도 인정될 수 없다.

대법원 2005. 7. 21. 선고 2002다1178 전원합의체 판결

관습법이란 사회의 거듭된 관행으로 생성한 사회생활규범이 사회의 법적 확신과 인식에 의하여 법적 규범으로 승인·강행되기에 이른 것을 말하고, 그러한 관습법은 법원(법원)으로서 법령에 저촉되지 아니하는 한 법칙으로서의 효력이 있는 것이고, 또 사회의 거듭된 관행으로 생성한 어떤 사회생활규범이 법적 규범으로 승인되기에 이르렀다고 하기 위하여는 헌법을 최상위 규범으로 하는 전체 법질서에 반하지 아니하는 것으로서 정당성과 합리성이 있다고 인정될 수 있는 것이어야 하고, 그렇지 아니한 사회생활규범은 비록 그것이 사회의 거듭된 관행으로 생성된 것이라고 할지라도 이를 법적 규범

---

4) 제4조(신의성실 및 신뢰보호) ② 행정청은 법령등의 해석 또는 행정청의 관행이 일반적으로 국민들에게 받아들여졌을 때에는 공익 또는 제3자의 정당한 이익을 현저히 해칠 우려가 있는 경우를 제외하고는 새로운 해석 또는 관행에 따라 소급하여 불리하게 처리하여서는 아니 된다.

5) 제18조(세법 해석의 기준 및 소급과세의 금지) ③ 세법의 해석이나 국세행정의 관행이 일반적으로 납세자에게 받아들여진 후에는 그 해석이나 관행에 의한 행위 또는 계산은 정당한 것으로 보며, 새로운 해석이나 관행에 의하여 소급하여 과세되지 아니한다.

6) 수산업법 제2조(정의) 이 법에서 사용하는 용어의 뜻은 다음과 같다.

11. "입어자"란 제47조에 따라 어업신고를 한 자로서 마을어업권이 설정되기 전부터 해당 수면에서 계속하여 수산동식물을 포획·채취하여 온 사실이 대다수 사람들에게 인정되는 자 중 대통령령으로 정하는 바에 따라 어업권원부에 등록된 자를 말한다.

제40조(입어 등의 제한) ① 마을어업의 어업권자는 입어자(入漁者)에게 제38조에 따른 어장관리규약으로 정하는 바에 따라 해당 어장에 입어하는 것을 허용하여야 한다.

7) 대법원 1983. 6. 14. 선고 80다3231 판결(가족의례준칙 제13조의 규정과 배치되는 관습법의 효력을 인정하는 것은 관습법의 제정법에 대한 열후적, 보충적 성격에 비추어 민법 제1조의 취지에 어긋나는 것이다).

으로 삼아 관습법으로서의 효력을 인정할 수 없다.

Ⅲ. 판례법

판례법이란 법원의 판결이 일반적 · 추상적인 성격을 갖는 행정법규의 내용을 구체화하고 해석의 기준을 제시하는 등 행정사건에 대한 해결기준으로 작용하는 것을 말한다. 법원조직법 제8조는 "상급법원 재판에서의 판단은 해당 사건에 관하여 하급심을 기속한다."라고 규정하여 법률상 상급법원의 판결은 당해 사건에 한하여 하급심을 기속할 뿐, 영미법계 국가에서와 같은 일반적인 법적 구속력은 인정되지 않는다.

대법원 1996. 10. 25. 선고 96다31307 판결
대법원의 판례가 법률해석의 일반적인 기준을 제시한 경우에 유사한 사건을 재판하는 하급심법원의 법관은 판례의 견해를 존중하여 재판하여야 하는 것이나, 판례가 사안이 서로 다른 사건을 재판하는 하급심법원을 직접 기속하는 효력이 있는 것은 아니므로, 하급심법원이 판례와 다른 견해를 취하여 재판한 경우에 상고를 제기하여 구제받을 수 있음을 별론으로 하고 민사소송법 제422조 제1항 제1호 소정의 재심사유인 법률에 의하여 판결법원을 구성하지 아니한 때에 해당한다고 할 수 없다.

그러나 대법원 판례를 변경하기 위해서는 대법관 전원의 3분의 2 이상의 합의체에서 과반수로써 결정해야 하며(법원조직법 제7조 제1항, 제66조 제1항), 하급법원이 대법원의 판례에 상반되는 판단을 한 경우 이는 상고 또는 재항고 이유가 된다는 점(소액사건심판법 제3조 제2호), 법원의 판결에 포함된 법해석과 운용의 기준은 그것이 되풀이되고 대법원에 의하여 확정됨으로써 장래의 같은 종류의 사건에 대하여도 재판의 준거가 될 뿐만 아니라 하급심은 물론 국민과 행정을 모두 구속한다는 점에서 사실상의 법원성을 부인하기 어렵다.[8] 특히 헌법재판소의 결정은 법률의 효력을 무효로 할 수 있고, 이러한 결정에 일반적인 기속력이 인정되기 때문에 더욱 그러하다.[9] 또한, 행정법은 통일된 법전이 존재하지 않기 때문에 후술하는 행정법의 일반원칙과 같이 사법부에 의한 법창설적 선언이 규범력을 갖는 것은 자연스러운 현상이다.

---

8) 김철용(90면). 이러한 판례의 영향력을 '추정적 구속력'이라고 한다.
9) 헌법재판소에 의한 법률의 위헌결정은 법원과 그 밖의 국가기관 및 지방자치단체를 기속하며, 위헌으로 결정된 법률 또는 법률의 조항은 그 결정이 있는 날부터 효력을 상실한다는 점에서 행정법의 법원이 된다(헌법재판소법 제47조 제1항, 제2항).

Ⅳ. 행정법의 일반원칙

1. 개 설

행정법의 일반원칙이란 명문상의 규정으로 성문화되어 있는 것이 아니고 법관이 판례에 의하여 도출하여 행정청을 구속시키는 원칙을 말한다. 프랑스에서는 반세기 전부터 꽁세이데따의 판례를 통하여 선언되어 왔고, 독일에서도 행정절차법의 제정 이후 많이 감소되기는 하였으나 여전히 상당한 부분을 차지하고 있는 것으로, 연방 헌법재판소와 연방행정재판소의 판례들에 의하여 선언되어 왔다. 따라서 법의 일반 원칙은 법관이 창설하는 법이라고 할 수 있다. 물론 법관의 기본적인 역할은 법을 창설하는 것이 아니고 법을 적용하는 것이나, 법을 적용하는 데 있어 규정을 명확 히 하거나 보충하기 위하여 부수적으로 법을 창설하기도 하는데 역사가 짧은 행정 법에서는 성문규정의 흠결이 많으므로 법관의 법창설 기능이 특별히 강화된 형태로 나타난다. 모랑즈 교수에 의하면 행정법의 일반원칙은 ① 헌법적 효력을 지니는 것, ② 법률적 효력을 지니는 것, ③ 명령적 효력을 지니는 것이 있다고 하는데, 프 랑스에서는 일반적으로 행정법의 일반원칙이 명령(^{Décret})보다 상위의 효력을 가진다 고 본다. 특히, 꽁세이데따는 "행정법의 일반원칙이 1958년 이후의 독립명령에 대 하여도 상위의 효력을 가진다."라고 선언[10]하고 있다(그러므로 법률에 대하여도 상위의 효력을 가짐).

따라서 민사법에서 말하고 있는 최후의 법원(法源)으로서의 '조리'라고 하는 용어 를 행정법에서 사용하는 것은 곤란하다. 행정법의 법원이 되는 것으로는 헌법・조 약・국제법규・법률・명령・자치법규 등과 같은 성문법원과 관습법・판례법 등의 불문법원이 있는데, 이들은 계층구조를 형성하여 하위규범은 상위규범에 종속된다. 행정사건을 담당한 법관들은 행정에 관한 법의 일반원칙을 ① 관습법으로부터 도 출하기도 하고, ② 헌법상의 원칙을 구체화하여 선언하기도 하고, ③ 특정한 실정 법으로부터 도출하여 다른 분야에 대하여 일반화하기도 한다. 또한 ④ 법의 일반원 칙들로부터 재도출하기도 한다.

우리나라의 대법원과 헌법재판소도 행정법의 일반원칙을 선언하여 왔다. 이러한 일반원칙은 성문법이나 관습법 등이 존재하지 않거나 불명확한 경우에 보충적으로 만 적용되는 것이 아니라, 성문법의 해석・적용에도 적용되어 왔다.[11] 최근에는 불

---

10) C.E. 1959. 6. 26. Syndicat général des ingénieurs conseils.
11) 홍정선(65면).

문법원으로 확립되었던 행정법의 일반원칙이 입법을 통해 성문화되고 있다. 2021. 3. 23. 제정·시행된 행정기본법은 제2장(행정의 법원칙)에서 법치행정의 원칙($\frac{제8}{조}$)·평등의 원칙($\frac{제9}{조}$)·비례의 원칙($\frac{제10}{조}$)·성실의무 및 권한남용금지의 원칙($\frac{제11}{조}$)·신뢰보호의 원칙($\frac{제12}{조}$)·부당결부금지의 원칙($\frac{제13}{조}$)을 규정하고 있는바, 이들 성문법화된 원칙들은 성문법원이지, 불문법원이 아니다.[12]

2. 비례의 원칙

> **행정기본법** 제10조(비례의 원칙) 행정작용은 다음 각 호의 원칙에 따라야 한다.
> 1. 행정목적을 달성하는 데 유효하고 적절할 것
> 2. 행정목적을 달성하는 데 필요한 최소한도에 그칠 것
> 3. 행정작용으로 인한 국민의 이익 침해가 그 행정작용이 의도하는 공익보다 크지 아니할 것

(1) 의 의

비례의 원칙이란 행정주체가 행정상의 목적을 실현함에 있어서 그 목적의 실현과 구체적인 수단 사이에는 합리적인 비례관계가 유지되어야 한다는 것을 말한다. 즉 행정목적을 달성하기 위한 수단은 그 목적달성에 유효·적절하고, 또한 가능한 한 최소침해를 가져오는 것이어야 하며, 아울러 그 수단의 도입으로 인한 침해가 의도하는 공익을 능가하여서는 안 된다는 것이다($\frac{대법원 1997. 9. 26.}{선고 96누10096 판결}$). 이는 '과잉금지의 원칙'으로 표현되기도 한다.

(2) 적용영역

비례의 원칙은 행정청의 재량권 행사의 한계를 설정하여 주는 행정법의 일반원칙으로서, 행정작용을 포함한 모든 국가작용에 적용된다. 초기에는 경찰법과 같은 침익적 행정의 영역에서 경찰권 발동의 한계를 설정하기 위해서 발전되었으나, 오늘날에는 행정행위의 취소·철회의 제한, 행정행위의 부관의 한계, 행정조사, 규제적 행정지도, 행정강제를 넘어 수익적 행정의 영역($\frac{자금지원행정과}{같은 급부행정}$)까지 폭넓게 적용되고 있다.[13]

---

12) 김철용(91면).

13) 급부행정에 있어서 비례의 원칙은 '과잉급부금지의 원칙'을 통하여 나타나고 있다. 이는 행정청이 행정 목적을 달성하는 데 적합한 정도의 급부만을 행하여야 한다는 원칙이다. 다만 유의할 점은 비례의 원칙에서는 침익적 처분에 있어 그 상대방에 대한 권익침해의 정도와 당해 처분이 추구하는 공익목적과의 비례 여부가 문제되는 것이 보통이지만, 과잉급부금지의 원칙에서는 그 상대방에 대한 수익적 처분의 목적과 그에 따르는 일반 국민의 불이익과의 비례 여부가 문제된다는 점이다. 김동희,

경찰관직무집행법 제1조 제2항에서는 "이 법에 규정된 경찰관의 직권은 그 직무수행에 필요한 최소한도에서 행사되어야 하며 남용되어서는 아니 된다."라고 규정하여 비례의 원칙을 명문으로 인정하고 있음을 확인할 수 있다.

헌법재판소 1992. 12. 24.자 92헌가8 결정

국가작용 중 특히 입법작용에 있어서의 과잉입법금지의 원칙이라 함은 국가가 국민의 기본권을 제한하는 내용의 입법활동을 함에 있어서 준수하여야 할 기본원칙 내지 입법활동의 한계를 의미하는 것으로서, 국민의 기본권을 제한하려는 입법의 목적이 헌법및 법률의 체제상 그 정당성이 인정되어야 하고(목적의 정당성), 그 목적의 달성을 위하여 그 방법이 효과적이고 적절하여야 하며(방법의 적정성), 입법권자가 선택한 기본권 제한의 조치가 입법목적달성을 위하여 설사 적절하다 할지라도 보다 완화된 형태나방법을 모색함으로써 기본권의 제한은 필요한 최소한도에 그치도록 하여야 하며(피해의 최소성), 그 입법에 의하여 보호하려는 공익과 침해되는 사익을 비교형량할 때 보호되는 공익이 더 커야한다(법익의 균형성)는 법치국가의 원리에서 당연히 파생되는 헌법상의 기본원리의 하나인 비례의 원칙을 말하는 것이다. 이를 우리 헌법은 제37조 제1항에서 "국민의 자유와 권리는 헌법에 열거되지 아니한 이유로 경시되지 아니한다." 제2항에서 "국민의 모든 자유와 권리는 국가안전보장, 질서유지 또는 공공복리를 위하여필요한 경우에 한하여 법률로써 제한할 수 있으며, 제한하는 경우에도 자유와 권리의본질적인 내용을 침해할 수 없다."라고 선언하여 입법권의 한계로서 과잉입법금지의 원칙을 명문으로 인정하고 있으며 이에 대한 헌법위반 여부의 판단은 헌법 제111조와 제107조에 의하여 헌법재판소에서 관장하도록 하고 있다.

(3) 법적 근거

비례의 원칙은 법치국가원리에서 당연히 파생되는 헌법상의 기본원리로서, 비례의 원칙에 대한 헌법적 근거로는 헌법 제37조 제2항(국민의 모든 자유와 권리는 국가안전보장·질서유지 또는 공공복리를 위하여 필요한 경우에 한하여 법률로써 제한할 수 있으며, 제한하는 경우에도 자유와 권리의 본질적인 내용을 침해할 수 없다)을 들 수 있다. 비례의 원칙을 명문으로 규정하고 있는 개별법으로는 행정규제기본법 제5조(규제의 원칙) 제3항, 행정절차법 제48조(행정지도의 원칙) 제1항, 행정대집행법 제2조(대집행과 그 비용징수), 경찰관직무집행법 제1조(목적) 제2항 등이 있다.

(4) 내 용

비례의 원칙은 ① 적합성의 원칙, ② 필요성의 원칙, ③ 상당성의 원칙(협의의 비례원칙)이란 세 가지의 세부원칙을 그 내용으로 한다.

「行政法Ⅱ」, 박영사, 2018, 260면.

1) 적합성의 원칙

적합성의 원칙이란 행정상의 목적을 달성하기 위하여 행하는 행정작용은 그 달성하고자 하는 목적에 적합하게 행사되어야 한다는 원칙이다.

예컨대 불법주차단속이라는 행정목적을 달성함에 있어 경고 스티커의 부착, 과태료의 부과, 견인 등은 모두 주차단속의 목적에 부합될 수 있으나, 타이어를 손상시키는 것은 그 목적에 부합되지 않는다고 할 것이다.

2) 필요성의 원칙(최소침해의 원칙)

필요성의 원칙은 최소침해의 원칙이라고도 하는데, 행정상의 목적을 달성하기 위해서 선택할 수 있는 적합한 수단이 다수일 경우에는 개인이나 공중에 필요 최소한의 침해를 가져오는 수단을 선택하여야 한다는 것을 말한다.

앞의 예에서 과태료 부과와 견인이 모두 적합한 수단이라면 불법주차 차량이 현재 다른 차량의 소통에 직접적인 영향을 미치지 않을 경우에는 견인보다는 차주의 침해를 최소화할 수 있는 과태료 부과라는 수단을 사용하여야 할 것이다.

3) 상당성의 원칙(협의의 비례원칙)

상당성의 원칙은 협의의 비례원칙이라고도 하는데, 달성하고자 하는 행정상의 목적과 개인에 대한 침해의 정도, 즉 실현하고자 하는 공익과 침해되는 사익 사이에 합리적 비례관계가 있어야 한다는 원칙을 말한다.

예컨대 소규모 시위진압을 위해 최루가스를 살포하거나 공포탄을 발포하는 것은 합리적인 비례관계에 있다고 할 수 없을 것이다.

(5) 위반의 효과

비례의 원칙에 반하는 행정작용은 위법한 것이 된다. 구체적으로, 행정입법의 경우에는 무효가 된다. 행정행위의 경우는 원칙적으로 취소사유에 해당하며, 위법의 정도가 중대하고 명백한 경우에는 무효가 된다. 비례의 원칙을 위반한 공무원의 행위로 인해 손해를 입은 사인은 국가배상을 청구할 수 있다.

① 대법원 1985. 11. 12. 선고 85누303 판결

행정청이 면허취소의 재량권을 갖는 경우에도 그 재량권은 면허취소처분의 공익목적 뿐만 아니라 공익침해의 정도와 그 취소처분으로 인하여 개인이 입게 될 불이익을 비교교량하고 그 취소처분의 공정성을 고려하는 등 비례의 원칙과 평등의 원칙에 어긋나지 않게끔 행사되어야 할 한계를 지니고 있고 이 한계를 벗어난 처분은 위법하다고

볼 수밖에 없다.

② **대법원 2006. 12. 21. 선고 2006두16274 판결**

[1] 공무원인 피징계자에게 징계사유가 있어서 징계처분을 하는 경우 어떠한 처분을 할 것인가는 징계권자의 재량에 맡겨진 것이므로, 그 징계처분이 위법하다고 하기 위해서는 징계권자가 재량권의 행사로서 한 징계처분이 사회통념상 현저하게 타당성을 잃어 징계권자에게 맡겨진 재량권을 남용한 것이라고 인정되는 경우에 한한다. 그리고 공무원에 대한 징계처분이 사회통념상 현저하게 타당성을 잃었는지 여부는 구체적인 사례에 따라 직무의 특성, 징계의 원인이 된 비위사실의 내용과 성질, 징계에 의하여 달성하려고 하는 행정목적, 징계 양정의 기준 등 여러 요소를 종합하여 판단하여야 하고, 특히 금품수수의 경우는 수수액수, 수수경위, 수수시기, 수수 이후 직무에 영향을 미쳤는지 여부 등이 고려되어야 한다.

[2] 경찰공무원이 그 단속의 대상이 되는 신호위반자에게 먼저 적극적으로 돈을 요구하고 다른 사람이 볼 수 없도록 돈을 접어 건네주도록 전달방법을 구체적으로 알려주었으며 동승자에게 신고시 범칙금 처분을 받게 된다는 등 비위신고를 막기 위한 말까지 하고 금품을 수수한 경우, 비록 그 받은 돈이 1만원에 불과하더라도 위 금품수수행위를 징계사유로 하여 당해 경찰공무원을 해임처분한 것은 징계재량권의 일탈·남용이 아니라고 한 사례.

3. 평등의 원칙

(1) 의 의

헌법 제11조 제1항에서는 "모든 국민은 법 앞에 평등하다. 누구든지 성별·종교 또는 사회적 신분에 의하여 정치적·경제적·사회적·문화적 생활의 모든 영역에 있어서 차별을 받지 아니한다."라고 규정하여 평등의 원칙을 천명하고 있다.

이를 행정의 측면에 적용할 경우, 행정권을 발동함에 있어 특별히 합리적인 사유가 없는 한 상대방인 국민을 공평하게 대우하여야 한다는 원리가 도출될 수 있다. 이것이 이른바 행정법의 일반원칙으로서 평등의 원칙이다.

(2) 내 용

평등의 원칙에서 언급하고 있는 평등은 '상대적 평등'에 해당하기 때문에 모든 차별이 금지되는 것이 아니라 본질적으로 동일한 것을 자의적으로 불평등하게 취급하거나, 본질적으로 동일하지 않은 것을 자의적으로 평등하게 취급하는 것을 금지하는 원칙이다. 헌법상의 평등의 원칙으로부터 파생되는 헌법의 구체화로서의 원칙들이 다수 존재한다.

(3) 위반의 효과

행정청이 국민에게 합리적인 이유 없이 자의에 의해서 차별적인 처분을 하게 되면 해당 처분은 위법한 처분이 된다. 평등의 원칙을 위반한 명령은 무효이다.

① 대법원 1972. 12. 26. 선고 72누194 판결

원고가 원판시와 같이 부산시 영도구청의 당직 근무 대기 중 약 25분간 같은 근무조원 3명과 함께 시민 과장실에서 심심풀이로 돈을 걸지 않고 점수 따기 화투놀이를 한 사실을 확정한 다음 이것이 국가공무원법 제78조 1, 3호 규정의 징계사유에 해당한다 할지라도 당직 근무시간이 아닌 그 대기 중에 불과 약 25분간 심심풀이로 한 것이고 또 돈을 걸지 아니하고 점수 따기를 한데 불과하며 원고와 함께 화투놀이를 한 3명(지방공무원)은 부산시 소청심사위원회에서 견책에 처하기로 의결된 사실이 인정되는 점 등 제반 사정을 고려하면 피고가 원고에 대한 징계처분으로 파면을 택한 것은 당직근무 대기자의 실정이나 공평의 원칙상 그 재량의 범위를 벗어난 위법한 것이라고 하였는바, 이를 기록에 대조하여 검토하여 보면 정당하고 징계종류의 선택에 관한 법리를 오해한 위법 있다는 논지는 맞지 아니하여 이유 없다.

② 대법원 2007. 10. 29. 선고 2005두14417 전원합의체 판결

구 개발제한구역의 지정 및 관리에 관한 특별조치법 시행령(2006. 6. 15. 대통령령 제19532호로 개정되기 전의 것) 제35조 제1항 제2호 (다)목에서는 공익시설 중 전기공급시설, 가스공급시설, 유류저장 및 송유설비에 대하여 개발제한구역 훼손부담금의 부과율을 100분의 20으로 정하고 있는 반면, 같은 항 제3호에서는 집단에너지공급시설을 포함한 다른 공익시설들(같은 항 제1호 및 제2호에서 규정하고 있는 공익시설은 제외)에 대하여 훼손부담금의 부과율을 100분의 100으로 정하고 있는바, 집단에너지공급시설과 전기공급시설 등은 모두 다수의 사용자에게 에너지를 공급하여 생활의 편의를 충족시키는 역할을 하는 공익시설들로서 에너지를 수송하는 시설들이 그 주요 부분을 차지하고 있고, 이러한 시설들은 개발제한구역이 도시 주위를 둘러싸고 띠 형태로 지정되어 있어서 도시 지역 밖에서 안으로 혹은 그 반대방향으로 에너지를 공급하기 위해서는 개발제한구역을 통과해야 하는 경우가 많아 개발제한구역 밖의 토지에 대한 입지 선택이 가능한 학교 등 다른 공익시설들과는 그 사정이 다른 점, 위와 같은 시설들의 설치는 주로 배관을 지중에 매설한 후 그 지표면을 다시 원상복구시키는 방식으로 이루어지는 것이어서, 다른 공익시설들에 비해 개발제한구역에 대한 훼손의 정도가 크지 않기 때문에 개발제한구역 훼손부담금의 제도적 취지상 다른 공익시설들보다 훼손

부담금의 부과율을 낮게 정할 필요가 있으며, 이 점에서는 집단에너지공급시설과 전기공급시설 등의 사이에 아무런 차이가 없는 점, 그뿐만 아니라, 집단에너지공급시설과 전기공급시설 등은 공급하는 물질(에너지)만 다를 뿐, 그 설치공사의 내용과 방법이나 그에 관한 기술적 측면의 규제 내용 등이 동일하거나 유사하고, 그 외 도로법 등 다른 각종 행정법규에서도 점용료나 원인자부담금 등의 산정·부과 및 감면 등에서 같게 취급하고 있는 등 사실상의 차이도 찾아보기 어려운 점 등을 종합하여 보면, 위 시행령 제35조 제1항 제3호에서 집단에너지공급시설에 대한 훼손부담금의 부과율을 전기공급시설 등에 대한 훼손부담금의 부과율인 100분의 20의 다섯 배에 이르는 100분의 100으로 정한 것은, 집단에너지공급시설과 전기공급시설 등의 사이에 그 공급받는 수요자가 다소 다를 수 있음을 감안하더라도, 부과율에 과도한 차등을 둔 것으로서 합리적 근거 없는 차별에 해당하므로 헌법상 평등원칙에 위배되어 무효이다.

4. 행정의 자기구속의 원칙

(1) 의 의

행정의 자기구속의 원칙이란 행정기관이 스스로 정한 결정기준에 구속되는 것 또는 행정결정을 함에 있어서 동종의 사안에서 이전에 제3자에게 행한 결정과 동일한 결정을 상대방에게 행하도록 스스로 구속되는 것을 말한다. 행정의 자기구속의 근거를 신뢰보호의 원칙에서 구하는 견해도 있지만, 평등의 원칙에서 파생되었다고 보는 것이 통설적인 견해이다. 이는 주로 재량영역에서 행정이 스스로 정하여 시행하고 있는 기준인 재량준칙과 관련하여 문제된다.

(2) 적용요건

행정의 자기구속의 원칙이 적용되기 위해서는 ① 행정의 재량이 인정되는 영역에서 법적으로 동일한 사실관계, 즉 동종의 사안일 것, ② 동일한 행정기관일 것, ③ 종래 동종의 사안에서 행한 행정결정이 적법할 것, ③ 동종 사안에 대해 1회 이상의 행정선례가 존재할 것[14]을 요한다.

그러나 행정의 자기구속의 원칙은 기존의 선례가 있다고 하더라도 절대적인 것이 아니므로, 객관적으로 납득할 만한 이유가 있는 경우에는 과거 동종 사안에서 행한 행정결정과 다른 새로운 결정을 하는 것이 가능하다.

---

14) 재량준칙은 '선취(先取)된 행정관행'으로 장래에 그에 따른 재량행사가 예상되기 때문에 행정선례 없이 이를 처음 적용하는 경우에도 자기구속을 인정하는 견해가 있다(선례불요설). 그러나 이에 따르면, 재량준칙에 법규성을 인정하는 결과가 되어 문제가 있다.

① 대법원 2009. 6. 25. 선고 2008두13132 판결

평등의 원칙은 본질적으로 같은 것을 자의적으로 다르게 취급함을 금지하는 것이고, 위법한 행정처분이 수차례에 걸쳐 반복적으로 행하여졌다 하더라도 그러한 처분이 위법한 것인 때에는 행정청에 대하여 자기구속력을 갖게 된다고 할 수 없다.

② 대법원 2009. 12. 24. 선고 2009두7967 판결

[1] 상급행정기관이 하급행정기관에 대하여 업무처리지침이나 법령의 해석적용에 관한 기준을 정하여 발하는 이른바 '행정규칙이나 내부지침'은 일반적으로 행정조직 내부에서만 효력을 가질 뿐 대외적인 구속력을 갖는 것은 아니므로 행정처분이 그에 위반하였다고 하여 그러한 사정만으로 곧바로 위법하게 되는 것은 아니다. 다만, 재량권 행사의 준칙인 행정규칙이 그 정한 바에 따라 되풀이 시행되어 행정관행이 이루어지게 되면 평등의 원칙이나 신뢰보호의 원칙에 따라 행정기관은 그 상대방에 대한 관계에서 그 규칙에 따라야 할 자기구속을 받게 되므로, 이러한 경우에는 특별한 사정이 없는 한 그를 위반하는 처분은 평등의 원칙이나 신뢰보호의 원칙에 위배되어 재량권을 일탈·남용한 위법한 처분이 된다.

[2] 시장이 농림수산식품부에 의하여 공표된 '2008년도 농림사업시행지침서'에 명시되지 않은 '시·군별 건조저장시설 개소당 논 면적' 기준을 충족하지 못하였다는 이유로 신규 건조저장시설 사업자 인정신청을 반려한 사안에서, 위 지침이 되풀이 시행되어 행정관행이 이루어졌다거나 그 공표만으로 신청인이 보호가치 있는 신뢰를 갖게 되었다고 볼 수 없고, 쌀 시장 개방화에 대비한 경쟁력 강화 등 우월한 공익상 요청에 따라 위 지침상의 요건 외에 '시·군별 건조저장시설 개소당 논 면적 1,000ha 이상' 요건을 추가할 만한 특별한 사정을 인정할 수 있어, 그 처분이 행정의 자기구속의 원칙 및 행정규칙에 관련된 신뢰보호의 원칙에 위배되거나 재량권을 일탈·남용한 위법이 없다고 한 사례.

(3) 위반의 효과

자기구속의 원칙을 위반한 행정처분은 위법하므로 항고소송의 대상이 된다.

① 대법원 1993. 6. 29. 선고 93누5635 판결

[1] 식품위생법 시행규칙 제53조에서 별표 15로 같은 법 제58조에 따른 행정처분의 기준을 정하였다 하더라도, 이는 형식은 부령으로 되어 있으나 성질은 행정기관 내부의 사무처리준칙을 규정한 것에 불과한 것으로서 보건사회부장관이 관계행정기관 및 직원에 대하여 직무권한행사의 지침을 정하여 주기 위하여 발한 행정명령의 성질을 가지는 것이지 같은 법 제58조 제1항의 규정에 의하여 보장된 재량권을 기속하는 것이라고 할 수 없고, 대외적으로 국민이나 법원을 기속하는 힘이 있는 것은 아니다.

[2] 행정청이 수익적 행정처분을 취소하거나 중지시키는 경우에는 이미 부여된 국민의 기득권을 침해하는 것이 되므로 비록 취소 등의 사유가 있더라도 취소권 등의 행사는 기득권의 침해를 정당화할 만한 중대한 공익상 필요 또는 제3자의 이익보호의 필요가 있는 때에 한하여 상대방이 받는 불이익과 비교교량하여 결정하여야 하고 그 처분으로 인하여 공익상 필요보다 상대방이 받게 되는 불이익 등이 막대한 경우에는 재량권의 한계를 일탈한 것으로서 그 자체가 위법임을 면치 못한다.

[3] 같은 법 시행규칙 제53조에 따른 별표 15의 행정처분기준은 행정기관 내부의 사무처리준칙을 규정한 것에 불과하기는 하지만 규칙 제53조 단서의 식품 등의 수급정책 및 국민보건에 중대한 영향을 미치는 특별한 사유가 없는 한 행정청은 당해 위반사항에 대하여 위 처분기준에 따라 행정처분을 함이 보통이라 할 것이므로, 행정청이 이러한 처분기준을 따르지 아니하고 특정한 개인에 대하여만 위 처분기준을 과도하게 초과하는 처분을 한 경우에는 재량권의 한계를 일탈하였다고 볼 만한 여지가 충분하다.

[4] 영업허가 이전 1개월 이상 무허가 영업을 하였고 영업시간 위반이 2시간 이상이라 하더라도 위 행정처분기준에 의하면 1월의 영업정지사유에 해당하는데도 2월 15일의 영업정지처분을 한 것은 재량권 일탈 또는 남용에 해당한다고 한 사례.

② 헌법재판소 2001. 5. 31.자 99헌마413 결정

[1] 행정규칙은 일반적으로 행정조직 내부에서만 효력을 가지는 것이나, 행정규칙이 법령의 규정에 의하여 행정관청에 법령의 구체적 내용을 보충할 권한을 부여한 경우나 재량권 행사의 준칙인 규칙이 그 정한 바에 따라 되풀이 시행되어 행정관행이 이룩되게 되면, 평등의 원칙이나 신뢰보호의 원칙에 따라 행정기관은 그 상대방에 대한 관계에서 그 규칙에 따라야 할 자기구속을 당하게 되는 경우에는 대외적인 구속력을 가지게 되는 바, 이러한 경우에는 헌법소원의 대상이 될 수도 있다.

[2] 경기도교육청의 1999. 6. 2.자 「학교장・교사 초빙제 실시」는 학교장・교사 초빙제의 실시에 따른 구체적 시행을 위해 제정한 사무처리지침으로서 행정조직 내부에서만 효력을 가지는 행정상의 운영지침을 정한 것이어서, 국민이나 법원을 구속하는 효력이 없는 행정규칙에 해당하므로 헌법소원의 대상이 되지 않는다.

5. 성실의무 및 권한남용금지의 원칙

행정기본법 제11조(성실의무 및 권한남용금지의 원칙) ① 행정청은 법령등에 따른 의무를 성실히 수행하여야 한다.
② 행정청은 행정권한을 남용하거나 그 권한의 범위를 넘어서는 아니 된다.
행정절차법 제4조(신의성실 및 신뢰보호) ① 행정청은 직무를 수행할 때 신의에 따라 성실히 하여야 한다.

(1) 성실의무의 원칙(신의성실의 원칙)

신의성실의 원칙은 법률관계의 당사자는 상대방의 이익을 배려하여 형평에 어긋나거나 신뢰를 저버리는 내용 또는 방법으로 권리를 행사하거나 의무를 이행하여서는 아니 된다는 원칙을 말한다.

대법원 2004. 7. 22. 선고 2002두11233 판결

신의성실의 원칙은 법률관계의 당사자는 상대방의 이익을 배려하여 형평에 어긋나거나 신뢰를 저버리는 내용 또는 방법으로 권리를 행사하거나 의무를 이행하여서는 아니 된다는 추상적 규범을 말하는 것으로서, 신의성실의 원칙에 위배된다는 이유로 그 권리의 행사를 부정하기 위하여는 상대방에게 신의를 주었다거나 객관적으로 보아 상대방이 그러한 신의를 가짐이 정당한 상태에 이르러야 하고, 이와 같은 상대방의 신의에 반하여 권리를 행사하는 것이 정의 관념에 비추어 용인될 수 없는 정도의 상태에 이르러야 하고, 일반 행정법률관계에서 관청의 행위에 대하여 신의칙이 적용되기 위해서는 합법성의 원칙을 희생하여서라도 처분의 상대방의 신뢰를 보호함이 정의의 관념에 부합하는 것으로 인정되는 특별한 사정이 있을 경우에 한하여 예외적으로 적용된다.

신의성실의 원칙은 민사법의 법원칙으로서 로마법 시대부터 인정되어 왔으며, 근래에는 공법의 영역에서도 적용되는 법원리가 되었다. 다만 신의성실의 원칙은 당사자 간의 법률관계가 평등한 사법(私法)관계에서 주로 적용되는 법원칙이기 때문에, 법치행정의 원리가 지배하는 불평등한 법률관계인 행정법관계에서는 제한적일 수밖에 없다. 그러나 신의성실의 원칙은 법적 안정성과 함께 신뢰보호의 원칙에 이론적 영향을 미쳤다.

행정절차법 제4조 제1항은 "행정청은 직무를 수행할 때 신의에 따라 성실히 하여야 한다."라고 하여 신의성실의 원칙을 명문으로 인정하고 있다.[15] 최근 새롭게 제정된 행정기본법 제11조에서는 공법관계의 성질을 고려하여 신의성실 대신 성실의무라는 용어를 사용하고 있다.

① 대법원 1988. 4. 27. 선고 87누915 판결

실권 또는 실효의 법리는 법의 일반원리인 신의성실의 원칙에 바탕을 둔 파생원칙인 것이므로 공법관계 가운데 관리관계는 물론이고 권력관계에도 적용되어야 함을 배제할

---

15) 국세기본법 제15조(신의·성실)에서도 "납세자가 그 의무를 이행할 때에는 신의에 따라 성실하게 하여야 한다. 세무공무원이 직무를 수행할 때에도 또한 같다."고 하여 신의성실의 원칙을 규정하고 있다.

수는 없다 하겠으나 그것은 본래 권리행사의 기회가 있음에도 불구하고 권리자가 장기간에 걸쳐 그의 권리를 행사하지 아니하였기 때문에 의무자인 상대방은 이미 그의 권리를 행사하지 아니할 것으로 믿을 만한 정당한 사유가 있게 되거나 행사하지 아니할 것으로 추인케 할 경우에 새삼스럽게 그 권리를 행사하는 것이 신의성실의 원칙에 반하는 결과가 될 때 그 권리행사를 허용하지 않는 것을 의미한다.[16]

② 대법원 2019. 1. 31. 선고 2016두52019 판결

[1] 직업능력개발훈련과정 인정을 받은 사업주가 거짓이나 그 밖의 부정한 방법으로 훈련비용을 지원받은 경우에는 해당 훈련과정의 인정을 취소할 수 있고, 인정이 취소된 사업주에 대하여는 인정취소일부터 5년의 범위에서 구 근로자직업능력 개발법(2012. 2. 1. 법률 제11272호로 개정되기 전의 것, 이하 '직업능력개발법'이라 한다) 제24조 제1항에 의한 직업능력개발훈련과정 인정을 하지 않을 수 있으며, 1년간 직업능력개발훈련 비용을 지원하지 않을 수 있다[직업능력개발법 제24조 제2항 제2호, 제3항, 제55조 제2항 제1호, 구 근로자직업능력 개발법 시행규칙(2011. 3. 11. 고용노동부령 제20호로 개정되기 전의 것) 제22조 [별표 6의2]].

관할관청이 직업능력개발훈련과정 인정을 받은 사업주에 대하여 거짓이나 그 밖의 부정한 방법으로 훈련비용을 지원받았다고 판단하여 위 규정들에 따라 일정 기간의 훈련과정 인정제한처분과 훈련비용 지원제한처분을 하였다면, 사업주는 제한처분 때문에 해당 제한 기간에는 실시예정인 훈련과정의 인정을 신청할 수 없고, 이미 실시한 훈련과정의 비용지원도 신청할 수 없게 된다(설령 사업주가 신청을 하더라도, 관할관청은 제한처분이 있음을 이유로 훈련과정 인정이나 훈련비용 지원을 거부할 것임이 분명하다).

그런데 그 제한처분에 대한 쟁송절차에서 해당 제한처분이 위법한 것으로 판단되어 취소되거나 당연무효로 확인된 경우에는, 예외적으로 사업주가 해당 제한처분 때문에 관계 법령이 정한 기한 내에 하지 못했던 훈련과정 인정신청과 훈련비용 지원신청을 사후적으로 할 수 있는 기회를 주는 것이 취소판결과 무효확인판결의 기속력을 규정한 행정소송법 제30조 제1항, 제2항, 제38조 제1항의 입법 취지와 법치행정 원리에 부합한다.

[2] 관할관청이 위법한 직업능력개발훈련과정 인정제한처분을 하여 사업주로 하여금 제때 훈련과정 인정신청을 할 수 없도록 하였음에도, 인정제한처분에 대한 취소판결 확정 후 사업주가 인정제한 기간 내에 실제로 실시하였던 훈련에 관하여 비용지원신청을 한 경우에, 관할관청은 단지 해당 훈련과정에 관하여 사전에 훈련과정 인정을 받지 않았다는 이유만을 들어 훈련비용 지원을 거부할 수는 없음이 원칙이다. 이러한 거부행위

---

16) [판결 이유] 이 사건에 관하여 보면 원고가 허가받은 때로부터 20년이 다 되어 피고가 그 허가를 취소한 것이기는 하나 피고가 취소사유를 알고서도 그렇게 장기간 취소권을 행사하지 않은 것이 아니고 1985. 9. 중순에 비로소 위에서 본 취소사유를 알고 그에 관한 법적 처리방안에 관하여 다각도로 연구검토가 행해졌고 그러한 사정은 원고도 알고 있었음이 기록상 명백하여 이로써 본다면 상대방인 원고에게 취소권을 행사하지 않을 것이란 신뢰를 심어준 것으로 여겨지지 않으니 피고의 처분이 실권의 법리에 저촉된 것이라고 볼 수 있는 것도 아니다.

는 위법한 훈련과정 인정제한처분을 함으로써 사업주로 하여금 제때 훈련과정 인정신청을 할 수 없게 한 장애사유를 만든 행정청이 사업주에 대하여 사전에 훈련과정 인정신청을 하지 않았음을 탓하는 것과 다름없으므로 신의성실의 원칙에 반하여 허용될 수 없다.

따라서 사업주에 대한 훈련과정 인정제한처분과 훈련비용 지원제한처분이 쟁송절차에서 위법한 것으로 판단되어 취소되거나 당연무효로 확인된 후에 사업주가 인정제한 기간에 실제로 실시한 직업능력개발훈련과정의 비용에 대하여 사후적으로 지원신청을 하는 경우, 관할관청으로서는 사업주가 해당 훈련과정에 대하여 미리 훈련과정 인정을 받아 두지 않았다는 형식적인 이유만으로 훈련비용 지원을 거부하여서는 아니 된다. 관할관청은 사업주가 인정제한 기간에 실제로 실시한 직업능력개발훈련과정이 구 근로자직업능력 개발법 시행령$\binom{2011.\ 12.\ 30.\ 대통령령\ 제}{23467호로\ 개정되기\ 전의\ 것}$ 제22조 제1항에서 정한 훈련과정 인정의 실체적 요건들을 모두 충족하였는지, 각 훈련생이 구 사업주에 대한 직업능력개발훈련 지원규정$\binom{2011.\ 12.\ 30.\ 고용노동부고시\ 제}{2011-73호로\ 개정되기\ 전의\ 것}$ 제8조 제1항에서 정한 지원금 지급을 위한 수료기준을 충족하였는지 등을 심사하여 훈련비용 지원 여부와 지원금액의 규모를 결정하여야 한다. 나아가 관할관청은 사업주가 사후적인 훈련비용 지원신청서에 위와 같은 심사에 필요한 서류를 제대로 첨부하지 아니한 경우에는 사업주에게 상당한 기간을 정하여 보완을 요구하여야 한다$\binom{행정절차법}{제17조\ 제5항}$.

(2) 권한남용금지의 원칙

행정기본법 제11조는 성실의무의 원칙과 함께 권한남용금지의 원칙을 규정하고 있다. 행정법상 권한남용금지의 원칙은 법치국가원리에 이념적 기초를 두고 있다.

법치국가원리는 국가권력의 행사가 법의 지배원칙에 따라 법적으로 구속을 받는 것을 뜻한다. 법치주의는 원래 국가권력의 자의적 행사를 막기 위한 데서 출발한 것이다. 국가권력의 행사가 공동선의 실현을 위하여서가 아니라 특정 개인이나 집단의 이익 또는 정파적 이해관계에 의하여 좌우된다면 권력의 남용과 오용이 발생하고 국민의 자유와 권리는 쉽사리 침해되어 힘에 의한 지배가 되고 만다. 법치주의는 국가권력의 중립성과 공공성 및 윤리성을 확보하기 위한 것이므로, 모든 국가기관과 공무원은 헌법과 법률에 위배되는 행위를 하여서는 아니 됨은 물론 헌법과 법률에 의하여 부여된 권한을 행사할 때에도 그 권한을 남용하여서는 아니 된다$\binom{대법원}{2016.}$ 12. 15. 선고 2016두47659 판결).

6. 신뢰보호의 원칙

행정기본법 제12조(신뢰보호의 원칙) ① 행정청은 공익 또는 제3자의 이익을 현저히 해칠 우려가 있는 경우를 제외하고는 행정에 대한 국민의 정당하고 합리적인 신뢰를 보호하여야 한다. ② 행정청은 권한 행사의 기회가 있음에도 불구하고 장기간 권한을 행사하지 아니하여 국민이 그 권한이 행사되지 아니할 것으로 믿을 만한 정당한 사유가 있는 경우에는 그 권한을 행사해서는 아니 된다. 다만, 공익 또는 제3자의 이익을 현저히 해칠 우려가 있는 경우는 예외로 한다.

행정절차법 제4조(신의성실 및 신뢰보호) ② 행정청은 법령등의 해석 또는 행정청의 관행이 일반적으로 국민들에게 받아들여졌을 때에는 공익 또는 제3자의 정당한 이익을 현저히 해칠 우려가 있는 경우를 제외하고는 새로운 해석 또는 관행에 따라 소급하여 불리하게 처리하여서는 아니 된다.

(1) 의 의

신뢰보호의 원칙은 사인이 행정청의 어떠한 행위(언동)의 존속이나 정당성을 신뢰하고 행위를 한 경우, 그 신뢰가 보호가치 있는 경우에는 그 신뢰를 보호해 주어야 한다는 원칙을 말한다.

신뢰보호의 원칙은 제2차 세계대전 이후 독일 연방행정재판소의 '미망인 사건'[17]에서 인정되면서 논의되기 시작하였고, 1976년 제정된 독일 연방행정절차법 제48조에서 위법한 수익적 행정행위의 취소를 제한하는 규정을 둠으로써 명문으로 제도화되었다. 이는 영미법상 금반언의 원칙(^{estoppel})과 유사한 개념이기도 하다.

(2) 이론적 근거

1) 신의칙설

법의 일반적 원리인 신의성실의 원칙에 따라 행정청은 자신의 언동을 신뢰한 상대방에 대하여 나중에 위법성 등을 이유로 그 언동의 효력을 부정할 수 없다는 것이다.

그러나 신의칙이란 당사자 간의 구체적 관계가 있는 경우를 전제로 하는 것이므로 당사자 간의 구체적 관계가 존재하지 않는 행정계획 등에 있어서는 설명이 불가능하다는 비판이 있다.

---

17) 이 사건은 독일이 동독과 서독으로 분단되어 있던 시절, 동베를린에 거주하고 있던 전쟁 미망인이 서베를린에 이주하면 미망인 연금을 지급받을 수 있다는 관계 행정기관 공무원의 답신을 믿고 서베를린으로 이주하였는데, 너무 늦게 이주한 탓으로 연금청구권이 실권되었다. 이에 대해서 연방행정재판소는 신뢰보호의 원칙을 원용하여 미망인의 청구를 인용한 사건이다(BVerwGE 9, 251 ff.).

2) 법적 안정성설

법치국가의 구성요소인 법적 안정성에서 신뢰보호의 근거를 찾는 입장으로서, 법적 안정성이란 법의 예측가능성·비파괴성·불변성 등을 의미하는 것이므로 행정청의 언동에 대한 상대방의 신뢰를 보호하는 것은 바로 이러한 법적 안정성의 이념에 충실하기 위한 것이라고 한다.

그러나 법적 안정성은 적법행위에서의 안정성을 의미하는 것이지, 위법행위에서의 안정성을 의미하는 것이 아니라는 비판이 있다.

대법원 2013. 4. 26. 선고 2011다14428 판결

법령의 개정에서 입법자의 광범위한 재량이 인정되는 경우라 하더라도 구 법령의 존속에 대한 당사자의 신뢰가 합리적이고도 정당하며 법령의 개정으로 야기되는 당사자의 손해가 극심하여 새로운 법령으로 달성하고자 하는 공익적 목적이 그러한 신뢰의 파괴를 정당화할 수 없다면 입법자는 경과규정을 두는 등 당사자의 신뢰를 보호할 적절한 조치를 하여야 하며 이와 같은 적절한 조치 없이 새 법령을 그대로 시행하거나 적용하는 것은 허용될 수 없는바, 이는 헌법의 기본원리인 법치주의 원리에서 도출[18]되는 신뢰보호의 원칙에 위배되기 때문이다.

(3) 실정법적 근거

신뢰보호의 원칙이 실정법에 투영된 것으로는 행정기본법 이외에도 행정절차법 제4조(신의성실 및 신뢰보호) 제2항, 국세기본법 제18조(세법 해석의 기준 및 소급과세의 금지) 제3항 등이 있다. 그러나 신뢰보호의 원칙은 법치국가의 원리에서 나오는 '헌법상 원칙'이라는 점에서 위 실정법상 근거들은 신뢰보호의 원칙의 존재를 확인하는 규정에 불과하다.

(4) 적용요건

대법원 2002. 11. 8. 선고 2001두1512 판결

일반적으로 행정상의 법률관계에 있어서 행정청의 행위에 대하여 신뢰보호의 원칙이 적용되기 위하여는, 첫째 행정청이 개인에 대하여 신뢰의 대상이 되는 공적인 견해표명을 하여야 하고, 둘째 행정청의 견해표명이 정당하다고 신뢰한 데에 대하여 그 개인에게 귀책사유가 없어야 하며, 셋째 그 개인이 그 견해표명을 신뢰하고 이에 상응하는 어떠한 행위를 하였어야 하고, 넷째 행정청이 그 견해표명에 반하는 처분을 함으로써 그 견해표명을 신뢰한 개인의 이익이 침해되는 결과가 초래되어야 하며, 마지막으로

---

18) 헌법재판소 2016. 6. 30.자 2014헌바365 결정에서도 "신뢰보호원칙은 헌법상 법치국가원리로부터 파생되는 것"이라고 판시하고 있다.

위 견해표명에 따른 행정처분을 할 경우 이로 인하여 공익 또는 제3자의 정당한 이익을 현저히 해할 우려가 있는 경우가 아니어야 하는바, 둘째 요건에서 말하는 귀책사유라 함은 행정청의 견해표명의 하자가 상대방 등 관계자의 사실은폐나 기타 사위의 방법에 의한 신청행위 등 부정행위에 기인한 것이거나 그러한 부정행위가 없다고 하더라도 하자가 있음을 알았거나 중대한 과실로 알지 못한 경우 등을 의미한다고 해석함이 상당하고, 귀책사유의 유무는 상대방과 그로부터 신청행위를 위임받은 수임인 등 관계자 모두를 기준으로 판단하여야 한다.

1) 행정기관의 선행조치

우선 권한 있는 행정기관에 의한 선행조치가 있어야 하는데, 그 형식으로는 ① 법령·행정규칙 등의 규정, ② 행정행위, ③ 행정계획의 공고, ④ 확약, ⑤ 행정지도, ⑥ 질의에 대한 답변 등의 일체의 조치를 말한다. 이와 같은 행정기관의 선행조치는 작위·부작위, 명시적·묵시적 의사표시를 불문한다. 또한 당연무효가 아닌 위법한 행정행위도 선행조치가 될 수 있다.

다만 대법원은 행정기관의 선행조치를 '공적 견해표명'에 한정하고 있다. 이때 행정청의 공적 견해표명이 있었는지의 여부를 판단하는 데 있어 반드시 행정조직상의 형식적인 권한분장에 구애될 것은 아니고 담당자의 조직상의 지위와 임무, 당해 언동을 하게 된 구체적인 경위 및 그에 대한 상대방의 신뢰가능성에 비추어 실질에 의하여 판단하여야 한다(대법원 1997. 9. 12. 선고 96누18380 판결).19)

① 대법원 1980. 6. 10. 선고 80누6 전원합의체 판결

국세기본법 제18조 제2항의 규정은 납세자의 권리보호와 과세관청에 대한 납세자의 신뢰보호에 그 목적이 있는 것이므로 이 사건 보세운송면허세의 부과근거이던 지방세법 시행령이 1973. 10. 1. 제정되어 1977. 9. 20.에 폐지될 때까지 4년 동안 그 면허세를 부과할 수 있는 정을 알면서도 피고가 수출확대라는 공익상 필요에서 한 건도 이를 부과한 일이 없었다면 납세자인 원고는 그것을 믿을 수밖에 없고 그로써 비과세의 관행이 이루어졌다고 보아도 무방하다(다수의견).

② 대법원 2005. 4. 28. 선고 2004두8828 판결

폐기물관리법령에 의한 폐기물처리업 사업계획에 대한 적정통보와 국토이용관리법령에 의한 국토이용계획변경은 각기 그 제도적 취지와 결정단계에서 고려해야 할 사항

---

19) 병무청 담당부서의 담당공무원에게 공적 견해의 표명을 구하는 정식의 서면질의 등을 하지 아니한 채 총무과 민원팀장에 불과한 공무원이 민원봉사 차원에서 상담에 응하여 안내한 것을 신뢰한 경우, 신뢰보호원칙이 적용되지 아니한다(대법원 2003. 12. 26. 선고 2003두1875 판결).

들이 다르므로, 피고가 위와 같이 폐기물처리업 사업계획에 대하여 적정통보를 한 것만
으로 그 사업부지 토지에 대한 국토이용계획변경신청을 승인하여 주겠다는 취지의 공
적인 견해표명을 한 것으로 볼 수 없고, 그럼에도 불구하고 원고가 그 승인을 받을 것
으로 신뢰하였다면 원고에게 귀책사유가 있다 할 것이므로, 이 사건 처분이 신뢰보호의
원칙에 위배된다고 할 수 없다.

2) 신뢰의 보호가치

행정기관에 의한 선행조치의 존속성 · 정당성에 대한 신뢰가 보호할 가치가 있어
야 한다. 선행조치가 변경될 것이라는 것을 상대방이 예측하였거나 예측이 가능한 경
우이거나 상대방이 부정행위를 통해서 행정기관의 선행조치를 받은 경우에는 보호
할 가치가 있는 신뢰라고 하기 어렵다. 독일 연방행정절차법 제48조 제2항에서는 ①
행정행위의 하자가 수익자의 책임에 기인하는 경우(수익자의 사기 · 강박 · 증뢰 등 부정한 방법 또는 수익자의 불완전하거나 잘못된 신고로 행정행위 등이 발해진 경우)
와 ② 수익자가 행정행위 등의 위법성을 알았거나 중대한 과실로 알지 못한 경우에
는 그 행정행위 등에 대한 신뢰는 보호받을 가치가 없다고 규정하고 있다.[20] 즉, 행
정기관의 선행조치를 신뢰하게 된 상대방에게 '귀책사유'가 없어야 한다.

3) 상대방의 후속조치

행정기관의 선행조치를 신뢰한 상대방이 선행조치를 믿은 것만으로는 부족하고,
이에 기초하여 자본투자, 공장 또는 사업장의 이전, 건축개시 등과 같은 구체적으로
어떠한 조치를 취하여야 한다.

4) 인과관계

행정기관의 선행조치에 대한 신뢰와 상대방의 후속조치 사이에는 인과관계가 존
재하여야 한다. 인과관계의 정도에 대해서 대법원은 "세법상 비과세관행의 성립을
인정하기 위하여는 단순히 일정한 기간 동안 과세누락사실이 있었다는 것만으로는
부족하고 명시적이든 묵시적이든 과세관청의 비과세에 관한 의사표시가 있고 그것
이 불특정의 일반 납세자에게 세법의 해석 또는 관행으로 이의 없이 받아들여져 납
세자가 그와 같은 해석 또는 관행을 신뢰하는 것이 무리가 아니라고 인정될 정도에
이르러야 할 것이다."라고 하여 상당인과관계를 요구하고 있다(대법원 1992. 10. 13. 선고 92누114 판결).

---

20) 김남진/김연태(50면).

5) 선행조치에 반하는 후행행위

행정기관은 선행조치에 반하는 처분 등의 후행행위를 하여야 한다.

(5) 한 계

1) 사정변경

행정청이 상대방에게 장차 어떤 처분을 하겠다고 확약 또는 공적인 의사표명을 하였다고 하더라도, 그 자체에서 상대방으로 하여금 언제까지 처분의 발령을 신청하도록 유효기간을 두었는데도 그 기간 내에 상대방의 신청이 없었다거나 확약 또는 공적인 의사표명이 있은 후에 사실적·법률적 상태가 변경되었다면, 그와 같은 확약 또는 공적인 의사표명은 행정청의 별다른 의사표시를 기다리지 않고 실효된다(대법원 1996. 8. 20. 선고 95누10877 판결).

2) 법률적합성과의 관계

신뢰보호의 원칙을 적용하는 데에 있어서 법률적합성과의 관계가 그 한계로 논의가 된다. 즉, 신뢰보호의 원칙을 적용하게 되면 위법한 행정작용의 효력을 인정하게 되는 경우가 있는데, 이 경우에 신뢰보호의 원칙을 우선시킬 것인지 법률적합성의 원칙을 우선시킬 것인지의 문제이다.

이 문제에 대해서 학설은 ① 법률적합성의 원칙은 법치주의의 기본원리이기 때문에 법률적합성이 신뢰보호의 원칙보다 우위에 있다는 법률적합성우위설,[21] ② 신뢰보호의 원칙과 법률적합성의 원칙은 동가치적인 것이라고 하는 동위설이 있다. 동위설이 다수설의 입장이다. 이에 따르면, 신뢰보호의 원칙은 개별적·구체적인 경우에 적법상태의 실현이라는 공익과 신뢰보호라는 사익을 비교형량하여 제한적으로 적용된다. 대법원도 "견해표명에 따른 행정처분을 할 경우 이로 인하여 공익 또는 제3자의 정당한 이익을 현저히 해할 우려가 있는 경우가 아니어야 한다."라거나(대법원 2001. 9. 28. 선고 2000두8684 판결), "행정처분이 이러한 요건을 충족하는 경우라고 하더라도 행정청이 앞서 표명한 공적인 견해에 반하는 행정처분을 함으로써 달성하려는 공익이 행정청의 공적 견해표명을 신뢰한 개인이 그 행정처분으로 인하여 입게 되는 이익의 침해를 정당화할 수 있을 정도로 강한 경우에는 신뢰보호의 원칙을 들어 그 행정처분이 위법하다고는 할 수 없다."고 판시하여(대법원 1998. 11. 13. 선고 98두7343 판결), 동위설의 입장에 있다고 할 수

---

21) 대법원 1980. 6. 10. 선고 80누6 전원합의체 판결에서 "합법성의 원칙은 납세자의 신뢰보호라는 법적 안정성의 원칙에 우월하는 것"이라는 반대의견이 있었다.

있겠다.

3) 제3자효 행정행위에 대한 제3자의 쟁송제기

선행조치가 제3자효 행정행위로서 제3자의 쟁송제기가 예상되는 경우, 선행조치의 존속에 대한 상대방의 신뢰는 보호되지 않는다.

4) 무효인 행정행위

행정행위의 흠이 중대하고 명백하여 무효인 경우, 행정행위의 상대방은 신뢰보호의 원칙을 주장할 수 없다.

대법원 1987. 4. 14. 선고 86누459 판결

[1] 국가공무원법에 규정되어 있는 공무원임용결격사유는 공무원으로 임용되기 위한 절대적인 소극적 요건으로서 공무원관계는 국가공무원법 제38조, 공무원임용령 제11조의 규정에 의한 채용후보자 명부에 등록한 때가 아니라 국가의 임용이 있는 때에 설정되는 것이므로 공무원임용결격사유가 있는지의 여부는 채용후보자 명부에 등록한 때가 아닌 임용당시에 시행되던 법률을 기준으로 하여 판단하여야 한다.

[2] 임용 당시 공무원 임용결격사유가 있었다면 비록 국가의 과실에 의하여 임용결격자임을 밝혀내지 못하였다 하더라도 그 임용행위는 당연무효로 보아야 한다.

[3] 국가가 공무원 임용결격사유가 있는 자에 대하여 결격사유가 있는 것을 알지 못하고 공무원으로 임용하였다가 사후에 결격사유가 있는 자임을 발견하고 공무원 임용행위를 취소하는 것은 당사자에게 원래의 임용행위가 당초부터 당연무효이었음을 통지하여 확인시켜 주는 행위에 지나지 아니하는 것이므로, 그러한 의미에서 당초의 임용처분을 취소함에 있어서는 신의칙 내지 신뢰의 원칙을 적용할 수 없고 또 그러한 의미의 취소권은 시효로 소멸하는 것도 아니다.

[4] 공무원연금법이나 근로기준법에 의한 퇴직금은 적법한 공무원으로서의 신분취득 또는 근로고용관계가 성립되어 근무하다가 퇴직하는 경우에 지급되는 것이고, 당연무효인 임용결격자에 대한 임용행위에 의하여서는 공무원의 신분을 취득하거나 근로고용관계가 성립될 수 없는 것이므로 임용결격자가 공무원으로 임용되어 사실상 근무하여 왔다고 하더라도 그러한 피임용자는 위 법률소정의 퇴직금청구를 할 수 없다.

(6) 적용영역

1) 행정법규의 소급적용

행정법규를 소급하여 적용하는 것은 관계인의 신뢰보호를 해하기 때문에 신뢰보호의 원칙에 따라 금지된다. 다만 헌법재판소와 대법원은 부진정소급효의 경우에는 상대방의 신뢰보호보다 입법자의 입법형성권이나 공익적 측면을 우선하여 행정법 규의 소급적용을 인정하고 있다.[22]

대법원 2007. 10. 11. 선고 2005두5390 판결

[1] 소급입법은 새로운 입법으로 이미 종료된 사실관계 또는 법률관계에 적용케 하는 진정소급입법과 현재 진행 중인 사실관계 또는 법률관계에 적용케 하는 부진정소급입법으로 나눌 수 있는바, 이 중에서 기존의 법에 의하여 이미 형성된 개인의 법적 지위를 사후입법을 통하여 박탈하는 것을 내용으로 하는 진정소급입법은 개인의 신뢰보호와 법적 안정성을 내용으로 하는 법치국가 원리에 의하여 허용되지 아니하는 것이 원칙인 데 반하여, 부진정소급입법은 원칙적으로 허용되지만 소급효를 요구하는 공익상의 사유와 신뢰보호를 요구하는 개인보호의 사유 사이의 교량과정에서 그 범위에 제한이 가하여지는 것이다. 또한, 법률불소급의 원칙은 그 법률의 효력발생 전에 완성된 요건 사실에 대하여 당해 법률을 적용할 수 없다는 의미일 뿐, 계속 중인 사실이나 그 이후에 발생한 요건사실에 대한 법률적용까지를 제한하는 것은 아니라고 할 것이다.

[2] 먼저, 구 병역법(1993. 12. 31. 법률 제4685호로 전문 개정되기 전의 것) 제56조 제1항 제2호 및 구 병역법(2004. 12. 31. 법률 제7272호로 개정되기 전의 것) 제64조 제1항 제2호의 위헌 여부에 관하여 보건대, 원고의 초등학교 입학 당시 시행되던 구 병역법(1983. 12. 31. 법률 제3696호로 전문 개정되기 전의 것) 제24조 제2항에서는 일본국 등 국외에서 대한민국 국적으로 전가족이 영주권을 얻은 사람에 대하여 당연히 병역이 면제되는 것으로 하였으나(대법원 1996. 8. 23. 선고 95누18185 판결 등 참조), 위헌이라고 주장되는 위 법률조항들에서는 국외에서 가족과 같이 영주권을 얻은 사람 등에 대하여 원에 의하여 지방병무청장이 징병검사 없이 병역을 면제할 수 있다고 함으로써 국외에서 영주권을 얻은 사람의 병역면제에 대하여 불이익한 방향으로 개정이 이루어진 것으로 볼 여지가 있다.

그러나 이와 같은 병역법의 개정은 제1국민역에 편입되는 18세 당시 적용되던 병역법에 의하여 병역의무가 완전히 면제되었던 사람에게 다시 병역의무를 부과하는 취지로 개정이 이루어진 것이 아니고, 위 법률조항의 개정 후 18세가 되는 자를 그 적용대상으로 하여 개정이 이루어진 것이므로, 이와 같은 병역법의 개정은 진정소급입법에 해당하지 아니한다. 또한, 원고와 같이 국외에서 영주권을 얻은 사람이 구 병역법(1983. 12. 31. 법률 제3696호로 전문 개정되기 전의 것)에 의하여 장차 그 병역이 면제되리라는 기대를 갖게 되었다 하더라도 이러한 기대는 주관적인 이해관계에 따른 사실상의 기대에 불과할 뿐만 아니라, 개방화 과정에서 국외 영주권이 쉽게 취득될 수 있는 실정에 비추어 국외에서 영주권을 얻은 사람에 대한 병역면제를 엄격하게 하여 병역의무 부과의 형평을 기하고자 하는 공익상 요구가 더 우위에 있다고 할 것이다.

---

22) 헌법재판소 1998. 11. 26.자 97헌바58 결정; 대법원 1989. 7. 11. 선고 87누1123 판결.

따라서 이와 같은 병역법의 개정은 소급입법 금지의 원칙, 신뢰보호의 원칙, 비례의 원칙 등에 위배되어 헌법에 반하는 것이라고 할 수는 없다.

2) 위법한 수익적 행정행위의 취소

행정청의 위법한 행정행위는 권한 있는 기관에 의해서 취소될 수 있는 것이나, 수익적 행정행위의 경우에는 신뢰보호의 원칙에 따라 이에 대한 취소가 제한된다. 독일 연방행정절차법 제48조[23]는 이를 명문으로 인정하고 있으며, 예외적으로 취소를 하는 경우에는 손해에 대한 보상을 하도록 규정하고 있다.

3) 적법한 수익적 행정행위의 철회

수익적 행정행위에 있어서는 신뢰보호의 원칙에 따라서 행정청의 적법한 행정행위인 경우에도 철회가 제한이 된다. 독일 연방행정절차법 제49조[24]가 적법한 수익적 행정행위의 철회를 일정한 경우로 제한하고 있으며, 행정행위의 철회로 상대방에게 발생한 손해에 대한 보상을 하도록 규정하고 있다.

4) 행정계획의 변경

행정계획을 변경하거나 폐지하게 되면 이를 신뢰하고서 투자를 한 관계인은 손해를 입게 된다. 이 경우에 일반적으로 계획존속청구권은 인정되지 않는다. 다만 신뢰보호의 원칙에 따라서 발생한 손해에 대한 보상을 인정할 수 있다.

대법원 2005. 3. 10. 선고 2002두5474 판결

행정청이 용도지역을 자연녹지지역으로 지정결정하였다가 그보다 규제가 엄한 보전녹지지역으로 지정결정하는 내용으로 도시계획을 변경한 경우, 행정청이 용도지역을 자연녹지지역으로 결정한 것만으로는 그 결정 후 그 토지의 소유권을 취득한 자에게 용도지역을 종래와 같이 자연녹지지역으로 유지하거나 보전녹지지역으로 변경하지 않겠다는 취지의 공적인 견해표명을 한 것이라고 볼 수 없고, 토지소유자가 당해 토지 지상에 물류창고를 건축하기 위한 준비행위를 하였더라도 그와 같은 사정만으로는 용도지역을

---

23) 독일 연방행정절차법 제48조는 위법한 수익적 행정행위의 내용이 금전급부나 가분적 현물급부인 경우에는 신뢰보호의 요건을 충족하면 당해 행정행위의 취소를 불허하는 반면, 그 밖의 경우에는 그 취소를 허용하되 신뢰로 인한 재산상 손실을 보상하도록 규정하고 있다(제48조 제2항, 제3항).

24) 독일 연방행정절차법 제49조는 수익적 행정행위의 경우, ① 철회권의 유보, ② 부담의 불이행, ③ 새로운 사실의 발생, ④ 법령의 개정, ⑤ 긴급한 공익상 필요 등의 경우에 한하여 철회를 허용하고, 이 중 ③ 내지 ⑤의 경우에 있어서 수익자가 행정행위의 존속을 신뢰함으로써 재산상 불이익을 받게 되면 그 신뢰가 보호가치가 있는 한, 행정청은 그에 대하여 보상하도록 규정하고 있다. 김남진/김연태(54면).

자연녹지지역에서 보전녹지지역으로 변경하는 내용의 도시계획변경결정이 행정청의 공적인 견해표명에 반하는 처분을 함으로써 그 견해표명을 신뢰한 개인의 이익이 침해되는 결과가 초래된 것이라고도 볼 수 없다는 등의 이유로, 신뢰보호의 원칙이 적용되지 않는다고 본 원심의 판단을 수긍한 사례.

5) 실 권

행정기관이 위법한 행정행위에 대해서 취소를 하는 등의 조치를 취하지 않고 위법상태를 장기간 묵인하거나 방치하여 상대방이 당해 행위의 존속을 신뢰하게 되었다면 특별한 사정이 없는 한 신뢰보호의 원칙에 입각하여 행정기관이 당해 행정행위를 취소할 수 없게 되는데, 이를 실권의 법리라고 부른다.

행정기본법 제12조 제2항은 "행정청은 권한 행사의 기회가 있음에도 불구하고 장기간 권한을 행사하지 아니하여 국민이 그 권한이 행사되지 아니할 것으로 믿을 만한 정당한 사유가 있는 경우에는 그 권한을 행사해서는 아니 된다. 다만, 공익 또는 제3자의 이익을 현저히 해칠 우려가 있는 경우는 예외로 한다."라고 하여 실권의 법리를 명시적으로 인정하고 있다. 대법원은 "실권 또는 실효의 법리는 법의 일반원리인 신의성실의 원칙에 바탕을 둔 파생원칙인 것이므로 공법관계 가운데 관리관계는 물론이고 권력관계에도 적용되어야 함을 배제할 수는 없다 하겠으나 그것은 본래 권리행사의 기회가 있음에도 불구하고 권리자가 장기간에 걸쳐 그의 권리를 행사하지 아니하였기 때문에 의무자인 상대방은 이미 그의 권리를 행사하지 아니할 것으로 믿을 만한 정당한 사유가 있게 되거나 행사하지 아니할 것으로 추인케 할 경우에 새삼스럽게 그 권리를 행사하는 것이 신의성실의 원칙에 반하는 결과가 될 때 그 권리행사를 허용하지 않는 것을 의미한다."고 판시한 바 있다(대법원 1988. 4. 27. 선고 87누915 판결). 독일 연방행정절차법은 수익적 행정행위의 경우에는 행정청이 취소사유를 안 때로부터 1년 이내에만 취소권을 행사할 수 있도록 규정하고 있다(제48조 제4항).[25]

① 대법원 1987. 9. 8. 선고 87누373 판결

택시운전사가 1983. 4. 5. 운전면허정지기간 중의 운전행위를 하다가 적발되어 형사처벌을 받았으나 행정청으로부터 아무런 행정조치가 없어 안심하고 계속 운전업무에 종사하고 있던 중 행정청이 위 위반행위가 있은 이후에 장기간에 걸쳐 아무런 행정조치를 취하지 않은 채 방치하고 있다가 3년여가 지난 1986. 7. 7.에 와서 이를 이유로 행정제재를 하면서 가장 무거운 운전면허를 취소하는 행정처분을 하였다면 이는 행정청이

---

25) 이일세(61면).

그간 별다른 행정조치가 없을 것이라고 믿은 신뢰의 이익과 그 법적 안정성을 빼앗는 것이 되어 매우 가혹할 뿐만 아니라 비록 그 위반행위가 운전면허취소사유에 해당한다 할지라도 그와 같은 공익상의 목적만으로는 위 운전사가 입게 될 불이익에 견줄 바 못된다 할 것이다.

② 대법원 1989. 6. 27. 선고 88누6283 판결

교통사고가 일어난 지 1년 10개월이 지난 뒤 그 교통사고를 일으킨 택시에 대하여 운송사업면허를 취소하였더라도 처분관할관청이 위반행위를 적발한 날로부터 10일 이내에 처분을 하여야 한다는 교통부령인 자동차운수사업법제31조등의규정에의한사업면허의취소등의처분에관한규칙 제4조 제2항 본문을 강행규정으로 볼 수 없을 뿐만 아니라 택시운송사업자로서는 자동차운수사업법의 내용을 잘 알고 있어 교통사고를 낸 택시에 대하여 운송사업면허가 취소될 가능성을 예상할 수도 있었을 터이니, 자신이 별다른 행정조치가 없을 것으로 믿고 있었다 하여 바로 신뢰의 이익을 주장할 수는 없으므로 그 교통사고가 자동차운수사업법 제31조 제1항 제5호 소정의 "중대한 교통사고로 인하여 많은 사상자를 발생하게 한 때"에 해당한다면 그 운송사업면허의 취소가 행정에 대한 국민의 신뢰를 저버리고 국민의 법생활의 안정을 해치는 것이어서 재량권의 범위를 일탈한 것이라고 보기는 어렵다.

6) 확 약

확약이란 행정주체가 행정객체에 대하여 일정한 행정행위를 하거나 하지 않을 것을 내용으로 하는 행정청의 구속력 있는 약속을 말한다. 행정청은 특별한 사유가 없는 한 신뢰보호의 원칙에 따라서 확약의 내용에 구속된다.

7) 처분사유의 추가 · 변경

취소소송에 있어서 행정청에 의한 처분사유의 추가 · 변경은 당초의 처분사유와 기본적 사실관계에 있어서 동일성이 있는 경우에만 인정이 되고, 동일성이 없는 별개의 처분사유를 추가 · 변경하는 것이 금지된다. 대법원은 "행정처분취소소송에 있어서는 실질적 법치주의와 행정처분의 상대방인 국민에 대한 신뢰보호라는 견지에서 처분청은 당초의 처분사유와 기본적 사실관계에 있어서 동일성이 인정되는 한도 내에서만 새로운 처분사유를 추가하거나 변경할 수 있고 기본적 사실관계와 동일성이 전혀 없는 별개의 사실을 들어 처분사유로서 주장함은 허용되지 아니하며 법원으로서도 당초 처분사유와 기본적 사실관계의 동일성이 없는 사실은 처분사유로 인정할 수 없다."라고 하여(대법원 1987. 7. 21. 선고 85누694 판결) 취소소송에 있어서 행정청의 동일성이 없는 별개의 처분사유에 대한 추가·변경을 금지하는 것에 대한 근거로 신뢰보호의 원칙을 들고 있다.

(7) 위반의 효과

신뢰보호의 원칙을 위반한 행정청의 행위는 위법한 행위가 된다. 따라서 취소할 수 있는 행위가 될 것이고, 그 흠이 중대하고 명백한 경우에는 무효가 될 수도 있다. 행정행위가 아닌 명령의 경우에는 무효가 된다. 만일 신뢰보호의 원칙을 위반한 공무원의 행위로 사인이 손해를 입은 경우 국가배상을 청구할 수 있다.

① 대법원 2006. 11. 16. 선고 2003두12899 전원합의체 판결 [다수의견]

[1] 법령의 개정에 있어서 구 법령의 존속에 대한 당사자의 신뢰가 합리적이고도 정당하며, 법령의 개정으로 야기되는 당사자의 손해가 극심하여 새로운 법령으로 달성하고자 하는 공익적 목적이 그러한 신뢰의 파괴를 정당화할 수 없다면, 입법자는 경과규정을 두는 등 당사자의 신뢰를 보호할 적절한 조치를 하여야 하며, 이와 같은 적절한 조치 없이 새 법령을 그대로 시행하거나 적용하는 것은 허용될 수 없는바, 이는 헌법의 기본원리인 법치주의 원리에서 도출되는 신뢰보호의 원칙에 위배되기 때문이다. 이러한 신뢰보호 원칙의 위배 여부를 판단하기 위하여는 한편으로는 침해받은 이익의 보호가치, 침해의 중한 정도, 신뢰가 손상된 정도, 신뢰침해의 방법 등과 다른 한편으로는 새 법령을 통해 실현하고자 하는 공익적 목적을 종합적으로 비교·형량하여야 한다.

[2] 규제개혁위원회의 방침에 따라 변리사 등 전문자격사의 인원을 확대하기 위한 일환으로 변리사 제1, 2차 시험을 종전의 '상대평가제'에서 '절대평가제'로 전환하는 내용의 2002. 3. 25. 개정 전 구 변리사법 시행령^(2002. 3. 25. 대통령령 제17551호로 개정되기 전의 것, 이하 '개정 전 시행령'이라 한다)이 절대평가제를 도입한 목적과 그 경위, 이전 수년간 상대평가제에 의하여 시행된 제1차 시험의 합격점수, 개정 전 시행령의 공포 후 유예기간, 그 후 제1차 시험을 '절대평가제'에서 '상대평가제'로 환원하는 내용의 2002. 3. 25. 대통령령 제17551호로 개정된 변리사법 시행령^(이하 '개정 시행령'이라 한다)의 입법예고와 개정·공포 및 그에 따른 시험공고 등에 관한 일련의 사실관계에 비추어 보면, 합리적이고 정당한 신뢰에 기하여 절대평가제가 요구하는 합격기준에 맞추어 시험준비를 한 수험생들은 제1차 시험 실시를 불과 2개월밖에 남겨놓지 않은 시점에서 개정 시행령의 즉시 시행으로 합격기준이 변경됨으로 인하여 시험준비에 막대한 차질을 입게 되어 위 신뢰가 크게 손상되었고, 특히 절대평가제에 의한 합격기준인 매 과목 40점 및 전과목 평균 60점 이상을 득점하고도 불합격처분을 받은 수험생들의 신뢰이익은 그 침해된 정도가 극심하며, 그 반면 개정 시행령에 의하여 상대평가제를 도입함으로써 거둘 수 있는 공익적 목적은 개정 시행령을 즉시 시행하여 바로 임박해 있는 2002년의 변리사 제1차 시험에 적용하면서까지 이를 실현하여야 할 합리

적인 이유가 있다고 보기 어려우므로, 결국 개정 시행령의 즉시 시행으로 인한 수험생들의 신뢰이익 침해는 개정 시행령의 즉시 시행에 의하여 달성하려는 공익적 목적을 고려하더라도 정당화될 수 없을 정도로 과도하다. 나아가 개정 시행령에 따른 시험준비 방법과 기간의 조정이 2002년의 변리사 제1차 시험에 응한 수험생들에게 일률적으로 적용되었다는 이유로 위와 같은 수험생들의 신뢰이익의 침해를 정당화할 수 없으며, 또한 수험생들이 개정 시행령의 내용에 따라 공고된 2002년의 제1차 시험에 응하였다고 하더라도 사회통념상 그것만으로는 개정 전 시행령의 존속에 대한 일체의 신뢰이익을 포기한 것이라고 볼 수도 없다. 따라서 변리사 제1차 시험의 상대평가제를 규정한 개정 시행령 제4조 제1항을 2002년의 제1차 시험에 시행하는 것은 헌법상 신뢰보호의 원칙에 비추어 허용될 수 없으므로, 개정 시행령 부칙 중 제4조 제1항을 즉시 2002년의 변리사 제1차 시험에 대하여 시행하도록 그 시행시기를 정한 부분은 헌법에 위반되어 무효이다.

[3] 새로운 법령에 의한 신뢰이익의 침해는 새로운 법령이 과거의 사실 또는 법률관계에 소급적용되는 경우에 한하여 문제되는 것은 아니고, 과거에 발생하였지만 완성되지 않고 진행 중인 사실 또는 법률관계 등을 새로운 법령이 규율함으로써 종전에 시행되던 법령의 존속에 대한 신뢰이익을 침해하게 되는 경우에도 신뢰보호의 원칙이 적용될 수 있다.

② 대법원 2001. 7. 10. 선고 98다38364 판결

대통령이 담화를 발표하고 이에 따라 국방부장관이 삼청교육 관련 피해자들에게 그 피해를 보상하겠다고 공고하고 피해신고까지 받은 것은, 대통령이 정부의 수반인 지위에서 피해자들인 국민에 대하여 향후 입법조치 등을 통하여 그 피해를 보상해 주겠다고 구체적 사안에 관하여 종국적으로 약속한 것으로서, 거기에 채무의 승인이나 시효이익의 포기와 같은 사법상의 효과는 없더라도, 그 상대방은 약속이 이행될 것에 대한 강한 신뢰를 가지게 되고, 이러한 신뢰는 단순한 사실상의 기대를 넘어 법적으로 보호받아야 할 이익이라고 보아야 하므로, 국가로서는 정당한 이유 없이 이 신뢰를 깨뜨려서는 아니 되는바, 국가가 그 약속을 어기고 후속조치를 취하지 아니함으로써 위 담화 및 피해신고 공고에 따라 피해신고를 마친 피해자의 신뢰를 깨뜨린 경우, 그 신뢰의 상실에 따르는 손해를 배상할 의무가 있고, 이러한 손해에는 정신적 손해도 포함된다.

7. 부당결부금지의 원칙

행정기본법 제13조(부당결부금지의 원칙) 행정청은 행정작용을 할 때 상대방에게 해당 행정작용과 실질적인 관련이 없는 의무를 부과해서는 아니 된다.

(1) 의 의

부당결부금지의 원칙이란 행정권이 행정작용을 함에 있어 그것과 실질적인 관련이 없는 반대급부와 부당하게 결부시켜서는 안 된다는 원칙을 말한다. 다시 말해서 행정작용의 원인이 되는 사실관계와 행정청의 행정작용 사이에 합리적인 인과관계가 있어야 적법한 행정작용이 된다는 점에서 부당결부금지의 원칙을 '관련성의 명령'이라고도 한다.

부당결부금지의 원칙은 법치행정의 원리와 자의금지의 원칙에 의해서 도출할 수 있다.

대법원 2009. 2. 12. 선고 2005다65500 판결

부당결부금지의 원칙이란 행정주체가 행정작용을 함에 있어서 상대방에게 이와 실질적인 관련이 없는 의무를 부과하거나 그 이행을 강제하여서는 아니 된다는 원칙을 말한다.

(2) 적용요건

부당결부금지의 원칙이 적용되기 위해서는 ① 행정청의 행정작용이 존재하고, ② 그 행정작용이 상대방의 반대급부와 결부되어야 하며, ③ 행정작용과 반대급부 사이에 부당한 내적 관련을 가져야 한다. 만일 행정작용과 반대급부 사이에 직접적인 인과관계가 없거나(원인적 관련성 결여) 서로 다른 행정목적을 추구하고 있다면(목적적 관련성 결여), 이는 실체적인 관련이 없는 경우에 해당하여 부당결부금지의 원칙에 위반된다.

그러나 복수의 행정행위가 상호 관련성이 있어서 전부를 철회하여야만 행정목적을 달성할 수 있는 경우에는 전부를 철회할 수 있다.

(3) 적용영역

부당결부금지의 원칙은 행정행위의 부관, 행정계획, 행정계약, 행정의 실효성 확보 수단 등과 관련하여 문제가 제기되고 있다. 이에 관한 실정법적인 근거로는, 건축법 제79조(위반 건축물 등에 대한 조치 등), 국세징수법 제112조(사업에 관한 허가 등의 제한), 지방세법 제39조(면허의 취소 등) 등이 있다.

① 대법원 1992. 9. 22. 선고 91누8289 판결

한 사람이 여러 종류의 자동차운전면허를 취득하는 경우뿐 아니라 이를 취소 또는 정지함에 있어서도 서로 별개의 것으로 취급하는 것이 원칙이라 할 것이고 그 취소나 정지의 사유가 특정의 면허에 관한 것이 아니고 다른 면허와 공통된 것이거나 운전면허를 받은 사람에 관한 경우에는 여러 운전면허 전부를 취소 또는 정지할 수도 있다고 보는 것이 상당할 것이지만, 이륜자동차로서 제2종 소형면허를 가진 사람만이 운전할 수 있는 오토바이는 제1종 대형면허나 보통면허를 가지고서도 이를 운전할 수 없는 것이어서 이와 같은 이륜자동차의 운전은 제1종 대형면허나 보통면허와는 아무런 관련이 없는 것이므로 이륜자동차를 음주운전한 사유[26]만 가지고서는 제1종 대형면허나 보통면허의 취소나 정지를 할 수 없다.

② 대법원 1994. 11. 25. 선고 94누9672 판결

한 사람이 여러 종류의 자동차운전면허를 취득하는 경우뿐 아니라 이를 취소 또는 정지하는 경우에 있어서도 서로 별개의 것으로 취급하는 것이 원칙이기는 하나, 자동차운전면허는 그 성질이 대인적 면허일뿐만 아니라 도로교통법 시행규칙 제26조 별표 14에 의하면, 제1종 대형면허 소지자는 제1종 보통면허로 운전할 수 있는 자동차와 원동기장치자전거를, 제1종 보통면허 소지자는 원동기장치자전거까지 운전할 수 있도록 규정하고 있어서 제1종 보통면허로 운전할 수 있는 차량의 음주운전은 당해 운전면허뿐만 아니라 제1종 대형면허로도 가능하고, 또한 제1종 대형면허나 제1종 보통면허의 취소에는 당연히 원동기장치자전거의 운전까지 금지하는 취지가 포함된 것이어서 이들 세 종류의 운전면허는 서로 관련된 것이라고 할 것이므로 제1종 보통면허로 운전할 수 있는 차량을 음주운전한 경우에 이와 관련된 면허인 제1종 대형면허와 원동기장치자전거면허까지 취소할 수 있는 것으로 보아야 한다.

③ 대법원 2018. 2. 28. 선고 2017두67476 판결

갑이 혈중알코올농도 0.140%의 주취상태로 배기량 125cc 이륜자동차를 운전하였다는 이유로 관할 지방경찰청장이 갑의 자동차운전면허[제1종 대형, 제1종 보통, 제1종 특수(대형견인·구난), 제2종 소형]를 취소하는 처분을 한 사안에서, 갑에 대하여 제1종 대형, 제1종 보통, 제1종 특수(대형견인·구난) 운전면허를 취소하지 않는다면, 갑이 각 운전면허로 배기량 125cc 이하 이륜자동차를 계속 운전할 수 있어 실질적으로는 아무런 불이익을 받지 않게 되는 점, 갑의 혈중알코올농도는 0.140%로서 도로교통법령에서 정하고 있는 운전면허 취소처분 기준인 0.100%를 훨씬 초과하고 있고 갑에 대하여 특별히 감경해야 할 만한 사정을 찾아볼 수 없는 점, 갑이 음주상태에서 운전을 하지 않으면 안 되는 부득이한 사정이 있었다고 보이지 않는 점, 처분에 의하여 달성하려는 행정목적 등에 비추어 볼 때, 처분이 사회통념상 현저하게 타당성을 잃어 재량권을

---

26) 원고는 혈중알코올농도 0.15%의 주취상태에서 자기 소유의 250cc 오토바이(이륜자동차)를 운전하던 중 교통사고를 야기하였다.

남용하거나 한계를 일탈한 것이라고 단정하기에 충분하지 않음에도, 이와 달리 위 처분 중 제1종 대형, 제1종 보통, 제1종 특수(대형견인·구난) 운전면허를 취소한 부분에 재량권을 일탈·남용한 위법이 있다고 본 원심판단에 재량권 일탈·남용에 관한 법리 등을 오해한 위법이 있다고 한 사례.

(4) 위반의 효과

행정청의 행정작용이 부당결부금지의 원칙에 반하는 경우에는 위법한 것이 된다.

8. 공공서비스의 기본원칙

공공서비스($_{public}^{service}$)란 공익을 실현한다는 의미에서 흔히 공익활동을 말하는데, 이와 같은 공익활동은 공권력이 아닌 사인이 담당할 수도 있다. 공공서비스의 기본원칙은 프랑스의 꽁세이데따의 판례로부터 형성된 원칙인데, 공공서비스를 담당하는 행정기관은 물론 공공서비스를 담당하는 사인의 경우에도 이를 준수하여야 한다.

공공서비스의 기본원칙으로는 ① 평등의 원칙, ② 계속성의 원칙, ③ 적응의 원칙이 있다.

(1) 평등의 원칙

평등의 원칙은 우선 공공서비스의 사용자에게 적용되는데, 기계적인 평등이 아닌 비례의 원칙을 감안하여 동일한 법적 상태에 있는 자에게만 적용된다. 따라서 공익상의 필요로 인한 가격의 차별도 용인된다. 공공서비스 종사자에 대하여도 공공서비스의 운영이나 고용에 있어 평등원칙이 지켜져야 한다. 한편 평등의 원칙에 따라 공공서비스의 중립원칙이 지켜져야 한다. 따라서 종교적 신념이나 정치적 이념에 따른 차별이 행해져서는 곤란하다. 동 원칙은 헌법의 구체화로서 헌법원칙으로부터 도출된다.

(2) 계속성의 원칙

공공서비스 이론가들은 국가를 공공서비스의 조직체로 보았을 정도로 계속성은 공공서비스의 근본적 가치를 지니고 있다. 오늘날 계속성의 원칙은 헌법적 가치를 지니고 있으며,[27] 이에 따라 채산성을 이유로 공급을 중단하거나 전면적인 파업을 할 수 없다. 프랑스의 경우 Service-minimum 제도[28]를 도입하고 있다. 또한 법정

---

27) C.C. 1979. 7. 25. Continuité du service public de la radio-télévision, Rec. 33.

허용한도를 넘어 심각하게 공공서비스의 계속성을 저해하는 파업에 대하여는 징발 ($^{\text{Réquisi-}}_{\text{tion}}$)29)이 가능하다. 계속성의 원칙은 경제적 · 사회적 형평성과 관련된 원칙이다.

(3) 적응의 원칙

적응의 원칙은 대중의 필요성과 공익상의 요구에 따라 공공서비스의 지위와 체제가 변화하는 것을 뜻하는데, 경제적 · 기술적 발전이나 법체계상의 변화에 따른 공급의 질적 · 양적 개선을 상정할 수 있다. 도로의 가스등이 전기등으로 교체된 것이 그 단적인 예다. 적응의 원칙에 의해서 특허기업의 경우에 특허의 내용이 변경되거나 폐지될 수 있다. 적응의 원칙도 경제적 · 사회적 형평성과 관련된 원칙이다.

제 4 절 법원의 효력

Ⅰ. 시간적 효력범위

1. 효력발생시기

행정기본법 제7조(법령등 시행일의 기간 계산) 법령등(훈령 · 예규 · 고시 · 지침 등을 포함한다. 이하 이 조에서 같다)의 시행일을 정하거나 계산할 때에는 다음 각 호의 기준에 따른다.
  1. 법령등을 공포한 날부터 시행하는 경우에는 공포한 날을 시행일로 한다.
  2. 법령등을 공포한 날부터 일정 기간이 경과한 날부터 시행하는 경우 법령등을 공포한 날을 첫날에 산입하지 아니한다.
  3. 법령등을 공포한 날부터 일정 기간이 경과한 날부터 시행하는 경우 그 기간의 말일이 토요일 또는 공휴일인 때에는 그 말일로 기간이 만료한다.

법령과 조례 · 규칙은 그 시행일에 관하여 특별한 규정이 없으면 공포한 날로부터 20일이 경과한 날로부터 효력이 발생한다($^{\text{헌법 제53조 제7항, 법령 등 공포에 관한}}_{\text{법률 제13조, 지방자치법 제32조 제8항}}$). 다만, 국민의 권리 제한 또는 의무 부과와 직접 관련되는 법률, 대통령령, 총리령 및 부령은 긴급히 시행하여야 할 특별한 사유가 있는 경우를 제외하고는 공포일부터 적어도 30일이 경과한 날부터 시행되도록 하여야 한다($^{\text{법령 등 공포에 관한}}_{\text{법률 제13조의2}}$).

---

28) C.E. Ass. 1966. 2. 4. Syn. nat. des fonctionnaires du groupement des contrôles radio éléctriques.

29) C.E. Sect. 1962. 10. 26. Le Moult.

　　법령의 공포는 관보 또는 일간신문에 게재하며($^{법령 등 공포에 관한 법률}_{제11조 제1항, 제2항}$)30), 지방자치단체의 조례와 규칙의 공포는 해당 지방자치단체의 공보나 일간신문에 게재하거나 게시판에 게시한다($^{지방자치법}_{제33조 제1항}$).

　　따라서 법령의 공포일은 해당 법령을 게재한 관보 또는 신문이 발행된 날이며 ($^{법령 등 공포에 관}_{한 법률 제12조}$), 조례와 규칙의 공포일은 그 조례와 규칙을 게재한 공보나 일간신문이 발행된 날이나 게시판에 게시된 날이다($^{지방자치법 시}_{행령 제31조}$).

2. 불소급원칙

> **행정기본법** 제14조(법 적용의 기준) ① 새로운 법령등은 법령등에 특별한 규정이 있는 경우를 제외하고는 그 법령등의 효력 발생 전에 완성되거나 종결된 사실관계 또는 법률관계에 대해서는 적용되지 아니한다.

　　법령이 제정 또는 개정된 경우, 신법은 그 효력발생일(시행일) 이후의 사안에 대해서만 적용되는 것이 원칙이다(소급금지의 원칙).31) 그러나 신법이 과거 사안에 대하여 소급하여 적용되는 경우도 있는데, 여기에는 진정소급과 부진정소급이 있다.

　　먼저 ① '진정소급'은 법의 효력발생일 이전에 이미 완성되거나 종결된 사안에 신법을 소급하여 적용하는 것을 의미하며, 이는 원칙적으로 금지되고 예외적으로 허용된다. 그러나 ② '부진정소급'은 신법의 시행 이전에 시작하였지만 신법의 효력발생일까지 종결되지 않고 여전히 진행 중인 사안에 대하여 신법이 적용되는 것을 의미하며, 이는 원칙적으로 허용되고 예외적으로 금지된다.

① 헌법재판소 1999. 7. 22.자 97헌바76 등 결정

　　소급입법은 새로운 입법으로 이미 종료된 사실관계 또는 법률관계에 작용케 하는 진정소급입법과 현재 진행 중인 사실관계 또는 법률관계에 작용케 하는 부진정소급입법으로 나눌 수 있는바, 부진정소급입법은 원칙적으로 허용되지만 소급효를 요구하는 공익상의 사유와 신뢰보호의 요청 사이의 교량과정에서 신뢰보호의 관점이 입법자의 형성권에 제한을 가하게 되는데 반하여, 기존의 법에 의하여 형성되어 이미 굳어진 개인의 법적 지위를 사후입법을 통하여 박탈하는 것 등을 내용으로 하는 진정소급입법은 개

---

　　30) 제11조(공포 및 공고의 절차) ① 헌법개정·법률·조약·대통령령·총리령 및 부령의 공포와 헌법개정안·예산 및 예산 외 국고부담계약의 공고는 관보에 게재함으로써 한다.
　　② 「국회법」 제98조 제3항 전단에 따라 하는 국회의장의 법률 공포는 서울특별시에서 발행되는 둘 이상의 일간신문에 게재함으로써 한다.
　　31) 물론 이 경우에도 당사자에게 이익을 주는 소급적용은 허용된다. 헌법 제13조 제1항은 형벌불소급원칙을, 제2항은 소급입법에 의한 참정권 제한과 재산권 박탈을 금지하고 있다.

인의 신뢰보호와 법적 안정성을 내용으로 하는 법치국가원리에 의하여 특단의 사정이 없는 한 헌법적으로 허용되지 아니하는 것이 원칙이고, 다만 일반적으로 국민이 소급입법을 예상할 수 있었거나 법적 상태가 불확실하고 혼란스러워 보호할 만한 신뢰이익이 적은 경우와 소급입법에 의한 당사자의 손실이 없거나 아주 경미한 경우 그리고 신뢰보호의 요청에 우선하는 심히 중대한 공익상의 사유가 소급입법을 정당화하는 경우 등에는 예외적으로 진정소급입법이 허용된다.

② 대법원 2009. 9. 10. 선고 2008두9324 판결

행정처분은 그 근거 법령이 개정된 경우에도 경과규정에서 달리 정함이 없는 한 처분 당시 시행되는 개정 법령과 그에 정한 기준에 의하는 것이 원칙이고, 그 개정 법령이 기존의 사실 또는 법률관계를 적용대상으로 하면서 국민의 재산권과 관련하여 종전보다 불리한 법률효과를 규정하고 있는 경우에도 그러한 사실 또는 법률관계가 개정법령이 시행되기 이전에 이미 완성 또는 종결된 것이 아니라면 이를 헌법상 금지되는 소급입법에 의한 재산권 침해라고 할 수는 없으며, 그러한 개정 법령의 적용과 관련하여서는 개정 전 법령의 존속에 대한 국민의 신뢰가 개정 법령의 적용에 관한 공익상의 요구보다 더 보호가치가 있다고 인정되는 경우에 그러한 국민의 신뢰를 보호하기 위하여 그 적용이 제한될 수 있는 여지가 있을 따름이다. 그리고 이러한 신뢰보호의 원칙 위배 여부를 판단하기 위해서는 한편으로는 침해받은 이익의 보호가치, 침해의 중한 정도, 신뢰가 손상된 정도, 신뢰침해의 방법 등과 다른 한편으로는 개정 법령을 통해 실현하고자 하는 공익적 목적을 종합적으로 비교·형량하여야 한다.

3. 효력의 소멸

법령의 효력이 소멸되는 경우는 ① 법령 중에 그 유효기간을 정하고 있는 한시법이 그 유효기간을 경과한 경우, ② 상위 또는 동위의 법령에 의하여 명시적으로 폐지되는 경우, ③ 내용적으로 서로 충돌되는 새로운 법령이 제정된 경우, ④ 행정입법에서 상위법이 폐지·소멸된 경우, ⑤ 헌법재판소의 위헌결정이 있는 경우 등이 있다.

Ⅱ. 지역적 효력범위

행정법규는 당해 법규를 제정한 기관의 권한이 미치는 지역적 범위(영토·영해 포함) 내에서만 효력을 갖는 것이 원칙이다. 가령, 법률 및 대통령령·총리령·부령은 전국에 걸쳐 효력을 가지며,[32] 지방자치단체의 조례·규칙은 당해 지방자치단체의 관할

구역 내에서만 효력을 가진다.[33]

다만 국제법상 치외법권을 가지는 외교사절 등이 사용하는 토지·시설이나 외국군대가 사용하는 시설·구역 등에는 조약이나 협정 등에 따라 행정법규의 효력이 미치지 않는 경우가 있다.

Ⅲ. 인적 효력범위

행정법규는 원칙적으로 속지주의에 따라 지역적 효력이 미치는 영토 또는 구역 내에 있는 모든 사람에 대하여 적용되며, 자연인·법인, 내국인·외국인을 불문한다. 또한 행정법규는 대한민국 영역 밖에 있는 대한민국 국민에게 적용되는 경우도 있으며,[34] 대한민국 영토 내의 일부 국민에게만 적용되는 경우도 있다(5·18민주화운동 관련자 보상 등에 관한 법률).

그러나 국제법상 치외법권을 향유하는 외교사절 등에게는 우리나라 행정법규가 적용되지 않으며, 미합중국군대의 구성원에 대해서는 한·미상호방위조약 제4조에 의한 한미행정협정에 따라 우리나라 행정법규의 적용이 제한된다. 그 외에도 외국인에 대하여 상호주의에 입각하여 특별한 제한 규정을 두고 있는 경우가 있다(부동산거래신고 등에 관한 법률 제7조, 국가배상법 제7조 등).

---

32) 제주특별자치도 설치 및 국제자유도시조성을 위한 특별법 또는 자유무역지역의 지정 및 운영에 관한 법률과 같이 법령 자체가 특정 지역 내에서만 적용되는 경우도 있다.

33) A지방자치단체가 B지방자치단체의 구역에 설치한 공공시설의 경우, A지방자치단체의 조례가 B지방자치단체의 관할 구역에서 효력을 갖는 경우도 있다.

34) 질서위반행위규제법 제4조(법 적용의 장소적 범위) ② 이 법은 대한민국 영역 밖에서 질서위반행위를 한 대한민국의 국민에게 적용한다.

제 4 장 행정상 법률관계

제 1 절 개 설

I. 의 의

일반적으로 법률관계란 권리주체 상호 간의 권리·의무관계를 말한다. 이러한 법률관계의 개념을 전제로 할 때 행정상 법률관계란 국가 또는 공공단체와 같은 행정주체와 그 상대방인 국민, 즉 행정객체 간의 권리·의무관계를 말한다. 그러나 행정상 법률관계를 넓은 의미로 이해할 경우에는 이러한 행정주체와 행정객체의 법률관계가 아닌 행정조직법적 관계도 이에 포함하는 것으로 정의한다.[1] 결국 이에 따르면, 행정상 법률관계는 ① 행정주체와 행정객체 간의 법률관계인 '행정작용법관계'와 ② 행정주체 상호 간의 관계 및 행정조직 내부관계인 '행정조직법관계'[2]로 구분할 수 있다.

그러나 행정조직법관계 중에서 행정주체 상호 간의 관계는 행정주체와 국민 간의 관계와 같은 행정작용법의 관계로는 볼 수 없으며,[3] 행정조직 내부관계는 권리·의무관계가 아니라 직무권한·감독의 관계로서 내부관계이므로 원칙적으로 소송의 대상이 되지 않는 행정적 관계이다. 이런 의미에서 법률관계로 부르기에는 부적절한 면이 있다. 물론 이 내부관계인 행정조직법관계에도 조금씩 소송이 허용되고 있고, 따라서 점차 완전한 법률관계로 부를 수 있는 영역이 확대되고 있는 것은 사실이다. 그러나 이것은 아직 걸음마 단계에 있으므로, 여기서는 행정상 법률관계를 행정작용법관계에 한정하기로 한다.

---

1) 김동희(72면); 김남진/김연태(87면).
2) 행정조직법관계 중, ②-1) 행정주체 상호 간의 관계에는 국가와 지방자치단체의 관계, 지방자치단체 상호 간의 관계 등이 있으며, ②-2) 행정조직 내부관계에는 상급행정청과 하급행정청과의 관계, 대등행정청과의 관계, 기관위임사무에 있어서 위임기관과 수임기관의 관계 등이 있다. 한편, 행정조직 내부관계에는 행정주체와 공무원의 관계도 있지만, 이 중 공무원의 신분(권리·의무)에 관한 것은 내부관계가 아니라 외부관계인 행정작용법관계로서 행정소송의 대상이 될 수 있다.
3) 김남진/김연태(88면).

Ⅱ. 공법관계와 사법관계

1. 전통적인 분류방식

한국에서는 행정상 법률관계를 독일의 영향을 받은 일본[4]의 예에 따라 권력관계, 관리관계, 국고관계로 나누어 설명하는 것이 일반적이다. 이러한 3분법이론은 독일의 공법관계와 사법관계의 구별이론, 특히 행정사법이론의 자극을 받아 다나까지로 교수가 창립한 이론으로 이를 일본의 시오노 교수와 한국의 김도창 박사가 계수한 것이다.[5] 여기서 ① 권력관계라 함은 행정주체가 공권력의 주체로서 우월적인 지위에서 국민에 대하여 일방적으로 명령·강제하는 관계를 말하며, ② 관리관계란 행정주체가 비권력적인 관리자의 지위에서 공공복리를 위하여 공기업을 경영하거나 공적 재산을 관리하는 법률관계로 원칙적으로는 민사소송의 대상이 되는 사법관계이나, 실정법상 명문의 규정이 있거나 그 법률관계의 해석상 사법관계와 구별되는 공공성이 실증되는 한도 내에서 공법관계로 된다고 한다. ③ 국고관계란 행정주체가 국고, 즉 재산권의 주체로서 사인과 대등한 지위에서 경제적 활동(국고행정)을 하면서 맺는 법률관계를 말하며, 이 경우에는 사법관계로 본다는 것이다.

2. 사 견

(1) 관리관계에 대한 비판

권력관계가 공법관계라는 점에 대하여는 의심의 여지가 없으므로 재론할 필요가 없다. 그러나 행정상 법률관계는 행위주체를 기준으로 행정소송의 대상이 되는 '행정법관계'와 민·형사소송의 대상이 되는 '사법관계'로 명확히 나누어질 수밖에 없는 것이기 때문에, 관리관계를 원칙적으로는 사법관계이나 공법적 특수성이 인정되는 한도 내에서 공법관계로 된다고 하는 일반적 견해는 논리성의 결핍으로밖에 보이지 않는다.

행정법관계는 사법관계를 전제로 하여서는 안 되며, 오히려 사법관계에 대한 부

---

4) 일본에서는 공법관계를 지배관계와 관리관계로 나누어 지배관계에는 공법만이 적용되고, 관리관계는 그 본질적 성질이 사인의 상호관계와 차이가 없으므로 명시적 규정이 있는 경우나 공공성이 존재하는 경우 이외에는 사법이 적용된다고 한다. 鹽野宏(서원우/오세탁 공역), 「일본행정법론」, 법문사, 1996, 25면.

5) 서원우, "행정법과 민법과의 관계-행정에 있어서의 공법관계와 사법관계", 고시계, 1992년 6월호.

정논리로부터 출발하여야 할 것이다. 관리관계는 모리스 오류($^{M.}_{Hauriou}$)의 분류와 같이 관리관계를 공법관계인 공적 관리관계와 사법관계인 사적 관리관계로 명확히 구분해야 할 것이다.[6]

① 대법원 1977. 2. 22. 선고 76다2517 판결

수도법에 의하여 지방자치단체인 수도업자가 그 수돗물의 공급을 받은 자에 대하여 하는 수도료의 부과징수와 이에 따른 수도료의 납부관계는 공법상의 권리의무관계라 할 것이므로, 이에 관한 소송은 행정소송절차에 의하여야 하고 민사소송절차에 의할 수는 없다.

② 대법원 1982. 12. 28. 선고 82누441 판결

전화가입계약은 전화가입희망자의 가입청약과 이에 대한 전화관서의 승낙에 의하여 성립하는 영조물 이용의 계약관계로서 비록 그것이 공중통신역무의 제공이라는 이용관계의 특수성 때문에 그 이용조건 및 방법, 이용의 제한, 이용관계의 종료원인 등에 관하여 여러 가지 법적 규제가 있기는 하나 그 성질은 사법상의 계약관계에 불과하다고 할 것이므로, 피고(서울용산전화국장)가 전기통신법시행령 제59조에 의하여 전화가입계약을 해지하였다 하여도 이는 사법상의 계약의 해지와 성질상 다른 바가 없다 할 것이고 이를 항고소송의 대상이 되는 행정처분으로 볼 수 없다.

　＊공공서비스의 제공이라고 하는 관리관계라고 하더라도 전화가입계약은 사적 관리관계로 본 판례.

③ 대법원 1999. 6. 22. 선고 99다7008 판결

국가 또는 지방자치단체라 할지라도 공권력의 행사가 아니고 단순한 사경제의 주체로 활동하였을 경우에는 그 손해배상책임에 국가배상법이 적용될 수 없고 민법상의 사용자책임 등이 인정되는 것이고 국가의 철도운행사업은 국가가 공권력의 행사로서 하는 것이 아니고 사경제적 작용이라 할 것이므로, 이로 인한 사고에 공무원이 간여하였다고 하더라도 국가배상법을 적용할 것이 아니고 일반 민법의 규정에 따라야 하므로, 국가배상법상의 배상전치절차를 거칠 필요가 없으나, 공공의 영조물인 철도시설물의 설치 또는 관리의 하자로 인한 불법행위를 원인으로 하여 국가에 대하여 손해배상청구를 하는 경우에는 국가배상법이 적용되므로 배상전치절차를 거쳐야 한다.

(2) 국고관계에 대한 비판

국고관계가 사법관계라는 것은 행정법이 탄생하기 이전에 관습법으로서의 민법

---

6) 전술하였던 1921년 프랑스의 서부아프리카상사 판결 참조.

만이 존재하던 시절에 국가의 행위라 하더라도 최소한 국고관계에 있어서만은 국가도 법적인 책임을 져야 한다는 것으로, 근대 법치국가의 탄생 이전의 부분적 법치시절에 독일에서 나타났던 관념이다. 당시 역사적 상황에서 국고이론은 그 나름의 의미가 있었지만,[7] 근대 법치국가가 성립하고 공법으로서의 행정법이 탄생한 이상 국고관계라고 해서 도식적으로 사법관계로 볼 것이 아니라, '공익을 목적으로 하는 불평등한 법관계인가'의 여부에 따라 공법관계인지 사법관계인지를 구분하여야 한다. 아직도 18세기 이전의 독일 유습에 사로잡혀 국가의 물품구매계약이나 정부공사 도급계약을 계속해서 사법관계로 보는 것은 비논리적일 뿐만 아니라, 커먼로 국가인 영·미에서도 정부계약($^{Government}_{Contract}$)에 대하여는 일반 사법상의 계약과는 달리 특수하게 취급하고 있는 점에 비추어 볼 때 '국고관계는 사법관계'라는 등식은 매우 비현실적인 것이다.

독일에서는 2차 세계대전 이후 1950년대에 와서 국고행위를 '전통적 국고행위'와 '행정사법'($^{Verwaltungs-}_{privatrect}$)으로 구분하여, 전자는 종래와 같이 국가를 사법상 재산권의 주체, 즉 사법관계의 당사자로 이해하며, 후자는 공적 임무를 사법형식으로 수행하는 행정이라고 설명하고 있다.[8] 따라서 '행정사법'은 공적 목적의 수행에 필요한 범위 내에서는 공법규정에 의해 보충·수정된다는 것이다.[9]

그러나 독일에서의 국고이론이 등장할 당시의 시대적 상황과는 완전히 달라진 현대 행정현실에서 독일의 전통적 국고이론에 집착해야 할 이유는 없다. 행정법관계는 공법에 의해 규율된다. 행정법관계는 공익의 실현을 위해 국가공권력에게 우월적 지위를 인정하는 불평등한 법률관계이며, 이를 규율하는 법규범을 공법이라 하며, 이는 사적 자치를 이념으로 하는 사법과는 구별된다.

과거 독일에서는 권위주의적인 생각에서 국가의 지위를 특별히 보장하여 관료국가적인 국가우월권을 확보하려는 정치적 요청에 따라 공법을 사법과 구별하였다. 그러나 오늘날에는 국민이 단순한 지배객체가 아닌 국가의사의 원동력이자 국가의 존립근거로 인식되고 있는 까닭에 맹목적인 국가우월권을 인정하기 위한 공·사법의 구별은 더 이상 의미가 없다.

행정권과 국민의 관계는 사인 상호 간의 관계와 달리 공익실현이라는 행정목적 달성을 위하여 법기술상 특수성이 요구되는바, '사익에 대해서 공익을 우선시킬 필

---

7) 전술하였던 독일의 행정법 성립배경을 참조하기 바람.
8) 홍정선(20면).
9) 홍정선(582면).

요'라고 하는 정책목표를 위해 공법과 사법을 구별하는 의의가 있다.

절차법상 행정소송은 관할법원·제소기간·소의 제기절차 등과 관련하여 민사소송과 다르기 때문에 당해 사건이 행정소송사건인지 또는 민사소송사건인지를 결정해야 하고, 이를 위해서는 당해 법률관계의 성질이 공법관계인지 또는 사법관계인지를 결정하여야 하는바, 이런 점에서도 공법과 사법의 구별 필요성이 제기된다.

아울러, 사법관계에서는 인정되지 않는 공정력·불가쟁력·불가변력·강제력 등의 효과가 공법관계에는 발생하고, 권리·의무의 포기·이전이 제한 또는 금지되는 등 공법관계에만 인정되는 실체법상의 특수성이 존재한다는 것도 공법과 사법을 구별하는 실익이 된다.

제 2 절   행정법관계의 당사자

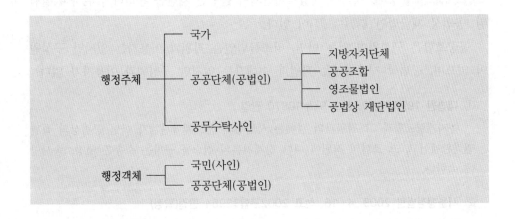

I. 행정주체

행정법관계의 당사자는 행정권의 담당자인 행정주체와 행정권 발동의 대상이 되는 행정객체이다. 행정주체는 법인격을 가지고 자기의 이름과 책임으로 행정을 담당한다.[10] 행정주체는 크게 ① 국가, ② 공공단체, ③ 공무수탁사인으로 나눌 수 있다.

---

10) 이와 구별개념으로 '행정기관'이 있다. 행정기관은 행정주체를 위해 일정한 권한을 행사하고 그 법적 효과는 기관 자신이 아닌 행정주체에게 귀속된다는 점에서 행정주체와 차이가 있다. 이러한 행정기관 중에서 직접 대외적으로 구속력 있는 의사를 결정·표시할 수 있는 권한을 가진 기관을 '행정청'

1. 국 가

국가는 시원적 권력의 주체이다. 국가에 의한 행정작용은 행정기관을 통해서 실현되는 것이고, 행정기관의 행위에 대한 법적 효과는 국가로 귀속된다. 국가는 자신의 권한을 공공단체에 분권하거나 사인에게 위임하기도 한다.

2. 공공단체

(1) 전통적 분류방식

공공단체에는 ① 특별시·광역시·특별자치시·도·특별자치도, 시·군·구와 같은 '지방자치단체', ② 특수한 사업을 수행하기 위하여 일정한 자격을 가진 사람(조합원)에 의해 구성된 '공공조합' 내지 '공법상 사단법인'(^{농지개량조합, 토지구획정리조합, 주택재개발정비사업조합, 주택재건축정비사업조합, 상공회의소, 대한변호사협회 등}), ③ 영조물(營造物)[11] 중에서 독립적 법인격을 가지는 '영조물법인'(^{한국은행, 한국방송공사, 서울대학교, 서울대학교병원, 한국토지주택공사, 한국철도공사 등}), ④ 국가나 지방자치단체가 출연한 재산을 관리하기 위하여 설립된 '공법상 재단법인'(^{한국연구재단, 한국학중앙연구원 등})이 있다.

공공조합은 구성원이 있는 반면, 영조물법인은 직원과 이용자는 있지만 구성원이 없으며, 공법상 재단법인은 직원과 수혜자는 있지만 구성원과 이용자가 없다.

① 대법원 1995. 6. 9. 선고 94누10870 판결

농지개량조합과 그 직원과의 관계는 사법상의 근로계약관계가 아닌 공법상의 특별권력관계이고, 그 조합의 직원에 대한 징계처분의 취소를 구하는 소송은 행정소송사항에 속한다.

② 서울행정법원 2003. 4. 16. 선고 2002구합32964 판결(확정)

변호사회는 공법상의 사단법인이고, 변호사회의 사무 중 변호사의 지도, 감독 등의 사무에 관하여는, 국가가 이를 공행정의 일부로 인정하고, 그 사무에 대한 감독과 통제를 실시하면서, 지방변호사회에게 이와 관련하여 소속 변호사에 대한 공권(^{감독권이나 지방변호사회를 경유한 대한변호사협회 등록 등})을 부여하고 있는 점에 비추어 볼 때 지방변호사회는 행정주체의 하나인 공공조합에 해당한다고 봄이 상당하고, 지방변호사회가 소속 변호사에 대하여 행하는 겸직허가행위는 지방변호사회가 소속 변호사 사이에 맺는 공법관계에서 우러나는 것이고, 직업선택의 자유나 영업의 자유를 제한하는 것을 의미하는 변호사의 영리 목적 업무 경영

이라고 한다. 행정기관에는 행정청 이외에도 보조기관·자문기관·의결기관·집행기관 등이 있다.
  11) 공물(公物)이라는 물(物)과 이를 관리·운영하는 인(人)의 결합체.

제한을 해제하여 주는 강학상 '허가'에 해당하는 것이므로, 지방변호사회의 겸직허가행위는 항고소송으로 그 위법 여부를 다툴 수 있는 행정소송법상의 처분에 해당한다.

③ 헌법재판소 2006. 11. 30.자 2005헌마855 결정

공법인의 행위는 일반적으로 헌법소원의 대상이 될 수 있으나, 그 중 대외적 구속력을 갖지 않는 단순한 내부적 행위나 사법적(私法的)인 성질을 지니는 것은 헌법소원의 대상이 되는 공권력의 행사에 해당하지 않는다. 방송법은 "한국방송공사 직원은 정관이 정하는 바에 따라 사장이 임면한다."고 규정하는 외에는($제52조$) 직원의 채용관계에 관하여 달리 특별한 규정을 두고 있지 않으므로, 한국방송공사의 이 사건 공고 내지 직원 채용은 피청구인의 정관과 내부 인사규정 및 그 시행세칙에 근거하여 이루어질 수밖에 없다. 그렇다면 한국방송공사의 직원 채용관계는 특별한 공법적 규제 없이 한국방송공사의 자율에 맡겨진 셈이 되므로 이는 사법적인 관계에 해당한다고 봄이 상당하다. 또한 직원 채용관계가 사법적인 것이라면, 그러한 채용에 필수적으로 따르는 사전절차로서 채용시험의 응시자격을 정한 이 사건 공고 또한 사법적인 성격을 지닌다고 할 것이다. 이 사건 공고는 헌법소원으로 다툴 수 있는 공권력의 행사에 해당하지 않는다.

(2) 사 견

지방자치단체는 국가의 사무를 지역적으로 분권받은 공공단체이며, 공공조합과 영조물법인 그리고 공법상 재단법인은 국가 사무의 일부를 분권받은 공공단체이다. 여기서 공공조합과 영조물법인 그리고 공법상 재단법인은 기능상 동일하므로 구태여 구분할 필요는 없다. 그러나 공공조합이나 영조물법인 그리고 공법상 재단법인은 이들이 국가의 행정적 사무(서비스)를 분권받아 행정할 때에만 행정의 주체에 서게 되는 것이지 상공업적 사무(서비스)에 종사할 때는 사경제의 주체일 뿐이다. 따라서 이들은 설립목적에 따라 ① 행정사무를 수행할 목적으로 설립된 행정적 영조물법인(공법인)과 ② 사법상의 상행위를 할 목적으로 설립된 상·공업적 영조물법인(공법인)으로 나누어지며, 원칙적으로 행정적 영조물법인(공법인)만이 행정의 주체가 된다.[12] 물론 국가나 지방자치단체라 할지라도 사경제 주체로 활동할 때는 행정의 주체가 아니다.

---

12) 상공업적 영조물법인이지만 개별 법령을 통해 행정권한의 위임 또는 위탁을 받은 경우에는 예외적으로 행정주체가 될 수 있으며, 프랑스에서는 상공업적 영조물법인이 행정적 사무를 수행하는 경우, 상공업적 영조물법인의 '뒤바뀐 얼굴'(visage inversé)이라고 표현한다.

3. 공무수탁사인(公務受託私人)

(1) 의   의

공무수탁사인은 국가 등의 행정주체로부터 행정업무를 위임받거나 특허받아 행정청의 지위에서 행정활동을 하는 사인을 가리키는 것으로, 자신의 명의로 공법상의 권한을 행사하여 행정주체의 지위에 서게 된다. 다수의 학자들은 공무수탁사인의 예로, 운항 중인 선박에서 가족관계 및 경찰사무를 하는 선장, 별정우체국장, 토지수용을 하는 사업시행자 등을 들고 있다. 행정주체의 행정업무를 위임받거나 특허받아 행정업무를 담당하는 사인이 단순한 행정기관의 수족이 아닌 행정의 주체가 되기 위해서는 항상적(恒常的)으로 행정업무에 종사하여야 하며, 자신의 이름으로 행정을 하여야 한다(김철용). 그러나 부수적 공무수탁사인도 있다(행위특허: 자동차 정비공장에서 검사 합격증 발급).

항공보안법 제22조 제1항[13]은 기장에게 경찰권을 위임하고 있다. 이 경우에 법령에 의하여 경찰권을 위임받고 있는 기장은 공무수탁사인이다(행정소송법 제2조 제2항). 그러나 기장으로부터 권한을 위임받은 승무원 또는 승객의 항공기 탑승 관련 업무를 지원하는 항공운송사업자 소속 직원 중 기장의 지원요청을 받은 사람은 항상적으로 행정업무를 수행하는 것이 아니며, 자신의 이름으로 행정을 하는 것이 아니기 때문에 공무수탁사인이 아닌 행정의 수족에 해당한다. 선원법 제6조 및 제23조에 의한 선장도 공무수탁사인에 해당한다.

(2) 구별개념

공무수탁사인은 ① 행정주체의 도구로서 행정주체를 위하여 비독립적으로 활동하는 '행정의 보조인'이나 ② 계약을 통해 경영위탁을 받은 '단순업무수탁자', ③ 법률에 의하여 공적 의무를 부담하고 있으나 행정권한이 부여되지 않은 '공의무부담사인'과는 개념상 구별된다.

---

13) 제22조(기장 등의 권한) ① 기장이나 기장으로부터 권한을 위임받은 승무원(이하 "기장등"이라 한다) 또는 승객의 항공기 탑승 관련 업무를 지원하는 항공운송사업자 소속 직원 중 기장의 지원요청을 받은 사람은 다음 각 호의 어느 하나에 해당하는 행위를 하려는 사람에 대하여 그 행위를 저지하기 위한 필요한 조치를 할 수 있다.
  1. 항공기의 보안을 해치는 행위
  2. 인명이나 재산에 위해를 주는 행위
  3. 항공기 내의 질서를 어지럽히거나 규율을 위반하는 행위

대법원 1990. 3. 23. 선고 89누4789 판결

원천징수하는 소득세에 있어서는 납세의무자의 신고나 과세관청의 부과결정이 없이 법령이 정하는 바에 따라 그 세액이 자동적으로 확정되고, 원천징수의무자는 소득세법 제142조 및 제143조의 규정에 의하여 이와 같이 자동적으로 확정되는 세액을 수급자로부터 징수하여 과세관청에 납부하여야 할 의무를 부담하고 있으므로, 원천징수의무자가 비록 과세관청과 같은 행정청이더라도 그의 원천징수행위는 법령에서 규정된 징수 및 납부의무를 이행하기 위한 것에 불과한 것이지, 공권력의 행사로서의 행정처분을 한 경우에 해당되지 아니한다.

(3) 근 거

공무수탁사인제도는 행정권한의 일부가 사인에게 이전(위탁)되는 예외적인 제도이므로 법률상 근거를 필요로 한다. 이에 관한 일반적 근거로는 정부조직법 제6조 제3항,[14] 지방자치법 제117조 제3항,[15] 대통령령인 행정권한의 위임 및 위탁에 관한 규정을 들 수 있다.

개별 법률에서 규정하고 있는 공무수탁사인의 예로는, ① 공익사업을 위한 토지 등의 취득 및 보상에 관한 법률 제19조 제1항의 사업시행자, ② 민영교도소 등의 설치·운영에 관한 법률 제3조 제1항에 따라 교정업무를 위탁받은 수탁자, ③ 고등교육법 제35조에 따라 학위를 수여하는 사립대학의 장, ④ 별정우체국법 제3조 제1항에 따른 별정우체국의 피지정인, ⑤ 항공보안법 제22조 제1항에 따라 경찰권을 행사하는 항공기의 기장 등이 대표적이다.

(4) 법률관계

1) 위탁행정주체와의 관계

위탁자인 국가 또는 지방자치단체와 공무수탁사인 사이에는 공법상 위임관계가 성립한다. 따라서 공무수탁사인은 위탁자의 지휘·감독을 받으며, 위탁받은 행정사무를 수행할 의무를 진다. 수탁사무를 처리하는 과정에서 발생한 비용은 위탁자에게 청구할 수 있다.

---

14) 제6조(권한의 위임 또는 위탁) ③ 행정기관은 법령으로 정하는 바에 따라 그 소관사무 중 조사·검사·검정·관리 업무 등 국민의 권리·의무와 직접 관계되지 아니하는 사무를 지방자치단체가 아닌 법인·단체 또는 그 기관이나 개인에게 위탁할 수 있다.

15) 제117조(사무의 위임 등) ③ 지방자치단체의 장은 조례나 규칙으로 정하는 바에 따라 그 권한에 속하는 사무 중 조사·검사·검정·관리업무 등 주민의 권리·의무와 직접 관련되지 아니하는 사무를 법인·단체 또는 그 기관이나 개인에게 위탁할 수 있다.

2) 국민과의 관계

공무수탁사인은 수탁받은 권한의 범위 안에서 국민에 대하여 행정처분을 발령할 수 있고, 자력으로 수수료 등을 징수할 수 있다.

따라서 공무수탁사인은 국민과의 관계에서 독립된 '행정주체'임과 동시에 '행정청'으로서의 지위를 가지는바(행정기본법 제2조 제2호), 공무수탁사인이 행한 위법한 행정처분에 대하여 법률상 이익이 있는 자는 공무수탁사인을 피청구인 또는 피고로 하여 행정심판이나 항고소송을 제기할 수 있다(행정심판법 제2조 4호, 행 정소송법 제2조 제2항). 만일 공무수탁사인의 직무상 불법행위로 손해를 입은 경우에는 국가 또는 지방자치단체가 국가배상책임을 진다(국가배상법 제2조 제1항).

II. 행정객체

행정객체는 행정법관계에서 행정주체의 상대방이 되는 당사자이며, 행정주체가 행정권을 발동하는 데에 있어서 그 대상이 되는 당사자이다. 자연인·법인·법인격 없는 단체는 사인(私人)으로서 행정객체의 지위를 가진다. 다만 공무수탁사인의 경우에는 행정주체가 되기도 한다. 공공단체는 사인(주민·조합원·이용자 등)에 대해서는 행정주체의 지위에 서지만, 국가나 다른 공공단체에 대해서는 행정객체의 지위에 선다.

한편, 행정기본법은 자격이나 신분 등을 취득 또는 부여할 수 없거나 인허가를 필요로 하는 영업 또는 사업 등을 할 수 없는 사유인 결격사유에 관한 규정을 두고 있다. 결격사유란 공익을 위해 특정한 직업군에서 행정객체를 배제하기 위한 사유로서, 국민의 직업의 자유 또는 공무담임권 등을 제한하는 것이므로 헌법 제37조 제2항에 따라 법률로써 규정되어야 한다. 행정기본법은 이러한 점을 재차 확인하여 결격사유 법정주의를 규정하고 있으며, 아울러 결격사유의 기준에 관한 입법지침을 제시하고 있다.

행정기본법 제16조(결격사유) ① 자격이나 신분 등을 취득 또는 부여할 수 없거나 인가, 허가, 지정, 승인, 영업등록, 신고 수리 등(이하 "인허가"라 한다)을 필요로 하는 영업 또는 사업 등을 할 수 없는 사유(이하 이 조에서 "결격사유"라 한다)는 법률로 정한다.
② 결격사유를 규정할 때에는 다음 각 호의 기준에 따른다.
　1. 규정의 필요성이 분명할 것
　2. 필요한 항목만 최소한으로 규정할 것
　3. 대상이 되는 자격, 신분, 영업 또는 사업 등과 실질적인 관련이 있을 것
　4. 유사한 다른 제도와 균형을 이룰 것

제 3 절 행정법관계의 내용

Ⅰ. 객관적 법규범과 주관적 권리

우리가 법이라고 할 때, 법은 프랑스어로 'Droit', 독일어로 'Recht'라고 하며, 권리는 'droit', 'recht'라고 부르는데, Droit는 'Droit objectif'의 준말로 객관적 법규범을 의미하며, droit는 'droit subjectif'의 준말로 주관적 권리를 의미한다. 따라서 공권이란 공법관계에서 발생하는 주관적 권리, 즉 'droit subjectif public'을 말한다. 프랑스에서는 행정소송을 크게 ① 행정행위의 객관적 법규범에 대한 위반 여부를 다투는 월권소송($\binom{\text{recours pour excès}}{\text{de pouvoir}}$)16)과 ② 행정청과 국민 사이의 법률관계를 획정하는 완전심리소송($\binom{\text{contentieux de}}{\text{pleine juridiction}}$)으로 나눈다. 완전심리소송은 주관적인 법률관계($\binom{\text{권리 : 의}}{\text{무관계}}$)에 대한 다툼이므로 소송을 제기하려는 자는 권리를 침해당한 자이어야 하지만, 월권소송은 객관적 법규범에 비추어 본 행정행위의 위법성 여부를 판단하는 소송이므로 소송요건인 원고적격을 주관적 권리를 침해당한 자로 한정할 필요가 없다. 그러나 독일은 월권소송에 해당하는 취소소송도 소송의 성격보다는 소송의 목적에 착안하는 한편, 그 목적도 행정의 적법성 확보보다는 권리 침해의 구제가 우선이라는 주관주의적 소송관에 의하여 원고적격에 권리 침해를 요건으로 하였다. 따라서 독일에서는 모든 행정소송의 요건으로 권리 침해가 전제되어야 하는바, 이때 침해되는 권리를 공법관계인 행정법관계에서는 공권이라는 개념으로 정의하게 되었다.

Ⅱ. 공권의 의의

공권이란 공법관계인 행정법관계에서 권리주체가 '직접 자신을 위하여 일정한 이익을 주장할 수 있는 법적인 힘'을 말한다. 따라서 개인이 공권력의 통치대상으로만 여겨지던 시대에는 국가적 공권의 관념만이 존재하였다. 그러나 국민이 공권력의 정당화 근거가 되는 민주주의 이념에서는 국민이 단순히 통치의 객체가 되는 것이 아니라 권리의 주체도 된다고 인식하였고, 뿐만 아니라 공권력 작용을 법률관계로 이해함으로써 이른바 '개인적 공권'의 관념이 등장하게 된다.

---

16) 프랑스 월권소송의 세부적인 내용에 대해서는 김철우, "프랑스 월권소송의 법리와 그 위상에 관한 연구", 입법학연구(제20집 제2호), 한국입법학회, 2023, 5-33면 참조.

그러나 독일에서 특히 주관적(개인적) 공권론을 중요시하였던 이유는 독일 특유의 행정법 성립배경에서 찾을 수 있다. 행정법질서를 기존의 사법질서와 구별되는 새로운 법질서로 이해하였던 프랑스와는 달리, 독일에서는 기존의 법질서(사법질서)의 틀 속에서 행정법질서를 설명하려다 보니, 사법(私法)이론의 핵심요소인 권리·의무 개념을 불가피하게 도입할 수밖에 없었다. 따라서 사권·사의무와 구별되는 공권·공의무의 개념을 설정하였던 것이다. 특히 행정쟁송을 민사소송처럼 '권리의 구제'로 이해하였기 때문에, 개인이 공권력 작용에 대하여 쟁송을 제기하기 위해서는 공권력 작용에 의하여 '주관적 권리'가 침해당해야 하는 것으로 인식하였다. 다시 말해서 '주관적 권리'를 매개로 하여 행정쟁송을 이해하였기 때문에 개인이 국가에 대하여 가지는 권리, 즉 주관적 공권이라는 개념에 대한 이론적 정립이 불가피하였다.

주관적 공권론은 옐리네크(G. Jellinek)와 뷜러(O. Bühler)에 의하여 정립된 이론이 오늘날까지 독일의 정설로 이어져 오고 있다. 옐리네크는 개인이 국가에 대하여 어떠한 주장을 할 수 있다는 것은 자신의 개인적 영역에 대해서는 국가의 간섭으로부터 자유로움을 향유할 수 있는 것을 의미하는바, 이를 개인의 소극적 지위라고 하였다. 한편 뷜러는 행정법규범이 행정목적, 즉 공익실현뿐만 아니라 특정한 개인의 이익도 함께 보호하고 있고, 그러한 이익이 침해당한 경우에는 행정소송을 통하여 구제받을 수 있는 경우, 이러한 법률상의 힘을 주관적 공권이라고 하였다.[17] 이러한 뷜러의 견해는 이후 독일 행정법학에 커다란 영향을 미쳤고, 오늘날까지 개인적 공권론의 일반이론으로 유지되어 오고 있다.

Ⅲ. 공권의 성립요소

과거 독일에서는 강행법규성, 사익보호성, 청구(소구)가능성을 개인적 공권의 성립요소로서 설명하였다.

1. 강행법규성

강행법규성이란 행정주체로 하여금 국민의 권익을 위하여 특정의 행위(작용)를

17) 옐리네크 기념 논문집(1955)에 실린 뷜러의 "Altes und Neues über Begriffe und Bedeutung der subjektiven öffentlichen Rechte"라는 논문에 서술된 내용이다.

하도록 하는 강행법규가 존재하여야 한다는 것이다. 다시 말해서 행정주체에게 특정의 행위(작용)를 하여야 하는 의무가 존재하여야 한다는 것이다.

이러한 행정주체의 행위의무는 헌법이나 법률에 의해서도 성립할 수 있으며, 행정입법·행정행위·행정계약 등과 같은 행정주체의 집행행위에 의해서도 성립될 수 있다. 학자에 따라서는 헌법이 보장하는 모든 종류의 기본권이 직접 행정주체에게 일정한 행위의무를 발생시키는 것은 아니므로 헌법에 의해 성립되는 경우와 법률에 의해 성립되는 경우를 구별하여 고찰할 필요가 있다고 하나,[18] 법률 역시 항상 행정주체의 행위의무를 전제로 하는 것은 아니므로 헌법이든 법률이든 행정주체에게 직접 행위의무를 발생시키는 것을 강행법규성이라 한다면 이를 구별하여 논의할 실익은 없다고 할 것이다.

2. 사익보호성

사익보호성이란 행정주체에게 행위의무를 지우는 강행법규의 입법취지가 공익의 추구뿐만 아니라 개인의 특정한 이익도 보호하는 것을 목적으로 하여야 한다는 것을 말한다. 물론 오늘날에는 강행법규의 범위를 당해 행위의 근거 법규만으로 한정하지 아니하고 절차 법규 내지는 관련 법규 등을 포함하는 개념으로 확대하려는 경향이 점차 확산되고 있다.

사익보호성의 판단은 후술하는, 이른바 반사적 이익과의 구별요소로서 중요시되고 있다. 반사적 이익이란 개인의 주관적 권리가 아니라 법의 반사적 효과에 의해 발생되는 이익에 불과하여 그것이 침해당하여도 쟁송을 통하여 구제받을 수 없는 이익이라는 것이 일반적인 설명이다. 이와 달리 공법상의 권리(공권)란 법규범이 특정한 부류의 사람들에게 특정한 이익을 부여하고 있을 때 발생한다.

3. 청구가능성

청구가능성이란 자신의 권리구제를 위한 소송을 제기할 수 있어야 한다는 것이다. 그러나 청구가능성의 문제는 과거 독일의 행정소송제도가 열기주의를 취하고 있었을 때 필요한 요소였지 오늘날처럼 재판을 받을 권리가 헌법상 보장되고 행정소송제도 역시 개괄주의를 취하고 있는 현실에서는 더 이상 의미가 없다고 할 것이다.

---

18) 홍정선(166면).

Ⅳ. 공권의 특수성

1. 종래의 특수성

종래에는 개인적 공권이 사권(私權)과 비교하여 ① 공익적 요청에 의해서 원칙적으로 이전·압류·포기가 금지·제한되고, ② 소송절차에 있어서 공법상의 소송절차에 의하며, ③ 공법상 금전채권의 소멸시효는 5년이라는 특수성을 가진다고 보았다.

2. 비판적 검토

최근에는 개인적 공권과 사권을 비교하여 위에서 살펴본 것과 같은 공권의 특수성을 일반적 속성으로 보고 있지 않는데, 개인적 공권 중에는 위에서 나열한 특수성을 가진 것이 비교적 많을 뿐이며 개인적 공권의 특수성이란 개별 실정법의 해석에 의하여 개별적인 공권마다 판단할 성질의 것이기 때문이다.[19]

Ⅴ. 반사적 이익과의 관계

반사적 이익이란 법령의 존재 자체로 인하여 개인이 간접적으로 얻게 되는 이익을 말한다. 다시 말해서 법령이 특정의 개인적 이익의 보호를 목적으로 하지 아니하고 일반적 공익의 실현을 목적으로 제정된 경우, 이러한 법규를 집행하는 과정에서 개인이 얻게 되는 이익을 의미한다.

① 대법원 1963. 8. 31. 선고 63누101 판결[20]

현행 헌법 제15조와 제28조에 의하여 영업의 자유는 헌법상 국민에게 보장된 자유의 범위에 포함된다 할 것이며 예외적으로 질서유지와 공공복리를 위하여 필요한 경우에 한하여 법률로서 이 영업의 자유를 제한할 수 있을 뿐이라 할 것인바 법률 제808호 공중목욕장업법은 공중목욕장업에 허가제를 실시하고 있으나 그 허가는 사업경영의 권리를 설정하는 형성적 행위가 아니고 경찰금지의 해제에 불과하며 그 허가의 효과는 영

---

19) 김철용(136면).

20) [비교 판례] 대법원 1974. 11. 26. 선고 74누110 판결(위험물취급소 위치변경신청에 대한 불허가처분 당시의 소방법 시행령 제78조 소정의 시설 기준 가운데 주유소 상호 간의 거리에 관한 명문의 제한이 없었던 당시 상공부장관의 통첩에 의한 내무부장관의 거리제한 지시를 적용하여 위치변경신청을 거부한 처분은 적법하다).

업자유의 회복을 가져올 뿐이라 할 것으로서 위 공중목욕장업법에 의하면 공중위생의 견지에서 환경과 설비의 합리적 제한을 두어 목욕장의 설치 장소 시설 또는 구조의 적절만이 목욕장 경영의 허가기준으로 규정되어 있을 뿐이고 거리제한과 같은 분포의 적정에 관하여는 같은 법에 아무런 규정이 없고 가사 분포의 적정이 공공의 복리를 위하여 필요한 것이라 할지라도 같은 법이 환경과 설비에 관하여서만 규정하고 분포의 적정에 관하여 규정을 두지 않은 이상 분포의 적정이라는 이유로 헌법상 보장된 영업의 자유가 제한될 수 없다 할 것이다. 다만 공중목욕장업법 시행세칙 제4조에 분포의 적정에 관하여 규정된바 있으나 이 분포의 이 적정은 공중목욕장의 환경과 설비에 관한 공중목욕장업법의 법조문 요건에도 해당되지 아니하므로 분포의 적정을 허가요건으로 하는 같은 법 시행세칙 제4조의 규정은 같은 모법에 위반되는 무효의 것이라 할 것이고 따라서 1962. 10. 29.자 경상남도지사의 부산시장에 대한 경남보사 제6,305호로서 지시한 공중목욕장 상호간의 거리제한에 관한 것 역시 위에서 설명한바와 같은 이유로서 무효라 할 것이다.

그러므로 위에서 설명한 바와 같이 원고에 대한 공중목욕장업 경영 허가는 경찰금지의 해제로 인한 영업자유의 회복이라고 볼 것이므로 이 영업의 자유는 법률이 직접 공중목욕장업 피허가자의 이익을 보호함을 목적으로 한 경우에 해당되는 것이 아니고 법률이 공중위생이라는 공공의 복리를 보호하는 결과로서 영업의 자유가 제한되므로 인하여 간접적으로 관계자인 영업자유의 제한이 해제된 피허가자에게 이익을 부여하게 되는 경우에 해당되는 것이고 거리의 제한과 같은 위의 시행세칙이나 도지사의 지시가 모두 무효인 이상 원고가 이 사건 허가처분에 의하여 목욕장업에 의한 이익이 사실상 감소된다하여도 이 불이익은 본건 허가처분의 단순한 사실상의 반사적 결과에 불과하고 이로 말미암아 원고의 권리를 침해하는 것이라고는 할 수 없음으로 원고는 피고의 피고 보조참가인에 대한 이 사건 목욕장업허가처분에 대하여 그 취소를 소구할 수 있는 법률상 이익이 없다할 것인바 원심판결이 원고에게 피고의 이 사건 행정처분의 취소를 소구할 수 있는 법률상 이익이 있다고 전제하면서 도지사의 지시(통첩)에 대한 이유설명에 있어서 적절하지 않은 해석을 한 것은 부당하나 결론에 있어서 원고의 청구를 기각하였음은 정당하다 할 것이니 상고이유는 결국 모두 채택될 수 없음에 돌아간다.

② 대법원 1990. 8. 14. 선고 89누7900 판결

이 사건 건물의 4, 5층 일부에 객실을 설비할 수 있도록 숙박업구조변경허가를 함으로써 그곳으로부터 50미터 내지 700미터 정도의 거리에서 여관을 경영하는 원고들이 받게 될 불이익은 간접적이거나 사실적, 경제적인 불이익에 지나지 아니하므로 그것만으로는 원고들에게 위 숙박업구조변경허가처분의 무효확인 또는 취소를 구할 소익이 있다고 할 수 없다.

앞에서 설명한 것처럼 반사적 이익을 침해당한 자는 개인적 공권을 침해당한 것이 아니므로 행정쟁송을 통한 구제를 받을 수가 없다는 견해가 일반적이기 때문에, 당해 이익이 공권인지 또는 반사적 이익인지에 따라 침해된 이익의 구제가능성에 커다란 차이를 보이게 된다.

그러나 법규가 명문으로 특정한 사익을 보호하고 있지는 않으나, 그러한 법규의 존재 자체로 특정한 사익을 보호하고자 하는 목적이 법규에 내포되어 있는 경우에, 이를 반사적 이익으로 분류해버릴 수는 없다는 비판이 제기되었다. 이러한 비판은 이른바 보호규범론을 통하여 이론적으로 구체화되었다.

VI. 공권의 확대이론

1. 보호규범론과 제3자의 이익

행정쟁송의 원고가 될 수 있는 자격을 원고적격이라 하고, 이에 대해 행정소송법 제12조는 '법률상 이익이 있는 자'라고 규정하고 있다. 법률상의 이익이란 공권뿐만 아니라 법률상 보호이익도 포함된다.[21] 그러나 반사적 이익에 대해서는 여전히 원고적격이 부인된다.

독일에서도 반사적 이익의 범위를 축소하고 '권리'의 범위를 확대하기 위해, 사익보호성에 대한 판단을 '근거 법규 또는 관련 법규가 일반적 공익만을 위하여 규정된 것이 아니라 특정한 개인의 고유이익을 동시에 보호하기 위하여 규정되었다면, 그러한 개인의 고유이익이 일반적 공익보다 우월적인 것으로 평가될 때 사익보호성이 있는 것'으로 이해하는 견해를 이른바 '보호규범론'이라 한다.

대법원 1969. 12. 30. 선고 69누106 판결

행정소송에서 소송의 원고는 행정처분에 의하여 직접 권리를 침해당한 자임을 보통으로 하나 직접 권리의 침해를 받은 자가 아닐지라도 소송을 제기할 법률상의 이익을 가진 자는 그 행정처분의 효력을 다툴 수 있다고 해석되는바, 해상운송사업법 제4조 제1호에서 당해 사업의 개시로 인하여 당해 항로에서 전공급수송력이 전 수송수요량에 대하여 현저하게 공급 과잉이 되지 아니하도록 규정하여 허가의 요건으로 하고 있는 것

---

21) 권리라는 것이 본래 '법적으로 보호되는 이익'을 의미하는 것으로서, 법의 보호 밖에 놓이는 이익인 반사적 이익과 구별되는 것이므로, '법률상 보호이익', '법에 의해 보호되는 이익' 등은 권리의 다른 표현에 지나지 않는다고 보는 견해도 존재한다. 김남진/김연태(106면).

은 주로 해상운송의 질서를 유지하고 해상운송사업의 건전한 발전을 도모하여 공공의 복리를 증진함을 목적으로 하고 있으며 동시에 한편으로는 업자간의 경쟁으로 인하여 경영의 불합리를 방지하는 것이 공공의 복리를 위하여 필요하므로 허가조건을 제한하여 기존업자의 경영의 합리화를 보호하자는 데도 목적이 있다. 이러한 기존업자의 이익은 단순한 사실상의 이익이 아니고 법에 의하여 보호되는 이익이라고 해석된다.

우리나라는 취소소송의 원고적격을 '권리 침해'라고 하지 않고 '법률상의 이익'이라고 규정하고 있으므로, 보호규범론을 비롯한 권리의 확대이론을 적용하지 않더라도 '권리'보다 넓은 원고적격을 인정할 수 있는데도 불구하고 판례는 마치 우리나라도 '권리 침해'를 전제로 하고 있는 듯한 태도를 보이고 있다.

독일에서, 원래 보호규범론이란 행정법학에서 법규가 보호하고자 하는 목적을 탐구하는 방법론을 말한다.[22] 다시 말해서 사익보호성을 판단함에 있어, 행정주체의 행위의무를 부여하는 법규에 사익보호에 대한 명문의 규정이 없어도 법규범의 목적론적 해석을 통하여 보호의 요구를 찾아내어야 한다는 이론이다. 이러한 보호규범론은 특히 제3자효적 행정행위에서 이론적 강점이 있다. 왜냐하면 법규범의 목적은 당사자와 관련할 수도 있지만, 경우에 따라서는 제3자와 관련할 수도 있는 것이기 때문이다. 특히 제3자의 보호를 목적으로 하는 법규범의 경우에도 제3자의 사익보호성이 있다는 이론을 '제3자고려명령이론' 또는 '제3자보호규범론'이라 한다.

제3자의 사익보호와 관련한 소송을 그 유형별로 나누어 보면 ① 경원자소송, ② 경업자소송, ③ 이웃소송 등이 있을 수 있다. ① 경원자소송이란 다수의 신청 또는 요구에 대하여 행정청이 한 사람 또는 소수에게만 행정권을 발동할 수 있는 경우에 신청을 하였으나 탈락한 자가 제기하는 유형의 소송을 말하며, ② 경업자소송이란 거리제한규정 또는 지역제한규정에 의하여 독점적 이익을 향유하고 있던 기존의 영업자가 신규업자의 시장진입으로 이익이 침해당하였음을 주장하여 제기하는 소송 유형이며, ③ 이웃소송(隣人訴訟)이란 특정한 행정행위로 인하여 이웃의 주민들이 화재위험·소음·분진 등 특정의 피해를 입었다고 주장하며 제기하는 소송의 부류를 말한다.

우선 경업자소송에서 원고적격을 인정한 것으로는 기존업자의 자동차운수사업 노선연장인가처분취소소송[23]이 대표적이며, 이웃소송의 경우로는 인근 주민의 연탄공장 건축허가처분취소소송[24] 및 인근 주민의 LPG자동차충전소 설치허가처분취소

---

22) 홍정선(171면, 각주 3) 참조).
23) 대법원 1974. 4. 9. 선고 73누173 판결.

소송²⁵⁾ 등이 있다.

① 대법원 1975. 5. 13. 선고 73누96, 97 판결

주거지역 안에서는 도시계획법 제19조 제1항과 개정 전 건축법 제32조 제1항에 의하여 공익상 부득이 하다고 인정될 경우를 제외하고는 거주의 안녕과 건전한 생활환경의 보호를 해치는 모든 건축이 금지되고 있을 뿐 아니라 주거지역 내에 거주하는 사람이 받는 위와 같은 보호이익은 법률에 의하여 보호되는 이익이라고 할 것이므로 주거지역 내에 위 법조 소정 제한면적을 초과한 연탄공장 건축허가처분으로 불이익을 받고 있는 제3거주자는 비록 당해 행정처분의 상대자가 아니라 하더라도 그 행정처분으로 말미암아 위와 같은 법률에 의하여 보호되는 이익을 침해받고 있다면 당해 행정처분의 취소를 소구하여 그 당부의 판단을 받을 법률상의 자격이 있다.

② 대법원 1992. 7. 10. 선고 91누9107 판결

자동차운수사업법 제6조 제1항 제1호에서 당해 사업계획이 당해 노선 또는 사업구역의 수송수요와 수송력공급에 적합할 것을 면허의 기준으로 정한 것은 자동차운수사업에 관한 질서를 확립하고 자동차운수사업의 종합적인 발달을 도모하여 공공의 복리를 증진함과 동시에 업자간의 경쟁으로 인한 경영의 불합리를 미리 방지하자는 데 그 목적이 있다 할 것이므로 개별화물자동차운송사업면허를 받아 이를 영위하고 있는 기존의 업자로서는 동일한 사업구역내의 동종의 사업용 화물자동차면허대수를 늘리는 보충인가처분에 대하여 그 취소를 구할 법률상 이익이 있다.

③ 대법원 2008. 4. 10. 선고 2008두402 판결

행정처분의 직접 상대방이 아닌 제3자라 하더라도 당해 행정처분으로 인하여 법률상 보호되는 이익을 침해당한 경우에는 그 처분의 취소나 무효확인을 구하는 행정소송을 제기하여 그 당부의 판단을 받을 자격이 있다 할 것이며, 여기에서 말하는 법률상 보호되는 이익이라 함은 당해 처분의 근거 법규 및 관련 법규에 의하여 보호되는 개별적·직접적·구체적 이익이 있는 경우를 말하고, 일반적으로 면허나 인·허가 등의 수익적 행정처분의 근거가 되는 법률이 해당 업자들 사이의 과당경쟁으로 인한 경영의 불합리를 방지하는 것도 그 목적으로 하고 있는 경우, 다른 업자에 대한 면허나 인·허가 등의 수익적 행정처분에 대하여 미리 같은 종류의 면허나 인·허가 등의 수익적 행정처분을 받아 영업을 하고 있는 기존의 업자는 경업자에 대하여 이루어진 면허나 인·허가 등 행정처분의 상대방이 아니라 하더라도 당해 행정처분의 취소를 구할 원고적격이 있다(대법원 2006. 7. 28. 선고 2004두6716 판결 등 참조).

---

24) 대법원 1975. 5. 13. 선고 73누96, 97 판결.
25) 대법원 1983. 7. 12. 선고 83누59 판결.

구 담배사업법(2007. 7. 19. 법률 제8518호로 개정되기 전의 것)과 그 시행령 및 시행규칙의 관계 규정에 의하면, 담배소매인을 일반소매인과 구내소매인으로 구분하여, 일반소매인 사이에서는 그 영업소 간에 군청, 읍·면사무소가 소재하는 리 또는 동지역에서는 50m, 그 외의 지역에서는 100m 이상의 거리를 유지하도록 규정하는 등 일반소매인의 영업소 간에 일정한 거리제한을 두고 있는데, 이는 담배유통구조의 확립을 통하여 국민의 건강과 관련되고 국가 등의 주요 세원이 되는 담배산업 전반의 건전한 발전 도모 및 국민경제에의 이바지라는 공익목적을 달성하고자 함과 동시에 일반소매인 간의 과당경쟁으로 인한 불합리한 경영을 방지함으로써 일반소매인의 경영상 이익을 보호하는 데에도 그 목적이 있다고 보이므로, 일반소매인으로 지정되어 영업을 하고 있는 기존업자의 신규 일반소매인에 대한 이익은 단순한 사실상의 반사적 이익이 아니라 법률상 보호되는 이익으로서 기존 일반소매인이 신규 일반소매인 지정처분의 취소를 구할 원고적격이 있다고 보아야 할 것이나(대법원 2008. 3. 27. 선고 2007두23811 판결 참조), 한편 구내소매인과 일반소매인 사이에서는 구내소매인의 영업소와 일반소매인의 영업소 간에 거리제한을 두지 아니할 뿐 아니라 건축물 또는 시설물의 구조·상주인원 및 이용인원 등을 고려하여 동일 시설물 내 2개소 이상의 장소에 구내소매인을 지정할 수 있으며, 이 경우 일반소매인이 지정된 장소가 구내소매인 지정대상이 된 때에는 동일 건축물 또는 시설물 안에 지정된 일반소매인은 구내소매인으로 보고, 구내소매인이 지정된 건축물 등에는 일반소매인을 지정할 수 없으며, 구내소매인은 담배진열장 및 담배소매점 표시판을 건물 또는 시설물의 외부에 설치하여서는 아니 된다고 규정하는 등 일반소매인의 입장에서 구내소매인과의 과당경쟁으로 인한 경영의 불합리를 방지하는 것을 그 목적으로 할 수 있다고 보기 어려우므로, 일반소매인으로 지정되어 영업을 하고 있는 기존업자의 신규 구내소매인에 대한 이익은 법률상 보호되는 이익이 아니라 단순한 사실상의 반사적 이익이라고 해석함이 상당하므로, 기존 일반소매인은 신규 구내소매인 지정처분의 취소를 구할 원고적격이 없다.

④ 대법원 1992. 5. 8. 선고 91누13274 판결

행정소송법 제12조는 취소소송은 처분 등의 취소를 구할 법률상의 이익이 있는 자가 제기할 수 있다고 규정하고 있는바, 인·허가 등의 수익적 행정처분을 신청한 수인이 서로 경쟁관계에 있어서 일방에 대한 허가 등의 처분이 타방에 대한 불허가 등으로 귀결될 수밖에 없는 때(이른바 경원관계에 있는 경우로서 동일대상지역에 대한 공유수면매립면허나 도로점용허가 혹은 일정지역에 있어서의 영업허가 등에 관하여 거리제한규정이나 업소개수제한규정 등이 있는 경우를 그 예로 들 수 있다) 허가 등의 처분을 받지 못한 자는 비록 경원자에 대하여 이루어진 허가 등 처분의 상대방이 아니라 하더라도 당해 처분의 취소를 구할 당사자적격이 있다 할 것이고, 다만 구체적인 경우에 있어서 그 처분이 취소된다 하더라도 허가 등의 처분을 받지 못한 불이익이 회복된다고 볼 수 없을 때에는 당해 처분의 취소를 구할 정당한 이익이 없다고 할 것이다. 원심이 인정한 바에 의하면, 액화석유가스충전사업의 허가기준을 정한 전라남도 고시에 의하여 고흥군 내에는 당시 1개소에 한하여 L.P.G. 충전사업의 신규허가가

가능하였는데, 원고가 한 허가신청은 관계 법령과 위 고시에서 정한 허가요건을 갖춘 것이고, 피고보조참가인(이하 참가인이라 부른다)들의 그것은 그 요건을 갖추지 못한 것임에도 피고는 이와 반대로 보아 원고의 허가신청을 반려하는 한편 참가인들에 대하여는 이를 허가하는 이 사건 처분을 하였다는 것인바, 그렇다면 원고와 참가인들은 경원관계에 있다 할 것이므로 원고에게는 이 사건 처분의 취소를 구할 당사자적격이 있다고 하여야 함은 물론 나아가 이 사건 처분이 취소된다면 원고가 허가를 받을 수 있는 지위에 있음에 비추어 처분의 취소를 구할 정당한 이익도 있다고 하여야 할 것이다.

⑤ 대법원 1995. 9. 26. 선고 94누14544 판결[26]

[1] 행정처분의 직접 상대방이 아닌 제3자라도 당해 행정처분의 취소를 구할 법률상의 이익이 있는 경우에는 원고적격이 인정되는데, 여기서 말하는 법률상의 이익은 당해 처분의 근거 법률에 의하여 보호되는 직접적이고 구체적인 이익이 있는 경우를 말하고, 다만 공익보호의 결과로 국민 일반이 공통적으로 가지는 추상적, 평균적, 일반적인 이익과 같이 간접적이나 사실적, 경제적, 이해관계를 가지는데 불과한 경우는 여기에 포함되지 않는다.

[2] 상수원보호구역 설정의 근거가 되는 수도법 제5조 제1항 및 동 시행령 제7조 제1항이 보호하고자 하는 것은 상수원의 확보와 수질보전일 뿐이고, 그 상수원에서 급수를 받고 있는 지역주민들이 가지는 상수원의 오염을 막아 양질의 급수를 받을 이익은 직접적이고 구체적으로는 보호하고 있지 않음이 명백하여 위 지역주민들이 가지는 이익은 상수원의 확보와 수질보호라는 공공의 이익이 달성됨에 따라 반사적으로 얻게 되는 이익에 불과하므로 지역주민들에 불과한 원고들에게는 위 상수원보호구역변경처분의 취소를 구할 법률상의 이익이 없다.

[3] 도시계획법 제12조 제3항의 위임에 따라 제정된 도시계획시설기준에관한규칙 제125조 제1항이 화장장의 구조 및 설치에 관하여는 매장및묘지등에관한법률이 정하는 바에 의한다고 규정하고 있어, 도시계획의 내용이 화장장의 설치에 관한 것일 때에는 도시계획법 제12조 뿐만 아니라 매장및묘지등에관한법률 및 같은 법 시행령 역시 그 근거 법률이 된다고 보아야 할 것이므로, 같은 법 시행령 제4조 제2호가 공설화장장은 20호 이상의 인가가 밀집한 지역, 학교 또는 공중이 수시 집합하는 시설 또는 장소로부터 1,000m 이상 떨어진 곳에 설치하도록 제한을 가하고, 같은 법 시행령 제9조가 국민 보건상 위해를 끼칠 우려가 있는 지역, 도시계획법 제17조의 규정에 의한 주거지역, 상업지역, 공업지역 및 녹지지역 안의 풍치지구 등에의 공설화장장 설치를 금지함에 의하여 보호되는 부근 주민들의 이익은 위 도시계획결정처분의 근거 법률에 의하여 보호되

---

26) 화장장 설치의 직접 근거 법령인 도시계획법령에서 법률상 이익을 찾을 수 없더라도 도시계획법령이 원용하고 있는 매장 및 묘지 등에 관한 법령에 근거하여 법률상 이익을 도출할 수 있다면 원고적격이 인정된다는 판례로서, 원고적격에서 처분의 근거 법규의 범위를 확대하였다.

는 법률상 이익이다.

이상에서 보았듯이 대법원은 행정처분에 의하여 직접 권리를 침해받은 자뿐만 아니라 직접 권리의 침해를 받은 자가 아니라도 소송을 제기할 법률상의 이익을 가진 자는 원고적격이 인정된다고 본다. 여기서 말하는 법률상의 이익이란 당해 처분의 근거 법규 및 관련 법규에 의하여 보호되는 개별적·직접적·구체적 이익이 있는 경우를 말하고, 이때 근거 법규에는 처분의 직접적인 근거 법령뿐만 아니라 이를 통해 원용되는 법령까지 포함시킴으로써 그 범위를 확대하고 있다.

최근에는 절차법에 의하여 보호되지 않는다 하더라도 절차법에 의하여 보호되는 주민과 마찬가지로 처분 등으로 인하여 그 처분 전과 비교하여 수인한도를 넘는 환경피해를 받거나 받을 우려가 있는 경우에는, 처분 등으로 인하여 환경상 이익에 대한 침해 또는 침해우려가 있다는 것을 입증함으로써 그 처분 등의 무효확인을 구할 원고적격을 인정받을 수 있다고 한다(대법원 2006. 3. 16. 선고 2006
두330 전원합의체 판결). 그러나 이는 보호가치 있는 이익이지 법률상의 이익이 아니며, 물론 권리 침해도 아니다.

대법원 2006. 3. 16. 선고 2006두330 전원합의체 판결[27)]

[1] 행정처분의 직접 상대방이 아닌 제3자라 하더라도 당해 행정처분으로 인하여 법률상 보호되는 이익을 침해당한 경우에는 그 처분의 무효확인을 구하는 행정소송을 제기하여 그 당부의 판단을 받을 자격이 있다 할 것이며, 여기에서 말하는 법률상 보호되는 이익이라 함은 당해 처분의 근거 법규 및 관련 법규에 의하여 보호되는 개별적·직접적·구체적 이익이 있는 경우를 말하고, 공익보호의 결과로 국민 일반이 공통적으로 가지는 일반적·간접적·추상적 이익이 생기는 경우에는 법률상 보호되는 이익이 있다고 할 수 없다.

[2] 공유수면매립면허처분과 농지개량사업 시행인가처분의 근거 법규 또는 관련 법규가 되는 구 공유수면매립법(1997. 4. 10. 법률 제5337
호로 개정되기 전의 것), 구 농촌근대화촉진법(1994. 12. 22. 법률 제4823
호로 개정되기 전의 것), 구 환경보전법(1990. 8. 1. 법률
제4257호로 폐지), 구 환경보전법 시행령(1991. 2. 2. 대통령령
제13303호로 폐지), 구 환경정책기본법(1993. 6. 11.
법률 제4567
호로 개정되기 전의 것), 구 환경정책기본법 시행령(1992. 8. 22. 대통령령 제13715호로 개정되기 전의 것)의 각 관련 규정의 취지는, 공유수면매립과 농지개량사업시행으로 인하여 직접적이고 중대한 환경피해를 입으리라고 예상되는 환경영향평가 대상지역 안의 주민들이 전과 비교하여 수인한도를 넘는 환경침해를 받지 아니하고 쾌적한 환경에서 생활할 수 있는 개별적 이익까지도 이를 보호하려는 데에 있다고 할 것이므로, 위 주민들이 공유수면매립면허처분 등과 관련하여 갖고

---

27) 위 판결에 의하면, 환경영향평가대상지역을 기준으로 대상지역 안에 있는 자는 원고적격이 추정되고 대상지역 밖에 있는 자는 환경상 이익의 침해(우려)를 입증함으로써 원고적격을 인정받을 수 있다.

있는 위와 같은 환경상의 이익은 주민 개개인에 대하여 개별적으로 보호되는 직접적·구체적 이익으로서 그들에 대하여는 특단의 사정이 없는 한 환경상의 이익에 대한 침해 또는 침해우려가 있는 것으로 사실상 추정되어 공유수면매립면허처분 등의 무효확인을 구할 원고적격이 인정된다. 한편, 환경영향평가 대상지역 밖의 주민이라 할지라도 공유수면매립면허처분 등으로 인하여 그 처분 전과 비교하여 수인한도를 넘는 환경피해를 받거나 받을 우려가 있는 경우에는, 공유수면매립면허처분 등으로 인하여 환경상 이익에 대한 침해 또는 침해우려가 있다는 것을 입증함으로써 그 처분 등의 무효확인을 구할 원고적격을 인정받을 수 있다.

[3] 헌법 제35조 제1항에서 정하고 있는 환경권에 관한 규정만으로는 그 권리의 주체·대상·내용·행사방법 등이 구체적으로 정립되어 있다고 볼 수 없고, 환경정책기본법 제6조도 그 규정 내용 등에 비추어 국민에게 구체적인 권리를 부여한 것으로 볼 수 없다는 이유로, 환경영향평가 대상지역 밖에 거주하는 주민에게 헌법상의 환경권 또는 환경정책기본법에 근거하여 공유수면매립면허처분과 농지개량사업 시행인가처분의 무효확인을 구할 원고적격이 없다고 한 사례.

그러므로 판례상 나타난 법률상의 이익은 ① 권리 침해(처분의 근거법에 의한 권리 부여), ② 확대된 권리 침해(근거법이 공익뿐만 아니라 사익도 도모하고 있는 것으로 해석될 수 있는 경우), ③ 절차법에 의한 보호, ④ 관계 제법규에 의해 보호, ⑤ 보호가치 있는 이익으로 확대되고 있다. 그러나 대법원은 헌법상 환경권에 관한 규정만으로는 항고소송의 원고적격을 인정하지 않지만, 헌법재판소는 법률상 이익을 판단함에 있어 헌법상 기본권도 고려하고 있다.

헌법재판소 1998. 4. 30.자 97헌마141 결정

행정처분의 직접 상대방이 아닌 제3자라도 당해 처분의 취소를 구할 법률상 이익이 있는 경우에는 행정소송을 제기할 수 있다. 이 사건에서 보건대, 설사 국세청장의 지정행위의 근거규범인 이 사건 조항들이 단지 공익만을 추구할 뿐 청구인 개인의 이익을 보호하려는 것이 아니라는 이유로 청구인에게 취소소송을 제기할 법률상 이익을 부정한다고 하더라도, 청구인의 기본권인 경쟁의 자유가 바로 행정청의 지정행위의 취소를 구할 법률상 이익이 된다 할 것이다.

2. 행정처분발급청구권과 행정개입청구권

(1) 의 의

행정처분발급청구권이란 개인이 자신의 이익을 위하여 자신에 대한 행정청의 처분(허가·인허)을 요구할 수 있는 권리를 말하며, 행정개입청구권은 개인이 자신의 이익을 위하여 제3자에 대한 행정권의 발동($\frac{규제}{감독}$ 등)을 요구할 수 있는 권리를 말한다. 다시 말해서, 행정처분발급청구권은 자신의 이익을 위하여 자신에게, 그리고 행정개입청구권은 자신의 이익을 위하여 제3자에게 행정권을 발동하도록 요구하는 권리이다.

(2) 성 질

이는 형식적 권리인 무하자재량행사청구권과는 달리 특정행위의 발급을 요구하는 실체적 권리이다.

(3) 성립요건

행정처분발급청구권과 행정개입청구권도 공권의 일종이므로 공권의 성립요건을 갖추어야 한다.

첫째, 이들 청구권이 성립되기 위해서는 먼저 ① 행정법규가 행정청에게 일정한 행정권을 발동하여 개입할 의무를 기속적으로 부과하여야 한다. 만일 당해 행정개입의무가 기속적이지 않고 행정청의 재량적 판단이 허용되는 의무라 한다면 이들 청구권을 인정하기가 어렵게 된다.[28] 이러한 문제를 해결하기 위해 이른바 '재량권의 영으로의 수축이론'이 등장한다. 이는 일정한 요건이 갖추어진 경우, 예컨대 ① 행정권을 발동하지 않을 경우 국민의 생명·신체·재산에 중대한 위해를 야기할 우려가 있고, ② 행정개입을 통해 이러한 위해를 충분히 제거할 수 있는 반면 그와 동가치적인 또는 보다 상위에 있는 법익 침해의 우려가 없으며, ③ 개인적인 노력으로는 위해방지가 불충분한 경우에 재량권 행사의 범위가 영으로 수축되어 기속적 의무로 전환된다는 이론이다. 이는 행정개입청구권의 이론적 근거가 되고 있다.[29]

둘째, 근거 법규가 공익뿐만 아니라 사익보호를 목적으로 하는 것이어야 한다.

(4) 실현방법

행정개입청구권은 의무이행소송을 통해 가장 직접적으로 실현될 수 있으나, 우리 행정소송법과 판례는 이러한 소송형식을 인정하지 않는다. 독일에서는 1920년 이래 재량권의 수축이론을 통해 행정권한의 불발동으로 인한 국가배상책임이 법원에 의해 인정되었고, 이러한 판결이 축적됨으로써 1960년 8월 18일 이른바 '띠톱

---

28) 헌법재판소 2010. 4. 20.자 2010헌마189 결정.
29) 김철용(241면).

판결'이 나오게 되었으며, 의무이행소송에 의하여 행정개입청구권을 직접적으로 관철시킬 수 있게 되었다.[30]

현재 우리 법제상 이들 청구권의 구체적 실현방법을 살펴보면 다음과 같다. 첫째, 행정청이 행정권을 발동하여 개입할 의무가 있음에도 불구하고 사인의 요구(신청)에 대해 행정청이 거부하는 경우, 거부처분에 대하여 취소심판 또는 의무이행심판을 제기하거나 취소소송을 제기할 수 있다. 둘째, 사인의 행정개입청구에 대해 행정청이 부작위하는 경우, 부작위에 대한 의무이행심판 또는 부작위위법확인소송을 제기할 수 있다. 셋째, 행정청에게 행정개입의무가 발생하였음에도 불구하고 이를 해태하여 사인에게 손해가 발생하였다면 국가배상청구소송도 가능할 것이다.

① 대법원 1999. 12. 7. 선고 97누17568 판결

구 건축법(1999. 2. 8. 법률 제5895호로 개정되기 전의 것) 및 기타 관계 법령에 국민이 행정청에 대하여 제3자에 대한 건축허가의 취소나 준공검사의 취소 또는 제3자 소유의 건축물에 대한 철거 등의 조치를 요구할 수 있다는 취지의 규정이 없고, 같은 법 제69조 제1항 및 제70조 제1항은 각 조항 소정의 사유가 있는 경우에 시장·군수·구청장에게 건축허가 등을 취소하거나 건축물의 철거 등 필요한 조치를 명할 수 있는 권한 내지 권능을 부여한 것에 불과할 뿐, 시장·군수·구청장에게 그러한 의무가 있음을 규정한 것은 아니므로 위 조항들도 그 근거 규정이 될 수 없으며, 그 밖에 조리상 이러한 권리가 인정된다고 볼 수도 없다.

② 대법원 1998. 5. 8. 선고 97다54482 판결[31]

경찰관의 주취운전자에 대한 권한 행사가 관계 법률의 규정 형식상 경찰관의 재량에 맡겨져 있다고 하더라도, 그러한 권한을 행사하지 아니한 것이 구체적인 상황 하에서 현저하게 합리성을 잃어 사회적 타당성이 없는 경우에는 경찰관의 직무상 의무를 위배한 것으로서 위법하게 된다.

3. 무하자재량행사청구권

(1) 의 의

무하자재량행사청구권이란 개인이 행정청에 대하여 하자 없는 재량처분을 요구

---

30) 김철용(144면).

31) 음주운전으로 적발된 주취운전자가 도로 밖으로 차량을 이동하겠다며 단속 경찰관으로부터 보관 중이던 차량열쇠를 반환받아 몰래 차량을 운전하여 가던 중 사고를 일으킨 경우, 국가배상책임을 인정한 사례이다.

할 수 있는 권리이며, 행정처분발급청구권이나 행정개입청구권처럼 행정청에게 구체적 처분을 요구하는 실체적 권리가 아니라, 재량행위일지라도 종국처분의 형성과정상 행정청에 대하여 재량권의 법적 한계를 준수할 것을 요구하는 제한적·절차적·형식적 공권이라는 것이 일반적 설명이다. 그러나 당해 청구권은 재량행사의 절차의 문제가 아니라 재량결정의 내용에 대한 문제이므로 절차적 권리라는 표현은 타당하지 않다.[32] 재량권 행사에도 일정한 한계가 있음을 전제로 하여 재량행사의 과정상 그 한계의 준수를 요구하는 것이 무하자재량행사청구권이라고 한다면 이는 분명 형식적 권리로 보는 것이 타당하다.[33]

뷜러(O.Bühler)는 공권을 설명하면서 강행법규성이란 기속행위를 전제로 하는 것이므로 재량행위는 개인적 공권을 성립시킬 여지가 없다고 단정하였으나, 독일의 일부 주(州) 법원에서 재량행위에 의한 권리 침해를 인정하는 판례들이 나오자 재량행위에 의한 권리 침해를 인정한다면 이는 '재량의 적정한 행사에 대한 청구권', 즉 형식적 권리에 불과한 것으로서 재량행위의 절차상의 흠에 대해서만 사법심사가 가능하며 재량의 결과에 대해서는 심사가 불가능하다고 설명하였다. 그러나 바호프(O.Bachof)는 재량의 내용적 한계를 인정하고, 이를 무하자재량행사청구권이라 하였다. 이러한 영향으로 독일의 행정소송법과 행정절차법에서는 "법원은 … 행정청이 수권의 목적에 상응하는 방법으로 재량을 행사하였는지에 대하여 심사하여야 한다."라는 명문의 규정을 두고 있다.

(2) 무하자재량행사청구권의 독자적 권리 인정 여부

1) 부정설

재량권의 법적 한계를 벗어난 행위는 위법하므로 이로 인한 권리 침해는 당연히 구제받을 수 있는바, 즉 실체적 권리의 구제가 가능함에도 불구하고 절차적·형식적 권리를 별도로 인정해야 할 실익이 없고, 또한 이처럼 형식적 권리의 침해만으로도 소익을 인정할 경우 지나치게 원고적격이 확대된다는 비판을 제기하면서 무하자재량행사청구권의 유용성을 부인하는 견해가 있다.[34]

---

32) 재량행사의 절차에 대해서는 행정절차법을 통하여 통제가 가능하다.

33) 물론 반론도 있다. 김철용 교수는 "만일 형식적 권리를 절차적 권리와 동일한 개념으로 사용한다면 무하자재량행사청구권은 재량의 절차적 한계에만 관련되는 것이 아니기 때문에 형식적 권리라는 표현은 적절하지 않다."라고 한다. 김철용(139면).

34) 이상규(200면).

2) 긍정설

국내 다수의 학자들은 무하자재량행사청구권은 행정청에게 재량이 부여되어 있으면 공권이 성립할 수 없다는 19세기 과거 이론을 수정하여 재량행위라고 하더라도 제한된 범위에서 공권이 성립할 수 있다는 이론적 토대를 마련하였다는 점에서 그 유용성을 긍정하고 있다. 긍정설을 취하는 학자들 중에는 행정청이 결정재량권, 즉 법이 허용하는 행위를 할 것인지의 여부에 관한 판단권은 갖지 못하고, 다만 선택재량권, 즉 법이 허용하는 복수의 행위 중에서 어떠한 행위를 할 것인지의 판단권만을 가질 경우에는 무하자재량행사청구권의 존재실익이 있다고 주장하면서, 이처럼 결정재량권이 없이 선택재량권만을 가지고 있는 경우에 하자 없는 선택재량권 행사를 요구할 수 있는 권리를 협의의 무하자재량행사청구권이라 하고, 무하자재량행사청구권이라 함은 바로 이러한 협의의 개념을 의미한다고 주장하는 견해도 있다.[35] 그러나 결정재량권을 가지는 경우에도 무하자재량행사청구권의 유용성을 인정하는 견해가 많다.[36]

다만 원고적격과의 관계에서, ① 비록 형식적 권리이기는 하지만 개인적 공권이므로 이에 대한 침해가 있으면 곧바로 원고적격이 인정된다고 보는 견해(독자성 긍정설)[37]와, ② 무하자재량행사청구권이 개인적 공권이기는 하지만 그 자체로 실질적·독자적 권리로 볼 수 없기 때문에 이와 같은 형식적 권리만으로 곧바로 원고적격이 인정되기는 어렵고, 하자 있는 재량권 행사로 인해 개인의 실체적 권리가 침해당한 경우에 비로소 원고적격이 인정되어 소송을 통하여 그 실체적 권리의 침해를 다툴 수 있다는 견해(독자성 부정설)[38]로 대립하고 있다.

3) 판 례

대법원 1991. 2. 12. 선고 90누5825 판결

[2] 검사의 임용 여부는 임용권자의 자유재량에 속하는 사항이나, 임용권자가 동일한 검사신규임용의 기회에 원고를 비롯한 다수의 검사 지원자들로부터 임용 신청을 받아 전형을 거쳐 자체에서 정한 임용기준에 따라 이들 일부만을 선정하여 검사로 임용하는 경우에 있어서 법령상 검사임용 신청 및 그 처리의 제도에 관한 명문 규정이 없다고

---

35) 김남진/김연태(112면).
36) 김성수(203면); 류지태/박종수(110면); 박균성(167면); 박윤흔(151면).
37) 정하중/김광수(73면). 무하자재량행사청구권은 재량법규가 사익을 보호하는 경우에 인정되는 실체적 권리이기 때문에 그 독자성이 인정된다고 한다.
38) 홍정선(189면). 이때 무하자재량행사청구권은 본안요건에서 재량권 일탈·남용으로서 위법성의 문제로 심사된다고 한다.

하여도 조리상 임용권자는 임용신청자들에게 전형의 결과인 임용 여부의 응답을 해줄 의무가 있다고 할 것이며, 응답할 것인지 여부조차도 임용권자의 편의재량사항이라고는 할 수 없다.

　[3] 검사의 임용에 있어서 임용권자가 임용여부에 관하여 어떠한 내용의 응답을 할 것인지는 임용권자의 자유재량에 속하므로 일단 임용거부라는 응답을 한 이상 설사 그 응답내용이 부당하다고 하여도 사법심사의 대상으로 삼을 수 없는 것이 원칙이나, 적어도 재량권의 한계 일탈이나 남용이 없는 위법하지 않은 응답을 할 의무가 임용권자에게 있고 이에 대응하여 임용신청자로서도 재량권의 한계 일탈이나 남용이 없는 적법한 응답을 요구할 권리가 있다고 할 것이며, 이러한 응답신청권에 기하여 재량권 남용의 위법한 거부처분에 대하여는 항고소송으로서 그 취소를 구할 수 있다고 보아야 하므로 임용신청자가 임용거부처분이 재량권을 남용한 위법한 처분이라고 주장하면서 그 취소를 구하는 경우에는 법원은 재량권남용 여부를 심리하여 본안에 관한 판단으로서 청구의 인용 여부를 가려야 한다.

　다수설은 위 판례에서 대법원이 재량영역에서 무하자재량행사청구권의 법리를 인정하였다고 평가하고 있다. 그러나 위 판결에서 언급된 "재량권의 한계 일탈이나 남용이 없는 적법한 응답을 요구할 권리"가 구체적으로 무엇을 의미하는지는 명확하지 않다. 이에 대하여 학설은 ① 무하자재량행사청구권을 인정한 것이라고 보는 견해, ② 원고적격을 인정하기 위하여 헌법 제15조 직업선택의 자유, 헌법 제25조의 공무담임권에서 나오는 실질적 권리라고 보는 견해, ③ 대상적격으로서 거부처분의 처분성을 인정하기 위한 전제에서 응답신청권이라는 조리상의 권리를 인정한 것이라는 견해 등 그 해석이 분분하다.

(3) 사　견

　무하자재량행사청구권은 과거 독일에서 사법심사가 허용되지 않던 재량영역에서 개인적 공권을 인정하고 원고적격을 도출하는 데 기여하였다는 점에서 연혁적 의미가 있음을 부인할 수 없다. 그러나 우리 행정소송법 제12조는 취소소송의 원고적격에 관하여 권리 침해가 아닌 '법률상 이익'이라고 규정하고 있으므로 이를 주관적 권리로 해석하지 않는 한 재량에 대한 통제에 있어서는 재량권의 일탈·남용 여부만 살펴보면 되고, 재량권의 일탈·남용이 없는 행정작용을 요구할 권리는 성립하지 않으며 성립시킬 필요가 없다.

대법원 1996. 6. 11. 선고 95누12460 판결

　　거부처분의 처분성을 인정하기 위한 전제요건이 되는 신청권의 존부는 구체적 사건에서 신청인이 누구인가를 고려하지 않고 관계 법규의 해석에 의하여 일반 국민에게 그러한 신청권을 인정하고 있는가를 살펴 추상적으로 결정되는 것이고, 신청인이 그 신청에 따른 단순한 응답을 받을 권리를 넘어서 신청의 인용이라는 만족적 결과를 얻을 권리를 의미하는 것은 아니다. 따라서 국민이 어떤 신청을 한 경우에 그 신청의 근거가 된 조항의 해석상 행정발동에 대한 개인의 신청권을 인정하고 있다고 보여지면 그 거부행위는 항고소송의 대상이 되는 처분으로 보아야 할 것이고, 구체적으로 그 신청이 인용될 수 있는가 하는 점은 본안에서 판단하여야 할 사항인 것이다.

　　대법원은 재량사항에 관하여 행정청이 국민의 신청에 대하여 한 거부행위가 항고소송의 대상이 되는 행정처분이 된다고 하기 위해서는 국민이 그 신청에 따른 행정행위를 해줄 것을 요구할 수 있는 법규상 또는 조리상의 권리가 있어야 한다는 태도를 일관되게 고수하고 있다. 그러나 재량행위라 하더라도 재량권의 일탈·남용에 대한 최소한의 심사는 하여야 하므로 모든 재량사항에 대한 거부행위에 대하여도 처분성을 일단 인정하는 것이 옳다고 본다. 즉, 거부행위의 처분성 여부는 신청권의 존재에 있지 아니하고 신청행위에 대한 공권력 행사 여부(공익을 위한 우월적 지위에서의 일방적 결정)에 있다. 일부러 불필요한 이론구성까지 해가며 국민의 소권을 제한하는 것은 민주적 태도가 아니다.

VII. 공권론에 대한 재검토(객관주의적 입장)

1. 뒤기와 셀의 공권론

　　뒤기(L. Duguit)는 권리를 '특정인을 위한 특별한 행위에 의해 창설되는 특정한 법적 기능'이라고 정의하는바, 권리라는 것은 원칙적으로 법률로부터 직접적으로 발생하는 것이 아니고 특정한 사람을 위한 구체적 상태를 규정한다. 권리는 법률에 근거하여 행해지는 법률행위로부터 발생하기 때문에 법률의 효과는 간접적인 것이 될 수밖에 없고 권리에 관한 쟁송이 판사에게 제기되었을 때 판사는 우선 권리가 어떻게 침해되었는가를 조사해야 하고, 법률의 위반은 이러한 조사과정의 한 요소에 불과하다. 뒤기에 의하면 객관적 소송과 주관적 소송의 구별 및 객관적 소송에 있어서의 보다 폭넓은 소익(訴益)의 인정이 이러한 관계를 특징적으로 설명하고 있다고 하면서, 주관적 소송에 있어서의 판사의 역할은 권리의 존재를 확인하고 회복시키는 것으로서, 주관적 소송은 역사적으로 계약에 관한 소송과 손해배상소송이 대표적이라고 한다.

뒤기는 형이상학적 개념인 권리의 개념을 부정하면서, 법규($\overset{\text{la règle de}}{\text{droit}}$)란 사회적으로 보호되는 객관적 또는 주관적인 법적 상태($\overset{\text{situation}}{\text{juridique}}$)의 결과라고 하였다.

한편 셀($\overset{\text{G.}}{\text{Scelle}}$)은 '객관적인 법'과 '주관적인 권리'의 구분은 오류라고 하면서, 계약이라 할지라도 규범조항으로부터 발생하기 때문에 모든 법적 상태는 객관적인 것이며 따라서 모든 사법적 행위는 규범의 정상성을 검증하는 것이라고 한다. 이렇게 되면 모든 것은 규범의 내용에 달려있게 되는데 객관소송에 있어서는 법규의 직접적 위반이, 주관소송에 있어서는 개별적 상태에 대한 침해가 주요 요소로 된다.

2. 반사적 이익론의 청산

행정소송의 종류를 분쟁의 성격에 따라 구분하게 되면 객관적 소송과 주관적 소송으로 나누어 볼 수 있다. 따라서 항고소송은 행정청의 처분 등이나 부작위의 법규에 대한 직접적 위반 여부를 다투는 소송이므로 객관적 소송이 되고, 당사자소송은 당사자의 법률관계에 대한 소송이므로 주관적 소송이 될 것이다. 그러나 통설의 입장에 따르면 당사자소송뿐만 아니라 항고소송도 주관적 소송으로 분류하고 있다. 이것은 행정소송의 종류를 분쟁의 성격에 따라 분류하지 않고 분쟁의 목적에 따라 개인의 이익을 구제하기 위한 것인가 아니면 개인의 이익과는 관계없이 순전히 행정의 적법성만을 확보하기 위한 것인가에 따라 행정소송의 종류를 구분하면서, 행정소송법의 '법률상의 이익이 있는 자'라는 원고적격에 대한 규정을 권리 및 권리와 유사한 이익으로 해석하였기 때문이다.

어떤 학자는 "권리라는 것이 본래 '법적으로 보호되는 이익'을 의미하는 것으로서, 법의 보호 밖에 놓이는 이익인 반사적 이익과 구별되는 것이므로, '법률상 보호이익', '법에 의해 보호되는 이익' 등은 권리의 다른 표현에 지나지 않는다고 할 수 있다."[39]라고 한다. 그러나 권리란 '주관적 권리'를 말하며 법적 이익이란 '규범력에 의하여 보호되는 이익'을 말하는 것이다. 다시 말해서 주관적 권리와 법적 상태 사이의 관계는 주관적 권리가 침해당하면 곧 법규의 위반이 되는 관계에 있다. 그러나 법규($\overset{\text{처분의 직접적 근거가}}{\text{되는 법규를 말함}}$)에는 그 법규에 대한 위반이 주관적 권리를 침해하지 아니하는

---

39) 김남진/김연태(106면).

것이 있다. 따라서 행정법을 구성하는 규범은 ① 직접 개인적 법익을 보장하는 것, ② 직접 개인적 법익을 보장하지는 아니하지만 공공적 필요성을 보장하는 것이 있다. 후자는 행정작용을 지배하는 내용과 절차인 조직에 관련되어 행정청에게 의무를 부과하지만 개별적으로 특정된 주관적 권리와는 관련이 없다. 그러나 이러한 규범이 행정작용에 의하여 존중될 때 모든 시민은 이익을 누릴 것이 명백하다. 이러한 이익은 주관적 권리의 침해는 아니지만 행정작용이 적법하게 행하여지면 입지 않을 손해를 행정청이 위법하게 작용한 결과로 즉각적으로 입게 되는 경우에 행정작용이 적법하게 행해져서 침해되지 않고 보호되는 이익을 가리킨다. 즉, 이러한 이익은 반사적 이익으로 분류해오던 것 중에서 행정작용이 적법하게 행해지면 곧바로 보장받는 이익(法規遵守)으로 볼 수 있다.

그러나 권리 개념을 확장시켜 '법규준수의 이익'까지도 권리로 부를 수는 없다. 왜냐하면 공권이 성립되기 위해서는 법규에 강행법규성과 사익보호성이 있어야 하기 때문에 관계 법규가 적어도 공익보호와 동시에 개인의 이익보호의 취지도 담고 있는 것으로 해석할 수 있어야 하기 때문이다. 즉, 단순한 법규준수의 이익을 권리로 부를 수는 없다. 따라서 확장된 권리 개념은 법규준수의 이익 중에서 적어도 법규가 개인의 이익보호의 취지도 있는 것으로 해석될 수 있는 것에 한정된다.

이와 같이 항고소송의 원고적격을 권리를 침해당한 자에게만 국한시키는 것은 국민의 이익보호에 너무나 미흡하므로 원고적격의 범위를 고전적인 주관적 권리를 침해당한 자로 한정할 것이 아니라, 다소 확대하여 법규가 개인의 이익보호의 취지도 담고 있는 것으로 해석될 수 있을 때 법적으로 보호되는 이익이 침해당한 자에게까지 확대하여야 한다. 이렇게 할지라도 이것 또한 행정에 대하여 국민의 이익을 보호하기에는 너무나 범위가 협소할 뿐 아니라 이러한 확대는 기본적으로 정책적 선택의 문제이지 논리적 귀결은 아니다. 또 확장된 권리 개념을 사용한다 하더라도 기본적으로는 사법(私法)관계에서 유추해온 주관적 권리 개념을 바탕으로 하고 있으므로 의사자치의 원칙과는 다른 공익을 위한 행정의 특권 개념에 기초하고 있는 행정에 대한 적법성 통제의 형태는 사법상의 정당화 논리인 권리 침해를 요건으로 하고 있는 민사소송과는 달라질 수밖에 없다. 따라서 '보호가치 있는 이익설'이 나오게 되었다. 보호가치 있는 이익은 법적인 효과뿐만 아니라 사실상의 효과에도 개입한다. 즉, 보호가치 있는 이익이란 반사적 이익을 포함하거나 아니면 오히려 반사적 이익과 권리의 구별 자체를 부인한다. 따라서 보호가치 있는 이익설에 이르게 되면 주관적 권리 개념이 더 이상 필요하지 않으므로 항고소송을 주관적 소송으로 볼 아무런 근거가 없다. 반사적 이익이란 개념은 지극히 비민주적인 경찰국가의 유산으로서 권리와 반사적 이익의 구별은 청산되어야 한다.[40]

Ⅷ. 공의무

1. 의 의

공의무는 공권에 대응하는 개념으로서, 공익을 위하여 의무자에게 가해지는 공법상의 구속을 말한다. 공의무는 주체에 따라 국가적 공의무와 개인적 공의무로, 내용에 따라 작위의무·부작위의무·급부의무·수인의무 등으로 구분할 수 있다.

2. 특수성

공의무는 법령이나 법령에 근거한 행정행위, 공법상 계약에 의하여 발생한다. 특히 개인적 공의무는 이전과 포기가 제한되거나, 사권과의 상계가 금지되는 경우가 많다. 의무의 불이행이 있는 경우에는 행정강제가 가해지기도 하며, 의무의 위반시에는 행정벌의 대상이 되기도 한다.

3. 공의무의 승계가능성

종래에는 공의무가 일신전속적인 성질을 갖고 있기 때문에 상속(포괄승계)과 이전(특정승계)의 대상이 될 수 없다고 보았으나, 오늘날 학설과 판례는 절차경제적 관점과 제재처분의 실효성 확보를 위하여 공의무의 승계가능성을 인정하고 있다. 공의무가 승계되기 위해서는 다음의 요건을 충족해야 한다. 첫째, 성질상 일신전속적인 의무가 아니어야 한다(대체가능성). 둘째, 법률유보의 원칙에 따라 법률의 근거가 필요하다.

① 대법원 2006. 12. 8.자 2006마470 결정

　　구 건축법^(2005. 11. 8. 법률 제7696호로 개정되기 전의 것)상의 이행강제금은 구 건축법의 위반행위에 대하여 시정명령을 받은 후 시정기간 내에 당해 시정명령을 이행하지 아니한 건축주 등에 대하여 부과되는 간접강제의 일종으로서 그 이행강제금 납부의무는 상속인 기타의 사람에게 승

---

40) 이광윤, "법률상의 이익과 공권의 관계", 성균관법학(제11권 제1호), 성균관대학교 법학연구소, 1999, 298-299면, 302-303면; 이광윤(신행정법론, 28-29면).

계될 수 없는 일신전속적인 성질의 것이므로 이미 사망한 사람에게 이행강제금을 부과하는 내용의 처분이나 결정은 당연무효이고, 이행강제금을 부과받은 사람의 이의에 의하여 비송사건절차법에 의한 재판절차가 개시된 후에 그 이의한 사람이 사망한 때에는 사건 자체가 목적을 잃고 절차가 종료한다.

② 대법원 2005. 8. 19. 선고 2003두9817, 9824 판결

구 산림법($^{2001. 5. 24. 법률 제6477}_{호로 개정되기 전의 것}$) 제90조 제11항, 제12항이 산림의 형질변경허가를 받지 아니하거나 신고를 하지 아니하고 산림을 형질변경한 자에 대하여 원상회복에 필요한 조치를 명할 수 있고, 원상회복명령을 받은 자가 이를 이행하지 아니한 때에는 행정대집행법을 준용하여 원상회복을 할 수 있도록 규정하고 있는 점에 비추어, 원상회복명령에 따른 복구의무는 타인이 대신하여 행할 수 있는 의무로서 일신전속적인 성질을 가진 것으로 보기 어려운 점, 같은 법 제4조가 법에 의하여 행한 처분·신청·신고 기타의 행위는 토지소유자 및 점유자의 승계인 등에 대하여도 그 효력이 있다고 규정하고 있는 것은 산림의 보호·육성을 통하여 국토의 보전 등을 도모하려는 법의 목적을 감안하여 법에 의한 처분 등으로 인한 권리와 아울러 그 의무까지 승계시키려는 취지인 점 등에 비추어 보면, 산림을 무단형질변경한 자가 사망한 경우 당해 토지의 소유권 또는 점유권을 승계한 상속인은 그 복구의무를 부담한다고 봄이 상당하고, 따라서 관할 행정청은 그 상속인에 대하여 복구명령을 할 수 있다고 보아야 한다.

Ⅸ. 영업자의 공법상 지위승계

1. 영업자 지위승계

(1) 의 의

새로운 영업을 하려는 자는 개별 법률에 따라 새로운 인허가를 받아야 하는 것이 원칙이다. 그러나 일정한 사유로 기존 영업자의 지위를 승계하는 경우에는 새로운 인허가를 받아야 하는 시간과 비용을 절약하기 위해 개별 법률에서 새로운 인허가보다 간소화된 절차($^{신고, 신}_{고수리}$)로 승계인이 인허가 영업을 영위할 수 있도록 하는 규정을 마련하고 있는바, 이를 '영업자 지위승계'라고 한다.

이러한 영업자 지위승계제도는 현재 여러 개별 법률에서 규정하고 있는데, 영업자 지위승계가 있게 되면 인허가를 받거나 신고한 영업자 또는 사업자의 지위가 승계인에게 이전되고 그 결과로 피승계인과 승계인 사이에 해당 영업 또는 사업에 대한 인허가 등에 따른 권리와 의무가 이전된다.

(2) 사 유

영업자 지위승계의 사유는 개별법에 따라 다르다. 구체적으로 ① 영업 또는 사업의 양도, ② 영업자 또는 사업자의 사망, ③ 법인의 합병 또는 분할, ④ 비자발적인 법적 절차에 따른 영업 또는 사업 시설의 전부 인수(경매, 환가, 압류 재산의 매각 등) 등이 있다.

(3) 절 차

영업자 지위승계를 위해서는 당사자가 개별 법령에서 정하는 바에 따라 행정청에 신고·통보 등을 하거나 행정청으로부터 인가·허가 등을 받아야 한다. 일반적으로 개별법에서 새로운 인허가를 받는 것보다 간이한 방법으로 지위승계를 할 수 있도록 규정하고 있다.

지위승계의 절차와 관련하여, ① 사전적 또는 사후적으로 신고를 하거나 인허가 등을 받도록 한 경우, ② 일정한 사유가 있으면 지위승계를 제한하는 경우, ③ 사망의 경우 승계인에게 선택권을 부여한 경우,[41] ④ 신고나 인허가 등에 관하여 다른 행정기관과 협의하도록 한 경우,[42] ⑤ 지위승계와 관련하여 공고절차를 규정한 경우[43] 등 다양한 입법례가 존재한다.

대법원 2012. 12. 13. 선고 2011두29144 판결

구 관광진흥법(2010. 3. 31. 법률 제10219 호로 개정되기 전의 것) 제8조 제4항에 의한 지위승계신고를 수리하는 허가관청의 행위는 단순히 양도·양수인 사이에 이미 발생한 사법상 사업양도의 법률효과에 의하여 양수인이 그 영업을 승계하였다는 사실의 신고를 접수하는 행위에 그치는 것이 아니라, 영업허가자의 변경이라는 법률효과를 발생시키는 행위이다. 그리고 구 체육시설의 설치·이용에 관한 법률(2010. 3. 31. 법률 제10219 호로 개정되기 전의 것) 제20조, 제27조의 각 규정 등에 의하면 체육시설업자로부터 영업을 양수하거나 문화체육관광부령으로 정하는 체육시설업의 시설 기준에 따른 필수시설을 인수한 자가 관계 행정청에 이를 신고하여 행정청이 수리하는 경우에는 종전 체육시설업자는 적법한 신고를 마친 체육시설업자의 지위를 부인당

---

41) 골재채취법 제17조(골재채취업의 양도) ③ 골재채취업자가 사망한 경우 그 상속인이 골재채취업자의 지위를 승계하여 골재채취업을 경영하려면 상속일부터 3개월 이내에 그 상속 사실을 시장·군수 또는 구청장에게 신고하여야 한다.

42) 도시철도법 제35조(사업의 양도·양수 등) ① 도시철도운송사업자가 도시철도운송사업을 양도·양수하거나 합병하려는 경우에는 시·도지사의 인가를 받아야 한다.

② 시·도지사는 제1항에 따라 인가를 하려면 미리 국토교통부장관과 협의하여야 한다.

43) 항공사업법 제21조(항공운송사업의 양도·양수) ③ 국토교통부장관은 제1항에 따른 인가 신청 또는 신고를 받으면 국토교통부령으로 정하는 바에 따라 이를 공고하여야 한다. 이 경우 공고의 비용은 양도인이 부담한다.

할 불안정한 상태에 놓이게 되므로, 그로 하여금 이러한 수리행위의 적법성을 다투어 법적 불안을 해소할 수 있도록 하는 것이 법치행정의 원리에 맞는다.

2. 제재처분의 승계 및 제재사유의 승계

(1) 문제의 소재

개별 법률에서 영업자 지위승계에 관한 일반적인 규정은 있으나, 피승계인인 종전 영업자가 받은 제재처분의 효과가 승계인에게 승계되는지에 대하여는 명문의 규정이 없는 경우, 이를 인정할 수 있을지를 둘러싸고 논란이 있다. 또한, 종전 영업자에게 행정법규 위반이라는 제재사유가 발생하였으나 제재처분이 내려지기 전에 지위승계가 이루어진 경우에도 이와 동일한 문제가 발생한다.

이는 영업자 지위승계에 따른 '공법상 의무의 승계'에 관한 문제로, 첫 번째 경우를 '제재처분의 (효과)승계'라 하고, 두 번째 경우를 '제재사유의 승계'라고 한다.[44] 원래 제재사유의 승계에서는 피승계인에게 의무위반행위에 따른 위법상태만 존재하고 아직 제재처분을 통한 공의무가 발생하기 전이므로 엄밀히 말하면 공의무 승계문제와는 구별되지만, 이와 관련된 논의로서 함께 검토하기로 한다.

(2) 학설의 대립

학설은 ① 법률의 근거 없이 일반적인 지위승계에 관한 규정만으로는 공의무 승계를 인정할 수 없다고 보는 부정설과 ② 종전 영업자가 영업을 제3자에게 양도하는 등의 방법으로 제재처분을 면탈하는 것을 방지하기 위하여 일신전속적 의무가 아닌 대체가능한 의무는 승계될 수 있다고 보는 긍정설 등으로 대립하고 있다.

특히 '제재사유의 승계'에 대해서는 구체적인 공의무가 발생하지 않았기 때문에 공의무 승계가 문제되지 않는다고 보는 견해[45]와 제재처분의 원인이 되는 사유가 설비 등 물적 사유와 관련된 경우에는 승계되지만, 부정영업이나 자격상실과 같은 인적 사유에 관계된 경우에는 원칙적으로 승계되지 않는다고 보는 제한적 긍정설[46]도 주장되고 있다.

---

44) 이와 구별되는 개념으로 '제재처분의 이력승계'가 있다. 이는 영업자 지위승계가 된 경우 피승계인에게 한 제재처분의 이력(履歷)이 그 제재처분일부터 일정기간 동안 승계인에게 승계되는 것을 말한다. 이는 개별 법령에서 위반횟수에 따라 제재처분을 가중하는 규정을 둔 경우에 의미가 있다.

45) 정하중/김광수(79면). 이 견해는 공의무가 승계되기 위해서는 행정처분에 의하여 구체화되고 특정화되어야 한다고 한다.

46) 김남진/김연태(103면).

(3) 판례의 태도

판례는 대부분 제재사유의 승계에 관한 사안으로, 승계대상이 된 영업과 제재처분의 성격이 대물적(對物的)이면 승계를 긍정한다.

① 대법원 2010. 4. 8. 선고 2009두17018 판결[47)]

구 여객자동차 운수사업법(2007. 7. 13. 법률 제8511호로 개정 되기 전의 것, 이하 '법'이라고 한다) 제15조 제4항에 의하면 개인택시 운송사업을 양수한 사람은 양도인의 운송사업자로서의 지위를 승계하는 것이므로, 관할관청은 개인택시 운송사업의 양도 · 양수에 대한 인가를 한 후에도 그 양도 · 양수 이전에 있었던 양도인에 대한 운송사업면허 취소사유를 들어 양수인의 사업면허를 취소할 수 있는 것이고, 가사 양도 · 양수 당시에는 양도인에 대한 운송사업면허 취소사유가 현실적으로 발생하지 않은 경우라도 그 원인되는 사실이 이미 존재하였다면, 관할관청으로서는 그 후 발생한 운송사업면허 취소사유에 기하여 양수인의 사업면허를 취소할 수 있는 것이다.

② 대법원 2003. 10. 23. 선고 2003두8005 판결[48)]

석유사업법 제9조 제3항 및 그 시행령이 규정하는 석유판매업의 적극적 등록요건과 제9조 제4항, 제5조가 규정하는 소극적 결격사유 및 제9조 제4항, 제7조가 석유판매업자의 영업양도, 사망, 합병의 경우뿐만 아니라 경매 등의 절차에 따라 단순히 석유판매시설만의 인수가 이루어진 경우에도 석유판매업자의 지위승계를 인정하고 있는 점을 종합하여 보면, 석유판매업 등록은 원칙적으로 대물적 허가의 성격을 갖고, 또 석유판매업자가 같은 법 제26조의 유사석유제품 판매금지를 위반함으로써 같은 법 제13조 제3항 제6호, 제1항 제11호에 따라 받게 되는 사업정지 등의 제재처분은 사업자 개인의 자격에 대한 제재가 아니라 사업의 전부나 일부에 대한 것으로서 대물적 처분의 성격을 갖고 있으므로, 위와 같은 지위승계에는 종전 석유판매업자가 유사석유제품을 판매함으로써 받게 되는 사업정지 등 제재처분의 승계가 포함되어 그 지위를 승계한 자에 대하여 사업정지 등의 제재처분을 취할 수 있다고 보아야 하고, 같은 법 제14조 제1항 소정의 과징금은 해당 사업자에게 경제적 부담을 주어 행정상의 제재 및 감독의 효과를 달

---

47) 관할관청이 개인택시 운송사업의 양도 · 양수에 대하여 인가를 한 후 그 이전에 있었던 양도인의 음주운전 사실로 운전면허가 취소되자, 양도인의 운전면허취소가 운송사업면허의 취소사유에 해당한다는 이유로 양수인의 운송사업면허를 취소하는 처분을 한 사건이다.

48) 석유판매업자가 유사석유제품을 판매한 후 제재처분을 받기 전에 해당 석유판매시설에 대한 경매가 진행되어 경매절차에서 해당 시설을 취득한 자가 석유판매업의 지위승계신고를 하자 행정청이 종전 영업자의 위반행위를 이유로 지위승계인에게 과징금을 부과한 사건이다. 당시 구 석유사업법은 지위승계에 관한 규정(제7조)만 존재하였고, 제재사유의 승계에 관한 규정이 없었기 때문에 일반적인 지위승계 규정에 근거하여 종전 영업자의 법위반을 이유로 양수인에게 제재처분을 내릴 수 있는지가 문제되었다.

성함과 동시에 그 사업자와 거래관계에 있는 일반 국민의 불편을 해소시켜 준다는 취지에서 사업정지처분에 갈음하여 부과되는 것일 뿐이므로, 지위승계의 효과에 있어서 과징금부과처분을 사업정지처분과 달리 볼 이유가 없다.

③ 대법원 2001. 6. 29. 선고 2001두1611 판결[49]

구 공중위생관리법($\binom{2000. 1. 12.\ 법률\ 제6155}{호로\ 개정되기\ 전의\ 것}$) 제11조 제5항에서, 영업소폐쇄명령을 받은 후 6월이 지나지 아니한 경우에는 동일한 장소에서는 그 폐쇄명령을 받은 영업과 같은 종류의 영업을 할 수 없다고 규정하고 있고, 같은 법 시행규칙 제19조 [별표 7] 행정처분기준 Ⅱ. 개별기준 3. 이용업에서 업주의 위반사항에 대하여 3차 또는 4차 위반시($\binom{\text{다만, 영업정}}{\text{지처분을 받}}$ $\binom{\text{고 그 영업정지기간 중 영업}}{\text{을 한 경우는 1차 위반시}}$)에는 영업장폐쇄명령을 하고, 그보다 위반횟수가 적을 경우에는 영업정지, 개선명령 등을 하게 되며, 일정한 경우 하나의 위반행위에 대하여 영업소에 대한 영업정지 또는 영업장폐쇄명령을, 이용사(업주)에 대한 업무정지 또는 면허취소 처분을 동시에 할 수 있다고 규정하고 있는 점 등을 고려하여 볼 때 영업정지나 영업장폐쇄명령 모두 대물적 처분으로 보아야 할 이치이고, 아울러 구 공중위생관리법($\binom{2000. 1. 12.\ 법률\ 제6155}{호로\ 개정되기\ 전의\ 것}$) 제3조 제1항에서 보건복지부장관은 공중위생영업자로 하여금 일정한 시설 및 설비를 갖추고 이를 유지·관리하게 할 수 있으며, 제2항에서 공중위생영업자가 영업소를 개설한 후 시장 등에게 영업소개설사실을 통보하도록 규정하는 외에 공중위생영업에 대한 어떠한 제한규정도 두고 있지 아니한 것은 공중위생영업의 양도가 가능함을 전제로 한 것이라 할 것이므로, 양수인이 그 양수 후 행정청에 새로운 영업소개설통보를 하였다 하더라도, 그로 인하여 영업양도·양수로 영업소에 관한 권리의무가 양수인에게 이전하는 법률효과까지 부정되는 것은 아니라 할 것인바, 만일 어떠한 공중위생영업에 대하여 그 영업을 정지할 위법사유가 있다면, 관할 행정청은 그 영업이 양도·양수되었다 하더라도 그 업소의 양수인에 대하여 영업정지처분을 할 수 있다고 봄이 상당하다.

④ 대법원 2007. 11. 29. 선고 2006두18928 판결

신설회사 또는 존속회사가 승계하는 것은 분할하는 회사의 권리와 의무라 할 것인바, 분할하는 회사의 분할 전 법 위반행위를 이유로 과징금이 부과되기 전까지는 단순한 사실행위만 존재할 뿐 그 과징금과 관련하여 분할하는 회사에게 승계의 대상이 되는 어떠한 의무가 있다고 할 수 없고, 특별한 규정이 없는 한 신설회사에 대하여 분할하는 회사의 분할 전 법 위반행위를 이유로 과징금을 부과하는 것은 허용되지 않는다.

---

49) 이용업을 하던 자가 위법행위를 한 후 제재처분이 있기 전에 영업양도를 한 경우로서, 양도인의 위법행위를 이유로 양수인에게 한 제재처분의 위법성이 문제되었다. 당시 구 공중위생관리법에서는 영업양도 따른 지위승계와 제재사유의 승계에 관하여 아무런 규정이 없었다.

(4) 검 토

대법원 판례와 같이 명문의 규정이 없는 경우에도 제재처분의 성격에 따라 제재처분 및 사유의 승계를 인정할 경우 그 기준이 불명확하다는 점에서 문제가 있고, 거래 안정과 법률유보의 원칙이라는 관점에서 비판의 소지가 있다. 현재 입법 실무에서는 개별 법률에서 대부분 지위승계에 관한 규정뿐만 아니라 제재처분의 승계 등에 관하여도 명문의 규정을 두면서, 거래 안전을 도모하기 위하여 선의의 승계인에 대한 보호규정을 함께 두고 있는 경우가 많다.[50]

대법원 2017. 9. 7. 선고 2017두41085 판결

「석유 및 석유대체연료 사업법」(이하 '법'이라고 한다) 제10조 제5항에 의하여 석유판매업자의 지위 승계 및 처분 효과의 승계에 관하여 준용되는 법 제8조는 "제7조에 따라 석유정제업자의 지위가 승계되면 종전의 석유정제업자에 대한 제13조 제1항에 따른 사업정지처분(제14조에 따라 사업정지를 갈음하여 부과하는 과징금부과처분을 포함한다)의 효과는 새로운 석유정제업자에게 승계되며, 처분의 절차가 진행 중일 때에는 새로운 석유정제업자에 대하여 그 절차를 계속 진행할 수 있다. 다만, 새로운 석유정제업자(상속으로 승계받은 자는 제외한다)가 석유정제업을 승계할 때에 그 처분이나 위반의 사실을 알지 못하였음을 증명하는 경우에는 그러하지 아니하다."라고 규정하고 있다(이하 '이 사건 승계조항'이라고 한다).

이러한 제재사유 및 처분절차의 승계조항을 둔 취지는 제재적 처분 면탈을 위하여 석유정제업자 지위승계가 악용되는 것을 방지하기 위한 것이고, 승계인에게 위와 같은 선의에 대한 증명책임을 지운 취지 역시 마찬가지로 볼 수 있다. 즉 법 제8조 본문 규정에 의해 사업정지처분의 효과는 새로운 석유정제업자에게 승계되는 것이 원칙이고 단서 규정은 새로운 석유정제업자가 그 선의를 증명한 경우에만 예외적으로 적용될 수 있을 뿐이다. 따라서 승계인의 종전 처분 또는 위반 사실에 관한 선의를 인정함에 있어서는 신중하여야 한다.

---

50) 이러한 입법례로 ① 공중위생관리법 제3조의2(공중위생영업의 승계), 제11조의3(행정제재처분 효과의 승계), ② 석유 및 석유대체연료 사업법 제7조(석유정제업자의 지위 승계), 제8조(처분 효과의 승계), ③ 식품위생법 제39조(영업 승계), 제78조(행정 제재처분 효과의 승계) 등이 있다.

제 4 절 행정법관계의 특수성

행정법관계는 일반적인 민사법관계와는 달리 당사자 간의 불평등한 관계가 전제되는데, 이와 같은 불평등한 관계는 공익적 요청에 의한 것이다. 따라서 행정법관계에는 민사법관계와는 다른 특수성이 인정된다.

I. 법률적합성

사법관계에서는 사적자치가 주요한 법원리 중 하나이기 때문에 사법상 계약이 중심이 되지만, 행정법관계에서는 공익실현이라는 행정목적과 법치행정의 이념이 있기 때문에 행정작용은 엄격한 법적 기속을 받아 법집행으로서의 공권력 행사 및 사법상 계약에 비해 보다 엄격한 통제를 받는 공법상 계약이 법형식의 중심이 된다.

II. 공정력

행정행위는 비록 그 성립요건에 흠(하자)이 존재하여도 그 흠이 중대·명백하여 당연무효가 되지 않는 이상, 권한 있는 기관에 의해 취소될 때까지는 유효한 것으로 추정되는바, 이를 공정력이라 한다.

III. 불가쟁력

행정행위는 비록 흠이 있을지라도 쟁송제기 기간이 경과하거나 쟁송절차가 종료된 경우에는 더 이상 그 효력을 다툴 수 없는바, 이를 불가쟁력이라고 한다.

일반적으로 행정행위의 쟁송제기 기간을 한정하는 것은 불안정한 법률관계를 조속히 확정하기 위한 것으로서 이러한 기간을 이른바 제척기간이라 한다.

IV. 불가변력

일정한 행정행위는 그 성질상 행정청이라 하여도 취소 또는 변경을 임의로 할 수 없는 경우가 있는바, 이를 불가변력이라고 한다.

불가변력이 인정되는 행정행위의 예로는 ① 소청심사위원회·조세심판원·행정심판위원회·토지수용위원회 등의 재결(裁決)과 같이 쟁송절차를 거쳐 행하여지는 행위, ② 국가시험 합격자 결정·당선인 결정·발명 특허 등과 같이 법률관계의 진부 또는 존부에 대한 공적 판단행위인 확인행위 등이 있다.

오늘날에는 행정행위의 성질상 행정청이 이를 취소 또는 철회함에 있어 일정한 제한이 따르는 경우가 있는바, 이를 광의의 불가변력이라 하는 견해도 있다. 허가·특허·인가 등과 같은 수익적 행정행위가 이러한 예에 해당한다.

V. 강제력

사법관계에서는 의무자가 의무를 이행하지 않을 경우에 민사소송의 절차에 따라 그 의무이행의 확보를 구하여야 하지만, 공법관계에서는 대집행·직접강제·강제징수 등과 같이 직접 자력으로 의무의 이행을 확보하거나, 행정벌을 통해 일정한 제재를 가하여 간접적으로 의무의 이행을 강제할 수 있다.

VI. 권리·의무의 특수성

공법관계에서 발생하는 권리 또는 의무는 ① 공익실현과 밀접한 관련이 있거나, ② 권리인 동시에 의무인 상대적 성질을 가지거나, ③ 일신전속적인 경우가 많기 때문에 이를 임의로 포기 또는 양도하는 것이 제한되거나 금지되는 것이 일반적이다. 가령, 국가배상법 제4조는 "생명·신체의 침해로 인한 국가배상을 받을 권리는 양도하거나 압류하지 못한다."고 규정하고 있다.

대법원 2008. 4. 24. 선고 2006다33586 판결

[1] 보조금은 국가나 지방자치단체가 특정한 사업을 육성하거나 재정상의 원조를 하기 위하여 지급하는 금원으로서, 그 금원의 목적 내지 성질, 용도 외 사용의 금지 및 감독, 위반시의 제재조치 등 그 근거 법령의 취지와 규정 등에 비추어 국가 혹은 지방자치단체와 특정의 보조사업자 사이에서만 수수·결제되어야 하는 것으로 봄이 상당하므로, 보조금청구채권은 양도가 금지된 것으로서 강제집행의 대상이 될 수 없다.

[2] 건설교통부장관 명의의 '유가조정에 따른 운수업계 보조금 지급지침'에 따라 유류세액 인상액 보조 등의 명목으로 지방자치단체가 관내 여객자동차 운수사업자에게 지급하는 보조금은, 운송업체가 실제 입은 과거의 손실을 직접 보전하는 것 그 자체에

목적이 있는 것이 아니라 그 손실보전을 통하여 향후 더 나은 교통서비스를 제공하도록 하여 국민의 교통편의를 도모하기 위한 것이므로, 그 보조금채권은 보조금의 목적과 성질상 양도가 금지된 것으로 보아야 하고, 따라서 강제집행의 대상이 될 수 없다고 한 사례.

Ⅶ. 권리구제의 특수성

행정법관계에 있어서, 국민의 권리·이익이 침해당한 경우에는 사법관계에서의 권리구제와는 달리 ① 행정쟁송제도, ② 행정상 손해배상제도(및 행정계약에 대한 책임)에 의해 구제받는다.

행정쟁송제도에는 ① 행정청 스스로가 행정행위의 위법성을 심판하는 행정심판, ② 정식 소송절차에 따라 행정행위의 적법성 여부를 심리하는 행정소송이 있다. 그런데 행정소송은 국가에 따라 이를 일반법원이 담당하는 사법제도($^{\text{Régime}}_{\text{judiciaire}}$)국가와 행정권이 담당하는 행정제도($^{\text{Régime}}_{\text{administratif}}$)국가로 대별되는바, 한국의 경우에는 형식상 일반법원이 이를 담당하는 형식적 사법국가주의를 취하고 있으나, 실질적으로는 민사소송과 구분되는 행정소송제도를 운영하고 있기 때문에 사법제도 국가가 아닌 행정제도 국가로 분류된다. 행정소송은 집행부정지원칙, 재판관할, 소송의 종류, 제소기간의 제한, 사정판결 등에서 민사소송과는 다른 특수성이 있다.

행정상 손해배상제도로는 행정작용으로 국민에게 법이 허용하지 아니하는 손해를 입힌 경우에 그 손해를 배상하는 국가배상제도가 있다. 이 경우, 권리구제의 특수성이라 함은 손해배상이 민사소송이 아닌 행정소송에 의하여 구제됨을 의미한다.

제 5 절 특별권력관계

Ⅰ. 특별권력관계의 의의

관례적으로 우리나라에서는 독일의 영향을 받은 일본의 예를 따라 행정법관계를 권력관계와 관리관계로, 권력관계는 또다시 일반권력관계와 특별권력관계로 구분하였다. 이 중, 일반권력관계란 국가 또는 공공단체의 일반통치권(법률의 지배)에 국민 또는 주민이 복종하는 관계를 말한다. 반면, 특별권력관계란 특별한 공법상의 원인에 의하여 성립되는데, 특정한 행정목적상 필요한 범위 내에서 특별권력주체에게 포괄적 지배권(법률의 지배 밖)이 부여되고, 그 상대방은 이에 복종함을 내용으로 하는 법률관계를 말한다. 전통적인 특별권력관계이론은 19세기 후반 독일의 입헌군주정을 배경으로 성립되어 오토 마이어($\frac{Otto}{Mayer}$)에 의해 체계화되었다. 이는 당시 정치적 상황에서 군주에게 의회와 법률의 간섭으로부터 자유로운 영역을 확보해주는 데 기여하였다. 당시 독일에서는 법의 개념을 인격주체 상호 간의 관계를 규율하는 것으로 이해하였고, 이에 따라 국가와 다른 인격주체 사이에는 법이 적용되지만, 국가 내부에는 법이 침투할 수 없다고 보았는데(불침투이론), 이것이 특별권력관계이론의 기초가 되었다.[51]

II. 특별권력관계의 특색

종래의 논의에 따르면 특별권력관계에서는 일반권력관계와는 달리 행정목적 달성에 필요한 범위 내에서 법률유보 및 사법심사가 배제되고, 기본권 보장이 제한된다고 한다.

III. 특별권력관계의 성립과 소멸

1. 성 립

특별권력관계는 ① 법률의 규정, ② 상대방의 동의에 의해서 성립된다. 법률의 규정에 의해 성립하는 예로는 징집대상자의 입대, 죄수의 수감, 전염병 환자의 입원 등이 있다. 상대방의 동의에 의해 성립하는 경우는 공무원의 임용, 국·공립학교 입학, 국·공립도서관 이용 등과 같은 임의적 동의에 의한 경우와 초등학교의 입학과 같이 법률에 의하여 동의가 강제되는 경우(의무적 동의)가 있다.

2. 소 멸

특별권력관계의 소멸원인으로는 ① 만기 전역, 졸업 등과 같이 목적을 달성한

---

51) 김남진/김연태(120면).

경우, ② 자퇴, 사직 등과 같은 임의적 탈퇴, ③ 파면, 퇴학 등과 같은 일방적 배제가 있다.

Ⅳ. 특별권력관계의 종류

1. 근무관계

공무원, 군인 등이 국가 등에 대해 포괄적 근무의무를 지는 경우이다.

2. 영조물관계

국·공립학교 학생, 국립병원 환자, 국립도서관 이용자 등이 영조물관리자에 대해 이용규칙을 준수해야 하는 경우이다.

3. 특별감독관계

공공조합, 특허기업, 공무수탁사인 등이 국가 등으로부터 특별한 감독을 받는 경우이다.

4. 공사단관계

조합원이 공공조합에 대해 조합원으로서의 규칙을 준수하고 의무를 이행해야 하는 경우이다.

헌법재판소 2000. 11. 30.자 99헌마190 결정
　농지개량조합은 농지소유자의 조합가입이 강제되는 점, 조합원의 출자에 의하여 조합재산이 형성되는 것이 아니라 국가 등이 설치한 농업생산기반시설을 그대로 인수하는 점, 조합의 합병·분할·해산은 법정 사유로 제한되어 있는 점, 조합원은 그 자격을 상실하지 않는 한 조합에서 임의탈퇴할 수 없는 점, 탈퇴되는 경우에도 조합에 대한 지분반환청구는 허용되지 않는 점, 해산한 조합의 잔여재산은 조합원들에게 분배되지 아니하고 농지개량조합자립육성금고에 납입되는 점, 조합원들에게 조합비를 부과·징수하여 경비에 충당하나 그 징수절차가 지방세체납처분의 예에 의하고 이용료의 성격을 띠고 있는 점, 조합과 그 직원과의 관계는 공법상의 특별권력관계인 점, 주요사업인 농업생산기반시설의 정비·유지·관리사업은 농업생산성의 향상 등 그 조합원들의 권익을 위한 것만이 아니고 수해의 방지 및 수자원의 적정한 관리 등 일반국민들에게도 직접 그 영향을 미치는 고도의 공익성을 띠고 있는 점 등 농지개량조합의 조직, 재산의 형성·유지 및 그 목적과 활동전반에 나타나는 매우 짙은 공적인 성격을 고려하건대, 이를 공법인이라고 봄이 상당하므로 헌법소원의 청구인적격을 인정할 수 없다.

V. 특별권력관계의 재검토

독일에서는 제2차 세계대전 이후 실질적 법치주의가 도입되면서 전통적인 특별권력관계에 대해서 이론적인 비판이 가해지기 시작하였고, 1972년 연방헌법재판소가 '수형자 판결'[52]에서 수형자의 기본권을 제한하는 경우에도 법률에 근거하에서만 제한할 수 있도록 판시하면서 치명적인 타격을 입게 되었다.

1. 전면적·형식적 부정설

법치주의와 기본권 존중의 원칙을 강조하여 법률로부터 자유로운 공권력의 행사는 있을 수 없다는 견해이다. 따라서 법률유보 및 기본권 보장이 배제되는 특별권력관계를 부정하는 주장이다.

2. 개별적·실질적 부정설

권력적 법률관계의 내용을 개별적·구체적으로 분석·검토하여 특별권력관계로부터 일정 부분을 축출하여 일반권력관계 또는 계약관계로 환원시키려는 견해이다. 예컨대 공무원 역시 법령에 따라 정해진 근무를 하면 족한 것이지 일반 국민과 달리 법적 근거도 없는 포괄적 지배를 당해야 하는 사실상의 이유가 없기 때문에 일반권력관계로 환원해야 하며, 국·공립학교 학생의 경우는 사립학교 학생과 사실상의 차이가 전혀 없는바, 일반계약관계로 환원해야 한다는 주장이다. 이는 공법관계와 사법관계의 구별을 부인하는 결과를 초래한다.

3. 울레의 수정설

울레($^{C. H.}_{Ule}$)는 특별권력관계를 기본관계(외부관계)와 경영수행관계(내부관계)로 나누

---

52) BVerfGE 33, 1 ff.

어 설명하면서, 기본관계란 특별권력관계를 성립·변경·소멸시키는 관계로서 법치주의가 적용되는 관계이며, 경영수행관계란 내부에서 경영·수행질서와 관련한 법관계로서 법치주의가 배제되는 관계라고 하였다.

따라서 공무원의 파면, 군인의 입대, 죄수의 형집행, 국·공립학교 학생의 퇴학 등과 같은 기본관계는 사법심사가 허용되고, 공무원에 대한 직무명령, 군인에 대한 훈련, 학생에 대한 수업, 수형자의 행형 등과 같은 경영수행관계는 사법심사가 배제된다는 것이다.

그러나 최근 독일에서는 수형자 판결 이후 경영수행관계 중에서 방위근무관계 및 폐쇄적 영조물관계에는 사법심사에 의한 권리보호가 인정되는 것으로 보았다.

4. 소 결

특별권력관계는 법치국가의 원리상 전면적으로 부정되어야 한다. 모든 국민의 기본권은 보장되어야 하며, 법률로써 제한할 때도 본질적인 내용은 침해할 수 없기 때문이다. 물론 기본권 제한의 법률 내용에 따라 제한의 정도는 달라질 수 있다. 군인이나 경찰이나 공무원이나 모두 기본권이 보장되어야 하며, 병역법, 경찰공무원법, 국가공무원법 등에 의한 기본권 제한의 내용에는 차이가 있을 수 있으나, 법치행정의 원리가 전적으로 배제되어 사법적 심사도 할 수 없는 특수한 영역으로서의 특별권력관계는 현대 법치국가에서 인정될 수 없다.

그리고 영조물 이용관계에 있어서 기본권 제한에 관계되는 규정은 법률이나 명령으로 규정되어야지 행정규칙으로 규정되어서는 곤란하다.[53] 따라서 영조물 기관장의 법규명령권이 인정되어야 할 것이다. 학칙이 그 대표적인 예로, 학교장에게는 명령제정권이 인정되어야 한다.[54]

---

53) 과거 독일에서는 특별권력관계를 규율하기 위하여 행정권이 정립하는 규범을 '특별명령'이라고 하여, 법규명령과는 달리 법률의 수권이 없어도 행정권에 의하여 정립될 수 있으며, 행정규칙과는 달리 법적 구속성·법원성·재판기준성이 인정된다고 보았으나, 최근 독일에서 특별명령론은 그 기반을 상실하고 있다. 김철용(194면). 특별명령은 실질적인 법규로서 성격을 갖는 이상 법률의 수권 없이 제정될 수 없다고 보아야 하고, 오늘날에는 특별권력관계에도 법률유보의 원칙이 적용되기 때문에 굳이 특별명령이라는 관념을 인정할 실익이 없다.

54) 초·중등교육법 제18조(학생의 징계) 제1항은 "학교의 장은 교육을 위하여 필요한 경우에는 법령과 학칙으로 정하는 바에 따라 학생을 징계할 수 있다. 다만, 의무교육을 받고 있는 학생은 퇴학시킬 수 없다."고 규정하고 있다. 이때의 학칙은 이 경우에 한해 법령과 결합하여 법률을 보충하는 기능을 하는 법규명령에 해당한다.

① 대법원 1992. 8. 7.자 92두30 결정

　교도소장 등이 미결수용자를 다른 수용시설로 이송하기 위하여 사전에 법원의 허가를 받을 필요는 없다고 하더라도 이러한 이송처분이 행정소송의 대상이 되는 행정처분임에는 틀림없고, 나아가 이송처분으로 인하여 미결수용자의 방어권이나 접견권의 행사에 중대한 장애가 생기는 경우에는 그 이송처분은 재량의 한계를 넘은 위법한 처분으로서 법원의 판결에 의하여 취소될 수 있음은 물론이다.

② 대법원 1991. 11. 22. 선고 91누2144 판결

　[1] 행정소송의 대상이 되는 행정처분이란 행정청이 행하는 구체적 사실에 관한 법집행으로서의 공권력의 행사 또는 그 거부와 그 밖에 이에 준하는 행정작용을 말하는 것인바, 국립 교육대학 학생에 대한 퇴학처분은, 국가가 설립·경영하는 교육기관인 동 대학의 교무를 통할하고 학생을 지도하는 지위에 있는 학장이 교육목적실현과 학교의 내부질서유지를 위해 학칙 위반자인 재학생에 대한 구체적 법집행으로서 국가공권력의 하나인 징계권을 발동하여 학생으로서의 신분을 일방적으로 박탈하는 국가의 교육행정에 관한 의사를 외부에 표시한 것이므로, 행정처분임이 명백하다.

　[2] 학생에 대한 징계권의 발동이나 징계의 양정이 징계권자의 교육적 재량에 맡겨져 있다 할지라도 법원이 심리한 결과 그 징계처분에 위법사유가 있다고 판단되는 경우에는 이를 취소할 수 있는 것이고, 징계처분이 교육적 재량행위라는 이유만으로 사법심사의 대상에서 당연히 제외되는 것은 아니다.

　[3] 국립 교육대학의 학칙에 학장이 학생에 대한 징계처분을 하고자 할 때에는 교수회의 심의·의결을 먼저 거쳐야 하도록 규정되어 있는 경우, 교수회의 학생에 대한 무기정학처분의 징계의결에 대하여 학장이 징계의 재심을 요청하여 다시 개최된 교수회에서 학장이 교수회의 징계의결내용에 대한 직권 조정권한을 위임하여 줄 것을 요청한 후 일부 교수들의 찬반토론은 거쳤으나 표결은 거치지 아니한 채 자신의 책임 아래 직권으로 위 교수회의 징계의결내용을 변경하여 퇴학처분을 하였다면, 위 퇴학처분은 교수회의 심의·의결을 거침이 없이 학장이 독자적으로 행한 것에 지나지 아니하여 위법하다.

③ 헌법재판소 2010. 10. 28.자 2007헌마890 결정

　[1] 이 사건 지침[55]은 군인사법 제47조의2[56]의 위임과 군인복무규율 제29조 제2항의 재위임 및 국방교육훈련규정 제9조 제1호의 위임에 따라 제정된 것으로서 법률에

---

55) 육군 신병교육 지침서 중 '신병훈련소에서 교육훈련을 받는 동안 전화사용을 통제하는 부분'을 말한다.
56) 2015년 12월, 군인의 지위 및 복무에 관한 기본법이 제정되면서 같은 법 제50조(군인의 복무에 관하여 이 법에 규정한 것을 제외하고는 따로 대통령령으로 정한다)로 대체되었다.

근거한 규율이라고 할 것이므로 법률유보의 원칙에 위반된다고 보기 어렵다. 또한, 국군의 특수한 사명을 수행하기 위하여 모든 국민에게 국방의무가 부과되고, 군인의 복무 및 군인훈련은 일반사회생활과는 현저하게 다른 특수하고 전문적인 영역이어서 군사전문가인 지휘관에게 포괄적으로 일임할 필요가 있으며, 군대에 대한 통수와 지휘는 예측할 수 없는 다양한 상황에 대하여 신속하고 전문적·효과적으로 이루어져야 하므로, 군인사법 제47조의2가 군인의 복무에 관한 사항에 관한 규율권한을 대통령령에 위임하면서 다소 개괄적으로 위임하였다고 하여 헌법 제75조의 포괄위임금지원칙에 어긋난다고 보기 어렵다.

[2] 이 사건 지침은 신병교육훈련을 받고 있는 군인의 통신의 자유를 제한하고 있으나, 신병들을 군인으로 육성하고 교육훈련과 병영생활에 조속히 적응시키기 위하여 신병교육기간에 한하여 신병의 외부 전화통화를 통제한 것이다. 또한 신병훈련기간이 5주의 기간으로서 상대적으로 단기의 기간이라는 점, 긴급한 전화통화의 경우는 지휘관의 통제 하에 허용될 수 있다는 점, 신병들이 부모 및 가족에 대한 편지를 작성하여 우편으로 송부하도록 하고 있는 점 등을 종합하여 고려하여 보면, 이 사건 지침에서 신병교육훈련기간 동안 전화사용을 하지 못하도록 정하고 있는 규율이 청구인을 포함한 신병교육훈련생들의 통신의 자유 등 기본권을 필요한 정도를 넘어 과도하게 제한하는 것이라고 보기 어렵다.

④ 대법원 2018. 8. 30. 선고 2016두60591 판결

[1] 사관생도는 군 장교를 배출하기 위하여 국가가 모든 재정을 부담하는 특수교육기관인 육군3사관학교의 구성원으로서, 학교에 입학한 날에 육군 사관생도의 병적에 편입하고 준사관에 준하는 대우를 받는 특수한 신분관계에 있다(육군3사관학교 설치 법 시행령 제3조). 따라서 그 존립 목적을 달성하기 위하여 필요한 한도 내에서 일반 국민보다 상대적으로 기본권이 더 제한될 수 있으나, 그러한 경우에도 법률유보원칙, 과잉금지원칙 등 기본권 제한의 헌법상 원칙들을 지켜야 한다.

[2] 육군3사관학교 설치법 및 시행령, 그 위임에 따른 육군3사관학교 학칙 및 사관생도 행정예규 등에서 육군3사관학교의 설치 목적과 교육 목표를 달성하기 위하여 사관생도가 준수하여야 할 사항을 정하고 이를 위반한 행위에 대하여는 징계를 규정할 수 있고 이러한 규율은 가능한 한 존중되어야 한다.

[3] 육군3사관학교 사관생도인 갑이 4회에 걸쳐 학교 밖에서 음주를 하여 '사관생도 행정예규'(이하 2015. 5. 19. 개정되기 전의 것을 '구 예규', 2016. 3. 3. 개정되기 전의 것을 '예규'라 한다) 제12조(이하 '금주조항' 이라 한다)에서 정한 품위유지의무를 위반하였다는 이유로 육군3사관학교장이 교육운영위원회의 의결에 따라 갑에게 퇴학처분을 한 사안에서, 첫째 사관학교의 설치 목적과 교육 목표를 달성하기 위하여 사관학교는 사관생도에게 교내 음주 행위, 교육·훈련 및 공무 수행 중의 음주 행위, 사적 활동이더라도 신분을 나타내는 생도 복장을 착용한 상태에서 음주하는 행위, 생도 복장을 착

용하지 않은 상태에서 사적 활동을 하는 때에도 이로 인하여 사회적 물의를 일으킴으로써 품위를 손상한 경우 등에는 이러한 행위들을 금지하거나 제한할 필요가 있으나 여기에 그치지 않고 나아가 사관생도의 모든 사적 생활에서까지 예외 없이 금주의무를 이행할 것을 요구하는 것은 사관생도의 일반적 행동자유권은 물론 사생활의 비밀과 자유를 지나치게 제한하는 것이고, 둘째 구 예규 및 예규 제12조에서 사관생도의 모든 사적 생활에서까지 예외 없이 금주의무를 이행할 것을 요구하면서 제61조에서 사관생도의 음주가 교육 및 훈련 중에 이루어졌는지 여부나 음주량, 음주 장소, 음주 행위에 이르게 된 경위 등을 묻지 않고 일률적으로 2회 위반 시 원칙으로 퇴학 조치하도록 정한 것은 사관학교가 금주제도를 시행하는 취지에 비추어 보더라도 사관생도의 기본권을 지나치게 침해하는 것이므로, 위 금주조항은 사관생도의 일반적 행동자유권, 사생활의 비밀과 자유 등 기본권을 과도하게 제한하는 것으로서 무효인데도 위 금주조항을 적용하여 내린 퇴학처분이 적법하다고 본 원심판결에 법리를 오해한 잘못이 있다고 한 사례.

제 6 절   행정법상의 법률요건과 법률사실

Ⅰ. 개 설

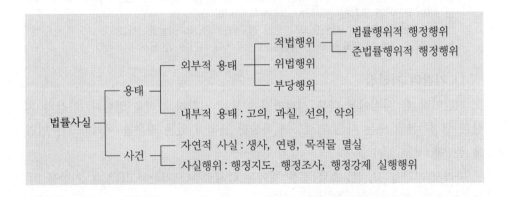

행정법상 법률요건이란 행정법관계의 발생·변경·소멸이라는 법적 효과를 발생하게 하는 사실의 총체를 말하며, 이들 법률요건을 구성하는 개개의 사실을 법률사실이라 한다.

법률사실에는 사람의 정신작용을 요하는 '용태'와 이를 요하지 않는 '사건'이 있으며, 다시 용태는 정신작용이 외부로 표시되는 외부적 용태[57]와 고의·과실·선

의·악의 등과 같이 정신작용이 외부로 표시되지 아니하는 내부적 용태로 나누어
진다.

외부적 용태에는 적법행위와 법령을 위반하거나 재량권을 남용·일탈한 위법행
위, 그리고 위법에까지는 이르지 아니하였으나 공익에 가장 합치되었다고는 할 수
없는 부당행위가 있다. 적법행위에는 행정주체의 의사표시를 요건으로 하고 의사표
시한 대로 법적 효과가 발생하는 법률행위적 행정행위와 의사표시 이외의 정신작용
에 따라 성립하고 법령의 규정대로 법적 효과가 발생하는 준법률행위적 행정행위가
있다.

Ⅱ. 공법상의 사건

1. 시간의 경과

(1) 기 간

> **행정기본법** 제6조(행정에 관한 기간의 계산) ① 행정에 관한 기간의 계산에 관하여는 이 법
> 또는 다른 법령등에 특별한 규정이 있는 경우를 제외하고는 「민법」을 준용한다.
> ② 법령등 또는 처분에서 국민의 권익을 제한하거나 의무를 부과하는 경우 권익이 제한되거나
> 의무가 지속되는 기간의 계산은 다음 각 호의 기준에 따른다. 다만, 다음 각 호의 기준에 따르
> 는 것이 국민에게 불리한 경우에는 그러하지 아니하다.
>   1. 기간을 일, 주, 월 또는 연으로 정한 경우에는 기간의 첫날을 산입한다.
>   2. 기간의 말일이 토요일 또는 공휴일인 경우에도 기간은 그 날로 만료한다.

1) 기간의 기산점

기간이란 한 시점에서 다른 시점까지 이르는 시간적 간격을 말한다. 기간의 계
산은 행정기본법 또는 다른 법령등에 특별한 규정이 있는 경우를 제외하고는 민법
을 준용한다(행정기본법 제6조 제1항).

따라서 기간을 시, 분, 초로 정한 때에는 즉시로부터 기산하고(민법 제156조), 기간을 일,
주, 월 또는 연으로 정한 때에는 기간의 초일은 산입하지 않는 것이 원칙이다(민법 제157조 본문). 그러나 ① 그 기간이 오전 영시로부터 시작하는 경우(민법 제157조 단서), ② 나이계산(민법 제158조),
③ 국회법에 따른 기간 계산(국회법 제168조), ④ 민원처리기간의 계산(민원처리에 관한 법률 제19조 등), ⑤ 법령등
또는 처분에서 국민의 권익을 제한하거나 의무를 부과하는 경우 권익이 제한되거나

---

57) 외부적 용태는 대부분 공법상 행위이지만, 사법(私法)상 행위도 있다(사법상 증여로 인한 증여
세 납부의무 발생).

의무가 지속되는 기간의 계산(행정기본법 제6조 제2항 제1호) 등의 경우에는 초일을 산입한다.

2) 기간의 만료

기간을 일, 주, 월 또는 연으로 정한 때에는 기간말일의 종료로 기간이 만료한다(민법 제159조). 기간의 말일이 토요일 또는 공휴일에 해당한 때에는 기간은 그 익일로 만료한다(민법 제161조). 그러나 법령등 또는 처분에서 국민의 권익을 제한하거나 의무를 부과하는 경우 권익이 제한되거나 의무가 지속되는 기간을 계산하는 때에는 기간의 말일이 토요일 또는 공휴일인 경우에도 기간은 그 날로 만료한다(행정기본법 제6조 제2항 제2호).

(2) 시 효

시효란 일정한 사실상태가 장기간 계속된 경우에 그 사실상태가 진정한 법률관계에 합치되는지와 관계없이 그 사실상태를 존중함으로써 법적 생활의 안정을 기하려는 제도를 말한다. 다른 법률에 특별한 규정이 없는 한 시효에 관한 민법 제162조 내지 제184조는 행정법관계에도 적용된다.

1) 공법상 금전채권의 소멸시효

금전의 급부를 목적으로 하는, 국가 또는 지방자치단체의 권리와 국가 또는 지방자치단체에 대한 권리는 다른 법률에 규정이 없는 한 5년 동안 행사하지 아니하면 시효로 인하여 소멸한다(국가재정법 제96조, 지방재정법 제82조).

대법원 2001. 4. 24. 선고 2000다57856 판결

예산회계법 제96조에서 '다른 법률의 규정'이라 함은 다른 법률에 예산회계법 제96조에서 규정한 5년의 소멸시효기간보다 짧은 기간의 소멸시효의 규정이 있는 경우를 가리키는 것이고, 이보다 긴 10년의 소멸시효를 규정한 민법 제766조 제2항은 예산회계법 제96조에서 말하는 '다른 법률의 규정'에 해당하지 아니한다.

2) 공물의 취득시효

국·공유재산 중에서 행정재산은 공용폐지가 되지 않는 한 시효취득의 대상이 되지 않는다. 예정공물도 마찬가지이다. 참고로 국유재산법 제7조 제2항과 공유재산 및 물품관리법 제6조 제2항은 "행정재산은 민법 제245조에도 불구하고 시효취득의 대상이 되지 아니한다."고 규정하고 있다. 따라서 국·공유재산 중에서 일반재산은 시효취득이 가능하다.

① **대법원 1994. 3. 22. 선고 93다56220 판결**

[1] 행정재산은 공용이 폐지되지 않는 한 사법상 거래의 대상이 될 수 없으므로 취득시효의 대상이 되지 않는다.

[2] 공용폐지의 의사표시는 명시적이든 묵시적이든 상관이 없으나 적법한 의사표시가 있어야 하고, 행정재산이 사실상 본래의 용도에 사용되지 않고 있다는 사실만으로 용도폐지의 의사표시가 있었다고 볼 수는 없으며, 원래의 행정재산이 공용폐지되어 취득시효의 대상이 된다는 사실에 대한 입증책임은 시효취득을 주장하는 자에게 있다.

② **대법원 1994. 5. 10. 선고 93다23442 판결**

[1] 문화재보호구역 내의 국유토지는 "법령의 규정에 의하여 국가가 보존하는 재산", 즉 국유재산법 제4조 제3항 소정의 "보존재산"에 해당하므로 구 국유재산법$\binom{1994.\ 1.}{5.\ 법률}$$\binom{제4698호로\ 개정}{되기\ 전의\ 것}$ 제5조 제2항에 의하여 시효취득의 대상이 되지 아니한다.

[2] 이 사건 토지에 관하여 도로구역의 결정, 고시 등의 공물지정행위는 있었지만 아직 도로의 형태를 갖추지 못하여 완전한 공공용물이 성립되었다고는 할 수 없으므로 일종의 예정공물이라고 볼 수 있는데, 국유재산법 제4조 제2항 및 같은 법 시행령 제2조 제1항, 제2항에 의하여 국가가 1년 이내에 사용하기로 결정한 재산도 행정재산으로 간주하고 있는 점, 도시계획법 제82조가 도시계획구역 안의 국유지로서 도로의 시설에 필요한 토지에 대하여는 도시계획으로 정하여진 목적 이외의 목적으로 매각 또는 양도할 수 없도록 규제하고 있는 점, 위 토지를 포함한 일단의 토지에 관하여 도로확장공사를 실시할 계획이 수립되어 아직 위 토지에까지 공사가 진행되지는 아니하였지만 도로확장공사가 진행 중인 점 등에 비추어 보면 이와 같은 경우에는 예정공물인 토지도 일종의 행정재산인 공공용물에 준하여 취급하는 것이 타당하다고 할 것이므로 구 국유재산법$\binom{1994.\ 1.\ 5.\ 법률\ 제4698}{호로\ 개정되기\ 전의\ 것}$ 제5조 제2항이 준용되어 시효취득의 대상이 될 수 없다.

(3) 제척기간

제척기간이란 법률관계의 불안정한 상태를 조속히 확정하여 법적 안정성을 확보하려는 제도로서, 일정한 권리에 대하여 법률이 정하는 존속기간을 말한다$\binom{행정기본법}{제23조,\ 행}$ 정심판법 제27조, 행정소송법 제20조, 공익사업을 위한 토지 등의 취득 및 보상에 관한 법률 제23조 제1항 등).

소멸시효와 제척기간은 모두 일정기간이 경과하면 권리가 소멸된다는 공통점이 있으나, 제척기간은 ① 그 제도적 취지상 소멸시효에 비해 단기간인 경우가 대부분이고, ② 시효의 중단이나 정지와 같은 제도가 없으며, ③ 소송절차상 당사자의 원용이 없어도 법원이 이를 직권으로 조사해야 한다는 점에서 차이가 있다.[58]

---

58) 대법원 1991. 7. 26. 선고 91다5631 판결(소멸시효에 있어서 그 시효기간이 만료되면 권리는 당

2. 주소와 거소

주소란 생활의 근거되는 곳을 말한다($^{민법 제18}_{조 제1항}$). 다른 법률에 특별한 규정이 없으면 주민등록법에 따른 주민등록지가 공법관계에서의 주소가 된다($^{주민등록법}_{제23조 제1항}$). 주소가 공법상 법률요건이 되는 경우는 지방자치법상 주민의 자격($^{지방자치법}_{제16조}$), 주민세 납세의무의 성립과 납세지 결정($^{지방세법 제75조 제1}_{항, 제76조 제1항}$), 인감신고지($^{인감증명법}_{제3조}$), 세법상 서류송달장소($^{국세기본법}_{제8조 제1항}$), 외국인의 일반귀화 요건($^{국적법}_{제5조}$) 등이 있다. 한편 법인의 주소는 그 주된 사무소의 소재지에 있는 것으로 한다($^{민법}_{제36조}$).

거소란 사람이 다소의 기간 동안 계속하여 거주하는 장소를 말한다. 만일 주소를 알 수 없으면 거소를 주소로 본다($^{민법}_{제19조}$). 참고로 소득세법상 국내에 주소를 두거나 183일 이상의 거소를 둔 개인은 거주자로서 소득세를 납부할 의무를 진다($^{소득세법}_{제1조의2}$ $^{제1항 제1}_{호, 제2조}$).

Ⅲ. 공법상의 사무관리와 부당이득

1. 사무관리

(1) 의 의

사무관리란 법률상 의무 없이 타인을 위하여 그 사무를 관리하는 것을 말한다($^{민법}_{제734조}$). 원래 사무관리는 민법상 제도이지만, 공법영역에서도 인정된다. 이에는 국가의 감독하에 있는 공기업이나 사립학교를 강제적으로 관리하는 강제관리와 위해방지영역에서 재해구호·행려병자관리 등과 같이 행정주체가 상대방의 보호를 위하여 관리하는 보호관리가 있다.

(2) 종 류

공법상 사무관리의 종류에는 ① 행정주체의 사인을 위한 사무관리, ② 행정주체의 다른 행정주체를 위한 사무관리, ③ 사인의 행정주체를 위한 사무관리, ④ 사인의 다른 사인을 위한 사무관리가 있다.

연히 소멸하지만 그 시효의 이익을 받는 자가 소송에서 소멸시효의 주장을 하지 아니하면 그 의사에 반하여 재판할 수 없고, 그 시효이익을 받는 자는 시효기간 만료로 인하여 소멸하는 권리의 의무자를 말한다).

(3) 성립요건

사무관리가 성립하기 위하여는 우선 ① 그 사무가 타인의 사무이고, ② 타인을 위하여 사무를 처리하는 의사, 즉 관리의 사실상의 이익을 타인에게 귀속시키려는 의사가 있어야 하며, 나아가 ③ 그 사무의 처리가 본인에게 불리하거나 본인의 의사에 반한다는 것이 명백하지 아니할 것을 요한다.

다만, 타인의 사무가 국가의 사무인 경우, 원칙적으로 사인이 법령상의 근거 없이 국가의 사무를 수행할 수 없다는 점을 고려하면, 사인이 처리한 국가의 사무가 사인이 국가를 대신하여 처리할 수 있는 성질의 것으로서, 사무처리의 긴급성 등 국가의 사무에 대한 사인의 개입이 정당화되는 경우에 한하여 사무관리가 성립하고, 사인은 그 범위 내에서 국가에 대하여 국가의 사무를 처리하면서 지출한 필요비 또는 유익비의 상환을 청구할 수 있다고 할 것이다.

대법원 2014. 12. 11. 선고 2012다15602 판결[59]

[1] 사무관리가 성립하기 위하여는 우선 사무가 타인의 사무이고 타인을 위하여 사무를 처리하는 의사, 즉 관리의 사실상 이익을 타인에게 귀속시키려는 의사가 있어야 하며, 나아가 사무의 처리가 본인에게 불리하거나 본인의 의사에 반한다는 것이 명백하지 아니할 것을 요한다. 다만 타인의 사무가 국가의 사무인 경우, 원칙적으로 사인이 법령상 근거 없이 국가의 사무를 수행할 수 없다는 점을 고려하면, 사인이 처리한 국가의 사무가 사인이 국가를 대신하여 처리할 수 있는 성질의 것으로서, 사무 처리의 긴급성 등 국가의 사무에 대한 사인의 개입이 정당화되는 경우에 한하여 사무관리가 성립하고, 사인은 그 범위 내에서 국가에 대하여 국가의 사무를 처리하면서 지출된 필요비 내지 유익비의 상환을 청구할 수 있다.

[2] 갑 주식회사 소유의 유조선에서 원유가 유출되는 사고가 발생하자 해상 방제업 등을 영위하는 을 주식회사가 피해 방지를 위해 해양경찰의 직접적인 지휘를 받아 방제작업을 보조한 사안에서, 갑 회사의 조치만으로는 원유 유출사고에 따른 해양오염을 방지하기 곤란할 정도로 긴급방제조치가 필요한 상황이었고, 위 방제작업은 을 회사가 국가를 위해 처리할 수 있는 국가의 의무 영역과 이익 영역에 속하는 사무이며, 을 회사가 방제작업을 하면서 해양경찰의 지시·통제를 받았던 점 등에 비추어 을 회사는 국가의 사무를 처리한다는 의사로 방제작업을 한 것으로 볼 수 있으므로, 을 회사는 사무관리에 근거하여 국가에 방제비용을 청구할 수 있다고 본 원심판단을 수긍한 사례.

---

59) 이 사건에서 법원은 2007년 태안 앞바다 기름유출사고 당시 해양경찰의 지시에 따라 유류방제 작업에 참여한 회사에게 사무관리의 법리에 따라 방제비용청구권을 인정하였다.

(4) 효과 및 한계

공법상 사무관리가 성립되면, 다른 법률에 특별한 규정이 없는 한 민법상 사무관리에 관한 규정이 그 성질에 반하지 않는 범위에서 유추적용된다.

공법상 사무관리는 법치행정의 원리와 관련하여 적용범위에 한계가 있다. 즉, 행정주체가 법률의 수권에 따라 활동하여야 함에도 불구하고 사무관리라는 이름으로 다른 행정주체의 법적 권한과 관할을 침해하여서는 안 된다. 따라서 행정주체에 의한 사무관리는 긴급한 상황이나 법률에 의하여 규율되지 않은 단순고권행정에서 인정된다.[60]

2. 부당이득

(1) 의 의

부당이득이란 법률상 원인 없이 타인의 재산 또는 노무로 인하여 이익을 얻고 이로 인하여 타인에게 손해를 가하는 것을 말하는바(민법 제741조), 공법분야에서도 부당이득이 인정된다. 예컨대, 조세과오납 · 봉급과소수령 · 착오로 인한 사유지의 국 · 공유지 편입 등이 이에 해당한다. 공법상 부당이득은 행정행위뿐만 아니라 사실행위에 의해서도 발생할 수 있다.

(2) 성질 및 소송형태

1) 학설의 대립

이러한 부당이득에 대한 반환청구권의 성질에 관하여, ① 공법상 원인에 의하여 발생한 결과를 조정하기 위한 제도라는 점에서 공권으로 보고, 행정소송법 제3조 제2호의 당사자소송의 대상이 된다고 보는 견해(공권설)와 ② 부당이득은 관련 행정행위가 무효이거나 취소됨으로 인해 발생되는 것이므로 부당이득이 문제되는 경우에는 이미 법률상 원인은 없어진 뒤이며, 경제적 이해관계의 조정이라는 관점에서 사법상 부당이득반환청구권과 구별할 이유가 없다는 점에서 사권으로 보고 민사소송의 대상이 된다고 보는 견해(사권설)로 대립된다.

2) 판례의 태도

판례는 기본적으로 사권설의 입장이다[판례 ①]. 그러나 최근 부가가치세 환급과

---

60) 정하중/김광수(607면).

관련하여 국가의 부가가치세 환급세액 지급의무는 부당이득반환이 아닌 조세정책적 관점에서 특별히 인정되는 공법상 의무로서 이를 구하는 소송은 당사자소송의 절차에 따라야 한다고 판시하여 종전의 입장을 변경하였다[판례 ②].

한편, 보조금 관리에 관한 법률에서 정한 절차에 따라 중앙관서의 장이 보조금을 반환하여야 할 상대방에게 그 반환을 구하는 소송은 민사소송의 방법으로 할 수 없다고 판시하였다[판례 ③].

① 대법원 1995. 4. 28. 선고 94다55019 판결

조세부과처분이 당연무효임을 전제로 하여 이미 납부한 세금의 반환을 청구하는 것은 민사상의 부당이득반환청구로서 민사소송절차에 따라야 한다.

② 대법원 2013. 3. 21. 선고 2011다95564 전원합의체 판결

납세의무자에 대한 국가의 부가가치세 환급세액 지급의무는 그 납세의무자로부터 어느 과세기간에 과다하게 거래징수된 세액 상당을 국가가 실제로 납부받았는지와 관계없이 부가가치세법령의 규정에 의하여 직접 발생하는 것으로서, 그 법적 성질은 정의와 공평의 관념에서 수익자와 손실자 사이의 재산상태 조정을 위해 인정되는 부당이득 반환의무가 아니라 부가가치세법령에 의하여 그 존부나 범위가 구체적으로 확정되고 조세 정책적 관점에서 특별히 인정되는 공법상 의무라고 봄이 타당하다. 그렇다면 납세의무자에 대한 국가의 부가가치세 환급세액 지급의무에 대응하는 국가에 대한 납세의무자의 부가가치세 환급세액 지급청구는 민사소송이 아니라 행정소송법 제3조 제2호에 규정된 당사자소송의 절차에 따라야 한다.

③ 대법원 2012. 3. 15. 선고 2011다17328 판결

보조금의 예산 및 관리에 관한 법률은 제30조 제1항에서 중앙관서의 장은 보조사업자가 허위의 신청이나 기타 부정한 방법으로 보조금의 교부를 받은 때 등의 경우 보조금 교부결정의 전부 또는 일부를 취소할 수 있도록 규정하고, 제31조 제1항에서 중앙관서의 장은 보조금의 교부결정을 취소한 경우에 취소된 부분의 보조사업에 대하여 이미 교부된 보조금의 반환을 명하여야 한다고 규정하고 있으며, 제33조 제1항에서 위와 같이 반환하여야 할 보조금에 대하여는 국세징수의 예에 따라 이를 징수할 수 있도록 규정하고 있으므로, 중앙관서의 장으로서는 반환하여야 할 보조금을 국세체납처분의 예에 의하여 강제징수할 수 있고, 위와 같은 중앙관서의 장이 가지는 반환하여야 할 보조금에 대한 징수권은 공법상 권리로서 사법상 채권과는 성질을 달리하므로, 중앙관서의 장으로서는 보조금을 반환하여야 할 자에 대하여 민사소송의 방법으로는 반환청구를 할 수 없다고 보아야 한다.

(3) 종　류

공법상 부당이득의 유형에는 ① 행정주체의 부당이득과 ② 사인의 부당이득으로 구분된다. 전자에는 행정행위에 근거하여 행정주체에게 이익이 발생하였으나 이후 행정행위가 무효로 확인되거나 취소된 경우 또는 행정주체가 사유지를 무단 사용하는 경우 등이 있다. 후자에는 사인에게 공무원연금이나 보수를 과다지급한 경우 또는 사인이 보조금 수령 후 보조금 교부결정이 취소된 경우 등이 있다.

(4) 성립요건

공법상 부당이득이 성립되기 위해서는 ① 공법관계에서 일방이 타인의 재화 또는 노무로부터 이익을 취득하고, ② 이로 인해 상대방은 손실이 발생할 것과 ③ 이익발생에 법률상 원인이 없을 것을 요한다. 하자 있는 행정행위에 근거하여 급부가 이루어진 경우, 그 하자가 단지 취소사유에 불과하다면 권한 있는 기관에 의해 취소되기 전까지는 부당이득이 성립되지 않는다.

(5) 효　과

공법상 부당이득이 성립되면 그 반환범위는 먼저 개별법 규정이 있으면 그에 따른다(국세기본법 제51조 내지 제54조, 보
조금 관리에 관한 법률 제31조 등).

대법원 2009. 9. 10. 선고 2009다11808 판결

조세환급금은 조세채무가 처음부터 존재하지 않거나 그 후 소멸하였음에도 불구하고 국가가 법률상 원인 없이 수령하거나 보유하고 있는 부당이득에 해당하고, 환급가산금은 그 부당이득에 대한 법정이자로서의 성질을 가진다. 이 때 환급가산금의 내용에 대한 세법상의 규정은 부당이득의 반환범위에 관한 민법 제748조에 대하여 그 특칙으로서의 성질을 가진다고 할 것이므로, 환급가산금은 수익자인 국가의 선의·악의를 불문하고 그 가산금에 관한 각 규정에서 정한 기산일과 비율에 의하여 확정된다. 부당이득반환의무는 일반적으로 기한의 정함이 없는 채무로서, 수익자는 이행청구를 받은 다음날부터 이행지체로 인한 지연손해금을 배상할 책임이 있다. 그러므로 납세자가 조세환급금에 대하여 이행청구를 한 이후에는 법정이자의 성질을 가지는 환급가산금청구권 및 이행지체로 인한 지연손해금청구권이 경합적으로 발생하고, 납세자는 자신의 선택에 좇아 그 중 하나의 청구권을 행사할 수 있다.

만일 개별법 규정이 없는 경우, 부당이득 반환범위에 관한 민법 제748조가 적용될 수 있는지 여부에 관하여 학설은 대립된다. 실무에서 공법상 부당이득반환청구소송은 민사소송절차에 의하고 있으나, 행정소송법 제10조 제2항에 따라 취소소송과 부당이득반환청구소송을 병합하여 제기할 수 있다.

제7절 행정법관계와 사인(私人)

Ⅰ. 행정법관계에서 사인의 지위

행정법관계에서 사인의 법적 지위를 정리하면 다음과 같다.

① 행정객체

② 사인의 공법행위(공권력 주체에 대한 협력의 대상으로서의 지위)

③ 공권의 주체(청구자로서의 지위)

④ 행정계약의 당사자(파트너로서의 지위)

⑤ 행정쟁송의 당사자(쟁송주체로서의 지위)

⑥ 행정절차의 당사자(행정에 대한 주권 실현)

⑦ 행정주체

Ⅱ. 사인의 공법행위

1. 의 의

사인의 공법행위란 공법관계에 있어서 사인의 법적 행위로서 공법적 효과발생을 목적으로 하는 행위를 말한다.

사인의 공법행위는 여러 가지 기준으로 분류할 수 있지만, 그중에서 의미가 있는 것은 행위의 법적 효과를 기준으로 ① 각종 신고 등과 같이 그 행위 자체만으로 법률효과를 완성하는 자기완결적(자체완성적) 행위와 ② 각종 신청 등과 같이 행정행위의 전제요건이 될 뿐 그 자체만으로 법률효과를 완결시키지 못하는 행정요건적 행위로 구분하는 것이다.

사인의 공법행위는 특별한 규정이 없는 한 민법규정이 적용되나, 행정목적 달성상 법령에 의하여 행위능력을 완화하거나 대리를 금지하는 경우도 있다. 즉, 사인의 공법행위는 행정목적의 실현과 밀접한 관련이 있으며, 사법행위에 비하여 객관성·공공성·형식성을 띠고 있으므로, 민법의 적용이 제한되는 경우가 많다. 또한, 행정행위가 가지는 공정력·불가쟁력·불가변력·집행력 등의 효력은 인정되지 않는다.

2. 행정법관계에 대한 사법규정의 적용

(1) 문제의 소재

급변하는 행정현상으로 인하여 구체적인 법률관계에 적용할 행정법규에 흠결이 발생할 수 있다. 이 때문에 행정법규 중에는 명문으로 행정법규의 흠결이 있는 경우에 있어서 사법규정을 적용하거나 준용하도록 규정하는 경우가 많다(국가배상법 제8조, 국세기본법 제54조 제2항). 그러나 이러한 명문의 규정이 없는 경우에도 공법관계인 행정법관계에 사법규정을 적용하는 것이 가능한가에 대하여 견해가 대립하고 있다.

(2) 학설의 대립

1) 부정설

오토 마이어($^{Otto}_{Mayer}$) 등에 의해 주장되었으며, 공법과 사법의 독자성을 강조하여 공법규정의 흠결을 사법규정으로 보충할 수 없다는 견해이다.

2) 직접적용설

사법규정이라는 것이 원래 법의 일반원리를 규정한 것이므로 공법규정의 흠결이 있을 경우에는 사법규정이 직접 적용될 수 있다는 견해이다.

3) 유추적용설

사법규정을 '법의 일반원리적 사법규정'과 '순수한 사법규정'으로 나누어, 공법관계 중에서 권력관계에는 '법의 일반원리적 사법규정'만을, 관리관계에는 모든 사법규정을 유추적용할 수 있다는 견해이다.

4) 개별결정설

개별적 법률관계의 구체적 성격과 기능에 따라 사법규정의 보충 여부가 결정되어야 한다는 견해이다.

(3) 소 결

사법규정은 그대로 공법관계에 적용될 수 없다. 다만 역사가 오래된 사법의 기술적 규정과 법의 일반원리를 공법체계에 맞는 범위 내에서 차용해서 쓰는 것으로 엄격하게 보면, 이는 사법규정의 적용이 아닌 차용에 해당한다.

대법원 2009. 11. 26. 선고 2009두12907 판결

[1] 민법 제155조는 "기간의 계산은 법령, 재판상의 처분 또는 법률행위에 다른 정한 바가 없으면 본장의 규정에 의한다"고 규정하고 있으므로, 기간의 계산에 있어서는 당해 법령 등에 특별한 정함이 없는 한 민법의 규정에 따라야 하고, 한편 광업법 제16조는 "제12조에 따른 광업권의 존속기간이 끝나서 광업권이 소멸하였거나 제35조에 따라 광업권이 취소된 구역의 경우 그 광업권이 소멸한 후 6개월 이내에는 소멸한 광구의 등록광물과 같은 광상에 묻혀 있는 다른 광물을 목적으로 하는 광업권설정의 출원을 할 수 없다"고 규정하고 있으나, 광업법에는 기간의 계산에 관하여 특별한 규정을 두고 있지 아니하므로, 광업법 제16조에 정한 출원제한기간을 계산할 때에도 기간계산에 관한 민법의 규정은 그대로 적용된다.

[2] 광업권설정 출원제한기간의 기산일인 2007. 7. 28.로부터 6개월의 기간이 경과하는 마지막 날인 2008. 1. 27.이 일요일인 경우, 그 출원제한기간은 민법 제161조의 규정에 따라 그 다음날인 2008. 1. 28. 만료된다고 본 사례.

3. 민법의 적용범위

사인의 공법행위에 관한 일반적·통칙적 규정은 없으며, 대신 개별법에서 특별한 규정을 두고 있다. 가령, 행정절차법은 자기완결적 행위로서 신고에 관하여, 민원사무처리에 관한 법률은 민원사무처리에 관하여 규율하고 있다. 다만 개별법에 명문의 규정이 없는 경우 민법상 법률행위에 관한 규정과 법리가 어느 범위까지 적용될 수 있는지가 문제된다.

(1) 의사능력과 행위능력

사인의 공법행위에도 의사능력과 행위능력은 필요하다. 따라서 의사능력이 없는 자의 행위는 무효이며, 행위능력이 없는 경우 재산상의 행위에 대하여는 민법규정이 유추적용된다. 다만 행위능력에 대하여는 개별 법률에서 특별한 규정을 두어 민법규정이 배제되기도 한다(우편법 제10조, 우편환법 제17조 등).

(2) 대리(代理)

사인의 공법행위 중에는 법률에서 대리를 금지하는 경우가 있다(병역법 제87조 제1항, 제89조 등). 이러한 명문의 규정이 없는 경우에도 성질상 일신전속적인 행위는 대리가 허용될 수 없다. 그 밖의 경우에는 대리가 인정되며, 민법상 대리에 관한 규정이 유추적용된다.

(3) 행위형식

사인의 공법행위는 요식행위는 아니지만 행위의 존재와 내용을 명확하게 하기 위하여 개별 법률에서 일정한 형식을 요구하는 경우가 많다(행정절차법 제17조 제1항 본문, 행정심판법 제28조 등).

(4) 효력발생시기

국세기본법 제5조의2 제1항[61]과 같이 개별 법률에서 특별히 발신주의를 규정하는 경우를 제외하고는 민법상 도달주의가 적용된다(민법 제111조).

(5) 부 관

사인의 공법행위는 명확성과 신속한 확정이 요구되므로 부관을 붙일 수 없음이 원칙이다.

(6) 보정·철회

사인의 공법행위는 그에 근거한 행정행위가 행하여지거나 법적 효과가 완성되기 전까지는 자유롭게 보정하거나 철회할 수 있음이 원칙이다. 다만 법률에 특별한 규정이 있거나 행위의 성질상 허용될 수 없는 경우에는 그러하지 아니하다(행정절차법 제17조 제8항).[62]

서울고등법원 2002. 12. 23. 선고 2002누4022 판결(확정)

[1] 공무원이 한 사직의 의사표시는 그에 터잡은 의원면직처분이 있을 때까지는 원칙적으로 이를 철회할 수 있다.

[2] 공무원에 대한 의원면직처분이 있기 전이라도 사직의 의사표시를 철회하는 것이

---

61) 제5조의2(우편신고 및 전자신고) ① 우편으로 과세표준신고서, 과세표준수정신고서, 경정청구서 또는 과세표준신고·과세표준수정신고·경정청구와 관련된 서류를 제출한 경우 「우편법」에 따른 우편날짜도장이 찍힌 날(우편날짜도장이 찍히지 아니하였거나 분명하지 아니한 경우에는 통상 걸리는 배송일수를 기준으로 발송한 날로 인정되는 날)에 신고되거나 청구된 것으로 본다.

62) 제17조(처분의 신청) ⑧ 신청인은 처분이 있기 전에는 그 신청의 내용을 보완·변경하거나 취하할 수 있다. 다만, 다른 법령등에 특별한 규정이 있거나 그 신청의 성질상 보완·변경하거나 취하할 수 없는 경우에는 그러하지 아니하다.

신의칙에 반한다고 인정되는 특별한 사정이 있는 경우에는 그 철회는 허용되지 아니한다고 할 것인데, 이와 같은 특별한 사정이 있는지의 여부는 사직원을 제출한 때로부터 철회하기까지의 기간, 사직원을 제출하게 된 경위, 사직의 의사를 형성한 동기, 사직의사를 철회하게 된 이유, 사직의사 철회 당시의 상황, 의원면직처분을 하기까지의 절차, 과정 등을 종합하여 판단하여야 한다.

[3] 수뢰사건으로 조사를 받게 된 공무원이 불기소되는 것을 전제로 사직의 의사표시를 하였다가 그 다음날 수뢰 혐의로 기소되자 즉시 사직의 의사표시를 철회한 경우, 사직의 의사표시를 철회한 것이 신의칙에 반하는 특별한 사정이 있는 경우에 해당하지 않는다고 판단한 사례.

(7) 의사의 흠결·하자 있는 의사표시

의사표시에 흠결이 있거나 하자가 있는 경우, 특별한 규정이 없는 한 원칙적으로 민법상 의사표시에 관한 규정(민법 제107조 내지 제110조)을 유추적용하여야 할 것이다. 그러나 사인의 공법행위 중에서 정형적·단체적 성질이 강하여 사인 간의 거래와는 다른 특수성이 인정되는 경우에는 민법규정을 수정 또는 변경하여 적용하여야 한다. 예컨대, 민법상 비진의 의사표시의 무효에 관한 규정(제107조 제1항 단서)은 사직의 의사표시와 같은 사인의 공법행위에 적용되지 않으며, 투표와 같은 합성행위는 단체적 성질이 강하므로 민법상 착오(제109조 제1항)를 주장할 수 없다.

대법원 2001. 8. 24. 선고 99두9971 판결

[1] 이른바 1980년의 공직자숙정계획의 일환으로 일괄사표의 제출과 선별수리의 형식으로 공무원에 대한 의원면직처분이 이루어진 경우, 사직원 제출행위가 강압에 의하여 의사결정의 자유를 박탈당한 상태에서 이루어진 것이라고 할 수 없고 민법상 비진의 의사표시의 무효에 관한 규정은 사인의 공법행위에 적용되지 않는다는 등의 이유로 그 의원면직처분을 당연무효라고 할 수 없다고 한 사례.

[2] 공무원이 한 사직 의사표시의 철회나 취소는 그에 터잡은 의원면직처분이 있을 때까지 할 수 있는 것이고, 일단 면직처분이 있고 난 이후에는 철회나 취소할 여지가 없다.

4. 사인의 공법행위의 흠과 행정행위의 효력

(1) 문제의 소재

사인의 공법행위에 흠이 있는 경우, 그에 기초하여 행하여진 행정행위의 효력에 어떠한 영향을 주는지 문제된다. 이는 그 자체로 일정한 법률효과가 발생하는 자기완결적 행위에서는 문제되지 않으며, 행정요건적 행위에서 제기되는 문제이다.

(2) 학설의 대립

행정요건적 행위가 행정행위의 단순한 동기에 불과한 경우에는 그 흠이 행정행위의 효력에 아무런 영향을 미치지 않는다.

그러나 행정행위의 필요적 전제요건인 경우, 학설은 ① 사인의 행위에 단순한 위법사유가 있는 때에는 행정행위는 원칙적으로 유효하고, 무효사유에 해당하는 흠이 있는 때에는 당해 행정행위도 무효라고 보는 견해[63]와 ② 사인의 행위(신청·동의등)에 흠이 있는 때에는 그에 의한 행정행위는 '취소할 수 있는 것'이 원칙이며(취소성의 원칙), 법이 개별적으로 상대방의 동의를 행정행위의 효력발생요건으로 정하고 있는 경우(공무원임용등)에 그에 동의하지 않는 경우나 신청을 요하는 행정행위에 있어 신청의 결여가 명백한 경우 등에는 그 행정행위는 무효로 보는 것이 타당하다는 견해[64]로 대립하고 있다.

생각건대, 사인의 권리보호와 행정법관계에서 법적 안정성을 조화롭게 보장하면서 독자적 관점에서 행정행위의 효력을 판단하는 ②설이 논리적이고 간명하다.

(3) 판례의 태도

① 대법원 2018. 6. 12. 선고 2018두33593 판결

장기요양기관의 폐업신고와 노인의료복지시설의 폐지신고는, 행정청이 관계 법령이 규정한 요건에 맞는지를 심사한 후 수리하는 이른바 '수리를 필요로 하는 신고'에 해당한다. 그러나 행정청이 그 신고를 수리하였다고 하더라도, 신고서 위조 등의 사유가 있어 신고행위 자체가 효력이 없다면, 그 수리행위는 유효한 대상이 없는 것으로서, 수리행위 자체에 중대·명백한 하자가 있는지를 따질 것도 없이 당연히 무효이다.

② 대법원 1990. 2. 23. 선고 89누7061 판결

행정청이 일단 행정처분을 한 경우에는 행정처분을 한 행정청이라도 법령에 규정이

---

63) 김동희(129면); 류지태/박종수(138면). 다만 사인의 행위의 흠에 관하여, ① 행정행위와 동일하게 중대·명백설에 따른다고 보는 견해와 ② 민법규정이 유추적용된다고 보는 견해가 있다.

64) 김남진/김연태(147면). 그 논거로는 ① 단순위법과 무효의 구별이 불명확한 점, ② 본래 행정행위는 행정청의 일방적 행위로서의 성질을 가지는데, 사인의 행위가 행정행위의 효력을 좌우하는 것이 된다면 사인이 행정행위를 형성(gestalten)하는 것이 되어 행정행위의 속성과 합치되지 않는다는 점, ③ 오늘날과 같이 행정쟁송제도가 정비되어 있는 때에는 '취소성의 원칙'이 사인의 권리구제에 지장을 주지 않으며, 법적 안정성에 도움을 준다는 점을 제시하고 있다.

있는 때, 행정처분에 하자가 있는 때, 행정처분의 존속이 공익에 위반되는 때, 또는 상대방의 동의가 있는 때 등의 특별한 사유가 있는 경우를 제외하고는 행정처분을 자의로 취소(철회의 의미를 포함한다)할 수 없다고 할 것인바, 처분청인 피고가 당초의 하천공사시행허가와 골재채취 허가의 복합허가 중 골재채취허가부분을 취소한 것이 오로지 피고 자신이 골재의 채취와 반출에 대한 감독을 할 수 없다는 내부적 사정에 따른 것이라면 그와 같은 사정만으로는 골재채취허가를 취소 또는 철회할만한 정당한 사유가 될 수 없고, 상대방인 원고가 이 사건 변경처분에 대하여 한 동의가 피고측의 기망과 강박에 의한 의사표시라는 이유로 이 사건 소장의 송달에 의하여 적법하게 취소되었다면 위 동의는 처음부터 무효인 것으로 되므로 이 사건 변경처분은 위법한 것이다.

Ⅲ. 사인의 공법행위로서의 신고(申告)

1. 개 설

사인의 공법행위로서 신고란 사인이 공법적 효과의 발생을 목적으로 행정주체에 대하여 일정한 사실을 알리는 행위를 말한다. 신고에는 효과적인 행정수행을 위하여 행정청에게 정보를 제공하는 기능을 하는 정보제공적(사실파악형) 신고[65]와 질서유지를 위하여 개인의 사적 활동을 규제하고 신고를 통해 예방적 금지를 해제시켜서 적법한 행위를 할 수 있도록 하는 금지해제적(규제적) 신고가 있다. 금지해제적 신고는 ① 자기완결적 신고와 ② 행정요건적 신고로 구분할 수 있다.

신고제의 근본 취지는 허가제보다 규제를 완화하여 헌법상 기본권인 국민의 자유권을 보다 넓게 보장하는 한편, 행정청이 그 행정목적상의 필요에 따라 정보를 파악·관리하기 위하여 국민으로 하여금 행정청에 미리 일정한 사항을 알리도록 하는 최소한의 규제를 가하고자 하는 것이다. 그에 따라 형식적·절차적 요건을 갖춘 신고서가 행정청에 도달하면 신고로서의 효과가 곧바로 발생하는 이른바 '자기완결적 신고'가 그 원칙적인 형태로 인정되고 있으며, 행정청의 신고서 수리가 있어야만 신고로서의 효과가 발생하는 '수리를 요하는 신고'는 예외적인 형태로 인정되고 있다. 그런데 이와 같은 수리를 요하는 신고의 경우에는 그 운용 여하에 따라 사실상 허가제와 거의 같은 실질을 갖게 될 소지가 있다는 점에서 그 해석 및 적용에 신중을 기할 필요성이 강하게 대두된다.[66]

---

65) 도로교통법 제54조 제2항에 의한 교통사고의 신고, 소방기본법 제19조에 의한 화재신고 등이 이에 해당한다. 이는 공법적 효과의 발생과 무관한 사실행위이므로 사인의 공법행위에 해당하지 않는다.

2. 자기완결적 신고

> **행정절차법 제40조(신고)** ① 법령등에서 행정청에 일정한 사항을 통지함으로써 의무가 끝나는 신고를 규정하고 있는 경우 신고를 관장하는 행정청은 신고에 필요한 구비서류, 접수기관, 그 밖에 법령등에 따른 신고에 필요한 사항을 게시(인터넷 등을 통한 게시를 포함한다)하거나 이에 대한 편람을 갖추어 두고 누구나 열람할 수 있도록 하여야 한다.
> ② 제1항에 따른 신고가 다음 각 호의 요건을 갖춘 경우에는 신고서가 접수기관에 도달된 때에 신고 의무가 이행된 것으로 본다.
> 1. 신고서의 기재사항에 흠이 없을 것
> 2. 필요한 구비서류가 첨부되어 있을 것
> 3. 그 밖에 법령등에 규정된 형식상의 요건에 적합할 것
> ③ 행정청은 제2항 각 호의 요건을 갖추지 못한 신고서가 제출된 경우에는 지체 없이 상당한 기간을 정하여 신고인에게 보완을 요구하여야 한다.
> ④ 행정청은 신고인이 제3항에 따른 기간 내에 보완을 하지 아니하였을 때에는 그 이유를 구체적으로 밝혀 해당 신고서를 되돌려 보내야 한다.

(1) 의 의

행정청에게 일정한 사항을 통지함으로써 의무가 끝나는 신고로서, 수리를 요하지 않으며, 신고 그 자체로서 법적 효과를 발생시킨다. '자체완성적 신고' 또는 '수리를 요하지 않는 신고'라고도 하며, 본래적 의미의 신고이다.

대법원은 ① 일반적인 건축신고(건축법 제14조 제1항), ② 체육시설업(당구장업) 개설신고, ③ 부가가치세법상 사업자등록, ④ 신고납세방식의 조세에서 납세자의 신고 등을 자기완결적 신고로 보고 있다.[67]

(2) 요 건

신고서의 기재사항에 흠이 없고, 필요한 구비서류가 첨부되어 있으며, 그 밖에 법령등에 규정된 형식상의 요건에 적합한 때에는 신고서가 접수기관에 도달된 때에 신고의무가 이행된 것으로 본다(행정절차법 제40조 제2항). 만일 위 요건을 갖추지 못한 신고서가 제출된 경우, 행정청은 지체 없이 상당한 기간을 정하여 신고인에게 보완을 요구하여야 하고(제3항), 신고인이 그 기간 내에 보완을 하지 아니하였을 때에는 그 이유를 구체적으로 밝혀 해당 신고서를 되돌려 보내야 한다(제4항).

---

66) 대법원 2011. 1. 20. 선고 2010두14954 전원합의체 판결(대법관 박시환, 이홍훈의 반대 의견).
67) 대법원 1999. 10. 22. 선고 98두18435 판결; 대법원 1998. 4. 24. 선고 97도3121 판결; 대법원 2000. 12. 22. 선고 99두6903 판결; 대법원 1990. 2. 27. 선고 88누1837 판결 등.

대법원 1991. 7. 12. 선고 90누8350 판결[68]

학교보건법과 체육시설의설치·이용에관한법률은 그 입법목적, 규정사항, 적용범위 등을 서로 달리 하고 있어서 당구장의 설치에 관하여 체육시설의설치·이용에관한법률이 학교보건법에 우선하여 배타적으로 적용되는 관계에 있다고는 해석되지 아니하므로 체육시설의설치·이용에관한법률에 따른 당구장업의 신고요건을 갖춘 자라 할지라도 학교보건법 제5조 소정의 학교환경 위생정화구역 내에서는 같은 법 제6조에 의한 별도 요건을 충족하지 아니하는 한 적법한 신고를 할 수 없다고 보아야 한다.

(3) 효 과

법령상 요건을 갖춘 적법한 신고가 있는 경우에는 신고서가 접수기관에 도달된 때에 효력이 발생한다. 만일 적법한 신고에 대하여 행정청이 수리(접수)를 거부하더라도 이와 무관하게 신고서가 접수기관에 도달된 때에 당연히 신고의 효력이 발생한다. 반대로 요건미비의 부적법한 신고를 한 경우에는 가사 행정청이 이를 수리(접수)하였다고 하더라도 신고의 효과가 발생하지 않는다.

① **대법원 1999. 4. 27. 선고 97누6780 판결**

주택건설촉진법 제38조 제2항 단서, 공동주택관리령 제6조 제1항 및 제2항, 공동주택관리규칙 제4조 및 제4조의2의 각 규정들에 의하면, 공동주택 및 부대시설·복리시설의 소유자·입주자·사용자 및 관리주체가 건설부령이 정하는 경미한 사항으로서 신고대상인 건축물의 건축행위를 하고자 할 경우에는 그 관계 법령에 정해진 적법한 요건을 갖춘 신고만을 하면 그와 같은 건축행위를 할 수 있고, 행정청의 수리처분 등 별단의 조처를 기다릴 필요가 없다고 할 것이며, 또한 이와 같은 신고를 받은 행정청으로서는 그 신고가 같은 법 및 그 시행령 등 관계 법령에 신고만으로 건축할 수 있는 경우에 해당하는 여부 및 그 구비서류 등이 갖추어져 있는지 여부 등을 심사하여 그것이 법규정에 부합하는 이상 이를 수리하여야 하고, 같은 법 규정에 정하지 아니한 사유를 심사하여 이를 이유로 신고수리를 거부할 수는 없다.

② **대법원 1998. 4. 24. 선고 97도3121 판결**

체육시설의설치·이용에관한법률 제10조, 제11조, 제22조, 같은 법 시행규칙 제8조 및 제25조의 각 규정에 의하면, 체육시설업은 등록체육시설업과 신고체육시설업으로 나누어지고, 당구장업과 같은 신고체육시설업을 하고자 하는 자는 체육시설업의 종류별로 같은 법 시행규칙이 정하는 해당 시설을 갖추어 소정의 양식에 따라 신고서를 제출하는 방식으로 시·도지사에 신고하도록 규정하고 있으므로, 소정의 시설을 갖추지 못

---

68) 동지 판례로, 대법원 2009. 4. 23. 선고 2008도6829 판결 등 참조.

한 체육시설업의 신고는 부적법한 것으로 그 수리가 거부될 수밖에 없고 그러한 상태에서 신고체육시설업의 영업행위를 계속하는 것은 무신고 영업행위에 해당할 것이지만, 이에 반하여 적법한 요건을 갖춘 신고의 경우에는 행정청의 수리처분 등 별단의 조처를 기다릴 필요 없이 그 접수시에 신고로서의 효력이 발생하는 것이므로 그 수리가 거부되었다고 하여 무신고 영업이 되는 것은 아니다.

(4) 권리구제

자기완결적 신고는 수리를 요하지 않기 때문에, 이 경우 행정청이 신고를 수리하거나 신고필증을 교부하였다고 하더라도 이는 신고사실을 확인하는 의미의 사실행위에 불과하다. 그것의 말소행위도 동일하다.

① 대법원 1999. 10. 22. 선고 98두18435 판결

구 건축법(1996. 12. 30. 법률 제5230 호로 개정되기 전의 것) 제9조 제1항에 의하여 신고를 함으로써 건축허가를 받은 것으로 간주되는 경우에는 건축을 하고자 하는 자가 적법한 요건을 갖춘 신고만 하면 행정청의 수리행위 등 별다른 조치를 기다릴 필요 없이 건축을 할 수 있는 것이므로, 행정청이 위 신고를 수리한 행위가 건축주는 물론이고 제3자인 인근 토지 소유자나 주민들의 구체적인 권리 의무에 직접 변동을 초래하는 행정처분이라 할 수 없다.

② 대법원 2000. 12. 22. 선고 99두6903 판결

부가가치세법상의 사업자등록은 과세관청으로 하여금 부가가치세의 납세의무자를 파악하고 그 과세자료를 확보케 하려는 데 입법취지가 있는 것으로서, 이는 단순한 사업사실의 신고로서 사업자가 소관 세무서장에서 소정의 사업자등록신청서를 제출함으로써 성립되는 것이고, 사업자등록증의 교부는 이와 같은 등록사실을 증명하는 증서의 교부행위에 불과한 것이며, 부가가치세법 제5조 제5항에 의하면 사업자가 폐업하거나 또는 신규로 사업을 개시하고자 하여 사업개시일 전에 등록한 후 사실상 사업을 개시하지 아니하게 되는 때에는 과세관청이 직권으로 이를 말소하도록 하고 있는데, 사업자등록의 말소 또한 폐업사실의 기재일 뿐 그에 의하여 사업자로서의 지위에 변동을 가져오는 것이 아니라는 점에서 과세관청의 사업자등록 직권말소행위는 불복의 대상이 되는 행정처분으로 볼 수가 없다.

그러나 행정청이 신고를 반려하는 경우 그 반려행위가 항고소송의 대상이 되는 행정처분에 해당하는지에 관하여 논란이 있다. 종래 대법원은 체육시설업신고[69]에

---

69) [판례] 체육시설업신고수리거부처분은 항고소송의 대상이 되는 행정처분이다(대법원 1996. 2. 27. 선고 94누6062 판결; 대법원 1993. 4. 27. 선고 93누1374 판결; 대법원 1991. 7. 12. 선고 90누8350 판결).

대하여는 처분성을 인정하였으나, 건축신고[70]에 대해서는 처분성을 부인하는 등 엇갈린 태도를 보였다. 그런데 2010년 전원합의체 판결을 통해, 건축주 등은 신고제 하에서도 건축신고가 반려될 경우 당해 건축물의 건축을 개시하면 시정명령, 이행강제금, 벌금의 대상이 되는 등 불안정한 지위에 놓이게 되므로 미리 반려행위의 적법성을 다투어 그 법적 불안을 해소한 다음 건축행위에 나아가도록 하고, 위법 건축물의 양산과 그 철거를 둘러싼 분쟁을 조기에 근본적으로 해결할 수 있게 하는 것이 법치행정의 원리에 부합한다는 이유로 건축신고 반려행위가 항고소송의 대상이 된다고 판시하여 건축신고에 대한 종전의 입장을 변경하였다.

대법원 2010. 11. 18. 선고 2008두167 전원합의체 판결

구 건축법($\substack{2008. 3. 21. \ 법률\ 제8974호 \\ 로\ 전부\ 개정되기\ 전의\ 것}$) 관련 규정의 내용 및 취지에 의하면, 행정청은 건축신고로써 건축허가가 의제되는 건축물의 경우에도 그 신고 없이 건축이 개시될 경우 건축주 등에 대하여 공사 중지·철거·사용금지 등의 시정명령을 할 수 있고($\substack{제69조\\제1항}$), 그 시정명령을 받고 이행하지 않은 건축물에 대하여는 당해 건축물을 사용하여 행할 다른 법령에 의한 영업 기타 행위의 허가를 하지 않도록 요청할 수 있으며($\substack{제69조\\제2항}$), 그 요청을 받은 자는 특별한 이유가 없는 한 이에 응하여야 하고($\substack{제69조\\제3항}$), 나아가 행정청은 그 시정명령의 이행을 하지 아니한 건축주 등에 대하여는 이행강제금을 부과할 수 있으며($\substack{제69조의2\\제1항\ 제1호}$), 또한 건축신고를 하지 않은 자는 200만원 이하의 벌금에 처해질 수 있다($\substack{제80조\ 제1\\호,\ 제9조}$). 이와 같이 건축주 등은 신고제하에서도 건축신고가 반려될 경우 당해 건축물의 건축을 개시하면 시정명령, 이행강제금, 벌금의 대상이 되거나 당해 건축물을 사용하여 행할 행위의 허가가 거부될 우려가 있어 불안정한 지위에 놓이게 된다. 따라서 건축신고 반려행위가 이루어진 단계에서 당사자로 하여금 반려행위의 적법성을 다투어 그 법적 불안을 해소한 다음 건축행위에 나아가도록 함으로써 장차 있을지도 모르는 위험에서 미리 벗어날 수 있도록 길을 열어 주고, 위법한 건축물의 양산과 그 철거를 둘러싼 분쟁을 조기에 근본적으로 해결할 수 있게 하는 것이 법치행정의 원리에 부합한다. 그러므로 건축신고 반려행위는 항고소송의 대상이 된다고 보는 것이 옳다.

---

70) [변경 전 판례] 건축법상 신고사항에 관하여는 건축을 하고자 하는 자가 적법한 요건을 갖춘 신고만 하면 건축을 할 수 있고, 행정청의 수리처분 등 별단의 조처를 기다릴 필요가 없는 것이고, (중략) 이 사건 담장설치신고를 하였고 위 신설동장이 이를 반려하였다고 하여, 그러한 반려조치를 원고의 구체적인 권리의무에 직접 변동을 초래하는 것을 내용으로 하는 행정처분이라고 볼 수 없다고 할 것이다(대법원 1995. 3. 14. 선고 94누9962 판결).

3. 행정요건적 신고

> **행정기본법 제34조(수리 여부에 따른 신고의 효력)** 법령등으로 정하는 바에 따라 행정청에 일정한 사항을 통지하여야 하는 신고로서 법률에 신고의 수리가 필요하다고 명시되어 있는 경우(행정기관의 내부 업무 처리 절차로서 수리를 규정한 경우는 제외한다)에는 행정청이 수리하여야 효력이 발생한다.

(1) 의 의

사인이 행정청에 일정한 사항을 통지하고 행정청이 이를 수리함으로써 법적 효과가 발생하는 신고를 말한다. '수리를 요하는 신고'라고도 하며, 개별법에서는 '등록'으로 표현되기도 한다.

대법원 판례에 따르면, ① 다른 법령상 인허가의제 효과를 수반하는 건축신고(건축법 제14조 제2항), ② 영업양도·양수에 따른 지위승계신고, ③ 구 수산업법 제44조에 의한 어업신고, ④ 체육시설의 회원모집계획서 제출, ⑤ 납골당(봉안시설)설치신고, ⑥ 주민등록신고, ⑦ 노동조합설립신고, ⑧ 건축주명의변경신고, ⑨ 의원개설신고, ⑩ 악취방지법상 악취배출시설 설치·운영신고 등은 행정요건적 신고에 해당한다.[71)]

① 대법원 2011. 1. 20. 선고 2010두14954 전원합의체 판결

[1] [다수의견] 건축법에서 인·허가의제 제도를 둔 취지는, 인·허가의제사항과 관련하여 건축허가 또는 건축신고의 관할 행정청으로 그 창구를 단일화하고 절차를 간소화하며 비용과 시간을 절감함으로써 국민의 권익을 보호하려는 것이지, 인·허가의제사항 관련 법률에 따른 각각의 인·허가 요건에 관한 일체의 심사를 배제하려는 것으로 보기는 어렵다. 왜냐하면, 건축법과 인·허가의제사항 관련 법률은 각기 고유한 목적이 있고, 건축신고와 인·허가의제사항도 각각 별개의 제도적 취지가 있으며 그 요건 또한 달리하기 때문이다. 나아가 인·허가의제사항 관련 법률에 규정된 요건 중 상당수는 공익에 관한 것으로서 행정청의 전문적이고 종합적인 심사가 요구되는데, 만약 건축신고만으로 인·허가의제사항에 관한 일체의 요건 심사가 배제된다고 한다면, 중대한 공익상의 침해나 이해관계인의 피해를 야기하고 관련 법률에서 인·허가 제도를 통하여 사인의 행위를 사전에 감독하고자 하는 규율체계 전반을 무너뜨릴 우려가 있다. 또한 무엇보다도 건축신고를 하려는 자는 인·허가의제사항 관련 법령에서 제출하도록

---

71) 대법원 2011. 1. 20. 선고 2010두14954 전원합의체 판결; 대법원 2020. 3. 26. 선고 2019두38830 판결; 대법원 2000. 5. 26. 선고 99다37382 판결; 대법원 2009. 2. 26. 선고 2006두16243 판결; 대법원 2011. 9. 8. 선고 2009두6766 판결; 대법원 2009. 6. 18. 선고 2008두10997 전원합의체 판결; 대법원 2014. 4. 10. 선고 2011두6998 판결; 대법원 2014. 10. 15. 선고 2014두37658 판결; 대법원 2018. 10. 25. 선고 2018두44302 판결; 대법원 2022. 9. 7. 선고 2020두40327 판결 등.

의무화하고 있는 신청서와 구비서류를 제출하여야 하는데, 이는 건축신고를 수리하는 행정청으로 하여금 인·허가의제사항 관련 법률에 규정된 요건에 관하여도 심사를 하도록 하기 위한 것으로 볼 수밖에 없다. 따라서 인·허가의제 효과를 수반하는 건축신고는 일반적인 건축신고와는 달리, 특별한 사정이 없는 한 행정청이 그 실체적 요건에 관한 심사를 한 후 수리하여야 하는 이른바 '수리를 요하는 신고'로 보는 것이 옳다.

[2] [다수의견] 일정한 건축물에 관한 건축신고는 건축법 제14조 제2항, 제11조 제5항 제3호에 의하여 국토의 계획 및 이용에 관한 법률 제56조에 따른 개발행위허가를 받은 것으로 의제되는데, 국토의 계획 및 이용에 관한 법률 제58조 제1항 제4호에서는 개발행위허가의 기준으로 주변 지역의 토지이용실태 또는 토지이용계획, 건축물의 높이, 토지의 경사도, 수목의 상태, 물의 배수, 하천·호소·습지의 배수 등 주변 환경이나 경관과 조화를 이룰 것을 규정하고 있으므로, 국토의 계획 및 이용에 관한 법률상의 개발행위허가로 의제되는 건축신고가 위와 같은 기준을 갖추지 못한 경우 행정청으로서는 이를 이유로 그 수리를 거부할 수 있다고 보아야 한다.

② 대법원 2020. 3. 26. 선고 2019두38830 판결

식품위생법 제39조 제1항, 제3항에 의한 영업양도에 따른 지위승계 신고를 행정청이 수리하는 행위는 단순히 양도·양수인 사이에 이미 발생한 사법상의 영업양도의 법률효과에 의하여 양수인이 그 영업을 승계하였다는 사실의 신고를 접수하는 행위에 그치는 것이 아니라, 양도자에 대한 영업허가 등을 취소함과 아울러 양수자에게 적법하게 영업을 할 수 있는 지위를 설정하여 주는 행위로서 영업허가자 등의 변경이라는 법률효과를 발생시키는 행위이다. 따라서 양수인은 영업자 지위승계 신고서에 해당 영업장에서 적법하게 영업을 할 수 있는 요건을 모두 갖추었다는 점을 확인할 수 있는 소명자료를 첨부하여 제출하여야 하며(식품위생법 시행규칙 제48조 참조), 그 요건에는 신고 당시를 기준으로 해당 영업의 종류에 사용할 수 있는 적법한 건축물(점포)의 사용권원을 확보하고 식품위생법 제36조에서 정한 시설기준을 갖추어야 한다는 점도 포함된다.

영업장 면적이 변경되었음에도 그에 관한 신고의무가 이행되지 않은 영업을 양수한 자 역시 그와 같은 신고의무를 이행하지 않은 채 영업을 계속한다면 시정명령 또는 영업정지 등 제재처분의 대상이 될 수 있다.

(2) 요 건

1) 심사의 범위

행정요건적 신고는 관계 법령에서 형식적 요건뿐만 아니라 실질적 요건을 규정하고 있는 경우가 있는데, 이 경우에는 사실상 허가제와 큰 차이가 없게 된다(완화된 허가제). 그러나 이러한 경우에도 행정청의 과도한 개입과 자의적인 행정처리를

방지하기 위하여 행정청의 수리 여부에 대한 심사는 근거 법령의 입법 목적의 범위 내에서 제한적으로 이루어져야 할 것이다.

① 대법원 2007. 1. 11. 선고 2006두14537 판결

구 노인복지법(2005. 3. 31. 법률 제7452 호로 개정되기 전의 것)의 목적과 노인주거복지시설의 설치에 관한 법령의 각 규정들 및 노인복지시설에 대하여 각종 보조와 혜택이 주어지는 점 등을 종합하여 보면, 노인복지시설을 건축한다는 이유로 건축부지 취득에 관한 조세를 감면받고 일반 공동주택에 비하여 완화된 부대시설 설치기준을 적용받아 건축허가를 받은 자로서는 당연히 그 노인복지시설에 관한 설치신고 당시에도 당해 시설이 노인복지시설로 운영될 수 있도록 조치하여야 할 의무가 있고, 따라서 같은 법 제33조 제2항에 의한 유료노인복지주택의 설치신고를 받은 행정관청으로서는 그 유료노인복지주택의 시설 및 운영기준이 위 법령에 부합하는지와 아울러 그 유료노인복지주택이 적법한 입소대상자에게 분양되었는지와 설치신고 당시 부적격자들이 입소하고 있지는 않은지 여부까지 심사하여 그 신고의 수리 여부를 결정할 수 있다.

② 대법원 2009. 6. 18. 선고 2008두10997 전원합의체 판결

주민들의 거주지 이동에 따른 주민등록전입신고에 대하여 행정청이 이를 심사하여 그 수리를 거부할 수는 있다고 하더라도, 그러한 행위는 자칫 헌법상 보장된 국민의 거주·이전의 자유를 침해하는 결과를 가져올 수도 있으므로, 시장·군수 또는 구청장의 주민등록전입신고 수리 여부에 대한 심사는 주민등록법의 입법 목적의 범위 내에서 제한적으로 이루어져야 한다. 한편, 주민등록법의 입법 목적에 관한 제1조 및 주민등록 대상자에 관한 제6조의 규정을 고려해 보면, 전입신고를 받은 시장·군수 또는 구청장의 심사 대상은 전입신고자가 30일 이상 생활의 근거로 거주할 목적으로 거주지를 옮기는지 여부만으로 제한된다고 보아야 한다. 따라서 전입신고자가 거주의 목적 이외에 다른 이해관계에 관한 의도를 가지고 있는지 여부, 무허가 건축물의 관리, 전입신고를 수리함으로써 당해 지방자치단체에 미치는 영향 등과 같은 사유는 주민등록법이 아닌 다른 법률에 의하여 규율되어야 하고, 주민등록전입신고의 수리 여부를 심사하는 단계에서는 고려 대상이 될 수 없다.

2) 입법목적을 달리하는 다른 법령상 요건에 대한 심사 가능성

만일 신고가 해당 법령의 요건을 모두 구비하였음에도 행정청이 입법목적을 달리하는 다른 법령의 요건을 충족하지 못하였음을 이유로 수리를 거부할 수 있을 것인가? 이에 대해 판례는 "입법 목적 등을 달리하는 법률들이 일정한 행위에 관한 요건을 각기 정하고 있는 경우, 어느 법률이 다른 법률에 우선하여 배타적으로 적용된다고 풀이되지 아니하는 한 그 행위에 관하여 각 법률의 규정에 따른 인허가를 받아야 한다."고 판시하여, 다른 법률상 인허가 요건 불비를 이유로 신고 수리를 거부할 수 없다는 입장이다. 다만, 이러한 경우 ① 그중 하나의 인허가에 관한 관계법령 등에서 다른 법령상의 인허가에 관한 규정을 원용하고 있는 경우나 ② 그 행위가 다른 법령에 의하여 절대적으로 금지되고 있어 그것이 객관적으로 불가능한 것이 명백한 경우 등에는 그러한 요건을 고려하여 인허가 여부를 결정할 수 있다고 한다(대법원 2010. 9. 9. 선고 2008두22631 판결).72)

3) 중대한 공익상 필요를 이유로 한 수리거부의 가능성

법정된 요건을 갖춘 신고는 수리되어야 하므로 수리는 기속행위의 성질을 가진다고 본다.73) 그렇다면 법령이 정한 요건을 모두 갖추어 신고를 하였음에도 행정청이 '중대한 공익상의 필요'를 이유로 수리를 거부할 수 있는가?

이는 이른바, '기속재량'(거부재량)의 법리에 관한 문제이다. 대법원은 ① 위 2008두22631 판결에서 사설납골시설의 설치신고는 법령에서 정한 설치기준에 부합하는 한 수리하여야 하나 보건위생상의 위해를 방지하거나 국토의 효율적 이용 및 공공복리의 증진 등 중대한 공익상 필요가 있는 경우에는 그 수리를 거부할 수 있다고 보았으나[판례 ①], ② 의원개설신고에 대하여는 의원을 개설하려는 자가 법령에 규정되어 있는 요건을 갖추어 개설신고를 하면 행정청은 원칙적으로 이를 수리하여야 하고, 법령에서 정한 요건 이외의 사유를 들어 개설신고의 수리를 거부할 수 없다고 판시하는 등[판례 ②]74) 다소 일관되지 못한 태도를 견지하고 있다.

생각건대, 신고가 법령상 요건을 모두 충족하였음에도 행정청이 중대한 공익상 필요를 이유로 수리를 거부하는 것은 자칫 법령의 근거 없이 기본권을 침해할 소지가 크다는 점에서 가능한 자제되어야 할 것이다.

---

72) 이 사건에서 법원은 납골당 설치신고에 관하여 장사 등에 관한 법률에 규정된 신고요건을 심사함으로써 그 수리 여부를 결정하여야 하고, 이 사건 신청지의 개발행위허가가 국토의 계획 및 이용에 관한 법률 등 관계 법률에 의하여 가능한지 여부에 따라 그 수리 여부를 결정하는 것은 허용되지 아니한다고 하였다.

73) 류지태/박종수(202면).

74) 이 사건에서 원고는 법령에 정한 요건을 모두 갖추어 정신과의원 개설신고를 하였음에도, 피고는 정신과의원 개설이 해당 건물의 구분소유자 등의 안전과 공동의 이익에 반하고, 건축물의 안전·기능·환경 및 공공복리 증진을 저해하며, 공공복리에 부적합한 재산권의 행사라는 등의 사유를 들어 반려처분을 하였는데, 이에 대해 대법원은 "정신과의원 개설신고에 관한 법령상 요건에 해당하지 아니하는 위와 같은 사유만을 들어 그 개설신고의 수리를 거부한 이 사건 반려처분은 위법하다."라고만 판시하여, 중대한 공익상 필요가 있는지 여부는 고려하지 않고 있다.

① **대법원 2010. 9. 9. 선고 2008두22631 판결**

구 '장사 등에 관한 법률'(2007. 5. 25. 법률 제8489호로 전부 개정되기 전의 것)의 관계 규정들에 비추어 보면, 같은 법 제14조 제1항에 의한 사설납골시설의 설치신고는, 같은 법 제15조 각 호에 정한 사설납골시설설치 금지지역에 해당하지 않고 같은 법 제14조 제3항 및 같은 법 시행령(2008. 5. 26. 대통령령 제20791호로 전부 개정되기 전의 것) 제13조 제1항의 [별표 3]에 정한 설치기준에 부합하는 한, 수리하여야 하나, 보건위생상의 위해를 방지하거나 국토의 효율적 이용 및 공공복리의 증진 등 중대한 공익상 필요가 있는 경우에는 그 수리를 거부할 수 있다고 보는 것이 타당하다.

② **대법원 2018. 10. 25. 선고 2018두44302 판결**

정신건강증진 및 정신질환자 복지서비스 지원에 관한 법률 제19조 제1항은 "정신의료기관의 개설은 의료법에 따른다. 이 경우 의료법 제36조에도 불구하고 정신의료기관의 시설·장비의 기준과 의료인 등 종사자의 수·자격에 관하여 필요한 사항은 정신의료기관의 규모 등을 고려하여 보건복지부령으로 따로 정한다."라고 규정하고 있다. 위 후단 규정의 위임에 따라, 같은 법 시행규칙 [별표 3], [별표 4]는 정신의료기관에 관하여 시설·장비의 기준과 의료인 등 종사자의 수·자격 기준을 구체적으로 규정하고 있다.

한편 의료법은 의료기관의 개설 주체가 의원·치과의원·한의원 또는 조산원을 개설하려고 하는 경우에는 시장·군수·구청장에게 신고하도록 규정하고 있지만(제33조제3항), 종합병원·병원·치과병원·한방병원 또는 요양병원을 개설하려고 하는 경우에는 시·도지사의 허가를 받도록 규정하고 있다(제33조제4항). 이와 같이 의료법이 의료기관의 종류에 따라 허가제와 신고제를 구분하여 규정하고 있는 취지는, 신고 대상인 의원급 의료기관 개설의 경우 행정청이 법령에서 정하고 있는 요건 이외의 사유를 들어 신고 수리를 반려하려는 것을 원칙적으로 배제함으로써 개설 주체가 신속하게 해당 의료기관을 개설할 수 있도록 하기 위함이다. 앞서 본 관련 법령의 내용과 이러한 신고제의 취지를 종합하면, 정신과의원을 개설하려는 자가 법령에 규정되어 있는 요건을 갖추어 개설신고를 한 때에, 행정청은 원칙적으로 이를 수리하여 신고필증을 교부하여야 하고, 법령에서 정한 요건 이외의 사유를 들어 의원급 의료기관 개설신고의 수리를 거부할 수는 없다.

(3) 효 과

행정요건적 신고는 행정청이 신고를 수리한 때에 신고의 효력이 발생하므로 행정청의 수리행위는 창설적 의미를 갖는다. 따라서 적법한 신고라도 행정청이 수리를 거부한 경우에는 신고의 효력이 발생하지 않는다. 반대로 부적법한 신고에 대하여 행정청이 이를 간과하고 수리한 경우 그 수리행위가 당연무효가 아닌 한 일단 신고의 효력이 발생하며, 그 효력을 부인하기 위해서는 권한 있는 기관에 의해 수리행위가 취소되어야 한다(수리는 강학상 '준법률행위'
적 행정행위로 분류된다).

① 대법원 2011. 9. 8. 선고 2009두6766 판결

구 장사 등에 관한 법률(2007. 5. 25. 법률 제8489호로 전부 개정되
기 전의 것, 이하 '구 장사법'이라 한다) 제14조 제1항, 구 장사 등에 관한 법률 시행규칙(2008. 5. 26. 보건복지가족부령
제15호로 전부 개정되기 전의 것) 제7조 제1항 [별지 제7호 서식] 을 종합하면, 납골당 설치 신고는 이른바 '수리를 요하는 신고'라 할 것이므로, 납골당설치 신고가 구 장사법 관련 규정의 모든 요건에 맞는 신고라 하더라도 신고인은 곧바로 납골당을 설치할 수는 없고, 이에 대한 행정청의 수리처분이 있어야만 신고한 대로 납골당을 설치할 수 있다. 한편 수리란 신고를 유효한 것으로 판단하고 법령에 의하여 처리할 의사로 이를 수령하는 수동적 행위이므로 수리행위에 신고필증 교부 등 행위가 꼭 필요한 것은 아니다.

② 대법원 2000. 5. 26. 선고 99다37382 판결

어업의 신고에 관하여 유효기간을 설정하면서 그 기산점을 '수리한 날'로 규정하고, 나아가 필요한 경우에는 그 유효기간을 단축할 수 있도록까지 하고 있는 수산업법 제44조 제2항의 규정 취지 및 어업의 신고를 한 자가 공익상 필요에 의하여 한 행정청의 조치에 위반한 경우에 어업의 신고를 수리한 때에 교부한 어업신고필증을 회수하도록 하고 있는 구 수산업법 시행령(1996. 12. 31. 대통령령 제15241
호로 개정되기 전의 것) 제33조 제1항의 규정 취지에 비추어 보면, 수산업법 제44조 소정의 어업의 신고는 행정청의 수리에 의하여 비로소 그 효과가 발생하는 이른바 '수리를 요하는 신고'라고 할 것이고, 따라서 설사 관할관청이 어업 신고를 수리하면서 공유수면매립구역을 조업구역에서 제외한 것이 위법하다고 하더라도, 그 제외된 구역에 관하여 관할관청의 적법한 수리가 없었던 것이 분명한 이상 그 구역에 관하여는 같은 법 제44조 소정의 적법한 어업신고가 있는 것으로 볼 수 없다.

(4) 권리구제

행정요건적 신고에서 수리 또는 수리거부는 항고소송의 대상이 되는 행정처분에 해당한다.

4. 자기완결적 신고와 행정요건적 신고의 구별

(1) 구별기준

실무에서 자기완결적 신고와 행정요건적 신고의 구별은 용이하지 않은데, 대체로 다음과 같은 기준이 적용될 수 있다.

첫째, 하나의 법률에서 신고와 등록을 구분하여 병렬적으로 규정한 경우에는 신고를 자기완결적 신고, 등록을 행정요건적 신고로 볼 수 있다(체육시설의 설치·이용에
관한 법률 제10조 제1항).

둘째, 행정청에 대하여 일정한 사항을 통지함으로써 신고의무가 종결되는 것으로 규정하고 있거나 관계 법령에서 신고의 요건에 관해 형식적 요건만을 규정하고 있는 경우에는 자기완결적 신고로 볼 수 있다.

셋째, 해당 개별법에 신고 수리를 요하는지 여부에 관한 명문의 규정이 있거나 관련 규정의 해석상 신고에 대한 실질적 심사가 허용되는 경우에는 행정요건적 신고로 볼 수 있다.[75]

넷째, 신고불이행에 대하여 가해지는 제재가 행정질서벌의 일종인 과태료에 그치는 것이 아니라 징역이나 벌금 등 행정형벌을 부과한다거나, 의무위반자에 대한 행정처분제도를 인정하는 경우에는 행정요건적 신고에 해당한다고 할 수 있다.

다섯째, 관계 법령의 목적과 내용에 비추어 신고사항이 사회질서나 공공복리에 미치는 영향이 상대적으로 미미한 경우에는 가능한 규제완화라는 신고제의 취지와 국민의 권리구제의 측면에 더 유리한 자기완결적 신고로 보아야 할 것이다.

(2) 신고제 합리화 정비사업

1) 신고수리 여부에 대한 통지의무

종래 행정실무에서 자기완결적 신고와 행정요건적 신고는 그 효과가 다르지만 명확한 구별기준이 없는 경우가 많았다. 이로 인해 담당 공무원이 법령을 자의적으로 해석하여 수리를 요하지 않는 신고임에도 부당하게 서류를 요구하며 접수를 거부하거나 늑장처리를 하여 행정민원이 많이 발생하였다. 이 문제를 해결하기 위해 정부는 법제처를 중심으로 2016년부터 신고제도 합리화 정비입법을 추진하여 왔다.[76] 이에 따라 개정 법령들은 ① 수리를 요하지 않는 자기완결적 신고는 신고서의 기재사항 및 첨부서류에 흠이 없고, 법령등에 규정된 형식상의 요건을 충족한 경우에는 신고서가 접수기관에 도달된 때에 신고의무가 이행된 것으로 보는 반면, ② 수리를 요하는 행정요건적 신고는 행정청에게 신고를 받은 날로부터 일정한 기간 이내에 신고인에게 수리 여부를 통지하도록 의무화하고 있다. 이로써 종래 자기완결적 신고로 보았던 건축신고(건축법 제14조 제3항), 건축착공신고(건축법 제21조 제3항), 체육시설업의 신고(체육시설의 설치·이용에 관한 법률 제20조 제3항) 등 상당수의 신고가 2017년에 수리를 요하는 신고로 전환되었다.[77]

75) 대법원 2011. 1. 20. 선고 2010두14954 전원합의체 판결.
76) 배병호(91면).
77) 정하중/김광수(108면). 다만 홍정선 교수는 2017. 3. 21. 개정 체육시설의 설치·이용에 관한 법률 제20조 제3항에서 체육시설업의 신고에 대해 일정기간 내에 신고수리 여부를 통지하도록 규정한 것과 관련하여, ① 개정 법률의 취지가 민원의 투명하고 신속한 처리와 행정기관의 적극행정을 유도하

2) 수리간주제도 도입

신고제 합리화 정비사업의 일환으로 수리를 요하는 행정요건적 신고 중에서, 국민안전, 보건, 환경 등 이미 수리가 간주된 이후에 회복하기 어렵거나 이해관계자가 많은 경우를 제외하고는 수리간주제도를 도입하고 있다(건축법 제21조 제4항, 체육시설의 설치·이용에 관한 법률 제20조 제4항, 식품위생법 제37조 제13항, 도로법 제27조 제5항 등). 이에 따르면, 법정처리기간 내에 신고수리 여부 또는 처리기간의 연장 여부를 신고인에게 통지하지 아니하면 그 기간이 끝난 날의 다음 날에 신고를 수리한 것으로 본다.

기 위한 것이라는 점, ② 위 법률에서 신고와 등록이 구분되어 있는 점을 고려할 때 신설규정으로 인해 수리를 요하는 신고로 성질이 변경되었다고 볼 것은 아니라고 한다(개정된 내용은 사실로서의 절차로서 통지를 규정한 것이라고 함). 홍정선, 「기본행정법」, 박영사, 2021, 39면.

행정의 행위형식

제1장 행정입법

제1절 개 설

Ⅰ. 행정입법의 의의

행정입법이란 행정기관이 법조(法條)의 형식으로 일반적・추상적인 규범을 정립하는 작용 또는 그에 따라 제정된 규범으로서의 명령을 말한다. 그중에서 법규성이 있는 것을 '법규명령'이라 하고, 법규성이 없는 것을 '행정규칙'이라고 한다. 행정행위(최협의)와 비교하여 가장 구별되는 행정입법의 특징은 일반적・추상적 성격이다. 행정입법에 있어서 '일반적'이란 불특정 다수인에게 적용된다는 것이고, '추상적'이란 불특정 다수의 사례에 적용된다는 것을 의미한다.

실질적 의미의 입법이란 측면에서 행정입법을 행정권에 의한 입법이라고 설명하기도 한다. 그러나 대외적 구속력이 없이 행정조직의 내부만을 규율하는 행정규칙도 행정입법의 범주에 포함이 된다.

오늘날 법률에 비하여 민주적 정당성이 떨어지는 행정입법에 대한 효과적인 통제방법에 관한 문제, 특히 행정규칙의 법규성 문제 등이 행정입법과 관련하여 가장 활발하게 논의되고 있는 과제들이다.

Ⅱ. 행정입법의 필요성

근대적 권력분립의 원칙에 따르면 (국왕으로부터 입법권을 뺏어온) 법정립작용은 입법부인 의회의 몫이었지만, 사회의 변화에 법률이 미처 따라가지 못하는 법률의 경직성으로 말미암아 모든 법규범을 의회가 제정한다는 것은 불가능한 일이었다. 이에 의회는 법규범의 대강을 정하고 그 자세한 내용은 법을 집행하는 행정권에 위임하는 위임입법을 하게 되었다.

이와 같이 처음에는 법률의 경직성을 보충하는 것이 행정입법의 역할이었으나, 사회가 복잡・다단해지고 구성원 간의 이해관계가 복잡하게 되자 오늘날에는 행정입법이 법률보다 국민의 일상생활을 보다 더 직접적이고 구체적으로 구속하고 있다.

행정입법의 필요성은 ① 전문적·기술적 사항은 행정권이 규율하는 것이 더욱 적절할 수 있고, ② 행정현상의 급속한 변화에 기민하게 대응할 수 있으며, ③ 특정의 사항(예컨대 선거)은 정치적 중립성을 가진 행정권이 규율하는 것이 더욱 객관적일 수 있고, ④ 전국적인 일반적 규정은 지방적 특수사정에 대응하기가 곤란하다는 것 등이다.

Ⅲ. 행정입법의 종류

행정입법은 ① 헌법을 기준으로 하여 헌법에 규정된 것과 헌법에 규정되지 아니한 것으로 분류할 수 있고, ② 강학상 법규명령과 행정규칙으로 구분할 수도 있다. 이외에도 ③ 제정주체에 따라 국가의 행정입법과 지방자치단체의 행정입법으로 나눌 수 있다.

1. 헌법에 규정된 것과 규정되지 아니한 것

(1) 헌법에서 규정하고 있는 행정입법

헌법에서 규정하고 있는 행정입법으로는 ① 대통령령(제75조), ② 총리령(제95조), ③ 부령(제95조)이 있고,[1] 대통령령은 '시행령', 총리령과 부령은 '시행규칙'의 형식으로 발하여진다. 그러나 행정입법은 시행령, 시행규칙의 형식 이외에도 고시·훈령·예규·지침 등 다양한 형식으로 존재한다.

그리고 헌법에서 정한 행정부가 아닌 기관에 의한 행정입법으로서 ① 국회규칙(제64조 제1항), ② 대법원규칙(제108조), ③ 헌법재판소규칙(제113조 제2항), ④ 중앙선거관리위원회규칙(제114조 제6항)이 있다. 또한 헌법 제117조 제1항[2]에 근거한 지방자치법에 의한 행정입법으로 ① 조례, ② 규칙이 있다.

---

1) 법률의 효력을 가지고 있는 것으로는 대통령의 긴급재정·경제명령과 긴급명령이 있다(헌법 제76조 제1항, 제2항).

2) 제117조 ① 지방자치단체는 주민의 복리에 관한 사무를 처리하고 재산을 관리하며, 법령의 범위 안에서 자치에 관한 규정을 제정할 수 있다.

(2) 헌법에서 규정하지 않는 행정입법

헌법에서 규정하지 않는 행정입법으로는 감사원규칙·공정거래위원회규칙·금융위원회규칙·중앙노동위원회규칙·국가인권위원회규칙 등이 있다.

2. 법규명령과 행정규칙

(1) 문제의 소재

행정입법을 강학상 법규명령과 행정규칙으로 구분하는 경우, 그 기준에 관하여 학설이 대립된다.

(2) 학설의 대립

1) 실질적 기준설

법규명령과 행정규칙을 실질적 기준에 따라 구분하는 견해이다. 이는 법규명령과 행정규칙의 구별이 실정법상의 구별이 아니라 이론상의 구별임을 전제로, '법규성, 즉 대외적 구속력을 가지는지 여부'에 따른 것이다.[3] 여기서 법규란 국가 등 행정주체 내부에서만이 아니라 일반 국민과의 관계에서도 직접 구속력을 가지며, 재판규범이 되는 법규범을 의미한다.[4] 실질적 기준에 따르면, 법규명령은 대외적 구속력을 가지는 행정입법에 해당하고, 행정규칙은 대외적 구속력을 가지지 않는 행정입법에 해당한다.

2) 형식적 기준설

행정입법의 규율형식을 기준으로 법규명령과 행정규칙을 구분하는 견해이다. 이에 따르면, 헌법에서 규정하고 있는 긴급명령·대통령령·총리령·부령·국회규칙·대법원규칙·헌법재판소규칙·중앙선거관리위원회규칙은 그 내용에 관계없이 법규명령이며, 나머지는 모두 행정규칙으로 본다.

---

3) 김철용(171면).
4) 김남진/김연태(157-158면). 김남진 교수는 기본적으로 실질적 기준에 따라 법규명령과 행정규칙을 구별하면서도 형식적 기준을 함께 고려하고 있다. 법규명령은 일반 국민에 대하여 대외적 구속력(대외적 효력)을 가짐이 보통이나 대통령령·부령 등 (형식적) 법규명령 가운데 행정조직 내부에서만 구속력을 가지고, 직접 대외적 구속력을 가지지 않는 것(직제 등)도 많이 있다는 점에서 '대외적 구속력'은 법규명령의 가능성 또는 능력이라고 할 수 있으며, 모든 법규명령이 일반 국민에 대한 구속력을 현실적으로 지니고 있어야 하는 것은 아니라고 한다.

3) 수권여부기준설

헌법 또는 법령의 수권을 기준으로 법규명령과 행정규칙으로 구분하는 견해이다.[5] 이에 따르면, 법규명령은 헌법제정권력자가 제1차적으로 국회에 부여한 입법권한을 국회가 다시 행정권에 위임하고, 그 위임에 근거하여 행정권이 정하는 입법(위임명령)과 헌법제정자가 국회 제정 법률의 집행을 위한 입법권한을 바로 행정권에 위임하고, 행정권이 그러한 헌법적 위임에 근거하여 정하는 입법(집행명령)을 말한다. 즉, 법규명령이란 헌법을 포함한 법령상의 수권에 근거하여 행정권이 정립하는 규범으로서, 법규성은 통상적으로 요구되는 요소일 뿐 필수요소는 아니다. 한편, 행정규칙은 행정권이 헌법제정권자로부터 부여받은 고유한 권능인 사무집행권에 근거하여 정하는 입법을 말한다.

(3) 판례의 태도

대법원은 ① 제정형식이 '고시·훈령·예규·지침' 등이라도 그것이 상위법령의 위임한계를 벗어난 것이 아니라면 상위법령과 결합하여 대외적 구속력을 갖는 법규명령으로 보아야 한다거나(대법원 2016. 1. 28. 선고 2015두53121 판결), ② 법령의 위임이 없음에도 법령에 규정된 처분요건에 해당하는 사항을 부령에서 변경하여 규정한 경우 행정명령의 성격을 지닐 뿐 국민에 대한 대외적 구속력은 없다고 판시하였다[판례 ①]. 또한, ③ 법률의 위임을 받아 부령인 도로교통법 시행규칙 형식으로 정한 운전면허행정처분기준에 대해 행정청 내부의 사무처리준칙으로 보아[판례 ②], 기본적으로 실질적 기준설에 입각한 것으로 보인다.

① 대법원 2013. 9. 12. 선고 2011두10584 판결

법령에서 행정처분의 요건 중 일부 사항을 부령으로 정할 것을 위임한 데 따라 시행규칙 등 부령에서 이를 정한 경우에 그 부령의 규정은 국민에 대해서도 구속력이 있는 법규명령에 해당한다고 할 것이지만, 법령의 위임이 없음에도 법령에 규정된 처분 요건에 해당하는 사항을 부령에서 변경하여 규정한 경우에는 그 부령의 규정은 행정청 내부의 사무처리 기준 등을 정한 것으로서 행정조직 내에서 적용되는 행정명령의 성격을 지닐 뿐 국민에 대한 대외적 구속력은 없다고 보아야 한다. 따라서 어떤 행정처분이 그와 같이 법규성이 없는 시행규칙 등의 규정에 위배된다고 하더라도 그 이유만으로 처분이 위법하게 되는 것은 아니라 할 것이고, 또 그 규칙 등에서 정한 요건에 부합한다고 하여 반드시 그 처분이 적법한 것이라고 할 수도 없다. 이 경우 처분의 적법 여부는 그러

---

5) 홍정선(240면).

한 규칙 등에서 정한 요건에 합치하는지 여부가 아니라 일반 국민에 대하여 구속력을 가지는 법률 등 법규성이 있는 관계 법령의 규정을 기준으로 판단하여야 한다.

② 대법원 1997. 5. 30. 선고 96누5773 판결

　도로교통법 시행규칙 제53조 제1항이 정한 [별표 16]의 운전면허행정처분기준은 부령의 형식으로 되어 있으나, 그 규정의 성질과 내용이 운전면허의 취소처분 등에 관한 사무처리기준과 처분절차 등 행정청 내부의 사무처리준칙을 규정한 것에 지나지 아니하므로 대외적으로 국민이나 법원을 기속하는 효력이 없으므로, 자동차운전면허취소처분의 적법 여부는 그 운전면허행정처분기준만에 의하여 판단할 것이 아니라 도로교통법의 규정 내용과 취지에 따라 판단되어야 한다.

(4) 검　토

　생각건대, 국민의 권리·의무에 관해 규율하는 법규범인 법규는 국회가 법률로써 제정하는 것이 권력분립원칙에 부합한다.[6] 그러나 오늘날 현대국가에서는 행정의 전문화로 인해 모든 법규사항을 법률로 제정하는 것이 불가능하므로 법규사항의 일부를 행정권에 위임하기 위하여 행정입법(법규명령)의 개념이 등장하게 되었다. 반면, 국민의 권리·의무와 무관한 행정내부의 조직과 작용에 관한 사항은 국회가 관여할 필요가 없으므로 법률의 위임 없이 행정규칙으로 제정할 수 있다. 이처럼 법규명령과 행정규칙은 실정법에 따른 고유한 법형식의 존재를 전제로 한 것이 아니라 강학상 논의를 기초로 한 구분이다. 전술한 바와 같이 본서에서는 행정입법 중에서 법규성이 있는 것을 법규명령, 법규성이 없는 것을 행정규칙으로 정의하였으므로 논리의 일관성을 위해 대외적 구속력인 법규성을 기준으로 법규명령과 행정규칙을 구분하는 실질적 기준설을 따르기로 한다.

제 2 절　법규명령

Ⅰ. 법규명령의 의의

　법규명령이란 행정권이 정립하는 일반적·추상적 규정으로서 법규성을 가지는

---

6) 이에 따라 근대국가 초기인 19세기에는 행정입법을 금기시하여 국민에 의하여 위임받은 입법권은 다른 기관에 재위임할 수 없다고 보았다(복위임금지의 원칙).

행정입법을 말한다. 넓은 의미로는 국회의 의결을 거치지 아니하고 제정된 일반적·추상적 규율로서 법규성을 가진 모든 법규범을 의미하며, 이에 따르면 대법원규칙, 헌법재판소규칙 등도 이에 포함된다.[7] 법규성이란 국민과 행정권을 모두 구속하고, 나아가 재판규범이 되는 성질을 말한다. 따라서 이를 위반한 행정행위는 위법행위로서 행정쟁송 또는 행정상 손해배상(국가배상)의 대상이 될 수 있다. 이와 같이 법규명령은 법규성을 전제로 하기 때문에 후술하게 될 행정규칙과 구별된다.

Ⅱ. 법규명령의 종류

1. 법적 효력에 의한 분류

법규명령은 법적 효력을 기준으로 ① 헌법적 효력을 가지는 비상명령, ② 법률적 효력을 가지는 법률대위명령, ③ 법률의 하위명령인 법률종속명령으로 구분할 수 있다.

(1) 비상명령

비상명령이란 헌법적 효력을 가지는 독자적 명령으로 법률보다 그 효력이 우위에 있으며, 비상사태를 수습하기 위하여 행정권이 발하는 명령을 말한다. 바이마르 헌법 제48조에 기한 비상조치나 현행 프랑스 제5공화국 헌법 제16조에 기한 비상대권이 이에 해당한다. 대한민국에서는 유신헌법 제53조(緊急)와 제5공화국 헌법 제51조(緊急)에서 헌법의 효력을 일시적으로 정지시킬 수 있는 비상명령을 인정하였다.

(2) 법률대위명령

법률대위명령이란 법률적 효력을 가지는 명령을 말한다. 법률대위명령은 헌법상의 근거를 요하게 되는데, 대한민국 헌법 제76조 제1항의 긴급재정·경제명령과 제2항의 긴급명령이 법률대위명령의 성질을 가진다.

---

7) 김남진/김연태(157면). 법규명령을 광의로 법률보다 하위의 효력을 갖는 법규 일체를 지칭하는 것으로 보는 견해(박균성, 193면)도 같은 입장으로 보인다. [판례] 대법원도 "공직선거관리규칙은 중앙선거관리위원회가 헌법 제114조 제6항 소정의 규칙제정권에 의하여 공직선거및선거부정방지법에서 위임된 사항과 대통령·국회의원·지방의회의원 및 지방자치단체의 장의 선거의 관리에 필요한 세부사항을 규정함을 목적으로 하여 제정된 법규명령이라고 할 것"이라고 판시하였다(대법원 1996. 7. 12. 선고 96우16 판결).

(3) 법률종속명령

법률종속명령은 그 효력이 법률보다 하위에 있는 명령을 말하며, 이는 법률의 명시적 수권에 의한 위임명령과 법률의 집행을 위한 집행명령으로 다시 나누어진다.

1) 위임명령

위임명령은 법률 또는 상위명령의 위임에 의해 제정되는 명령을 말한다. 법률 또는 상위명령에 의해 위임된 범위 내에서는 새로운 입법사항을 규율할 수 있는 '법률의 효력을 보충하기 위한 명령'으로서의 기능을 한다.

2) 집행명령

집행명령이란 법률의 범위 내에서 그 실시에 관한 구체적·기술적 사항을 '세부적으로' 추가 규율하기 위하여 발하는 명령을 말한다. 집행명령은 상위법령의 명시적인 수권이 없는 경우에도 발할 수 있으나, 새로운 입법사항에 관하여는 규율할 수 없다.

그러나 위임명령과 집행명령의 경계는 명확하지 않다. 또한 입법실제에 있어서도 따로 제정되는 예는 거의 없으며, 하나의 명령에 위임명령과 집행명령이 혼재되어 함께 제정되고 있는 것이 보통이며, 우리나라에서는 대부분 위임명령으로 간주된다.

① 대법원 2007. 1. 11. 선고 2004두10432 판결

헌법 제75조는 '대통령은 법률에서 구체적으로 범위를 정하여 위임받은 사항과 법률을 집행하기 위하여 필요한 사항에 관하여 대통령령을 발할 수 있다.'고 규정하고 있는 바, 그 취지는 모든 대통령령의 제정에 있어서 법률의 위임이 있어야 한다는 것이 아니고, 대통령은 국민의 기본권 제한 등 헌법이 반드시 법률에 의하여서만 규율할 수 있도록 하는 것을 제외하고는 법률의 집행을 위한 구체적인 방법과 절차 등에 관하여 대통령령을 제정할 수 있다는 것이다. 그런데 법원조직법 제42조 제2항 제1호, 검찰청법 제29조 제1호에서는 판사와 검사는 사법시험에 합격하여 사법연수원의 소정 과정을 마친 자 중에서 임용한다고 규정하고, 변호사법 제4조 제1호에서는 사법시험에 합격하여 사법연수원의 소정 과정을 마친 자 등에게 변호사의 자격이 있다고 규정하고 있으며, 법원조직법 제72조 제1항에서는 사법연수생은 사법시험에 합격한 자 중에서 대법원장이 임명하며, 별정직 공무원으로 한다고 규정하고 있고, 국가공무원법 제2조 제4항에서는 별정직 공무원의 채용조건·임용절차·근무상한연령 기타 필요한 사항을 대통령령으로 정할 수 있도록 규정하고 있다. 한편, 구 사법시험령(2001. 3. 31. 대통령령 제17181호로 폐지되기 전의 것. 이하 '사법시험령'이라 한다)은 위 법원

조직법, 검찰청법, 변호사법 등에서 정한 바에 따라 판사, 검사로 임용되거나 변호사 자격을 부여하기 위한 전제로써 사법연수원에 입소할 자를 선발하기 위한 사법시험의 시행에 대한 구체적인 방법과 절차에 대하여 규정하고 있을 뿐이다. 결국, 변호사의 자격과 판사, 검사 등의 임용의 전제가 되는 '사법시험의 합격'이라는 직업선택의 자유와 공무담임권의 기본적인 제한요건은 국회에서 제정한 법률인 변호사법, 법원조직법, 검찰청법 등에서 규정되어 있는 것이고, 사법시험령은 단지 위 법률들이 규정한 사법시험의 시행과 절차 등에 관한 세부사항을 구체화하고 국가공무원법상 사법연수생이라는 별정직 공무원의 임용절차를 집행하기 위한 집행명령의 일종이라고 할 것이다.

또한, 사법시험령 제15조 제2항은 사법시험의 제2차시험의 합격결정에 있어서는 매 과목 4할 이상 득점한 자 중에서 합격자를 결정한다는 취지의 과락제도를 규정하고 있는바, 이는 그 규정내용에서 알 수 있다시피 사법시험 제2차시험의 합격자를 결정하는 방법을 규정하고 있을 뿐이어서 사법시험의 실시를 집행하기 위한 시행과 절차에 관한 것이지, 새로운 법률사항을 정한 것이라고 보기 어렵다.

따라서 사법시험령 제15조 제2항에서 규정하고 있는 사항이 국민의 기본권을 제한하는 것임에도 불구하고, 모법의 수권 없이 규정하였다거나 새로운 법률사항에 해당하는 것을 규정하여 집행명령의 한계를 일탈하였다고 볼 수 없으므로, 헌법 제37조 제2항, 제75조, 행정규제기본법 제4조 등을 위반하여 무효라 할 수 없다.

② 대법원 1995. 11. 10. 선고 95누863 판결

국가 지방자치단체 등 행정기관이 토지가격을 조사함에 있어서 관계 행정기관의 합동작업체계와 가격결정절차 등에 관하여 필요한 사항을 정함을 목적으로 한 개별토지가격합동조사지침^(1990. 4. 14. 국무총리훈령 제241호로 제정되어)^(1991. 4. 2. 국무총리훈령 제248호로 개정된 것)은 지가공시및토지등의평가에관한법률 제10조의 시행을 위한 집행명령으로서 법률보충적인 구실을 하는 법규적 성질을 가지고 있는 것으로 보아야 할 것이다.

2. 헌법에서 정한 것과 정하지 아니한 것

법규명령은 헌법에 규정된 법규명령과 헌법에 규정되지 않은 법규명령으로 분류할 수 있다. 그러나 어떠한 법형식을 취하더라도 법규성을 가지지 않는 경우에는 법규명령으로 볼 수 없다. 여기에서는 국가의 행정권에 의해서 제정되는 법규명령만을 살펴보기로 한다.

(1) 헌법상의 법규명령

1) 긴급재정 · 경제명령과 긴급명령

대통령은 내우 · 외환 · 천재 · 지변 또는 중대한 재정 · 경제상의 위기에 있어서 국가의 안전보장 또는 공공의 안녕질서를 유지하기 위하여 긴급한 조치가 필요하고 국회의 집회를 기다릴 여유가 없을 때에 한하여 최소한으로 필요한 재정 · 경제상의 처분을 하거나 이에 관하여 법률의 효력을 가지는 명령을 발할 수 있다(헌법 제76조 제1항).

대통령은 국가의 안위에 관계되는 중대한 교전상태에 있어서 국가를 보위하기 위하여 긴급한 조치가 필요하고 국회의 집회가 불가능한 때에 한하여 법률의 효력을 가지는 명령을 발할 수 있다(제2항).

2) 대통령령

헌법 제75조는 "대통령은 법률에서 구체적으로 범위를 정하여 위임받은 사항과 법률을 집행하기 위하여 필요한 사항에 관하여 대통령령을 발할 수 있다."라고 규정하여 대통령령을 인정하고 있으며, 그 내용으로 위임명령과 집행명령을 들고 있다. 대통령령은 시행령의 형식으로 발하여진다.

3) 총리령 · 부령

헌법 제95조는 "국무총리 또는 행정각부의 장은 소관사무에 관하여 법률이나 대통령령의 위임 또는 직권으로 총리령 또는 부령을 발할 수 있다."라고 규정하여 총리령과 부령을 인정하고 있다. 법제처와 같은 국무총리 직속기관은 부령이 필요할 경우에 총리령으로 제정한다.[8] 총리령의 지위는 소관사무의 성격에 따라 달라지는 바, 분장사무를 담당하는 중앙관청으로서의 지위에서 제정한 총리령은 부령과 동급이며, 행정각부를 통할하는 지위에서 제정한 총리령은 부령보다 우월적 지위를 가진다. 이들의 형식은 시행규칙이다.

4) 중앙선거관리위원회규칙

중앙선거관리위원회는 법령의 범위 안에서 선거관리 · 국민투표관리 또는 정당사무에 관한 규칙을 제정할 수 있으며, 법률에 저촉되지 아니하는 범위 안에서 내

---

8) 이는 국무총리 직속기관이 법규명령을 발할 수 있는지에 관한 문제이다. 현행 정부조직법상 국무총리 직속기관에는 인사혁신처, 법제처, 식품의약품안전처가 있다. 다수설은 국무총리 직속기관의 장(처장)은 헌법 제95조에서 규정한 '행정각부의 장'에 해당하지 않으므로 직접 법규명령(부령에 준하는 '처령')을 발할 수 없고, 소관사무에 관한 행정입법이 필요한 경우 총리령에 의하여야 한다는 입장이다.

부규율에 관한 규칙을 제정할 수 있다($\substack{\text{헌법 제114} \\ \text{조 제6항}}$).

(2) 헌법상 규정이 없는 법규명령

1) 감사원규칙

대통령 소속하에 설치된 합의제 헌법기관인 감사원은 감사원법 제52조[9]를 근거로 하여 감사원규칙을 제정할 수 있다. 감사원규칙에 대해서는 ① 헌법상 국회입법원칙에 대한 예외이기 때문에 헌법상 근거가 있는 경우에만 허용할 수 있다는 부정설[10]과 ② 이와는 반대로 헌법은 일정한 행정입법 형식을 인정하고 있으나 그것은 제한적인 것이 아니며, 법령에 기하여 그 내용을 보완하거나 그 구체적 사항에 관하여 규정하는 법규범이 정립되어도 그것이 국회입법원칙에 대한 실질적 침해가 된다고 볼 수 없다는 점에서 법규명령으로 볼 수 있다는 긍정설이 대립한다.[11] 감사원규칙 역시 법규의 성질을 가지고 있는 이상 법규명령으로 봄이 타당하다.

2) 위원회규칙

독점규제 및 공정거래에 관한 법률 제71조 제2항에 의한 공정거래위원회규칙, 금융위원회의 설치 등에 관한 법률 제22조에 의한 금융위원회규칙, 노동위원회법 제25조에 의한 중앙노동위원회규칙, 한국은행법 제30조에 의한 금융통화위원회규정 등의 각종 위원회규칙이나 규정이 있다. 이와 같은 위원회규칙이나 규정도 감사원규칙과 마찬가지로 법규의 성질을 가지고 있는 법규명령으로 보아야 한다.

3) 고시 · 훈령 · 예규 · 지침

법령의 직접적인 위임에 따라 행정기관이 법령을 시행하는 데 필요한 구체적인 사항을 정할 수 있는데, 이러한 경우에 그 제정형식이 고시 · 훈령 · 예규 · 지침 등이라도 그것이 상위법령의 위임한계를 벗어난 것이 아니라면 상위법령과 결합하여 대외적 구속력을 갖는 법규명령으로 보아야 한다는 것이 판례의 입장이다.[12] 그러나 상위법령에서 세부사항 등을 시행규칙으로 정하도록 위임하였음에도 이를 고시 등

---

9) 제52조(감사원규칙) 감사원은 감사에 관한 절차, 감사원의 내부 규율과 감사사무 처리에 관한 규칙을 제정할 수 있다.

10) 김도창, 「일반행정법론(상)」, 청운사, 1993, 311면.

11) 이상규(294면).

12) 그러나 개별토지가격합동조사지침(1990. 4. 14.자 국무총리훈령 제241호로 제정되어 1991. 4. 2. 국무총리훈령 제248호로 개정된 것)은 지가공시및토지등의평가에관한법률 제10조의 시행을 위한 집행명령으로 보았다(대법원 1995. 11. 10. 선고 95누863 판결).

으로 정하였다면 대외적 구속력을 가지는 법규명령으로서 효력이 인정될 수 없다.

대법원 2012. 7. 5. 선고 2010다72076 판결

[1] 법령의 규정이 특정 행정기관에게 법령 내용의 구체적 사항을 정할 수 있는 권한을 부여하면서 권한행사의 절차나 방법을 특정하지 아니한 경우에는 수임 행정기관은 행정규칙이나 규정 형식으로 법령 내용이 될 사항을 구체적으로 정할 수 있다. 이 경우 행정규칙 등은 당해 법령의 위임한계를 벗어나지 않는 한 대외적 구속력이 있는 법규명령으로서 효력을 가지게 되지만, 이는 행정규칙이 갖는 일반적 효력이 아니라 행정기관에 법령의 구체적 내용을 보충할 권한을 부여한 법령 규정의 효력에 근거하여 예외적으로 인정되는 것이다. 따라서 그 행정규칙이나 규정이 상위법령의 위임범위를 벗어난 경우에는 법규명령으로서 대외적 구속력을 인정할 여지는 없다. 이는 행정규칙이나 규정 '내용'이 위임범위를 벗어난 경우뿐 아니라 상위법령의 위임규정에서 특정하여 정한 권한행사의 '절차'나 '방식'에 위배되는 경우도 마찬가지이므로, 상위법령에서 세부사항 등을 시행규칙으로 정하도록 위임하였음에도 이를 고시 등 행정규칙으로 정하였다면 그 역시 대외적 구속력을 가지는 법규명령으로서 효력이 인정될 수 없다.

[2] 건설공사 등의 사업주체가 감리자에게 지급하여야 하는 감리비의 지급기준을 건설교통부장관의 '고시' 형식으로 정한 '주택건설공사 감리비지급기준'(이하 '감리비지급 기준'이라 한다)은 구 주택건설촉진법(2003. 5. 29. 법률 제6916호 주택법으로 전부 개정되기 전의 것) 제33조의6 제6항에서 '사업주체는 감리자에게 건설교통부장관이 정하는 바에 따라 공사감리비를 지급하여야 한다'고 규정한 데 근거한 것인데, 그 법률이 주택법으로 전부 개정되면서 근거조항도 구 주택법(2008. 2. 29. 법률 제8852호로 개정되기 전의 것, 이하 '구 주택법'이라 한다) 제24조 제6항으로 변경되었고, 개정 조항에서는 '사업주체는 감리자에게 건설교통부령이 정하는 절차 등에 의하여 공사감리비를 지급하여야 한다'고 되어 있다. 따라서 구 주택법이 시행된 이후에는 감리비의 지급기준 등은 구 주택법이 규정한 바에 따라 '건설교통부령'의 형식으로 정해야 하므로, 건설교통부장관의 '고시' 형식으로 되어 있는 종전 '감리비지급기준'은 구 주택법 제24조 제6항이 권한행사의 절차 및 방법을 특정하여 위임한 것에 위배되어 더 이상 대외적인 구속력이 있는 법규명령으로서 효력을 가지지 못한다.

행정규제기본법 제4조 제2항에서도 법령의 수권에 근거한 고시 등의 대외적 구속력을 명문으로 규정하고 있다.

행정규제기본법 제4조(규제 법정주의) ① 규제는 법률에 근거하여야 하며, 그 내용은 알기 쉬운 용어로 구체적이고 명확하게 규정되어야 한다.
② 규제는 법률에 직접 규정하되, 규제의 세부적인 내용은 법률 또는 상위법령에서 구체적으로 범위를 정하여 위임한 바에 따라 대통령령·총리령·부령 또는 조례·규칙으로 정할 수 있다. 다만, 법령에서 전문적·기술적 사항이나 경미한 사항으로서 업무의 성질상 위임이 불가

피한 사항에 관하여 구체적으로 범위를 정하여 위임한 경우에는 고시 등으로 정할 수 있다. ③ 행정기관은 법률에 근거하지 아니한 규제로 국민의 권리를 제한하거나 의무를 부과할 수 없다.

Ⅲ. 법규명령의 한계

1. 긴급재정·경제명령과 긴급명령의 한계

긴급재정·경제명령과 긴급명령은 헌법 제76조에서 규정하고 있는 요건, 목적, 절차에 의해서만 발할 수 있고, 국회에 의한 사후승인을 받아야 한다(헌법 제76조 제3항).

2. 위임명령의 한계

(1) 위임의 범위

1) 원 칙

법률이나 상위명령으로 규정할 사항을 위임에 의하여 하위의 효력을 갖는 법규명령으로 정하는 것이 위임명령이기 때문에 위임명령은 헌법, 법률, 상위명령의 근거를 요하게 된다. 즉, 모법에서 수권되지 않은 입법사항을 규정한 위임명령은 무효에 해당한다. 위임의 경우에는 구체적 범위를 정하여 위임하여야 하며, 포괄적이고 일반적인 수권은 금지된다. 또한 법률이나 상위명령에서 위임될 내용이나 범위에 대한 사항은 명확하게 규정되어 있어야 한다. 그러나 판례에서는 포괄적 위임을 금지하고 있지만, 위임이 구체적인지 포괄적인지의 구분이 쉽지 않다.

① 대법원 1996. 4. 12. 선고 95누7727 판결

[1] 보건사회부장관이 정한 1994년도 노인복지사업지침은 노령수당의 지급대상자의 선정기준 및 지급수준 등에 관한 권한을 부여한 노인복지법 제13조 제2항, 같은 법 시행령 제17조, 제20조 제1항에 따라 보건사회부장관이 발한 것으로서 실질적으로 법령의 규정내용을 보충하는 기능을 지니면서 그것과 결합하여 대외적으로 구속력이 있는 법규명령의 성질을 가지는 것으로 보인다.

[2] 법령보충적인 행정규칙, 규정은 당해 법령의 위임한계를 벗어나지 아니하는 범위 내에서만 그것들과 결합하여 법규적 효력을 가지고, 노인복지법 제13조 제2항의 규정에 따른 노인복지법 시행령 제17조, 제20조 제1항은 노령수당의 지급대상자의 연령범위에 관하여 위 법 조항과 동일하게 '65세 이상의 자'로 반복하여 규정한 다음 소득수

준 등을 참작한 일정소득 이하의 자라고 하는 지급대상자의 선정기준과 그 지급대상자에 대한 구체적인 지급수준(지급액) 등의 결정을 보건사회부장관에게 위임하고 있으므로, 보건사회부장관이 노령수당의 지급대상자에 관하여 정할 수 있는 것은 65세 이상의 노령자 중에서 그 선정기준이 될 소득수준 등을 참작한 일정소득 이하의 자인 지급대상자의 범위와 그 지급대상자에 대하여 매년 예산확보상황 등을 고려한 구체적인 지급수준과 지급시기, 지급방법 등일 뿐이지, 나아가 지급대상자의 최저연령을 법령상의 규정보다 높게 정하는 등 노령수당의 지급대상자의 범위를 법령의 규정보다 축소·조정하여 정할 수는 없다고 할 것임에도, 보건사회부장관이 정한 1994년도 노인복지사업지침은 노령수당의 지급대상자를 '70세 이상'의 생활보호대상자로 규정함으로써 당초 법령이 예정한 노령수당의 지급대상자를 부당하게 축소·조정하였고, 따라서 위 지침 가운데 노령수당의 지급대상자를 '70세 이상'으로 규정한 부분은 법령의 위임한계를 벗어난 것이어서 그 효력이 없다.

② 대법원 2007. 10. 26. 선고 2007두9884 판결

[2] 위임입법의 경우 그 한계는 예측가능성인바, 이는 법률에 이미 대통령령으로 규정될 내용 및 범위의 기본사항이 구체적으로 규정되어 있어서 누구라도 당해 법률로부터 대통령령 등에 규정될 내용의 대강을 예측할 수 있어야 함을 의미하고, 이러한 예측가능성의 유무는 당해 특정조항 하나만을 가지고 판단할 것은 아니고 관련 법조항 전체를 유기적·체계적으로 종합 판단하여야 하며 각 대상법률의 성질에 따라 구체적·개별적으로 검토하여 법률조항과 법률의 입법 취지를 종합적으로 고찰할 때 합리적으로 그 대강이 예측될 수 있는 것이라면 위임의 한계를 일탈하지 아니한 것이다.

[3] 구 대도시 광역교통관리에 관한 특별법(2007. 1. 19. 법률 제8251호로 개정되기 전의 것) 제11조는 광역교통시설부담금 납부대상에 관하여 포괄적으로 시행령에 위임한 것이 아니라, 제1호 내지 제5호에서 그 납부대상이 되는 사업을 구체적으로 적시한 다음, 같은 조 제6호에서 '기타 제1호 내지 제5호의 사업과 유사한 사업으로 대통령령이 정하는 사업'을 시행하는 자도 그 납부대상으로 정해질 수 있다는 점을 명시한 것으로서, 그 규정 취지는 제1호 내지 제5호의 경우와 비교하여 객관적으로 이와 유사한 사업에 해당한다는 기준을 설정하여 위임의 범위를 한정한 다음, 이에 관한 세부적인 사항은 그때그때의 사회·경제적 상황에 따라 탄력적으로 대통령령으로 정할 수 있도록 한 것으로 보아야 한다. 그렇다면 같은 조 제6호는 법률에서 그 대강의 내용을 규정한 다음 대통령령에 의하여 부분적인 보충을 할 수 있도록 하는 입법방식을 취한 것으로서, 같은 조 제1호 내지 제5호에 적시된 구체적 사례들을 통하여 대통령령에 의하여 보충될 내용의 대강을 예측할 수 있으므로, 이를 포괄위임금지의 원칙에 관한 헌법 제75조에 위배된다고 볼 수는 없고, 대통령령에 관한 수권법률인 위 특별법 제11조 제6호가 헌법 제38조, 제59조의 헌법적 특별규정인 헌법 제75조에 위배되지 않는 이상, 일반규정인 헌법 제38조, 제59조에 위배되는 것으

로 볼 수도 없다.

[4] '건축법 제8조의 규정에 의한 건축허가를 받아 주택 외의 시설과 20세대 이상의 주택을 동일건축물로 건축하는 사업'은 대도시권 내의 교통수요 등에 영향을 미치는 측면에서 구 대도시 광역교통관리에 관한 특별법($^{2007.\ 1.\ 19.\ 법률\ 제8251}_{호로\ 개정되기\ 전의\ 것}$) 제11조 제1호 내지 제5호의 경우와 객관적으로 유사한 사업에 해당하므로, 이러한 사업시행자를 광역교통시설부담금 납부대상으로 규정한 같은 법 시행령 제15조 제2항은 수권법률인 같은 법 제11조 제6호가 정한 위임의 범위를 넘어서지 않는다.

③ 헌법재판소 1997. 2. 20.자 95헌바27 결정

위임입법에 있어 위임의 구체성, 명확성의 요구 정도는 그 규율대상의 종류와 성격에 따라 달라질 것이지만 특히 처벌법규나 조세법규와 같이 국민의 기본권을 직접적으로 제한하거나 침해할 소지가 있는 법규에서는 구체성, 명확성의 요구가 강화되어 그 위임의 요건과 범위가 일반적인 급부행정의 경우보다 더 엄격하게 제한적으로 규정되어야 하는 반면에, 규율대상이 지극히 다양하거나 수시로 변화하는 성질의 것일 때에는 위임의 구체성, 명확성의 요건이 완화될 수도 있을 것이며, 조세감면규정의 경우에는 법률의 구체적인 근거없이 대통령령에서 감면대상, 감면비율 등 국민의 납세의무에 직접 영향을 미치는 감면요건 등을 규정하였는가 여부도 중요한 판단기준이 된다.

2) 예 외

대법원은 법규명령과 달리 지방자치단체의 조례와 주택재개발조합의 정관은 자치법의 영역에 속하기 때문에 포괄위임입법금지의 원칙이 적용되지 않는다고 한다.

① 헌법재판소 1995. 4. 20.자 92헌마264, 279(병합) 결정

조례의 제정권자인 지방의회는 선거를 통해서 그 지역적인 민주적 정당성을 지니고 있는 주민의 대표기관이고 헌법이 지방자치단체에 포괄적인 자치권을 보장하고 있는 취지로 볼 때, 조례에 대한 법률의 위임은 법규명령에 대한 법률의 위임과 같이 반드시 구체적으로 범위를 정하여 할 필요가 없으며 포괄적인 것으로 족하다.

② 대법원 2007. 10. 12. 선고 2006두14476 판결[14)]

구 도시 및 주거환경정비법($^{2005.\ 3.\ 18.\ 법률\ 제7392}_{호로\ 개정되기\ 전의\ 것}$)상 사업시행자에게 사업시행계획의 작성

---

13) [비교 판례] 토지등소유자가 도시환경정비사업을 시행하는 경우 사업시행인가 신청시 필요한 토지등소유자의 동의는, 개발사업의 주체 및 정비구역 내 토지등소유자를 상대로 수용권을 행사하고 각종 행정처분을 발할 수 있는 행정주체로서의 지위를 가지는 사업시행자를 지정하는 문제로서, 그 동의요건을 정하는 것은 국민의 권리와 의무의 형성에 관한 기본적이고 본질적인 사항이므로 국회가 스스로 행하여야 하는 사항에 속하는 것임에도 불구하고, 사업시행인가 신청에 필요한 동의정족수를 토지등소유자가 자치적으로 정하여 운영하는 규약에 정하도록 한 것은 법률유보원칙에 위반된다(헌법재판

권이 있고 행정청은 단지 이에 대한 인가권만을 가지고 있으므로 사업시행자인 조합의 사업시행계획 작성은 자치법적 요소를 가지고 있는 사항이라 할 것이고, 이와 같이 사업시행계획의 작성이 자치법적 요소를 가지고 있는 이상, 조합의 사업시행인가 신청시의 토지 등 소유자의 동의요건 역시 자치법적 사항이라 할 것이며, 따라서 2005. 3. 18. 법률 제7392호로 개정된 도시 및 주거환경정비법 제28조 제4항 본문이 사업시행인가 신청시의 동의요건을 조합의 정관에 포괄적으로 위임하고 있다고 하더라도 헌법 제75조가 정하는 포괄위임입법금지의 원칙이 적용되지 아니하므로 이에 위배된다고 할 수 없다. 그리고 조합의 사업시행인가 신청시의 토지 등 소유자의 동의요건이 비록 토지 등 소유자의 재산상 권리·의무에 영향을 미치는 사업시행계획에 관한 것이라고 하더라도, 그 동의요건은 사업시행인가 신청에 대한 토지 등 소유자의 사전 통제를 위한 절차적 요건에 불과하고 토지 등 소유자의 재산상 권리·의무에 관한 기본적이고 본질적인 사항이라고 볼 수 없으므로 법률유보 내지 의회유보의 원칙이 반드시 지켜져야 하는 영역이라고 할 수 없고, 따라서 개정된 도시 및 주거환경정비법 제28조 제4항 본문이 법률유보 내지 의회유보의 원칙에 위배된다고 할 수 없다.

(2) 의회전속적 법률사항 위임금지

헌법은 대한민국 국민이 되는 요건($^{제2조}_{제1항}$), 범죄와 형벌($^{제13조}_{제1항}$), 통신·방송의 시설 기준($^{제21조}_{제3항}$), 재산권의 수용·사용 또는 제한 및 그에 대한 보상($^{제23조}_{제3항}$), 국회의원의 수와 선거구($^{제41조 제2}_{항, 제3항}$), 조세의 종목과 세율($^{제59}_{조}$), 국군의 조직과 편성($^{제74조}_{제2항}$), 행정각부의 설치·조직과 직무범위($^{제96}_{조}$), 법관의 자격($^{제101조}_{제3항}$), 지방자치단체의 종류($^{제117조}_{제2항}$) 등은 국회의 전속사항인 법률로 정하도록 규정하고 있다. 원칙적으로 이러한 의회전속적 법률사항에 관한 입법권은 위임이 불가능하다. 다만 구체적·세부적 범위를 정하여 위임하는 경우는 가능하다고 한다($^{이 점이 중요사항 유보와}_{관련하여 문제가 있음}$).

다시 말해서 죄형법정주의에 의해 원칙적으로 구성요건과 형벌을 법규명령에 위임할 수는 없으나, 모법이 ① 처벌대상의 구체적 기준을 정하여 위임하거나, ② 형벌의 상한선을 정하여 위임하는 것은 가능하다. 예컨대 모법에서 "대기를 오염시킨 자는 징역에 처한다. 대기오염의 범위는 대통령령으로 정한다."라고 규정한 경우에는 구성요건과 형벌의 추상적 위임으로 죄형법정주의에 반하지만, "대기오염방지법에서 정하고 있는 대기오염물질을 배출하는 자는 10년 이하의 징역에 처한다. 처벌에 필요한 대기오염물질의 배출정도는 대통령령으로 정한다."라고 구체적 기준을 정하여 위임한 경우는 죄형법정주의에 반하지 않는다고 한다.

소 2012. 4. 24.자 2010헌바1 결정).

대법원 2000. 10. 27. 선고 2000도1007 판결

사회현상의 복잡다기화와 국회의 전문적·기술적 능력의 한계 및 시간적 적응능력의 한계로 인하여 형사처벌에 관련된 모든 법규를 예외 없이 형식적 의미의 법률에 의하여 규정한다는 것은 사실상 불가능할 뿐만 아니라 실제에 적합하지도 아니하기 때문에, 특히 긴급한 필요가 있거나 미리 법률로써 자세히 정할 수 없는 부득이한 사정이 있는 경우에 한하여 수권법률(위임법률)이 구성요건의 점에서는 처벌대상인 행위가 어떠한 것인지 이를 예측할 수 있을 정도로 구체적으로 정하고, 형벌의 점에서는 형벌의 종류 및 그 상한과 폭을 명확히 규정하는 것을 전제로 위임입법이 허용된다.

그러나 이러한 위임가능론은 중요사항유보론과 관련하여 문제가 있다. 즉, 대한민국에서는 의회가 세부사항까지도 전속적으로 정해야 할 '매우 중요한 사항'과 기본원칙을 정한 후 명령에 위임하거나 명령의 분야로 남겨 놓을 '보다 덜 중요한 사항'을 구별하지 않고, 모두 위임명령에 위임하고 있는데 이것은 의회전속사항을 사실상 무시하는 것으로 중요사항유보론의 본지에 어긋난다.[14]

(3) 재위임의 문제

법률에 의하여 위임된 입법사항의 전부 또는 일부를 하위명령에 다시 위임하는 것이 재위임이다. 재위임에 대해서 모법이 이를 명시적으로 허용한 경우에는 문제가 되지 않을 것이나, 이러한 명시적 규정이 존재하지 않는 경우에 있어서 위임받은 사항을 전혀 규정하지 않고 입법사항의 전부를 하위명령에 재위임하는 것은 모법이 정하고 있는 범위를 벗어나는 것이기 때문에 허용되지 않는다고 보아야 할 것이다. 다만 모법에서 위임받은 사항에 대해서 일반적인 내용을 규정하고 하위명령에 세부적인 사항을 재위임하는 것은 허용된다는 것이 통설과 판례의 입장이다.

헌법재판소 1996. 2. 29.자 94헌마213 결정

법률에서 위임받은 사항을 전혀 규정하지 않고 재위임하는 것은 "위임받은 권한을 그대로 다시 위임할 수 없다"는 복위임금지의 법리에 반할 뿐 아니라 수권법의 내용변경을 초래하는 것이 되고, 부령의 제정·개정절차가 대통령령에 비하여 보다 용이한 점을 고려할 때 재위임에 의한 부령의 경우에도 위임에 의한 대통령령에 가해지는 헌법상의 제한이 당연히 적용되어야 할 것이므로 법률에서 위임받은 사항을 전혀 규정하지 아니하고 그대로 재위임하는 것은 허용되지 않으며, 위임받은 사항에 관하여 대강을 정하고 그 중의 특정사항을 범위를 정하여 하위법령에 다시 위임하는 경우에만 재위임이 허

---

14) 앞에서 설명한 중요사항유보론에 대한 설명, 특히 프랑스와 독일의 비교 설명 참조.

용된다.

(4) 사후위임의 문제

법률의 위임 없이 제정된 법규명령(위임명령)은 무효이지만, 사후에 법령의 개정으로 위임의 근거가 부여되면 그때부터는 유효한 법규명령으로 볼 수 있다.

대법원 2017. 4. 20. 선고 2015두45700 전원합의체 판결

일반적으로 법률의 위임에 따라 효력을 갖는 법규명령의 경우에 위임의 근거가 없어 무효였더라도 나중에 법 개정으로 위임의 근거가 부여되면 그때부터는 유효한 법규명령으로 볼 수 있다. 그러나 법규명령이 개정된 법률에 규정된 내용을 함부로 유추·확장하는 내용의 해석규정이어서 위임의 한계를 벗어난 것으로 인정될 경우에는 법규명령은 여전히 무효이다.

3. 집행명령의 한계

행정의 본질이 법령을 집행하는 것이므로 집행명령은 법률 또는 상위명령의 명시적 수권이 없이도 행정권이 얼마든지 제정할 수 있다. 그러나 헌법, 법률, 상위명령의 범위 내에서만 집행명령의 제정이 가능하고, 집행에 필요한 절차, 형식, 세부적 사항을 넘어서 국민의 권리·의무에 관한 새로운 사항을 규정하는 것은 인정되지 않는다.

Ⅳ. 법규명령의 성립 · 발효요건

1. 주 체

법규명령은 대통령, 국무총리, 행정각부의 장 등 헌법이나 법률에 근거하여 정당한 권한을 가진 자가 제정할 수 있다.

2. 절 차

(1) 법제처 심사와 국무회의 심의

대통령령은 법제처의 심사와 국무회의의 심의를 거쳐야 하며(헌법 제89조 제3호, 정부조직법 제23조 제1항), 총리령과 부령은 법제처의 심사를 거쳐야 한다(정부조직법 제23조 제1항).

(2) 입법예고

법령등을 제정·개정 또는 폐지($^{이하\ "입법"}_{이라\ 한다}$)하려는 경우에는 해당 입법안을 마련한 행정청은 원칙적으로 이를 예고하여야 한다($^{행정절차법\ 제41}_{조\ 제1항\ 본문}$). 행정청은 입법안의 취지, 주요 내용 또는 전문을 관보 및 법제처장이 구축·제공하는 정보시스템($^{법령의}_{입법안}$) 또는 공보($^{자치법규의}_{입법안}$)를 통해 공고하여야 하며, 추가로 인터넷, 신문 또는 방송 등을 통하여 공고할 수 있다($^{제42조}_{제1항}$). 행정청은 대통령령을 입법예고하는 경우 국회 소관 상임위원회에 이를 제출하여야 한다($^{제2}_{항}$).

입법예고기간은 예고할 때 정하되, 특별한 사정이 없으면 40일($^{자치법규}_{는\ 20일}$) 이상으로 한다($^{제43}_{조}$).

3. 형 식

법규명령은 법조(法條)의 형식으로 제정되어야 한다. 대통령령 공포문의 전문에는 국무회의의 심의를 거친 사실을 적고, 대통령이 서명한 후 대통령인을 찍고 그 공포일을 명기하여 국무총리와 관계 국무위원이 부서한다($^{법령\ 등\ 공포에\ 관}_{한\ 법률\ 제7조}$). 총리령을 공포할 때에는 그 일자를 명기하고, 국무총리가 서명한 후 총리인을 찍는다($^{제9조}_{제1항}$). 부령을 공포할 때에는 그 일자를 명기하고, 해당 부(部)의 장관이 서명한 후 그 장관인을 찍는다($^{제2}_{항}$).

4. 내 용

법규명령의 내용은 헌법, 법률, 상위명령에 저촉되어서는 안 되며, 객관적으로 명확하고 실현가능하여야 한다.

5. 공 포

법규명령은 관보에 게재하는 방법으로 공포되며, 관보가 발행된 날인 공포일에 유효하게 성립한다($^{법령\ 등\ 공포에\ 관한\ 법률}_{제11조\ 제1항,\ 제12조}$).

6. 효력발생

대통령령, 총리령 및 부령은 특별한 규정이 없으면 공포한 날부터 20일이 경과

함으로써 효력을 발생한다(법령 등 공포에 관한 법률 제13조). 다만 국민의 권리 제한 또는 의무 부과와 직접 관련되는 법률, 대통령령, 총리령 및 부령은 긴급히 시행하여야 할 특별한 사유가 있는 경우를 제외하고는 공포일부터 적어도 30일이 경과한 날부터 시행되도록 하여야 한다(제13조의2).

V. 법규명령의 흠

1. 흠 있는 법규명령의 효력

법규명령이 성립요건과 발효요건을 갖추지 못한 경우에는 흠 있는 법규명령이 된다. 흠 있는 법규명령은 무효인지 아니면 취소대상인지가 문제되는데, 흠의 정도에 관계없이 흠 있는 법규명령은 무효라고 보는 것이 통설적 견해이다. 그러나 처분적 성질을 가지는 법규명령에 대해서는 취소쟁송을 제기할 수 있다.

대법원 2008. 11. 20. 선고 2007두8287 전원합의체 판결

구 자원의 절약과 재활용촉진에 관한 법률 시행령(2007. 3. 27. 대통령령 제19971호로 개정되기 전의 것) 제11조 [별표 2] 제7호에서 플라스틱제품의 수입업자가 부담하는 폐기물부담금의 산출기준을 아무런 제한 없이 그 수입가만을 기준으로 한 것은, 합성수지 투입량을 기준으로 한 제조업자에 비하여 과도하게 차등을 둔 것으로서 합리적 이유 없는 차별에 해당하므로, 위 조항 중 '수입의 경우 수입가의 0.7%' 부분은 헌법상 평등원칙을 위반한 입법으로서 무효이다.

2. 흠 있는 법규명령에 근거한 행정처분의 효력

흠 있는 법규명령에 근거하여 이루어진 행정처분 역시 위법하다. 다만 법규명령에 대해 무효라고 선언한 대법원 판결이 선고되기 전에는 법규명령의 위헌·위법 여부가 객관적으로 명백한 것이라고 할 수 없으므로 이러한 법규명령에 근거한 행정처분의 하자는 취소사유에 해당한다(중대·명백설).

대법원 2007. 6. 14. 선고 2004두619 판결

하자 있는 행정처분이 당연무효로 되려면 그 하자가 법규의 중요한 부분을 위반한 중대한 것이어야 할 뿐 아니라 객관적으로 명백한 것이어야 하고, 행정청이 위헌이거나 위법하여 무효인 시행령을 적용하여 한 행정처분이 당연무효로 되려면 그 규정이 행정처분의 중요한 부분에 관한 것이어서 결과적으로 그에 따른 행정처분의 중요한 부분에

하자가 있는 것으로 귀착되고, 또한 그 규정의 위헌성 또는 위법성이 객관적으로 명백
하여 그에 따른 행정처분의 하자가 객관적으로 명백한 것으로 귀착되어야 하는바, 일반
적으로 시행령이 헌법이나 법률에 위반된다는 사정은 그 시행령의 규정을 위헌 또는 위
법하여 무효라고 선언한 대법원의 판결이 선고되지 아니한 상태에서는 그 시행령 규정
의 위헌 내지 위법 여부가 해석상 다툼의 여지가 없을 정도로 명백하였다고 인정되지
아니하는 이상 객관적으로 명백한 것이라 할 수 없으므로, 이러한 시행령에 근거한 행
정처분의 하자는 취소사유에 해당할 뿐 무효사유가 되지 아니한다.

VI. 법규명령의 소멸

1. 폐 지

폐지란 동위 또는 상위의 법령에 의해 법규명령의 효력을 장래에 향해 소멸시키
는 것을 말한다. 이는 동위 또는 상위의 법령에서 직접적·명시적으로 할 수도 있
고, 당해 법규명령과 내용상 충돌되는 동위 또는 상위의 법령을 제정함으로써 간접
적으로 할 수도 있다.

2. 법정부관의 성취

해제조건이 부가되거나 존속기간이 정해진 법규명령은 해제조건의 완성이나 종
기의 도래와 같이 법정부관이 성취되면 해당 법규명령은 소멸하게 된다.

3. 상위법령의 소멸

상위법령이 소멸하게 되면 해당 법규명령도 소멸하게 된다. 법규명령의 위임근
거가 되는 법률에 대하여 위헌결정이 선고되면 그 위임에 근거하여 제정된 법규명
령도 원칙적으로 효력을 상실한다(대법원 1998. 4. 10. 선고)(96다52359 판결 참조).

대법원 1989. 9. 12. 선고 88누6962 판결

상위법령의 시행에 필요한 세부적 사항을 정하기 위하여 행정관청이 일반적 직권에
의하여 제정하는 이른바 집행명령은 근거 법령인 상위법령이 폐지되면 특별한 규정이
없는 이상 실효되는 것이나, 상위법령이 개정됨에 그친 경우에는 개정법령과 성질상 모
순, 저촉되지 아니하고 개정된 상위법령의 시행에 필요한 사항을 규정하고 있는 이상
그 집행명령은 상위법령의 개정에도 불구하고 당연히 실효되지 아니하고 개정법령의

시행을 위한 집행명령이 제정, 발효될 때까지는 여전히 그 효력을 유지한다.

Ⅶ. 법규명령의 통제

1. 입법적 통제

현행 헌법상 의회가 행정입법을 통제할 수 있는 수단으로는 당해 법규명령을 제정한 국무위원의 해임건의 또는 탄핵소추를 하거나, 관계부처의 예산을 삭감하는 등과 같은 간접적인 방법밖에 없는 실정이다. 이외에도 법규명령의 제정에 관한 법률의 수권을 철회하거나 법규명령의 내용과 상충되는 법률을 제정함으로써 법규명령의 효력을 상실시킬 수 있다.

국회법 제98조의2에서 행정입법의 국회제출을 규정하고 있으나, 이는 심사권이 없는 단순한 제출만을 하도록 하고 있다.

> **국회법 제98조의2(대통령령 등의 제출 등)** ① 중앙행정기관의 장은 법률에서 위임한 사항이나 법률을 집행하기 위하여 필요한 사항을 규정한 대통령령·총리령·부령·훈령·예규·고시 등이 제정·개정 또는 폐지되었을 때에는 10일 이내에 이를 국회 소관 상임위원회에 제출하여야 한다. 다만, 대통령령의 경우에는 입법예고를 할 때(입법예고를 생략하는 경우에는 법제처장에게 심사를 요청할 때를 말한다)에도 그 입법예고안을 10일 이내에 제출하여야 한다.
> ③ 상임위원회는 위원회 또는 상설소위원회를 정기적으로 개회하여 그 소관 중앙행정기관이 제출한 대통령령·총리령 및 부령의 법률 위반 여부 등을 검토하여야 한다.

그러나 독일의 경우에는 특정의 법규명령은 의회의 동의를 구하도록 동의권을 유보해 두는 동의권유보제도를 두고 있고, 영국의 경우에는 법규명령을 의회에 제출하여 의회의 승인을 얻어야 효력이 발생하는 승인적 결의사항과 의회에 의하여 적극적으로 부인되지 않는 한 효력이 발생하는 부인적 결의사항으로 나누어 통제하는 의회제출절차가 있다. 미국의 경우에는 1996년 제정된 「행정청의 규칙제정에 대한 의회심사법」$\left(\substack{\text{Congressional Review of}\\\text{Agency Rulemaking Act}}\right)$에 의해 모든 주요 규칙$\left(\substack{\text{major}\\\text{rule}}\right)$은 의회에 제출하여 의회의 심사를 받아야 하는 의회제출절차를 채택하고 있다.

2. 행정적 통제

행정적 통제에는 ① 상급행정청의 감독권에 의한 통제, ② 법제처 또는 국무회의 등에 의한 절차적 통제, ③ 중앙행정심판위원회에 의한 통제가 있다.

감독권에 의한 통제의 대표적인 예로 미국의 OMB(관리·예산청)제도15)를 들 수
있다. 절차적 통제의 예로는 대통령령에 대한 국무회의의 심의(헌법 제89 조 제3호), 대통령령, 총
리령 및 부령에 대한 법제처의 심사(정부조직법 제23조 제1항), 입법예고제(행정절차법 제41조)가 있다.

중앙행정심판위원회는 심판청구를 심리·재결할 때에 처분 또는 부작위의 근거
가 되는 명령 등(대통령령·총리령·부령·훈령·예규 시:조례·규칙 등을 말한다. 이하 같다 고)이 법령에 근거가 없거나 상위 법령에 위배
되거나 국민에게 과도한 부담을 주는 등 크게 불합리하면 관계 행정기관에 그 명령
등의 개정·폐지 등 적절한 시정조치를 요청할 수 있다. 이 경우 중앙행정심판위원
회는 시정조치를 요청한 사실을 법제처장에게 통보하여야 한다(행정심판법 제59조 제1항). 이때 시정
조치의 요청을 받은 관계 행정기관은 정당한 사유가 없으면 이에 따라야 한다(제2 항).

한편, 국민권익위원회는 법령 등16)의 부패유발요인을 분석·검토하여 그 법령
등의 소관 기관의 장에게 그 개선을 위하여 필요한 사항을 권고할 수 있다(부패방지 및 국 민권익위원회의 설치와 운영에 관한 법률 제28조 제1항).

---

15) 미국에 있어 행정입법에 대한 행정부의 통제는 지금까지 행정절차법에 따른 절차적 통제가 주
류를 이루어 왔다. 그러나 근래에 들어와서는 행정입법을 제정·시행할 경우 예상되는 효과를 분석하는
이른바 규칙제정영향분석(regulatory impact analysis)을 통하여 행정입법을 통제하고 있다. 규칙제정
영향분석이란 행정입법의 제정으로 인하여 발생할 효과 및 기타 각종 영향들의 형량적 분석을 말한다.
1970년대에 접어들면서부터 복리국가의 진전에 따라 방대한 규칙이 제정되게 되었고 산업계로부터
규칙의 과잉제정에 대한 비난의 소리가 높아지자 대통령은 규칙제정에 대한 통제에 관심을 가지게 되
었다. 즉 1970년 1월 1일부터 국가환경정책법(NEPA)이 시행됨에 따라 각종 규칙의 제정이 불가피하
게 되었고, 당시의 닉슨 대통령은 1971년부터 대통령직속의 관리·예산청(OMB)으로 하여금 규칙을
제정함에 있어 당해 규칙의 제정이 국민생활의 질적 향상에 도움을 주는가라는 이른바 '생활의 질'을
심사(quality of life review)토록 하였다.
관리·예산청(Office of Management and Budget), 즉 OMB는 미국 행정에 있어서 입법적 정리,
여러 가지 프로그램의 조정과 입안, 예산편성과 그 밖의 행정관리권능 등을 통해 중심적 역할을 수행
하고 있는 기관이다. 그 기본적 임무는 예산편성과 집행이지만 연방 프로그램의 실행을 평가할 책무도
아울러 맡고 있는데 구체적으로는 행정부 내의 조직상 구조 및 관리절차의 심사, 대통령입법프로그램
의 조정, 행정명령(E/O) 및 포고(proclamation)의 작성과 정비, 연방통계업무의 입안과 조정에 대한
계획과 촉진, 모든 연방부서 및 행정청의 업무에 대한 대통령에의 조언 등을 행하고 있다. 서원우, "行
政立法의 統制", 法曹(36권 11호), 1987, 5면.
16) 여기서 법령 등에는 ① 법률·대통령령·총리령 및 부령, ② 법령의 위임에 따른 훈령·예규·
고시 및 공고 등 행정규칙, ③ 지방자치단체의 조례·규칙, ④ 공공기관의 운영에 관한 법률 제4조에
따라 지정된 공공기관 및 지방공기업법 제49조·제76조에 따라 설립된 지방공사·지방공단의 내부규
정이 포함된다(제28조 제1항).

3. 사법적 통제

(1) 법원에 의한 통제

헌법 제107조 ② 명령·규칙 또는 처분이 헌법이나 법률에 위반되는 여부가 재판의 전제가 된 경우에는 대법원은 이를 최종적으로 심사할 권한을 가진다.

사법적 통제에는 구체적 사건성이 없어도 법규명령의 위헌 또는 위법을 심리할 수 있는 추상적 규범통제와 법규명령의 위헌 또는 위법이 재판의 전제가 된 경우에만 당해 법규명령의 위법성을 심사할 수 있는 구체적 규범통제가 있다. 한국에서는 구체적 규범통제만이 인정되지만, 예외적으로 법규명령이 국민 개개인의 법적 지위에 직접 영향을 미치는 경우에는 '처분성'을 인정할 수 있다. 그러나 법치행정의 원리가 행정에 대한 법과 법관에 의한 지배를 의미한다면 행정의 중요한 부분인 행정입법작용이 행정재판의 대상이 되어야 하는 것은 법치국가의 논리상 당연하다. 앞으로 있을 수밖에 없는 행정소송법 개정에 반영되기를 기대해 본다.

① **대법원 1992. 3. 10. 선고 91누12639 판결**

행정청의 위법한 처분 등의 취소 또는 변경을 구하는 취소소송의 대상이 될 수 있는 것은 구체적인 권리의무에 관한 분쟁이어야 하고 일반적, 추상적인 법령이나 규칙 등은 그 자체로서 국민의 구체적인 권리의무에 직접적 변동을 초래케 하는 것이 아니므로 그 대상이 될 수 없다.

② **대법원 1996. 9. 20. 선고 95누8003 판결**

[1] 조례가 집행행위의 개입 없이도 그 자체로서 직접 국민의 구체적인 권리의무나 법적 이익에 영향을 미치는 등의 법률상 효과를 발생하는 경우 그 조례는 항고소송의 대상이 되는 행정처분에 해당하고, 이러한 조례에 대한 무효확인소송을 제기함에 있어서 행정소송법 제38조 제1항, 제13조에 의하여 피고적격이 있는 처분 등을 행한 행정청은, 행정주체인 지방자치단체 또는 지방자치단체의 내부적 의결기관으로서 지방자치단체의 의사를 외부에 표시한 권한이 없는 지방의회가 아니라, 구 지방자치법^(1994. 3. 16. 법률 제4741호로 개정되기 전의 것) 제19조 제2항, 제92조에 의하여 지방자치단체의 집행기관으로서 조례로서의 효력을 발생시키는 공포권이 있는 지방자치단체의 장이다.

[2] 구 지방교육자치에관한법률^(1995. 7. 26. 법률 제4951호로 개정되기 전의 것) 제14조 제5항, 제25조에 의하면 시·도의 교육·학예에 관한 사무의 집행기관은 시·도 교육감이고 시·도 교육감에게 지방교육에 관한 조례안의 공포권이 있다고 규정되어 있으므로, 교육에 관한 조례의 무효확인소송을 제기함에 있어서는 그 집행기관인 시·도 교육감을 피고로 하여야 한다.

법원에 의해 법규명령의 위법성이 확인되더라도 그 효력이 소멸되는 것이 아니라 당해 사건에만 적용이 배제된다. 물론, 행정소송법 제6조는 행정소송에 대한 대법원 판결에 의하여 명령·규칙이 헌법 또는 법률에 위반된다는 것이 확정된 경우에는 대법원은 지체 없이 그 사유를 행정안전부장관에게 통보하여야 하며, 통보를 받은 행정안전부장관은 지체 없이 이를 관보에 게재하도록 규정하고 있어 사실상 효력이 소멸되는 것과 같은 효과를 가진다.

(2) 헌법재판소에 의한 통제

1) 법규명령에 대한 헌법소원

헌법 제111조 ① 헌법재판소는 다음 사항을 관장한다.
5. 법률이 정하는 헌법소원에 관한 심판

헌법재판소법 제68조(청구 사유) ① 공권력의 행사 또는 불행사로 인하여 헌법상 보장된 기본권을 침해받은 자는 법원의 재판을 제외하고는 헌법재판소에 헌법소원심판을 청구할 수 있다. 다만, 다른 법률에 구제절차가 있는 경우에는 그 절차를 모두 거친 후에 청구할 수 있다.

법규명령의 위법성에 대한 최종 심사권은 원칙적으로 대법원에 있다. 그러나 헌법재판소가 1990년 법무사법 시행규칙 제3조 제1항의 위헌성을 심사하면서 헌법재판소도 위헌·위법 명령의 심사권을 가진다고 결정한 바 있다. 이에 대하여 ① 법규명령이 구체적인 집행행위를 매개하지 않고 직접 국민의 기본권을 침해하는 경우에는 헌법소원의 대상이 된다고 보는 긍정설과 ② 헌법 제107조 제2항은 법규명령의 위헌·위법에 대해 대법원이 최종적으로 심사할 권한을 가진다고 규정하고 있으므로 헌법재판소는 법규명령에 대한 심사권을 갖지 못한다고 보는 부정설이 대립하고 있다.

생각건대, 법규명령도 헌법재판소법 제68조 제1항의 '공권력 행사'에 해당하는 점, 헌법 제107조 제2항은 구체적 사건에서 법규명령의 위헌·위법 여부가 재판의 전제가 된 경우에 최종심사권이 대법원에 있음을 의미한다는 점에서 긍정설이 타당하다. 따라서 법규명령이 집행행위를 매개하지 않고 그 자체로 직접 국민의 기본권을 침해하는 경우[17]에는 헌법소원의 대상이 될 수 있다고 본다.

---

17) 구 체육시설의 설치·이용에 관한 법률 시행규칙(1989. 7. 12. 체육부령 제13호, 개정 1992. 2. 27. 문화체육부령 제20호) 제5조의 체육시설업의 시설, 설비, 안전관리 및 위생기준(별표1)에서 당구장 경영자로 하여금 "출입문에 18세 미만자의 출입을 금지하는 내용의 표시를 하여야 한다."는 규정이 대표적이다(헌법재판소 1993. 5. 13.자 92헌마80 결정).

헌법재판소 1990. 10. 15.자 89헌마178 결정

헌법 제107조 제2항이 규정한 명령·규칙에 대한 대법원의 최종심사권이란 구체적
인 소송사건에서 명령·규칙의 위헌 여부가 재판의 전제가 되었을 경우 법률의 경우와
는 달리 헌법재판소에 제청할 것 없이 대법원이 최종적으로 심사할 수 있다는 의미이
며, 명령·규칙 그 자체에 의하여 직접 기본권이 침해되었음을 이유로 하여 헌법소원심
판을 청구하는 것은 위 헌법규정과는 아무런 상관이 없는 문제이다. 따라서 입법부·행
정부·사법부에서 제정한 규칙이 별도의 집행행위를 기다리지 않고 직접 기본권을 침
해하는 것일 때에는 모두 헌법소원심판의 대상이 될 수 있는 것이다. (중략) 법령자체에
의한 직접적인 기본권침해 여부가 문제되었을 경우 그 법령의 효력을 직접 다투는 것을
소송물로 하여 일반 법원에 구제를 구할 수 있는 절차는 존재하지 아니하므로 이 사건
에서는 다른 구제절차를 거칠 것 없이 바로 헌법소원심판을 청구할 수 있는 것이다.

2) 행정입법부작위에 대한 헌법소원

행정청에게 법규명령을 제정할 법적 의무가 존재함에도 정당한 사유 없이 상당
한 기간 동안 법규명령을 제정하지 않음으로써 헌법상 기본권이 침해된 경우, 이는
헌법재판소법 제68조 제1항에서 규정하는 '공권력의 불행사'에 해당하므로 헌법소
원의 대상이 된다. 이때 헌법소원의 대상이 되는 입법부작위는 진정입법부작위에
한정된다.

헌법재판소 1998. 7. 16.자 96헌마246 결정

[1] 치과의사로서 전문의가 되고자 하는 자는 대통령이 정하는 수련을 거쳐 보건
복지부장관의 자격인정을 받아야 하고($\substack{의료법 제55 \\ 조 제1항}$) 전문의의 자격인정 및 전문과목에 관하
여 필요한 사항은 대통령령으로 정하는바($\substack{동조 \\ 제3항}$), 위 대통령령인 '규정' 제2조의2 제2호
($\substack{개정 1995. \\ 1. 28.}$)는 치과전문의의 전문과목을 "구강악안면외과·치과보철과·치과교정과·소아
치과·치주과·치과보존과·구강내과·구강악안면방사선과·구강병리과 및 예방치과"
로 정하고, 제17조($\substack{개정 1994. \\ 12. 23.}$)에서는 전문의자격의 인정에 관하여 "일정한 수련과정을 이
수한 자로서 전문의자격시험에 합격"할 것을 요구하고 있는데도, '시행규칙'이 위 규정
에 따른 개정입법 및 새로운 입법을 하지 않고 있는 것은 진정입법부작위에 해당하므로
이 부분에 대한 심판청구는 청구기간의 제한을 받지 않는다.

[2] 입법부작위에 대한 행정소송의 적법 여부에 관하여 대법원은 "행정소송은 구체
적 사건에 대한 법률상 분쟁을 법에 의하여 해결함으로써 법적 안정을 기하자는 것이므
로 부작위위법확인소송의 대상이 될 수 있는 것은 구체적 권리의무에 관한 분쟁이어야
하고, 추상적인 법령에 관하여 제정의 여부 등은 그 자체로서 국민의 구체적인 권리의
무에 직접적 변동을 초래하는 것이 아니어서 행정소송의 대상이 될 수 없다"고 판시하

고 있으므로, 피청구인 보건복지부장관에 대한 청구 중 위 시행규칙에 대한 입법부작위 부분은 다른 구제절차가 없는 경우에 해당한다.

4. 국민에 의한 통제

국민에 의한 통제란 여론이나 시민단체 등에 의한 통제를 말한다. 제도적으로는 청문, 공청회, 입법예고 등이 이에 해당한다.

Ⅷ. 법규명령의 처분성 문제

1. 프랑스에서의 명령

프랑스에서는 말베르($^{Carré\ de}_{Malberg}$)와 오류($^{M.}_{Hauriou}$) 등의 이론에 영향을 받아 명령을 행정 행위의 하나로 취급해왔다.

말베르는 권력분립에 대한 형식설의 입장에서 ① 명령은 법률과 같은 최상의 법 규 효력이 없고, ② 명령은 법률과 같은 자유로운 창의성이 없으며, ③ 명령은 법 률과는 달리 사법적 통제를 받아야 하기 때문에 명령은 행정행위의 일종이라고 하 였다.

한편, 오류는 행정행위를 집행적 결정으로 보았고, 집행적 결정을 "집행의 형태, 즉 직권에 의한 집행을 초래하는 형태로 행정청에 의하여 국민에게 발하여지는 법 률효과를 발생시키기 위한 모든 의사의 선언"으로 정의하였다. 그가 말하는 '집행의 형태'란 행정의 수단에 의하여, 즉 직권에 의해 즉각적으로 집행을 할 수 있는 결정 을 의미한다. 명령은 법률과는 달리 정부의사를 표현할 뿐이므로 집행적 결정으로 보았다.

1958년의 제5공화국 헌법에 와서는 법률과는 독립된 '행정부의 규범력'으로서의 새로운 명령을 제37조에 신설하였다. 그리고 이와 같은 행정부의 독자적 명령은 꽁 세이데따($^{Conseil}_{d'Etat}$)에 의한 월권소송의 대상이 되며, 기존의 행정행위와 마찬가지로 기 판력이나 입법력을 가질 수 없고 결정력만을 갖는다.

2. 독일에서의 명령

프랑스와 달리 독일에서는 명령을 입법행위로 보았는데, 그 이유는 프로이센제

국 헌법 제62조가 "입법권은 국왕과 양원에 의해 합동으로 행사된다. 국왕과 양원의 의사합치는 모든 법률에 있어 필수불가결이다."고 규정함으로써, 국왕이 입법권을 가지게 되자 국왕의 자의적 입법권으로부터 법률유보의 원칙을 지키기 위하여 부득이 국왕이 행사하는 입법권을 명령으로 해석할 수밖에 없었던 헌법적 근거 때문이지, 결코 일반적 행위와 개별적 행위의 구별에 따른 이론적 이유에서가 아니었다.

3. 소 결

우리나라에서는 처분적 명령을 부인하는 학자도 있으나, 대법원은 '두밀분교 판결'(대법원 1996. 9. 20. 선고 95누8003 판결)에서 처분적 명령을 인정하고 있다. 명령에 대해 처분성을 인정하는 이유는 말할 것도 없이 '명령에 대한 항고소송의 필요성' 때문인데, 개별적 행위만을 행정처분으로 보고 있는 입장에서 명령을 처분으로 보기 위해서는 명령의 행정객체에 대한 '직접적이고 개별적인 관련성'이 필수적이다.

그러나 일반적 규범의 효과는 모두 개별적인 관련성이 있기 때문에 결국 직접적 또는 구체적 관련성이 문제되는데, 법률효과가 직접적이냐 아니면 간접적이냐 하는 문제는 주관적인 판단에 좌우될 수 있는 문제로 이에 대한 판단이 용이하지 않다. 뿐만 아니라 직접적이고 개별적인 관련성이 있다고 인정되는 명령도 일반적 법규범으로서 손색이 없는 경우가 많으므로,[18] 명령에 대한 처분성의 인정은 명령에 대한

---

18) 두밀분교를 폐교하는 조례의 효과는 두밀분교의 취학 아동 및 학부모에 대하여 일반적이다. 유럽사법재판소도 'Fruit and Vegetables Case'(14 décembre 1962)에서 "명령으로 명명된 조치가 특정된 자연인 또는 법인에게 직접적일 뿐만 아니라 개별적으로도 관계되는 규정을 담고 있으면 그 조치가 전체적으로 보아 명령으로 정당히 불릴 수 있다는 선입견과는 상관없이 어떤 경우에는 그 규정들이 명령의 성격을 상실하고 개인들에 의한 취소소송의 대상이 된다."고 하였다. 그러나 리스본 조약 제263조 제4항은 "모든 자연인 또는 법인은 그를 대상으로 하는 행위 또는 직접적이고 개인적으로 관계되는 행위 또는 직접적으로 관계되고 집행조치를 필요로 하지 않는 명령적 행위(actes réglementaires)를 대상으로 … 소송을 제기할 수 있다."고 하여 개인이 직접 제기할 수 있는 취소소송의 대상에 명령을 추가하고 있다. 즉, 명령에 대한 취소소송을 제기하기 위한 전제조건으로 일찍이 'Fruit and Vegetable Case'에서는 "명령으로 명명된 조치가 특정된 자연인 또는 법인에게 직접적일 뿐만 아니라 개별적으로도 관계"되어야만 하였는데, 이제 리스본 조약 제263조 제4항에서는 '직접성'만을 요건으로 하여, 개별적 행위든, 행정입법(명령)이든 모두 직접 소송의 대상이 되었다. 제정기관에 따라 법률(loi)과 명령(règlements)을 분류하고 법률은 입법행위, 명령은 행정행위로 분류하는 것은 프랑스, 스페인, 이탈리아 등의 로마법적 전통이 매우 강한 국가들의 분류방식으로 유럽헌법안 역시 주체를 기준으로 하여 입법행위와 비입법행위를 분류하고 있음을 알 수 있다. 그리고 여기서 '집행적 조치가 필요 없다는 것'은 범위가 특정된(구체적인) 처분을 말하는 것이 아니라 절차적인 사후절차가 필요 없다는 뜻으로, 국내법 절차 또는 유럽기관들에 의한 최종적 집행을 의미한다. 따라서 이 규정을 독일의 일반처분 개념이나 우리나라에서의 (구체적) 처분을 의미하는 것으로 해석하여서는 안 된다. 즉, 추상적이라도 최종적 법 집행행위이면 취소소송의 대상이 된다. 한편 명령이 취소소송의 대상이라고 하는 것은 명령

항고소송의 도입 필요성에 따른 임기응변일 뿐이다. '개별공시지가'나 '도시계획'의 처분성을 둘러싼 논란들은 모두 '개별적이고 구체적 효과'에 대한 판별의 어려움을 대변하고 있다.

대법원은 '두밀분교 판결'에서 조례의 일반규범으로서의 효과에 대한 분석 없이 소송경제를 위하여 일련의 조치들을 사실행위로 보고 조례를 처분으로 보고 있으나 앞에서 거론한 문제들을 근본적으로 해결하기 위해서는 행정소송법과 행정심판법 그리고 행정절차법의 '처분'규정을 개정하여 일반적인 명령도 명시적으로 처분에 포함시키든지 아니면 따로 '행정입법 항고소송'을 도입할 필요가 있다. 참고로 2006년 대법원이 입법의견 형식으로 국회에 제출한 행정소송법 개정안에서는 국가기관의 명령·규칙 및 지방자치단체의 조례·규칙을 "명령 등"이라 정의하고 이를 항고소송의 대상이 되는 "처분 등"의 개념에 포함시켰으며, 명령 등을 대상으로 하는 항고소송에 관한 특칙규정을 신설하였으나, 아쉽게도 실제 입법으로 이어지지는 못하였다.

제 3 절   행정규칙

I. 행정규칙의 의의

행정규칙이란 행정조직 내부관계에서 조직·업무처리절차·활동기준 등에 관하여 규율하는 일반적·추상적 규정으로서 법규성이 없는, 즉 대외적 구속력이 없는 행정입법을 말한다. 행정규칙은 대외적 구속력이 없기 때문에 행정조직 내부관계만을 규율할 뿐이고, 재판규범이 되지 못한다. 즉, 행정법의 법원에 해당하지 않는다. 그러나 행정규칙은 행정조직의 위계구조를 전제로 상급행정기관의 지휘·감독권에 근거하여 행정내부의 조직과 작용을 규율하는 명령이므로 행정조직 내부에서 내부법으로서 일정한 법적 구속력을 갖는다. 이때 행정규칙의 효력이 미치는 범위는 행

에는 현재의 준칙(directive)의 성격을 띠는 것도 포함되므로 준칙도 취소소송의 대상이 됨을 의미한다. 이 경우에는 좀 미묘한 결과를 낳을 수 있다. 즉, 어떤 회원국은 준칙을 그대로 적용하고 어떤 회원국은 국내법상의 집행절차를 도입할 수도 있는데 이렇게 되면 동일한 준칙이 회원국에 따라 취소소송의 대상이 되기도 하고 되지 않기도 하는 문제를 야기할 수 있다. 마지막으로 명령을 제외한 취소소송의 대상은 '직접적이고 개별적으로'(directement et individuellement) 관련되어야만 취소소송을 제기할 수 있으므로 법률에 대하여는 취소소송을 제기할 수 없다.

정조직법상 지휘·감독권 또는 소관사무의 범위와 일치한다.[19] 행정규칙의 수범자인 하급행정기관이나 공무원은 직무상 복종의무에 따라 행정규칙을 준수하여야 한다. 이를 위반한 공무원은 징계책임을 진다.

넓은 의미의 행정규칙에는 이러한 협의의 행정규칙뿐만 아니라 특별권력관계 내부에서 특별권력주체와 그 구성원과의 관계를 규율하는 특별명령도 포함된다.

Ⅱ. 행정규칙의 종류

1. 형식에 따른 분류

일반적으로 행정규칙을 그 형식에 따라 ① 상급기관이 하급기관에 대하여 장기간에 걸쳐 그 권한의 행사를 일반적으로 지휘·감독하기 위하여 발하는 명령인 '훈령', ② 상급기관이 직권 또는 하급기관의 문의에 의하여 하급기관에 개별적·구체적으로 발하는 명령인 '지시', ③ 행정사무의 통일을 기하기 위하여 반복적 행정사무의 처리기준을 제시하는 법규문서 외의 문서인 '예규', ④ 당직·출장·시간외근무·휴가 등 일일업무에 관한 명령인 '일일명령'으로 분류하고 있다.[20]

그러나 전술한 바와 같이 법규명령과 행정규칙의 구별은 그 형식이 아니라 실질적 기능에 따라 구별되는 것이다. 뿐만 아니라 행정규칙이란 강학상의 개념에 해당하기 때문에 고유한 형식이 존재하는 것이 아니므로 이를 형식상 분류하는 것은 무의미하다 하겠다.

2. 내용에 따른 분류

(1) 조직규칙과 근무규칙

조직규칙이란 행정기관이 그 보조기관이나 소속관서의 설치, 조직, 내부권한분배, 사무처리절차 등을 정하기 위해 발하는 명령이다. 예컨대 사무분장규정, 위임전결규정, 업무처리규정, 직제규정 등이 이에 해당한다.

근무규칙이란 상급기관이 하급기관이나 소속 공무원의 근무에 관한 사항을 규율하기 위하여 발하는 행정규칙을 말한다. 전술한 훈령, 지침, 예규, 일일명령 등이 이

---

19) 홍준형(306면).

20) 훈령·지시·예규·일일명령의 개념은 과거 행정안전부령인 사무관리규정 시행규칙에 따른 것이다. 현재 행정업무의 운영 및 혁신에 관한 규정 시행규칙에서는 이에 관하여 정의하고 있지 않다.

에 해당한다.

(2) 법률대위규칙과 법률보충규칙

법률대위규칙이란 법률 등 규범이 없는 경우에 행정활동의 기준을 정하기 위하여 발하는 행정규칙을 말하며, 법률보충규칙은 법령의 내용이 지나치게 추상적이어서 이를 구체화하는 행정규칙을 말한다. 이들 역시 성질상 대외적 구속력이 없는, 즉 비법규적 성질을 가질 경우에만 행정규칙이라 할 것이다. 따라서 전술하였던 대법원의 95누7727 판결의 태도와 행정규제기본법의 규정에서와 같이 법령의 수권에 근거한 고시 등 법률보충규칙은 법규명령으로 보아야 할 것이다. 최근의 대법원 판결에서도 법률보충규칙을 법규명령으로서의 효력을 가지는 것으로 보고 있다(그런데 법률대위규칙과 법률보충규칙이라는 용어는 법규성을 전제로 한다. 그러므로 법률대위규칙과 법률보충규칙이라는 용어 자체가 잘못된 것으로 볼 수 있다).

대법원 2008. 3. 27. 선고 2006두3742, 3759 판결

상급행정기관이 하급행정기관에 대하여 업무처리지침이나 법령의 해석적용에 관한 기준을 정하여 발하는 이른바 행정규칙은 일반적으로 행정조직 내부에서만 효력을 가질 뿐 대외적인 구속력을 갖는 것은 아니지만, 법령의 규정이 특정 행정기관에게 그 법령 내용의 구체적 사항을 정할 수 있는 권한을 부여하면서 그 권한행사의 절차나 방법을 특정하고 있지 아니한 관계로 수임행정기관이 행정규칙의 형식으로 그 법령의 내용이 될 사항을 구체적으로 정하고 있다면 그와 같은 행정규칙은 위에서 본 행정규칙이 갖는 일반적 효력으로서가 아니라, 행정기관에 법령의 구체적 내용을 보충할 권한을 부여한 법령 규정의 효력에 의하여 그 내용을 보충하는 기능을 갖게 된다 할 것이고, 따라서 이와 같은 행정규칙은 당해 법령의 위임한계를 벗어나지 아니하는 한 그것들과 결합하여 대외적인 구속력이 있는 법규명령으로서의 효력을 가지는 것이다.

구 택지개발촉진법(2007. 4. 20. 법률 제8384호로 개정되기 전의 것, 이하 같다) 제3조 제4항은 '건설교통부장관이 제1항 내지 제3항의 규정에 의하여 예정지구를 지정, 변경 또는 해제한 때에는 대통령령이 정하는 바에 따라 이를 고시하여야 한다'고, 제31조가 '이 법의 시행에 관하여 필요한 사항은 대통령령으로 정한다'고 각 규정하고, 구 택지개발촉진법 시행령 제7조 제1항 전문이 '시행자가 개발계획을 작성하여 건설교통부장관의 승인을 얻고자 할 때에는 토지이용에 관한 계획을 비롯한 각 호의 사항을 기재한 택지개발계획승인신청서를 건설교통부장관에게 제출하여야 한다'고, 제7조 제5항이 '제1항의 규정에 의한 택지개발계획의 수립기준 기타 필요한 사항은 건설교통부장관이 따로 정한다'고 각 규정함에 따라, 건설교통부장관이 정한 택지개발업무처리지침(택지 58540-647, 1995. 8. 10. 제정, 이하 '이 사건 지침'이라 한다) 제11조(1999. 6. 24. 개정 이전에는 제7조에 해당한다) 제1항 본문이 '사업시행자는 택지를 주택건설용지와 공공시설용지로 구분하여 [별표 2]에서 정하고 있는 용지분류에 따라 토지이용계획을 수립하여야 한다'고 규정한 다음, [별표 2] 토지이용계획의 용지분류에서 공공시설용지에 속하는 상업·업무시설용지에는 택지개발촉진법 시행령 제2조 제2호에 게기한 시설이 가능하도록 규정하고 있는바, 이와 같은 관계 법령의 내용, 형식 및 취지 등을 종합하면, 비록 이 사건 지침 제11조가 건설교통부장관의 지침형식으로 되어 있다 하더라도 이에 의한 토지이용에 관한 계획은 택지개발촉진법령의 위임에 따라 그 규정의 내용을 보충하면서 그와 결합하여 대외적인 구속력이 있는 법규명령으로서의 효력을 가지는 것으로 보아야 할 것이다.

후술하는 '규범구체화 행정규칙' 역시 법률보충규칙의 일종이라고 하는 견해도 있다.[21]

(3) 규범해석규칙과 재량준칙

규범해석규칙이란 법령집행의 통일성을 기하고자 불확정개념의 해석 또는 적용 방향을 정하기 위하여 발하는 명령을 말한다.

재량준칙이란 법령이 행정기관에게 재량권을 부여하고 있는 경우에 재량권 행사의 일반적 기준을 설정하기 위하여 발하는 명령을 의미한다. 예컨대 법령에 법규위반자에 대해서는 사업을 취소하거나 정지할 수 있다고 규정되어 있을 때, 사업취소나 정지의 구체적 기준을 정하는 경우가 이에 해당한다.

우리나라에서는 일반적으로 재량준칙을 행정규칙의 하나로 설명하면서 법규성이 있는 행정규칙의 대표적인 경우로 설명하고 있다. 그러나 재량준칙은 법규명령과 같은 강행규범이 아니며, 국민에 대하여 직접적인 법률효과를 발생시키지도 않는다. 그렇다고 행정의 내부관계에 불과한 행정규칙과도 같지 않다.

3. 재량준칙

(1) 재량준칙의 의의

재량준칙($^{direct-}_{ive}$)이란 행정청의 장이 그 소속공무원에게 재량권을 합리적이고 용이하게 행사할 수 있도록 하기 위해 발하는 행정청의 내부기준이다. 즉, 재량준칙이란 행정청이 개별적 처분을 할 수 있는 재량권이 인정되거나 혹은 미약한 조건적 제약 밖에 존재하지 않는 경우에 사전에 정한 권한 행사의 기준에 해당한다. 재량준칙이 법령의 집행에 있어서 행정청에게 재량권이 부여되었을 때 구체적 타당성을 확보하

---

21) 홍정선(283면).

면서도 지나친 재량권의 남용을 어느 정도 수렴하기 위한 목적의 행정처분기준인데 반하여, 법령보충규칙 즉, 법규적 행정규칙은 법령의 내용이 기속적인 경우에 그 세부적인 사항을 정한 행정처분기준이라는 점에서 개념상 구분되는 것이다.

재량준칙은 ① 행정기관의 자의적인 재량권 행사를 방지하고, ② 재량권 행사가 통일성 있게 행해지는 것을 보장하며, ③ 국민에 대하여 행정권 행사의 예측가능성을 보장하며, ④ 재량권 행사에 있어서 공무원의 행정사무처리의 어려움을 경감시켜 주는 등의 긍정적 기능을 담당한다.

재량준칙에 대해서 많은 논의가 전개되는 이유는 법률이 행정청에게 부여한 재량권이 재량준칙에 의하여 제한을 받게 되는 결과가 발생하기 때문이다. 법률이 행정청에게 재량권을 부여한 취지는 개별적 사정을 고려하여 구체적 타당성 있는 행정을 할 수 있도록 하기 위한 것인데, 재량준칙이 존재하는 경우에는 재량행위임에도 불구하고 재량준칙에 따른 처분으로 유도하게 된다. 일반적으로 재량준칙을 행정규칙의 한 종류로서 소개하고 있으나 이에 대해서는 검토가 필요하다.

(2) 재량준칙의 법적 성질

1) 형식설

형식설이란 재량준칙을 그 규율 사항에 관계없이 규정한 법형식에 따라서 판단하여야 한다는 견해이다.

2) 실질설

실질설이란 재량준칙의 법적 성질을 판단함에 있어서 그 형식 여하를 불문하고, 그 실질적인 내용·영향 등에 의해서 판단하여야 한다는 견해이다. 그러나 이 견해는 행정입법을 법규명령과 행정규칙의 2종류만으로 구분하고 재량준칙을 실질적으로 보아 법규성이 있으면 법규명령, 법규성이 없으면 행정규칙으로 보는 견해이기 때문에 재량준칙의 성질을 제대로 파악하고 있다고는 볼 수 없다.

3) 준강행적 임의규정설

재량준칙은 행정청에 대하여 명령하는 것이 아니고 유도하는 것일 뿐이기 때문에 행정청은 항상 처분에 대한 재량권을 보유하고 있다. 따라서 재량준칙은 행정객체를 직접적으로 구속하지 않으며, 재판의 직접적인 근거 규정으로 작용되지 않기 때문에 공익상의 이유가 있는 경우에는 재량준칙을 적용하지 않을 수 있다. 이 견해도 재량준칙을 실질적 기준에서 보아 준강행적 임의규정으로 파악한다.

4) 검 토

다수설은 재량준칙을 실질적인 기준에서 파악하여 행정규칙의 일종으로 보고 있다. 그러나 행정조직의 내부에서는 강제적 법적 효력을 가지는 법규범, 즉 행정명령인 행정규칙과는 달리, 재량준칙은 일관성 있는 행정처분을 유도하는 것일 뿐으로 명령과 권고의 중간적 성질을 가질 뿐이다. 또 행정규칙이 법률보충적 또는 법률대위적 기능을 지니게 될 때는 실질적으로는 법규명령으로 취급되는 것이 일반적이다. 그런데 과거에는 독일의 예에 따라 재량준칙의 법규성을 관행의 성립에 따른 평등원칙 위반에 의하여 대외적 구속력을 인정함이 일반적이었다.

행정규칙의 법규성이 인정되는 경우에는 직접적으로 대외적 효력을 발휘한다. 그러나 재량준칙은 행정객체에 대하여 직접적인 효력을 발휘하지 않는다. 또한 법규성이 인정되지 않는 단순한 내부적 효력만을 갖는 (해석적) 행정규칙과도 다음과 같은 점에서 다르다. ① 행정청은 행정객체에 대하여 재량준칙을 이유로 대항할 수 있고, ② 행정객체도 재량준칙을 이유로 행정청에 대하여 대항할 수 있으며, ③ 구체적 사건성을 전제로 하여 재량준칙의 합법성에 대하여 심사할 수 있다.[22] 그러므로 재량준칙은 재판의 근거규범이 된다.

재량준칙은 재량권 행사의 기준이라고 하는 행정의 활동 내용을 가리키는 것이기 때문에 행정청이 정한 기준이 재량준칙인지, 행정규칙인지 아니면 법규명령에 해당하는 것인지의 여부는 명칭에 구애되지 않는다. 따라서 그 명칭이 시행규칙으로 되어 있건, 고시나 사무처리규정으로 되어 있건, 그 내용이 재량권 행사의 기준을 설정하고 있으면 그의 일부 또는 전부가 재량준칙이며, 처분권 행사에 대한 재량권이 부여되어 있지 않으면 재량준칙에 해당하지 않는다. 대법원의 초기 판례들이 부령 형식의 재량준칙들을 "행정기관 내부의 사무처리준칙을 규정한 것에 불과한 것"이라고 하여 그 법규성을 일단 부인하여 왔던 것은 재량준칙에 대하여 법규성을 인정할 경우, 법률이 허용한 재량을 명령이 기속행위로 변질시켜 법률위반이 되는 결과를 가져오는 것을 막기 위함으로 보인다.

(3) 재량준칙을 적용한 처분

재량준칙은 일관된 처분을 유도하는 간접적인 효력을 가지기 때문에 행정청은 항상 처분에 대한 재량권이 인정된다. 따라서 공익상의 이유가 있으면 재량준칙을

---

22) C.E. 11 déc. 1970, Crédit foncier de France 판결 및 C.E. 29 juin 1973, Société Géa 판결 참조.

적용하지 않을 수 있다.

대법원 1997. 10. 24. 선고 97누10772 판결

자동차운수사업법에 의한 개인택시운송사업 면허는 특정인에게 특정한 권리나 이익을 부여하는 행정행위로서 법령에 특별한 규정이 없는 한 재량행위이고, 그 면허를 위하여 필요한 기준을 정하는 것도 역시 행정청의 재량에 속하는 것이므로 그 설정된 기준이 객관적이고 합리적이 아니라거나 타당하지 않다고 볼 만한 다른 특별한 사정이 없는 이상 행정청의 의사는 가능한 존중되어야 하나, 행정청이 어떤 면허신청에 대하여 이미 설정된 면허기준을 구체적으로 적용함에 있어서 그 해석상 당해 신청이 면허발급의 우선순위에 해당함이 명백함에도 불구하고 이를 제외시켜 면허거부처분을 하였다면, 특별한 사정이 없는 한, 그 거부처분은 재량권을 남용한 위법한 처분이다.

재량준칙을 적용한 처분도 재량행위이기 때문에 재량권의 일탈·남용에 해당하지 않는 한 부당할 수는 있으나 위법할 수는 없다. 따라서 재량인 처분의 위법성을 심사하기 위해서는 ① 재량준칙이 합리적이며 재량권의 일탈·남용에 해당하지 않는지, ② 처분이 재량준칙에 대한 예외처분을 하여야 할 특별한 사정이 있는 사항인지, ③ 특별한 사정이 없다면 재량준칙을 적용하였는지의 여부를 살펴서 처분의 재량권의 일탈·남용 여부를 판단한다.

대법원 2010. 4. 8. 선고 2009두22997 판결[23]

[1] 식품위생법 제58조 제1항에 의한 영업정지 등 행정처분의 적법 여부는 법 시행규칙(2008. 6. 20. 보건복지가족부령 제22호로 개정되기 전의 것) 제53조 [별표 15]의 행정처분기준에 적합한 것인가의 여부에 따라 판단할 것이 아니라 법의 규정 및 그 취지에 적합한 것인가의 여부에 따라 판단하여야 하는 것이고, 행정처분으로 인하여 달성하려는 공익상의 필요와 이로 인하여 상대방이 받는 불이익을 비교·형량하여 그 처분으로 인하여 공익상 필요보다 상대방이 받게 되는 불이익 등이 막대한 경우에는 재량권의 한계를 일탈한 것으로서 위법하다.

[2] 구 법 시행규칙 제53조 [별표 15] 행정처분기준이 비록 행정청 내부의 사무처리준칙을 정한 것에 지나지 아니하여 대외적으로 법원이나 국민을 기속하는 효력은 없지만, 위 행정처분기준이 수입업자들 및 행정청 사이에 처분의 수위를 가늠할 수 있는 유력한 잣대로 인식되고 있는 현실에 수입식품으로 인하여 생기는 위생상의 위해를 방지하기 위한 단속의 필요성과 그 일관성 제고라는 측면까지 아울러 참작하면, 위 행정처

---

23) 지방식품의약품안전청이 유해화학물질인 말라카이트그린이 사용된 냉동새우를 수입하면서 수입신고서에 그 사실을 누락한 회사에 대하여 영업정지 1월의 처분을 한 사안에서, '구 식품위생법 시행규칙 제53조 [별표 15] 행정처분기준 Ⅰ. 일반기준'을 준수한 위 처분에 재량권을 일탈하거나 남용한 위법이 없다고 한 사례.

분기준에서 정하고 있는 범위를 벗어나는 처분을 하기 위해서는 그 기준을 준수한 행정
처분을 할 경우 공익상 필요와 상대방이 받게 되는 불이익 등과 사이에 현저한 불균형
이 발생한다는 등의 특별한 사정이 있어야 한다.

(4) 재량준칙의 재판규범성

재량준칙이 재판규범으로 인정되기 위해서는 대외적 구속력을 가져야 한다. 그
런데 재량준칙은 행정객체의 지위를 직접적으로 수정하지는 않으므로 직접적인 대
외적 구속력은 없다. 다만 재량준칙을 적용한 구체적 처분은 대외적 구속력을 가지
므로 이 경우에 있어서 재량준칙은 구체적 처분을 매개로 하는 간접적인 대외적 구
속력을 가진다. 따라서 재량준칙을 적용한 처분의 위법성 여부를 판단함에 있어서
재량준칙은 재판의 근거규범이 된다.

대법원 1998. 4. 14. 선고 98두984 판결

[1] 자동차운수사업법에 의한 개인택시운송사업의 면허는 특정인에게 권리나 이익을
부여하는 행정청의 재량행위이고 위 법과 그 시행규칙의 범위 내에서 면허를 위하여 필
요한 기준을 정하는 것 역시 행정청의 재량에 속한다.

[2] 위 [1]항의 경우, 그 설정된 기준이 객관적으로 합리적이 아니라거나 타당하지
않다고 볼 만한 다른 특별한 사정이 없는 이상 행정청의 의사는 가능한 한 존중되어야
하는바, 행정청이 개인택시운송사업의 면허를 함에 있어 택시 운전경력이 버스 등 다른
차종의 운전경력보다 개인택시의 운전업무에 더 유용할 수 있다는 점 등을 고려하여 택
시의 운전경력을 다소 우대하는 것이 객관적으로 합리적이 아니라거나 타당하지 않다
고 볼 수 없다.

＊이와 같이 재량준칙은 항상 재판의 근거규범이 된다.

(5) 재량준칙의 공표

재량준칙은 구체적 처분을 매개로 하여 재판의 근거규범이 되기 때문에, 행정의
투명성의 측면과 국민의 신뢰보호의 측면에서 이를 공표하는 것이 바람직하다. 프
랑스에서는 1978년 7월 17일 법률에 의하여 디렉티브($^{direct-}_{ive}$)를 공표하고 있다. 한국
에서는 행정절차법 제20조 제1항에서 "행정청은 필요한 처분기준을 해당 처분의 성
질에 비추어 되도록 구체적으로 정하여 공표하여야 한다. 처분기준을 변경하는 경
우에도 또한 같다."라고 하여 재량준칙의 공표를 명문으로 규정하고 있다. 한편, 민
원 처리의 기준에 대해서는 민원 처리에 관한 법률 제36조 제1항에서 "행정안전부
장관은 민원인의 편의를 위하여 관계법령등에 규정되어 있는 민원의 처리기관, 처

리기간, 구비서류, 처리절차, 신청방법 등에 관한 사항을 종합한 민원처리기준표를 작성하여 관보에 고시하고 통합전자민원창구에 게시하여야 한다."라고 규정하고 있다. 물론 시행규칙 형식의 재량준칙은 공표되고 있다.

(6) 소 결

이상에서 살펴 본 것과 같이 재량준칙은 법규명령과도 다르고, 행정규칙과도 다르다. 그러므로 행정입법은 법규명령과 행정규칙의 2종류로 분류할 것이 아니라 실질적 기준에 의하여, 법규명령, 행정규칙, 재량준칙의 3분법으로 분류하여야 할 것이다.

Ⅲ. 행정규칙의 법규성 문제

1. 개 설

전술하였듯이 법규명령과 행정규칙을 구별하는 기준에 대해서 실질설과 형식설이 존재한다. 실질설은 그 성질과 기능에 따라 법규명령과 행정규칙을 구별하는 견해로, 제정형식과는 상관없이 법규성을 지니면 법규명령으로, 법규성이 존재하지 않아 행정조직 내부에만 그 효력이 미치면 행정규칙으로 보는 학설이다. 형식설은 법규명령과 행정규칙이 고유한 형식(행정업무의 운영 및 혁신에 관한 규정)을 지니기 때문에 법규명령의 형식을 갖추면 국민을 구속하게 되고, 행정규칙의 형식을 갖추면 내부적 효과에 그친다는 학설이다.

논리적으로는 법규성이 있는 행정입법을 법규명령으로 정의하였고 법규성이 부정되는 행정입법을 행정규칙으로 정의하고 있기 때문에 실질설이 타당해 보인다. 그러나 행정규칙의 법규성에 대해 문제가 되는 것은 독일에서 주장된 행정규칙에 대한 '간접적 효력설'과 '직접적 효력설' 등의 이론에 영향을 받았기 때문이다.[24] 간접적 효력설은 행정규칙에 따른 관행으로 인하여 행정 스스로가 구속되기 때문에 간접적으로 사실상의 대외적 효력이 발생한다는 것이고, 이에 반해 직접적 효력설은 일정한 범위에 대해서는 행정규칙이 직접적으로 대외적 효력을 가진다는 이론이다.

행정규칙은 행정권의 내부를 규율하기 위해서 제정된 행정입법으로, (형식설에 따르면) 그 입법형식도 법규명령과는 다르다고 보았는데, 이와 같은 목적으로 제정

---

24) 김철용(192면).

된 행정규칙이 국민의 권리와 의무에 영향을 미치는 경우가 발생되었기 때문에 행정규칙의 법규성이 문제가 되는 것이다. 다만 행정규칙의 외부적 효력에 대해서는 이론적인 다툼을 넘어서 다음 행정입법의 유형을 통해서 행정규칙의 법규성 문제를 구체적으로 살펴볼 필요성이 있겠다.

2. 규범구체화 행정규칙

(1) 규범구체화 행정규칙의 의의

규범구체화 행정규칙이란 고도의 기술성이 요구되는 행정영역에 있어서 입법기관이 종국적 규율을 포기하고 규범을 구체화하는 기능을 행정권에 할당한 경우, 그 할당된 범위 내에서 당해 규범을 구체화한 행정규칙을 말한다.

(2) 규범구체화 행정규칙의 연혁 및 논의

규범구체화 행정규칙은 1985년 독일 연방행정재판소의 빌(^{Wyhl}) 판결[25]에서 처음 인정되었다. 1985년 12월 19일 독일 연방행정재판소는 "배출되는 가스나 물을 통해 유출되는 방사능의 노출산정기준에 대한 연방내무성지침은 규범구체화적 지침($\begin{smallmatrix} normkonkretisierende \\ Richtlinie \end{smallmatrix}$)으로서 행정법원을 구속한다."라고 판시하였다. 이는 전술하였던 규범해석규칙과는 달리 규범에 의해 설정된 한계 내에서 행정법원을 직접 구속하는 이른바 법규성이 있다고 설명했다. 독일의 규범구체화 행정규칙은 법률에 의한 명시적 수권이 있고($\begin{smallmatrix} 다만 \ 구체적 \\ 이지는 \ 않음 \end{smallmatrix}$), 법적 절차를 통해 제정된 것이다.

규범구체화 행정규칙의 성격과 관련하여, 힐(^{Hill}) 교수는 "규범구체화는 단순한 개념의 구체화도 아니고 재량준칙도 아니다. 그것은 계획상의 형량과 마찬가지로 구성요건과 법효과면에서 광범위하게 관련을 가지는 형성적이고도 포괄적인 결단을 내포한다."고 말하며, ① 개별 사건의 규율을 가능하게 하는 집행기능, ② 환경보호나 기술상의 통제와 관련하여 국가지도적인 형성기능, ③ 법규로서의 규범기능을 갖는다고 하였다.[26]

(3) 인정 여부

한국에서는 국세청훈령 제980호 「재산제세조사사무처리규정」 제72조 제3항에

---

25) BVerwGE 72, 300, 301.
26) 홍정선(285면).

관한 일관된 대법원 판례를 중심으로 전개되었다.

대법원 1987. 9. 29. 선고 86누484 판결

[1] 상급행정기관이 하급행정기관에 대하여 업무처리지침이나 법령의 해석적용에 관한 기준을 정하여서 발하는 이른바 행정규칙은 일반적으로 행정조직 내부에서만 효력을 가질 뿐 대외적인 구속력을 갖는 것은 아니지만, 법령의 규정이 특정행정기관에게 그 법령내용의 구체적 사항을 정할 수 있는 권한을 부여하면서 그 권한행사의 절차나 방법을 특정하고 있지 아니한 관계로 수임행정기관이 행정규칙의 형식으로 그 법령의 내용이 될 사항을 구체적으로 정하고 있다면 그와 같은 행정규칙, 규정은 행정규칙이 갖는 일반적 효력으로서가 아니라, 행정기관에 법령의 구체적 내용을 보충할 권한을 부여한 법령규정의 효력에 의하여 그 내용을 보충하는 기능을 갖게 된다 할 것이므로 이와 같은 행정규칙, 규정은 당해 법령의 위임한계를 벗어나지 아니하는 한 그것들과 결합하여 대외적인 구속력이 있는 법규명령으로서의 효력을 갖게 된다.

[2] 소득세법(1982. 12. 21. 법률 제3576호로 개정된 것) 제23조 제4항, 제45조 제1항 제1호에서 양도소득세의 양도차익을 계산함에 있어 실지거래가액이 적용될 경우를 대통령령에 위임함으로써 동법 시행령(1982. 12. 31. 대통령령 제10977호로 개정된 것) 제170조 제4항 제2호가 위 위임규정에 따라 양도소득세의 실지거래가액이 적용될 경우의 하나로서 국세청장으로 하여금 양도소득세의 실지거래가액이 적용될 부동산투기억제를 위하여 필요하다고 인정되는 거래를 지정하게 하면서 그 지정의 절차나 방법에 관하여 아무런 제한을 두고 있지 아니하고 있어 이에 따라 국세청장이 재산제세사무처리규정 제72조 제3항에서 양도소득세의 실지거래가액이 적용될 부동산투기억제를 위하여 필요하다고 인정되는 거래의 유형을 열거하고 있으므로, 이는 비록 위 재산제세사무처리규정이 국세청장의 훈령형식으로 되어 있다 하더라도 이에 의한 거래지정은 소득세법 시행령의 위임에 따라 그 규정의 내용을 보충하는 기능을 가지면서 그와 결합하여 대외적 효력을 발생하게 된다 할 것이므로 그 보충규정의 내용이 위 법령의 위임한계를 벗어났다는 등 특별한 사정이 없는 한 양도소득세의 실지거래가액에 의한 과세의 법령상의 근거가 된다.

이 판결이 나오자 일부 학설은 판례가 규범구체화 행정규칙을 인정하여 그의 대외적 구속력을 명시적으로 인정한 것이라고 하고,[27] 대상판결과 같은 경우의 고시 등에 대하여 이른바 '규범구체화 행정규칙'이라고 하여 예외적으로 외부적 효력을 인정하고 있다.[28] 또한, 이른바 규범구체화 행정규칙을 인정하는 것에 대하여는 부

---

27) 김남진, 「행정법의 기본문제」, 법문사, 1994, 190-193면.

28) 대법원 1999. 7. 23. 선고 97누6261 판결에서 "구 공업배치및공장설립에관한법률 제8조에 따라 공장입지의 기준을 구체적으로 정하여 '오염물질 배출공장이 인근 주민 또는 농경지에 현저한 위해를 가할 우려가 있을 때' 그 입지를 제한할 수 있다고 고시한 것은 법규명령으로서의 효력을 가진다"라고

정하면서 다만 그 외부적 효력을 가지는 근거에 대하여는 빌케의 주장을 원용하여, "부지의 전문영역의 미로에 지나치게 깊이 개입하지 아니하려는 법원의 개혁적 결단"의 소산으로 보는 것이 적어도 그 실제에는 부합하는 것이라는 견해도 있다.[29] 이에 대하여 다수설은 ① 독일에서도 규범구체화 행정규칙을 기술법, 환경법 분야에 국한해 보는 것이 일반적이라는 점, ② 설령 세법에 대하여 규범구체화 행정규칙을 인정한다고 하더라도 위 규정은 전문지식, 민주적·정치적 정당성의 절차적 전제조건이 미흡하여 법규범구체화의 수권이 있다고 보기 어려운 점을 고려할 때 위 판례가 규범구체화 행정규칙을 인정한 것이라고 보는 데에는 반대하고 있다. 이러한 부정설은 법규성의 인정은 엄격한 형식상의 요건을 필요로 한다는 생각을 전제로 하여 주장되고 있다고 볼 수 있으나, 우리나라 판례는 위임의 근거에 따른 보충적 기능만 있으면 법규명령으로 보는 것이 일반적이므로 구태여 '규범구체화 행정규칙'의 개념을 매개로 할 것도 없이 법규명령에 해당하는 것으로 보고 있다고 이해할 수 있다.

대법원 1999. 7. 23. 선고 97누6261 판결

　　법령의 규정이 특정 행정기관에 그 법령내용의 구체적 사항을 정할 수 있는 권한을 부여하면서 그 권한 행사의 절차나 방법을 특정하고 있지 않은 관계로 수임 행정기관이 행정규칙의 형식으로 그 법령의 내용이 될 사항을 구체적으로 정하고 있는 경우에는, 그 행정규칙이 당해 법령의 위임한계를 벗어나지 않는 한, 그와 결합하여 대외적으로 구속력이 있는 법규명령으로서 효력을 가지는 것이므로, 상공자원부장관이 정한 공장입지기준고시(상공자원부고시 제1994-139호) 제5조가 구 공업배치및공장설립에관한법률(1995. 12. 29. 법률 제5091 호로 개정되기 전의 것) 제8조의 규정에 따라 공장입지의 기준을 구체적으로 정하여 '오염물질 배출공장이 인근 주민 또는 농경지에 현저한 위해를 가할 우려가 있을 때' 그 입지를 제한할 수 있다고 고시한 것은 법규명령으로서 효력을 가진다.

(4) 검 토

규범구체화 행정규칙에 대한 논의는 기술법 또는 환경법 등 새로운 영역에서의

한 것에 대하여, 우리 대법원이 소위 '규범구체화 행정규칙'의 법규성을 인정하는 방향으로 나아가고 있다고 평가하고, 또한 규칙의 법규성에 관하여 "상위법령이나 조례에서의 위임이 있는 규칙은 법규성이 인정될 수 있고, 위임이 없이 발하여진 규칙은 법규성이 부인되지만, 위임이 없는 경우에도 그 규칙의 내용이 규범구체화 행정규칙에 해당되어 상위법령이나 조례의 의미를 보다 구체화하는 내용으로 인정되는 경우에는 그 법규성을 일률적으로 부인할 필요는 없다."는 견해도 있다. 강현호, "고시의 법규성", 신행정판례연구, 삼영사, 32면 이하.

　29) 김동희(160면).

입법활동이 활발해질 것이 예상되므로 전문적이고 기술적인 영역의 규율에 대비해 행정입법의 규율형식을 정비할 필요가 있다는 점에서 깊은 의미를 가지며, 이러한 형식의 행정규칙의 인정 여부에 관한 논의는 행정부의 법정립권에 대한 인정론의 전제에서 보면 독일에서는 오히려 당연한 현실에 대한 논의로 보인다. 왜냐하면, 행정현실에 대한 고도의 과학적, 기술적, 경제적 접근의 필요성은 너무나도 자명하고 이에 대한 의회의 접근은 불가능한 것이고, 행정부의 자율적인 법정립권을 인정함으로써 의회는 본래의 자신의 기능에 전념할 수 있게 되기 때문이다. 규범구체화 행정규칙 역시 전술한 바와 같이 법률보충규칙의 일종으로, 법령의 해석에 의해 규범을 구체화한 것이므로 기능상 법규명령으로 보아야 할 것이다. 우리나라에서의 문제는 구체적이지 않은 법령의 위임에 의하여 시행령이나 시행규칙 형식이 아닌 고시나 훈령 등의 형식을 취하는 법규명령을 인정할 것인가의 여부에 달려있다. 한편, 규범구체화 행정규칙이 인정되는 정당성의 근거는 행정유보론에 있다고 한다(오젠불 교수). 그러나 규범구체화 행정규칙의 정당성이 행정유보론에 있다면 행정규칙의 법규성 인정에 앞서 우선 독립명령제가 일반적으로 긍정되는 것이 논리적으로 타당하다고 생각된다.

3. 법규명령형식의 행정규칙과 행정규칙형식의 법규명령

(1) 의 의

논리적으로는 법규명령과 행정규칙을 구별하는 기준으로 법규성의 유무를 채택하는 것이 타당하겠지만, 종래의 논의에 따르면 대통령령과 총리령·부령의 형식의 행정입법을 법규명령으로, 고시·훈령·예규·지침 등의 형식의 행정입법을 행정규칙으로 구별하고 있다(행정업무의 운영 및 혁신에 관한 규정). 따라서 내용상으로는 행정규칙의 성질을 가지는 것이 법규명령의 형식, 즉 대통령령 및 총리령·부령의 형식으로 제정된 경우를 이른바 '법규명령형식의 행정규칙'이라 하고, 그 형식은 행정규칙, 즉 고시(고시는 행정업무의 운영 및 혁신에 관한 규정에도 없음)·훈령·예규·지침 등으로 제정되었으나 실질적 내용은 대국민적 구속력을 가지는 법규명령인 경우를 이른바 '행정규칙형식의 법규명령'이라 한다.

흔히 법규명령형식의 행정규칙의 예로 재량준칙이, 행정규칙형식의 법규명령의 예로는 법령보충규칙이 논의되고 있다. 이들의 성격을 어떻게 보아야 할 것인가에 대해 견해가 대립하고 있다.

(2) 견해의 대립

1) 형식적 견해

형식적 견해의 논거는 법규명령과 행정규칙이 각각 고유한 법형식을 가지고 있다는 것을 전제로 하여, 형식이 법규명령으로 규정된 이상 그것이 국민의 자유·재산에 관계없는 사항일지라도 국민을 사실상 구속하게 되고 따라서 당연히 법규성을 인정하여야 하며, 반대로 법규명령의 형식은 헌법에 명시되어 있는바 이러한 형식을 취하지 않은 행정규칙을 법규명령으로 볼 만한 정당한 이유가 없다는 주장이다.

2) 실질적 견해

실질적 견해에 따르면 법규명령과 행정규칙의 구별은 그 성질과 기능에 따라 구별된다는 것을 전제로, 형식이 비록 법규명령이라 할지라도 행정규칙의 성질이 변하는 것은 아니므로 법규성을 부인하는 것이 타당하며, 반대로 형식이 행정규칙이라 할지라도 그 실질적 내용이 법률보충적 성격을 가지면 법규성을 인정해야 한다는 주장이다.

(3) 판례의 태도

법규명령형식의 행정규칙에 대한 판례의 태도는 자동차운수사업법, 공중위생법, 풍속영업의규제에관한법률 등의 제재적 처분의 기준을 규정한 부령들에 대하여 법규성을 인정하지 아니하였으며,

① 대법원 1983. 3. 22. 선고 82누347 판결

자동차운수사업법 제31조 등에 관한 처분 요령(교통부훈령 제680호)은 법규의 성질을 가지는 것으로 볼 수 없고 행정조직내부에 있어서의 명령에 지나지 아니하며 그 규정이 자동차운수사업법 제31조에 의하여 보장된 행정청의 재량권이나 법원을 기속하는 것은 아니다.

* 처분기준을 교통부장관의 훈령으로 정함.

② 대법원 1984. 2. 28. 선고 83누551 판결

자동차운수사업법 제3조 등의 규정에 의한 사업면허의 취소 등의 처분에 관한 규칙(1982. 7. 31. 교통 부령 제724호)은 자동차운수사업면허 취소처분 등에 관한 사무처리기준과 처분절차 등 행정청 내의 사무처리준칙을 규정한 것에 불과하므로 행정조직내부에 있어서의 행정명령의 성격을 지닐 뿐 대외적으로 국민이나 법원을 구속하는 힘이 없고 자동차운수면허취소 등의 처분이 위 규칙에 위배되는 것이라 하더라도 위법의 문제는 생기지 않고 또 그 규칙에 정한 기준에 적합하다 하여 바로 그 처분에 적합한 것이라 할 수 없고 그 처분

의 적법 여부는 자동차운수사업법의 규정에의 적합 여부에 따라 판단할 것이다.

* 처분기준을 교통부령(시행규칙)으로 정함.

③ 대법원 1991. 11. 8. 선고 91누4973 판결[30]

자동차운수사업법 제31조 제2항의 규정에 따라 제정된 자동차운수사업법제31조등의 규정에의한사업면허의취소등의처분에관한규칙은 형식은 부령으로 되어 있으나 그 규정의 성질과 내용은 자동차운수사업면허의 취소처분 등에 관한 사무처리기준과 처분절차 등 행정청 내의 사무처리준칙을 규정한 것에 불과하여 행정조직 내부에 있어서의 행정명령의 성질을 가지는 것이어서 행정조직 내부에서 관계 행정기관이나 직원을 구속함에 그치고 대외적으로 국민이나 법원을 구속하는 것은 아니므로, 자동차운송사업면허취소 등의 처분이 이 규칙에서 정한 기준에 따른 것이라 하여 당연히 적법한 처분이 된다 할 수 없고, 그 처분의 적법 여부는 자동차운수사업법의 규정 및 그 취지에 적합한 것인가의 여부에 따라서 판단하여야 한다.

* 1986. 12. 31. 개정된 자동차운수사업법 제31조 제2항에서 위임규정(제1항의 규정에 의한 처분의 기준과 절차 기타 필요한 사항은 교통부령으로 정한다)을 신설함.

행정규칙형식의 법규명령에 대해서는 재산제세사무처리규정(국세청장 훈령), 식품제조영업허가기준(보건복지부 장관 고시) 등의 법규성을 인정하여, 일단 실질적 견해에 따르고 있는 것으로 평가된다.

① 대법원 1987. 9. 29. 선고 86누484 판결

상급행정기관이 하급행정기관에 대하여 업무처리지침이나 법령의 해석적용에 관한 기준을 정하여서 발하는 이른바 행정규칙은 일반적으로 행정조직 내부에서만 효력을 가질 뿐 대외적인 구속력을 갖는 것은 아니지만, 법령의 규정이 특정행정기관에게 그 법령내용의 구체적 사항을 정할 수 있는 권한을 부여하면서 그 권한행사의 절차나 방법을 특정하고 있지 아니한 관계로 수임행정기관이 행정규칙의 형식으로 그 법령의 내용이 될 사항을 구체적으로 정하고 있다면 그와 같은 행정규칙, 규정은 행정규칙이 갖는 일반적 효력으로서가 아니라, 행정기관에 법령의 구체적 내용을 보충할 권한을 부여한 법령규정의 효력에 의하여 그 내용을 보충하는 기능을 갖게 된다 할 것이므로 이와 같은 행정규칙, 규정은 당해 법령의 위임한계를 벗어나지 아니하는 한 그것들과 결합하여 대외적인 구속력이 있는 법규명령으로서의 효력을 갖게 된다.

---

30) 동지 판례로, 대법원 1995. 10. 17. 선고 94누14148 전원합의체 판결.

② **대법원 1994. 3. 8. 선고 92누1728 판결**

   식품제조영업허가기준이라는 고시는 공익상의 이유로 허가를 할 수 없는 영업의 종류를 지정할 권한을 부여한 구 식품위생법 제23조의3 제4호에 따라 보건사회부장관이 발한 것으로서, 실질적으로 법의 규정내용을 보충하는 기능을 지니면서 그것과 결합하여 대외적으로 구속력이 있는 법규명령의 성질을 가진 것이다.

   그런데 1997년 대법원은 주택건설촉진법 시행령 제10조의3 제1항 [별표 1]의 법규성을 인정하는 판결을 하였는바,

대법원 1997. 12. 26. 선고 97누15418 판결

   당해 처분의 기준이 된 주택건설촉진법 시행령 제10조의3 제1항 [별표 1]은 주택건설촉진법 제7조 제2항의 위임규정에 터잡은 규정형식상 대통령령이므로 그 성질이 부령인 시행규칙이나 또는 지방자치단체의 규칙과 같이 통상적으로 행정조직 내부에 있어서의 행정명령에 지나지 않는 것이 아니라 대외적으로 국민이나 법원을 구속하는 힘이 있는 법규명령에 해당한다.

   > **주택건설촉진법 제7조(등록의 말소 등)** ① 건설부장관은 등록업자가 다음 각 호의 1에 해당하는 때에는 그 등록을 말소하거나 1년 이내의 기간을 정하여 영업의 정지를 명할 수 있다. 다만, 제1호 및 제7호에 해당하는 경우에는 그 등록을 말소하여야 한다. (각 호 생략)
   > ② 제1항의 규정에 의한 등록의 말소 및 영업의 정지처분에 관한 기준은 대통령령으로 정한다.
   > **주택건설촉진법 시행령 제10조의3(등록업자의 등록말소 및 영업정지처분기준)** ① 법 제7조 제2항의 규정에 의한 등록의 말소 및 영업의 정지처분에 관한 기준은 별표 1과 같다.

   이를 두고 대법원이 법규명령형식의 행정규칙에 대한 태도를 변경하였다는 주장도 있으나, 헌법 제75조가 위임명령으로서 대통령령에 관하여 규정하고 있듯이 부령 역시 헌법 제95조가 규정을 하고 있는바, 대통령령과 부령을 달리 취급해야 할 이유는 없다.[31]

   그런데 주택건설촉진법 시행령 제10조의3 제1항 [별표 1]은 재량권 행사의 기준을 정하고 있는 '재량준칙'이므로(제1호 및 제7호 제외), 이를 가리켜 행정입법을 법규명령과 행정규칙의 2분법으로만 나누는 입장에서 대법원 판례의 실질적 기준이 형식적으로 변하였다 아니하였다고 하는 논의 자체가 부적절하며, 이 판례는 단순히 대법원이 '재량준칙'으로 분류하여야 할 것을 '법규명령'으로 잘못 분류한 것에 지나지 않는다.

   대법원은 청소년보호법상 과징금 처분기준을 대통령령으로 정한 경우 법규명령

---

31) 김동희(167면).

으로 보면서도 과징금 금액은 정액(定額)이 아니라 최고한도액으로 보고 있다.

대법원 2001. 3. 9. 선고 99두5207 판결

구 청소년보호법(1999. 2. 5. 법률 제5817호로 개정되기 전의 것) 제49조 제1항, 제2항에 따른 같은 법 시행령(1999. 6. 30. 대통령령 제16461호로 개정되기 전의 것) 제40조 [별표 6]의 위반행위의 종별에 따른 과징금 처분기준은 법규명령이기는 하나 모법의 위임규정의 내용과 취지 및 헌법상의 과잉금지의 원칙과 평등의 원칙 등에 비추어 같은 유형의 위반행위라 하더라도 그 규모나 기간·사회적 비난 정도·위반행위로 인하여 다른 법률에 의하여 처벌받은 다른 사정·행위자의 개인적 사정 및 위반행위로 얻은 불법이익의 규모 등 여러 요소를 종합적으로 고려하여 사안에 따라 적정한 과징금의 액수를 정하여야 할 것이므로 그 수액은 정액이 아니라 최고한도액이다.

한편 최근에 대법원은 구(舊) 여객자동차 운수사업법에 따른 시행규칙의 법적 성격을 검토함에 있어서 건설교통부령의 형식으로 제정된 동 시행규칙을 실질적 견해를 취하여 법규명령으로 보고 있다.

대법원 2006. 6. 27. 선고 2003두4355 판결

이 사건에 적용되는 구 여객자동차 운수사업법(2000. 1. 28. 법률 제6240호로 개정되기 전의 것, 이하 '법'이라 한다) 제11조 제1항은 여객자동차운송사업의 면허를 받은 자가 사업계획을 변경하고자 하는 때에는 건설교통부장관의 인가를 받아야 한다고 규정하고, 같은 조 제4항은 사업계획변경의 절차·기준 기타 필요한 사항은 건설교통부령으로 정한다고 규정하며, 법 시행규칙(1999. 12. 16. 건설교통부령 제223호로 개정되기 전의 것, 이하 같다) 제31조 제2항은 "시외버스운송사업의 사업계획변경은 다음 각 호의 기준에 의한다. 1. 노선 및 운행계통을 신설하고자 하는 때에는 운행횟수를 4회 이상으로 할 것 2. 노선 및 운행계통을 연장하고자 하는 때에 그 연장거리는 기존 운행계통의 50퍼센트 이하로 할 것 (중략) 6. 제32조 제1항 제3호 (가)목의 규정에 의한 운행횟수의 증감을 초과하는 경우로서 2 이상의 시·도에 걸치는 운행횟수의 증감은 관련 시외버스운송사업자 또는 관할 관청이 참여하여 당해 운행계통에 대한 수송수요 등을 조사한 후에 변경할 것"이라고 규정하고 있는바, 법 시행규칙 제31조 제2항 제1호, 제2호, 제6호(이하 '이 사건 각 규정'이라 한다)는 법 제11조 제4항의 위임에 따라 시외버스운송사업의 사업계획변경에 관한 절차, 인가기준 등을 구체적으로 규정한 것으로서, 대외적인 구속력이 있는 법규명령이라고 할 것이고(대법원 1996. 6. 14. 선고 95누17823 판결, 1997. 5. 16. 선고 97누2313 판결 참조), 그것을 행정청 내부의 사무처리준칙을 규정한 행정규칙에 불과하다고 할 수는 없는 것이다. 따라서 원심이 인정하는 바와 같이 피고가 이 사건 시외버스운송사업계획변경인가처분(이하 '이 사건 처분'이라 한다)을 함에 있어서 이 사건 각 규정에서 정한 절차나 인가기준 등을 위배하였다면, 이 사건 처분은 위법함을 면하지 못한다고 할 것이다(원심이 들고 있는 대법원 1995. 10. 17. 선고 94누14148 전원합의체 판결은 제재적 행정처분의 기준에 관한 것으로서 이 사건과는 사안을 달리하여 원용하기에 적절하지 아니함을 지적해 둔다).

그럼에도 불구하고, 이 사건 각 규정이 행정규칙에 불과하므로, 이 사건 처분이 위 각 규정에 위배되었다고 하더라도 위법의 문제는 생기지 아니한다고 한 원심의 판단에는 이 사건 각 규정의 법규성에 관한 법리를 오해하여 판결에 영향을 미친 위법이 있다고 할 것이다.

> **여객자동차 운수사업법 제11조(사업계획의 변경)** ① 제5조 제1항 본문의 규정에 의하여 여객자동차운송사업의 면허를 받은 자가 사업계획을 변경하고자 하는 때에는 건설교통부장관의 인가를 받아야 한다. 다만, 건설교통부령이 정하는 경미한 사항을 변경하고자 하는 때에는 건설교통부장관에게 신고하여야 한다.
> ② 제5조 제1항 단서의 규정에 의하여 여객자동차운송사업의 등록을 한 자가 사업계획을 변경하고자 하는 때에는 건설교통부장관에게 등록하여야 한다. 다만, 건설교통부령이 정하는 경미한 사항을 변경하고자 하는 때에는 건설교통부장관에게 신고하여야 한다.
> ③ 건설교통부장관은 운송사업자가 다음 각 호의 1에 해당하는 경우에는 제1항 및 제2항의 규정에 의한 사업계획의 변경을 제한할 수 있다.
>   1. 제8조의 규정에 의한 운송개시의 기일 또는 기간 내에 운송을 개시하지 아니한 경우
>   2. 제24조의 규정에 의한 개선명령을 받고 이를 이행하지 아니한 경우
>   3. 제76조 제1항의 규정에 의하여 노선폐지·감차 등을 수반하는 사업계획변경명령을 받은 후 1년이 경과되지 아니한 경우
>   4. 교통사고의 규모 또는 발생빈도가 대통령령이 정하는 기준이상인 경우
> ④ 제1항 내지 제3항의 규정에 의한 사업계획변경의 절차·기준 기타 필요한 사항은 건설교통부령으로 정한다.

그런데 구 여객자동차 운수사업법(2000. 1. 28. 법률 제6240호로 개정되기 전의 것) 제11조 제3항은 재량사항으로 정하고 있고, 제4항은 "제1항 내지 제3항의 규정에 의한 사업계획변경의 절차·기준 기타 필요한 사항은 건설교통부령으로 정한다."고 규정하고 있는바, 이때의 사업계획변경의 절차·기준 기타 필요한 사항을 정하는 건설교통부령은 법규명령의 부분과 재량준칙의 부분을 모두 포함하고 있으므로 이를 모두 법규명령으로만 보고 있는 대법원의 태도에는 문제가 있다.

(4) 비판적 검토

한국의 통설적 견해에 따르면, 행정입법은 행정기관이 법조의 형식으로 정립한 일반적·추상적 규범을 말하며, 대외적 구속력의 유무를 기준으로 대외적 구속력을 가진 법규명령과 내부효과만을 가진 행정규칙으로 분류하고 있다. 통설적 견해 역시 법규명령과 행정규칙은 법규성 유무라고 하는 실질적 기능에 따라 구별하고 있으며, 형식에 따라서 행정입법을 구별하고 있지 않다. 대외적 구속력을 가지면 법규명령이 되고, 그렇지 않은 경우에는 행정규칙이 되는 것이지, '법규명령형식의 행정규칙'이라든가 또는 '행정규칙형식의 법규명령'이라고 표현하는 것은 곤란하다. 헌

법재판소의 결정을 살펴보면,

헌법재판소 1992. 6. 26.자 91헌마25 결정

　　법령의 직접적인 위임에 따라 위임행정기관이 그 법령을 시행하는데 필요한 구체적
사항을 정한 것이면, 그 제정형식은 비록 법규명령이 아닌 고시, 훈령, 예규 등과 같은
행정규칙이더라도 그것이 상위법령의 위임한계를 벗어나지 아니하는 한, 상위법령과 결
합하여 대외적인 구속력을 갖는 법규명령으로서 기능하게 된다고 보아야 할 것인바, 청
구인이 법령과 예규의 관계 규정으로 말미암아 직접 기본권 침해를 받았다면 이에 대하
여 바로 헌법소원심판을 청구할 수 있다.

　　실질적 기준을 따르고 있는 것으로 보이나, "법령의 직접적인 위임에 따라 수임
행정기관이 그 법령을 시행하는데 필요한 구체적 사항을 정한 것이면, 그 제정형식
은 비록 법규명령이 아닌 고시, 훈령, 예규 등과 같은 행정규칙이더라도"라고 하여,
법규명령과 행정규칙이라는 용어를 형식적 기준에서도 사용하고 있다. 이와 같이
정의는 실질적 기준을 따르면서도 동일한 용어를 실제로는 형식적 기준으로도 사용
하고 있는 것은 법질서를 혼동케 하는 것이다. 실질적 기준과 형식적 기준은 정반
대의 이질적인 기준이기 때문에 용어의 사용에 있어서는 실질적 기준을 택하든지
아니면 형식적 기준을 택하든지 하여야 하지, 어떤 경우에는 실질적 기준을 택하고
또 어떤 경우에는 형식적 기준을 채택하는 것은 불필요한 혼동을 불러일으켜 법질
서를 어지럽힐 뿐이다. 이 점과 관련하여서는 대부분의 교과서나 논문들도 예외가
아니다.

　　참고로 프랑스의 경우, 법규명령에 해당하는 'règlement'은 "일반적이고 특정화
되지 않은 규범적 성격의 일방적 행정행위"로 정의되며,[32] 그 형식은 총리령(décret),
부령(arrêté), 조례(délibéra-tion), 훈령(circulaire) 등 다양하며, 때로는 의견(avis)이나 준칙(direct-ive)과
같은 형식을 취할 수도 있다고 한다.[33] 프랑스에서 내부적 효과만을 갖는 실질적
기준에서의 행정규칙은 'mesure d'ordre intérieur'(직역하면 내부조치)라고 부르고,
해석적(interpréta-tive) 훈령과 해석적 준칙 등이 이에 속한다.[34] 법규명령으로 취급되는 훈
령과 준칙은 각각 법규적(règlement-aire) 훈령과 법규적 준칙으로 분류된다. 따라서 프랑스
에서의 법규명령과 행정규칙의 구분은 철저히 실질적 기준에 의하고 있음을 알 수

---

32) Agathe Van Lang/Geneviève Gondouin/Véronique Inserguet-Brisset, 『Dictionnaire de droit
administratif』, Armand Colin, 1997.
33) ibid.
34) ibid.

있고, 형식적 기준으로는 총리령, 부령, 조례, 훈령, 준칙 등의 용어가 사용됨을 알 수 있다. 프랑스의 예에서 시사하는 바와 같이 법규명령과 행정규칙이라는 용어는 실질적 기준으로만 사용하고, 형식적 기준에서는 대통령령, 총리령, 부령, 조례, 고시, 훈령, 예규, 지침 등의 용어만 사용하는 것이 적절하다고 본다.

한국에서는 재량준칙을 흔히 법규명령형식의 행정규칙으로 소개하고 있으며, 그 법적 성격에 대해 다툼이 있다. 그러나 재량준칙은 법규명령과 행정규칙과는 별개의 개념으로 보아야 함은 앞에서 기술한 바와 같다.

Ⅳ. 행정규칙의 근거와 한계

행정규칙은 내부적 효과만을 가지기 때문에 상위법령에 의한 수권을 필요로 하지 않는다. 물론 법령상의 권한을 벗어나는 행정규칙은 위법하다. 따라서 행정규칙은 ① 특정한 행정목적 달성을 위해서 필요한 경우, ② 법령과 상급행정청의 행정규칙의 범위 내에서 제정되어야 하며, ③ 국민의 권리와 의무를 직접적으로 변동시키지 않아야 한다.

Ⅴ. 행정규칙의 성립·발효요건

1. 주 체

행정규칙은 이를 발할 수 있는 정당한 권한 있는 기관이 그 권한의 범위 내에서 발하여야 한다.

2. 절 차

행정규칙은 행정조직의 내부관계를 구속하는 데 그치기 때문에 절차에 관한 일반 규정이 존재하지는 않는다. 다만 법령에 따라 특정 형식으로 제정될 경우에 타기관이나 상급기관의 승인 등의 절차가 규정되어 있다면 이를 거쳐야 한다.

한편, 중앙행정기관의 장은 대통령훈령 또는 국무총리훈령의 발령을 추진하려는 경우에는 법제처장에게 해당 훈령안의 심사를 요청하여야 하며(법제업무 운영규정 제23조 제1항), 중앙행정기관의 훈령·예규 등은 법제처의 사후심사·검토를 받는다(제25조의2 제1항).

3. 형 식

행정규칙은 고시·훈령·예규·지침 등의 형식에 따라 제정되는 것이 보통이나 고유한 형식이 있는 것이 아니라, 내부관계를 규율하기 위한 행정입법일 뿐이다. 일 반적으로 법조(法條)의 형식으로 문서로써 발하여지나 구술로 발하여질 수도 있다.

4. 내 용

행정규칙은 법령의 수권을 요하지는 않지만, 법령이나 상급행정기관의 행정규칙 에 반하는 내용을 규정하여서는 아니 된다. 또한 특정한 행정목적 달성을 위해서 행정조직 내부관계의 한계를 침해하지 않는 범위 내에서 가능하고 명확한 내용을 규정하여야 한다.

5. 공 포

행정규칙은 수범자인 하급행정기관에 적당한 방법으로 도달되면 그 효력이 발생 한다. 대법원도 행정규칙에 대해서 고지를 효력발생의 요건으로 보고 있지 않다. 다 만 고시나 훈령의 형식으로 정하여진 행정규칙은 관보에 의하여 공표되고 있는 경 우가 많으며, 대통령훈령에 대해서는 대통령훈령의 발령 및 관리 등에 관한 규정이 적용된다.

대법원 1997. 1. 21. 선고 95누12941 판결

서울특별시가 정한 개인택시운송사업면허지침은 재량권 행사의 기준으로 설정된 행 정청의 내부의 사무처리준칙에 불과하므로, 대외적으로 국민을 기속하는 법규명령의 경 우와는 달리 외부에 고지되어야만 효력이 발생하는 것은 아니다.

Ⅵ. 행정규칙의 흠

법규명령과 마찬가지로 행정규칙에 흠이 있으면 무효이다.

Ⅶ. 행정규칙의 소멸

행정규칙은 상위 또는 동위의 법령에 의한 명시적·묵시적 폐지, 종기의 도래,

해제조건의 성취 등에 의하여 효력을 상실한다.

Ⅷ. 행정규칙의 통제

1. 입법적 통제

행정규칙에 대한 입법적 통제는 법규명령의 통제에서와 마찬가지로 해임건의, 탄핵소추, 예산삭감 등과 같은 간접적인 방법과 행정규칙이 제정·개정 또는 폐지되었을 때에 소관 상임위원회에 제출하도록 하는 직접적인 방법이 있다(국회법 제98조 의2 제1항).

2. 행정적 통제

행정적 통제에는 ① 상급기관의 지휘·감독권에 의한 통제와 ② 절차적 통제가 있다. 이외에도 ③ 법규명령과 마찬가지로 중앙행정심판위원회에 의한 통제가 가능하다(행정심판법 제59조).

3. 사법적 통제

(1) 법원에 의한 통제

1) 구체적 규범통제

행정규칙은 국민과 법원을 구속하는 법규가 아니므로 재판의 근거규범이 될 수 없다. 따라서 법원은 행정규칙에 구속되지 않는다.

한편, 헌법 제107조 제2항에서 말하는 '규칙'은 법규성이 인정되는 규칙이나 조례를 의미하기 때문에 행정규칙은 구체적 규범통제의 대상이 되지 않는다. 그러나 통설과 판례에 따르면, 행정기관이 행정규칙이 정한 기준에 따라 행정관행을 형성한 경우에는 행정 스스로가 구속되기 때문에 평등의 원칙이나 자기구속의 법리를 매개로 하여 행정규칙을 위반한 처분의 위법성을 인정할 수 있게 된다(간접적 대외적 구속력).35)

다만, 해석규칙의 경우 최종적인 법령해석은 법원의 권한이며, 법령해석을 잘못하여 위법한 관행이 반복된 경우에는 자기구속력을 인정할 수 없으므로 자기구속의

---

35) 김남진/김연태(196면). 이때 위법의 근거는 행정규칙이 아닌 행정법의 일반원칙의 위반이 된다.

법리를 통한 대외적 구속력은 인정될 수 없고, 경우에 따라서는 신뢰보호의 법리가 적용될 수 있다.

① 대법원 2019. 7. 11. 선고 2017두38874 판결

상급행정기관이 소속 공무원이나 하급행정기관에 대하여 업무처리지침이나 법령의 해석·적용 기준을 정해 주는 '행정규칙'은 일반적으로 행정조직 내부에서만 효력을 가질 뿐 대외적으로 국민이나 법원을 구속하는 효력이 없다. 처분이 행정규칙을 위반하였다고 해서 그러한 사정만으로 곧바로 위법하게 되는 것은 아니고, 처분이 행정규칙을 따른 것이라고 해서 적법성이 보장되는 것도 아니다. 처분이 적법한지는 행정규칙에 적합한지 여부가 아니라 상위법령의 규정과 입법 목적 등에 적합한지 여부에 따라 판단해야 한다.

상급행정기관이 소속 공무원이나 하급행정기관에 하는 개별·구체적인 지시도 마찬가지이다. 상급행정기관의 지시는 일반적으로 행정조직 내부에서만 효력을 가질 뿐 대외적으로 국민이나 법원을 구속하는 효력이 없다. 대외적으로 처분 권한이 있는 처분청이 상급행정기관의 지시를 위반하는 처분을 하였다고 해서 그러한 사정만으로 처분이 곧바로 위법하게 되는 것은 아니고, 처분이 상급행정기관의 지시를 따른 것이라고 해서 적법성이 보장되는 것도 아니다. 처분이 적법한지는 상급행정기관의 지시를 따른 것인지 여부가 아니라, 헌법과 법률, 대외적으로 구속력 있는 법령의 규정과 입법 목적, 비례·평등원칙과 같은 법의 일반원칙에 적합한지 여부에 따라 판단해야 한다.

② 대법원 2013. 11. 14. 선고 2011두28783 판결

구 '부당한 공동행위 자진신고자 등에 대한 시정조치 등 감면제도 운영고시'(2009. 5. 19. 공정거래위원회 고시 제2009-9호로 개정되기 전의 것) 제16조 제1항, 제2항은 그 형식 및 내용에 비추어 재량권 행사의 기준으로 마련된 행정청 내부의 사무처리준칙 즉 재량준칙이라 할 것이고, 구 '독점규제 및 공정거래에 관한 법률 시행령'(2009. 5. 13. 대통령령 제21492호로 개정되기 전의 것, 이하 '시행령'이라 한다) 제35조 제1항 제4호에 의한 추가감면 신청 시 그에 필요한 기준을 정하는 것은 행정청의 재량에 속하므로 그 기준이 객관적으로 보아 합리적이 아니라든가 타당하지 아니하여 재량권을 남용한 것이라고 인정되지 않는 이상 행정청의 의사는 가능한 한 존중되어야 한다. 이러한 재량준칙은 일반적으로 행정조직 내부에서만 효력을 가질 뿐 대외적인 구속력을 갖는 것은 아니므로 행정처분이 이를 위반하였다고 하여 그러한 사정만으로 곧바로 위법하게 되는 것은 아니고, 다만 그 재량준칙이 정한 바에 따라 되풀이 시행되어 행정관행이 이루어지게 되면 평등의 원칙이나 신뢰보호의 원칙에 따라 행정기관은 상대방에 대한 관계에서 그 규칙에 따라야 할 자기구속을 받게 되므로, 이러한 경우에는 특별한 사정이 없는 한 그에 반하는 처분은 평등의 원칙이나 신뢰보호의 원칙에 어긋나 재량권을 일탈·남용한 위법한 처분이 된다.

③ 대법원 2013. 12. 26. 선고 2012두19571 판결

　구 국립묘지안장대상심의위원회 운영규정(2010. 12. 29. 국가보훈처 훈령 제956호로 개정되기 전의 것)은 국가보훈처장이 심의위원회의 운영에 관하여 구 국립묘지의 설치 및 운영에 관한 법률(2011. 8. 4. 법률 제11027 호로 개정되기 전의 것) 및 시행령에서 위임된 사항과 그 시행에 필요한 사항을 규정함을 목적으로 하여 국가보훈처 훈령으로 제정된 것으로서, 영예성 훼손 여부 등에 관한 판단의 기준을 정한 행정청 내부의 사무처리준칙이다. 이는 대외적으로 국민이나 법원을 기속하는 효력이 없으므로, 그에 따른 처분의 적법 여부는 위 기준만이 아니라 관계 법령의 규정 내용과 취지에 따라 판단해야 한다. 따라서 위 기준에 부합한다고 하여 곧바로 당해 처분이 적법한 것이라고 할 수는 없지만, 위 기준 자체로 헌법 또는 법률에 합치되지 않거나 이를 적용한 결과가 처분사유의 내용 및 관계 법령의 규정과 취지에 비추어 현저히 부당하다고 인정할 만한 합리적인 이유가 없는 한, 섣불리 위 기준에 따른 처분이 재량권의 범위를 일탈하였거나 재량권을 남용한 것이라고 판단해서는 안 된다.

2) 행정규칙에 대한 항고소송

　일반적·추상적 규율인 행정규칙은 처분이 아니므로 항고소송의 대상이 될 수 없다. 다만 주의할 점은 다양한 행정작용이 '고시'라는 형식을 통해 이루어지는바, 원래 고시는 행정기관이 일정한 사항을 일반에게 알리는 공고문서의 종류로서(행정업무의 운영 및 혁신에 관한 규정 제4조 제3호), 그 법적 성질은 고시의 내용에 따라 개별적으로 고찰하여 사법통제 방법을 모색해야 한다는 점이다.

헌법재판소 1998. 4. 30.자 97헌마141 결정

　고시 또는 공고의 법적 성질은 일률적으로 판단될 것이 아니라 고시에 담겨진 내용에 따라 구체적인 경우마다 달리 결정된다고 보아야 한다. 즉, 고시가 일반·추상적 성격을 가질 때는 법규명령 또는 행정규칙에 해당하지만, 고시가 구체적인 규율의 성격을 갖는다면 행정처분에 해당한다. 이 사건 국세청고시는 특정 사업자를 납세병마개 제조자로 지정하였다는 행정처분의 내용을 모든 병마개 제조자에게 알리는 통지수단에 불과하므로, 청구인의 이 사건 국세청고시에 대한 헌법소원심판청구는 고시 그 자체가 아니라 고시의 실질적 내용을 이루는 국세청장의 위 납세병마개 제조자 지정처분에 대한 것으로 해석함이 타당하다.

(2) 헌법재판소에 의한 통제

　행정규칙은 행정내부의 행위로서, 대외적 구속력을 가지는 법규가 아니므로 헌법소원의 대상이 되는 '공권력의 행사'에 해당하지 않는다. 그러나 헌법재판소는 ①

법령에서 행정관청에 법령의 구체적 내용을 보충할 권한을 부여한 경우에는 그것이 상위법령의 위임한계를 벗어나지 아니하는 한, 상위법령과 결합하여 대외적인 구속력을 갖는 법규명령으로 기능하여 헌법소원의 대상이 될 수 있고, ② 재량권 행사의 준칙인 행정규칙이 그 정한 바에 따라 되풀이 시행되어 행정관행이 이룩되게 되면, 평등의 원칙이나 신뢰보호의 원칙에 따라 행정기관은 그 상대방에 대한 관계에서 그 규칙에 따라야 할 자기구속을 당하게 되는 경우에는 대외적 구속력을 가지게 되므로 헌법소원의 대상이 될 수 있다고 한다.

헌법재판소 2001. 5. 31.자 99헌마413 결정

　　행정규칙은 일반적으로 행정조직 내부에서만 효력을 가지는 것이나, 행정규칙이 법령의 규정에 의하여 행정관청에 법령의 구체적 내용을 보충할 권한을 부여한 경우나 재량권 행사의 준칙인 규칙이 그 정한 바에 따라 되풀이 시행되어 행정관행이 이룩되게 되면, 평등의 원칙이나 신뢰보호의 원칙에 따라 행정기관은 그 상대방에 대한 관계에서 그 규칙에 따라야 할 자기구속을 당하게 되는 경우에는 대외적인 구속력을 가지게 되는 바, 이러한 경우에는 헌법소원의 대상이 될 수도 있다.

제 2 장 행정행위

제 1 절 행정행위의 개념

I. 개 설

1. 행정행위 개념의 의의

행정행위는 프랑스($^{acte}_{administratif}$)나 독일($^{verwaltung-}_{sakt}$)과 같은 행정제도 국가에서 행정재판을 운영하는 데에 있어 적법성에 관한 행정재판의 대상이 되는 영역을 확정하기 위해 만들어 낸 개념이다. 행정행위는 실정법상으로 사용되는 용어가 아니라 강학상의 개념에 해당한다. 실정법상으로는 허가·인가·면허·특허·면제·금지 등의 다양한 명칭이 사용되고 있으며, 행정쟁송에서는 처분이라는 용어를 사용하기도 한다.

2. 개념 정립의 실익

행정청의 모든 행위가 적법성에 관한 행정재판의 대상이 되는 것이 아니라 행정행위에 대해서만 재판이 가능하다. 물론 우리나라에서 항고쟁송의 대상으로 삼고 있는 '처분'의 개념과 '행정행위'의 개념이 일치하는 것은 아니지만, 처분 개념은 행정행위 개념을 중심으로 형성된 것이기 때문에 처분의 범위를 확정하기 위해서는 행정행위의 개념에 대한 규명이 선행되어야 한다. 그리고 행정행위에는 사법(私法)상의 법률행위나 다른 행정작용에서 찾아볼 수 없는 공정성, 확정성(존속성), 강제성 등과 같은 특수한 효력이 인정된다.

II. 실질적 행정행위

행정행위의 개념은 강학상 개념인 까닭에 학자에 따라 설명이 다를 수 있다. 행정행위의 개념에 관한 견해를 독일과 일본의 전통적 분류방식에 따라 나누어보면 다음과 같다.

1. 학설의 대립

(1) 최광의설

행정청이 행하는 모든 행위, 즉 사실행위·통치행위·사법(私法)행위·행정입법을 모두 포함하는 개념이다.

(2) 광의설

행정청이 행하는 공법행위를 행정행위로 보는 견해로, 사실행위와 사법(私法)행위가 제외된다.

(3) 협의설

행정청이 법 아래에서 구체적 사실에 관한 법집행으로 행하는 공법행위를 행정행위로 본다. 따라서 광의의 행정행위 개념에서 통치행위, 행정입법이 제외된다고 한다. 그러나 여전히 행정계약이나 행정상 합동행위 등과 같은 비권력적 쌍방행위는 포함한다.

(4) 최협의설

행정청이 법 아래에서 구체적 사실에 관한 법집행으로 행하는 권력적·단독적 공법행위를 말한다고 한다.

2. 개념요소

현재 통설인 최협의설에 따라 행정행위의 개념요소를 분석하면 다음과 같다.

(1) 행정청

행정행위는 '행정청'의 행위이다. 여기서 행정청은 반드시 행정조직법상의 개념과 일치하는 것은 아니며, 실질적·기능적 의미로 보아야 한다. 따라서 반드시 행정부 소속의 기관뿐만 아니라 국회나 법원의 기관, 지방의회, 지방자치단체의 장도 행정청이 될 수 있으며, 공공단체 또는 공무수탁사인도 행정청으로서 행정행위를 발할 수 있다.

대법원 2000. 9. 8. 선고 2000다12716 판결

구 교통안전공단법($^{1999. 12. 28. 법률 제6066}_{호로 개정되기 전의 것}$)에 의하여 설립된 교통안전공단의 사업목적과 분담금의 부담에 관한 같은 법 제13조, 그 납부통지에 관한 같은 법 제17조, 제18조 등의 규정 내용에 비추어 교통안전공단이 그 사업목적에 필요한 재원으로 사용할 기금 조성을 위하여 같은 법 제13조에 정한 분담금 납부의무자에 대하여 한 분담금 납부통지는 그 납부의무자의 구체적인 분담금 납부의무를 확정시키는 효력을 갖는 행정처분이라고 보아야 할 것이고, 이는 그 분담금 체납자로부터 국세징수법에 의한 강제징수를 할 수 있음을 정한 규정이 없다고 하여도 마찬가지이다.

(2) 구체적 사실에 관한 행위

1) 법적 규율의 유형

행정청이 행하는 법적 규율은 수범자의 인적 범위와 규율대상인 사실관계에 따라 〈아래 표〉와 같이 구분해볼 수 있다.

수범자 \ 사안	구체성	추상성
개별성	A(행정행위)	C(≒행정행위)
일반성	B(일반처분)	D(행정입법)

여기서 ① 개별적인가 일반적인가는 규율의 상대방에 관한 것이다. 수범자가 특정인이거나 특정할 수 있는 인적 범위인 경우를 '개별적'이라고 하고, 불특정 다수인인 경우를 '일반적'이라고 한다. 이는 단순히 수적으로 구분되는 것이 아니라 수범자의 범위를 객관적으로 확정할 수 있느냐에 달려 있다. 한편, ② 구체적인가 추상적인가는 규율되는 사안에 관한 것이다. 시간적·공간적으로 특정한 사안에 적용되는 경우를 '구체적'이라고 하고, 불특정 다수의 사안에 반복적으로 적용되는 것을 '추상적'이라고 한다.

통설인 최협의설에 의하면 행정행위는 구체적 사실에 관한 법집행작용이므로, 일반적·추상적 규율인 법규명령(D)을 제외하고 개별적·구체적 규율뿐만 아니라 일반적·구체적 규율인 이른바 '일반처분'도 행정행위에 포함될 수 있다(A＋B). 나아가 특정인에게 장래 반복되는 사안을 계속적으로 규율하는 개별적·추상적 규율(C)도 장래의 상황에 따라 규율 내용이 구체화된다는 점을 제외하고는 당사자에게는 매우 구체적인 행위 의무가 부과되고 있다는 점[1]에서 개별적·구체적 규율과

---

1) 가령, 특정 상인에게 점포 앞 도로에 빙판이 생길 때마다 제설작업을 하라는 명령이 대표적이다.

실질적인 차이가 없다고 본다.

2) 일반처분

일반처분이란 규율의 상대방인 수범자는 불특정 다수인이지만, 시간적·공간적으로 특정한 사안에 대해 규율하는 경우, 즉 일반적·구체적 규율을 말한다. 통설에 의하면 일반처분도 구체적인 규율이라는 점에서 행정행위의 일종으로 볼 수 있으며, 독일 연방행정절차법 제35조 제2문에서는 일반처분에 대한 명문의 규정을 두고 있다.

> **독일 연방행정절차법** 제35조 행정행위는 공법의 영역에서 개별적 사항을 규율하기 위하여 행하게 되는, 외부에 대하여 직접적인 법률효과를 발생시키는 처분, 결정, 기타의 고권적 조치를 말한다. 일반처분은 일반적 기준에 의하여 정하여지거나 정하여질 수 있는 인적 범위에 미치거나 물건의 공법적 성질이나 공중에 의한 물건의 이용에 관계되는 행정행위이다.

대법원 2007. 6. 14. 선고 2004두619 판결

구 청소년보호법(2001. 5. 24. 법률 제6479호로 개정되기 전의 것)에 따른 청소년유해매체물 결정 및 고시처분은 당해 유해매체물의 소유자 등 특정인만을 대상으로 한 행정처분이 아니라 일반 불특정 다수인을 상대방으로 하여 일률적으로 표시의무, 포장의무, 청소년에 대한 판매·대여 등의 금지의무 등 각종 의무를 발생시키는 행정처분으로서, 정보통신윤리위원회가 특정 인터넷 웹사이트를 청소년유해매체물로 결정하고 청소년보호위원회가 효력발생시기를 명시하여 고시함으로써 그 명시된 시점에 효력이 발생하였다고 봄이 상당하고, 정보통신윤리위원회와 청소년보호위원회가 위 처분이 있었음을 위 웹사이트 운영자에게 제대로 통지하지 아니하였다고 하여 그 효력 자체가 발생하지 아니한 것으로 볼 수는 없다.

3) 물적 행정행위

물적 행정행위란 물건을 직접 규율대상으로 하는 행정행위를 말한다. 여기에는 ① 물건의 공법적 성격이나 지위에 관한 규율과 ② 물건(공공시설 기타)의 이용관계에 관한 규율이 있다. 전자의 예로는 특정 물건을 문화재로 지정하는 행위나 도로의 공용지정행위, 개발제한구역의 지정, 개별공시지가의 결정 등이 있으며, 후자의 예로는 속도제한이나 주차금지에 관한 교통표지판을 통한 도로의 이용규율 등이 대표적이다.

물적 행정행위는 물건에 대한 상태규율이지만, 물건의 소유자나 이용자는 물적 행정행위에 의해 간접적으로 권리나 의무에 관한 규율을 받게 된다. 독일 연방행정절차법 제35조 제2문은 물적 행정행위를 일반처분에 포함시켜 행정행위로 보고 있다.

① 대법원 1994. 2. 8. 선고 93누111 판결

시장·군수 또는 구청장의 개별토지가격결정은 관계 법령에 의한 토지초과이득세, 택지초과소유부담금 또는 개발부담금 산정의 기준이 되어 국민의 권리나 의무 또는 법률상 이익에 직접적으로 관계되는 것으로서 행정소송법 제2조 제1항 제1호 소정의 행정청이 행하는 구체적 사실에 관한 법집행으로서의 공권력 행사이므로 항고소송의 대상이 되는 행정처분에 해당한다.

② 대법원 2000. 10. 27. 선고 98두8964 판결

지방경찰청장이 도로교통법 제10조 제1항에 의하여 횡단보도를 설치한 경우 보행자는 횡단보도를 통해서만 도로를 횡단하여야 하고 차의 운전자는 횡단보도 앞에서 일시정지하는 등으로 횡단보도를 통행하는 보행자를 보호할 의무가 있음을 규정하는 도로교통법의 취지에 비추어 볼 때 지방경찰청장이 횡단보도를 설치하여 보행자의 통행방법 등을 규제하는 것은 행정청이 특정사항에 대하여 의무의 부담을 명하는 행위이고 이는 국민의 권리의무에 직접 관계가 있는 행위로서 행정처분이라고 보아야 할 것이다.

(3) 법적 행위

행정행위는 규율로서 외부적으로 법적 질서를 변동시키거나, 법적 질서에 영향을 주는 행위이다. 따라서 국민의 권리·의무와 무관한 사실행위, 최종적인 결정을 위한 준비행위, 행정조직 내부에서의 행위는 원칙적으로 행정행위로서의 성질을 갖지 않는다.

(4) 권력적·단독적 공법행위

행정행위는 행정청이 우월한 지위에서 행하는 공권력 행사로서 고권적·일방적 공법행위이다. 따라서 상대방과 의사합치에 의해 성립하는 공법상 계약이나 공법상 합동행위는 공권력 행사가 아니므로 행정행위가 아니며, 비권력적 작용도 행정행위에 속하지 않는다. 또한, 공법행위가 아닌 사법(私法)행위도 행정행위가 아니다.

Ⅲ. 형식적 행정행위

형식적 행정행위란 행정청의 행정작용 중에서 공권력 행사로서의 실체를 갖추고 있지 않으나 그것이 행정목적의 실현을 위하여 계속적으로 국민에게 사실상의 지배력을 행사할 경우에 이를 쟁송법상 '처분'으로 파악하여 항고쟁송의 제기를 가능하게 하려는 의도에서 행정행위의 관념 외에 행정입법·공정력이 인정되지 않는 비구속적 행정계획·비권력적 사실행위 등도 행정행위에 포함시키기 위하여 고안된 개념이다. 이는 행정절차법에서의 행정행위 관념과 행정쟁송법에서의 행정행위(처분)의 관념을 일치시키려는 의도로서, 이 견해에 따르면 쟁송법상의 처분은 실체법상의 처분(행정행위)과 형식적 행정행위를 모두 포함하게 된다. 그러나 우리나라는 '처분'을 행정절차법, 행정심판법, 행정소송법에서 모두 동일하게 정의하고 있으므로 형식적 행정행위 개념이 필요 없다.

현행 행정심판법이나 행정소송법 등에서는 쟁송의 대상이 되는 '처분'을 "행정청이 행하는 구체적 사실에 관한 법집행으로서의 공권력의 행사 또는 그 거부와 그밖에 이에 준하는 행정작용"이라고 규정함으로써 처분성을 확대하고 있다. 따라서 행정입법이라 하더라도 별도의 집행행위 없이 국민에 대하여 직접적이고 구체적인 법적 효과를 미치는 것에 대하여는 처분성을 인정하고 있다.[2]

Ⅳ. 외국의 행정행위 개념

1. 프랑스

프랑스에서는 행정행위를 행정기관이 발하는 법적 질서에 영향을 주는 일방적인 행정법상의 행위로서 행정법원의 관할 사항에 해당하는 행위라고 이해하였기 때문에 행정행위에 의하여 발생한 법적 효과에 대하여 이의를 제기하려면 행위자가 아닌 행정객체가 법원의 판결을 구하여야 하는바, 이처럼 행정청의 일방적인 법적 질서에 대한 변경권을 이른바 '예선적 특권'이라고 하였다. 따라서 프랑스에서는 법규명령 역시 법률을 집행하는 집행적 결정으로 보아 당연히 월권소송의 대상이 되는 행정행위로 보았다(형식설).

---

2) 형식적 행정행위는 법집행으로서의 공권력 행사의 실질을 갖지 않으므로 쟁송법상 '처분'에도 해당하지 않으며, 이로 인한 국민의 불이익은 공법상 당사자소송이나 민사소송을 통해 구제받을 수 있고, 이는 오히려 불가쟁력의 제한을 받지 않는다는 점에서 취소소송보다 더 유리한 측면이 있다는 지적이 있다. 김남진/김연태(856면).

2. 독 일

프로이센제국 헌법 제62조는 "입법권은 국왕과 양원에 의해 합동으로 행사된다. 국왕과 양원의 의사합치는 모든 법률에 있어 필수 불가결이다."라고 규정하고 있었는데, 이는 당시 부르주아 계층이 자신들의 재산권을 지키기 위해 자신들의 다수가 장악하고 있던 의회에서 제정되는 법률에 의존할 수밖에 없었던 상황 때문이었다 (_{참조}법률유보). 따라서 오토 마이어(Otto Mayer)를 비롯한 당시 부르주아 계층의 입장에서는 국왕의 입법권 행사를 형식적으로 해석할 경우, 그들의 방패인 의회를 위협할 우려가 있었기 때문에 국왕의 입법권을 실질적으로 해석하였고, 국왕의 입법권 행사는 법률의 위임을 받아 법규명령을 발하는 것에 한정시킴으로써 의회의 법률에 국왕의 명령을 종속시켰던 것이다(실질설). 따라서 명령은 행정행위가 아닌 입법행위가 될 수밖에 없었다.

그러나 행정부의 주요한 활동 중의 하나인 일반적 규범의 정립, 즉 명령을 행정소송의 대상으로 삼을 필요성은 너무나 명백하였고, 명령의 일부를 '일반처분'이라 하여 취소소송의 대상으로 하는 이론이 나오게 되었다. 독일 연방행정절차법 제35조 제2문은 "일반처분은 일반적 기준에 의하여 정하여지거나 정하여질 수 있는 인적 범위에 미치거나 또는 물건의 공법적 성질이나 공중에 의한 물건의 이용에 관계되는 행정행위이다."라고 규정하여, 일반처분(Allgemeine Verfugung)을 행정행위의 개념에 포함시키고 있다.

3. 미 국

미국의 경우에는 전통적으로 행정제도 국가가 아니라 사법제도 국가에 해당하기 때문에 행정행위의 개념에 대한 논의가 활발하지 않았다. 다만 행정절차법 제551조 제13항에서 'agency action'에 대해서 "행정기관의 규칙·처분·인가·제재·규제 기타 이에 상당하는 행위나 그것의 거부행위·부작위의 전부 또는 일부"라고 규정하고 있는데, 이를 행정행위로 파악할 수 있겠다. 이것은 '행정기관의 행위'라고 하는 형식설에 가깝다.

4. 일 본

일본 최고재판소는 행정사건소송특례법 제1조(_{소송법 제3조 제2항}현재의 행정사건소)의 '행정청의 처분'에 관하여, "행정청의 처분은 행정청의 법령에 근거하는 행위 모두를 의미하는 것이 아니라, 공권력의 주체인 국가 또는 공공단체가 행하는 행위 중 그 행위에 의해서 직접 국민의 권리 의무를 형성하거나 그 범위를 확정하는 것이 법적으로 인정되는 것을 말한다."고 정의하고 있다(최고재판소 판결, 쇼와 39년 10월 29일). 이 판결의 영향으로 일본에서는 행정행위를 "행정활동 중에서 구체적인 경우에 직접 법효과를 가져오게 하는 행정의 권력적 행위"로 정의한다(시오노 교수).

V. 검 토

현재 통설적 견해에 따르면 행정행위를 '행정청이 법 아래에서 구체적 사실에 관한 법집행으로 행하는 권력적·단독적 공법행위'라고 정의하고 있으며, 이는 오토 마이어($\frac{Otto}{Mayer}$)의 정의를 따른 것이라고도 한다. 그러나 오토 마이어는 "행정행위는 개별적인 경우에 있어서 신민에게 마땅히 법이어야 할 것을 결정하는 행정청이 발하는 권력행위"라고 정의하였는데,[3] 오토 마이어의 '개별적인 사실'이라고 하는 정의가 우리나라에서는 왜 '구체적 사실'이라고 하는 정의로 변질되었는지는 알 수 없으나, G. Meyer의 영향을 받은 일본 판결의 영향으로 보인다.[4] '구체적 사실'은 일반처분도 이에 해당하므로 명령의 상당 부분도 최협의의 행정행위에 해당하게 된다.

또한, 독일의 예에서 보듯이 일반처분의 개념이 등장한 까닭은 취소소송의 대상을 명령의 일부까지 확대하려는 노력에서 나왔다고 할 수 있다. 한국에서는 '직접적이고 구체적인 법적 효과'를 미치는 명령에 대하여는 처분성을 인정하여 항고소송의 대상이 되는 처분에 포함시키는 방법을 취하고 있는데,[5] 명령에 대한 처분성의 인정은 어디까지나 명령에 대한 항고소송의 도입 필요성에 따른 임기응변일 뿐으로 법적 효과가 직접적이냐 아니면 간접적이냐 하는 것은 주관적인 판단에 달려있다. 독일에서는 일반적이고 추상적인 행위만 제외하고는 일반적이고 구체적인 행위(일반처분), 개별적이고 추상적인 행위(예컨대 특정 공장주에게 공장으로부터 배출되는 수증기로 인해 도로에 빙판이 생길 때마다 그것을 제거하라는 명령), 개별적이고 구체적인 행위 모두를 행정행위로 보고 있기 때문에 추상적이냐 아니면 구체적이냐

---

3) Otto Mayer, Droit administratif allemand T1, V. Giaed & Brère, Paris 1903, p. 120.
4) G. Meyer는 그의 저서 행정법 Ⅰ에서 행정행위를 "개별적 또는 구체적인 법적 관계의 명령"이라고 불렀다. 상계서 주(1).
5) 대법원 1996. 9. 20. 선고 95누8003 판결; 대법원 1982. 3. 9. 선고 80누105 판결.

하는 것은 명령과 행정행위를 구분하는 기준이 될 수 없고, 따라서 법적 효과의 직접성과 구체성은 최협의설에 따른 행정행위의 징표가 될 수 없다.

그러나 일반적 명령과 개별적인 행정행위는 ① 행정행위의 수범자에게는 기득권이 발생함에 반하여 명령의 수범자에게는 기득권이 발생되지 않으며, ② 명령은 공포됨으로써 효력을 발생시키는데 비하여 행정행위는 통지됨으로써 효력을 발생시킨다는 점에서 다르므로, 일반처분 개념 내지는 경우에 따른 처분성의 개념을 도입하기보다는 명령에 대하여 형식적 권력분립 개념을 택하여 항고소송의 대상으로 삼는 동시에 명령과 행정행위의 구별 기준은 일반성과 개별성에 두어야 할 것으로 본다.

우리나라 행정소송법에서는 처분을 "행정청이 행하는 구체적 사실에 관한 법집행으로서의 공권력의 행사 또는 그 거부와 그 밖에 이에 준하는 행정작용"으로 정의하고 있기 때문에(제2조 제1항 제1호), 구체적으로 범위만 특정되면 일반적 결정이건 개별적 결정이건 모두 처분이 된다.

제 2 절 행정행위의 종류

I. 법률행위적 행정행위와 준법률행위적 행정행위

행정행위의 구성요소 및 법률효과의 발생 원인에 따른 분류이다.

1. 법률행위적 행정행위

법률행위적 행정행위란 법집행을 위한 의사표시를 요소로 하고 의사표시의 내용에 따라 법률효과가 발생하는 행정행위를 말한다. 법률행위적 행정행위의 예로는 하명, 허가, 특허 등이 있다.

2. 준법률행위적 행정행위

준법률행위적 행정행위란 의사표시 이외의 정신작용(판단이나 인식)을 요소로 하고 법규가 정하는 바에 따라 법률효과가 발생하는 행정행위를 말한다. 준법률행위적 행정행위의 예로는 확인, 공증, 통지, 수리 등이 있다.

3. 검 토

본 분류는 민사법에서와 같이 의사표시의 여부에 따라 행정행위를 구분하는 것으로, 법을 집행하는 공무원의 의사는 소멸되어야 하며 법의 내용만을 집행하여야 한다는 행정의 속성을 감안해 볼 때, '법적 질서를 변동시키는 행위'와 '법적 질서에 영향을 주는 행위'로 구분하는 것이 타당하다고 본다.

스페인에서는 확인 · 공증 · 통지 · 수리 등을 절차적 행정행위라고 부른다.

Ⅱ. 기속행위와 재량행위

법규에 기속되는 정도에 따른 분류이다.

1. 기속행위

기속행위란 근거 법규에 행위의 요건 및 내용이 엄격하게 규정되어 있는 행정행위를 말한다. 따라서 법이 정한 요건이 충족되면 행정청은 법이 정한 효과로서의 일정한 행위를 반드시 하거나 해서는 안 된다.

2. 재량행위

재량행위란 행정청에게 행위의 요건과 효과에 대한 독자적 판단을 인정하는 행정행위를 말한다. 할 수도 있고, 안 할 수도 있는 선택의 폭이 있을 때 이를 '결정재량'이라고 하고, 하기는 하여야 하나, 이렇게 할 수도 있고, 저렇게 할 수도 있는 선택의 폭이 주어질 때 이를 '선택재량'이라고 한다.

Ⅲ. 수익적 · 침익적 · 이중효과적 행정행위

상대방에 대한 효과에 따른 분류이다. 특히 기득권이 발생하는 경우, 취소 또는 철회의 제한사유로 될 수 있기 때문에 구별의 실익이 있다.

1. 수익적 행정행위

수익적 행정행위란 상대방에게 권익을 부여하거나 의무를 면제하여 주는 행정행위를 말한다.

2. 침익적 행정행위

침익적 행정행위란 상대방에게 의무를 과하거나 권익을 박탈하는 행정행위를 말한다.

3. 이중효과적 행정행위

이중효과적 행정행위란 수익적 행정행위와 침익적 행정행위의 효과가 동시에 발생하는 행정행위를 말한다. 이중효과적 행정행위는 다시 복효적 행정행위와 제3자효적 행정행위로 분류된다.

(1) 복효적 행정행위

복효적 행정행위란 동일 당사자에게 수익적 효과와 침익적 효과가 동시에 나타나는 행정행위를 말한다.

(2) 제3자효적 행정행위

제3자효적 행정행위란 어느 일방에게는 수익적 효과가 발생하고 타방의 당사자에게는 침익적 효과가 나타나는 행정행위를 말한다.

Ⅳ. 직권적 행정행위와 신청(동의)에 의한 행정행위

상대방의 협력 요부에 따른 분류이다.

1. 직권적 행정행위

직권적 행정행위란 행정청이 직권에 의해 단독으로 행하는 행정행위를 말하며, 단독적 행정행위라고도 한다.

2. 신청(동의)에 의한 행정행위

신청(동의)에 의한 행정행위란 상대방의 신청·출원·동의 등에 기하여 행해지는 행정행위를 말한다. 종래에는 이를 '쌍방적 행정행위'라고 부르기도 하였으나(옐리네크), 이에 따르면 상대방의 신청이나 동의를 행정행위로 보게 되며, 쌍방적 행위인 행정계약과의 구분이 모호해진다는 점에서 문제가 있다.

V. 대인적 · 대물적 · 혼합적 행정행위

1. 대인적 행정행위

대인적 행정행위란 사람의 학식·기능·경험 등과 같은 주관적 사정을 기준으로 행하여진 행정행위를 말한다. 대인적 행정행위의 효과는 원칙적으로 일신전속적인 성질을 갖기 때문에 타인에게 이전될 수 없다.

2. 대물적 행정행위

대물적 행정행위란 물건의 구조·시설 등과 같은 객관적 사정을 기준으로 행하여진 행정행위를 말한다. 대물적 행정행위는 물건의 객관적 상태와 관련하여 물건의 소유자나 관리자에게 직접 권리를 부여하거나 의무를 부과한다는 점에서 물건에 대한 규율로서 간접적으로 관계인에게 법적 효과를 발생시키는 '물적 행정행위'와는 구별된다. 대물적 행정행위의 효과는 원칙적으로 그 대상이 된 물건과 함께 타인에게 이전 또는 상속이 가능하다. 다만 이 경우 관계 법령에서 신고를 하거나 행정청의 승인을 받도록 규정하고 있는 것이 보통이다.

대법원 2022. 1. 27. 선고 2020두39365 판결

구 국민건강보험법(2011. 12. 31. 법률 제11141호로 전부 개정되기 전의 것, 이하 같다) 제40조 제1항, 제85조 제1항 제1호, 제85조의2 제1항, 국민건강보험법 제98조 제1항 제1호, 구 국민건강보험법 시행령(2012. 8. 31. 대통령령 제24077호로 전부 개정되기 전의 것) 제21조 제1항 제4호, 제3항, 구 의료법(2016. 5. 29. 법률 제14220호로 개정되기 전의 것, 이하 같다) 제33조 제3항, 제36조, '업무정지처분에 갈음한 과징금 적용기준'(2008. 11. 26. 보건복지가 족부고시 제2008-153호) 제2조 제2호 (다)목을 종합하면, 요양기관이 속임수나 그 밖의 부당한 방법으로 보험자에게 요양급여비용을 부담하게 한 때에 구 국민건강보험법 제85조 제1항 제1호에 의해 받게 되는 요양기관 업무정지처분은 의료인 개인의 자격에 대한 제재가 아니라 요양기관의 업무 자체에 대한 것으로서 대물적 처분의 성격을 갖는다. 따라서 속임수나 그 밖의 부당한 방법으로 보험자에게 요양급여비용을 부담하게 한 요양기관이 폐업한 때에는 그 요양기관은 업무를 할 수 없는 상태일 뿐만 아니라 그 처분대상도 없어졌으므로 그 요양기관 및 폐업 후 그 요양기관의 개설자가 새로 개설한 요양기관에 대하여 업무정지처분을 할 수는 없다.

이러한 해석은 침익적 행정행위의 근거가 되는 행정법규는 엄격하게 해석·적용하여야 하고, 입법 취지와 목적 등을 고려한 목적론적 해석이 전적으로 배제되는 것이 아니라고 하더라도 그 해석이 문언의 통상적인 의미를 벗어나서는 아니 된다는 법리에도 부합한다. 더군다나 구 의료법 제66조 제1항 제7호에 의하면 보건복지부장관은 의료인이 속임수 등 부정한 방법으로 진료비를 거짓 청구한 때에는 1년의 범위에서 면허자격을 정지시킬 수 있고 이와 같이 요양기관 개설자인 의료인 개인에 대한 제재수단이 별도로 존재하는 이상, 위와 같은 사안에서 제재의 실효성 확보를 이유로 구 국민건강보험법 제85조 제1항 제1호의 '요양기관'을 확장해석할 필요도 없다.

3. 혼합적 행정행위

혼합적 행정행위란 사람의 주관적 사정과 물건의 객관적 사정을 모두 고려하여 행하여진 행정행위를 말한다. 혼합적 행정행위의 효과를 이전하기 위해서는 양수인에 대한 심사를 위하여 통상 관계 법령에서 행정청의 허가나 승인을 받도록 하고 있다.

VI. 요식행위와 불요식행위

행정행위가 일정한 형식을 요하는지 여부에 따라 요식행위와 불요식행위로 구분할 수 있다.

모든 행정행위가 반드시 일정한 형식에 의하여 행하여져야 하는 것은 아니지만, 그 내용을 명확하게 하기 위하여 관계 법령에서 일정한 형식에 의할 것을 규정하는 경우가 많다. 행정절차법은 행정처분에 관하여 요식행위를 규정하고 있으며(제24조), 개별법에서도 요식행위를 규정하기도 한다(재결에 관한 행정심판법 제46조, 납부고지에 관한 국세징수법 제6조 등).

VII. 적극적 행정행위와 소극적 행정행위

적극적 행정행위는 현재의 법률상태에 변동을 가져오는 행정행위를 말하며, 소극적 행정행위는 현재의 법률상태를 변동시키지 않으려는 의지를 표시하는 행정행위로서 거부처분을 말한다.

제 3 절 재량행위

Ⅰ. 개 설

1. 재량행위의 의의

재량행위는 행정청이 행정법규에 따라 행정행위를 발하는 데에 있어서 그 행위의 요건과 효과에 대한 독자적 판단의 여지가 부여된 경우의 행정행위이다. 법치행정의 원리에 따라서 행정청은 법규에 의해서 엄격하게 기속되어야 하는 것이 원칙이지만, 복잡·다단해진 오늘날의 행정현실에서 행정청에 의한 구체적 법집행의 경우에는 행정법규의 범위 내에서 독자적인 판단을 가능하게 하는 것이 공익적 요청에 더욱 부합된다고 할 것이다.

행정법규는 대개 요건에 관한 규정과 효과에 관한 규정으로 구성되어 있는데, 이와 같은 규정에 재량이 부여된 경우를 두고 각각 요건재량과 효과재량이라고 한다. 즉, 재량행위는 행위의 요건에 대한 부분과 그에 따른 법적 효과에 대한 부분으로 나누어 볼 수 있다. 그러나 최근에는 행정행위의 요건과 효과 이외에 절차적인 요소에도 재량의 여지가 인정되어 있으면 재량행위의 단계로 보려는 경향이 있다.

2. 기속재량행위와 자유재량행위

(1) 개 설

기속재량행위와 자유재량행위의 개념은 원래 재량행위의 폭을 줄임으로써 국민의 권익구제를 확대하고자 하는 의도에서 등장하였다.

(2) 기속재량행위

기속재량행위란 '무엇이 법인가'(즉 위법)에 대한 행정권의 독자적 판단을 허용하는 것으로서, 그 재량을 위반할 경우에는 기속행위의 위반과 마찬가지의 결과로 위법행위가 되고 따라서 사법심사의 대상이 된다. 왜냐하면 '무엇이 법인가'하는 명제, 즉 법적 취지는 이미 일의적으로 확정되어 조리법화되어 있는 까닭에 재량적 판단의 여지가 거의 없기 때문이다.

(3) 자유재량행위

자유재량행위란 '무엇이 합목적적인가'(합목적성)에 대한 행정권의 독자적 판단을 허용하는 것으로서 이를 위반할 경우에는 부당행위는 될지언정 위법을 구성하지는 못한다. 따라서 사법심사의 대상에서 제외된다.

(4) 판 례

대법원은 최근까지도 기속재량행위라는 개념을 사용하고 있으며, 이에 관한 독자적인 법리를 전개하고 있다.[6]

① 대법원 2008. 5. 29. 선고 2007두18321 판결

어느 행정행위가 기속행위인지 재량행위인지 나아가 재량행위라고 할지라도 기속재량행위인지 또는 자유재량에 속하는 것인지의 여부는 이를 일률적으로 규정지을 수는 없는 것이고, 당해 처분의 근거가 된 규정의 형식이나 체재 또는 문언에 따라 개별적으로 판단하여야 한다.

② 대법원 1985. 12. 10. 선고 85누674 판결

약사법 제26조 및 동법시행규칙 제53조에 의한 허가사항 변경허가에 있어서 소관행정청은 그 허가신청이 위 법조의 요건에 합치하는 때에는 특별한 사정이 없는 한 이를 허가하여야 하고 공익상 필요가 없음에도 불구하고 허가를 거부할 수 없다는 의미에서 그 허가여부는 기속재량에 속하는 것이다.

(5) 검 토

오늘날에는 이처럼 기속재량행위와 자유(공익)재량행위를 구별해야 할 실익이 점차 약해지고 있다. 왜냐하면 자유재량행위라 할지라도 재량권을 일탈·남용할 경우에는 위법을 구성하여 사법심사의 대상이 될 뿐만 아니라 양자를 구별할 수 있는 논리적 근거 역시 불명확하기 때문이다. 재량행위와 기속행위는 법규에 기속되는 정도에 따라 구분되나 재량행위의 경우에도 ① 100%의 재량은 허용되지 않고, ②

---

6) 기속재량의 법리에 대한 비판으로 김철우, "기속재량의 법리에 대한 재고(再考)", 사법(58호), 사법발전재단, 2021, 455-486면.

공익목적에 적합하여야 하며, ③ 권한 있는 기관에 의하여 행정행위가 이루어져야 하고, ④ 평등의 원칙, 비례의 원칙 등의 제한을 받으며, ⑤ 절차적 통제 및 사실확인에 의한 통제도 받는다. 한편, 기속행위의 경우에도 최소한 '시점의 선택'(언제 할 것인지)에 관하여는 합리적인 범위 내에서 선택할 수 있는 재량이 부여된다. 따라서 이들을 구별하는 것은 자유에 대한 정도의 차이를 설명하는 데 불과하다. 재량행위에서 한 걸음 더 나아가 자금의 교부나 지방자치행정의 부문에서 개별적인 법률의 수권 없이 조직법상 권한의 범위 내에서 이루어지는 행정을 법률로부터 자유로운 행정($^{Gesetzfr\ ei}_{verwaltungsakte}$)이라고 부르고 있으나, 법치국가에서 법률의 근거 없이 자유롭게 할 수 있는 행정의 영역은 존재할 수 있으나 법($^{행정법의}_{법원}$)으로부터 자유로운 행정은 존재할 수 없다.

Ⅱ. 기속행위와 재량행위의 구별

1. 구별의 실익

(1) 사법심사

과거에는 기속행위의 경우 행정청이 행정법규를 위반하면 위법을 구성하여 사법심사의 대상이 되지만, 재량행위는 법이 행정청에게 일정한 범위에서 선택의 자유를 부여하고 있으므로 행정청이 법이 부여한 범위에서 스스로 공익목적에 부합한다고 생각되는 행정행위를 한 이상 비록 그 재량권 행사가 잘못되었다고 하더라도 이는 부당행위에 그칠 뿐 위법한 행위가 되지 않으므로 사법심사에서 제외된다고 보았다.

그러나 오늘날에는 재량행위라고 하더라도 법으로부터 완전히 자유로운 행위가 아니므로 일정한 법적 한계 내에서 이루어져야 하고, 이러한 한계를 벗어난 재량권 행사는 위법한 것으로 사법심사의 대상이 된다. 이러한 재량권의 일탈·남용은 본안심리를 통해서만 판단 가능한 것이며, 우리 행정소송법 제27조에서도 "행정청의 재량에 속하는 처분이라도 재량권의 한계를 넘거나 그 남용이 있는 때에는 법원은 이를 취소할 수 있다."고 규정하고 있다. 따라서 기속행위와 재량행위를 구별하는 실익을 사법심사의 대상성 여부에서 찾는 것은 곤란하다. 다만, 사법심사의 방식에 있어서 양자의 차이가 있다. 대법원은 "기속행위의 경우 그 법규에 대한 원칙적인 기속성으로 인하여 법원이 사실인정과 관련 법규의 해석·적용을 통하여 일정한 결론을 도출한 후 그 결론에 비추어 행정청이 한 판단의 적법 여부를 독자의 입장에서 판정하는 방식에 의하게 되나, 재량행위의 경우 행정청의 재량에 기한 공익판단의 여지를 감안하여 법원은 독자의 결론을 도출함이 없이 당해 행위에 재량권의 일탈·남용이 있는지 여부만을 심사하게 되고, 이러한 재량권의 일탈·남용 여부에 대한 심사는 사실오인, 비례·평등의 원칙 위배, 당해 행위의 목적 위반이나 동기의 부정 유무 등을 그 판단 대상으로 한다.”고 판시한 바 있다($\binom{\text{대법원 2001. 2. 9. 선}}{\text{고 98두17593 판결}}$).

(2) 공권의 성립

뷜러($\overset{\text{O}}{\text{Bühler}}$)의 공권이론에 의하면, 강행법규성, 사익보호성, 청구가능성이 개인적 공권의 성립요소이다. 과거에는 강행법규의 의미를 행정청에게 일정한 의무를 부과하는 기속법규로 이해하여 재량영역에서는 공권이 성립할 여지가 없었다. 하지만 오늘날에는 재량법규도 행정청에게 재량의 한계 내에서 재량권 행사를 할 의무를 부과하고 있다는 점에서 강행법규성을 인정받아 재량영역이라고 하더라도 제한된 범위에서 공권이 성립될 수 있다. 따라서 국민은 행정청에 대하여 하자 없는 재량행사를 요구할 수 있는 권리인 무하자재량행사청구권을 가지며, 행정청의 재량이 영으로 수축되는 경우에는 특정한 행정행위의 발급을 구하는 행정개입청구권이 인정될 수 있다.

(3) 부관의 가능성

전통적 견해에 따르면, 기속행위는 그 성립요건과 효과가 행정법규에 직접 규정되어 있는 까닭에 행정청이 부관을 붙일 수 없는 반면, 재량행위는 행정청에게 재량권을 허용하고 있으므로 그 재량의 범위 내에서 부관을 붙일 수 있다고 보았다.[7]

2. 구별기준

(1) 요건재량설

행정권 발동의 근거가 되는 법규정은 처분요건을 정하는 요건규정과 처분의 효과를 정하는 효과규정으로 구성되는 것이 일반적이다.

---

7) 대법원 1993. 7. 27. 선고 92누13998 판결(기속행위에 대하여는 법령상 특별한 근거가 없는 한 부관을 붙일 수 없고 가사 부관을 붙였다 하더라도 이는 무효이다).

* 이 사건에서는 자동차운송알선사업등록을 하면서 붙인 “청주시 내에 화물터미널이 설립될 경우에는 화물터미널 내로 이전하여야 한다.”고 한 등록조건이 무효라고 보았다.

요건재량설은 이러한 법규정의 형식 중 ① 요건규정 없이 단순히 처분권한만 규정된 경우(공백규정), ② 요건으로서 단순한 공익관념만을 규정한 경우(종국목적)를 재량행위로 보는 입장이다. 다시 말해서 '구청장은 전당포 영업허가를 취소할 수 있다'고 규정하여 요건을 공백상태로 두는 경우와 '구청장은 공익상 필요하다고 인정되는 경우 영업허가를 취소할 수 있다'라고 하여 행정의 종국적 목적만을 규정한 경우 등을 재량행위로 보는 것이다.

이와는 달리 공익이라는 행정의 종국적 목적 실현을 위한 중간단계로서 개개의 행정활동에 특유한 목적(중간목적)이 당해 행정활동의 구체적 기준이 되는 법에 일의적으로 확정되어 있는 경우, 행정청은 그 기준에 기속받기 때문에 기속행위가 된다는 것이다.

그러나 이 견해는 ① 행정행위의 중간목적과 종국목적의 구분 자체가 불분명하고, ② 법률문제인 요건규정을 재량문제로 오인하고 있으며, ③ 법률효과에 재량이 부여되는 경우를 간과했다는 비판을 받고 있다.

(2) 효과재량설

효과재량설은 법률효과적 측면에서 행정행위를 발할 것인지의 여부(결정재량)와 다수의 행위 중에서 어떠한 행위를 할 것인가(선택재량)를 재량의 본질로 이해하여 법률효과 발생에 행정청의 자유로운 판단을 허용하는 것을 재량행위로 보는 견해이다.

다시 말해서 ① 국민의 기득권을 제한·박탈하거나 새로운 의무를 명하는 침익적 효과가 발생하는 행위는 기속행위이고, ② 국민을 위하여 새로운 권리·이익을 주는 수익적 효과가 발생하는 행위는 재량행위로 보는 입장이다.

그러나 이 학설은 ① 행위의 성질에만 중점을 두어 법규를 완전히 무시한다는 점, ② 불확정개념이 존재하여도 그 효과가 침익적이면 모두 기속행위로 본다는 점, ③ 침익적 행위의 영역에 대해서도 재량이 인정될 수 있다는 점을 간과했다는 비판이 가해지고 있다.

(3) 판례의 태도

대법원은 기본적으로 ① "행정행위가 재량성의 유무 및 범위와 관련하여 이른바 기속행위 내지 기속재량행위와 재량행위 내지 자유재량행위로 구분된다고 할 때, 그 구분은 당해 행위의 근거가 된 법규의 체재·형식과 문언, 당해 행위가 속하는 행정 분야의 주된 목적과 특성, 당해 행위 자체의 개별적 성질과 유형 등을 모두 고려하여 판단하여야 한다.”고 판시하면서도(대법원 2018. 10. 4. 선 고 2014두37702 판결), ② “구 주택건설촉진법(2003. 5. 29. 법률 제6916호 주택 법으로 전문 개정되기 전의 것) 제33조에 의한 주택건설사업계획의 승인은 상대방에게 권리나 이익을 부여하는 효과를 수반하는 이른바 수익적 행정처분으로서 법령에 행정처분의 요건에 관하여 일의적으로 규정되어 있지 아니한 이상 행정청의 재량행위에 속하므로”라고 판시하여 행정행위의 성질을 고려하고 있다(대법원 2007. 5. 10. 선 고 2005두13315 판결).8)

① 대법원 2001. 2. 9. 선고 98두17593 판결

[1] 행정행위가 그 재량성의 유무 및 범위와 관련하여 이른바 기속행위 내지 기속재량행위와 재량행위 내지 자유재량행위로 구분된다고 할 때, 그 구분은 당해 행위의 근거가 된 법규의 체재·형식과 그 문언, 당해 행위가 속하는 행정 분야의 주된 목적과 특성, 당해 행위 자체의 개별적 성질과 유형 등을 모두 고려하여 판단하여야 하고, 이렇게 구분되는 양자에 대한 사법심사는, 전자의 경우 그 법규에 대한 원칙적인 기속성으로 인하여 법원이 사실인정과 관련 법규의 해석·적용을 통하여 일정한 결론을 도출한 후 그 결론에 비추어 행정청이 한 판단의 적법 여부를 독자의 입장에서 판정하는 방식에 의하게 되나, 후자의 경우 행정청의 재량에 기한 공익판단의 여지를 감안하여 법원은 독자의 결론을 도출함이 없이 당해 행위에 재량권의 일탈·남용이 있는지 여부만을 심사하게 되고, 이러한 재량권의 일탈·남용 여부에 대한 심사는 사실오인, 비례·평등의 원칙 위배, 당해 행위의 목적 위반이나 동기의 부정 유무 등을 그 판단 대상으로 한다.

[2] 구 도시계획법(2000. 1. 18. 법률 제6243호로 전문 개정되기 전의 것) 제21조와 같은 법 시행령(1998. 5. 19. 대통령령 제15799 호로 개정되기 전의 것) 제20조 제1, 2항 및 같은 법 시행규칙(1998. 5. 19. 건설교통부령 제 133호로 개정되기 전의 것) 제7조 제1항 제6호 (다)목 등의 규정을 살펴보면, 도시의 무질서한 확산을 방지하고 도시주변의 자연환경을 보전하여 도시민의 건전한 생활환경을 확보하기 위하여 지정되는 개발제한구역 내에서는 구역 지정의 목적상 건축물의 건축이나 그 용도변경은 원칙적으로 금지되고, 다만 구체적인 경우에 위와 같은 구역 지정의 목적에 위배되지 아니할 경우 예외적으로 허가에 의하여 그러한 행위를 할 수 있게 되어 있음이 위와 같은 관련 규정의 체재와 문언상 분명한 한편, 이러한 건축물의 용도변경에 대한 예외적인 허가는 그 상대방에게 수익적인 것에 틀림이 없으므로, 이는 그 법률적 성질이 재량행위 내지 자유재량행위에 속하는 것이라고 할 것이고, 따라서 그 위법 여부에 대한 심사는 재량권 일탈·남용의 유무를 그 대상으로 한다.

[3] 구 도시계획법(2000. 1. 18. 법률 제6243호 로 전문 개정되기 전의 것)상의 개발제한구역 내에서의 건축물 용도변경에

---

8) 동지 판례로, 대법원 2004. 3. 25. 선고 2003두12837 판결.

대한 허가가 가지는 예외적인 허가로서의 성격과 그 재량행위로서의 성격에 비추어 보면, 그 용도변경의 허가는 개발제한구역에 속한다는 것 이외에 다른 공익상의 사유가 있어야만 거부할 수가 있고 그렇지 아니하면 반드시 허가를 하여야만 하는 것이 아니라 그 용도변경이 개발제한구역의 지정 목적과 그 관리에 위배되지 아니한다는 등의 사정이 특별히 인정될 경우에 한하여 그 허가가 가능한 것이고, 또 그에 관한 행정청의 판단이 사실오인, 비례·평등의 원칙 위배, 목적위반 등에 해당하지 아니하면 이를 재량권의 일탈·남용이라고 하여 위법하다고 할 수가 없다.

[4] 구 도시계획법(2000. 1. 18. 법률 제6243호)(로 전문 개정되기 전의 것)상의 개발제한구역 내의 주택에 대하여 농업종사 등의 목적으로 이축허가를 받아 이를 신축한 후 취사용 가스판매장으로 용도변경신청을 하자 행정청이 당시 추진하여 온 '엘피지(LPG) 판매업소 외곽이전 공동화사업'과 그 주택에 대한 당초의 이축허가 목적 등에 적합하지 아니하다는 사유로 불허가처분을 한 경우, 재량권의 일탈·남용의 위법한 처분으로 단정하기 어렵다고 한 사례.

② 대법원 2008. 5. 29. 선고 2007두18321 판결

어느 행정행위가 기속행위인지 재량행위인지 나아가 재량행위라고 할지라도 기속재량행위인지 또는 자유재량에 속하는 것인지의 여부는 이를 일률적으로 규정지을 수는 없는 것이고, 당해 처분의 근거가 된 규정의 형식이나 체재 또는 문언에 따라 개별적으로 판단하여야 한다(대법원 1997. 12. 26. 선)(고 97누15418 판결 참조).

위 법리와 기록에 비추어 보면, 경찰공무원임용령 제46조 제1항9)의 수권형식과 내용에 비추어 이는 행정청 내부의 사무처리기준을 규정한 재량준칙이 아니라 일반 국민이나 법원을 구속하는 법규명령에 해당하고 따라서 위 규정에 의한 처분은 재량행위가 아닌 기속행위라 할 것이므로, 위 규정이 재량준칙임을 전제로 한 원고의 이 사건 응시자격제한처분의 재량권 일탈·남용 주장을 배척한 원심의 판단은 옳은 것으로 수긍이 가고 거기에 재량권 일탈·남용에 대한 법리오해의 위법이 없다.

---

9) 경찰공무원법 제15조(시험실시기관 및 응시자격 등) ① 경찰공무원의 신규채용시험 및 승진시험과 경찰간부후보생 선발시험은 경찰청장 또는 해양경찰청장이 실시한다. 다만, 경찰청장 또는 해양경찰청장이 필요하다고 인정할 때에는 대통령령이 정하는 바에 의하여 그 권한의 일부를 소속기관의 장과 지방경찰청장 또는 지방해양경찰관서의 장에게 위임할 수 있다.
② 제1항의 규정에 의한 각종 시험의 응시자격·시험방법 기타 시험의 실시에 관하여 필요한 사항은 대통령령으로 정한다.
경찰공무원 임용령 제46조(부정행위자에 대한 조치) ① 경찰공무원의 채용시험 또는 경찰간부후보생공개경쟁선발시험에서 부정행위를 한 응시자에 대하여는 당해 시험을 정지 또는 무효로 하고, 그로부터 5년간 이 영에 의한 시험에 응시할 수 없게 한다.

3. 소 결

행정행위가 재량성의 유무 및 범위와 관련하여 기속행위와 재량행위로 구분된다고 할 때, 그 구분은 당해 행위의 근거가 된 법규의 체재·형식과 문언, 당해 행위가 속하는 행정 분야의 주된 목적과 특성, 당해 행위 자체의 개별적 성질과 유형 등을 모두 고려하여 판단하여야 한다(판례). 한편, 재량은 행정법규의 요건규정과 효과규정에 모두 부여될 수 있으며, 재량행위와 기속행위는 대체로 다음과 같은 기준에 따라 구별할 수 있다.

첫째, 법규의 체재·형식과 문언에 따라 ① 법률효과에서 '할 수 있다'와 같은 가능규정의 형식으로 규율하고 있는 경우에는 재량행위로, ② '하여야 한다'와 같은 의무규정의 형식으로 규율하고 있는 경우에는 기속행위로 본다.

둘째, 법규의 목적과 당해 행정행위의 성질 등을 고려하여 법률효과에서 가능규정의 형식으로 규율하고 있는 경우에도 불확정개념으로 규정된 법률요건이 충족되는 경우 가능규정에도 불구하고 기속행위로 보는 경우가 있다.[10]

대법원 1989. 10. 24. 선고 88누9312 판결

일반적으로 국민은 국가기관에 대하여 기밀에 관한 사항 등 특별한 경우 이외에는 보관하고 있는 문서의 열람 및 복사를 청구할 수 있고, 정부공문서규정 제36조 제2항[11]의 규정도 행정기관으로 하여금 일반국민의 문서열람 및 복사신청에 대하여 기밀 등의 특별한 사유가 없는 한 이에 응하도록 하고 있으므로 그 신청을 거부한 것은 위법하다.

셋째, 법규에서 행정청의 권한을 간접적으로 규정하여 가능규정인지 의무규정인지 여부가 불명확한 경우, 헌법상 기본권과의 관련성을 고려하여 판단하여야 한다.[12]

다만 기속행위라고 하더라도 사실인정이나 행위시점의 선택에 있어서 행정청의 재량이 개입될 여지가 있으며, 재량행위라도 법으로부터 완전히 자유로운 것이 아

---

10) 이를 '연결규정'이라고 한다. 행정대집행법 제2조("타인이 대신하여 행할 수 있는 행위를 의무자가 이행하지 아니하는 경우 다른 수단으로써 그 이행을 확보하기 곤란하고 또한 그 불이행을 방치함이 심히 공익을 해할 것으로 인정될 때에는 당해 행정청은 스스로 의무자가 하여야 할 행위를 하거나 또는 제삼자로 하여금 이를 하게 하여 그 비용을 의무자로부터 징수할 수 있다.")가 그 예이다.

11) 제36조(문서의 열람 및 복사) ② 행정기관은 일반인이 당해 행정기관에서 보관 또는 보존하고 있는 문서를 열람 또는 복사하고자 할 때에는 특별한 사유가 없는 한 이를 허가할 수 있다. 다만, 비밀 또는 대외비로 분류된 문서의 경우에는 허가할 수 없으며, 외교문서의 경우에는 외무부령이 정하는 바에 따라 허가하여야 한다.

12) 김남진/김연태(226면).

니라 일정한 한계가 있다는 점에서 이들을 구별하는 것은 자유에 대한 정도의 차이를 설명하는 데 불과하다.

Ⅲ. 불확정개념과 판단여지론

1. 독일에서의 논의

(1) 요건재량에 대한 인식의 전환

독일에서는 바이마르 공화국 시대까지 행정법규가 법률효과에서 가능규정을 두어 행정청에게 선택의 자유를 부여한 경우뿐만 아니라(효과재량), 법률요건에서 불확정개념이 사용된 경우에도 그 해석과 적용에 있어 행정청에게 재량이 인정된다고 보았다(요건재량).[13] 그러나 2차 세계대전 이후 형식적 법치주의와 법실증주의에 입각한 나치의 수권법에 대한 반성적 고려에서 기본법을 제정하고, 행정소송에 있어 개괄주의를 채택하였다. 또한, 실질적 법치국가 이념에 따라 행정재량에 대한 통제를 강화하기 위하여 학설과 판례는 재량을 축소시키기 위해 노력하였다.

이에 따라 행정재량은 법률효과 부분에서 가능규정을 두어 행정청에게 동가치적인 여러 행위들 사이에 선택의 자유를 부여한 경우에만 인정되며, 법률요건 부분에서는 재량을 인정하지 않게 되었다. 즉, 법률요건 부분에서 인정되는 요건재량은 불확정개념의 구체화 과정으로서 단순한 인식행위에 불과하며, 불확정개념의 해석과 적용에 있어서는 '하나의 올바른 결정'만이 허용되기 때문에 행정청의 해석과 적용이 옳은지에 대해서는 완전한 사법심사의 대상이 된다는 주장이 지지를 받게 된 것이다.

다만 전문적·기술적 영역에서 어떠한 사실이 불확정개념에 해당하는지 여부를 일의적으로 확정하기란 쉽지 않다. 이때 '하나의 올바른 결정'이 무엇인가를 판단하기 어려운 한계영역을 '한계상황' 또는 '판단여지'($^{Beurteilungs-}_{spielraum}$)라고 한다.

(2) 불확정개념의 적용에 대한 사법심사

불확정개념이라 함은 공공질서, 공익, 밤, 새벽 등과 같이 그 의미와 내용이 일의(一意)적인 것이 아니라 다의(多意)적인 것이어서 진정한 의미와 내용의 확정이 구

---

13) 정하중/김광수(172면).

체적 상황에 따라 판단될 수 있는 개념을 가리키는 것으로, 예컨대 법문이 '매년 식수한다' 또는 '매년 송충이를 잡는다'고 규정하고 있으면 상식적으로는 4월 초에 식수하고 6~7월에 송충이를 잡는다고 해석되나 해석의 여지가 너무 넓어 비상식적인 해석의 위험이 따르는 개념이다. 따라서 독일에서는 1952년 7월 3일의 행정통지에 관한 법률에 따라 '밤 동안'이라는 표현을 재판장의 허가 없이는 사용하지 못하도록 하였다.

원래 이 견해는 기속행위와 재량행위의 구별기준으로 제시된 것이 아니고 불확정개념의 적용에 대한 사법심사 가능성의 문제, 즉 불확정개념의 판단권이 법원과 행정권 중 누구에게 있는가라는 이른바 권한배분에 관한 문제를 해결하기 위해 등장한 이론이다.

구체적으로 불확정개념의 판단권이 어떠한 경우에 행정권에게 인정되는가에 대한 견해는 여러 가지가 있다.

사실에 대한 불확정개념의 포섭단계(사실이 법률요건에 해당하는지를 판단)에서 ① 법원의 재판통제에서 배제되는 독자적 판단여지가 행정청에게 인정되는 경우에 불확정개념의 판단권이 행정권에게 있다는 바호프($^{O.}_{Bachof}$)의 견해(판단여지설), ② 행정청의 판단이 상당한 근거를 가질 경우에는 법원의 판단을 대체시킬 수 있다는 울레($^{C. H.}_{Ule}$)의 견해(대체가능성설), ③ 불확정개념의 해석단계에서 가치개념(공무원 근무평정, 가고서 성적표 등 국)과 경험개념(치안상 위해, 적당한 장소, 야간, 정당한 사유)을 구분하여, 가치개념에 대해서는 행정권의 재량적 판단을 인정해야 한다는 에릭센(^{Erichsen})의 견해 등이 있다. 이러한 불확정개념에 대한 판단권을 누가 행사하느냐 하는 것이 판단여지설의 핵심이다. 판단여지설에 의하면 판단의 여지와 재량행위가 다른 점은 재량행위의 경우에는 법원의 판단이 미치지 않는다고 하는데 비하여, 판단의 여지의 경우에는 판단권은 법원에 있으나 행정권의 판단으로 하여금 법원의 판단에 대치시킬 뿐이라고 한다. 그러나 이것은 행정의 재량에 대한 통제를 강화하려는 의지에서 나온 이론으로 실제 법원이 판단하지 않는 점에서는 동일하다. 판단의 여지가 인정되는 평가에 관한 분야는 마우러($^{H.}_{Maurer}$) 교수에 의하면, ① 시험, ② 시험에 유사한 결정, ③ 공무원의 근무평가, ④ 전문적인 가치평가, ⑤ 환경이나 경제분야의 예측 또는 위험평가, ⑥ 정책에 관련된 불확정개념에 대한 결정 등이라고 한다.

행정청에게 판단여지가 인정되는 경우에도 행정청은 일정한 한계 내에서 그 판단권을 행사하여야 한다. 따라서 법원은 행정청이 그 한계를 준수하였는지에 관하

여 심사할 수 있다. 법원은 ① 합의제행정기관이 적법하게 구성되었는지 여부, ②
법에서 규정하고 있는 절차를 준수하였는지 여부, ③ 정확한 사실관계에 기초하여
행정결정이 내려졌는지 여부, ④ 관계 법령이 올바르게 해석되고 일반적으로 인정
된 평가기준이 준수되었는지 여부, ⑤ 행정청의 자의가 개입되었는지 여부 등에 관
하여 심사할 수 있으며, 만일 이에 위반하였다고 인정되면 위법한 행정결정이 된다.

2. 우리나라에서의 상황

우리나라에서는 판단여지라는 관념의 독자성을 인정할 것인지, 즉 재량과의 관
계를 어떻게 정립할 것인지에 대하여 학설상 다툼이 있다.

(1) 학설의 대립

1) 구별긍정설

재량은 복수행위 사이의 선택의 자유가 법에 의하여 처음부터 인정되어 있는 경
우를 의미하는 반면, 판단여지는 불확정개념의 해석과 적용이라는 법률문제로서 본
래 법원에 의한 전면적 심사의 대상이 되는 영역에서 예외적으로만 인정된다는 점
에서 재량과 구별된다고 한다.[14]

2) 구별부정설

행정법규의 법률요건이 불확정개념으로 규정되어 행정청에게 판단여지가 부여
된 경우 사법심사가 제한된다는 점에서 재량과 차이가 없으므로 재량과 판단여지를
구별하지 않는 견해이다.[15]

(2) 판례의 태도

대법원은 판단여지이론을 도입하지 않고, 법률요건에 불확정개념이 규정된 경우
에도 재량권의 일탈·남용의 법리를 적용하고 있다.

① 대법원 1988. 11. 8. 선고 86누618 판결

[1] 문교부장관이 시행하는 검정은 그 책을 교과용 도서로 쓰게 할 것인가 아닌가를

---

14) 김남진/김연태(219면). 김용섭 교수는 재량과 판단여지는 ① 규범규율영역의 위치, ② 복수행위
의 가능성, ③ 법원의 심사방식이라는 관점에서 차이가 있다고 한다. 김용섭, "행정재량의 체계적 위
치", 고시계, 2001년 12월호, 30면.

15) 판단여지를 부인하는 입장에서는 판단여지에 해당하는 것을 요건재량, 법규재량, 판단재량 등으
로 표현하는 경향이 있다. 김남진/김연태(220면).

정하는 것일 뿐 그 책을 출판하는 것을 막는 것은 아니나 현행 교육제도하에서의 중·고등학교 교과용 도서를 검정함에 있어서 심사는 원칙적으로 오기, 오식 기타 객관적으로 명백한 잘못, 제본 기타 기술적 사항에만 그쳐야 하는 것은 아니고, 그 저술한 내용이 교육에 적합한 여부까지를 심사할 수 있다고 하여야 한다.

[2] 법원이 위 검정에 관한 처분의 위법여부를 심사함에 있어서는 문교부장관과 동일한 입장에 서서 어떠한 처분을 하여야 할 것인가를 판단하고 그것과 동 처분과를 비교하여 당부를 논하는 것은 불가하고, 문교부장관이 관계 법령과 심사기준에 따라서 처분을 한 것이라면 그 처분은 유효한 것이고 그 처분이 현저히 부당하다거나 또는 재량권의 남용에 해당된다고 볼 수밖에 없는 특별한 사정이 있는 때가 아니면 동 처분을 취소할 수 없다.

② 대법원 1997. 11. 28. 선고 97누11911 판결

[1] 공무원 임용을 위한 면접전형에 있어서 임용신청자의 능력이나 적격성 등에 관한 판단은 면접위원의 고도의 교양과 학식, 경험에 기초한 자율적 판단에 의존하는 것으로서 오로지 면접위원의 자유재량에 속하고, 그와 같은 판단이 현저하게 재량권을 일탈 내지 남용한 것이 아니라면 이를 위법하다고 할 수 없다.

[2] 검사 신규임용을 위한 면접전형에 불합격한 자에 대한 검사임용거부처분이 평등권 및 신뢰보호의 원칙에 반하거나 재량권의 일탈·남용으로 볼 수 없다고 한 사례.

③ 대법원 2017. 3. 15. 선고 2016두55490 판결

[1] 건축법 제11조 제1항, 제5항 제3호, 국토의 계획 및 이용에 관한 법률(이하 '국토계획법'이라 한다) 제56조 제1항 제1호, 제2호, 제58조 제1항 제4호, 제3항, 국토의 계획 및 이용에 관한 법률 시행령 제56조 제1항 [별표 1의2] '개발행위허가기준' 제1호 (라)목 (2)를 종합하면, 국토계획법이 정한 용도지역 안에서의 건축허가는 건축법 제11조 제1항에 의한 건축허가와 국토계획법 제56조 제1항의 개발행위허가의 성질을 아울러 갖는데, 개발행위허가는 허가기준 및 금지요건이 불확정개념으로 규정된 부분이 많아 그 요건에 해당하는지 여부는 행정청의 재량판단의 영역에 속한다. 그러므로 그에 대한 사법심사는 행정청의 공익판단에 관한 재량의 여지를 감안하여 원칙적으로 재량권의 일탈이나 남용이 있는지 여부만을 대상으로 하고, 사실오인과 비례·평등의 원칙 위반 여부 등이 그 판단 기준이 된다.

[2] 환경의 훼손이나 오염을 발생시킬 우려가 있는 개발행위에 대한 행정청의 허가와 관련하여 재량권의 일탈·남용 여부를 심사할 때에는, 해당지역 주민들의 토지이용 실태와 생활환경 등 구체적 지역 상황과 상반되는 이익을 가진 이해관계자들 사이의 권익 균형 및 환경권의 보호에 관한 각종 규정의 입법 취지 등을 종합하여 신중하게 판단하여야 한다. 그러므로 그 심사 및 판단에는, 우리 헌법이 "모든 국민은 건강하고 쾌적

한 환경에서 생활할 권리를 가지며, 국가와 국민은 환경보전을 위하여 노력하여야 한다."라고 규정하여(제35조) 환경권을 헌법상 기본권으로 명시함과 동시에 국가와 국민에게 환경보전을 위하여 노력할 의무를 부과하고 있는 점, 환경정책기본법은 환경권에 관한 헌법이념에 근거하여, 환경보전을 위하여 노력하여야 할 국민의 권리·의무와 국가 및 지방자치단체, 사업자의 책무를 구체적으로 정하는 한편(제3조, 제4조), 국가·지방자치단체·사업자 및 국민은 환경을 이용하는 모든 행위를 할 때에는 환경보전을 우선적으로 고려하여야 한다고 규정하고 있는 점(제2조), '환경오염 발생 우려'와 같이 장래에 발생할 불확실한 상황과 파급효과에 대한 예측이 필요한 요건에 관한 행정청의 재량적 판단은 내용이 현저히 합리성을 결여하였다거나 상반되는 이익이나 가치를 대비해 볼 때 형평이나 비례의 원칙에 뚜렷하게 배치되는 등의 사정이 없는 한 폭넓게 존중될 필요가 있는 점 등을 함께 고려하여야 한다. 이 경우 행정청의 당초 예측이나 평가와 일부 다른 내용의 감정의견이 제시되었다는 등의 사정만으로 쉽게 행정청의 판단이 위법하다고 단정할 것은 아니다.

3. 소 결

과거 독일에서 요건재량설이 비판을 받고 판단여지론이 등장하게 된 이유는 사법통제가 허용되지 않는 재량의 범위를 축소하기 위하여 법률요건에 규정된 불확정개념의 해석과 적용에 있어 행정청의 재량을 인정하지 않고 법원의 전면적 심사를 허용하는 대신 제한적으로 행정청의 판단여지를 인정하기 위함이었다. 그러나 법치주의가 자리잡은 오늘날에는 법률요건에 행정청의 재량을 인정하더라도 재량권의 행사가 그 한계를 벗어날 경우 당연히 사법심사가 가능하므로 재량행위와 별도로 판단여지라는 개념을 인정할 실익이 없다.

Ⅳ. 재량권 행사의 한계

행정기본법 제21조(재량행사의 기준) 행정청은 재량이 있는 처분을 할 때에는 관련 이익을 정당하게 형량하여야 하며, 그 재량권의 범위를 넘어서는 아니 된다.

1. 의 의

전술한 바와 같이 재량행위의 경우 법이 부여한 재량의 범위 안에서의 과오는 부당행위는 될 수 있으나, 위법은 구성하지 않기 때문에 사법심사의 대상에서 제외된다. 그러나 그 재량권 행사의 한계를 벗어나면 위법한 것이 되어 법원의 재판통제를 받게 된다. 즉, 재량행위라 하더라도 일정한 한계가 있는 것이고 이 한계를 벗어나면 위법하게 되는데, 행정소송법 제27조가 "행정청의 재량에 속하는 처분이라도 재량권의 한계를 넘거나 그 남용이 있는 때에는 법원은 이를 취소할 수 있다."라고 규정하여 이를 뒷받침하고 있다.

2. 재량권의 일탈

법령상 주어진 재량권의 외적 한계를 벗어난 재량하자를 말한다. 예컨대 행정청에게 영업허가의 정지권한만이 있음에도 불구하고 취소권을 행사한 경우, 근거 없는 사실에 기초한 재량행위의 경우 등이 이에 해당한다.

대법원 2009. 6. 23. 선고 2007두18062 판결

처분을 할 것인지 여부와 처분의 정도에 관하여 재량이 인정되는 과징금 납부명령에 대하여 그 명령이 재량권을 일탈하였을 경우, 법원으로서는 재량권의 일탈 여부만 판단할 수 있을 뿐이지 재량권의 범위 내에서 어느 정도가 적정한 것인지에 관하여는 판단할 수 없어 그 전부를 취소할 수밖에 없고, 법원이 적정하다고 인정하는 부분을 초과한 부분만 취소할 수는 없다.

3. 재량권의 남용

법령상 주어진 재량권의 내적 한계를 벗어난, 즉 ① 법목적 위반, ② 평등의 원칙·비례의 원칙 등과 같은 행정법의 일반원칙 위반, ③ 사적 감정·보복·부정한 동기, ④ 공무원 임용시 시험성적을 잘못 인식하는 것과 같이 사실의 착오 등을 수반한 재량하자를 말한다. 예컨대 법령이 30일 이하의 영업정지처분을 내릴 수 있게 규정하고 있어 30일의 영업정지처분을 내렸다 할지라도 동일한 경우에 있는(예외적 상황이 아닌) 다른 자에게는 20일의 영업정지처분을 내렸다면 이는 평등의 원칙을 위반한 재량권의 남용으로서 법원의 재판통제 대상이 될 수 있다.

대법원 2018. 4. 24. 선고 2016두40207 판결

독점규제 및 공정거래에 관한 법률(이하 '공정거래법'이라 한다) 제6조, 제22조 등 각 규정을 종합하면, 공정거래위원회는 공정거래법 위반행위에 대하여 과징금을 부과할 것인지 여부와 만일 과징금을 부과할 경우 공정거래법령이 정하고 있는 일정한 범위 안에서 과징금의 액수를 구체적으로 얼마로 정할 것인지에 관하여 재량을 가지고 있으므로, 공정거래위원회의 법 위반행위자에 대한 과징금 부과처분은 재량행위에 해당한다. 다만 이러한 재량을 행사하는 데 과징금 부과의 기초가 되는 사실을 오인하였거나 비례·평등의 원칙에 위배되는 등의 사유가 있다면 재량권 일탈·남용으로서 위법하다.[16]

4. 재량권의 불행사

재량권의 불행사란 재량권의 해태와 흠결을 의미하는바, 재량권의 해태란 재량행위를 기속행위로 오인하여 재량행사에서 선택 가능한 복수의 처분들 간의 형량을 하지 않은 경우를 말하며, 재량의 흠결이란 형량을 함에 있어서 중요사항을 누락하거나 중요사항에 대한 적절한 조치를 취하지 않은 경우를 말한다.

5. 재량권의 수축이론

재량권의 수축이론은 '재량권의 영으로의 수축이론'이라고도 하며, 독일에서 국가배상의 청구에 있어서 부작위에 대한 위법(법규범에 대한 위법성을 책임의 요건으로 하는 것은 문제가 있음)을 인정하기 위해 등장한 이론이다. 이 이론에 따르게 되면 법률의 규정에 의해서 행정청에게 재량권이 부여된 경우에도 개별사안에 따라 다른 행위를 선택하는 것은 위법하고 오직 하나의 행위만을 선택할 수밖에 없게 되는 상황이 발생하게 되는데 이러한 경우의 재량행위는 기속행위로 전환된다.

V. 재량행위의 통제

1. 입법적 통제

국회에 의한 통제인 입법적 통제에는 우선 법률의 제정·개정·폐지 등의 방법으로 재량행위를 통제할 수 있다. 즉, 법률로 하여금 재량권 부여의 목적이나 고려사항 등을 구체적으로 제시할 수 있다. 물론 재량행위로 되어 있는 사항을 기속행위로 변경시키는 것도 가능하다.

뿐만 아니라 헌법은 제61조에서 국정감사·조사를 규정하고 있으며, 제62조에서 질문을, 제63조에서 해임건의를, 제65조에서 탄핵소추를 규정하고 있어 이와 같은 방법으로 행정청의 재량행위에 대한 통제를 할 수도 있다.

---

16) 대법원은 재량권의 일탈과 남용을 구분하지 않는다.

2. 행정적 통제

재량행위에 대한 행정적 통제는 크게 법규명령에 의한 통제, 감사나 감독에 의한 통제, 행정절차에 의한 통제, 행정심판에 의한 통제로 나눌 수 있다.

우선 행정부는 법규명령을 제정하여 재량권 행사의 기준을 구체화하는 등의 통제를 할 수 있다. 또한 감사원이나 상급감독청의 감사나 감독에 의해서도 통제가 가능하다.

행정절차에 의한 통제는 재량행위에 대해서 사전절차를 거침으로써 행정의 적법성과 적정성을 확보하는 것이다. 행정절차법 제19조에 규정되어 있는 처리기간의 설정·공표, 제20조의 처분기준 설정·공표, 제21조의 사전통지, 제22조의 의견청취, 제23조의 이유제시 등은 대표적인 행정절차에 의한 재량행위의 통제에 해당한다.

행정심판은 행정기관이 사법절차를 준용하여 공법관계의 분쟁을 심리하고 판단하는 행정쟁송에 해당하는데, 행정심판은 행정청의 위법한 처분뿐만 아니라 부당한 처분에 대하여도 청구가 가능하기 때문에 재량행위의 통제를 위한 적절한 제도가 된다.

3. 사법적 통제

행정소송법 제27조는 "행정청의 재량에 속하는 처분이라도 재량권의 한계를 넘거나 그 남용이 있는 때에는 법원은 이를 취소할 수 있다."라고 규정하여, 재량행위의 일탈·남용에 대해서 법원이 이를 통제할 수 있도록 인정하고 있다. 헌법재판소 역시 헌법소원심판을 통해서 재량행위를 통제할 수 있다.

제 4 절 행정행위의 내용

I. 법률행위적 행정행위(법적 질서를 변동시키는 행정행위)

1. 명령적 행정행위

명령적 행정행위란 우월적 지위에 있는 행정주체가 상대방에 대하여 특정한 의무를 과하거나, 이미 과하여진 의무를 해제하는 행정행위를 말한다. 이는 자연적 자유와 관계된다. 즉 공공의 필요에 의하여 개인의 자연적 자유를 제한하거나 그 제한을 회복시켜 주는 행위가 명령적 행정행위이다. 명령적 행정행위에는 하명·허가·면제 등이 논의되고 있다.

(1) 하 명

1) 하명의 의의

하명이란 일정한 행정목적을 위하여 우월적 지위에 있는 행정주체가 행정객체에게 작위(징질하명, 위법건
축물철거명령 등), 부작위(입산금지, 통
행금지 등), 수인(受忍)(예방접
종 등), 급부(납세고
지 등)를 명하는 행정행위를 말한다. 이 중에서 부작위를 명하는 것을 특히 '금지'라고 한다. 하명은 명령적 행정행위임과 동시에 침익적 행정행위의 일종이기도 하다. 하명은 법령의 근거와 법령의 요건에 따라서 발하여지며, 이를 위반한 하명은 위법한 행정행위가 된다.

2) 하명의 종류

하명의 종류에는 ① 법령의 규정에 의해 직접 의무를 부과하는 법규하명과 ② 행정행위에 의해 의무를 부과하는 하명처분이 있다.

3) 하명의 대상

하명의 대상은 주로 사실행위이지만, 법률행위도 그 대상이 될 수 있다. 예컨대 불공정거래금지가 이에 해당한다.

4) 하명의 상대방

하명은 원칙상 특정인에게 의무를 부과하는 것이지만, 불특정 다수인에 대해 부과되는 경우가 있는데 이를 일반처분이라고 한다.

5) 하명의 효과

하명은 그 내용에 따라 수명자로 하여금 작위·부작위·수인·급부 등의 의무를 발생시킨다. 대인적 하명의 경우에는 그 효과가 당해 수명자에게 발생하는 반면, 대물적 하명의 경우에는 그 효과가 수명자의 지위를 승계하는 행정객체에게도 미치게 된다.

6) 하명위반의 효과

하명은 수명자에게 하명의 내용이 되는 의무를 발생시키는 것이므로 하명위반은 행정강제 또는 행정벌의 원인은 되지만 당해 행위의 법률상의 효과에는 직접적인 영향을 미치지 않는다. 예컨대 불법무기거래는 처벌은 받지만 거래자체의 효력에는 영향을 미치지 않는다. 물론 오늘날에는 행위자체를 무효로 하는 법률을 제정하는 것이 일반적이다.

(2) 허 가

1) 허가의 의의

허가란 법규에 의해 일반적 · 상대적으로 금지되어 있는 것을 특정한 경우에 해제시켜 주는 행정행위를 말한다. 다시 말해서 인간이 원래부터 가지고 있던 자연적 자유를 '공익상 이유로' 행정목적상 법규에 의하여 금지시키고 특정한 경우에 한하여 그 금지를 해제시켜 줌으로써 인간의 자연적 자유를 회복시키는 것을 의미한다.

보통의 허가는 건축허가, 운전면허, 의사면허 등 공익이 통제를 요구하는 활동에 대한 금지를 해제하는 것이다. 즉, 예방적으로 금지된 것을 해제하는 것이다. 그러므로 상대방이 요건을 갖추었을 때는 허가를 하는 것이 원칙이고 거부는 예외가 된다. 이에 비하여 예외적 승인 또는 특별허가는 일반적으로는 공익에 해로운 활동에 대한 금지를 해제하는 것으로, 축제날 특별히 노점을 허가하는 것과 같이 처벌적 금지를 해제하는 것이다. 즉, 금지가 원칙이고 허가가 예외로 된다.[17]

대법원 2004. 7. 22. 선고 2003두7606 판결

구 도시계획법$\binom{2000.\ 1.\ 28.\ 법률\ 제6243호}{로\ 전문\ 개정되기\ 전의\ 것}$ 제21조, 구 도시계획법시행령$\binom{2000.\ 7.\ 1.\ 대통령령\ 제16891호}{로\ 전문\ 개정되기\ 전의\ 것}$ 제20조 제1항, 제2항 등의 각 규정을 종합하면, 개발제한구역 내에서는 구역 지정의 목적상 건축물의 건축, 공작물의 설치, 토지의 형질변경 등의 행위는 원칙적으로 금지되고, 다만 구체적인 경우에 위와 같은 구역 지정의 목적에 위배되지 아니할 경우 예외적으로 허가에 의하여 그러한 행위를 할 수 있게 되며, 한편 개발제한구역 내에서의 건축물의 건축 등에 대한 예외적 허가는 그 상대방에게 수익적인 것으로서 재량행위에 속하는 것이라고 할 것이므로 그에 관한 행정청의 판단이 사실오인, 비례 · 평등의 원칙 위배, 목적위반 등에 해당하지 아니하는 이상 재량권의 일탈 · 남용에 해당한다고 할 수 없다.

한편, 허가는 허가를 유보한 상대적 금지에 대해서만 가능하고 어떠한 경우에도 해제될 수 없는 절대적 금지(불인)의 경우에는 허가가 허용되지 않는다. 허가는 학문상의 용어로서 실정법에서는 면허 · 인가 · 특허 · 승인 등의 다양한 용어로 사용되

---

17) 가령, 주거지역 내에서의 건축허가는 강학상 허가인 반면, 개발제한구역에서의 건축허가는 예외적 승인에 해당한다.

고 있다.

2) 허가의 성질

(가) 기속행위성 검토

허가의 성질에 관하여 종래의 통설인 효과재량설의 견지에 따라 수익적 행정행위로서 재량행위에 해당한다고 보았다. 그러나 최근에는 허가를 기속행위에 해당한다고 보아 허가의 요건에 해당되면 반드시 허가를 하여야 한다는 것이 통설적 견해이다. 따라서 요건이 충족된 허가를 거부할 때에는 위법을 구성하여 행정소송을 제기할 수 있다고 한다. 그러나 행정행위의 재량성 문제는 당해 행위의 근거 법규의 체재·형식·문언 등에 따라 판단할 것이지 행위의 성질에 따라 일의적으로 결정되는 것이 아님은 전술한 바 있다. 대체로 허가는 기속행위의 성질을 가지지만, ① 관계 법령에서 행정청에게 재량을 부여한 경우나[18] ② 인허가 의제효과를 수반하는 건축허가에서 의제되는 인허가가 재량행위인 경우에는 재량행위에 해당한다.

대법원 2005. 7. 14. 선고 2004두6181 판결

국토의계획및이용에관한법률에서 정한 도시지역 안에서 토지의 형질변경행위를 수반하는 건축허가는 건축법 제8조 제1항의 규정에 의한 건축허가와 국토의계획및이용에관한법률 제56조 제1항 제2호의 규정에 의한 토지의 형질변경허가의 성질을 아울러 갖는 것으로 보아야 할 것이고, 같은 법 제58조 제1항 제4호, 제3항, 같은 법 시행령 제56조 제1항 [별표 1] 제1호 (가)목 (3), (라)목 (1), (마)목 (1)의 각 규정을 종합하면, 같은 법 제56조 제1항 제2호의 규정에 의한 토지의 형질변경허가는 그 금지요건이 불확정개념으로 규정되어 있어 그 금지요건에 해당하는지 여부를 판단함에 있어서 행정청에게 재량권이 부여되어 있다고 할 것이므로, 같은 법에 의하여 지정된 도시지역 안에서 토지의 형질변경행위를 수반하는 건축허가는 결국 재량행위에 속한다.

대법원은 기속행위에 해당하는 건축허가의 경우에 관계 법규에서 정하는 제한사유 이외에도 중대한 공익상 필요를 이유로 허가신청을 거부할 수 있다고 판시하여 이른바 '기속재량'의 법리를 전개하고 있다[판례 ①]. 이러한 판례의 법리는 특정 유

---

18) 제11조(건축허가) ④ 허가권자는 제1항에 따른 건축허가를 하고자 하는 때에 「건축기본법」 제25조에 따른 한국건축규정의 준수 여부를 확인하여야 한다. 다만, 다음 각 호의 어느 하나에 해당하는 경우에는 이 법이나 다른 법률에도 불구하고 건축위원회의 심의를 거쳐 건축허가를 하지 아니할 수 있다.

1. 위락시설이나 숙박시설에 해당하는 건축물의 건축을 허가하는 경우 해당 대지에 건축하려는 건축물의 용도·규모 또는 형태가 주거환경이나 교육환경 등 주변 환경을 고려할 때 부적합하다고 인정되는 경우

형의 허가나 등록행위에 한정되는 것은 아닌 것으로 보이나, 음식점영업허가에서는 이를 인정하지 않고 있다[판례 ②].

① 대법원 2009. 9. 24. 선고 2009두8946 판결

건축허가권자는 건축허가신청이 건축법 등 관계 법규에서 정하는 어떠한 제한에 배치되지 않는 이상 당연히 같은 법조에서 정하는 건축허가를 하여야 하고, 중대한 공익상의 필요가 없는데도 관계 법령에서 정하는 제한사유 이외의 사유를 들어 요건을 갖춘 자에 대한 허가를 거부할 수는 없다.

② 대법원 2000. 3. 24. 선고 97누12532 판결

[1] 식품위생법상 일반음식점영업허가는 성질상 일반적 금지의 해제에 불과하므로 허가권자는 허가신청이 법에서 정한 요건을 구비한 때에는 허가하여야 하고 관계 법령에서 정하는 제한사유 외에 공공복리 등의 사유를 들어 허가신청을 거부할 수는 없고, 이러한 법리는 일반음식점 허가사항의 변경허가에 관하여도 마찬가지이다.

[2] 지하도로 대기오염의 심화를 방지한다는 공익을 이유로 지하도로가 설치된 지하상가 내 점포의 일반음식점허가사항 변경허가신청을 거부할 수 있다고 한 원심을 파기한 사례.

(나) 명령적 행위성 검토

종래의 통설적 입장에서는 허가를 명령적 행위라고 보았는데, 이는 허가를 개인의 자연적 자유를 단순히 회복시켜 주는 성질로 이해하였기 때문이다.

대법원 2009. 3. 12. 선고 2006다28454 판결

건축허가는 시장·군수 등의 행정관청이 건축행정상 목적을 수행하기 위하여 수허가자에게 일반적으로 행정관청의 허가 없이는 건축행위를 하여서는 안 된다는 상대적 금지를 관계 법규에 적합한 일정한 경우에 해제함으로써 일정한 건축행위를 하도록 회복시켜 주는 행정처분일 뿐, 허가받은 자에게 새로운 권리나 능력을 부여하는 것이 아니다. 그리고 건축허가서는 허가된 건물에 관한 실체적 권리의 득실변경의 공시방법이 아니며 그 추정력도 없으므로 건축허가서에 건축주로 기재된 자가 그 소유권을 취득하는 것은 아니며, 건축 중인 건물의 소유자와 건축허가의 건축주가 반드시 일치하여야 하는 것도 아니다.

그러나 허가를 경찰허가로 보는 것은 무한한 권력에 바탕을 두고 모든 국가행정을 경찰작용과 재정작용으로만 보았던 절대주의적 경찰국가의 유습이며,[19] 이미 독

---

19) 행정행위를 명령적 행위와 형성적 행위로 구분하는 것은 일본에서는 경찰국가였던 명치헌법시

일에서는 허가가 형성적 행위로 정착되어 있고,[20] 일본에서도 이를 형성행위로 보는 것이 타당하다는 주장이 나오고 있다. 법이란 권리(이익)와 제한을 동시에 의미하는 것으로서 허가를 권리(이익)로는 보지 않고 제한(이에 대한 해)으로만 보는 것은 법치국가의 이념과도 거리가 멀다. 따라서 허가란 단순히 자유회복에 그치는 것이 아니라 헌법상 자유권을 적법하게 행사할 수 있도록 하는, 즉 법적 지위를 설정하여 주는 행위이므로 명령적 행위라기보다는 오히려 형성적 행위로 보아야 할 것이다.[21] 이는 단순히 허가의 성질문제에 그치는 것이 아니라 허가를 통하여 상대방이 얻는 이익의 법적 효과에 직접적인 영향을 주는 매우 중요한 문제이다.

3) 허가와 신청(출원)

일반적으로 허가는 상대방의 신청에 의하여 행하여지는데, 이때 신청이 허가의 필요요건인지 여부가 문제된다. 이에 대해 학설은 대립되지만, 통설은 특별한 규정이 없는 한 신청이 허가의 필요요건은 아니므로 신청이 없는 허가나 신청과 다른 내용의 허가도 당연무효가 되는 것은 아니라는 입장이다. 따라서 신청이 없는 허가나 수정·변경허가는 그 효력이 일정기간 동안 부동상태로 있다가 상대방의 동의가 있음으로써 그 효력이 완성된다.[22] 한편, 행정절차법 제17조에서 규정하는 처분의 신청에 관한 규정은 허가의 신청에도 그대로 적용된다.

대법원 1985. 11. 26. 선고 85누382 판결

개축허가신청에 대하여 행정청이 착오로 대수선 및 용도변경 허가를 하였다 하더라도 취소 등 적법한 조치 없이 그 효력을 부인할 수 없음은 물론 더구나 이를 다른 처분(즉 개축허가)으로 볼 근거도 없다.

허가의 상대방은 원칙적으로 특정인이지만 경우에 따라서는 불특정 다수인에 대한 허가도 가능하다. 아울러 허가는 허가를 희망하는 자의 신청을 통하여 이루어지나 경우에 따라서는 상대방의 신청 없이도 가능하다. 예컨대 통행금지의 해제 등이

대에 세워진 것으로 사람의 자연적 자유에 대한 규율을 명령적 행위로 보고, 공기업의 특허라고 하여 국가가 자연적 독점권을 가지고 있던 가스, 전기, 철도 등의 공공서비스의 특허를 국민에게 새로운 권리·능력을 부여하는 형성적 행위로 보았다. 이광윤, "법률상의 이익과 공권의 관계", 성균관법학(제11권 제1호), 성균관대학교 법학연구소, 1999, 298면.

20) 제2차 세계대전 후인 1966년에 간행된 Ernst Forsthoff의 『독일행정법』 제9판에서는 허가를 '형성적 행위'로 분류하고 있다. 상게 논문(298면).

21) 이광윤(신행정법론, 74-75면).

22) 김남진/김연태(249면).

이에 해당한다.[23]

4) 허가요건에 대한 심사

(가) 허가기준이 되는 법령

> **행정기본법 제14조(법 적용의 기준)** ② 당사자의 신청에 따른 처분은 법령등에 특별한 규정이 있거나 처분 당시의 법령등을 적용하기 곤란한 특별한 사정이 있는 경우를 제외하고는 처분 당시의 법령등에 따른다.

허가기준이 되는 법령은 특별한 규정이 없는 한 처분 당시의 법령에 따라야 한다.

대법원 1996. 8. 20. 선고 95누10877 판결

허가 등의 행정처분은 원칙적으로 처분시의 법령과 허가기준에 의하여 처리되어야 하고 허가신청 당시의 기준에 따라야 하는 것은 아니며 비록 허가신청 후 허가기준이 변경되었다 하더라도 그 허가관청이 허가신청을 수리하고도 정당한 이유 없이 그 처리를 늦추어 그 사이에 허가기준이 변경된 것이 아닌 이상 변경된 허가기준에 따라서 처분을 하여야 할 것인바(대법원 1993. 2. 12. 선고 92누4390 판결 참조), 기록에 의하면, 대전직할시장은 원고의 승인신청 이전에 이미 보문산 공원주변의 도시경관 보전을 목적으로 건축규제 방안에 관한 연구용역을 외부기관에 발주해 놓았고 당초 그 연구용역 결과가 승인신청일로부터 1개월 내인 1993. 12. 31.까지 나오도록 되어 있었기 때문에 그 연구용역의 결과에 따른 도시계획(최고 고도지구)을 수립하고 그 도시계획에 따라 승인 여부를 결정하려고 원고의 승인신청에 대한 처분을 유보하였었는데 당초 예상과는 달리 연구용역의 결과가 늦게 나오는 바람에 위 촉진법 시행령상의 승인 여부 결정기간(60일)을 넘겨서 1994. 6. 24.에 도시계획을 결정·고시하였고, 피고도 같은 이유에서 승인 여부의 결정을 미루어 오다가 위 도시계획에 따라 1994. 9. 15.자로 이 사건 거부처분을 한 사실, 원고가 위 연구용역이 이미 발주되어 곧 그 결과가 나오리라는 사실을 알고서 이 사건 승인신청을 하였으며, 위 도시계획이 결정·고시되기 이전인 원고의 승인신청 당시에도 이미 위 도시계획의 목적인 보문산공원 주변의 도시경관 보전이라는 공익상의 필요가 있었고 주택건설사업계획의 승인 여부를 결정하는 처분이 엄격한 의미의 기속행위라고는 볼 수 없기 때문에 대전직할시장이나 피고로서는 그 공익상의 필요를 이유로 원고의 승인신청을 거부할 수도 있었지만 그러한 공익상의 필요가 도시계획에 의하여 객관화된 이후에 보다 확실한 근거 하에서 승인 여부를 결정하기 위하여 이를 미루어 온 사실을 각 알 수 있으므로, 이와 같은 사정들에 의하면 피고가 정당한 이유 없이 그 승인 여부의 결정을 늦추고 있는 사이에 그 승인기준이 변경된 경우에 해당한다고는 볼 수 없어 처분 당시의 승인기준(법령상의 제한)에 따른 이 사건 기부처분이 위법하다고 할 수 없다

---

23) 이에 대하여는 '허가'가 아닌 '금지의 폐지'로 보아야 한다는 견해가 있다. 김남진/김연태(250면).

할 것이다.

(나) 관계 행정청의 동의·협의·의견청취

행정법규에서 행정청이 허가를 함에 있어서 다른 행정청의 ① 동의를 얻거나 ② 협의를 하거나 ③ 의견을 청취하도록 규정하는 경우가 있다. 이때 이러한 절차를 거치지 않거나 다른 행정청의 의사에 반하여 한 허가의 효력이 문제된다.

먼저 ① 다른 행정청의 동의를 얻도록 한 경우, 동의는 허가의 필요요건이므로 다른 행정청의 동의 없이는 허가를 할 수 없다. 다만 이 경우에도 허가를 신청한 상대방은 불허가처분을 한 행정청을 피고로 하여 불허가처분에 대하여 항고소송을 제기하여야 하며, 다른 행정청의 부동의는 행정기관 상호 간의 내부행위로서 항고소송의 대상이 되는 행정처분에 해당하지 않는다.

대법원 2004. 10. 15. 선고 2003두6573 판결

건축허가권자가 건축불허가처분을 하면서 그 처분사유로 건축불허가 사유뿐만 아니라 구 소방법(2003. 5. 29. 법률 제6916호로 개정되기 전의 것) 제8조 제1항에 따른 소방서장의 건축부동의 사유를 들고 있다고 하여 그 건축불허가처분 외에 별개로 건축부동의처분이 존재하는 것이 아니므로, 그 건축불허가처분을 받은 사람은 그 건축불허가처분에 관한 쟁송에서 건축법상의 건축불허가 사유뿐만 아니라 소방서장의 부동의 사유에 관하여도 다툴 수 있다.

다음으로 ② 다른 행정청과 협의하도록 규정하고 있는 경우, 판례는 협의의 의미에 관하여 개별 법규의 취지에 따라 달리 해석하고 있다.

① 대법원 1995. 3. 10. 선고 94누12739 판결

구 군사시설보호법(1993. 12. 27. 법률 제4617호로 전문 개정되기 전의 것) 제7조 제3호, 제6호, 제7호 등에 의하면, 관계 행정청이 군사시설보호구역 안에서 가옥 기타 축조물의 신축 또는 증축, 입목의 벌채 등을 허가하고자 할 때에는 미리 관할 부대장과 협의를 하도록 규정하고 있고, 구 군사시설보호법 시행령(1994. 7. 20. 대통령령 제14329호로 전문 개정되기 전의 것) 제10조 제2항에 비추어 보면, 여기서 협의는 동의를 뜻한다 할 것이며, 같은 조 제3항에 의하면, 관계 행정청이 이러한 협의를 거치지 않거나 협의를 한 경우에도 협의조건을 이행하지 아니하고 건축허가 등을 한 경우에는 당해 행정청에 대하여 그 허가의 취소 등을 요구할 수 있고, 그 요구를 받은 행정청은 이에 응하여야 한다고 규정하고 있으므로, 군사시설보호구역으로 지정된 토지는 군 당국의 동의가 없는 한 건축 또는 사용이 금지된다 할 것이다.

② 대법원 2000. 10. 13. 선고 99두653 판결

구 택지개발촉진법(1999. 1. 25. 법률 제5688호로 개정되기 전의 것)에 의하면, 택지개발은 택지개발예정지구의 지정(제3조), 택지개발계획의 승인(제8조), 이에 기한 수용재결 등의 순서로 이루어지는바, 위 각 행위는 각각 단계적으로 별개의 법률효과가 발생되는 독립한 행정처분이어서 선행처분에 불가쟁력이 생겨 그 효력을 다툴 수 없게 된 경우에는 선행처분에 위법사유가 있다고 할지라도 그것이 당연무효의 사유가 아닌 한 선행처분의 하자가 후행처분에 승계되는 것은 아니라고 할 것인데, 같은 법 제3조에서 건설부장관이 택지개발예정지구를 지정함에 있어 미리 관계중앙행정기관의 장과 협의를 하라고 규정한 의미는 그의 자문을 구하라는 것이지 그 의견을 따라 처분을 하라는 의미는 아니라 할 것이므로 이러한 협의를 거치지 아니하였다고 하더라도 이는 위 지정처분을 취소할 수 있는 원인이 되는 하자 정도에 불과하고 위 지정처분이 당연무효가 되는 하자에 해당하는 것은 아니다.

끝으로 ③ 다른 행정청의 의견을 듣도록 한 경우, 이러한 절차를 전혀 거치지 않았다면 절차상 하자가 있는 것으로 위법하지만, 의견청취절차를 거쳤다면 그것으로 충분하고 다른 행정청의 의견에 구속되지는 않는다고 할 것이다.

(다) 다른 법령의 요건(이른바 '복합민원'의 문제)

허가는 원칙적으로 그 근거가 된 법령에 의한 금지만을 해제할 뿐이고, 다른 법령에 의한 금지까지 해제하는 효과를 가지지 않는다. 하지만 행정실무에서는 특정한 사업을 하기 위해서 여러 법령에 따라 다수의 행정청으로부터 여러 개의 허가·특허·인가 등을 받아야 하는 경우가 종종 발생한다(복합민원). 이때 하나의 사업을 위해 각각의 허가·인가 등을 개별적으로 받아야 한다면 비효율적이고 불편하기 때문에 법률에서 특정 허가를 받으면 관련된 허가·인가 등을 모두 받은 것으로 의제하는 규정을 두는 경우가 있다(건축법 제11조 제5항, 국토의 계획 및 이용에 관한 법률 제61조 제1항). 이 경우 허가신청을 받은 행정청은 의제효과를 수반하는 관련 허가나 인가 등에 대한 요건을 모두 충족하였다고 인정되는 경우에 한하여 신청된 허가를 할 수 있다. 또한 주된 허가의 허가권자는 의제되는 허가나 인가 등에 해당하는 사항이 다른 행정기관의 권한에 속하면 그 행정기관의 장과 미리 협의하여야 한다(건축법 제11조 제6항, 국토의 계획 및 이용에 관한 법률 제61조 제3항).

독일에서는 이를 '집중효'(Konzentrationswirkung)라는 이름으로 논의하고 있다.[24]

---

24) 집중효제도는 허가·특허·인가 등에 대한 특례를 정하는 것이므로 반드시 법률에 근거가 있어야 하고, 그 효과도 법률에서 명시한 허가 등에 한하여 발생한다. 김남진/김연태(253면).

대법원 2015. 7. 9. 선고 2015두39590 판결

건축법에서 인허가의제 제도를 둔 취지는, 인허가의제사항과 관련하여 건축허가의 관할 행정청으로 창구를 단일화하고 절차를 간소화하며 비용과 시간을 절감함으로써 국민의 권익을 보호하려는 것이지, 인허가의제사항 관련 법률에 따른 각각의 인허가 요건에 관한 일체의 심사를 배제하려는 것으로 보기는 어려우므로, 도시계획시설인 주차장에 대한 건축허가신청을 받은 행정청으로서는 건축법상 허가요건뿐 아니라 국토의 계획 및 이용에 관한 법령이 정한 도시계획시설사업에 관한 실시계획인가 요건도 충족하는 경우에 한하여 이를 허가해야 한다.

이와 달리 법령에서 관련 허가·인가 등에 대한 의제조항을 두고 있지 않은 경우, A라는 허가신청을 받은 행정청이 B라는 다른 법령상의 허가 등의 요건을 갖추지 못했다는 이유로 A에 대한 허가신청을 거부할 수 있는가? 이 경우 어느 법률이 다른 법률에 우선하여 배타적으로 적용된다고 해석되지 아니하는 한 그 행위에 관하여 각 법률의 규정에 따른 인허가를 받아야 하므로 A라는 허가신청을 받은 행정청은 A라는 허가요건만 검토하여 허가 여부를 결정하는 것이 원칙이다.

대법원 2002. 1. 25. 선고 2000두5159 판결

[1] 입법목적 등을 달리하는 법률들이 일정한 행위에 관한 요건을 각기 정하고 있는 경우 어느 법률이 다른 법률에 우선하여 배타적으로 적용된다고 풀이되지 아니하는 한 그 행위에 관하여 각 법률의 규정에 따른 인·허가를 받아야 할 것인바, 이러한 경우 그 중 하나의 인·허가에 관한 관계 법령 등에서 다른 법령상의 인·허가에 관한 규정을 원용하고 있는 경우나 그 행위가 다른 법령에 의하여 절대적으로 금지되고 있어 그것이 객관적으로 불가능한 것이 명백한 경우 등에는 그러한 요건을 고려하여 인·허가 여부를 결정할 수 있다.

[2] 일반택시운송사업자가 차고지를 일반주거지역 내로서 도시계획시설상 주차장 용지로 지정된 토지와 건물로 이전한다는 내용의 자동차운송사업계획변경인가를 신청한 경우, 건축관계 법령상 일반주거지역 내에서는 주차장을 차고로 사용하는 것이 객관적으로 불가능하다는 이유로 위 신청을 반려한 처분이 적법하다고 판단한 원심판결을 수긍한 사례.

5) 허가의 형식

허가는 처분의 일종이므로 개별 법령에 특별한 규정이 없는 한, 원칙적으로 문서(전자문서포함)로 하여야 한다(행정절차법제24조).

6) 허가의 효과

(가) 법률상 이익

개인이 허가를 받아 향유하는 이익이 법률상 이익으로서 법의 보호를 받는다는 점에 대하여는 이론(異論)이 없다. 따라서 개인이 적법하게 허가를 신청하였음에도 행정청이 이를 거부한 경우는 물론 적법하게 허가를 받아 영업을 하고 있는데 행정청이 이유 없이 허가를 취소하는 경우에는 당연히 항고소송을 제기할 수 있다.

(나) 기존업자와 신규업자의 관계(경업자소송의 원고적격)

허가를 종래와 같이 일반적 금지를 해제하여 적법하게 특정 행위를 할 수 있도록 자연적 자유를 회복시켜 주는 '명령적 행위'로 이해할 경우에는 허가를 통하여 상대방이 받는 법적 이익은 반사적 이익에 불과하기 때문에 이를 침해받은 경우에도 항고소송을 제기할 수가 없다. 왜냐하면 행정소송법상 항고소송에서 원고적격이 인정되는 경우는 법률상 이익이 침해당한 자에 한하므로, 반사적 이익을 침해당한 자는 원고적격이 없다고 하는 것이 지금까지의 판례 입장이기 때문이다.

반면에 허가를 헌법상 자유권을 적법하게 행사할 수 있는 권리나 능력을 설정해 주는 '형성적 행위'로 이해할 경우에는 허가를 통하여 상대방이 얻는 이익은 일종의 권리로서 이를 침해받은 경우에는 당연히 항고소송의 제기가 가능한 것이다. 그러나 허가의 성질에 관한 시대적 요청에도 불구하고 여전히 명령적 행위와 형성적 행위라는 종래의 틀 속에서 허가의 성질을 모호한 상태로 둔 채 허가로 얻는 상대방의 이익을 보호하기 위하여 반사적 이익의 의미를 축소해 가는 것이 오늘날 다수의 학자들과 판례가 취하고 있는 타협점이다. 예컨대, 거리제한규정을 위반하여 주유소영업허가를 내줌으로써 기존의 주유소업자가 이익을 침해당한 경우 기존 주유소업자가 새로운 주유소 영업허가의 취소를 구하는 행정소송의 제기가 가능한 것인가라는 문제에 대하여, 종래에는 반사적 이익은 법률상 보호되는 이익이 아닌 까닭에 원고적격이 부정되어 왔다. 그러나 오늘날에는 관계 법령에서 허가의 요건으로 거리제한규정이 있고, 당해 법규의 입법취지가 공익뿐만 아니라 동종업자들 사이의 과당경쟁으로 인한 경영의 불합리를 방지함으로써 기존업자의 경영상 이익이라는 사익을 보호하는 것도 목적으로 하고 있다면(확대된 공권), 이를 법률상 보호이익으로 보아야 한다는 학설과 판례가 나타나고 있다.[25] 물론 이러한 태도보다는 공권을

---

25) 이처럼 허가대상으로 간주되고 있는 사업이 거리제한 등에 의하여 보호되고 있는 경우, 당해 허가는 허가와 특허의 성질을 공유하는 합체행위의 성질을 가진다고 보는 견해도 있다. 김남진/김연태

매개로 함이 없이 보호가치 있는 충분한 이익의 침해를 요건으로 하는 것이 원고적
격을 확대하는 길이다.

① 대법원 1998. 3. 10. 선고 97누4289 판결

한의사 면허는 경찰금지를 해제하는 명령적 행위(강학상 허가)에 해당하고, 한약조
제시험을 통하여 약사에게 한약조제권을 인정함으로써 한의사들의 영업상 이익이 감소
되었다고 하더라도 이러한 이익은 사실상의 이익에 불과하고 약사법이나 의료법 등의
법률에 의하여 보호되는 이익이라고는 볼 수 없으므로, 한의사들이 한약조제시험을 통
하여 한약조제권을 인정받은 약사들에 대한 합격처분의 무효확인을 구하는 당해 소는
원고적격이 없는 자들이 제기한 소로서 부적법하다.

② 대법원 2006. 7. 28. 선고 2004두6716 판결

구 오수·분뇨 및 축산폐수의 처리에 관한 법률(2002. 12. 26. 법률 제6827 호로 개정되기 전의 것)과 같은 법 시행령
(2003. 7. 25. 대통령령 제18065 호로 개정되기 전의 것)의 관계 규정이 당해 지방자치단체 내의 분뇨 등의 발생량에 비하여
기존 업체의 시설이 과다한 경우 일정한 범위 내에서 분뇨 등 수집·운반업 및 정화조
청소업에 대한 허가를 제한할 수 있도록 하고 있는 것은 분뇨 등을 적정하게 처리하여
자연환경과 생활환경을 청결히 하고 수질오염을 감소시킴으로써 국민보건의 향상과 환
경보전에 이바지한다는 공익목적을 달성하고자 함과 동시에 업자 간의 과당경쟁으로
인한 경영의 불합리를 미리 방지하자는 데 그 목적이 있는 점 등 제반 사정에 비추어
보면, 업종을 분뇨 등 수집·운반업 및 정화조청소업으로 하여 분뇨 등 관련 영업허가
를 받아 영업을 하고 있는 기존업자의 이익은 단순한 사실상의 반사적 이익이 아니고
법률상 보호되는 이익이라고 해석된다.

7) 허가위반의 효과

허가는 전술한 하명과 마찬가지로 이를 위반할 경우에는 행정강제 또는 행정벌
의 원인이 되는 적법요건이 될 뿐이지, 당해 행위의 법률상 효과에 직접 영향을 미
치는 유효요건은 아니다. 다만 개별법에서 무효로 규정하기도 한다.

8) 허가의 갱신

기한부 허가는 그 기한이 도래함으로써 별도의 행위를 기다릴 것 없이 당연히
효력을 상실하며, 재차 허가를 받더라도 이는 새로운 허가로서의 효력이 발생한다.
그러나 허가사업의 성질상 지나치게 짧은 종기가 부가된 경우에는 이를 허가 자체
의 존속기간이 아닌 허가조건의 존속기간으로 보아야 한다는 것이 판례이다.

(251면); 김동희(292면).

① 대법원 2019. 4. 11. 선고 2018다284400 판결

어업에 관한 허가 또는 신고의 경우 그 유효기간이 경과하면 그 허가나 신고의 효력이 당연히 소멸하며, 재차 허가를 받거나 신고를 하더라도 허가나 신고의 기간만 갱신되어 종전의 어업허가나 신고의 효력 또는 성질이 계속된다고 볼 수 없고 새로운 허가 내지 신고로서의 효력이 발생한다.

② 대법원 2007. 10. 11. 선고 2005두12404 판결

일반적으로 행정처분에 효력기간이 정하여져 있는 경우에는 그 기간의 경과로 그 행정처분의 효력은 상실되고, 다만 허가에 붙은 기한이 그 허가된 사업의 성질상 부당하게 짧은 경우에는 이를 그 허가 자체의 존속기간이 아니라 그 허가조건의 존속기간으로 보아 그 기한이 도래함으로써 그 조건의 개정을 고려한다는 뜻으로 해석할 수는 있지만, 그와 같은 경우라 하더라도 그 허가기간이 연장되기 위하여는 그 종기가 도래하기 전에 그 허가기간의 연장에 관한 신청이 있어야 하며, 만일 그러한 연장신청이 없는 상태에서 허가기간이 만료하였다면 그 허가의 효력은 상실된다.

(3) 면 제

면제란 법령에 의하여 일반적으로 가하여진 작위의무, 급부의무, 수인의무를 특정한 경우에 해제하는 행위를 말한다. 따라서 부작위의무(금지)를 해제시키는 허가와 구별된다. 하지만 면제는 허가와 성질이 같으므로 허가에 관한 논의가 거의 그대로 적용된다.

2. 형성적 행정행위

형성적 행정행위란 행정객체에게 일정한 권리·능력·포괄적 법률관계 또는 기타 법률상의 힘을 발생·변경·소멸시키는 행정행위를 말한다.

형성적 행정행위는 상대방을 기준으로 하여 (1) 직접 상대방을 위한 행위와 (2) 타인(제3자)을 위한 행위로 나누어 생각해 볼 수 있다. 직접 상대방을 위한 행위로는 ① 설권행위(광업허가, 어업면허, 공), ② 변경행위(광구변경, 공무원, 전보발령 공무원), ③ 탈권행위가 있다.

설권행위를 넓은 의미의 특허라고 하는데, 이는 다시 ①-1) 권리설정행위(광업허가, 어업면허, 운수사업면허, 공공서비스특허, 공유, 수면매립면허, 토지수용권설정 등), ①-2) 능력설정행위(재개발·재건축조 합설립인가 등), ①-3) 포괄적 법률관계 설정행위(공무원 임명, 귀화허가 등)로 나눌 수 있다. 특히 권리설정행위를 좁은 의미의 특허라 한다.

타인을 위한 형성적 행정행위로는 ① 제3자의 법률행위를 보충하여 그 법률적 효력을 완성시켜 주는 행위인 인가, ② 행정주체가 타인이 하여야 할 행위를 대행

하는 행위로서 그 효과가 타인에게 귀속하는 공법상의 대리($\binom{\text{체납처분시 공매처분, 공법인}}{\text{정관작성ㆍ임원선출 등}}$) 등이 있다.

(1) 특　허

1) 특허의 의의

특허란 행정주체가 행정객체에게 권리ㆍ능력ㆍ포괄적 법률관계를 설정하여 주는 설권행위로서 특정인을 위해 새로운 법률상의 힘을 부여하는 행정행위를 말한다. 특허도 강학상 개념으로, 실정법상 용어와 상관없이 그 성질을 기준으로 판단하여야 한다. 대법원 판례가 특허로 본 사례로는 개인택시운송사업면허ㆍ자동차운수사업면허ㆍ공유수면매립면허ㆍ하천점용허가ㆍ도로점용허가ㆍ귀화허가ㆍ체류자격변경허가ㆍ재개발(재건축)조합설립인가 등이 있다.

2) 특허의 성질

(가) 행정행위성 검토

특허에 대해서 독일이나 일본에서는 우리나라 다수의 견해와 마찬가지로 일방적인 행정행위로 분류하여 왔다. 그러나 프랑스에서는 대체로 상공업적 특허의 경우에 공법상의 행정계약으로 보고 있으며, 행정적 업무의 경우에도 행정행위의 형식과 행정계약의 형식 모두가 가능하다. 또한, 프랑스에서는 법규에 의한, 즉 일반적 행위에 의한 특허도 가능하다.[26] 특허는 그 성격에 따라 ① 행정적 특허, ② 상공업적 특허, ③ 공물사용 특허, ④ 정부공사 특허로 분류할 수 있는데, 행정적 특허나 정부공사 특허의 경우에는 특허를 부여받은 사인이 공무수탁사인의 지위에 서게 된다. 예컨대 사립대학의 장, 토지수용의 사업시행자 등이 이에 해당한다.

한편, 특허를 부여받은 자연인이나 법인의 주된 사무가 특허사무인지의 여부에 따라 기관특허와 행위특허로 나누어 볼 수 있다. 즉, 사립대학의 장이나 대한항공과 같이 주된 사무가 특허사무인 경우는 기관특허에 해당하고, 자동차 정비소에서 자동차검사증을 발급하는 것과 같이 주된 업무는 특허사무가 아니나 부분적 사무로서 특허행위를 하는 경우에는 행위특허로 볼 수 있다.

---

26) 1958년 프랑스 제5공화국 헌법 제34조에 의하면, 새로운 유형의 영조물법인의 창설은 입법사항(법률)이다. 그러나 이미 존재하고 있는 유형에 속하는 영조물법인의 창설은 행정입법(명령)으로 가능하다. 프랑스 헌법위원회는 ① 영조물법인이 부여받은 고유의 사무가 유사하고, ② 동일한 상급기관의 감독을 받는 경우라면 동일한 유형의 영조물법인이라고 보았다(Conseil constitutionnel, 25 juillet 1979: 《Agence nationale pour l'emploi》). 김철우, "프랑스 행정법 이론에 관한 개론적 고찰", 유럽헌법연구(제28호), 유럽헌법학회, 2019, 220면.

대법원 2006. 3. 9. 선고 2004다31074 판결

원고는 피고 산하의 국립의료원 부설주차장에 관한 이 사건 위탁관리용역운영계약에 대하여 관리청이 순전히 사경제주체로서 행한 사법상 계약임을 전제로, 가산금에 관한 별도의 약정이 없는 이상 원고에게 가산금을 지급할 의무가 없다고 주장하여 그 부존재의 확인을 구한다는 것이다. 그러나 기록에 의하면, 위 운영계약의 실질은 행정재산인 위 부설주차장에 대한 국유재산법 제24조 제1항에 의한 사용·수익 허가로서 이루어진 것임을 알 수 있으므로, 이는 위 국립의료원이 원고의 신청에 의하여 공권력을 가진 우월적 지위에서 행한 행정처분으로서 특정인에게 행정재산을 사용할 수 있는 권리를 설정하여 주는 강학상 특허에 해당한다 할 것이고 순전히 사경제주체로서 원고와 대등한 위치에서 행한 사법상의 계약으로 보기 어렵다고 할 것이다.

(나) 재량행위성 검토

특허는 공익상의 필요에 의한 행정행위이기 때문에 행정청의 재량적 판단권을 허용하는 재량행위라는 것이 다수의 견해이다. 그러나 행정행위의 재량성 문제는 당해 행위의 근거가 된 법규의 체재·형식과 그 문언, 당해 행위가 속하는 행정 분야의 주된 목적과 특성, 당해 행위 자체의 개별적 성질과 유형 등을 모두 고려하여 판단하여야 하고(대법원 2001. 2. 9. 선고 98두17593 판결), 행위의 성질에 따라 일의적으로 결정되는 것이 아니다.

대법원 2002. 10. 25. 선고 2002두5795 판결

도로법 제40조 제1항에 의한 도로점용은 일반공중의 교통에 사용되는 도로에 대하여 이러한 일반사용과는 별도로 도로의 특정부분을 유형적·고정적으로 특정한 목적을 위하여 사용하는 이른바 특별사용을 뜻하는 것이고, 이러한 도로점용의 허가는 특정인에게 일정한 내용의 공물사용권을 설정하는 설권행위로서, 공물관리자가 신청인의 적격성, 사용목적 및 공익상의 영향 등을 참작하여 허가를 할 것인지의 여부를 결정하는 재량행위이다.

3) 특허와 신청(출원)

특허의 상대방은 특정인만 가능하며, 아울러 행정처분으로서의 특허는 반드시 상대방의 신청(출원)이 있어야만 가능하다.

4) 특허의 형식

우리나라에서는 원칙적으로 특정인에 대한 처분의 형식을 취하지만, 경우에 따라서는 한국토지주택공사법·한국도로공사법·한국수자원공사법 등을 통하여 공법인을 설립하거나 이들에게 공용수용권을 부여하는 등 법규의 형식을 취하는 경우

(법규특허)도 있다.

5) 특허의 효과

특허는 상대방에 대하여 자연적으로 갖고 있지 않은 새로운 권리·능력 등 일정한 법률상의 힘을 발생하게 한다는 점에서 잠정적으로 금지된 개인의 자연적 자유를 회복시켜 주는 허가와 구별된다. 따라서 특허를 받은 자는 그 법률상의 힘을 제3자에 대하여 법적으로 주장할 수 있고, 이에 대한 침해는 권리 침해가 된다.

특허에 의하여 설정된 권리는 공권인 것이 보통이지만 사권(^{광업허가에 의}_{한 광업권})인 경우도 있다.

특허의 효과는 그것이 일신전속적인 경우에는 이전성이 없으나, 대물적인 경우에는 자유롭게 또는 일정한 제한(^{행정청에 신고}_{또는 승인})하에 이전될 수 있다.

6) 허가와 특허

허가는 명령적 행위이면서 기속행위이고, 특허는 형성적 행위이면서 재량행위라는 것이 종래의 통설적 견해이었다. 그러나 허가 역시 그 본질은 자연적 자유의 회복이라는 헌법상 기본권을 설정하여 주는 일종의 형성적 행위와 유사하다. 또한 기속행위와 재량행위의 구별은 당해 행정행위의 근거법령의 법문언의 체계·형식·내용에 따라 판단하여야 할 것이지 행위의 성질에 따라 일의적으로 결정되는 것은 아니다.

특허와 허가의 본질적인 차이는 특허나 허가의 대상이 공공서비스에 해당하는지의 여부에 있다. 다시 말해서 공공서비스를 사인에게 설정하여 줄 때는 특허가 되고, 공공서비스가 아닌 것을 사인에게 허용하는 것은 허가가 된다.[27] 예컨대 공공서비스와 관계없는 음식점 영업을 허용하는 것은 허가에 해당하지만, 사설경비업의 영업을 허가하는 것은 사인으로 하여금 경비(보안)라는 공공서비스를 제공하도록 허용한 것으로서 특허에 해당한다.

따라서 특허의 상대방은 공공서비스를 제공하는 지위에 있기 때문에 공공서비스의 기본원칙, 즉 평등의 원칙, 계속성의 원칙, 적응의 원칙에 의한 통제를 받는다. 즉, 경찰특허의 경우 공공서비스의 기본원칙을 준수하여야 하고 이를 위반한 경우에는 특허를 취소할 수 있다. 예컨대 사설경비업에 대한 경찰특허를 한 경우에 당해 사설경비업체가 법령을 직접 위반하지는 않았지만 서비스를 불평등하게 제공하

---

27) 이광윤, "평생교육과 공교육원칙", 한국법제발전연구소 제3회 세미나 자료집, 30면.

였거나 채산성을 이유로 경비활동을 임의로 중단하였거나 변화된 경비환경에 대응할 수 있는 인력과 장비를 갖추지 못한 경우에는 경찰특허를 취소할 수 있게 된다.

(2) 인 가

1) 인가의 의의

인가란 제3자의 법률행위를 보충하여 그 법률적 효력을 완성시켜 주는 행위를 말한다. 예컨대 토지거래허가구역 내에 토지를 소유하고 있는 자가 타인에게 토지를 매도하기 위하여 매매계약을 체결하였을 경우, 이들의 매매계약만으로는 소유권 이전의 효과가 완전히 발생하지 않고 관할 행정청의 토지거래허가가 있어야만 완전하게 소유권이 이전된다. 인가의 예로는, 비영리법인설립허가(민법 제32조), 재단법인의 정관변경에 대한 주무관청의 허가(민법 제45조 제3항), 공익법인의 기본재산 처분에 대한 감독관청의 허가(공익법인의 설립·운영에 관한 법률 제11조 제3항), 사립학교 임원의 취임에 대한 관할청의 승인(사립학교법 제20조 제2항),[28] 사업자단체의 설립인가(자동차관리법 제67조 제1항),[29] 공기업운임·요금승인, 지방채기채승인(地方債起債承認), 토지거래허가 등이 있다. 그러나 개인택시 운송사업면허의 양도·양수에 대한 인가는 강학상 인가와 설권적 처분의 성격을 모두 가진다.[30]

인가의 대상은 그 성질상 당연히 법률행위에 한정되나, 여기에는 공법적 행위뿐만 아니라 사법(私法)적 행위도 포함된다.

2) 인가의 성질

인가는 대체로 공익과 밀접한 관련이 있는 경우에는 재량행위이지만, 개인의 기본권과 같은 사익보호가 중요한 경우에는 기속행위인 경우도 있다.

① 대법원 2000. 1. 28. 선고 98두16996 판결

재단법인의 임원취임이 사법인인 재단법인의 정관에 근거한다 할지라도 이에 대한

---

28) 대법원 1987. 8. 18. 선고 86누152 판결.

29) 대법원 2015. 5. 29. 선고 2013두635 판결(자동차관리법상 자동차관리사업자로 구성하는 사업자단체인 조합 또는 협회의 설립인가처분은 국토해양부장관 또는 시·도지사가 자동차관리사업자들의 단체결성행위를 보충하여 효력을 완성시키는 처분에 해당한다).

30) 대법원 1994. 8. 23. 선고 94누4882 판결(관할관청의 개인택시 운송사업면허의 양도·양수에 대한 인가에는 양도인과 양수인 간의 양도행위를 보충하여 그 법률효과를 완성시키는 의미에서의 인가처분뿐만 아니라 양수인에 대해 양도인이 가지고 있던 면허와 동일한 내용의 면허를 부여하는 처분이 포함되어 있다고 볼 것이어서, 양수인이 구 자동차운수사업법시행규칙 제15조 제1항 소정의 개인택시 운송사업면허취득의 자격요건인 운전경력에 미달됨이 사후에 밝혀진 경우에는 관할관청은 면허를 받을 자격이 없는 자에 대한 하자 있는 처분으로서 개인택시 운송사업면허 양도·양수인가처분을 취소할 수 있음은 물론 양수인에 대한 개인택시 운송사업면허처분을 취소할 수도 있다).

행정청의 승인(인가)행위는 법인에 대한 주무관청의 감독권에 연유하는 이상 그 인가행위 또는 인가거부행위는 공법상의 행정처분으로서, 그 임원취임을 인가 또는 거부할 것인지 여부는 주무관청의 권한에 속하는 사항이라고 할 것이고, 재단법인의 임원취임승인 신청에 대하여 주무관청이 이에 기속되어 이를 당연히 승인(인가)하여야 하는 것은 아니다.

② 대법원 1997. 6. 27. 선고 96누9362 판결

  토지거래계약 허가권자는 그 허가신청이 국토이용관리법 제21조의4 제1항 각 호 소정의 불허가 사유에 해당하지 아니하는 한 허가를 하여야 하는 것인데, 인근 주민들이 당해 폐기물 처리장 설치를 반대한다는 사유는 국토이용관리법 제21조의4 규정에 의한 불허가 사유로 규정되어 있지 아니하므로 그와 같은 사유만으로는 토지거래허가를 거부할 사유가 될 수 없다.

3) 인가와 신청

인가는 항상 신청에 의하여 행하여진다. 인가는 제3자들 간의 법률행위에 동의함으로써 그 법률적 효력을 완성시켜 주는 행위라는 점에서 행정청은 인가 여부만을 소극적으로 결정할 수 있으며, 법률의 근거 없이는 적극적으로 신청의 내용과 다른 내용의 수정인가를 할 수 없다.

4) 인가의 효과

인가가 행해지면 제3자의 법률행위가 효력을 발생한다. 인가는 법률행위의 유효요건이므로, 무인가의 경우 당해 법률행위가 무효일 뿐이지 행정벌 또는 행정강제의 대상이 되지는 않는다. 인가의 효과는 타인에게 이전되지 않는 것이 원칙이다.

5) 인가와 기본적 법률행위의 관계

인가는 제3자의 법률행위의 효력을 완성시켜 주는 보충행위에 불과하며, 결코 그 법률행위의 하자를 치유하는 것은 아니다. 다시 말해서 제3자의 법률행위에 하자가 있음에도 불구하고 행정청이 이를 알지 못하여 인가를 한 경우에 그 법률행위의 하자가 치유되는 것은 아니다. 그러므로 인가의 대상이 되는 제3자의 법률행위(기본행위)가 불성립하거나 무효인 경우에는 인가가 있더라도 그 법률행위가 유효로 되는 것은 아니며, 취소사유가 있는 경우에는 인가가 있은 후에도 이를 취소할 수 있다. 만일 적법·유효하게 성립된 기본행위가 후에 실효되면 인가도 당연히 효력이 상실된다. 기본행위가 취소된 경우도 마찬가지이다.

이처럼 인가행위는 적법하지만 기본행위 자체에 하자가 있어 그 효력에 다툼이 있는 경우에는 그 하자를 이유로 기본행위의 효력을 다투어야 하며, 인가행위에 대한 취소나 무효확인을 구할 법률상 이익이 인정되지 않는다. 이와 달리 기본행위는 적법·유효하고 인가행위 자체에만 하자가 있다면, 인가행위에 대하여 취소나 무효확인을 구할 수 있다.

대법원 1996. 5. 16. 선고 95누4810 전원합의체 판결

[1] 민법 제45조와 제46조에서 말하는 재단법인의 정관변경 "허가"는 법률상의 표현이 허가로 되어 있기는 하나, 그 성질에 있어 법률행위의 효력을 보충해 주는 것이지 일반적 금지를 해제하는 것이 아니므로, 그 법적 성격은 인가라고 보아야 한다.

[2] 인가는 기본행위인 재단법인의 정관변경에 대한 법률상의 효력을 완성시키는 보충행위로서, 그 기본이 되는 정관변경 결의에 하자가 있을 때에는 그에 대한 인가가 있었다 하여도 기본행위인 정관변경 결의가 유효한 것으로 될 수 없으므로 기본행위인 정관변경 결의가 적법 유효하고 보충행위인 인가처분 자체에만 하자가 있다면 그 인가처분의 무효나 취소를 주장할 수 있지만, 인가처분에 하자가 없다면 기본행위에 하자가 있다 하더라도 따로 그 기본행위의 하자를 다투는 것은 별론으로 하고 기본행위의 무효를 내세워 바로 그에 대한 행정청의 인가처분의 취소 또는 무효확인을 소구할 법률상의 이익이 없다.

6) 「도시 및 주거환경정비법」상 인가

도시 및 주거환경정비법상 재개발·재건축 등 정비사업을 시행하기 위해서는 ① 토지등소유자 과반수의 동의를 받아 조합설립을 위한 추진위원회를 구성하여 시장·군수등의 승인을 받고($\frac{제31}{조}$), ② 조합설립추진위원회는 정관작성 등 조합설립에 필요한 행위를 한 다음 법이 정한 수의 토지등소유자의 동의를 받아 시장·군수등의 인가를 받아야 한다($\frac{제35}{조}$). 또한 ③ 정비사업을 시행하려면 사업시행자가 사업시행계획서를 시장·군수등에게 제출하여 사업시행계획인가를 받아야 하며($\frac{제50}{조}$), ④ 분양신청을 받은 후 관리처분계획을 수립하여 시장·군수등의 인가를 받아야 한다($\frac{제74}{조}$).

(가) 조합설립추진위원회승인

대법원은 '조합설립추진위원회 구성승인처분'은 조합의 설립을 위한 주체인 조합설립추진위원회의 구성행위를 보충하여 그 효력을 부여하는 처분(인가)으로서 조합설립이라는 종국적 목적을 달성하기 위한 중간단계의 처분에 해당한다고 보았다.[31]

만일 조합설립추진위원회 구성승인처분을 다투는 소송 계속 중에 조합설립인가처분이 이루어진 경우에는, 조합설립추진위원회 구성승인처분에 위법이 존재하여 조합설립인가 신청행위가 무효라는 점 등을 들어 직접 조합설립인가처분을 다툼으로써 정비사업의 진행을 저지하여야 하고, 이와는 별도로 조합설립추진위원회 구성승인처분에 대하여 취소 또는 무효확인을 구할 법률상의 이익은 없다.

(나) 조합설립인가

과거 대법원은 도시 및 주거환경정비법상 '재건축조합설립인가'를 강학상 인가로 보았으나 최근 입장을 변경하여 조합설립인가는 단순히 사인들의 조합설립행위에 대한 보충행위로서의 성질을 갖는 데 그치는 것이 아니라 주택재건축사업을 시행할 수 있는 권한을 갖는 행정주체(공법인)로서의 지위를 부여하는 일종의 설권적 처분의 성격을 갖는다고 보았다(일갑+).[32]

대법원 2009. 9. 24. 선고 2008다60568 판결

행정청이 도시 및 주거환경정비법 등 관련 법령에 근거하여 행하는 조합설립인가처분은 단순히 사인들의 조합설립행위에 대한 보충행위로서의 성질을 갖는 것에 그치는 것이 아니라 법령상 요건을 갖출 경우 도시 및 주거환경정비법상 주택재건축사업을 시행할 수 있는 권한을 갖는 행정주체(공법인)로서의 지위를 부여하는 일종의 설권적 처분의 성격을 갖는다고 보아야 한다. 그리고 그와 같이 보는 이상 조합설립결의는 조합설립인가처분이라는 행정처분을 하는 데 필요한 요건 중 하나에 불과한 것이어서, 조합설립결의에 하자가 있다면 그 하자를 이유로 직접 항고소송의 방법으로 조합설립인가처분의 취소 또는 무효확인을 구하여야 하고, 이와는 별도로 조합설립결의 부분만을 따로 떼어내어 그 효력 유무를 다투는 확인의 소를 제기하는 것은 원고의 권리 또는 법률상의 지위에 현존하는 불안·위험을 제거하는 데 가장 유효·적절한 수단이라 할 수 없어 특별한 사정이 없는 한 확인의 이익은 인정되지 아니한다.

(다) 사업시행계획인가

대법원은 '사업시행계획인가'의 경우 이를 신청한 주체에 따라 그 법적 성질을 달리 판단하고 있다. 먼저 주택재개발 정비사업조합이 수립한 사업시행계획을 인가

---

31) 대법원 2013. 1. 31. 선고 2011두11112 판결.

32) 대법원 2009. 9. 24. 선고 2008다60568 판결. 한편, "재개발조합설립인가신청에 대한 행정청의 조합설립인가처분은 단순히 사인들의 조합설립행위에 대한 보충행위로서의 성질을 가지는 것이 아니라 법령상 일정한 요건을 갖추는 경우 행정주체(공법인)의 지위를 부여하는 일종의 설권적 처분의 성질을 가진다."고 판시하였다(대법원 2010. 1. 28. 선고 2009두4845 판결).

하는 행정청의 행위는 보충행위(인가)에 해당한다고 본다.

대법원 2010. 12. 9. 선고 2009두4913 판결

도시 및 주거환경정비법에 기초하여 주택재개발정비사업조합이 수립한 사업시행계획은 그것이 인가·고시를 통해 확정되면 이해관계인에 대한 구속적 행정계획으로서 독립된 행정처분에 해당하므로, 사업시행계획을 인가하는 행정청의 행위는 주택재개발정비사업조합의 사업시행계획에 대한 법률상의 효력을 완성시키는 보충행위에 해당한다.

그러나 토지등소유자들이 조합을 따로 설립하지 않고 직접 시행하는 정비사업[33]에서 사업시행계획에 대한 인가는 단순히 사업시행계획에 대한 보충행위로서의 성질을 가지는 것이 아니라 토지등소유자에게 정비사업을 시행할 수 있는 권한을 가지는 행정주체로서의 지위를 부여하는 일종의 설권적 처분(특허)의 성격을 가진다고 한다.[34]

(라) 관리처분계획인가

주택재개발 정비사업조합이 수립한 '관리처분계획'은 그것이 인가·고시를 통해 확정되면 이해관계인에 대한 구속적 행정계획으로서 독립적인 행정처분에 해당한다. 이러한 관리처분계획을 인가하는 행정청의 행위는 기본행위인 조합의 관리처분계획에 대한 법률상의 효력을 완성시키는 보충행위이다. 따라서 기본행위가 적법·유효하고 보충행위인 인가처분 자체에 흠이 있다면 그 인가처분의 무효나 취소를 주장할 수 있다. 그러나 인가처분에 흠이 없다면 기본행위에 흠이 있다고 하더라도 따로 기본행위의 흠을 다투는 것은 별론으로 하고 기본행위의 흠을 내세워 바로 그에 대한 인가처분의 무효확인 또는 취소를 구할 수는 없으므로, 그 당부에 관하여 판단할 필요 없이 해당 부분 청구를 기각하여야 한다는 것이 판례의 태도이다.[35]

대법원 2009. 9. 17. 선고 2007다2428 전원합의체 판결

[1] 도시 및 주거환경정비법상 행정주체인 주택재건축정비사업조합을 상대로 관리처분계획안에 대한 조합 총회결의의 효력 등을 다투는 소송은 행정처분에 이르는 절차적 요건의 존부나 효력 유무에 관한 소송으로서 그 소송결과에 따라 행정처분의 위법 여부에 직접 영향을 미치는 공법상 법률관계에 관한 것이므로, 이는 행정소송법상의 당사자

---

33) 재개발사업의 경우 토지등소유자가 20인 미만인 경우에는 조합을 설립하지 않고 토지등소유자가 직접 재개발사업을 시행할 수 있다(도시 및 주거환경정비법 제25조 제1항 제2호).

34) 대법원 2013. 6. 13. 선고 2011두19994 판결.

35) 대법원 2016. 12. 15. 선고 2015두51347 판결.

소송에 해당한다.

　[2] 도시 및 주거환경정비법상 주택재건축정비사업조합이 같은 법 제48조에 따라 수립한 관리처분계획에 대하여 관할 행정청의 인가·고시까지 있게 되면 관리처분계획은 행정처분으로서 효력이 발생하게 되므로, 총회결의의 하자를 이유로 하여 행정처분의 효력을 다투는 항고소송의 방법으로 관리처분계획의 취소 또는 무효확인을 구하여야 하고, 그와 별도로 행정처분에 이르는 절차적 요건 중 하나에 불과한 총회결의 부분만을 따로 떼어내어 효력 유무를 다투는 확인의 소를 제기하는 것은 특별한 사정이 없는 한 허용되지 않는다.

(3) 대　리

　대리란 제3자가 행하여야 할 행위를 행정청이 대신 행함으로써, 제3자가 스스로 행한 것과 같은 법적 효과를 발생시키는 행정행위를 말한다. 공법상 대리는 본인의 의사에 따른 대리행위가 아니라 법률의 규정에 의한 법정대리이다. 여기서 말하는 대리는 행정행위로서의 공법상 대리를 의미하므로, 행정조직 내부에서 행하여지는 권한의 대리는 여기에 포함되지 않는다.

Ⅱ. 준법률행위적 행정행위(법적 질서에 영향을 주는 행정행위)

　준법률행위적 행정행위라는 용어는 앞서 살펴본 바와 같이 의사의 자치에 기초하는 민사법적인 용어이다. 법규의 집행에 있어서 소멸되어야 할 공무원의 의사가 전제되어 있는 행정행위 중에서 법률행위적 행정행위는 법적 질서를 변동시키는 행위로, 준법률행위적 행정행위는 법적 질서에 영향을 주는 행위로 각각 변경되어야 할 것이다.

1. 확인(確認)

(1) 의　의

　확인이란 특정한 사실 또는 법률관계의 존부·진부에 관하여 의문이나 다툼이 있는 경우에 행정청이 이를 공적으로 판단·확정하는 법선언적 행위를 말한다. 가령, 공직선거에서 당선인의 결정, 국가시험 합격자의 결정, 도로·하천 등의 구역결정, 발명특허, 교과서의 검정, 소득금액의 결정, 행정심판의 재결, 준공검사(사용승인) 등이 확인에 해당한다.

대법원 2020. 4. 9. 선고 2019두61137 판결

앞서 본 법리에 비추어 관련 규정들의 내용과 체계 등을 살펴보면, 근로복지공단이 사업주에 대하여 하는 '개별 사업장의 사업종류 변경결정'은 행정청이 행하는 구체적 사실에 관한 법집행으로서의 공권력의 행사인 '처분'에 해당한다고 보아야 한다. 그 구체적인 이유는 다음과 같다.

사업종류별 산재보험료율은 고용노동부장관이 매년 정하여 고시하므로, 개별 사업장의 사업종류가 구체적으로 결정되면 그에 따라 해당 사업장에 적용할 산재보험료율이 자동적으로 정해진다. 고용산재보험료징수법은 개별 사업장의 사업종류 결정의 절차와 방법, 결정기준에 관하여 구체적으로 규정하거나 하위법령에 명시적으로 위임하지는 않았으나, 고용산재보험료징수법의 사업종류 변경신고에 관한 규정들과 근로복지공단의 사실조사에 관한 규정들은 개별 사업장의 구체적인 특성을 고려하여 사업종류가 결정되고 그에 따라 산재보험료율이 결정되어야 함을 전제로 하고 있다. 따라서 근로복지공단이 개별 사업장의 사업종류를 결정하는 것은 고용산재보험료징수법을 집행하는 과정에서 이루어지는 행정작용이다.

고용노동부장관의 고시에 의하면, 개별 사업장의 사업종류 결정은 그 사업장의 재해 발생의 위험성, 경제활동의 동질성, 주된 제품·서비스의 내용, 작업공정과 내용, 한국표준산업분류에 따른 사업내용 분류, 동종 또는 유사한 다른 사업장에 적용되는 사업종류 등을 확인한 후, 매년 고용노동부장관이 고시한 '사업종류예시표'를 참고하여 사업세목을 확정하는 방식으로 이루어진다. 1차적으로 사업주의 보험관계 성립신고나 변경신고를 참고하지만, 사업주가 신고를 게을리하거나 그 신고 내용에 의문이 있는 경우에는 산재보험료를 산정하는 행정청인 근로복지공단이 직접 사실을 조사하여 결정하여야 한다. 이러한 사업종류 결정의 주체, 내용과 결정기준을 고려하면, 개별 사업장의 사업종류 결정은 구체적 사실에 관한 법집행으로서 공권력을 행사하는 '확인적 행정행위'라고 보아야 한다.

(2) 성 질

확인은 특정한 사실 또는 법률관계의 존부·진부를 판단하는 것일 뿐 새로운 법관계를 창설하는 것이 아니라는 점에서 판결과 유사하므로 법선언적 행위 또는 준사법적 행위라고도 한다. 따라서 확인은 그 성질상 일단 판단된 이상 이를 확인하지 않을 수 없는 기속행위로 보아야 할 것이지만, 재량 내지 판단여지가 인정되는 경우도 있다(교과서의 결정, 행정심판 등).

대법원 1999. 12. 21. 선고 98다29797 판결

준공검사는 건축허가를 받아 건축한 건물이 건축허가사항대로 건축행정목적에 적합한가의 여부를 확인하고 준공검사필증을 교부하여 주는 것이므로 허가관청으로서는 건축허가사항대로 시공되었다면 준공을 거부할 수 없다.

(3) 형 식

확인은 언제나 행정처분의 형식으로 행하여지며, 일반적으로 일정한 형식을 요하는 요식행위에 해당한다.

(4) 효 과

확인은 기존의 특정한 사실이나 법률관계의 존부·진부를 공적으로 확정하는 효과를 발생시킨다. 따라서 확인행위에는 일반적으로 이를 임의로 취소·변경할 수 없는 불가변력이 발생한다. 그 밖의 효력은 개별 법령이 정하는 바에 따른다.

2. 공증(公證)

(1) 의 의

공증이란 특정한 사실 또는 법률관계의 존부를 공적으로 증명하는 행위를 말한다. 각종의 등기·등록, 선거인명부·토지대장·건축물관리대장 등에 하는 등재, 증명서 발급, 영수증 교부, 검인·날인 등이 이에 해당한다.

공증은 특정한 사실이나 법률관계에 대하여 의문이나 다툼이 없는 것을 전제로 하며 행정청의 인식표시행위라는 점에서 의문이나 다툼이 있는 것을 전제로 하며 행정청의 판단표시행위인 '확인'과 구별된다.[36]

(2) 성 질

공증은 공증사항이 존재하면 공증을 거부할 수 없는 기속행위이다. 또한 공증은 특정한 사실 또는 법률관계의 존재를 공적으로 증명하는 것이므로 원칙적으로 문서에 의하여야 할 뿐만 아니라 일정한 형식이 요구되는 요식행위이다.

(3) 효 과

공증은 공증된 사항에 대하여 공적 증거력을 부여한다. 그러나 이는 일응 추정력에 불과하므로 반증이 있으면 공증된 사항을 번복할 수 있다.[37] 뿐만 아니라 법

---

36) 그러나 확인이 일반적으로 공증(증명서 등)의 형식으로 대외적으로 표시되므로, 확인과 공증의 구별은 명확하지 않다는 견해도 있다. 김남진/김연태(266면).

령에 정해진 바에 따라 권리행사의 요건(설정임명부), 권리의 성립요건(부동산등기), 권리설정의 요건(광업원부)이 되기도 한다. 그 밖의 효력은 개별 법령이 정하는 바에 따른다.

(4) 공증의 처분성 문제

행정청이 토지대장·임야대장 등 각종 공부(公簿)에 일정사항을 등재하거나 변경(변경거부)하는 행위가 항고소송의 대상이 되는 처분에 해당하는지 여부가 문제된다.

과거 대법원은 각종 공부에의 등재·변경행위는 행정사무집행의 편의와 사실증명의 자료로 삼기 위한 것이고 그 등재나 변경행위로 인하여 실체상의 권리관계에 변동을 가져오는 것은 아니므로 처분이 아니라고 하였다.[38] 그러나 헌법재판소는 지적공부의 등록사항 정정신청을 반려한 행위가 헌법소원의 대상인 공권력의 행사에 해당한다고 보았다.

헌법재판소 1999. 6. 24.자 97헌마315 결정

[1] 지적법 제38조 제2항에 의하면 토지소유자에게는 지적공부의 등록사항에 대한 정정신청의 권리가 부여되어 있고, 이에 대응하여 소관청은 소유자의 정정신청이 있으면 등록사항에 오류가 있는지를 조사한 다음 오류가 있을 경우에는 등록사항을 정정하여야 할 의무가 있는바, 피청구인의 반려행위는 지적관리업무를 담당하고 있는 행정청의 지위에서 청구인의 등록사항 정정신청을 확정적으로 거부하는 의사를 밝힌 것으로서 공권력의 행사인 거부처분이라 할 것이므로 헌법재판소법 제68조 제1항 소정의 "공권력의 행사"에 해당한다.

[2] 지목은 토지에 대한 공법상의 규제, 공시지가의 산정, 손실보상가액의 산정 등 각종 토지행정의 기초로서 공법상의 법률관계에 법률상·사실상의 영향을 미치고 있으며, 토지소유자는 지목을 토대로 한 각종 토지행정으로 인하여 토지의 사용·수익·처분에 일정한 제한을 받게 되므로, 지목은 단순히 토지에 관한 사실적·경제적 이해관계에만 영향을 미치는 것이 아니라 토지의 사용·수익·처분을 내용으로 하는 토지소유권을 제대로 행사하기 위한 전제요건으로서 토지소유자의 실체적 권리관계에 밀접히 관련되어 있다고 할 것이고, 따라서 지목에 관한 등록이나 등록변경 또는 등록의 정정은 단순히 토지행정의 편의나 사실증명의 자료로 삼기 위한 것에 그치는 것이 아니라, 해당 토지소유자의 재산권에 크건 작건 영향을 미친다고 볼 것이며, 정당한 지목을 등록함으로써 토지소유자가 누리게 될 이익은 국가가 헌법 제23조에 따라 보장하여 주어

---

37) 이처럼 반증이 있는 경우 누구든지 공증의 취소를 기다리지 않고 이를 번복할 수 있게 되면, 공정력이 부인된다는 점에서 공증의 행정행위성에 대해 의문이 제기된다는 지적이 있다. 상게서(267면).

38) 대법원 1989. 12. 12. 선고 89누5348 판결; 대법원 1993. 6. 11. 선고 93누3745 판결; 대법원 1995. 12. 5. 선고 94누4295 판결 등.

야 할 재산권의 한 내포(內包)로 봄이 상당하다.

이에 최근에는 대법원도 종래 입장을 변경하여 ① 지목변경신청을 반려한 행위에 대하여 항고소송의 대상이 되는 행정처분에 해당한다고 보았다. 나아가 ② 건축물대장의 용도변경신청거부행위, ③ 건축물대장의 작성신청거부행위, ④ 토지대장의 직권말소행위, ⑤ 주민등록번호 변경신청에 대한 거부행위에 대하여도 모두 처분성을 인정하였다.[39]

① 대법원 2004. 4. 22. 선고 2003두9015 전원합의체 판결

구 지적법(2001. 1. 26. 법률 제6389호로 전문 개정되기 전의 것) 제20조, 제38조 제2항의 규정은 토지소유자에게 지목변경신청권과 지목정정신청권을 부여한 것이고, 한편 지목은 토지에 대한 공법상의 규제, 개발부담금의 부과대상, 지방세의 과세대상, 공시지가의 산정, 손실보상가액의 산정 등 토지행정의 기초로서 공법상의 법률관계에 영향을 미치고, 토지소유자는 지목을 토대로 토지의 사용·수익·처분에 일정한 제한을 받게 되는 점 등을 고려하면, 지목은 토지소유권을 제대로 행사하기 위한 전제요건으로서 토지소유자의 실체적 권리관계에 밀접하게 관련되어 있으므로 지적공부 소관청의 지목변경신청 반려행위는 국민의 권리관계에 영향을 미치는 것으로서 항고소송의 대상이 되는 행정처분에 해당한다.

② 대법원 2009. 1. 30. 선고 2007두7277 판결

구 건축법(2005. 11. 8. 법률 제7696호로 개정되기 전의 것) 제14조 제4항의 규정은 건축물의 소유자에게 건축물대장의 용도변경신청권을 부여한 것이고, 한편 건축물의 용도는 토지의 지목에 대응하는 것으로서 건물의 이용에 대한 공법상의 규제, 건축법상의 시정명령, 지방세 등의 과세대상 등 공법상 법률관계에 영향을 미치고, 건물소유자는 용도를 토대로 건물의 사용·수익·처분에 일정한 영향을 받게 된다. 이러한 점 등을 고려해 보면, 건축물대장의 용도는 건축물의 소유권을 제대로 행사하기 위한 전제요건으로서 건축물 소유자의 실체적 권리관계에 밀접하게 관련되어 있으므로, 건축물대장 소관청의 용도변경신청 거부행위는 국민의 권리관계에 영향을 미치는 것으로서 항고소송의 대상이 되는 행정처분에 해당한다.

다만, 대법원은 ① 무허가건물을 무허가건물관리대장에서 삭제하는 행위와 ② 토지대장의 소유자명의변경신청을 거부한 행위는 항고소송의 대상이 되는 처분이

---

39) 대법원 2004. 4. 22. 선고 2003두9015 전원합의체 판결; 대법원 2009. 1. 30. 선고 2007두7277 판결; 대법원 2009. 2. 12. 선고 2007두17359 판결; 대법원 2013. 10. 24. 선고 2011두13286 판결; 대법원 2017. 6. 15. 선고 2013두2945 판결.

아니라는 입장이다.

① 대법원 2009. 3. 12. 선고 2008두11525 판결

무허가건물관리대장은, 행정관청이 지방자치단체의 조례 등에 근거하여 무허가건물 정비에 관한 행정상 사무처리의 편의와 사실증명의 자료로 삼기 위하여 작성, 비치하는 대장으로서 무허가건물을 무허가건물관리대장에 등재하거나 등재된 내용을 변경 또는 삭제하는 행위로 인하여 당해 무허가 건물에 대한 실체상의 권리관계에 변동을 가져오는 것이 아니고, 무허가건물의 건축시기, 용도, 면적 등이 무허가건물관리대장의 기재에 의해서만 증명되는 것도 아니므로, 관할관청이 무허가건물의 무허가건물관리대장 등재 요건에 관한 오류를 바로잡으면서 당해 무허가건물을 무허가건물관리대장에서 삭제하는 행위는 다른 특별한 사정이 없는 한 항고소송의 대상이 되는 행정처분이 아니다.

② 대법원 2012. 1. 12. 선고 2010두12354 판결

토지대장에 기재된 일정한 사항을 변경하는 행위는, 그것이 지목의 변경이나 정정 등과 같이 토지소유권 행사의 전제요건으로서 토지소유자의 실체적 권리관계에 영향을 미치는 사항에 관한 것이 아닌 한 행정사무집행의 편의와 사실증명의 자료로 삼기 위한 것일 뿐이어서, 그 소유자 명의가 변경된다고 하여도 이로 인하여 당해 토지에 대한 실체상의 권리관계에 변동을 가져올 수 없고 토지 소유권이 지적공부의 기재만에 의하여 증명되는 것도 아니다(대법원 1984. 4. 24. 선고 82누308 판결, 대법원 2002. 4. 26. 선고 2000두7612 판결 등 참조). 따라서 소관청이 토지대장상의 소유자명의변경신청을 거부한 행위는 이를 항고소송의 대상이 되는 행정처분이라고 할 수 없다.

3. 통지(通知)

통지는 특정인 또는 불특정 다수인에 대하여 일정한 사실을 알리는 행위를 말한다. 통상 불특정 다수인에 대한 통지를 고시 · 공시 · 공고 등으로 부른다.

행정청의 통지에는 ① 사실행위인 통지와 ② 행정행위인 통지가 있다. 사실행위의 통지에는 정책홍보를 위한 정보제공이 대표적이며, 이 경우 법적 효과가 발생하지 않는다. 그러나 행정행위인 통지는 사실행위의 통지에 법률이 일정한 법적 효과를 부여하고 있는 행위를 말한다.[40] 이처럼 일정한 법적 효과가 수반되는 통지만을 준법률행위적 행정행위라고 한다. 토지수용에서 사업인정의 고시, 대집행의 계고, 납세의 독촉 등이 그 예이다.[41]

---

40) 김철용(226면).
41) 대집행의 계고는 작위하명, 납세의 독촉은 급부하명의 성질과 효과를 가진다고 볼 수 있고, 사

통지는 그 자체로서 하나의 독립된 행정행위라는 점에서 이미 성립된 행정행위의 효력발생요건으로서의 통지와 구별된다. 통지의 효과는 개별 법령이 정하는 바에 따른다.

① 대법원 1995. 11. 14. 선고 95누2036 판결

국가공무원법 제69조에 의하면 공무원이 제33조 각 호의 1에 해당할 때에는 당연히 퇴직한다고 규정하고 있으므로, 국가공무원법상 당연퇴직은 결격사유가 있을 때 법률상 당연히 퇴직하는 것이지 공무원관계를 소멸시키기 위한 별도의 행정처분을 요하는 것이 아니며, 당연퇴직의 인사발령은 법률상 당연히 발생하는 퇴직사유를 공적으로 확인하여 알려주는 이른바 관념의 통지에 불과하고 공무원의 신분을 상실시키는 새로운 형성적 행위가 아니므로 행정소송의 대상이 되는 독립한 행정처분이라고 할 수 없다.

② 대법원 2004. 4. 22. 선고 2000두7735 전원합의체 판결

기간제로 임용되어 임용기간이 만료된 국·공립대학의 조교수는 교원으로서의 능력과 자질에 관하여 합리적인 기준에 의한 공정한 심사를 받아 위 기준에 부합되면 특별한 사정이 없는 한 재임용되리라는 기대를 가지고 재임용 여부에 관하여 합리적인 기준에 의한 공정한 심사를 요구할 법규상 또는 조리상 신청권을 가진다고 할 것이니, 임용권자가 임용기간이 만료된 조교수에 대하여 재임용을 거부하는 취지로 한 임용기간만료의 통지는 위와 같은 대학교원의 법률관계에 영향을 주는 것으로서 행정소송의 대상이 되는 처분에 해당한다.

4. 수리(受理)

(1) 의 의

수리란 행정청에 대한 타인의 행위를 유효한 것으로 받아들이는 행정행위를 말한다(사직서의 수리·행정심판청구서의 수리·혼인신고의 수리 등). 따라서 단순한 접수와는 구별이 된다. 일단 유효한 것으로 받아들인 이상 행정청은 이를 처리해야 하는 의무가 발생한다. 예컨대 행정심판청구서를 수리하게 되면 신청자가 행정심판을 받을 수 있도록 행정심판을 진행해야 하며, 국가시험원서를 접수하면 지원자가 국가시험을 치를 수 있도록 국가시험을 실시하여야 한다. 따라서 수리의 경우에는 수리로 인하여 법적 효과가 발생하는 경우에만 행정행위라 할 것이며, 법적 효과가 발생하지 않으면 사실행위에 불과하게

업인정의 고시는 형성적 행위(특허)로 볼 수 있다는 이유로 오늘날 통지를 독자적 행정행위로 보는 것에 대해 의문을 제기하는 견해도 있다. 김남진/김연태(268면).

된다.

(2) 수리를 요하는 신고와 자기완결적 신고의 구분

자기완결적 신고는 형식적 요건을 갖추고 있는 한 신고서가 접수기관에 도달한 때에 그 효력을 발생하므로(행정절차법 제40조 제2항), 행정청의 수리를 필요로 하지 않는다(행정청이 이를 수리하여도 사실행위에 불과함). 수리에 있어서 문제가 되는 것은 자기완결적 신고와 수리를 요하는 신고의 구분이다. ① 관계 법령에서 명문으로 수리규정을 둔 경우에는 특별한 사정이 없는 한 수리를 요하는 신고라고 할 것이다. ② 관계 법령에서 행정청의 실체적 심사권을 인정하고 있으면 수리를 요하는 신고로 보아야 할 것이며, 단지 형식적 심사에 그치는 경우에는 자기완결적 신고라고 할 것이다. ③ 신고불이행이(신고불이행에 대해 가해지는 제재가) 단지 행정질서벌의 일종인 과태료에 그치는 것이 아니라 징역이나 벌금 등 행정형벌을 부과한다거나, 의무위반자에 대한 행정처분제도를 인정하는 경우에는 수리를 요하는 신고에 해당한다고 할 수 있다. 수리를 요하는 신고의 수리(수리를 요하지 않는 신고의 접수는 사실행위)는 행정처분으로서 행정쟁송의 대상이 된다.

대법원 1995. 2. 24. 선고 94누9146 판결

식품위생법 제25조 제3항에 의한 영업양도에 따른 지위승계신고를 수리하는 허가관청의 행위는 단순히 양도·양수인 사이에 이미 발생한 사법상의 사업양도의 법률효과에 의하여 양수인이 그 영업을 승계하였다는 사실의 신고를 접수하는 행위에 그치는 것이 아니라, 영업허가자의 변경이라는 법률효과를 발생시키는 행위라고 할 것이다.

(3) 효 과

수리의 효과는 개별 법령이 정하는 바에 따라 다르다. 수리에 의해 사법상 효과를 발생할 때도 있고(혼인신고의 수리), 공법상 효과를 발생하는 때도 있다(상절서의 수리). 행정청에게 일정한 처리의무를 발생시키기도 한다(행정심판의 수리).

수리의 거부 또는 부작위에 대하여는 행정쟁송을 제기할 수 있다. 만일 수리대상인 행위가 존재하지 아니하거나 무효인 경우에는 수리를 하였다고 하더라도 이는 유효한 대상이 없는 것으로서 당연히 무효가 된다.

대법원 2005. 12. 23. 선고 2005두3554 판결

사업양도·양수에 따른 허가관청의 지위승계신고의 수리는 적법한 사업의 양도·양수가 있었음을 전제로 하는 것이므로 그 수리대상인 사업양도·양수가 존재하지 아니하거나 무효인 때에는 수리를 하였다 하더라도 그 수리는 유효한 대상이 없는 것으로서 당연히 무효라 할 것이고, 사업의 양도행위가 무효라고 주장하는 양도자는 민사쟁송으로 양도·양수행위의 무효를 구함이 없이 막바로 허가관청을 상대로 하여 행정소송으로 위 신고수리처분의 무효확인을 구할 법률상 이익이 있다.

제5절 행정행위의 부관

I. 개 설

1. 부관의 의의

행정행위의 부관($^{Nebenbest-}_{immung}$)이라 함은 행정행위의 주된 내용에 부가하는 부대적 규율을 말한다. 전통적으로는 부관이 행정행위의 일반적인 효과를 제한하기 위하여 그 행위의 요소인 의사표시의 주된 내용에 부가되는 종된 의사표시를 말하는 것으로 인식되었다. 그러나 부관의 핵심적인 요소는 본체인 행정행위에의 부종성($^{Abhägig-}_{keit}$)에 있으므로 효과의 제한에 한정할 필요는 없다. 즉, 부관의 본체인 행정행위의 악세사리 조항($^{clause}_{accessoire}$)이다. 이를 두고 학자에 따라서는 부관의 목적이 행정행위의 법적 효과를 제한하기 위한 것뿐만 아니라 법적 효과를 '보충'하기 위한 것일 경우도 있다고 한다.42)

다만 법정부관의 경우에는 법령이 직접적으로 행정행위의 효력을 제한하기 때문에 이는 당해 행정행위에 있어서 본래의 내용이며, 엄밀한 의미에서 행정행위의 부관으로 볼 수 없다($^{광업법}_{제12조}$).

대법원 1994. 3. 8. 선고 92누1728 판결

[1] 식품제조영업허가기준이라는 고시는 공익상의 이유로 허가를 할 수 없는 영업의 종류를 지정할 권한을 부여한 구 식품위생법 제23조의3 제4호에 따라 보건사회부장관이 발한 것으로서, 실질적으로 법의 규정내용을 보충하는 기능을 지니면서 그것과 결합하여 대외적으로 구속력이 있는 법규명령의 성질을 가진 것이다.

[2] 위 [1]항의 고시에 정한 허가기준에 따라 보존음료수 제조업의 허가에 붙여진 전량수출 또는 주한외국인에 대한 판매에 한한다는 내용의 조건은 이른바 법정부관으

---

42) 김남진/김연태(269면); 홍정선(505면).

로서 행정청의 의사에 기하여 붙여지는 본래의 의미에서의 행정행위의 부관은 아니므로, 이와 같은 법정부관에 대하여는 행정행위에 부관을 붙일 수 있는 한계에 관한 일반적인 원칙이 적용되지는 않는다.

2. 부관의 기능

행정행위의 부관은 탄력적인 행정을 가능하게 할 뿐만 아니라 상황에 적합한 행정을 유도해내는 기능을 한다. 오늘날과 같이 복잡하고 다변하는 행정현실에서는 획일적인 행정행위를 통해서는 행정의 목적을 달성하기 어려운 경우가 많기 때문에 부관의 역할이 증대되고 있다. 또한, 행정청이 행정행위에 있어서 타인의 생명 또는 신체를 해할 우려가 있는 경우에는 이를 현실화되지 않도록 부관을 부가하는 경우와 같이 공익 또는 제3자의 보호에도 기여를 한다. 나아가 기부채납 부관이나 도로점용허가에 있어서 점용료의 납부를 부관으로 부가하는 경우와 같이 공적 재원을 확보하는 기능을 하기도 한다.

그러나 행정편의를 위해 부관을 남용하는 경우 그 역기능이 초래될 수 있으므로 이 점을 유의하여야 한다.

Ⅱ. 부관의 종류

1. 조 건

조건이란 행정행위의 효력의 발생 또는 소멸을 장래의 불확실한 사실에 의존시키는 부관을 말한다. 이 중 행정행위의 효력의 발생에 관한 조건을 '정지조건'이라 하고, 소멸에 관한 조건을 '해제조건'이라 한다. 예컨대 시설완비를 조건으로 한 사립학교설립인가는 시설이 완비되면 비로소 설립인가의 효력이 발생하는 정지조건이며, 면허일로부터 일정 기간 내에 공사에 착수할 것을 조건으로 하는 공유수면매립면허는 일단 매립면허의 효력이 발생하였다가 만일 일정 기간 내에 공사에 착수하지 않으면 면허의 효력이 해제되는 해제조건에 해당한다.

2. 기 한

기한이란 행정행위의 효력의 발생 또는 소멸을 장래 도래가 확실한 사실에 의존시키는 부관을 말한다. 이 중 행정행위의 효력의 발생에 관한 기한을 '시기'라 하고, 소멸에 관한 기한을 '종기'라 한다. 종기는 원래 행정행위의 절대적 소멸원인이 되지만, 계속성이 예상되는 행정행위에 부당하게 짧은 종기가 부가된 경우에는 그 행정행위의 효력의 존속기간이 아닌 내용의 갱신기간으로 보는 것이 타당할 것이다. 다시 말해서 음식점 영업허가에 3년의 기한이 부가된 경우, 이는 3년이 지나면 자연히 음식점 영업허가가 소멸되는 것이 아니라 3년마다 음식점 영업허가를 갱신하는 것으로 보아야 합당할 것이다. 대법원도 이와 같은 취지의 태도를 보이고 있다.

① **대법원 1995. 11. 10. 선고 94누11866 판결**

[1] 행정행위인 허가 또는 특허에 붙인 조항으로서 종료의 기한을 정한 경우 종기인 기한에 관하여는 일률적으로 기한이 왔다고 하여 당연히 그 행정행위의 효력이 상실된다고 할 것이 아니고 그 기한이 그 허가 또는 특허된 사업의 성질상 부당하게 짧은 기한을 정한 경우에 있어서는 그 기한은 그 허가 또는 특허의 조건의 존속기간을 정한 것이며 그 기한이 도래함으로써 그 조건의 개정을 고려한다는 뜻으로 해석하여야 할 것이다.

[2] 종전의 허가가 기한의 도래로 실효한 이상 원고가 종전 허가의 유효기간이 지나서 신청한 이 사건 기간연장신청은 그에 대한 종전의 허가처분을 전제로 하여 단순히 그 유효기간을 연장하여 주는 행정처분을 구하는 것이라기 보다는 종전의 허가처분과는 별도의 새로운 허가를 내용으로 하는 행정처분을 구하는 것이라고 보아야 할 것이어서, 이러한 경우 허가권자는 이를 새로운 허가신청으로 보아 법의 관계 규정에 의하여 허가요건의 적합 여부를 새로이 판단하여 그 허가 여부를 결정하여야 할 것이다.

② **대법원 2004. 3. 25. 선고 2003두12837 판결**

일반적으로 행정처분에 효력기간이 정하여져 있는 경우에는 그 기간의 경과로 그 행정처분의 효력은 상실되며, 다만 허가에 붙은 기한이 그 허가된 사업의 성질상 부당하게 짧은 경우에는 이를 그 허가 자체의 존속기간이 아니라 그 허가조건의 존속기간으로 보아 그 기한이 도래함으로써 그 조건의 개정을 고려한다는 뜻으로 해석할 수 있지만, 이와 같이 당초에 붙은 기한을 허가 자체의 존속기간이 아니라 허가조건의 존속기간으로 보더라도 그 후 당초의 기한이 상당 기간 연장되어 연장된 기간을 포함한 존속기간 전체를 기준으로 볼 경우 더 이상 허가된 사업의 성질상 부당하게 짧은 경우에 해당하지 않게 된 때에는 관계 법령의 규정에 따라 허가 여부의 재량권을 가진 행정청으로서는 그 때에도 허가조건의 개정만을 고려하여야 하는 것은 아니고 재량권의 행사로서 더 이상의 기간연장을 불허가할 수도 있는 것이며, 이로써 허가의 효력은 상실된다.

3. 부 담

(1) 의 의

부담이란 행정행위의 주된 내용에 부수하여 상대방에게 행정행위와는 별도로 작위·부작위·급부·수인의무를 부과하는 부관을 말한다. 예컨대 공원사용허가를 하면서 청소의무, 가무(歌舞)금지, 사용료납부의무 등을 부가하는 것이 이에 해당한다. 이러한 부담은 주로 수익적 행정행위에 붙여진다.

(2) 성 질

부담은 주된 행정행위에 종속되기는 하나 이에 부수해서 상대방에게 별도의 의무를 부과하는 것인 점에서 그 자체로서 독립한 행정행위의 성질을 가진다. 따라서 다른 부관과는 달리 부담만이 독립하여 행정쟁송이나 강제집행의 대상이 될 수 있다. 참고로 스위스에서는 법률에 명시적 규정이 있는 경우에만 부담이 허용되며, 마우러 교수는 부담은 부관인 동시에 행정행위라고 하였다.

(3) 부담의 불이행

상대방이 부담을 통해서 부과된 의무를 불이행하는 경우에는 강제집행 또는 행정벌의 대상이 되며, 주된 행정행위에 대한 철회사유가 될 수 있다. 다만 행정청이 철회권을 행사하기 위해서는 행정행위의 철회에 관한 일반원칙을 준수하여야 한다.

(4) 부담과 조건의 구별

행정실무에서는 용어의 사용에 있어 부담과 조건을 구별하지 않고 혼용하는 경우가 많다. 또한, 이론상으로도 부담과 조건의 구별이 문제가 되기도 한다. 하지만 ① 정지조건부 행정행위는 조건사실이 성취되어야 행정행위의 효력이 발생하는 반면, 부담부 행정행위는 부담의 이행과 관계없이 처음부터 행정행위의 효력이 발생한다. 한편, ② 해제조건부 행정행위는 조건사실이 성취되면 당연히 행정행위의 효력이 소멸되지만, 부담부 행정행위는 부담을 이행하지 않더라도 당연히 행정행위의 효력이 소멸되는 것은 아니다. 또한 ③ 조건은 독립하여 행정쟁송이나 강제집행의 대상이 되지 않지만, 부담은 그 자체가 독립한 행정처분으로서 행정쟁송이나 강제집행의 대상이 된다.

따라서 법령을 통하여 부담과 조건의 구별이 불명확한 경우에는 상대방에게 더 유리한 부담으로 보아야 한다는 것이 다수설이다. 그러나 조건인지 부담인지의 여부가 분명하지 않을 때는 전체 행정행위의 운명이 부관에 달려있는지 여부에 따라 전체 행정행위의 운명이 부관에 달려 있는 경우에는 조건, 그렇지 않은 경우에는 부담으로 보는 것이 합리적이다($\genfrac{}{}{0pt}{}{André}{Grisel}$).

4. 철회권의 유보

철회권의 유보란 장래 일정한 사유가 발생하면 행정청이 행정행위를 철회하여 그 효력을 소멸시킬 수 있음을 정한 부관을 말한다. 철회권의 유보는 장래에 행정행위의 효력을 소멸시킬 수 있다는 점에서 해제조건과 유사하다. 그러나 해제조건은 조건사실이 발생하면 행정청의 의사표시 없이 자동적으로 행정행위의 효력이 소멸하지만, 철회권의 유보는 행정청의 철회라는 의사표시가 있어야만 행정행위의 효력이 소멸된다는 점에서 구별된다.

철회권의 유보가 존재하는 경우에도 행정행위의 철회가 자유로운 것은 아니며, 기득권 존중의 원칙에 따라 제한을 받는다. 즉, 유보된 철회사유가 발생하였다고 해서 바로 철회를 할 수는 없으며, 철회의 일반적 요건, 예컨대 공익과 사익의 비교형량 등이 충족되어야만 철회를 할 수 있다. 이처럼 철회권이 유보되어 있어도 행정청이 철회권을 행사하기 위하여 철회의 일반적 요건을 모두 검토해야 한다면 철회권을 유보해 두는 실익이 무엇인가라는 강한 의문이 제기되기도 한다. 그러나 철회권이 유보되어 있으면 상대방은 장래에 있어 철회를 예측할 수 있고, 신뢰보호 등을 이유로 대항할 수 없기 때문에 그 실익이 전혀 없는 것은 아니다. 프로이센 최고법원에서도 철회권의 유보는 경찰행정상의 필요에 의해서만 가능하다고 하였다.

5. 법률효과의 일부 배제

법률효과의 일부 배제란 법률이 행정행위에 부여하는 효과의 일부를 배제하는 내용의 부관을 말한다. 이는 법이 정한 행정행위의 효과의 일부를 행정청의 의사로 제한하는 것이므로 법률의 근거를 요한다.

법률효과의 일부 배제에 대하여 부관의 일종으로 보는 견해와 행정행위의 내용을 제한하는, 즉 행정행위의 내용 그 자체를 이루는 것으로 보는 견해가 대립된다. 판례는 법률효과의 일부 배제를 부관으로 인정한 바 있다.

대법원 1993. 10. 8. 선고 93누2032 판결

　행정행위의 부관은 부담의 경우를 제외하고는 독립하여 행정소송의 대상이 될 수 없는 것인바, 지방국토관리청장이 일부 공유수면매립지에 대하여 한 국가 또는 직할시 귀속처분은 매립준공인가를 함에 있어서 매립의 면허를 받은 자의 매립지에 대한 소유권 취득을 규정한 공유수면매립법 제14조의 효과 일부를 배제하는 부관을 붙인 것이고, 이러한 행정행위의 부관은 위 법리와 같이 독립하여 행정소송 대상이 될 수 없다.

6. 수정부담

　수정부담이란 상대방이 신청한 것과는 다르게 행정행위의 내용을 정하는 부관을 말한다. 수정부담은 독일 연방행정법원의 판례를 통해 발전된 것으로서, 오늘날에는 부관이 아니라 '새로운 행정행위(수정된
허가)'로 보는 견해가 유력하다.[43] 수정부담은 상대방이 수정된 내용을 받아들여야 완전한 효력을 발생한다. 수정부담으로 인해 권리를 침해당한 경우 권리구제수단으로는 의무이행쟁송이 실효적이다.

Ⅲ. 부관의 가능성

　개별 법률에서 부관을 붙일 수 있다고 규정하는 경우에는 당연히 부관을 붙일 수 있으나(식품위생법 제37조 제2항, 도
로교통법 제80조 제3항 등), 명문의 규정이 없는 경우 부관의 가능성과 관련하여 다음과 같은 점이 문제된다.

1. 준법률행위적 행정행위

　부관이란 행정행위의 주된 의사표시에 부가된 행정청의 종된 의사표시이므로 의사표시를 요소로 하지 아니하는 준법률행위적 행정행위에는 부관을 부가할 수 없다는 것이 전통적인 견해였다.

　최근에는 준법률행위적 행정행위라 할지라도 일률적으로 부관을 부가할 수 없는 것이 아니라 행위의 성질에 따라 개별적으로 결정해야 한다고 하면서 확인 또는 공증행위에는 종기를 부가할 수 있다는 견해가 강력히 대두되고 있다.[44]

　그러나 확인 또는 공증에 있어서의 종기는 이미 법령상의 규정에 의하여 그 효

---

43) 김남진/김연태(276면).
44) 상계서(278면); 류지태/박종수(282면); 석종현/송동수(220면).

과가 제한되는 것으로서 이는 진정한 의미의 부관이 아닌 일종의 법정부관으로 보아야 할 것이다.

2. 기속행위

기속행위의 경우에는 행정청이 법규에 엄격히 기속되고 법규가 정한 법률효과를 임의로 제한할 수 없기 때문에 부관을 붙일 수 없다. 판례의 태도도 마찬가지이다.

① 대법원 1995. 6. 13. 선고 94다56883 판결

일반적으로 기속행위나 기속적 재량행위에는 부관을 붙일 수 없고 가사 부관을 붙였다 하더라도 무효이며(대법원 1988. 4. 27. 선고 87누1106 판결; 1990. 10. 10. 선고 89누4673 판결; 1993. 7. 27. 선고 92누13998 판결 등 참조), 건축법 소정의 건축허가권자는 건축허가신청이 건축법, 도시계획법 등 관계법규에서 정하는 어떠한 제한에 배치되지 않는 이상 당연히 같은 법조 소정의 건축허가를 하여야 하므로, 법률상의 근거 없이 그 신청이 관계법규에서 정한 제한에 배치되는지의 여부에 대한 심사를 거부할 수 없고, 심사결과 그 신청이 법정요건에 합치하는 경우에는 특별한 사정이 없는 한 이를 허가하여야 하며, 공익상 필요가 없음에도 불구하고 요건을 갖춘 자에 대한 허가를 관계법령에서 정하는 제한사유 이외의 사유를 들어 거부할 수는 없다(대법원 1989. 6. 27. 선고 88누7767 판결; 1992. 12. 11. 선고 92누3038 판결 등 참조)고 하는 것이 이 법원의 확립된 견해인바, 이 사건 허가조건 제20항은 부관을 붙일 수 없는 기속행위 내지 기속적 재량행위인 건축허가에 붙인 부담이거나 또는 법령상 아무런 근거가 없는 부관이어서 무효라고 할 것이고, 따라서 원심이 그 판시이유에서 위 허가조건이 무효가 아니라고 판단한 데에는 건축허가의 성질 및 부관의 가능성에 관한 법리를 오해한 위법이 있다고 할 것이다.

② 대법원 2004. 3. 25. 선고 2003두12837 판결

구 도시계획법(2000. 1. 28. 법률 제6243호로 전문 개정되기 전의 것) 제21조와 같은 법 시행령(2000. 7. 1. 대통령령 제16891호로 전문 개정되기 전의 것) 제20조 및 같은 법 시행규칙(2000. 7. 4. 건설교통부령 제245호로 전문 개정되기 전의 것) 제7조, 제8조 등의 규정을 종합해 보면, 개발제한구역 내에서는 구역지정의 목적상 건축물의 건축 및 공작물의 설치 등 개발행위가 원칙적으로 금지되고, 다만 구체적인 경우에 이러한 구역지정의 목적에 위배되지 아니할 경우 예외적으로 허가에 의하여 그러한 행위를 할 수 있게 되어 있음이 그 규정의 체제와 문언상 분명하고, 이러한 예외적인 개발행위의 허가는 상대방에게 수익적인 것이 틀림이 없으므로 그 법률적 성질은 재량행위 내지 자유재량행위에 속하는 것이고, 이러한 재량행위에 있어서는 관계 법령에 명시적인 금지규정이 없는 한 행정목적을 달성하기 위하여 조건이나 기한, 부담 등의 부관을 붙일 수 있고, 그 부관의 내용이 이행 가능하고 비례의 원칙 및 평등의 원칙에 적합하며 행정처분의 본질적 효력을 저해하지 아니하는 이상 위법하다고 할 수 없다.

그러나 최근 독일에서는 ① 법규에 의하여 허용되어 있거나, ② 법률요건충족적 부관의 경우에는 비록 기속행위에 해당하더라도 부관을 부가할 수 있다는 견해가 유력하게 주장되고 있으며, 또한 연방행정절차법 제36조 제1항에 이러한 취지를 성문화하고 있다고 한다.[45]

> **독일 연방행정절차법** 제36조 ① 청구권 성립되는 (재량이 없는) 행정행위에는 법규정에 의하여 허용되거나 행정행위의 법정요건이 부관에 의하여 충족되는 경우에 한하여 붙일 수 있다.

국내 학자들도 대체적으로 법률요건충족적 부관을 인정하는 경향을 보인다.[46] 예컨대 행정청이 방화벽의 설치를 조건으로 건축허가를 한 경우, 만약 법률에 방화벽의 설치가 의무화되어 있다면 방화벽의 설치라는 조건이 법률요건충족적 부관이 될 것이며, 법률에 방화벽의 설치에 관한 규정이 없으면 당해 부관은 무효가 된다는 것이다. 그러나 이 경우에 방화벽의 설치라는 조건은 진정한 의미의 부관이 아니라 무익한 행정의 반복을 피하고 상대방의 이익을 위하여 행정청이 상대방에게 추후 법률요건을 충족할 것에 대해 약속을 하고서 행정처분을 행한 편의제공으로 보아야 할 것이다. 따라서 이것은 법률요건을 충족시키지 못한 미성숙한 여건에서의 특혜적 행정행위로 위법하다고 보아야 할 것이다.

뿐만 아니라 기속행위에도 부관을 부가할 수 있다고 하는 것은 부관의 정당성을 전제로 하여서만 가능하다. 그러나 부관을 부가하는 것 자체가 명백하여야 할 행정행위가 충분히 명백하지 못하다는 것을 반증하므로 부관을 인정한다고 하여도 극히 제한적이어야 할 것이다. 부관은 행정행위, 즉 법규가 정한 집행사항 이외의 것을 행정청이 행정의 상대방에게 부가하는 것이기 때문에 법치행정의 원리상 최소한 행정청에게 재량권이 부여된 경우에만 부가할 수 있다고 봄이 타당하다. 왜냐하면 부관은 그 자체가 또 다른 재량권의 행사에 해당하기 때문이다. 참고로 스위스에서는 조건, 부담, 기한의 세 종류의 부관만 인정하고 있으며, 프랑스에서는 기한을 제외한 일체의 부관을 허용하지 않고 있다.

우리나라의 경우 독일 연방행정절차법 제36조 제1항과 같은 규정이 없으며, 행정기본법 제17조 제2항은 "행정청은 처분에 재량이 없는 경우에는 법률에 근거가

---

45) Ferdinand. O. Kopp에 의하면 법률요건 미충족 시점에서의 예외적 행위나 건물변경을 조건으로 한 숙박업 영업허가를 예로 들고 있다.
46) 김남진/김연태(279면); 박균성(380면); 석종현/송동수(221면).

있는 경우에 부관을 붙일 수 있다."고 규정하고 있으므로 개별 법률에서 명시적 규정이 없는 한, 기속행위에서 법률요건충족적 부관을 인정하기는 어렵다.

> **행정기본법** 제17조(부관) ① 행정청은 처분에 재량이 있는 경우에는 부관(조건, 기한, 부담, 철회권의 유보 등을 말한다. 이하 이 조에서 같다)을 붙일 수 있다.
> ② 행정청은 처분에 재량이 없는 경우에는 법률에 근거가 있는 경우에 부관을 붙일 수 있다.

Ⅳ. 부관의 한계

1. 부관의 시간적 한계(사후부관)

> **행정기본법** 제17조(부관) ③ 행정청은 부관을 붙일 수 있는 처분이 다음 각 호의 어느 하나에 해당하는 경우에는 그 처분을 한 후에도 부관을 새로 붙이거나 종전의 부관을 변경할 수 있다.
> 1. 법률에 근거가 있는 경우
> 2. 당사자의 동의가 있는 경우
> 3. 사정이 변경되어 부관을 새로 붙이거나 종전의 부관을 변경하지 아니하면 해당 처분의 목적을 달성할 수 없다고 인정되는 경우

행정청이 행정행위를 발할 당시가 아닌 행정행위가 행하여진 후에 새로이 부관을 부가하거나 종전의 부관을 변경할 수 있는가가 문제된다. 이에 대해 종래 판례는 원칙적으로 ① 법령에 근거가 있거나, ② 상대방의 동의가 있거나, ③ 사후부관이 미리 유보되어 있는 경우에 한하여 허용된다고 보았으며, 예외적으로 ④ 사정변경으로 인하여 당초에 부관을 부가한 목적을 달성할 수 없게 된 경우에도 사후부관이 허용된다고 보았다.

대법원 1997. 5. 30. 선고 97누2627 판결
행정처분에 이미 부담이 부가되어 있는 상태에서 그 의무의 범위 또는 내용 등을 변경하는 부관의 사후변경은, 법률에 명문의 규정이 있거나 그 변경이 미리 유보되어 있는 경우 또는 상대방의 동의가 있는 경우에 한하여 허용되는 것이 원칙이지만, 사정변경으로 인하여 당초에 부담을 부가한 목적을 달성할 수 없게 된 경우에도 그 목적달성에 필요한 범위 내에서 예외적으로 허용된다.

최근 새롭게 제정된 행정기본법은 기존의 판례의 법리를 입법화하여, 행정청은 부관을 붙일 수 있는 처분이 ① 법률에 근거가 있는 경우, ② 당사자의 동의가 있는 경우, ③ 사정이 변경되어 부관을 새로 붙이거나 종전의 부관을 변경하지 아니하면 해당 처분의 목적을 달성할 수 없다고 인정되는 경우에는 그 처분을 한 후에

도 부관을 새로 붙이거나 종전의 부관을 변경할 수 있다고 규정하고 있다(^{제17조}_{제3항}).

2. 부관의 내용상 한계

> **행정기본법 제17조(부관)** ④ 부관은 다음 각 호의 요건에 적합하여야 한다.
> 1. 해당 처분의 목적에 위배되지 아니할 것
> 2. 해당 처분과 실질적인 관련이 있을 것
> 3. 해당 처분의 목적을 달성하기 위하여 필요한 최소한의 범위일 것

(1) 부관은 주된 행정행위의 목적에 위배하여 붙일 수 없고, 주된 행정행위의 본질적 효력을 해하지 않아야 한다.

대법원 1990. 4. 27. 선고 89누6808 판결

　　수산업법 제15조에 의하여 어업의 면허 또는 허가에 붙이는 부관은 그 성질상 허가된 어업의 본질적 효력을 해하지 않는 한도의 것이어야 하고 허가된 어업의 내용 또는 효력 등에 대하여는 행정청이 임의로 제한 또는 조건을 붙일 수 없다고 보아야 할 것이며 수산업법 시행령 제14조의4 제3항의 규정내용은 기선선망어업에는 그 어선규모의 대소를 가리지 않고 등선과 운반선을 갖출 수 있고, 또 갖추어야 하는 것이라고 해석되므로 기선선망어업의 허가를 하면서 운반선, 등선 등 부속선을 사용할 수 없도록 제한한 부관은 그 어업허가의 목적달성을 사실상 어렵게 하여 그 본질적 효력을 해하는 것일 뿐만 아니라 위 시행령의 규정에도 어긋나는 것이며, 더욱이 어업조정이나 기타 공익상 필요하다고 인정되는 사정이 없는 이상 위법한 것이다.

(2) 부관은 법률우위의 원칙에 따라 법령에 위배되지 않는 범위에서 붙일 수 있고, 평등의 원칙·비례의 원칙·부당결부금지의 원칙과 같은 행정법의 일반원칙에 위배하여 붙일 수 없다.

① **대법원 2009. 2. 12. 선고 2005다65500 판결**

　　[1] 수익적 행정처분에 있어서는 법령에 특별한 근거 규정이 없다고 하더라도 그 부관으로서 부담을 붙일 수 있고, 그와 같은 부담은 행정청이 행정처분을 하면서 일방적으로 부가할 수도 있지만 부담을 부가하기 이전에 상대방과 협의하여 부담의 내용을 협약의 형식으로 미리 정한 다음 행정처분을 하면서 이를 부가할 수도 있다.

　　[2] 행정청이 수익적 행정처분을 하면서 부가한 부담의 위법 여부는 처분 당시 법령을 기준으로 판단하여야 하고, 부담이 처분 당시 법령을 기준으로 적법하다면 처분 후 부담의 전제가 된 주된 행정처분의 근거 법령이 개정됨으로써 행정청이 더 이상 부관을 붙일 수 없게 되었다 하더라도 곧바로 위법하게 되거나 그 효력이 소멸하게 되는 것은

아니다. 따라서 행정처분의 상대방이 수익적 행정처분을 얻기 위하여 행정청과 사이에 행정처분에 부가할 부담에 관한 협약을 체결하고 행정청이 수익적 행정처분을 하면서 협약상의 의무를 부담으로 부가하였으나 부담의 전제가 된 주된 행정처분의 근거 법령이 개정됨으로써 행정청이 더 이상 부관을 붙일 수 없게 된 경우에도 곧바로 협약의 효력이 소멸하는 것은 아니다.

[3] 부당결부금지의 원칙이란 행정주체가 행정작용을 함에 있어서 상대방에게 이와 실질적인 관련이 없는 의무를 부과하거나 그 이행을 강제하여서는 아니 된다는 원칙을 말한다.

[4] 고속국도 관리청이 고속도로 부지와 접도구역에 송유관 매설을 허가하면서 상대방과 체결한 협약에 따라 송유관 시설을 이전하게 될 경우 그 비용을 상대방에게 부담하도록 하였고, 그 후 도로법 시행규칙이 개정되어 접도구역에는 관리청의 허가 없이도 송유관을 매설할 수 있게 된 사안에서, 위 협약이 효력을 상실하지 않을 뿐만 아니라 위 협약에 포함된 부관이 부당결부금지의 원칙에도 반하지 않는다고 한 사례.

② 대법원 2005. 6. 24. 선고 2003두9367 판결

[1] 구 도시계획법(2002. 2. 4. 법률 제6655호 국토의계획 및이용에관한법률 부칙 제2조로 폐지) 제47조 제2항에 의하면, 행정청은 개발행위허가를 함에 있어서 필요하다고 인정되는 경우에는 대통령령이 정하는 바에 따라 '당해 개발행위에 따른' 공공시설의 설치·위해방지·환경오염방지·조경 등의 조치를 할 것을 조건으로 개발행위허가를 할 수 있다고 규정하고 있으므로, 행정청이 도시계획시설(도로)로 예정된 토지의 기부채납을 당사자가 신청한 형질변경허가의 조건으로 하기 위하여는 기부채납의 대상이 된 토지에 공공시설을 설치할 필요가 있고 그 기부채납의 정도가 공익상 불가피한 범위와 형질변경의 이익범위 내에서 이루어져야 한다는 점 외에도 그러한 공공시설 설치의 필요성이 당해 토지에 대한 형질변경에 따른 것이어야 한다.

[2] 기부채납할 인접토지에 도로를 설치하여 형질변경허가신청 토지의 진입로를 확보할 필요가 없고, 인접토지에 도로가 설치되는 것만으로는 신청토지의 효율적인 이용에 이바지할 것으로 기대하기 어려우며, 신청토지에 대한 형질변경 후의 건축으로 곧바로 도로 설치 또는 확충의 필요가 생긴다고 보기도 어려운 사정에 비추어, 인접토지에 대한 도로 설치의 필요성이 신청토지에 대한 형질변경에 따른 것이라고 보기 어렵다고 한 사례.

③ 대법원 2009. 12. 10. 선고 2007다63966 판결

[2] 공무원이 인·허가 등 수익적 행정처분을 하면서 상대방에게 그 처분과 관련하여 이른바 부관으로서 부담을 붙일 수 있다 하더라도, 그러한 부담은 법치주의와 사유재산 존중, 조세법률주의 등 헌법의 기본원리에 비추어 비례의 원칙이나 부당결부의 원

칙에 위반되지 않아야만 적법한 것인바, 행정처분과 부관 사이에 실제적 관련성이 있다고 볼 수 없는 경우 공무원이 위와 같은 공법상의 제한을 회피할 목적으로 행정처분의 상대방과 사이에 사법상 계약을 체결하는 형식을 취하였다면 이는 법치행정의 원리에 반하는 것으로서 위법하다.

　　[3] 지방자치단체가 골프장사업계획승인과 관련하여 사업자로부터 기부금을 지급받기로 한 증여계약은 공무수행과 결부된 금전적 대가로서 그 조건이나 동기가 사회질서에 반하므로 민법 제103조에 의해 무효라고 본 사례.

　(3) 부관 중에는 법률효과의 일부 배제와 같이 법률유보의 원칙이 적용되는 경우도 있다. 다만 전술한 바와 같이 판례는 재량행위의 경우에는 법령의 근거가 없더라도 행정청이 임의로 부관을 붙일 수 있다고 한다.

　(4) 부관의 내용은 명확하고 이행가능하여야 한다.

대법원 1997. 3. 14. 선고 96누16698 판결

　재량행위에 있어서는 법령상의 근거가 없다고 하더라도 부관을 붙일 수 있는데, 그 부관의 내용은 적법하고 이행가능하여야 하며 비례의 원칙 및 평등의 원칙에 적합하고 행정처분의 본질적 효력을 해하지 아니하는 한도의 것이어야 한다.

Ⅴ. 부관의 흠과 행정행위의 효력

1. 흠 있는 부관의 효력

　부관에 흠이 있는 경우, 그 부관의 효력은 행정행위의 흠에 관한 일반이론이 적용된다. 따라서 부관에 존재하는 흠이 중대하고 명백하면 그 부관은 무효이고, 그렇지 않은 경우에는 취소사유가 된다.

대법원 1997. 3. 11. 선고 96다49650 판결

　[2] 수익적 행정행위에 있어서는 법령에 특별한 근거규정이 없다고 하더라도 그 부관으로서 부담을 붙일 수 있으나, 그러한 부담은 비례의 원칙, 부당결부금지의 원칙에 위반되지 않아야만 적법하다.

　[3] 지방자치단체장이 사업자에게 주택사업계획승인을 하면서 그 주택사업과는 아무런 관련이 없는 토지를 기부채납하도록 하는 부관을 주택사업계획승인에 붙인 경우, 그 부관은 부당결부금지의 원칙에 위반되어 위법하지만, 지방자치단체장이 승인한 사업자

의 주택사업계획은 상당히 큰 규모의 사업임에 반하여, 사업자가 기부채납한 토지 가액은 그 100분의 1 상당의 금액에 불과한 데다가, 사업자가 그 동안 그 부관에 대하여 아무런 이의를 제기하지 아니하다가 지방자치단체장이 업무착오로 기부채납한 토지에 대하여 보상협조요청서를 보내자 그 때서야 비로소 부관의 하자를 들고 나온 사정에 비추어 볼 때 부관의 하자가 중대하고 명백하여 당연무효라고는 볼 수 없다고 한 사례.

2. 무효인 부관이 붙은 행정행위의 효력

(1) 문제의 소재

부관의 흠이 중대하고 명백하여 무효인 경우에 이것이 본체인 행정행위의 효력에 어떠한 영향을 미치는가에 대하여 학설이 대립된다.

(2) 학설의 대립

학설은 ① 부관만이 무효가 될 뿐 본체인 행정행위에는 아무런 영향을 미치지 않는다는 견해(이 경우 부관이 없는 행정행위가 된다), ② 부관이 붙은 행정행위 전체가 무효가 된다는 견해, ③ 무효인 부관이 주된 행정행위의 본질적 요소를 이루는 경우에 한하여 주된 행정행위도 무효가 된다는 견해(다수설) 등이 대립하고 있다. ③설에 따르면, 부관이 없으면 주된 행정행위를 하지 않았을 것이라고 판단되는 경우로서 부관이 주된 행정행위의 중요요소를 이루는 경우에는 전체가 무효가 되지만, 그렇지 않은 경우 부관만이 무효가 되므로 부관 없는 행정행위가 된다.

(3) 판례의 태도

대법원 1985. 7. 9. 선고 84누604 판결

위 도로점용허가의 점용기간은 행정행위의 본질적인 요소에 해당한다고 볼 것이어서 부관인 점용기간을 정함에 있어서 위법사유가 있다면 이로써 도로점용허가 처분 전부가 위법하게 된다고 할 것인데, 원고가 이 사건 상가 등 시설물을 기부채납함에 있어 그 무상사용을 위한 도로점용기간은 원고의 총공사비와 피고시의 징수조례에 의한 점용료가 같아지는 때까지로 정하여 줄 것을 전제조건으로 하였고 원고의 위 조건에 대하여 피고는 아무런 이의없이 이를 수락하고 이 사건 지하상가의 건물을 기부채납 받아 그 소유권을 취득한 이상 피고가 원고에 대하여 이 사건 지하상가의 사용을 위한 도로점용허가를 함에 있어서는 그 점용기간을 수락한 조건대로 원고의 총공사비와 피고시의 징수조례에 의한 도로점용료가 같아지는 33.34년까지로 하여야 할 것임에도 불구하고, 합리적인 근거도 없이 그 점용기간을 20년으로 정하여 이 사건 도로점용허가를 한 것은 위법한 처분이라고 판단하였다. 원심이 위 사실인정에 거친 증거취사 내용을 살펴보면 위와 같은 원심인정에 수긍이 가고 논지가 주장하는 것과 같은 심리미진이나 채증법칙 위반 또는 사실오인의 잘못이 없다.

(4) 검 토

생각건대, 부관은 악세사리 조항으로서의 성격을 갖기 때문에 부관이 무효인 경우에 행정행위 전체가 무효인 것으로 볼 수는 없으나, 조건과 같이 부관에 행정행위 전체의 운명이 달려 있는 경우도 있으므로 행정행위의 중요한 요소가 되는 부관이 무효인 경우에는 부관부 행정행위 전체가 무효라고 보는 것이 타당하다. 이러한 법리는 부관이 무효인 경우뿐만 아니라 취소사유인 경우에도 동일하게 적용된다.

3. 흠 있는 부관의 이행행위로서 한 사법상 법률행위의 효력

(1) 문제의 소재

본체인 행정행위에 부가된 부관(기부채납)을 이행하기 위하여 사법(私法)상 법률행위(기부채납)를 하였으나, 그 원인이 된 부관이 무효이거나 취소가 되면 사법상 법률행위의 효력이 어떻게 되는지가 문제된다.[47] 만일 부관을 이행하기 전이라면 부관에 대한 항고쟁송을 제기하면 될 것이므로, 이 논의는 부관의 이행행위로서 사법상 법률행위가 있은 후에 발생하는 문제이다.

(2) 학설의 대립

학설은 ① 사법상 법률행위는 그 기초가 된 부관의 효력에 종속된다는 '종속설'과 ② 부관은 사법상 법률행위를 하게 된 동기에 불과하므로 사법상 법률행위의 효력은 부관의 효력과 별개로 보아야 한다는 '독립설'로 대립하고 있다.

종속설에 따르면, 무효인 부관에 기초한 사법상 법률행위는 무효이지만, 부관에 취소사유가 있으면 부관이 취소되지 않는 한 사법상 법률행위는 유효하다고 한다. 이 경우 부관에 불가쟁력이 발생하면 더 이상 부관을 취소할 수 없으므로 부관의 하자를 이유로 사법상 법률행위의 효력도 다툴 수 없다. 독립설은 부관이 무효라고

---

47) 기부채납부담이 부가된 경우가 대표적이다. 판례에 따르면, 기부채납은 기부자가 그의 소유재산을 지방자치단체의 공유재산으로 증여하는 의사표시를 하고 지방자치단체는 이를 승낙하는 채납의 의사표시를 함으로써 성립하는 증여계약을 의미하는바(대법원 1992. 12. 8. 선고 92다4031 판결), 기부채납부담이란 이러한 기부채납을 명하는 부관의 일종이다. 판례는 기부채납의 성질을 사법상 법률행위(증여계약)로 보지만, 이와 달리 공법상 법률행위로 파악하는 견해도 있다.

하더라도 그에 기초한 사법상 법률행위가 당연히 무효가 되는 것은 아니며, 부관에 취소사유가 존재하고 이미 불가쟁력이 발생하였다고 하더라도 사법상 법률행위의 효력을 독자적으로 다툴 수 있다고 본다.

(3) 판례의 태도

대법원은 독립설의 입장이다.

대법원 2009. 6. 25. 선고 2006다18174 판결

행정처분에 부담인 부관을 붙인 경우 부관의 무효화에 의하여 본체인 행정처분 자체의 효력에도 영향이 있게 될 수는 있지만, 그 처분을 받은 사람이 부담의 이행으로 사법상 매매 등의 법률행위를 한 경우에는 그 부관은 특별한 사정이 없는 한 법률행위를 하게 된 동기 내지 연유로 작용하였을 뿐이므로 이는 법률행위의 취소사유가 될 수 있음은 별론으로 하고 그 법률행위 자체를 당연히 무효화하는 것은 아니다. 또한, 행정처분에 붙은 부담인 부관이 제소기간의 도과로 확정되어 이미 불가쟁력이 생겼다면 그 하자가 중대하고 명백하여 당연 무효로 보아야 할 경우 외에는 누구나 그 효력을 부인할 수 없을 것이지만, 부담의 이행으로서 하게 된 사법상 매매 등의 법률행위는 부담을 붙인 행정처분과는 어디까지나 별개의 법률행위이므로 그 부담의 불가쟁력의 문제와는 별도로 법률행위가 사회질서 위반이나 강행규정에 위반되는지 여부 등을 따져보아 그 법률행위의 유효 여부를 판단하여야 한다.

VI. 흠 있는 부관에 대한 행정쟁송

1. 개 설

부관에 흠이 존재하여 이에 대한 항고쟁송을 제기하는 경우는 ① 부관만을 독립하여 직접 쟁송의 대상으로 삼는 경우와 ② 흠 있는 부관이 부가된 행정행위 전체를 쟁송의 대상으로 삼는 경우로 나누어 볼 수 있다. 이 중에서 흠 있는 부관이 부가된 행정행위의 전체에 대한 쟁송은 항고쟁송의 일반적인 절차와 원칙에 따라서 다투어지기 때문에 크게 문제가 되지 않는다.

따라서 여기서는 흠 있는 부관만을 주된 행정행위에서 독립하여 직접 쟁송의 대상으로 삼을 수 있는지가 문제된다(부관의 독립쟁송가능성). 또한, 부관이 부가된 행정행위 전체에 대하여 쟁송이 제기된 경우에 위법한 부관만을 행정행위에서 독립적으로 취소할 수 있는가의 여부가 역시 문제된다(부관의 독립취소가능성).

2. 부관의 독립쟁송가능성

(1) 문제의 소재

부관의 독립쟁송가능성이란 흠 있는 부관을 본체인 행정행위로부터 따로 떼어서 부관 자체만을 독립하여 직접 쟁송의 대상으로 삼을 수 있는가에 관한 문제이다. 이는 소송요건으로서 항고쟁송의 대상적격(처분성)에 관한 논의이다.[48]

(2) 학설의 대립

1) 부담 및 기타 부관 구별설(부담독립설)

부담과 기타 부관으로 구분하여, ① 부담은 그 자체로 특정한 의무를 명하는 독립한 행정행위의 성질을 가지므로 독립하여 직접 쟁송의 대상이 되지만, ② 나머지 부관은 주된 행정행위의 한 부분으로 독자적인 처분성을 갖지 못하기 때문에 쟁송의 직접적인 대상이 될 수 없다고 한다.

2) 분리가능성 기준설

부관의 독립쟁송가능성의 문제를 본안에서 법원에 의한 부관의 독자적인 취소가능성의 전제조건으로 보는 견해이다. 이에 따르면, 부관이 주된 행정행위로부터 분리가능성이 인정되어 법원에서 부관만의 독립취소가 인정될 정도로 독자성을 갖는다면 (부관의 처분성 여부와 무관하게) 쟁송을 통하여 다툴 수 있다고 한다.

3) 전(全) 부관 독립쟁송가능성설(전면긍정설)

모든 부관은 주된 행정행위와 분리가능하기 때문에 부관에 위법성이 존재하는 한, 그 종류를 불문하고 모두 독립쟁송이 가능하다는 학설이다.

(3) 판례의 태도

대법원은 부관 그 자체만을 독립된 쟁송의 대상으로 할 수 없는 것이 원칙이나, 부관 중에서 부담의 경우에는 부담 그 자체로서 행정쟁송의 대상이 될 수 있다고 보아 '부담 및 기타 부관 구별설'의 입장이다.

① **대법원 1992. 1. 21. 선고 91누1264 판결**

행정행위의 부관은 행정행위의 일반적인 효력이나 효과를 제한하기 위하여 의사표

---

48) 그러나 일부 학설은 '부관의 독립쟁송가능성'의 의미를 쟁송과정에서 부관만의 위법성을 독자적으로 주장할 수 있는가의 문제로 접근하기도 한다.

시의 주된 내용에 부가되는 종된 의사표시이지 그 자체로서 직접 법적 효과를 발생하는 독립된 처분이 아니므로 현행 행정쟁송제도 아래서는 부관 그 자체만을 독립된 쟁송의 대상으로 할 수 없는 것이 원칙이나 행정행위의 부관 중에서도 행정행위에 부수하여 그 행정행위의 상대방에게 일정한 의무를 부과하는 행정청의 의사표시인 부담의 경우에는 다른 부관과는 달리 행정행위의 불가분적인 요소가 아니고 그 존속이 본체인 행정행위의 존재를 전제로 하는 것일 뿐이므로 부담 그 자체로서 행정쟁송의 대상이 될 수 있다.

② 대법원 2001. 6. 15. 선고 99두509 판결

[1] 공유재산의 관리청이 하는 행정재산의 사용·수익에 대한 허가는 순전히 사경제주체로서 행하는 사법상의 행위가 아니라 관리청이 공권력을 가진 우월적 지위에서 행하는 행정처분이라고 보아야 할 것인바, 행정재산을 보호하고 그 유지·보존 및 운용 등의 적정을 기하고자 하는 지방재정법 및 그 시행령 등 관련 규정의 입법 취지와 더불어 잡종재산에 대해서는 대부·매각 등의 처분을 할 수 있게 하면서도 행정재산에 대해서는 그 용도 또는 목적에 장해가 없는 한도 내에서 사용 또는 수익의 허가를 받은 경우가 아니면 이러한 처분을 하지 못하도록 하고 있는 구 지방재정법($\binom{1999.\ 1.\ 21.\ 법률\ 제5647}{호로\ 개정되기\ 전의\ 것}$) 제82조 제1항, 제83조 제2항 등 규정의 내용에 비추어 볼 때 그 행정재산이 구 지방재정법 제75조의 규정에 따라 기부채납받은 재산이라 하여 그에 대한 사용·수익허가의 성질이 달라진다고 할 수는 없다.

[2] 행정행위의 부관은 부담인 경우를 제외하고는 독립하여 행정소송의 대상이 될 수 없는바, 기부채납받은 행정재산에 대한 사용·수익허가에서 공유재산의 관리청이 정한 사용·수익허가의 기간은 그 허가의 효력을 제한하기 위한 행정행위의 부관으로서 이러한 사용·수익허가의 기간에 대해서는 독립하여 행정소송을 제기할 수 없다.

(4) 검 토

부관이 독립적으로 항고쟁송의 대상이 되기 위해서는 처분성이 인정되어야 한다. 하지만 부관은 행정행위의 주된 내용에 부가된 부수적 규율로서 행정행위의 일부이므로 부관 그 자체를 독립한 쟁송대상으로 할 수는 없다. 그러나 부담은 주된 행정행위에 대하여 독립성이 강하므로 그 자체가 독립한 쟁송의 대상이 될 수 있다.

3. 부관에 대한 쟁송형태

(1) 학설의 대립

다수의 학설은 처분성이 인정되는 부담을 제외한 나머지 부관에 대하여 형식상 부관부 행정행위 전체를 쟁송의 대상으로 하면서 내용상 그 일부인 부관만의 취소를 구하는 이른바 '부진정일부취소쟁송'을 제기하여야 한다고 주장한다.[49] 이와 비교하여, 부관만을 직접 쟁송의 대상으로 하여 그 취소를 구하는 쟁송을 '진정일부취소쟁송'이라고 한다.

(2) 판례의 태도

실무상 판례는 부진정일부취소쟁송의 관념을 인정하지 않는다. 즉, 처분성이 인정되는 부담에 대해서는 그 자체로서 직접 쟁송의 대상이 될 수 있다고 보지만, 처분성이 인정되지 않는 기타 부관에 대해서는 부관부 행정행위 전체를 쟁송의 대상으로 하여 그 전부의 취소를 구하거나 행정청에 부관 없는 또는 부관의 내용을 변경하는 처분으로 변경해 줄 것을 신청하였다가 행정청이 이를 거부하면 거부처분취소소송을 제기하여야 한다는 입장이다(대법원 1990. 4. 27. 선고 89누6808 판결).

(3) 검 토

생각건대, 강학상 논의되는 부진정일부취소쟁송은 청구취지만으로는 진정일부취소쟁송과 구별이 불명확할 뿐만 아니라 소송상 청구는 위법한 부관의 일부 취소이지만 개념상 부관부 행정행위 전체를 쟁송의 대상으로 본다는 점에서 전통적인 소송물에 관한 이론체계와 조화되기 어렵다.[50] 따라서 대법원 판례가 타당하다. 만일 행정심판 단계라면 의무이행심판이 적극적으로 활용될 수 있을 것이다.

4. 부관의 독립취소가능성

(1) 문제의 소재

부관의 독립취소란 부관이 부가된 행정행위 전체에 대하여 항고쟁송이 제기된 경우에, 당해 부관에 흠이 존재하여 이를 이유로 부관만을 독립하여 일부 취소가 가능한가의 문제이다.[51] 이는 본안에서 이루어지는 실체 심리와 관계된다.

---

49) 1)설은 부담이 아닌 부관에 대해, 2)설은 분리가능성이 인정되지만 처분성이 없는 부관에 대해, 3)설은 부담이 아닌 부관에 대해 각각 부진정일부취소쟁송을 활용할 수 있다고 한다.

50) 부진정일부취소소송의 형식과 소송법상 문제점에 대해서는 이상천, "부진정일부취소소송의 성립가능성론에 대한 비판적 고찰", 법학논집(제17권 제3호), 이화여자대학교 법학연구소, 2013, 44-45면; 김철우, "부관에 대한 행정소송의 형식과 문제점", 법제(통권 제698호), 법제처, 2022, 115-121면 참조.

51) 일설은 부관의 독립쟁송가능성 문제의 연장선상에서 본안에서 부관의 일부 취소가 가능한가의 논의를 도출하기 위하여 부관에 대한 소송형태가 문제가 되며, 부관의 독립취소가능성은 부진정일부취소소송에서 그 논의의 실익이 있다고 한다. 김용섭, "위법한 부관에 대한 행정소송", 인권과 정의(제

(2) 학설의 대립

1) 재량행위와 기속행위를 구별하는 견해

부관이 부가된 행정행위가 기속행위인 경우에는 부관만의 취소가 가능하지만 재량행위인 경우에는 가능하지 않다는 견해이다. 만일 재량행위에서 부관만을 취소하여 주된 행정행위의 효력을 유지시키면 행정청에게 부관 없이는 발하지 아니하였을 것으로 보이는 행위를 강제하는 결과가 될 수 있음을 근거로 한다.

2) 분리가능성 기준설

부관이 본체인 행정행위와 분리될 수 있는 경우에 한하여 부관만의 취소가 가능하다는 견해이다. 분리가능성의 기준으로 ① 행정청이 부관 없이는 주된 행정행위를 발하지 않았을 것이라고 인정되는 경우, ② 부관의 취소에 의하여 주된 행정행위까지 위법하게 만들 정도로 부관이 중요요소인 경우, ③ 주된 행정행위와 부관이 일체적 재량결정을 이루는 경우에는 분리가능성이 없다고 본다.[52]

3) 부관의 위법성을 기준으로 하는 견해

본안심리 결과 부관이 위법하다고 판단되면 부관의 종류와 관계없이 부관만의 일부 취소가 가능하다는 견해이다.

(3) 검 토

생각건대, 부관의 독립취소에 관한 문제 역시 독립쟁송의 문제와 마찬가지로 부관은 행정행위의 일부에 해당하기 때문에 부관만을 독립하여 취소하기는 어려워 보인다. 다만 부담의 경우에는 그 독립적 성격으로 인하여 취소가 된다고 하여도 본체인 행정행위에는 영향을 미치지 않기 때문에 독립취소가 가능할 것이다.

제 6 절 행정행위의 성립요건과 효력발생요건

행정행위는 성립요건을 갖추어야만 적법·유효한 행위로서 완전한 효력이 발생되며, 필요한 경우에는 효력발생요건까지 갖추어야 한다.

423호), 대한변호사협회, 2012, 32면.
52) 김남진/김연태(287면).

Ⅰ. 행정행위의 성립요건

행정행위가 유효하게 성립하기 위해서는 법치행정의 원리에 따라 일정한 요건에 충족되어야 한다. 이와 같은 행정행위의 성립요건은 내부적 성립요건과 외부적 성립요건으로 나누어진다.

1. 내부적 성립요건

행정행위가 유효하게 성립하기 위해서는 주체·내용·절차·형식이 법적 요건에 적합하여야 하며, 또한 공익에 합치되어야 한다.

(1) 주체에 관한 요건

행정행위는 ① 정당한 권한을 갖는 행정청이, ② 권한 내의 사항에 관하여, ③ 정상적인 의사에 의하여 한 행위이어야 한다.

(2) 내용에 관한 요건

행정행위는 ① 그 내용이 명확하고, ② 법률상·사실상 실현가능하여야 하며, ③ 적법·타당해야 한다.

(3) 절차에 관한 요건

행정행위는 법령에서 규정하고 있는 절차를 거쳐야 한다. 행정절차법에서는 당사자의 권익보호를 위하여 처분의 절차로서 사전통지·의견청취·이유제시 등을 규정하고 있다. 이외에도 개별 법령에서 관계 행정기관의 동의를 얻거나 협의를 하거나 자문을 얻도록 규정하고 있는 경우 등이 있다. 법이 정한 절차를 위반한 행정행위는 절차상 흠이 있는 위법한 행위가 된다. 이때 행정행위의 효력에 미치는 영향은 개별 절차의 성질에 따라 차이가 있다.

(4) 형식에 관한 요건

행정행위는 원래 특정한 형식이 없는 불요식행위임이 원칙이지만, 법령에서 문서나 기타의 형식을 요구하는 요식행위를 규정하고 있는 경우에는 소정의 형식을 갖추어야 한다(행정절차법 제24조, 행정심판법 제46조).

2. 외부적 성립요건

행정행위는 내부적 성립요건을 모두 갖춘 경우에도 외부에 표시되어야만 비로소 유효하게 성립된다. 따라서 만일 행정기관 내부에 의사결정만 있고 그것이 외부에 표시되지 않았다면 행정행위가 성립되지 않는다. 행정행위는 일단 성립되면 그것이 상대방에게 도달되지 않은 경우에도 행정청은 이를 이유 없이 취소·변경할 수 없게 되는 구속을 받는다.[53]

① 대법원 2017. 7. 11. 선고 2016두35120 판결

일반적으로 행정처분이 주체·내용·절차와 형식이라는 내부적 성립요건과 외부에 대한 표시라는 외부적 성립요건을 모두 갖춘 경우에는 행정처분이 존재한다고 할 수 있다. 행정처분의 외부적 성립은 행정의사가 외부에 표시되어 행정청이 자유롭게 취소·철회할 수 없는 구속을 받게 되는 시점을 확정하는 의미를 가지므로, 어떠한 처분의 외부적 성립 여부는 행정청에 의해 행정의사가 공식적인 방법으로 외부에 표시되었는지를 기준으로 판단하여야 한다.[54]

② 대법원 2019. 7. 11. 선고 2017두38874 판결

[1] 일반적으로 처분이 주체·내용·절차와 형식의 요건을 모두 갖추고 외부에 표시된 경우에는 처분의 존재가 인정된다. 행정의사가 외부에 표시되어 행정청이 자유롭게 취소·철회할 수 없는 구속을 받게 되는 시점에 처분이 성립하고, 그 성립 여부는 행정청이 행정의사를 공식적인 방법으로 외부에 표시하였는지를 기준으로 판단해야 한다.

[2] 병무청장이 법무부장관에게 '가수 갑이 공연을 위하여 국외여행허가를 받고 출국한 후 미국 시민권을 취득함으로써 사실상 병역의무를 면탈하였으므로 재외동포 자격으로 재입국하고자 하는 경우 국내에서 취업, 가수활동 등 영리활동을 할 수 없도록 하고, 불가능할 경우 입국 자체를 금지해 달라'고 요청함에 따라 법무부장관이 갑의 입국을 금지하는 결정을 하고, 그 정보를 내부전산망인 '출입국관리정보시스템'에 입력하였으나, 갑에게는 통보하지 않은 사안에서, 행정청이 행정의사를 외부에 표시하여 행정

---

53) 김동희(321면).

54) [판결 이유] 원심판결 이유와 적법하게 채택된 증거에 의하면, 다음의 사실을 알 수 있다. ① 피고는 2012. 10. 18. 참가인을 사업시행자로 지정 고시하기로 하는 내부문서를 결재하였고, 같은 날 담당 공무원은 담양군 인터넷 홈페이지의 고시공고란에 이 사건 사업시행자 지정 처분의 내용을 고시하는 고시문안을 게재하였다. ② 위 고시문안의 내용은 고시번호와 고시 연월일 중 일자가 표기되지 않은 것 외에는 그 후에 실제 고시된 내용과 동일하다. 지방자치단체의 인터넷 홈페이지 개설 목적, 활용 형태와 이를 접하는 일반인의 인식에 비추어 보면, 그 홈페이지에 행정결정을 게재하는 것은 일반적으로 행정청의 의사를 외부에 표시하는 공식적인 방법이다. 따라서 위와 같은 홈페이지 게재는 피고가 참가인을 사업시행자로 지정하기로 한 결정을 공식적인 방법으로 외부에 표시한 것이고, 이로써 피고가 행한 이 사건 사업시행자 지정 처분은 객관적으로 성립하였다고 보아야 한다.

청이 자유롭게 취소·철회할 수 없는 구속을 받기 전에는 '처분'이 성립하지 않으므로 법무부장관이 출입국관리법 제11조 제1항 제3호 또는 제4호, 출입국관리법 시행령 제14조 제1항, 제2항에 따라 위 입국금지결정을 했다고 해서 '처분'이 성립한다고 볼 수는 없고, 위 입국금지결정은 법무부장관의 의사가 공식적인 방법으로 외부에 표시된 것이 아니라 단지 그 정보를 내부전산망인 '출입국관리정보시스템'에 입력하여 관리한 것에 지나지 않으므로, 위 입국금지결정은 항고소송의 대상이 될 수 있는 '처분'에 해당하지 않는데도, 위 입국금지결정이 처분에 해당하여 공정력과 불가쟁력이 있다고 본 원심판단에 법리를 오해한 잘못이 있다고 한 사례.

Ⅱ. 행정행위의 효력발생요건

앞서 살펴보았듯이 행정행위는 내부적 성립요건과 외부적 성립요건을 갖추어 유효하게 성립하게 되면 성립과 동시에 효력을 발생하게 된다. 그러나 법령에서 특별한 규정을 두어 효력요건을 갖추어야 유효한 행정행위로 성립하는 경우가 있다. 통지를 요하는 행정행위에 있어서는 통지가 상대방에게 도달하여야 효력이 발생하며, 행정절차법에는 통지의 형태인 송달에 관한 규정을 두고 있다.

한편, 상대방이 있는 행정행위(처분)에서 처분서를 송달(공식송달)하였으나 그 송달이 부적법한 경우에는 외부적 표시가 없는 경우와는 달리 그 효력발생요건에 흠이 있는 무효의 처분이라 보아야 하고, 처분이 존재하지 않는다고 할 수는 없다.

① 대법원 2019. 8. 9. 선고 2019두38656 판결

상대방 있는 행정처분은 특별한 규정이 없는 한 의사표시에 관한 일반법리에 따라 상대방에게 고지되어야 효력이 발생하고, 상대방 있는 행정처분이 상대방에게 고지되지 아니한 경우에는 상대방이 다른 경로를 통해 행정처분의 내용을 알게 되었다고 하더라도 행정처분의 효력이 발생한다고 볼 수 없다.

② 대법원 1995. 8. 22. 선고 95누3909 판결

과세처분에 관한 납세고지서의 송달이 국세기본법 제8조 제1항의 규정에 위배되는 부적법한 것으로서 송달의 효력이 발생하지 아니하는 이상, 그 과세처분은 무효이다.

제 7 절 행정행위의 효력

행정행위가 성립요건과 효력발생요건을 갖추면 민법상 법률행위와는 구별되는 특수한 법적 효력이 발생하게 된다. 일반적으로 행정행위의 효력에는 구속력·공정력·불가쟁력·불가변력·강제력 등이 있다.

Ⅰ. 구속력

행정행위의 구속력이란 행정행위의 내용대로 일정한 법적 효과가 발생하고 행정행위가 관계 행정청 및 상대방, 이해관계인을 모두 구속하는 힘을 말한다. 예컨대 조세부과처분에 의하여 ① 행정행위의 상대방, ② 행정행위의 이해관계인, ③ 처분청, ④ 처분청 이외의 국가기관(행정의 주체인 국가라는 동일법인의 행정기관) 등이 모두 구속되는 힘을 말하는 것이다.

Ⅱ. 공정력

행정기본법 제15조(처분의 효력) 처분은 권한이 있는 기관이 취소 또는 철회하거나 기간의 경과 등으로 소멸되기 전까지는 유효한 것으로 통용된다. 다만, 무효인 처분은 처음부터 그 효력이 발생하지 아니한다.

1. 공정력의 의의

(1) 개 념

공정력이라 함은 행정행위의 성립에 흠이 있는 경우에도 그 흠이 중대·명백하여 당연히 무효가 되지 않는 한 권한 있는 기관에 의해 취소되기까지는 그 행정행위가 유효한 것으로 추정되는 힘을 말한다. 따라서 행정행위가 취소되지 아니하여 공정력이 인정된다고 하더라도 그 상대방이나 이해관계인은 언제든지 그 행정행위가 위법한 것임을 주장할 수 있다.[55]

---

55) 대법원 1993. 11. 9. 선고 93누14271 판결.

대법원 1994. 11. 11. 선고 94다28000 판결

행정처분이 아무리 위법하다고 하여도 그 하자가 중대하고 명백하여 당연무효라고 보아야 할 사유가 있는 경우를 제외하고는 아무도 그 하자를 이유로 무단히 그 효과를 부정하지 못하는 것으로, 이러한 행정행위의 공정력은 판결의 기판력과 같은 효력은 아니지만 그 공정력의 객관적 범위에 속하는 행정행위의 하자가 취소사유에 불과한 때에는 그 처분이 취소되지 않는 한 처분의 효력을 부정하여 그로 인한 이득을 법률상 원인 없는 이득이라고 말할 수 없는 것이다.

(2) 성 질

1) 잠정적 통용력

공정력에 관하여, 과거에는 행정행위가 적법하다는 것을 추정시켜 주는 것이라고 보았으나, 오늘날 다수 견해는 행정행위가 적법하다는 것을 추정시키는 것이 아니라 행정법관계의 안정성 유지를 위하여 잠정적으로 유효한 것으로 통용되는 힘을 부여한 것이라고 본다. 이에 따르면, 공정력과 행정소송에서 입증책임의 분배는 무관하다. 그러나 행정청의 일방적 결정임에도 불구하고 법적 질서를 수정하며 취소되기 전까지는 유효한 상태로 존속한다는 것은 유효한 상태로 존속되는 동안에는 적법성을 추정받는 것이라고 할 수밖에 없다. 공정력을 절차적으로 해석하든 취소쟁송제도의 반사적 효과로 해석하든 이러한 해석방법들은 행정의 특권을 되도록이면 부정해보려는 의도에서 비롯된 것으로 보이나 법적 질서에 대한 일방적 수정권은 분명히 사인 간에는 볼 수 없는 특권임이 분명하며 취소되기 전까지는 유효하기 때문에 행정행위의 적법성이 추정된다고 하여도 논리적으로 아무런 결함이 없다.

2) 절차적 효력인지 여부

일설은 구속력은 행정행위의 내용에 따라 효력을 발생하는 실체법상 효력임에 반하여, 공정력은 이러한 구속력을 승인하는 잠정적 효력이라는 점에서 양자는 구별된다고 한다. 그러나 구속력 또한 권한 있는 기관에 의해 취소되기까지 효력이 있으므로 이를 실체법적 효력과 절차법적 효력으로 나누는 것이 타당한지에 대하여는 의문이 든다.

2. 공정력의 인정근거

(1) 이론적 근거

1) 기판력 · 자기확인설(Otto Mayer)

오토 마이어($^{Otto}_{Mayer}$)는 민 · 형사재판의 판결을 전형적인 법집행행위로 보고, 행정행위를 행정청이 행하는 판결과 같은 것으로 보았다. 따라서 행정행위는 판결처럼 행정청이 그 적법성을 스스로 확인하여 행한 까닭에 공정력이 인정된다는 견해이다. 이와 같이 오토 마이어의 자기확인설은 기판력을 스스로 확인($^{기판력+}_{자기확인}$)한다는 것이다. 그러나 판결은 제3기관에 의한 공정하고 신중한 절차에 따라 이루어지며 확정적이라는 점에서 행정행위에 판결의 확정력을 인정하는 것은 행정행위에 대하여 취소소송을 제대로 제기할 수 없었던 프로이센에서나 가능한 설명으로 행정소송 개괄주의를 택하고 있는 법치국가에서는 타당하지 않다. 일본에서는 공정력을 2차 세계대전 전에는 기판력(^{Rechtskraft})으로 소개하였으나, 2차 대전 후에는 다나까지로 등이 자기확인으로 소개하였다.

2) 국가권위설(E. Forsthoff)

행정행위는 권위 있는 국가기관의 행위이므로 그 적법성이 추정된다는 견해이다. 그러나 이는 권위주의적 군주정에서나 있을 수 있는 이론이지 오늘날과 같은 자유민주주의 이념에서는 결코 타당하지 않다($^{기판력설을 포기한}_{자기확인설의 계승}$).

3) 행정정책설

공정력이란 행정행위 자체에 내재하는 특수한 효과가 아니라 오히려 행정행위의 상대방이나 제3자의 신뢰보호 · 법적 안정성 · 질서유지 또는 행정의 원활한 운영 등과 같은 행정정책적 이유에서 인정되는 효과일 뿐이라는 입장이다. 이를 특히 법적 안정설이라 하는 견해도 있다.[56] 행정정책설은 행정의 특권으로서의 공정력을 부정하고 존속력이 있을 뿐이라고 한다.

> **독일 연방행정절차법** 제43조 행정행위는 취소 · 철회 기타의 방법으로 소멸되지 않는 한 유효한 것으로 존속한다.

> ○ 존속력의 이념 : 1. 행정행위는 고권적인 규율로서 구속적이고 영속적이다.
>   2. 행정행위는 법적으로 지속성을 가져야 한다.

---

56) 홍정선(440면).

○ 존속력의 내용 : 1. 형식적 존속력 = 불가쟁성
　　　　　　　　　2. 실질적 존속력 = 상대방에 대한 구속력 + 불가변력
* 결국 존속력은 내용상 행정행위의 공정력과 다르지 않다.

　행정정책설은 행정의 특권으로서의 공정력을 부정한다고 하나, 후술하는 예선적 특권설과 다를 바 없다. 왜냐하면 예선적 특권이란 법원의 판결에 앞서 행정청이 일방적으로 행정객체의 법적 지위를 변동시킬 수 있는 효력을 의미하는데, 이처럼 행정청에게 예선적 특권을 인정하는 까닭이 바로 상대방의 법적 안정성·신뢰보호·행정의 실효성 확보 등을 위한 것이기 때문이다.[57] 물론 연혁적으로 보아도 예선적 특권설이 행정정책설보다 더 근원적이다.[58] 행정의 특권은 사익에 대하여 공익을 우선시켜야 할 필요성이라고 하는 입법정책상의 이유로 인정하는 것으로, 행정행위가 합의가 아닌 행정청에 의한 일방적인 결정임에도 불구하고 존속력이 있다고 하는 것 자체가 행정의 특권이다.

4) 취소소송의 배타적 관할에 따른 반사적 효과설

　행정행위는 취소소송에 의해서만 취소될 수 있는바, 이러한 취소소송의 배타적 관할에 따라 그 반사적 효과로서 법원의 판결에 의해 취소되기 전까지 공정력이 인정된다는 견해이다.[59] 일본에서는 엔도히라야 등이 주장하였다.

　그러나 취소소송이란 행정행위의 공정력을 박탈하기 위해 제기하는 소송인데 취소소송의 배타적 관할에 따른 반사적 효과가 공정력이라는 설명은 논리가 전도되었다는 비판을 면하기 어렵다.

5) 예선적 특권설(M. Hauriou)

　행정행위에 있어서는 일방인 행정청 자신이 행정객체의 동의 없이도 행정객체에게 의무를 부과할 수 있고, 행정행위에 의하여 발생한 법적 효과에 대하여 이의를 제기하는 것은 행위자가 아닌 행정객체가 법원의 판결을 구하는 방법으로 하여야 한다. 행정청이 법원의 판결 이전에 보유하고 있는 일방적인 법적 질서에 대한 변경권을 '예선적 특권'(privilège du préalable)이라고 한다. 특권의 내용은 ① 적법성 추정의 특권, ② 집행에 있어서의 특권(예외적인 일방적 자력집행), ③ 채권확보에 있어서의 특권이다.

　이는 법원의 판단에 앞서 행정행위의 정당한 통용력을 인정한다는 점에서 전술

---

57) 동지: 한견우(250면).
58) 상계서(250면).
59) 김남진/김연태(296면).

한 자기확인설 또는 국가권위설과 유사한 것처럼 보이지만, 자기확인설 등은 행정행위와 법원의 판결을 대등하게 보는데 반하여 예선적 특권설은 법원의 판결을 우위에 두고 있다. 다만 행정행위에 대하여 법원의 판결에 앞서서 미리($\frac{\text{예선적으로;}}{\text{préalablement}}$) 특권을 인정할 뿐이라고 보는 점에서 양자는 구별된다. 즉, 예선적 특권이란 임시적으로 판결에 앞서 적법성을 추정하는 특권이다. 그러나 이를 순전히 절차적인 특권으로만 볼 필요는 없다. 왜냐하면 비록 임시적이라 하더라도 추정되는 것은 적법성이라고 하는 실체적인 것이기 때문이다. 또한 행정행위는 ① 취소·철회가 가능하다는 점, ② 불가쟁력이 발생하는 기한의 도래는 절차적 사항이지 본안 사항이 아니라는 점, ③ 강제집행도 제한적 조건에 따른다는 점에서 판결과 다르다.

(2) 실정법적 근거

종래에는 항고쟁송제도, 집행부정지의 원칙, 직권취소제도, 자력강제제도 등이 공정력을 추정할 수 있는 간접적인 근거가 된다고 보았으나, 이제는 행정기본법 제15조에서 공정력을 직접적으로 인정하는 명시적인 규정을 두고 있다.

1) 항고쟁송제도

민사소송의 경우에는 사인 간의 법률관계에 다툼이 있을 때에는 소송을 통하여 비로소 법률관계가 확정된다. 이와 달리 행정행위에 대한 법률관계의 다툼은 행정행위의 효력을 일단 인정하고 이미 발생한 효력에 관하여 항고쟁송을 통하여 재차 효력을 다툴 수 있는 복심적 쟁송이다. 따라서 행정행위가 항고쟁송의 대상이라는 점에서 행정행위의 공정력을 추정할 수 있다.

2) 집행부정지의 원칙

행정행위의 효력에 다툼이 있어 행정쟁송이 제기되어도 그 처분의 효력·집행·절차의 속행이 정지되지 않는바, 이를 집행부정지의 원칙이라고 한다. 집행부정지의 원칙은 사익에 대한 공익의 우선성이라고 하는 정책상의 목표에 의해 주어지는 행정의 특권으로서의 공정력의 결과이다. 행정의 특권을 부인하고 사법(私法)관계와 같이 당사자 간의 평등을 원칙으로 한다면 집행정지원칙을 채택할 수 있다.

3) 직권취소제도

위법 또는 부당한 행정행위에 대하여는 행정청이 이를 직권으로 취소할 수 있는바, 이것은 위법·부당한 행정행위일지라도 원칙적으로 그 유효성이 인정($\frac{\text{적법성이}}{\text{추정}}$)됨을 전제로 한다.

4) 자력강제제도

행정행위에 의하여 발생한 의무를 상대방이 이행하지 아니할 경우에 예외적으로 법원의 도움 없이 행정청이 자력으로 그 집행을 강제할 수 있는 경우가 있다. 이 역시 공정력을 근거로 한 것이다.

3. 공정력의 한계

(1) 무효인 행정행위

통설에 따르면 행정행위의 흠이 중대·명백하여 무효인 경우에는 공정력이 인정되지 않는다고 설명한다. 무효인 행정행위의 경우에는 취소소송의 배타적 관할이 미치지 않으며, 또한 흠이 중대·명백하여 무효인 경우까지 특권을 인정하는 것은 공익에 반하기 때문이다.

(2) '처분' 이외의 행위형식

공정력은 '처분'(오토 마이어식의 개별적 행정행위뿐만 아니라 일반적 규범인 법규명령에도 공정력이 발생함에 주의를 요함)에 인정되는 효력으로서 취소소송의 대상이 되는 행위형식이 아닌 경우에는 공정력이 인정되지 않는다. 따라서 공권력의 행사가 아닌 행정사법이나 비권력적 사실행위 등과 같은 행위형식에는 공정력과 같은 효력이 발생하지 않는다.

4. 공정력과 선결문제

행정소송법 제11조(선결문제) ① 처분등의 효력 유무 또는 존재 여부가 민사소송의 선결문제로 되어 당해 민사소송의 수소법원이 이를 심리·판단하는 경우에는 제17조(행정청의 소송참가), 제25조(행정심판기록의 제출명령), 제26조(직권심리) 및 제33조(소송비용에 관한 재판의 효력)의 규정을 준용한다.
② 제1항의 경우 당해 수소법원은 그 처분등을 행한 행정청에게 그 선결문제로 된 사실을 통지하여야 한다.

(1) 선결문제의 의의

선결문제(先決問題)란 어떤 소송사건에 있어서 본안판결을 하기에 앞서서 먼저 결정될 필요가 있는 것으로서, 본안판결 사항과는 법적 성질을 달리하는 문제를 의미한다.[60] 행정법상 선결문제는 형사소송이나 민사소송에 있어서 특정한 행정행위의 위법이나 효력 또는 존재의 여부를 먼저 결정할 필요가 있을 때, 형사법원이나 민사법원이 이 문제에 관하여 직접 먼저 판결을 할 것인지(^{préalable}) 아니면 행정법원에 이 문제를 이송하여 행정법원의 판단을 먼저 구할 것인지(^{préjudicielle})에 관한 문제이다. 따라서 엄격히 말하면 선결문제 논의는 스스로 '먼저 판결', 즉 선결할 것인지 아니면 선이송할 것인지의 문제가 먼저 해결되어야 한다.

그러므로 이 문제는 선결과 선이송의 양자를 포함하는 문제로 본안에 대한 부수적 문제($^{questions}_{accessoires}$)이다.

(2) 행정행위의 공정력과 판결의 기판력

행정행위의 공정력은 결정력에 불과할 뿐 결코 판결에 따른 기판력($^{확정된 재판의 판단 내용}_{이 소송 당사자와 후소법원을 구속하고, 이와 모순되는 주장·판단을 허용하지 않는 소송법상의 효력}$)을 발생시키지 않는다. 행정행위는 ① 취소·철회할 수 있으며, ② 불가쟁력이 발생하는 기한의 도래도 절차적 사항이지 본안사항이 아니며, ③ 강제집행도 제한적 조건에 따른다는 점에서 판결과는 다르다. 즉, 행정행위는 재판행위가 아니므로 기판력이 발생하지 않는다. 다만 구속력($^{행정행위가 그 내용에 따라 행정청이나}_{그 행정행위의 상대방 기타 관계인을 구속하는 효력}$)이 있을 뿐이다. 이처럼 행정행위는 사법(私法)상의 법률행위보다는 우월한 권위를 가지는 결정력으로서의 공정력을 가지고 있다. 즉, 공정력은 일방적 결정력으로서의 구속력이다.[61]

과거 오토 마이어($^{Otto}_{Mayer}$)는 행정행위를 행정청 스스로가 정하는 판결과 같은 것으로 보았으나,[62] 이는 행정행위를 꽁세이데따에 제소하는 행정소송의 대상인 행위로 보았던 프랑스와는 달리 당시 프로이센이 행정소송에 대하여 열기주의를 채택하였기 때문에 행정행위의 법적 안정성을 확보할 필요성이 있었던 것 때문이라고 짐작된다. 이는 당시 독립된 행정법원이 존재하지 아니하였던 오스트리아-헝가리 제국의 베르나치크(^{Bernatzik}), 테즈너(^{Tezner}), 메르클(^{Merkl}) 등의 학자들이 기판력이론에 몹시 집착하였던 사실로 미루어 보더라도 쉽게 짐작할 수 있는 일이다. 오늘날 행정행위의 공정력을 직접적으로 판결의 기판력과 같은 것으로 해석하는 입장은 없다.

---

60) 신보성, "행정행위의 위법성과 선결문제", 고시연구, 1987년 10월호, 67면.
61) 프랑스에서는 공정력에 대응하여 '예선적 특권'(privilège du préalable)이라는 개념이 사용되고 있다. 브델(Vedel) 교수는 '기판력'(L'autorité de chose jugée)에 대응하여 '기결력'(autorité de chose décidée)이라는 용어를 사용하면서, 기결력은 기판력보다는 약하고, 사인의 단독행위보다는 강한 효력이라고 한다. 박균성(137면).
62) Otto Mayer, Le Droit administratif allemand T1, 1903, p. 125.

(3) 공정력의 효력 범위

행정행위는 법원의 사전적인 개입이 없이도, 행정객체의 동의 없이 권리·의무를 부과하여 행정청이 일방적으로 법적 질서에 대한 수정을 가하거나 영향을 미치는 행위이다. 그러므로 행정행위가 취소되기 전까지는 적극적 또는 소극적인 행정의 객체, 즉 상대방과 이해관계인에 대하여 임시적으로 유효성 내지는 적법성을 추정받는 행정의 특권으로서의 구속력을 발생시킨다. 이러한 행정의 특권으로서 행정객체에 대한 구속력이 공정력이다. 처분청에 대한 구속력은 일종의 자기구속이므로 원칙적으로 판결에 의하지 아니하고도 스스로 취소 또는 철회할 수 있다.

이에 반하여 행정의 객체는 쟁송수단에 의하지 않고는 임시적 유효성을 제거할 수 없다. 그리고 처분청 이외의 다른 행정기관은 동일한 행정주체 내부 또는 행정권 내부의 구성분자로서, 행정의 일관성을 유지하기 위한 협력관계로 인해 정책적 구속력을 받는다. 그러나 이것은 행정의 특권과는 무관하다. 만일 공정력과 구분하여 '구성요건적 효력'이라는 개념을 도입할 때 '다른 행정기관'에 대한 이러한 구속력을 일컫는 것으로 한정하여 사용하는 것은 무방하다고 본다. 그러나 행정행위는 판결이 아니기 때문에 기판력이 발생되지 않으며, 따라서 법원을 구속할 수 없다.

민사법원이나 형사법원에서 행정행위의 위법성 또는 유효성에 대한 심사가능 여부의 문제는 행정행위의 구속력과 관련된 문제가 아니라 '법원 간 관할의 문제'일 뿐이다. 이 점에서 선결문제를 행정행위의 공정력과 관련시켜 논의해 온 입장이나 행정행위의 구속력의 하나로서 구성요건적 효력과 관련시켜 설명해 온 입장은 모두 행정행위의 구속력에 대한 문제와 심사 법원의 관할에 대한 문제를 혼동한 오류가 있다. 민사법원이나 형사법원에서 행정행위의 위법성 또는 유효성 심사에 관하여 선결할 것인지 선이송할 것인지 하는 문제는 민사소송과 형사소송의 성격과 해당국가의 '행정제도'상의 특징에 달려 있는 문제로서 보다 구체적으로는 입법정책에 달려있는 문제라 할 수 있겠다.

(4) 선결문제와 선이송문제

민사법원이나 형사법원에서 본안에 대한 부수적 문제로서 행정행위의 위법성 또는 유효성에 대한 심사문제가 제기될 때 본안심사를 담당한 민사법원이나 형사법원이 본안판단에 앞서 스스로 행정행위의 위법성 또는 유효성에 대하여 심사하면 선결문제를 해결하는 것이며, 본안 심리에 앞서 행정법원에 이송하여 행정법원의 판단을 먼저 구하게 되면 이는 선이송에 해당한다.

1) 행정소송의 경우

행정소송으로서의 당사자소송, 예컨대 공법상의 신분 또는 지위의 확인에 관한 소송이나 공법상의 금전청구소송의 경우에 본안에 앞서 판단하여야 할 부수적 문제가 행정행위의 유효성에 관한 문제일 때, 이때는 선이송문제가 결코 발생하지 않으며 항상 선결문제로 될 뿐이다.

2) 민사소송의 경우

(가) 국가배상청구소송의 경우

행정상 손해배상청구소송은 성질상 행정소송인 당사자소송에 의하여야 할 것이나, 실무에서는 이를 민사소송으로 다루고 있다. 이때 수소법원(민사법원)이 국가배상책임의 요건인 행정행위의 위법 여부를 스스로 심리할 수 있는가의 문제가 제기된다.

종래의 ① 부정설에서는 행정행위가 당연무효가 아닌 한 민사소송에 있어서 수소법원은 그 위법 여부를 심리·판단할 수 없다고 한다.[63] 그 이유로 행정행위는 공정력이 인정되기 때문에 권한 있는 기관에 의하여 취소될 때까지는 일응 적법·유효한 것으로 통용된다는 점을 주요 논거로 들고 있다. 한편, ② 긍정설은 국가배상청구소송에서는 행정행위의 효력을 부인하는 것이 아니라 당해 행위의 위법성만이 문제되는 것이고, 국가배상책임의 요건인 위법성은 항고소송에 있어서의 위법성과 비교하여 더 넓은 관념으로 상대적으로 독자적 성격을 가지고 있으므로 민사법원이 직접 행정행위의 위법성 여부를 심리·판단할 수 있다고 한다(다수설, 판례).[64]

> **대법원 1972. 4. 28. 선고 72다337 판결**
>
> 위법한 행정대집행이 완료되면 그 처분의 무효확인 또는 취소를 구할 소의 이익은 없다 하더라도, 미리 그 행정처분의 취소판결이 있어야만, 그 행정처분의 위법임을 이유로 한 손해배상 청구를 할 수 있는 것은 아니다.

그러나 위에서 검토한 바와 같이 행정행위의 공정력은 행정행위를 판결과 같은 것으로 보지 않는 한 법원에는 미치지 않는다. 따라서 민사법원이 선이송문제로 행정법원에 이송할 수도 있고 선결문제로서 스스로 심사할 수도 있으나, 선이송문제로 보기에는 행정행위의 위법성에 대한 심사와 국가배상청구소송은 모두 우월적인

---

63) 이상규(408면).
64) 김동희(328면).

국가의 행위를 대상으로 한다는 점, 공익을 실현하는 행정작용 중에 발생하였다는 점에서 서로 매우 밀접하게 관련되어 있기 때문에 부적절하다. 따라서 선결문제로 볼 수밖에 없으나, 문제는 국가배상청구소송을 민사소송으로 처리하고 있는 현재까지의 실무관행에 잘못된 점이 있으며, 행정소송법의 개정 등을 통하여 조속히 이를 시정할 필요성이 있다(사견).

(나) 부당이득반환청구사건의 경우

부당이득반환청구사건의 경우에는 행정행위의 효력 유무가 전제가 된다. 이에 대하여 기존의 학설은 행정행위의 공정력[65] 또는 구성요건적 효력[66]이 행정행위가 당연무효가 아닌 한 취소소송의 수소법원이 아닌 법원을 구속한다고 보면서 민사법원은 스스로 행정행위의 효력을 부인할 수 없다고 보고 있다. 판례도 학설과 같은 태도이다.

대법원 1994. 11. 11. 선고 94다28000 판결

조세의 과오납이 부당이득이 되기 위하여는 납세 또는 조세의 징수가 실체법적으로나 절차법적으로 전혀 법률상의 근거가 없거나 과세처분의 하자가 중대하고 명백하여 당연무효이어야 하고, 과세처분의 하자가 단지 취소할 수 있는 정도에 불과할 때에는 과세관청이 이를 스스로 취소하거나 항고소송절차에 의하여 취소되지 않는 한 그로 인한 조세의 납부가 부당이득이 된다고 할 수 없다.

그러나 취소소송에 대한 배타적 관할권이 행정법원에 있고 무효등확인소송도 이를 준용하므로 민사법원은 행정행위의 당연무효 여부에 관하여는 선결문제로 심사할 수 없고, 선이송문제로 행정법원에 이송하여 행정법원의 판단을 먼저 구하여야 한다. 행정행위의 무효 여부를 행정법원에 이송하지도 않은 채 행정행위의 공정력이나 구성요건적 효력을 이유로 하여 하자 있는 행정행위의 효력을 인정하여서는 곤란하다(사견).

3) 형사소송의 경우

형사소송에서도 행정행위의 위법성이나 유효성이 먼저 결정되어야 할 필요가 있는 경우 형사법원이 이를 심사할 수 있는지가 문제된다.

---

65) 상게서(328면).
66) 김남진/김연태(300면).

(가) 행정행위의 위법성

행정행위의 위법 여부가 형사소송에서 범죄구성요건 판단의 전제문제가 되는 경우, 긍정설은 형사법원이 행정행위의 효력을 부인하는 것이 아니라 단순히 행정행위의 위법성을 심사하는 것은 공정력 또는 구성요건적 효력에 반하지 않으며, 행정소송법 제11조는 예시적 규정이라는 점을 논거로 형사법원이 행정행위의 위법 여부를 심사하여 이를 기초로 범죄의 성립 여부를 판단할 수 있다고 한다(다수설, 판례). 그러나 부정설은 행정행위의 위법성 판단은 항고소송의 수소법원인 행정법원만이 배타적 관할을 가지므로 형사법원은 행정행위의 위법성을 심사할 수 없고, 행정법원법 제11조는 선결문제에 관한 열거규정이라는 점을 근거로 형사법원은 행정행위의 위법 여부를 심리·판단할 수 없다고 한다.

① 대법원 1992. 8. 18. 선고 90도1709 판결

[1] 구 도시계획법(1991. 12. 14. 법률 제4427호로 개정되기 전의 것) 제92조 제4호, 제78조 제1호, 제4조 제1항 제1호의 각 규정을 종합하면 도시계획구역 안에서 허가 없이 토지의 형질을 변경한 경우 행정청은 그 토지의 형질을 변경한 자에 대하여서만 같은 법 제78조 제1항에 의하여 처분이나 원상회복 등의 조치명령을 할 수 있다고 해석되고, 토지의 형질을 변경한 자도 아닌 자에 대하여 원상복구의 시정명령이 발하여진 경우 위 원상복구의 시정명령은 위법하다 할 것이다.

[2] 같은 법 제78조 제1항에 정한 처분이나 조치명령을 받은 자가 이에 위반한 경우이로 인하여 같은 법 제92조에 정한 처벌을 하기 위하여는 그 처분이나 조치명령이 적법한 것이라야 하고, 그 처분이 당연무효가 아니라 하더라도 그것이 위법한 처분으로 인정되는 한 같은 법 제92조 위반죄가 성립될 수 없다.

② 대법원 2011. 11. 10. 선고 2011도11109 판결

소방시설 설치유지 및 안전관리에 관한 법률 제9조에 의한 소방시설 등의 설치 또는 유지·관리에 대한 명령을 정당한 사유 없이 위반한 자는 같은 법 제48조의2 제1호에 의하여 행정형벌에 처해지는데, 위 명령이 행정처분으로서 하자가 있어 무효인 경우에는 명령에 따른 의무위반이 생기지 아니하므로 행정형벌을 부과할 수 없다.

(나) 행정행위의 유효성

행정행위의 효력 유무(존재 여부)가 형사소송에서 범죄구성요건 판단의 전제문제가 되는 경우, 다수설과 판례는 형사법원에도 공정력 또는 구성요건적 효력이 미치므로 행정행위에 위법한 하자가 존재하더라도 그것이 당연무효에 이르지 않는 한,

형사법원은 행정행위의 효력(존재)을 부인할 수 없다고 한다. 그러나 행정행위의 효력이 없어야 범죄가 '불성립'되는 경우(위법한 허가취소처분 이후 영업을 한 경우 무허가영업에 대한 형사처벌 문제)에는 피고인의 인권보장을 위해 형사법원이 위법한 행정행위의 효력을 부인하고 범죄의 성립을 부인할 수 있는 것으로 보아야 한다는 견해[67]가 있다.

① 대법원 1982. 6. 8. 선고 80도2646 판결

연령미달의 결격자인 피고인이 소외인의 이름으로 운전면허시험에 응시, 합격하여 교부받은 운전면허는 당연무효가 아니고 도로교통법 제65조 제3호의 사유에 해당함에 불과하여 취소되지 않는 한 유효하므로 피고인의 운전행위는 무면허운전에 해당하지 아니한다.

② 대법원 1989. 3. 28. 선고 89도149 판결

물품을 수입하고자 하는 자가 일단 세관장에게 수입신고를 하여 그 면허를 받고 물품을 통관한 경우에는, 세관장의 수입면허가 중대하고도 명백한 하자가 있는 행정행위이어서 당연무효가 아닌 한 관세법 제181조 소정의 무면허수입죄가 성립될 수 없다.

(다) 사   견

형사사건의 경우에 있어서도 공정력을 법원까지도 구속하는 효력, 정확히 말해서 행정행위를 일종의 판결과 같은 효력이 있는 것으로 보게 되면 선결문제가 될 수 없고 재판의 포기로 이어질 것이다. 그러므로 논리적으로 보면 전부 선이송하여야 한다. 그러나 행정행위의 공정력은 결정력에 불과하므로 형사소송에 있어서도 선결할 것인지 아니면 선이송할 것인지의 문제가 발생한다. 한편 "형사법원은 구체적 사실과 관련되는 행정법상의 제 이론과의 의미관련을 구체적·개별적으로 음미·검토한 뒤 범죄성립의 전제가 되는 행정처분의 법적 효력을 독자적 입장에서 평가할 수 있는 것으로 이해하여야 할 것이다."라는 견해[68]가 있다. 즉, 위법한 행정행위에 의거하여 범법행위를 행한 경우에 범죄가 성립하는가의 문제(기본권 제한의 문제)를 개개의 처벌 규정에 대한 구성요건 해석의 문제로 이해하고 있는데, 이러한 입장에서는 모두 선결문제로 심사하여야 한다. 프랑스의 1992년 7월 22일 법률 제92-683호에 의한 신형법전 제111-5조는 이러한 입장을 취하여 형사법원은 행정행위의 유효성 심사에 있어 전부 선결할 것을 규정하고 있다. 그러나 이 문제에 대한 우리 판례의 입장은 아직 정리되지 않고 있으며, 대신 형사법원의 행정행위에 대한 적법성

---

67) 박균성(147면).
68) 서원우, "행정처분의 공정력과 형사재판의 관계", 월간고시, 1979년 10월호, 129면.

심사는 인정하는 경향에 있다(더 이상 행정행위를 판결).

5. 공정력과 구성요건적 효력

공정력을 행정행위의 상대방에 대한 구속력으로 한정하고, 처분청 이외의 국가기관(법원을)에 대한 구속력을 특히 '구성요건적 효력'으로 정의하려는 견해가 제시되고 있다. 예컨대 법무부장관의 귀화허가는 그것이 무효가 아닌 이상 당해 처분이 위법한 것으로 판단되어도 다른 국가기관은 그 사람을 국민으로 인정하여 처분을 해야 하는바, 이를 공정력이 아닌 구성요건적 효력으로 이해하는 입장이다.

구성요건적 효력을 주장하는 학자들은 구성요건적 효력의 인정 근거를 국가기관 상호 간의 권한존중원칙에서 찾고 있다. 다시 말해서 구성요건적 효력이란 예선적 특권으로서의 공정력과는 달리 국가기관 상호 간의 권한존중에 따라 행정청이 처분을 함에 있어 다른 국가기관의 처분을 그 구성요건으로 인정한다는 것이다.

또한 구성요건적 효력은 행정행위의 일반적 효력이 아니라 관계 법규에 따라 그 효력 유무가 결정된다는 점에서 공정력과 구별이 된다.

취소소송의 관할법원 이외의 법원이 선결문제로서 행정행위의 위법성 또는 유효성을 판단할 수 있는가라는 문제를 해결하는데 구성요건적 효력이론이 해결책을 제시할 수 있을 것이라는 기대에서 동 이론이 각광을 받았다. 행정행위는 민법상의 법률행위와는 달리 공정력이 인정되는 행정청의 특권을 포함하는데, 행정청의 특권은 행정의 객체에 대하여 발생하는 것이지 국가의 다른 기관에 대하여 발생하는 것이 아니다. 다른 국가기관 중 행정기관은 행정의 원활한 운영을 위하여 다른 행정청의 결정을 존중하여야 할 의무가 있으므로 이를 구성요건적 효력으로 공정력에서 분리하여 부르는 것은 타당하다. 그러나 행정청은 법원에 대하여 특권을 누릴 수 없고, 행정행위는 절대로 법원을 구속할 수 없다. 그러나 구성요건적 효력이론은 법원을 포함한 국가기관에 대한 효력으로 이해[69]하고 있기 때문에 심각한 결함을 지니고 있다.

---

69) 김남진/김연태(297면).

Ⅲ. 불가쟁력

1. 불가쟁력의 의의

불가쟁력이란 행정행위의 상대방 또는 이해관계인이 행정행위에 대한 쟁송절차 상의 쟁송제기 기간이 경과하였거나 쟁송기관을 다 거친 경우에는 행정행위의 효력 을 더 이상 다툴 수 없게 되는 효력을 말한다. 이를 형식적 확정력 또는 형식적 존 속력이라고 부르는 학자도 있다. 이처럼 행정행위가 일정한 기간을 경과하여 불가 쟁력이 발생한 경우에는 행정쟁송을 제기하여도 그 청구는 각하된다.

대법원 2007. 4. 26. 선고 2005두11104 판결

행정청이 국민의 신청에 대하여 한 거부행위가 항고소송의 대상이 되는 행정처분으 로 되려면, 행정청의 행위를 요구할 법규상 또는 조리상의 신청권이 국민에게 있어야 하고, 이러한 신청권의 근거 없이 한 국민의 신청을 행정청이 받아들이지 아니한 경우 에는 그 거부로 인하여 신청인의 권리나 법적 이익에 어떤 영향을 주는 것이 아니므로 이를 항고소송의 대상이 되는 행정처분이라 할 수 없다. 그리고 제소기간이 이미 도과 하여 불가쟁력이 생긴 행정처분에 대하여는 개별 법규에서 그 변경을 요구할 신청권을 규정하고 있거나 관계 법령의 해석상 그러한 신청권이 인정될 수 있는 등 특별한 사정 이 없는 한 국민에게 그 행정처분의 변경을 구할 신청권이 있다 할 수 없다.

2. 불가쟁력의 한계

원칙적으로 불가쟁력은 취소할 수 있는 행정행위에 인정되는 효력이다. 따라서 행정행위의 흠이 중대·명백하여 무효인 경우에는 불가쟁력이 발생할 여지가 없다. 또한, 불가쟁력은 절차법적 효력으로서 당해 행정행위의 적법성이 실체법상 확정되 는 것이 아니다. 따라서 불가쟁력이 발생하여도 행정행위의 흠이 치유되는 것은 아 니므로 국가배상청구소송을 제기하거나 행정청이 직권으로 취소하는 것은 가능하다.

대법원 2004. 7. 8. 선고 2002두11288 판결

일반적으로 행정처분이나 행정심판 재결이 불복기간의 경과로 인하여 확정될 경우 그 확정력은, 그 처분으로 인하여 법률상 이익을 침해받은 자가 당해 처분이나 재결의 효력을 더 이상 다툴 수 없다는 의미일 뿐, 더 나아가 판결에 있어서와 같은 기판력이 인 정되는 것은 아니어서 그 처분의 기초가 된 사실관계나 법률적 판단이 확정되고 당사자 들이나 법원이 이에 기속되어 모순되는 주장이나 판단을 할 수 없게 되는 것은 아니다.

3. 재심사신청제도

행정기본법 제37조(처분의 재심사) ① 당사자는 처분(제재처분 및 행정상 강제는 제외한다. 이하 이 조에서 같다)이 행정심판, 행정소송 및 그 밖의 쟁송을 통하여 다툴 수 없게 된 경우(법원의 확정판결이 있는 경우는 제외한다)라도 다음 각 호의 어느 하나에 해당하는 경우에는 해당 처분을 한 행정청에 처분을 취소·철회하거나 변경하여 줄 것을 신청할 수 있다.

   1. 처분의 근거가 된 사실관계 또는 법률관계가 추후에 당사자에게 유리하게 바뀐 경우
   2. 당사자에게 유리한 결정을 가져다주었을 새로운 증거가 있는 경우
   3. 「민사소송법」 제451조에 따른 재심사유에 준하는 사유가 발생한 경우 등 대통령령으로 정하는 경우

② 제1항에 따른 신청은 해당 처분의 절차, 행정심판, 행정소송 및 그 밖의 쟁송에서 당사자가 중대한 과실 없이 제1항 각 호의 사유를 주장하지 못한 경우에만 할 수 있다.

③ 제1항에 따른 신청은 당사자가 제1항 각 호의 사유를 안 날부터 60일 이내에 하여야 한다. 다만, 처분이 있은 날부터 5년이 지나면 신청할 수 없다.

④ 제1항에 따른 신청을 받은 행정청은 특별한 사정이 없으면 신청을 받은 날부터 90일(합의제행정기관은 180일) 이내에 처분의 재심사 결과(재심사 여부와 처분의 유지·취소·철회·변경 등에 대한 결정을 포함한다)를 신청인에게 통지하여야 한다. 다만, 부득이한 사유로 90일(합의제행정기관은 180일) 이내에 통지할 수 없는 경우에는 그 기간을 만료일 다음 날부터 기산하여 90일(합의제행정기관은 180일)의 범위에서 한 차례 연장할 수 있으며, 연장 사유를 신청인에게 통지하여야 한다.

⑤ 제4항에 따른 처분의 재심사 결과 중 처분을 유지하는 결과에 대해서는 행정심판, 행정소송 및 그 밖의 쟁송수단을 통하여 불복할 수 없다.

⑥ 행정청의 제18조에 따른 취소와 제19조에 따른 철회는 처분의 재심사에 의하여 영향을 받지 아니한다.

⑦ 제1항부터 제6항까지에서 규정한 사항 외에 처분의 재심사의 방법 및 절차 등에 관한 사항은 대통령령으로 정한다.

⑧ 다음 각 호의 어느 하나에 해당하는 사항에 관하여는 이 조를 적용하지 아니한다.

   1. 공무원 인사 관계 법령에 따른 징계 등 처분에 관한 사항
   2. 「노동위원회법」 제2조의2에 따라 노동위원회의 의결을 거쳐 행하는 사항
   3. 형사, 행형 및 보안처분 관계 법령에 따라 행하는 사항
   4. 외국인의 출입국·난민인정·귀화·국적회복에 관한 사항
   5. 과태료 부과 및 징수에 관한 사항
   6. 개별 법률에서 그 적용을 배제하고 있는 경우

(1) 의 의

행정행위의 불가쟁력을 인정하는 것은 행정상 법률관계를 조속히 확정하여 행정목적을 신속하게 실현하기 위함이다. 그러나 불가쟁력의 인정이 개인의 권익구제를 제한하는 결과를 초래할 수 있기 때문에 일정한 경우에 한하여 행정객체에게 재심사신청제도를 인정하자는 견해가 유력하게 제시되었다. 정식절차에 의해 확정된 법원의 판결에 대해서도 재심제도가 인정되는데, 절차의 공정성이나 신중성이 비교적

떨어지는 행정행위에 대해 재심제도를 인정하지 않는 것은 불합리하다는 것이 그 논거이다. 이에 따라 행정기본법 제37조는 처분이 행정심판, 행정소송 및 그 밖의 쟁송을 통하여 다툴 수 없게 된 경우라도 일정한 사유가 발생하면 해당 처분을 한 행정청에 처분을 취소·철회하거나 변경하여 줄 것을 신청할 수 있는 처분의 재심사제도를 도입하였다. 이는 독일제도를 수용한 것이다. 이때 처분이 쟁송을 통하여 다툴 수 없게 된 경우에는 제소기간이 도과되어 불가쟁력이 발생하였거나 쟁송절차를 모두 거친 경우가 있으나, 법원의 확정판결이 있는 경우는 여기서 제외된다. 이는 확정판결의 기판력이 재심절차에 의하지 않고 무력화되는 것을 막기 위함이다. 한편, 행정기본법은 제재처분 및 행정상 강제도 재심사의 대상에서 제외하고 있다.

(2) 재심사 신청사유

재심사 신청사유에는 ① 처분의 근거가 된 사실관계 또는 법률관계가 추후에 당사자에게 유리하게 바뀐 경우, ② 당사자에게 유리한 결정을 가져다주었을 새로운 증거가 있는 경우, ③ 민사소송법 제451조에 따른 재심사유에 준하는 사유가 발생한 경우 등 대통령령으로 정하는 경우[70]가 있다($\frac{제1}{항}$). 이때 재심사는 처분의 당사자만 신청할 수 있으며, 해당 처분의 절차, 행정심판, 행정소송 및 그 밖의 쟁송에서 당사자가 중대한 과실 없이 위 사유를 주장하지 못한 경우에만 신청할 수 있다($\frac{제2}{항}$). 이는 재심사 절차의 남용을 막기 위한 제도적 장치이다.

(3) 절 차

재심사 신청은 당사자가 재심사 신청사유를 안 날부터 60일 이내에 하여야 하며, 다만, 처분이 있은 날부터 5년이 지나면 신청할 수 없다($\frac{제3}{항}$).

이때 신청을 받은 행정청은 특별한 사정이 없으면 신청을 받은 날부터 90일($\frac{합의제행정기}{관은 180일}$) 이내에 처분의 재심사 결과($\frac{재심사 여부와 처분의 유지·취소·철}{회·변경 등에 대한 결정을 포함한다}$)를 신청인에게 통지하여야 한다. 다만, 부득이한 사유로 90일($\frac{합의제행정기}{관은 180일}$) 이내에 통지할 수 없는 경우에는 그 기간을 만료일 다음 날부터 기산하여 90일($\frac{합의제행정기}{관은 180일}$)의 범위에서 한 차례 연장할 수 있으며, 연장 사유를 신청인에게 통지하여야 한다($\frac{제4}{항}$).

---

70) 행정기본법 시행령 제12조는 ① 처분 업무를 직접 또는 간접적으로 처리한 공무원이 그 처분에 관한 직무상 죄를 범한 경우, ② 처분의 근거가 된 문서나 그 밖의 자료가 위조되거나 변조된 것인 경우, ③ 제3자의 거짓 진술이 처분의 근거가 된 경우, ④ 처분에 영향을 미칠 중요한 사항에 관하여 판단이 누락된 경우를 규정하고 있다.

(4) 불 복

처분의 재심사 결과 역시 행정처분의 성질을 가진다. 그러나 행정심판법은 불필요한 쟁송의 반복을 막기 위하여 처분의 재심사 결과 중 처분을 유지하는 결과에 대해서는 행정심판, 행정소송 및 그 밖의 쟁송수단을 통하여 불복할 수 없도록 규정하고 있다($\frac{\text{제5}}{\text{항}}$). 다만, 행정청은 처분의 재심사와 무관하게 직권취소($\frac{\text{제18}}{\text{조}}$) 또는 철회($\frac{\text{제19}}{\text{조}}$)를 할 수 있다($\frac{\text{제6}}{\text{항}}$).

Ⅳ. 불가변력

1. 불가변력의 의의

행정행위에 흠이 있으면 원칙적으로 처분청 또는 상급관청이 직권으로 이를 취소·철회·변경할 수 있다. 그러나 특정한 행정행위는 그 성질상 행정청 자신도 이를 직권으로 취소·철회·변경할 수 없는바, 이처럼 특정 행정행위에 있어 그 취소·철회·변경이 허용되지 않는 힘을 불가변력이라고 한다(다수설).

이와 달리 불가변력을 불가쟁력이 발생된 모든 행정행위가 그 상대방과 이해관계인 그리고 처분청에 대하여 가지고 있는 포괄적인 내용적 구속력으로 이해하는 소수설이 있다. 이 견해는 불가변력을 판결에 유사한 실질적 확정력으로 이해하면서, 독일의 예에 따라 실질적 존속력이라고도 한다.[71]

그러나 행정행위는 그 발급에 있어 법원의 판결처럼 엄격한 절차가 전제되어 있지 않고, 발급 주체 역시 법원과 같은 제3의 독립된 기관이 아닌 행정법관계의 당사자인 행정청에 불과하므로, 행정행위에 (판결의 실질적 확정력과 유사한) 실질적 존속력을 인정하기는 어렵다. 다만, 행정행위 중에는 일정한 경우 판결과 동일하거나 유사한 효력이 발생하는 경우가 있으나,[72] 이는 불가변력이 아닌 법률에 의하여 특별히 인정되는 효력으로 보아야 한다. 이에 대해서는 권력분립원칙 위반이라는 지적이 있으며,[73] 과거 국가배상법($\frac{1997.\ 12.\ 13.\ \text{법률 제5433}}{\text{호로 개정되기 전}}$) 제16조는 "심의회의 배상결정은

---

71) 정하중/김광수(249면). 판결의 실질적 확정력이 형식적 확정력을 전제로 하는 것처럼 행정행위의 실질적 존속력 역시 형식적 존속력을 전제로 하고 있으며, 판결의 실질적 확정력인 기판력과 구별을 위해 행정행위의 실질적 존속력을 기결력이라고 표현하는 것이 바람직하다고 한다.

72) 공익사업을 위한 토지 등의 취득 및 보상에 관한 법률 제86조 제1항은 이의신청에 대한 재결이 확정된 때에는 민사소송법상의 확정판결이 있은 것으로 본다는 규정을 두고 있다.

73) 김남진/김연태(306면).

신청인이 동의하거나 지방자치단체가 배상금을 지급한 때에는 민사소송법의 규정에 의한 재판상의 화해가 성립된 것으로 본다."고 규정하여 심의회의 결정에 기판력을 인정하였으나, 헌법재판소에서 위헌결정을 받고 삭제되었다.[74]

2. 불가변력이 인정되는 행정행위

불가변력은 모든 행정행위에서 나타나는 효력이 아니라, 특정한 경우에만 인정된다. 불가변력이 인정되는 행정행위에는 ① 준사법적 작용의 성질을 가지는 행정심판의 재결, ② 당선인 결정·국가시험 합격자 결정·도로구역의 결정·과세표준의 결정과 같은 확인행위가 있다.

불가변력을 넓게 인정하는 학자들은 성질상 국민에게 권리나 이익을 주거나 의무를 면제하는 수익적 행정행위에 대해 법적 안정성의 견지에서 불가변력을 인정한다. 그러나 이는 불가변력이라고 하기보다는 수익적 행정행위에 대한 취소권의 제한으로 다루는 것이 보다 더 타당할 것이다.

대법원 2014. 7. 24. 선고 2011두14227 판결

과세처분에 관한 불복절차과정에서 불복사유가 옳다고 인정하고 이에 따라 필요한 처분을 하였을 경우에는 불복제도와 이에 따른 시정방법을 인정하고 있는 법 취지에 비추어 동일 사항에 관하여 특별한 사유 없이 이를 번복하고 다시 종전의 처분을 되풀이할 수는 없다. 따라서 과세관청이 과세처분에 대한 이의신청절차에서 납세자의 이의신청 사유가 옳다고 인정하여 과세처분을 직권으로 취소하였음에도, 특별한 사유 없이 이를 번복하고 종전 처분을 되풀이하여서 한 과세처분은 위법하다.

3. 불가쟁력과 불가변력의 관계

불가쟁력은 행정행위의 상대방이나 이해관계인에 대한 구속력인데 반하여 불가변력은 행정청에 대한 구속력이다. 불가쟁력이 발생한 행위가 당연히 불가변력을 발생시키는 것은 아니다.

따라서 처분청은 불가쟁력이 발생한 후에도 불가변력이 발생하지 않는 한 직권으로 행정행위를 취소하거나 변경할 수 있다. 반대로 불가변력이 인정되는 행정행위라도 불가쟁력이 발생하기 전에는 상대방이나 이해관계인이 행정쟁송을 제기하여 그 효력을 다툴 수 있다.

---

74) 헌법재판소 1995. 5. 25.자 91헌가7 결정.

V. 강제력(집행력 · 제재력)

강제력이란 행정행위의 실효성을 확보하기 위해 인정되는 효력을 말한다. 행정행위에 의해 당사자에게 부과된 특정한 의무가 이행되지 않은 경우, 행정청이 스스로 강제력을 발동하여 그 의무를 실현시키거나 의무위반에 대해 행정벌(行政刑罰·行政秩序罰)을 부과하는 등의 일정한 제재를 가할 수 있다. 전자를 '집행력'이라고 하며, 후자를 '제재력'이라고 한다.

종래의 통설은 강제력을 행정행위의 내재하는 효력으로 보았다. 그러나 행정행위는 재판의 판결과는 그 성격이 다르기 때문에 강제력을 행정행위 자체에 내재하는 효력으로는 보기 어려우며, 행정목적을 신속하게 실현하기 위해 정책적 측면에서 법률이 부여한 효력이라고 할 수 있겠다.[75] 따라서 집행력과 제재력을 발동하기 위해서는 반드시 별도의 법적 근거가 필요하다.

제 8 절   행정행위의 흠

I. 행정행위의 흠의 의의

행정행위의 흠이란 행정행위의 성립 또는 발효요건이 결여된 것을 말한다. 따라서 행정행위는 법률에 적합하고 공익목적에 부합하여 유효하게 성립된 경우에는 행정행위로서 완전한 효력을 발생하게 되지만, 그 유효요건에 흠이 있을 때에는 그 효력을 완전히 발생하지 못한다. 이와 같이 행정행위로서 완전한 효력의 발생에 장애가 되는 흠을 가리켜 행정행위의 흠이라 한다. 명백한 오기(誤記) · 오산(誤算) 등의 사소한 오류는 정정할 수 있으며, 무효 · 취소의 대상이 되지 않는다.

II. 행정행위의 흠의 판단시점

행정행위에 흠이 존재하는지 여부는 원칙적으로 행정행위가 행하여졌을 때의 법령과 사실관계를 기준으로 판단하여야 한다(통설 · 판례).

---

75) 김철용(284면).

대법원 2007. 5. 11. 선고 2007두1811 판결

　행정소송에서 행정처분의 위법 여부는 행정처분이 행하여졌을 때의 법령과 사실상태를 기준으로 하여 판단하여야 하고, 처분 후 법령의 개폐나 사실상태의 변동에 의하여 영향을 받지는 않는다.

Ⅲ. 흠의 형태

1. 개 설

　흠 있는 행정행위의 효력에 관한 실정법상의 일반적 규정은 존재하지 않는다.[76] 따라서 행정행위의 흠을 어떠한 형태로 구분할 것인가는 학설과 판례에 의하여 해결할 수밖에 없다. 행정행위의 흠의 효력에 관한 일반적 견해를 정리하면 다음과 같다.

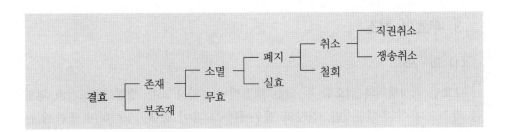

2. 행정행위의 부존재

(1) 부존재의 의의 및 형태

　행정행위의 부존재란 행정행위로서 외관조차 갖추지 못한 경우를 말한다. 부존재에 해당하는 예로는 ① 명백한 사인(私人)의 행위, ② 행정권의 발동이 아닌 권유·주의·희망표시 등, ③ 외부에 표시되지 않은 경우, ④ 취소·철회·실효 등으로 소멸된 경우 등이 있다는 것이 일반적인 설명이다. 그러나 ①, ②를 비행정행위라 하여 부존재에서 제외하고, ③, ④만을 행정행위의 부존재로 보는 견해도 있다.[77]

---

　76) 개별법 중에는 특별한 규정을 두고 있는 경우가 있다. 예컨대, 국가공무원법은 소청심사위원회와 징계위원회에서 소청인과 징계 대상자에게 진술의 기회를 주지 아니한 경우 소청심사위원회의 결정과 징계의결은 무효라고 규정하고 있다(제13조 제2항, 제81조 제3항).

비행정행위와 행정행위의 부존재는 개념상 구분되나 다툼이 있을 때는 법원의 판단을 요하므로 구별의 실익은 별로 없다고 할 것이다.

(2) 부존재와 무효의 구별실익

행정행위의 부존재와 무효인 행정행위의 구별에 관하여, 전통적으로 무효인 경우에는 행정쟁송의 목적물이 존재하므로 본안의 심리판단을 하여야 함에 반하여, 부존재의 경우에는 쟁송의 목적물이 없으므로 쟁송 자체가 각하된다는 점에서 양자를 구별해왔다. 그러나 이 역시 다툼이 있을 경우에는 법원의 판단을 요하고, 현행 행정소송법은 무효등확인소송에 있어서 행정행위의 무효나 부존재를 모두 쟁송의 대상으로 규정하고 있으며, 무효와 부존재 모두 법률효과가 처음부터 발생하지 않으므로 이들 양자의 구별실익은 더 이상 없다.

부존재를 행정행위로서 외관은 존재하나 하자의 정도가 무효보다 더 중대한 것이라고 보자는 견해도 있다.[78]

3. 무효와 취소

(1) 의 의

무효인 행정행위와 취소할 수 있는 행정행위는 양자 모두 행정행위로서의 외형을 갖추고 흠이 존재하지만, 전자의 경우에는 그 흠이 중대·명백하여 권한 있는 기관에 의해 취소가 되지 않더라도 처음부터 행정행위의 적법한 법적 효과가 발생하지 않으며, 후자의 경우에는 그 흠으로 인하여 권한 있는 기관에 의해 취소되기 전까지는 유효한 행정행위로서의 효력을 지속하게 된다.

(2) 흠의 효과가 무효 또는 취소로 분리되는가의 여부

1) 부정적 견해

(가) 논리적 견해

법률요건을 결한 행위는 논리적·원칙적으로 무효이므로 하자의 효과를 무효와 취소로 나눌 수 없다는 입장($^{Kelsen,}_{Merkl}$)이다.

---

77) 박윤흔(360면).
78) 김동희(340면).

(나) 목적론적 견해

행정행위의 목적상 행정행위는 행정주체의 우월적 의사의 발동이므로 비록 흠이 있다고 하여도 바로 무효가 되는 것이 아니라 취소할 수 있을 뿐이라는 입장($^{Otto}_{Mayer}$)과 행정행위의 강행성과 공익성 때문에 흠이 있으면 행정객체의 권익을 보호하기 위하여 그 효력을 부정하는, 즉 무효로 볼 수밖에 없다는 입장(^{Herrnritt})이 있다.

2) 긍정적 견해

(가) 개념론적 견해

법규의 개념에 따라 능력법규·강행법규 위반은 무효, 명령·비강행법규 위반은 취소라고 보는 입장이다.

(나) 기능론적 견해

행정쟁송제도의 기능에 따라 하자의 정도가 일반 사인도 판단할 정도로 중대한 것은 무효, 국가기관의 신중한 절차를 거쳐야 판단되는 경우는 취소로 보는 입장이다.

(3) 구별의 실익

무효인 행정행위와 취소할 수 있는 행정행위의 구별실익은 ① 행정쟁송의 형식에 관하여 무효인 행정행위의 경우에는 무효확인심판·무효확인소송을 통해서 행정행위의 무효를 확인할 수 있고, 취소할 수 있는 행정행위의 경우에는 취소심판·취소소송을 통해서 행정행위의 취소를 구할 수 있으며, ② 행정행위의 효력에 관하여 무효인 행정행위의 경우에는 그 효력이 처음부터 발생하지 않기 때문에 공정력·불가쟁력 등의 효력이 발생하지 않지만, 취소할 수 있는 행정행위의 경우에는 취소가 되기 전까지는 행정행위로서의 효력이 인정되며, ③ 사정재결·사정판결에 있어서 무효인 행정행위의 경우에는 사정재결·사정판결이 인정되지 않지만, 취소할 수 있는 행정행위의 경우에는 사정재결·사정판결이 인정되며, ④ 선결문제에 있어서 무효인 행정행위의 경우에는 본안사건의 수소법원이 직접 행정행위의 무효를 확인할 수 있으나, 취소할 수 있는 행정행위의 경우에는 논란의 여지가 있으며, ⑤ 흠의 승계에 있어서 무효인 행정행위의 경우에는 선행행정행위의 흠이 후행행정행위에 승계되지만, 취소할 수 있는 행정행위의 경우에는 승계되는 경우도 있고 승계되지 않는 경우도 있으며, ⑥ 흠의 치유와 전환에 있어서 무효인 행정행위의 경우에는 흠의 전환이 인정되고, 취소할 수 있는 행정행위의 경우에는 흠의 치유가 인정된다는 점 등에서 찾을 수 있다.

(4) 무효와 취소의 구별기준

1) 중대설

행정행위의 흠이 중대한 법규의 위반인 경우는 무효로, 그렇지 않은 경우에는 취소로 보자는 입장으로서, 종래의 통설적 견해이다. 중대설에서는 법규의 성질이 중대성의 판단기준이 된다. 일반적으로 능력규정·강행규정 위반은 무효로 보고, 명령규정·비강행규정 위반은 취소로 본다.

중대설은 무효사유를 넓게 인정하여 국민의 권익구제에 충실할 수 있다. 그러나 수익적 행정행위 또는 복효적 행정행위의 경우에 있어서 행정행위가 중대한 법규을 위반하였는지 여부를 알지 못하는 상대방 및 이해관계인에게 오히려 불리한 결과를 초래할 수 있다.

2) 중대·명백설

행정행위의 흠이 중대한 법규 위반이고, 그것이 외관상 명백한 것인 때에는 무효가 된다는 입장으로 현재 통설과 판례의 입장이다.

중대성을 판단할 때는 법규의 성질뿐만 아니라 그 위반의 정도도 고려되어야 한다. 또한 어느 정도의 흠을 명백한 흠으로 볼 것이냐, 즉 명백성의 여부는 통상인의 정상적인 인식능력을 기준으로 하여 객관적으로 판단하여야 할 것이다. 다시 말해서 정상적인 인식능력을 가진 통상인이라면 누구나 같은 결론에 도달할 정도로 명백하여야 한다. 그러나 이처럼 명백성을 엄격하게 해석할 경우에는 무효사유를 지나치게 좁게 인정함으로서 자칫 국민의 권익구제에 역행하는 결과를 초래할 수도 있다. 최근 학자들은 이러한 문제의식을 바탕으로 명백성을 합리적 수준에서 완화하려는 시도를 하고 있다.

3) 명백성을 완화하는 학설

(가) 조사의무설

최근 일본에서 주장되는 견해로서 행정행위의 흠이 외견상 일견 인정되는 경우뿐만 아니라, 공무원의 직무상 요구되는 조사에 의해 위법성이 인정되는 경우에도 명백성을 인정하는 입장이다.[79] 그러나 우리나라 대법원은 조사를 통하여 비로소

---

79) 김동희(343면).

하자가 밝혀지는 경우라면 그 하자는 명백하다고 할 수 없다고 판시함으로써 이를 정면으로 부정하고 있다.

대법원 1992. 4. 28. 선고 91누6863 판결

행정처분에 사실관계를 오인한 하자가 있는 경우 그 하자가 중대하다고 하더라도 객관적으로 명백하지 않다면 그 처분을 당연무효라고 할 수 없는바, 하자가 명백하다고 하기 위하여는 그 사실관계 오인의 근거가 된 자료가 외형상 상태성을 결여하거나 또는 객관적으로 그 성립이나 내용의 진정을 인정할 수 없는 것임이 명백한 경우라야 할 것이고 사실관계의 자료를 정확히 조사하여야 비로소 그 하자 유무가 밝혀질 수 있는 경우라면 이러한 하자는 외관상 명백하다고 할 수는 없을 것이다.

(나) 명백성보충설

명백성보충설은 행정행위가 무효로 되기 위해서는 원칙적으로 하자의 중대성만 있으면 충분하고, 명백성의 요건은 행정의 법적 안정성, 제3자나 공공의 신뢰보호의 요청이 있는 경우에만 보충적으로 요구된다는 입장이다. 따라서 처분에 이해관계를 가지는 제3자가 있는 경우에는 명백성 판단이 필요하지만 처분의 상대방만 있는 경우에는 명백성 판단이 요구되지 않는다는 견해이다.[80] 대법원의 1995년 전원합의체 판결(94누4615)에서 본 이론이 반대의견으로 제시된 바 있다.

① 대법원 1995. 7. 11. 선고 94누4615 전원합의체 판결

[1] 구 건설업법(1994. 1. 7. 법률 제4724호로 개정되기 전의 것) 제57조 제1항, 같은 법 시행령 제53조 제1항 제1호에 의하면 건설부장관의 권한에 속하는 같은 법 제50조 제2항 제3호 소정의 영업정지 등 처분권한은 서울특별시장·직할시장 또는 도지사에게 위임되었을 뿐 시·도지사가 이를 구청장·시장·군수에게 재위임할 수 있는 근거규정은 없으나, 정부조직법 제5조 제1항과 이에 기한 행정권한의위임및위탁에관한규정 제4조에 재위임에 관한 일반적인 근거규정이 있으므로 시·도지사는 그 재위임에 관한 일반적인 규정에 따라 위임받은 위 처분권한을 구청장 등에게 재위임할 수 있다.

[2] '가'항의 영업정지 등 처분에 관한 사무는 국가사무로서 지방자치단체의 장에게 위임된 이른바 기관위임사무에 해당하므로 시·도지사가 지방자치단체의 조례에 의하여 이를 구청장 등에게 재위임할 수는 없고 행정권한의위임및위탁에관한규정 제4조에 의하여 위임기관의 장의 승인을 얻은 후 지방자치단체의 장이 제정한 규칙이 정하는 바에 따라 재위임하는 것만이 가능하다.

[3] [다수의견] 하자 있는 행정처분이 당연무효가 되기 위하여는 그 하자가 법규의

---

80) 김동희(344면).

중요한 부분을 위반한 중대한 것으로서 객관적으로 명백한 것이어야 하며 하자가 중대
하고 명백한 것인지 여부를 판별함에 있어서는 그 법규의 목적, 의미, 기능 등을 목적
론적으로 고찰함과 동시에 구체적 사안 자체의 특수성에 관하여도 합리적으로 고찰함
을 요한다.

[반대의견] 행정행위의 무효사유를 판단하는 기준으로서의 명백성은 행정처분의 법
적 안정성 확보를 통하여 행정의 원활한 수행을 도모하는 한편 그 행정처분을 유효한
것으로 믿은 제3자나 공공의 신뢰를 보호하여야 할 필요가 있는 경우에 보충적으로 요
구되는 것으로서, 그와 같은 필요가 없거나 하자가 워낙 중대하여 그와 같은 필요에 비
하여 처분 상대방의 권익을 구제하고 위법한 결과를 시정할 필요가 훨씬 더 큰 경우라
면 그 하자가 명백하지 않더라도 그와 같이 중대한 하자를 가진 행정처분은 당연무효라
고 보아야 한다.

[4] [다수의견] 조례 제정권의 범위를 벗어나 국가사무를 대상으로 한 무효인 서울
특별시행정권한위임조례의 규정에 근거하여 구청장이 건설업영업정지처분을 한 경우,
그 처분은 결과적으로 적법한 위임 없이 권한 없는 자에 의하여 행하여진 것과 마찬가
지가 되어 그 하자가 중대하나, 지방자치단체의 사무에 관한 조례와 규칙은 조례가 보
다 상위규범이라고 할 수 있고, 또한 헌법 제107조 제2항의 "규칙"에는 지방자치단체의
조례와 규칙이 모두 포함되는 등 이른바 규칙의 개념이 경우에 따라 상이하게 해석되는
점 등에 비추어 보면 위 처분의 위임 과정의 하자가 객관적으로 명백한 것이라고 할 수
없으므로 이로 인한 하자는 결국 당연무효사유는 아니라고 봄이 상당하다.

[반대의견] 구청장의 건설업영업정지처분은 그 상대방으로 하여금 적극적으로 어떠
한 행위를 할 수 있도록 금지를 해제하거나 권능을 부여하는 것이 아니라 소극적으로
허가된 행위를 할 수 없도록 금지 내지 정지함에 그치고 있어 그 처분의 존재를 신뢰하
는 제3자의 보호나 행정법 질서에 대한 공공의 신뢰를 고려할 필요가 크지 않다는 점,
처분권한의 위임에 관한 조례가 무효이어서 결국 처분청에게 권한이 없다는 것은 극히
중대한 하자에 해당하는 것으로 보아야 할 것이라는 점, 그리고 다수의견에 의하면 위
영업정지처분과 유사하게 규칙으로 정하여야 할 것을 조례로 정하였거나 상위규범에
위반하여 무효인 법령에 기하여 행정처분이 행하여진 경우에 그 처분이 무효로 판단될
가능성은 거의 없게 되는데, 지방자치의 전면적인 실시와 행정권한의 하향분산화 추세
에 따라 앞으로 위와 같은 성격의 하자를 가지는 행정처분이 늘어날 것으로 예상되는
상황에서 이에 대한 법원의 태도를 엄정하게 유지함으로써 행정의 법 적합성과 국민의
권리구제 실현을 도모하여야 할 현실적인 필요성도 적지 않다는 점 등을 종합적으로 고
려할 때, 위 영업정지처분은 그 처분의 성질이나 하자의 중대성에 비추어 그 하자가 외
관상 명백하지 않더라도 당연무효라고 보아야 한다.

② 대법원 2009. 2. 12. 선고 2008두11716 판결

취득세 신고행위는 납세의무자와 과세관청 사이에 이루어지는 것으로서 취득세 신고행위의 존재를 신뢰하는 제3자의 보호가 특별히 문제되지 않아 그 신고행위를 당연무효로 보더라도 법적 안정성이 크게 저해되지 않는 반면, 과세요건 등에 관한 중대한 하자가 있고 그 법적 구제수단이 국세에 비하여 상대적으로 미비함에도 위법한 결과를 시정하지 않고 납세의무자에게 그 신고행위로 인한 불이익을 감수시키는 것이 과세행정의 안정과 그 원활한 운영의 요청을 참작하더라도 납세의무자의 권익구제 등의 측면에서 현저하게 부당하다고 볼 만한 특별한 사정이 있는 때에는 예외적으로 이와 같은 하자 있는 신고행위가 당연무효라고 함이 타당하다.

Ⅳ. 흠의 승계

1. 흠의 승계의 의의

흠의 승계란 두 개 이상의 행정행위가 연속하여 단계적으로 행하여지는 경우에 있어서 후행행위에는 흠이 없더라도 선행행위의 흠이 후행행위에 승계되는 경우를 말한다. 흠의 승계는 선행행위가 불가쟁력의 발생으로 그 효력을 다툴 수 없게 된 경우에 선행행위의 흠을 이유로 후행행위에 대한 쟁송제기가 가능한 것인가의 문제와 관련하여 그 논의의 실익이 있다. 다만 선행행위의 흠이 중대·명백하여 무효인 경우에는 불가쟁력이 발생하지 않아 흠의 승계가 문제되지 않는다. 즉, 선행행위가 당연무효라면 이를 기초로 행하여진 후행행위도 당연무효이다.

따라서 흠의 승계가 문제가 되기 위해서는 ① 선행행위가 취소할 수 있는 행정행위에 해당하여야 하고, ② 선행행위에 불가쟁력이 발생하여야 하며, ③ 후행행위에 고유한 흠이 존재하지 않아야 한다.

① 대법원 1999. 4. 27. 선고 97누6780 판결

적법한 건축물에 대한 철거명령은 그 하자가 중대하고 명백하여 당연무효라고 할 것이고, 그 후행행위인 건축물철거 대집행계고처분 역시 당연무효라고 할 것이다.

② 대법원 2001. 6. 1. 선고 99다1260 판결

압류의 원인이 된 부가가치세가 완납되었음에도 양도소득세 등 징수처분에 따른 양도소득세 등이 체납되었음을 이유로 하여 압류가 해제되지 아니한 채 공매절차가 진행된 경우, 위 양도소득세 등 징수처분이 무효라면 토지에 대한 공매처분 역시 당연무효이다.

2. 흠의 승계 여부

(1) 일반론

종래의 다수설적 입장에 따르면 선행행위와 후행행위가 서로 결합하여 하나의 법적 효과를 완성하는 경우에는 선행행위의 흠이 후행행위에 승계된다고 본다. 따라서 대집행계고와 대집행영장통지의 경우에는 흠의 승계를 인정하게 된다. 반면에 철거하명과 대집행, 과세처분과 체납처분과 같이 선행행위와 후행행위가 서로 독립하여 별개의 법적 효과가 발생하는 경우에는 흠의 승계를 인정하지 않는다.[81]

(2) 새로운 논의(구속력·규준력이론)

최근 흠의 승계문제에 대한 종래의 통설적 견해를 부정하고 독일에서의 일부 주장을 받아들여서, 이 문제를 흠의 승계라는 관점이 아닌 이른바 '선행행위의 후행행위에 대한 구속력'이라는 측면에서 해결하려는 시도가 제기된 바 있다.

'선행행위의 후행행위에 대한 구속력'이란 둘 이상의 행정행위가 동일한 법적 효과를 추구하고 있는 경우에 선행행위는 후행행위에 대하여 일정한 범위에 있어서 구속력을 갖게 된다고 보며, 이러한 구속력이 미치는 범위 내에서는 후행행위에 있어서 선행행위의 효과와 다른 주장을 할 수 없게 된다는 것을 의미한다.[82] 다시 말해서 선행행위는 후행행위에 대하여 판결의 기판력과 유사한 효력을 발생하게 되며, 이러한 구속력이 미치는 범위에서는 흠의 승계가 부정되어 선행행위의 흠을 이유로 후행행위에 대한 쟁송을 제기할 수 없다는 것이다.[83]

그러나 구속력은 언제나 인정되는 것이 아니라 일정한 한계가 있는바, ① 사물적(객관적) 한계로서 양 행정행위가 동일한 목적을 추구하여 그 법적 효과가 일치되어야 하고, ② 대인적(주관적) 한계로서 양 행정행위의 수범자가 일치되어야 하며, ③ 시간적 한계로서 선행행위의 사실상태 및 법적 상태가 동일하게 유지되어야 하

---

81) 김철용(297면).
82) 김남진/김연태(340면).
83) 정하중 교수는 실질적 존속력을 둘 이상의 행정행위가 일련의 절차에서 연속하여 행하여지는 경우, 특히 다단계행정절차에 있어서 불가쟁력이 발생한 행정행위의 행정청과 상대방 및 이해관계인에 대한 내용적 구속력(규준력)을 의미한다고 보고, 흠의 승계문제를 행정행위의 '실질적 존속력의 한계 문제'로 접근한다. 이 견해에 따르면 행정청은 후행행위의 규율에 있어서 불가쟁력이 발생한 선행행위의 규율내용과 모순되는 결정을 내려서는 안 되며, 상대방도 후행행위에 대한 불복에서 불가쟁력이 발생한 선행행위의 규율내용을 다투어서는 안 되기 때문에, 불가쟁력이 발생한 흠의 승계가능성은 원칙적으로 부인된다. 정하중/김광수(271면).

며, ④ 선행 및 후행행위의 수범자가 선행행위의 구속력을 미리 예측할 수 있고, 수인할 수 있어야 한다고 설명한다.[84]

(3) 검 토

구속력(규준력)이론을 요약하면, 불가쟁력이 발생한 흠 있는 철거하명에 따르는 대집행계고처분에 대하여 쟁송을 제기할 수 없는 까닭은 양 행위가 별개의 법적 효과를 발생하기 때문이 아니라 철거하명의 효력이 대집행계고처분의 효력을 구속하는 기판력이 발생하기 때문이라는 것이다.[85]

그러나 판결의 기판력이란 중립적인 제3의 기관인 법원이 당해 사안에 대하여 엄격한 절차를 거쳐 판결을 내린 경우에 판결의 내용에 대하여 발생하는 효력이다. 따라서 판결의 기판력은 당사자의 권리보호보다는 법적 안정성을 그 목적으로 한다. 이에 반하여 선행행위의 흠이 후행행위의 효력에 영향을 미치는가의 문제는 형식적 확정력인 불가쟁력과 관련한 것으로서 이는 행정행위의 내용과 관계없이 기간의 경과로 발생한 것일 뿐, 행정행위의 적법성 여부가 전혀 심사된 바 없다. 따라서 행정행위의 적법성 여부를 판단한 판결의 실질적 확정력인 기판력과 적법성 여부를 판단한 적이 없이 형식적으로 확정된 불가쟁력을 동일선상에서 유추적용하는 것은 타당하지 않다. 그렇다고 무조건 선행행위의 흠이 후행행위에 승계된다고 볼 경우 불가쟁력을 인정하는 제도적 취지가 몰각될 여지가 있다.

따라서 행정의 효율성 및 법적 안정성과 국민의 권리구제를 조화시키기 위하여 일정한 기준에 따라 흠의 승계를 제한적으로 인정하는 전통적 견해가 타당하다.

(4) 판례의 태도

1) 판단기준

대법원은 흠의 승계에 대하여 종래의 다수설적 입장에 따라 선행행위와 후행행위가 하나의 법적 효과를 달성하는가의 여부를 기준으로 판단하고 있다.

① 대법원 1993. 11. 9. 선고 93누14271 판결

대집행의 계고·대집행영장에 의한 통지·대집행의·실행·대집행에 요한 비용의 납부명령 등은, 타인이 대신하여 행할 수 있는 행정의무의 이행을 의무자의 비용부담하

---

84) 김남신/김연태(341면).

85) 전통적인 견해와 달리 건물의 철거명령과 그 철거명령을 집행하기 위한 일련의 처분('계고'에서 '비용납부명령'에 이르기까지의 처분)은 사물적 한계를 같이 한다고 본다. 상게서(340면).

에 확보하고자 하는, 동일한 행정목적을 달성하기 위하여 단계적인 일련의 절차로 연속하여 행하여지는 것으로서, 서로 결합하여 하나의 법률효과를 발생시키는 것이므로, 선행처분인 계고처분이 하자가 있는 위법한 처분이라면, 비록 하자가 중대하고도 명백한 것이 아니어서 당연무효의 처분이라고 볼 수 없고 대집행의 실행이 이미 사실행위로서 완료되어 계고처분의 취소를 구할 법률상 이익이 없게 되었으며, 또 대집행비용납부명령 자체에는 아무런 하자가 없다 하더라도, 후행처분인 대집행비용납부명령의 취소를 청구하는 소송에서 청구원인으로 선행처분인 계고처분이 위법한 것이기 때문에 그 계고처분을 전제로 행하여진 대집행비용납부명령도 위법한 것이라는 주장을 할 수 있다.

② 대법원 2000. 9. 5. 선고 99두9889 판결

선행행위와 후행행위가 서로 독립하여 각각 별개의 법률효과를 목적으로 하는 때에는 선행행위의 하자가 중대하고 명백하여 당연무효인 경우를 제외하고는 선행행위의 하자를 이유로 후행행위의 효력을 다툴 수 없다.

그러나 대법원은 개별공시지가결정과 양도소득세부과처분과 같이 서로 독립하여 별개의 법적 효과를 발생하는 행정행위에 대하여 흠의 승계를 인정하는 예외적 판결을 한 바 있다. 여기서 흠의 승계를 인정하는 논거는 비록 양자가 서로 독립하여 별개의 법적 효과를 발생하는 행정행위라 할지라도 흠의 승계를 인정하지 않게 되면 당사자에게 수인한도를 넘는 불이익을 강요하게 되기 때문이다[판례 ①].

대법원은 같은 취지로, 표준지공시지가결정과 수용보상금에 대한 재결 사이에도 흠의 승계를 인정하였다[판례 ②].

① 대법원 1994. 1. 25. 선고 93누8542 판결

[1] 두 개 이상의 행정처분이 연속적으로 행하여지는 경우 선행처분과 후행처분이 서로 결합하여 1개의 법률효과를 완성하는 때에는 선행처분에 하자가 있으면 그 하자는 후행처분에 승계되므로 선행처분에 불가쟁력이 생겨 그 효력을 다툴 수 없게 된 경우에도 선행처분의 하자를 이유로 후행처분의 효력을 다툴 수 있는 반면 선행처분과 후행처분이 서로 독립하여 별개의 법률효과를 목적으로 하는 때에는 선행처분에 불가쟁력이 생겨 그 효력을 다툴 수 없게 된 경우에는 선행처분의 하자가 중대하고 명백하여 당연무효인 경우를 제외하고는 선행처분의 하자를 이유로 후행처분의 효력을 다툴 수 없는 것이 원칙이나 선행처분과 후행처분이 서로 독립하여 별개의 효과를 목적으로 하는 경우에도 선행처분의 불가쟁력이나 구속력이 그로 인하여 불이익을 입게 되는 자에게 수인한도를 넘는 가혹함을 가져오며, 그 결과가 당사자에게 예측가능한 것이 아닌 경우에는 국민의 재판받을 권리를 보장하고 있는 헌법의 이념에 비추어 선행처분의 후

행처분에 대한 구속력은 인정될 수 없다.

　[2] 개별공시지가결정은 이를 기초로 한 과세처분 등과는 별개의 독립된 처분으로서 서로 독립하여 별개의 법률효과를 목적으로 하는 것이나, 개별공시지가는 이를 토지소유자나 이해관계인에게 개별적으로 고지하도록 되어 있는 것이 아니어서 토지소유자 등이 개별공시지가결정 내용을 알고 있었다고 전제하기도 곤란할 뿐만 아니라 결정된 개별공시지가가 자신에게 유리하게 작용될 것인지 또는 불이익하게 작용될 것인지 여부를 쉽사리 예견할 수 있는 것도 아니며, 더욱이 장차 어떠한 과세처분 등 구체적인 불이익이 현실적으로 나타나게 되었을 경우에 비로소 권리구제의 길을 찾는 것이 우리 국민의 권리의식임을 감안하여 볼 때 토지소유자 등으로 하여금 결정된 개별공시지가를 기초로 하여 장차 과세처분 등이 이루어질 것에 대비하여 항상 토지의 가격을 주시하고 개별공시지가결정이 잘못된 경우 정해진 시정절차를 통하여 이를 시정하도록 요구하는 것은 부당하게 높은 주의의무를 지우는 것이라고 아니할 수 없고, 위법한 개별공시지가결정에 대하여 그 정해진 시정절차를 통하여 시정하도록 요구하지 아니하였다는 이유로 위법한 개별공시지가를 기초로 한 과세처분 등 후행 행정처분에서 개별공시지가결정의 위법을 주장할 수 없도록 하는 것은 수인한도를 넘는 불이익을 강요하는 것으로서 국민의 재산권과 재판받을 권리를 보장한 헌법의 이념에도 부합하는 것이 아니라고 할 것이므로, 개별공시지가결정에 위법이 있는 경우에는 그 자체를 행정소송의 대상이 되는 행정처분으로 보아 그 위법 여부를 다툴 수 있음은 물론 이를 기초로 한 과세처분 등 행정처분의 취소를 구하는 행정소송에서도 선행처분인 개별공시지가결정의 위법을 독립된 위법사유로 주장할 수 있다고 해석함이 타당하다.

② 대법원 2008. 8. 21. 선고 2007두13845 판결

　표준지공시지가결정은 이를 기초로 한 수용재결 등과는 별개의 독립된 처분으로서 서로 독립하여 별개의 법률효과를 목적으로 하지만, 표준지공시지가는 이를 인근 토지의 소유자나 기타 이해관계인에게 개별적으로 고지하도록 되어 있는 것이 아니어서 인근 토지의 소유자 등이 표준지공시지가결정 내용을 알고 있었다고 전제하기가 곤란할 뿐만 아니라, 결정된 표준지공시지가가 공시될 당시 보상금 산정의 기준이 되는 표준지의 인근 토지를 함께 공시하는 것이 아니어서 인근 토지 소유자는 보상금 산정의 기준이 되는 표준지가 어느 토지인지를 알 수 없으므로, 인근 토지 소유자가 표준지의 공시지가가 확정되기 전에 이를 다투는 것은 불가능하다. 더욱이 장차 어떠한 수용재결 등 구체적인 불이익이 현실적으로 나타나게 되었을 경우에 비로소 권리구제의 길을 찾는 것이 우리 국민의 권리의식임을 감안하여 볼 때, 인근 토지소유자 등으로 하여금 결정된 표준지공시지가를 기초로 하여 장차 토지보상 등이 이루어질 것에 대비하여 항상 토지의 가격을 주시하고 표준지공시지가결정이 잘못된 경우 정해진 시정절차를 통하여 이를 시정하도록 요구하는 것은 부당하게 높은 주의의무를 지우는 것이고, 위법한 표준

지공시지가결정에 대하여 그 정해진 시정절차를 통하여 시정하도록 요구하지 않았다는 이유로 위법한 표준지공시지가를 기초로 한 수용재결 등 후행 행정처분에서 표준지공시지가결정의 위법을 주장할 수 없도록 하는 것은 수인한도를 넘는 불이익을 강요하는 것으로서 국민의 재산권과 재판받을 권리를 보장한 헌법의 이념에도 부합하는 것이 아니다. 따라서 표준지공시지가결정이 위법한 경우에는 그 자체를 행정소송의 대상이 되는 행정처분으로 보아 그 위법 여부를 다툴 수 있음은 물론, 수용보상금의 증액을 구하는 소송에서도 선행처분으로서 그 수용대상 토지 가격 산정의 기초가 된 비교표준지공시지가결정의 위법을 독립한 사유로 주장할 수 있다.

그러나 대법원은 "개별토지가격결정에 대한 재조사청구에 따른 감액조정에 대하여 더 이상 불복하지 아니한 경우, 이를 기초로 한 양도소득세부과처분 취소소송에서 다시 개별토지가격결정의 위법을 당해 과세처분의 위법사유로 주장할 수 없다,"고 판시하였다. 이 경우 선행처분인 개별공시지가결정의 불가쟁력이나 구속력이 수인한도를 넘는 가혹한 것이거나 예측불가능하다고 볼 수 없기 때문이다(대법원 1998. 3. 13. 선고 96누6059 판결).

2) 흠의 승계가 인정된 사례

대법원이 흠의 승계를 인정하고 있는 사례에는 ① 안경사국가시험합격무효처분과 안경사면허취소처분,[86] ② 조세체납처분에 있어서 독촉·압류·매각·충당의 각 행위 사이,[87] ③ 대집행계고처분과 대집행영장통지처분,[88] ④ 대집행계고처분과 비용납부명령,[89] ⑤ 독촉과 가산금·중가산금징수처분,[90] ⑥ 개별공시지가결정과 과세처분,[91] ⑦ 개별공시지가결정과 개발부담금부과처분,[92] ⑧ 표준지공시지가결정과 수용보상금에 대한 재결(수용보상금 증액청구소송)[93] 등이 있다.

3) 흠의 승계가 부정된 사례

반대로 대법원이 흠의 승계를 부정하고 있는 사례로는 ① 공무원의 직위해제처분과 면직처분,[94] ② 보충역편입처분과 공익근무요원소집처분,[95] ③ 과세처분과 체

---

86) 대법원 1993. 2. 9. 선고 92누4567 판결.
87) 대법원 1982. 8. 24. 선고 81누162 판결.
88) 대법원 1996. 2. 9. 선고 95누12507 판결.
89) 대법원 1993. 11. 9. 선고 93누14271 판결.
90) 대법원 1986. 10. 28. 선고 86누147 판결.
91) 대법원 1996. 6. 25. 선고 93누17935 판결.
92) 대법원 2001. 6. 26. 선고 99두11592 판결.
93) 대법원 2008. 8. 21. 선고 2007두13845 판결.
94) 대법원 1984. 9. 11. 선고 84누191 판결.
95) 대법원 2002. 12. 10. 선고 2001두5422 판결.

납처분,[96] ④ 농지전용부담금부과처분과 압류처분,[97] ⑤ 건물철거명령과 대집행계고처분,[98] ⑥ 토지수용에 있어서 사업인정과 수용재결처분,[99] ⑦ 도시계획결정과 수용재결처분,[100] ⑧ 택지개발예정지구지정처분과 택지개발계획승인처분, 택지개발계획승인처분과 수용재결처분,[101] ⑨ 재건축사업에서 사업시행계획과 관리처분계획,[102] ⑩ 도시·군계획시설결정과 실시계획인가,[103] ⑪ 액화석유가스판매사업허가와 사업개시신고반려처분,[104] ⑫ 표준지공시지가결정과 개별토지가격결정,[105] ⑬ 소득금액변동통지와 징수처분[106] 등이 있다.

V. 흠의 치유와 흠 있는 행정행위의 전환

1. 개 설

법치행정의 원리에 의해서 행정행위에 흠이 존재하게 되면 원칙적으로는 그 흠의 경중에 따라 무효나 취소가 되어야 한다. 그러나 행정행위에 흠이 있는 경우에도 행정행위의 효력을 유지할 필요성이 있는 경우가 있다. 이것은 ① 흠 있는 행정행위를 취소하여 새로운 행정행위를 발하는 것보다 위법한 행정행위를 유지하는 것이 당사자의 신뢰보호나 법적 안정성의 측면에 부합하는 경우가 있고, ② 불필요한 행정행위의 반복을 배제하여 행정의 경제를 도모하는 것이 ③ 공공복리의 실현에 바람직하기 때문이다. 이와 같은 연유에서 등장한 법리가 흠의 치유와 흠 있는 행정행위의 전환이다.

그러나 흠의 치유와 흠 있는 행정행위의 전환은 법치행정의 원리에 따라 엄격한 요건에 부합하는 경우에만 예외적으로 인정되어야 한다는 점에 주의할 필요가 있다. 위에서 살펴본 인정 근거는 대외적 명분에 지나지 않고 사실은 행정청이 그 처

---

96) 대법원 1987. 9. 22. 선고 87누383 판결.
97) 헌법재판소 2004. 1. 29.자 2002헌바73 결정.
98) 대법원 1998. 9. 8. 선고 97누20502 판결.
99) 대법원 2000. 10. 13. 선고 2000두5142 판결.
100) 대법원 1990. 1. 23. 선고 87누947 판결.
101) 대법원 2000. 10. 13. 선고 99두653 판결.
102) 대법원 2012. 8. 23. 선고 2010두13463 판결.
103) 대법원 2017. 7. 18. 선고 2016두49938 판결.
104) 대법원 1991. 11. 26. 선고 90누8756 판결.
105) 대법원 1996. 9. 20. 선고 95누11931 판결.
106) 대법원 2012. 1. 26. 선고 2009두14439 판결.

분의 효력을 유지하기를 원할 때 이를 주장하는 것이 일반적이기 때문이다. 즉, 종래와 같이 흠의 치유와 흠 있는 행정행위의 전환에 대한 의미를 넓게 해석하는 것이 국민의 권익보호에 항상 유익한 것은 아니다.

독일 연방행정절차법은 흠의 치유($\frac{제45}{조}$)와 흠 있는 행정행위의 전환($\frac{제47}{조}$)에 관하여 명문의 규정을 두고 있다.[107]

2. 흠의 치유

(1) 흠의 치유의 의의

흠의 치유란 행정행위가 성립할 당시에는 요건의 불비에 따른 흠으로 인하여 취소할 수 있는 경우라 하여도 사후에 그 요건이 보완되거나 취소의 필요가 없어진 경우에 종전의 흠을 이유로 행정행위의 효력을 다툴 수 없게 되는 것을 말한다. 예컨대 행정행위를 할 당시에는 관계 행정청의 협의나 승인이 결여되었으나 관계 행정청이 사후에 승인한 경우 등이 이에 해당한다.

(2) 치유의 대상

통설적 견해에 따르면, 흠의 치유는 절차상의 흠이나 형식상의 흠의 경우에 한하여 인정되며, 내용상의 흠에 대해서는 인정되지 않는다. 그러나 절차상의 흠이나 형식상의 흠에 해당한다고 하여도 그 흠의 정도가 중대·명백하여 무효에 이르는 경우에까지 흠의 치유를 인정하여서는 곤란하다. 무효인 행정행위에 대하여 흠의 치유를 인정할 경우 오히려 이해관계인의 신뢰와 법적 안정성을 해칠 우려가 있으며, 무효인 행정행위는 처음부터 어떠한 효력도 발생하지 않기 때문에 다른 새로운 행위로 전환됨은 별론으로 하더라도 본래의 행정행위로서는 효력을 발생할 수 없기 때문이다.[108] 참고로 독일 행정절차법은 '행정행위를 무효로 만들지 않는 절차 및 형식상의 흠'에 대해서만 흠의 치유를 인정한다($\frac{제45}{조}$).

우리 대법원도 무효인 행정행위와 내용상 흠에 대해서는 흠의 치유를 인정하지 않는다.

① 대법원 2012. 8. 23. 선고 2010두13463 판결

하자 있는 행정처분의 치유는 행정처분의 성질이나 법치주의의 관점에서 볼 때 원칙

---

107) 김남진/김연태(330면).
108) 상게서(332면).

적으로 허용될 수 없는 것이고, 예외적으로 행정처분의 무용한 반복을 피하고 당사자의 법적 안정성을 위해 이를 허용하는 때에도 국민의 권리나 이익을 침해하지 않는 범위에서 구체적 사정에 따라 합목적적으로 인정하여야 할 것이나, 무효인 행정처분은 그 하자가 중대하고도 명백한 것으로 처음부터 어떠한 효력도 발생하지 아니하는 것이므로, 무효인 행정처분의 하자의 치유는 인정되지 아니한다.

② 대법원 1991. 5. 28. 선고 90누1359 판결

행정행위의 성질이나 법치주의의 관점에서 볼 때 하자 있는 행정행위의 치유는 원칙적으로 허용될 수 없을 뿐만 아니라 이를 허용하는 경우에도 국민의 권리와 이익을 침해하지 않는 범위에서 구체적 사정에 따라 합목적적으로 가려야 할 것인바, 이 사건 처분에 관한 하자가 행정처분의 내용에 관한 것이고 새로운 노선면허가 이 사건 소 제기 이후에 이루어진 사정 등에 비추어 하자의 치유를 인정치 않은 원심의 판단은 정당하고, 거기에 소론이 지적하는 바와 같은 법리오해의 위법이 있다 할 수 없다.

(3) 치유의 사유

흠의 치유가 인정될 수 있는 경우로는 ① 흠결된 요건의 사후보완 또는 충족(예컨대 신청서의 사후제출·보완, 허가요건의 사후충족 등), ② 정당한 권한을 가진 행정청의 추인 등을 들 수 있다. 그러나 상대방이 흠의 내용을 알고 있다는 사정만으로는 흠의 치유가 인정되지 않는다.

일부 학자는 ③ 장기간 방치로 인한 행정행위의 내용실현(실효의 완성 등), ④ 취소할 수 없는 공공복리상의 필요(위법한 공용수용과 댐 건설 등)도 흠의 치유사유로 들고 있으나, 이는 취소권 행사의 제한사유로 보는 것이 타당할 것이다.[109]

즉, 흠 있는 행정행위가 요건의 사후보완을 통하여 흠 없는 행정행위로 치유되는 것은 행정행위의 적법성 확보를 위한 것인데 반하여, 취소권이 제한되는 것은 신뢰보호 또는 법적 안정성을 위한 것으로서 그 근거 법리를 달리한다. 따라서 요건의 사후보완과 추인만을 흠의 치유로 보는 것이 옳다.

① 대법원 2002. 11. 13. 선고 2001두1543 판결

납세고지서에 과세연도, 세목, 세액 및 그 산출근거, 납부기한과 납부장소 등의 명시를 요구한 국세징수법 제9조나 과세표준과 세액계산명세서의 첨부를 명한 구 법인세법(1993. 12. 31. 법률 제4664호로 개정되기 전의 것) 제37조, 제59조의5, 구 법인세법 시행령(1993. 12. 31. 대통령령 제14080호로 개정되기 전의 것) 제99조 등의 규정이 단순한 세무행정상의 편의를 위한 훈시규정이 아니라, 헌법과 국세기본법에 규정된 조세법률주의의 원칙에 따라 과세관청의 자의를 배제하고 신중하고도 합리

---

109) 김철용(301면).

적인 과세처분을 하게 함으로써 조세행정의 공정을 기함과 아울러 납세의무자에게 부
과처분의 내용을 자세히 알려주어 이에 대한 불복 여부의 결정과 불복신청의 편의를 주
려는데 그 근본취지가 있으므로, 이 규정들은 강행규정으로 보아야 하고, 따라서 납세
고지서에 세액산출근거 등의 기재사항이 누락되었거나 과세표준과 세액의 계산명세서
가 첨부되지 않았다면 적법한 납세의 고지라고 볼 수 없으며, 위와 같은 납세고지의 하
자는 납세의무자가 그 나름대로 산출근거를 알고 있다거나 사실상 이를 알고서 쟁송에
이르렀다 하더라도 치유되지 않는다.

② 대법원 1985. 4. 9. 선고 84누431 판결

세액산출근거가 기재되지 아니한 납세고지서에 의한 부과처분은 강행법규에 위반하
여 취소대상이 된다 할 것이므로 이와 같은 하자는 납세의무자가 전심절차에서 이를 주
장하지 아니하였거나, 그 후 부과된 세금을 자진납부하였다거나, 또는 조세채권의 소멸
시효기간이 만료되었다 하여 치유되는 것이라고는 할 수 없다.

한편, 프랑스에서는 행정행위의 흠 그 자체에도 불구하고 적법한 행정행위로 간
주되는 것을 이른바 '정규화'$\binom{régularisa-}{tion}$된다고 한다. 정규화가 되는 예로는 ① 불가쟁
력이 발생한 경우, ② 행정청에게만 관련된 형식의 흠, ③ 예외적으로 긴급한 경우,
④ 처분의 상대방이 절차를 방해한 경우, ⑤ 상대방의 동의가 있는 경우, ⑥ 절차
의 진행이 불가능한 경우, ⑦ 기속행위, ⑧ 목적 중의 하나만 적법한 복합적 목적
의 행정행위 등을 들 수 있다.[110]

(4) 치유의 한계

흠의 치유는 원칙적으로 허용되지 않지만, 예외적으로 행정행위의 무용한 반복
을 피하고 당사자의 법적 안정성을 위해 이를 허용하는 때에도 국민의 권리나 이익
을 침해하지 않는 범위에서 인정하여야 한다[판례 ①]. 만일 흠의 치유를 인정할 경
우 상대방이 치유 전보다 불이익하게 되는 경우에는 흠의 치유를 인정할 수 없다
[판례 ②]. 또한, 경원자관계에서도 흠의 치유가 인정되지 않는다[판례 ③].

다수설과 판례는 흠의 치유는 행정행위에 대한 불복 여부의 결정 및 불복신청에
편의를 줄 수 있는 상당한 기간 내에 하여야 한다고 하여 '행정쟁송제기 전'에만 가
능한 것으로 본다[판례 ④].

---

110) 이광윤(신행정법론, 85-86면).

① 대법원 2010. 8. 26. 선고 2010두2579 판결

행정소송에서 행정처분의 위법 여부는 행정처분이 있을 때의 법령과 사실상태를 기준으로 하여 판단하여야 하고, 처분 후 법령의 개폐나 사실상태의 변동에 의하여 영향을 받지는 않는다고 할 것이며, 흠이 있는 행정행위의 치유는 행정행위의 성질이나 법치주의 관점에서 볼 때 원칙적으로 허용될 수 없는 것이고, 예외적으로 행정행위의 무용한 반복을 피하고 당사자의 법적 안정성을 위해 이를 허용하는 때에도 국민의 권리나 이익을 침해하지 않는 범위에서 구체적 사정에 따라 합목적적으로 인정하여야 할 것이다.

원심판결 이유에 의하면 원심은, 제1심판결·이후 이 사건 정비구역 내 토지 등 소유자 318명 중 그 4분의 3을 초과하는 247명으로부터 새로 조합설립동의서를 받았으니 이 사건 처분의 흠은 치유되었다는 피고 및 참가인의 주장에 대하여, 구 도시정비법 제16조 제1항에서 정하는 조합설립인가처분은 설권적 처분의 성질을 갖고 있고, 흠의 치유를 인정하더라도 원고들을 비롯한 토지 등 소유자들에게 아무런 손해가 발생하지 않는다고 단정할 수 없다는 점 등을 이유로 이를 배척하였다. 앞서 본 법리와 기록에 비추어 살펴보면, 위와 같은 원심의 판단은 정당하고, 거기에 상고이유의 주장과 같은 흠이 있는 행정행위의 치유에 대한 법리오해 등의 위법이 없다.

② 대법원 2001. 6. 26. 선고 99두11592 판결

선행처분인 개별공시지가결정이 위법하여 그에 기초한 개발부담금 부과처분도 위법하게 된 경우 그 하자의 치유를 인정하면 개발부담금 납부의무자로서는 위법한 처분에 대한 가산금 납부의무를 부담하게 되는 등 불이익이 있을 수 있으므로, 그 후 적법한 절차를 거쳐 공시된 개별공시지가결정이 종전의 위법한 공시지가결정과 그 내용이 동일하다는 사정만으로는 위법한 개별공시지가결정에 기초한 개발부담금 부과처분이 적법하게 된다고 볼 수 없다.

③ 대법원 1992. 5. 8. 선고 91누13274 판결

원심판결에 의하면 원심은, 참가인들이 허가신청한 충전소설치예정지로부터 100미터 이내에 상수도시설 및 농협창고가 위치하고 있어 위 고시의 규정에 따라 그 건물주의 동의를 받아야 하는 것임에도 그 동의가 없으니 그 신청은 허가요건을 갖추지 아니한 것으로써 이를 받아들인 이 사건 처분은 위법하다고 한 다음, 이 사건 처분 후 위각 건물주로부터 동의를 받았으니 이 사건 처분의 하자는 치유되었다는 주장에 대하여는, 하자 있는 행정행위의 치유는 행정행위의 성질이나 법치주의의 관점에서 볼 때 원칙적으로 허용될 수 없는 것이고 예외적으로 행정행위의 무용한 반복을 피하고 당사자의 법적 안정성을 위해 이를 허용하는 때에도 국민의 권리나 이익을 침해하지 않는 범위에서 구체적 사정에 따라 합목적적으로 인정하여야 할 것인데 이 사건에 있어서는 원고의 적법한 허가신청이 참가인들의 신청과 경합되어 있어 이 사건 처분의 치유를 허용

한다면 원고에게 불이익하게 되므로 이를 허용할 수 없다고 판시하였다. 원심의 위와 같은 사실인정과 판단은 정당하고 이에 사실오인이나 법리오해의 위법이 있다고 할 수 없다.

④ 대법원 1983. 7. 26. 선고 82누420 판결

[1] 하자 있는 행정행위의 치유나 전환은 행정행위의 성질이나 법치주의의 관점에서 볼 때 원칙적으로 허용될 수 없는 것이지만, 행정행위의 무용한 반복을 피하고 당사자의 법적 안정성을 위해 이를 허용하는 때에도 국민의 권리와 이익을 침해하지 않는 범위에서 구체적 사정에 따라 합목적적으로 인정해야 할 것이다.

[2] 과세처분시 납세고지서에 과세표준, 세율, 세액의 계산명세서 등을 첨부하여 고지하도록 한 것은 조세법률주의의 원칙에 따라 처분청으로 하여금 자의를 배제하고 신중하고도 합리적인 처분을 행하게 함으로써 조세행정의 공정성을 기함과 동시에 납세의무자에게 부과처분의 내용을 상세히 알려서 불복여부의 결정 및 그 불복신청에 편의를 주려는 취지에서 나온 것이므로 이러한 규정은 강행규정으로서 납세고지서에 위와 같은 기재가 누락되면 과세처분 자체가 위법하여 취소대상이 된다.

[3] 행정소송법 제12조 소정의 "현저히 공공의 복리에 적합하지 아니하다고 인정하는 때"라 함은 국가통치권에 기한 행정작용상 일반국민의 직접적인 중요한 복리를 저해하고 그 저해가 현저한 경우를 말하는 것으로, 어차피 원고가 세금을 납부할 의무가 있으므로 무용한 과세처분을 되풀이 함으로써 경제적, 시간적, 정신적 낭비만을 초래한다는 사정만으로는 위법한 과세처분을 취소하는 것이 현저히 공공복리에 적합하지 아니하다고 할 수는 없다.

[4] 과세처분시 납세고지서에 과세표준, 세율, 세액의 산출근거 등이 누락된 경우에는 늦어도 과세처분에 대한 불복여부의 결정 및 불복신청에 편의를 줄 수 있는 상당한 기간 내에 보정행위를 하여야 그 하자가 치유된다 할 것이므로, 과세처분이 있은지 4년이 지나서 그 취소소송이 제기된 때에 보정된 납세고지서를 송달하였다는 사실이나 오랜 기간(4년)의 경과로써 과세처분의 하자가 치유되었다고 볼 수는 없다.

만일 행정행위에 흠이 있더라도 당사자의 불복 여부의 결정 및 불복 신청에 전혀 지장을 주지 않은 경우에는 흠의 치유가 인정될 수 있다.

① 대법원 1992. 10. 23. 선고 92누2844 판결

행정청이 식품위생법상의 청문절차를 이행함에 있어 소정의 청문서 도달기간을 지키지 아니하였다면 이는 청문의 절차적 요건을 준수하지 아니한 것이므로 이를 바탕으로 한 행정처분은 일단 위법하다고 보아야 할 것이지만 이러한 청문제도의 취지는 처분으로 말미암아 받게 될 영업자에게 미리 변명과 유리한 자료를 제출할 기회를 부여함으로써 부당한 권리 침해를 예방하려는 데에 있는 것임을 고려하여 볼 때, 가령 행정청이 청문서 도달기간을 다소 어겼다하더라도 영업자가 이에 대하여 이의하지 아니한 채 스스로 청문일에 출석하여 그 의견을 진술하고 변명하는 등 방어의 기회를 충분히 가졌다면 청문서 도달기간을 준수하지 아니한 하자는 치유되었다고 봄이 상당하다.

② 대법원 2001. 3. 27. 선고 99두8039 판결

국세징수법 제9조, 구 상속세법($^{1990.\ 12.\ 31.\ 법률\ 제}_{4283호로\ 개정된\ 것}$) 제34조의7, 제25조, 제25조의2, 구 상속세법 시행령($^{1990.\ 12.\ 31.\ 대통령령}_{제13196호로\ 개정된\ 것}$) 제42조 제1항, 제19조 제1항의 각 규정에 의하여 증여세의 납세고지서에 과세표준과 세액의 계산명세가 기재되어 있지 아니하거나 그 계산명세서를 첨부하지 아니하였다면 그 납세고지는 위법하다고 할 것이나, 한편 과세관청이 과세처분에 앞서 납세의무자에게 보낸 과세예고통지서 등에 납세고지서의 필요적 기재사항이 제대로 기재되어 있어 납세의무자가 그 처분에 대한 불복 여부의 결정 및 불복신청에 전혀 지장을 받지 않았음이 명백하다면, 이로써 납세고지서의 하자가 보완되거나 치유될 수 있다.

(5) 치유의 효과

흠 있는 행정행위가 요건의 사후보완 등으로 인하여 흠이 치유되면 당해 행정행위는 소급하여 처음부터 적법한 행위로서 법적 효력을 유지하게 된다.

3. 흠 있는 행정행위의 전환

(1) 흠 있는 행정행위의 전환의 의의

흠 있는 행정행위의 전환이란 행정행위가 원래 행정청이 의도한 행정행위로서는 무효인 행정행위이지만 그것을 다른 행정행위로 간주한다면 유효한 요건을 갖추게 되는 경우에 다른 행위로서의 효력을 승인하는 것을 말한다. 예컨대 이미 사망한 자에 대한 토지수용위원회의 재결을 상속인에 대한 재결로 전환하는 것이 이에 해당한다.

(2) 전환의 대상

종래 다수 견해는 흠 있는 행정행위의 전환은 무효인 행정행위에 한하여 인정된다고 보았다. 그러나 최근에는 취소할 수 있는 행정행위의 경우에도 전환이 인정될 수 있다는 견해[111]가 주장되고 있다. 참고로 독일 행정절차법은 무효인 행정행위뿐

---

111) 김남진/김연태(334면).

만 아니라 취소할 수 있는 행정행위에 대해서도 전환을 인정하고 있다($\frac{제47}{조}$). 한편 프랑스에서는 일체의 흠의 전환을 인정하지 않는다.

(3) 전환의 요건

흠 있는 행정행위가 전환이 되기 위해서는 ① 양 행정행위 사이에 요건·목적·효과에 있어서 실질적 공통성이 있어야 하고, ② 흠 있는 행정행위가 전환되는 행정행위의 성립·발효요건을 갖추고 있으며, ③ 전환이 원래의 행정행위를 한 행정청의 의도에 반하지 않아야 하고, ④ 당사자가 전환을 의욕하는 것으로 인정되어야 하며, ⑤ 제3자의 이익을 침해하는 것이 아니어야 한다.

(4) 전환의 효과

흠 있는 행정행위가 전환이 되면 소급하여 새로운 행정행위가 발생하게 된다. 또한, 흠 있는 행정행위의 전환은 그 자체가 독립된 행정행위로 보는 것이 타당하며, 전환에 불복하는 경우에는 행정쟁송으로 전환을 다툴 수 있다.

제 9 절   행정행위의 무효·취소·철회·실효

Ⅰ. 행정행위의 무효

1. 무효의 의의

행정행위의 무효란 행정행위가 외관상으로 존재하나 행정행위의 성립에 중대하고 명백한 흠이 있어 행정행위의 효력이 처음부터 발생하지 않는 것을 말한다.

2. 무효의 효과

행정행위가 무효인 경우에는 행정청의 특별한 의사표시를 기다릴 필요 없이 처음부터 당연히 법률적 효과가 전혀 발생하지 않는다.

3. 무효를 주장하는 방법

무효인 행정행위는 그 효과가 발생하지는 않지만, 행정행위로서의 외관이 존재하기 때문에 행정청과 상대방 또는 이해관계인이 그 유효를 주장할 우려가 있다. 따라서 무효인 행정행위에 대하여 무효를 주장하는 방법이 현실적으로 필요하다. 현행법상 무효를 주장하는 방법으로는 무효등확인심판과 무효등확인소송 등이 있다. 그러나 실무에서는 일반인이 행정행위의 무효원인과 취소원인을 쉽게 구별하기 어려운 까닭에 무효의 주장을 취소소송의 형식(무효선언적 취소)으로 제기하는 경우가 많다. 이러한 취소소송에 대해서도 행정심판 전치주의나 제소기간의 제한과 같은 취소소송의 절차적 제한이 적용됨은 물론이다.

대법원 1982. 12. 28. 선고 81누72 판결

[1] 행정처분의 당연무효를 선언하는 의미에서의 취소를 구하는 청구도 외관상 존재하고 있는 행정처분에 관하여 권한있는 기관에 의한 취소를 구하는 것인 점에서 하나의 항고소송이라 할 것이므로 제소요건으로서의 전심절차를 거쳐야 하는 것이다.

[2] 계고처분의 취소를 구한 내용에 그 무효확인을 구하는 취지가 포함되어 있다고 볼 수는 없다.

4. 무효의 원인

행정행위의 흠이 중대·명백한 경우에는 무효가 되는데, 그 세부 원인으로는 ① 주체에 관한 흠, ② 내용에 관한 흠, ③ 절차에 관한 흠, ④ 형식에 관한 흠으로 구분할 수 있다.

(1) 주체에 관한 흠

행정행위의 주체에 관한 흠이 중대·명백하여 무효가 되는 경우로는 ① 공무원이 아닌 자의 행위,[112] ② 무권한 또는 대리권이 없거나 권한의 위임을 받지 않은 자의 행위,[113] ③ 적법하게 구성되지 않은 합의제기관의 행위(자격 없는 위원이 참여하였거나 의결 정족수를 충족하지 못한 경우 등), ④ 공무원이 의사무능력 상태에서 한 행위나 공무원의 착오에 의한 행위[114] 등이

---

112) 무효인 임용행위로 공무원이 되었거나 면직 등의 사유로 공무원의 신분을 상실한 자가 행한 행정행위는 무효라고 본다.

113) 내부위임을 받은 자가 위임관청의 이름이 아닌 자신의 이름으로 행정행위를 한 경우에는 권한이 없는 자에 의한 행위로서 무효이다(대법원 1995. 11. 28. 선고 94누6475 판결).

114) 판례는 무효로 본 경우도 있고(대법원 1983. 8. 23. 선고 83누179 판결), 취소사유로 본 경우도

있다.

① 대법원 2007. 4. 12. 선고 2006두20150 판결

구 폐기물처리시설 설치촉진 및 주변지역 지원 등에 관한 법률에 정한 입지선정위원회가 그 구성방법 및 절차에 관한 같은 법 시행령의 규정에 위배하여 군수와 주민대표가 선정·추천한 전문가를 포함시키지 않은 채 임의로 구성되어 의결을 한 경우, 그에 터잡아 이루어진 폐기물처리시설 입지결정처분의 하자는 중대한 것이고 객관적으로도 명백하므로 무효사유에 해당한다고 한 사례.

② 대법원 1983. 8. 23. 선고 83누179 판결

부동산을 양도한 사실이 없음에도 세무당국이 부동산을 양도한 것으로 오인하여 양도소득세를 부과하였다면 그 부과처분은 착오에 의한 행정처분으로서 그 표시된 내용에 중대하고 명백한 하자가 있어 당연 무효이다.

(2) 내용에 관한 흠

행정행위의 내용에 관한 흠이 중대·명백하여 무효가 되는 경우에는 ① 실현불능인 행위, ② 불명확한 행위 등이 있다.

대법원 2006. 4. 13. 선고 2005두15151 판결

과세관청이 납세자에 대한 체납처분으로서 제3자의 소유 물건을 압류하고 공매하더라도 그 처분으로 인하여 제3자가 소유권을 상실하는 것이 아니고, 체납처분으로서 압류의 요건을 규정하는 국세징수법 제24조 각 항의 규정을 보면 어느 경우에나 압류의 대상을 납세자의 재산에 국한하고 있으므로, 납세자가 아닌 제3자의 재산을 대상으로 한 압류처분은 그 처분의 내용이 법률상 실현될 수 없는 것이어서 당연무효이다.

(3) 절차에 관한 흠

행정행위의 절차에 관한 흠이 중대·명백하여 무효가 되는 경우에는 ① 필요한 상대방의 신청 또는 동의가 없는 행위, ② 필요한 다른 기관의 협력(동의·승인 등)이 없는 행위,[115] ③ 필요한 공고 또는 통지가 없는 행위,[116] ④ 필요한 이해관계인의 참여 또는 협력이 없는 행위,[117] ⑤ 필요한 환경영향평가를 거치지 않는 행위 등이 있다.

있다(대법원 1983. 11. 22. 선고 82누390 판결).

115) 이 경우 흠이 중대하고 명백한지 여부에 따라 무효 또는 취소사유가 된다.

116) 판례는 무효로 보기도 하고 취소사유로 보기도 한다.

117) 사전에 토지소유자 또는 관계인과 협의를 거치지 않고 행한 토지수용위원회의 재결이 대표적이다. 그러나 판례는 무효가 아니라고 본다.

① **대법원 1999. 8. 20. 선고 97누6889 판결**

환지계획 인가 후에 당초의 환지계획에 대한 공람과정에서 토지소유자 등 이해관계인이 제시한 의견에 따라 수정하고자 하는 내용에 대하여 다시 공람절차 등을 밟지 아니한 채 수정된 내용에 따라 한 환지예정지 지정처분은 환지계획에 따르지 아니한 것이거나 환지계획을 적법하게 변경하지 아니한 채 이루어진 것이어서 당연 무효라고 할 것이다.

② **대법원 1987. 9. 22. 선고 87누383 판결**

납세의무자가 세금을 납부기한까지 납부하지 아니하자 과세청이 그 징수를 위하여 압류처분에 이른 것이라면 비록 독촉절차 없이 압류처분을 하였다 하더라도 이러한 사유만으로는 압류처분을 무효로 되게 하는 중대하고도 명백한 하자로는 되지 않는다.

③ **대법원 1971. 5. 24. 선고 70다1459 판결**

기업자의 과실 없이 토지소유자 및 관계인을 알 수 없는 때에는 그들과 협의를 하지 아니하고, 그들의 성명 및 주소를 재결신청서에 기재하지 아니하여 그들로 하여금 수용절차에 참가케 아니한 채 재결에 이르렀다 하여 위법이라고 할 수 없고, 가사 기업자의 과실로 인하여 토지소유자나 관계인을 알지 못하여 그들로 하여금 참가케 하지 아니하고 수용재결을 하여 그 절차가 위법이라 하여도 그것이 그 사유만 가지고는 당연무효라고 할 수 없으므로 수용재결의 상대방인 토지소유자가 사망자라는 이유만으로는 그 수용재결이 당연무효라고 할 수 없다.

④ **대법원 2006. 6. 30. 선고 2005두14363 판결**

구 환경영향평가법(1999. 12. 31. 법률 제6095호 환경·교통·재해 등에 관한 영향평가법 부칙 제2조로 폐지) 제1조, 제3조, 제9조, 제16조, 제17조, 제27조 등의 규정 취지는 환경영향평가를 실시하여야 할 사업(이하 '대상사업'이라 한다)이 환경을 해치지 아니하는 방법으로 시행되도록 함으로써 당해 사업과 관련된 환경공익을 보호하려는 데 그치는 것이 아니라, 당해 사업으로 인하여 직접적이고 중대한 환경피해를 입으리라고 예상되는 환경영향평가대상지역 안의 주민들이 전과 비교하여 수인한도를 넘는 환경침해를 받지 아니하고 쾌적한 환경에서 생활할 수 있는 개별적 이익까지도 보호하려는 데에 있는 것이다. 그런데 환경영향평가를 거쳐야 할 대상사업에 대하여 환경영향평가를 거치지 아니하였음에도 불구하고 승인 등 처분이 이루어진다면, 사전에 환경영향평가를 함에 있어 평가대상지역 주민들의 의견을 수렴하고 그 결과를 토대로 하여 환경부장관과의 협의내용을 사업계획에 미리 반영시키는 것 자체가 원천적으로 봉쇄되는바, 이렇게 되면 환경파괴를 미연에 방지하고 쾌적한 환경을 유지·조성하기 위하여 환경영향평가제도를 둔 입법 취지를 달성할 수 없게 되는 결과를 초래할 뿐만 아니라 환경영향평가대상지역 안의 주민들의 직접적이고 개별적인 이익을 근본적으로 침해하게 되므로, 이러한 행정처분의 하자는 법규의 중요한 부분을 위반한 중대한 것이고 객관적으로도 명백한 것이라고 하지 않을 수 없어, 이와 같은 행정처분은 당연무효이다.

(4) 형식에 관한 흠

행정행위의 형식에 관한 흠이 중대·명백하여 무효가 되는 경우에는 ① 문서의 형식이 요구됨에도 불구하고 문서에 의하지 않은 행위(행정절차법 제24조 제1항), ② 서명 또는 날인이 없는 행위(행정업무의 운영 및 혁신에 관한 규정 제14조) 등이 해당한다.

대법원 2011. 11. 10. 선고 2011도11109 판결

[2] 행정절차법 제24조는, 행정청이 처분을 하는 때에는 다른 법령 등에 특별한 규정이 있는 경우를 제외하고는 문서로 하여야 하고 전자문서로 하는 경우에는 당사자 등의 동의가 있어야 하며, 다만 신속을 요하거나 사안이 경미한 경우에는 구술 기타 방법으로 할 수 있다고 규정하고 있는데, 이는 행정의 공정성·투명성 및 신뢰성을 확보하고 국민의 권익을 보호하기 위한 것이므로 위 규정을 위반하여 행하여진 행정청의 처분은 하자가 중대하고 명백하여 원칙적으로 무효이다.

[3] 집합건물 중 일부 구분건물의 소유자인 피고인이 관할 소방서장으로부터 소방시설 불량사항에 관한 시정보완명령을 받고도 따르지 아니하였다는 내용으로 기소된 사안에서, 담당 소방공무원이 행정처분인 위 명령을 구술로 고지한 것은 행정절차법 제24조를 위반한 것으로 하자가 중대하고 명백하여 당연 무효이고, 무효인 명령에 따른 의무위반이 생기지 아니하는 이상 피고인에게 명령 위반을 이유로 소방시설 설치유지 및 안전관리에 관한 법률 제48조의2 제1호에 따른 행정형벌을 부과할 수 없는데도, 이와 달리 위 명령이 유효함을 전제로 유죄를 인정한 원심판결에는 행정처분의 무효와 행정형벌의 부과에 관한 법리오해의 위법이 있다고 한 사례.

5. 무효의 제한

행정행위의 흠이 중대·명백하여 무효인 행정행위에 해당하더라도 상대방의 신뢰를 보호하기 위하여 그 법적 효력을 유지하는 경우가 있다. 예를 들어서 공무원이 아니거나 권한이 없는 자가 행정행위를 발하였고 상대방인 국민이 이를 신뢰한 경우, 이 신뢰에 충분한 이유가 있다면 유효한 행정행위가 될 수도 있다(상실상의 흠 루흠이론).

Ⅱ. 행정행위의 취소

행정기본법 제18조(위법 또는 부당한 처분의 취소) ① 행정청은 위법 또는 부당한 처분의 전부나 일부를 소급하여 취소할 수 있다. 다만, 당사자의 신뢰를 보호할 가치가 있는 등 정당한 사유가 있는 경우에는 장래를 향하여 취소할 수 있다.
② 행정청은 제1항에 따라 당사자에게 권리나 이익을 부여하는 처분을 취소하려는 경우에는 취소로 인하여 당사자가 입게 될 불이익을 취소로 달성되는 공익과 비교·형량(衡量)하여야 한다. 다만, 다음 각 호의 어느 하나에 해당하는 경우에는 그러하지 아니하다.
　　1. 거짓이나 그 밖의 부정한 방법으로 처분을 받은 경우
　　2. 당사자가 처분의 위법성을 알고 있었거나 중대한 과실로 알지 못한 경우

1. 취소의 의의

행정행위의 취소란 일단 유효하게 성립한 행정행위를 그 성립에 흠이 있음을 이유로 권한 있는 기관이 그 법률상의 효력을 원칙적으로 행정행위시로 소급하여 소멸시키는 것을 말한다. 행정행위의 취소는 협의의 취소와 광의의 취소로 나누어지는데, 협의의 취소는 처분청이나 감독청에 의해 이루어지는 직권취소로서 독립한 행정행위에 해당하며, 광의의 취소는 행정쟁송절차에 따라 이루어지는 쟁송취소를 포함한다.

행정행위의 취소는 행정행위시로 소급하여 효력이 소멸된다는 점에서 처음부터 효력이 발생하지 않는 무효와 차이가 있고, 장래에 대해서만 효력이 소멸되는 철회와도 구별된다.

2. 취소의 원인

행정행위의 취소원인은 행정행위에 무효에 이르지 않은 흠의 존재이다. 취소의 원인 역시 무효의 원인과 마찬가지로 ① 주체에 관한 흠, ② 내용에 관한 흠, ③ 절차에 관한 흠, ④ 형식에 관한 흠으로 구분할 수 있다.

(1) 주체에 관한 흠

행정행위가 주체에 관한 흠으로 취소될 수 있는 경우로는 ① 권한 초과 행위 또는 무효인 권한위임규정에 근거한 행위,[118] ② 착오에 의한 행위, ③ 상대방의 사

---

118) 무효인 권한위임조례에 근거하여 구청장이 건설업영업정지처분을 한 경우 흠이 객관적으로 명백하다고 할 수 없어 무효가 아니라고 본 판례로 대법원 1995. 7. 11. 선고 94누4615 판결 등이 있다.

기·강박·증뢰 등 부정수단에 의한 행위 등이 있다.

① **대법원 2002. 12. 10. 선고 2001두4566 판결**

구청장이 서울특별시 조례에 의한 적법한 위임 없이 택시운전자격정지처분을 한 경우, 그 하자가 비록 중대하다고 할지라도 객관적으로 명백하다고 할 수는 없으므로 당연무효 사유가 아니라고 한 사례.

② **대법원 1983. 11. 22. 선고 82누390 판결**

피고(서울특별시)가 원고들을 기능직 공무원으로 임용함에 있어서 그 급여 호봉확정에 관하여 경력기간에 대한 사실을 오인한 까닭으로 유사경력환산에 착오가 있다 하여도 명백하고도 중대한 하자라고는 볼 수 없으므로 그 임용이나 호봉확정 행위가 당연무효로 될리 없다.

③ **대법원 1962. 9. 27. 선고 62누29 판결**

본건 상속세 부가처분과 소득세 부과처분이 상속사실의 오인 또는 과세의 대상이 되는 법률관계나 일정한 사실을 오인한 것이었더라도 위와 같은 세무서장의 오인만으로서는 세금부과의 행정처분이 당연무효라고 볼 수 없다.

④ **대법원 1975. 12. 9. 선고 75누123 판결**

한지의사 자격시험에 응시하기 위한 응시자격인정의 결정을 사위의 방법으로 받은 이상 이에 터잡아 취득한 한지의사면허처분도 면허를 취득할 수 없는 사람이 취득한 하자 있는 처분이 된다 할 것이므로 보건사회부장관이 그와 같은 하자 있는 처분임을 이유로 원고가 취득한 한지의사 면허를 취소하는 처분을 하였음은 적법하다.

(2) 내용에 관한 흠

행정행위가 내용에 관한 흠으로 취소될 수 있는 경우로는 ① 내용이 단순 위법이거나 공익위반인 행위, ② 공서양속에 반하는 행위,[119] ③ 위헌·위법인 법령에 근거한 행위 등이 있다.

※ 위헌인 법률에 근거한 행정행위의 효력 및 집행력

위헌으로 결정된 법률 또는 법률의 조항은 그 결정이 있는 날부터 효력을 상실하므로(헌법재판소법 제47조 제2항), 이미 위헌으로 결정된 법률에 근거한 행정행위는 그 흠이 중대하고 명백하여 무효이다.

이에 비하여, 행정행위가 발령된 이후 그 근거가 된 법률에 대해 위헌결정이 있다면

---

119) 독일 행정절차법은 절대적 무효사유로 규정하고 있다(제44조 제2항).

위헌결정의 소급효를 인정할 것인지 여부가 문제된다. 대법원은 헌법재판소의 위헌결정의 효력은 ① 위헌제청을 한 '당해사건', ② 위헌결정이 있기 전에 이와 동종의 위헌 여부에 관하여 헌법재판소에 위헌여부심판제청을 하였거나 법원에 위헌여부심판제청신청을 한 '동종사건'과 ③ 따로 위헌제청신청은 아니하였지만 당해 법률 또는 법률 조항이 재판의 전제가 되어 법원에 계속 중인 '병행사건'뿐만 아니라, ④ 위헌결정 이후에 위와 같은 이유로 제소된 '일반사건'에도 미친다고 할 것이나, 위헌결정의 효력은 그 미치는 범위가 무한정일 수는 없고 다른 법리에 의하여 그 소급효가 제한될 수 있다고 한다. 가령, 법적 안정성의 유지나 당사자의 신뢰보호를 위하여 불가피한 경우,[120] 불가쟁력이 발생한 경우,[121] 확정판결의 기판력에 저촉되는 경우[122] 등이 이에 해당한다.

한편, 위헌인 법률에 근거한 행정행위의 효력은 위헌결정의 소급효와는 별개의 문제로서, 대법원은 특별한 사정이 없는 한 취소사유로 본다[판례 ①]. 헌법재판소 역시 기본적으로 대법원과 같은 입장이나, 행정행위 자체의 효력이 쟁송기간 경과 후에도 존속 중인 경우, 특히 그 행정행위가 위헌법률에 근거하여 내려진 것이고 그 행정행위의 목적달성을 위해서는 후행 행정행위가 필요한데 후행 행정행위는 아직 이루어지지 않은 경우와 같이 그 행정행위를 무효로 하더라도 법적 안정성을 크게 해치지 않는 반면에 그 하자가 중대하여 그 구제가 필요한 경우에 대해서는 그 예외를 인정하여 이를 무효사유로 보아서 쟁송기간 경과 후에라도 무효확인을 구할 수 있다고 한다[판례 ②].

만일 과세관청이 A에게 과세처분을 하였으나 A가 이를 다투지 않아 불가쟁력이 발생한 이후 과세처분의 근거 법률에 대해 위헌결정이 내려졌다면, 과세관청은 확정된 과세처분을 근거로 체납처분절차를 개시하거나 속행할 수 있는가? 이에 대하여 대법원(다수의견)은 위헌으로 선언된 법률규정에 근거하여 새로운 행정행위를 할 수 없음은 물론이고, 위헌결정 전에 이미 형성된 법률관계에 기한 후속 행정행위라도 그것이 새로운 위헌적 법률관계를 생성·확대하는 경우라면 이를 허용할 수 없다는 입장이다. 따라서 이 경우 위헌결정의 효력에 위배하여 이루어진 체납처분은 무효이다[판례 ③].

① 대법원 1996. 6. 11. 선고 96누1689 판결

[1] 행정청이 법률에 근거하여 행정처분을 한 후에 헌법재판소가 그 법률을 위헌으로 결정하였다면 그 행정처분은 결과적으로 법률의 근거 없이 행하여진 것과 마찬가지가 되어 하자가 있다고 할 것이나, 하자 있는 행정처분이 당연무효가 되기 위하여는 그 하자가 중대할 뿐만 아니라 명백한 것이어야 하는데, 일반적으로 법률이 헌법에 위반된다는 사정은 헌법재판소의 위헌결정이 있기 전에는 객관적으로 명백한 것이라고 할 수 없으므로 특별한 사정이 없는 한 이러한 하자는 위 행정처분의 취소사유에 해당

---

120) 대법원 2005. 11. 10. 선고 2005두5628 판결.
121) 대법원 1994. 10. 28. 선고 92누9463 판결.
122) 대법원 1993. 4. 27. 선고 92누9777 판결.

할 뿐 당연무효 사유는 아니라고 봄이 상당하다.

[2] 과세관청이 구 토지초과이득세법(1994. 12. 22. 법률 제4807
호로 개정되기 전의 것) 제4조 제5항의 규정에 근거하여 납세자가 토지를 취득한 날 이전에 발생한 토지초과이득에 대한 세금납부의무를 전소유자로부터 승계하였다고 보아 토지초과이득세 부과처분을 한 것은 신 토지초과이득세법에 의하면 법령상 근거 없이 한 것으로서 위법하다 할 것이나, 구 토지초과이득세법 제4조 제5항의 규정이 헌법불합치결정에 따라 신 토지초과이득세법 제4조 제5항으로 개정되기까지는 구 토지초과이득세법 규정이 헌법에 위반된다는 사정이 객관적으로 명백한 것이었다고 할 수는 없으므로 이는 취소사유는 될 수 있으나 당연무효 사유라고는 할 수 없다고 본 원심판결을 수긍한 사례.

* 중대·명백설에 따른 위 법리는 위헌·위법인 법규명령에 근거한 행정행위의 효력에 대해서도 동일하게 적용된다.[123]

② 헌법재판소 1994. 6. 30.자 92헌바23 결정

행정처분의 집행이 이미 종료되었고 그것이 번복될 경우 법적 안정성을 크게 해치게 되는 경우에는 후에 행정처분의 근거가 된 법규가 헌법재판소에서 위헌으로 선고된다고 하더라도 그 행정처분이 당연무효가 되지는 않음이 원칙이라고 할 것이나, 행정처분 자체의 효력이 쟁송기간 경과 후에도 존속 중인 경우, 특히 그 처분이 위헌법률에 근거하여 내려진 것이고 그 행정처분의 목적달성을 위하여서는 후행 행정처분이 필요한데 후행 행정처분은 아직 이루어지지 않은 경우와 같이 그 행정처분을 무효로 하더라도 법적 안정성을 크게 해치지 않는 반면에 그 하자가 중대하여 그 구제가 필요한 경우에 대하여서는 그 예외를 인정하여 이를 당연무효사유로 보아서 쟁송기간 경과 후에라도 무효확인을 구할 수 있는 것이라고 봐야 할 것이다. 그렇다면 관련소송사건에서 청구인이 무효확인을 구하는 행정처분의 진행정도는 마포세무서장의 압류만 있는 상태이고 그 처분의 만족을 위한 환가 및 청산이라는 행정처분은 아직 집행되지 않고 있는 경우이므로 이 사건은 위 예외에 해당되는 사례로 볼 여지가 있고, 따라서 헌법재판소로서는 위 압류처분의 근거 법규에 대하여 일응 재판의 전제성을 인정하여 그 위헌 여부에 대하여 판단하여야 할 것이다.

③ 대법원 2012. 2. 16. 선고 2010두10907 전원합의체 판결[124]

[1] [다수의견] 구 헌법재판소법(2011. 4. 5. 법률 제10546
호로 개정되기 전의 것) 제47조 제1항은 "법률의 위헌결정

---

123) 대법원 1997. 5. 28. 선고 95다15735 판결; 대법원 1995. 7. 11. 선고 94누4615 전원합의체판결 등 참조.

124) [사실관계] 원심이 일부 인용한 제1심판결 이유에 의하면, 피고는 1997. 10. 22. 원고가 구 국세기본법(1998. 12. 28. 법률 제5579호로 개정되기 전의 것, 이하 '구 국세기본법'이라고 한다) 제39조 제1항 제2호 (다)목에 규정된 제2차 납세의무자에 해당한다는 이유로 원고에게 주식회사 경성의 체납 국세에 대한 과세처분(이하 '이 사건 과세처분'이라고 한다)을 한 사실, 그런데 헌법재판소는 1998. 5.

은 법원 기타 국가기관 및 지방자치단체를 기속한다."고 규정하고 있는데, 이러한 위헌 결정의 기속력과 헌법을 최고규범으로 하는 법질서의 체계적 요청에 비추어 국가기관 및 지방자치단체는 위헌으로 선언된 법률규정에 근거하여 새로운 행정처분을 할 수 없음은 물론이고, 위헌결정 전에 이미 형성된 법률관계에 기한 후속처분이라도 그것이 새로운 위헌적 법률관계를 생성·확대하는 경우라면 이를 허용할 수 없다. 따라서 조세부과의 근거가 되었던 법률규정이 위헌으로 선언된 경우, 비록 그에 기한 과세처분이 위헌결정 전에 이루어졌고, 과세처분에 대한 제소기간이 이미 경과하여 조세채권이 확정되었으며, 조세채권의 집행을 위한 체납처분의 근거 규정 자체에 대하여는 따로 위헌결정이 내려진 바 없다고 하더라도, 위와 같은 위헌결정 이후에 조세채권의 집행을 위한 새로운 체납처분에 착수하거나 이를 속행하는 것은 더 이상 허용되지 않고, 나아가 이러한 위헌결정의 효력에 위배하여 이루어진 체납처분은 그 사유만으로 하자가 중대하고 객관적으로 명백하여 당연무효라고 보아야 한다.

[대법관 안대희, 대법관 신영철, 대법관 김용덕의 반대의견] 행정청이 어떠한 법률의 조항에 근거하여 행정처분을 한 후 헌법재판소가 그 조항을 위헌으로 결정하였다면 행정처분은 결과적으로 법률의 근거 없이 행하여진 것과 마찬가지로 되어 후발적으로 하자가 있게 된다고 할 것이나, 일반적으로 법률이 헌법에 위반된다는 사정은 헌법재판소의 위헌결정이 있기 전에는 객관적으로 명백한 것이라고 할 수 없으므로 특별한 사정이 없는 한 그러한 하자는 행정처분의 취소사유일 뿐 당연무효 사유라고 할 수 없고, 일정한 행정목적을 위하여 독립된 행위가 단계적으로 이루어진 경우 선행처분에 당연무효 또는 부존재인 하자가 있는 때를 제외하고 선행처분의 하자가 후속처분에 당연히 승계된다고 할 수는 없다. 과세처분과 압류처분은 별개의 행정처분이므로 선행처분인 과세처분이 당연무효인 경우를 제외하고는 과세처분의 하자를 이유로 후속 체납처분인 압류처분의 효력을 다툴 수 없다고 봄이 타당한 점, 압류처분 등 체납처분은 과세처분과는 별개의 행정처분으로서 과세처분 근거 규정이 직접 적용되지 않고 체납처분 관련 규정이 적용될 뿐이므로, 과세처분 근거 규정에 대한 위헌결정의 기속력은 체납처분과는 무관하고 이에 미치지 않는다고 보아야 한다는 점, 다수의견과 같이 유효한 과세처분에 대한 체납처분 절차의 진행을 금지하여 실질적으로 당해 과세처분의 효력을 부정하고 사실상 소멸시키는 데까지 위헌결정의 기속력 범위가 미친다고 새긴다면, 이는 기속력의 범위를 지나치게 확장하는 것이 되어 결과적으로 위헌결정의 소급효를 제한한 구 헌

---

28. 선고 97헌가13 결정을 통하여 구 국세기본법 제39조 제1항 제2호 (다)목이 헌법에 위반된다고 선언한 사실, 그 후 피고는 이 사건 과세처분에 따라 당시 유효하게 시행 중이던 국세징수법을 근거로 원고가 체납 중이던 체납액 및 결손액(가산세 포함)을 징수하기 위하여 2005. 10. 11. 원고 명의의 예금채권을 압류(이하 '이 사건 압류처분'이라고 한다)한 사실을 알 수 있다.

   * 이 사건 과세처분은 원고가 다투지 않아 불가쟁력이 발생하였으며(위헌결정의 효력이 미치지 않음), 과세처분의 근거인 구 국세기본법 규정에 대하여 위헌결정이 있은 후 이 사건 압류처분이 있자 원고는 이에 대해 무효라고 주장하며 행정소송을 제기하였다.

법재판소법($^{2011.\ 4.\ 5.\ 법률\ 제10546}_{호로\ 개정되기\ 전의\ 것}$) 제47조 제2항 본문의 취지에 부합하지 않는다는 점 등에 비추어 보면, 선행처분에 해당하는 과세처분에 당연무효 사유가 없고, 과세처분에 따른 체납처분의 근거 규정이 유효하게 존속하며, 외국의 일부 입법례와 같이 위헌법률의 집행력을 배제하는 명문의 규정이 없는 이상, 과세처분의 근거 규정에 대한 헌법재판소의 위헌결정이 있었다는 이유만으로 체납처분이 위법하다고 보는 다수의견에는 찬성할 수 없다.

　　[2] 갑 주식회사의 체납국세에 관하여, 과세관청이 갑 회사 최대주주와 생계를 함께 하는 직계비속 을을 구 국세기본법($^{1998.\ 12.\ 28.\ 법률\ 제5579}_{호로\ 개정되기\ 전의\ 것}$) 제39조 제1항 제2호 (다)목의 제2차 납세의무자로 보아 을에게 과세처분을 하고 처분이 확정되었는데, 이후 위 규정에 대해 헌법재판소의 위헌결정이 있었으나 과세관청이 조세채권의 집행을 위해 을의 예금채권에 압류처분을 한 사안에서, 위헌결정 이후에는 위헌법률의 종국적인 집행을 위한 국가기관의 추가적인 행위를 용납하여서는 안 된다는 전제하에 압류처분이 당연무효라고 본 원심판단의 결론이 정당하다고 한 사례.

(3) 절차에 관한 흠

행정의 능률·원활·참고 등을 위한 편의적 절차를 위반한 행위는 취소될 수 있다.

(4) 형식에 관한 흠

정당한 기관에 의한 행위임이 표시될 필요성 또는 내용의 명확성·증거확보의 필요성 등과 직접 관련이 없는 단순한 형식이 빠진 행위인 경우에는 취소될 수 있다.

3. 직권취소와 쟁송취소

(1) 개　설

행정행위를 취소할 수 있는 권한을 가진 기관에 따라 취소의 형태를 나누어보면, 처분청이나 감독청의 직권에 의하여 취소되는 직권취소와 행정심판이나 행정소송을 통하여 행정심판위원회나 법원에 의해 취소되는 쟁송취소가 있다.

(2) 직권취소와 쟁송취소의 구별

1) 목　적

직권취소의 제1차적 목적은 행정의 적법상태를 회복시키는 것이지만, 쟁송취소의 제1차적 목적은 국민의 권익구제에 있다.

2) 취소권자

직권취소의 취소권자는 처분청과 감독청인 반면에, 쟁송취소의 취소권자는 행정심판위원회와 법원이다. 다만 직권취소의 경우 감독청이 직권취소권을 가지는지에 대해서는 학설상 논란이 있으나, 정부조직법 제11조(대통령의 행
정감독권) 제2항과 지방자치법 제188조(위법·부당한 명령
이나 처분의 시정)는 입법을 통해 부분적으로 해결하였다.

3) 대　상

직권취소는 수익적 행정행위와 침익적 행정행위를 모두 대상으로 하지만, 쟁송취소는 주로 침익적 행정행위를 그 대상으로 한다.

4) 취소사유

직권취소와 행정심판에 의한 쟁송취소는 행정행위의 위법성뿐만 아니라 부당도 취소사유가 되지만, 행정소송에 의한 쟁송취소는 위법성만이 취소사유가 된다.

5) 절　차

직권취소의 경우에는 행정절차법과 개별법에서 정하고 있는 절차를 따르는 반면에, 쟁송취소의 경우에는 행정심판법과 행정소송법에서 정하고 있는 절차를 따른다.

6) 취소기간

직권취소의 경우에는 원칙적으로 취소기간의 제한이 없으나,[125] 쟁송취소의 경우에는 행정행위의 불가쟁력으로 인하여 쟁송제기 기간의 제한을 받는다(행정심판법 제27조,
행정소송법 제20조).

7) 효　과

수익적 행정행위를 직권취소하는 경우에는 상대방의 신뢰보호를 위해 소급효를 가급적 제한하는 반면에(장래효), 쟁송취소의 경우에는 소급효가 강하게 요구된다. 또한 직권취소에는 불가변력이 인정되지 않지만, 행정심판에 의한 쟁송취소(재결)에는 불가변력이 발생한다.

8) 취소의 범위

직권취소는 행정목적을 실현하기 위해 필요한 경우 행정행위의 적극적인 변경을 할 수 있지만, 행정소송에 의한 쟁송취소의 경우 소극적인 변경(일부
취소)만 가능하다는

---

125) 그러나 실권의 법리가 적용될 수 있다.

것이 다수설과 판례의 입장이다. 다만 행정심판에 의한 쟁송취소에서는 행정행위의 적극적인 변경이 가능하다(행정심판법 제43조 제3항).

4. 취소의 법적 근거

행정행위의 취소는 그 성립에 흠이 있는 행정행위의 효력을 소멸시킴으로써 적법상태를 회복시키는 것이므로 법적 근거가 불필요하다는 것이 다수설과 판례[126]이다.

5. 취소의 절차

행정행위의 직권취소에 관하여 개별법에 특별한 규정이 있는 경우에는 그에 따라야 한다(하천법 제91조, 도로법 제101조 등). 개별법에 별도의 규정이 없는 경우에도 직권취소는 독립한 행정행위이므로 행정절차법에서 정한 처분의 방식과 절차에 따라야 한다. 특히 수익적 행정행위의 취소는 침익적 행정행위의 성질을 가지므로 행정절차법이 정하는 바에 따라 처분의 사전통지(제21조) · 의견청취(제22조) · 처분의 이유제시(제23조) 등의 절차가 요구된다.

6. 취소권의 제한

(1) 개 설

주로 침익적 행정행위를 대상으로 하는 쟁송취소의 경우에는 사정재결이나 사정판결의 경우를 제외하고는 행정행위에 흠이 존재하면 원칙적으로 취소를 하여야 하기 때문에 취소권의 제한이 문제되지 않는다. 따라서 취소권의 제한은 수익적 행정행위에 대한 직권취소의 경우에 문제가 된다.

(2) 취소권 제한의 원칙

취소권은 특별한 경우를 제외하고는 재량행위로서의 성질을 갖는 것이 통상적이다. 종래에는 행정청이 위법한 행정행위를 자유롭게 취소할 수 있다는 것이 일반적이었으나, 오늘날에는 취소권의 행사에도 일정한 제한이 따른다는 것이 당연하게 받아들여지고 있다. 행정청이 취소권 행사에 관한 재량적 판단을 함에 있어서는 반

---

126) 대법원 2006. 5. 25. 선고 2003두4669 판결.

드시 ① 법치주의·법률적합성, ② 신뢰보호·법적 안정성을 비교형량하여 결정하여야 한다. 행정기본법 제18조 제2항 본문에서도 "당사자에게 권리나 이익을 부여하는 처분을 취소하려는 경우에는 취소로 인하여 당사자가 입게 될 불이익을 취소로 달성되는 공익과 비교·형량하여야 한다."고 규정하여 이 점을 분명히 밝히고 있다.

① 대법원 2017. 6. 15. 선고 2014두46843 판결

일정한 행정처분으로 국민이 일정한 이익과 권리를 취득하였을 경우에 종전 행정처분에 하자가 있음을 전제로 직권으로 이를 취소하는 행정처분은 이미 취득한 국민의 기존 이익과 권리를 박탈하는 별개의 행정처분으로, 취소될 행정처분에 하자가 있어야 하고, 나아가 행정처분에 하자가 있다고 하더라도 취소해야 할 공익상 필요와 취소로 당사자가 입게 될 기득권과 신뢰보호 및 법률생활 안정의 침해 등 불이익을 비교·교량한 후 공익상 필요가 당사자가 입을 불이익을 정당화할 만큼 강한 경우에 한하여 취소할 수 있는 것이며, 하자나 취소해야 할 필요성에 관한 증명책임은 기존 이익과 권리를 침해하는 처분을 한 행정청에 있다.

② 대법원 2004. 7. 22. 선고 2003두7606 판결

수익적 행정처분을 취소 또는 철회하거나 중지시키는 경우에는 이미 부여된 그 국민의 기득권을 침해하는 것이 되므로, 비록 취소 등의 사유가 있다고 하더라도 그 취소권 등의 행사는 기득권의 침해를 정당화할 만한 중대한 공익상의 필요 또는 제3자의 이익 보호의 필요가 있는 때에 한하여 상대방이 받는 불이익과 비교·교량하여 결정하여야 하고, 그 처분으로 인하여 공익상의 필요보다 상대방이 받게 되는 불이익 등이 막대한 경우에는 재량권의 한계를 일탈한 것으로서 그 자체가 위법하다.

(3) 취소권의 제한 사유

취소권이 제한되는 구체적인 사유로는 ① 수익적 행정행위에서 기득권을 존중할 필요가 있는 경우, ② 재결과 같이 불가변력이 발생한 행위, ③ 인가와 같이 사인의 법률행위를 완성시켜 주는 행위, ④ 공무원 임명, 귀화허가 등과 같은 포괄적 신분설정행위, ⑤ 행정청이 취소사유를 알고도 장기간 취소권을 행사하지 않음으로써 해당 행위가 취소되지 않을 것이라는 신뢰가 형성된 경우(실권의 법리에 따른 취소권의 소멸),127) ⑥ 취소를 통해 상대방이나 국가재정에 초래되는 경제적인 효과, ⑦ 흠의 치유나 전환이 가능

---

127) 독일 행정절차법은 행정청이 취소원인을 안 때로부터 1년 이내에 취소권을 행사할 수 있도록 규정하고 있다(제48조 제4항).

한 경우 등이 있다.

대법원 2019. 10. 17. 선고 2018두104 판결

수익적 행정처분에 대한 취소권 등의 행사는 기득권의 침해를 정당화할 만한 중대한 공익상의 필요 또는 제3자의 이익보호의 필요가 있는 때에 한하여 허용될 수 있다는 법리는, 처분청이 수익적 행정처분을 직권으로 취소·철회하는 경우에 적용되는 법리일 뿐 쟁송취소의 경우에는 적용되지 않는다.

(4) 취소권이 제한되지 않는 경우

행정행위의 흠이 상대방의 귀책사유로 인한 경우에는 상대방의 신뢰보호의 필요보다 취소하여야 할 공익이 더 크다. 이와 관련하여 행정기본법은 ① 거짓이나 그 밖의 부정한 방법으로 처분을 받은 경우, ② 당사자가 처분의 위법성을 알고 있었거나 중대한 과실로 알지 못한 경우를 규정하고 있다(제18조 제2항 단서).

이와 반대로 행정행위의 흠이 행정청의 귀책사유로 인한 경우에는 상대방의 신뢰보호의 필요가 강하게 요구된다.

대법원 2002. 2. 5. 선고 2001두5286 판결

[1] 행정처분에 하자가 있음을 이유로 처분청이 이를 취소하는 경우에도 그 처분이 국민에게 권리나 이익을 부여하는 처분인 때에는 그 처분을 취소하여야 할 공익상의 필요와 그 취소로 인하여 당사자가 입게 될 불이익을 비교교량한 후 공익상의 필요가 당사자가 입을 불이익을 정당화할 만큼 강한 경우에 한하여 취소할 수 있는 것이지만, 그 처분의 하자가 당사자의 사실은폐나 기타 사위의 방법에 의한 신청행위에 기인한 것이라면 당사자는 그 처분에 의한 이익이 위법하게 취득되었음을 알아 그 취소가능성도 예상하고 있었다고 할 것이므로 그 자신이 위 처분에 관한 신뢰이익을 원용할 수 없음은 물론 행정청이 이를 고려하지 아니하였다고 하여도 재량권의 남용이 되지 않는다.

[2] 허위의 고등학교 졸업증명서를 제출하는 사위의 방법에 의한 하사관 지원의 하자를 이유로 하사관 임용일로부터 33년이 경과한 후에 행정청이 행한 하사관 및 준사관 임용취소처분이 적법하다고 한 사례.

7. 취소의 효과

(1) 소급효 여부

행정행위의 취소는 그 성립 당시의 흠을 이유로 하는 것이므로 성립 당시로 소급하여 효력이 발생하는 것이 원칙이다. 그러나 수익적 행정행위의 직권취소와 같이 당사자의 신뢰를 보호할 가치가 있는 등 정당한 사유가 있는 경우에는 장래를 향하여 취소할 수 있다(행정기본법 제18조 제1항 단서).

(2) 손실보상의 문제

수익적 행정행위가 상대방의 귀책사유와 무관한 흠으로 행정청에 의해 취소되는 경우 그로 인한 상대방의 손실을 보상하여야 한다는 논의가 있다.[128] 우리나라와는 달리 독일 행정절차법은 이를 명문으로 규정하고 있다(제48조 제3항).

8. 취소의 흠

(1) 문제의 소재

행정행위에 대한 행정청의 직권취소는 그 자체로 독립한 행정행위이다. 따라서 직권취소에 흠이 있으면 그 정도에 따라 무효 또는 취소사유가 된다. 이처럼 직권취소가 무효가 되거나 다시 취소된 경우 원래의 행정행위의 효력이 문제된다.

(2) 직권취소가 무효인 경우

직권취소에 중대하고 명백한 흠이 있으면 그 취소처분은 당연무효이며 처음부터 취소의 효력이 발생하지 않는다. 이 경우 원행정행위는 취소된 것이 아니므로 그대로 존속하는 것이다.

(3) 직권취소가 취소된 경우

1) 학설의 대립

학설은 ① 원행정행위는 직권취소에 의해 확정적으로 효력을 상실하므로 직권취소를 다시 취소하더라도 원행정행위의 효력은 회복되지 않는다는 부정설과[129] ② 직권취소도 성질상 하나의 독립한 행정행위의 일종이므로 취소사유가 있으면 당연히 이를 취소할 수 있으며, 이 경우 원행정행위의 효력이 회복된다는 긍정설, ③ 침익적 행정행위는 부정설이 타당하지만 수익적 행정행위는 긍정설이 타당하다는 절충설로 대립하고 있다. 판례는 절충설에 가까운 입장으로 보인다.

---

128) 김남진/김연태(356면).

129) 이 견해에 의하면, 직권취소에 흠이 있어서 원행정행위의 효력을 회복시킬 필요가 있는 경우에는 원행정행위와 동일한 내용의 새로운 행정행위를 하여야 한다고 본다.

2) 판례의 태도

① 대법원 1995. 3. 10. 선고 94누7027 판결

국세기본법 제26조 제1호는 부과의 취소를 국세납부의무 소멸사유의 하나로 들고 있으나, 그 부과의 취소에 하자가 있는 경우의 부과의 취소의 취소에 대하여는 법률이 명문으로 그 취소요건이나 그에 대한 불복절차에 대하여 따로 규정을 둔 바도 없으므로, 설사 부과의 취소에 위법사유가 있다고 하더라도 당연무효가 아닌 한 일단 유효하게 성립하여 부과처분을 확정적으로 상실시키는 것이므로, 과세관청은 부과의 취소를 다시 취소함으로써 원부과처분을 소생시킬 수는 없고 납세의무자에게 종전의 과세대상에 대한 납부의무를 지우려면 다시 법률에서 정한 부과절차에 좇아 동일한 내용의 새로운 처분을 하는 수밖에 없다.

② 대법원 2002. 5. 28. 선고 2001두9653 판결

구 병역법($^{1999.\ 2.\ 5.\ 법률\ 제5757}_{호로\ 개정되기\ 전의\ 것}$) 제5조, 제8조, 제12조, 제14조, 제62조, 제63조, 제65조의 규정을 종합하면, 지방병무청장이 재신체검사 등을 거쳐 현역병입영대상편입처분을 보충역편입처분이나 제2국민역편입처분으로 변경하거나 보충역편입처분을 제2국민역편입처분으로 변경하는 경우 비록 새로운 병역처분의 성립에 하자가 있다고 하더라도 그것이 당연무효가 아닌 한 일단 유효하게 성립하고 제소기간의 경과 등 형식적 존속력이 생김과 동시에 종전의 병역처분의 효력은 취소 또는 철회되어 확정적으로 상실된다고 보아야 할 것이므로 그 후 새로운 병역처분의 성립에 하자가 있었음을 이유로 하여 이를 취소한다고 하더라도 종전의 병역처분의 효력이 되살아난다고 할 수 없다.

③ 대법원 1997. 1. 21. 선고 96누3401 판결

행정처분이 취소되면 그 소급효에 의하여 처음부터 그 처분이 없었던 것과 같은 효과를 발생하게 되는바, 행정청이 의료법인의 이사에 대한 이사취임승인취소처분(제1처분)을 직권으로 취소(제2처분)한 경우에는 그로 인하여 이사가 소급하여 이사로서의 지위를 회복하게 되고, 그 결과 위 제1처분과 제2처분 사이에 법원에 의하여 선임결정된 임시이사들의 지위는 법원의 해임결정이 없더라도 당연히 소멸된다.

9. 제3자효 행정행위의 취소

제3자효 행정행위는 다면적 법률관계를 형성하므로 이익형량의 범위가 확대된다.

(1) 상대방에게는 수익적이지만 제3자에게는 침익적인 경우

가령, 상대방에게는 수익적이지만 제3자에게는 침익적인 효과가 발생하는 제3자효적 행정행위에 대해 행정청이 취소하는 경우에는 ① 취소를 통해 추구하고자 하는 공익과 ② 취소로 인해 피해를 입게 되는 상대방의 신뢰이익, ③ 취소로 인해 제3자가 얻게 되는 이익 등 3면 관계를 모두 고려하여야 한다. 이 경우, 불가쟁력이 발생되기 전에는 상대방은 제3자의 행정쟁송을 충분히 예견할 수 있으므로 신뢰보호의 관점에서 직권취소의 제한을 주장할 수 없지만, 불가쟁력이 발생한 이후에는 위법한 수익적 행정행위에 대한 신뢰보호를 주장할 수 있다는 견해[130]가 있다.

(2) 상대방에게는 침익적이지만 제3자에게는 수익적인 경우

반대로 상대방에게는 침익적이지만 제3자에게는 수익적 효과가 발생하는 제3자효적 행정행위인 경우에도 공공복리 및 제3자의 이익보호의 견지에서 그 취소가 제한될 수 있다.[131]

Ⅲ. 행정행위의 철회

> **행정기본법 제19조(적법한 처분의 철회)** ① 행정청은 적법한 처분이 다음 각 호의 어느 하나에 해당하는 경우에는 그 처분의 전부 또는 일부를 장래를 향하여 철회할 수 있다.
> 1. 법률에서 정한 철회 사유에 해당하게 된 경우
> 2. 법령등의 변경이나 사정변경으로 처분을 더 이상 존속시킬 필요가 없게 된 경우
> 3. 중대한 공익을 위하여 필요한 경우
> ② 행정청은 제1항에 따라 처분을 철회하려는 경우에는 철회로 인하여 당사자가 입게 될 불이익을 철회로 달성되는 공익과 비교·형량하여야 한다.

1. 철회의 의의

행정행위의 철회란 행정행위의 성립 당시 흠 없이 유효하게 성립된 행정행위를 시후에 발생한 시유에 의해서 행정기관이 장래를 항히여 그 효력을 소멸시키는 행정행위이다. 실제에 있어서는 철회보다는 취소라는 용어로 많이 사용되고 있다.

2. 철회와 취소의 구별

(1) 권한자

취소의 경우에는 처분청·감독청·행정심판위원회·법원이 취소권자가 되는 반면에 철회는 처분청만이 철회권자가 될 수 있다.

---

130) 정하중/김광수(289면).
131) 김동희(362면).

(2) 사 유

취소사유는 행정행위의 원시적 흠으로서 무효원인이 아닌 흠인데 반하여 철회사유는 행정행위에 발생한 후발적인 새로운 사정이다.

(3) 절 차

직권취소의 경우에는 직권에 의하여 취소될 수 있으며, 쟁송취소의 경우에는 행정상 쟁송절차에 따른다. 반면에 철회는 직권에 의해 철회될 수 있다.

(4) 제 한

쟁송취소는 제한을 받지 않는 반면에 직권취소는 행정법의 일반원칙에 의해서 제약을 받게 된다. 철회의 경우에는 침익적 행정행위의 철회는 제한을 받지 않는데 반하여 수익적 행정행위의 철회는 행정법의 일반원칙에 의한 제약을 받는다.

(5) 효 과

취소는 원칙상 소급효가 인정이 되지만, 당사자의 귀책사유에 기하지 않는 경우에는 당사자에게 불리하게 소급하지 않는다. 철회의 경우에는 소급효가 인정되지 않고 장래를 향해서만 효력이 발생한다.

(6) 손실보상(행정책임)

취소의 경우에는 행정청이 상대방에 대하여 손실보상을 할 필요성이 크지 않지만, 철회의 경우에는 상대방의 귀책사유가 없는 한 손실보상(행정책임)을 하여야 한다.

대법원 2003. 5. 30. 선고 2003다6422 판결

[1] 행정행위의 취소는 일단 유효하게 성립한 행정행위를 그 행위에 위법 또는 부당한 하자가 있음을 이유로 소급하여 그 효력을 소멸시키는 별도의 행정처분이고, 행정행위의 철회는 적법요건을 구비하여 완전히 효력을 발하고 있는 행정행위를 사후적으로 그 행위의 효력의 전부 또는 일부를 장래에 향해 소멸시키는 행정처분이므로, 행정행위의 취소사유는 행정행위의 성립 당시에 존재하였던 하자를 말하고, 철회사유는 행정행위가 성립된 이후에 새로이 발생한 것으로서 행정행위의 효력을 존속시킬 수 없는 사유를 말한다.

[2] 행정청이 종교단체에 대하여 기본재산전환인가를 함에 있어 인가조건을 부가하고 그 불이행시 인가를 취소할 수 있도록 한 경우, 인가조건의 의미는 철회권을 유보한 것이라고 본 사례.

3. 철회의 법적 근거

침익적 행정행위의 철회에 대해서는 철회행위 자체가 상대방에게 수익적이므로 철회사유가 존재하는 경우 법적 근거가 없더라도 철회할 수 있다고 보는 것이 일반적이다. 그러나 수익적 행정행위의 철회와 관련하여 법적 근거를 필요로 하는가에 대해 학설의 대립이 있다. 여기에는 ① 법적 근거가 필요하지 않다는 근거불요설과 ② 법적 근거가 필요하다는 근거필요설[132]이 주장되고 있다. 다수설과 판례는 근거불요설의 입장이다.

대법원 2017. 3. 15. 선고 2014두41190 판결

행정행위를 한 처분청은 비록 처분 당시에 별다른 하자가 없었고, 처분 후에 이를 철회할 별도의 법적 근거가 없더라도 원래의 처분을 존속시킬 필요가 없게 된 사정변경이 생겼거나 중대한 공익상 필요가 발생한 경우에는 그 효력을 상실케 하는 별개의 행정행위로 이를 철회할 수 있다. 다만 수익적 행정행위를 취소 또는 철회하거나 중지시키는 경우에는 이미 부여된 국민의 기득권을 침해하는 것이 되므로, 비록 취소 등의 사유가 있다고 하더라도 그 취소권 등의 행사는 기득권의 침해를 정당화할 만한 중대한 공익상의 필요 또는 제3자의 이익을 보호할 필요가 있고, 이를 상대방이 받는 불이익과 비교·교량하여 볼 때 공익상의 필요 등이 상대방이 입을 불이익을 정당화할 만큼 강한 경우에 한하여 허용될 수 있다.

4. 철회의 원인

행정기본법 제19조 제1항은 철회의 사유로 ① 법률에서 정한 철회 사유에 해당하게 된 경우($^제1_호$), ② 법령등의 변경이나 사정변경으로 처분을 더 이상 존속시킬 필요가 없게 된 경우($^제2_호$), ③ 중대한 공익을 위하여 필요한 경우($^제3_호$)를 규정하고 있다. 행정기본법이 제정되기 전에 학설과 판례에서 논의된 철회권의 유보는 제2호의 한 유형으로 볼 수 있다.[133]

---

132) 근거필요설은 이미 부여된 수익적 행정행위를 철회하는 것은 결과적으로 국민의 기본권의 행사를 침해하는 면을 가지므로 적어도 공익상의 필요를 이유로 행해지는 수익적 행정행위의 철회에는 법률의 근거가 필요하다는 점을 그 논거로 들고 있다. 김남진/김연태(363면).

133) 행정기본법이 제정되기 전에는 철회권이 인정될 수 있는 원인으로 ① 행정행위가 성립된 이후에 그 행정행위의 효력을 존속시킬 수 없는 새로운 사정의 발생, ② 철회권의 유보에 있어서 유보된 사실의 발생, ③ 법령의 개정 등의 사정의 변경, ④ 기타 공익상의 필요 등이 학설과 판례상 논의되었다.

대법원 2005. 4. 29. 선고 2004두11954 판결

이른바 수익적 행정행위의 철회는 그 처분 당시 별다른 하자가 없었음에도 불구하고 사후적으로 그 효력을 상실케 하는 행정행위이므로, 법령에 명시적인 규정이 있거나 행정행위의 부관으로 그 철회권이 유보되어 있는 등의 경우가 아니라면, 원래의 행정행위를 존속시킬 필요가 없게 된 사정변경이 생겼거나 또는 중대한 공익상의 필요가 발생한 경우 등의 예외적인 경우에만 허용된다고 할 것이다.

5. 철회의 절차

행정행위를 철회하는 경우에는 행정절차법이 정한 처분의 방식과 절차를 준수하여야 한다. 특히 수익적 행정행위의 철회는 침익적 행정행위의 성질을 가지므로 행정절차법이 정하는 바에 따라 처분의 사전통지($\frac{제21}{조}$) · 의견청취($\frac{제22}{조}$) · 처분의 이유제시($\frac{제23}{조}$) 등의 절차가 요구된다.

6. 철회권의 제한

(1) 침익적 행정행위

침익적 행정행위의 철회는 상대방에게 이익이 되므로 불가변력이 발생한 경우를 제외하고는 행정청이 당해 행정행위를 자유롭게 철회할 수 있는 것이 원칙이다.[134] 다만 이 경우에도 ① 제3자효적 행정행위로서 이로 인해 제3자가 법률상 이익을 받고 있는 경우에는 철회를 통해 달성하고자 하는 공익과 그로 인해 침해되는 제3자의 이익을 구체적으로 비교형량하여야 하며, ② 당해 행위를 철회하더라도 동일한 행위를 반복하여야 하는 기속행위의 경우에는 철회할 수 없다.[135]

(2) 수익적 행정행위

1) 철회권 제한의 원칙

수익적 행정행위의 철회는 공익상의 요청과 당사자의 신뢰보호 및 법적 안정성 등을 비교형량하여 신중하게 결정하여야 한다. 취소는 흠 있는 행정행위를 대상으로 하는 반면에 철회는 적법한 행정행위를 대상으로 하기 때문에 엄격한 제한이 가

---

134) 그러나 철회는 행정행위를 한 후에 발생한 새로운 사유와 관련하여 행하여지고, 내용적으로는 새로운 행정행위를 하는 것과 같은 의미를 가지는 것이라는 점에서 불가변력을 철회의 일반적 제한사유로 보는 것에 대하여 의문을 제기하는 견해도 있다. 김동희(369면).

135) 상게서(370면).

해야져 할 것이다. 행정기본법 제19조 제2항에서는 "처분을 철회하려는 경우에는 철회로 인하여 당사자가 입게 될 불이익을 철회로 달성되는 공익과 비교·형량하여야 한다."고 명시하고 있다.

한편 프랑스에서는 기득권이 발생하지 않았을 때는 자유롭게 철회할 수 있지만, 기득권이 발생하였을 때에는 상위규범(^{행정규칙}포함)이 정하는 경우와 형식에 따라서만 철회가 가능하다.

2) 실권의 법리

만일 행정청이 철회사유가 있음을 알면서 장기간 철회권을 행사하지 않는 경우에는 실권의 법리에 따라 철회권 행사가 제한될 수 있다.[136]

7. 철회의 효과

(1) 장래효

철회의 효과는 장래를 향하여 발생하는 것이 원칙이다. 이와 달리 철회의 효과를 소급하여 발생시키기 위해서는 별도의 법적 근거가 필요하다는 것이 판례의 입장이다. 행정기본법에서도 행정청은 적법한 처분의 전부 또는 일부를 장래를 향하여 철회할 수 있다고 규정하고 있다(제19조 제1항).

대법원 2018. 6. 28. 선고 2015두58195 판결

영유아보육법 제30조 제5항 제3호에 따른 평가인증의 취소는 평가인증 당시에 존재하였던 하자가 아니라 그 이후에 새로이 발생한 사유로 평가인증의 효력을 소멸시키는 경우에 해당하므로, 법적 성격은 평가인증의 '철회'에 해당한다. 그런데 행정청이 평가인증을 철회하면서 그 효력을 철회의 효력발생일 이전으로 소급하게 하면, 철회 이전의 기간에 평가인증을 전제로 지급한 보조금 등의 지원이 그 근거를 상실하게 되어 이를 반환하여야 하는 법적 불이익이 발생한다. 이는 장래를 향하여 효력을 소멸시키는 철회가 예정한 법적 불이익의 범위를 벗어나는 것이다. 이처럼 행정청이 평가인증이 이루어진 이후에 새로이 발생한 사유를 들어 영유아보육법 제30조 제5항에 따라 평가인증을 철회하는 처분을 하면서도, 평가인증의 효력을 과거로 소급하여 상실시키기 위해서는, 특별한 사정이 없는 한 영유아보육법 제30조 제5항과는 별도의 법적 근거가 필요하다.

---

136) 독일 행정절차법은 수익적 행정행위의 철회는 그 사실을 안 날로부터 1년 이내에 철회권을 행사하도록 규정하고 있다(제49조 제2항).

(2) 손실보상의 문제

수익적 행정행위가 상대방의 귀책사유와 관계없이 공익상의 필요 등에 의해 철회가 되는 경우에는 헌법상 정당한 보상의 필요성이 인정되므로, 행정청은 상대방의 손실을 보상하여야 한다. 이와 관련하여 개별 법률에서 보상규정을 두기도 한다.[137]

참고로 현재 추진 중인 행정기본법 개정안 제19조의2에서는 위법 또는 부당한 수익적 처분(인허가 등 당사자에게 권리나 이익을 부여하는 처분)을 취소하거나 적법한 수익적 처분을 법령등의 변경이나 사정변경 또는 중대한 공익상 필요를 이유로 철회하는 경우, 이에 대한 손실보상의 일반적인 근거를 마련하고 있다.[138]

[개정안] **행정기본법 제19조의2(취소 또는 철회의 손실보상)** ① 행정청은 제18조 제1항에 따라 처분(인허가 등 당사자에게 권리나 이익을 부여하는 처분만 해당한다. 이하 이 항에서 같다)을 취소하거나 제19조 제1항 제2호 또는 제3호에 해당하는 사유로 처분을 철회한 경우로서 다음 각 호의 요건을 모두 충족하는 경우에는 법률로 정하는 바에 따라 손실보상을 한다.
  1. 처분의 취소 또는 철회로 당사자에게 재산상 손실이 발생하였을 것
  2. 당사자의 신뢰가 보호할 가치가 있을 것
  3. 당사자에게 처분의 취소 또는 철회에 대한 귀책사유가 없을 것
② 제1항에 따른 손실보상의 근거가 되는 법률에는 다음 각 호의 사항을 규정하여야 한다.
  1. 손실보상의 대상과 범위
  2. 손실보상금의 산정기준(손익상계에 관한 사항을 포함한다)
  3. 손실보상금의 지급방법과 절차

---

8. 철회신청권의 문제

행정행위가 발해진 후 사정변경이 있거나 중대한 공익상의 필요가 발생한 경우 처분청은 별도의 법적 근거가 없이도 이를 철회할 수 있으나, 행정행위의 상대방이나 이해관계인에게는 그 철회·변경을 요구할 권리(신청권)가 인정되지 않는 것이 원칙이다[판례 ①]. 그러나 행정행위를 철회하지 않으면 상대방이나 이해관계인의

---

137) 국유재산법 제36조(사용허가의 취소와 철회) ② 중앙관서의 장은 사용허가한 행정재산을 국가나 지방자치단체가 직접 공용이나 공공용으로 사용하기 위하여 필요하게 된 경우에는 그 허가를 철회할 수 있다.
  ③ 제2항의 경우에 그 철회로 인하여 해당 사용허가를 받은 자에게 손실이 발생하면 그 재산을 사용할 기관은 대통령령으로 정하는 바에 따라 보상한다.
138) 행정기본법에서 직접 손실보상을 인정할 경우 행정법 전반에 미치는 파급력과 재정적 부담이 큰 문제가 있어 개별법에 근거를 두는 경우에만 손실보상을 인정하는 개별법주의를 취하고 있다.

권리를 침해하는 경우에는 예외적으로 당해 행정행위의 철회를 신청할 권리가 인정
된다[판례 ②].

① 대법원 1997. 9. 12. 선고 96누6219 판결

　　[1] 국민의 적극적 행정행위의 신청에 대하여 행정청이 그 신청에 따른 행정행위를
하지 않겠다고 거부한 행위가 항고소송의 대상이 되는 거부처분에 해당하려면 그 국민
에게 신청에 따른 행정행위를 하여 달라고 요구할 수 있는 법규상 또는 조리상의 신청
권이 있어야 한다.

　　[2] 도시계획법령이 토지형질변경행위허가의 변경신청 및 변경허가에 관하여 아무런
규정을 두지 않고 있을 뿐 아니라, 처분청이 처분 후에 원래의 처분을 그대로 존속시킬
필요가 없게 된 사정변경이 생겼거나 중대한 공익상의 필요가 발생한 경우에는 별도의
법적 근거가 없어도 별개의 행정행위로 이를 철회·변경할 수 있지만 이는 그러한 철
회·변경의 권한을 처분청에게 부여하는 데 그치는 것일 뿐 상대방 등에게 그 철회·
변경을 요구할 신청권까지를 부여하는 것은 아니라 할 것이므로, 이와 같이 법규상 또
는 조리상의 신청권이 없이 한 국민들의 토지형질변경행위 변경허가신청을 반려한 당
해 반려처분은 항고소송의 대상이 되는 처분에 해당되지 않는다.

② 대법원 2017. 3. 15. 선고 2014두41190 판결

　　건축허가는 대물적 성질을 갖는 것이어서 행정청으로서는 허가를 할 때에 건축주 또
는 토지 소유자가 누구인지 등 인적 요소에 관하여는 형식적 심사만 한다. 건축주가 토
지 소유자로부터 토지사용승낙서를 받아 그 토지 위에 건축물을 건축하는 대물적 성질
의 건축허가를 받았다가 착공에 앞서 건축주의 귀책사유로 해당 토지를 사용할 권리를
상실한 경우, 건축허가의 존재로 말미암아 토지에 대한 소유권 행사에 지장을 받을 수
있는 토지 소유자로서는 건축허가의 철회를 신청할 수 있다고 보아야 한다. 따라서 토
지 소유자의 위와 같은 신청을 거부한 행위는 항고소송의 대상이 된다.

Ⅳ. 행정행위의 실효

1. 실효의 의의

　행정행위의 실효란 아무런 흠이 없이 유효하게 성립한 행정행위가 행정청의 의
사표시에 의하지 않고 일정한 사실의 발생에 의하여 당연히 그 효력이 소멸되는 것
을 말한다.

2. 실효의 원인

실효의 원인으로는 ① 행정행위의 대상의 소멸(상대방의 사망·), ② 해제조건의 성취 또는 종기의 도래, ③ 목적의 달성 등을 들 수 있다.

3. 실효의 효과

행정행위의 실효사유가 발생하면 행정청의 특별한 의사표시를 기다리지 않고 그 때부터 장래를 향하여 당연히 효력이 소멸된다.

대법원 1981. 7. 14. 선고 80누593 판결

청량음료 제조업허가는 신청에 의한 처분이고, 이와 같이 신청에 의한 허가처분을 받은 원고가 그 영업을 폐업한 경우에는 그 영업허가는 당연 실효되고, 이런 경우 허가 행정청의 허가취소처분은 허가의 실효됨을 확인하는 것에 불과하므로 원고는 그 허가취소처분의 취소를 구할 소의 이익이 없다고 할 것이다.

제 3 장 행정계획

제 1 절 행정계획의 의의 및 필요성

Ⅰ. 행정계획의 의의

행정계획이란 장래 일정기간 내에 도달해야 할 특정한 행정목표를 설정하고 그 목표를 달성하기 위하여 여러 가지 수단을 조정·통합하는 작용 또는 그 활동기준을 말한다. 행정계획은 현대 복지국가 이전에도 존재하였지만, 20세기에 들어와서 행정의 장기성·종합성을 요하는 시대적 배경에 따라 새롭게 등장하였다.

대법원 2007. 4. 12. 선고 2005두1893 판결

행정계획이라 함은 행정에 관한 전문적·기술적 판단을 기초로 하여 도시의 건설·정비·개량 등과 같은 특정한 행정목표를 달성하기 위하여 서로 관련되는 행정수단을 종합·조정함으로써 장래의 일정한 시점에 있어서 일정한 질서를 실현하기 위한 활동기준으로 설정된 것이다.

Ⅱ. 행정계획의 필요성

행정계획의 등장배경 또는 필요성은 다음과 같다. ① 국가기능 중에서 사회형성적 활동의 기능이 강화됨에 따라 장기적·종합적 판단과 활동의 기준이 필요했고, ② 다원적 사회구조와 자원의 유한성으로 이해관계의 조정 및 행정수요에 대한 효율적 대응이 필요했으며, ③ 과학기술의 발달로 장래 예측에 대한 정확도가 향상되었다.

제 2 절 행정계획의 종류

I. 종합계획 · 부문별계획

행정계획의 범위에 따른 분류로서, 계획의 대상이 종합적 · 전체적 사업에 관한 것을 종합계획 또는 전체계획이라 하고, 특정 지역 또는 특정 사업에 관한 계획을 부문별계획이라 한다. 종합계획의 예로는 국토종합계획, 도시 · 군기본계획, 장기경제계획, 장기사회계획 등이 있고, 부문별계획의 예로는 지구단위계획, 도로정비계획, 특정지역개발계획 등이 있다.

II. 장기계획 · 중기계획 · 연도별계획

행정계획의 계획기간에 따른 분류로서, 일반적으로 6년 이상을 요하는 계획을 장기계획, 2년에서 5년을 요하는 계획을 중기계획, 1년을 요하는 계획을 연도별계획이라 한다.

III. 지역계획 · 비지역계획

행정계획의 지역성 여부에 따른 분류로서, 국토종합계획, 도시 · 군관리계획, 수도권정비계획 등은 전자에, 교육진흥계획, 체육진흥계획, 민방위기본계획은 후자에 해당한다.

IV. 상위계획 · 하위계획

다른 계획의 기준이 되는지의 여부에 따른 구분으로서, 상위계획은 기본계획으로, 하위계획은 시행계획이라고도 한다. 국토종합계획은 지역계획에 있어 다른 법령에 의한 건설계획에 우선하고 그 기본이 되는 상위계획이다. 도시 · 군기본계획은 광역도시계획의 하위계획이며(국토의 계획 및 이용에 관한 법률 제4조 제3항), 도시 · 군관리계획은 도시 · 군기본계획의 하위계획이다(국토의 계획 및 이용에 관한 법률 제25조 제1항).

V. 구속적 계획 · 비구속적 계획

행정계획의 법적 구속력에 따른 분류로서, 일반 국민 또는 관계 행정기관에 대하여 구속력을 가지는 계획을 구속적 계획이라 한다.[1] 이와 달리 국민에게 단순히 정보를 제공하거나 보조금 · 장려금 지급과 같은 조성적 수단을 통하여 국민을 일정 방향으로 이끄는 계획을 비구속적 계획이라 한다.

구속적 계획은 법률의 근거를 필요로 하지만, 비구속적 계획은 법률의 근거를 요하지 않는다.

제 3 절 행정계획의 법적 성질

I. 개 설

행정계획은 특유한 법적 형태를 갖는 것이 아니다. 따라서 행정계획이 항고소송의 대상에 해당하는가의 여부에 대해 논란이 있다. 즉, 행정소송법에 의하여 항고소송의 제기는 '처분'에 한하여 가능하기 때문에 행정계획에 처분성이 인정되는가의 문제이다. 특히 도시관리계획에 대한 법적 성질이 법원에서 문제가 되었던 바 있다.

II. 학설의 대립

1. 입법행위설

행정계획은 행정객체에 대하여 직접적이고 구체적인 권리 · 의무를 발생시키지 않으므로 일반 · 추상적 규범을 정립하는 입법행위로 보는 견해이다.

2. 행정행위설

행정계획을 행정법상 법률관계의 구체적 변동을 가져오는 행정행위의 일종으로

---

[1] 일반 국민에 대하여 구속력을 갖는 계획으로는 도시 · 군관리계획이 있으며, 관계 행정기관에 대해 구속력을 갖는 계획에는 예산운용계획이 있다.

이해하는 입장이다.

3. 독자성설

행정계획은 고도의 구체성을 포함하고 있기 때문에 추상적 규범정립작용인 행정입법에 해당하지 않으며, 그렇다고 개인의 권리에 직접 영향을 미치는 행정행위에 해당하지도 않기 때문에 행정계획으로서의 독자적 성질을 가진다는 견해이다.

4. 개별성질설

행정계획에는 ① 국토종합계획, 민방위기본계획 등과 같은 규칙의 성질을 가지는 계획, ② 도시·군관리계획, 토지정리사업계획 등과 같은 처분적 성질을 가지는 계획, ③ 교통진흥계획, 체육진흥계획 등과 같은 행정지도적 성질을 가지는 계획 등이 있다. 따라서 행정계획의 법적 성질을 획일적으로 파악할 수는 없고, 구체적 경우에 따라 개별적으로 이해해야 한다는 입장이다. 행정계획은 성격도 다양하고, 법률, 명령, 계약, 지침 등 여러 형식의 틀을 취할 수 있으므로 개별적·구체적으로 법적 성질을 파악하는 것이 타당하다.

Ⅲ. 판례의 태도

대법원은 행정계획의 구체적 내용에 따라 법적 성질을 파악하고 있다.

1. 도시계획결정의 성질

과거 구 도시계획법 제12조에 의한 도시계획결정2)의 성질과 관련하여, 서울고등법원은 건설부장관의 도시계획결정은 도시계획사업의 기본이 되는 일반적 추상적인 도시계획의 결정으로서 이와 같은 일반계획의 결정이 있었던 것만으로는 특정 개인에게 어떤 직접적이며 구체적인 권리의무 관계가 발생한다고는 볼 수 없다고 보아 항고소송의 대상이 되는 행정처분은 아니라고 하였다. 그러나 대법원은 도시계획결정이 고시되면 도시계획구역안의 토지나 건물 소유자의 토지형질변경, 건축물의 신축, 개축 또는 증축 등 권리행사가 일정한 제한을 받게 되는 점에서 고시된

---

2) 이는 이후 국토의 계획 및 이용에 관한 법률에서 '도시·군관리계획'으로 명칭이 변경되었다.

도시계획결정은 특정 개인의 권리 내지 법률상의 이익을 개별적이고 구체적으로 규제하는 효과를 가져오게 하는 행정청의 처분이라 할 것이고, 이는 행정소송의 대상이 되는 것이라고 판시하였다.

대법원 1982. 3. 9. 선고 80누105 판결

원심판결 이유에 의하면 원심은, 원고들이 취소를 구하는 원판시 도로계획결정이 도시계획법 제12조에 의하여 한 도시계획결정임을 확정한 다음, 위 규정에 의한 건설부장관의 도시계획결정은 도시계획사업의 기본이 되는 일반적 추상적인 도시계획의 결정으로서 이와 같은 일반계획의 결정이 있었던 것만으로는 특정 개인에게 어떤 직접적이며 구체적인 권리의무 관계가 발생한다고는 볼 수 없다 할 것이므로 이 점에 있어서 피고의 이 사건 도시계획결정은 결국 항고소송의 대상이 되는 행정처분은 아니라고 봄이 상당하고, 원고의 이 소는 결국 행정소송의 대상이 될 수 없는 사항을 그 대상으로 삼은 부적법한 소라 하여 이를 각하한다고 판시하고 있다.

그러나, 도시계획법 제12조 소정의 도시계획결정이 고시되면 도시계획구역안의 토지나 건물 소유자의 토지형질변경, 건축물의 신축, 개축 또는 증축 등 권리행사가 일정한 제한을 받게 되는바 이런 점에서 볼 때 고시된 도시계획결정은 특정 개인의 권리 내지 법률상의 이익을 개별적이고 구체적으로 규제하는 효과를 가져오게 하는 행정청의 처분이라 할 것이고, 이는 행정소송의 대상이 되는 것이라 할 것이다.

2. 도시기본계획의 성질

도시기본계획은 도시계획입안의 지침이 되는 것에 불과하여 일반 국민에 대한 직접적인 구속력은 없다는 것이 판례의 입장이다.

대법원 2002. 10. 11. 선고 2000두8226 판결

[1] 구 도시계획법(1999. 2. 8. 법률 제5898호로 개정되기 전의 것) 제10조의2, 제16조의2, 같은 법 시행령(1999. 6. 16. 대통령령 제16403호로 개정되기 전의 것) 제7조, 제14조의2의 각 규정을 종합하면, 도시기본계획은 도시의 기본적인 공간구조와 장기발전방향을 제시하는 종합계획으로서 그 계획에는 토지이용계획, 환경계획, 공원녹지계획 등 장래의 도시개발의 일반적인 방향이 제시되지만, 그 계획은 도시계획입안의 지침이 되는 것에 불과하여 일반 국민에 대한 직접적인 구속력은 없는 것이므로, 도시기본계획을 입안함에 있어 토지이용계획에는 세부적인 내용을 기재하지 아니하고 다소 포괄적으로 기재하였다 하더라도 기본구상도상에 분명하게 그 내용을 표시한 이상 도시기본계획으로서 입안된 것이라고 봄이 상당하고, 또 공청회 등 절차에서 다른 자료에 의하여 그 내용이 제시된 다음 관계 법령이 정하는 절차에 따라 건설교통부장관

의 승인을 받아 공람공고까지 되었다면 도시기본계획으로서 적법한 효력이 있는 것이다.

[2] 도시기본계획제도의 입법 취지와 법적 성격, 내용, 입안 및 승인절차 등에 비추어 보면, 도시기본계획에서의 대상면적이 실제 면적보다 크다고 하더라도 그것만으로 도시기본계획의 효력이 좌우되는 것은 아니다.

Ⅳ. 소 결

행정계획은 구체적 내용에 따라 개별적 법적 성질을 가진다. 즉 명령의 성질을 가지는 경우(최종적 결정이)도 있고, 행정행위의 성질을 가지는 경우도 있다. 경우에 따라서는 사실행위나 공법상 계약(예: 실시계)의 성질을 가질 수도 있다. 결국 행정계획은 독자적인 행정의 행위형식에 해당한다고 보기 어려우며, 구체적인 경우에 따라 개별적으로 법적 성질을 파악하여야 할 것이다.

제4절 행정계획의 절차

Ⅰ. 일반적인 절차

현행 행정절차법에서 행정예고에 관한 규정을 제외하고는 행정계획의 수립절차에 대한 일반규정이 없다. 그러나 국토기본법·국토의 계획 및 이용에 관한 법률·도시개발법 등과 같은 개별 법령에서 행정계획의 수립절차를 규정하고 있다. 이와 같은 개별 법령상의 일반적인 절차에는 ① 심의회의 조사·심의, ② 관계 행정기관과의 조정·협의, ③ 이해관계인의 참여·의견청취, ④ 행정예고, ⑤ 지방자치단체의 참가, ⑥ 공고 등이 있다.

Ⅱ. 집중효 및 인허가의제제도

1. 행정계획의 집중효

행정계획의 집중효란 독일의 계획확정절차에 인정되는 효과 중 하나로서, 행정행위의 성질을 갖는 행정계획이 계획확정절차에 따라 확정되는 때에는 당해 행정계획의 수행에 필요한 다른 행정청의 인가나 허가 등을 받은 것으로 간주하는 효력을 말한다(대체). 이러한 집중효는 법률에 명시적 규정이 있는 경우에 한한다.[3] 이외에도 행정계획이 확정되면 배제효(주민 등 이해관계인에 대한 불가쟁력)와 구속효(행정청에 대한 불가변력) 등의 법적 효과가 발생한다.[4] 독일에서 인정되는 행정계획의 집중효에 대응하여 우리 실정법에서는 '인허가의제제도'가 인정되고 있다.

2. 인허가의제

행정기본법 제24조(인허가의제의 기준) ① 이 절에서 "인허가의제"란 하나의 인허가(이하 "주된 인허가"라 한다)를 받으면 법률로 정하는 바에 따라 그와 관련된 여러 인허가(이하 "관련 인허가"라 한다)를 받은 것으로 보는 것을 말한다.
② 인허가의제를 받으려면 주된 인허가를 신청할 때 관련 인허가에 필요한 서류를 함께 제출하여야 한다. 다만, 불가피한 사유로 함께 제출할 수 없는 경우에는 주된 인허가 행정청이 별도로 정하는 기한까지 제출할 수 있다.
③ 주된 인허가 행정청은 주된 인허가를 하기 전에 관련 인허가에 관하여 미리 관련 인허가 행정청과 협의하여야 한다.
④ 관련 인허가 행정청은 제3항에 따른 협의를 요청받으면 그 요청을 받은 날부터 20일 이내(제5항 단서에 따른 절차에 걸리는 기간은 제외한다)에 의견을 제출하여야 한다. 이 경우 전단에서 정한 기간(민원 처리 관련 법령에 따라 의견을 제출하여야 하는 기간을 연장한 경우에는 그 연장한 기간을 말한다) 내에 협의 여부에 관하여 의견을 제출하지 아니하면 협의가 된 것으로 본다.
⑤ 제3항에 따라 협의를 요청받은 관련 인허가 행정청은 해당 법령을 위반하여 협의에 응해서는 아니 된다. 다만, 관련 인허가에 필요한 심의, 의견 청취 등 절차에 관하여는 법률에 인허가의제 시에도 해당 절차를 거친다는 명시적인 규정이 있는 경우에만 이를 거친다.
제25조(인허가의제의 효과) ① 제24조 제3항·제4항에 따라 협의가 된 사항에 대해서는 주된 인허가를 받았을 때 관련 인허가를 받은 것으로 본다.
② 인허가의제의 효과는 주된 인허가의 해당 법률에 규정된 관련 인허가에 한정된다.
제26조(인허가의제의 사후관리 등) ① 인허가의제의 경우 관련 인허가 행정청은 관련 인허가를 직접 한 것으로 보아 관계 법령에 따른 관리·감독 등 필요한 조치를 하여야 한다.
② 주된 인허가가 있은 후 이를 변경하는 경우에는 제24조·제25조 및 이 조 제1항을 준용한다.
③ 이 절에서 규정한 사항 외에 인허가의제의 방법, 그 밖에 필요한 세부 사항은 대통령령으로 정한다.

(1) 의 의

인허가의제란 하나의 인허가(주된 인허가)를 받으면 법률로 정하는 바에 따라 그와 관련

---

3) 김동희(189면).
4) 정하중/김광수(311면).

된 여러 인허가(^{관련}_{인허가})를 받은 것으로 보는 것을 말한다(^{제24조 제1항, 인허}_{가의제 법정주의}). 이는 행정절차의 간소화 및 규제완화를 통해 특히 대규모 사업수행을 촉진하기 위하여 인정된다.[5]

(2) 집중효와의 구별

이러한 인허가의제는 그 기능면에서 전술한 독일에서 인정되는 행정계획의 집중효와 유사하지만, 다음과 같은 점에서 차이가 있다. 먼저 ① 우리 법제상으로는 독일에서 행정계획에 집중효가 인정되는 계획확정절차에 상응하는 절차가 없고, ② 인허가의제는 행정계획뿐만 아니라 일반 행정행위에도 인정되며, ③ 집중효는 행정계획과 관계된 모든 인허가에 걸쳐 인정되는 반면, 인허가의제는 법률에 열거된 인허가행위에 한정되어 인정된다.[6]

(3) 법적 근거

이 제도는 여러 법률에 규정된 인허가를 받는 데 소요되는 시간과 비용을 줄임으로써 규제를 완화하고 국민 편익을 제고하기 위하여 1973년 산업기지개발촉진법에 도입된 이후 2020. 12. 31.자 기준 116개 법률에서 규정되었다.[7] 그러나 개별 법률의 규정방식·내용 등이 상이하고, 관련 인허가의 절차적 요건 준수 여부, 사후관리·감독 여부 등에 관한 명확한 기준이 없어 혼란이 가중되어 이에 관한 공통절차와 집행기준을 마련하기 위하여 행정기본법 제24조 내지 제26조에서 일반규정을 두게 되었다.[8] 이는 강행규정의 성격을 가진다.

(4) 절 차

1) 서류제출

인허가의제를 받으려면 주된 인허가를 신청할 때 관련 인허가에 필요한 서류를 함께 제출하여야 한다. 다만, 불가피한 사유로 함께 제출할 수 없는 경우에는 주된 인허가 행정청이 별도로 정하는 기한까지 제출할 수 있다(^{제24조}_{제2항}). 여기서 불가피한 사유란 선행하는 절차나 처분의 부존재 등 사실상 서류를 제출할 수 없는 등의 사

---

5) 대법원 2018. 7. 12. 선고 2017두48734 판결(중소기업창업법 제35조 제1항의 인허가의제 조항은 창업자가 신속하게 공장을 설립하여 사업을 개시할 수 있도록 창구를 단일화하여 의제되는 인허가를 일괄 처리하는 데 입법 취지가 있다).
6) 김동희(189면).
7) 법제처, 행정기본법 조문별 제정이유서(2020. 6.), 69면.
8) 홍정선(행정기본법 해설, 177면). 만일 개별 법률에서 인허가의제에 관한 특별한 규정을 두고 있는 경우에는 그 규정이 우선하여 적용된다.

유를 의미한다.[9]

2) 협의 및 의견제출

주된 인허가 행정청은 주된 인허가를 하기 전에 관련 인허가에 관하여 미리 관련 인허가 행정청과 협의하여야 한다(제24조). 이때 관련 인허가 행정청은 제3항에 따른 협의를 요청받으면 그 요청을 받은 날부터 20일 이내(제5항 단서에 따른 절차에)에 의견을 제출하여야 하며, 의견제출기간(민원 처리 관련 법령에 따라 의견을 제출하여야 하는 기간을 연장한 경우에는 그 연장한 기간을 말한다) 내에 협의 여부에 관하여 의견을 제출하지 아니하면 협의가 된 것으로 본다(제4항).

여기서 협의는 관련 인허가의 실체적 요건의 준수를 보장하기 위한 절차이므로 단순히 관련 인허가 행정청의 의견을 듣는 데 그치는 것이 아니라 '동의'를 구하는 절차로 보아야 한다는 견해[10]가 있으나, 판례는 '자문설'의 입장으로 보인다.

대법원 2006. 6. 30. 선고 2005두14363 판결

국방 · 군사시설 사업에 관한 법률 및 구 산림법(2002. 12. 30. 법률 제6841호로 개정되기 전의 것)에서 보전임지를 다른 용도로 이용하기 위한 사업에 대하여 승인 등 처분을 하기 전에 미리 산림청장과 협의를 하라고 규정한 의미는 그의 자문을 구하라는 것이지 그 의견을 따라 처분을 하라는 의미는 아니라 할 것이므로, 이러한 협의를 거치지 아니하였다고 하더라도 이는 당해 승인처분을 취소할 수 있는 원인이 되는 하자 정도에 불과하고 그 승인처분이 당연무효가 되는 하자에 해당하는 것은 아니라고 봄이 상당하다.

(5) 요 건

1) 실체적 요건

행정기본법 제24조 제5항 본문은 "제3항에 따라 협의를 요청받은 관련 인허가 행정청은 해당 법령을 위반하여 협의에 응해서는 아니 된다."고 규정하고 있다. 따라서 관련 인허가도 해당 법령에 따른 실체적 요건을 충족하여야 한다.

한편, 행정기본법은 이에 대한 심사에 관하여 명시적으로 규정하지 않고 있으나, 인허가의제제도의 취지에 비추어 보면 주된 인허가 행정청이 관련 인허가에 대한 권한행정청으로 볼 것이므로, 주된 인허가 행정청이 관련 인허가 요건을 심사할 수밖에 없다.[11] 그러나 전술한 관련 인허가 행정청과의 협의 절차를 '동의'를 구하는 의미로 이해할 경우, 관련 인허가 행정청의 의견에 구속된다.

---

9) 상게서, 180면.
10) 김동희(190면).
11) 홍정선(행정기본법 해설, 182면).

대법원 2002. 10. 11. 선고 2001두151 판결[12]

채광계획이 중대한 공익에 배치된다고 할 때에는 인가를 거부할 수 있고, 채광계획을 불인가 하는 경우에는 정당한 사유가 제시되어야 하며 자의적으로 불인가를 하여서는 아니 될 것이므로 채광계획인가는 기속재량행위에 속하는 것으로 보아야 할 것이나, 구 광업법(1999. 2. 8. 법률 제5893호로 개정되기 전의 것) 제47조의2 제5호에 의하여 채광계획인가를 받으면 공유수면 점용허가를 받은 것으로 의제되고, 이 공유수면 점용허가는 공유수면 관리청이 공공 위해의 예방 경감과 공공복리의 증진에 기여함에 적당하다고 인정하는 경우에 그 자유재량에 의하여 허가의 여부를 결정하여야 할 것이므로, 공유수면 점용허가를 필요로 하는 채광계획 인가신청에 대하여도, 공유수면 관리청이 재량적 판단에 의하여 공유수면 점용을 허가 여부를 결정할 수 있고, 그 결과 공유수면 점용을 허용하지 않기로 결정하였다면, 채광계획 인가관청은 이를 사유로 하여 채광계획을 인가하지 아니할 수 있는 것이다.

2) 절차적 요건(절차집중)

행정기본법 제24조 제5항 단서는 "다만, 관련 인허가에 필요한 심의, 의견청취 등 절차에 관하여는 법률에 인허가의제 시에도 해당 절차를 거친다는 명시적인 규정이 있는 경우에만 이를 거친다."고 규정하고 있다. 즉, 원칙적으로 주된 인허가 행정청은 관련 인허가의 절차적 요건을 준수하여야 하는 것은 아니지만, 개별 법률에서 인허가 의제시 관련 인허가에 필요한 심의나 의견청취 등의 절차를 거친다는 명시적인 규정이 있는 경우에는 이를 거쳐야 한다. 개별 법률의 범위에는 주된 인허가를 규정하는 법률과 관련 인허가를 규정하는 법률을 모두 포함한다.[13]

대법원 1992. 11. 10. 선고 92누1162 판결

건설부장관이 구 주택건설촉진법(1991. 3. 8. 법률 제4339호로 개정되기 전의 것) 제33조에 따라 관계기관의 장과의 협의를 거쳐 사업계획승인을 한 이상 같은 조 제4항의 허가 · 인가 · 결정 · 승인 등이 있는 것으로 볼 것이고, 그 절차와 별도로 도시계획법 제12조 등 소정의 중앙도시계획

---

12) [사실관계] 원고들의 이 사건 채광계획인가신청에 대하여 피고가 그 신청지에 대한 원고들의 공유수면점용이 가능한지 여부에 관하여 피고보조참가인(이하 '참가인'이라고 한다)과 협의하였으나, 참가인은 그 신청지가 평택항의 항계 내이고, 아산항종합개발기본계획상 수로준설구역에 포함되어 있으며, 원고들의 신청대로 3년 기한부 채광계획을 인가할 경우 평등의 원칙상 항만개발 완료 전까지 조건부 어업면허신청을 하는 것을 거부할 수 없어 항만개발 및 운영에 막대한 지장이 예상되고, 원고들이 채광으로 얻게 되는 이익보다 이로 인하여 항만개발 및 아산국가산업단지개발계획에 미치는 공익상의 제한이 현저히 크다는 이유로 당해 공유수면의 점용이 불가하다고 회신하였고, 이에 따라 피고는 원고들에게 참가인이 들고 있는 사유와 동일한 사유를 들어 원고들의 채광계획을 불인가하였다.

13) 홍정선(행정기본법 해설, 183면).

위원회의 의결이나 주민의 의견청취 등 절차를 거칠 필요는 없다.

(6) 효 과

1) 인허가가 의제되는 사항 및 효력발생시점

행정기본법 제25조 제1항은 "제24조 제3항·제4항에 따라 협의가 된 사항에 대해서는 주된 인허가를 받았을 때 관련 인허가를 받은 것으로 본다."고 규정하고 있다. 즉, 협의가 된 사항에 대해서는 주된 인허가의 효력이 발생한 시점에 관련 인허가의 효력이 발생하며, 협의가 되지 않은 사항은 인허가가 의제되지 않는다.

대법원 2018. 10. 25. 선고 2018두43095 판결

구 항공법(2002. 2. 4. 선고 제6655호로 개정되기 전의 것) 제96조 제1항, 제3항은 건설교통부장관이 공항개발사업의 실시계획을 수립하거나 이를 승인하고자 하는 때에는 제1항 각호의 규정에 의한 관계 법령상 적합한지 여부에 관하여 소관행정기관의 장과 미리 협의하여야 하고, 건설교통부장관이 공항개발사업의 실시계획을 수립하거나 이를 승인한 때에는 제1항 각호의 승인 등을 받은 것으로 본다고 규정하면서, 제1항 제9호에서 "농지법 제36조 규정에 의한 농지전용의 허가 또는 협의"를 규정하고 있다. 이러한 규정들의 문언, 내용, 형식에다가 인허가 의제 제도는 목적사업의 원활한 수행을 위해 창구를 단일화하여 행정절차를 간소화하는 데 입법 취지가 있고 목적사업이 관계 법령상 인허가의 실체적 요건을 충족하였는지에 관한 심사를 배제하려는 취지는 아닌 점 등을 아울러 고려하면, 공항개발사업 실시계획의 승인권자가 관계 행정청과 미리 협의한 사항에 한하여 그 승인처분을 할 때에 인허가 등이 의제된다고 보아야 한다.

2) 인허가의제의 효과가 미치는 범위

행정기본법 제25조 제2항은 "인허가의제의 효과는 주된 인허가의 해당 법률에 규정된 관련 인허가에 한정된다."고 규정하고 있다. 따라서 인허가의제가 있는 경우, 주된 인허가의 해당 법률에서 규정하는 관련 인허가의 효과만 발생한다. 또한 의제되는 인허가는 당해 사업을 시행하는데 필요한 범위 내에서만 그 효력이 유지된다.

① 대법원 2004. 7. 22. 선고 2004다19715 판결

[1] 주된 인·허가에 관한 사항을 규정하고 있는 갑 법률에서 주된 인·허가가 있으면 을 법률에 의한 인·허가를 받은 것으로 의제한다는 규정을 둔 경우에는, 주된 인·허가가 있으면 을 법률에 의한 인·허가가 있는 것으로 보는데 그치는 것이고, 그에서 더 나아가 을 법률에 의하여 인·허가를 받았음을 전제로 한 을 법률의 모든 규정들까

지 적용되는 것은 아니다.

[2] 구 건축법(1995. 1. 5. 법률 제4919
호로 개정되기 전의 것) 제8조 제4항은 건축허가를 받은 경우, 구 도시계획법(1999. 2. 8. 법률 제5898
호로 개정되기 전의 것) 제25조의 규정에 의한 도시계획사업 실시계획의 인가를 받은 것으로 본다는 인가의제규정만을 두고 있을 뿐, 구 건축법 자체에서 새로이 설치한 공공시설의 귀속에 관한 구 도시계획법 제83조 제2항을 준용한다는 규정을 두고 있지 아니하므로, 구 건축법 제8조 제4항에 따른 건축허가를 받아 새로이 공공시설을 설치한 경우, 그 공공시설의 귀속에 관하여는 구 도시계획법 제83조 제2항이 적용되지 않는다고 한 사례.

② 대법원 2010. 4. 29. 선고 2009두18547 판결

구 택지개발촉진법(2002. 2. 4. 법률 제6655
호로 개정되기 전의 것) 제11조 제1항 제9호에서는 사업시행자가 택지개발사업 실시계획승인을 받은 때 도로법에 의한 도로공사시행허가 및 도로점용허가를 받은 것으로 본다고 규정하고 있는바, 이러한 인허가 의제제도는 목적사업의 원활한 수행을 위해 행정절차를 간소화하고자 하는 데 그 취지가 있는 것이므로 위와 같은 실시계획승인에 의해 의제되는 도로공사시행허가 및 도로점용허가는 원칙적으로 당해 택지개발사업을 시행하는 데 필요한 범위 내에서만 그 효력이 유지된다고 보아야 한다. 따라서 원고가 이 사건 택지개발사업과 관련하여 그 사업시행의 일환으로 이 사건 도로예정지 또는 도로에 전력관을 매설하였다고 하더라도 사업시행완료 후 이를 계속 유지·관리하기 위해 도로를 점용하는 것에 대한 도로점용허가까지 그 실시계획 승인에 의해 의제된다고 볼 수는 없다.

(7) 사후관리

1) 사후관리의 주체

행정기본법 제26조 제1항은 "인허가의제의 경우 관련 인허가 행정청은 관련 인허가를 직접 한 것으로 보아 관계 법령에 따른 관리·감독 등 필요한 조치를 하여야 한다."고 규정하고 있다. 원래 의제되는 인허가에 관한 사무는 관련 인허가 행정청의 사무이기 때문이다. 여기서 관계 법령이란 기본적으로 관련 인허가에 관한 법령을 말한다.

2) 변경절차

주된 인허가가 있은 후 이를 변경하는 경우에는 제24조·제25조 및 이 조 제1항을 준용한다(제26조
제2항).[14] 따라서 주된 인허가의 변경으로 인해 관련 인허가의 변경이 필

---

14) 행정기본법 시행령 제5조(인허가의제 행정청 상호 간의 통지) ② 주된 인허가 행정청은 법 제24조 및 제25조에 따라 주된 인허가를 하거나 법 제26조 제2항에 따라 주된 인허가가 있은 후 이를 변경했을 때에는 지체 없이 관련 인허가 행정청에 그 사실을 통지해야 한다.

요한 경우에는 주된 인허가 행정청은 다시 관련 인허가 행정청과 협의하여야 한다.

(8) 불 복

행정청이 관련 인허가의 거부사유를 들어 주된 인허가를 거부하는 경우 행정쟁송의 대상은 주된 인허가에 대한 거부처분이다.

대법원 2001. 1. 16. 선고 99두10988 판결

구 건축법(1999. 2. 8. 법률 제5895호로 개정되기 전의 것) 제8조 제1항, 제3항, 제5항에 의하면, 건축허가를 받은 경우에는 구 도시계획법(2000. 1. 28. 법률 제6243호로 전문 개정되기 전의 것) 제4조에 의한 토지의 형질변경허가나 농지법 제36조에 의한 농지전용허가 등을 받은 것으로 보며, 한편 건축허가권자가 건축허가를 하고자 하는 경우 당해 용도·규모 또는 형태의 건축물을 그 건축하고자 하는 대지에 건축하는 것이 건축법 관련 규정이나 같은 도시계획법 제4조, 농지법 제36조 등 관계 법령의 규정에 적합한지의 여부를 검토하여야 하는 것일 뿐, 건축불허가처분을 하면서 그 처분사유로 건축불허가 사유뿐만 아니라 형질변경불허가 사유나 농지전용불허가 사유를 들고 있다고 하여 그 건축불허가처분 외에 별개로 형질변경불허가처분이나 농지전용불허가처분이 존재하는 것이 아니므로, 그 건축불허가처분을 받은 사람은 그 건축불허가처분에 관한 쟁송에서 건축법상의 건축불허가 사유뿐만 아니라 같은 도시계획법상의 형질변경불허가 사유나 농지법상의 농지전용불허가 사유에 관하여도 다툴 수 있는 것이지, 그 건축불허가처분에 관한 쟁송과는 별개로 형질변경불허가처분이나 농지전용불허가처분에 관한 쟁송을 제기하여 이를 다투어야 하는 것은 아니며, 그러한 쟁송을 제기하지 아니하였어도 형질변경불허가 사유나 농지전용불허가 사유에 관하여 불가쟁력이 생기지 아니한다.

그러나 주된 인허가에 따라 의제된 인허가의 위법함을 다투고자 하는 이해관계인은 의제된 인허가에 대하여 행정쟁송을 제기하여야 한다.

대법원 2018. 11. 29. 선고 2016두38792 판결

구 주택법(2016. 1. 19. 법률 제13805호로 전부 개정되기 전의 것) 제17조 제1항에 따르면, 주택건설사업계획 승인권자가 관계 행정청의 장과 미리 협의한 사항에 한하여 승인처분을 할 때에 인허가 등이 의제될 뿐이고, 각호에 열거된 모든 인허가 등에 관하여 일괄하여 사전협의를 거칠 것을 주택건설사업계획 승인처분의 요건으로 규정하고 있지 않다. 따라서 인허가 의제 대상이 되는 처분에 어떤 하자가 있더라도, 그로써 해당 인허가 의제의 효과가 발생하지 않을 여지가 있게 될 뿐이고, 그러한 사정이 주택건설사업계획 승인처분 자체의 위법사유가 될 수는 없다. 또한 의제된 인허가는 통상적인 인허가와 동일한 효력을 가지므로, 적어

도 '부분 인허가 의제'가 허용되는 경우에는 그 효력을 제거하기 위한 법적 수단으로 의
제된 인허가의 취소나 철회가 허용될 수 있고, 이러한 직권 취소·철회가 가능한 이상
그 의제된 인허가에 대한 쟁송취소 역시 허용된다. 따라서 주택건설사업계획 승인처분
에 따라 의제된 인허가가 위법함을 다투고자 하는 이해관계인은, 주택건설사업계획 승
인처분의 취소를 구할 것이 아니라 의제된 인허가의 취소를 구하여야 하며, 의제된 인
허가는 주택건설사업계획 승인처분과 별도로 항고소송의 대상이 되는 처분에 해당한다.

제 5 절   계획재량과 형량명령

Ⅰ. 계획재량(형성의 자유)

1. 의 의

일반행정작용의 근거가 되는 법률은 요건과 효과를 규정함에 반하여, 행정계획
의 근거가 되는 법률은 일반적으로 목표와 절차를 규정하고 있다. 따라서 행정계획
은 일반행정작용에 비해 광범위한 판단여지를 가지는바, 이를 독일에서는 형성의
자유 또는 일반재량과 구분하여 계획재량이라 한다.

한편, 계획형성의 자유도 전통적인 재량의 연장선상에 있는 것으로 보아 재량의
일탈·남용의 법리로 해결하려는 시도도 있다.[15]

2. 사법적 통제

행정계획의 수립 및 시행주체에게 광범위한 형성의 자유를 인정하는 만큼 이에 대
한 사법적 통제도 철저하게 이루어져야 국민의 권익구제에 충실할 수 있을 것이다.

---

15) 이러한 견해로는 ① 입법자의 수권목적에 따라 재량수권의 형태와 범위가 다르게 나타날 수 있
으며, 계획재량규범과 전통적 재량규범 사이의 규범구조상의 차이 역시 수권된 재량의 범위에 불과하
므로 양자 간에는 양적인 차이만이 인정된다는 입장(한견우, 420면), ② 목표규범 역시 조건규범으로
규정될 수 있으며, 계획규범에 있어서 목표설정이 충분히 구체적으로 규정된다면 행정청이 목표달성을
위하여 가지는 행동의 여지를 좁게 할 수 있고, 행정작용법상의 일반조항들을 고찰해 볼 때 조건규범
이라 하더라도 행정청에게 매우 넓은 행동의 여지를 부여할 수 있으므로, 이러한 근거에서 목표규범이
조건규범보다 반드시 광범하고 질적으로 다른 행동의 여지를 부여한다고 할 수는 없다는 입장(Krebs
in von Münch/Schmidt Aßmann, BesVewR, Rn. 99; 강현호, "행정재량과 계획재량", 성균관법학(제
11권 제1호), 1999, 312면 재인용) 등이 있다.

사법적 통제에 있어서 심사하여야 할 사항으로는 ① 목표의 적법·타당성 여부, ② 수단의 비례원칙 적합성 여부, ③ 계획의 수립·시행절차 준수 여부, ④ 관계 이익의 형량 위반 여부(형량의원칙) 등이다.

Ⅱ. 계획재량의 통제원리로서 형량명령

행정절차법 제40조의4(행정계획) 행정청은 행정청이 수립하는 계획 중 국민의 권리·의무에 직접 영향을 미치는 계획을 수립하거나 변경·폐지할 때에는 관련된 여러 이익을 정당하게 형량하여야 한다.

1. 의 의

형량명령(Abwägungs-gebot)이란 행정계획을 수립함에 있어 관계 이익을 비교·형량하여야 한다는 원칙이다. 형량명령은 계획재량을 제한하는 이론으로 행정청뿐만 아니라 법원의 심사를 위하여 중요한 의미를 가진다.[16] 원래 이 원칙은 독일에서 주장된 것으로서, 1960년 독일연방건설법전(BBauG) 제1조 제4항에서 "지구상세계획(地區詳細計劃)은 …… 공공의 이익들과 사익들이 상호 간에 정당하게 형량되어야 한다."라고 규정하여 형량명령의 법적 근거를 마련하였고, 1969년 계획허가사건 판결[17]에서 형량명령의 기본원칙들이 수립되었다. 또한 1974년 평면유리사건 판결[18]에서 형량의 기본원칙은 형량과정뿐만 아니라 형량결과에도 적용된다고 판시함으로써 형량명령의 범위를 확대하였다. 다만 형량의 불개시(不開始)는 그 성질상 형량결과에는 적용되지 않는다.

우리 행정절차법에서도 "국민의 권리·의무에 직접 영향을 미치는 계획을 수립하거나 변경·폐지할 때에는 관련된 여러 이익을 정당하게 형량하여야 한다."는 규정을 신설함으로써 형량명령의 법리를 명문화하고 있다(제40조의4).

---

16) 김남진/김연태(390면).
17) BVerwGE 34, 301.
18) BVerwGE 45, 309. 평면유리사건(Flachglasfall)이란 시 외곽에 평면유리공장의 설치·가동허가를 신청하여 시로부터 허가를 획득하였다. 그런데 허가된 지역에는 주말농장과 27채의 단독주택이 있었다. 단독주택의 소유주 중 하나인 원고가 당해 지역은 원래 토지이용기본계획상 택지지역이었는데 시의회가 이후 공업지역으로 행정계획을 변경하였는바, 이 결정은 위법하고 따라서 평면유리공장의 허가 역시 취소되어야 한다고 주장하며 소송을 제기한 사건이다.

2. 내 용

형량명령의 구체적인 내용은 ① 행정청이 관련된 이익을 제대로 수집하고 선별하였는지의 여부, ② 수집된 이익이 객관적으로 평가되었는지의 여부, ③ 평가된 이익 상호 간에 정당한 청산이 이루어졌는지의 여부를 검토하여 행정계획을 결정하여야 한다는 것이다.

형량명령을 위반하면 위법한 행정계획이 되는바, 형량명령 위반의 구체적 사례는 ① 형량의 불개시, ② 형량의 흠결, ③ 형량의 오판, ④ 형량의 불비례 등이다.[19] 프랑스에서도 거의 유사한 이론인 '비교형량의 원칙'($^{le\ principe\ du\ bilan}_{coût-avantage}$)을 판례가 채택하고 있는데, 이는 1971년 5월 28일 꽁세이데따의 'Ville Nouvelle-Est 사건'[20]에서 확립되었다.

이와 같이 형량명령 또는 비교형량의 원칙은 도시계획에 대한 합법성의 기준이 되고 있다. 종래 우리 대법원은 행정계획이 형량명령의 원칙을 위반한 경우 재량권을 일탈·남용한 것으로서 위법하다고 판시하여 재량하자이론에 따라 판단하였다($^{대법원\ 1996.\ 11.\ 29.}_{선고\ 96누8567\ 판결}$). 그러나 최근에는 행정계획이 형량명령의 원칙을 위반한 경우 형량에 하자가 있어 위법하다고 판시하는 등 계획재량과 행정재량을 나름대로 구별하고 있다.

대법원 2006. 9. 8. 선고 2003두5426 판결

행정계획이라 함은 행정에 관한 전문적·기술적 판단을 기초로 하여 도시의 건설·정비·개량 등과 같은 특정한 행정목표를 달성하기 위하여 서로 관련되는 행정수단을 종합·조정함으로써 장래의 일정한 시점에 있어서 일정한 질서를 실현하기 위한 활동기준으로 설정된 것으로서, 구 도시계획법 등 관계 법령에는 추상적인 행정목표와 절차

---

19) 강현호, 전게 논문, 314-316면.

20) C.E. 28 mai 1971, Ministère de l'Equipement et du Logement contere Fédération de défense des personnes concernées par le projet actuellement dénommé "Ville Nouvelle-Est", Rec. 409, concl. Braibant, Lille. 신도시에 대학캠퍼스를 건설하는데 있어 캠퍼스가 교외에 위치하게 되면 사회생활과 유리되어 게토(ghettos)를 형성하게 되므로 학생들에게 나쁘다고 판단되어 시내에 캠퍼스를 건설하기로 하였는데, 이를 위해서는 250채의 가옥을 수용하여야만 하였다. 주민의 반대에 부딪친 행정청은 수용가옥의 수를 줄였으나 100여 채의 수용은 불가피하였다. 이에 주민들은 집단소송을 제기하여 주택·정비성 장관(Ministre de l'Equipement et du Logement)의 '공적 필요성'(l'utilité publique)을 선언한 명령(arrêté ministériel)의 취소를 Lille 행정법원에 구하였으나 패소하였다. 그러나 항소심에서 꽁세이데따는 원심을 파기하면서 비교형량(bilan coût-avantage)의 원칙을 도입하였다. 즉, "토지수용은 재정적 부담과 사회질서상의 불편, 사유재산의 침해가 행정작용의 결과로 인하여 얻을 수 있는 이익에 비해 지나치지 않을 경우에만 '공적 필요성'(l'utilité publique)이 합법적으로 선언될 수 있다."고 판시하면서 이 사건에서 "재량권의 남용은 성립되지 않는다."고 판결하였다.

만이 규정되어 있을 뿐 행정계획의 내용에 대하여는 별다른 규정을 두고 있지 아니하므로 행정주체는 구체적인 행정계획을 입안·결정함에 있어서 비교적 광범위한 형성의 자유를 가진다고 할 것이지만, 행정주체가 가지는 이와 같은 형성의 자유는 무제한적인 것이 아니라 그 행정계획에 관련되는 자들의 이익을 공익과 사익 사이에서는 물론이고 공익 상호 간과 사익 상호 간에도 정당하게 비교교량하여야 한다는 제한이 있는 것이고, 따라서 행정주체가 행정계획을 입안·결정함에 있어서 이익형량을 전혀 행하지 아니하거나 이익형량의 고려 대상에 마땅히 포함시켜야 할 사항을 누락한 경우 또는 이익형량을 하였으나 정당성과 객관성이 결여된 경우에는 그 행정계획결정은 형량에 하자가 있어 위법하다.

제 6 절 행정계획과 권리구제

Ⅰ. 행정쟁송(항고쟁송)

행정계획의 수립절차 또는 내용에 흠이 있는 경우, 이에 대한 행정쟁송의 가능 여부가 문제된다. 현행 행정심판법 및 행정소송법에서는 항고쟁송의 대상을 행정청의 처분으로 한정하고 있기 때문에 행정계획에 대한 처분성이 인정되어야 항고쟁송의 대상이 된다.

행정계획은 구체적 내용에 따라 개별적인 법적 성질을 가지기 때문에 모든 행정계획에 처분성이 존재한다거나 혹은 존재하지 않는다는 등의 획일화된 규명을 하는 것은 타당하지 않다. 따라서 행정계획 중에서 행정객체의 법적 지위를 일방적으로 변동시키는 구속력 및 처분적 성질을 가지는 계획은 처분성이 인정되어야 할 것이다. 그러나 처분성이 인정되는 경우에도 행정청에게는 광범위한 계획재량이 인정되기 때문에 원고가 본안에서 승소판결을 얻기는 쉽지 않으며, 기성사실의 발생으로 인해 사정판결이 내려질 가능성도 높다.

대법원은 주택재건축정비사업조합의 '사업시행계획'이나 '관리처분계획'의 처분성을 인정한 바 있으나, '환지계획'이나 '4대강 살리기 마스터플랜'에 대해서는 처분성을 부인하였다.[21]

---

21) 대법원 2009. 11. 2.자 2009마596 결정; 대법원 2009. 9. 17. 선고 2007다2428 전원합의체 판결; 대법원 1999. 8. 20. 선고 97누6889 판결; 대법원 2011. 4. 21.자 2010무111 전원합의체 결정.

Ⅱ. 헌법소원

처분성이 인정되는 행정계획은 헌법소원의 대상이 될 수 없다(헌법재판소법 제68조 제1항 단서, 보충성의 원칙).

한편, 비구속적 행정계획안이나 행정지침이라도 국민의 기본권에 직접적으로 영향을 끼치고 앞으로 법령의 뒷받침에 의하여 그대로 실시될 것이 틀림없이 예상되는 경우에는 예외적으로 헌법소원의 대상이 될 수 있다.

헌법재판소 2000. 6. 1.자 99헌마538 등 결정

[1] 1999. 7. 22. 발표한 개발제한구역제도개선방안은 건설교통부장관이 개발제한구역의 해제 내지 조정을 위한 일반적인 기준을 제시하고, 개발제한구역의 운용에 대한 국가의 기본방침을 천명하는 정책계획안으로서 비구속적 행정계획안에 불과하므로 공권력행위가 될 수 없으며, 이 사건 개선방안을 발표한 행위도 대내외적 효력이 없는 단순한 사실행위에 불과하므로 공권력의 행사라고 할 수 없다.

[2] 비구속적 행정계획안이나 행정지침이라도 국민의 기본권에 직접적으로 영향을 끼치고, 앞으로 법령의 뒷받침에 의하여 그대로 실시될 것이 틀림없을 것으로 예상될 수 있을 때에는, 공권력행위로서 예외적으로 헌법소원의 대상이 될 수 있다.

[3] 이 사건 개선방안은 7개 중소도시권과 7개 대도시권에서 개발제한구역을 해제하거나 조정하기 위한 추상적이고 일반적인 기준들만을 담고 있을 뿐, 개발제한구역의 해제지역이 구체적으로 확정되어 있지 않아서, 해당지역 주민들은 개발제한구역을 해제하는 구체적인 도시계획결정이 내려진 이후에야 비로소 법적인 영향을 받게 되므로, 이 사건 개선방안이 청구인들의 기본권에 직접적으로 영향을 끼칠 가능성이 없다. 그리고 이 사건 개선방안의 내용들은 건설교통부장관이 마련한 후속지침들에 반영되었고, 해당 지방자치단체들이 이 지침들에 따라서 관련 절차들을 거친 후 내려지는 도시계획결정을 통하여 실시될 예정이지만, 예고된 내용이 그대로 틀림없이 실시될 것으로 예상할 수는 없다. 따라서 이 사건 개선방안의 발표는 예외적으로 헌법소원의 대상이 되는 공권력의 행사에 해당되지 아니한다.

Ⅲ. 계획제한과 손실보상

헌법 제23조 제3항은 "공공필요에 의한 재산권의 수용·사용 또는 제한 및 그에 대한 보상은 법률로써 하되, 정당한 보상을 지급하여야 한다."고 규정하고 있다. 그러나 계획제한으로 발생한 손실에 대해서는 개별 법률에서 보상규정을 두고 있지 않은 경우가 많으므로 이를 둘러싸고 다양한 문제를 야기하고 있다.

우리 판례는 법률에 의하여 사인의 재산권에 대한 일정한 행위를 제한하거나 금지하는 것은 재산의 종류·성질·형태·조건·상황·위치 등에 따른 제한으로서, 이러한 제한은 공공복리에 적합한 합리적인 것으로 보상을 요하지 않는다는 경향을 보인다. 참고로 프랑스, 독일, 미국 등 외국의 판례 동향도 우리나라와 유사하다. 다만 미국에서는 1987년 Nollan 판결,[22] 1992년 Lucas 판결,[23] 1994년 Dolan 판결[24] 등에서 손실보상의 가능성을 제한적이나마 인정하였다.

한편, 헌법재판소는 도시계획에 의한 개발제한구역에 관한 사건에서 도시계획법상 개발제한구역의 지정으로 말미암아 토지를 종래의 목적으로도 사용할 수 없거나 또는 법률상으로 허용된 토지이용의 방법이 없기 때문에 실질적으로 토지의 사용·수익권이 폐지된 경우에는 보상을 요한다는 입장을 밝힌 바 있다.

① 헌법재판소 1998. 12. 24.자 89헌마214 등 결정

[1] 헌법상의 재산권은 토지소유자가 이용가능한 모든 용도로 토지를 자유로이 최대한 사용할 권리나 가장 경제적 또는 효율적으로 사용할 수 있는 권리를 보장하는 것을

---

22) Nollan v. California Coastal Commission(1987) 사건: Nollan은 California Ventura County의 해변에 토지를 소유하고 있었던바, 이 토지에 방갈로를 건축하기 위해 California Coastal Commission에 건축허가 신청을 하였다. 동 위원회는 '일반 공중이 Faria Park 접근할 수 있도록 Nollan은 시당국에 접근로 설치 부지를 영구적 지역권으로 설정해 줄 것을 조건'으로 건축허가를 하였다. 이에 Nollan은 Ventura County Superior Court에 소를 제기하여 법원으로부터 "위원회의 공공접근로를 위한 점유 조건은 그 이유가 없다."라고 인용판결을 받았다. 이에 동 위원회가 항소한 사건이다. 연방 대법원은 "당해 사안에서 공공접근로 지역권 설정은 건축허가를 제한하는 조건이 될 수 없고, 영구적 무보상의 지역권 설정은 위헌적 수용"이라고 판시하였다.

23) Lucas v. South Carolina Coastal Council(1992) 사건: 1986년 Lucas는 South Carolina 연안해섬에다 주변 필지에 이미 지어진 주택들과 같은 형태의 단독주택을 건축할 목적으로 두 필지의 택지를 구입하였다. 당시 Lucas의 택지는 건축을 제한하는 주의 연안해제한구역에 속하지 않았다. 그러나 1988년 주의회는 '해변관리법'(Beachfront Management Act)을 제정하여 Lucas로 하여금 어떠한 영구 건축물도 건축할 수 없도록 하였다. 이에 Lucas는 비록 해변관리법(BMA)이 합법적인 입법이라 할지라도 자신에게 건축을 제한하는 것은 자신의 재산에 대한 모든 '경제적으로 유용한 사용'을 박탈하는 것으로 연방헌법 수정 제5조 및 제14조에 근거한 공용수용으로 보이며, 따라서 이에 대한 보상이 있어야 한다는 취지의 소를 제기하였다. 연방대법원은 "해변관리법(BMA)에 의한 연안해제한구역의 지정은 Lucas의 재산권 행사에 대한 욕망을 박탈한 재산권 수용으로 봄이 타당하다."고 판시하였다.

24) Dolan v. City of Tigard(1994) 사건: Dolan은 자신의 가게를 확장하고 주차장을 포장하기 위하여 도시계획위원회(the City Planning Commission)에 허가를 신청하였다. 동 위원회(CPC)는 지표면을 계속해서 포장하면 물이 지하로 침투되지 못하여 홍수가 날 우려가 있고, 또한 가게의 확장으로 상업지구에 교통혼잡이 가중될 우려가 있으므로 자연상태의 지표면을 유지하고 교통혼잡에 대비한 보행자 도로·자전거 전용도로의 설치를 위해 Fanno Creek를 따라 public greenway를 건설하려고 애쓰는 시당국에 Dolan의 토지 중 일정 부분을 기부할 것을 조건으로 증축허가를 해주었다. 이에 Dolan은 증축허가와 토지의 기부 사이에는 어떠한 상관관계도 없으므로 이는 연방헌법 수정 제5조와 제14조에 근거한 공용수용이라고 주장하였다. 연방대법원은 "당해 기부채납의 요구는 재산권의 수용으로 봄이 타당하다."라고 판시하였다.

의미하지는 않는다. 입법자는 중요한 공익상의 이유로 토지를 일정 용도로 사용하는 권리를 제한할 수 있다. 따라서 토지의 개발이나 건축은 합헌적 법률로 정한 재산권의 내용과 한계 내에서만 가능한 것일 뿐만 아니라 토지재산권의 강한 사회성 내지는 공공성으로 말미암아 이에 대하여는 다른 재산권에 비하여 보다 강한 제한과 의무가 부과될 수 있다.

[2] 개발제한구역을 지정하여 그 안에서는 건축물의 건축 등을 할 수 없도록 하고 있는 도시계획법 제21조[25]는 헌법 제23조 제1항, 제2항에 따라 토지재산권에 관한 권리와 의무를 일반·추상적으로 확정하는 규정으로서 재산권을 형성하는 규정인 동시에 공익적 요청에 따른 재산권의 사회적 제약을 구체화하는 규정인바, 토지재산권은 강한 사회성, 공공성을 지니고 있어 이에 대하여는 다른 재산권에 비하여 보다 강한 제한과 의무를 부과할 수 있으나, 그렇다고 하더라도 다른 기본권을 제한하는 입법과 마찬가지로 비례성원칙을 준수하여야 하고, 재산권의 본질적 내용인 사용·수익권과 처분권을 부인하여서는 아니 된다.

[3] 개발제한구역 지정으로 인하여 토지를 종래의 목적으로도 사용할 수 없거나 또는 더 이상 법적으로 허용된 토지이용의 방법이 없기 때문에 실질적으로 토지의 사용·수익의 길이 없는 경우에는 토지소유자가 수인해야 하는 사회적 제약의 한계를 넘는 것으로 보아야 한다.

[4] 개발제한구역의 지정으로 인한 개발가능성의 소멸과 그에 따른 지가의 하락이나 지가상승률의 상대적 감소는 토지소유자가 감수해야 하는 사회적 제약의 범주에 속하는 것으로 보아야 한다. 자신의 토지를 장래에 건축이나 개발목적으로 사용할 수 있으리라는 기대가능성이나 신뢰 및 이에 따른 지가상승의 기회는 원칙적으로 재산권의 보호범위에 속하지 않는다. 구역지정 당시의 상태대로 토지를 사용·수익·처분할 수 있는 이상, 구역지정에 따른 단순한 토지이용의 제한은 원칙적으로 재산권에 내재하는 사회적 제약의 범주를 넘지 않는다.

[5] 도시계획법 제21조에 의한 재산권의 제한은 개발제한구역으로 지정된 토지를 원

25) 도시계획법(1971. 1. 19. 법률 제2291호로 제정되어 1972. 12. 30. 법률 제2435호로 개정된 것) 제21조(개발제한구역의 지정) ① 건설교통부장관은 도시의 무질서한 확산을 방지하고 도시주변의 자연환경을 보존하여 도시민의 건전한 생활환경을 확보하기 위하여 또는 국방부장관의 요청이 있어 보안상 도시의 개발을 제한할 필요가 있다고 인정되는 때에는 도시개발을 제한할 구역(이하 "개발제한구역"이라 한다)의 지정을 도시계획으로 결정할 수 있다.
② 제1항의 규정에 의하여 지정된 개발제한구역 안에서는 그 구역지정의 목적에 위배되는 건축물의 건축, 공작물의 설치, 토지의 형질변경, 토지면적의 분할 또는 도시계획사업의 시행을 할 수 없다. 다만, 개발제한구역 지정당시 이미 관계법령의 규정에 의하여 건축물의 건축·공작물의 설치 또는 토지의 형질변경에 관하여 허가를 받아(관계법령에 의하여 허가를 받을 필요가 없는 경우를 포함한다) 공사 또는 사업에 착수한 자는 대통령령이 정하는 바에 의하여 이를 계속 시행할 수 있다.
③ 제2항의 규정에 의하여 제한될 행위의 범위 기타 개발제한에 관하여 필요한 사항은 대통령령으로 정하는 범위 안에서 건설교통부령으로 정한다.

칙적으로 지정 당시의 지목과 토지현황에 의한 이용방법에 따라 사용할 수 있는 한, 재산권에 내재하는 사회적 제약을 비례의 원칙에 합치하게 합헌적으로 구체화한 것이라고 할 것이나, 종래의 지목과 토지현황에 의한 이용방법에 따른 토지의 사용도 할 수 없거나 실질적으로 사용·수익을 전혀 할 수 없는 예외적인 경우에도 아무런 보상없이 이를 감수하도록 하고 있는 한, 비례의 원칙에 위반되어 당해 토지소유자의 재산권을 과도하게 침해하는 것으로서 헌법에 위반된다.

[6] 도시계획법 제21조에 규정된 개발제한구역제도 그 자체는 원칙적으로 합헌적인 규정인데, 다만 개발제한구역의 지정으로 말미암아 일부 토지소유자에게 사회적 제약의 범위를 넘는 가혹한 부담이 발생하는 예외적인 경우에 대하여 보상규정을 두지 않은 것에 위헌성이 있는 것이고, 보상의 구체적 기준과 방법은 헌법재판소가 결정할 성질의 것이 아니라 광범위한 입법형성권을 가진 입법자가 입법정책적으로 정할 사항이므로, 입법자가 보상입법을 마련함으로써 위헌적인 상태를 제거할 때까지 위 조항을 형식적으로 존속케 하기 위하여 헌법불합치결정을 하는 것인바, 입법자는 되도록 빠른 시일내에 보상입법을 하여 위헌적 상태를 제거할 의무가 있고, 행정청은 보상입법이 마련되기 전에는 새로 개발제한구역을 지정하여서는 아니되며, 토지소유자는 보상입법을 기다려 그에 따른 권리행사를 할 수 있을 뿐 개발제한구역의 지정이나 그에 따른 토지재산권의 제한 그 자체의 효력을 다투거나 위 조항에 위반하여 행한 자신들의 행위의 정당성을 주장할 수는 없다.

[7] 입법자가 도시계획법 제21조를 통하여 국민의 재산권을 비례의 원칙에 부합하게 합헌적으로 제한하기 위해서는, 수인의 한계를 넘어 가혹한 부담이 발생하는 예외적인 경우에는 이를 완화하는 보상규정을 두어야 한다. 이러한 보상규정은 입법자가 헌법 제23조 제1항 및 제2항에 의하여 재산권의 내용을 구체적으로 형성하고 공공의 이익을 위하여 재산권을 제한하는 과정에서 이를 합헌적으로 규율하기 위하여 두어야 하는 규정이다. 재산권의 침해와 공익간의 비례성을 다시 회복하기 위한 방법은 헌법상 반드시 금전보상만을 해야 하는 것은 아니다. 입법자는 지정의 해제 또는 토지매수청구권 제도와 같이 금전보상에 갈음하거나 기타 손실을 완화할 수 있는 제도를 보완하는 등 여러 가지 다른 방법을 사용할 수 있다.

② 헌법재판소 1999. 10. 21.자 97헌바26 결정

[1] 사인의 토지가 도로, 공원, 학교 등 도시계획시설로 지정된다는 것은, 당해 토지가 매수될 때까지 시설예정부지의 가치를 상승시키거나 계획된 사업의 시행을 어렵게 하는 변경을 해서는 안된다는 내용의 '변경금지의무'를 토지소유자에게 부과하는 것을 의미한다.

[2] 도시계획시설의 지정으로 말미암아 당해 토지의 이용가능성이 배제되거나 또는 토지소유자가 토지를 종래 허용된 용도대로도 사용할 수 없기 때문에 이로 말미암아 현

저한 재산적 손실이 발생하는 경우에는, 원칙적으로 사회적 제약의 범위를 넘는 수용적 효과를 인정하여 국가나 지방자치단체는 이에 대한 보상을 해야 한다.

[3] 도시계획시설로 지정된 토지가 나대지인 경우, 토지소유자는 더 이상 그 토지를 종래 허용된 용도(건축)대로 사용할 수 없게 됨으로써 토지의 매도가 사실상 거의 불가능하고 경제적으로 의미있는 이용가능성이 배제된다. 이러한 경우, 사업시행자에 의한 토지매수가 장기간 지체되어 토지소유자에게 토지를 계속 보유하도록 하는 것이 경제적인 관점에서 보아 더 이상 요구될 수 없다면, 입법자는 매수청구권이나 수용신청권의 부여, 지정의 해제, 금전적 보상 등 다양한 보상가능성을 통하여 재산권에 대한 가혹한 침해를 적절하게 보상하여야 한다.

[4] 도시계획시설의 시행지연으로 인한 보상의 문제는, 도시계획사업이 국가 및 지방자치단체에 의하여 이행되어야 할 필요적 과제이자 중요한 공익이라고 하는 관점과 다른 한편 도시계획시설의 시행이 지연됨으로 말미암아 재산적 손실을 입는 토지소유자의 이익(헌법상의 재산권)을 함께 고려하여 양 법익이 서로 조화와 균형을 이루도록 하여야 한다.

[5] 입법자는 도시계획사업도 가능하게 하면서 국민의 재산권 또한 존중하는 방향으로, 재산권의 사회적 제약이 보상을 요하는 수용적 효과로 전환되는 시점, 즉 보상의무가 발생하는 시점을 확정하여 보상규정을 두어야 한다. 토지재산권의 강화된 사회적 의무와 도시계획의 필요성이란 공익에 비추어 일정한 기간까지는 토지소유자가 도시계획시설결정의 집행지연으로 인한 재산권의 제한을 수인해야 하지만, 일정 기간이 지난 뒤에는 입법자가 보상규정의 제정을 통하여 과도한 부담에 대한 보상을 하도록 함으로써 도시계획시설결정에 관한 집행계획은 비로소 헌법상의 재산권 보장과 조화될 수 있다.

[6] 입법자는 토지재산권의 제한에 관한 전반적인 법체계, 외국의 입법례 등과 기타 현실적인 요소들을 종합적으로 참작하여 국민의 재산권과 도시계획사업을 통하여 달성하려는 공익 모두를 실현하기에 적정하다고 판단되는 기간을 정해야 한다. 그러나 어떠한 경우라도 토지의 사적 이용권이 배제된 상태에서 토지소유자로 하여금 10년 이상을 아무런 보상없이 수인하도록 하는 것은 공익실현의 관점에서도 정당화될 수 없는 과도한 제한으로서 헌법상의 재산권보장에 위배된다고 보아야 한다.

[7] 이 사건의 경우, 도시계획을 시행하기 위해서는 계획구역 내의 토지소유자에게 행위제한을 부과하는 법규정이 반드시 필요한데, 헌법재판소가 위헌결정을 통하여 당장 법률의 효력을 소멸시킨다면, 토지재산권의 행사를 제한하는 근거규범이 존재하지 않게 됨으로써 도시계획이라는 중요한 지방자치단체행정의 수행이 수권규범의 결여로 말미암아 불가능하게 된다. 도시계획은 국가와 지방자치단체의 중요한 행정으로서 잠시도 중단되어서는 안되기 때문에, 이 사건 법률조항을 입법개선시까지 잠정적으로 적용하는 것이 바람직하다고 판단된다.

이러한 헌법재판소의 결정은 재산권의 제한이 비례의 원칙을 벗어나서 재산권을 과도하게 침해하는 경우에는 이를 보상하는 것이 합헌적이라는 것을 천명함으로써 계획제한에 따른 재산권 침해에 대해 보상의 가능성을 확대하였다는 점에서 높이 평가할 만하다. 그러나 그 논리구성을 함에 있어서 우리 헌법규정과는 맞지 않는 이른바 독일의 '분리이론'을 적용할 수 있는 것인지 의문이 제기된다. 이 문제에 대해서는 '행정상 손실보상'을 다루는 장에서 자세히 설명하기로 한다.

제 7 절 행정계획의 변경 · 폐지

I. 행정계획의 변경 · 폐지와 신뢰보호

행정계획은 장래에 도달하고자 하는 목표를 설정하고 그 목표를 실현하는 것을 내용으로 한다는 점에서 본질적으로 가변성을 내포하고 있다. 그러나 행정계획이 한번 수립되면 그를 기초로 많은 법률관계가 형성되기 때문에 국민의 신뢰보호를 위하여 안정성이 요구된다. 행정계획이 갖는 이러한 양면성과 관련하여, 행정계획의 전제가 된 상황의 변화로 행정계획을 변경 또는 폐지하는 경우, 이를 신뢰한 행정계획의 수범자에게 계획의 존속 · 이행 · 경과조치 등의 청구권을 인정할 수 있을 것인지가 문제된다. 이는 결국 신뢰보호의 원칙과 사정변경의 원칙의 충돌 문제이다. 이처럼 행정계획의 가변성(可變性)에 따른 위험을 계획주체와 계획의 수범자 간에 적절히 분배해 보려는 논의를 이른바 '계획보장청구권'의 문제라고 한다.

II. 계획보장청구권

1. 의 의

사정의 변경으로 인하여 행정계획의 변경이나 폐지가 불가피한 경우, 이를 신뢰한 행정계획의 수범자가 당해 행정계획의 존속 및 이행, 적절한 경과조치, 손해의 전보 등을 요구할 수 있는 권리를 이른바 계획보장청구권이라 한다.

2. 이론적 근거

계획보장청구권의 이론적 근거에 대해서는 ① 계획의 변경에 의해 발생할 불이익 또는 위험은 법적 안정성을 위하여 적절한 보상이 이루어져야 한다는 견해(법적 안정성설), ② 행정주체가 행정계획을 일방적으로 폐지함으로써 계획을 전제로 한 사인의 실질적 행위를 불가능하게 한 것은 계약법상 귀책사유에 의한 이행불능과 같은 것이라는 입장(계약법설), ③ 행정객체의 계획존속에 대한 기대이익은 일종의 재산권으로 헌법상 보호를 받아야 한다는 입장(재산권설) 등이 있다.[26] 공익실현을 위하여 행정권에게 우월적 특권을 인정하고 있는 불평등한 법률관계를 행정법관계라고 한다면, 이러한 행정법관계에서 내용의 변경에 따른 위험을 보상하는 것은 법적 안정성에서 그 근거를 찾는 것이 타당할 것이다.

3. 내 용

(1) 계획유지청구권

계획유지청구권이란 계획의 수범자가 계획의 변경 또는 폐지에 대항하여 당해 계획의 유지·존속을 요구할 수 있는 권리를 말한다. 이는 계획변경이 부진정소급효를 가지는 경우에 한하여, 계획의 변경필요성이라는 공익보다는 수범자의 신뢰라고 하는 사익에 대한 보호가치가 더 클 경우에 인정될 수 있다. 당해 계획이 행정행위의 성질을 가지는 경우에는 철회에 관한 법리로서, 행정법상 확약의 성질을 가지는 경우에는 확약의 법리로서 해결되어야 할 것이다. 그러나 행정계획은 일반적으로 법률이나 명령의 형식을 취하므로 기득권이 인정되지 않는다.

(2) 계획이행청구권

계획이행청구권이란 행정계획의 수범자가 당해 계획의 이행·준수를 요구할 수 있는 권리를 말한다. 그러나 행정계획은 항상 변경될 수 있는 것이므로 이러한 청구권이 일반적으로 인정되기는 어려워 보인다. 다만 구속적 행정계획의 경우에는 행정청이 당해 계획을 준수해야 할 의무가 있으므로, 계획에 위반되는 행정조치를 취할 경우에는 취소소송을 통해 그 취소를 구할 수 있을 것이다.

---

26) 박윤흔(259면).

(3) 경과조치청구권

경과조치청구권이란 계획의 변경이나 폐지에 따른 위험을 최소화하기 위해 필요한 경과조치를 취하거나 적절한 원조를 요구할 수 있는 권리를 말한다. 경과조치는 계획변경으로 인한 공익 실현과 이해관계인의 사익을 동시에 고려할 수 있는 장점이 있다. 그러나 사실상 이러한 조치는 입법적 문제로서 계획의 수범자가 당해 청구권을 행사할 수 있는 현실적 방법은 없을 것으로 보인다.

(4) 손해전보청구권

행정계획의 변경을 저지할 수 없을 때, 최후의 수단으로서 손해배상 또는 손실보상을 청구하는 방법을 고려해볼 수 있다. 계획의 변경이 국가배상법 제2조의 요건을 충족하는 경우에는 국가배상청구소송을 통하여, 손실보상의 요건을 충족하는 경우에는 손실보상을 통하여 당해 청구권을 실현할 수 있을 것이다.

Ⅲ. 계획변경·폐지청구권

계획변경·폐지청구권이란 이해관계인이 기존의 계획에 대하여 변경이나 폐지를 요구할 수 있는 권리를 말한다. 대법원은 일반적으로 계획변경청구권을 인정하지 않는다. 그러나 ① 계획변경신청의 거부가 실질적으로 사전결정이 있는 처분 자체를 거부하는 결과가 되는 경우(폐기물처리사업의 적정통보를 받은 자의 계획변경신청권), ② 법령에서 도시·군관리계획의 입안에 대한 제안권을 인정하고 있는 경우에 도시·군관리계획의 변경에 대한 제안을 거부한 경우, ③ 법률에서 일정한 기간마다 문화재보호구역의 해제나 조정 여부를 검토하도록 규정하고 있는 경우에 토지소유자의 지정해제신청을 거부한 경우에는 예외적으로 계획변경청구권을 인정하였다.

① 대법원 1984. 10. 23. 선고 84누227 판결

국민의 신청에 대한 행정청의 거부처분이 항고소송의 대상이 되는 행정처분이 되기 위하여는, 국민이 행정청에 대하여 그 신청에 따른 행정행위를 해줄 것을 요구할 수 있는 법규상 또는 조리상의 권리가 있어야 하는바, 도시계획법상 주민이 도시계획 및 그 변경에 대하여 어떤 신청을 할 수 있음에 관한 규정이 없을 뿐만 아니라, 도시계획과 같이 장기성·종합성이 요구되는 행정계획에 있어서는 그 계획이 일단 확정된 후에 어떤 사정의 변동이 있다고 하여 지역주민에게 일일이 그 계획의 변경을 청구할 권리를 인정해 줄 수도 없는 이치이므로 도시계획시설변경신청을 불허한 행위는 항고소송의 대상이 되는 행정처분이라고 볼 수 없다.

② 대법원 2003. 9. 23. 선고 2001두10936 판결

[1] 국민의 적극적 신청행위에 대하여 행정청이 그 신청에 따른 행위를 하지 않겠다고 거부한 행위가 항고소송의 대상이 되는 행정처분에 해당하는 것이라고 하려면, 그 신청한 행위가 공권력의 행사 또는 이에 준하는 행정작용이어야 하고, 그 거부행위가 신청인의 법률관계에 어떤 변동을 일으키는 것이어야 하며, 그 국민에게 그 행위발동을 요구할 법규상 또는 조리상의 신청권이 있어야만 한다.

[2] 구 국토이용관리법(2002. 2. 4. 법률 제6655호 국토의계획
및이용에관한법률 부칙 제2조로 폐지)상 주민이 국토이용계획의 변경에 대하여 신청을 할 수 있다는 규정이 없을 뿐만 아니라, 국토건설종합계획의 효율적인 추진과 국토이용질서를 확립하기 위한 국토이용계획은 장기성, 종합성이 요구되는 행정계획이어서 원칙적으로는 그 계획이 일단 확정된 후에 어떤 사정의 변동이 있다고 하여 그러한 사유만으로는 지역주민이나 일반 이해관계인에게 일일이 그 계획의 변경을 신청할 권리를 인정하여 줄 수는 없을 것이지만, 장래 일정한 기간 내에 관계 법령이 규정하는 시설 등을 갖추어 일정한 행정처분을 구하는 신청을 할 수 있는 법률상 지위에 있는 자의 국토이용계획변경신청을 거부하는 것이 실질적으로 당해 행정처분 자체를 거부하는 결과가 되는 경우에는 예외적으로 그 신청인에게 국토이용계획변경을 신청할 권리가 인정된다고 봄이 상당하므로, 이러한 신청에 대한 거부행위는 항고소송의 대상이 되는 행정처분에 해당한다.

③ 대법원 2004. 4. 28. 선고 2003두1806 판결

구 도시계획법(2002. 2. 4. 법률 제6655호 국토의계획
및이용에관한법률 부칙 제2조로 폐지)은 도시계획의 수립 및 집행에 관하여 필요한 사항을 규정함으로써 공공의 안녕질서를 보장하고 공공복리를 증진하며 주민의 삶의 질을 향상하게 함을 목적으로 하면서도 도시계획시설결정으로 인한 개인의 재산권행사의 제한을 줄이기 위하여, 도시계획시설부지의 매수청구권, 도시계획시설결정의 실효에 관한 규정과 아울러 도시계획 입안권자인 특별시장·광역시장·시장 또는 군수로 하여금 5년마다 관할 도시계획구역 안의 도시계획에 대하여 그 타당성 여부를 전반적으로 재검토하여 정비하여야 할 의무를 지우고, 도시계획입안제안과 관련하여서는 주민이 입안권자에게 '1. 도시계획시설의 설치·정비 또는 개량에 관한 사항 2. 지구단위계획구역의 지정 및 변경과 지구단위계획의 수립 및 변경에 관한 사항'에 관하여 '도시계획도서와 계획설명서를 첨부'하여 도시계획의 입안을 제안할 수 있고, 위 입안제안을 받은 입안권자는 그 처리결과를 제안자에게 통보하도록 규정하고 있는 점 등과 헌법상 개인의 재산권 보장의 취지에 비추어 보면, 도시계획구역 내 토지 등을 소유하고 있는 주민으로서는 입안권자에게 도시계획입안을 요구할 수 있는 법규상 또는 조리상의 신청권이 있다고 할 것이고, 이러한 신청에 대한 거부행위는 항고소송의 대상이 되는 행정처분에 해당한다.

제 4 장   행정사법론과 행정계약

제 1 절   행정사법론(行政私法論)

Ⅰ. 행정사법의 의의

행정사법이란 ① 사법(私法)적 형식으로 ② 공공서비스 제공 등의 행정목적, 즉 공적 임무를 수행하는 행정활동으로서, ③ 공법의 법규 및 원리에 의해 규율되는 행정의 행위형식을 말한다.[1]

행정사법의 예로는 ① 부동산 투기억제·경기부양·고용대책·수출진흥 등의 목적을 위하여 행정주체가 사법적 형식을 통해 시장개입을 하는 경우, ② 시영버스의 운영, 전기·수도·가스의 공급, 폐기물 처리, 보조금 지급 등과 같은 사법형식의 급부행정을 하는 경우, ③ 국가가 공적인 사무를 사법상으로 조직한 회사를 통해 수행하는 경우 등이 있다.[2]

Ⅱ. 행정사법·국고작용 이분론에 대한 비판

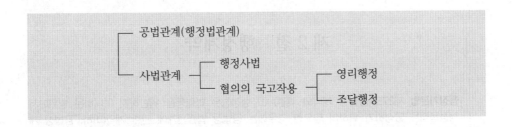

독일의 볼프(Wolf)가 주장하였던 행정사법이란 공행정주체가 사법(私法)형식으로 공적 임무를 직접적으로 수행할 때 공법규정 내지는 공법원리에 의하여 수정·제한되는 법률관계(사법)을 말한다. 이는 독일의 전통적 이론인 국고이론의 틀 속에

---

1) 홍정선(582면).
2) 상게서(583면).

서, 종래의 국고작용을 행정사법과 협의의 국고작용으로 나누어 이해하려는 입장이다. 행정사법은 공적 임무를 사법의 형식으로 수행하는 것이고, 협의의 국고작용은 국가가 사경제주체로서의 지위에서 수행하는 작용을 의미한다는 것이다.[3]

그러나 행정에 적용되는 공법관계인 행정법관계와 행정에 적용되는 사법관계는 상대적인 차이에 지나지 않는 것이므로, 행정에 적용되는 사법관계 역시 법률관계의 주체가 행정청이라는 점과 공익실현작용이라는 점에서 행정법관계와 다르지 않다. 또한, 국가는 수단이나 권력 면에서 본질적으로 사인과 불평등한 지위를 가지므로 국가가 아무리 사경제적 주체로서 행위한다고 하여도 이미 일방 당사자가 국가라는 점에서 완전히 평등한 계약이 이루어질 수는 없다. 이 점에 대해서는 행정사법과 국고작용을 분리하여 설명하는 학자들마저도 협의의 국고작용인 조달행정 또는 영리행정에 있어서 공법적 제한이 불가피하다는 것을 시인하고 있다.[4]

따라서 행정에 행정법관계를 적용할 것인가 사법관계를 적용할 것인가 하는 문제는 법률관계를 행정의 특권이 강하게 작용하여 행정소송의 대상이 되는 관계로 볼 것인가 아니면 다소 불평등하나 대체로는 사법관계를 적용시켜 민사소송의 대상으로 볼 것인가 하는 데 달려 있다.

이런 점에서 보면 행정에 적용되는 모든 사법관계에는 정도의 차이는 있을지언정 다소의 불평등관계에서 오는 공적 규율이 따른다. 따라서 볼프의 주장과 같이 공적 임무를 직접적으로 수행하는 공행정작용에 한정시켜 행정사법을 파악할 것이 아니라 행정에 적용되는 모든 사법관계를 행정사법관계로 파악할 필요가 있다.

제 2 절 행정계약

행정기본법 제27조(공법상 계약의 체결) ① 행정청은 법령등을 위반하지 아니하는 범위에서 행정목적을 달성하기 위하여 필요한 경우에는 공법상 법률관계에 관한 계약(이하 "공법상 계약"이라 한다)을 체결할 수 있다. 이 경우 계약의 목적 및 내용을 명확하게 적은 계약서를 작성하여야 한다.
② 행정청은 공법상 계약의 상대방을 선정하고 계약 내용을 정할 때 공법상 계약의 공공성과 제3자의 이해관계를 고려하여야 한다.

---

3) 상게서(585면).
4) 상게서(583면).

I. 행정계약의 의의

행정계약의 정의에 관하여, ① "행정계약은 행정주체와 국민 사이 또는 행정주체 상호 간에서, 직접 또는 간접으로 행정목적을 수행하기 위하여 이루어지는 합의를 말한다. 이러한 의미의 행정계약은 그 범위에 있어서, 행정주체가 당사자로 되어 있는 공법상 계약과 사법상 계약이 포함된다."라고 하여 행정주체가 맺는 공법상 계약과 사법상 계약을 포함하는 개념으로 사용하고 있는 견해[5]도 있고, ② 이와 동일한 용어사용을 하면서 행정법에서의 고찰대상은 원칙적으로 공법상 계약에 한정되어야 할 것이나, 그에 있어서는 일정 한도에서의 사법상 계약에 관한 실정법적 규제나 관련 판례 등에 대한 검토도 아울러 행해져야 한다고 보아 행정계약이라고 하는 공사법의 구별을 넘어선 통합적인 관점에서 파악하려는 견해[6]도 있다.

이에 대하여 대부분의 다른 국내 학자들은 공법관계와 사법관계의 구별을 전제로 하여 행정주체의 공법상 계약에 대하여 기술하고 있다.

일반적으로 행정법을 행정에 관한 국내공법으로 정의하고 있고, 행정상 법률관계를 공법관계와 사법관계로 나누고 있으므로, '행정계약'이라는 용어는 행정주체의 공법상 계약에 한정시키고, 행정주체의 공법상 계약과 사법상 계약을 총칭하는 용어로는 '행정상 계약'이라는 용어를 사용하는 것이 논리적으로 타당하다.

II. 이론적 배경

1. 독 일

행정을 엄격한 법의 집행작용으로만 생각한다면 행정계약이라는 관념은 인정하기 어렵다.[7] 공법의 특성으로서 '국민의 행정에 대한 일방적 복종의무'를 주장하였던 오토 마이어에 있어서, 국가와 국민 사이에 계약이란 불가능한 것으로 이해되었다. 학설과 판례는 이러한 견해를 추종해 오다가 점차 이를 '상대방의 동의를 요하

---

5) 김도창(511면).
6) 김동희(226-227면). 우리나라에서 아직 공법상 계약과 사법상 계약의 구별기준이 확립되어 있지 않고, 공법상 계약의 법리도 제도적으로나 이론적으로 아직 제대로 정착되어 있지 않고, 사법상 계약에 대하여도 실정법상 특수한 규율이 행해지는 경우가 많다는 점 등을 논거로 제시하고 있다.
7) "모든 국가행정은 법률에 의거해서만 행해질 수 있다."는 헌법조항(제18조 제1항)을 가지고 있는 오스트리아에서 행정계약은 소극적 평가를 받는다. 김남진/김연태(397면).

는 행정행위'라는 관념으로 대치하여 왔다. 따라서 공공서비스 특허·공물사용 특허 등을 프랑스에서는 일반적으로 행정계약으로 보고 있으나, 독일에서는 쌍방적 행정행위로 설명하고 있다.

그러나 아펠트[8]와 같이 행정계약을 긍정하는 학자들이 점차 늘어났고, 제2차 세계대전 이후에는 '행정활동에는 명백한 군주의 주권이 깃들어 있다'는 오토 마이어의 사상이 더 이상 수용될 수 없게 되어, 행정청과 국민 간에 진정한 계약이 있을 수 없다고 하는 것은 법치국가와 민주국가의 헌법원칙에 반하는 것으로 보게 되었다. 이에 따라 연방행정절차법 제54조는 "공법영역에 있어서의 법률관계는 법령에 반대규정이 없는 한 (공법상) 계약에 의하여 형성·변경 또는 폐지될 수 있다. 특히 행정청은 그에 대하여 행정행위를 발하여야 할 상대방과 행정행위를 대신하여 공법상 계약을 체결할 수 있다."고 규정하고 있다.[9]

2. 프랑스

프랑스에서는 19세기에 국가는 경제자치의 원칙의 범위 내에서 점차 경제분야에 대한 국가의 개입을 확대해 나가다가 경제의 급속한 진전으로 국가의 경제개입이 급속히 팽창하였다. 기술적 측면에서 독점을 요하는 사업, 예컨대 철도·전기·주택사업의 출현이 증가되었으며, 이러한 사업들은 이른바 공공서비스로 인식되었다. 이러한 공공서비스에 대한 국가의 개입방법은 ① 국가의 직접 운영과 ② 공공서비스 특허(concession de service public)의 두 가지 방법이 있다.

공공서비스 특허란 행정청이 사인 또는 영조물법인에게 그들의 경영적 책임하에 공공서비스를 운영하도록 하는 계약으로서, 특허계약의 상대방은 공공서비스 이용의 대가로 이용자들로부터 사용료를 받는다. 따라서 공공서비스 특허계약은 공법상의 계약이다.

이처럼 행정계약을 통한 공공서비스의 제공은 경제인의 활동을 보장하면서도 감독권의 행사를 통하여 공공서비스의 공익성을 확보할 수 있는 장점이 있다.[10]

---

8) Willibalt Apelt, Der Verwaltungsrechtliche Vertrag, 1920.
9) 김동희(230면).
10) 이광윤(신행정법론, 104면).

Ⅲ. 행정계약과 다른 행위형식과의 구별

1. 행정행위와 행정계약

(1) 개 설

행정청은 행정객체의 동의 없이도 권리와 의무를 창설할 수 있는 일방적인 결정을 할 권한을 가지고 있다. 예를 들어 공무원을 행정행위에 의해 임명한다고 할 때도 상대방의 동의가 필요하다. 그러나 그 동의는 행정청의 일방적 의사의 효력조건일 뿐으로 임명이라고 하는 법률행위는 그 동의와는 별도로 존재한다. 이처럼 계약과 행정행위는 행정작용의 분야에 따라 병행적으로 사용되기도 하고, 배타적으로 사용되기도 한다. 또한 서로 대체되어 사용되기도 한다. 예를 들어 행정청이 동산이 필요하다고 할 때, 행정청은 이 동산을 구매할 수도 있지만 징발할 수도 있다. 또 공무원을 행정행위에 의하여 임명할 수도 있지만 계약을 체결하여 채용할 수도 있다. 공물사용 허가나 보조금의 지급에 있어서도 행정행위에 의하기도 하고 계약에 의하기도 한다.

그러나 행정청이 언제나 행정행위와 행정상 계약 가운데 어느 한 수단을 선택할 수 있는 것은 아니다. 대부분의 경우는 오히려 어떠한 수단을 선택할 것인지의 여부가 관계 법규에 정해져 있다.[11] 만일 관계 법령에서 행정행위를 통한 규율을 예정하고 있는 경우에는 특별한 사정이 없는 한 행정행위를 하여야 한다.

따라서 행정행위와 행정상 계약의 개입분야는 기본적으로는 명문규정에 따라 정해진다. 그러나 명문의 규정이 없는 경우에 행정작용의 행위형식이 행정행위인지 행정상 계약, 특히 행정계약인지를 판별하는 기준으로는 ① 형식적 기준을 적용하여 양 당사자가 서명한 서류가 존재하는지 여부, ② 만일 서류가 존재하지 않으면 당해 행위가 법규정에 근거하고 있는지의 여부, 그리고 ③ 보상을 통해서만 사인의 기득권을 변경할 수 있는지의 여부에 따라 행정행위와 행정계약을 구분하여야 한다는 견해가 유력하다.[12]

한편, 행정객체가 법률행위의 내용의 형성에 영향을 미치는가 아니면 단지 거절함으로써 법률행위의 형성만을 방해할 수 있는가의 여부, 즉 협상의 존재 여부가

---

11) 가령, 동산의 취득을 위해서는 일반적으로 계약의 방법에 의하여야 하고, 징발은 예외적으로만 가능하다(징발법). 보조금의 지급에 있어서는 행정행위의 방법이 일반적이고, 계약의 방법이 예외적이다(보조금 관리에 관한 법률).

12) Blaise Knapp, Précis de Droit Administratif, Helbing&Lichtenhahn, 1991, p. 316.

행정행위와 행정계약을 구분하는 중요한 한 요소라는 견해도 있다.[13] 그러나 논리적으로는 기왕에 협상이 존재한다면 행정계약의 형식을 취하는 것이 보다 합리적일 것이지만, 그렇다고 협상의 존재만으로 행정계약으로 단정하기는 어렵다. 왜냐하면 재량행위의 경우에도 많은 토의와 협상이 존재하기 때문이다.[14]

(2) 행정행위와 행정계약의 혼합

행정행위와 행정계약의 장점을 결합하기 위하여 하나의 행정작용에 두 가지 형식이 혼합되기도 한다. 예를 들어 건축허가에 앞서 사전에 협정을 체결하는 경우, 이러한 협정에 의하여 허가의 상대방에 대한 의무를 명확히 하고 강화하는 한편 특수한 상황에 보다 유연하게 적응시킬 수 있다. 대법원[15]도 이와 같은 맥락에서 "수익적 행정처분에 있어서는 법령에 특별한 근거 규정이 없다고 하더라도 그 부관으로서 부담을 붙일 수 있고, 그와 같은 부담은 행정청이 행정처분을 하면서 일방적으로 부가할 수도 있지만 부담을 부가하기 이전에 상대방과 협의하여 부담의 내용을 협약의 형식으로 미리 정한 다음 행정처분을 하면서 이를 부가할 수도 있다."고 판시하여 행정계약과 행정행위의 혼합가능성을 인정하고 있다.

프랑스의 1982년 3월 2일 「분권화 법률」은 지방자치단체와 재정지원을 받는 기업 사이에 협정을 체결하도록 하고 있는데, 재정지원의 공여는 행정행위이지만 지원의 조건은 협정에 명시되어 있다. 만약 협정이 체결되지 않고 이루어진 지원은 위법하며, 협정의 내용이 준수되지 않으면 지원은 중단된다.[16]

2. 행정계약과 행정사법계약

행정청이 체결하는 계약 중 행정계약이 아닌 것은 모두 행정사법계약이다. 따라서 행정계약과 행정사법계약을 구별하기 위해서는 그 기준이 마련되어야 한다. 결국 이것은 행정에 관한 공법관계와 사법관계의 구별기준에 따를 수밖에 없다. 그러나 공법관계와 사법관계의 구별기준에 관한 이론이 완벽하게 정립되어 있지 않고, 각국의 실정법제도나 사정에 따라 다를 수가 있으므로, 이하에서는 행정계약의 준거에 관한 프랑스·독일·스위스 이론을 소개한 다음 우리나라의 경우를 살펴보고

---

13) Hartmut Maurer, Allgemeines Verwaltungsrecht, C. H. Beck, 1994, S. 339.
14) 이광윤(신행정법론, 108면).
15) 대법원 2009. 2. 12. 선고 2005다65500 판결.
16) 상게서(108면).

자 한다.

(1) 프랑스

프랑스에서의 행정계약의 준거는 우선 명문규정에 따르며, 명문의 규정이 없는 경우에는 판례에 따른다.

1) 입법규정

법률이 규정하고 있는 행정계약의 예로는 ① 정부공사계약(공화력 8년 플뤼비오즈 28일 법률), ② 공물의 사용에 관한 계약(1938년 6월 17일 법률), ③ 국가의 건물매각계약(공화력 8년 플뤼비오즈 28일 법률), ④ 사회보장기금과 의사조합 사이의 계약(1975년 7월 20일 법률 제4조 및 제7조) 등이 있다.

2) 판례를 통한 기준

판례가 채택하고 있는 기준은 ① 당사자, ② 목적, ③ 일탈조항의 세 가지 요소이다. 당사자 중의 적어도 어느 일방이 공법상 법인이나 공법상 법인을 대신하는 사인이 아닌 것은 행정계약이 아니다. 또한 행정계약이 되기 위해서는 그 목적이 공공서비스의 수행을 위한 것이거나 보통법에 대한 일탈조항을 구비하고 있어야 한다.[17]

당사자에 관한 판례를 살펴보면, 우선 공법인 사이의 계약은 원칙적으로 행정계약이다.[18] 공법인 사이의 계약은 공적 관리작용이 대부분이기 때문이다. 반면 사인 간의 계약은 원칙적으로 행정계약이 아니다. 이는 일방 당사자인 사인이 공공서비스를 수행한다거나 계약이 보통법에 대한 일탈조항을 포함한다 하더라도 마찬가지이다.[19] 또한, 공공조달(시장)법전의 법규정을 적용하거나 정부공사를 수행하기 위한 것이라 하더라도 행정계약이 아니다.[20] 그러나 판례는 사인이 행정청의 명시적 또는 묵시적인 위임을 받아 행정청을 위하여 행정청을 대신하여 체결한 계약은 행정계약으로 보고 있다.[21]

보통법에 대한 일탈조항에 관한 판례를 살펴보면, 행정청이 체결하는 계약이라

---

17) T.C. 7 juillet 1980, Sté d'exploiation touristique de la Haute-Maurienne; 21 mars 1983, UAP; 20 janvier 1986, Boennec.

18) T.C. 21 mars 1983, UAP; C.E. 11 mars 1990, Bureau d'aide soc. de Blennod les Pont-à-Mousson.

19) C.E. 20 déc. 1961, Sté de l'autoroute Esterel-Côte d'Azur; T.C. 19 janv. 1972, SNCF c/Entr. Solon et Barrault; 9 févr. 1994, Sté Autoroutes Paris-Rhin-Rhône.

20) C.E. sect. 24 mai 1974, Sté Paul Millet; T.C. 20 janv. 1986, Sté Laurent Bouillet.

21) C.E. 30 mai 1975, Sté d'équip. de la rég. montpelliéraine; 1 mars 1989, d'équip. Sté d'équip. du dpt de la Gironde; T.C. 7 juill. 1975, Cne d'Agde.

하더라도 '사인들 사이의 계약과 마찬가지의 규율과 조건'에서 체결하는 계약[22]은 행정계약이 아니다. 이는 '일탈조항'을 포함하지 않는다는 것을 의미하는 것이다.[23] 일탈조항이란 당사자가 민법과 상법에 의해서 자유로이 동의할 수 있는 성격과는 이질적인 권리를 부여하거나 의무를 부과하는 것이다.[24] 집행절차에 의하여 채권을 확보하는 등[25]의 사법관계에서는 불가능하거나 생각할 수 없는 예외조항을 두거나,[26] 공법인에게 감독권을 인정하거나 계약의 중지와 해제를 결정할 권한을 주는 등의 계약 상대방에 대한 우월적 지위를 부여하거나,[27] 계약이 규정하지 아니하는 부분에 대하여는 행정청의 조건명세서($^{cahiers\ des}_{charges}$)에 의하는 등[28]의 경우가 일탈조항의 예로서 이러한 계약을 행정계약으로 본다.

그러나 행정계약의 개념과 구분하여야 할 개념으로 '준계약'($^{quasi-}_{contrats}$)이 있다.[29] 준계약은 정부가 경제개발계획의 준칙을 수행하는 환경을 조성하기 위해 이에 합당하다고 판단되는 협의대상인 민간업자들의 투자계획에 의하여 예상되는 국가의 재정적·물질적·조세적 측면에서의 협력백서를 제시하는 것을 가리키는 것으로서, 계약이란 용어가 사용되고 있음에도 불구하고 이것은 쌍방적 법률행위가 아닌 일방적 법률행위이다.

계약의 목적인 공공서비스의 수행과 관련하여, 꽁세이데따는 계약을 통해 계약의 상대방에게 공공서비스의 운영을 담당시켜야 한다고 판결하였다. 베르틴($^{Epoux}_{Bertin}$) 판결[30]에서는 구소련 출신 피난민 주거사무소가 계약에 의하여 베르틴 부인에게 주거와 양식을 제공할 임무를 부여하였다.[31]

(2) 독 일

독일에서는 계약을 사법상 계약·헌법상 계약·공법상 계약으로 나누고 있다. 이 중 공법상 계약이 바로 프랑스법상의 행정계약에 상응한다. 헌법상 계약의 예로는 1924년의 바이에른 주와 복음교회 사이에 체결된 계약을 비롯한 각 란트와 프로

---

22) C.E. 31 juill. 1912, Société des granits porphyoides des Vosges.
23) C.E. 10 mai 1963, Sté la Prospérité Fermière.
24) C.E. sect. 15 fév. 1935, Stein.
25) T.C. 27 juill. 1950, Peulaboeuf.
26) Cass. 1ère civ. 18 nov. 1992, Cne de Pantin.
27) C.E. ass. 26 févr. 1965, Sté du vélodrome du Parc des princes.
28) C.E. sect. 17 nov. 1967, Roudier de la Brille.
29) René Chapus, Droit administratif général T.1, Montchréstien, 1999, p. 1171.
30) C.E. 20 avril 1956.
31) 이광윤(신행정법론, 111면).

테스탄트 교회 사이의 계약이 다수 존재한다.

독일에서는 공법상 계약의 판단기준으로서 형식적 기준을 채택하지 않고 실질적 기준을 채택하여 계약의 목적이 공법에 의하여 규정되고 운영되는 것을 공법상 계약으로 본다. 따라서 공적인 임무를 수행한다고 하여 반드시 공법상 계약이 되는 것은 아니기 때문에, 공적인 임무를 사법(私法)에 의하여 수행할 가능성이 넓게 열려 있다. 이처럼 공법상 계약이 되기 위해서는 계약의 목적만 고려할 뿐 당사자의 성격은 문제삼지 않는다.[32] 따라서 공법인 사이에도 사법상의 계약을 체결할 수 있고, 반대로 사인 간에 있어서도 공법상의 계약을 체결할 수 있다.[33]

급부 제공의 경우에 행정청은 공법 적용과 사법 적용을 선택할 권한을 가진다. 따라서 계약체결 당시에 행정청의 의사가 행정계약인지의 여부를 결정짓는 결정적인 역할을 한다.[34] 공법상 계약에 관한 분쟁은 행정법원의 관할에 속한다. 그러나 공법상 계약에 관한 일반원칙이 정립되어 있지 않기 때문에, 계약의 취소나 효력요건 등에 관하여 민법상 계약에 관한 일반원칙들을 적용한다. 따라서 의사의 합치라고 하는 계약의 개념이 중시되기 때문에 사법상 계약에 있어서와 같이 당사자의 평등성이 존중된다. 이러한 까닭에 행정의 공익 대변성에 따른 특권은 약화되어 행정 제도적인 성격이 희석되어 있다.[35]

(3) 스위스

행정법상의 계약인지 사법상 계약인지의 여부는 우선 법률규정에 의하여 정해진다. 법률규정이 없는 경우에는 공법관계와 사법관계를 구별하는 일반적인 기준에 따라 정해지지만, 최근의 판례[36]들은 계약의 목적에 비중을 두는 편이다. 그러나 당사자 사이의 불평등성도 고려하고 있다.[37]

(4) 우리나라의 경우

1) 행정계약(공법상 계약)

우리나라의 경우, 공법상 계약인 행정계약과 사법상 계약의 구별기준이 명확하

---

32) Christian Autexier, Introduction au Droit public allemand, PUF 1997, p. 258.
33) 물론 이 계약은 행정절차법에 규정된 계약은 아니다.
34) H. Maurer, Allgemeines Verwaltungsrecht, C. H. Beck, 1992, München 14-II-2-9.
35) 이광윤(신행정법론, 112면).
36) ATF 99 Ib 120 Crameri; 102 II 57 Pierroz; 103 II 318 Commune de Villarrs- sur-Glâne; 103 Ia 34 Copropriété Schwanensee.
37) Blaise Knapp, op. cit., p. 314.

게 정립되어 있지 않고, 그 인정범위가 제한적이라는 점에서 행정계약의 법리가 제대로 자리 잡지 못하고 있는 실정이다. 이는 행정법관계에서 권력관계가 중심을 이루는 독일 이론의 영향을 강하게 받은 것으로 보인다. 행정기본법은 공법상 계약을 행정청이 행정목적을 달성하기 위하여 체결하는 공법상 법률관계에 관한 계약으로 정의하고 있다($^{제27조 제1}_{항 전문}$). 이러한 행정계약은 공법상 효과를 발생시킨다는 점에서 사법상 계약과 구별된다.[38]

당사자를 기준으로 본 행정계약의 유형에는 ① 행정주체 상호 간의 계약($^{지방자치법}_{제168조에}$ 따른 사무위탁, 도로법 제24조 제1항에 따른 도로 관리)[39], ② 행정주체와 사인 간의 계약($^{정부조직법 제6조 제3항에 따른 소관사}_{의 협의 및 제85조 제2항에 따른 비용부담 협의 등}$ 관한 규정 제13조에 따른 민간위탁, 폐기물관리법 제16조에 따른 협약의 체결, 임의적 공용부담계약, 지방전문직 공무원 채용계약, 공중보건의사 채용계약, 시립무용단원 위촉, 시립합창단원 위촉, 국방홍보원장 채용계약 등), ③ 공무수탁사인과 사인 간의 계약($^{공익사업을 위한 토지 등의 취득 및 보상}_{에 관한 법률 제26조에 따른 협의}$)[40]이 있다.

대법원은 국가연구개발협약과 사회기반시설에 대한 민간투자법에 따라 체결된 실시협약을 행정계약으로 보고 있다.

① 대법원 2003. 2. 26. 선고 2002두10209 판결[41]

계약당사자가 연안화물부두 축조 타당성 조사용역계약에 위반하여 타당성 조사용역이 시행되기도 전에 사업시행자로 선정되었음을 전제로 입찰공고 등 일련의 행위를 한 경우, 조사용역계약의 계속적 성격과 공익적 성격에 비추어 이는 계약당사자 사이의 신뢰관계를 파괴하고 그 공익성을 저해함으로써 계약관계의 계속을 현저히 곤란하게 한다는 이유로 위 조사용역계약이 지방해양수산청장의 해지통고로 적법하게 해지되었다고 한 사례.

② 대법원 2017. 11. 9. 선고 2015다215526 판결

국책사업인 '한국형 헬기 개발사업'($^{Korean Helicopter Program,}_{이하 'KHP사업'이라 한다}$)에 개발주관사업자 중 하나로 참여하여 국가 산하 중앙행정기관인 방위사업청과 '한국형헬기 민군겸용 핵심구성품 개발협약'을 체결한 갑 주식회사가 협약을 이행하는 과정에서 환율변동 및 물가상승 등

---

38) 홍정선 교수는 공법상 계약인지 사법상 계약인지 불분명한 경우에는 ① 계약 내용이 법률로 규정되고 있는 사항인지 여부, ② 그 법률의 성격, ③ 계약이 직접적으로 행정사무수행에 기여하는지 간접적으로 행정사무수행에 기여하는지의 여부, ④ 계약의 전체적인 성격 등을 고려하여 객관적으로 판단하여야 한다는 입장이다. 홍정선(행정기본법 해설, 199면).

39) 이러한 행정계약을 '공법상 협정'이라고 한다.

40) 이러한 협의는 관할 토지수용위원회의 확인을 받으면 재결로 보게 되며(제29조 제4항), 사업시행자의 권리는 원시취득이 되는 동시에 피수용자에게는 환매권이 발생하는 등 일정한 공법적 효과가 발생하므로 다수설은 공법상 계약으로 본다.

41) 비록 국가를 당사자로 하는 계약에 관한 법률이 적용된 것은 아니지만, 계약의 구체적인 내용을 따져보아 공익을 목적으로 하는 불평등한 계약이므로 공법상 계약으로 판단하였다.

외부적 요인 때문에 협약금액을 초과하는 비용이 발생하였다고 주장하면서 국가를 상대로 초과비용의 지급을 구하는 민사소송을 제기한 사안에서, 과학기술기본법 제11조, 구 국가연구개발사업의 관리 등에 관한 규정(2010. 8. 11. 대통령령 제22328호로 전부 개정되기/전의 것, 이하 '국가연구개발사업규정'이라 한다) 제2조 제1호, 제7호, 제7조 제1항, 제10조, 제15조, 제20조, 항공우주산업개발 촉진법 제4조 제1항 제2호, 제2항, 제3항 등의 입법 취지와 규정 내용, 위 협약에서 국가는 갑 회사에 '대가'를 지급한다고 규정하고 있으나 이는 국가연구개발사업규정에 근거하여 국가가 갑 회사에 연구경비로 지급하는 출연금을 지칭하는 데 다름 아닌 점, 위 협약에 정한 협약금액은 정부의 연구개발비 출연금과 참여기업의 투자금 등으로 구성되는데 위 협약 특수조건에 의하여 참여기업이 물가상승 등을 이유로 국가에 협약금액의 증액을 내용으로 하는 협약변경을 구하는 것은 실질적으로는 KHP사업에 대한 정부출연금의 증액을 요구하는 것으로 이에 대하여는 국가의 승인을 얻도록 되어 있는 점, 위 협약은 정부와 민간이 공동으로 한국형헬기 민·군 겸용 핵심구성품을 개발하여 기술에 대한 권리는 방위사업이라는 점을 감안하여 국가에 귀속시키되 장차 기술사용권을 갑 회사에 이전하여 군용 헬기를 제작·납품하게 하거나 또는 민간 헬기의 독자적 생산기반을 확보하려는 데 있는 점, KHP사업의 참여기업인 갑 회사로서도 민·군 겸용 핵심구성품 개발사업에 참여하여 기술력을 확보함으로써 향후 군용 헬기 양산 또는 민간 헬기 생산에서 유리한 지위를 확보할 수 있게 된다는 점 등을 종합하면, 국가연구개발사업규정에 근거하여 국가 산하 중앙행정기관의 장과 참여기업인 갑 회사가 체결한 위 협약의 법률관계는 공법관계에 해당하므로 이에 관한 분쟁은 행정소송으로 제기하여야 한다고 한 사례.

2) 사법상 계약

대법원은 ① 국가 또는 지방자치단체가 국·공유 일반재산을 대부·매각·교환·양여하는 행위,[42] ② 국가 또는 지방자치단체가 국가를 당사자로 하는 계약에 관한 법률 또는 지방자치단체를 당사자로 하는 계약에 관한 법률에 따라 당사자가 되어 사인과 체결한 물품공급계약·공사도급계약과 같은 공공계약, ③ 공익사업을 위한 토지 등의 취득 및 보상에 관한 법률에 따른 토지의 협의취득,[43] ④ 기부채납 약정, ⑤ 민간위탁계약,[44] ⑥ 보조금 계약[45] 등을 모두 사법상 계약으로 보고 있다.

---

42) 대법원 1993. 12. 7. 선고 91누11612 판결; 대법원 2000. 2. 11. 선고 99다61675 판결.
43) 대법원 2018. 12. 13. 선고 2016두51719 판결.
44) 대법원 2019. 10. 17. 선고 2018두60588 판결(이 사건 협약은 지방자치단체인 피고가 사인인 원고 등에게 이 사건 시설의 운영을 위탁하고 그 위탁운영비용을 지급하는 것을 내용으로 하는 용역계약으로서, 상호 대등한 입장에서 당사자의 합의에 따라 체결한 사법상 계약에 해당한다).
45) 대법원 2019. 8. 30. 선고 2018다242451 판결(원고는 고용보험법에 근거하여 서울지방고용노동청으로부터 중소기업 청년인턴제 사업에 관한 업무를 위탁받은 법인으로서 보조금법상 보조사업자이

대법원 2001. 12. 11. 선고 2001다33604 판결

[1] 국가를당사자로하는계약에관한법률은 국가가 계약을 체결하는 경우 원칙적으로 경쟁입찰에 의하여야 하고(제7조), 국고의 부담이 되는 경쟁입찰에 있어서 입찰공고 또는 입찰설명서에 명기된 평가기준에 따라 국가에 가장 유리하게 입찰한 자를 낙찰자로 정하도록(제10조 제2항 제2호) 규정하고 있고, 같은 법 시행령에서 당해 입찰자의 이행실적, 기술능력, 재무상태, 과거 계약이행 성실도, 자재 및 인력조달가격의 적정성, 계약질서의 준수정도, 과거공사의 품질정도 및 입찰가격 등을 종합적으로 고려하여 재정경제부장관이 정하는 심사기준에 따라 세부심사기준을 정하여 결정하도록 규정하고 있으나, 이러한 규정은 국가가 사인과의 사이의 계약관계를 공정하고 합리적·효율적으로 처리할 수 있도록 관계 공무원이 지켜야 할 계약사무처리에 관한 필요한 사항을 규정한 것으로, 국가의 내부규정에 불과하다 할 것이다.

[2] 계약담당공무원이 입찰절차에서 국가를당사자로하는계약에관한법률 및 그 시행령이나 그 세부심사기준에 어긋나게 적격심사를 하였다 하더라도 그 사유만으로 당연히 낙찰자 결정이나 그에 기한 계약이 무효가 되는 것은 아니고, 이를 위배한 하자가 입찰절차의 공공성과 공정성이 현저히 침해될 정도로 중대할 뿐 아니라 상대방도 이러한 사정을 알았거나 알 수 있었을 경우 또는 누가 보더라도 낙찰자의 결정 및 계약체결이 선량한 풍속 기타 사회질서에 반하는 행위에 의하여 이루어진 것임이 분명한 경우 등 이를 무효로 하지 않으면 그 절차에 관하여 규정한 국가를당사자로하는계약에관한법률의 취지를 몰각하는 결과가 되는 특별한 사정이 있는 경우에 한하여 무효가 된다고 해석함이 타당하다.

위 판결에서 대법원은 "지방재정법에 의하여 준용되는 국가계약법에 따라 지방자치단체가 당사자가 되는 이른바 공공계약은 사경제의 주체로서 상대방과 대등한 위치에서 체결하는 사법상의 계약으로서 그 본질적인 내용은 사인 간의 계약과 다

고, 피고는 보조사업자로부터 보조금을 지급받는 보조금수령자에 해당한다. 이 사건 협약은 보조금 지원에 관하여 보조사업자인 원고와 보조금수령자인 피고 사이에 체결한 계약으로서 공법적 요소가 일부 포함되어 있다. 그러나 구 보조금법 제33조의2 제3항이 보조사업자가 중앙관서의 장 또는 지방자치단체의 장인 경우에만 반환명령의 대상이 된 보조금을 강제징수할 수 있도록 유보하고 있기 때문에, 원고가 보조금수령자에 대하여 보조금을 반환하도록 요구하더라도 보조금수령자가 이를 따르지 않을 때에는 이를 강제징수할 수 없다. 따라서 원고가 이 사건 지침 또는 구 보조금법 제33조의2 제1항 제1호에 따라 보조금수령자에 대하여 거짓 신청이나 그 밖의 부정한 방법으로 지급받은 보조금을 반환하도록 요구하는 의사표시는 우월한 지위에서 하는 공권력의 행사로서의 '반환명령'이 아니라, 대등한 당사자의 지위에서 계약에 근거하여 하는 의사표시라고 보아야 한다. 또한 원고의 피고에 대한 이 사건 협약에 따른 지원금 반환청구는 협약에서 정한 의무의 위반을 이유로 채무불이행 책임을 구하는 것에 불과하고, 그 채무의 존부 및 범위에 관한 다툼이 이 사건 협약에 포함된 공법적 요소에 어떤 영향을 받는다고 볼 수도 없으므로 민사소송의 대상이라고 보아야 한다).

를 바가 없으므로, 그에 관한 법령에 특별한 정함이 있는 경우를 제외하고는 사적 자치와 계약자유의 원칙 등 사법의 원리가 그대로 적용된다 할 것이다."고 판시하였다. 그러나 위 대법원 판결은 지방자치단체가 공경제의 주체로서 활동하는지 아니면 사경제의 주체로서 활동하는지 구체적으로 따져 보지 않고 계약 내용에 상관없이 국가를 당사자로 하는 계약에 관한 법률에 의한 계약에 대해 곧바로 사경제주체로 활동한다고 단정하여 사법상 계약으로 이해하고 있다는 점에서 문제가 있다. 뿐만 아니라 법령의 위임을 받아 재정경제부장관이 정하는 세부심사기준에 대하여 대외적 구속력(법규성)을 부정하고 있다는 점에서 의문이다. 오히려 국가를 당사자로 하는 계약에 관한 법률 제5조의2(체결) · 제27조(부정당업자의 입찰) · 제27조의2(과정) · 제28조(이의) 등의 규정을 보면 동법상 계약은 공법상 계약의 성질을 가진다고 볼 여지가 많다.[46]

3. 행정계약과 공법상 합동행위

행정계약과 공법상 합동행위는 모두 복수 당사자 간의 의사합치로 성립한다는 점에서는 동일하다. 그러나 행정계약은 그 당사자 간의 반대 방향의 의사합치로, 그 법적 효과는 쌍방 당사자에 대하여 각각 반대의 의미를 가진다. 반면, 공법상 합동행위는 같은 방향의 의사합치이며, 그 법적 효과가 당사자 쌍방에 대하여 같은 의미를 가진다(시·군조합의 설립).

Ⅳ. 행정계약의 주요 분야

1. 프랑스

프랑스에서는 1964년 7월 17일 처음으로 「공공조달(시장)법전」(Code des marchés publics)이 제정되었다. 이는 유럽연합의 공공조달지침을 반영하기 위하여 수차례 개정과정을 거

---

46) 국가를 당사자로 하는 계약에 관한 법률 제5조(계약의 원칙) 제1항은 "계약은 서로 대등한 입장에서 당사자의 합의에 따라 체결되어야 하며, 당사자는 계약의 내용을 신의성실의 원칙에 따라 이행하여야 한다."고 규정하고 있다. 그러나 종래 우리나라에서는 과거 독일의 국고이론에 따라 공법상 계약을 '대등한 당사자 사이의 계약'이라고 설명해 왔으므로 위 규정만으로는 공법상 계약인지 아니면 사법상 계약인지 판별이 되지 않는다. 이광윤/김철우, "행정조달계약의 성질에 대한 연구-국가를 당사자로 하는 계약에 관한 법률을 중심으로", 성균관법학(제28권 제2호), 성균관대학교 법학연구소, 2016, 103면.

치다가, 현재는 「공공발주법전」($^{Code\ des\ commande}_{publique}$)이 제정되어 2019년 4월 1일부터 시행되고 있다. 공공발주법전은 '공공조달계약'뿐만 아니라 '특허계약'에 관한 내용도 포함하고 있으며,[47] 기존의 행정계약에 관한 법리를 입법화하였다는 점에서 의미가 있다.[48]

(1) 공공조달(시장)계약(marché public)

공공조달계약이란 공공서비스를 제공할 필요에 따라 공공발주법전에 의해 체결하는 계약을 말하며, 여기에는 ① 조달계약, ② 파트너십 조달계약, ③ 국방안보 조달계약이 있다($^{공공발주법전}_{L1110-1}$). 이 법전에 따르면, 조달계약이란 "하나 또는 복수의 구매자가 자신의 공사, 물품, 서비스에 관한 수요를 충족하기 위해 하나 또는 복수의 사업자와 이 법전에 따라 체결하는 유상계약"을 말한다($^{L1111-}$). 시장의 성격과 가격에 따라 공고와 경쟁원리가 엄격하게 적용된다.

(2) 공공서비스 위임계약(délégation)

공공서비스를 위임하는 계약으로는 ① 공공서비스 위탁계약(^{affermage})과 ② 공공서비스 특허계약($^{conces-}_{sion}$)이 있다.

1) 공공서비스 위탁계약

공공서비스 위탁계약은 주로 지방자치단체에서 활용되는데, 계약의 당사자들 사이에 권리와 의무가 분배된다는 점 및 위탁계약에서 수탁자는 위탁자인 공법인으로부터 공공서비스 운영에 필요한 시설물을 지원받는다는 점에서 공공서비스 특허계약과 구별된다. 그 결과 수탁자는 사용자로부터 징수한 사용료 중 일부를 지원받은 시설물에 대한 이용대가로 위탁자에게 지급하여야 한다.[49]

2) 공공서비스 특허계약

공공서비스 특허계약은 행정청이 사인에게 또는 예외적으로 영조물법인에게 그들의 경영적 책임하에 공공서비스를 운영하도록 하는 계약으로서, 특허계약의 상대

---

47) 공공발주법전에서는 공공발주계약을 ① 공공조달계약과 ② 특허계약으로 구분하고 있다.

48) 김대인, "프랑스 「공공발주법전」에 대한 연구", 유럽헌법연구(제38호), 유럽헌법학회, 2022, 326면; 김철우, "프랑스 행정계약에 관한 법제의 변화 및 이론적 동향", 공법연구(제50집 제4호), 한국공법학회, 2022, 216면.

49) 김철우, "프랑스 행정법 이론에 관한 개론적 고찰", 유럽헌법연구(제28호), 유럽헌법학회, 2019, 201면.

방은 공공서비스 이용의 대가로 이용자들로부터 사용료를 받는다. 공공서비스 특허 계약은 공법상 계약이며, 행정법원의 관할사항이다.

공공발주법전은 특허계약에 대해 "이 법전의 적용을 받는 하나 또는 복수의 승인관청이 공사의 실행 또는 서비스의 관리를 하나 또는 복수의 사업자에게 위임하는 계약으로서, 사업자는 계약의 대상인 시설 또는 서비스를 사용하거나 사용료를 받을 수 있는 권리를 가지는 대가로 시설 또는 서비스의 운영과 관련된 위험도 이전받게 되는 계약"으로 정의하고 있다($^{공공발주법전}_{L1121-1}$). 특허계약에는 ① 공사 또는 서비스 특허계약과 ② 국방안보 특허계약이 있다($^{L1120-}_{1}$).

(3) 공공채권계약

공공채권계약($^{emprunt}_{public}$)이란 사인이 국·공채를 매입하는 계약을 말한다.

(4) 민자유치계약

민자유치계약($^{offre\ de}_{concours}$)란 사인이 공공 공사에 재정적·물질적으로 협력하는 계약을 말한다.

(5) 공물점용계약

공물의 점용은 행정행위에 의하여 허가될 수도 있지만, 계약에 의하여 점용될 수도 있다. 공원 내에 있는 식당의 경우 보통 계약에 의하여 점용된다. 계약과 일방적 허가의 중요한 차이점은 허가의 철회에 대하여는 보상하지 않는 반면, 계약의 일방적 철회에 대하여는 보상한다는 점에 있다.[50]

2. 독 일

독일에서 행정계약의 분야는 국고이론의 영향으로 비교적 좁다. 일반적으로 독일의 공법상 계약은 양 당사자의 대등성 여부에 따라 ① 대등계약과 ② 종속계약으로 나누어진다. 이는 독일 연방행정절차법상의 분류에 따른 것이다. 대등계약은 대등한 지위에 있는 행정주체 상호 간 또는 사인 상호 간의 공법상 계약을 의미하는 것으로서, 행정행위의 형식을 통해서는 규율할 수 없는 법률관계가 그 대상인 경우이다.[51] 이에 반해, 종속계약은 행정주체와 사인 간 또는 행정주체와 상하관계에 있

---

50) Laurent Richer, Droit des contrats administratifs, L.G.D.J., 1999, p. 82.

는 법인 사이에 체결하는 공법상 계약을 말한다.[52]

연방행정절차법은 종속계약의 유형으로 화해계약과 교환계약을 규정하고 있으며, 이를 '행정행위를 갈음하는 계약'이라 하고 있다.[53] 화해계약은 사실관계·법상태에 관한 불명확성을 제거하기 위하여 체결하는 계약으로서, 조세나 사회보장급부 등의 분야에 이루어진다. 교환계약은 상대방의 반대급부에 대하여 행정기관이 일정한 급부를 약정하는 계약으로서, 기업유치협정·수용계약, 각종 인허가에 관련된 계약 등이 포함된다.[54]

V. 행정계약의 특수성[55]

1. 행정의 특권

행정청은 계약의 상대방에 대하여 사법상 계약에서는 찾아 볼 수 없는 특권을 향유하는데, 이러한 특권은 행정제도가 발달한 프랑스에서는 물론 행정제도, 공법과 사법의 구별이 없는 미국에서조차 정부계약 분야에서 인정되고 있다. 행정의 특권에 관하여 가장 전형적인 예로서 프랑스와 커먼로 국가인 미국의 경우를 중심으로 살펴보기로 한다.

(1) 계약체결상의 특권

프랑스의 경우, 공공조달(시장)계약$\binom{\text{contrat de}}{\text{marché public}}$과 공공서비스 특허계약$\binom{\text{contrat de concession}}{\text{de service public}}$의 조항은 행정청에 의하여 일방적으로 결정된다. 행정계약의 상대방은 가격의 결정에 있어서만 이니셔티브를 취할 수 있다. 즉, 가격 이외의 문제에 있어서는 행정청이 제시한 조건을 수락하거나 거부할 수 있을 뿐이다. 이러한 행정계약의 조건은 행정청이 정하는 조건명세서에 기재되어 있다. 이 조건명세서는 일반적으로 부령

---

51) 류지태/박종수(355면). 가령, 지방자치단체의 경계를 지나가는 하천관리에 관한 관계 지방자치단체 사이의 협약이 대표적이다.

52) 종속계약에는 ① 조세·사용료·부담금에 대한 계약 ② 토지수용계약 ③ 공기업 특허계약 등이 있다. 종속계약이 국가와 국민 사이의 계약이므로 행정법상 매우 중요한 의미를 지닌다.

53) 석종현/송동수(317면).

54) 박윤흔, "공법상 계약", 고시행정, 1989년 5월호 참조.

55) 김동희 교수는 공법상 계약은 공법적 효과의 발생을 목적으로 하는 법률행위이고, 공익실현을 그 내용으로 하여야 하는 행정의 작용형식이라는 점에서 개별 법률에서 특별한 규정이 없는 경우에도 해석론상 일정한 독자성 또는 특수성이 인정될 수 있다고 한다. 김동희(232면).

등에 의해 승인되는 경우가 많다. 바로 이러한 점에서 행정계약은 대등한 당사자 사이의 계약이 아니라 공적 임무를 수행하기 위한 '불평등 계약'이다.

미국에서도 부종계약($^{\text{contracts of}}_{\text{adhesion}}$)에 의해 공공서비스를 담당하는 기업들에게 특별한 의무가 부과된다. 미국의 한 중요한 계약관계 논문[56]에 의하면, "누구든지 정당하게 원하는 고객을 대상으로 봉사할 의무를 가지는 일반운송업자는 그 공공자격으로 업무를 수행할 때에는 결코 계약에 의하여 자신의 과실책임으로부터 면책될 수 없다는 점에서 법은 잘 정돈된 것 같다."고 하면서, 그와 유사한 원칙이 전화·부두·관개·화재보험 등의 사업자들에게도 적용되어 왔다고 한다.[57]

우리나라도 급부행정의 영역에서 수도·전기와 같이 급부의 대상이 국민의 일상생활을 영위하는 데 필수적인 역무를 제공하는 것인 때에는 계약체결이 강제되는 경우가 있다.[58]

(2) 이행상 특권

1) 프랑스

행정청에게는 행정계약의 이행과정에서 여러 가지 특권이 인정된다. 그중에서 중요한 몇 가지를 소개하면 다음과 같다.

첫째, 계약의 이행을 지휘하고 감독할 권리를 가진다. 공공토목공사의 경우, 교량과 도로의 토목기사는 공사장에 자유롭게 출입할 수 있고, 필요한 업무명령을 내릴 수 있다.

둘째, 일방적으로 계약의 내용을 수정할 수 있다. 이러한 일방적인 계약의 내용에 대한 변경은 사법상의 기본원칙과 정면으로 배치된다. 민법상의 불가변성원칙에 반하는 행정계약의 이러한 특성에 대하여, 꽁세이데따는 "행정작용은 공익을 우선하여야 하는데, 공익은 시간에 따라 변하기 때문에 계약의 불가변성이 공익을 해쳐서는 안 된다."라고 판시한 바 있다.[59] 그러나 이러한 특권은 새로운 상황에 적응하

---

56) Kessler, Contracts of Adhesion, 볼프강 프리드만 저(박수혁 역), 현대국가의 법원리, 법문사, 1986, 48면에서 재인용.

57) 상게서(48면).

58) 가령, ① 수도법 제39조(급수 의무) 제1항은 "일반수도사업자는 수돗물의 공급을 원하는 자에게 대통령령으로 정하는 정당한 이유 없이 그 공급을 거절하여서는 아니 된다."고 규정하고 있으며, ② 전기사업법 제14조(전기공급의 의무)는 "발전사업자, 전기판매사업자, 전기자동차충전사업자 및 재생에너지전기공급사업자는 대통령령으로 정하는 정당한 사유 없이 전기의 공급을 거부하여서는 아니 된다."고 규정하고 있다.

59) 1983년 2월 2일의 Union des transports publics urbains 판결.

는데 필요한 엄격한 한도 내에서 행사되어야 한다. 즉, 비례의 원칙이 엄격히 지켜져야 한다. 만일 수정내용이 과도할 때는 계약의 상대방이 계약의 해지를 판사에게 청구할 수 있다. 또한 계약의 상대방에게 공여한 재정적 특혜는 삭감할 수 없으며, 계약의 상대방은 새로운 의무의 조건으로 재정적인 반대급부를 청구할 권리를 갖는다.

셋째, 행정청은 행정계약의 상대방이 직접 계약을 이행할 것을 요구할 권리를 가진다. 즉, 행정계약의 상대방은 직접 계약을 이행하여야 한다. 따라서 계약회사에 새로운 자본이 유입되면 계약을 해지할 수 있다.[60] 또한 하도급은 엄격히 통제된다.

넷째, 공익을 이유로 하는 일방적인 계약해지권을 가진다. 공익을 이유로 하는 일방적인 계약해지권은 행정계약법의 일반원칙이다.[61] 이 권한은 예정될 필요가 없으며, 반대규정이 있어도 유효하다. 또한 이유를 부기할 필요도 없다.[62] 물론 행정청은 이로 인한 손해를 전보하여야 한다.

2) 미 국

미국에서의 거의 모든 정부계약은 '편의에 의한 종결'(Termination for Convenience) 조항을 둔다. 이 조항에 의하여 정부는 전쟁의 종료로 군수품의 수요가 없어지는 경우와 같이 '정부의 최상이익'에 합치된다고 판단될 때에는 언제든지 이유 없이 계약을 종결시킬 수 있다.[63] 그러나 악의나 재량권을 남용하여 계약을 종결하여서는 안 된다.

또한 '변경조항'에 의하여 정부는 계약의 범위 내에서 일방적으로 계약의 이행 도중에 계약의 내용을 변경할 수 있다. 예컨대 공급가격이 결정된 계약에서 정부는 일방적으로 제품의 무늬나 디자인을 변경할 수 있고, 선적방법이나 포장방법 또는 납품장소를 변경할 수 있다.[64]

3) 독 일

연방행정절차법 제60조 제2문은 제49조 제5항을 유추적용하여 공동체의 이익에 심각한 손해발생의 우려가 있거나 손해를 만회하기 위한 경우에 행정청은 '특별해지'를 할 수 있다. 다만 이 경우에는 손해를 전보하여야 한다.

---

60) CAA Lyon, 9 avr. 1991, Sté Les téléphériques du massif du Mont-Blanc et Commune de St-Gervais.
61) Jean-Claude Ricci, Droit administratif, Hachette, 2000, p. 79.
62) C.E. 2 fév. 1987, Sté TV6 et autres.
63) FAR 52. 249-2.
64) FAR 52. 243-1.

(3) 제재상의 특권

행정청이 과실을 저지르더라도 계약의 상대방은 계약의 이행을 중단할 수 없고, 법원에 손해배상을 청구하거나 중과실의 경우에는 계약의 해지를 청구할 수 있을 뿐이다. 이에 반해, 행정청은 계약의 상대방에게 과실이 있을 때에 사법관계와 비교하여 매우 광범위한 제재수단을 보유한다. 구체적인 제재수단으로는 이행강제금 등과 같은 금전적 제재와 대집행, 그리고 보상 없는 계약종결 등이 있다.

2. 계약 상대방의 보호

(1) 계약 밖의 권리인정

프랑스에서는 계약의 상대방에게 계약 이외의 권리를 인정한다. 우선 계약의 이행을 용이하게 하기 위하여 공공서비스 특허업체는 일정한 공권력의 특권을 향유한다. 예컨대 이용자로부터 사용료를 받으며, 사업에 대한 독점권을 누리고, 공공공사를 시행하는 자는 공사를 위하여 일시적으로 사소유지를 사용할 수 있다. 이러한 특권은 공익상의 요구에 따라 계약의 상대방이 행정청과 결합됨을 의미한다.

(2) 손실액 전액보상원칙[65]

행정청이 특권을 사용한 결과 계약의 이행조건이 달라져서 계약의 상대방에게 추가부담을 줄 경우 행정청은 이로 인하여 발생한 손실액 전부를 변상하여야 한다는 원칙이다. 사법상의 계약에서는 일방적으로 계약을 수정할 수도 없을 뿐만 아니라 설사 수정할 수 있다할지라도 계약내용 중에 합의된 배상액만을 보상한다는 점에서 행정계약과 구별된다. 이는 행정계약에서는 일방적 수정이라고 하는 특권을 부여하는 대가로 손실액의 전부를 배상한다는 것으로서 일종의 행정책임이론의 확대적용으로 보인다.[66]

(3) 예측불능이론

제1차 세계대전이 발발하자 석탄가격이 상승하여 가스특허업체가 계약에 명시된 가격으로 가스를 공급할 경우 도산을 면할 수 없게 되었다. 이러한 경제적 변수에

---

65) 이를 프랑스에서는 '왕자(군주)행위이론'(La théorie du fait du prince)이라 한다. 그 의미를 분명히 하기 위하여 이를 '전액보상원칙'으로 번역한다. Badaoui, Le fait du prince dans les contrats administratifs, thèse, Paris, 1954.

66) 이광윤(신행정법론, 119면).

대하여 꽁세이데따는 계약의 이행이 물리적으로는 가능하지만, 계약 당사자들의 의사와는 무관한 경제적 파탄 등과 같은 불가항력적인 예측불능의 상황에서는 특허업자에게 계약의 이행을 계속할 수 있도록 손해액의 일부를 전보해주어야 한다는 이른바 '예측불능이론'(La théorie de l'imprévision)을 형성하였다.[67]

VI. 행정계약의 요건

1. 주 체

논리상 행정계약의 당사자는 일방 또는 쌍방이 행정주체이어야 한다. 여기서 행정주체란 국가·지방자치단체·공공단체·공무수탁사인을 모두 포함한다. 그러나 행정실무에서 행정계약은 행정청이 수행하므로 행정기본법은 행정청을 계약 체결의 주체(당사자)로 명시하고 있다($_{조}^{제27}$). 행정계약이 유효하게 성립하기 위해서는 정당한 권한을 가진 행정주체가 그 권한의 범위 내에서 정상적 의사에 의해 행하여여야 한다.

2. 절 차

행정기본법은 행정계약의 일반적인 절차에 관하여 규정하고 있지 않으나, 만일 개별 법령에서 특별한 규정(다른 행정청의 인가·승인·확인, 제3자의 동의 등)[68]이 있으면 그에 따른다. 한편, 행정절차법은 처분, 신고, 확약, 위반사실 등의 공표, 행정계획, 행정상 입법예고, 행정예고 및 행정지도의 절차에 적용되며(행정절차법 제3조 제1항), 행정계약에는 적용되지 않는다.

① 대법원 2015. 1. 15. 선고 2013다215133 판결

구 국가를 당사자로 하는 계약에 관한 법률(2012. 12. 18. 법률 제11547호로 개정되기 전의 것, 이하 '국가계약법'이라 한다) 제11조 규정 내용과 국가가 일방당사자가 되어 체결하는 계약의 내용을 명확히 하고 국가가 사인과 계약을 체결할 때 적법한 절차에 따를 것을 담보하려는 규정의 취지 등에 비추어 보면, 국가가 사인과 계약을 체결할 때에는 국가계약법령에 따른 계약서를 따로 작성하는 등 요건과 절차를 이행하여야 할 것이고, 설령 국가와 사인 사이에 계약이 체결되었더라도 이러한 법령상 요건과 절차를 거치지 아니한 계약은 효력이 없다.

---

67) C.E. 24 mars 1916, Cie du gaz de Bordeaux.
68) 독일 행정절차법은 제3자의 권리·이익을 침해하는 내용의 공법상 계약은 제3자의 동의를 얻어야 효력이 발생한다고 규정하고 있다(제58조 제1항).

② 대법원 2002. 11. 26. 선고 2002두5948 판결

　　계약직공무원에 관한 현행 법령의 규정에 비추어 볼 때, 계약직공무원 채용계약해지의 의사표시는 일반공무원에 대한 징계처분과는 달라서 항고소송의 대상이 되는 처분 등의 성격을 가진 것으로 인정되지 아니하고, 일정한 사유가 있을 때에 국가 또는 지방자치단체가 채용계약 관계의 한쪽 당사자로서 대등한 지위에서 행하는 의사표시로 취급되는 것으로 이해되므로, 이를 징계해고 등에서와 같이 그 징계사유에 한하여 효력 유무를 판단하여야 하거나, 행정처분과 같이 행정절차법에 의하여 근거와 이유를 제시하여야 하는 것은 아니다.

3. 형 식

　　행정계약을 체결하는 경우, 행정청은 계약의 목적 및 내용을 명확하게 적은 계약서를 작성하여야 한다($\binom{\text{행정기본법 제27}}{\text{조 제1항 후문}}$).[69]

4. 내 용

(1) 법률우위의 원칙

　　행정계약의 내용은 당사자 사이의 협의에 의해 정하여진다. 다만 행정계약은 공익실현을 내용으로 하며, 공정성을 담보하기 위한 견지에서 계약 내용을 영조물규칙이나 공급규칙 등의 형식으로 정형화하고 있는 경우가 많다.[70] 행정기본법은 행정청은 법령등을 위반하지 아니하는 범위에서 계약을 체결할 수 있다고 하여 법률우위의 원칙을 규정하고 있다($\binom{\text{제27조 제1}}{\text{항 전문}}$). 따라서 행정계약은 법령과 공익에 적합하여야 하고, 그 내용이 객관적으로 명확하며 사실상·법률상 실현가능하여야 한다. 나아가 행정청은 공법상 계약의 상대방을 선정하고 계약 내용을 정할 때 공법상 계약의 공공성과 제3자의 이해관계를 고려하여야 한다($\binom{\text{제2}}{\text{항}}$).

(2) 법률유보의 원칙

　　행정계약은 법률의 근거가 없이도 행정목적을 달성하기 위하여 필요한 경우 자유롭게 체결될 수 있다는 점에서 원칙적으로 법률유보의 원칙이 적용되지 않는다.

---

69) 국가를 당사자로 하는 계약에 관한 법률 제11조(계약서의 작성 및 계약의 성립) 제1항 본문에서도 "각 중앙관서의 장 또는 계약담당공무원은 계약을 체결할 때에는 다음 각 호의 사항을 명백하게 기재한 계약서를 작성하여야 한다."고 하여 서면주의를 취하고 있다.

70) 이를 '부합계약'이라 한다. 김동희(232면).

VII. 행정계약의 효력 및 흠

1. 행정계약의 효력

행정계약의 경우 행정행위와 달리 공정력·불가쟁력·불가변력·강제력 등의 효력이 인정되지 않는다. 다만 법령의 규정을 통해 행정계약의 당사자인 행정청에게 자력집행권을 부여할 수 있다.[71] 독일 연방행정절차법은 종속계약과 관련하여 사전에 합의가 있는 경우 판결에 의하지 않고 계약 내용의 즉시 집행을 할 수 있는 규정을 두고 있다(제61조).

2. 행정계약의 흠

행정기본법 제27조는 행정계약에 관한 강행규정이고, 효력규정이다. 따라서 이를 위반한 행정계약은 위법한 것으로 행정행위와 달리 공정력이 인정되지 않으므로 그 계약은 무효가 된다. 다만 행정계약의 체결과정에서 당사자의 의사표시에 흠이 있는 경우에는 민법규정이 유추적용될 수 있다.

VIII. 행정계약과 권리구제

1. 당사자소송

행정계약에 관하여 다툼이 있는 경우에는 당사자소송에 의하여야 한다. 이 경우 계약이행의 문제인지 아니면 손해배상의 문제인지는 불문한다. 판례는 시립무용단원의 해촉·시립합창단원에 대한 재위촉거부·전문직공무원 채용계약 해지의 의사표시에 대하여는 공법상의 당사자소송으로 그 무효확인을 청구할 수 있다는 입장이다. 다만 이 경우 확인의 이익이 요구된다.

---

71) 수도법 제68조(요금 등의 강제징수) 제1항은 "지방자치단체인 수도사업자는 수돗물의 공급을 받은 자가 수돗물의 요금, 급수설비에 관한 공사의 비용 또는 제71조에 따른 원인자부담금(이하 이 조에서 "요금등"이라 한다)을 내지 아니하면 내야 할 금액의 100분의 3의 범위에서 지방자치단체의 조례로 정하는 바에 따라 가산금을 징수할 수 있다. 이 경우 요금등 및 가산금의 징수는 지방세 체납처분의 예에 따른다."는 규정을 두고 있다.

① 대법원 1995. 12. 22. 선고 95누4636 판결

지방자치법 제9조 제2항 제5호 (라)목 및 (마)목 등의 규정에 의하면, 이 사건 서울특별시립무용단원의 공연 등 활동은 지방문화 및 예술을 진흥시키고자 하는 서울특별시의 공공적 업무수행의 일환으로 이루어진다고 해석될 뿐 아니라, 원심이 확정한 바와 같이 단원으로 위촉되기 위하여는 일정한 능력요건과 자격요건을 요하고, 계속적인 재위촉이 사실상 보장되며, 공무원연금법에 따른 연금을 지급받고, 단원의 복무규율이 정해져 있으며, 정년제가 인정되고, 일정한 해촉사유가 있는 경우에만 해촉되는 등 서울특별시립무용단원이 가지는 지위가 공무원과 유사한 것이라면, 서울특별시립무용단 단원의 위촉은 공법상의 계약이라고 할 것이고, 따라서 그 단원의 해촉에 대하여는 공법상의 당사자소송으로 그 무효확인을 청구할 수 있다.

② 대법원 2001. 12. 11. 선고 2001두7794 판결

지방자치법 제9조 제2항 제5호 (라)목 및 (마)목 등의 규정에 의하면, 광주광역시립합창단의 활동은 지방문화 및 예술을 진흥시키고자 하는 광주광역시의 공공적 업무수행의 일환으로 이루어진다고 해석될 뿐 아니라, 그 단원으로 위촉되기 위하여는 공개전형을 거쳐야 하고 지방공무원법 제31조의 규정에 해당하는 자는 단원의 직에서 해촉될 수 있는 등 단원은 일정한 능력요건과 자격요건을 갖추어야 하며, 상임단원은 일반공무원에 준하여 매일 상근하고 단원의 복무규율이 정하여져 있으며, 일정한 해촉사유가 있는 경우에만 해촉되고, 단원의 보수에 대하여 지방공무원의 보수에 관한 규정을 준용하는 점 등에서는 단원의 지위가 지방공무원과 유사한 면이 있으나, 한편 단원의 위촉기간이 정하여져 있고 재위촉이 보장되지 아니하며, 단원에 대하여는 지방공무원의 보수에 관한 규정을 준용하는 이외에는 지방공무원법 기타 관계 법령상의 지방공무원의 자격, 임용, 복무, 신분보장, 권익의 보장, 징계 기타 불이익처분에 대한 행정심판 등의 불복절차에 관한 규정이 준용되지도 아니하는 점 등을 종합하여 보면, 광주광역시문화예술회관장의 단원 위촉은 광주광역시문화예술회관장이 행정청으로서 공권력을 행사하여 행하는 행정처분이 아니라 공법상의 근무관계의 설정을 목적으로 하여 광주광역시와 단원이 되고자 하는 자 사이에 대등한 지위에서 의사가 합치되어 성립하는 공법상 근로계약에 해당한다고 보아야 할 것이므로, 광주광역시립합창단원으로서 위촉기간이 만료되는 자들의 재위촉 신청에 대하여 광주광역시문화예술회관장이 실기와 근무성적에 대한 평정을 실시하여 재위촉을 하지 아니한 것을 항고소송의 대상이 되는 불합격처분이라고 할 수는 없다.

③ 대법원 1993. 9. 14. 선고 92누4611 판결

현행 실정법이 지방전문직공무원 채용계약 해지의 의사표시를 일반공무원에 대한 징계처분과는 달리 항고소송의 대상이 되는 처분 등의 성격을 가진 것으로 인정하지 아

니하고, 지방전문직공무원규정 제7조 각호의 1에 해당하는 사유가 있을 때 지방자치단체가 채용계약관계의 한쪽 당사자로서 대등한 지위에서 행하는 의사표시로 취급하고 있는 것으로 이해되므로, 지방전문직공무원 채용계약 해지의 의사표시에 대하여는 대등한 당사자 간의 소송형식인 공법상 당사자소송으로 그 의사표시의 무효확인을 청구할 수 있다.

④ 대법원 1996. 5. 31. 선고 95누10617 판결

전문직공무원인 공중보건의사의 채용계약의 해지가 관할 도지사의 일방적인 의사표시에 의하여 그 신분을 박탈하는 불이익처분이라고 하여 곧바로 그 의사표시가 관할 도지사가 행정청으로서 공권력을 행사하여 행하는 행정처분이라고 단정할 수는 없고, 공무원 및 공중보건의사에 관한 현행 실정법이 공중보건의사의 근무관계에 관하여 구체적으로 어떻게 규정하고 있는가에 따라 그 의사표시가 항고소송의 대상이 되는 처분 등에 해당하는 것인지의 여부를 개별적으로 판단하여야 할 것인바, 농어촌등보건의료를위한특별조치법 제2조, 제3조, 제5조, 제9조, 제26조와 같은 법 시행령 제3조, 제17조, 전문직공무원규정 제5조 제1항, 제7조 및 국가공무원법 제2조 제3항 제3호, 제4항 등 관계 법령의 규정내용에 미루어 보면 현행 실정법이 전문직공무원인 공중보건의사의 채용계약 해지의 의사표시는 일반공무원에 대한 징계처분과는 달라서 항고소송의 대상이 되는 처분 등의 성격을 가진 것으로 인정되지 아니하고, 일정한 사유가 있을 때에 관할 도지사가 채용계약 관계의 한쪽 당사자로서 대등한 지위에서 행하는 의사표시로 취급하고 있는 것으로 이해되므로, 공중보건의사 채용계약 해지의 의사표시에 대하여는 대등한 당사자 간의 소송형식인 공법상의 당사자소송으로 그 의사표시의 무효확인을 청구할 수 있는 것이지, 이를 항고소송의 대상이 되는 행정처분이라는 전제하에서 그 취소를 구하는 항고소송을 제기할 수는 없다.

⑤ 대법원 2008. 6. 12. 선고 2006두16328 판결[72]

[1] 근로기준법 등의 입법 취지, 지방공무원법과 지방공무원징계및소청규정의 여러 규정에 비추어 볼 때, 채용계약상 특별한 약정이 없는 한, 지방계약직공무원에 대하여

---

72) [판결 이유] 이 사건과 같이 이미 채용기간이 만료되어 소송 결과에 의해 법률상 그 직위가 회복되지 않는 이상 채용계약 해지의 의사표시의 무효확인만으로는 당해 소송에서 추구하는 권리구제의 기능이 있다고 할 수 없고, 침해된 급료지급청구권이나 사실상의 명예를 회복하는 수단은 바로 급료의 지급을 구하거나 명예훼손을 전제로 한 손해배상을 구하는 등의 이행청구소송으로 직접적인 권리구제 방법이 있는 이상 무효확인소송은 적절한 권리구제수단이라 할 수 없어 확인소송의 또 다른 소송요건을 구비하지 못하고 있다 할 것이며, 위와 같이 직접적인 권리구제의 방법이 있는 이상 무효확인 소송을 허용하지 않는다고 해서 당사자의 권리구제를 봉쇄하는 것도 아니다(대법원 2000. 5. 18. 선고 95재다199 전원합의체 판결 등 참조). 원심이 같은 취지에서 이 사건 소 중 채용계약 해지의사표시의 무효확인청구 부분은 확인의 이익이 없어 부적법하다고 판단한 조치는 수긍이 가고, 거기에 상고이유에서 주장하는 바와 같은 확인의 이익에 관한 법리오해 등의 위법이 없다.

지방공무원법, 지방공무원징계및소청규정에 정한 징계절차에 의하지 않고서는 보수를 삭감할 수 없다고 봄이 상당하다.

[2] 지방계약직공무원규정의 시행에 필요한 사항을 규정하기 위한 '서울특별시 지방계약직공무원 인사관리규칙' 제8조 제3항은 근무실적 평가 결과 근무실적이 불량한 사람에 대하여 봉급을 삭감할 수 있도록 규정하고 있는바, 보수의 삭감은 이를 당하는 공무원의 입장에서는 징계처분의 일종인 감봉과 다를 바 없음에도 징계처분에 있어서와 같이 자기에게 이익이 되는 사실을 진술하거나 증거를 제출할 수 있는 등($\binom{지방공무원징계및}{소청규정 제5조}$)의 절차적 권리가 보장되지 않고 소청($\binom{지방공무원징계및}{소청규정 제16조}$) 등의 구제수단도 인정되지 아니한 채 이를 감수하도록 하는 위 규정은, 그 자체 부당할 뿐만 아니라 지방공무원법이나 지방계약직공무원규정에 아무런 위임의 근거도 없는 것이거나 위임의 범위를 벗어난 것으로서 무효이다.

[3] 지방공무원법 제73조의3과 지방공무원징계및소청규정 제13조 제4항에 의하여 지방계약직공무원에게도 지방공무원법 제69조 제1항 각 호의 징계사유가 있는 때에는 징계처분을 할 수 있다.

2. 항고소송

대법원 판례에 따르면, 공법상 계약의 '해지'나 '취소'가 행정청이 우월적 지위에서 일정한 법률상 효과를 발생하게 하는 것인 때에는 항고소송의 대상이 되는 행정처분에 해당한다. 이때 처분성을 판단하는 기준으로 "행정청이 자신과 상대방 사이의 법률관계를 일방적인 의사표시로 종료시켰다고 하더라도 곧바로 의사표시가 행정청으로서 공권력을 행사하여 행하는 행정처분이라고 단정할 수는 없고, 관계 법령이 상대방의 법률관계에 관하여 구체적으로 어떻게 규정하고 있는지에 따라 의사표시가 항고소송의 대상이 되는 행정처분에 해당하는지 아니면 공법상 계약관계의 일방 당사자로서 대등한 지위에서 행하는 의사표시인지를 개별적으로 판단하여야 한다."고 판시하였다.[73] 판례는 공법상 계약의 체결을 위한 '계약 상대방의 지정행위'에 대해서도 처분성을 인정한 바 있다.[74]

① 대법원 2015. 8. 27. 선고 2015두41449 판결

중소기업기술정보진흥원장이 갑 주식회사와 중소기업 정보화지원사업 지원대상인 사업의 지원에 관한 협약을 체결하였는데, 협약이 갑 회사에 책임이 있는 사업실패로

---

73) 대법원 2015. 8. 27. 선고 2015두41449 판결.
74) 대법원 2009. 4. 23. 선고 2007두13159 판결(서울-춘천 간 고속도로 민간투자시설사업의 사업시행자 지정처분).

해지되었다는 이유로 협약에서 정한 대로 지급받은 정부지원금을 반환할 것을 통보한 사안에서, 중소기업 정보화지원사업에 따른 지원금 출연을 위하여 중소기업청장이 체결하는 협약은 공법상 대등한 당사자 사이의 의사표시의 합치로 성립하는 공법상 계약에 해당하는 점, 구 중소기업 기술혁신 촉진법(2010. 3. 31. 법률 제10220 호로 개정되기 전의 것) 제32조 제1항은 제10조가 정한 기술혁신사업과 제11조가 정한 산학협력 지원사업에 관하여 출연한 사업비의 환수에 적용될 수 있을 뿐 이와 근거 규정을 달리하는 중소기업 정보화지원사업에 관하여 출연한 지원금에 대하여는 적용될 수 없고 달리 지원금 환수에 관한 구체적인 법령상 근거가 없는 점 등을 종합하면, 협약의 해지 및 그에 따른 환수통보는 공법상 계약에 따라 행정청이 대등한 당사자의 지위에서 하는 의사표시로 보아야 하고, 이를 행정청이 우월한 지위에서 행하는 공권력의 행사로서 행정처분에 해당한다고 볼 수는 없다고 한 사례.

② 대법원 2017. 6. 15. 선고 2014두46843 판결

구 산업집적활성화 및 공장설립에 관한 법률(2013. 3. 23. 법률 제11690 호로 개정되기 전의 것) 제13조 제1항, 제2항 제2호, 제30조 제1항 제2호, 제2항 제3호, 제38조 제1항, 제2항, 제40조, 제40조의2, 제42조 제1항 제4호, 제5호, 제2항, 제5항, 제43조, 제43조의3, 제52조 제2항 제5호, 제6호, 제53조 제4호, 제55조 제1항 제4호, 제2항 제9호 규정들에서 알 수 있는 산업단지관리공단의 지위, 입주계약 및 변경계약의 효과, 입주계약 및 변경계약 체결 의무와 그 의무를 불이행한 경우의 형사적 내지 행정적 제재, 입주계약해지의 절차, 해지통보에 수반되는 법적 의무 및 그 의무를 불이행한 경우의 형사적 내지 행정적 제재 등을 종합적으로 고려하면, 입주변경계약 취소는 행정청인 관리권자로부터 관리업무를 위탁받은 산업단지관리공단이 우월적 지위에서 입주기업체들에게 일정한 법률상 효과를 발생하게 하는 것으로서 항고소송의 대상이 되는 행정처분에 해당한다.

대법원은 국가 또는 지방자치단체를 당사자로 하는 계약에 관한 법률에 의한 공공계약의 성격을 사법(私法)상 계약으로 보면서도, 이에 따른 '입찰참가자격 제한조치'에 대해서는 처분성을 인정하고 있다. 그러나 공법인이 이러한 조치를 하기 위해서는 별도의 법적 근거가 필요하다. 현재 공공기관의 운영에 관한 법률은 공기업'과 준정부기관에 대해서만 입찰참가자격을 제한할 수 있는 근거 규정을 두고 있다(제39조 제3항2). 따라서 공기업과 준정부기관이 행한 입찰참가자격 제한조치는 항고소송의 대상이 되는 처분에 해당하지만, 기타 공공기관이 이러한 조치를 행한 경우에는 사법상의 효력을 가지는 통지행위에 불과하다.[75]

---

75) 대법원 2010. 11. 26.자 2010무137 결정.

대법원 2014. 11. 27. 선고 2013두18964 판결

　　공공기관의 운영에 관한 법률 제39조 제2항, 제3항에 따라 입찰참가자격 제한기준을 정하고 있는 구 공기업·준정부기관 계약사무규칙(2013. 11. 18. 기획재정부령 제375호로 개정되기 전의 것) 제15조 제2항, 국가를 당사자로 하는 계약에 관한 법률 시행규칙 제76조 제1항 [별표 2], 제3항 등은 비록 부령의 형식으로 되어 있으나 규정의 성질과 내용이 공기업·준정부기관(이하 '행정청'이라 한다)이 행하는 입찰참가자격 제한처분에 관한 행정청 내부의 재량준칙을 정한 것에 지나지 아니하여 대외적으로 국민이나 법원을 기속하는 효력이 없으므로, 입찰참가자격 제한처분이 적법한지 여부는 이러한 규칙에서 정한 기준에 적합한지 여부만에 따라 판단할 것이 아니라 공공기관의 운영에 관한 법률상 입찰참가자격 제한처분에 관한 규정과 그 취지에 적합한지 여부에 따라 판단하여야 한다. 다만 그 재량준칙이 정한 바에 따라 되풀이 시행되어 행정관행이 이루어지게 되면 평등의 원칙이나 신뢰보호의 원칙에 따라 행정청은 상대방에 대한 관계에서 그 규칙에 따라야 할 자기구속을 받게 되므로, 이러한 경우에는 특별한 사정이 없는 한 그에 반하는 처분은 평등의 원칙이나 신뢰보호의 원칙에 어긋나 재량권을 일탈·남용한 위법한 처분이 된다.

제 5 장 행정법상의 확약

행정절차법 제40조의2(확약) ① 법령등에서 당사자가 신청할 수 있는 처분을 규정하고 있는 경우 행정청은 당사자의 신청에 따라 장래에 어떤 처분을 하거나 하지 아니할 것을 내용으로 하는 의사표시(이하 "확약"이라 한다)를 할 수 있다.
② 확약은 문서로 하여야 한다.
③ 행정청은 다른 행정청과의 협의 등의 절차를 거쳐야 하는 처분에 대하여 확약을 하려는 경우에는 확약을 하기 전에 그 절차를 거쳐야 한다.
④ 행정청은 다음 각 호의 어느 하나에 해당하는 경우에는 확약에 기속되지 아니한다.
  1. 확약을 한 후에 확약의 내용을 이행할 수 없을 정도로 법령등이나 사정이 변경된 경우
  2. 확약이 위법한 경우
⑤ 행정청은 확약이 제4항 각 호의 어느 하나에 해당하여 확약을 이행할 수 없는 경우에는 지체 없이 당사자에게 그 사실을 통지하여야 한다.

제 1 절 개 설

Ⅰ. 의 의

행정법상의 확약이란 행정주체가 행정객체에 대하여 일정한 행정행위를 하거나 하지 않을 것을 내용으로 하는 행정청의 구속력 있는 약속을 말한다. 실정법상으로는 내인가, 내허가 등이 이에 해당한다. 확약은 독일에서 정립된 이론으로, 독일에서는 장래 일정한 행정작용을 행사 또는 불행사하겠다는 행정청의 구속력 있는 약속을 '확언'(^{Zusage})이라 하고, 특히 이 중에서 행정행위를 대상으로 하는 자기구속적 의사표시를 '확약'(^{Zusicherung})이라 한다. 과거 독일에서는 행정실무에서 다양한 종류의 확언이 활용되어 왔으나, 1976년 연방행정절차법이 제정되면서 '행정행위'에 관한 약속에 대해서만 명문의 규정을 두면서 이를 '확약'(^{Zusicherung})이라고 하였고(제38조), 이를 계기로 확언과 확약이 개념상 구분되었다.[1]

우리나라에서도 행정법상 확약의 개념을 둘러싸고 독일에서의 '확언'(^{Zusage})으로 볼 것인지 아니면 '확약'(^{Zusicherung})으로 볼 것인지에 대해 논란이 있었으나, 2022. 1.

---

1) 이일세(336면).

11. 개정된 행정절차법에서 '확약'에 관한 명문의 규정을 신설함으로써 논란이 일단 락되었다. 즉, 행정절차법 제40조의2 제1항은 확약의 대상을 (법령등에 따라 당사자 가 신청할 수 있는) '처분'으로 한정함으로써 독일 연방행정절차법상 '확약'^(Zusicherung)의 개념을 제도화한 것으로 평가된다. 따라서 명문의 규정이 없는 나머지 확언들은 여전히 이론적 고찰대상이다.

Ⅱ. 성질(행정행위성 여부)

1. 학설의 대립

행정법상 확약을 행정행위로 볼 것인가의 문제에 대하여, ① 행정법상의 확약 역시 행정행위의 근본요소인 규율성을 가지므로 행정행위로 보아야 한다는 긍정설 과 ② 행정법상의 확약에도 규율성이 존재하기는 하나 종국적 규율성이 없으므로 행정행위라 할 수 없다는 부정설이 대립한다.

2. 판례의 태도

대법원은 어업권면허에 선행하는 우선순위결정은 강학상 확약에 불과하고 행정 처분은 아니므로 공정력이나 불가쟁력을 인정할 수 없다고 보았다[판례 ①]. 그러나 이와 본질이 같은 지방자치단체의 장이 민간투자사업을 추진하는 과정에서 우선협 상대상자를 선정하는 행위와 이미 선정된 우선협상대상자의 지위를 배제하는 행위 에 대해서는 모두 처분성을 인정하여 다소 엇갈린 태도를 보이고 있다[판례 ②].

① **대법원 1995. 1. 20. 선고 94누6529 판결**

어업권면허에 선행하는 우선순위결정은 행정청이 우선권자로 결정된 자의 신청이 있으면 어업권면허처분을 하겠다는 것을 약속하는 행위로서 강학상 확약에 불과하고 행정처분은 아니므로, 우선순위결정에 공정력이나 불가쟁력과 같은 효력은 인정되지 아 니하며, 따라서 우선순위결정이 잘못되었다는 이유로 종전의 어업권면허처분이 취소되 면 행정청은 종전의 우선순위결정을 무시하고 다시 우선순위를 결정한 다음 새로운 우 선순위결정에 기하여 새로운 어업권면허를 할 수 있다.

② **대법원 2020. 4. 29. 선고 2017두31064 판결**

공유재산 및 물품관리법(^{이하 '공유재산}_{법'이라 한다}) 제2조 제1호, 제7조 제1항, 제20조 제1항, 제2항 제2호의 내용과 체계에 관련 법리를 종합하면, 지방자치단체의 장이 공유재산법에 근거하여 기부채납 및 사용·수익허가 방식으로 민간투자사업을 추진하는 과정에서 사업시행자를 지정하기 위한 전 단계에서 공모제안을 받아 일정한 심사를 거쳐 우선협상대상자를 선정하는 행위와 이미 선정된 우선협상대상자를 그 지위에서 배제하는 행위는 민간투자사업의 세부내용에 관한 협상을 거쳐 공유재산법에 따른 공유재산의 사용·수익허가를 우선적으로 부여받을 수 있는 지위를 설정하거나 또는 이미 설정한 지위를 박탈하는 조치이므로 모두 항고소송의 대상이 되는 행정처분으로 보아야 한다.

3. 검 토

독일 연방행정절차법 제38조 제3항은 "행정법상의 확약에 대하여 그 종국적 규율성이 없으므로, ① 확약의 대상이 된 사정이 변경되어 행정청이 변경된 사정이라면 확약을 하지 아니하였을 경우, ② 성질상 확약이 불가능한 경우에는 행정청은 더 이상 확약에 구속되지 않는다."라고 규정함으로써 행정행위성을 명백히 부정한다.

확약은 행정청이 어떠한 권한을 가지고 있는 경우에 상대방에 대하여 장래 행사될 조치의 내용에 대해 예시 또는 자기구속을 하는 행정권한 행사의 일환을 이루는 행위로서, 본처분권에 수반하는 사전처리작용의 성질을 갖는다. 따라서 확약은 행정행위라고 보기보다는 독자적 행위형식으로 파악하는 것이 타당하다고 본다.[2]

제 2 절 확약과 다른 행위형식과의 구별

Ⅰ. 가행정행위(잠정적 행정행위)

1. 의 의

행정법상의 확약은 확정적 행정행위가 있기 전에 잠정적으로 행하여지는 규율인 가행정행위와 구별된다. 가행정행위란 사실관계와 법률관계의 계속적이고 최종적인 심사를 유보한 상태에서 당해 행정행위의 효력을 잠정적으로 확정하는 행정의 행위형식을 말한다.[3] 따라서 가행정행위의 효력은 본행정행위에 의하여 대체될 때까지

---

2) 독일 연방행정절차법 제38조 제2항은 행정행위에 관한 일부 규정을 확약에 준용하도록 규정하고 있다.

만 그 효력이 인정된다.[4)]

이는 원래 급부행정의 분야에서 급부 수령자의 이익을 위하여 가급적 빨리 행정이 이루어지도록 하기 위한 필요성 때문에 등장한 이론이다.[5)] 가행정행위의 예로는 납세자의 과세표준 신고에 의한 잠정적 세액결정, 가급부결정 등을 들고 있다. 그러나 납세자의 과세표준 신고에 의한 세액결정은 특별한 사정이 없는 한 확정력이 있으므로 종국적 결정으로 봄이 타당하다. 납세자의 과세표준 과소신고 등으로 과세관청이 세액을 변경하여 결정하는 것은 전혀 새로운 처분으로서 이른바 '경정결정'이라 한다. 따라서 이를 가행정행위의 예로서 설명하는 것은 타당하지 않다.

2. 성 질

가행정행위의 성질에 관하여는 ① 전형적인 행정행위에 있어 하나의 유형에 불과하다는 행정행위설, ② 행정행위의 특수한 형태라는 특수행정행위설, ③ 전형적인 행정행위와는 구별되는 전혀 새로운 행위형식이라는 독자성설 등의 견해가 있다.

생각건대, 가행정행위는 당사자의 권리나 의무 또는 물건의 상태 등의 법률관계에 대하여 직접적인 변동을 가져오거나 구속력을 가지고 확정하는 효과를 발생하는 것이므로, 비록 잠정적이기는 하지만 그 한도에서는 종국적이고 최종적인 규율이라는 점[6)]에서 행정행위성을 부인하기는 어렵다.

대법원 2014. 5. 16. 선고 2012두26180 판결

국가공무원법상 직위해제처분의 무효확인 또는 취소소송 계속 중 정년을 초과하여 직위해제처분의 무효확인 또는 취소로 공무원 신분을 회복할 수는 없다고 할지라도, 그 무효확인 또는 취소로 직위해제일부터 직권면직일까지 기간에 대한 감액된 봉급 등의 지급을 구할 수 있는 경우에는 직위해제처분의 무효확인 또는 취소를 구할 법률상 이익이 있다.

---

3) 한견우(549면).
4) 상게서(550면).
5) 상게서(549면).
6) 류지태/박종수(209면). ① 잠정적 행정행위(가행정행위)는 그 자체가 본체인 행정행위이며, 종국적 행정행위에 부종되어 있는 것은 아니라는 지적(김남진/김연태, 242면)이나 ② 가행정행위는 잠정적이기는 하지만 행정행위로서 직접 법적 효력을 발생시킨다는 설명(박균성, 487면) 역시 동일한 의미로 이해된다. 다만 김동희 교수는 가행정행위는 '규율의 완결성'이라는 면에서 행정행위로 보는 데 전혀 문제가 없는 것은 아니라고 한다. 김동희(237면).

Ⅱ. 다단계행정결정

1. 의 의

다단계행정결정이란 행정기관의 최종결정이 내려지기까지 여러 단계의 과정을 각각 독립하여 하나의 행정행위로 행하는 것을 말한다.[7]

상당한 시간과 막대한 자금이 소요되는 인허가 사업에 있어 규제권한을 가진 행정청이 법정요건의 구비요건을 종국적으로만 판단하여 결정하게 되면 민원인뿐만 아니라 국가적으로도 커다란 손실을 야기할 우려가 있다. 따라서 이러한 경제적 모순을 회피하고 민원인의 각종 설비투자에 대한 예측가능성을 담보하기 위하여, 법령은 예비결정 또는 부분허가 등을 도입하여 민원인이 일정한 계획서를 제출하면 행정청이 당해 사업의 적부 여부를 판단하여 민원인에게 종국적인 인허가를 받을 수 있도록 유도하는 이른바 다단계행정결정제도를 도입하고 있는 것이다.[8] 이것과 구분되어야 하는 개념으로 Ipsen의 '2단계설'이 있다. 2단계설은 공공임대주택 입주의 경우, 입주자 선정발표는 행정행위를 구성하고 입주 후 임대료 청산관계는 사법상의 계약관계를 구성하여 공법과 사법관계의 2단계를 구성한다고 하는 이론으로, 이러한 공익목적의 법관계는 공법상 계약(행정계약)관계로 단일화하는 것이 바람직하다고 본다.

2. 유 형

(1) 예비결정(사전결정)

예비결정이란 행정청이 최종적인 행정결정을 하기 전에 사전적 단계에서 최종적 행정결정의 요건 중 일부에 대해 종국적인 판단으로서 내려지는 결정을 말한다. 예비결정은 사전적이지만 개별적인 요건에 대해서는 하나의 독립된 종국적이고 구속적인 결정이라는 점[9]에서 전통적 행정행위와 다르지 않다. 그러나 예비결정은 최종적 결정의 단계적 전제가 되며, 예비결정만으로는 상대방에게 어떠한 행위를 할 수 있게 허용하는 것은 아니라는 점에서 전통적 행정행위와 구별된다. 즉, 예비결정은 최종적인 결정의 유보하에 이루어지는 행위로서, 최종적인 결정인 허가가 있기 전

---

7) 한견우(552면).
8) 정준현, "다단계행정행위에 관한 소고", 선문대학교 인문사회논문집, 2001.
9) 류지태/박종수(210면).

에는 허가의 효력이 발생하지 않는다. 이러한 점에서 행정행위성에 대한 의문이 있을 수 있으나, 예비결정을 받은 자만이 최종결정을 신청할 수 있다는 점에서 규율성을 인정할 수 있다.

예비결정에 대한 현행법상의 예로는 ① 건축 관련 입지와 규모의 사전결정(건축법 제10조 제1항),10) ② 폐기물처리업허가 전 사업계획서에 대한 적합통보(폐기물관리법 제25조 제2항) 등이 있다.

① 대법원 1996. 3. 12. 선고 95누658 판결

[1] 건축에 관한 계획의 사전결정은 규정상 결정의 대상이 "당해 건축물을 해당 대지에 건축하는 것이 건축법 또는 다른 법률의 규정에 의하여 허용되는지의 여부"로 한정되어 있고, 사전결정제도의 목적이 일정 규모 이상의 건축물 등을 신축하고자 하는 자가 건축허가신청에 필요한 모든 준비를 갖추어 허가신청을 하였다가 건축물 입지의 부적법성을 이유로 불허가될 경우 그 불이익이 매우 클 것이므로 건축허가 신청 전에 건축계획서 등에 의하여 그 입지의 적법성 여부에 대한 사전결정을 받을 수 있게 함으로써 경제적·시간적 부담을 덜어 주려는 것이어서 그 허부 판단의 기준은 건축허가에 있어서의 그것과 가급적 일치되어야 할 것이므로 사전결정을 함에 있어서도 처분 당시의 건축법 기타 관계 법령상의 제한만이 판단의 기준이 된다. 그러므로 사전결정 신청에 대한 결정권자는 건축하고자 하는 건축물을 해당 대지에 건축하는 것이 처분 당시의 건축법, 도시계획법 등의 관계 법령에서 정하는 제한에 배치되지 아니하는 이상 당연히 건축이 허용된다는 사전결정을 하여야 하고 위 관계 법령에서 정하는 제한 사유 이외의 사유를 들어 건축을 불허가하는 결정을 할 수는 없다.

[2] 대지가 공동주택 건축금지구역으로 지정·공고될 예정이라거나 행정청이 그 동안 준공업지역에서의 공동주택건축을 불허한다는 방침을 내부적으로 정하고 사실상 실천하여 왔는데 그러한 내용의 조례안이 만들어져 공고된 상태라는 등 건축법 기타 관계 법령에서 정하는 제한 사유 이외의 사유를 들어 건축을 불허가한다는 사전결정은 위법하다고 본 사례.

② 대법원 1998. 4. 28. 선고 97누21086 판결

[1] 폐기물관리법 관계 법령의 규정에 의하면 폐기물처리업의 허가를 받기 위하여는

---

10) 제10조(건축 관련 입지와 규모의 사전결정) ① 제11조에 따른 건축허가 대상 건축물을 건축하려는 자는 건축허가를 신청하기 전에 허가권자에게 그 건축물의 건축에 관한 다음 각 호의 사항에 대한 사전결정을 신청할 수 있다.
  1. 해당 대지에 건축하는 것이 이 법이나 관계 법령에서 허용되는지 여부
  2. 이 법 또는 관계 법령에 따른 건축기준 및 건축제한, 그 완화에 관한 사항 등을 고려하여 해당 대지에 건축 가능한 건축물의 규모
  3. 건축허가를 받기 위하여 신청자가 고려하여야 할 사항

먼저 사업계획서를 제출하여 허가권자로부터 사업계획에 대한 적정통보를 받아야 하고, 그 적정통보를 받은 자만이 일정기간 내에 시설, 장비, 기술능력, 자본금을 갖추어 허가신청을 할 수 있으므로, 결국 부적정통보는 허가신청 자체를 제한하는 등 개인의 권리 내지 법률상의 이익을 개별적이고 구체적으로 규제하고 있어 행정처분에 해당한다.

　[2] 폐기물관리법 제26조 제1항, 제2항 및 같은 법 시행규칙 제17조 제1항 내지 제5항의 규정에 비추어 보면 폐기물처리업의 허가에 앞서 사업계획서에 대한 적정·부적정 통보 제도를 두고 있는 것은 폐기물처리업을 하고자 하는 자가 스스로 시설 등을 설치하여 허가신청을 하였다가 허가단계에서 그 사업계획이 부적정하다고 판명되어 불허가되면 허가신청인이 막대한 경제적·시간적 손실을 입게 되므로, 이를 방지하는 동시에 허가관청으로 하여금 미리 사업계획서를 심사하여 그 적정·부적정통보 처분을 하도록 하고, 나중에 허가단계에서는 나머지 허가요건만을 심사하여 신속하게 허가업무를 처리하는데 그 취지가 있다.

(2) 부분허가(부분승인)

　부분허가란 완전허가의 반대개념으로서, 원자력발전소·공항·고속도로와 같이 상당한 시간과 막대한 자금이 소요되는 공익에 중대한 영향을 미치는 시설물의 건설에 있어서 단계적으로 시설의 일부에 대하여 허가를 발하는 것을 말한다. 예컨대 막대한 예산과 위험성이 있는 발전용 원자로 및 관계시설을 건설하기 위해서는 부지사전승인, 건설허가, 사용전검사, 운영허가 등의 단계적 인허가를 얻어야 하는바, 이들 하나하나에 대한 개별적 결정을 부분허가라 한다. 부분허가는 단계적으로 결정이 이루어진다는 점에서는 예비결정과 다르지 않으나, 예비결정은 최종결정의 전제가 되는 요건의 심사결정임에 반하여, 부분허가는 각각의 부분에 대한 별개의 종국적 결정이라는 점에서 양자가 구별된다. 즉, 다수의 (개별)처분이 모두 포함되면서 종합적인 처분이 이루어진다.

　원자력안전법 제10조 제3항에 의한 부지사전승인은 예비결정과 부분승인의 성격을 동시에 가진다.

원자력안전법 제10조(건설허가) ③ 위원회는 발전용원자로 및 관계시설을 건설하려는 자가 건설허가신청 전에 부지에 관한 사전 승인을 신청하면 이를 검토한 후에 승인할 수 있다.
④ 제3항에 따라 부지에 관한 승인을 받은 자는 총리령으로 정하는 범위에서 공사를 할 수 있다.

제16조(검사) ① 발전용원자로설치자, 공급자 및 성능검증기관은 발전용원자로 및 관계시설의 건설, 특정핵물질의 계량관리에 관한 사항을 대통령령으로 정하는 바에 따라 위원회의 검사를 받아야 한다.

제20조(운영허가) ① 발전용원자로 및 관계시설을 운영하려는 자는 대통령령으로 정하는 바에 따라 위원회의 허가를 받아야 한다. 허가받은 사항을 변경하려는 때에도 또한 같다. 다만, 총리령으로 정하는 경미한 사항을 변경하려는 때에는 이를 신고하여야 한다.

대법원 1998. 9. 4. 선고 97누19588 판결

원자로시설부지사전승인처분의 근거 법률인 구 원자력법($^{1996. 12. 30. 법률 제5233호로 개정되어}_{1997. 7. 1.부터 시행되기 전의 것}$) 제11조 제3항에 근거한 원자로 및 관계 시설의 부지사전승인처분은 원자로 등의 건설허가 전에 그 원자로 등 건설예정지로 계획 중인 부지가 원자력법의 관계 규정에 비추어 적법성을 구비한 것인지 여부를 심사하여 행하는 사전적 부분 건설허가처분의 성격을 가지고 있는 것이므로, 원자력법 제12조 제2호, 제3호로 규정한 원자로 및 관계 시설의 허가기준에 관한 사항은 건설허가처분의 기준이 됨은 물론 부지사전승인처분의 기준으로도 된다.

3. 성 질

예비결정 및 부분허가 등은 그 결정과정이 단계적으로 이루어진다는 점 외에는 전통적 행정행위와 다르지 않다. 다시 말해서 이들 결정은 해당 단계에서는 그 자체만으로 종국적 규율성을 갖는 행정행위인 것이다.

4. 효 력

(1) 예비결정(사전결정)

예비결정이 최종결정에 대하여 구속력을 가지는지 여부에 관하여, 예비결정된 범위 안에서 원칙적으로 최종결정에 대한 구속력이 인정된다는 견해가 있으나, 판례는 부정적인 입장이다. 즉 판례는 최종결정이 재량행위에 해당하는 경우, 비록 예비결정이 있다고 하더라도 행정청은 이에 기속되지 않고 다시 사익과 공익을 비교형량하여 최종결정을 내릴 수 있다고 한다. 그러나 예비결정의 구속력을 쉽게 배제할 경우 예비결정제도의 취지가 몰각될 수 있으며, 신뢰보호원칙의 문제가 발생할 수 있다는 점[11]에서 예비결정 이후 법적·사실적 상황 변경과 같이 엄격한 요건하에서 이를 인정하는 것이 타당하다.

---

11) 대법원 1998. 5. 8. 선고 98두4061 판결(폐기물처리업에 대하여 관할 관청의 사전 적정통보를 받고 막대한 비용을 들여 허가요건을 갖춘 다음 허가신청을 하였음에도 청소업자의 난립으로 효율적인 청소업무의 수행에 지장이 있다는 이유로 한 불허가처분이 신뢰보호의 원칙에 반하여 재량권을 남용한 위법한 처분이라고 본 사례).

대법원 1999. 5. 25. 선고 99두1052 판결

주택건설촉진법 제33조 제1항의 규정에 의한 주택건설사업계획의 승인은 상대방에게 권리나 이익을 부여하는 효과를 수반하는 이른바 수익적 행정처분으로서 행정처분의 요건에 관하여 일의적으로 규정되어 있지 아니한 이상 행정청의 재량행위에 속하고, 그 전 단계인 같은 법 제32조의4 제1항의 규정에 의한 주택건설사업계획의 사전결정이 있다하여 달리 볼 것은 아니다. 따라서 피고가 이 사건 주택건설사업에 대한 사전결정을 하였다고 하더라도 사업승인 단계에서 그 사전결정에 기속되지 않고 다시 사익과 공익을 비교형량하여 그 승인 여부를 결정할 수 있다고 판단한 원심의 조치는 정당하고, 거기에 소론과 같은 위법이 있다고 할 수 없다.

(2) 부분허가(부분승인)

부분허가는 허가사항의 일부에 대하여 내려진 내용적으로 제한된 허가로서, 허가된 사항에 관해서는 종국적인 것으로서 효력이 발생한다.

5. 권리구제

다단계 행정절차에서는 최종적인 결정뿐만 아니라 중간단계에서 이루어진 개별적인 결정들도 행정행위로서의 성질을 가지게 되므로 다수의 행정행위가 나타난다. 이때 당사자나 제3자는 최종적인 결정을 기다릴 필요 없이 각 단계별로 행정쟁송을 제기할 수 있다. 다만, 판례는 부지사전승인처분은 그 자체로서 건설부지를 확정하고 사전공사를 허용하는 법률효과를 지닌 독립한 행정처분이기는 하지만, 나중에 건설허가처분이 있게 되면 그 건설허가처분에 흡수되어 독립된 존재가치를 상실함으로써 그 건설허가처분만이 쟁송의 대상이 되는 것이므로, 부지사전승인처분의 취소를 구하는 소는 소의 이익을 잃게 된다는 입장이다.

대법원 1998. 9. 4. 선고 97누19588 판결

원자력법 제11조 제3항 소정의 부지사전승인제도는 원자로 및 관계 시설을 건설하고자 하는 자가 그 계획 중인 건설부지가 원자력법에 의하여 원자로 및 관계 시설의 부지로 적법한지 여부 및 굴착공사 등 일정한 범위의 공사(이하 '사전공사'라 한다)를 할 수 있는지 여부에 대하여 건설허가 전에 미리 승인을 받는 제도로서, 원자로 및 관계 시설의 건설에는 장기간의 준비·공사가 필요하기 때문에 필요한 모든 준비를 갖추어 건설허가신청을 하였다가 부지의 부적법성을 이유로 불허가될 경우 그 불이익이 매우 크고 또한 원자로 및 관계 시설 건설의 이와 같은 특성상 미리 사전공사를 할 필요가 있을 수도 있어 건설허가 전에 미리 그 부지의 적법성 및 사전공사의 허용 여부에 대한 승인을 받을 수 있게 함으로써 그의 경제적·시간적 부담을 덜어 주고 유효·적절한 건설공사를 행할 수 있도록 배려하려는 데 그 취지가 있다고 할 것이므로, 원자로 및 관계 시설의 부지사전승인처분은 그 자체로서 건설부지를 확정하고 사전공사를 허용하는 법률효과를 지닌 독립한 행정처분이기는 하지만, 건설허가 전에 신청자의 편의를 위하여 미리 그 건설허가의 일부 요건을 심사하여 행하는 사전적 부분 건설허가처분의 성격을 갖고 있는 것이어서 나중에 건설허가처분이 있게 되면 그 건설허가처분에 흡수되어 독립된 존재가치를 상실함으로써 그 건설허가처분만이 쟁송의 대상이 되는 것이므로, 부지사전승인처분의 취소를 구하는 소는 소의 이익을 잃게 되고, 따라서 부지사전승인처분의 위법성은 나중에 내려진 건설허가처분의 취소를 구하는 소송에서 이를 다투면 된다.

제 3 절 확약의 근거와 요건 및 한계

I. 확약의 근거

행정법상 확약의 근거에 대해 견해가 대립하는바, ① 행정법상의 확약은 법령에 명문의 근거가 없어도 신뢰보호의 원칙에 의해 인정된다는 신뢰보호설과, ② 본처분의 근거 규정에 이미 확약을 할 수 있는 권한도 포함되어 있다고 보는 본처분권포함설이 있다. 신뢰보호의 원칙은 확약의 구속력에 대한 근거로 보는 것이 타당하므로 확약의 허용성에 대한 근거는 본처분의 근거 규정에서 찾는 것이 타당하다.

II. 확약의 요건

1. 확약의 성립요건

(1) 주 체

확약에 대하여 정당한 권한을 가진 행정청이 하여야 한다. 이는 확약의 대상이 되는 처분에 대하여 권한을 가진 행정청이 확약을 하여야 함을 의미한다.

(2) 형 식

확약은 문서로 하여야 한다(행정절차법 제40조의2 제2항).

(3) 절 차

행정청은 다른 행정청과의 협의 등의 절차를 거쳐야 하는 처분에 대하여 확약을 하려는 경우에는 확약을 하기 전에 그 절차를 거쳐야 한다(제40조의2 제3항).

(4) 내 용

확약의 내용은 적법하고, 가능하며, 명확하여야 한다.

2. 확약의 효력발생요건

확약도 상대방에게 고지되어 상대방이 이를 알 수 있는 상태에 이르러야 효력이 발생한다.

Ⅲ. 확약의 한계

1. 기속행위

재량행위에 대하여 확약을 할 수 있다는 것은 당연하다. 문제는 기속행위의 경우에도 확약이 가능한가인데 부정설과 긍정설이 대립한다.

재량행사의 범위문제와 사전결정을 할 수 있느냐 여부의 문제는 별개이므로, 비록 기속행위라 할지라도 예지이익이나 대처이익이 있는 경우에는 확약을 허용해도 무방할 것이다(다수설).

2. 처분의 요건이 완성된 경우

처분의 요건이 완성된 후에도 확약이 가능한 것인가의 문제에 대해, ① 요건이 완성된 이상 본처분을 해야 한다는 부정설과 ② 비록 요건이 완성되었다 할지라도 재량행위의 경우에는 재량권의 방향을 구속하는 확약을, 기속행위의 경우에는 처분의 시기에 대한 확약을 인정할 수 있다는 긍정설이 대립한다. 생각건대 요건이 완성된 경우에는 지체 없이 본처분을 하는 것이 국민의 권익을 위해서도 타당할 것이다.

제4절 확약의 효력 및 권리구제

Ⅰ. 확약의 효력

1. 확약의 구속력

일단 적법하게 확약이 행하여지면, 신뢰보호의 원칙에 따라 확약을 행한 행정청은 확약을 이행할 자기구속을 받으며, 상대방은 행정청에게 확약된 내용의 이행을 청구할 수 있다. 확약은 행정행위는 아니지만 이와 유사한 성질을 가지고 있으므로 행정행위의 무효 · 취소 · 철회에 관한 법리가 준용될 수 있다.[12]

2. 확약의 실효

확약의 기초가 되었던 법적 · 사실적 상황이 변경되면 사정변경의 원칙에 따라 확약은 실효되며, 이 경우 구속력이 배제된다. 이러한 법리는 이미 판례에서 채택된 바 있으나,[13] 2022. 1. 11. 개정된 행정절차법에서는 이를 명문으로 규정하였다. 즉, 행정청은 ① 확약을 한 후에 확약의 내용을 이행할 수 없을 정도로 법령등이나 사정이 변경된 경우 또는 ② 확약이 위법한 경우에는 확약에 기속되지 아니한다($^{제40조}_{의2}$$^{제4}_{항}$). 행정청은 확약이 이 중 어느 하나에 해당하여 확약을 이행할 수 없는 경우에는 지체 없이 당사자에게 그 사실을 통지하여야 한다($^{제5}_{항}$).

그러나 실효의 법리는 사정변경의 원칙에 기초한 것인데, 사정변경이 없이 단순히 확약 자체가 위법하다는 사유만으로 확약의 구속력을 배제하는 것은 이에 귀책사유가 없는 상대방에 대한 신뢰보호의 관점에서 문제가 있다고 생각한다.

Ⅱ. 권리구제

1. 행정쟁송

판례는 확약의 처분성을 부정하므로 확약에 대한 항고소송은 허용되지 않는다.

---

12) 김남진/김연태(378면); 석종현/송동수(288면).
13) 대법원 1996. 8. 20. 선고 95누10877 판결.

다만 행정행위(처분)를 대상으로 하는 확약의 불이행, 즉 수익적 처분의 거부 또는 부작위에 대해서는 거부처분취소심판이나 의무이행심판 또는 거부처분취소소송이나 부작위위법확인소송을 제기할 수 있다.

대법원 1991. 6. 28. 선고 90누4402 판결

자동차운송사업양도양수계약에 기한 양도양수인가신청에 대하여 피고 시장이 내인가를 한 후 위 내인가에 기한 본인가신청이 있었으나 자동차운송사업 양도양수인가신청서가 합의에 의한 정당한 신청서라고 할 수 없다는 이유로 위 내인가를 취소한 경우, 위 내인가의 법적 성질이 행정행위의 일종으로 볼 수 있든 아니든 그것이 행정청의 상대방에 대한 의사표시임이 분명하고, 피고가 위 내인가를 취소함으로써 다시 본인가에 대하여 따로이 인가 여부의 처분을 한다는 사정이 보이지 않는다면 위 내인가취소를 인가신청을 거부하는 처분으로 보아야 할 것이다.

2. 행정상 손해전보

확약의 불이행으로 인하여 손해를 입은 경우 국가배상법에 따라 국가배상을 청구할 수 있다. 만일 공익상 이유로 확약이 실효되거나 철회된 경우에는 신뢰보호의 관점에서 손실보상이 문제될 수 있다.

제 6 장 비정형적 행정의 행위형식

제 1 절 행정상의 사실행위

Ⅰ. 의 의

행정상의 사실행위란 행정기관의 행위 가운데 특정한 법적 효과의 발생을 목적으로 하지 않고 직접적으로는 사실상의 효과만을 발생시키는 일체의 행위형식으로서,[1] 행정활동의 대부분은 이러한 사실행위에 의해 이루어진다 해도 과언이 아니다. 예컨대 행정문서처리, 행정조사활동, 공물의 설치·관리행위 등이 이에 해당한다.

Ⅱ. 종 류

1. 내부적 사실행위·외부적 사실행위

내부적 사실행위란 행정조직 내부에서 행정사무처리·문서처리·금전처리 등을 하는 행위이며, 외부적 사실행위란 외부적으로 국민과의 관계에서 행하여지는 행위를 말한다. 외부적 사실행위에는 행정조사·행정상 강제집행·즉시강제 등과 같은 집행행위, 행정지도·고시·통지·학교수업 등과 같은 의사소통행위, 그리고 공물 설치·관리행위가 있다.

2. 집행적 사실행위·독립적 사실행위

대집행 실행행위·체납처분에 있어서 재산압류행위 등과 같이 행정작용의 집행수단으로 행하여지는 사실행위를 집행적 사실행위라 하고, 행정조사·행정지도 등과 같이 그 자체가 독립적으로 행하여지는 사실행위를 독립적 사실행위라 한다.

---

1) 행정상의 사실행위는 직접적으로 법적 효과의 발생을 목적으로 하지 않을 뿐이므로 간접적으로는 얼마든지 법적 효과를 발생시킬 수 있다(위법한 사실행위로 인한 국가배상책임).

3. 권력적 사실행위·비권력적 사실행위

불법체류 외국인의 강제퇴거·감염병환자의 강제격리·대집행에 있어서 실행행위 등과 같이 공권력의 행사로서 행하여지는 사실행위를 권력적 사실행위라 한다. 한편, 권고·권유·알선 등과 같은 행정지도와 같이 공권력 행사와 무관한, 즉 강제성을 지니지 않는 사실행위를 비권력적 사실행위라고 한다.

Ⅲ. 법적 근거와 한계

1. 법적 근거

사실행위도 조직법적 근거 외에 작용법상의 근거가 필요한가라는 문제는 결국 법률유보를 어떻게 이해하느냐에 따라 달라질 것이다.[2] 전부유보설의 입장에서는 당연히 사실행위도 작용법상 근거가 있어야 한다고 할 것이며, 침해유보설이나 권력행정유보설의 입장에서는 집행적·권력적 사실행위에만 법적 근거가 요구된다 할 것이다. 통설적 견해는 집행적 사실행위와 권력적 사실행위는 법률의 근거를 요한다고 본다.

2. 한 계

법률우위의 원칙은 행정의 모든 영역에 적용된다. 따라서 사실행위에 관하여 개별 법률에서 별도의 규정을 두고 있는 경우에는 이에 위반되어서는 안 된다. 또한 비례의 원칙·평등의 원칙 등과 같은 행정법의 일반원칙상의 제한을 받는다.

Ⅳ. 권리구제

1. 항고쟁송(처분성의 문제)

(1) 권력적 사실행위

사실행위로 인하여 권익을 침해당한 개인이 항고쟁송을 통하여 구제받기 위해서

---

2) 법률유보원칙의 적용과 관련하여 어려운 문제를 제공하는 것이 행정청에 의한 경고·권고·시사와 같은 정보제공작용이라는 지적이 있다. 김남진/김연태(407면).

는 당해 사실행위가 행정심판법·행정소송법상 처분에 해당하여야 한다. 다시 말해서 처분성을 인정받아야 구제가 가능한 것이다.

행정심판법 제2조 제1호 및 행정소송법 제2조 제1항 제1호에서는 처분을 "행정청이 행하는 구체적 사실에 관한 법집행으로서의 공권력의 행사 또는 그 거부와 그밖의 이에 준하는 행정작용"으로 규정하고 있는 까닭에, 권력적 사실행위의 처분성을 인정하는 데는 큰 문제가 없다.[3] 물론 사실행위의 대부분은 비교적 단기간에 행위가 종료됨으로 소의 이익이 부정되는 경우가 일반적일 것이다. 그러나 ① 계속적 성질의 사실행위나 ② 집행(효력)정지 신청을 전제로 하는 경우에는 소의 이익이 인정될 수 있을 것이다.

한편, 권력적 사실행위가 내려질 우려가 있는 경우에는 예방적 금지소송이 실효적인 구제수단이 될 수 있으나, 대법원은 이를 인정하지 않는다.

① **대법원 1979. 12. 28. 선고 79누218 판결**

단수처분은 항고소송의 대상이 되는 행정처분에 해당한다.

② **대법원 1992. 8. 7.자 92두30 결정**

미결수용중 다른 교도소로 이송된 피고인이 그 이송처분의 취소를 구하는 행정소송을 제기하고 아울러 그 효력정지를 구하는 신청을 제기한 데 대하여 법원에서 위 이송처분의 효력정지신청을 인용하는 결정을 하였고 이에 따라 신청인이 다시 이송되어 현재 위 이송처분이 있기 전과 같은 교도소에 수용중이라 하여도 이는 법원의 효력정지결정에 의한 것이어서 그로 인하여 효력정지신청이 그 신청의 이익이 없는 부적법한 것으로 되는 것은 아니다.

③ **대법원 2014. 2. 13. 선고 2013두20899 판결[4]**

원심은 그 채용 증거를 종합하여, 원고는 2009. 5. 28. 특정경제범죄가중처벌등에관한법률위반(횡령)죄 등으로 징역 7년, 공직선거법위반죄로 징역 1년을 선고받고 그 형이 확정되어 복역하다가 2011. 7. 14.부터는 천안교도소에 수용 중인 수형자인 사실, 피고는 원고가 천안교도소에 수감된 무렵, 원고를 '접견내용 녹음·녹화 및 접견 시 교도관 참여대상자'로 지정한 사실, 이에 따라 원고의 첫 접견이 있었던 2011. 7. 16.부터

---

3) 이와 달리 ① 계속적 성격을 갖는 권력적 사실행위는 수인하명과 사실행위가 결합된 합성행위로서, 수인하명에 대해 처분성이 인정된다는 견해(수인하명설)와 ② 사실행위는 취소소송의 대상이 될 수 없으며, 당사자소송을 제기하여야 한다는 견해도 있다.

4) 교도소장이 수형자 갑을 '접견내용 녹음·녹화 및 접견 시 교도관 참여대상자'로 지정한 사안에서, 위 지정행위는 수형자의 구체적 권리의무에 직접적 변동을 가져오는 행정청의 공법상 행위로서 항고소송의 대상이 되는 '처분'에 해당한다고 본 원심판단을 정당한 것으로 수긍한 사례이다.

피고의 별도 지시 없이도 원고의 접견 시에 항상 교도관이 참여하여 그 접견내용을 청취·기록하고, 녹음·녹화한 사실 등을 인정하였다. 나아가 원심은, ① 피고가 위와 같은 지정행위를 함으로써 원고의 접견 시마다 사생활의 비밀 등 권리에 제한을 가하는 교도관의 참여, 접견내용의 청취·기록·녹음·녹화가 이루어졌으므로 이는 피고가 그 우월적 지위에서 수형자인 원고에게 일방적으로 강제하는 성격을 가진 공권력적 사실행위의 성격을 갖고 있는 점, ② 위 지정행위는 그 효과가 일회적인 것이 아니라 이 사건 제1심판결이 선고된 이후인 2013. 2. 13.까지 오랜 기간 동안 지속되어 왔으며, 원고로 하여금 이를 수인할 것을 강제하는 성격도 아울러 가지고 있는 점, ③ 위와 같이 계속성을 갖는 공권력적 사실행위를 취소할 경우 장래에 이루어질지도 모르는 기본권의 침해로부터 수형자들의 기본적 권리를 구제할 실익이 있는 것으로 보이는 점 등을 종합하면, 위와 같은 지정행위는 수형자의 구체적 권리의무에 직접적 변동을 초래하는 행정청의 공법상 행위로서 항고소송의 대상이 되는 '처분'에 해당한다고 판단하였다. 앞서 본 법리와 법규정 및 기록에 비추어 살펴보면, 원심의 위와 같은 판단은 정당한 것으로 수긍이 가고, 거기에 상고이유로 주장하는 법리오해 등의 위법이 있다고 할 수 없다.

(2) 비권력적 사실행위

문제는 비권력적 사실행위의 처분성을 인정할 수 있는가라는 것인데, 현행 행정소송법 등에서 처분을 '그 밖의 이에 준하는 행정작용'이라고 규정하고 있기 때문에 처분성을 인정할 수 있다는 견해도 있으나, 판례의 태도는 처분성을 부인하고 있는 경향이다.

대법원 1993. 10. 26. 선고 93누6331 판결

[1] 항고소송의 대상이 되는 행정처분이라 함은 행정청의 공법상 행위로서 특정사항에 대하여 법규에 의한 권리의 설정 또는 의무의 부담을 명하며 기타 법률상 효과를 발생케 하는 등 국민의 구체적 권리의무에 직접적 변동을 초래하는 행위를 말하고 행정권 내부에서의 행위나 알선, 권유, 사실상의 통지 등과 같이 상대방 또는 기타 관계자들의 법률상 지위에 직접적인 법률적 변동을 일으키지 아니하는 행위는 항고소송의 대상이 될 수 없다.

[2] 수도사업자가 급수공사 신청자에 대하여 급수공사비 내역과 이를 지정기일 내에 선납하라는 취지로 한 납부통지는 수도사업자가 급수공사를 승인하면서 급수공사비를 계산하여 급수공사 신청자에게 이를 알려 주고 위 신청자가 이에 따라 공사비를 납부하면 급수공사를 하여 주겠다는 취지의 강제성이 없는 의사 또는 사실상의 통지행위라고 풀이함이 상당하고, 이를 가리켜 항고소송의 대상이 되는 행정처분이라고 볼 수 없다.

2. 헌법소원

사실행위의 경우 처분성의 인정이나 소의 이익이라는 관점에서 항고쟁송에 의한 권리구제에는 어려움이 따른다. 이러한 이유로 헌법재판소는 (권력적) 사실행위에 대한 헌법소원을 인정하고 있다.

① 헌법재판소 1998. 8. 27.자 96헌마398 결정

수형자의 서신을 교도소장이 검열하는 행위는 이른바 권력적 사실행위로서 행정심판이나 행정소송의 대상이 되는 행정처분으로 볼 수 있으나, 위 검열행위가 이미 완료되어 행정심판이나 행정소송을 제기하더라도 소의 이익이 부정될 수밖에 없으므로 헌법소원심판을 청구하는 외에 다른 효과적인 구제방법이 있다고 보기 어렵기 때문에 보충성의 원칙에 대한 예외에 해당한다.[5]

② 헌법재판소 2006. 7. 27.자 2005헌마277 결정

[1] 교도소 수형자에게 소변을 받아 제출하게 한 것은, 형을 집행하는 우월적인 지위에서 외부와 격리된 채 형의 집행에 관한 지시, 명령을 복종하여야 할 관계에 있는 자에게 행해진 것으로서 그 목적 또한 교도소 내의 안전과 질서유지를 위하여 실시하였고, 일방적으로 강제하는 측면이 존재하며, 응하지 않을 경우 직접적인 징벌 등의 제재는 없다고 하여도 불리한 처우를 받을 수 있다는 심리적 압박이 존재하리라는 것을 충분히 예상할 수 있는 점에 비추어, 권력적 사실행위로서 헌법재판소법 제68조 제1항의 공권력의 행사에 해당한다.

[2] 청구인이 출소하여 소변채취의 침해행위가 종료되었다고 하더라도, 마약류 수형자에 대한 정기적인 소변채취는 현재 및 앞으로 계속하여 반복적으로 행하여질 것이므로, 헌법적으로 그 해명이 중대한 의미를 가지고 있어 심판청구의 이익을 인정할 수 있다.

③ 헌법재판소 2009. 12. 29.자 2008헌마617 결정

[1] 수용자의 전화통화 허가를 정한 구 행형법(2007. 12. 21. 법률 제8728호 '형의 집행 및 수용자의 처우에 관한 법률'로 전부 개정되기 전의 것, 이하 같다) 제18조의3은 그 자체에 의해 직접 청구인의 기본권을 침해하지 않고, 이에 근거한 교도소장의 외부전화 통화 불허가 처분이라는 구체적 집행행위에 의해 비로소 청구인의 기본권을 침해하게 되어 기본권 침해의 직접성을 결여하였다.

[2] 수용자의 전화통화와 우편물 발송은 각 교도소장의 허가사항으로 되어 있으므로, 청구인이 신청한 국제전화 통화와 우편물 발송을 불허한 피청구인의 각 처분도 행

---

5) 다만, "수형자의 서신발송의뢰를 교도소장이 거부한 행위에 대하여는 행정심판법 및 행정소송법에 의한 심판이나 소송이 가능하므로, 이 절차를 거치지 아니한 채 제기된 심판청구 부분은 부적법하다."고 판시하였다.

정처분이라 할 것이고, 따라서 이 각 처분에 대하여 헌법소원심판 청구를 하기 위해서는 먼저 헌법재판소법 제68조 제1항 단서 규정에 따라 행정심판과 행정소송 등 권리구제절차를 경료해야 할 것인데, 일건기록을 살펴보아도 청구인이 그와 같은 권리구제절차를 거쳤음을 인정할 자료가 없고, 이러한 구제절차를 거쳤을 경우 권리구제가 이루어질 가능성이 거의 없다거나 위 절차 이행의 기대가능성이 없다고 볼 수도 없으므로, 이 부분에 대한 심판청구는 부적법하다.

[3] (1) 피청구인이 수용자번호가 기재되지 않은 소포를 반송한 것은 교도소나 구치소와 같이 다수의 수용자들이 구금되어 있는 곳에서 신속하고 정확하게 우편물을 관리하기 위한 내부적 업무처리 행위에 불과한 것으로서, 헌법소원의 대상이 되는 공권력의 행사에 해당한다고 보기 어려우므로, 이 부분에 대한 심판청구는 부적법하다.

(2) 피청구인의 소송서류복사 지연교부 행위는 내부적 업무처리 행위에 불과한 것으로서, 헌법소원의 대상이 되는 공권력의 행사에 해당한다고 보기 어려우므로, 이 부분에 대한 심판청구는 부적법하다.

(3) 국민의 신청에 대한 행정청의 거부행위가 헌법소원심판의 대상인 공권력의 행사가 되기 위해서는 국민이 행정청에 대하여 신청에 따른 행위를 해 줄 것을 요구할 수 있는 권리가 있어야 하는바, 헌법이나 행형법 어디에서도 청구인으로 하여금 구치소장에 대하여 우표를 제공할 것을 요구할 수 있는 권리를 규정하고 있지 않고, 관련 법규정에 따르면 청구인은 자신의 영치금으로써 우표를 구입할 수 있고, 다만 그 우표구입 방법의 요건 내지 절차로 '영치금 사용신청 및 교부서'를 작성하도록 되어 있을 뿐이어서, 피청구인의 우표제공 거부행위는 단순한 비권력적 사실행위에 불과하여 헌법소원의 대상이 되는 공권력의 행사에 해당한다고 보기는 어려우므로, 이 부분에 대한 심판청구 또한 부적법하다 할 것이다.

④ 헌법재판소 2003. 12. 18.자 2001헌마754 결정

[1] 행정청이 우월적 지위에서 일방적으로 강제하는 권력적 사실행위는 헌법소원의 대상이 되는 공권력의 행사에 해당한다는 것이 우리 재판소의 판례이다. 이 사건 감사는 피청구인이 폐기물관리법 제43조 제1항에 따라 폐기물의 적정 처리 여부 등을 확인하기 위한 목적으로 청구인들의 의사에 상관없이 일방적으로 행하는 사실적 업무행위이고, 청구인들이 이를 거부·방해하거나 기피하는 경우에는 과태료에 처해지는 점으로 볼 때 청구인들도 이를 수인해야 할 법적 의무가 있다. 그렇다면 이 사건 감사는 피청구인이 우월적 지위에서 일방적으로 강제하는 권력적 사실행위라 할 것이고 이는 헌법소원의 대상이 되는 헌법재판소법 제68조 제1항의 '공권력의 행사'에 해당된다.

[2] 권력적 사실행위가 행정처분의 준비단계로서 행하여지거나 행정처분과 결합된 경우(合成的 行政行為)에는 행정처분에 흡수·통합되어 불가분의 관계에 있다할 것이므로 행정처분만이 취소소송의 대상이 되고, 처분과 분리하여 따로 권력적 사실행위를

다툴 실익은 없다. 그러나 권력적 사실행위가 항상 행정처분의 준비행위로 행하여지거나 행정처분과 결합되는 것은 아니므로 그러한 사실행위에 대하여는 다툴 실익이 있다 할 것임에도 법원의 판례에 따르면 일반쟁송 절차로는 다툴 수 없음이 분명하다. 이 사건 감사는 행정처분의 준비단계로서 행하여지거나 처분과 결합된 바 없다. 그렇다면, 이 사건 감사는 행정소송의 대상이 되는 행정행위로 볼 수 없어 법원에 의한 권리구제절차를 밟을 것을 기대하는 것이 곤란하므로 보충성의 원칙의 예외로서 소원의 제기가 가능하다.

3. 행정상 손해전보

위법한 사실행위로 손해를 입은 국민은 국가배상법에 따라 국가배상을 청구할 수 있고, 적법한 사실행위로 인하여 손실을 입은 국민은 손실보상을 청구할 수 있다.

제 2 절 행정지도

Ⅰ. 의 의

행정지도란 행정청이 권고·조언·요망·지도·경고 등의 방법으로 국민을 일정방향으로 유도하는 행위를 말한다. 한편, 행정절차법은 행정지도란 "행정기관이 그 소관 사무의 범위에서 일정한 행정목적을 실현하기 위하여 특정인에게 일정한 행위를 하거나 하지 아니하도록 지도, 권고, 조언 등을 하는 행정작용을 말한다."고 정의하고 있다(행정절차법 제2조 제3호).

행정지도는 사실행위라는 점에서 법적 효과의 발생을 수반하는 법률행위와 구별되며, 비권력적 행위라는 점에서 행정행위나 행정강제와 구별되는 개념이다. 행정지도는 다른 행정의 행위형식과는 달리 일본에서 발전되었다.[6]

Ⅱ. 효용성 및 문제점

행정지도는 ① 급속하게 변하는 행정현상에 신축적이고 탄력적으로 대응할 수

---

6) 김남진/김연태(420면).

있고, ② 상대방의 임의적 동의를 전제로 하는 까닭에 저항이나 마찰을 방지할 수 있으며, ③ 고도화된 과학기술사회에서 국민들에게 신속하고 적절한 지식과 정보를 제공할 수 있다는 장점이 있다.

그러나 행정지도는 ① 반드시 법적 근거를 요하지 않으므로 책임소재가 불명확할 우려가 있고, ② 심리적 압박으로 인해 사실상의 강제가 될 수 있으며, ③ 처분성과 배상책임 등을 인정하기가 곤란하여 행정쟁송 또는 국가배상을 통한 구제를 받기가 어려울 수 있으며, ④ 당연히 허가해 주어야 할 건축허가도 주민의 동의를 얻도록 행정지도함으로써 오히려 공익과 법치주의를 후퇴시킬 우려가 있는 문제점이 있다.

Ⅲ. 종 류

1. 기능에 의한 분류

행정지도는 그 기능에 따라 ① 영농지도·경영지도·생활개선지도 등과 같은 일정한 질서의 형성을 촉진하기 위한 '조성적(촉진적) 행정지도', ② 기업구조조정·계열화권고·노사분쟁 알선·조정과 같은 이해대립이나 과당경쟁을 조정하기 위한 '조정적 행정지도', ③ 가격인하권고·불법건축물 철거·개수권고 등과 같은 일정한 행위를 예방하거나 억제하기 위한 '규제적(억제적) 행정지도' 등으로 나눌 수 있다.

2. 법령의 근거에 의한 분류

행정지도는 ① 법령에서 명문으로 규정하고 있는 행정지도(법령의 직접적 근거에 의한 행정지도),[7] ② 법령에서 행정지도에 관해 직접 규정하고 있지는 않으나 고권적 처분을 발할 수 있는 법적 근거[8]가 있는 경우에 그 처분에 갈음하여 행하는 행정지도(법령의 간접적 근거에 의한 행정지도), ③ 법

---

7) 문화재보호법 제56조(국가등록문화재의 현상변경) ④ 문화재청장은 국가등록문화재의 보호를 위하여 필요하면 제1항에 따라 신고된 국가등록문화재의 현상변경에 관하여 지도·조언 및 권고 등을 할 수 있다.

8) 건축법 제79조(위반 건축물 등에 대한 조치 등) ① 허가권자는 이 법 또는 이 법에 따른 명령이나 처분에 위반되는 대지나 건축물에 대하여 이 법에 따른 허가 또는 승인을 취소하거나 그 건축물의 건축주·공사시공자·현장관리인·소유자·관리자 또는 점유자에게 공사의 중지를 명하거나 상당한 기간을 정하여 그 건축물의 해체·개축·증축·수선·용도변경·사용금지·사용제한, 그 밖에 필요한

령의 근거 없이 그 소관사무에 관하여 일반적인 권한에 의하여 행하는 행정지도(법령에 근거하지 않은 행정지도)로도 구분할 수 있다.

Ⅳ. 법적 근거와 한계

1. 법적 근거

행정청이 행정지도를 함에 있어 법적 근거가 필요한지 여부가 문제된다. 이에 대해 ① 행정지도는 실질적으로 강제적 효과를 발생시킬 수 있으므로 법적 근거를 요한다는 견해와 ② 적어도 규제적(억제적) 행정지도에 대해서는 법률유보의 원칙이 적용되어야 한다는 견해가 있으나, 다수설은 행정지도는 비권력적 사실행위이므로 법적 근거를 요하지 않는다는 입장이다.

2. 한 계

행정지도는 그 목적 달성에 필요한 최소한도에 그쳐야 하며, 행정지도의 상대방의 의사에 반하여 부당하게 강요하여서는 아니 된다(행정절차법 제48조 제1항). 행정기관은 행정지도의 상대방이 행정지도에 따르지 아니하였다는 것을 이유로 불이익한 조치를 하여서는 아니 된다(제2항).

대법원 1994. 12. 13. 선고 93다49482 판결

이른바 행정지도라 함은 행정주체가 일정한 행정목적을 실현하기 위하여 권고 등과 같은 비강제적인 수단을 사용하여 상대방의 자발적 협력 내지 동의를 얻어내어 행정상 바람직한 결과를 이끌어내는 행정활동으로 이해되고, 따라서 적법한 행정지도로 인정되기 위하여는 우선 그 목적이 적법한 것으로 인정될 수 있어야 할 것이므로, 주식매각의 종용이 정당한 법률적 근거 없이 자의적으로 주주에게 제재를 가하는 것이라면 이 점에서 벌써 행정지도의 영역을 벗어난 것이라고 보아야 할 것이고 만일 이러한 행위도 행정지도에 해당된다고 한다면 이는 행정지도라는 미명하에 법치주의의 원칙을 파괴하는 것이라고 하지 않을 수 없으며, 더구나 그 주주가 주식매각의 종용을 거부한다는 의사를 명백하게 표시하였음에도 불구하고, 집요하게 위협적인 언동을 함으로써 그 매각을 강요하였다면 이는 위법한 강박행위에 해당한다고 하지 않을 수 없다 하여, 정부의 재무부 이재국장 등이 ○○그룹 정리방안에 따라 신한투자금융주식회사의 주식을 주식회

조치를 명할 수 있다.

사 제일은행에게 매각하도록 종용한 행위가 행정지도에 해당되어 위법성이 조각된다는 주장을 배척한 사례.

V. 절 차

1. 행정지도의 방식

행정지도를 하는 자는 그 상대방에게 그 행정지도의 취지 및 내용과 신분을 밝혀야 한다(행정절차법 제49조 제1항). 행정지도가 말로 이루어지는 경우에 상대방이 제1항의 사항을 적은 서면의 교부를 요구하면 그 행정지도를 하는 자는 직무 수행에 특별한 지장이 없으면 이를 교부하여야 한다(제2항).

2. 의견제출

행정지도의 상대방은 해당 행정지도의 방식·내용 등에 관하여 행정기관에 의견제출을 할 수 있다(행정절차법 제50조).

3. 다수인을 대상으로 하는 행정지도

행정기관이 같은 행정목적을 실현하기 위하여 많은 상대방에게 행정지도를 하려는 경우에는 특별한 사정이 없으면 행정지도에 공통적인 내용이 되는 사항을 공표하여야 한다(행정절차법 제51조).

VI. 권리구제

1. 항고쟁송(처분성의 문제)

(1) 대법원 판례

위법한 행정지도에 의하여 권익을 침해받은 국민이 항고쟁송을 제기하기 위해서는 행정지도의 처분성이 인정되어야 한다. 행정지도는 국민의 임의적 협력에 의하여 행정목적을 달성하려는 비권력적·비구속적 사실행위인 까닭에 행정쟁송법상의 처분에 해당하지 않는다고 하여 처분성을 부인하는 것이 대법원 판례의 태도이다.

대법원 1996. 3. 22. 선고 96누433 판결

　[1] 항고소송의 대상이 되는 행정처분이라 함은 행정청의 공법상의 행위로서 특정 사항에 대하여 법규에 의한 권리의 설정 또는 의무의 부담을 명하거나 기타 법률상 효과를 발생하게 하는 등 국민의 권리의무에 직접 관계가 있는 행위를 가리키는 것이고, 행정권 내부에서의 행위나 알선, 권유, 사실상의 통지 등과 같이 상대방 또는 기타 관계자들의 법률상 지위에 직접적인 법률적 변동을 일으키지 아니하는 행위 등은 항고소송의 대상이 되는 행정처분이 아니다.

　[2] 건축법 제69조 제2항, 제3항의 규정에 비추어 보면, 행정청이 위법 건축물에 대한 시정명령을 하고 나서 위반자가 이를 이행하지 아니하여 전기·전화의 공급자에게 그 위법 건축물에 대한 전기·전화공급을 하지 말아 줄 것을 요청한 행위는 권고적 성격의 행위에 불과한 것으로서 전기·전화공급자나 특정인의 법률상 지위에 직접적인 변동을 가져오는 것은 아니므로 이를 항고소송의 대상이 되는 행정처분이라고 볼 수 없다.

　그러나 최근에는 공공기관의 장 또는 사용자에 대한 국가인권위원회의 성희롱결정 및 시정조치권고의 처분성을 인정하였는바, 국가인권위원회의 이러한 결정과 시정조치권고는 임의적·권고적 행위가 아니라 공공기관의 장 또는 사용자에게 일정한 법률상의 의무를 부담시킨다는 점에서 그 실질은 행정지도의 범주를 벗어나 법률상 지위에 직접적인 변동을 일으키는 강제적·권력적 성격의 행정행위에 해당한다고 보아야 한다.

대법원 2005. 7. 8. 선고 2005두487 판결

　구 남녀차별금지및구제에관한법률($^{2003.\ 5.\ 29.\ 법률\ 제6915}_{호로\ 개정되기\ 전의\ 것}$) 제28조에 의하면, 국가인권위원회의 성희롱결정과 이에 따른 시정조치의 권고는 불가분의 일체로 행하여지는 것인데 국가인권위원회의 이러한 결정과 시정조치의 권고는 성희롱 행위자로 결정된 자의 인격권에 영향을 미침과 동시에 공공기관의 장 또는 사용자에게 일정한 법률상의 의무를 부담시키는 것이므로 국가인권위원회의 성희롱결정 및 시정조치권고는 행정소송의 대상이 되는 행정처분에 해당한다고 보지 않을 수 없다.

(2) 사 견

　계속성·강제성을 갖는 규제적·조정적 행정지도는 실질적으로 권력적 행위와 다르지 않으므로 처분성을 인정해야 하며, 행정지도에 의하여 영업이익·명예·신용 등을 침해당하여 공적 선언을 통한 명예회복이 필요한 경우에도 처분성을 인정해야 할 것이다.

그러나 경제행정에서 정보제공·약속·권장·알선 등의 비정형적 활동형식, 이른바 행정지도는 특히 국제경쟁력의 강화를 위해 대단한 역할을 하였음에도 불구하고 사법적 통제를 하기가 어렵다는 난점이 있다. 경제에 관한 행정지도는 법적인 표적을 피하면서 법률과 명령의 흠결을 메워 주는 역할을 하면서 국가의 경제간섭에 대한 외국으로부터의 법적 시비를 회피할 수 있는 강력한 수단이 되었던바 일본 통상성의 미국에 대한 자동차 수출의 쿼터조정은 유명한 사례이다. 이러한 경우 시장참여에서 제외되는 업자가 '평등의 원칙'에 대한 위반으로 흔히 사실행위에 불과하여 법적 효과를 수반하지 않는다고 하는 행정지도를 대상으로 하여 소송을 제기하기란 어려운 문제이다. 그러나 이는 법치주의의 중대한 예외가 되며 형평의 원칙에도 어긋난다. 업자가 행정청의 반대급부를 예상하고 행정지도에 따른 결과 반대급부가 없게 되면 신뢰가 침해될 것이며, 행정지도 그 자체가 오류인 경우(예를 들어 통일법
씨의 권장 등)에는 국가에 대한 배상을 청구하고자 하는 것은 법적 정의감에 있어서도 합당하다고 하겠다. 이러한 경우 업자가 반대급부(예를 들어 보조금,
금융특혜 등)를 예상했던 때에는 반대급부에 대한 약속이 현실적이었는지 여부를 검증할 필요가 있다. 만약 반대급부에 대한 어떠한 보장도 없었다면, 즉 막연한 기대감에서였다면 아무런 법적 문제가 되지 아니하나, 그것이 현실적 약속이었다면 그 약속이 합법적이었는지 여부가 문제가 된다. 즉 현실적인 약속은 문서화하여 계약의 형식을 취해야 하며, 계약의 형식을 취하게 되면 행정계약의 합법성의 문제[9]로 된다. 현실적인 약속을 문서화하지 않는 것은 행정계약의 형식을 취해야만 하는 행정활동, 즉 상대방과의 의사의 합치가 있어야만 하는 행정활동의 내용을 부당하게 일방적 사실행위의 형식을 취한 것으로서, 이는 법의 일반원칙인 보충성의 원칙에 어긋난다. 또 권장자체가 잘못되었을 때는 그 권장이 강제성을 수반하였나를 심사하여 강제성이 수반된 경우에는 이른바 '권력적 사실행위'로서 쟁송법상의 처분에 포함시켜야 할 것이다.

2. 헌법소원

행정지도는 비권력적 사실행위에 불과하므로 논리적으로 헌법소원의 대상인 '공권력의 행사 또는 그 거부'에 해당하지 않는다. 그러나 헌법재판소는 행정지도에 따르지 않는 경우 불이익조치를 예정하고 있어 사실상 상대방에게 그에 따를 의무를 부과하는 것과 다를 바 없는 경우에는 헌법소원의 대상이 된다는 입장이다. 하지만

---

9) 독일의 경우는 확약(Zusicherung)의 법리 문제가 된다.

이러한 경우 처분성을 인정하여 항고쟁송의 대상으로 보는 것이 타당하다.

헌법재판소 2003. 6. 26.자 2002헌마337, 2003헌마7 · 8(병합) 결정

교육인적자원부장관의 대학총장들에 대한 이 사건 학칙시정요구는 고등교육법 제6조 제2항, 동법 시행령 제4조 제3항에 따른 것으로서 그 법적 성격은 대학총장의 임의적인 협력을 통하여 사실상의 효과를 발생시키는 행정지도의 일종이지만, 그에 따르지 않을 경우 일정한 불이익조치를 예정하고 있어 사실상 상대방에게 그에 따를 의무를 부과하는 것과 다를 바 없으므로 단순한 행정지도로서의 한계를 넘어 규제적 · 구속적 성격을 상당히 강하게 갖는 것으로서 헌법소원의 대상이 되는 공권력의 행사라고 볼 수 있다.

3. 행정상 손해전보

(1) 국가배상

행정청의 잘못된 행정지도로 인해 사인에게 손해가 발생한 경우 국가배상책임의 성립 여부가 문제된다. 행정지도는 상대방의 임의적 협력을 전제로 이루어지므로 행정지도와 손해 사이에는 인과관계가 원칙적으로 인정되기 어렵다. 그러나 행정지도가 사실상 강제성을 수반하거나 행정지도의 한계를 일탈한 경우에는 예외적으로 인과관계가 인정될 수도 있다. 한편, 동의는 불법행위의 성립을 조각하므로 국가의 배상책임이 부인된다는 견해도 있으나, 정보의 부재 또는 심리적 압박 등에 의한 동의는 인과관계를 단절할 정도의 동의가 될 수 없으므로 배상책임이 성립된다고 보아야 할 것이다.

대법원 2008. 9. 25. 선고 2006다18228 판결

[1] 행정지도가 강제성을 띠지 않은 비권력적 작용으로서 행정지도의 한계를 일탈하지 아니하였다면, 그로 인하여 상대방에게 어떤 손해가 발생하였다 하더라도 행정기관은 그에 대한 손해배상책임이 없다.

[2] 행정기관의 위법한 행정지도로 일정기간 어업권을 행사하지 못하는 손해를 입은 자가 그 어업권을 타인에게 매도하여 매매대금 상당의 이득을 얻었더라도 그 이득은 손해배상책임의 원인이 되는 행위인 위법한 행정지도와 상당인과관계에 있다고 볼 수 없고, 행정기관이 배상하여야 할 손해는 위법한 행정지도로 피해자가 일정기간 어업권을 행사하지 못한 데 대한 것임에 반해 피해자가 얻은 이득은 어업권 자체의 매각대금이므로 위 이득이 위 손해의 범위에 대응하는 것이라고 볼 수도 없어, 피해자가 얻은 매매대금 상당의 이득을 행정기관이 배상하여야 할 손해액에서 공제할 수 없다.

(2) 손실보상

행정상 손실보상청구권은 일방적(권력적) 공행정작용에 의한 재산권 침해를 요건으로 한다. 따라서 상대방의 임의적 협력을 전제로 하는 비권력적 행위인 행정지도의 경우 손실보상의 대상이 되지 않는다.[10]

제3절 행정의 자동화작용

> **행정기본법** 제20조(자동적 처분) 행정청은 법률로 정하는 바에 따라 완전히 자동화된 시스템(인공지능 기술을 적용한 시스템을 포함한다)으로 처분을 할 수 있다. 다만, 처분에 재량이 있는 경우는 그러하지 아니하다.

I. 의 의

행정자동화작용이란 행정과정에서 컴퓨터 등 정보처리장치에 의하여 자동적으로 행하여지는 행정작용을 말한다. 행정자동화작용은 다수의 동일한 또는 동종의 행정행위를 발하는 대량행정에서 널리 행해지는데, 예컨대 자동장치에 의한 교통신호, 컴퓨터에 의한 중·고등학생의 학교배정, 주차요금의 계산, 조세 및 각종 공과금의 부과결정 등이 그것이다. 오늘날 기계문명의 발달에 따라 행정자동화가 거의 모든 행정영역에 나타나고 있는바, 이에 따라 그 법적 통제의 문제가 제기된다고 하겠다.

II. 성질 및 특수성

1. 법적 성질

행정자동(기계)결정은 결정과정뿐만 아니라 최종 결정행위까지도 자동장치가 하는 것을 의미하며,[11] 이는 구체적으로 공무원이 작성한 프로그램에 입각하여 행하

---

10) 그러나 ① 사실상 강제로 인하여 특별한 희생이 발생한 경우 수용적 침해의 법리에 따라 보상이 가능하다거나(홍정선), ② 행정지도가 상대방의 신뢰를 위배하여 예측하지 못한 손실을 발생시킨 경우 신뢰보호의 원칙에 따라 보상을 인정하는 견해(정하중)도 있다.

11) 따라서 결정과정을 자동화하였더라도 최종 결정행위만은 사람이 행하는 행정자동보조절차는 행

여진다. 이때 프로그램은 행정입법에 해당하나 처분성이 인정되면 행정행위에 해당할 수도 있다. 그러나 자동기계에 의한 결정 자체는 처분으로서의 행정행위이다.

종래 재량행위의 경우에도 행정의 자동결정이 가능한지에 대하여 학설상 다툼이 있었으나, 행정기본법은 부정설에 따라 이를 허용하지 않는다.

2. 특수성

행정자동결정은 일종의 처분이긴 하지만 대량사무처리를 내용으로 자동화된 기술적 절차에 의하여 행하여지므로 보통의 행정행위와 다른 특수성이 인정될 수 있다. 즉, 행정청의 서명날인의 생략, 특별한 부호의 사용, 이유부기에 대한 예외인정 및 청문절차의 생략 등의 특례가 필요하다고 본다. 독일 연방행정절차법은 이와 같은 특례 규정을 두고 있다.

Ⅲ. 행정자동결정의 흠과 권리구제

1. 행정자동결정의 흠

행정자동결정의 흠은 기계의 오작동 또는 프로그램을 작성하는 관계 공무원의 과실이 그 원인이 되는 것이 보통이다. 흠이 있는 행정자동결정의 효력은 행정행위의 흠에 관한 일반원칙에 따라 결정하면 될 것이다.

2. 권리구제

행정자동결정은 행정행위의 성질을 가지므로 행정자동결정의 흠에 대해서는 항고쟁송을 제기할 수 있다. 일반적으로 행정자동결정의 하자로 인한 다툼은 프로그램 자체의 하자를 이유로 다투어야 하기 때문에 행정입법에 대한 통제방법에 의할 수밖에 없다.

행정자동결정의 흠이 국가배상법 제2조에서 규정한 손해배상의 요건에 해당하는 때에는 국가의 배상책임을 인정할 수 있다. 또 행정자동결정의 하자가 국가배상법 제5조에서 규정한 영조물의 설치·관리의 하자로 인하여 타인에게 손해를 입힌 경우에 해당하는 때에는 국가의 배상책임을 인정할 수 있다.

정자동결정에 해당하지 않는다. 이일세(317면).

제3편

행정절차 · 행정정보공개 · 개인정보보호

제 1 장 행정절차

제 1 절 개 설

Ⅰ. 행정절차의 개념

1. 넓은 의미의 행정절차

넓은 의미의 행정절차는 행정의사의 결정과 집행에 관련된 일체의 과정을 말한다. 여기에는 ① 어떤 행정작용(행정입법·행정계획·행 정처분·행정지도 등)을 하기 위한 사전절차와 ② 행정심판절차·의무이행확보절차 등과 같이 행정작용이 행해진 후의 사후절차가 포함된다.

2. 좁은 의미의 행정절차

좁은 의미의 행정절차란 어떤 행정작용(행정입법·행정처분 등)을 하기 위한 사전절차를 의미한다.

Ⅱ. 행정절차의 필요성

1. 행정의 민주화

행정작용을 함에 있어서 공익과 사익을 조화하고 이해관계인의 참여를 절차적으로 보장함으로써 행정작용의 민주화를 기할 수 있다. 또한 이는 행정에 대한 국민주권실현을 위한 중요한 수단이며, 직접민주주의의 한 형태인 주민참여의 수단이다.

> **헌법 제1조** ① 대한민국은 민주공화국이다.
> ② 대한민국의 주권은 국민에게 있고, 모든 권력은 국민으로부터 나온다.

2. 행정의 절차적 적정화

행정작용을 함에 있어 이해관계인의 참여를 절차적으로 보장하는 것은 행정의 적법 · 타당성을 확보하고 행정운영의 적정화에 기여하게 된다. 행정은 내용이 적법하여야 할 뿐 아니라 영 · 미에서 유래한 절차적 정당성도 갖추어야 한다. 이 원칙은 우리 헌법 제12조에도 명시되어 있다.

> **헌법 제12조** ① 모든 국민은 신체의 자유를 가진다. 누구든지 법률에 의하지 아니하고는 체포 · 구속 · 압수 · 수색 또는 심문을 받지 아니하며, 법률과 적법한 절차에 의하지 아니하고는 처벌 · 보안처분 또는 강제노역을 받지 아니한다.
> ③ 체포 · 구속 · 압수 또는 수색을 할 때에는 적법한 절차에 따라 검사의 신청에 의하여 법관이 발부한 영장을 제시하여야 한다. 다만, 현행범인인 경우와 장기 3년 이상의 형에 해당하는 죄를 범하고 도피 또는 증거인멸의 염려가 있을 때에는 사후에 영장을 청구할 수 있다.

헌법재판소 1992. 12. 24.자 92헌가8 결정

　헌법 제12조 제3항 본문은 동조 제1항과 함께 적법절차원리의 일반조항에 해당하는 것으로서, 형사절차상의 영역에 한정되지 않고 입법, 행정 등 국가의 모든 공권력의 작용에는 절차상의 적법성뿐만 아니라 법률의 구체적 내용도 합리성과 정당성을 갖춘 실체적인 적법성이 있어야 한다는 적법절차의 원칙을 헌법의 기본원리로 명시하고 있는 것이다.

3. 행정의 능률화

　행정절차는 행정능률과 양립할 수 없는 개념이라는 오해를 할 수도 있으나, 사실은 복잡 다양한 행정작용에 통일적 기준을 절차적으로 표준화하는 것은 오히려 행정작용을 신속 · 간이하게 하고 분쟁을 사전에 예방하게 하여 행정의 능률화에 이바지하게 된다.

4. 사전적 권리구제

　사후적 권리구제는 이미 침해된 권익의 완전한 회복을 기대하기 어렵고, 절차적으로 많은 시간과 비용을 필요로 한다. 그러나 행정절차를 통하여 이해관계인의 참여를 보장함으로써 사전에 권익침해를 방지할 수 있다면 이를 통해 사법적 권리구제의 결함을 보충하고 법치행정을 실질적으로 보장할 수 있을 것이다.

Ⅲ. 행정절차의 발달

1. 영미법계 국가

영미에서는 커먼로의 자연적 정의($^{Natural}_{Justice}$)의 원칙에 따라 절차적 정당성이 일찍부터 발달하였다.

자연적 정의란 ① "어느 누구도 자신의 사건에 대하여 심판관이 될 수 없다"[1]는 '편견배제원칙'($^{the\ Rule}_{against\ Bias}$)과 ② "양 당사자의 이야기를 모두 들어야 한다"[2]는 '공정한 청문권 보장'($^{the\ Right\ to\ a}_{fair\ Hearing}$)이라는 자연법상의 원칙을 말한다.

영국에서는 이러한 원칙에 반하여 행정처분을 하였을 때 상대방은 법원에 대하여 ① 처분의 집행중지를 명하는 중지명령($^{injunc-}_{tion}$), ② 행정청의 권한의 의무의 존재 등을 확인하는 선언판결($^{declar-}_{ation}$), ③ 하급법원이나 처분청에게 관계 서류의 이송을 명하는 사건이송명령($^{certio-}_{rari}$) 등을 청구할 수 있다.

미국의 경우에는 자연적 정의의 원칙과 연방헌법 수정 제5조, 즉 "어느 누구도 적법절차 없이는 생명·자유·재산 등을 박탈당하지 아니한다"[3]를 이념으로 행정절차가 운영되어 오다가, 1946년 행정절차법($^{Administrative}_{Procedure\ Act}$)과 1966년 정보자유법($^{Freedom}_{of}$ $^{Information}_{Act}$)을 제정함으로써 행정절차가 제도화되었다.

2. 대륙법계 국가

대륙법계 국가에서는 전통적 법치주의하에서 행정결정이 어떠한 절차를 거쳐 행하여지는가는 중요하게 여기지 않았고, 다만 종국적 결정이 실정법에 합치되는지의 여부에만 관심을 가졌기에 행정절차에 관한 논의는 미약하였다.

그러나 제2차 세계대전 이후 실질적 법치주의가 확립됨에 따라 행정절차의 중요성이 대두되었다. 이에 따라 독일에서는 1976년 행정절차법이 제정되었고, 일본에서는 1993년 행정수속법이 제정되었다. 프랑스에서는 2015년 시민과 행정청의 관계에 관한 법전($^{Code\ des\ relations\ entre\ le\ public}_{et\ les\ administrations,\ CRPA}$)이 제정되었다.

---

1) No one should be a judge in his own cause.
2) Hear both sides to a dispute.
3) No person shall be deprived of life, liberty, or property without due process of law.

제 2 절 우리나라 행정절차법

I. 연 혁

우리나라에서는 1987년 행정절차법(안)이 입법예고 되었으나 국회제출이 보류된 채, 1989년 행정권 내부적으로 국무총리훈령 형식인 「국민의권익보호를위한행정절차에관한훈령」을 제정하여 1990년 3월 1일부터 시행하여 오다가, 1996년 8월 새로운 행정절차법(안)이 입법예고 절차를 거쳐 12월 31일 제정되었으며, 1998년 1월부터 시행되었다.

현행 「행정절차법」은 제1장 총칙, 제2장 처분, 제3장 신고, 확약 및 위반사실 등의 공표 등, 제4장 행정상 입법예고, 제5장 행정예고, 제6장 행정지도, 제7장 국민참여의 확대, 제8장 보칙으로 구성되어 있다. 이 밖에 특별행정절차를 규정하고 있는 법률로 「민원 처리에 관한 법률」과 「행정규제기본법」 등이 있다.

행정법은 성문화된 일반법전이 없으므로 행정절차법의 제정을 통하여 행정법의 통일 법전을 제정하려는 움직임이 있다. 1976년의 독일 연방행정절차법도 이러한 경향을 어느 정도 수용하여 상당히 실체법적인 규정을 많이 포함하고 있고, 스페인은 1992년 11월에 행정법전과 행정절차법전을 통합하여 146개조의 방대한 행정법전을 제정하였다(ley de regimen juridico de las administciones publicas y procedimiento administrativo comun). 프랑스에서는 이러한 행정법의 법전화 움직임에 대하여 아직은 행정의 급변현상을 감안할 때, 시기상조적인 것으로 보는 것이 일반적이다. 프랑스의 경우 2015년에 개별 법률들에 규정되어 있던 행정절차에 관한 내용들을 모아 법전화하였으나, 실체법 규정은 담고 있지 않다. 우리나라 행정절차법은 일부 실체법적 규정도 있으나 행정법의 법전화와는 독일 연방행정절차법보다 더욱 거리가 있다. 최근 우리나라는 2021년 3월 23일 행정절차법과 별도로 행정의 원칙과 기본사항에 관하여 「행정기본법」을 제정하여 시행하고 있다.

행정절차법의 종요골자를 소개하면 다음과 같다.

제1장 총칙

제1절 목적, 정의 및 적용 범위 등

　　제1조 목적

　　제2조 정의

　　제3조 적용 범위

　　제4조 신의성실 및 신뢰보호

　　제5조 투명성

　　제5조의2 행정업무 혁신

제2절 행정청의 관할 및 협조

　　제6조 관할

　　제7조 행정청 간의 협조 등

　　제8조 행정응원

제3절 당사자등

　　제9조 당사자등의 자격

　　제10조 지위의 승계

　　제11조 대표자

　　제12조 대리인

　　제13조 대표자·대리인의 통지

제4절 송달 및 기간·기한의 특례

　　제14조 송달

　　제15조 송달의 효력 발생

　　제16조 기간 및 기한의 특례

제2장 처분

제1절 통칙

　　제17조 처분의 신청

　　제18조 다수의 행정청이 관여하는 처분

　　제19조 처리기간의 설정·공표

　　제20조 처분기준의 설정·공표

　　제21조 처분의 사전 통지

　　제22조 의견청취

　　제23조 처분의 이유 제시

　　제24조 처분의 방식

　　제25조 처분의 정정

　　제26조 고지

제2절 의견제출 및 청문

Ⅱ. 총 칙

1. 행정절차법의 목적

　행정절차법은 행정절차에 관한 공통적인 사항을 규정하여 국민의 행정 참여를 도모함으로써 행정의 공정성·투명성 및 신뢰성을 확보하고 국민의 권익을 보호함을 목적으로 한다($\frac{M1}{\Delta}$).

2. 용어의 정의

(1) 행정청

　행정청이란 ① 행정에 관한 의사를 결정하여 표시하는 국가 또는 지방자치단체의 기관 또는 ② 그 밖에 법령 또는 자치법규($\frac{\text{이하 "법령등"}}{\text{이라 한다}}$)에 따라 행정권한을 가지고 있거나 위임 또는 위탁받은 공공단체 또는 그 기관이나 사인을 말한다($\frac{M2\Delta}{M1\bar{2}}$).

(2) 처 분

　처분이란 행정청이 행하는 구체적 사실에 관한 법 집행으로서의 공권력의 행사 또는 그 거부와 그 밖에 이에 준하는 행정작용을 말한다(제2조).

3. 적용범위

(1) 원 칙

처분, 신고, 확약, 위반사실 등의 공표, 행정계획, 행정상 입법예고, 행정예고 및 행정지도의 절차(이하 "행정절차"라 한다)에 관하여 다른 법률에 특별한 규정이 있는 경우를 제외하고는 행정절차법에서 정하는 바에 따른다(제1항). 그러나 공법상 계약은 행정기본법에서 규율하고 있다.

(2) 예 외

행정절차법은 다음 각 호의 어느 하나에 해당하는 사항에 대하여는 적용하지 아니한다(제3조제2항).

1. 국회 또는 지방의회의 의결을 거치거나 동의 또는 승인을 받아 행하는 사항
2. 법원 또는 군사법원의 재판에 의하거나 그 집행으로 행하는 사항
3. 헌법재판소의 심판을 거쳐 행하는 사항
4. 각급 선거관리위원회의 의결을 거쳐 행하는 사항
5. 감사원이 감사위원회의의 결정을 거쳐 행하는 사항
6. 형사, 행형 및 보안처분 관계 법령에 따라 행하는 사항
7. 국가안전보장·국방·외교 또는 통일에 관한 사항 중 행정절차를 거칠 경우 국가의 중대한 이익을 현저히 해칠 우려가 있는 사항
8. 심사청구, 해양안전심판, 조세심판, 특허심판, 행정심판, 그 밖의 불복절차에 따른 사항
9. 병역법에 따른 징집·소집, 외국인의 출입국·난민인정·귀화, 공무원 인사 관계 법령에 따른 징계와 그 밖의 처분, 이해 조정을 목적으로 하는 법령에 따른 알선·조정·중재·재정 또는 그 밖의 처분 등 해당 행정작용의 성질상 행정절차를 거치기 곤란하거나 거칠 필요가 없다고 인정되는 사항과 행정절차에 준하는 절차를 거친 사항으로서 대통령령으로 정하는 사항

① **대법원 2007. 9. 21. 선고 2006두20631 판결**

　　[1] 행정청이 침해적 행정처분을 하면서 당사자에게 행정절차법상의 사전통지를 하거나 의견제출의 기회를 주지 아니하였다면 사전통지를 하지 않거나 의견제출의 기회

를 주지 아니하여도 되는 예외적인 경우에 해당하지 아니하는 한 그 처분은 위법하여 취소를 면할 수 없다.

[2] 행정과정에 대한 국민의 참여와 행정의 공정성, 투명성 및 신뢰성을 확보하고 국민의 권익을 보호함을 목적으로 하는 행정절차법의 입법목적과 행정절차법 제3조 제2항 제9호의 규정 내용 등에 비추어 보면, 공무원 인사관계 법령에 의한 처분에 관한 사항 전부에 대하여 행정절차법의 적용이 배제되는 것이 아니라 성질상 행정절차를 거치기 곤란하거나 불필요하다고 인정되는 처분이나 행정절차에 준하는 절차를 거치도록 하고 있는 처분의 경우에만 행정절차법의 적용이 배제된다.

[3] 군인사법령에 의하여 진급예정자명단에 포함된 자에 대하여 의견제출의 기회를 부여하지 아니한 채 진급선발을 취소하는 처분을 한 것이 절차상 하자가 있어 위법하다고 한 사례.

② 대법원 2018. 3. 13. 선고 2016두33339 판결

[1] 행정절차법 제12조 제1항 제3호, 제2항, 제11조 제4항 본문에 따르면, 당사자 등은 변호사를 대리인으로 선임할 수 있고, 대리인으로 선임된 변호사는 당사자 등을 위하여 행정절차에 관한 모든 행위를 할 수 있다고 규정되어 있다. 위와 같은 행정절차법령의 규정과 취지, 헌법상 법치국가원리와 적법절차원칙에 비추어 징계와 같은 불이익 처분절차에서 징계심의대상자에게 변호사를 통한 방어권의 행사를 보장하는 것이 필요하고, 징계심의대상자가 선임한 변호사가 징계위원회에 출석하여 징계심의대상자를 위하여 필요한 의견을 진술하는 것은 방어권 행사의 본질적 내용에 해당하므로, 행정청은 특별한 사정이 없는 한 이를 거부할 수 없다.

[2] 행정절차법 제3조 제2항, 행정절차법 시행령 제2조 등 행정절차법령 관련 규정들의 내용을 행정의 공정성, 투명성 및 신뢰성을 확보하고 국민의 권익보호를 목적으로 하는 행정절차법의 입법 목적에 비추어 보면, 행정절차법의 적용이 제외되는 공무원 인사관계 법령에 의한 처분에 관한 사항이란 성질상 행정절차를 거치기 곤란하거나 불필요하다고 인정되는 처분이나 행정절차에 준하는 절차를 거치도록 하고 있는 처분에 관한 사항만을 말하는 것으로 보아야 한다. 이러한 법리는 '공무원 인사관계 법령에 의한 처분'에 해당하는 육군3사관학교 생도에 대한 퇴학처분에도 마찬가지로 적용된다. 그리고 행정절차법 시행령 제2조 제8호는 '학교·연수원 등에서 교육·훈련의 목적을 달성하기 위하여 학생·연수생들을 대상으로 하는 사항'을 행정절차법의 적용이 제외되는 경우로 규정하고 있으나, 이는 교육과정과 내용의 구체적 결정, 과제의 부과, 성적의 평가, 공식적 징계에 이르지 아니한 질책·훈계 등과 같이 교육·훈련의 목적을 직접 달성하기 위하여 행하는 사항을 말하는 것으로 보아야 하고, 생도에 대한 퇴학처분과 같이 신분을 박탈하는 징계처분은 여기에 해당한다고 볼 수 없다.

[3] 육군3사관학교의 사관생도에 대한 징계절차에서 징계심의대상자가 대리인으로

선임한 변호사가 징계위원회 심의에 출석하여 진술하려고 하였음에도, 징계권자나 그 소속 직원이 변호사가 징계위원회의 심의에 출석하는 것을 막았다면 징계위원회 심의·의결의 절차적 정당성이 상실되어 그 징계의결에 따른 징계처분은 위법하여 원칙적으로 취소되어야 한다. 다만 징계심의대상자의 대리인이 관련된 행정절차나 소송절차에서 이미 실질적인 증거조사를 하고 의견을 진술하는 절차를 거쳐서 징계심의대상자의 방어권 행사에 실질적으로 지장이 초래되었다고 볼 수 없는 특별한 사정이 있는 경우에는, 징계권자가 징계심의대상자의 대리인에게 징계위원회에 출석하여 의견을 진술할 기회를 주지 아니하였더라도 그로 인하여 징계위원회 심의에 절차적 정당성이 상실되었다고 볼 수 없으므로 징계처분을 취소할 것은 아니다.

③ 대법원 2014. 5. 16. 선고 2012두26180 판결

　국가공무원법(이하 '법'이라 한다) 제73조의3 제1항에 규정한 직위해제는 일반적으로 공무원이 직무수행능력이 부족하거나 근무성적이 극히 불량한 경우, 공무원에 대한 징계절차가 진행 중인 경우, 공무원이 형사사건으로 기소된 경우 등에 있어서 당해 공무원이 장래에 있어서 계속 직무를 담당하게 될 경우 예상되는 업무상의 장애, 공무집행 및 행정의 공정성과 그에 대한 국민의 신뢰저해 등을 예방하기 위하여 일시적인 인사조치로서 당해 공무원에게 직위를 부여하지 아니함으로써 직무에 종사하지 못하도록 하는 잠정적이고 가처분적인 성격을 가진 조치이다. 따라서 그 성격상 과거공무원의 비위행위에 대한 공직질서 유지를 목적으로 행하여지는 징벌적 제재로서의 징계 등에서 요구되는 것과 같은 동일한 절차적 보장을 요구할 수는 없는바(대법원 2003. 10. 10. 선고 2003두5945 판결, 대법원 2013. 5. 9. 선고 2012다64833 판결, 헌법재판소 2006. 5. 25. 선고 2004헌바12 전원재판부 결정 등 참조), 직위해제에 관한 법 제73조의3 제1항 제2호 및 제3항은 임용권자는 직무수행 능력이 부족하거나 근무성적이 극히 나쁜 자에게 직위해제 처분을 할 수 있고, 직위해제된 자에게는 3개월의 범위에서 대기를 명한다고 규정하면서, 법 제75조 및 제76조 제1항에서 공무원에 대하여 직위해제를 할 때에는 그 처분권자 또는 처분제청권자는 처분사유를 적은 설명서를 교부하도록 하고, 처분사유 설명서를 받은 공무원이 그 처분에 불복할 때에는 그 설명서를 받은 날부터 30일 이내에 소청심사청구를 할 수 있도록 함으로써 임용권자가 직위해제처분을 행함에 있어서 구체적이고도 명확한 사실의 적시가 요구되는 처분사유 설명서를 반드시 교부하도록 하여 해당 공무원에게 방어의 준비 및 불복의 기회를 보장하고 임용권자의 판단에 신중함과 합리성을 담보하게 하고 있고, 직위해제처분을 받은 공무원은 사후적으로 소청이나 행정소송을 통하여 충분한 의견진술 및 자료제출의 기회를 보장하고 있다. 그리고 위와 같이 대기명령을 받은 자가 그 기간에 능력 또는 근무성적의 향상을 기대하기 어렵다고 인정되면 법 제70조 제1항 제5호에 의해 직권면직 처분을 받을 수 있지만 이 경우에는 같은 조 제2항 단서에 의하여 징계위원회의 동의를 받도록 하고 있어 절차적 보장이 강화되어 있다.

그렇다면 국가공무원법상 직위해제처분은 구 행정절차법(2012. 10. 22. 법률 제11498 호로 개정되기 전의 것) 제3조 제2
항 제9호, 동법 시행령(2011. 12. 21. 대통령령 제23383 호로 개정되기 전의 것) 제2조 제3호에 의하여 당해 행정작용의 성질
상 행정절차를 거치기 곤란하거나 불필요하다고 인정되는 사항 또는 행정절차에 준하
는 절차를 거친 사항에 해당하므로, 처분의 사전통지 및 의견청취 등에 관한 행정절차
법의 규정이 별도로 적용되지 아니한다고 봄이 상당하다.

4. 행정절차법의 일반원칙

(1) 신의성실 및 신뢰보호

행정청은 직무를 수행할 때 신의에 따라 성실히 하여야 한다(제4조 제1항). 행정청은 법
령등의 해석 또는 행정청의 관행이 일반적으로 국민들에게 받아들여졌을 때에는 공
익 또는 제3자의 정당한 이익을 현저히 해칠 우려가 있는 경우를 제외하고는 새로
운 해석 또는 관행에 따라 소급하여 불리하게 처리하여서는 아니 된다(제2항).

(2) 행정의 투명성

행정청이 행하는 행정작용은 그 내용이 구체적이고 명확하여야 한다(제5조 제1항). 행정
작용의 근거가 되는 법령등의 내용이 명확하지 아니한 경우 상대방은 해당 행정청
에 그 해석을 요청할 수 있으며, 해당 행정청은 특별한 사유가 없으면 그 요청에 따
라야 한다(제2항). 행정청은 상대방에게 행정작용과 관련된 정보를 충분히 제공하여야
한다(제3항).

(3) 행정업무 혁신

행정청은 모든 국민이 균등하고 질 높은 행정서비스를 누릴 수 있도록 노력하여
야 한다(제5조의2 제1항). 행정청은 정보통신기술을 활용하여 행정절차를 적극적으로 혁신하
도록 노력하여야 한다. 이 경우 행정청은 국민이 경제적·사회적·지역적 여건 등
으로 인하여 불이익을 받지 아니하도록 하여야 한다(제2항). 행정청은 행정청이 생성하
거나 취득하여 관리하고 있는 데이터(정보처리능력을 갖춘 장치를 통하여 생성 또는 처리되어 기계에 의한 판독이 가능한 형태로 존재하는 정형 또는 비정형의 정보를 말한다)를 행정과
정에 활용하도록 노력하여야 한다(제3항). 행정청은 행정업무 혁신 추진에 필요한 행정
적·재정적·기술적 지원방안을 마련하여야 한다(제4항).

5. 행정청의 관할 · 협조 · 행정응원

(1) 관　할

행정청이 그 관할에 속하지 아니하는 사안을 접수하였거나 이송받은 경우에는 지체 없이 이를 관할 행정청에 이송하여야 하고 그 사실을 신청인에게 통지하여야 한다. 행정청이 접수하거나 이송받은 후 관할이 변경된 경우에도 또한 같다(제6조 제1항).

행정청의 관할이 분명하지 아니한 경우에는 해당 행정청을 공통으로 감독하는 상급 행정청이 그 관할을 결정하며, 공통으로 감독하는 상급 행정청이 없는 경우에는 각 상급 행정청이 협의하여 그 관할을 결정한다(제2항).

(2) 행정청 간의 협조

행정청은 행정의 원활한 수행을 위하여 서로 협조하여야 한다(제7조 제1항). 행정청은 업무의 효율성을 높이고 행정서비스에 대한 국민의 만족도를 높이기 위하여 필요한 경우 행정협업(다른 행정청과 공동의 목표를 설정하고 행정청 상호 간의 기능을 연계하거나 시설·장비 및 정보 등을 공동으로 활용하는 것을 말한다. 이하 같다)의 방식으로 적극적으로 협조하여야 한다(제2항). 행정협업의 촉진 등에 필요한 사항은 대통령령으로 정한다(제4항).

(3) 행정응원

1) 행정응원의 사유

행정청은 ① 법령등의 이유로 독자적인 직무 수행이 어려운 경우, ② 인원·장비의 부족 등 사실상의 이유로 독자적인 직무 수행이 어려운 경우, ③ 다른 행정청에 소속되어 있는 전문기관의 협조가 필요한 경우, ④ 다른 행정청이 관리하고 있는 문서(전자문서를 포함한다. 이하 같다)·통계 등 행정자료가 직무 수행을 위하여 필요한 경우, ⑤ 다른 행정청의 응원을 받아 처리하는 것이 보다 능률적이고 경제적인 경우에는 다른 행정청에 행정응원을 요청할 수 있다(제8조 제1항). 행정응원은 해당 직무를 직접 응원할 수 있는 행정청에 요청하여야 한다(제3항).

2) 행정응원의 거부

행정응원을 요청받은 행정청은 ① 다른 행정청이 보다 능률적이거나 경제적으로 응원할 수 있는 명백한 이유가 있는 경우, ② 행정응원으로 인하여 고유의 직무 수행이 현저히 지장받을 것으로 인정되는 명백한 이유가 있는 경우에는 응원을 거부할 수 있다(제8조 제2항). 이 경우 그 사유를 응원을 요청한 행정청에 통지하여야 한다(제4항).

3) 복무관계 및 비용

행정응원을 위하여 파견된 직원은 응원을 요청한 행정청의 지휘·감독을 받는다. 다만, 해당 직원의 복무에 관하여 다른 법령등에 특별한 규정이 있는 경우에는 그에 따른다(제8조). 행정응원에 드는 비용은 응원을 요청한 행정청이 부담하며, 그 부담금액 및 부담방법은 응원을 요청한 행정청과 응원을 하는 행정청이 협의하여 결정한다(제6항).

6. 행정절차에 있어서 당사자등

(1) 당사자등의 정의 및 자격

행정절차법에서 "당사자등"이란 ① 행정청의 처분에 대하여 직접 그 상대가 되는 당사자, ② 행정청이 직권으로 또는 신청에 따라 행정절차에 참여하게 한 이해관계인을 말한다(제2조). 이와 관련하여, ① 자연인, ② 법인, 법인이 아닌 사단 또는 재단(이하 "법인등"), ③ 그 밖에 다른 법령등에 따라 권리·의무의 주체가 될 수 있는 자는 행정절차에서 당사자등이 될 수 있다(제9조).

(2) 지위의 승계

행정절차법 제10조(지위의 승계) ① 당사자등이 사망하였을 때의 상속인과 다른 법령등에 따라 당사자등의 권리 또는 이익을 승계한 자는 당사자등의 지위를 승계한다.
② 당사자등인 법인등이 합병하였을 때에는 합병 후 존속하는 법인등이나 합병 후 새로 설립된 법인등이 당사자등의 지위를 승계한다.
③ 제1항 및 제2항에 따라 당사자등의 지위를 승계한 자는 행정청에 그 사실을 통지하여야 한다.
④ 처분에 관한 권리 또는 이익을 사실상 양수한 자는 행정청의 승인을 받아 당사자등의 지위를 승계할 수 있다.
⑤ 제3항에 따른 통지가 있을 때까지 사망자 또는 합병 전의 법인등에 대하여 행정청이 한 통지는 제1항 또는 제2항에 따라 당사자등의 지위를 승계한 자에게도 효력이 있다.

행정절차법 제10조에서 규율하는 지위승계에 관한 규정은 행정청이 당사자등에게 진행한 행정절차를 일정한 사유가 발생한 경우 ① 상속인, ② 합병 후 존속하거나 새로 설립된 법인등, ③ 처분에 관한 권리 또는 이익의 사실상 양수인이 승계하도록 하는 '절차승계'에 관한 규정이다. 이때의 지위는 영업자의 지위에 한정되지 않는다. 또한, ①과 ②의 경우 승계인이 행정청의 개입 없이 당연히 절차상 당사자등의 지위를 승계하지만, ③의 경우 행정청의 승인을 받아야 한다.

(3) 대표자

행정절차법 제11조(대표자) ① 다수의 당사자등이 공동으로 행정절차에 관한 행위를 할 때에는 대표자를 선정할 수 있다.

② 행정청은 제1항에 따라 당사자등이 대표자를 선정하지 아니하거나 대표자가 지나치게 많아 행정절차가 지연될 우려가 있는 경우에는 그 이유를 들어 상당한 기간 내에 3인 이내의 대표자를 선정할 것을 요청할 수 있다. 이 경우 당사자등이 그 요청에 따르지 아니하였을 때에는 행정청이 직접 대표자를 선정할 수 있다.

③ 당사자등은 대표자를 변경하거나 해임할 수 있다.

④ 대표자는 각자 그를 대표자로 선정한 당사자등을 위하여 행정절차에 관한 모든 행위를 할 수 있다. 다만, 행정절차를 끝맺는 행위에 대하여는 당사자등의 동의를 받아야 한다.

⑤ 대표자가 있는 경우에는 당사자등은 그 대표자를 통하여서만 행정절차에 관한 행위를 할 수 있다.

⑥ 다수의 대표자가 있는 경우 그중 1인에 대한 행정청의 행위는 모든 당사자등에게 효력이 있다. 다만, 행정청의 통지는 대표자 모두에게 하여야 그 효력이 있다.

(4) 대리인

당사자등은 ① 당사자등의 배우자, 직계 존속 · 비속 또는 형제자매, ② 당사자등이 법인등인 경우 그 임원 또는 직원, ③ 변호사, ④ 행정청 또는 청문 주재자(청문의 경우만 해당한다)의 허가를 받은 자, ⑤ 법령등에 따라 해당 사안에 대하여 대리인이 될 수 있는 자를 대리인으로 선임할 수 있다(제12조제1항). 대리인에 관하여는 행정절차법 제11조 제3항 · 제4항 및 제6항을 준용한다(제2항).

(5) 대표자 · 대리인의 통지

당사자등이 대표자 또는 대리인을 선정하거나 선임하였을 때에는 지체 없이 그 사실을 행정청에 통지하여야 한다. 대표자 또는 대리인을 변경하거나 해임하였을 때에도 또한 같다(제13조제1항). 그러나 제12조 제1항 제4호에 따라 청문 주재자가 대리인의 선임을 허가한 경우에는 청문 주재자가 그 사실을 행정청에 통지하여야 한다(제2항).

7. 송 달

행정절차법 제14조(송달) ① 송달은 우편, 교부 또는 정보통신망 이용 등의 방법으로 하되, 송달받을 자(대표자 또는 대리인을 포함한다. 이하 같다)의 주소 · 거소 · 영업소 · 사무소 또는 전자우편주소(이하 "주소등"이라 한다)로 한다. 다만, 송달받을 자가 동의하는 경우에는 그를 만나는 장소에서 송달할 수 있다.

② 교부에 의한 송달은 수령확인서를 받고 문서를 교부함으로써 하며, 송달하는 장소에서 송달받을 자를 만나지 못한 경우에는 그 사무원 · 피용자 또는 동거인으로서 사리를 분별할 지능이 있는 사람(이하 이 조에서 "사무원등"이라 한다)에게 문서를 교부할 수 있다. 다만, 문서를

송달받을 자 또는 그 사무원등이 정당한 사유 없이 송달받기를 거부하는 때에는 그 사실을 수령확인서에 적고, 문서를 송달할 장소에 놓아둘 수 있다.

③ 정보통신망을 이용한 송달은 송달받을 자가 동의하는 경우에만 한다. 이 경우 송달받을 자는 송달받을 전자우편주소 등을 지정하여야 한다.

④ 다음 각 호의 어느 하나에 해당하는 경우에는 송달받을 자가 알기 쉽도록 관보, 공보, 게시판, 일간신문 중 하나 이상에 공고하고 인터넷에도 공고하여야 한다.

  1. 송달받을 자의 주소등을 통상적인 방법으로 확인할 수 없는 경우

  2. 송달이 불가능한 경우

⑤ 제4항에 따른 공고를 할 때에는 민감정보 및 고유식별정보 등 송달받을 자의 개인정보를 「개인정보 보호법」에 따라 보호하여야 한다.

⑥ 행정청은 송달하는 문서의 명칭, 송달받는 자의 성명 또는 명칭, 발송방법 및 발송 연월일을 확인할 수 있는 기록을 보존하여야 한다.

(1) 송달(특정인)

1) 우편송달

우편송달이란 송달받을 자의 주소·거소·영업소·사무소에 보통우편이나 등기우편 또는 내용증명우편 등으로 하는 송달을 말한다. 다만 보통우편으로 발송된 경우 우편물이 상당한 기간 내에 도달하였다고 추정할 수 없고, 송달의 효력을 주장하는 자가 이를 입증하여야 한다.[4]

① 대법원 2009. 12. 10. 선고 2007두20140 판결

내용증명우편이나 등기우편과는 달리, 보통우편의 방법으로 발송되었다는 사실만으로는 그 우편물이 상당한 기간 내에 도달하였다고 추정할 수 없고, 송달의 효력을 주장하는 측에서 증거에 의하여 이를 입증하여야 한다.

② 대법원 1998. 2. 13. 선고 97누8977 판결

우편물이 등기취급의 방법으로 발송된 경우, 특별한 사정이 없는 한, 그 무렵 수취인에게 배달되었다고 보아도 좋을 것이나, 수취인이나 그 가족이 주민등록지에 실제로 거주하고 있지 아니하면서 전입신고만을 해 둔 경우에는 그 사실만으로써 주민등록지 거주자에게 송달수령의 권한을 위임하였다고 보기는 어려울 뿐 아니라 수취인이 주민등록지에 실제로 거주하지 아니하는 경우에도 우편물이 수취인에게 도달하였다고 추정할 수는 없고, 따라서 이러한 경우에는 우편물의 도달사실을 과세관청이 입증해야 할 것이고, 수취인이나 그 가족이 주민등록지에 실제로 거주하고 있지 아니하면서 전입신고만을 해 두었고, 그 밖에 주민등록지 거주자에게 송달수령의 권한을 위임하였다고 보기

---

4) 국세기본법 제10조 제2항 본문은 "납부의 고지·독촉·강제징수 또는 세법에 따른 정부의 명령과 관계되는 서류의 송달을 우편으로 할 때에는 등기우편으로 하여야 한다."고 규정하고 있다.

어려운 사정이 인정된다면, 등기우편으로 발송된 납세고지서가 반송된 사실이 인정되지 아니한다 하여 납세의무자에게 송달된 것이라고 볼 수는 없다.

③ 대법원 2000. 7. 4. 선고 2000두1164 판결

[2] 과세처분의 상대방인 납세의무자 등 서류의 송달을 받을 자가 다른 사람에게 우편물 기타 서류의 수령권한을 명시적 또는 묵시적으로 위임한 경우에는 그 수임자가 해당 서류를 수령함으로써 그 송달받을 자 본인에게 해당 서류가 적법하게 송달된 것으로 보아야 하고, 그러한 수령권한을 위임받은 자는 반드시 위임인의 종업원이거나 동거인일 필요가 없다.

[3] 납세의무자가 거주하는 아파트에서 일반우편물이나 등기우편물 등 특수우편물이 배달되는 경우 관례적으로 아파트 경비원이 이를 수령하여 거주자에게 전달하여 왔고, 이에 대하여 납세의무자를 비롯한 아파트 주민들이 평소 이러한 특수우편물 배달방법에 관하여 아무런 이의도 제기한 바 없었다면, 납세의무자가 거주하는 아파트의 주민들은 등기우편물 등의 수령권한을 아파트 경비원에게 묵시적으로 위임한 것이라고 봄이 상당하므로 아파트 경비원이 우편집배원으로부터 납세고지서를 수령한 날이 구 국세기본법($\frac{1998.\ 12.\ 28.\ 법률\ 제5579}{호로\ 개정되기\ 전의\ 것}$) 제61조 제1항에 정한 처분의 통지를 받은 날에 해당한다고 한 사례.

④ 대법원 1993. 11. 26. 선고 93누17478 판결

우편법 제31조, 제34조, 같은 법 시행령 제42조, 제43조의 규정취지는 우편사업을 독점하고 있는 국가가 배달위탁을 받은 우편물의 배달방법을 구체적으로 명시하여 그 수탁업무의 한계를 명백히 한 것으로서 위 규정에 따라 우편물이 배달되면 우편물이 정당하게 교부된 것으로 인정하여 국가의 배달업무를 다하였다는 것일 뿐 우편물의 송달로써 달성하려고 하는 법률효과까지 발생하게 하는 것은 아니므로 위 규정에 따라 우편물이 배달되었다고 하여 언제나 상대방 있는 의사표시의 통지가 상대방에게 도달하였다고 볼 수는 없다.[5]

---

5) [사실관계] 피고가 원고에 대한 판시의 청문서를 등기우편으로 원고의 업소 소재지로 발송하고, 강남우체국 소속 집배원으로서 위 업소가 있는 건물의 우편물 집배업무를 담당하던 소외인은 위 우편물을 위 건물(○○빌딩) 경비원에게 송달한 다음 그의 위임에 따라 우편물 배달증에 자신이 경비실이라는 문구를 기재하여 넣었으며, 피고는 원고가 위 청문서에 기재된 청문일에 출석하지 아니하자 청문절차에 불응하는 것으로 보고 원고에게 별도의 의견진술 기회를 주지 아니하고 처분을 하였다. 대법원은 "집배원으로부터 우편물을 수령한 빌딩건물 경비원이 원고나 그 동거인 또는 고용인에게 위 청문서를 전달하였다고 볼 수 없는 이상 청문서가 원고에게 적법하게 송달되었다고 볼 수 없다."고 보았다. * 이는 거주자 부재시 등기우편물을 수령하여 전달하여 온 주거지 아파트 경비원과 구별된다(대법원 2000. 7. 4. 선고 2000두1164 판결; 대법원 1994. 1. 11. 선고 93누16864 판결).

2) 교부송달

교부송달이란 송달받을 자의 주소·거소·영업소·사무소에서 송달받을 자로부터 수령확인서를 받고 문서를 교부함으로써 하는 송달을 말한다. 송달하는 장소에서 송달받을 자를 만나지 못한 경우에는 그 사무원·피용자 또는 동거인으로서 사리를 분별할 지능이 있는 사람(이하 이 조에서 "사무원등"이라 한다)에게 문서를 교부할 수 있다(제14조 제2항 본문). 다만, 문서를 송달받을 자 또는 그 사무원등이 정당한 사유 없이 송달받기를 거부하는 때에는 그 사실을 수령확인서에 적고, 문서를 송달할 장소에 놓아둘 수 있다(같은 항). 처분서의 송달을 위해 처분통지서의 수령을 거부하는 경우를 대비하여 행정절차법 제14조 제2항의 개정을 통하여 '유치송달제도'를 도입하였다.

① 대법원 1997. 5. 23. 선고 96누5094 판결

납세고지서의 교부송달에도 납세의무자 또는 그와 일정한 관계에 있는 사람이 현실적으로 이를 수령하는 행위가 반드시 필요하다 할 것이므로, 세무공무원이 납세의무자와 그 가족들이 부재중임을 알면서도 아파트 문틈으로 납세고지서를 투입하는 방식으로 송달하였다면, 이러한 납세고지서의 송달은 구 국세기본법(1996. 12. 30. 법률 제5189호로 개정되기 전의 것) 제10조의 규정에 위배되어 부적법한 것으로서 효력이 발생하지 아니한다.

② 대법원 1996. 9. 24. 선고 96다204 판결

상속인이 상속세부과 제척기간이 임박하자 납세고지서의 수령을 회피하기 위하여 고지서 수령 약속을 어기고 일부러 밤늦게까지 집을 비워 두어서 부득이 세입자에게 고지서를 교부하였다 하여 신의성실의 원칙을 들어 그 고지서가 송달되었다고 볼 수는 없다.

3) 정보통신망을 이용한 송달

정보통신망을 이용한 송달이란 송달받을 자가 지정한 전자우편주소로 문서를 송달하는 것을 말한다. 이러한 방식의 송달은 송달받을 자가 동의하는 경우에만 허용된다(제14조 제3항).

4) 공고에 의한 송달

송달받을 자의 주소등을 통상적인 방법으로 확인할 수 없는 경우 또는 송달이 불가능한 경우에는 송달받을 자가 알기 쉽도록 관보, 공보, 게시판, 일간신문 중 하나 이상에 공고하고 인터넷에도 공고하여야 한다(제14조 제4항). 제4항에 따른 공고를 할 때에는 민감정보 및 고유식별정보 등 송달받을 자의 개인정보를 개인정보 보호법에 따라 보호하여야 한다(제5항).

5) 송달의 효력발생

송달은 다른 법령등에 특별한 규정이 있는 경우를 제외하고는 해당 문서가 송달받을 자에게 도달됨으로써 그 효력이 발생한다(제15조 제1항, 도달주의).

대법원 2017. 3. 9. 선고 2016두60577 판결

[1] 행정처분의 효력발생요건으로서의 도달이란 처분상대방이 처분서의 내용을 현실적으로 알았을 필요까지는 없고 처분상대방이 알 수 있는 상태에 놓임으로써 충분하며, 처분서가 처분상대방의 주민등록상 주소지로 송달되어 처분상대방의 사무원 등 또는 그 밖에 우편물 수령권한을 위임받은 사람이 수령하면 처분상대방이 알 수 있는 상태가 되었다고 할 것이다.

[2] 행정소송법 제20조 제1항이 정한 제소기간의 기산점인 '처분 등이 있음을 안 날'이란 통지, 공고 기타의 방법에 의하여 당해 처분 등이 있었다는 사실을 현실적으로 안 날을 의미하므로, 행정처분이 상대방에게 고지되어 상대방이 이러한 사실을 인식함으로써 행정처분이 있다는 사실을 현실적으로 알았을 때 행정소송법 제20조 제1항이 정한 제소기간이 진행한다고 보아야 하고, 처분서가 처분상대방의 주소지에 송달되는 등 사회통념상 처분이 있음을 처분상대방이 알 수 있는 상태에 놓인 때에는 반증이 없는 한 처분상대방이 처분이 있음을 알았다고 추정할 수 있다. 또한 우편물이 등기취급의 방법으로 발송된 경우 그것이 도중에 유실되었거나 반송되었다는 등의 특별한 사정에 대한 반증이 없는 한 그 무렵 수취인에게 배달되었다고 추정할 수 있다.

제14조 제3항에 따라 정보통신망을 이용하여 전자문서로 송달하는 경우에는 송달받을 자가 지정한 컴퓨터 등에 입력된 때에 도달된 것으로 본다(제2항).

제14조 제4항의 공고의 방법에 의하는 경우에는 다른 법령등에 특별한 규정이 있는 경우를 제외하고는 공고일부터 14일이 지난 때에 그 효력이 발생한다. 다만, 긴급히 시행하여야 할 특별한 사유가 있어 효력 발생 시기를 달리 정하여 공고한 경우에는 그에 따른다(제3항).

(2) 고시 · 공고(불특정 다수인)

불특정 다수인에 대한 처분 또는 처분을 널리 알릴 필요가 있는 경우, 개별 법률에서 고시 또는 공고를 하도록 하는 규정을 두고 있다.[6] 이때 고시 · 공고의 효력발

---

6) 국토의 계획 및 이용에 관한 법률 제30조(도시 · 군관리계획의 결정) ⑥ 국토교통부장관이나 시 · 도지사는 도시 · 군관리계획을 결정하면 대통령령으로 정하는 바에 따라 그 결정을 고시하고, 국토교통부

생시점은 개별 법령에서 정하는 바에 따른다.[7]

한편, 대통령령인 행정업무의 운영 및 혁신에 관한 규정 제6조 제3항은 "제2항에도 불구하고 공고문서[8]는 그 문서에서 효력발생 시기를 구체적으로 밝히고 있지 않으면 그 고시 또는 공고 등이 있은 날부터 5일이 경과한 때에 효력이 발생한다."고 규정하고 있다.

대법원 2017. 5. 11. 선고 2013두10489 판결

구 가축분뇨의 관리 및 이용에 관한 법률^(2014. 3. 24. 법률 제12516호로 개정되기
전의 것, 이하 '가축분뇨법'이라 한다) 제8조 제1항 제1호, 토지이용규제 기본법 제2조 제1호, 제3조, 제5조 제1호 [별표], 제8조 제2항 본문, 제3항을 종합하여 보면, 가축분뇨법에 따라 가축의 사육을 제한하기 위해서는 원칙적으로 시장·군수·구청장이 조례가 정하는 바에 따라 일정한 구역을 가축사육 제한구역으로 지정하여 토지이용규제 기본법에서 정한 바에 따라 지형도면을 작성·고시하여야 하고, 이러한 지형도면 작성·고시 전에는 가축사육 제한구역 지정의 효력이 발생하지 아니한다.

8. 기간 및 기한의 특례

천재지변이나 그 밖에 당사자등에게 책임이 없는 사유로 기간 및 기한을 지킬 수 없는 경우에는 그 사유가 끝나는 날까지 기간의 진행이 정지된다(^{제16조}_{제1항}). 외국에 거주하거나 체류하는 자에 대한 기간 및 기한은 행정청이 그 우편이나 통신에 걸리는 일수를 고려하여 정하여야 한다(^{제2}_항).

장관이나 도지사는 관계 서류를 관계 특별시장·광역시장·특별자치시장·특별자치도지사·시장 또는 군수에게 송부하여 일반이 열람할 수 있도록 하여야 하며, 특별시장·광역시장·특별자치시장·특별자치도지사는 관계 서류를 일반이 열람할 수 있도록 하여야 한다.

7) 국토의 계획 및 이용에 관한 법률 제31조(도시·군관리계획 결정의 효력) ① 도시·군관리계획 결정의 효력은 제32조 제4항에 따라 지형도면을 고시한 날부터 발생한다.

8) 행정업무의 운영 및 혁신에 관한 규정 제4조(공문서의 종류) 공문서(이하 "문서"라 한다)의 종류는 다음 각 호의 구분에 따른다.

3. 공고문서: 고시·공고 등 행정기관이 일정한 사항을 일반에게 알리는 문서

Ⅲ. 처 분

1. 처분의 신청

(1) 신청의 방식

행정청에 처분을 구하는 신청은 문서로 하여야 한다. 다만, 다른 법령등에 특별한 규정이 있는 경우와 행정청이 미리 다른 방법을 정하여 공시한 경우에는 그러하지 아니하다($^{제17조}_{제1항}$). 제1항에 따라 처분을 신청할 때 전자문서로 하는 경우에는 행정청의 컴퓨터 등에 입력된 때에 신청한 것으로 본다($^{제2}_{항}$). 행정청은 신청에 필요한 구비서류, 접수기관, 처리기간, 그 밖에 필요한 사항을 게시($^{인터넷 등을 통한}_{게시를 포함한다}$)하거나 이에 대한 편람을 갖추어 두고 누구나 열람할 수 있도록 하여야 한다($^{제3}_{항}$).

행정청은 신청인의 편의를 위하여 다른 행정청에 신청을 접수하게 할 수 있다. 이 경우 행정청은 다른 행정청에 접수할 수 있는 신청의 종류를 미리 정하여 공시하여야 한다($^{제7}_{항}$).

(2) 행정청의 처리

행정청은 신청을 받았을 때에는 다른 법령등에 특별한 규정이 있는 경우를 제외하고는 그 접수를 보류 또는 거부하거나 부당하게 되돌려 보내서는 아니 되며, 신청을 접수한 경우에는 신청인에게 접수증을 주어야 한다. 다만, 대통령령으로 정하는 경우9)에는 접수증을 주지 아니할 수 있다($^{제17조}_{제4항}$).

행정청은 신청에 구비서류의 미비 등 흠이 있는 경우에는 보완에 필요한 상당한 기간을 정하여 지체 없이 신청인에게 보완을 요구하여야 한다($^{제5}_{항}$). 행정청은 신청인이 제5항에 따른 기간 내에 보완을 하지 아니하였을 때에는 그 이유를 구체적으로 밝혀 접수된 신청을 되돌려 보낼 수 있다($^{제6}_{항}$).

(3) 신청의 보완 · 변경 또는 취하

신청인은 처분이 있기 전에는 그 신청의 내용을 보완 · 변경하거나 취하(取下)할

---

9) 행정절차법 시행령 제9조(접수증) 법 제17조 제4항 단서에서 "대통령령이 정하는 경우"라 함은 다음 각 호의 1에 해당하는 신청의 경우를 말한다.
  1. 구술 · 우편 또는 정보통신망에 의한 신청
  2. 처리기간이 "즉시"로 되어 있는 신청
  3. 접수증에 갈음하는 문서를 주는 신청

수 있다. 다만, 다른 법령등에 특별한 규정이 있거나 그 신청의 성질상 보완·변경하거나 취하할 수 없는 경우에는 그러하지 아니하다(제17조 제8항).

2. 처리기간의 설정·공표

행정청은 신청인의 편의를 위하여 처분의 처리기간을 종류별로 미리 정하여 공표하여야 한다(제19조 제1항). 제1항에 따른 처리기간에 산입하지 아니하는 기간에 관하여는 대통령령으로 정한다(제5항). 행정청은 부득이한 사유로 제1항에 따른 처리기간 내에 처분을 처리하기 곤란한 경우에는 해당 처분의 처리기간의 범위에서 한 번만 그 기간을 연장할 수 있다(제2항). 행정청은 제2항에 따라 처리기간을 연장할 때에는 처리기간의 연장 사유와 처리 예정 기한을 지체 없이 신청인에게 통지하여야 한다(제3항).

행정청이 정당한 처리기간 내에 처리하지 아니하였을 때에는 신청인은 해당 행정청 또는 그 감독 행정청에 신속한 처리를 요청할 수 있다(제4항).

대법원 2017. 3. 16. 선고 2016두54084 판결

산업집적활성화 및 공장설립에 관한 법률 시행규칙 제6조 제3항에 의하면, 시장·군수 또는 구청장(이하 '시장 등')은 공장의 신설·증설 또는 업종 변경(이하 '공장설립 등'이라 한다)의 신청을 받은 날부터 20일(공장설립 등의 승인신청 내용의 전부가 시장 등의 권한에 속하는 경우에는 14일, 다른 법률에 따른 인허가 등의 의제처리가 필요하지 아니한 경우에는 7일) 이내에 승인 여부를 결정하도록 되어 있지만, 위 규정은 가능한 한 조속히 승인사무를 처리하도록 정한 훈시규정에 불과할 뿐 강행규정이나 효력규정이라고 할 수는 없다. 따라서 시장 등이 위 기한을 경과하여 공장설립 등의 승인신청을 거부하는 처분을 하였다고 해서 거부처분이 위법하다고 할 수는 없고, 나아가 위 기한을 경과함으로써 승인이 있는 것으로 간주되는 것도 아니다.

3. 처분기준의 설정·공표

(1) 원 칙

행정청은 필요한 처분기준을 해당 처분의 성질에 비추어 되도록 구체적으로 정하여 공표하여야 한다. 처분기준을 변경하는 경우에도 또한 같다(제20조 제1항). 행정청이 공표한 처분기준은 그것이 처분의 근거 법령에서 구체적 위임을 받아 제정·공포되었다는 특별한 사정이 없는 한, 원칙적으로 대외적 구속력이 없는 행정규칙에 해당한다는 것이 판례의 입장이다.

행정기본법 제24조에 따른 인허가의제의 경우 관련 인허가 행정청은 관련 인허가의 처분기준을 주된 인허가 행정청에 제출하여야 하고, 주된 인허가 행정청은 제출받은 관련 인허가의 처분기준을 통합하여 공표하여야 한다. 처분기준을 변경하는 경우에도 또한 같다($^{제2}_{항}$).

대법원 2020. 12. 24. 선고 2018두45633 판결

[1] 행정청이 행정절차법 제20조 제1항의 처분기준 사전공표 의무를 위반하여 미리 공표하지 아니한 기준을 적용하여 처분을 하였다고 하더라도, 그러한 사정만으로 곧바로 해당 처분에 취소사유에 이를 정도의 흠이 존재한다고 볼 수는 없다. 다만 해당 처분에 적용한 기준이 상위법령의 규정이나 신뢰보호의 원칙 등과 같은 법의 일반원칙을 위반하였거나 객관적으로 합리성이 없다고 볼 수 있는 구체적인 사정이 있다면 해당 처분은 위법하다고 평가할 수 있다. 구체적인 이유는 다음과 같다.

① 행정청이 행정절차법 제20조 제1항에 따라 정하여 공표한 처분기준은, 그것이 해당 처분의 근거 법령에서 구체적 위임을 받아 제정 · 공포되었다는 특별한 사정이 없는 한, 원칙적으로 대외적 구속력이 없는 행정규칙에 해당한다.

② 처분이 적법한지는 행정규칙에 적합한지 여부가 아니라 상위법령의 규정과 입법목적 등에 적합한지 여부에 따라 판단해야 한다. 처분이 행정규칙을 위반하였다고 하여 그러한 사정만으로 곧바로 위법하게 되는 것은 아니고, 처분이 행정규칙을 따른 것이라고 하여 적법성이 보장되는 것도 아니다. 행정청이 미리 공표한 기준, 즉 행정규칙을 따랐는지 여부가 처분의 적법성을 판단하는 결정적인 지표가 되지 못하는 것과 마찬가지로, 행정청이 미리 공표하지 않은 기준을 적용하였는지 여부도 처분의 적법성을 판단하는 결정적인 지표가 될 수 없다.

③ 행정청이 정하여 공표한 처분기준이 과연 구체적인지 또는 행정절차법 제20조 제2항에서 정한 처분기준 사전공표 의무의 예외사유에 해당하는지는 일률적으로 단정하기 어렵고, 구체적인 사안에 따라 개별적으로 판단하여야 한다. 만약 행정청이 행정절차법 제20조 제1항에 따라 구체적인 처분기준을 사전에 공표한 경우에만 적법하게 처분을 할 수 있는 것이라고 보면, 처분의 적법성이 지나치게 불안정해지고 개별법령의 집행이 사실상 유보 · 지연되는 문제가 발생하게 된다.

[2] 행정청이 관계 법령의 규정이나 자체적인 판단에 따라 처분상대방에게 특정한 권리나 이익 또는 지위 등을 부여한 후 일정한 기간마다 심사하여 갱신 여부를 판단하는 이른바 '갱신제'를 채택하여 운용하는 경우에는, 처분상대방은 합리적인 기준에 의한 공정한 심사를 받아 그 기준에 부합되면 특별한 사정이 없는 한 갱신되리라는 기대를 가지고 갱신 여부에 관하여 합리적인 기준에 의한 공정한 심사를 요구할 권리를 가진다. 여기에서 '공정한 심사'란 갱신 여부가 행정청의 자의가 아니라 객관적이고 합리적

인 기준에 의하여 심사되어야 할 뿐만 아니라, 처분상대방에게 사전에 심사기준과 방법의 예측가능성을 제공하고 사후에 갱신 여부 결정이 합리적인 기준에 의하여 공정하게 이루어졌는지를 검토할 수 있도록 심사기준이 사전에 마련되어 공표되어 있어야 함을 의미한다.

사전에 공표한 심사기준 중 경미한 사항을 변경하거나 다소 불명확하고 추상적이었던 부분을 명확하게 하거나 구체화하는 정도를 뛰어넘어, 심사대상기간이 이미 경과하였거나 상당 부분 경과한 시점에서 처분상대방의 갱신 여부를 좌우할 정도로 중대하게 변경하는 것은 갱신제의 본질과 사전에 공표된 심사기준에 따라 공정한 심사가 이루어져야 한다는 요청에 정면으로 위배되는 것이므로, 갱신제 자체를 폐지하거나 갱신상대방의 수를 종전보다 대폭 감축할 수밖에 없도록 만드는 중대한 공익상 필요가 인정되거나 관계 법령이 제·개정되었다는 등의 특별한 사정이 없는 한, 허용되지 않는다.

(2) 예 외

제1항에 따른 처분기준을 공표하는 것이 해당 처분의 성질상 현저히 곤란하거나 공공의 안전 또는 복리를 현저히 해치는 것으로 인정될 만한 상당한 이유가 있는 경우에는 처분기준을 공표하지 아니할 수 있다(제20조 제3항).

대법원 2019. 12. 13. 선고 2018두41907 판결

행정절차법 제20조는 제1항에서 "행정청은 필요한 처분기준을 해당 처분의 성질에 비추어 되도록 구체적으로 정하여 공표하여야 한다. 처분기준을 변경하는 경우에도 또한 같다."라고 정하면서, 제2항에서 "제1항에 따른 처분기준을 공표하는 것이 해당 처분의 성질상 현저히 곤란하거나 공공의 안전 또는 복리를 현저히 해치는 것으로 인정될 만한 상당한 이유가 있는 경우에는 처분기준을 공표하지 아니할 수 있다."라고 정하고 있다.

이와 같이 행정청으로 하여금 처분기준을 구체적으로 정하여 공표하도록 한 것은 해당 처분이 가급적 미리 공표된 기준에 따라 이루어질 수 있도록 함으로써 해당 처분의 상대방으로 하여금 결과에 대한 예측가능성을 높이고 이를 통하여 행정의 공정성, 투명성, 신뢰성을 확보하며 행정청의 자의적인 권한행사를 방지하기 위한 것이다. 그러나 처분의 성질상 처분기준을 미리 공표하는 경우 행정목적을 달성할 수 없게 되거나 행정청에 일정한 범위 내에서 재량권을 부여함으로써 구체적인 사안에서 개별적인 사정을 고려하여 탄력적으로 처분이 이루어지도록 하는 것이 오히려 공공의 안전 또는 복리에 더 적합한 경우도 있다. 그러한 경우에는 행정절차법 제20조 제2항에 따라 처분기준을 따로 공표하지 않거나 개략적으로만 공표할 수도 있다.

(3) 당사자등의 해석 또는 설명 요청권

당사자등은 공표된 처분기준이 명확하지 아니한 경우 해당 행정청에 그 해석 또는 설명을 요청할 수 있다. 이 경우 해당 행정청은 특별한 사정이 없으면 그 요청에 따라야 한다($^{제4}_{항}$).

4. 처분의 사전통지

행정절차법 제21조(처분의 사전 통지) ① 행정청은 당사자에게 의무를 부과하거나 권익을 제한하는 처분을 하는 경우에는 미리 다음 각 호의 사항을 당사자등에게 통지하여야 한다.
  1. 처분의 제목
  2. 당사자의 성명 또는 명칭과 주소
  3. 처분하려는 원인이 되는 사실과 처분의 내용 및 법적 근거
  4. 제3호에 대하여 의견을 제출할 수 있다는 뜻과 의견을 제출하지 아니하는 경우의 처리방법
  5. 의견제출기관의 명칭과 주소
  6. 의견제출기한
  7. 그 밖에 필요한 사항
② 행정청은 청문을 하려면 청문이 시작되는 날부터 10일 전까지 제1항 각 호의 사항을 당사자등에게 통지하여야 한다. 이 경우 제1항 제4호부터 제6호까지의 사항은 청문 주재자의 소속 · 직위 및 성명, 청문의 일시 및 장소, 청문에 응하지 아니하는 경우의 처리방법 등 청문에 필요한 사항으로 갈음한다.
③ 제1항 제6호에 따른 기한은 의견제출에 필요한 기간을 10일 이상으로 고려하여 정하여야 한다.
④ 다음 각 호의 어느 하나에 해당하는 경우에는 제1항에 따른 통지를 하지 아니할 수 있다.
  1. 공공의 안전 또는 복리를 위하여 긴급히 처분을 할 필요가 있는 경우
  2. 법령등에서 요구된 자격이 없거나 없어지게 되면 반드시 일정한 처분을 하여야 하는 경우에 그 자격이 없거나 없어지게 된 사실이 법원의 재판 등에 의하여 객관적으로 증명된 경우
  3. 해당 처분의 성질상 의견청취가 현저히 곤란하거나 명백히 불필요하다고 인정될 만한 상당한 이유가 있는 경우
⑤ 처분의 전제가 되는 사실이 법원의 재판 등에 의하여 객관적으로 증명된 경우 등 제4항에 따른 사전 통지를 하지 아니할 수 있는 구체적인 사항은 대통령령으로 정한다.
⑥ 제4항에 따라 사전 통지를 하지 아니하는 경우 행정청은 처분을 할 때 당사자등에게 통지를 하지 아니한 사유를 알려야 한다. 다만, 신속한 처분이 필요한 경우에는 처분 후 그 사유를 알릴 수 있다.
⑦ 제6항에 따라 당사자등에게 알리는 경우에는 제24조를 준용한다.

(1) 의 의

처분의 사전통지란 행정청이 당사자에게 의무를 부과하거나 권익을 제한하는 처

분을 하는 경우 미리 일정한 사항을 당사자등에게 통지하는 것을 말하며, 이를 고지라고도 한다. 이는 준법률행위적 행정행위 중 통지에 해당한다. 사전통지는 앞으로 행하여질 의견제출 또는 청문절차에서 충분한 방어권을 행사할 수 있도록 하기 위한 것이다.

대법원 2012. 12. 13. 선고 2011두29144 판결[10]

행정절차법 제21조 제1항, 제22조 제3항 및 제2조 제4호의 각 규정에 의하면, 행정청이 당사자에게 의무를 과하거나 권익을 제한하는 처분을 할 때에는 당사자 등에게 처분의 사전통지를 하고 의견제출의 기회를 주어야 하며, 여기서 당사자란 행정청의 처분에 대하여 직접 그 상대가 되는 자를 의미한다. 한편 구 관광진흥법$\left(\substack{2010.\ 3.\ 31.\ \text{법률 제}10219\text{호로}\\ \text{개정되기 전의 것, 이하 같다}}\right)$ 제8조 제2항, 제4항, 구 체육시설의 설치·이용에 관한 법률$\left(\substack{2010.\ 3.\ 31.\ \text{법률 제}10219\text{호로 개정되기}\\ \text{전의 것, 이하 '구 체육시설법'이라 한다}}\right)$ 제27조 제2항, 제20조의 각 규정에 의하면, 공매 등의 절차에 따라 문화체육관광부령으로 정하는 주요한 유원시설업 시설의 전부 또는 체육시설업의 시설 기준에 따른 필수시설을 인수함으로써 유원시설업자 또는 체육시설업자의 지위를 승계한 자가 관계 행정청에 이를 신고하여 행정청이 수리하는 경우에는 종전 유원시설업자에 대한 허가는 효력을 잃고, 종전 체육시설업자는 적법한 신고를 마친 체육시설업자의 지위를 부인당할 불안정한 상태에 놓이게 된다. 따라서 행정청이 구 관광진흥법 또는 구 체육시설법의 규정에 의하여 유원시설업자 또는 체육시설업자 지위승계신고를 수리하는 처분은 종전 유원시설업자 또는 체육시설업자의 권익을 제한하는 처분이고, 종전 유원시설업자 또는 체육시설업자는 그 처분에 대하여 직접 그 상대가 되는 자에 해당한다고 보는 것이 타당하므로, 행정청이 그 신고를 수리하는 처분을 할 때에는 행정절차법 규정에서 정한 당사자에 해당하는 종전 유원시설업자 또는 체육시설업자에 대하여 위 규정에서 정한 행정절차를 실시하고 처분을 하여야 한다.

(2) 사전통지의 대상 및 내용

행정청은 당사자에게 의무를 부과하거나 권익을 제한하는 처분을 하는 경우에는 미리 ① 처분의 제목($\substack{\text{제}1\\\text{호}}$), ② 당사자의 성명 또는 명칭과 주소($\substack{\text{제}2\\\text{호}}$), ③ 처분하려는 원인이 되는 사실과 처분의 내용 및 법적 근거($\substack{\text{제}3\\\text{호}}$), ④ 제3호에 대하여 의견을 제출할 수 있다는 뜻과 의견을 제출하지 아니하는 경우의 처리방법($\substack{\text{제}4\\\text{호}}$), ⑤ 의견제출기관의 명칭과 주소($\substack{\text{제}5\\\text{호}}$), ⑥ 의견제출기한($\substack{\text{제}6\\\text{호}}$), ⑦ 그 밖에 필요한 사항($\substack{\text{제}7\\\text{호}}$)을 당사자등에게 통지하여야 한다($\substack{\text{제}21\text{조}\\\text{제}1\text{항}}$).

---

10) 동지: 대법원 2003. 2. 14. 선고 2001두7015 판결.

제1항 제6호에 따른 기한은 의견제출에 필요한 기간을 10일 이상으로 고려하여 정하여야 한다(제3항).

(3) 사전통지의 예외

행정청은 ① 공공의 안전 또는 복리를 위하여 긴급히 처분을 할 필요가 있는 경우(제1호), ② 법령등에서 요구된 자격이 없거나 없어지게 되면 반드시 일정한 처분을 하여야 하는 경우에 그 자격이 없거나 없어지게 된 사실이 법원의 재판 등에 의하여 객관적으로 증명된 경우(제2호), ③ 해당 처분의 성질상 의견청취가 현저히 곤란하거나 명백히 불필요하다고 인정될 만한 상당한 이유가 있는 경우(제3호)에는 사전통지를 하지 아니할 수 있다(제21조 제4항).

대법원 2008. 6. 12. 선고 2007두1767 판결

행정절차법 제2조 제4호가 행정절차법의 당사자를 행정청의 처분에 대하여 직접 그 상대가 되는 당사자로 규정하고, 도로법 제25조 제3항이 도로구역을 결정하거나 변경할 경우 이를 고시에 의하도록 하면서, 그 도면을 일반인이 열람할 수 있도록 한 점 등을 종합하여 보면, 도로구역을 변경한 이 사건 처분은 행정절차법 제21조 제1항의 사전통지나 제22조 제3항의 의견청취의 대상이 되는 처분은 아니라고 할 것이다.

(4) 적용범위(거부처분의 경우)

거부처분의 경우에도 사전통지절차가 적용되는지에 관하여 견해가 대립된다.

1) 학설의 대립

학설은 ① 신청을 하였어도 아직 당사자에게 권익이 부여되지 않았으므로 거부처분은 직접 당사자의 권익을 제한하는 처분에 해당한다고 볼 수 없으며, 거부처분은 상대방의 신청에 의한 것이므로 성질상 이미 의견진술의 기회를 준 것으로 볼 수 있으므로 사전통지가 필요하지 않다고 보는 소극설과 ② 신청에 대한 거부처분은 당사자에게 불이익을 준다는 점에서 권익을 제한하는 처분으로 볼 수 있고, 신청 당시 예상하지 못하였던 사유에 의한 거부처분인 때에는 의견진술의 기회를 줄 필요가 있다는 점에서 사전통지가 필요하다고 보는 적극설로 대립된다.

2) 판례의 태도

판례는 소극설의 입장을 취하고 있다.

대법원 2003. 11. 28. 선고 2003두674 판결

행정절차법 제21조 제1항은 행정청은 당사자에게 의무를 과하거나 권익을 제한하는 처분을 하는 경우에는 미리 처분의 제목, 당사자의 성명 또는 명칭과 주소, 처분하고자 하는 원인이 되는 사실과 처분의 내용 및 법적 근거, 그에 대하여 의견을 제출할 수 있다는 뜻과 의견을 제출하지 아니하는 경우의 처리방법, 의견제출기관의 명칭과 주소, 의견제출기한 등을 당사자 등에게 통지하도록 하고 있는바, 신청에 따른 처분이 이루어지지 아니한 경우에는 아직 당사자에게 권익이 부과되지 아니하였으므로 특별한 사정이 없는 한 신청에 대한 거부처분이라고 하더라도 직접 당사자의 권익을 제한하는 것은 아니어서 신청에 대한 거부처분을 여기에서 말하는 '당사자의 권익을 제한하는 처분'에 해당한다고 할 수 없는 것이어서 처분의 사전통지대상이 된다고 할 수 없다.

(5) 위반의 효과

행정청이 당사자에게 의무를 부과하거나 권익을 제한하는 처분을 하면서 사전통지를 하지 않았다면, 행정절차법 제21조 제4항의 예외사유에 해당하지 않는 한 당해 처분은 위법하여 취소를 면할 수 없다.

대법원 2000. 11. 14. 선고 99두5870 판결

[1] 행정절차법 제21조 제1항, 제4항, 제22조 제1항 내지 제4항에 의하면, 행정청이 당사자에게 의무를 과하거나 권익을 제한하는 처분을 하는 경우에는 미리 처분하고자 하는 원인이 되는 사실과 처분의 내용 및 법적 근거, 이에 대하여 의견을 제출할 수 있다는 뜻과 의견을 제출하지 아니하는 경우의 처리방법 등의 사항을 당사자 등에게 통지하여야 하고, 다른 법령 등에서 필요적으로 청문을 실시하거나 공청회를 개최하도록 규정하고 있지 아니한 경우에도 당사자 등에게 의견제출의 기회를 주어야 하되, 당해 처분의 성질상 의견청취가 현저히 곤란하거나 명백히 불필요하다고 인정될 만한 상당한 이유가 있는 경우 등에는 처분의 사전통지나 의견청취를 하지 아니할 수 있도록 규정하고 있으므로, 행정청이 침해적 행정처분을 함에 있어서 당사자에게 위와 같은 사전통지를 하거나 의견제출의 기회를 주지 아니하였다면 사전통지를 하지 않거나 의견제출의 기회를 주지 아니하여도 되는 예외적인 경우에 해당하지 아니하는 한 그 처분은 위법하여 취소를 면할 수 없다.

[2] 행정청이 온천지구임을 간과하여 지하수개발·이용신고를 수리하였다가 행정절차법상의 사전통지를 하거나 의견제출의 기회를 주지 아니한 채 그 신고수리처분을 취소하고 원상복구명령의 처분을 한 경우, 행정지도방식에 의한 사전고지나 그에 따른 당사자의 자진 폐공의 약속 등의 사유만으로는 사전통지 등을 하지 않아도 되는 행정절차법 소정의 예외의 경우에 해당한다고 볼 수 없다는 이유로 그 처분은 위법하다고 한 사례.

5. 의견청취

행정절차법 제22조(의견청취) ① 행정청이 처분을 할 때 다음 각 호의 어느 하나에 해당하는 경우에는 청문을 한다.
　　1. 다른 법령등에서 청문을 하도록 규정하고 있는 경우
　　2. 행정청이 필요하다고 인정하는 경우
　　3. 다음 각 목의 처분을 하는 경우
　　　　가. 인허가 등의 취소
　　　　나. 신분 · 자격의 박탈
　　　　다. 법인이나 조합 등의 설립허가의 취소
② 행정청이 처분을 할 때 다음 각 호의 어느 하나에 해당하는 경우에는 공청회를 개최한다.
　　1. 다른 법령등에서 공청회를 개최하도록 규정하고 있는 경우
　　2. 해당 처분의 영향이 광범위하여 널리 의견을 수렴할 필요가 있다고 행정청이 인정하는 경우
　　3. 국민생활에 큰 영향을 미치는 처분으로서 대통령령으로 정하는 처분에 대하여 대통령령으로 정하는 수 이상의 당사자등이 공청회 개최를 요구하는 경우
③ 행정청이 당사자에게 의무를 부과하거나 권익을 제한하는 처분을 할 때 제1항 또는 제2항의 경우 외에는 당사자등에게 의견제출의 기회를 주어야 한다.
④ 제1항부터 제3항까지의 규정에도 불구하고 제21조 제4항 각 호의 어느 하나에 해당하는 경우와 당사자가 의견진술의 기회를 포기한다는 뜻을 명백히 표시한 경우에는 의견청취를 하지 아니할 수 있다.
⑤ 행정청은 청문 · 공청회 또는 의견제출을 거쳤을 때에는 신속히 처분하여 해당 처분이 지연되지 아니하도록 하여야 한다.
⑥ 행정청은 처분 후 1년 이내에 당사자등이 요청하는 경우에는 청문 · 공청회 또는 의견제출을 위하여 제출받은 서류나 그 밖의 물건을 반환하여야 한다.

(1) 의 의

　의견청취절차란 행정처분의 상대방 또는 이해관계인에게 자신의 의견을 진술하여 스스로 방어권을 행사할 수 있는 기회를 부여하는 절차로서, 정식절차인 청문 및 공청회와 약식절차인 의견제출이 있다. 다만, ① 행정절차법 제21조 제4항 각 호의 어느 하나에 해당하는 경우(사전통지를 생략할 수 있는 경우)와 ② 당사자가 의견진술의 기회를 포기한다는 뜻을 명백히 표시한 경우에는 의견청취를 하지 아니할 수 있다(제22조제4항).

　행정청은 청문 · 공청회 또는 의견제출을 거쳤을 때에는 신속히 처분하여 해당 처분이 지연되지 아니하도록 하여야 한다(제5항). 행정청은 처분 후 1년 이내에 당사자등이 요청하는 경우에는 청문 · 공청회 또는 의견제출을 위하여 제출받은 서류나 그 밖의 물건을 반환하여야 한다(제6항).

　불이익처분에 대한 의견청취는 유럽연합 기본권 헌장 제41조 좋은 행정에 대한 권리에서도 기본권의 하나로 명시되어 있다.

대법원 2017. 4. 7. 선고 2016두63224 판결

　행정절차법 제22조 제1항 제1호는, 행정청이 처분을 할 때에는 다른 법령 등에서 청문을 실시하도록 규정하고 있는 경우 청문을 실시한다고 규정하고 있다. 이러한 청문제도는 행정처분의 사유에 대하여 당사자에게 변명과 유리한 자료를 제출할 기회를 부여함으로써 위법사유의 시정가능성을 고려하고, 처분의 신중과 적정을 기하려는 데 그 취지가 있다. 그러므로 행정청이 특히 침해적 행정처분을 할 때 그 처분의 근거 법령 등에서 청문을 실시하도록 규정하고 있다면, 행정절차법 등 관련 법령상 청문을 실시하지 않아도 되는 예외적인 경우에 해당하지 않는 한, 반드시 청문을 실시하여야 하며, 그러한 절차를 결여한 처분은 위법한 처분으로서 취소사유에 해당한다.

　한편 행정절차법 제22조 제4항, 제21조 제4항 제3호에 의하면, "해당 처분의 성질상 의견청취가 현저히 곤란하거나 명백히 불필요하다고 인정될 만한 상당한 이유가 있는 경우"나 "당사자가 의견진술의 기회를 포기한다는 뜻을 명백히 표시한 경우"에는 청문 등 의견청취를 하지 아니할 수 있는데, 여기에서 '의견청취가 현저히 곤란하거나 명백히 불필요하다고 인정될 만한 상당한 이유가 있는 경우'에 해당하는지는 해당 행정처분의 성질에 비추어 판단하여야 하며, 처분상대방이 이미 행정청에 위반사실을 시인하였다거나 처분의 사전통지 이전에 의견을 진술할 기회가 있었다는 사정을 고려하여 판단할 것은 아니다.[11]

(2) 청　문

1) 의　의

　청문이란 행정청이 어떠한 처분을 하기 전에 당사자등의 의견을 직접 듣고 증거를 조사하는 절차를 말한다(제2조제5호).

2) 청문의 사유

　행정청이 처분을 할 때 ① 다른 법령등에서 청문을 하도록 규정하고 있는 경우, ② 행정청이 필요하다고 인정하는 경우, ③ 인허가 등의 취소, 신분·자격의 박탈, 법인이나 조합 등의 설립허가의 취소처분을 하는 경우에는 청문을 한다(제22조제1항).

---

　11) ① 처분상대방인 원고가 이 사건 처분 전에 피고 소속 공무원에게 '처분을 좀 연기해 달라'는 내용의 서류를 제출한 사정만으로 청문을 실시한 것으로 볼 수는 없고, ② 담당공무원이 원고에게 관련 법규와 행정처분 절차에 대하여 설명을 하였다거나 그 자리에서 청문절차를 진행하고자 하였음에도 원고가 이에 응하지 않았다는 사정만으로 '처분의 성질상 의견청취가 현저히 곤란하거나 명백히 불필요하다고 인정될 만한 상당한 이유가 있는 경우'나 또는 '당사자가 의견진술의 기회를 포기한다는 뜻을 명백히 표시한 경우'에 해당한다고 볼 수도 없다고 한 사례.

3) 청문의 사전통지

행정청은 청문을 하려면 청문이 시작되는 날부터 10일 전까지 제1항 각 호의 사항($_{의 내용}^{사전통지}$)을 당사자등에게 통지하여야 한다. 이 경우 제1항 제4호부터 제6호까지의 사항[12]은 청문 주재자의 소속 · 직위 및 성명, 청문의 일시 및 장소, 청문에 응하지 아니하는 경우의 처리방법 등 청문에 필요한 사항으로 갈음한다($_{제2항}^{제21조}$).

4) 청문 주재자

행정청은 소속 직원 또는 대통령령으로 정하는 자격을 가진 사람 중에서 청문 주재자를 공정하게 선정하여야 한다($_{제1항}^{제28조}$).[13] 행정청은 ① 다수 국민의 이해가 상충되는 처분, ② 다수 국민에게 불편이나 부담을 주는 처분, ③ 그 밖에 전문적이고 공정한 청문을 위하여 행정청이 청문 주재자를 2명 이상으로 선정할 필요가 있다고 인정하는 처분을 하려는 경우에는 청문 주재자를 2명 이상으로 선정할 수 있다. 이 경우 선정된 청문 주재자 중 1명이 청문 주재자를 대표한다($_{항}^{제2}$). 행정청은 청문이 시작되는 날부터 7일 전까지 청문 주재자에게 청문과 관련한 필요한 자료를 미리 통지하여야 한다($_{항}^{제3}$).

청문 주재자는 독립하여 공정하게 직무를 수행하며, 그 직무 수행을 이유로 본인의 의사에 반하여 신분상 어떠한 불이익도 받지 아니한다($_{항}^{제4}$). 제1항 또는 제2항에 따라 선정된 청문 주재자는 형법이나 그 밖의 다른 법률에 따른 벌칙을 적용할 때에는 공무원으로 본다($_{항}^{제5}$).

5) 청문의 공개

청문은 당사자가 공개를 신청하거나 청문 주재자가 필요하다고 인정하는 경우 공개할 수 있다. 다만, 공익 또는 제3자의 정당한 이익을 현저히 해칠 우려가 있는 경우에는 공개하여서는 아니 된다($_{조}^{제30}$).

6) 청문의 진행 및 증거조사

청문 주재자가 청문을 시작할 때에는 먼저 예정된 처분의 내용, 그 원인이 되는 사실 및 법적 근거 등을 설명하여야 한다($_{제1항}^{제31조}$).

---

12) 제3호(처분하려는 원인이 되는 사실과 처분의 내용 및 법적 근거)에 대하여 의견을 제출할 수 있다는 뜻과 의견을 제출하지 아니하는 경우의 처리방법(제4호), 의견제출기관의 명칭과 주소(제5호), 의견제출기한(제6호).

13) 청문의 공정한 진행을 위하여 행정절차법 제29조에서는 청문 주재자의 제척 · 기피 · 회피에 관하여 규정하고 있다.

당사자등은 의견을 진술하고 증거를 제출할 수 있으며, 참고인이나 감정인 등에게 질문할 수 있다($\frac{제2}{항}$). 당사자등이 의견서를 제출한 경우에는 그 내용을 출석하여 진술한 것으로 본다($\frac{제3}{항}$). 청문 주재자는 청문의 신속한 진행과 질서유지를 위하여 필요한 조치를 할 수 있다($\frac{제4}{항}$). 청문을 계속할 경우에는 행정청은 당사자등에게 다음 청문의 일시 및 장소를 서면으로 통지하여야 하며, 당사자등이 동의하는 경우에는 전자문서로 통지할 수 있다. 다만, 청문에 출석한 당사자등에게는 그 청문일에 청문 주재자가 말로 통지할 수 있다($\frac{제5}{항}$).

청문 주재자는 직권으로 또는 당사자의 신청에 따라 필요한 조사를 할 수 있으며, 당사자등이 주장하지 아니한 사실에 대하여도 조사할 수 있다($\frac{제33조}{제1항}$). 이때 증거조사는 ① 문서·장부·물건 등 증거자료의 수집, ② 참고인·감정인 등에 대한 질문, ③ 검증 또는 감정·평가, ④ 그 밖에 필요한 조사의 방법으로 한다($\frac{제2}{항}$). 청문 주재자는 필요하다고 인정할 때에는 관계 행정청에 필요한 문서의 제출 또는 의견의 진술을 요구할 수 있다. 이 경우 관계 행정청은 직무 수행에 특별한 지장이 없으면 그 요구에 따라야 한다($\frac{제3}{항}$).

7) 청문의 병합·분리

행정청은 직권으로 또는 당사자의 신청에 따라 여러 개의 사안을 병합하거나 분리하여 청문을 할 수 있다($\frac{제32}{조}$).

8) 청문조서 및 의견서의 작성

청문 주재자는 ① 제목, ② 청문 주재자의 소속, 성명 등 인적사항, ③ 당사자등의 주소, 성명 또는 명칭 및 출석 여부, ④ 청문의 일시 및 장소, ⑤ 당사자등의 진술의 요지 및 제출된 증거, ⑥ 청문의 공개 여부 및 공개하거나 제30조 단서에 따라 공개하지 아니한 이유, ⑦ 증거조사를 한 경우에는 그 요지 및 첨부된 증거, ⑧ 그 밖에 필요한 사항이 적힌 청문조서를 작성하여야 한다($\frac{제34조}{제1항}$). 당사자등은 청문조서의 내용을 열람·확인할 수 있으며, 이의가 있을 때에는 그 정정을 요구할 수 있다($\frac{제2}{항}$).

한편, 청문 주재자는 ① 청문의 제목, ② 처분의 내용, 주요 사실 또는 증거, ③ 종합의견, ④ 그 밖에 필요한 사항이 적힌 청문 주재자의 의견서를 작성하여야 한다($\frac{제34조}{의2}$).

9) 청문의 종결

청문 주재자는 해당 사안에 대하여 당사자등의 의견진술, 증거조사가 충분히 이루어졌다고 인정하는 경우에는 청문을 마칠 수 있다(제35조제1항). 청문 주재자는 당사자등의 전부 또는 일부가 정당한 사유 없이 청문기일에 출석하지 아니하거나 제31조 제3항에 따른 의견서를 제출하지 아니한 경우에는 이들에게 다시 의견진술 및 증거제출의 기회를 주지 아니하고 청문을 마칠 수 있다(제2항). 청문 주재자는 당사자등의 전부 또는 일부가 정당한 사유로 청문기일에 출석하지 못하거나 제31조 제3항에 따른 의견서를 제출하지 못한 경우에는 10일 이상의 기간을 정하여 이들에게 의견진술 및 증거제출을 요구하여야 하며, 해당 기간이 지났을 때에 청문을 마칠 수 있다(제3항). 청문 주재자는 청문을 마쳤을 때에는 청문조서, 청문 주재자의 의견서, 그 밖의 관계 서류 등을 행정청에 지체 없이 제출하여야 한다(제4항).

10) 청문결과의 반영

행정청은 처분을 할 때에 제35조 제4항에 따라 받은 청문조서, 청문 주재자의 의견서, 그 밖의 관계 서류 등을 충분히 검토하고 상당한 이유가 있다고 인정하는 경우에는 청문결과를 반영하여야 한다(제35조의2).

11) 청문의 재개

행정청은 청문을 마친 후 처분을 할 때까지 새로운 사정이 발견되어 청문을 재개할 필요가 있다고 인정할 때에는 제35조 제4항에 따라 받은 청문조서 등을 되돌려 보내고 청문의 재개를 명할 수 있다. 이 경우 제31조 제5항을 준용한다(제36조).

12) 문서의 열람 및 비밀유지[14]

당사자등은 청문의 통지가 있는 날부터 청문이 끝날 때까지 행정청에 해당 사안의 조사결과에 관한 문서와 그 밖에 해당 처분과 관련되는 문서의 열람 또는 복사를 요청할 수 있다. 이 경우 행정청은 다른 법령에 따라 공개가 제한되는 경우를 제외하고는 그 요청을 거부할 수 없다(제37조제1항). 행정청은 제1항 후단에 따라 열람 또는 복사의 요청을 거부하는 경우에는 그 이유를 소명하여야 한다(제3항). 제1항에 따라 열람 또는 복사를 요청할 수 있는 문서의 범위는 대통령령으로 정한다(제4항).

행정청은 제1항의 열람 또는 복사의 요청에 따르는 경우 그 일시 및 장소를 지

---

14) 문서의 열람 및 비밀유지에 관한 행정절차법 제37조는 의견제출의 경우에도 적용된다.

정할 수 있다($\frac{제2}{항}$). 행정청은 제1항에 따른 복사에 드는 비용을 복사를 요청한 자에게 부담시킬 수 있다($\frac{제5}{항}$).

누구든지 청문을 통하여 알게 된 사생활이나 경영상 또는 거래상의 비밀을 정당한 이유 없이 누설하거나 다른 목적으로 사용하여서는 아니 된다($\frac{제6}{항}$).

(3) 공청회

1) 의 의

공청회란 행정청이 공개적인 토론을 통하여 어떠한 행정작용에 대하여 당사자 등, 전문지식과 경험을 가진 사람, 그 밖의 일반인으로부터 의견을 널리 수렴하는 절차를 말한다($\frac{제2조}{제6호}$).

2) 온라인공청회

행정청은 제38조에 따른 공청회와 병행하여서만 정보통신망을 이용한 공청회($\frac{이하 "온}{라인공청회"}$라 한다)를 실시할 수 있다($\frac{제38조의2}{제1항}$).

그러나 ① 국민의 생명·신체·재산의 보호 등 국민의 안전 또는 권익보호 등의 이유로 제38조에 따른 공청회를 개최하기 어려운 경우($\frac{제1}{호}$), ② 제38조에 따른 공청회가 행정청이 책임질 수 없는 사유로 개최되지 못하거나 개최는 되었으나 정상적으로 진행되지 못하고 무산된 횟수가 3회 이상인 경우($\frac{제2}{호}$), ③ 행정청이 널리 의견을 수렴하기 위하여 온라인공청회를 단독으로 개최할 필요가 있다고 인정하는 경우($\frac{제3호}{본문}$)[15]에는 온라인공청회를 단독으로 개최할 수 있다($\frac{제2}{항}$). 온라인공청회를 실시하는 경우에는 누구든지 정보통신망을 이용하여 의견을 제출하거나 제출된 의견 등에 대한 토론에 참여할 수 있다($\frac{제4}{항}$).

제1항부터 제4항까지에서 규정한 사항 외에 온라인공청회의 실시 방법 및 절차에 관하여 필요한 사항은 대통령령으로 정한다($\frac{제5}{항}$).

3) 공청회의 개최사유

행정청이 처분을 할 때 ① 다른 법령등에서 공청회를 개최하도록 규정하고 있는 경우, ② 해당 처분의 영향이 광범위하여 널리 의견을 수렴할 필요가 있다고 행정

---

15) 다만, 제22조 제2항 제1호(다른 법령등에서 공청회를 개최하도록 규정하고 있는 경우) 또는 제3호(국민생활에 큰 영향을 미치는 처분으로서 대통령령으로 정하는 처분에 대하여 대통령령으로 정하는 수 이상의 당사자등이 공청회 개최를 요구하는 경우)에 따라 공청회를 실시하는 경우는 제외한다(제38조의2 제2항 제3호 단서).

청이 인정하는 경우, ③ 국민생활에 큰 영향을 미치는 처분으로서 대통령령으로 정하는 처분에 대하여 대통령령으로 정하는 수 이상의 당사자등이 공청회 개최를 요구하는 경우에는 공청회를 개최한다(제22조제2항).

4) 공청회 개최의 알림

행정청은 공청회를 개최하려는 경우에는 공청회 개최 14일 전까지 ① 제목, ② 일시 및 장소, ③ 주요 내용, ④ 발표자에 관한 사항, ⑤ 발표신청 방법 및 신청기한, ⑥ 정보통신망을 통한 의견제출, ⑦ 그 밖에 공청회 개최에 필요한 사항을 당사자등에게 통지하고 관보, 공보, 인터넷 홈페이지 또는 일간신문 등에 공고하는 등의 방법으로 널리 알려야 한다. 다만, 공청회 개최를 알린 후 예정대로 개최하지 못하여 새로 일시 및 장소 등을 정한 경우에는 공청회 개최 7일 전까지 알려야 한다(제38조).

5) 공청회의 주재자 및 발표자의 선정

행정청은 해당 공청회의 사안과 관련된 분야에 전문적 지식이 있거나 그 분야에 종사한 경험이 있는 사람으로서 대통령령으로 정하는 자격을 가진 사람 중에서 공청회의 주재자를 선정한다(제38조의3제1항).

공청회의 발표자는 발표를 신청한 사람 중에서 행정청이 선정한다. 다만, 발표를 신청한 사람이 없거나 공청회의 공정성을 확보하기 위하여 필요하다고 인정하는 경우에는 ① 해당 공청회의 사안과 관련된 당사자등, ② 해당 공청회의 사안과 관련된 분야에 전문적 지식이 있는 사람, ③ 해당 공청회의 사안과 관련된 분야에 종사한 경험이 있는 사람 중에서 지명하거나 위촉할 수 있다(제2항).

행정청은 공청회의 주재자 및 발표자를 지명 또는 위촉하거나 선정할 때 공정성이 확보될 수 있도록 하여야 한다(제3항).

6) 공청회의 진행

공청회의 주재자는 공청회를 공정하게 진행하여야 하며, 공청회의 원활한 진행을 위하여 발표 내용을 제한할 수 있고, 질서유지를 위하여 발언 중지 및 퇴장 명령 등 행정안전부장관이 정하는 필요한 조치를 할 수 있다(제39조제1항). 발표자는 공청회의 내용과 직접 관련된 사항에 대하여만 발표하여야 한다(제2항). 공청회의 주재자는 발표자의 발표가 끝난 후에는 발표자 상호 간에 질의 및 답변을 할 수 있도록 하여야 하며, 방청인에게도 의견을 제시할 기회를 주어야 한다(제3항).

7) 공청회 및 온라인공청회 결과의 반영

행정청은 처분을 할 때에 공청회, 온라인공청회 및 정보통신망 등을 통하여 제시된 사실 및 의견이 상당한 이유가 있다고 인정하는 경우에는 이를 반영하여야 한다(제39조의2).

8) 공청회의 재개최

행정청은 공청회를 마친 후 처분을 할 때까지 새로운 사정이 발견되어 공청회를 다시 개최할 필요가 있다고 인정할 때에는 공청회를 다시 개최할 수 있다(제39조의3).

(4) 의견제출

1) 의 의

의견제출이란 행정청이 어떠한 행정작용을 하기 전에 당사자등이 의견을 제시하는 절차로서 청문이나 공청회에 해당하지 아니하는 절차를 말한다(제2조제7호).

2) 의견제출의 기회를 주어야 하는 경우

행정청이 당사자에게 의무를 부과하거나 권익을 제한하는 처분을 할 때 제1항(청문) 또는 제2항(공청회)의 경우 외에는 당사자등에게 의견제출의 기회를 주어야 한다(제22조제3항).

3) 문서의 열람 및 복사

당사자등은 처분의 사전통지가 있는 날부터 의견제출기한까지 행정청에 해당 사안의 조사결과에 관한 문서와 그 밖에 해당 처분과 관련되는 문서의 열람 또는 복사를 요청할 수 있다. 이 경우 행정청은 다른 법령에 따라 공개가 제한되는 경우를 제외하고는 그 요청을 거부할 수 없다(제37조제1항).

4) 의견제출의 방법

당사자등은 처분 전에 그 처분의 관할 행정청에 서면이나 말로 또는 정보통신망을 이용하여 의견제출을 할 수 있다(제27조제1항). 당사자등은 제1항에 따라 의견제출을 하는 경우 그 주장을 입증하기 위한 증거자료 등을 첨부할 수 있다(제2항). 행정청은 당사자등이 말로 의견제출을 하였을 때에는 서면으로 그 진술의 요지와 진술자를 기록하여야 한다(제3항).

당사자등이 정당한 이유 없이 의견제출기한까지 의견제출을 하지 아니한 경우에는 의견이 없는 것으로 본다($\frac{제4}{항}$).

5) 제출 의견의 반영

행정청은 처분을 할 때에 당사자등이 제출한 의견이 상당한 이유가 있다고 인정하는 경우에는 이를 반영하여야 한다($\frac{제27조의2}{제1항}$). 행정청은 당사자등이 제출한 의견을 반영하지 아니하고 처분을 한 경우 당사자등이 처분이 있음을 안 날부터 90일 이내에 그 이유의 설명을 요청하면 서면으로 그 이유를 알려야 한다. 다만, 당사자등이 동의하면 말, 정보통신망 또는 그 밖의 방법으로 알릴 수 있다($\frac{제2}{항}$).

(5) 위반의 효과

의견청취절차를 거쳐야 함에도 이를 거치지 않고 이루어진 행정처분은 위법하다. 이 경우 무효라고 보는 견해도 있으나, 판례는 취소사유에 해당한다고 본다. 다만 법률에서 무효로 규정하고 있는 경우가 있다.[16)]

① 대법원 2001. 4. 13. 선고 2000두3337 판결

[1] 구 공중위생법($^{1999. 2. 8.\ 법률\ 제5839호\ 공중위}_{생관리법\ 부칙\ 제2조로\ 폐지}$) 제24조 제1호, 행정절차법 제22조 제1항 제1호, 제4항, 제21조 제4항 및 제28조, 제31조, 제34조, 제35조의 각 규정을 종합하면, 행정청이 유기장업허가를 취소하기 위하여는 청문을 실시하여야 하고, 다만 행정절차법 제22조 제4항, 제21조 제4항에서 정한 예외 사유에 해당하는 경우에는 청문을 실시하지 아니할 수 있으며, 행정청이 선정한 청문주재자는 청문을 주재하고, 당사자 등의 출석 여부, 진술의 요지 및 제출된 증거, 청문주재자의 의견 등을 기재한 청문조서를 작성하여 청문을 마친 후 지체 없이 청문조서 등을 행정청에 제출하며, 행정청은 제출받은 청문조서 등을 검토하고 상당한 이유가 있다고 인정하는 경우에는 청문결과를 적극 반영하여 행정처분을 하여야 하는바, 이러한 청문절차에 관한 각 규정과 행정처분의 사유에 대하여 당해 영업자에게 변명과 유리한 자료를 제출할 기회를 부여함으로써 위법사유의 시정 가능성을 고려하고 처분의 신중과 적정을 기하려는 청문제도의 취지에 비추어 볼 때, 행정청이 침해적 행정처분을 함에 즈음하여 청문을 실시하지 않아도 되는 예외적인 경우에 해당하지 않는 한 반드시 청문을 실시하여야 하고, 그 절차를 결여한 처분은 위법한 처분으로서 취소 사유에 해당한다.

[2] 행정절차법 제21조 제4항 제3호는 침해적 행정처분을 할 경우 청문을 실시하지 않을 수 있는 사유로서 "당해 처분의 성질상 의견청취가 현저히 곤란하거나 명백히 불필요하다고 인정될 만한 상당한 이유가 있는 경우"를 규정하고 있으나, 여기에서 말하

---

16) 국가공무원법 제13조 제2항, 제81조 제3항, 지방공무원법 제18조 제2항 등이 대표적이다.

는 '의견청취가 현저히 곤란하거나 명백히 불필요하다고 인정될 만한 상당한 이유가 있는지 여부'는 당해 행정처분의 성질에 비추어 판단하여야 하는 것이지, 청문통지서의 반송 여부, 청문통지의 방법 등에 의하여 판단할 것은 아니며, 또한 행정처분의 상대방이 통지된 청문일시에 불출석하였다는 이유만으로 행정청이 관계 법령상 그 실시가 요구되는 청문을 실시하지 아니한 채 침해적 행정처분을 할 수는 없을 것이므로, 행정처분의 상대방에 대한 청문통지서가 반송되었다거나, 행정처분의 상대방이 청문일시에 불출석하였다는 이유로 청문을 실시하지 아니하고 한 침해적 행정처분은 위법하다.

[3] 구 공중위생법(^{1999. 2. 8. 법률 제5839호 공중}_{위생관리법 부칙 제2조로 폐지})상 유기장업허가취소처분을 함에 있어서 두 차례에 걸쳐 발송한 청문통지서가 모두 반송되어 온 경우, 행정절차법 제21조 제4항 제3호에 정한 청문을 실시하지 않아도 되는 예외 사유에 해당한다고 단정하여 당사자가 청문일시에 불출석하였다는 이유로 청문을 거치지 않고 이루어진 위 처분이 위법하지 않다고 판단한 원심판결을 파기한 사례.

② 대법원 2004. 7. 8. 선고 2002두8350 판결

[1] 구 도시계획법(^{2000. 1. 28. 법률 제6243호}_{로 전문 개정되기 전의 것}) 제78조, 제78조의2, 행정절차법 제22조 제1항 제1호, 제4항, 제21조 제4항에 의하면, 행정청이 구 도시계획법 제23조 제5항의 규정에 의한 사업시행자 지정처분을 취소하기 위해서는 청문을 실시하여야 하고, 다만 행정절차법 제22조 제4항, 제21조 제4항에서 정한 예외사유에 해당하는 경우에 한하여 청문을 실시하지 아니할 수 있으며, 이러한 청문제도는 행정처분의 사유에 대하여 당사자에게 변명과 유리한 자료를 제출할 기회를 부여함으로써 위법사유의 시정가능성을 고려하고 처분의 신중과 적정을 기하려는 데 그 취지가 있음에 비추어 볼 때, 행정청이 침해적 행정처분을 함에 즈음하여 청문을 실시하지 않아도 되는 예외적인 경우에 해당하지 않는 한 반드시 청문을 실시하여야 하고, 그 절차를 결여한 처분은 위법한 처분으로서 취소사유에 해당한다.

[2] 행정청이 당사자와 사이에 도시계획사업의 시행과 관련한 협약을 체결하면서 관계 법령 및 행정절차법에 규정된 청문의 실시 등 의견청취절차를 배제하는 조항을 두었다고 하더라도, 국민의 행정참여를 도모함으로써 행정의 공정성·투명성 및 신뢰성을 확보하고 국민의 권익을 보호한다는 행정절차법의 목적 및 청문제도의 취지 등에 비추어 볼 때, 위와 같은 협약의 체결로 청문의 실시에 관한 규정의 적용을 배제할 수 있다고 볼 만한 법령상의 규정이 없는 한, 이러한 협약이 체결되었다고 하여 청문의 실시에 관한 규정의 적용이 배제된다거나 청문을 실시하지 않아도 되는 예외적인 경우에 해당한다고 할 수 없다.

6. 처분의 이유제시

(1) 의 의

행정청은 처분을 할 때에는 ① 신청 내용을 모두 그대로 인정하는 처분인 경우, ② 단순·반복적인 처분 또는 경미한 처분으로서 당사자가 그 이유를 명백히 알 수 있는 경우, ③ 긴급히 처분을 할 필요가 있는 경우를 제외하고는 당사자에게 그 근거와 이유를 제시하여야 한다(제23조제1항). 행정청은 위 ②와 ③의 경우에 처분 후 당사자가 요청하는 경우에는 그 근거와 이유를 제시하여야 한다(제2항).

이유제시 의무는 유럽연합 기본권 헌장 제41조 좋은 행정에 대한 권리에서도 기본권의 하나로 명시되어 있다.

(2) 이유제시의 적용범위

행정청은 침익적 처분을 하는 경우뿐만 아니라 수익적 처분을 거부하는 경우에도 처분의 근거와 이유를 제시하여야 한다.

(3) 이유제시의 정도

대법원은 처분의 성질에 따라 요구되는 이유제시의 정도를 달리 판단하고 있다. 즉 판례에 따르면, ① 당사자가 근거 규정 등을 명시하여 신청하는 인허가 등을 거부하는 소극적 처분을 하는 경우에는 당사자가 그 근거를 알 수 있을 정도로 상당한 이유를 제시하면 되지만, ② 면허취소와 같은 침해적 처분을 하는 경우에는 처분의 근거가 되는 법령이나 취소권 유보의 부관 등을 명시하여야 함은 물론 처분을 받은 자가 어떠한 위반사실에 대하여 당해 처분이 있었는지를 알 수 있을 정도로 사실을 적시하여야 한다. ③ 다만 최근에는 침해적 처분이라 하더라도 처분 당시 당사자가 어떠한 근거와 이유로 처분이 이루어진 것인지를 충분히 알 수 있어서 그에 불복하여 행정구제절차로 나아가는 데에 별다른 지장이 없었던 것으로 인정되면 처분서에 처분의 근거와 이유가 구체적으로 명시되어 있지 않아도 위법하지 않다는 입장이다. 그러나 이유제시가 행정의 투명성을 제고하기 위한 것이라는 점에서 행정절차법 제정 이후 오히려 후퇴하고 있는 판례의 태도에는 문제가 있다.

① **대법원 2002. 5. 17. 선고 2000두8912 판결**

　　[1] 행정절차법 제23조 제1항은 행정청은 처분을 하는 때에는 당사자에게 그 근거와 이유를 제시하여야 한다고 규정하고 있는바, 일반적으로 당사자가 근거 규정 등을 명

시하여 신청하는 인·허가 등을 거부하는 처분을 함에 있어 당사자가 그 근거를 알 수 있을 정도로 상당한 이유를 제시한 경우에는 당해 처분의 근거 및 이유를 구체적 조항 및 내용까지 명시하지 않았더라도 그로 말미암아 그 처분이 위법한 것이 된다고 할 수 없다.

[2] 행정청이 토지형질변경허가신청을 불허하는 근거 규정으로 '도시계획법시행령 제20조'를 명시하지 아니하고 '도시계획법'이라고만 기재하였으나, 신청인이 자신의 신청이 개발제한구역의 지정목적에 현저히 지장을 초래하는 것이라는 이유로 구 도시계획법 시행령(2000. 7. 1. 대통령령 제16891호로 전문 개정되기 전의 것) 제20조 제1항 제2호에 따라 불허된 것임을 알 수 있었던 경우, 그 불허처분이 위법하지 아니하다고 한 사례.

② 대법원 1990. 9. 11. 선고 90누1786 판결

면허의 취소처분에는 그 근거가 되는 법령이나 취소권 유보의 부관 등을 명시하여야 함은 물론 처분을 받은 자가 어떠한 위반사실에 대하여 당해 처분이 있었는지를 알 수 있을 정도로 사실을 적시할 것을 요하며, 이와 같은 취소처분의 근거와 위반사실의 적시를 빠뜨린 하자는 피처분자가 처분 당시 그 취지를 알고 있었다거나 그후 알게 되었다 하여도 치유될 수 없다고 할 것인바, 세무서장인 피고가 주류도매업자인 원고에 대하여 한 이 사건 일반주류도매업면허취소통지에 "상기 주류도매장은 무면허 주류판매업자에게 주류를 판매하여 주세법 제11조 및 국세법사무처리규정 제26조에 의거 지정조건위반으로 주류판매면허를 취소합니다"라고만 되어 있어서 원고의 영업기간과 거래상대방 등에 비추어 원고가 어떠한 거래행위로 인하여 이 사건 처분을 받았는지 알 수 없게 되어 있다면 이 사건 면허취소처분은 위법하다.

③ 대법원 2013. 11. 14. 선고 2011두18571 판결[17]

행정절차법 제23조 제1항은 행정청이 처분을 하는 때에는 당사자에게 그 근거와 이유를 제시하도록 규정하고 있고, 이는 행정청의 자의적 결정을 배제하고 당사자로 하여금 행정구제절차에서 적절히 대처할 수 있도록 하는 데 그 취지가 있다. 따라서 처분서에 기재된 내용과 관계 법령 및 당해 처분에 이르기까지 전체적인 과정 등을 종합적으로 고려하여, 처분 당시 당사자가 어떠한 근거와 이유로 처분이 이루어진 것인지를 충분히 알 수 있어서 그에 불복하여 행정구제절차로 나아가는 데에 별다른 지장이 없었던 것으로 인정되는 경우에는 처분서에 처분의 근거와 이유가 구체적으로 명시되어 있지 않았다고 하더라도 그로 말미암아 그 처분이 위법한 것으로 된다고 할 수는 없다.

---

17) 침해적 처분의 이유제시와 관련하여, 이유제시의 구체성을 완화한 판례이다.

(4) 이유제시의 흠

행정청이 처분을 함에 있어서 이유제시가 없거나 불충분한 경우에는 절차상 흠이 있는 것으로서 위법하게 된다. 위법의 정도에 관하여, 이유제시가 전혀 없거나 중요사항의 기재가 결여된 경우에는 무효사유라는 견해가 있으나, 판례는 취소사유로 본다.

대법원 1985. 5. 28. 선고 84누289 판결

과세표준과 세율, 세액, 세액산출근거 등의 필요한 사항을 납세자에게 서면으로 통지하도록 한 세법상의 제 규정들은 단순히 세무행정의 편의를 위한 훈시규정이 아니라 조세행정에 있어 자의를 배제하고 신중하고 합리적인 처분을 행하게 함으로써 공정을 기함과 동시에 납세의무자에게 부과처분의 내용을 상세히 알려서 불복여부의 결정과 불복신청에 편의를 제공하려는 데서 나온 강행규정으로서 납세고지서에 그와 같은 기재가 누락되면 그 과세처분 자체가 위법한 처분이 되어 취소의 대상이 된다.

(5) 이유제시의 흠의 치유와 처분사유의 추가 · 변경

이유제시의 흠의 치유란 처분 당시에는 이유제시의 흠이 있었으나, 처분 이후에 이를 보완함으로써 처분의 절차상 흠을 제거하는 것으로, 행정쟁송제기 전까지 허용된다. 반면, 처분사유의 추가 · 변경이란 처분 당시에 제시한 처분의 근거와 이유를 사후에 추가하거나 변경하여 내용상 흠을 제거하는 것으로, 당초 처분사유와 기본적 사실관계가 동일한 한도에서 행정소송의 사실심변론종결시까지 허용된다.

7. 처분의 방식

행정청이 처분을 할 때에는 다른 법령등에 특별한 규정이 있는 경우를 제외하고는 문서로 하여야 하며, ① 당사자등의 동의가 있는 경우, ② 당사자가 전자문서로 처분을 신청한 경우에는 전자문서로 할 수 있다($\frac{제24조}{제1항}$). 제1항에도 불구하고 공공의 안전 또는 복리를 위하여 긴급히 처분을 할 필요가 있거나 사안이 경미한 경우에는 말, 전화, 휴대전화를 이용한 문자 전송, 팩스 또는 전자우편 등 문서가 아닌 방법으로 처분을 할 수 있다. 이 경우 당사자가 요청하면 지체 없이 처분에 관한 문서를 주어야 한다($\frac{제}{2항}$). 처분을 하는 문서에는 그 처분 행정청과 담당자의 소속 · 성명 및 연락처($\frac{전화번호, 팩스번호, 전자}{우편주소 등을 말한다}$)를 적어야 한다($\frac{제}{3항}$).

문서로 하여야 함에도 구술로 한 처분은 그 흠이 중대하고 명백하여 무효이다.

대법원 2011. 11. 10. 선고 2011도11109 판결

　[1] 소방시설 설치유지 및 안전관리에 관한 법률 제9조에 의한 소방시설 등의 설치 또는 유지·관리에 대한 명령을 정당한 사유 없이 위반한 자는 같은 법 제48조의2 제1호에 의하여 행정형벌에 처해지는데, 위 명령이 행정처분으로서 하자가 있어 무효인 경우에는 명령에 따른 의무위반이 생기지 아니하므로 행정형벌을 부과할 수 없다.

　[2] 행정절차법 제24조는, 행정청이 처분을 하는 때에는 다른 법령 등에 특별한 규정이 있는 경우를 제외하고는 문서로 하여야 하고 전자문서로 하는 경우에는 당사자 등의 동의가 있어야 하며, 다만 신속을 요하거나 사안이 경미한 경우에는 구술 기타 방법으로 할 수 있다고 규정하고 있는데, 이는 행정의 공정성·투명성 및 신뢰성을 확보하고 국민의 권익을 보호하기 위한 것이므로 위 규정을 위반하여 행하여진 행정청의 처분은 하자가 중대하고 명백하여 원칙적으로 무효이다.

　[3] 집합건물 중 일부 구분건물의 소유자인 피고인이 관할 소방서장으로부터 소방시설 불량사항에 관한 시정보완명령을 받고도 따르지 아니하였다는 내용으로 기소된 사안에서, 담당 소방공무원이 행정처분인 위 명령을 구술로 고지한 것은 행정절차법 제24조를 위반한 것으로 하자가 중대하고 명백하여 당연 무효이고, 무효인 명령에 따른 의무위반이 생기지 아니하는 이상 피고인에게 명령 위반을 이유로 소방시설 설치유지 및 안전관리에 관한 법률 제48조의2 제1호에 따른 행정형벌을 부과할 수 없는데도, 이와 달리 위 명령이 유효함을 전제로 유죄를 인정한 원심판결에는 행정처분의 무효와 행정형벌의 부과에 관한 법리오해의 위법이 있다고 한 사례.

8. 처분의 정정

　행정청은 처분에 오기, 오산 또는 그 밖에 이에 준하는 명백한 잘못이 있을 때에는 직권으로 또는 신청에 따라 지체 없이 정정하고 그 사실을 당사자에게 통지하여야 한다(제25조).

9. 처분에 대한 불복방법 등의 고지

　행정청이 처분을 할 때에는 당사자에게 그 처분에 관하여 행정심판 및 행정소송을 제기할 수 있는지 여부, 그 밖에 불복을 할 수 있는지 여부, 청구절차 및 청구기간, 그 밖에 필요한 사항을 알려야 한다(제26조).

Ⅳ. 신 고

1. 수리를 요하지 않는 신고(자기완결적 신고)

법령등에서 행정청에 일정한 사항을 통지함으로써 의무가 끝나는 신고를 규정하고 있는 경우 신고를 관장하는 행정청은 신고에 필요한 구비서류, 접수기관, 그 밖에 법령등에 따른 신고에 필요한 사항을 게시(인터넷 등을 통한 게시를 포함한다)하거나 이에 대한 편람을 갖추어 두고 누구나 열람할 수 있도록 하여야 한다(제40조 제1항). 이처럼 행정절차법은 수리를 요하지 않는 신고(자기완결 적 신고)에 대하여 명문의 규정을 두고 있다.[18]

2. 신고의 효력

제1항에 따른 신고가 ① 신고서의 기재사항에 흠이 없을 것(제1호), ② 필요한 구비서류가 첨부되어 있을 것(제2호), ③ 그 밖에 법령등에 규정된 형식상의 요건에 적합할 것(제3호)의 요건을 갖춘 경우에는 신고서가 접수기관에 도달된 때에 신고 의무가 이행된 것으로 본다(제40조 제2항).

3. 부적법한 신고에 대한 처리

행정청은 제2항 각 호의 요건을 갖추지 못한 신고서가 제출된 경우에는 지체 없이 상당한 기간을 정하여 신고인에게 보완을 요구하여야 한다(제3항). 행정청은 신고인이 제3항에 따른 기간 내에 보완을 하지 아니하였을 때에는 그 이유를 구체적으로 밝혀 해당 신고서를 되돌려 보내야 한다(제4항).

Ⅴ. 행정상 입법예고

1. 의 의

법령등을 제정·개정 또는 폐지(이하 "입법"이라 한다)하려는 경우에는 해당 입법안을 마련한

---

18) 종래 행정절차법 제3장에서는 신고(제40조)에 대해서만 규정하고 있었으나, 2022. 1. 11. 행정절차법 개정시 확약(제40조의2), 위반사실 등의 공표(제40조의3), 행정계획(제40조의4)에 관한 조문이 신설되었다. 이에 대하여는 해당 부분을 참조하기 바란다.

행정청은 이를 예고하여야 한다. 다만, ① 신속한 국민의 권리 보호 또는 예측 곤란한 특별한 사정의 발생 등으로 입법이 긴급을 요하는 경우($^{제1}_{호}$), ② 상위 법령등의 단순한 집행을 위한 경우($^{제2}_{호}$), ③ 입법내용이 국민의 권리·의무 또는 일상생활과 관련이 없는 경우($^{제3}_{호}$), ④ 단순한 표현·자구를 변경하는 경우 등 입법내용의 성질상 예고의 필요가 없거나 곤란하다고 판단되는 경우($^{제4}_{호}$), ⑤ 예고함이 공공의 안전 또는 복리를 현저히 해칠 우려가 있는 경우($^{제5}_{호}$)에는 예고를 하지 아니할 수 있다($^{제41}_{조}$ $^{제1}_{항}$).

입법안을 마련한 행정청은 입법예고 후 예고내용에 국민생활과 직접 관련된 내용이 추가되는 등 대통령령으로 정하는 중요한 변경이 발생하는 경우에는 해당 부분에 대한 입법예고를 다시 하여야 한다. 다만, 제1항 각 호의 어느 하나에 해당하는 경우에는 예고를 하지 아니할 수 있다($^{제4}_{항}$).

법제처장은 입법예고를 하지 아니한 법령안의 심사 요청을 받은 경우에 입법예고를 하는 것이 적당하다고 판단할 때에는 해당 행정청에 입법예고를 권고하거나 직접 예고할 수 있다($^{제3}_{항}$).

입법예고의 기준·절차 등에 관하여 필요한 사항은 대통령령으로 정한다($^{제5}_{항}$).

2. 예고방법

행정청은 입법안의 취지, 주요 내용 또는 전문을 공고하여야 하며,[19] 추가로 인터넷, 신문 또는 방송 등을 통하여 공고할 수 있다($^{제42조}_{제1항}$). 행정청은 대통령령을 입법예고하는 경우 국회 소관 상임위원회에 이를 제출하여야 한다($^{제2}_{항}$).

행정청은 입법예고를 할 때에 입법안과 관련이 있다고 인정되는 중앙행정기관, 지방자치단체, 그 밖의 단체 등이 예고사항을 알 수 있도록 예고사항을 통지하거나 그 밖의 방법으로 알려야 한다($^{제3}_{항}$).

행정청은 제1항에 따라 예고된 입법안에 대하여 온라인공청회 등을 통하여 널리 의견을 수렴할 수 있다. 이 경우 제38조의2 제3항부터 제5항까지의 규정을 준용한다($^{제4}_{항}$). 행정청은 예고된 입법안의 전문에 대한 열람 또는 복사를 요청받았을 때에는 특별한 사유가 없으면 그 요청에 따라야 한다($^{제5}_{항}$). 행정청은 제5항에 따른 복사

---

19) 이때 ① 법령의 입법안을 입법예고하는 경우 관보 및 법제처장이 구축·제공하는 정보시스템을 통해 공고하고, ② 자치법규의 입법안을 입법예고하는 경우 공보를 통해 공고한다.

에 드는 비용을 복사를 요청한 자에게 부담시킬 수 있다($\frac{제6}{항}$).

3. 예고기간

입법예고기간은 예고할 때 정하되, 특별한 사정이 없으면 40일($\frac{자치법규}{는 20일}$) 이상으로 한다($\frac{제43}{조}$).

4. 의견제출 및 처리

누구든지 예고된 입법안에 대하여 의견을 제출할 수 있다($\frac{제44조}{제1항}$). 행정청은 의견 접수기관, 의견제출기간, 그 밖에 필요한 사항을 해당 입법안을 예고할 때 함께 공고하여야 한다($\frac{제2}{항}$). 행정청은 해당 입법안에 대한 의견이 제출된 경우 특별한 사유가 없으면 이를 존중하여 처리하여야 한다($\frac{제3}{항}$). 행정청은 의견을 제출한 자에게 그 제출된 의견의 처리결과를 통지하여야 한다($\frac{제4}{항}$).

제출된 의견의 처리방법 및 처리결과의 통지에 관하여는 대통령령으로 정한다($\frac{제5}{항}$).

5. 공청회

행정청은 입법안에 관하여 공청회를 개최할 수 있다($\frac{제45조}{제1항}$). 공청회에 관하여는 제38조, 제38조의2, 제38조의3, 제39조 및 제39조의2를 준용한다($\frac{제2}{항}$).

Ⅵ. 행정예고

1. 의 의

행정청은 정책, 제도 및 계획($\frac{이하 "정책등"}{이라 한다}$)을 수립 · 시행하거나 변경하려는 경우에는 이를 예고하여야 한다. 다만, ① 신속하게 국민의 권리를 보호하여야 하거나 예측이 어려운 특별한 사정이 발생하는 등 긴급한 사유로 예고가 현저히 곤란한 경우, ② 법령등의 단순한 집행을 위한 경우, ③ 정책등의 내용이 국민의 권리 · 의무 또는 일상생활과 관련이 없는 경우, ④ 정책등의 예고가 공공의 안전 또는 복리를 현저히 해칠 우려가 상당한 경우에는 예고를 하지 아니할 수 있다($\frac{제46조}{제1항}$).

제1항에도 불구하고 법령등의 입법을 포함하는 행정예고는 입법예고로 갈음할 수 있다($\frac{제2}{항}$).

2. 예고방법

행정청은 정책등안(案)의 취지, 주요 내용 등을 관보·공보나 인터넷·신문·방송 등을 통하여 공고하여야 한다($\frac{제47조}{제1항}$).[20]

3. 예고기간

행정예고기간은 예고 내용의 성격 등을 고려하여 정하되, 20일 이상으로 한다($\frac{제46조}{제3항}$). 제3항에도 불구하고 행정목적을 달성하기 위하여 긴급한 필요가 있는 경우에는 행정예고기간을 단축할 수 있다. 이 경우 단축된 행정예고기간은 10일 이상으로 한다($\frac{제4}{항}$).

4. 행정예고 통계 작성 및 공고

행정청은 매년 자신이 행한 행정예고의 실시 현황과 그 결과에 관한 통계를 작성하고, 이를 관보·공보 또는 인터넷 등의 방법으로 널리 공고하여야 한다($\frac{제46조}{의2}$).

Ⅶ. 국민참여의 확대

1. 국민참여 활성화

행정청은 행정과정에서 국민의 의견을 적극적으로 청취하고 이를 반영하도록 노력하여야 한다($\frac{제52조}{제1항}$). 행정청은 국민에게 다양한 참여방법과 협력의 기회를 제공하도록 노력하여야 하며, 구체적인 참여방법을 공표하여야 한다($\frac{제2}{항}$).

행정청은 국민참여 수준을 향상시키기 위하여 노력하여야 하며 필요한 경우 국민참여 수준에 대한 자체진단을 실시하고, 그 결과를 행정안전부장관에게 제출하여

---

20) 행정예고의 방법, 의견제출 및 처리, 공청회 및 전자공청회에 관하여는 제38조, 제38조의2, 제38조의3, 제39조, 제39조의2, 제39조의3, 제42조(제1항·제2항 및 제4항은 제외한다), 제44조 제1항부터 제3항까지 및 제45조 제1항을 준용한다. 이 경우 "입법안"은 "정책등안"으로, "입법예고"는 "행정예고"로, "처분을 할 때"는 "정책등을 수립·시행하거나 변경할 때"로 본다(제2항).

야 한다($\frac{\text{제}3}{\text{항}}$).

2. 국민제안의 처리

행정청($\frac{\text{국회사무총장 · 법원행정처장 · 헌법재판소사무처}}{\text{장 및 중앙선거관리위원회사무총장은 제외한다}}$)은 정부시책이나 행정제도 및 그 운영의 개선에 관한 국민의 창의적인 의견이나 고안($\frac{\text{이하 "국민제}}{\text{안"이라 한다}}$)을 접수 · 처리하여야 한다($\frac{\text{제}52\text{조의}2}{\text{제}1\text{항}}$). 제1항에 따른 국민제안의 운영 및 절차 등에 필요한 사항은 대통령령으로 정한다($\frac{\text{제}2}{\text{항}}$).

3. 국민참여 창구

행정청은 주요 정책 등에 관한 국민과 전문가의 의견을 듣거나 국민이 참여할 수 있는 온라인 또는 오프라인 창구를 설치 · 운영할 수 있다($\frac{\text{제}52\text{조}}{\text{의}3}$).

4. 온라인 정책토론

행정청은 국민에게 영향을 미치는 주요 정책 등에 대하여 국민의 다양하고 창의적인 의견을 널리 수렴하기 위하여 정보통신망을 이용한 정책토론($\frac{\text{이하 이 조에서 "온라인}}{\text{정책토론"이라 한다}}$)을 실시할 수 있다($\frac{\text{제}53\text{조}}{\text{제}1\text{항}}$). 행정청은 온라인 정책토론이 공정하고 중립적으로 운영되도록 하기 위하여 필요한 조치를 할 수 있다($\frac{\text{제}3}{\text{항}}$). 토론 패널의 구성, 운영방법, 그 밖에 온라인 정책토론의 운영을 위하여 필요한 사항은 대통령령으로 정한다($\frac{\text{제}4}{\text{항}}$).

Ⅷ. 비용의 부담

행정절차에 드는 비용은 행정청이 부담한다. 다만, 당사자등이 자기를 위하여 스스로 지출한 비용은 그러하지 아니하다($\frac{\text{제}54}{\text{조}}$).

행정청은 행정절차의 진행에 필요한 참고인이나 감정인 등에게 예산의 범위에서 여비와 일당을 지급할 수 있다($\frac{\text{제}55\text{조}}{\text{제}1\text{항}}$). 제1항에 따른 비용의 지급기준 등에 관하여는 대통령령으로 정한다($\frac{\text{제}2}{\text{항}}$).

제 3 절 행정절차의 흠

Ⅰ. 절차상 흠의 의의

절차상의 흠이란 행정청의 공행정작용에 절차요건상 흠결이 있는 것을 말한다. 예컨대 법령상 요구되는 상대방의 협력, 관계 행정청과의 협력 등이 결여된 경우, 사전통지·이유부기·의견청취절차 등이 결여된 경우가 이에 해당한다. 대법원 판례에 따르면, 국가에 대해 행정처분을 할 때에도 사전통지, 의견청취, 이유제시와 관련한 행정절차법이 그대로 적용된다(대법원 2023. 9. 21. 선고 2023두39724 판결).

Ⅱ. 형식의 흠과 절차의 흠

행정행위에 있어 그 형식을 결여하더라도 행위의 확실성에 본질적인 영향이 없고 그 형식이 단지 행위의 내용을 명백히 하는 것에 불과한 경우에는 행정행위의 효력에 영향이 없을 수 있다. 이처럼 행정행위의 효력에 영향을 미치지 않는 형식을 가리켜 '부수적 형식' 또는 '비본질적 형식'이라 한다.

본질적 형식과 부수적 형식의 구별은 프랑스의 꽁세이데따의 판례들을 통하여 나타났는데, 부수적 형식의 흠은 법률이 명문으로 필요하다고 규정하고 있는 경우를 제외하고는 행정행위의 효력에 영향을 미치지 아니한다. 따라서 본질적 형식의 흠만이 취소의 대상이 되는 형식상의 흠에 해당한다. 본질적 형식이란 ① 국민의 권리를 보장할 목적으로 하는 모든 형식 및 ② 행정행위의 방향을 바꿀 수 있는 모든 형식을 가리킨다.

한편, 형식의 흠과 절차의 흠은 엄격히 구분된다. 형식의 흠이 행정행위의 외형에 관한 문제인 데 반하여, 절차의 흠은 행정행위의 성립절차 자체를 좌우하는 것으로 이른바 내용에 관한 문제이다. 절차적 요건은 형식의 요건과는 달리 행정행위의 본질적 성립·발효요건으로 보기 때문에 절차의 흠은 취소의 대상이 된다.

Ⅲ. 절차에 흠 있는 행정행위의 효력

1. 개별법에 명문의 규정이 있는 경우

개별법에 명문의 규정이 있는 경우에는 이에 따른 효과가 발생한다. 예컨대 국가공무원법 제13조 제2항은 소청사건을 심사할 때 소청인 등에게 진술 기회를 주지 아니한 결정은 무효로 한다고 규정함으로써 절차의 흠에 대한 효과를 명문으로 규정하고 있다.

2. 명문의 규정이 없는 경우

(1) 절차상 흠의 독자적 위법사유 여부

1) 문제점

절차상의 흠만으로 처분의 위법성을 인정할 수 있는가? 우리나라 행정절차법에는 독일 연방행정절차법 제46조($\binom{\text{다른 어떠한 결정도 사실상 행해질 수 없었던 경우에는 제44조에 따라 무효가 아닌 행정행위의}}{\text{폐지를 절차, 형식 또는 지역적 권한에 관한 규정의 위반만을 이유로 요구할 수는 없다}}$)와 같은 행정행위의 흠의 효과에 관한 일반적인 규정이 없으므로 결국 학설과 판례를 통하여 이 문제를 해결하여야 한다.

2) 학설의 대립

이에 대하여 학설은 ① 절차상 흠이 실체적 결정에 아무런 영향을 미치지 않는 것이 명백한 경우에는 법원은 절차상 흠을 이유로 행정행위를 취소 또는 무효확인할 수 없다고 보는 소극설과 ② 실체상 흠뿐만 아니라 절차상 흠도 행정행위의 독자적 위법사유가 될 수 있다고 보는 적극설이 대립한다.

소극설은 절차요건은 적정한 행정결정을 확보하기 위한 것이므로, 결정이 적정함에도 불구하고 절차요건의 문제를 또다시 제기하는 것은 행정경제 및 소송경제에 반한다는 것을 논거로 제시한다.

반면, 적극설은 적정한 절차 없이 적정한 결정이 도출된다는 것은 논리적으로 맞지 않다는 점, 절차상의 흠만으로 위법성을 다툴 수 없다면 절차요건의 존재의의가 상실된다는 점, 행정소송법 제30조 제3항이 절차의 위법을 이유로 하는 취소소송의 경우에도 기속력에 관한 규정이 준용된다고 규정하고 있는 점 등을 논거로 제시하고 있다.

3) 판례의 태도

판례는 재량행위뿐만 아니라 기속행위의 경우에도 절차상 흠만을 이유로 취소할 수 있다고 보아 기본적으로 적극설의 입장이다.

① 대법원 1991. 7. 9. 선고 91누971 판결

식품위생법 제64조, 같은 법 시행령 제37조 제1항 소정의 청문절차를 전혀 거치지 아니하거나 거쳤다고 하여도 그 절차적 요건을 제대로 준수하지 아니한 경우에는 가사 영업정지사유 등 위 법 제58조 등 소정 사유가 인정된다고 하더라도 그 처분은 위법하여 취소를 면할 수 없다.

② 대법원 1983. 7. 26. 선고 82누420 판결

과세처분시 납세고지서에 과세표준, 세율, 세액의 계산명세서 등을 첨부하여 고지하도록 한 것은 조세법률주의의 원칙에 따라 처분청으로 하여금 자의를 배제하고 신중하고도 합리적인 처분을 행하게 함으로써 조세행정의 공정성을 기함과 동시에 납세의무자에게 부과처분의 내용을 상세히 알려서 불복여부의 결정 및 그 불복신청에 편의를 주려는 취지에서 나온 것이므로 이러한 규정은 강행규정으로서 납세고지서에 위와 같은 기재가 누락되면 과세처분 자체가 위법하여 취소대상이 된다.

그러나 최근에는 재량행위에서 경미한 절차상 흠이 있는 경우 그것만으로 곧바로 처분이 위법하다고 보지 않고, 재량권의 일탈 또는 남용이 있는지 여부를 판단하는 요소로 고려하는 경향을 보인다.

① 대법원 2006. 3. 16. 선고 2006두330 전원합의체 판결

환경영향평가법령에서 정한 환경영향평가를 거쳐야 할 대상사업에 대하여 그러한 환경영향평가를 거치지 아니하였음에도 승인 등 처분을 하였다면 그 처분은 위법하다 할 것이나, 그러한 절차를 거쳤다면, 비록 그 환경영향평가의 내용이 다소 부실하다 하더라도, 그 부실의 정도가 환경영향평가제도를 둔 입법 취지를 달성할 수 없을 정도이어서 환경영향평가를 하지 아니한 것과 다를 바 없는 정도의 것이 아닌 이상, 그 부실은 당해 승인 등 처분에 재량권 일탈·남용의 위법이 있는지 여부를 판단하는 하나의 요소로 됨에 그칠 뿐, 그 부실로 인하여 당연히 당해 승인 등 처분이 위법하게 되는 것이 아니다.

② 대법원 2015. 8. 27. 선고 2013두1560 판결

민원사무를 처리하는 행정기관이 민원 1회 방문 처리제를 시행하는 절차의 일환으로 민원사항의 심의·조정 등을 위한 민원조정위원회를 개최하면서 민원인에게 회의일정 등을 사전에 통지하지 아니하였다 하더라도, 이러한 사정만으로 곧바로 민원사항에 대한 행정기관의 장의 거부처분에 취소사유에 이를 정도의 흠이 존재한다고 보기는 어렵다. 다만 행정기관의 장의 거부처분이 재량행위인 경우에, 위와 같은 사전통지의 흠결로 민원인에게 의견진술의 기회를 주지 아니한 결과 민원조정위원회의 심의과정에서 고려대상에 마땅히 포함시켜야 할 사항을 누락하는 등 재량권의 불행사 또는 해태로 볼 수 있는 구체적 사정이 있다면, 거부처분은 재량권을 일탈 · 남용한 것으로서 위법하다.

③ 대법원 2015. 10. 29. 선고 2012두28728 판결

국토계획법령의 입법 목적과 규정내용, 국토계획법 제56조 제1항 제2호의 규정에 따른 토지의 형질변경허가는 재량행위에 속하므로(대법원 2005. 7. 14. 선고
2004두6181 판결 등 참조) 행정기관의 장이 반드시 도시계획위원회의 심의 결과대로 개발행위허가 여부를 결정하여야 한다고 볼 수 없는 점 등에 비추어 보면, 국토계획법 제59조 제1항이 일정한 개발행위의 허가에 대하여 사전에 도시계획위원회의 심의를 거치도록 하고 있는 것은 행정기관의 장으로 하여금 개발행위허가를 신중하게 결정하도록 함으로써 난개발을 방지하고자 하는 데에 주된 취지가 있다고 할 것이다.

위와 같은 사정들을 종합하여 볼 때, 개발행위허가에 관한 사무를 처리하는 행정기관의 장이 일정한 개발행위를 허가하는 경우에는 국토계획법 제59조 제1항에 따라 도시계획위원회의 심의를 거쳐야 할 것이나, 개발행위허가의 신청 내용이 허가 기준에 맞지 않는다고 판단하여 개발행위허가신청을 불허가하였다면 이에 앞서 도시계획위원회의 심의를 거치지 않았다고 하여 이러한 사정만으로 곧바로 그 불허가처분에 취소사유에 이를 정도의 절차상 하자가 있다고 보기는 어렵다. 다만 행정기관의 장이 도시계획위원회의 심의를 거치지 아니한 결과 개발행위 불허가처분을 함에 있어 마땅히 고려하여야 할 사정을 참작하지 아니하였다면 그 불허가처분은 재량권을 일탈 · 남용한 것으로서 위법하다고 평가할 수 있을 것이다.

④ 대법원 2015. 12. 10. 선고 2011두32515 판결

갑 등이 국토해양부, 환경부, 문화체육관광부, 농림수산식품부가 합동으로 2009. 6. 8. 발표한 '4대강 살리기 마스터플랜'에 따른 '4대강 살리기 사업' 중 한강 부분에 관한 각 하천공사시행계획 및 각 실시계획승인처분(이하 '각 처분'이라 한다)에 보의 설치와 준설 등에 대한 구 국가재정법(2010. 5. 17. 법률 제10288호로
개정되기 전의 것, 이하 같다) 제38조 및 구 국가재정법 시행령(2011. 12. 30. 대통령령 제23433호
로 개정되기 전의 것, 이하 같다) 제13조에서 정한 예비타당성조사를 하지 않은 절차상 하자가 있다는 이유로 각 처분의 취소를 구한 사안에서, 구 하천법(2012. 1. 17. 법률 제11194
호로 개정되기 전의 것) 제27조 제1항, 제3항, 구 국가재정법 제38조 및 구 국가재정법 시행령 제13조의 내용과 형식, 입법 취지와 아울러, 예산은 1회계연도에 대한 국가의 향후 재원 마련 및 지출 예정 내역에 관하여 정한 계획으로 매년 국회의 심의 · 의결을 거쳐 확정되는 것으로서, 각 처분과 비교할 때 수립절차, 효과,

목적이 서로 다른 점 등을 종합하면, 구 국가재정법 제38조 및 구 국가재정법 시행령 제13조에 규정된 예비타당성조사는 각 처분과 형식상 전혀 별개의 행정계획인 예산의 편성을 위한 절차일 뿐 각 처분에 앞서 거쳐야 하거나 근거 법규 자체에서 규정한 절차가 아니므로, 예비타당성조사를 실시하지 아니한 하자는 원칙적으로 예산 자체의 하자일 뿐, 그로써 곧바로 각 처분의 하자가 된다고 할 수 없어, 예산이 각 처분 등으로써 이루어지는 '4대강 살리기 사업' 중 한강 부분을 위한 재정 지출을 내용으로 하고 있고 예산의 편성에 절차상 하자가 있다는 사정만으로 각 처분에 취소사유에 이를 정도의 하자가 존재한다고 보기 어렵다고 한 사례.

4) 검 토

행정절차법이 제정되었고, 절차요건에 대한 중요성이 제고되고 있는 상황에서 절차상의 흠을 독립적 위법사유로 보지 않는다는 것은 논리적으로 타당하지 않다. 적극설에 찬동한다.

(2) 무효와 취소

절차상의 흠이 독립한 위법사유가 된다면, 절차의 흠이 있는 경우 당해 행정행위의 효력은 무효인지 아니면 취소사유인지 하는 문제를 검토해 보아야 할 것이다. 결국 이 문제는 흠의 일반이론, 즉 중대·명백설에 따라 중대하고 명백한 절차요건의 흠이 있는 경우에는 무효가 된다고 하여야 할 것이다.

대법원은 대체로 사전통지나 청문절차를 누락하거나 이유제시의 흠이 있는 행정행위에 대해 취소사유에 해당한다고 본다. 다만 구 환경영향평가법상 환경영향평가를 실시하여야 할 사업에 대하여 환경영향평가를 거치지 아니하였음에도 승인 등 처분을 한 경우, 그 처분의 하자가 행정처분의 당연무효라고 본 판례[21]도 있다.

Ⅳ. 절차상 흠의 치유

절차상의 흠을 사후에 보완하여 치유할 수 있는 것인가 하는 문제이다. 이에 관하여는 ① 행정절차상의 경제를 고려하여 치유를 인정해야 한다는 적극설과, ② 행정절차의 본래 목적상 치유를 인정할 수 없다는 소극설이 대립하고 있었다.

행정절차는 적정한 결정을 이끌어 내기 위한 과정상의 요건이다. 절차가 적정하

---

21) 대법원 2006. 6. 30. 선고 2005두14363 판결.

지 못하였다면 분명 그 결과물인 결정도 적정하다고 할 수 없다. 따라서 결정이 도출된 상태에서 그 과정상의 흠을 사후에 보완한다는 것은 논리적으로 타당하지 않은 면이 있다.

제 2 장   행정정보공개

Ⅰ. 개 설

1. 의 의

  행정정보공개란 행정청이 관리하고 있는 정보나 행정기관의 정책결정과정을 국민이나 주민의 청구에 의하여 공개하는 것을 말한다.

  이는 국민의 기본권으로서의 알권리를 보장하고 행정작용에 투명성을 확보하기 위한 제도이다. 특히 행정정보공개제도는 행정절차가 민주적·효율적으로 운영되기 위해 반드시 전제되어야 한다. 왜냐하면 행정절차에 참여하기 위해서는 이에 대한 정보를 보유하고 있어야만 효과적으로 대응할 수 있기 때문이다.

  행정정보공개제도에 대한 일반법으로는 「공공기관의 정보공개에 관한 법률」(이하 정보공개법'이라 한다)이 1996년 12월 31일에 제정되어 1998년 1월 1일부터 시행되고 있다.[1] 정보공개법 시행에 필요한 사항은 국회규칙·대법원규칙·헌법재판소규칙·중앙선거관리위원회규칙 및 대통령령으로 정한다(정보공개법 제27조). 정보공개청구권은 유럽연합 기본권 헌장 제41조 좋은 행정에 대한 권리에서도 기본권의 하나로 명시되어 있다.

2. 헌법적 근거

  정보공개청구권은 알권리로부터 도출된다고 보는 것이 학계의 일반적인 견해이다. 그러나 우리 헌법은 알권리에 대해 명시적인 규정을 두고 있지 않다. 이에 학설은 알권리에 대한 헌법적 근거를 ① 헌법 제21조 표현의 자유에서 찾는 견해, ② 헌법 제10조의 인간의 존엄과 행복추구권으로부터 찾는 견해, ③ 헌법 제1조의 국민주권의 원리, 헌법 제10조의 인간의 존엄과 행복추구권 및 헌법 제21조의 표현의 자유에서 도출되는 포괄적인 권리라고 보는 견해 등으로 대립하고 있다.

  헌법재판소와 대법원은 알권리의 헌법적 근거를 헌법 제21조 표현의 자유에서

---

1) 이전에는 헌법 제21조와 1991년 대통령령으로 제정된 사무관리규정에 근거하여 정보공개청구를 인정해오다가, 1994년 3월 2일 국무총리 훈령인 행정정보공개운영지침을 제정하여 행정정보의 공개를 시행하였다.

찾고 있다.

① 헌법재판소 1989. 9. 4.자 88헌마22 결정

우리나라는 헌법 제21조에 언론출판의 자유 즉 표현의 자유를 규정하고 있는데, 이 자유는 전통적으로는 사상 또는 의견의 자유로운 표명(발표의 자유)과 그것을 전파할 자유(전달의 자유)를 의미하는 것으로서, 개인이 인간으로서의 존엄과 가치를 유지하고 행복을 추구하며 국민주권을 실현하는데 필수불가결한 것으로 오늘날 민주국가에서 국민이 갖는 가장 중요한 기본권의 하나로 인식되고 있는 것이다. 그런데 사상 또는 의견의 자유로운 표명은 자유로운 의사의 형성을 전제로 하는데, 자유로운 의사의 형성은 충분한 정보에의 접근이 보장됨으로써 비로소 가능한 것이며, 다른 한편으로 자유로운 표명은 자유로운 수용 또는 접수와 불가분의 관계에 있다고 할 것이다. 그러한 의미에서 정보에의 접근 · 수집 · 처리의 자유 즉 '알 권리'는 표현의 자유에 당연히 포함되는 것으로 보아야 하는 것이다.

② 대법원 1999. 9. 21. 선고 97누5114 판결

[1] 국민의 알 권리, 특히 국가정보에의 접근의 권리는 우리 헌법상 기본적으로 표현의 자유와 관련하여 인정되는 것으로 그 권리의 내용에는 일반 국민 누구나 국가에 대하여 보유 · 관리하고 있는 정보의 공개를 청구할 수 있는 이른바 일반적인 정보공개청구권이 포함되고, 이 청구권은 공공기관의정보공개에관한법률이 1998. 1. 1. 시행되기 전에는 구 사무관리규정($\frac{1997.\ 10.\ 21.\ 대통령령\ 제15498}{호로\ 개정되기\ 전의\ 것}$) 제33조 제2항과 행정정보공개운영지침($\frac{1994.\ 3.\ 2.\ 국무총}{리\ 훈령\ 제288호}$)에서 구체화되어 있었다.

[2] 행정정보공개운영지침($\frac{1994.\ 3.\ 2.\ 국무총}{리\ 훈령\ 제288호}$)은 공개대상에서 제외되는 정보의 범위를 규정하고 있으나, 국민의 자유와 권리는 법률로써만 제한할 수 있으므로, 이는 법률에 의하지 아니하고 국민의 기본권을 제한한 것이 되어 대외적으로 구속력이 없다.[2]

---

2) [판결 이유] 원심이, 피고가 1996. 3.경 미국정부로부터 당시 미국 정보공개법에 따라 비밀이 해제된 바 있는 1979년 및 1980년의 우리나라 정치상황과 관련한 미국 정부 보유의 이 사건 문서 사본을 제공받아 보관하고 있는 이상 이는 국민의 알 권리에 기한 일반적 정보공개청구권의 대상이 되고, 행정정보공개운영지침에서 '공개할 경우 외교관계를 해한다고 인정되는 정보', '비공개를 전제로 제3자로부터 취득한 정보' 등을 정보공개 예외사항으로 규정하여 정보공개청구권의 범위를 제한한 것은 대외적으로 아무런 법적 효력이 없으므로, 행정정보공개운영지침의 위와 같은 규정은 이 사건 문서에 대한 열람 · 등사를 구하는 원고의 청구를 거부할 정당한 근거가 되지 아니한다고 판단한 것은 모두 옳고, 거기에 정보공개청구권 행사의 대상이 되는 정보원이나 기본권 제한의 근거가 되는 법규에 관한 법리오해 등의 위법이 없다. 이 점에 관한 상고이유는 받아들일 수 없다.

3. 법적 성질

알권리의 내용에는 ① 일반적으로 접근할 수 있는 정보원으로부터 방해받지 않고 보고, 듣고, 읽을 수 있는 소극적 측면으로서의 권리와 ② 정보의 공개를 청구할 수 있는 적극적 측면으로서의 권리가 포함된다.

이 중에서, 전자는 자유권적 성격을 가지며, 직접 헌법조항에 근거하여 주장할 수 있다. 그러나 후자는 청구권적 성격을 가지며, 여기에는 ②-1) 일반 국민 누구나 국가에 대하여 보유·관리하고 있는 정보의 공개를 청구할 수 있는 이른바 '일반적인 정보공개청구권'과 ②-2) 자신의 권익보호와 직접 관련이 있는 정보의 공개를 청구할 수 있는 이른바 '개별적 정보공개청구권'이 있다.[3] 이러한 청구권적 성격을 갖는 알권리, 즉 적극적인 정보공개청구권을 구체화하기 위하여 법률의 제정이 필요한지에 관하여 학설상 논란이 있으나,[4] 헌법재판소는 소극설의 입장이다.

그러나 현재는 정보공개에 관한 일반법인 정보공개법이 시행됨에 따라 일반적 정보공개청구권이 인정되고 있다.

헌법재판소 1991. 5. 13.자 90헌마133 결정

헌법 제21조는 언론·출판의 자유, 즉 표현의 자유를 규정하고 있는데 이 자유는 전통적으로 사상 또는 의견의 자유로운 표명(발표의 자유)과 그것을 전파할 자유(전달의 자유)를 의미하는 것으로서 사상 또는 의견의 자유로운 표명은 자유로운 의사의 형성을 전제로 한다. 자유로운 의사의 형성은 정보에의 접근이 충분히 보장됨으로써 비로소 가능한 것이며, 그러한 의미에서 정보에의 접근·수집·처리의 자유, 즉 '알 권리'는 표현의 자유와 표리일체의 관계에 있으며 자유권적 성질과 청구권적 성질을 공유하는 것이다. 자유권적 성질은 일반적으로 정보에 접근하고 수집·처리함에 있어서 국가권력의 방해를 받지 아니한다는 것을 말하며, 청구권적 성질은 의사형성이나 여론 형성에 필요한 정보를 적극적으로 수집하고 수집을 방해하는 방해제거를 청구할 수 있다는 것을 의미하는바 이는 정보수집권 또는 정보공개청구권으로 나타난다. 나아가 현대 사회가 고도의 정보화사회로 이행해감에 따라 '알 권리'는 한편으로 생활권적 성질까지도 획득해 나가고 있다. 이러한 '알 권리'는 표현의 자유에 당연히 포함되는 것으로 보아야 하며 인권에 관한 세계선언 제19조도 '알 권리'를 명시적으로 보장하고 있다.

---

3) 대법원 1999. 9. 21. 선고 97누5114 판결; 대법원 1999. 9. 21. 선고 98두3426 판결.

4) 이와 관련하여, 자신의 권익보호에 불가피하게 요구되는 자기 관련 정보는 개별 법률의 매개 없이 직접 헌법에 근거하여 공개할 것을 청구할 수 있으나, 자신과 직접 이해관계가 없는 일반적 정보의 공개를 청구할 수 있는 권리는 다른 중요한 헌법상 법익을 아울러 고려하여야 하는 입법자의 형성권을 존중하여야 하므로 이를 구체화한 개별 법률의 규정이 필요하다는 지적이 있다. 정하중/김광수(387면).

헌법상 입법의 공개(제50조 제1항), 재판의 공개(제109 조)와는 달리 행정의 공개에 대하여서는 명문규정을 두고 있지 않지만 '알 권리'의 생성기반을 살펴볼 때 이 권리의 핵심은 정부가 보유하고 있는 정보에 대한 국민의 '알 권리', 즉 국민의 정부에 대한 일반적 정보공개를 구할 권리(청구권적 기본권)라고 할 것이며, 이러한 '알 권리'의 실현은 법률의 제정이 뒤따라 이를 구체화시키는 것이 충실하고도 바람직하지만, 그러한 법률이 제정되어 있지 않다고 하더라도 불가능한 것은 아니고 헌법 제21조에 의해 직접 보장될 수 있다고 하는 것이 헌법재판소의 확립된 판례인 것이다.

Ⅱ. 정보공개법의 주요 내용

1. 구 성

정보공개법은 제1장 총칙, 제2장 정보공개 청구권자와 공공기관의 의무, 제3장 정보공개의 절차, 제4장 불복구제절차, 제5장 정보공개위원회 등 및 부칙으로 구성되어 있다.

2. 목 적

정보공개법은 공공기관이 보유 · 관리하는 정보에 대한 국민의 공개 청구 및 공공기관의 공개 의무에 관하여 필요한 사항을 정함으로써 국민의 알권리를 보장하고 국정에 대한 국민의 참여와 국정 운영의 투명성을 확보함을 목적으로 한다(제1 조).

3. 정보공개의 원칙

공공기관이 보유 · 관리하는 정보는 국민의 알권리 보장 등을 위하여 이 법에서 정하는 바에 따라 적극적으로 공개하여야 한다(제3 조).

4. 적용범위

정보의 공개에 관하여는 다른 법률에 특별한 규정이 있는 경우를 제외하고는 이 법에서 정하는 바에 따른다(제4조 제1항).

대법원 2016. 12. 15. 선고 2013두20882 판결

[1] 구 공공기관의 정보공개에 관한 법률(2013. 8. 6. 법률 제11991호로 개정되기 전의 것, 이하 '정보공개법'이라고 한다) 제4조 제1항은 "정보의 공개에 관하여는 다른 법률에 특별한 규정이 있는 경우를 제외하고는 이 법이 정하는 바에 의한다."라고 규정하고 있다. 여기서 '정보공개에 관하여 다른 법률에 특별한 규정이 있는 경우'에 해당한다고 하여 정보공개법의 적용을 배제하기 위해서는, 특별한 규정이 '법률'이어야 하고, 나아가 내용이 정보공개의 대상 및 범위, 정보공개의 절차, 비공개대상정보 등에 관하여 정보공개법과 달리 규정하고 있는 것이어야 한다.

[2] 형사소송법 제59조의2의 내용·취지 등을 고려하면, 형사소송법 제59조의2는 형사재판확정기록의 공개 여부나 공개 범위, 불복절차 등에 대하여 구 공공기관의 정보공개에 관한 법률(2013. 8. 6. 법률 제11991호로 개정되기 전의 것, 이하 '정보공개법'이라고 한다)과 달리 규정하고 있는 것으로 정보공개법 제4조 제1항에서 정한 '정보의 공개에 관하여 다른 법률에 특별한 규정이 있는 경우'에 해당한다. 따라서 형사재판확정기록의 공개에 관하여는 정보공개법에 의한 공개청구가 허용되지 아니한다.

지방자치단체는 그 소관 사무에 관하여 법령의 범위에서 정보공개에 관한 조례를 정할 수 있다(제2항). 국가안전보장에 관련되는 정보 및 보안 업무를 관장하는 기관에서 국가안전보장과 관련된 정보의 분석을 목적으로 수집하거나 작성한 정보에 대해서는 이 법을 적용하지 아니한다. 다만, 제8조 제1항에 따른 정보목록의 작성·비치 및 공개에 대해서는 그러하지 아니한다(제3항).

Ⅲ. 정보공개의 당사자

1. 정보공개 청구권자

(1) 모든 국민

모든 국민은 정보의 공개를 청구할 권리를 가진다(제5조 제1항). 여기에서 말하는 국민에는 자연인은 물론 법인, 권리능력 없는 사단·재단도 포함되고, 법인, 권리능력 없는 사단·재단의 경우 그 설립목적을 불문한다[판례 ①]. 다만, 지방자치단체가 정보공개청구권자인 국민에 포함되는지 여부가 문제가 된다. 이에 관한 대법원 판례는 없으나, 지방자치단체는 공권력의 담당자로서 국민의 알권리를 보호할 위치에 있으므로 정보공개청구권자인 국민에 해당하지 않는다는 하급심 판례가 존재한다[판례 ②].

① 대법원 2003. 12. 12. 선고 2003두8050 판결

공공기관의정보공개에관한법률 제6조 제1항은 "모든 국민은 정보의 공개를 청구할 권리를 가진다."고 규정하고 있는데, 여기에서 말하는 국민에는 자연인은 물론 법인, 권리능력 없는 사단 · 재단도 포함되고, 법인, 권리능력 없는 사단 · 재단 등의 경우에는 설립목적을 불문하며, 한편 정보공개청구권은 법률상 보호되는 구체적인 권리이므로 청구인이 공공기관에 대하여 정보공개를 청구하였다가 거부처분을 받은 것 자체가 법률상 이익의 침해에 해당한다.

② 서울행정법원 2005. 10. 12. 선고 2005구합10484 판결

알권리는 기본적으로 정신적 자유 영역인 표현의 자유 내지는 인간의 존엄성, 행복추구권 등에서 도출된 권리인 점, 정보공개청구제도는 국민이 국가 · 지방자치단체 등이 보유한 정보에 접근하여 그 정보의 공개를 청구할 수 있는 권리로서 이로 인하여 국정에 대한 국민의 참여를 보장하기 위한 제도인 점, 지방자치단체에게 이러한 정보공개청구권이 인정되지 아니한다고 하더라도 헌법상 보장되는 행정자치권 등이 침해된다고 보기는 어려운 점, 오히려 지방자치단체는 공권력기관으로서 이러한 국민의 알권리를 보호할 위치에 있다고 보아야 하는 점 등에 비추어 보면, 지방자치단체에게는 알권리로서의 정보공개청구권이 인정된다고 보기는 어렵고, 나아가 공공기관의 정보공개에 관한 법률 제4조, 제5조, 제6조의 각 규정의 취지를 종합하면, 공공기관의 정보공개에 관한 법률은 국민을 정보공개청구권자로, 지방자치단체를 국민에 대응하는 정보공개의무자로 상정하고 있다고 할 것이므로, 지방자치단체는 공공기관의 정보공개에 관한 법률 제5조에서 정한 정보공개청구권자인 '국민'에 해당되지 아니한다.

(2) 외국인

외국인의 정보공개 청구에 관하여는 대통령령으로 정한다($\frac{제5조}{제2항}$). 정보공개법 시행령은 정보공개를 청구할 수 있는 외국인으로 ① 국내에 일정한 주소를 두고 거주하거나 학술 · 연구를 위하여 일시적으로 체류하는 사람, ② 국내에 사무소를 두고 있는 법인 또는 단체를 규정하고 있다($\frac{제3}{조}$).

2. 정보공개 의무자

정보공개법상 정보공개 의무자는 '공공기관'이다.

(1) 공공기관의 범위(제2조 제3호)

1) 국가기관(가목)

국가기관에는 ① 국회, 법원, 헌법재판소, 중앙선거관리위원회, ② 중앙행정기관(대통령 소속 기관과 국무총리 소속 기관을 포함한다) 및 그 소속 기관, ③ 행정기관 소속 위원회의 설치·운영에 관한 법률에 따른 위원회가 있다.

2) 지방자치단체(나목)

3) 공공기관의 운영에 관한 법률 제2조[5]에 따른 공공기관(다목)

4) 지방공기업법에 따른 지방공사 및 지방공단(라목)

5) 그 밖에 대통령령으로 정하는 기관(마목)

대통령령으로 정하는 기관이란 다음 각 호의 기관 또는 단체를 말한다(정보공개법 시행령 제2조).

1. 유아교육법, 초·중등교육법, 고등교육법에 따른 각급 학교 또는 그 밖의 다른 법률에 따라 설치된 학교

2. 삭제

3. 지방자치단체 출자·출연 기관의 운영에 관한 법률 제2조 제1항에 따른 출자기관 및 출연기관

4. 특별법에 따라 설립된 특수법인

5. 사회복지사업법 제42조 제1항에 따라 국가나 지방자치단체로부터 보조금을 받는 사회복지법인과 사회복지사업을 하는 비영리법인

6. 제5호 외에 보조금 관리에 관한 법률 제9조 또는 지방재정법 제17조 제1항 각 호 외의 부분 단서에 따라 국가나 지방자치단체로부터 연간 5천만원 이상의 보조금을 받는 기관 또는 단체. 다만, 정보공개 대상 정보는 해당 연도에 보조를 받은 사업으로 한정한다.

① **대법원 2006. 8. 24. 선고 2004두2783 판결**

정보공개 의무기관을 정하는 것은 입법자의 입법형성권에 속하고, 이에 따라 입법자는 구 공공기관의 정보공개에 관한 법률(2004. 1. 29. 법률 제7127호로 전문 개정되기 전의 것) 제2조 제3호에서 정보공개 의무기관을 공공기관으로 정하였는바, 공공기관은 국가기관에 한정되는 것이 아니라 지방자치단체, 정부투자기관, 그 밖에 공동체 전체의 이익에 중요한 역할이나 기능을 수

---

5) 제2조(적용 대상 등) ① 이 법은 제4조부터 제6조까지의 규정에 따라 지정·고시된 공공기관에 대하여 적용한다.

행하는 기관도 포함되는 것으로 해석되고, 여기에 정보공개의 목적, 교육의 공공성 및 공·사립학교의 동질성, 사립대학교에 대한 국가의 재정지원 및 보조 등 여러 사정을 고려해 보면, 사립대학교에 대한 국비 지원이 한정적·일시적·국부적이라는 점을 고려하더라도, 같은 법 시행령^(2004. 3. 17. 대통령령 제18312호로 개정되기 전의 것) 제2조 제1호가 정보공개의무를 지는 공공기관의 하나로 사립대학교를 들고 있는 것이 모법인 구 공공기관의 정보공개에 관한 법률의 위임 범위를 벗어났다거나 사립대학교가 국비의 지원을 받는 범위 내에서만 공공기관의 성격을 가진다고 볼 수 없다.

② 대법원 2010. 12. 23. 선고 2008두13101 판결

[1] 국민의 정보공개청구권은 법률상 보호되는 구체적인 권리이므로, 공공기관에 대하여 정보의 공개를 청구하였다가 공개거부처분을 받은 청구인은 행정소송을 통하여 그 공개거부처분의 취소를 구할 법률상의 이익이 있고, 공개청구의 대상이 되는 정보가 이미 다른 사람에게 공개되어 널리 알려져 있다거나 인터넷 등을 통하여 공개되어 인터넷검색 등을 통하여 쉽게 알 수 있다는 사정만으로는 소의 이익이 없다거나 비공개결정이 정당화될 수 없다.

[2] 어느 법인이 공공기관의 정보공개에 관한 법률 제2조 제3호, 같은 법 시행령 제2조 제4호에 따라 정보를 공개할 의무가 있는 '특별법에 의하여 설립된 특수법인'에 해당하는지 여부는, 국민의 알 권리를 보장하고 국정에 대한 국민의 참여와 국정운영의 투명성을 확보하고자 하는 위 법의 입법 목적을 염두에 두고, 해당 법인에게 부여된 업무가 국가행정업무이거나 이에 해당하지 않더라도 그 업무 수행으로써 추구하는 이익이 해당 법인 내부의 이익에 그치지 않고 공동체 전체의 이익에 해당하는 공익적 성격을 갖는지 여부를 중심으로 개별적으로 판단하되, 해당 법인의 설립근거가 되는 법률이 법인의 조직구성과 활동에 대한 행정적 관리·감독 등에서 민법이나 상법 등에 의하여 설립된 일반 법인과 달리 규율한 취지, 국가나 지방자치단체의 해당 법인에 대한 재정적 지원·보조의 유무와 그 정도, 해당 법인의 공공적 업무와 관련하여 국가기관·지방자치단체 등 다른 공공기관에 대한 정보공개청구와는 별도로 해당 법인에 대하여 직접 정보공개청구를 구할 필요성이 있는지 여부 등을 종합적으로 고려하여야 한다.

[3] 방송법이라는 특별법에 의하여 설립 운영되는 한국방송공사(KBS)는 공공기관의 정보공개에 관한 법률 시행령 제2조 제4호의 '특별법에 의하여 설립된 특수법인'으로서 정보공개의무가 있는 공공기관의 정보공개에 관한 법률 제2조 제3호의 '공공기관'에 해당한다고 판단한 원심판결을 수긍한 사례.

③ 대법원 2010. 4. 29. 선고 2008두5643 판결

'한국증권업협회'는 증권회사 상호간의 업무질서를 유지하고 유가증권의 공정한 매매거래 및 투자자보호를 위하여 일정 규모 이상인 증권회사 등으로 구성된 회원조직으

로서, 증권거래법 또는 그 법에 의한 명령에 대하여 특별한 규정이 있는 것을 제외하고 는 민법 중 사단법인에 관한 규정을 준용 받는 점, 그 업무가 국가기관 등에 준할 정도 로 공동체 전체의 이익에 중요한 역할이나 기능에 해당하는 공공성을 갖는다고 볼 수 없는 점 등에 비추어, 공공기관의 정보공개에 관한 법률 시행령 제2조 제4호의 '특별법 에 의하여 설립된 특수법인'에 해당한다고 보기 어렵다고 한 사례.

(2) 공공기관의 의무

공공기관은 정보의 공개를 청구하는 국민의 권리가 존중될 수 있도록 이 법을 운영하고 소관 관계 법령을 정비하며, 정보를 투명하고 적극적으로 공개하는 조직 문화 형성에 노력하여야 한다(제6조제1항).

공공기관은 정보의 적절한 보존 및 신속한 검색과 국민에게 유용한 정보의 분석 및 공개 등이 이루어지도록 정보관리체계를 정비하고, 정보공개 업무를 주관하는 부서 및 담당하는 인력을 적정하게 두어야 하며, 정보통신망을 활용한 정보공개시 스템 등을 구축하도록 노력하여야 한다(제2항).

(3) 정보공개 담당자의 의무

공공기관의 정보공개 담당자(정보공개 청구 대상 정보와 관련된 업무 담당자를 포함한다)는 정보공개 업무를 성실하게 수행 하여야 하며, 공개 여부의 자의적인 결정, 고의적인 처리 지연 또는 위법한 공개 거 부 및 회피 등 부당한 행위를 하여서는 아니 된다(제6조의2).

(4) 정보의 사전적 공개 등

공공기관은 ① 국민생활에 매우 큰 영향을 미치는 정책에 관한 정보, ② 국가의 시책으로 시행하는 공사 등 대규모 예산이 투입되는 사업에 관한 정보, ③ 예산집 행의 내용과 사업평가 결과 등 행정감시를 위하여 필요한 정보, ④ 그 밖에 공공기 관의 장이 정하는 정보에 대해서는 공개의 구체적 범위, 주기, 시기 및 방법 등을 미리 정하여 정보통신망 등을 통하여 알리고, 이에 따라 정기적으로 공개하여야 한 다. 다만, 제9조 제1항 각 호의 어느 하나에 해당하는 정보에 대해서는 그러하지 아 니하다(제7조제1항).

공공기관은 제1항에 규정된 사항 외에도 국민이 알아야 할 필요가 있는 정보를 국민에게 공개하도록 적극적으로 노력하여야 한다(제2항).

(5) 정보목록의 작성 · 비치 등

공공기관은 그 기관이 보유 · 관리하는 정보에 대하여 국민이 쉽게 알 수 있도록 정보목록을 작성하여 갖추어 두고, 그 목록을 정보통신망을 활용한 정보공개시스템 등을 통하여 공개하여야 한다. 다만, 정보목록 중 제9조 제1항에 따라 공개하지 아니할 수 있는 정보가 포함되어 있는 경우에는 해당 부분을 갖추어 두지 아니하거나 공개하지 아니할 수 있다(제8조).

공공기관은 정보의 공개에 관한 사무를 신속하고 원활하게 수행하기 위하여 정보공개 장소를 확보하고 공개에 필요한 시설을 갖추어야 한다(제2항).

(6) 공개대상 정보의 원문공개

공공기관 중 중앙행정기관 및 대통령령으로 정하는 기관은 전자적 형태로 보유 · 관리하는 정보 중 공개대상으로 분류된 정보를 국민의 정보공개 청구가 없더라도 정보통신망을 활용한 정보공개시스템 등을 통하여 공개하여야 한다(제8조의2).

Ⅳ. 공개 및 비공개 대상정보

1. 공개대상 정보

정보공개청구의 대상이 되는 정보는 공공기관이 보유 · 관리하는 정보에 한정되며, 원칙적으로 공개의 대상이 된다(제9조 제1항 본문). 여기서 '정보'라 함은 공공기관이 직무상 작성 또는 취득하여 관리하고 있는 문서(전자문서를 포함한다. 이하 같다) 및 전자매체를 비롯한 모든 형태의 매체 등에 기록된 사항을 말한다(제2조 제1호).

① 대법원 2013. 1. 24. 선고 2010두18918 판결

공공기관의 정보공개에 관한 법률(이하 '정보공개법'이라고 한다)에서 말하는 공개대상 정보는 정보 그 자체가 아닌 정보공개법 제2조 제1호에서 예시하고 있는 매체 등에 기록된 사항을 의미하고, 공개대상 정보는 원칙적으로 공개를 청구하는 자가 정보공개법 제10조 제1항 제2호에 따라 작성한 정보공개청구서의 기재내용에 의하여 특정되며, 만일 공개청구자가 특정한 바와 같은 정보를 공공기관이 보유 · 관리하고 있지 않은 경우라면 특별한 사정이 없는 한 해당 정보에 대한 공개거부처분에 대하여는 취소를 구할 법률상 이익이 없다. 이와 관련하여 공개청구자는 그가 공개를 구하는 정보를 공공기관이 보유 · 관리하고 있을 상당한 개연성이 있다는 점에 대하여 입증할 책임이 있으나, 공개를 구하는 정보를 공공기관이 한때 보유·관리하였으나 후에 그 정보가 담긴 문서들이 폐기되어 존재하지 않게 된 것이라면 그 정보를 더 이상 보유·관리하고 있지 않다는 점에 대한 증명책임은 공공기관에 있다.

② 대법원 2006. 5. 25. 선고 2006두3049 판결

공공기관의 정보공개에 관한 법률상 공개청구의 대상이 되는 정보란 공공기관이 직무상 작성 또는 취득하여 현재 보유·관리하고 있는 문서에 한정되는 것이기는 하나, 그 문서가 반드시 원본일 필요는 없다.

③ 대법원 2010. 2. 11. 선고 2009두6001 판결

공공기관의 정보공개에 관한 법률에 의한 정보공개제도는 공공기관이 보유·관리하는 정보를 그 상태대로 공개하는 제도이지만, 전자적 형태로 보유·관리되는 정보의 경우에는, 그 정보가 청구인이 구하는 대로는 되어 있지 않다고 하더라도, 공개청구를 받은 공공기관이 공개청구대상정보의 기초자료를 전자적 형태로 보유·관리하고 있고, 당해 기관에서 통상 사용되는 컴퓨터 하드웨어 및 소프트웨어와 기술적 전문지식을 사용하여 그 기초자료를 검색하여 청구인이 구하는 대로 편집할 수 있으며, 그러한 작업이 당해 기관의 컴퓨터 시스템 운용에 별다른 지장을 초래하지 아니한다면, 그 공공기관이 공개청구대상정보를 보유·관리하고 있는 것으로 볼 수 있고, 이러한 경우에 기초자료를 검색·편집하는 것은 새로운 정보의 생산 또는 가공에 해당한다고 할 수 없다.

2. 비공개대상 정보

(1) 다른 법률 또는 법률에서 위임한 명령(국회규칙·대법원규칙·헌법재판소규칙·중앙선거 관리위원회규칙·대통령령 및 조례로 한정한다)에 따라 비밀이나 비공개 사항으로 규정된 정보(제9조 제1항 단서 제1호)

① 대법원 2010. 6. 10. 선고 2010두2913 판결

공공기관의 정보공개에 관한 법률 제9조 제1항 본문은 "공공기관이 보유관리하는 정보는 공개대상이 된다"고 규정하면서 그 단서 제1호에서는 "다른 법률 또는 법률이 위임한 명령(국회규칙·대법원규칙·중앙선거관리위 원회규칙·대통령령 및 조례에 한한다)에 의하여 비밀 또는 비공개 사항으로 규정된 정보"는 이를 공개하지 아니할 수 있다고 규정하고 있는바, 그 입법 취지는 비밀 또는 비공개 사항으로 다른 법률 등에 규정되어 있는 경우는 이를 존중함으로써 법률 간의 마찰을 피하기 위한 것이고, 여기에서 '법률에 의한 명령'은 정보의 공개에 관하여 법률의 구체적인 위임 아래 제정된 법규명령(위임명령)을 의미한다.

② 대법원 2003. 12. 26. 선고 2002두1342 판결

검찰보존사무규칙(1998. 4. 4. 법무부령 제459호로 개정된 것)은 법무부령으로 되어 있으나, 그 중 재판확정기록 등의 열람 · 등사에 대하여 제한하고 있는 부분은 위임근거가 없어 행정기관 내부의 사무처리준칙으로서 행정규칙에 불과하므로, 위 규칙에 의한 열람 · 등사의 제한을 공공기관의정보공개에관한법률(이하 '법'이라 한다) 제4조 제1항의 '정보의 공개에 관하여 다른 법률에 특별한 규정이 있는 경우' 또는 제7조 제1항 제1호의 '다른 법률 또는 법률에 의한 명령에 의하여 비공개사항으로 규정된 경우'에 해당한다고 볼 수는 없다.

③ 대법원 2006. 10. 26. 선고 2006두11910 판결

교육공무원법 제13조, 제14조의 위임에 따라 제정된 교육공무원승진규정은 정보공개에 관한 사항에 관하여 구체적인 법률의 위임에 따라 제정된 명령이라고 할 수 없고, 따라서 교육공무원승진규정 제26조에서 근무성적평정의 결과를 공개하지 아니한다고 규정하고 있다고 하더라도 위 교육공무원승진규정은 공공기관의 정보공개에 관한 법률 제9조 제1항 제1호에서 말하는 법률이 위임한 명령에 해당하지 아니하므로 위 규정을 근거로 정보공개청구를 거부하는 것은 잘못이다.

④ 대법원 2010. 12. 23. 선고 2010두14800 판결[6]

국가정보원법 제12조가 국회에 대한 관계에서조차 국가정보원 예산내역의 공개를 제한하고 있는 것은, 정보활동의 비밀보장을 위한 것으로서, 그 밖의 관계에서도 국가정보원의 예산내역을 비공개 사항으로 한다는 것을 전제로 하고 있다고 볼 수 있고, 예산집행내역의 공개는 예산내역의 공개와 다를 바 없어, 비공개 사항으로 되어 있는 '예산내역'에는 예산집행내역도 포함된다고 보아야 하며, 국가정보원이 그 직원에게 지급하는 현금급여 및 월초수당에 관한 정보는 국가정보원 예산집행내역의 일부를 구성하는 것이므로, 위 현금급여 및 월초수당에 관한 정보는 국가정보원법 제12조에 의하여 비공개 사항으로 규정된 정보로서 공공기관의 정보공개에 관한 법률 제9조 제1항 제1호의 비공개대상정보인 '다른 법률에 의하여 비공개 사항으로 규정된 정보'에 해당한다고 보아야 하고, 위 현금급여 및 월초수당이 근로의 대가로서의 성격을 가진다거나 정보공개청구인이 해당 직원의 배우자라고 하여 달리 볼 것은 아니다.

⑤ 대법원 2006. 11. 10. 선고 2006두9351 판결

[1] 국방부의 한국형 다목적 헬기(KMH) 도입사업에 대한 감사원장의 감사결과보고

---

6) [참고 판례] 국가정보원의 조직 · 소재지 및 정원에 관한 정보는 특별한 사정이 없는 한 국가안전보장을 위하여 비공개가 필요한 경우로서 구 국가정보원법 제6조에서 정한 비공개 사항에 해당하고, 결국 공공기관의 정보공개에 관한 법률 제9조 제1항 제1호에서 말하는 '다른 법률에 의하여 비공개 사항으로 규정된 정보'에도 해당한다고 보는 것이 타당하다(대법원 2013. 1. 24. 선고 2010두18918 판결).

서가 군사2급비밀에 해당하는 이상 공공기관의 정보공개에 관한 법률 제9조 제1항 제1호에 의하여 공개하지 아니할 수 있다고 한 사례.

    [2] 공공기관의 정보공개에 관한 법률에 의한 정보공개의 청구와 군사기밀보호법에 의한 군사기밀의 공개요청은 그 상대방, 처리절차 및 공개의 사유 등이 전혀 다르므로, 공공기관의 정보공개에 관한 법률에 의한 정보공개청구를 군사기밀보호법에 의한 군사기밀 공개요청과 동일한 것으로 보거나 그 공개요청이 포함되어 있는 것으로 볼 수는 없다.

    (2) 국가안전보장・국방・통일・외교관계 등에 관한 사항으로서 공개될 경우 국가의 중대한 이익을 현저히 해칠 우려가 있다고 인정되는 정보(제2호)

대법원 2019. 1. 17. 선고 2015두46512 판결

    갑이 외교부장관에게 한・일 군사정보보호협정 및 한・일 상호군수지원협정과 관련하여 각종 회의자료 및 회의록 등의 정보에 대한 공개를 청구하였으나, 외교부장관이 공개 청구 정보 중 일부를 제외한 나머지 정보들에 대하여 비공개 결정을 한 사안에서, 위 정보는 구 공공기관의 정보공개에 관한 법률 제9조 제1항 제2호, 제5호에 정한 비공개대상정보에 해당하고, 공개가 가능한 부분과 공개가 불가능한 부분을 쉽게 분리하는 것이 불가능하여 같은 법 제14조에 따른 부분공개도 가능하지 않다고 본 원심판단이 정당하다고 한 사례

    (3) 공개될 경우 국민의 생명・신체 및 재산의 보호에 현저한 지장을 초래할 우려가 있다고 인정되는 정보(제3호)

대법원 2004. 3. 18. 선고 2001두8254 전원합의체 판결

    보안관찰처분을 규정한 보안관찰법에 대하여 헌법재판소도 이미 그 합헌성을 인정한 바 있고, 보안관찰법 소정의 보안관찰 관련 통계자료는 우리나라 53개 지방검찰청 및 지청관할지역에서 매월 보고된 보안관찰처분에 관한 각종 자료로서, 보안관찰처분대상자 또는 피보안관찰자들의 매월별 규모, 그 처분시기, 지역별 분포에 대한 전국적 현황과 추이를 한눈에 파악할 수 있는 구체적이고 광범위한 자료에 해당하므로 '통계자료'라고 하여도 그 함의를 통하여 나타내는 의미가 있음이 분명하여 가치중립적일 수는 없고, 그 통계자료의 분석에 의하여 대남공작활동이 유리한 지역으로 보안관찰처분대상자가 많은 지역을 선택하는 등으로 위 정보가 북한정보기관에 의한 간첩의 파견, 포섭, 선전선동을 위한 교두보의 확보 등 북한의 대남전략에 있어 매우 유용한 자료로 악용될 우려가 없다고 할 수 없으므로, 위 정보는 공공기관의정보공개에관한법률 제7조 제1항 제2호 소정의 공개될 경우 국가안전보장・국방・통일・외교관계 등 국가의 중대한 이

익을 해할 우려가 있는 정보, 또는 제3호 소정의 공개될 경우 국민의 생명 · 신체 및 재산의 보호 기타 공공의 안전과 이익을 현저히 해할 우려가 있다고 인정되는 정보에 해당한다.

(4) 진행 중인 재판에 관련된 정보와 범죄의 예방, 수사, 공소의 제기 및 유지, 형의 집행, 교정, 보안처분에 관한 사항으로서 공개될 경우 그 직무수행을 현저히 곤란하게 하거나 형사피고인의 공정한 재판을 받을 권리를 침해한다고 인정할 만한 상당한 이유가 있는 정보(제4호)

① 대법원 2011. 11. 24. 선고 2009두19021 판결

공공기관의 정보공개에 관한 법률(이하 '정보공개법'이라 한다)의 입법 목적, 정보공개의 원칙, 비공개대상정보의 규정 형식과 취지 등을 고려하면, 법원 이외의 공공기관이 정보공개법 제9조 제1항 제4호에서 정한 '진행 중인 재판에 관련된 정보'에 해당한다는 사유로 정보공개를 거부하기 위하여는 반드시 그 정보가 진행 중인 재판의 소송기록 자체에 포함된 내용일 필요는 없다. 그러나 재판에 관련된 일체의 정보가 그에 해당하는 것은 아니고 진행 중인 재판의 심리 또는 재판결과에 구체적으로 영향을 미칠 위험이 있는 정보에 한정된다고 보는 것이 타당하다.

② 대법원 2017. 9. 7. 선고 2017두44558 판결

공공기관의 정보공개에 관한 법률(이하 '정보공개법'이라고 한다) 제9조 제1항 제4호는 '수사에 관한 사항으로서 공개될 경우 그 직무수행을 현저히 곤란하게 한다고 인정할 만한 상당한 이유가 있는 정보'를 비공개대상정보의 하나로 규정하고 있다. 그 취지는 수사의 방법 및 절차 등이 공개되어 수사기관의 직무수행에 현저한 곤란을 초래할 위험을 막고자 하는 것으로서, 수사기록 중의 의견서, 보고문서, 메모, 법률검토, 내사자료 등(이하 '의견서 등'이라고 한다)이 이에 해당하나, 공개청구대상인 정보가 의견서 등에 해당한다고 하여 곧바로 정보공개법 제9조 제1항 제4호에 규정된 비공개대상정보라고 볼 것은 아니고, 의견서 등의 실질적인 내용을 구체적으로 살펴 수사의 방법 및 절차 등이 공개됨으로써 수사기관의 직무수행을 현저히 곤란하게 한다고 인정할 만한 상당한 이유가 있어야만 위 비공개대상정보에 해당한다. 여기에서 '공개될 경우 그 직무수행을 현저히 곤란하게 한다고 인정할 만한 상당한 이유가 있는 정보'란 당해 정보가 공개될 경우 수사 등에 관한 직무의 공정하고 효율적인 수행에 직접적이고 구체적으로 장애를 줄 고도의 개연성이 있고 그 정도가 현저한 경우를 의미하며, 여기에 해당하는지는 비공개에 의하여 보호되는 업무수행의 공정성 등의 이익과 공개에 의하여 보호되는 국민의 알권리의 보장과 수사절차의 투명성 확보 등의 이익을 비교 · 교량하여 구체적 사안에 따라 신중히 판단하여야 한다.

③ 대법원 2009. 12. 10. 선고 2009두12785 판결

[2] 공공기관의 정보공개에 관한 법률 제9조 제1항 제4호에서 비공개대상으로 규정한 '형의 집행, 교정에 관한 사항으로서 공개될 경우 그 직무수행을 현저히 곤란하게 하는 정보'란 당해 정보가 공개될 경우 재소자들의 관리 및 질서유지, 수용시설의 안전, 재소자들에 대한 적정한 처우 및 교정·교화에 관한 직무의 공정하고 효율적인 수행에 직접적이고 구체적으로 장애를 줄 고도의 개연성이 있고, 그 정도가 현저한 경우를 의미한다.

[4] 교도소에 수용 중이던 재소자가 담당 교도관들을 상대로 가혹행위를 이유로 형사고소 및 민사소송을 제기하면서 그 증명자료 확보를 위해 '근무보고서'와 '징벌위원회 회의록' 등의 정보공개를 요청하였으나 교도소장이 이를 거부한 사안에서, 근무보고서는 공공기관의 정보공개에 관한 법률 제9조 제1항 제4호에 정한 비공개대상정보에 해당한다고 볼 수 없고, 징벌위원회 회의록 중 비공개 심사·의결 부분은 위 법 제9조 제1항 제5호의 비공개사유에 해당하지만 재소자의 진술, 위원장 및 위원들과 재소자 사이의 문답 등 징벌절차 진행 부분은 비공개사유에 해당하지 않는다고 보아 분리 공개가 허용된다고 한 사례.

④ 대법원 2004. 12. 9. 선고 2003두12707 판결

수용자자비부담물품의 판매수익금과 관련하여 교도소장이 재단법인 교정협회로 송금한 수익금 총액과 교도소장에게 배당된 수익금액 및 사용내역, 교도소직원회 수지에 관한 결산결과와 사업계획 및 예산서, 수용자 외부병원 이송진료와 관련한 이송진료자 수, 이송진료자의 진료내역별(치료, 검사, 수술) 현황, 이송진료자의 진료비 지급(예산지급, 자비부담) 현황, 이송진료자의 진료비총액 대비 예산지급액, 이송진료자의 병명별 현황, 수용자신문구독현황과 관련한 각 신문별 구독신청자 수 등에 관한 정보는 구 공공기관의정보공개에관한법률($\binom{2004.\ 1.\ 29.\ 법률\ 제7127호}{로\ 전문\ 개정되기\ 전의\ 것}$) 제7조 제1항 제4호에서 비공개대상으로 규정한 '형의 집행, 교정에 관한 사항으로서 공개될 경우 그 직무수행을 현저히 곤란하게 하는 정보'에 해당하기 어렵다고 한 사례.

(5) 감사·감독·검사·시험·규제·입찰계약·기술개발·인사관리에 관한 사항이나 의사결정 과정 또는 내부검토 과정에 있는 사항 등으로서 공개될 경우 업무의 공정한 수행이나 연구·개발에 현저한 지장을 초래한다고 인정할 만한 상당한 이유가 있는 정보($\binom{제5호}{본문}$)[7]

---

7) 다만, 의사결정 과정 또는 내부검토 과정을 이유로 비공개할 경우에는 제13조 제5항에 따라 통지를 할 때 의사결정 과정 또는 내부검토 과정의 단계 및 종료 예정일을 함께 안내하여야 하며, 의사결정 과정 및 내부검토 과정이 종료되면 제10조에 따른 청구인에게 이를 통지하여야 한다(제5호 단서).

① 대법원 2000. 5. 30. 선고 99추85 판결

지방자치단체의 도시공원에 관한 조례에서 규정된 도시공원위원회의 심의사항에 관하여 위 위원회의 심의를 거친 후 시장이나 구청장이 위 사항들에 대한 결정을 대외적으로 공표하기 전에 위 위원회의 회의관련자료 및 회의록이 공개된다면 업무의 공정한 수행에 현저한 지장을 초래한다고 할 것이므로, 위 위원회의 심의 후 그 심의사항들에 대한 시장 등의 결정의 대외적 공표행위가 있기 전까지는 위 위원회의 회의관련자료 및 회의록은 공공기관의정보공개에관한법률 제7조 제1항 제5호에서 규정하는 비공개대상정보에 해당한다고 할 것이고, 다만 시장 등의 결정의 대외적 공표행위가 있은 후에는 이를 의사결정과정이나 내부검토과정에 있는 사항이라고 할 수 없고 위 위원회의 회의관련자료 및 회의록을 공개하더라도 업무의 공정한 수행에 지장을 초래할 염려가 없으므로, 시장 등의 결정의 대외적 공표행위가 있은 후에는 위 위원회의 회의관련자료 및 회의록은 같은 법 제7조 제2항에 의하여 공개대상이 된다고 할 것인바, 지방자치단체의 도시공원에 관한 조례안에서 공개시기 등에 관한 아무런 제한 규정 없이 위 위원회의 회의관련자료 및 회의록은 공개하여야 한다고 규정하였다면 이는 같은 법 제7조 제1항 제5호에 위반된다고 할 것이다.

② 대법원 2003. 8. 22. 선고 2002두12946 판결

[1] 공공기관의정보공개에관한법률상 비공개대상정보의 입법 취지에 비추어 살펴보면, 같은 법 제7조 제1항 제5호에서의 '감사 · 감독 · 검사 · 시험 · 규제 · 입찰계약 · 기술개발 · 인사관리 · 의사결정과정 또는 내부검토과정에 있는 사항'은 비공개대상정보를 예시적으로 열거한 것이라고 할 것이므로 의사결정과정에 제공된 회의관련자료나 의사결정과정이 기록된 회의록 등은 의사가 결정되거나 의사가 집행된 경우에는 더 이상 의사결정과정에 있는 사항 그 자체라고는 할 수 없으나, 의사결정과정에 있는 사항에 준하는 사항으로서 비공개대상정보에 포함될 수 있다.

[2] 공공기관의정보공개에관한법률 제7조 제1항 제5호에서 규정하고 있는 '공개될 경우 업무의 공정한 수행에 현저한 지장을 초래한다고 인정할 만한 상당한 이유가 있는 경우'라 함은 같은 법 제1조의 정보공개제도의 목적 및 같은 법 제7조 제1항 제5호의 규정에 의한 비공개대상정보의 입법 취지에 비추어 볼 때 공개될 경우 업무의 공정한 수행이 객관적으로 현저하게 지장을 받을 것이라는 고도의 개연성이 존재하는 경우를 의미한다고 할 것이고, 여기에 해당하는지 여부는 비공개에 의하여 보호되는 업무수행의 공정성 등의 이익과 공개에 의하여 보호되는 국민의 알권리의 보장과 국정에 대한 국민의 참여 및 국정운영의 투명성 확보 등의 이익을 비교 · 교량하여 구체적인 사안에 따라 신중하게 판단되어야 한다.

[3] 학교환경위생구역 내 금지행위(숙박시설) 해제결정에 관한 학교환경위생정화위원회의 회의록에 기재된 발언내용에 대한 해당 발언자의 인적사항 부분[8]에 관한 정보

는 공공기관의정보공개에관한법률 제7조 제1항 제5호 소정의 비공개대상에 해당한다고 한 사례.

③ 대법원 2003. 3. 14. 선고 2000두6114 판결

[1] 공공기관의정보공개에관한법률 제7조 제1항 제5호 소정의 시험정보로서 공개될 경우 업무의 공정한 수행에 현저한 지장을 초래하는지 여부는 법 및 시험정보를 공개하지 아니할 수 있도록 하고 있는 입법취지, 당해 시험 및 그에 대한 평가행위의 성격과 내용, 공개의 내용과 공개로 인한 업무의 증가, 공개로 인한 파급효과 등을 종합하여 개별적으로 판단되어야 한다.

[2] 사법시험 제2차 시험의 답안지 열람⁹⁾은 시험문항에 대한 채점위원별 채점 결과의 열람과 달리 사법시험업무의 수행에 현저한 지장을 초래한다고 볼 수 없다고 한 사례.

(6) 해당 정보에 포함되어 있는 성명·주민등록번호 등 개인정보 보호법 제2조 제1호에 따른 개인정보로서 공개될 경우 사생활의 비밀 또는 자유를 침해할 우려가 있다고 인정되는 정보($\frac{제6호}{본문}$)¹⁰⁾

① 대법원 2003. 3. 11. 선고 2001두6425 판결

[1] 국민의 정보공개청구권은 법률상 보호되는 구체적인 권리이므로, 공공기관에 대하여 정보의 공개를 청구하였다가 공개거부처분을 받은 청구인은 행정소송을 통하여

---

8) [비교 판례] 대법원은 독립유공자서훈 공적심사위원회의 심의·의결 과정 및 그 내용을 기재한 회의록 공개와 관련하여, "이 사건 회의록에 심사위원들의 대립된 의견이나 최종 심사 결과와 세부적인 면에서 차이가 나는 내용이 포함되어 있을 경우 그 공개로 인하여 신청당사자에게는 물론 사회적으로도 불필요한 논란을 불러일으키거나 외부의 부당한 압력 내지 새로운 분쟁에 휘말리는 상황이 초래될 우려가 높고, 심사위원들로서도 공개될 경우에 대한 심리적 부담으로 인하여 솔직하고 자유로운 의사교환에 제한을 받을 수밖에 없을 것으로 보인다. 또한 이는 이 사건 회의록을 익명으로 처리하는 방법으로 해소될 문제는 아니라 할 것이다."고 판시하여 발언내용을 포함한 회의록 전체가 비공개대상이라고 보았다(대법원 2014. 7. 24. 선고 2013두20301 판결).

9) [비교 판례] 치과의사 국가시험에서 채택하고 있는 문제은행 출제방식이 출제의 시간·비용을 줄이면서도 양질의 문항을 확보할 수 있는 등 많은 장점을 가지고 있는 점, 그 시험문제를 공개할 경우 발생하게 될 결과와 시험업무에 초래될 부작용 등을 감안하면, 위 시험의 문제지와 그 정답지를 공개하는 것은 시험업무의 공정한 수행이나 연구·개발에 현저한 지장을 초래한다고 인정할 만한 상당한 이유가 있는 경우에 해당하므로, 공공기관의 정보공개에 관한 법률 제9조 제1항 제5호에 따라 이를 공개하지 않을 수 있다고 한 사례(대법원 2007. 6. 15. 선고 2006두15936 판결).

10) 다만, ① 법령에서 정하는 바에 따라 열람할 수 있는 정보(가목), ② 공공기관이 공표를 목적으로 작성하거나 취득한 정보로서 사생활의 비밀 또는 자유를 부당하게 침해하지 아니하는 정보(나목), ③ 공공기관이 작성하거나 취득한 정보로서 공개하는 것이 공익이나 개인의 권리 구제를 위하여 필요하다고 인정되는 정보(다목), ④ 직무를 수행한 공무원의 성명·직위(라목), ⑤ 공개하는 것이 공익을 위하여 필요한 경우로서 법령에 따라 국가 또는 지방자치단체가 업무의 일부를 위탁 또는 위촉한 개인의 성명·직업(마목)은 제외한다(제6호 단서).

그 공개거부처분의 취소를 구할 법률상의 이익이 있다.

[2] 공공기관의정보공개에관한법률 제7조 제1항 제6호 단서 (다)목 소정의 '공개하는 것이 공익을 위하여 필요하다고 인정되는 정보'에 해당하는지 여부는 비공개에 의하여 보호되는 개인의 사생활 보호 등의 이익과 공개에 의하여 보호되는 국정운영의 투명성 확보 등의 공익을 비교 · 교량하여 구체적 사안에 따라 신중히 판단하여야 한다.

[3] 지방자치단체의 업무추진비 세부항목별 집행내역 및 그에 관한 증빙서류에 포함된 개인에 관한 정보는 '공개하는 것이 공익을 위하여 필요하다고 인정되는 정보'에 해당하지 않는다고 한 사례.

② 대법원 2003. 12. 12. 선고 2003두8050 판결

공무원이 직무와 관련 없이 개인적인 자격으로 간담회 · 연찬회 등 행사에 참석하고 금품을 수령한 정보는 공공기관의정보공개에관한법률 제7조 제1항 제6호 단서 (다)목 소정의 '공개하는 것이 공익을 위하여 필요하다고 인정되는 정보'에 해당하지 않는다고 한 사례.

③ 대법원 2012. 6. 18. 선고 2011두2361 전원합의체 판결

공공기관의 정보공개에 관한 법률(이하 '정보공개법'이라 한다)의 개정 연혁, 내용 및 취지 등에 헌법상 보장되는 사생활의 비밀 및 자유의 내용을 보태어 보면, 정보공개법 제9조 제1항 제6호 본문의 규정에 따라 비공개대상이 되는 정보에는 구 공공기관의 정보공개에 관한 법률(2004. 1. 29. 법률 제7127호로 전부 개정되기 전의 것, 이하 같다)의 이름 · 주민등록번호 등 정보 형식이나 유형을 기준으로 비공개대상정보에 해당하는지를 판단하는 '개인식별정보'뿐만 아니라 그 외에 정보의 내용을 구체적으로 살펴 '개인에 관한 사항의 공개로 개인의 내밀한 내용의 비밀 등이 알려지게 되고, 그 결과 인격적 · 정신적 내면생활에 지장을 초래하거나 자유로운 사생활을 영위할 수 없게 될 위험성이 있는 정보'도 포함된다고 새겨야 한다. 따라서 불기소처분 기록 중 피의자신문조서 등에 기재된 피의자 등의 인적사항 이외의 진술내용 역시 개인의 사생활의 비밀 또는 자유를 침해할 우려가 인정되는 경우 정보공개법 제9조 제1항 제6호 본문 소정의 비공개대상에 해당한다.

④ 대법원 2006. 12. 7. 선고 2005두241 판결

사면대상자들의 사면실시건의서와 그와 관련된 국무회의 안건자료에 관한 정보는 그 공개로 얻는 이익이 그로 인하여 침해되는 당사자들의 사생활의 비밀에 관한 이익보다 더욱 크므로 구 공공기관의 정보공개에 관한 법률(2004. 1. 29. 법률 제7127호로 전문 개정되기 전의 것) 제7조 제1항 제6호에서 정한 비공개사유에 해당하지 않는다.

(7) 법인 · 단체 또는 개인(이하 "법인등"이라 한다)의 경영상 · 영업상 비밀에 관한 사항으로서

공개될 경우 법인등의 정당한 이익을 현저히 해칠 우려가 있다고 인정되는 정보(제7호본)[11]

① 대법원 2006. 1. 13. 선고 2003두9459 판결

아파트재건축주택조합의 조합원들에게 제공될 무상보상평수의 사업수익성 등을 검토한 자료가 구 공공기관의 정보공개에 관한 법률(2004. 1. 29. 법률 제7127호로 전문 개정되기 전의 것) 제7조 제1항에서 정한 비공개대상정보에 해당하지 않는다고 한 사례.

② 대법원 2008. 10. 23. 선고 2007두1798 판결

한국방송공사의 '수시집행 접대성 경비의 건별 집행서류 일체'는 공공기관의 정보공개에 관한 법률 제9조 제1항 제7호의 비공개대상정보에 해당하지 않는다고 한 사례.

③ 대법원 2010. 12. 23. 선고 2008두13101 판결

[4] 공공기관의 정보공개에 관한 법률은 공공기관이 보유·관리하는 정보에 대한 국민의 공개청구 및 공공기관의 공개의무에 관하여 필요한 사항을 정함으로써 국민의 알권리를 보장하고 국정에 대한 국민의 참여와 국정운영의 투명성을 확보함을 목적으로 공공기관이 보유·관리하는 모든 정보를 원칙적 공개대상으로 하면서, 사업체인 법인 등의 사업활동에 관한 비밀의 유출을 방지하여 정당한 이익을 보호하고자 하는 취지에서, 위 법 제9조 제1항 제7호로 "법인·단체 또는 개인의 경영·영업상 비밀로서 공개될 경우 법인 등의 정당한 이익을 현저히 해할 우려가 있다고 인정되는 정보"를 비공개대상정보로 규정하고 있다. 이와 같은 공공기관의 정보공개에 관한 법률의 입법 목적 등을 고려하여 보면, 제9조 제1항 제7호에서 정한 '법인 등의 경영·영업상 비밀'은 '타인에게 알려지지 아니함이 유리한 사업활동에 관한 일체의 정보' 또는 '사업활동에 관한 일체의 비밀사항'을 의미하는 것이고, 그 공개 여부는 공개를 거부할 만한 정당한 이익이 있는지 여부에 따라 결정되어야 하는바, 그 정당한 이익이 있는지 여부는 앞서 본 공공기관의 정보공개에 관한 법률의 입법 취지에 비추어 이를 엄격하게 판단하여야 할 뿐만 아니라, 국민에 의한 감시의 필요성이 크고 이를 감수하여야 하는 면이 강한 공익법인에 대하여는 보다 소극적으로 판단하여야 한다.

[5] 방송사의 취재활동을 통하여 확보한 결과물이나 그 과정에 관한 정보 또는 방송프로그램의 기획·편성·제작 등에 관한 정보는 경쟁관계에 있는 다른 방송사와의 관계나 시청자와의 관계, 방송프로그램의 객관성·형평성·중립성이 보호되어야 한다는 당위성 측면에서 볼 때 '타인에게 알려지지 아니함이 유리한 사업활동에 관한 일체의

---

11) 다만, ① 사업활동에 의하여 발생하는 위해로부터 사람의 생명·신체 또는 건강을 보호하기 위하여 공개할 필요가 있는 정보(가목), ② 위법·부당한 사업활동으로부터 국민의 재산 또는 생활을 보호하기 위하여 공개할 필요가 있는 정보(나목)는 제외한다(제7호 단서).

정보'에 해당한다고 볼 수 있는바, 개인 또는 집단의 가치관이나 이해관계에 따라 방송 프로그램에 대한 평가가 크게 다를 수밖에 없는 상황에서, 공공기관의 정보공개에 관한 법률에 의한 정보공개청구의 방법으로 방송사가 가지고 있는 방송프로그램의 기획·편성·제작 등에 관한 정보 등을 제한 없이 모두 공개하도록 강제하는 것은 방송사로 하여금 정보공개의 결과로서 야기될 수 있는 각종 비난이나 공격에 노출되게 하여 결과적으로 방송프로그램 기획 등 방송활동을 위축시킴으로써 방송사의 경영·영업상의 이익을 해하고 나아가 방송의 자유와 독립을 훼손할 우려가 있다. 따라서 방송프로그램의 기획·편성·제작 등에 관한 정보로서 방송사가 공개하지 아니한 것은, 사업활동에 의하여 발생하는 위해로부터 사람의 생명·신체 또는 건강을 보호하기 위하여 공개할 필요가 있는 정보나 위법·부당한 사업활동으로부터 국민의 재산 또는 생활을 보호하기 위하여 공개할 필요가 있는 정보를 제외하고는, 공공기관의 정보공개에 관한 법률 제9조 제1항 제7호에 정한 '법인 등의 경영·영업상 비밀에 관한 사항'에 해당할 뿐만 아니라 그 공개를 거부할 만한 정당한 이익도 있다고 보아야 한다.

[6] 한국방송공사(KBS)가 소외 3 교수의 논문조작 사건에 관한 사실관계의 진실 여부를 밝히기 위하여 제작한 '추적 60분' 가제 "새튼은 특허를 노렸나"인 방송용 60분 분량의 편집원본 테이프 1개에 대하여 정보공개청구를 하였으나, 한국방송공사가 정보공개청구접수를 받은 날로부터 20일 이내에 공개 여부결정을 하지 않아 비공개결정을 한 것으로 간주된 사안에서, 위 정보는 방송프로그램의 기획·편성·제작 등에 관한 정보로서, 공공기관의 정보공개에 관한 법률 제9조 제1항 제7호에서 비공개대상정보로 규정하고 있는 '법인 등의 경영·영업상 비밀에 관한 사항으로서 공개될 경우 법인 등의 정당한 이익을 현저히 해할 우려가 있다고 인정되는 정보'에 해당함에도 이와 달리 판단한 원심판결에 법리를 오해한 위법이 있다고 한 사례.

(8) 공개될 경우 부동산 투기, 매점매석 등으로 특정인에게 이익 또는 불이익을 줄 우려가 있다고 인정되는 정보(제8호)

V. 정보공개의 절차

1. 정보공개의 청구

정보의 공개를 청구하는 자(이하 "청구인"이라 한다)는 해당 정보를 보유하거나 관리하고 있는 공공기관에 ① 청구인의 성명·생년월일·주소 및 연락처(전화번호·전자우편주소 등을 말한다. 이하 이 조에서 같다),12) ②

---

12) 다만, 청구인이 법인 또는 단체인 경우에는 그 명칭, 대표자의 성명, 사업자등록번호 또는 이에 준하는 번호, 주된 사무소의 소재지 및 연락처를 말한다.

청구인의 주민등록번호(본인임을 확인하고 공개 여부를 결정할 필요), ③ 공개를 청구하는 정보의 내용 및 공개방법을 적은 정보공개 청구서를 제출하거나 말로써 정보의 공개를 청구할 수 있다(제10조 제1항).

제1항에 따라 청구인이 말로써 정보의 공개를 청구할 때에는 담당 공무원 또는 담당 임직원(이하 "담당공무 원등"이라 한다)의 앞에서 진술하여야 하고, 담당공무원등은 정보공개 청구조서를 작성하여 이에 청구인과 함께 기명날인하거나 서명하여야 한다(제2항).

제1항과 제2항에서 규정한 사항 외에 정보공개의 청구방법 등에 관하여 필요한 사항은 국회규칙·대법원규칙·헌법재판소규칙·중앙선거관리위원회규칙 및 대통령령으로 정한다(제3항).

대법원 2007. 6. 1. 선고 2007두2555 판결

[1] 공공기관의 정보공개에 관한 법률 제10조 제1항 제2호는 정보의 공개를 청구하는 자는 정보공개청구서에 '공개를 청구하는 정보의 내용' 등을 기재할 것을 규정하고 있는바, 청구대상정보를 기재함에 있어서는 사회일반인의 관점에서 청구대상정보의 내용과 범위를 확정할 수 있을 정도로 특정함을 요한다.

[2] 정보비공개결정의 취소를 구하는 사건에 있어서, 만일 공개를 청구한 정보의 내용 중 너무 포괄적이거나 막연하여서 사회일반인의 관점에서 그 내용과 범위를 확정할 수 있을 정도로 특정되었다고 볼 수 없는 부분이 포함되어 있다면, 이를 심리하는 법원으로서는 마땅히 공공기관의 정보공개에 관한 법률 제20조 제2항의 규정에 따라 공공기관에게 그가 보유·관리하고 있는 공개청구정보를 제출하도록 하여 이를 비공개로 열람·심사하는 등의 방법으로 공개청구정보의 내용과 범위를 특정시켜야 하고, 나아가 위와 같은 방법으로도 특정이 불가능한 경우에는 특정되지 않은 부분과 나머지 부분을 분리할 수 있고 나머지 부분에 대한 비공개결정이 위법한 경우라고 하여도 정보공개의 청구 중 특정되지 않은 부분에 대한 비공개결정의 취소를 구하는 부분은 나머지 부분과 분리하여 이를 기각하여야 한다.

[3] 공공기관의 정보공개에 관한 법률에 따라 공개를 청구한 정보의 내용이 '대한주택공사의 특정 공공택지에 관한 수용가, 택지조성원가, 분양가, 건설원가 등 및 관련 자료 일체'인 경우, '관련 자료 일체' 부분은 그 내용과 범위가 정보공개청구 대상정보로서 특정되지 않았다고 한 사례.

■ 공공기관의 정보공개에 관한 법률 시행규칙 [별지 제1호의2서식] <개정 2021. 6. 23.>　　정보공개시스템(www.open.go.kr)에서도
　　　　　　　　　　　　　　　　　　　　　　　　　　　　　　　　　　　　　　　청구할 수 있습니다.

정보공개 청구서

※ 색상이 어두운 칸은 신청인(대리인)이 작성하지 않습니다.

접수번호		접수일	처리기간	
청구인	성명(법인·단체명 및 대표자 성명)		생년월일(성별)	（　　）
	여권·외국인등록번호(외국인의 경우 작성)		사업자(법인·단체)등록번호	
	주소(소재지)		전화번호(또는 휴대전화번호)	
	전자우편주소		팩스번호	
청구 내용				
공개 방법	[ ]열람·시청　[ ]사본·출력물　[ ]전자파일　[ ]복제·인화물　[ ]기타(　　　)			
수령 방법	[ ]직접 방문　[ ]우편　　[ ]팩스 전송　[ ]정보통신망　　[ ]전자우편 등(　)			
수수료	[ ]감면 대상임　　　　　　[ ]감면 대상 아님			
	감면 사유			
	※ 「공공기관의 정보공개에 관한 법률 시행령」 제17조제3항에 따라 수수료 감면 대상에 해당하는 경우에만 적으며, 감면 사유를 증명할 수 있는 서류를 첨부하시기 바랍니다.			

「공공기관의 정보공개에 관한 법률」 제10조제1항 및 같은 법 시행령 제6조제1항에 따라 위와 같이 정보의 공개를 청구합니다.

　　　　　　　　　　　　　　　　　　　　　　　　　　　　　　　　년　　　월　　　일

　　　　　　　　　　　　　청구인　　　　　　　　　　　　　　　　(서명 또는 인)

(접수 기관의 장) 귀하

- 접 수 증 -

접수번호	청구인 성명	
접수부서	접수자 성명	(서명 또는 인)

귀하의 청구서는 위와 같이 접수되었습니다.

　　　　　　　　　　　　　　　　　　　　　　　　　　　　　　　　년　　　월　　　일

접 수 기 관 장 직인

유 의 사 항

1. 공개 청구된 공개 대상 정보의 전부 또는 일부가 제3자와 관련이 있다고 인정되는 경우에는 「공공기관의 정보공개에 관한 법률」 제11조제3항에 따라 청구사실이 제3자에게 통지됩니다.
2. 정보공개를 청구한 날로부터 20일이 경과하도록 정보공개 결정이 없는 경우에는 「공공기관의 정보공개에 관한 법률」 제18조부터 제20조까지의 규정에 따라 해당 공공기관에 이의신청을 하거나, 행정심판(서면 또는 온라인 : www.simpan.go.kr) 또는 행정소송을 제기할 수 있습니다.
3. 청구인은 정보공개시스템 및 타 시스템 연계를 통해 통지된 문서를 대외적으로 활용하기 위해 필요한 경우 직인날인의 보완을 요구할 수 있습니다.
4. 본인확인이 필요한 정보를 청구하시는 경우 「공공기관의 정보공개에 관한 법률」 제10조제1항제2호에 따라 공공기관에서 청구인의 주민등록번호를 추가로 요구할 수 있습니다.

210mm×297mm[백상지 80g/㎡(재활용품)]

2. 정보공개 여부의 결정

(1) 결정기간

공공기관은 제10조에 따라 정보공개의 청구를 받으면 그 청구를 받은 날부터 10일 이내에 공개 여부를 결정하여야 한다($^{제11조}_{제1항}$). 공공기관은 부득이한 사유로 제1항에 따른 기간 이내에 공개 여부를 결정할 수 없을 때에는 그 기간이 끝나는 날의 다음 날부터 기산하여 10일의 범위에서 공개 여부 결정기간을 연장할 수 있다. 이 경우 공공기관은 연장된 사실과 연장 사유를 청구인에게 지체 없이 문서로 통지하여야 한다($^{제2}_{항}$).

(2) 제3자에 대한 통지 및 의견청취

공공기관은 공개 청구된 공개 대상 정보의 전부 또는 일부가 제3자와 관련이 있다고 인정할 때에는 그 사실을 제3자에게 지체 없이 통지하여야 하며, 필요한 경우에는 그의 의견을 들을 수 있다($^{제11조}_{제3항}$).

제11조 제3항에 따라 공개 청구된 사실을 통지받은 제3자는 그 통지를 받은 날부터 3일 이내에 해당 공공기관에 대하여 자신과 관련된 정보를 공개하지 아니할 것을 요청할 수 있다($^{제21조}_{제1항}$).

(3) 정보공개심의회의 심의

국가기관, 지방자치단체, 공공기관의 운영에 관한 법률 제5조에 따른 공기업 및 준정부기관, 지방공기업법에 따른 지방공사 및 지방공단($^{이하\ ``국가기관''}_{등''이라\ 한다}$)은 제11조에 따른 정보공개 여부 등을 심의하기 위하여 정보공개심의회($^{이하\ ``심의}_{회''라\ 한다}$)를 설치 · 운영한다($^{제12}_{조}$ 제1항 전문).

대법원 2002. 3. 15. 선고 2001추95 판결

공공기관의정보공개에관한법률 제9조 제1항, 제10조, 같은 법 시행령 제12조 등 관련 규정들의 취지를 종합할 때, 공개 청구된 정보의 공개 여부를 결정하는 법적인 의무와 권한을 가진 주체는 공공기관의 장이고, 정보공개심의회는 공공기관의 장이 정보의 공개 여부를 결정하기 곤란하다고 보아 의견을 요청한 사항의 자문에 응하여 심의하는 것이며, 그의 구성을 위하여 공공기관의 장이 소속 공무원 또는 임 · 직원 중에서 정보공개심의회의 위원을 지명하는 것이 원칙이나, 다만 필요한 경우에는 공무원이나 임 · 직원이었던 자 또는 외부전문가를 위원으로 위촉할 수 있되, 그 필요성 여부나 외부전문가의 수 등에 관한 판단과 결정은 공공기관의 장이 그의 권한으로 할 수 있다는 것이 같은 법 시행령 규정의 취지이다.

(4) 즉시 처리가 가능한 정보의 공개

① 법령 등에 따라 공개를 목적으로 작성된 정보, ② 일반 국민에게 알리기 위하여 작성된 각종 홍보자료, ③ 공개하기로 결정된 정보로서 공개에 오랜 시간이 걸리지 아니하는 정보, ④ 그 밖에 공공기관의 장이 정하는 정보로서 즉시 또는 말로 처리가 가능한 정보에 대해서는 제11조에 따른 절차를 거치지 아니하고 공개하여야 한다($_{조}^{제16}$).

3. 정보공개 여부 결정의 통지

(1) 공개결정의 통지

공공기관은 제11조에 따라 정보의 공개를 결정한 경우에는 공개의 일시 및 장소 등을 분명히 밝혀 청구인에게 통지하여야 한다($_{제1항}^{제13조}$).

제21조 제1항에 따른 제3자의 비공개 요청에도 불구하고 공공기관이 공개 결정을 할 때에는 공개 결정 이유와 공개 실시일을 분명히 밝혀 지체 없이 문서로 통지하여야 하며, 제3자는 해당 공공기관에 문서로 이의신청을 하거나 행정심판 또는 행정소송을 제기할 수 있다. 이 경우 이의신청은 통지를 받은 날부터 7일 이내에 하여야 한다($_{제2항}^{제21조}$). 공공기관은 제2항에 따른 공개 결정일과 공개 실시일 사이에 최소한 30일의 간격을 두어야 한다($_{항}^{제3}$).

(2) 비공개결정의 통지

공공기관은 제11조에 따라 정보의 비공개 결정을 한 경우에는 그 사실을 청구인에게 지체 없이 문서로 통지하여야 한다. 이 경우 제9조 제1항 각 호 중 어느 규정에 해당하는 비공개 대상 정보인지를 포함한 비공개 이유와 불복의 방법 및 절차를 구체적으로 밝혀야 한다($_{제5항}^{제13조}$).

대법원 2018. 4. 12. 선고 2014두5477 판결

구 공공기관의 정보공개에 관한 법률($_{전의\ 것,\ 이하\ '정보공개법'이라\ 한다}^{2013.\ 8.\ 6.\ 법률\ 제11991호로\ 개정되기}$) 제13조 제4항은 공공기관이 정보를 비공개하는 결정을 한 때에는 비공개이유를 구체적으로 명시하여 청구인에게 그 사실을 통지하여야 한다고 규정하고 있다. 정보공개법 제1조, 제3조, 제6조는 국민의 알 권리를 보장하고 국정에 대한 국민의 참여와 국정운영의 투명성을 확보하기 위하여 공공기관이 보유·관리하는 정보를 모든 국민에게 원칙적으로 공개하도록 하고 있다. 그러므로 국민으로부터 보유·관리하는 정보에 대한 공개를 요구받은 공공기관으로서는, 정보공개법 제9조 제1항 각호에서 정하고 있는 비공개사유에 해당하지 않는 한 이를 공개하여야 한다. 이를 거부하는 경우라 할지라도, 대상이 된 정보의 내용을 구체적으로 확인·검토하여, 어느 부분이 어떠한 법익 또는 기본권과 충돌되어 정보공개법 제9조 제1항 몇 호에서 정하고 있는 비공개사유에 해당하는지를 주장·증명하여야만 하고, 그에 이르지 아니한 채 개괄적인 사유만을 들어 공개를 거부하는 것은 허용되지 아니한다.

4. 정보공개의 방법

(1) 열람 또는 사본·복제물의 교부

정보공개의 방법에는 공공기관이 정보공개법에 따라 정보를 ① 열람하게 하거나 ② 그 사본·복제물을 제공하는 것 또는 ③ 전자정부법 제2조 제10호에 따른 정보통신망(이하 "정보통신망"이라 한다)을 통하여 정보를 제공하는 것 등이 있다(제2조 제2호).

공공기관은 청구인이 사본 또는 복제물의 교부를 원하는 경우에는 이를 교부하여야 한다(제13조 제2항).

대법원 2003. 12. 12. 선고 2003두8050 판결

공공기관의정보공개에관한법률 제2조 제2항, 제3조, 제5조, 제8조 제1항, 같은 법 시행령 제14조, 같은 법 시행규칙 제2조 [별지 제1호 서식] 등의 각 규정을 종합하면, 정보공개를 청구하는 자가 공공기관에 대해 정보의 사본 또는 출력물의 교부의 방법으로 공개방법을 선택하여 정보공개청구를 한 경우에 공개청구를 받은 공공기관으로서는 같은 법 제8조 제2항에서 규정한 정보의 사본 또는 복제물의 교부를 제한할 수 있는 사유에 해당하지 않는 한 정보공개청구자가 선택한 공개방법에 따라 정보를 공개하여야 하므로 그 공개방법을 선택할 재량권이 없다고 해석함이 상당하다.

공공기관은 공개 대상 정보의 양이 너무 많아 정상적인 업무수행에 현저한 지장을 초래할 우려가 있는 경우에는 해당 정보를 일정 기간별로 나누어 제공하거나 사본·복제물의 교부 또는 열람과 병행하여 제공할 수 있다(제3항).

대법원 2009. 4. 23. 선고 2009두2702 판결

공공기관은 공개대상정보의 양이 과다하여 정상적인 업무수행에 현저한 지장을 초래할 우려가 있는 경우에는 정보의 사본 · 복제물을 일정 기간별로 나누어 교부하거나 열람과 병행하여 교부할 수 있으나(제13조 제2항), 정보공개청구의 대상이 이미 널리 알려진 사항이거나 청구량이 과다하여 정상적인 업무수행에 현저한 지장을 초래할 우려가 있더라도 청구된 정보의 사본 또는 복제물의 교부를 제한할 수는 없다(2004. 1. 29. 법률 제7127호로 전문 개정되기 전의 정보공개법 제8조 제2항 참조).

공공기관은 제1항에 따라 정보를 공개하는 경우에 그 정보의 원본이 더럽혀지거나 파손될 우려가 있거나 그 밖에 상당한 이유가 있다고 인정할 때에는 그 정보의 사본 · 복제물을 공개할 수 있다(제4항).

(2) 정보의 전자적 공개

공공기관은 전자적 형태로 보유 · 관리하는 정보에 대하여 청구인이 전자적 형태로 공개하여 줄 것을 요청하는 경우에는 그 정보의 성질상 현저히 곤란한 경우를 제외하고는 청구인의 요청에 따라야 한다(제15조 제1항). 공공기관은 전자적 형태로 보유 · 관리하지 아니하는 정보에 대하여 청구인이 전자적 형태로 공개하여 줄 것을 요청한 경우에는 정상적인 업무수행에 현저한 지장을 초래하거나 그 정보의 성질이 훼손될 우려가 없으면 그 정보를 전자적 형태로 변환하여 공개할 수 있다(제2항).

정보의 전자적 형태의 공개 등에 필요한 사항은 국회규칙 · 대법원규칙 · 헌법재판소규칙 · 중앙선거관리위원회규칙 및 대통령령으로 정한다(제3항).

대법원 2016. 11. 10. 선고 2016두44674 판결

구 공공기관의 정보공개에 관한 법률(2013. 8. 6. 법률 제11991호로 개정되기 전의 것, 이하 '구 정보공개법'이라고 한다)은, 정보의 공개를 청구하는 이(이하 '청구인'이라고 한다)가 정보공개방법도 아울러 지정하여 정보공개를 청구할 수 있도록 하고 있고, 전자적 형태의 정보를 전자적으로 공개하여 줄 것을 요청한 경우에는 공공기관은 원칙적으로 요청에 응할 의무가 있고, 나아가 비전자적 형태의 정보에 관해서도 전자적 형태로 공개하여 줄 것을 요청하면 재량판단에 따라 전자적 형태로 변환하여 공개할 수 있도록 하고 있다. 이는 정보의 효율적 활용을 도모하고 청구인의 편의를 제고함으로써 구 정보공개법의 목적인 국민의 알 권리를 충실하게 보장하려는 것이므로, 청구인에게는 특정한 공개방법을 지정하여 정보공개를 청구할 수 있는 법령상 신청권이 있다. 따라서 공공기관이 공개청구의 대상이 된 정보를 공개는 하되, 청구인이 신청한 공개방법 이외의 방법으로 공개하기로 하는 결정을 하였다면, 이는 정보공개청구 중 정보공개방법에 관한 부분에 대하여 일부 거부처분을 한 것이고, 청구인은 그에 대하여 항고소송으로 다툴 수 있다.

(3) 부분 공개

공개 청구한 정보가 제9조 제1항 각 호의 어느 하나에 해당하는 부분과 공개 가능한 부분이 혼합되어 있는 경우로서 공개 청구의 취지에 어긋나지 아니하는 범위에서 두 부분을 분리할 수 있는 경우에는 제9조 제1항 각 호의 어느 하나에 해당하는 부분을 제외하고 공개하여야 한다($\frac{제14}{조}$).

5. 비용 부담

정보의 공개 및 우송 등에 드는 비용은 실비의 범위에서 청구인이 부담한다($\frac{제17}{조}$ $\frac{}{제1항}$). 공개를 청구하는 정보의 사용 목적이 공공복리의 유지 · 증진을 위하여 필요하다고 인정되는 경우에는 제1항에 따른 비용을 감면할 수 있다($\frac{제2}{항}$).

제1항에 따른 비용 및 그 징수 등에 필요한 사항은 국회규칙 · 대법원규칙 · 헌법재판소규칙 · 중앙선거관리위원회규칙 및 대통령령으로 정한다($\frac{제3}{항}$).

6. 소관 기관으로의 이송 및 통지

공공기관은 다른 공공기관이 보유 · 관리하는 정보의 공개 청구를 받았을 때에는 지체 없이 이를 소관 기관으로 이송하여야 하며, 이송한 후에는 지체 없이 소관 기관 및 이송 사유 등을 분명히 밝혀 청구인에게 문서로 통지하여야 한다($\frac{제11조}{제4항}$).

7. 민원으로 처리

공공기관은 ① 공개 청구된 정보가 공공기관이 보유 · 관리하지 아니하는 정보인 경우, ② 공개 청구의 내용이 진정 · 질의 등으로 이 법에 따른 정보공개 청구로 보기 어려운 경우로서, 민원 처리에 관한 법률에 따른 민원으로 처리할 수 있는 경우에는 민원으로 처리할 수 있다($\frac{제11조}{제5항}$).

8. 반복 청구 등의 처리

공공기관은 ① 정보공개를 청구하여 정보공개 여부에 대한 결정의 통지를 받은 자가 정당한 사유 없이 해당 정보의 공개를 다시 청구하는 경우, ② 정보공개 청구가 제11조 제5항에 따라 민원으로 처리되었으나 다시 같은 청구를 하는 경우에는 정보공개 청구 대상 정보의 성격, 종전 청구와의 내용적 유사성 · 관련성, 종전 청구와 동일한 답변을 할 수밖에 없는 사정 등을 종합적으로 고려하여 해당 청구를 종결 처리할 수 있다. 이 경우 종결 처리 사실을 청구인에게 알려야 한다(제11조의2 제1항).

공공기관은 ① 제7조 제1항에 따른 정보 등 공개를 목적으로 작성되어 이미 정보통신망 등을 통하여 공개된 정보를 청구하는 경우에는 해당 정보의 소재를 안내하고, ② 다른 법령이나 사회통념상 청구인의 여건 등에 비추어 수령할 수 없는 방법으로 정보공개 청구를 하는 경우에는 수령이 가능한 방법으로 청구하도록 안내하고, 해당 청구를 종결 처리할 수 있다(제2항).

VI. 불복절차

1. 청구인의 불복절차

(1) 이의신청

1) 이의신청의 기간

청구인이 정보공개와 관련한 공공기관의 비공개 결정 또는 부분 공개 결정에 대하여 불복이 있거나 정보공개 청구 후 20일이 경과하도록 정보공개 결정이 없는 때에는 공공기관으로부터 정보공개 여부의 결정 통지를 받은 날 또는 정보공개 청구 후 20일이 경과한 날부터 30일 이내에 해당 공공기관에 문서로 이의신청을 할 수 있다(제18조 제1항).

2) 심의회의 개최

국가기관등은 이의신청이 있는 경우에는 심의회를 개최하여야 한다. 다만, ① 심의회의 심의를 이미 거친 사항, ② 단순 · 반복적인 청구, ③ 법령에 따라 비밀로 규정된 정보에 대한 청구에 해당하는 경우에는 심의회를 개최하지 아니할 수 있으며 개최하지 아니하는 사유를 청구인에게 문서로 통지하여야 한다(제18조 제2항).

3) 이의신청에 대한 결과 통지

공공기관은 이의신청을 받은 날부터 7일 이내에 그 이의신청에 대하여 결정하고 그 결과를 청구인에게 지체 없이 문서로 통지하여야 한다. 다만, 부득이한 사유로 정하여진 기간 이내에 결정할 수 없을 때에는 그 기간이 끝나는 날의 다음 날부터 기산하여 7일의 범위에서 연장할 수 있으며, 연장 사유를 청구인에게 통지하여야 한다($\frac{제18조}{제3항}$).

공공기관은 이의신청을 각하 또는 기각하는 결정을 한 경우에는 청구인에게 행정심판 또는 행정소송을 제기할 수 있다는 사실을 제3항에 따른 결과 통지와 함께 알려야 한다($\frac{제4}{항}$).

대법원 2023. 7. 27. 선고 2022두52980 판결

공공기관의 정보공개에 관한 법률 제18조 제1항, 제3항, 제4항, 제20조 제1항, 행정소송법 제20조 제1항의 규정 내용과 그 취지 등을 종합하여 보면, 청구인이 공공기관의 비공개 결정 또는 부분 공개 결정에 대한 이의신청을 하여 공공기관으로부터 이의신청에 대한 결과를 통지받은 후 취소소송을 제기하는 경우 그 제소기간은 이의신청에 대한 결과를 통지받은 날부터 기산한다고 봄이 타당하다.

(2) 행정심판

청구인이 정보공개와 관련한 공공기관의 결정에 대하여 불복이 있거나 정보공개 청구 후 20일이 경과하도록 정보공개 결정이 없는 때에는 행정심판법에서 정하는 바에 따라 행정심판을 청구할 수 있다. 이 경우 국가기관 및 지방자치단체 외의 공공기관의 결정에 대한 감독행정기관은 관계 중앙행정기관의 장 또는 지방자치단체의 장으로 한다($\frac{제19조}{제1항}$).

청구인은 제18조에 따른 이의신청 절차를 거치지 아니하고 행정심판을 청구할 수 있다($\frac{제2}{항}$). 이때 행정심판의 형식은 취소심판(무효등확인심판) 또는 의무이행심판이 된다.

(3) 행정소송

청구인이 정보공개와 관련한 공공기관의 결정에 대하여 불복이 있거나 정보공개 청구 후 20일이 경과하도록 정보공개 결정이 없는 때에는 행정소송법에서 정하는 바에 따라 행정소송을 제기할 수 있다($\frac{제20조}{제1항}$). 청구인은 이의신청이나 행정심판을 제기하지 않고 곧바로 행정소송을 제기할 수도 있다. 이때 소송형식은 취소소송(무효등확인소송) 또는 부작위위법확인소송이 된다.

1) 적법요건

행정소송법상 항고소송을 제기하기 위해서는 그 소송을 제기할 법률상 이익이 요구된다. 판례는 정보공개청구권은 법률상 보호되는 구체적인 권리이므로 청구인이 공공기관에 대하여 정보공개를 청구하였다가 거부처분을 받은 것 자체가 법률상 이익의 침해에 해당한다는 입장이다.[13] 따라서 개인적 이익과 무관하게 행정감시와 같은 공익적 목적으로 정보공개를 청구한 사람도 비공개결정에 대하여 항고소송으로 다툴 수 있다.

그러나 공공기관이 공개를 구하는 정보를 보유 · 관리하고 있지 아니한 경우에는 정보공개거부처분의 취소를 구할 법률상 이익이 없다는 것이 판례이다.

대법원 2006. 1. 13. 선고 2003두9459 판결

정보공개제도는 공공기관이 보유 · 관리하는 정보를 그 상태대로 공개하는 제도라는 점 등에 비추어 보면, 정보공개를 구하는 자가 공개를 구하는 정보를 행정기관이 보유 · 관리하고 있을 상당한 개연성이 있다는 점을 입증함으로써 족하다 할 것이지만, 공공기관이 그 정보를 보유 · 관리하고 있지 아니한 경우에는 특별한 사정이 없는 한 정보공개거부처분의 취소를 구할 법률상의 이익이 없다.

판례에 따르면, 공개청구의 대상이 되는 정보가 이미 다른 사람에게 공개되어 널리 알려져 있다거나 인터넷 등을 통하여 공개되어 인터넷검색 등을 통하여 쉽게 알 수 있다는 사정만으로는 소의 이익이 없다거나 비공개결정이 정당화될 수 없다.[14]

2) 본안심리

재판장은 필요하다고 인정하면 당사자를 참여시키지 아니하고 제출된 공개 청구 정보를 비공개로 열람 · 심사할 수 있다(제20조 제2항).

재판장은 행정소송의 대상이 제9조 제1항 제2호에 따른 정보 중 국가안전보장 · 국방 또는 외교관계에 관한 정보의 비공개 또는 부분 공개 결정처분인 경우에 공공기관이 그 정보에 대한 비밀 지정의 절차, 비밀의 등급 · 종류 및 성질과 이를 비밀로 취급하게 된 실질적인 이유 및 공개를 하지 아니하는 사유 등을 입증하면 해당 정보를 제출하지 아니하게 할 수 있다(제3항).

한편, 국민의 정보공개 청구가 권리의 남용에 해당하는 것이 명백한 경우에는 정보공개청구권의 행사를 허용할 수 없다.

---

13) 대법원 2003. 12. 12. 선고 2003두8050 판결.
14) 대법원 2010. 12. 23. 선고 2008두13101 판결.

대법원 2014. 12. 24. 선고 2014두9349 판결

[1] 일반적인 정보공개청구권의 의미와 성질, 구 공공기관의 정보공개에 관한 법률(2013. 8. 6. 법률 제11991호로 개정되기 전의 것, 이하 '정보공개법'이라 한다) 제3조, 제5조 제1항, 제6조의 규정 내용과 입법 목적, 정보공개법이 정보공개청구권의 행사와 관련하여 정보의 사용 목적이나 정보에 접근하려는 이유에 관한 어떠한 제한을 두고 있지 아니한 점 등을 고려하면, 국민의 정보공개청구는 정보공개법 제9조에 정한 비공개 대상 정보에 해당하지 아니하는 한 원칙적으로 폭넓게 허용되어야 하지만, 실제로는 해당 정보를 취득 또는 활용할 의사가 전혀 없이 정보공개 제도를 이용하여 사회통념상 용인될 수 없는 부당한 이득을 얻으려 하거나, 오로지 공공기관의 담당공무원을 괴롭힐 목적으로 정보공개청구를 하는 경우처럼 권리의 남용에 해당하는 것이 명백한 경우에는 정보공개청구권의 행사를 허용하지 아니하는 것이 옳다.

[2] 교도소에 복역 중인 갑이 지방검찰청 검사장에게 자신에 대한 불기소사건 수사기록 중 타인의 개인정보를 제외한 부분의 공개를 청구하였으나 검사장이 구 공공기관의 정보공개에 관한 법률(2013. 8. 6. 법률 제11991호로 개정되기 전의 것) 제9조 제1항 등에 규정된 비공개 대상 정보에 해당한다는 이유로 비공개 결정을 한 사안에서, 갑은 위 정보에 접근하는 것을 목적으로 정보공개를 청구한 것이 아니라, 청구가 거부되면 거부처분의 취소를 구하는 소송에서 승소한 뒤 소송비용 확정절차를 통해 자신이 그 소송에서 실제 지출한 소송비용보다 다액을 소송비용으로 지급받아 금전적 이득을 취하거나, 수감 중 변론기일에 출정하여 강제노역을 회피하는 것 등을 목적으로 정보공개를 청구하였다고 볼 여지가 큰 점 등에 비추어 갑의 정보공개청구는 권리를 남용하는 행위로서 허용되지 않는다고 한 사례.

3) 증명책임

공개를 구하는 정보를 공공기관이 보유·관리하고 있다는 점에 관한 증명책임은 정보공개를 청구한 자에게 있지만, 그 입증의 정도는 그러한 정보를 공공기관이 보유·관리하고 있을 상당한 개연성이 있다는 점을 증명하면 충분하다. 다만 공개를 구하는 정보를 공공기관이 한 때 보유·관리하였으나 후에 그 정보가 담긴 문서 등이 폐기되어 존재하지 않게 된 것이라면 그 정보를 더 이상 보유·관리하고 있지 아니하다는 점에 대한 증명책임은 공공기관에 있다.

대법원 2004. 12. 9. 선고 2003두12707 판결

정보공개제도는 공공기관이 보유·관리하는 정보를 그 상태대로 공개하는 제도로서 공개를 구하는 정보를 공공기관이 보유·관리하고 있을 상당한 개연성이 있다는 점에 대하여 원칙적으로 공개청구자에게 증명책임이 있다고 할 것이지만, 공개를 구하는 정보를 공공기관이 한 때 보유·관리하였으나 후에 그 정보가 담긴 문서 등이 폐기되어 존재하지 않게 된 것이라면 그 정보를 더 이상 보유·관리하고 있지 아니하다는 점에 대한 증명책임은 공공기관에게 있다.[15]

공공기관이 공개를 구하는 정보에 대하여 비공개결정을 내리기 위해서는 정보공개법 제9조 제1항 몇 호의 비공개사유에 해당하는지를 주장·입증하여야 하며, 개괄적인 사유만을 들어 공개를 거부하는 것은 허용되지 않는다.

공공기관은 행정쟁송단계에서 당초 비공개결정의 근거로 삼은 사유와 기본적 사실관계의 동일성이 있다고 인정되는 한도 내에서만 다른 사유로 추가하거나 변경할 수 있다.

대법원 2003. 12. 11. 선고 2001두8827 판결

[1] 공공기관의정보공개에관한법률 제1조, 제3조, 제6조는 국민의 알권리를 보장하고 국정에 대한 국민의 참여와 국정운영의 투명성을 확보하기 위하여 공공기관이 보유·관리하는 정보를 모든 국민에게 원칙적으로 공개하도록 하고 있으므로, 국민으로부터 보유·관리하는 정보에 대한 공개를 요구받은 공공기관으로서는 같은 법 제7조 제1항 각 호에서 정하고 있는 비공개사유에 해당하지 않는 한 이를 공개하여야 할 것이고, 만일 이를 거부하는 경우라 할지라도 대상이 된 정보의 내용을 구체적으로 확인·검토하여 어느 부분이 어떠한 법익 또는 기본권과 충돌되어 같은 법 제7조 제1항 몇 호에서 정하고 있는 비공개사유에 해당하는지를 주장·입증하여야만 할 것이며, 그에 이르지 아니한 채 개괄적인 사유만을 들어 공개를 거부하는 것은 허용되지 아니한다.

[2] 행정처분의 취소를 구하는 항고소송에 있어서, 처분청은 당초 처분의 근거로 삼은 사유와 기본적 사실관계가 동일성이 있다고 인정되는 한도 내에서만 다른 사유를 추가하거나 변경할 수 있고, 여기서 기본적 사실관계의 동일성 유무는 처분사유를 법률적으로 평가하기 이전의 구체적인 사실에 착안하여 그 기초인 사회적 사실관계가 기본적인 점에서 동일한지 여부에 따라 결정되며 이와 같이 기본적 사실관계와 동일성이 인정되지 않는 별개의 사실을 들어 처분사유로 주장하는 것이 허용되지 않는다고 해석하는 이유는 행정처분의 상대방의 방어권을 보장함으로써 실질적 법치주의를 구현하고 행정처분의 상대방에 대한 신뢰를 보호하고자 함에 그 취지가 있고, 추가 또는 변경된 사유가 당초의 처분시 그 사유를 명기하지 않았을 뿐 처분시에 이미 존재하고 있었고 당사자도 그 사실을 알고 있었다 하여 당초의 처분사유와 동일성이 있는 것이라 할 수 없다.

[3] 당초의 정보공개거부처분사유인 공공기관의정보공개에관한법률 제7조 제1항 제

---

15) 교도소직원회운영지침과 재소자자변물품공급규칙이 폐지되었다 하여 곧바로 교도소장이 그 정보가 담긴 문서들을 보관·관리하지 않고 있다고 단정할 수는 없다고 한 사례.

4호 및 제6호의 사유는 새로이 추가된 같은 항 제5호의 사유와 기본적 사실관계의 동
일성이 없다고 한 사례.

4) 일부 취소판결

법원의 심리결과, 공공기관이 공개를 거부한 정보에 비공개대상 정보와 공개가
가능한 정보가 혼합되어 있고, 공개청구의 취지에 어긋나지 않는 범위에서 두 부분
을 분리할 수 있음을 인정할 수 있을 때에는 공개가 가능한 부분을 특정하고 판결
의 주문에 거부처분 중 공개가 가능한 정보에 관한 부분만을 취소한다고 표시하여
야 한다.

대법원 2003. 3. 11. 선고 2001두6425 판결

법원이 행정청의 정보공개거부처분의 위법 여부를 심리한 결과 공개를 거부한 정보
에 비공개대상정보에 해당하는 부분과 공개가 가능한 부분이 혼합되어 있고 공개청구
의 취지에 어긋나지 아니하는 범위 안에서 두 부분을 분리할 수 있음을 인정할 수 있을
때에는, 위 정보 중 공개가 가능한 부분을 특정하고 판결의 주문에 행정청의 위 거부처
분 중 공개가 가능한 정보에 관한 부분만을 취소한다고 표시하여야 한다.

(4) 기간의 계산

1) 원 칙

정보공개법에 따른 기간의 계산은 민법에 따른다($\binom{제29조}{제1항}$).

2) 특 례

정보공개법 ① 제11조 제1항 및 제2항에 따른 정보공개 여부 결정기간, ② 제18
조 제1항, 제19조 제1항 및 제20조 제1항에 따른 정보공개 청구 후 경과한 기간,
③ 제18조 제3항에 따른 이의신청 결정기간은 "일" 단위로 계산하고 첫날을 산입하
되, 공휴일과 토요일은 산입하지 아니한다($\binom{제29조}{제2항}$).

2. 제3자의 불복절차

정보공개법 제11조 제3항에 따라 공개 청구된 사실을 통지받은 제3자는 그 통지
를 받은 날부터 3일 이내에 해당 공공기관에 대하여 자신과 관련된 정보를 공개하
지 아니할 것을 요청할 수 있다($\binom{제21조}{제1항}$). 그러나 제3자의 비공개요청에도 불구하고 공
공기관이 공개 결정을 할 때에는 공개 결정 이유와 공개 실시일을 분명히 밝혀 지

체 없이 문서로 통지하여야 하며, 제3자는 해당 공공기관에 문서로 이의신청을 하거나 행정심판 또는 행정소송을 제기할 수 있다. 이 경우 이의신청은 통지를 받은 날부터 7일 이내에 하여야 한다($\frac{제2}{항}$).

이때 공공기관은 공개 결정일과 공개 실시일 사이에 최소한 30일의 간격을 두어야 하므로($\frac{제3}{항}$), 제3자는 행정심판 또는 행정소송의 제기와 동시에 공개 결정에 대하여 집행정지를 신청할 수 있다.

제 3 장   개인정보보호

I. 개 설

오늘날 현대사회에서 개인정보는 정보통신기술의 발달로 공공기관과 민간 기업에 의해 다양한 방식으로 수집·관리되고 있다. 특히 전자정부의 출현으로 공공기관들은 행정목적상 필요에 의해 개인정보를 공동으로 이용하고 있으며, 기업들은 상업적인 목적으로 개인정보를 광범위하게 수집하고 있는 것이 현실이다. 문제는 이렇게 수집된 정보들이 기술적인 오류 또는 불법적인 거래를 통해 외부에 유출됨으로써 해당 정보주체의 프라이버시권이 침해되는 사례가 빈번하게 발생된다는 점이다. 이러한 점에서 개인정보의 보호가 중요한 사회문제로 대두되고 있다.

개인정보 보호제도의 헌법적 근거는 헌법상 기본권인 '개인정보자기결정권'이다. 개인정보자기결정권에 대해 헌법재판소는 "자신에 관한 정보가 언제 누구에게 어느 범위까지 알려지고 또 이용되도록 할 것인지를 그 정보주체가 스스로 결정할 수 있는 권리, 즉 정보주체가 개인정보의 공개와 이용에 관하여 스스로 결정할 권리"로 정의하고 있다(헌법재판소 2005. 5. 26.자 99헌마513 등 결정). 다만 개인정보자기결정권의 헌법상 근거에 관하여, 위 결정에서는 독자적 기본권으로서 헌법에 명시되지 않은 기본권이라고 보았으나, 헌법재판소 2005. 7. 21.자 2003헌마282 등 결정에서는 "인간의 존엄과 가치, 행복추구권을 규정한 헌법 제10조 제1문에서 도출되는 일반적 인격권 및 헌법 제17조의 사생활의 비밀과 자유에 의하여 보장"된다고 판시하였다.

헌법재판소 2005. 5. 26.자 99헌마513 등 결정

개인정보자기결정권의 헌법상 근거로는 헌법 제17조의 사생활의 비밀과 자유, 헌법 제10조 제1문의 인간의 존엄과 가치 및 행복추구권에 근거를 둔 일반적 인격권 또는 위 조문들과 동시에 우리 헌법의 자유민주적 기본질서 규정 또는 국민주권원리와 민주주의원리 등을 고려할 수 있으나, 개인정보자기결정권으로 보호하려는 내용을 위 각 기본권들 및 헌법원리들 중 일부에 완전히 포섭시키는 것은 불가능하다고 할 것이므로, 그 헌법적 근거를 굳이 어느 한 두개에 국한시키는 것은 바람직하지 않은 것으로 보이고, 오히려 개인정보자기결정권은 이들을 이념적 기초로 하는 독자적 기본권으로서 헌법에 명시되지 아니한 기본권이라고 보아야 할 것이다.

Ⅱ. 개인정보보호법제

1. 개인정보 보호법

종래 공공기관의 개인정보의 보호를 위하여 1994년에 「공공기관의 개인정보보호에 관한 법률」이 제정 · 시행되었다가, 그 후 공공부문과 민간부문을 모두 포함하여 개인정보 보호제도를 마련하기 위해 2011년 3월 29일 「개인정보 보호법」이 제정되어 현재 시행 중에 있다.

개인정보 보호법은 개인정보의 처리 및 보호에 관한 사항을 정함으로써 개인의 자유와 권리를 보호하고, 나아가 개인의 존엄과 가치를 구현함을 목적으로 하며($^{제1}_{조}$), 개인정보보호에 관한 일반법[1]으로서 위상을 가지고 있다. 개인정보 보호법은 2023년 3월 14일 대폭 개정되었는데, 그 주요 내용으로는 ① 이동형 영상정보처리기기의 운영 제한($^{제25조}_{의2}$), ② 개인정보의 국외 이전 및 중지명령($^{제28조}_{의9}$), ③ 개인정보 전송 요구($^{제35조}_{의2}$), ④ 자동화된 결정에 대한 정보주체의 권리 등($^{제37조}_{의2}$), ⑤ 정보통신서비스 제공자 등의 개인정보 처리 등 특례규정($^{제6}_{장}$)의 삭제[2] 등을 들 수 있다.

2. 개인정보 보호에 관한 특별법

개인정보 보호법 이외에도 개별 분야별로 특별법이 제정되어 있다. 가령, ① 신용정보에 관해서는 「신용정보의 이용 및 보호에 관한 법률」이, ② 금융거래정보에 관해서는 「금융실명거래 및 비밀보장에 관한 법률」이, ③ 정보통신망에서의 개인정보에 대해서는 「정보통신망 이용촉진 및 정보보호 등에 관한 법률」이, ④ 위치정보에 관해서는 「위치정보의 보호 및 이용 등에 관한 법률」이 특별법으로서 우선 적용된다.

---

1) 제6조(다른 법률과의 관계) ① 개인정보의 처리 및 보호에 관하여 다른 법률에 특별한 규정이 있는 경우를 제외하고는 이 법에서 정하는 바에 따른다.
② 개인정보의 처리 및 보호에 관한 다른 법률을 제정하거나 개정하는 경우에는 이 법의 목적과 원칙에 맞도록 하여야 한다.
2) 종전에는 온라인 사업자에게는 특례규정이 적용되고, 오프라인 사업자에게는 일반규정이 적용되어 사업자별로 적용되는 규정이 상이하였으나, 현재는 일반규정으로 일원화하였다.

Ⅲ. 개인정보보호법의 주요 내용

1. 용어의 정의

(1) 개인정보

"개인정보"란 살아 있는 개인에 관한 정보로서, ① 성명, 주민등록번호 및 영상 등을 통하여 개인을 알아볼 수 있는 정보, ② 해당 정보만으로는 특정 개인을 알아 볼 수 없더라도 다른 정보와 쉽게 결합하여 알아볼 수 있는 정보(이 경우 쉽게 결합할 수 있는지 여 부는 다른 정보의 입수 가능성 등 개인을 알아보는 데 소요되는 시간, 비용, 기술 등을 합리적으로 고려하여야 한다), ③ 위 ① 또는 ②를 가명처리[3]함으로써 원래의 상태로 복원 하기 위한 추가 정보의 사용·결합 없이는 특정 개인을 알아볼 수 없는 정보(가명 정보)를 말한다(제2조 제1호). 이처럼 개인정보에는 인적사항뿐만 아니라 신체적·경제적·사회적 정보 등이 모두 포함된다.

헌법재판소 2005. 5. 26.자 99헌마513 등 결정

개인정보자기결정권의 보호대상이 되는 개인정보는 개인의 신체, 신념, 사회적 지위, 신분 등과 같이 개인의 인격주체성을 특징짓는 사항으로서 그 개인의 동일성을 식별할 수 있게 하는 일체의 정보라고 할 수 있고, 반드시 개인의 내밀한 영역이나 사사(私事) 의 영역에 속하는 정보에 국한되지 않고 공적 생활에서 형성되었거나 이미 공개된 개인 정보까지 포함한다. 또한 그러한 개인정보를 대상으로 한 조사·수집·보관·처리·이 용 등의 행위는 모두 원칙적으로 개인정보자기결정권에 대한 제한에 해당한다.

(2) 처 리

"처리"란 개인정보의 수집, 생성, 연계, 연동, 기록, 저장, 보유, 가공, 편집, 검 색, 출력, 정정, 복구, 이용, 제공, 공개, 파기, 그 밖에 이와 유사한 행위를 말한다(제2조 제2호).

(3) 정보주체

"정보주체"란 처리되는 정보에 의하여 알아볼 수 있는 사람으로서 그 정보의 주 체가 되는 사람을 말한다(제2조 제3호).

---

3) "가명처리"란 개인정보의 일부를 삭제하거나 일부 또는 전부를 대체하는 등의 방법으로 추가 정 보가 없이는 특정 개인을 알아볼 수 없도록 처리하는 것을 말한다(제2조 제1호의2).

(4) 개인정보처리자

"개인정보처리자"란 업무를 목적으로 개인정보파일[4]을 운용하기 위하여 스스로 또는 다른 사람을 통하여 개인정보를 처리하는 공공기관, 법인, 단체 및 개인 등을 말한다(제2조 제5호).

(5) 영상정보처리기기

영상정보처리기기에는 ① 고정형 영상정보처리기기(일정한 공간에 설치되어 지속적 또는 주기적으로 사람 또는 사물의 영상 등을 촬영하거나 이를 유·무선망을 통하여 전송하는 장치로서 대통령령으로 정하는 장치)와 ② 이동형 영상정보처리기기(사람이 신체에 착용 또는 휴대하거나 이동 가능한 물체에 부착 또는 거치하여 사람 또는 사물의 영상 등을 촬영하거나 이를 유·무선망을 통하여 전송하는 장치로서 대통령령으로 정하는 장치)가 있다(제2조 제7호, 제7호의2).

2. 개인정보 보호원칙

개인정보처리자는 개인정보의 처리 목적을 명확하게 하여야 하고 그 목적에 필요한 범위에서 최소한의 개인정보만을 적법하고 정당하게 수집하여야 한다(개인정보 보호법 제3조 제1항).

개인정보처리자는 개인정보의 처리 목적에 필요한 범위에서 적합하게 개인정보를 처리하여야 하며, 그 목적 외의 용도로 활용하여서는 아니 된다(제2항).

개인정보처리자는 개인정보의 처리 목적에 필요한 범위에서 개인정보의 정확성, 완전성 및 최신성이 보장되도록 하여야 한다(제3항).

개인정보처리자는 개인정보의 처리 방법 및 종류 등에 따라 정보주체의 권리가 침해받을 가능성과 그 위험 정도를 고려하여 개인정보를 안전하게 관리하여야 한다(제4항).

개인정보처리자는 개인정보 처리방침 등 개인정보의 처리에 관한 사항을 공개하여야 하며, 열람청구권 등 정보주체의 권리를 보장하여야 한다(제5항).

개인정보처리자는 정보주체의 사생활 침해를 최소화하는 방법으로 개인정보를 처리하여야 한다(제6항).

개인정보처리자는 개인정보를 익명 또는 가명으로 처리하여도 개인정보 수집목적을 달성할 수 있는 경우 익명처리가 가능한 경우에는 익명에 의하여, 익명처리로 목적을 달성할 수 없는 경우에는 가명에 의하여 처리될 수 있도록 하여야 한다(제7항).

개인정보처리자는 이 법 및 관계 법령에서 규정하고 있는 책임과 의무를 준수하

---

4) "개인정보파일"이란 개인정보를 쉽게 검색할 수 있도록 일정한 규칙에 따라 체계적으로 배열하거나 구성한 개인정보의 집합물을 말한다(제2조 제4호).

고 실천함으로써 정보주체의 신뢰를 얻기 위하여 노력하여야 한다($\frac{제8}{항}$).

3. 개인정보 보호위원회

(1) 설 치

개인정보 보호에 관한 사무를 독립적으로 수행하기 위하여 국무총리 소속으로 개인정보 보호위원회($\frac{이하\ "보호위원}{회"라\ 한다}$)가 설치되어 있다($\frac{제7조}{제1항}$). 보호위원회는 정부조직법 제2조에 따른 중앙행정기관으로 본다($\frac{제2항}{본문}$).

(2) 소관사무

보호위원회는 ① 개인정보의 보호와 관련된 법령의 개선에 관한 사항, ② 개인정보 보호와 관련된 정책·제도·계획 수립·집행에 관한 사항, ③ 정보주체의 권리침해에 대한 조사 및 이에 따른 처분에 관한 사항, ④ 개인정보의 처리와 관련한 고충처리·권리구제 및 개인정보에 관한 분쟁의 조정, ⑤ 개인정보 보호를 위한 국제기구 및 외국의 개인정보 보호기구와의 교류·협력, ⑥ 개인정보 보호에 관한 법령·정책·제도·실태 등의 조사·연구, 교육 및 홍보에 관한 사항, ⑦ 개인정보 보호에 관한 기술개발의 지원·보급, 기술의 표준화 및 전문인력의 양성에 관한 사항, ⑧ 이 법 및 다른 법령에 따라 보호위원회의 사무로 규정된 사항의 소관 사무를 수행한다($\frac{제7조}{의8}$).

4. 개인정보의 처리

(1) 개인정보의 수집·이용·제공 등

1) 개인정보의 수집·이용

개인정보처리자는 ① 정보주체의 동의를 받은 경우($\frac{제1}{호}$),[5] ② 법률에 특별한 규정이 있거나 법령상 의무를 준수하기 위하여 불가피한 경우($\frac{제2}{호}$), ③ 공공기관이 법령 등에서 정하는 소관 업무의 수행을 위하여 불가피한 경우($\frac{제3}{호}$), ④ 정보주체와 체결한 계약을 이행하거나 계약을 체결하는 과정에서 정보주체의 요청에 따른 조치를

---

5) 개인정보처리자는 제1항 제1호에 따른 동의를 받을 때에는 ① 개인정보의 수집·이용 목적, ② 수집하려는 개인정보의 항목, ③ 개인정보의 보유 및 이용 기간, ④ 동의를 거부할 권리가 있다는 사실 및 동의 거부에 따른 불이익이 있는 경우에는 그 불이익의 내용을 정보주체에게 알려야 한다. 이 중 어느 하나의 사항을 변경하는 경우에도 이를 알리고 동의를 받아야 한다(제15조 제2항).

이행하기 위하여 필요한 경우($\frac{제4}{호}$), ⑤ 명백히 정보주체 또는 제3자의 급박한 생명, 신체, 재산의 이익을 위하여 필요하다고 인정되는 경우($\frac{제5}{호}$), ⑥ 개인정보처리자의 정당한 이익을 달성하기 위하여 필요한 경우로서 명백하게 정보주체의 권리보다 우선하는 경우($\frac{제6}{호}$),[6] ⑦ 공중위생 등 공공의 안전과 안녕을 위하여 긴급히 필요한 경우($\frac{제7}{호}$)에는 개인정보를 수집할 수 있으며 그 수집 목적의 범위에서 이용할 수 있다($\frac{제15조}{제1항}$).

개인정보처리자는 당초 수집 목적과 합리적으로 관련된 범위에서 정보주체에게 불이익이 발생하는지 여부, 암호화 등 안전성 확보에 필요한 조치를 하였는지 여부 등을 고려하여 대통령령으로 정하는 바에 따라 정보주체의 동의 없이 개인정보를 이용할 수 있다($\frac{제3}{항}$).

2) 개인정보의 수집 제한

개인정보처리자는 제15조 제1항 각 호의 어느 하나에 해당하여 개인정보를 수집하는 경우에는 그 목적에 필요한 최소한의 개인정보를 수집하여야 한다. 이 경우 최소한의 개인정보 수집이라는 입증책임은 개인정보처리자가 부담한다($\frac{제16조}{제1항}$).

3) 개인정보의 제공

개인정보처리자는 ① 정보주체의 동의를 받은 경우($\frac{제1}{호}$),[7] ② 제15조 제1항 제2호, 제3호 및 제5호부터 제7호까지에 따라 개인정보를 수집한 목적 범위에서 개인정보를 제공하는 경우($\frac{제2}{호}$)에는 정보주체의 개인정보를 제3자에게 제공($\frac{공유를 포함한다.}{이하 같다}$)할 수 있다($\frac{제17조}{제1항}$).

개인정보처리자는 당초 수집 목적과 합리적으로 관련된 범위에서 정보주체에게 불이익이 발생하는지 여부, 암호화 등 안전성 확보에 필요한 조치를 하였는지 여부 등을 고려하여 대통령령으로 정하는 바에 따라 정보주체의 동의 없이 개인정보를 제공할 수 있다($\frac{제4}{항}$).

---

6) 이 경우 개인정보처리자의 정당한 이익과 상당한 관련이 있고 합리적인 범위를 초과하지 아니하는 경우에 한한다.

7) 개인정보처리자는 제1항 제1호에 따른 동의를 받을 때에는 ① 개인정보를 제공받는 자(제1호), ② 개인정보를 제공받는 자의 개인정보 이용 목적(제2호), ③ 제공하는 개인정보의 항목(제3호), ④ 개인정보를 제공받는 자의 개인정보 보유 및 이용 기간(제4호), ⑤ 동의를 거부할 권리가 있다는 사실 및 동의 거부에 따른 불이익이 있는 경우에는 그 불이익의 내용(제5호)을 정보주체에게 알려야 한다. 이 중 어느 하나의 사항을 변경하는 경우에도 이를 알리고 동의를 받아야 한다(제17조 제2항).

4) 개인정보의 목적 외 이용·제공 제한

(가) 원 칙

개인정보처리자는 개인정보를 제15조 제1항에 따른 범위를 초과하여 이용하거나 제17조 제1항 및 제28조의8 제1항에 따른 범위를 초과하여 제3자에게 제공하여서는 아니 된다($^{제18조}_{제1항}$).

(나) 예 외

개인정보처리자는 ① 정보주체로부터 별도의 동의를 받은 경우($^{제1}_{호}$),[8] ② 다른 법률에 특별한 규정이 있는 경우($^{제2}_{호}$), ③ 명백히 정보주체 또는 제3자의 급박한 생명, 신체, 재산의 이익을 위하여 필요하다고 인정되는 경우($^{제3}_{호}$), ④ 개인정보를 목적 외의 용도로 이용하거나 이를 제3자에게 제공하지 아니하면 다른 법률에서 정하는 소관 업무를 수행할 수 없는 경우로서 보호위원회의 심의·의결을 거친 경우($^{제5}_{호}$), ⑤ 조약, 그 밖의 국제협정의 이행을 위하여 외국정부 또는 국제기구에 제공하기 위하여 필요한 경우($^{제6}_{호}$), ⑥ 범죄의 수사와 공소의 제기 및 유지를 위하여 필요한 경우($^{제7}_{호}$), ⑦ 법원의 재판업무 수행을 위하여 필요한 경우($^{제8}_{호}$), ⑧ 형 및 감호, 보호처분의 집행을 위하여 필요한 경우($^{제9}_{호}$), ⑨ 공중위생 등 공공의 안전과 안녕을 위하여 긴급히 필요한 경우($^{제10}_{호}$)에는 정보주체 또는 제3자의 이익을 부당하게 침해할 우려가 있을 때를 제외하고는 개인정보를 목적 외의 용도로 이용하거나 이를 제3자에게 제공할 수 있다($^{제18조 제2}_{항 본문}$). 다만, 제5호부터 제9호까지에 따른 경우는 공공기관의 경우로 한정한다($^{제2항}_{단서}$).

5) 개인정보를 제공받은 자의 이용·제공 제한

개인정보처리자로부터 개인정보를 제공받은 자는 ① 정보주체로부터 별도의 동의를 받은 경우, ② 다른 법률에 특별한 규정이 있는 경우를 제외하고는 개인정보를 제공받은 목적 외의 용도로 이용하거나 이를 제3자에게 제공하여서는 아니 된다($^{제19}_{조}$).

---

8) 개인정보처리자는 제2항 제1호에 따른 동의를 받을 때에는 ① 개인정보를 제공받는 자, ② 개인정보의 이용 목적(제공 시에는 제공받는 자의 이용 목적을 말한다), ③ 이용 또는 제공하는 개인정보의 항목, ④ 개인정보의 보유 및 이용 기간(제공 시에는 제공받는 자의 보유 및 이용 기간을 말한다), ⑤ 동의를 거부할 권리가 있다는 사실 및 동의 거부에 따른 불이익이 있는 경우에는 그 불이익의 내용을 정보주체에게 알려야 한다. 이 중 어느 하나의 사항을 변경하는 경우에도 이를 알리고 동의를 받아야 한다(제18조 제3항).

6) 개인정보의 파기

개인정보처리자는 보유기간의 경과, 개인정보의 처리 목적 달성, 가명정보의 처리 기간 경과 등 그 개인정보가 불필요하게 되었을 때에는 지체 없이 그 개인정보를 파기하여야 한다. 다만, 다른 법령에 따라 보존하여야 하는 경우에는 그러하지 아니하다($\substack{제21조 \\ 제1항}$).

(2) 개인정보의 처리 제한

1) 민감정보의 처리 제한

개인정보처리자는 사상 · 신념, 노동조합 · 정당의 가입 · 탈퇴, 정치적 견해, 건강, 성생활 등에 관한 정보, 그 밖에 정보주체의 사생활을 현저히 침해할 우려가 있는 개인정보로서 대통령령으로 정하는 정보($\substack{이하 "민감정 \\ 보"라 한다}$)[9]를 처리하여서는 아니 된다.

다만, ① 정보주체에게 제15조 제2항 각 호 또는 제17조 제2항 각 호의 사항을 알리고 다른 개인정보의 처리에 대한 동의와 별도로 동의를 받은 경우($\substack{제1 \\ 호}$), ② 법령에서 민감정보의 처리를 요구하거나 허용하는 경우($\substack{제2 \\ 호}$)에는 그러하지 아니하다($\substack{제23조 \\ 제1항}$).

개인정보처리자는 재화 또는 서비스를 제공하는 과정에서 공개되는 정보에 정보주체의 민감정보가 포함됨으로써 사생활 침해의 위험성이 있다고 판단하는 때에는 재화 또는 서비스의 제공 전에 민감정보의 공개 가능성 및 비공개를 선택하는 방법을 정보주체가 알아보기 쉽게 알려야 한다($\substack{제3 \\ 항}$).

2) 고유식별정보의 처리 제한

개인정보처리자는 ① 정보주체에게 제15조 제2항 각 호 또는 제17조 제2항 각 호의 사항을 알리고 다른 개인정보의 처리에 대한 동의와 별도로 동의를 받은 경우($\substack{제1 \\ 호}$), ② 법령에서 구체적으로 고유식별정보의 처리를 요구하거나 허용하는 경우($\substack{제2 \\ 호}$)를 제외하고는 법령에 따라 개인을 고유하게 구별하기 위하여 부여된 식별정보로서

---

9) 개인정보 보호법 시행령 제18조(민감정보의 범위) 법 제23조 제1항 각 호 외의 부분 본문에서 "대통령령으로 정하는 정보"란 다음 각 호의 어느 하나에 해당하는 정보를 말한다. 다만, 공공기관이 법 제18조 제2항 제5호부터 제9호까지의 규정에 따라 다음 각 호의 어느 하나에 해당하는 정보를 처리하는 경우의 해당 정보는 제외한다.
  1. 유전자검사 등의 결과로 얻어진 유전정보
  2. 「형의 실효 등에 관한 법률」 제2조 제5호에 따른 범죄경력자료에 해당하는 정보
  3. 개인의 신체적, 생리적, 행동적 특징에 관한 정보로서 특정 개인을 알아볼 목적으로 일정한 기술적 수단을 통해 생성한 정보
  4. 인종이나 민족에 관한 정보

대통령령으로 정하는 정보($^{이하~"고유식별}_{정보"라~한다}$)10)를 처리할 수 없다($^{제24조}_{제1항}$).

3) 주민등록번호 처리의 제한

제24조 제1항에도 불구하고 개인정보처리자는 ① 법률·대통령령·국회규칙·대법원규칙·헌법재판소규칙·중앙선거관리위원회규칙 및 감사원규칙에서 구체적으로 주민등록번호의 처리를 요구하거나 허용한 경우($^{제1}_{호}$), ② 정보주체 또는 제3자의 급박한 생명, 신체, 재산의 이익을 위하여 명백히 필요하다고 인정되는 경우($^{제2}_{호}$), ③ 제1호 및 제2호에 준하여 주민등록번호 처리가 불가피한 경우로서 보호위원회가 고시로 정하는 경우($^{제3}_{호}$)를 제외하고는 주민등록번호를 처리할 수 없다($^{제24조의2}_{제1항}$).

개인정보처리자는 제1항 각 호에 따라 주민등록번호를 처리하는 경우에도 정보주체가 인터넷 홈페이지를 통하여 회원으로 가입하는 단계에서는 주민등록번호를 사용하지 아니하고도 회원으로 가입할 수 있는 방법을 제공하여야 한다($^{제3}_{항}$).

4) 고정형 영상정보처리기기의 설치·운영 제한

누구든지 ① 법령에서 구체적으로 허용하고 있는 경우($^{제1}_{호}$), ② 범죄의 예방 및 수사를 위하여 필요한 경우($^{제2}_{호}$), ③ 시설의 안전 및 관리, 화재 예방을 위하여 정당한 권한을 가진 자가 설치·운영하는 경우($^{제3}_{호}$), ④ 교통단속을 위하여 정당한 권한을 가진 자가 설치·운영하는 경우($^{제4}_{호}$), ⑤ 교통정보의 수집·분석 및 제공을 위하여 정당한 권한을 가진 자가 설치·운영하는 경우($^{제5}_{호}$), ⑥ 촬영된 영상정보를 저장하지 아니하는 경우로서 대통령령으로 정하는 경우($^{제6}_{호}$)를 제외하고는 공개된 장소에 고정형 영상정보처리기기를 설치·운영하여서는 아니 된다($^{제25조}_{제1항}$).

누구든지 불특정 다수가 이용하는 목욕실, 화장실, 발한실, 탈의실 등 개인의 사생활을 현저히 침해할 우려가 있는 장소의 내부를 볼 수 있도록 고정형 영상정보처리기기를 설치·운영하여서는 아니 된다. 다만, 교도소, 정신보건 시설 등 법령에 근거하여 사람을 구금하거나 보호하는 시설로서 대통령령으로 정하는 시설에 대하

---

10) 개인정보 보호법 시행령 제19조(고유식별정보의 범위) 법 제24조 제1항 각 호 외의 부분에서 "대통령령으로 정하는 정보"란 다음 각 호의 어느 하나에 해당하는 정보를 말한다. 다만, 공공기관이 법 제18조 제2항 제5호부터 제9호까지의 규정에 따라 다음 각 호의 어느 하나에 해당하는 정보를 처리하는 경우의 해당 정보는 제외한다.
　1. 「주민등록법」 제7조의2 제1항에 따른 주민등록번호
　2. 「여권법」 제7조 제1항 제1호에 따른 여권번호
　3. 「도로교통법」 제80조에 따른 운전면허의 면허번호
　4. 「출입국관리법」 제31조 제5항에 따른 외국인등록번호

여는 그러하지 아니하다($\frac{제2}{항}$).

고정형 영상정보처리기기를 설치 · 운영하는 자는 정보주체가 쉽게 인식할 수 있도록 ① 설치 목적 및 장소, ② 촬영 범위 및 시간, ③ 관리책임자의 연락처, ④ 그밖에 대통령령으로 정하는 사항이 포함된 안내판을 설치하는 등 필요한 조치를 하여야 한다. 다만, 군사기지 및 군사시설 보호법 제2조 제2호에 따른 군사시설, 통합방위법 제2조 제13호에 따른 국가중요시설, 그 밖에 대통령령으로 정하는 시설의 경우에는 그러하지 아니하다($\frac{제4}{항}$).

5) 이동형 영상정보처리기기의 운영 제한

과학기술의 발달로 드론이나 배달로봇, 자율주행 자동차에 의해 이동형 영상정보처리기기의 사용이 증가함에 따라 이에 관한 운영기준이 마련되었다.

업무를 목적으로 이동형 영상정보처리기기를 운영하려는 자는 ① 제15조 제1항 각 호의 어느 하나에 해당하는 경우, ② 촬영 사실을 명확히 표시하여 정보주체가 촬영 사실을 알 수 있도록 하였음에도 불구하고 촬영 거부 의사를 밝히지 아니한 경우,[11] ③ 그 밖에 제1호 및 제2호에 준하는 경우로서 대통령령으로 정하는 경우를 제외하고는 공개된 장소에서 이동형 영상정보처리기기로 사람 또는 그 사람과 관련된 사물의 영상(개인정보에 해당하는 경우로 한정한다. 이하 같다)을 촬영하여서는 아니 된다($\frac{제25조의2}{제1항}$).

누구든지 불특정 다수가 이용하는 목욕실, 화장실, 발한실, 탈의실 등 개인의 사생활을 현저히 침해할 우려가 있는 장소의 내부를 볼 수 있는 곳에서 이동형 영상정보처리기기로 사람 또는 그 사람과 관련된 사물의 영상을 촬영하여서는 아니 된다. 다만, 인명의 구조 · 구급 등을 위하여 필요한 경우로서 대통령령으로 정하는 경우에는 그러하지 아니하다($\frac{제2}{항}$).

(3) 개인정보의 국외 이전

1) 개인정보의 국외 이전 방식의 다양화

개인정보처리자는 개인정보를 국외로 제공(조회되는 경우를 포함한다) · 처리위탁 · 보관(이하 이 절에서 "이전"이라 한다)하여서는 아니 된다.

다만, ① 정보주체로부터 국외 이전에 관한 별도의 동의를 받은 경우, ② 법률, 대한민국을 당사자로 하는 조약 또는 그 밖의 국제협정에 개인정보의 국외 이전에

---

11) 이 경우 정보주체의 권리를 부당하게 침해할 우려가 없고 합리적인 범위를 초과하지 아니하는 경우로 한정한다.

관한 특별한 규정이 있는 경우, ③ 정보주체와의 계약의 체결 및 이행을 위하여 개인정보의 처리위탁·보관이 필요한 경우,[12] ④ 개인정보를 이전받는 자가 제32조의2에 따른 개인정보 보호 인증 등 보호위원회가 정하여 고시하는 인증을 받은 경우로서 개인정보 보호에 필요한 안전조치 및 정보주체 권리보장에 필요한 조치와 인증받은 사항을 개인정보가 이전되는 국가에서 이행하기 위하여 필요한 조치를 모두한 경우, ⑤ 개인정보가 이전되는 국가 또는 국제기구의 개인정보 보호체계, 정보주체 권리보장 범위, 피해구제 절차 등이 이 법에 따른 개인정보 보호 수준과 실질적으로 동등한 수준을 갖추었다고 보호위원회가 인정하는 경우에는 개인정보를 국외로 이전할 수 있다(제28조의8 제1항).

2) 개인정보의 국외 이전 중지 명령

보호위원회는 개인정보의 국외 이전이 계속되고 있거나 추가적인 국외 이전이 예상되는 경우로서 ① 제28조의8 제1항, 제4항 또는 제5항을 위반한 경우, ② 개인정보를 이전받는 자나 개인정보가 이전되는 국가 또는 국제기구가 이 법에 따른 개인정보 보호 수준에 비하여 개인정보를 적정하게 보호하지 아니하여 정보주체에게 피해가 발생하거나 발생할 우려가 현저한 경우에는 개인정보처리자에게 개인정보의 국외 이전을 중지할 것을 명할 수 있다(제28조의9 제1항).

5. 정보주체의 권리보장

(1) 정보주체의 권리

정보주체는 ① 개인정보의 열람 요구권(제35조 제1항), ② 개인정보의 전송 요구권(제35조의2 제1항), ③ 개인정보의 정정·삭제 요구권(제36조 제1항), ④ 개인정보의 처리정지 요구권(제37조 제1항), ⑤ 자동화된 결정에 대한 거부 및 설명 요구권(제37조의2 제1항, 제2항),[13] ⑥ 개인정보처리자에 대한

---

12) 제2항 각 호의 사항을 제30조에 따른 개인정보 처리방침에 공개한 경우 또는 전자우편 등 대통령령으로 정하는 방법에 따라 제2항 각 호의 사항을 정보주체에게 알린 경우를 말한다.

13) 제37조의2(자동화된 결정에 대한 정보주체의 권리 등) ① 정보주체는 완전히 자동화된 시스템(인공지능 기술을 적용한 시스템을 포함한다)으로 개인정보를 처리하여 이루어지는 결정(「행정기본법」 제20조에 따른 행정청의 자동적 처분은 제외하며, 이하 이 조에서 "자동화된 결정"이라 한다)이 자신의 권리 또는 의무에 중대한 영향을 미치는 경우에는 해당 개인정보처리자에 대하여 해당 결정을 거부할 수 있는 권리를 가진다. 다만, 자동화된 결정이 제15조 제1항 제1호·제2호 및 제4호에 따라 이루어지는 경우에는 그러하지 아니하다.

② 정보주체는 개인정보처리자가 자동화된 결정을 한 경우에는 그 결정에 대하여 설명 등을 요구할 수 있다.

손해배상청구권($^{제39조}_{제1항}$)¹⁴⁾ 등을 가진다.

대법원 1998. 7. 24. 선고 96다42789 판결

[2] 헌법 제10조는 "모든 국민은 인간으로서의 존엄과 가치를 가지며, 행복을 추구할 권리를 가진다. 국가는 개인이 가지는 불가침의 기본적 인권을 확인하고 이를 보장할 의무를 진다."고 규정하고, 헌법 제17조는 "모든 국민은 사생활의 비밀과 자유를 침해받지 아니한다."라고 규정하고 있는바, 이들 헌법규정은 개인의 사생활 활동이 타인으로부터 침해되거나 사생활이 함부로 공개되지 아니할 소극적인 권리는 물론, 오늘날 고도로 정보화된 현대사회에서 자신에 대한 정보를 자율적으로 통제할 수 있는 적극적인 권리까지도 보장하려는 데에 그 취지가 있는 것으로 해석된다.

[3] 구 국군보안사령부가 군과 관련된 첩보 수집, 특정한 군사법원 관할 범죄의 수사 등 법령에 규정된 직무범위를 벗어나 민간인들을 대상으로 평소의 동향을 감시 · 파악할 목적으로 지속적으로 개인의 집회 · 결사에 관한 활동이나 사생활에 관한 정보를 미행, 망원 활용, 탐문채집 등의 방법으로 비밀리에 수집 · 관리한 경우, 이는 헌법에 의하여 보장된 기본권을 침해한 것으로서 불법행위를 구성한다.

[4] 공적 인물에 대하여는 사생활의 비밀과 자유가 일정한 범위 내에서 제한되어 그 사생활의 공개가 면책되는 경우도 있을 수 있으나, 이는 공적 인물은 통상인에 비하여 일반 국민의 알 권리의 대상이 되고 그 공개가 공공의 이익이 된다는 데 근거한 것이므로, 일반 국민의 알 권리와는 무관하게 국가기관이 평소의 동향을 감시할 목적으로 개인의 정보를 비밀리에 수집한 경우에는 그 대상자가 공적 인물이라는 이유만으로 면책될 수 없다.

(2) 손해배상의 특칙

개인정보 보호법은 징벌적 손해배상($^{제39조}_{제3항}$)¹⁵⁾과 법정손해배상제도($^{제39조의2}_{제1항}$)¹⁶⁾를 도입

---

③ 개인정보처리자는 제1항 또는 제2항에 따라 정보주체가 자동화된 결정을 거부하거나 이에 대한 설명 등을 요구한 경우에는 정당한 사유가 없는 한 자동화된 결정을 적용하지 아니하거나 인적 개입에 의한 재처리 · 설명 등 필요한 조치를 하여야 한다.

14) 제39조(손해배상책임) ① 정보주체는 개인정보처리자가 이 법을 위반한 행위로 손해를 입으면 개인정보처리자에게 손해배상을 청구할 수 있다. 이 경우 그 개인정보처리자는 고의 또는 과실이 없음을 입증하지 아니하면 책임을 면할 수 없다.

15) 제39조(손해배상책임) ③ 개인정보처리자의 고의 또는 중대한 과실로 인하여 개인정보가 분실 · 도난 · 유출 · 위조 · 변조 또는 훼손된 경우로서 정보주체에게 손해가 발생한 때에는 법원은 그 손해액의 5배를 넘지 아니하는 범위에서 손해배상액을 정할 수 있다. 다만, 개인정보처리자가 고의 또는 중대한 과실이 없음을 증명한 경우에는 그러하지 아니하다.

16) 제39조의2(법정손해배상의 청구) ① 제39조 제1항에도 불구하고 정보주체는 개인정보처리자의 고의 또는 과실로 인하여 개인정보가 분실 · 도난 · 유출 · 위조 · 변조 또는 훼손된 경우에는 300만원 이하의 범위에서 상당한 금액을 손해액으로 하여 배상을 청구할 수 있다. 이 경우 해당 개인정보처리자

하고 있으며, 고의 또는 과실에 대한 입증책임을 개인정보처리자에게 전환하고 있
다(제39조 제1항 단서, 제3항 단
서, 제39조의2 제1항 단서).

6. 기타 사항

이외에도 개인정보보호법은 ① 개인정보 이용·제공 내역의 통지, ② 개인정보
영향평가, ③ 개인정보 유출 등의 통지·신고, ④ 손해배상의 보장, ⑤ 개인정보
분쟁조정위원회, ⑥ 집단분쟁조정, ⑦ 개인정보 단체소송, ⑧ 개인정보 침해사실의
신고 등에 관하여 규정하고 있다.

는 고의 또는 과실이 없음을 입증하지 아니하면 책임을 면할 수 없다.

행정의 실효성 확보수단

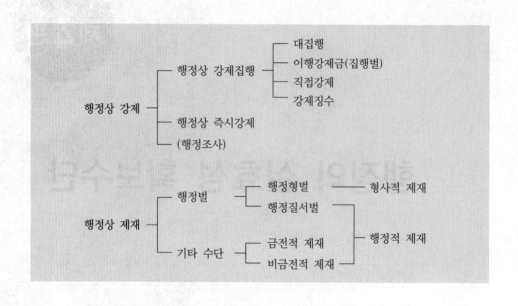

제 1 장 제재처분

I. 개 설

행정기본법상 제재처분이란 법령등에 따른 의무를 위반하거나 이행하지 아니하였음을 이유로 당사자에게 의무를 부과하거나 권익을 제한하는 처분을 말한다. 다만, 제30조 제1항 각 호에 따른 행정상 강제는 제외한다(제2조). 행정기본법 제30조 제1항 각 호에서는 ① 행정대집행, ② 이행강제금의 부과, ③ 직접강제, ④ 강제징수, ⑤ 즉시강제에 관하여 규정하고 있는바, 이에 대해서는 제2장(행정상)에서 살펴본다.

제재처분은 국민에게 의무를 부과하거나 권익을 제한하는 부담적·침익적 처분이므로 법률로써 그 요건과 행사 등에 관하여 엄격히 규율할 필요가 있다.

대법원 2003. 9. 2. 선고 2002두5177 판결

행정법규 위반에 대하여 가하는 제재조치는 행정목적의 달성을 위하여 행정법규 위반이라는 객관적 사실에 착안하여 가하는 제재이므로 위반자의 의무 해태를 탓할 수 없는 정당한 사유가 있는 등의 특별한 사정이 없는 한 위반자에게 고의나 과실이 없다고 하더라도 부과될 수 있다.

II. 제재처분의 적용법령

행정기본법 제14조(법 적용의 기준) ③ 법령등을 위반한 행위의 성립과 이에 대한 제재처분은 법령등에 특별한 규정이 있는 경우를 제외하고는 법령등을 위반한 행위 당시의 법령등에 따른다. 다만, 법령등을 위반한 행위 후 법령등의 변경에 의하여 그 행위가 법령등을 위반한 행위에 해당하지 아니하거나 제재처분 기준이 가벼워진 경우로서 해당 법령등에 특별한 규정이 없는 경우에는 변경된 법령등을 적용한다.[1]

법령등을 위반한 행위의 성립과 이에 대한 제채처분은 법령등에 특별한 규정이 있는 경우를 제외하고는 원칙적으로 법령등을 위반한 행위 당시의 법령등에 따른다(제14조 제3항 본문). 다만, 법령등을 위반한 행위가 있은 후 법령등이 당사자에게 유리하게 변

---

1) 부칙 제2조(제재처분에 관한 법령등 변경에 관한 적용례) 제14조 제3항 단서의 규정은 이 법 시행일 이후 제재처분에 관한 법령등이 변경된 경우부터 적용한다.

경된 경우에는 특별한 규정이 없는 한 변경된 법령등을 적용한다. 여기서 유리하게 변경된 경우란, ① 변경된 법령등에 따르면 그 행위가 법령등을 위반한 행위에 해당하지 아니하거나 ② 제제처분 기준이 가벼워진 경우를 말한다(제12조). 이는 형법의 시적 적용범위에 관한 이론을 형벌과 유사한 제재처분에 도입한 것이다.

대법원 1983. 12. 13. 선고 83누383 판결

[1] 건설업법 제34조 제3항에서 발주자의 승낙 없는 하도급을 제한하는 것은 소정의 면허 없는 자로 하여금 공사를 하도급시킴으로써 발생할 위험이 있는 부실공사를 방지하자는데 그 목적이 있는 것이므로 하도급계약이 구두에 의한 것이건 서면에 의한 것이건 관계없이 정당한 절차에 의하지 아니하고 하도급하여 하도급업자가 공사를 착수하면 위 법조항의 위반행위가 있는 경우에 해당한다.

[2] 정당한 절차에 의하지 않고 구두에 의한 하도급계약을 체결하여 공사를 시작한 때에 건설업법 제34조 제3항의 위반행위를 범한 것이 되니 그 위반행위를 이유로 한 행정상의 제재처분(행위당시에는 요적 취소사유 필)을 하려면 그 위반행위 이후 법령의 변경에 의하여 처분의 종류를 달리(영업정지로) 규정하였다 하더라도 그 법률적용에 관한 특별한 규정이 없다면 위반행위 당시에 시행되던 법령을 근거로 처분을 하여야 마땅하다.

Ⅲ. 제재처분의 기준

제재처분의 근거가 되는 법률에는 제재처분의 주체, 사유, 유형 및 상한을 명확하게 규정하여야 한다. 이 경우 제재처분의 유형 및 상한을 정할 때에는 해당 위반행위의 특수성 및 유사한 위반행위와의 형평성 등을 종합적으로 고려하여야 한다(제22조제1항).

행정청은 재량이 있는 제재처분을 할 때에는 ① 위반행위의 동기, 목적 및 방법, ② 위반행위의 결과, ③ 위반행위의 횟수, ④ 위반행위자의 귀책사유 유무와 그 정도, ⑤ 위반행위자의 법 위반상태 시정·해소를 위한 노력 유무를 고려하여야 한다(제2항, 같은 법 시행령 제3조).

Ⅳ. 제재처분의 제척기간

1. 원 칙

행정청은 법령등의 위반행위가 종료된 날부터 5년이 지나면 해당 위반행위에 대하여 제재처분(인허가의 정지·취소·철회, 등록 말소, 영업소 폐쇄와 정지를 갈음하는 과징금 부과를 말한다. 이하 이 조에서 같다)을 할 수 없다(제23조 제1항). 이는 행정청의 권한 미행사에 따른 법적 안정성을 확보하는 데 입법 취지가 있다.

2. 예 외

그러나, ① 거짓이나 그 밖의 부정한 방법으로 인허가를 받거나 신고를 한 경우, ② 당사자가 인허가나 신고의 위법성을 알고 있었거나 중대한 과실로 알지 못한 경우, ③ 정당한 사유 없이 행정청의 조사·출입·검사를 기피·방해·거부하여 제척기간이 지난 경우, ④ 제재처분을 하지 아니하면 국민의 안전·생명 또는 환경을 심각하게 해치거나 해칠 우려가 있는 경우에는 위 제척기간에 관한 규정(제1항)을 적용하지 않는다(제23조 제2항).

3. 제척기간의 연장

행정청은 행정심판의 재결이나 법원의 판결에 따라 제재처분이 취소·철회된 경우에는 재결이나 판결이 확정된 날부터 1년(합의제행정기관은 2년)이 지나기 전까지는 그 취지에 따른 새로운 제재처분을 할 수 있다(제23조 제3항).

4. 개별법과의 관계

다른 법률에서 제1항 및 제3항의 기간보다 짧거나 긴 기간을 규정하고 있으면 그 법률에서 정하는 바에 따른다(제23조 제4항).

Ⅴ. 제재처분과 일부 취소의 문제

대법원은 "여러 처분사유에 관하여 하나의 제재처분을 하였을 때 그중 일부가 인정되지 않는다고 하더라도 나머지 처분사유들만으로도 처분의 정당성이 인정되

는 경우에는 그 처분을 위법하다고 보아 취소하여서는 아니 된다.”는 입장이다.[2]

한편, “행정청이 여러 개의 위반행위에 대하여 하나의 제재처분을 하였으나, 위반행위별로 제재처분의 내용을 구분하는 것이 가능하고 여러 개의 위반행위 중 일부의 위반행위에 대한 제재처분 부분만이 위법하다면, 법원은 제재처분 중 위법성이 인정되는 부분만 취소하여야 하고 제재처분 전부를 취소하여서는 아니 된다.”고 한다.[3]

대법원 2009. 10. 29. 선고 2009두11218 판결

공정거래위원회가 부당한 공동행위에 대한 과징금을 부과함에 있어 여러 개의 위반행위에 대하여 하나의 과징금 납부명령을 하였으나 여러 개의 위반행위 중 일부의 위반행위에 대한 과징금 부과만이 위법하고 소송상 그 일부의 위반행위를 기초로 한 과징금액을 산정할 수 있는 자료가 있는 경우에는, 하나의 과징금 납부명령일지라도 그 일부의 위반행위에 대한 과징금액에 해당하는 부분만을 취소하여야 한다.

---

2) 대법원 2020. 5. 14. 선고 2019두63515 판결. 대법원은 이러한 법리를 징계처분에서도 동일하게 적용하고 있는바 이에 대한 비판으로 김철우, “제재적 행정처분의 사법심사”, 행정판례연구(23-2), 한국행정판례연구회, 2018, 144면 이하.

3) 대법원 2020. 5. 14. 선고 2019두63515 판결[피고가 2019. 1. 9. 폐기물처리업체인 원고에 대하여, 세 가지 처분사유를 들어 폐기물관리법 제27조 제2항에 따라 3개월의 영업정지처분을 하였는데(피고는 세 가지 처분사유에 관하여 각각 1개월의 영업정지를 결정한 다음, 이를 합산하여 3개월의 영업정지처분을 하였음), 그중 제1처분사유가 인정되지 않을 경우 3개월의 영업정지처분 전부를 취소하여야 하는지가 쟁점이 된 사건이다. 이에 대해 대법원은 제1처분사유에 관한 1개월 영업정지 부분만 취소하여야 한다고 판시하였다].

제 2 장   행정상 강제

행정작용의 결과로 발생할지 모를 위해를 방지하기 위해서는 사후적인 회복조치만으로는 불충분하고 사전적 조치가 필요하다. 가령, 기름이 유출될 위험성이 있는 유조선에 대한 즉시강제나 불량식품에 대한 직접강제 등의 행정상 강제는 사후의 손해배상만으로는 위해를 방지할 수 없으므로 필요한 것이다. 행정강제에 대한 결정은 행정청이 행한다는 점에서 채무변제에 대한 강제를 행하기 위해 법관의 판결이 필요한 사법(私法)관계와는 다르다. 즉, 행정상 강제는 행정의 특권에 속한다. 또 행정목적의 수행을 강제하는데 있어서는 사법관계가 매우 비효율적이므로 민사상의 강제집행이 아닌 행정상 강제가 필요하다. 그러나 행정청의 행정결정으로 강제를 결정한다 하더라도 행정청이 자의적으로 집행할 수 있는 것은 아니고 합법성의 원리(법률유보) 및 비례의 원칙 등의 법의 일반원리의 지배를 받는다.

행정기본법이 제정되기 전에는 행정대집행 · 이행강제금 · 직접강제 · 강제징수 · 즉시강제 등 행정상 강제가 개별법을 통해 규율되었다. 그러나 행정상 강제는 강제력 행사를 통해 국민의 자유와 재산에 침해를 가져오는 권력행정이므로 체계적이고 통일적인 규정이 필요하다는 요청에 따라 행정기본법 제3장 제5절은 의무 불이행의 유형에 따라 행정대집행 · 이행강제금의 부과 · 직접강제 · 강제징수 · 즉시강제를 규정하고 있다.[1] 다만, 형사, 행형 및 보안처분 관계 법령에 따라 행하는 사항이나 외국인의 출입국 · 난민인정 · 귀화 · 국적회복에 관한 사항에 관하여는 이 절을 적용하지 아니한다(제30조 제3항).[2]

---

1) 홍정선(행정기본법 해설, 213면). 행정상 강제 조치에 관하여 이 법에서 정한 사항 외에 필요한 사항은 따로 법률로 정한다(행정기본법 제30조 제2항).
2) 출입국관리법 제46조(강제퇴거의 대상자), 제63조(강제퇴거명령을 받은 사람의 보호 및 보호해제)가 대표적이다.

제1절   행정상 강제집행

I. 의 의

행정상 강제집행이란 행정법상 의무의 불이행이 있는 경우에 행정주체가 의무자의 신체 또는 재산에 직접 실력을 행사함으로써 장래를 향하여 그 의무를 이행시키거나 또는 이행된 것과 같은 상태를 실현하는 공행정작용을 말한다.

1. 행정상 즉시강제와의 구별

강제집행은 의무의 존재를 전제로 하여 그 불이행이 있는 경우에 일정한 절차를 거쳐 실력행사가 이루어지는 작용임에 반하여, 즉시강제는 이를 전제로 함이 없이 즉시 행하여진다는 점에서 구별된다.

2. 행정조사와의 구별

강제집행은 행정상 의무의 이행을 직접 목적으로 하는 반면, 행정조사는 자료획득을 직접 목적으로 하면서 그 부수적 효과로서 행정상 의무의 이행을 담보한다는 점에서 구별된다.

3. 행정벌과의 구별

강제집행은 실현되지 못한 행정목적을 강제적으로 실현하는 작용, 즉 의무불이행에 대한 담보인 반면, 행정벌은 과거의 의무위반에 대한 제재라는 점에서 구별된다.

II. 행정상 강제집행과 법치주의

행정상 강제집행에도 법치주의의 양대 원칙인 법률우위의 원칙과 법률유보의 원칙이 적용된다. 따라서 행정상 강제집행을 규율하는 법이 있으면 행정청은 반드시 이에 따라 강제집행을 하여야 한다. 뿐만 아니라, 행정상 강제집행은 그 전제가 되

는 의무를 과하는 행정행위의 법적 근거와는 별도의 강제집행 자체의 법적 근거를
요한다. 프로이센에서는 오토 마이어 이래 주장되어 온, 행정청 스스로 결정·집행
하는 (확정력을 발생시키는) 판결과 같은 것이 행정행위라는 관점에 충실하여 행정
명령권은 강제권을 수반한다고 보아 자족완결적 행정강제제도를 도입하였다. 이처
럼 행정행위를 법원의 판결과 같은 것으로 보면 행정이 강제집행권을 가진다고 보
게 되지만, 행정행위가 결정에 불과하다고 보면 행정은 원칙적으로 강제집행권을
가지지 못하고 법원의 사전허가를 받아야 한다. 1923년 독일의 Karl Brummer는 독
일의 자족완결적 행정강제제도를 '행정제도'($_{administratif}^{Régime}$)라고 부르면서 프랑스와 같이
의무의 내용을 실현하기 위한 다른 수단($_{민사소송}^{형법적 제재나}$)이 규정되어 있지 않아서 부득이
하거나, 긴급한 필요가 있어 다른 방법으로는 법률의 집행을 완전히 확보할 수 없
는 경우에만 강제집행이 인정되는 행정의 자력적 강제집행제도를 '사법제도'($_{judiciaire}^{Régime}$)
라고 불렀다.

그러나, 오늘날에는 ① 의무부과와 의무이행의 강제는 반드시 동일한 성질의 행
위는 아니라는 점, ② 강제의 방법·정도 여하에 따라서는 국민의 기본권을 침해할
수도 있다는 점,[3] ③ 우리 헌법이 사법국가주의를 취하는 한 행정권의 자력집행은
헌법원칙에 대한 변칙이라는 점,[4] ④ 개인의 권리를 존중하여 공정한 강제를 보장
할 필요가 있다는 점 등을 이유로 행정상 강제집행 자체의 법적 근거를 요한다는
견해가 지배적이다. 또 공무원의 임명이나 해임과 같이 모든 행정결정이 강제집행
의 대상이 되는 것은 아니다. 강제집행은 기본권에 대한 침해이기 때문에 법관의
감독과 허가하에서만 가능하며 법률의 근거를 요한다고 한다.[5] 다만 행정제도 국가
의 특성상 개별 법률의 근거가 있거나($_{경발}$), 행정결정에 대한 물리적 저항에 대한
형사처벌 규정이 없는 경우, 또는 경찰작용상 긴급하고 예외적인 상황 또는 절대적
필요성이 있는 경우에 한하여 자력집행이 인정된다고 한다.

Ⅲ. 대집행

행정기본법 제30조(행정상 강제) ① 행정청은 행정목적을 달성하기 위하여 필요한 경우에는
법률로 정하는 바에 따라 필요한 최소한의 범위에서 다음 각 호의 어느 하나에 해당하는 조치

---

3) 홍정선(711면).
4) 김철용(455면).
5) T.C. 2 déc. 1902, Société immobilière de Saint-Just. concl. Romieu.

를 할 수 있다.
　1. 행정대집행: 의무자가 행정상 의무(법령등에서 직접 부과하거나 행정청이 법령등에 따라
　부과한 의무를 말한다. 이하 이 절에서 같다)로서 타인이 대신하여 행할 수 있는 의무를
　이행하지 아니하는 경우 법률로 정하는 다른 수단으로는 그 이행을 확보하기 곤란하고
　그 불이행을 방치하면 공익을 크게 해칠 것으로 인정될 때에 행정청이 의무자가 하여야
　할 행위를 스스로 하거나 제3자에게 하게 하고 그 비용을 의무자로부터 징수하는 것

1. 의 의

　대집행이란 타인이 대신하여 그 의무를 행할 수 있는 이른바 대체적 작위의무
(代替的 作爲義務)의 불이행이 있는 때에, 당해 행정청이 스스로(자기집행) 또는 제3
자(타자집행)로 하여금 이를 대신 이행케 하고 그 비용을 의무자로부터 징수하는 것
을 말한다. 여기서 당해 행정청이라 함은 당초에 의무를 명하는 행정행위를 한 행
정청을 말한다. 이때 자기집행의 경우 행정청과 의무자 사이에는 공법상 법률관계
가 성립하지만, 타자집행의 경우 행정청과 의무자 사이에는 공법상 법률관계, 행정
청과 제3자 사이에는 도급계약관계, 제3자와 의무자 사이에는 직접 어떠한 법률관
계가 성립하지 않고, 단지 의무자는 제3자의 실행행위를 수인하여야 할 의무를 진
다.[6] 대집행에 관한 일반법으로「행정대집행법」이 있다.

　대집행은 공법상 의무위반에 대한 이행강제수단이므로 사법(私法)상 의무의 불이
행에 대해서는 대집행이 허용되지 않는다[판례 ①]. 한편, 행정대집행절차가 인정되
는 공법상 의무의 이행을 민사소송의 방법으로 구할 수는 없다[판례 ②]. 그러나 행
정대집행이 인정되지 않는 경우에는 민사상 강제집행절차를 활용할 수 있다[판례 ③].

① 대법원 2006. 10. 13. 선고 2006두7096 판결

　행정대집행법상 대집행의 대상이 되는 대체적 작위의무는 공법상 의무이어야 할 것
인데, 구 공공용지의 취득 및 손실보상에 관한 특례법(2002. 2. 4. 법률 제6656호 공익사업을 위한 토지/등의 취득 및 보상에 관한 법률 부칙 제2조로 폐지)에 따
른 토지 등의 협의취득은 공공사업에 필요한 토지 등을 그 소유자와의 협의에 의하여
취득하는 것으로서 공공기관이 사경제주체로서 행하는 사법상 매매 내지 사법상 계약의
실질을 가지는 것이므로, 그 협의취득시 건물소유자가 매매대상 건물에 대한 철거의무
를 부담하겠다는 취지의 약정을 하였다고 하더라도 이러한 철거의무는 공법상의 의무
가 될 수 없고, 이 경우에도 행정대집행법을 준용하여 대집행을 허용하는 별도의 규정
이 없는 한 위와 같은 철거의무는 행정대집행법에 의한 대집행의 대상이 되지 않는다.

---

6) 이때 제3자의 법적 지위는 행정의 보조인이다. 만일 사인인 제3가 대집행의 주체가 될 수 있으면
공무수탁사인에 해당한다.

② 대법원 2000. 5. 12. 선고 99다18909 판결

구 토지수용법$\binom{\text{1999. 2. 8. 법률 제5909}}{\text{호로 개정되기 전의 것}}$ 제18조의2 제2항에 의하면 사업인정의 고시가 있은 후에는 고시된 토지에 공작물의 신축, 개축, 증축 또는 대수선을 하거나 물건을 부가 또는 증치하고자 하는 자는 미리 도지사의 허가를 받도록 되어 있고, 한편 구 도로법$\binom{\text{1999. 2. 8. 법률 제5894}}{\text{호로 개정되기 전의 것}}$ 제74조 제1항 제1호에 의하면 관리청은 같은 법 또는 이에 의한 명령 또는 처분에 위반한 자에 대하여는 공작물의 개축, 물건의 이전 기타 필요한 처분이나 조치를 명할 수 있다고 되어 있으므로 토지에 관한 도로구역 결정이 고시된 후 구 토지수용법$\binom{\text{1999. 2. 8. 법률 제5909}}{\text{호로 개정되기 전의 것}}$ 제18조의2 제2항에 위반하여 공작물을 축조하고 물건을 부가한 자에 대하여 관리청은 이러한 위반행위에 의하여 생긴 유형적 결과의 시정을 명하는 행정처분을 하여 이에 따르지 않는 경우에는 행정대집행의 방법으로 그 의무내용을 실현할 수 있는 것이고, 이러한 행정대집행의 절차가 인정되는 경우에는 따로 민사소송의 방법으로 공작물의 철거, 수거 등을 구할 수는 없다.

③ 대법원 2005. 8. 19. 선고 2004다2809 판결

[1] 피수용자 등이 기업자에 대하여 부담하는 수용대상 토지의 인도의무에 관한 구 토지수용법$\binom{\text{2002. 2. 4. 법률 제6656호 공익사업을 위한 토지}}{\text{등의 취득 및 보상에 관한 법률 부칙 제2조로 폐지}}$ 제63조, 제64조, 제77조 규정에서의 '인도'에는 명도도 포함되는 것으로 보아야 하고, 이러한 명도의무는 그것을 강제적으로 실현하면서 직접적인 실력행사가 필요한 것이지 대체적 작위의무라고 볼 수 없으므로 특별한 사정이 없는 한 행정대집행법에 의한 대집행의 대상이 될 수 있는 것이 아니다.

[2] 구 토지수용법$\binom{\text{2002. 2. 4. 법률 제6656호 공익사업을 위한 토지}}{\text{등의 취득 및 보상에 관한 법률 부칙 제2조로 폐지}}$ 제63조의 규정에 따라 피수용자 등이 기업자에 대하여 부담하는 수용대상 토지의 인도 또는 그 지장물의 명도의무 등이 비록 공법상의 법률관계라고 하더라도, 그 권리를 피보전권리로 하는 명도단행가처분은 그 권리에 끼칠 현저한 손해를 피하거나 급박한 위험을 방지하기 위하여 또는 그 밖의 필요한 이유가 있을 경우에는 허용될 수 있다.

2. 요 건

(1) 의무자가 대체적 작위의무를 이행하지 아니할 것

대집행의 대상은 타인이 그 의무의 이행을 대신할 수 있는 대체적 작위의무인 까닭에 일신전속적이거나 고도의 전문기술성이 요구되는 증인의 출석, 의사의 진료 등과 같은 비대체적 작위의무, 예방접종 등과 같은 수인의무, 불법공작물설치금지 등과 같은 부작위의무는 대집행의 대상이 되지 못한다[판례 ①].

부작위의무는 작위의무로의 전환을 통하여 대집행의 대상이 될 수 있다. 예컨대,

옥외광고물설치금지의무는 부작위의무이므로 대집행의 대상이 될 수 없으나 행정
청의 철거하명을 통하여 작위의무로 전환이 된 경우에는 대집행이 가능하다. 물론
이러한 대집행을 하기 위해서는 명문의 법적 근거(전환규범)가 필요하다[판례 ②].

① 대법원 1998. 10. 23. 선고 97누157 판결

도시공원시설인 매점의 관리청이 그 공동점유자 중의 1인에 대하여 소정의 기간 내
에 위 매점으로부터 퇴거하고 이에 부수하여 그 판매 시설물 및 상품을 반출하지 아니
할 때에는 이를 대집행하겠다는 내용의 계고처분은 그 주된 목적이 매점의 원형을 보존
하기 위하여 점유자가 설치한 불법 시설물을 철거하고자 하는 것이 아니라, 매점에 대
한 점유자의 점유를 배제하고 그 점유이전을 받는 데 있다고 할 것인데, 이러한 의무는
그것을 강제적으로 실현함에 있어 직접적인 실력행사가 필요한 것이지 대체적 작위의
무에 해당하는 것은 아니어서 직접강제의 방법에 의하는 것은 별론으로 하고 행정대집
행법에 의한 대집행의 대상이 되는 것은 아니다.

② 대법원 1996. 6. 28. 선고 96누4374 판결

행정대집행법 제2조는 대집행의 대상이 되는 의무를 "법률(법률의 위임에 의한 명령, 지방자치
단체의 조례를 포함한다. 이하 같다)에
의하여 직접 명령되었거나 또는 법률에 의거한 행정청의 명령에 의한 행위로서 타인이
대신하여 행할 수 있는 행위"라고 규정하고 있으므로, 대집행계고처분을 하기 위하여는
법령에 의하여 직접 명령되거나 법령에 근거한 행정청의 명령에 의한 의무자의 대체적
작위의무 위반행위가 있어야 한다. 따라서 단순한 부작위의무의 위반, 즉 관계 법령에
정하고 있는 절대적 금지나 허가를 유보한 상대적 금지를 위반한 경우에는 당해 법령에
서 그 위반자에 대하여 위반에 의하여 생긴 유형적 결과의 시정을 명하는 행정처분의
권한을 인정하는 규정(예컨대, 건축법 제69조, 도로법 제74조, 하천법 제67조,
도시공원법 제20조, 옥외광고물등관리법 제10조 등)을 두고 있지 아니한 이상, 법치
주의의 원리에 비추어 볼 때 위와 같은 부작위의무로부터 그 의무를 위반함으로써 생긴
결과를 시정하기 위한 작위의무를 당연히 끌어낼 수는 없으며, 또 위 금지규정(특히 허가를
유보한 상대
적 금지)으로부터 작위의무, 즉 위반결과의 시정을 명하는 권한이 당연히 추론되는 것도
아니다.

(2) 다른 수단으로는 그 이행확보가 곤란할 것

다른 수단으로는 의무이행의 확보가 곤란한 경우에 한하여 대집행을 할 수 있
다. 이는 대집행을 함에 있어 보충성의 원칙을 따라야 함을 의미한다. 따라서 상대
방에게 대집행보다 더 적은 침해를 가하면서 의무이행을 확보할 수 있는 수단이 없
는 경우에 한하여 대집행이 허용된다. 이에 대해 행정의 실효성 확보수단 상호 간
에 경중을 수평적으로 비교함은 불가능하므로 사실상 이 규정은 무의미하다는 주장

이 있다. 그러나 대집행에 갈음하여 행정지도(행정·주)와 같은 사실행위를 행사할 수 있다는 점에서 의미가 없는 것은 아니다.[7]

(3) 불이행을 방치하는 것이 심히 공익을 해할 것

대집행은 대체적 작위의무의 불이행이 있다는 사실만으로 곧바로 행할 수 있는 것은 아니며, 그 불이행을 방치함이 심히 공익을 해하는 것일 때에 비로소 할 수 있다. 이러한 대집행 요건의 주장·입증책임은 처분 행정청에 있다. 여기서 심히 공익을 해한다는 것은 불확정개념으로서 대집행 요건의 존부에 대한 판단은 판단여지의 문제라고 보는 견해도 있으나, 판례는 이를 재량의 문제로 본다.

대법원 1996. 10. 11. 선고 96누8086 판결

[3] 건축법에 위반하여 건축한 것이어서 철거의무가 있는 건물이라 하더라도 그 철거의무를 대집행하기 위한 계고처분을 하려면 다른 방법으로는 이행의 확보가 어렵고 불이행을 방치함이 심히 공익을 해하는 것으로 인정될 때에 한하여 허용되고 이러한 요건의 주장·입증책임은 처분 행정청에 있다.

[4] 건물 중 위법하게 구조변경을 한 건축물 부분은 제반 사정에 비추어 그 원상복구로 인한 불이익의 정도가 그로 인하여 유지하고자 하는 공익상의 필요 또는 제3자의 이익보호의 필요에 비하여 현저히 크므로, 그 건축물 부분에 대한 대집행계고처분은 재량권의 범위를 벗어난 위법한 처분이라고 한 원심판결을 수긍한 사례.

3. 절 차

(1) 계 고

대집행 요건이 갖추어진 경우 대집행을 하기 위해서는 상당한 이행기한을 정하여 그 기한까지 이행되지 아니할 때에는 대집행을 한다는 뜻을 미리 문서로써 계고하여야 한다. 이 경우 행정청은 상당한 이행기한을 정함에 있어 의무의 성질·내용 등을 고려하여 사회통념상 해당 의무를 이행하는 데 필요한 기간이 확보되도록 하여야 한다(행정대집행법제3조 제1항). 상당한 기한이란 상대방의 의무이행이 객관적으로 가능한 기한을 말한다. 다만, 비상시 또는 위험이 절박한 경우에는 계고를 생략할 수 있다(제3항). 따라서 의무를 명하는 행정행위와 계고는 원칙적으로 동시에 행할 수 없다. 다만, 처분시 이미 대집행 요건이 충족될 것이 확실하고 또한 대집행의 실행이 긴급히 요구될 경우에 한하여 예외적으로 허용된다. 예컨대, 매우 위태로운 불법건축물에 대하여는 철거하명과 동시에 계고를 결합하여 행할 수 있을 것이다.

계고는 준법률행위적 행정행위로서 통지에 해당하며, 행정쟁송의 대상이 된다 (다수설·판례). 그러나 반복된 계고는 대집행기한의 연기통지에 불과하므로 행정처분이 아니며, 위법한 건물의 공유자 1인에 대한 계고처분은 다른 공유자에 대하여는 그 효력이 없다.[8]

① 대법원 1992. 6. 12. 선고 91누13564 판결

[1] 계고서라는 명칭의 1장의 문서로서 일정기간 내에 위법건축물의 자진철거를 명함과 동시에 그 소정기한 내에 자진철거를 하지 아니할 때에는 대집행할 뜻을 미리 계고한 경우라도 건축법에 의한 철거명령과 행정대집행법에 의한 계고처분은 독립하여 있는 것으로서 각 그 요건이 충족되었다고 볼 것이다.

[2] 위 1.항의 경우, 철거명령에서 주어진 일정기간이 자진철거에 필요한 상당한 기간이라면 그 기간 속에는 계고시에 필요한 '상당한 이행기간'도 포함되어 있다고 보아야 할 것이다.

[3] 계고를 함에 있어서는 의무자가 이행하여야 할 행위와 그 의무불이행시 대집행할 행위의 내용 및 범위가 구체적으로 특정되어야 할 것이지만 그 특정여부는 실제건물의 위치, 구조, 평수 등을 계고서의 표시와 대조검토하여 대집행의무자가 그 이행의무의 범위를 알 수 있을 정도로 하면 족하다.

② 대법원 2004. 6. 10. 선고 2002두12618 판결

제1차로 창고건물의 철거 및 하천부지에 대한 원상복구명령을 하였음에도 이에 불응하므로 대집행계고를 하면서 다시 자진철거 및 토사를 반출하여 하천부지를 원상복구할 것을 명한 경우, 행정대집행법상의 철거 및 원상복구의무는 제1차 철거 및 원상복구명령에 의하여 이미 발생하였다 할 것이어서, 대집행계고서에 기재된 자진철거 및 원상복구명령은 새로운 의무를 부과하는 것이라고 볼 수 없으며, 단지 종전의 철거 및 원상복구를 독촉하는 통지에 불과하므로 취소소송의 대상이 되는 독립한 행정처분이라고 할 수 없고(대법원 2000. 2. 22. 선고 98두4665 판결 참조), 대집행계고서에 기재된 철거 및 원상복구의무의 이행기한은 행정대집행법 제3조 제1항에 따른 이행기한을 정한 것에 불과하다고 할 것이다.

(2) 대집행영장에 의한 통지

의무자가 계고를 받고 지정기한까지 그 의무를 이행하지 아니할 때에는 당해 행

---

8) 대법원 1994. 10. 28. 선고 94누5144 판결.

정청은 대집행영장으로써 대집행을 할 시기, 대집행을 시키기 위하여 파견하는 집행책임자의 성명과 대집행에 요하는 비용의 개산에 의한 견적액을 의무자에게 통지하여야 한다(행정대집행법 제3조 제2항). 그러나 비상시 또는 위험이 절박한 경우에는 통지 역시 생략할 수 있다(제3항).

대집행영장에 의한 통지는 대집행의 구체적인 내용을 확정하고 의무자에게 대집행 실행시 수인의무를 부과하는 효과를 발생시킨다는 점에서 준법률행위적 행정행위로서 통지에 속한다는 것이 다수설과 판례[9]이다.

(3) 대집행의 실행

대집행영장에 의해 지정된 대집행 시기까지 의무의 이행이 없을 때에는 행정청 스스로 또는 제3자로 하여금 그 의무의 이행에 필요한 행위를 하게 하는바, 이를 대집행의 실행이라 한다. 도급계약을 통해 제3자로 하여금 실행케 할 수도 있다.

대집행은 대집행영장에 기재된 시기에 집행책임자에 의해 실행된다. 대집행의 실행은 이른바 권력적 사실행위의 성질을 가지며, 의무자는 대집행 실행에 대하여 수인의무를 진다.

행정청(제2조에 따라 대집행을 실행하는 제3자를 포함한다. 이하 이 조에서 같다)은 해가 뜨기 전이나 해가 진 후에는 대집행을 하여서는 아니 된다. 다만, ① 의무자가 동의한 경우, ② 해가 지기 전에 대집행을 착수한 경우, ③ 해가 뜬 후부터 해가 지기 전까지 대집행을 하는 경우에는 대집행의 목적 달성이 불가능한 경우, ④ 그 밖에 비상시 또는 위험이 절박한 경우에는 그러하지 아니하다(행정대집행법 제4조 제1항). 행정청은 대집행을 할 때 대집행 과정에서의 안전 확보를 위하여 필요하다고 인정하는 경우 현장에 긴급 의료장비나 시설을 갖추는 등 필요한 조치를 하여야 한다(제2항). 대집행을 하기 위하여 현장에 파견되는 집행책임자는 그가 집행책임자라는 것을 표시한 증표를 휴대하여 대집행시에 이해관계인에게 제시하여야 한다(제3항).

대집행의 실행과 관련하여 빈번히 발생하는 문제가 이른바 수인의무의 위반이다. 대집행 과정에서 의무자가 강하게 저항을 할 경우 행정청이 실력으로 이를 저지할 수 있을 것인가? 독일의 행정집행법 제15조 제2항에서는 의무자의 저항을 실력으로 배제할 수 있는 명문의 규정을 두고 있다.[10] 그러나 명문의 규정이 없는 우리나라에서는 부정적인 견해도 있으나,[11] 최소한의 불가피한 실력배제는 대집행의

---

9) 대법원 1996. 2. 9. 선고 95누12507 판결.
10) 홍정선(723면).

본질상 내재하는 권능으로 보는 견해가 지배적이다. 그러나 대집행청의 자력에 의한 실력배제와 경찰력의 원조를 받는 경우는 성질이 조금 다르다. 전자에 대해서는 독일 역시 명문의 규정이 없다. 전술한 바처럼 불가피한 자력배제는 대집행청의 내재적 권능으로 보아야 할 것이다. 문제는 후자의 경우인데, 경찰력이 동원되어 저항을 배제하는 것은 대집행의 실행과정이라기보다는 수인의무 위반에 대한 별도의 직접강제로 보는 것이 타당하다고 생각한다.[12]

대법원 2017. 4. 28. 선고 2016다213916 판결

[1] 관계 법령상 행정대집행의 절차가 인정되어 행정청이 행정대집행의 방법으로 건물의 철거 등 대체적 작위의무의 이행을 실현할 수 있는 경우에는 따로 민사소송의 방법으로 그 의무의 이행을 구할 수 없다. 한편 건물의 점유자가 철거의무자일 때에는 건물철거의무에 퇴거의무도 포함되어 있는 것이어서 별도로 퇴거를 명하는 집행권원이 필요하지 않다.

[2] 행정청이 행정대집행의 방법으로 건물철거의무의 이행을 실현할 수 있는 경우에는 건물철거 대집행 과정에서 부수적으로 건물의 점유자들에 대한 퇴거 조치를 할 수 있고, 점유자들이 적법한 행정대집행을 위력을 행사하여 방해하는 경우 형법상 공무집행방해죄가 성립하므로, 필요한 경우에는 '경찰관 직무집행법'에 근거한 위험발생 방지 조치 또는 형법상 공무집행방해죄의 범행방지 내지 현행범체포의 차원에서 경찰의 도움을 받을 수도 있다.

(4) 비용징수

대집행에 요한 비용의 징수에 있어서는 실제에 요한 비용액과 그 납기일을 정하여 의무자에게 문서로써 그 납부를 명하여야 한다(제5조). 이때 비용납부명령은 하명에 해당한다. 대집행에 요한 비용은 국세징수법의 예에 의하여 징수할 수 있다(제6조 제1항).

대법원 2011. 9. 8. 선고 2010다48240 판결

대한주택공사가 구 대한주택공사법(2009. 5. 22. 법률 제9706호 한국토지주택공사법 부칙 제2조로 폐지) 및 구 대한주택공사법 시행령(2009. 9. 21. 대통령령 제21744호 한국토지주택공사법 시행령 부칙 제2조로 폐지)에 의하여 대집행권한을 위탁받아 공무인 대집행을 실시하기

---

11) 석종현/송동수(429면).

12) 적법한 대집행의 실행에 대항하여 의무자가 폭행이나 협박 등을 가하는 경우, 형법 제136조 공무집행방해죄의 범행방지 또는 현행범 체포, 경찰관직무집행법 제5조에 근거한 위험 발생의 방지조치 차원에서 경찰의 원조를 받을 수 있다. 그러나 대집행의 실행이 위법한 경우라면, 의무자가 이에 대항하여 폭행이나 협박을 하더라도 형법상 공무집행방해죄가 성립하지 않는다(대법원 2011. 4. 28. 선고 2007도7514 판결).

위하여 지출한 비용을 행정대집행법 절차에 따라 국세징수법의 예에 의하여 징수할 수 있음에도 민사소송절차에 의하여 그 비용의 상환을 청구한 사안에서, 행정대집행법이 대집행비용의 징수에 관하여 민사소송절차에 의한 소송이 아닌 간이하고 경제적인 특별구제절차를 마련해 놓고 있으므로, 위 청구는 소의 이익이 없어 부적법하다고 본 원심판단을 수긍한 사례.

4. 권리구제

대집행의 각 단계에서 불복이 있는 자는 행정심판 또는 행정소송을 제기할 수 있다. 다수설과 판례에 따르면, 대집행의 절차를 이루는 계고, 통지, 실행, 비용납부명령은 서로 결합하여 대집행이라는 하나의 법적 효과를 완성하므로 선행행위의 흠이 후행행위에 승계된다고 본다.

계고 및 통지는 준법률행위적 행정행위이므로 당연히 행정쟁송의 대상이 된다. 실행행위는 사실행위이지만 권력적 사실행위는 현행 행정소송법상 처분에 해당한다고 보는 것이 통설이므로 역시 행정쟁송의 대상이 된다. 다만 대집행의 실행은 단기간에 이루어지는 것이 일반적이므로 소의 이익의 문제가 발생할 수 있다. 따라서 대집행의 실행이 종료된 후에는 '취소로 회복될 법률상의 이익'이 있는 때에 한하여 쟁송이 인정되며 대부분의 경우에는 원상회복이나 손해배상을 청구할 수 있을 뿐이다.

비용납부명령 역시 처분성이 인정되므로 행정쟁송을 통해 다툴 수 있다.

대법원 1993. 6. 8. 선고 93누6164 판결

[1] 행정대집행법 제8조는 대집행에 대한 행정심판의 제기가 법원에 민사소송이나 행정소송을 제기할 권리를 방해하지 아니한다는 것을 규정한 취지일 뿐 행정심판을 제기하지 아니하고 취소소송을 제기할 수 있음을 규정한 것은 아니다.[13]

[2] 대집행계고처분 취소소송의 변론종결 전에 대집행영장에 의한 통지절차를 거쳐 사실행위로서 대집행의 실행이 완료된 경우에는 행위가 위법한 것이라는 이유로 손해배상이나 원상회복 등을 청구하는 것은 별론으로 하고 처분의 취소를 구할 법률상 이익은 없다.

---

13) 행정대집행법 제8조는 행정심판의 제기가 법원에 대한 출소의 권리를 방해하지 아니한다고 규정하고 있는바, 이 규정의 해석에 관하여 임의적 행정심판 전치주의로 보는 견해와 필요적 행정심판 전치주의로 이해하는 견해가 대립하였다. 그러나 1994년 행정소송법의 개정으로 행정심판이 임의적 절차로 바뀐 점을 고려하면 이에 대한 논쟁은 무의미하다고 할 것이다.

Ⅳ. 이행강제금

행정기본법 제30조(행정상 강제) ① 행정청은 행정목적을 달성하기 위하여 필요한 경우에는 법률로 정하는 바에 따라 필요한 최소한의 범위에서 다음 각 호의 어느 하나에 해당하는 조치를 할 수 있다.

　2. 이행강제금의 부과: 의무자가 행정상 의무를 이행하지 아니하는 경우 행정청이 적절한 이행기간을 부여하고, 그 기한까지 행정상 의무를 이행하지 아니하면 금전급부의무를 부과하는 것

1. 의 의

이행강제금이란 행정법상의 의무를 이행하지 아니한 때에 일정한 금전급부를 부과한다는 사실을 의무자에게 미리 고지함으로써 심리적 압박을 통해 의무이행을 강제하는 간접적 강제수단을 말한다. 이는 기존의 대집행과 행정벌만으로는 의무이행을 강제하여 행정목적을 달성하는데 어려움이 발생하자 이에 대한 개선책으로 1991년 건축법에서 처음으로 도입되었다.[14] 전통적으로 학계의 일반적 견해는 이행강제금의 대상이 되는 의무는 비대체적 작위의무와 부작위의무라고 설명하였으나, 오늘날에는 대체적 작위의무의 이행을 강제하기 위한 수단으로도 활용될 수 있다고 본다.[15] 행정기본법 제30조 제1항 제2호도 '행정상 의무'라고만 하여 이행강제금의 대상이 되는 의무의 유형을 명시하지 않고 있다. 종래에는 이행강제금 대신 이른바 '집행벌'이라고 하는 것이 일반적 견해이었으나, 집행벌이라는 용어는 행정벌의 일종으로 오해할 우려가 있으므로 적합한 명칭으로 보기 어렵다.[16] 독일에서도 이미 오래전에 집행벌($^{Exekutivs-}_{trafe}$)을 강제금($^{Zwangs-}_{geld}$)으로 명칭을 변경하였다. 이행강제금은 과거 의무위반행위에 대해 제재를 가하기 위한 벌금형이 아니라 장래에 의무이행을 확보하기 위한 강제수단인 것이다.

헌법재판소 2004. 2. 26.자 2001헌바80 등 결정

전통적으로 행정대집행은 대체적 작위의무에 대한 강제집행수단으로, 이행강제금은 부작위의무나 비대체적 작위의무에 대한 강제집행수단으로 이해되어 왔으나, 이는 이행강제금제도의 본질에서 오는 제약은 아니며, 이행강제금은 대체적 작위의무의 위반에 대하여도 부과될 수 있다. 현행 건축법상 위법건축물에 대한 이행강제수단으로 대집행

---

14) 석종현/송동수(431면).
15) 김남진/김연태(547면); 김동희(479면); 홍정선(732면).
16) 김남진/김연태(547면).

과 이행강제금(제83조제1항)이 인정되고 있는데, 양 제도는 각각의 장·단점이 있으므로 행정청은 개별사건에 있어서 위반내용, 위반자의 시정의지 등을 감안하여 대집행과 이행강제금을 선택적으로 활용할 수 있으며, 이처럼 그 합리적인 재량에 의해 선택하여 활용하는 이상 중첩적인 제재에 해당한다고 볼 수 없다.

2. 성질(이행강제금과 행정벌의 구별)

행정벌과 이행강제금은 ① 그 목적에 있어 행정법상의 의무위반에 대한 제재인가 아니면 장래 행정법상의 의무이행의 확보를 위한 수단인가,[17] ② 그 요건에 있어 고의·과실이라는 주관적 요건이 필요한가 아니면 의무불이행이라는 객관적 사실만으로 충분한가 ③ 일사부재리의 원칙상 동일한 위반행위에 대하여 반복적인 부과가 불가능한 것인가 아니면 의무이행시까지 반복 또는 증액 부과가 가능한 것인가 등에서 차이가 있다. 따라서 이행강제금과 행정벌을 병과하더라도 헌법에서 금지하는 이중처벌에 해당하지 않는다.

헌법재판소 2011. 10. 25.자 2009헌바140 결정

이 사건 법률조항에서 규정하고 있는 이행강제금은 일정한 기한까지 의무를 이행하지 않을 때에는 일정한 금전적 부담을 과할 뜻을 미리 계고함으로써 의무자에게 심리적 압박을 주어 장래에 그 의무를 이행하게 하려는 행정상 간접적인 강제집행 수단의 하나로서 과거의 일정한 법률위반 행위에 대한 제재로서의 형벌이 아니라 장래의 의무이행의 확보를 위한 강제수단일 뿐이어서 범죄에 대하여 국가가 형벌권을 실행한다고 하는 과벌에 해당하지 아니하므로 헌법 제13조 제1항이 금지하는 이중처벌금지의 원칙이 적용될 여지가 없을 뿐 아니라, 건축법 제108조, 제110조에 의한 형사처벌의 대상이 되는 행위와 이 사건 법률조항에 따라 이행강제금이 부과되는 행위는 기초적 사실관계가 동일한 행위가 아니라 할 것이므로 이런 점에서도 이 사건 법률조항이 헌법 제13조 제1항의 이중처벌금지의 원칙에 위반되지 아니한다.

---

17) 따라서 의무자가 의무를 이행하면 설령 시정명령에서 정한 기간을 지나서 이행하였다고 하더라도 새로운 이행강제금을 부과할 수 없다. 그러나 판례에 따르면, 이러한 법리는 개별 법률의 규정 형식과 내용, 체계 등을 고려하여 달리 적용될 수 있다는 점을 주의하여야 한다. 즉, 대법원은 독점규제 및 공정거래에 관한 법률 제17조의3에 따른 이행강제금은 기업결합과 관련하여 종래의 과징금 제도를 폐지하고 과거의 의무위반행위에 대한 제재와 장래 의무 이행의 간접강제를 통합하여 시정조치 불이행기간에 비례하여 제재금을 부과하도록 하는 제도라고 보아야 하므로, 이행강제금이 부과되기 전에 시정조치를 이행하거나 부작위 의무를 명하는 시정조치 불이행을 중단한 경우 과거의 시정조치 불이행기간에 대하여 이행강제금을 부과할 수 있다고 판시한 바 있다(대법원 2019. 12. 12. 선고 2018두 63563 판결).

3. 법적 근거

이행강제금은 상대방에게 금전납부의무를 발생시키는 하명이다. 이는 침익적 행정행위에 해당하므로 반드시 법률의 근거가 필요하다. 행정기본법 제31조는 이행강제금에 관한 일반법이다. 이행강제금을 규정하고 있는 개별 법률로는 건축법, 근로기준법, 농지법, 독점규제 및 공정거래에 관한 법률, 부동산 거래신고 등에 관한 법률, 부동산 실권리자명의 등기에 관한 법률, 장사 등에 관한 법률, 주차장법 등이 있다.

이행강제금 부과의 근거가 되는 법률에는 이행강제금에 관한 ① 부과·징수 주체, ② 부과 요건, ③ 부과 금액, ④ 부과 금액 산정기준, ⑤ 연간 부과 횟수나 횟수의 상한을 명확하게 규정하여야 한다. 다만, ④ 부과 금액 산정기준 또는 ⑤ 연간 부과 횟수나 횟수의 상한을 규정할 경우 입법목적이나 입법취지를 훼손할 우려가 크다고 인정되는 경우로서 대통령령으로 정하는 경우는 제외한다(행정기본법 제31조 제1항).

4. 절 차

(1) 계 고

행정청은 이행강제금을 부과하기 전에 미리 의무자에게 적절한 이행기간을 정하여 그 기한까지 행정상 의무를 이행하지 아니하면 이행강제금을 부과한다는 뜻을 문서로 계고하여야 한다(행정기본법 제31조 제3항). 이때 계고는 이행강제금의 부과를 위한 적법요건으로, 준법률행위적 행정행위인 통지에 해당하며, 행정쟁송의 대상이 된다.

(2) 이행강제금의 부과

1) 의 의

행정청은 의무자가 계고에서 정한 기한까지 행정상 의무를 이행하지 아니한 경우 이행강제금의 부과 금액·사유·시기를 문서로 명확하게 적어 의무자에게 통지하여야 한다(행정기본법 제31조 제4항).

대법원 2016. 7. 14. 선고 2015두46598 판결

구 건축법(2014. 5. 28. 법률 제12701호로 개정되기 전의 것, 이하 같다) 제79조 제1항, 제80조 제1항, 제2항, 제4항 본문, 제5항의 내용, 체계 및 취지 등을 종합하면, 구 건축법상 이행강제금은 시정명령의 불이행이라는 과거의 위반행위에 대한 제재가 아니라, 시정명령을 이행하지 않고 있는 건축주·

공사시공자・현장관리인・소유자・관리자 또는 점유자(^{이하 '건축주'}_{등'이라 한다})에 대하여 다시 상당한 이행기한을 부여하고 기한 안에 시정명령을 이행하지 않으면 이행강제금이 부과된다는 사실을 고지함으로써 의무자에게 심리적 압박을 주어 시정명령에 따른 의무의 이행을 간접적으로 강제하는 행정상의 간접강제 수단에 해당한다. 그리고 구 건축법 제80조 제1항, 제4항에 의하면 문언상 최초의 시정명령이 있었던 날을 기준으로 1년 단위별로 2회에 한하여 이행강제금을 부과할 수 있고, 이 경우에도 매 1회 부과 시마다 구 건축법 제80조 제1항 단서에서 정한 1회분 상당액의 이행강제금을 부과한 다음 다시 시정명령의 이행에 필요한 상당한 이행기한을 정하여 그 기한까지 시정명령을 이행할 수 있는 기회(^{이하 '시정명령의 이}_{행 기회'라 한다})를 준 후 비로소 다음 1회분 이행강제금을 부과할 수 있다.

따라서 비록 건축주 등이 장기간 시정명령을 이행하지 아니하였더라도, 그 기간 중에는 시정명령의 이행 기회가 제공되지 아니하였다가 뒤늦게 시정명령의 이행 기회가 제공된 경우라면, 시정명령의 이행 기회 제공을 전제로 한 1회분의 이행강제금만을 부과할 수 있고, 시정명령의 이행 기회가 제공되지 아니한 과거의 기간에 대한 이행강제금까지 한꺼번에 부과할 수는 없다. 그리고 이를 위반하여 이루어진 이행강제금 부과처분은 과거의 위반행위에 대한 제재가 아니라 행정상의 간접강제 수단이라는 이행강제금의 본질에 반하여 구 건축법 제80조 제1항, 제4항 등 법규의 중요한 부분을 위반한 것으로서, 그러한 하자는 중대할 뿐만 아니라 객관적으로도 명백하다.

2) 성 질

이행강제금의 부과는 의무자에게 금전급부의무를 부과하는 급부하명으로서, 처분에 해당하므로 행정쟁송의 대상이 된다. 그러나 이행강제금 납부의무는 일신전속적인 성질을 가지므로 상속인 등에게 승계되지 않는다.

대법원 2006. 12. 8.자 2006마470 결정

[1] 구 건축법(^{2005. 11. 8. 법률 제7696}_{호로 개정되기 전의 것})상의 이행강제금은 구 건축법의 위반행위에 대하여 시정명령을 받은 후 시정기간 내에 당해 시정명령을 이행하지 아니한 건축주 등에 대하여 부과되는 간접강제의 일종으로서 그 이행강제금 납부의무는 상속인 기타의 사람에게 승계될 수 없는 일신전속적인 성질의 것이므로 이미 사망한 사람에게 이행강제금을 부과하는 내용의 처분이나 결정은 당연무효이고, 이행강제금을 부과받은 사람의 이의에 의하여 비송사건절차법에 의한 재판절차가 개시된 후에 그 이의한 사람이 사망한 때에는 사건 자체가 목적을 잃고 절차가 종료한다.

[2] 구 건축법상 이행강제금을 부과받은 사람이 이행강제금사건의 제1심 결정 후 항고심결정이 있기 전에 사망한 경우, 항고심결정은 당연무효이고, 이미 사망한 사람의 이름으로 제기된 재항고는 보정할 수 없는 흠결이 있는 것으로서 부적법하다.

3) 부과 금액의 가중 또는 감경

행정청은 ① 의무 불이행의 동기, 목적 및 결과, ② 의무 불이행의 정도 및 상습성, ③ 그 밖에 행정목적을 달성하는 데 필요하다고 인정되는 사유를 고려하여 이행강제금의 부과 금액을 가중하거나 감경할 수 있다(행정기본법 제31조 제2항).

4) 반복부과

행정청은 의무자가 행정상 의무를 이행할 때까지 이행강제금을 반복하여 부과할 수 있다. 다만, 의무자가 의무를 이행하면 새로운 이행강제금의 부과를 즉시 중지하되, 이미 부과한 이행강제금은 징수하여야 한다(행정기본법 제31조 제5항).

대법원 2018. 1. 25. 선고 2015두35116 판결

[1] 가설건축물은 건축법상 '건축물'이 아니므로 건축허가나 건축신고 없이 설치할 수 있는 것이 원칙이지만 일정한 가설건축물에 대하여는 건축물에 준하여 위험을 통제하여야 할 필요가 있으므로 신고 대상으로 규율하고 있다. 이러한 신고제도의 취지에 비추어 보면, 가설건축물 존치기간을 연장하려는 건축주 등이 법령에 규정되어 있는 제반 서류와 요건을 갖추어 행정청에 연장신고를 한 때에는 행정청은 원칙적으로 이를 수리하여 신고필증을 교부하여야 하고, 법령에서 정한 요건 이외의 사유를 들어 수리를 거부할 수는 없다. 따라서 행정청으로서는 법령에서 요구하고 있지도 아니한 '대지사용승낙서' 등의 서류가 제출되지 아니하였거나, 대지소유권자의 사용승낙이 없다는 등의 사유를 들어 가설건축물 존치기간 연장신고의 수리를 거부하여서는 아니 된다.

[2] 건축법상의 이행강제금은 시정명령의 불이행이라는 과거의 위반행위에 대한 제재가 아니라, 의무자에게 시정명령을 받은 의무의 이행을 명하고 그 이행기간 안에 의무를 이행하지 않으면 이행강제금이 부과된다는 사실을 고지함으로써 의무자에게 심리적 압박을 주어 의무의 이행을 간접적으로 강제하는 행정상의 간접강제 수단에 해당한다. 이러한 이행강제금의 본질상 시정명령을 받은 의무자가 이행강제금이 부과되기 전에 그 의무를 이행한 경우에는 비록 시정명령에서 정한 기간을 지나서 이행한 경우라도 이행강제금을 부과할 수 없다. 나아가 시정명령을 받은 의무자가 그 시정명령의 취지에 부합하는 의무를 이행하기 위한 정당한 방법으로 행정청에 신청 또는 신고를 하였으나 행정청이 위법하게 이를 거부 또는 반려함으로써 결국 그 처분이 취소되기에 이르렀다면, 특별한 사정이 없는 한 그 시정명령의 불이행을 이유로 이행강제금을 부과할 수는 없다고 보는 것이 위와 같은 이행강제금 제도의 취지에 부합한다.

(3) 강제징수

행정청은 이행강제금을 부과받은 자가 납부기한까지 이행강제금을 내지 아니하면 국세강제징수의 예 또는 지방행정제재·부과금의 징수 등에 관한 법률에 따라 징수한다(행정기본법 제31조 제6항).

5. 권리구제

이행강제금의 부과는 처분에 해당하므로 항고쟁송의 대상이 된다. 그러나 종전에는 이행강제금 부과에 대한 불복절차는 비송사건절차법에 따른 과태료 재판에 준하도록 규정하는 경우가 많았다. 이에 따르면, 이행강제금 부과처분에 대하여 불복하는 자는 행정청에 이의를 제기할 수 있으며, 이 경우 행정청은 관할 법원에 통보하여야 한다. 이 경우 이행강제금 부과처분은 그 효력을 상실하고, 법원은 비송사건절차법에 따라 재판을 하여야 한다.

그런데 이렇게 행정처분을 법원의 사법적 결정으로 갈음하는 것은 행정행위는 판결이 아니라는 점에 비추어 볼 때 큰 문제가 있다. 행정처분인 이행강제금 부과에 대하여는 행정적 절차를 통해 결정하고 이의신청 등을 받아야 하며, 그 후의 불복은 행정소송을 통하여 다투도록 하는 것이 타당할 것이다.[18] 2005년 개정된 건축법은 이행강제금 부과처분에 대한 불복절차와 관련하여 과태료 불복절차의 준용규정을 삭제하였으므로 이에 따라 건축법상 이행강제금 부과처분은 행정심판 또는 행정소송의 대상이 된다.[19] 그러나 농지법[20]상 이행강제금의 경우에는 여전히 비송사건절차법에 따른 과태료 재판에 준하여 재판을 하도록 하고 있으므로, 항고소송의 대상이 되지 않는다.

대법원 2019. 4. 11. 선고 2018두42955 판결

농지법은 농지 처분명령에 대한 이행강제금 부과처분에 불복하는 자가 그 처분을 고지받은 날부터 30일 이내에 부과권자에게 이의를 제기할 수 있고, 이의를 받은 부과권자는 지체 없이 관할 법원에 그 사실을 통보하여야 하며, 그 통보를 받은 관할 법원은 비송사건절차법에 따른 과태료 재판에 준하여 재판을 하도록 정하고 있다(제62조 제1항, 제6항, 제7항). 따라서 농지법 제62조 제1항에 따른 이행강제금 부과처분에 불복하는 경우에는 비송사건절차법에 따른 재판절차가 적용되어야 하고, 행정소송법상 항고소송의 대상은 될 수 없다.

---

18) 김남진, 「행정법 I」, 법문사, 2002, 474면.
19) 대법원 2012. 3. 29. 선고 2011두27919 판결.
20) 농지법 제63조(이행강제금) ⑦ 제1항에 따른 이행강제금 부과처분을 받은 자가 제6항에 따른 이의를 제기하면 시장·군수 또는 구청장은 지체 없이 관할 법원에 그 사실을 통보하여야 하며, 그 통보를 받은 관할 법원은 「비송사건절차법」에 따른 과태료 재판에 준하여 재판을 한다.

농지법 제62조 제6항, 제7항이 위와 같이 이행강제금 부과처분에 대한 불복절차를 분명하게 규정하고 있으므로, 이와 다른 불복절차를 허용할 수는 없다. 설령 관할청이 이행강제금 부과처분을 하면서 재결청에 행정심판을 청구하거나 관할 행정법원에 행정소송을 할 수 있다고 잘못 안내하거나 관할 행정심판위원회가 각하재결이 아닌 기각재결을 하면서 관할 법원에 행정소송을 할 수 있다고 잘못 안내하였다고 하더라도, 그러한 잘못된 안내로 행정법원의 항고소송 재판관할이 생긴다고 볼 수도 없다.

V. 직접강제

행정기본법 제30조(행정상 강제) ① 행정청은 행정목적을 달성하기 위하여 필요한 경우에는 법률로 정하는 바에 따라 필요한 최소한의 범위에서 다음 각 호의 어느 하나에 해당하는 조치를 할 수 있다.
  3. 직접강제: 의무자가 행정상 의무를 이행하지 아니하는 경우 행정청이 의무자의 신체나 재산에 실력을 행사하여 그 행정상 의무의 이행이 있었던 것과 같은 상태를 실현하는 것
제32조(직접강제) ① 직접강제는 행정대집행이나 이행강제금 부과의 방법으로는 행정상 의무 이행을 확보할 수 없거나 그 실현이 불가능한 경우에 실시하여야 한다.
② 직접강제를 실시하기 위하여 현장에 파견되는 집행책임자는 그가 집행책임자임을 표시하는 증표를 보여 주어야 한다.
③ 직접강제의 계고 및 통지에 관하여는 제31조 제3항 및 제4항을 준용한다.

1. 의 의

직접강제란 의무자가 의무를 이행하지 아니하는 경우 행정청이 의무자의 신체 또는 재산에 직접 실력을 행사하여 의무자가 의무를 이행한 것과 같은 상태를 실현하는 작용을 말한다. 예컨대, 방어해면구역을 무단침입한 선박에 대하여 강제로 퇴거시키거나 영업자가 영업정지명령에 위반하여 계속 영업행위를 하는 경우에 영업소의 간판을 제거하거나 시설물을 봉인하는 것 등이 이에 해당한다.

2. 성 질

직접강제는 그 성질상 즉시강제와 명확히 구별하기 곤란한 경우가 있다. 예컨대, 출입국관리법상 강제퇴거 조치를 '직접강제'로 이해하는 견해도 있고,[21] 이를 '즉시강제'로 설명하는 견해도 있다.[22] 그러나 이 문제는 구체적 상황에 따라 그 성질이

---

21) 김동희(482면); 석동현/송동수(437면).
22) 김남진/김연태(560면).

달라진다고 보는 것이 타당하다. 만일 ① 불법체류 중인 외국인 노동자들에 대하여 출국명령을 하였음에도 불구하고 정해진 기한까지 자진 출국하지 아니하여 강제출국 조치한 경우(처분이 있)에는 직접강제에 해당할 것이며, ② 밀입국자를 입국심사과정에서 발견하여 즉시 송환한 경우(처분이 없)에는 즉시강제에 해당할 것이다. 즉, 직접강제는 선행하는 의무 부과(처분)와 그 불이행을 전제로 한다.

3. 법적 근거

직접강제는 권력적 사실행위로서, 침익적 행정작용에 해당하므로 법률의 근거가 필요하다(헌법 제37조 제2항). 행정기본법이 제정되기 전에는 일반법은 없고, 개별 법률인 공중위생관리법, 군사기지 및 군사시설 보호법, 먹는물관리법, 방어해면법, 식품위생법, 출입국관리법 등에서 인정되었다.

4. 절 차

(1) 증표의 제시

직접강제를 실시하기 위하여 현장에 파견되는 집행책임자는 그가 집행책임자임을 표시하는 증표를 보여 주어야 한다(행정기본법 제32조 제2항). 이는 직접강제의 필요적 절차요건으로서, 집행책임자가 증표를 제시하면 상대방에게는 집행책임자가 실행하는 직접강제를 수인하여야 하는 의무가 발생한다.

(2) 계고와 통지

직접강제의 계고 및 통지에 대해서는 이행강제금의 계고 및 통지에 관한 행정기본법 제31조 제3항과 제4항을 준용한다(행정기본법 제32조 제3항).

5. 한계(직접강제의 보충성)

직접강제는 대체적 작위의무·비대체적 작위의무·부작위의무·수인의무 등 의무의 종류를 불문하고 인정된다. 그러나 직접강제는 국민의 신체 또는 재산에 직접 실력을 행사하는 까닭에 인권침해의 가능성이 매우 크다. 따라서 직접강제의 남용을 막기 위해 엄격한 제한의 원리가 적용되어야 할 것이며, 원칙적으로 '보충성의 원칙'에 비추어 다른 적당한 수단이 없는 경우에 인정되는 제2차적 강제수단으로 인식되어야 할 것이다. 이에 따라 행정기본법은 행정대집행이나 이행강제금 부과의 방법으로는 행정상 의무 이행을 확보할 수 없거나 그 실현이 불가능한 경우에 직접 강제를 실시하도록 규정하고 있다(제32조제1항).

6. 권리구제

직접강제는 권력적 사실행위로서, 행정쟁송법상 처분에 해당하지만 통상 신속하게 종료되므로 소의 이익이 없는 경우가 대부분이다. 따라서 만일 공무원의 위법한 직접강제로 인해 손해를 입은 경우 국가배상법에 따라 국가배상청구를 하여야 한다.

위법한 직접강제에 의하여 국가, 지방자치단체, 공법인 또는 개인, 민간단체 등이 운영하는 의료시설·복지시설·수용시설·보호시설에 수용·보호 또는 감금된 경우에는 인신보호법에서 정한 절차에 따라 법원에 구제를 청구할 수 있다(인신보호법제3조).

Ⅵ. 강제징수

> **행정기본법** 제30조(행정상 강제) ① 행정청은 행정목적을 달성하기 위하여 필요한 경우에는 법률로 정하는 바에 따라 필요한 최소한의 범위에서 다음 각 호의 어느 하나에 해당하는 조치를 할 수 있다.
> 4. 강제징수: 의무자가 행정상 의무 중 금전급부의무를 이행하지 아니하는 경우 행정청이 의무자의 재산에 실력을 행사하여 그 행정상 의무가 실현된 것과 같은 상태를 실현하는 것

1. 의 의

행정상 강제징수란 의무자가 행정법상의 금전급부의무를 이행하지 아니하는 때에 행정청이 의무자의 재산에 실력을 행사하여 그 의무가 이행된 것과 같은 상태를 실현하는 작용을 말한다.

2. 법적 근거

「국세징수법」은 원래 국세의 징수에 관한 법이지만 다른 법률에서 이를 준용하고 있는 경우가 많으므로 실질적으로 공법상 금전급부의무의 강제에 관한 일반법으로서 기능하고 있다. 한편, 지방세 징수에 관하여는 「지방세징수법」, 지방행정제재·부과금의 징수에 관하여는 「지방행정제재·부과금의 징수 등에 관한 법률」이 각각

적용된다.

3. 절 차

행정상 강제징수의 일반법이라 할 수 있는 국세징수법은 강제징수절차를 독촉과 체납처분(^{압류·공매})으로 구분하고 있다. 다수설과 판례에 따르면, 이들 행위들은 서로 결합하여 하나의 동일한 법적 효과를 완성하는 관계에 있으므로 불가쟁력이 발생한 선행행위의 흠은 후행행위에 승계된다.

(1) 독 촉

독촉은 금전급부의무의 불이행이 있는 경우에 상당한 이행기간을 정하여 의무의 이행을 최고(催告)하고, 그 기한까지 의무를 이행하지 않는 경우에는 체납처분을 할 것이라는 것을 통지하는 준법률행위적 행정행위이다(통설). 이는 체납처분의 전제요 건이며, 국세징수권에 대한 시효중단의 효과를 발생시킨다.

관할 세무서장은 납세자가 국세를 지정납부기한까지 완납하지 아니한 경우 지정 납부기한이 지난 후 10일 이내에 체납된 국세에 대한 독촉장을 발급하여야 한다. 다만, 제9조에 따라 국세를 납부기한 전에 징수하거나 체납된 국세가 일정한 금액 미만인 경우 등 대통령령으로 정하는 경우에는 독촉장을 발급하지 아니할 수 있다 (^{국세징수법}
^{제10조 제1항}). 관할 세무서장은 제1항 본문에 따라 독촉장을 발급하는 경우 독촉을 하 는 날부터 20일 이내의 범위에서 기한을 정하여 발급한다(^{제2}_항).

① 대법원 1987. 9. 22. 선고 87누383 판결

[1] 조세의 부과처분과 압류 등의 체납처분은 별개의 행정처분으로서 독립성을 가지 므로 부과처분에 하자가 있더라도 그 부과처분이 취소되지 아니하는 한 그 부과처분에 의한 체납처분은 위법이라고 할 수는 없지만, 체납처분은 부과처분의 집행을 위한 절차 에 불과하므로 그 부과처분에 중대하고도 명백한 하자가 있어 무효인 경우에는 그 부과 처분의 집행을 위한 체납처분도 무효라 할 것이다.

[2] 납세의무자가 세금을 납부기한까지 납부하지 아니하자 과세청이 그 징수를 위하 여 압류처분에 이른 것이라면 비록 독촉절차 없이 압류처분을 하였다 하더라도 이러한 사유만으로는 압류처분을 무효로 되게 하는 중대하고도 명백한 하자로는 되지 않는다.

② 대법원 1999. 7. 13. 선고 97누119 판결

구 의료보험법(^{1994. 1. 7. 법률 제4728호}
^{로 전문 개정되기 전의 것}) 제45조, 제55조, 제55조의2의 각 규정에 의하면, 보험자 또는 보험자단체가 사기 기타 부정한 방법으로 보험급여비용을 받은 의료기관에게 그 급여비용에 상당하는 금액을 부당이득으로 징수할 수 있고, 그 의료기관이 납부고지에서 지정된 납부기한까지 징수금을 납부하지 아니한 경우 국세체납절차에 의하여 강제징수할 수 있는바, 보험자 또는 보험자단체가 부당이득금 또는 가산금의 납부를 독촉한 후 다시 동일한 내용의 독촉을 하는 경우 최초의 독촉만이 징수처분으로서 항고소송의 대상이 되는 행정처분이 되고 그 후에 한 동일한 내용의 독촉은 체납처분의 전제요건인 징수처분으로서 소멸시효 중단사유가 되는 독촉이 아니라 민법상의 단순한 최고에 불과하여 국민의 권리의무나 법률상의 지위에 직접적으로 영향을 미치는 것이 아니므로 항고소송의 대상이 되는 행정처분이라 할 수 없다.

(2) 체납처분

체납처분은 재산압류·매각·청산의 3단계로 이루어진다.

1) 압 류

압류는 의무자의 재산에 대하여 사실상·법률상의 처분을 금지시키고 그것을 확보하는 강제보전행위를 말한다. 압류의 대상이 되는 재산은 의무자의 소유로서, 금전적 가치를 가지며 양도 가능한 재산이다. 따라서 제3자 소유의 물건을 대상으로 한 압류처분은 무효이다. 한편, 의무자의 최저생활을 보장하기 위하여 일정한 재산에 대해서는 압류가 금지되거나 제한된다(국세징수법 제41조 및 제42조).

대법원 1993. 4. 27. 선고 92누12117 판결

과세관청이 납세자에 대한 체납처분으로서 제3자의 소유물건을 압류하고 공매하더라도 그 처분으로 인하여 제3자가 소유권을 상실하는 것이 아니므로 체납자가 아닌 제3자의 소유물건을 대상으로 한 압류처분은 하자가 객관적으로 명백한 것인지 여부와는 관계없이 처분의 내용이 법률상 실현될 수 없는 것이어서 당연무효라고 하지 않을 수 없다.

2) 매 각

매각은 납세자의 압류재산을 금전으로 환가하는 것을 말한다. 매각의 방법은 원칙적으로 공매(일찰또는경매)에 의하고, 예외적으로 수의계약에 의한다. 국세징수법에서는 세무서장이 공매를 하고자 할 때 법률이 정하는 일정한 사항을 공고하고(제72조 제1항, 공매공고),23)

---

23) 공매공고 기간은 10일 이상으로 한다. 다만, 그 재산을 보관하는 데에 많은 비용이 들거나 재산의 가액이 현저히 줄어들 우려가 있으면 이를 단축할 수 있다(제73조).

그 내용을 체납자·납세담보물 소유자·공유자·전세권자·질권자·저당권자 등
에게 통지하도록 규정하고 있다(제75조, 공매통지).

공매의 법적 성질에 관하여 학설과 판례는 행정처분으로 보고 있다. 그러나 공
매처분 전에 이루어지는 공매통지 자체는 그 상대방인 체납자 등의 법적 지위나 권
리·의무에 직접적인 영향을 주는 행정처분에 해당한다고 할 것은 아니므로 다른
특별한 사정이 없는 한 체납자 등은 공매통지의 결여나 위법을 들어 공매처분의 취
소 등을 구할 수 있는 것이지 공매통지 자체를 항고소송의 대상으로 삼아 그 취소
등을 구할 수는 없다.[24]

① 대법원 1984. 9. 25. 선고 84누201 판결

과세관청이 체납처분으로서 행하는 공매는 우월한 공권력의 행사로서 행정소송의
대상이 되는 공법상의 행정처분이며 공매에 의하여 재산을 매수한 자는 그 공매처분이
취소된 경우에 그 취소처분의 위법을 주장하여 행정소송을 제기할 법률상 이익이 있다.

② 대법원 2008. 11. 20. 선고 2007두18154 전원합의체 판결

체납자는 국세징수법 제66조에 의하여 직접이든 간접이든 압류재산을 매수하지 못
함에도, 국세징수법이 압류재산을 공매할 때 공고와 별도로 체납자 등에게 공매통지를
하도록 한 이유는, 체납자 등에게 공매절차가 유효한 조세부과처분 및 압류처분에 근거
하여 적법하게 이루어지는지 여부를 확인하고 이를 다툴 수 있는 기회를 주는 한편, 국
세징수법이 정한 바에 따라 체납세액을 납부하고 공매절차를 중지 또는 취소시켜 소유
권 또는 기타의 권리를 보존할 수 있는 기회를 갖도록 함으로써, 체납자 등이 감수하여
야 하는 강제적인 재산권 상실에 대응한 절차적인 적법성을 확보하기 위한 것이다. 따
라서 체납자 등에 대한 공매통지는 국가의 강제력에 의하여 진행되는 공매에서 체납자
등의 권리 내지 재산상의 이익을 보호하기 위하여 법률로 규정한 절차적 요건이라고 보
아야 하며, 공매처분을 하면서 체납자 등에게 공매통지를 하지 않았거나 공매통지를 하
였더라도 그것이 적법하지 아니한 경우에는 절차상의 흠이 있어 그 공매처분은 위법하
다. 다만, 공매통지의 목적이나 취지 등에 비추어 보면, 체납자 등은 자신에 대한 공매
통지의 하자만을 공매처분의 위법사유로 주장할 수 있을 뿐 다른 권리자에 대한 공매통
지의 하자를 들어 공매처분의 위법사유로 주장하는 것은 허용되지 않는다.

3) 청 산

청산이란 체납처분에 의하여 수령한 금전을 체납세금·기타의 공과금·담보채

---

24) 대법원 2011. 3. 24. 선고 2010두25527 판결.

권 및 체납자에게 배분하는 행정작용을 말한다. 배분 후 잔여금이 있으면 체납자에게 반환하고, 부족하면 법령에 따른 배분 순위와 배분 금액에 따라 배분한다.

4. 권리구제

위법 또는 부당한 행정상 강제징수(^{독촉에}_{처체})에 대하여는 행정쟁송절차에 의하여 그 취소 또는 변경을 구할 수 있다. 참고로 국세기본법은 국세기본법 또는 세법에 따른 처분에 대한 특수한 구제절차로서 이의신청·심사청구·심판청구를 규정하고 있다(^{행정심판에}_{대한 특칙}).

제2절 행정상 즉시강제

> 행정기본법 제30조(행정상 강제) ① 행정청은 행정목적을 달성하기 위하여 필요한 경우에는 법률로 정하는 바에 따라 필요한 최소한의 범위에서 다음 각 호의 어느 하나에 해당하는 조치를 할 수 있다.
>   5. 즉시강제: 현재의 급박한 행정상의 장해를 제거하기 위한 경우로서 다음 각 목의 어느 하나에 해당하는 경우에 행정청이 곧바로 국민의 신체 또는 재산에 실력을 행사하여 행정목적을 달성하는 것
>   가. 행정청이 미리 행정상 의무 이행을 명할 시간적 여유가 없는 경우
>   나. 그 성질상 행정상 의무의 이행을 명하는 것만으로는 행정목적 달성이 곤란한 경우
> 제33조(즉시강제) ① 즉시강제는 다른 수단으로는 행정목적을 달성할 수 없는 경우에만 허용되며, 이 경우에도 최소한으로만 실시하여야 한다.
> ② 즉시강제를 실시하기 위하여 현장에 파견되는 집행책임자는 그가 집행책임자임을 표시하는 증표를 보여 주어야 하며, 즉시강제의 이유와 내용을 고지하여야 한다.

I. 의 의

행정상 즉시강제란 목전(目前)의 급박한 위험 또는 장해를 제거할 필요가 있는 경우로서, ① 미리 의무를 명할 시간적 여유가 없거나 ② 그 성질상 의무를 명하여서는 목적달성이 곤란한 경우에 행정법상의 의무를 전제함이 없이 직접 국민의 신체 또는 재산에 실력을 행사하여 행정목적을 실현하는 작용을 말한다. 학자에 따라서는 ②의 경우는 즉시강제라는 개념과 일치되지 않는 면이 있어 이를 즉시강제에서 분리하여 '직접시행'이라고 정의하기도 한다.[25]

Ⅱ. 성 질

즉시강제는 급박성·실력행사 등을 요소로 하고, 행정조사는 행정결정의 자료수집이 직접 목적인 점에서 양자는 구별된다. 예컨대 불량식품을 폐기하기 위하여 강제수거한 경우는 즉시강제에 해당하며, 불량식품의 성분조사를 위하여 수거한 경우는 행정조사에 해당할 것이다. 그러나 권력적 행정조사와 즉시강제는 구체적 상황에 따라 중첩되는 경우도 있다.

Ⅲ. 법적 근거

과거 독일에서는 즉시강제의 이론적 근거를 국가의 긴급권에서 도출하였다. 이에 따르면, 공공의 안녕과 질서에 대한 급박한 위해가 존재하는 경우에 국가는 그러한 위해를 제거하여 공공의 안녕과 질서를 유지할 자연법상 권리와 의무를 가지므로 국가는 법률의 근거가 없이도 즉시강제를 할 수 있다고 보았다.[26] 그러나 실질적 법치주의가 자리잡은 오늘날에는 더 이상 이러한 이론이 인정되기 어렵다.

즉시강제는 권력적 사실행위로서, 침익적 행정작용에 해당하므로 법률의 근거가 필요하다는 것이 현재의 통설이다(헌법 제37조 제2항). 행정기본법이 제정됨에 따라 행정기본법 제33조는 즉시강제에 관한 일반법적 지위를 가지고 있다. 이외에도 감염병의 예방 및 관리에 관한 법률, 경찰관직무집행법, 마약류 관리에 관한 법률, 소방기본법, 식품위생법, 출입국관리법 등 개별 법률에서 즉시강제에 관하여 규정하고 있다.

Ⅳ. 수 단

행정상 즉시강제의 수단은 그 대상에 따라 대인적 강제·대물적 강제·대가택 강제로 구분할 수 있다.

1. 대인적 강제

대인적 강제란 사람의 신체에 실력을 가하여 행정상 필요한 상태를 실현시키는

---

25) 김남진/김연태(558면).
26) 상게서(559면).

경우를 말한다. 가령, ① 경찰관직무집행법상 보호조치($^{제4조}_{제1항}$), 위험 발생의 방지($^{제5조}_{제1항}$), 범죄의 예방과 제지($^{제6}_{조}$), 경찰장비의 사용($^{제10}_{조}$), ② 감염병의 예방 및 관리에 관한 법률상 감염병에 관한 강제처분($^{제42}_{조}$), 감염병 유행에 대한 방역 조치($^{제47조}_{제3호}$),[27] ③ 출입국관리법상 보호($^{제51}_{조}$) 등이 대표적이다.

2. 대물적 강제

대물적 강제란 물건에 대해 실력을 가하여 행정상 필요한 상태를 실현시키는 경우를 말한다. 대물적 강제에는 ① 경찰관직무집행법상 임시영치($^{제4조}_{제3항}$), ② 소방기본법상 강제처분($^{제25}_{조}$), 위험시설 등에 대한 긴급조치($^{제27}_{조}$), ③ 도로교통법상 도로의 인공구조물에 대한 조치($^{제71조~제2항·}_{제72조~제2항}$) 등이 있다.

3. 대가택강제

대가택강제란 소유자·점유자·관리인의 의사에 관계없이 타인의 가택·영업소 등에 대해 실력을 가하여 행정상 필요한 상태를 실현하는 경우를 말한다. 예컨대, ① 경찰관직무집행법상 위험 방지를 위한 출입($^{제7조}_{제1항}$), ② 식품위생법상 출입·검사·수거($^{제22조}_{제1항}$), ③ 공중위생관리법상 출입·검사($^{제9조}_{제1항}$) 등이 이에 해당한다. 이 중에서 출입 및 검사 등은 오늘날 대부분 행정조사의 영역에서 논의되고 있다.[28]

V. 절 차

즉시강제를 실시하기 위하여 현장에 파견되는 집행책임자는 그가 집행책임자임을 표시하는 증표를 보여 주어야 하며, 즉시강제의 이유와 내용을 고지하여야 한다($^{행정기본법}_{제33조~제2항}$). 이를 위반한 즉시강제의 경우 위법한 것으로 보아야 할 것이다.

---

27) 제47조 제4호의 감염병병원체에 오염되었거나 오염되었다고 의심되는 물건에 대한 폐기처분은 '대물적 강제'에 해당한다.

28) 김남진/김연태(561면).

Ⅵ. 한 계

1. 실체상 한계

(1) 급박성

행정상 즉시강제는 눈앞의 급박한 장해를 제거하기 위하여 발동되어야 하므로 장래 장해가 예견될지라도 발동될 수 없다. 눈앞의 급박한 장해란 위험의 현재화가 확실시되는 경우를 말한다.

(2) 비례의 원칙

행정상 즉시강제를 발동함에 있어 그 수단은 비례의 원칙에 의해 통제된다. 그 수단이 목적달성에 부합되어야 하며(적합성의 원칙), 그 수단이 목적달성을 위한 필요최소한의 침해이어야 하며(필요성의 원칙), 실현되는 공익과 침해되는 사익 간에 합리적 비례관계가 있어야 한다(협의의 비례의 원칙).

행정기본법 제33조 제1항은 "즉시강제는 다른 수단으로는 행정목적을 달성할 수 없는 경우에만 허용되며, 이 경우에도 최소한으로만 실시하여야 한다."고 규정하고 있다. 여기서 ① '다른 수단'이란 즉시강제보다 침해가 경미한 수단을 말하며, 이는 즉시강제에 보충성의 원칙이 적용됨을 의미하고, ② '최소한'으로만 실시하여야 한다는 것은 즉시강제의 실시에 비례의 원칙이 적용됨을 의미한다.[29]

2. 절차상 한계(즉시강제와 영장주의)

(1) 문제의 소재

행정상 즉시강제는 미리 예견할 수 없는 목전의 급박한 위험 또는 장해를 제거하기 위한 작용으로서 행정현실에서 불가피한 수단이지만, 개인의 신체나 재산에 직접 실력을 행사하는 행정작용이므로 인권침해의 여지가 있다. 따라서 헌법 제12조 제3항 및 제16조에 규정된 영장제도가 행정상 즉시강제에도 적용되는가라는 문제가 발생한다.

---

29) 홍정선(행정기본법 해설, 234면).

(2) 학설의 대립

1) 영장불요설

헌법상 영장주의란 원래 형사사법권의 남용을 방지하기 위한 제도이므로 즉시강제에는 필요치 않을 뿐만 아니라 행정상 즉시강제는 행정상 의무를 명할 여유가 없는 급박한 경우의 문제이므로 사실상 영장을 요구하는 것은 즉시강제의 본질과 부합하지 않는다는 견해이다.

2) 영장필요설

영장제도를 형사사법에만 한정하는 것은 공권력으로부터 국민의 자유와 권리를 보장하는 헌법정신에 반할 뿐만 아니라 실력행사라는 점에서 즉시강제와 형사사법권 발동이 그 구조상 동일하므로 즉시강제에도 영장이 필요하다는 견해이다.

3) 절충설

원칙적으로 즉시강제에도 영장주의가 적용되나, 행정목적의 달성상 불가피한 경우에는 영장주의의 적용이 배제된다는 견해로서, 통설 및 대법원의 입장이기도 하다.

(3) 판례의 태도

① 헌법재판소 2002. 10. 31.자 2000헌가12 결정

[1] 이 사건 법률조항의 입법목적은 등급분류를 받지 아니하거나 등급분류를 받은 게임물과 다른 내용의 게임물(이하 "불법게임물"이라 한다)의 유통을 방지함으로써 게임물의 등급분류제를 정착시키고, 나아가 불법게임물로 인한 사행성의 조장을 억제하여 건전한 사회기풍을 조성하기 위한 것으로서 그 입법목적의 정당성이 인정되고, 이 사건 법률조항에서 불법게임물을 즉시 수거·폐기할 수 있도록 하는 행정상 즉시강제의 근거를 규정한 것은 위와 같은 입법목적을 달성하기 위한 적절한 수단의 하나가 될 수 있다.

불법게임물은 불법현장에서 이를 즉시 수거하지 않으면 증거인멸의 가능성이 있고, 그 사행성으로 인한 폐해를 막기 어려우며, 대량으로 복제되어 유통될 가능성이 있어, 불법게임물에 대하여 관계당사자에게 수거·폐기를 명하고 그 불이행을 기다려 직접강제 등 행정상의 강제집행으로 나아가는 원칙적인 방법으로는 목적달성이 곤란하다고 할 수 있으므로, 이 사건 법률조항의 설정은 위와 같은 급박한 상황에 대처하기 위한 것으로서 그 불가피성과 정당성이 인정된다. 또한 이 사건 법률조항은 수거에 그치지 아니하고 폐기까지 가능하도록 규정하고 있으나, 이는 수거한 불법게임물의 사후처리와 관련하여 폐기의 필요성이 인정되는 경우에 대비하여 근거규정을 둔 것으로서 실제로 폐기에 나아감에 있어서는 비례의 원칙에 의한 엄격한 제한을 받는다고 할 것이므로,

이를 두고 과도한 입법이라고 보기는 어렵다. 따라서 이 사건 법률조항은 피해의 최소성의 요건을 위반한 것으로는 볼 수 없고, 또한 이 사건 법률조항이 불법게임물의 수거·폐기에 관한 행정상 즉시강제를 허용함으로써 게임제공업주 등이 입게 되는 불이익보다는 이를 허용함으로써 보호되는 공익이 더 크다고 볼 수 있으므로, 법익의 균형성의 원칙에 위배되는 것도 아니다.

결국 이 사건 법률조항에 의한 행정상 즉시강제의 허용은 과잉금지의 원칙의 위배여부를 판단함에 있어 고려되어야 할 목적의 정당성, 방법의 적정성, 피해의 최소성 및 법익의 균형성 등 모든 요건을 충족하였다고 보여지므로, 위 법률조항이 과잉금지의 원칙에 위배하여 청구인의 재산권을 침해하였다고 볼 수 없다.

[2] 재판청구권은 권리보호절차의 개설과 개설된 절차에의 접근의 효율성에 관한 절차법적 요청으로서, 권리구제절차 내지 소송절차를 규정하는 절차법에 의하여 구체적으로 형성·실현되며, 또한 이에 의하여 제한되는 것인바, 이 사건 법률조항은 행정상 즉시강제에 관한 근거규정으로서 권리구제절차 내지 소송절차를 규정하는 절차법적 성격을 전혀 갖고 있지 아니하기 때문에, 이 사건 법률조항에 의하여는 재판청구권이 침해될 여지가 없다.

[3] 이 사건 법률조항은 앞에서 본바와 같이 급박한 상황에 대처하기 위한 것으로서 그 불가피성과 정당성이 충분히 인정되는 경우이므로, 이 사건 법률조항이 영장 없는 수거를 인정한다고 하더라도 이를 두고 헌법상 영장주의30)에 위배되는 것으로는 볼 수 없고, 위 구 음반·비디오물및게임물에관한법률 제24조 제4항에서 관계공무원이 당해 게임물 등을 수거한 때에는 그 소유자 또는 점유자에게 수거증을 교부하도록 하고 있고, 동조 제6항에서 수거 등 처분을 하는 관계공무원이나 협회 또는 단체의 임·직원은 그 권한을 표시하는 증표를 지니고 관계인에게 이를 제시하도록 하는 등의 절차적 요건을 규정하고 있으므로, 이 사건 법률조항이 적법절차의 원칙에 위배되는 것으로 보기도 어렵다.

② **대법원 1995. 6. 30. 선고 93추83 판결**

우리 헌법 제12조 제3항은 현행법 등 일정한 예외를 제외하고는 인신의 체포, 구금

---

30) [결정 이유] 영장주의가 행정상 즉시강제에도 적용되는지에 관하여는 논란이 있으나, 행정상 즉시강제는 상대방의 임의이행을 기다릴 시간적 여유가 없을 때 하명 없이 바로 실력을 행사하는 것으로서, 그 본질상 급박성을 요건으로 하고 있어 법관의 영장을 기다려서는 그 목적을 달성할 수 없다고 할 것이므로, 원칙적으로 영장주의가 적용되지 않는다고 보아야 할 것이다. 만일 어떤 법률조항이 영장주의를 배제할 만한 합리적인 이유가 없을 정도로 급박성이 인정되지 아니함에도 행정상 즉시강제를 인정하고 있다면, 이러한 법률조항은 이미 그 자체로 과잉금지의 원칙에 위반되는 것으로서 위헌이라고 할 것이다. 이 사건 법률조항은 앞에서 본바와 같이 급박한 상황에 대처하기 위한 것으로서 그 불가피성과 정당성이 충분히 인정되는 경우이므로, 이 사건 법률조항이 영장 없는 수거를 인정한다고 하더라도 이를 두고 헌법상 영장주의에 위배되는 것으로는 볼 수 없다.

에는 반드시 법관이 발부한 사전영장이 제시되어야 하도록 규정하고 있는데, 이러한 사전영장주의원칙은 인신보호를 위한 헌법상의 기속원리이기 때문에 인신의 자유를 제한하는 국가의 모든 영역(예컨대, 행정상)에서도 존중되어야 하고 다만 사전영장주의를 고수하다가는 도저히 그 목적을 달성할 수 없는 지극히 예외적인 경우에만 형사절차에서와 같은 예외가 인정된다고 할 것이다. 그런데, 지방의회에서의 사무감사·조사를 위한 증인의 동행명령장제도도 증인의 신체의 자유를 억압하여 일정 장소로 인치하는 것으로서 헌법 제12조 제3항의 "체포 또는 구속"에 준하는 사태로 보아야 할 것이고, 거기에 현행범 체포와 같이 사후에 영장을 발부받지 아니하면 목적을 달성할 수 없는 긴박성이 있다고 인정할 수는 없을 것이다. 그러므로, 이 경우에도 헌법 제12조 제3항에 의하여 법관이 발부한 영장의 제시가 있어야 할 것이다. 그럼에도 불구하고 동행명령장을 법관이 아닌 의장이 발부하고 이에 기하여 증인의 신체의 자유를 침해하여 증인을 일정 장소에 인치하도록 규정된 조례안 제6조는 영장주의원칙을 규정한 헌법 제12조 제3항에 위반한 것이라고 할 것이다.

(4) 사 견

이론상으로는 절충설이 설득력이 있어 보이지만, 사실은 즉시강제의 성질상 '행정목적 달성상 불가피한 경우'가 대부분일 것이며, 이는 결국 영장불요설과 같은 결과가 될 것이다. 따라서 영장주의에 의한 즉시강제의 통제는 사실상 불가능한 것이므로 즉시강제의 '요건'과 '한계'를 제한하는 것이 보다 효과적일 것이다. 관계 법령에서 증표 제시, 소속 상관에 대한 사후 보고, 본인의 사전 동의, 강제조치 후 증명서발급 등을 규정하고 있는 것도 이를 반증하는 것으로 보인다.

Ⅶ. 권리구제

1. 위법한 즉시강제

(1) 행정쟁송

권력적 사실행위도 행정쟁송법상의 처분에 해당한다는 것이 통설이므로 즉시강제가 행정쟁송의 대상이 된다는 사실은 분명하다. 그러나 현실적으로 즉시강제는 단시간에 종료되는 까닭에 소의 이익이 부정되는 경우가 대부분일 것이다. 따라서 행정쟁송은 즉시강제가 비교적 장기간에 걸쳐 이루어지는 경우 또는 이미 종료되었지만 그 취소로 인하여 회복되는 법률상 이익이 있는 경우에 한하여 예외적으로 제기할 수 있다.

(2) 국가배상

위법한 즉시강제로 인하여 손해를 입은 자는 국가 또는 지방자치단체를 상대로 국가배상을 청구할 수 있다.

(3) 정당방위

위법한 즉시강제에 대해서는 실력으로 저항할 수 있으며, 이는 정당방위로서 공무집행방해죄가 성립되지 않는다.

대법원 2009. 6. 11. 선고 2009도2114 판결

비록 장차 특정 지역에서 구 집회 및 시위에 관한 법률에 의하여 금지되어 그 주최 또는 참가행위가 형사처벌의 대상이 되는 위법한 집회·시위가 개최될 것이 예상된다고 하더라도, 이와 시간적·장소적으로 근접하지 않은 다른 지역에서 그 집회·시위에 참가하기 위하여 출발 또는 이동하는 행위를 함부로 제지하는 것은 경찰관직무집행법 제6조 제1항에 의한 행정상 즉시강제인 경찰관의 제지의 범위를 명백히 넘어서는 것이어서 허용될 수 없으므로, 이러한 제지 행위는 공무집행방해죄의 보호대상이 되는 공무원의 적법한 직무집행에 포함될 수 없다.[31]

(4) 인신보호법에 의한 구제

위법한 즉시강제에 의하여 국가, 지방자치단체, 공법인 또는 개인, 민간단체 등이 운영하는 의료시설·복지시설·수용시설·보호시설에 수용·보호 또는 감금된 경우에는 인신보호법에 의한 절차에 따라 구제를 받을 수 있다(인신보호법 제3조).

2. 적법한 즉시강제

즉시강제가 적법한 경우 행정상 장해의 발생에 책임이 있는 자는 즉시강제로 인하여 손실을 입더라도 손실보상을 청구할 수 없다. 그러나 즉시강제로 인하여 행정상 장해의 발생에 책임이 없는 제3자에게 특별한 희생이 발생하였다면 손실보상을 해주어야 한다. 개별 법률 중에는 손실보상에 관하여 명문의 규정을 두고 있는 경

---

31) 대상판결에서 시위참가자들이 경찰관들의 위법한 제지 행위에 대항하는 과정에서 공동하여 경찰관들에게 PVC파이프를 휘두르거나 진압방패와 채증장비를 빼앗는 등의 폭행행위를 한 것이 정당행위나 정당방위에 해당하지 아니한다고 판시하였다.

우도 있다($\frac{소방기본법}{제49조의2}$).

제 3 절 행정조사

Ⅰ. 의 의

행정조사란 행정기관이 행정작용을 적정하게 수행함에 있어 필요한 정보·자료 등을 수집하기 위해 행하는 조사활동을 말한다.

행정조사를 행정의 실효성 확보수단으로 이해하는 학자들은 '권력적 조사활동'만을 행정조사라고 정의함에 반하여, 행정조사를 독립된 하나의 행위형식으로 이해하는 학자들은 '일체의 조사활동'을 모두 행정조사로 정의한다.[32]

원칙적으로 행정조사란 행정수행을 위한 사전준비작용으로서 정보 등을 수집하는 활동인 까닭에 독립된 하나의 행위형식으로 이해하는 것이 타당하다. 다만 이러한 조사활동이 행정의 실효성 확보수단으로 활용되는 부수적 효과가 발생할 뿐이다. 예컨대 세무당국이 회계장부를 조사함으로써 장부비치의무라는 행정법상의 의무가 실현되는 것이다. 행정조사에 관한 기본법인「행정조사기본법」에서는 "행정기관이 정책을 결정하거나 직무를 수행하는 데 필요한 정보나 자료를 수집하기 위하여 현장조사·문서열람·시료채취 등을 하거나 조사대상자에게 보고요구·자료제출요구 및 출석·진술요구를 행하는 활동을 말한다."고 규정하고 있다($\frac{제2조}{제1호}$).

Ⅱ. 성 질

세무조사와 관련하여, '행정조사'와 그 준비행위인 '행정조사결정'의 법적 성질이 문제된다.

---

32) 김남진/김연태(479-480면). 종래에는 강제적인 자료수집활동인 질문·검사 등의 행정작용을 행정상 '즉시강제'에 포함하여 고찰하였으나, 최근에는 이러한 자료·정보의 수집활동을 행정상 즉시강제와는 분리하여 별도로 '행정조사'라는 관념으로 고찰하는 것이 일반적인 경향이다. 즉시강제는 상대방의 신체나 재산에 실력을 행사하여 구체적인 행정목적을 실현하는 작용이지만, 행정조사는 행정목적을 위하여 정보·자료를 수집하는 준비적·보조적 작용으로서, 일반적으로 실력행사를 수반하지 않으며, 그 실효성의 확보는 벌칙을 통해 이루어진다는 점에서 양자는 구별함이 타당하다.

이 문제에 대해 대법원은 세무조사를 하기로 하는 '세무조사결정'은 항고소송의 대상이 되는 행정처분에 해당한다고 보았다. 그러나 세무조사결정 자체는 곧 세무조사를 개시하겠다는 세무당국의 내부적인 결정에 불과하므로, 이를 상대방에게 통지하였다고 하더라도 세무조사결정 단계에서는 아직 상대방의 권리의무에 직접적으로 영향을 미치는 행위라고 보기 어렵다고 할 것이다.

대법원 2011. 3. 10. 선고 2009두23617, 23624 판결

부과처분을 위한 과세관청의 질문조사권이 행해지는 세무조사결정이 있는 경우 납세의무자는 세무공무원의 과세자료 수집을 위한 질문에 대답하고 검사를 수인하여야 할 법적 의무를 부담하게 되는 점, 세무조사는 기본적으로 적정하고 공평한 과세의 실현을 위하여 필요한 최소한의 범위 안에서 행하여져야 하고, 더욱이 동일한 세목 및 과세기간에 대한 재조사는 납세자의 영업의 자유 등 권익을 심각하게 침해할 뿐만 아니라 과세관청에 의한 자의적인 세무조사의 위험마저 있으므로 조세공평의 원칙에 현저히 반하는 예외적인 경우를 제외하고는 금지될 필요가 있는 점, 납세의무자로 하여금 개개의 과태료 처분에 대하여 불복하거나 조사 종료 후의 과세처분에 대하여만 다툴 수 있도록 하는 것보다는 그에 앞서 세무조사결정에 대하여 다툼으로써 분쟁을 조기에 근본적으로 해결할 수 있는 점 등을 종합하면, 세무조사결정은 납세의무자의 권리·의무에 직접 영향을 미치는 공권력의 행사에 따른 행정작용으로서 항고소송의 대상이 된다.

한편, '세무조사'는 과세처분에 필요한 자료를 수집하기 위한 활동으로서 행정조사에 해당한다. 세무조사 그 자체는 사실행위에 해당하지만, 상대방에게 수인의무를 부과한다는 점에서 권력적 사실행위로서 강제조사의 성질을 가진다.

Ⅲ. 법적 근거

1. 행정조사와 법률유보

행정조사를 함에 있어서도 법적 근거를 필요로 하는가? 이 문제는 경우를 나누어 설명되어져야 할 것이다. 권력적·강제적 조사나 개인정보의 수집은 법적 근거 또는 본인의 동의가 있어야 할 것이나, 비권력적·임의적 조사는 상대방에게 조사에 응할 의무 또는 불이익이 없으므로 법적 근거를 요하지 않는다.

행정조사기본법은 "행정기관은 법령등에서 행정조사를 규정하고 있는 경우에 한하여 행정조사를 실시할 수 있다. 다만, 조사대상자의 자발적인 협조를 얻어 실시하는 행정조사의 경우에는 그러하지 아니하다."고 규정하고 있다($_조^{제5}$).

대법원 2016. 10. 27. 선고 2016두41811 판결

행정조사기본법 제5조에 의하면 행정기관은 법령 등에서 행정조사를 규정하고 있는 경우에 한하여 행정조사를 실시할 수 있으나(본문), 한편 '조사대상자의 자발적인 협조를 얻어 실시하는 행정조사'의 경우에는 그러한 제한이 없이 실시가 허용된다(단서). 행정조사기본법 제5조는 행정기관이 정책을 결정하거나 직무를 수행하는 데에 필요한 정보나 자료를 수집하기 위하여 행정조사를 실시할 수 있는 근거에 관하여 정한 것으로서, 이러한 규정의 취지와 아울러 문언에 비추어 보면, 단서에서 정한 '조사대상자의 자발적인 협조를 얻어 실시하는 행정조사'는 개별 법령 등에서 행정조사를 규정하고 있는 경우에도 실시할 수 있다.

2. 실정법상 근거

행정조사에 관한 일반법으로는 「행정조사기본법」이 있다. 이외에도 행정조사를 규정하고 있는 개별 법률로 경찰관직무집행법상 불심검문, 공중위생관리법상 보고 및 출입·검사, 국세징수법상 질문·검사, 소방기본법상 출입·조사, 식품위생법상 출입·검사·수거 등이 있다.

Ⅳ. 종 류

행정조사는 ① 그 성질에 따라 권력적 행정조사($_{빼수색 등}^{불심검문, 가}$)와 비권력적 행정조사($_{여론조}$),[33] ② 조사방법에 따라 직접조사($_{색}^{수}$)와 간접조사, ③ 그 대상에 따라 대인적 조사($_{색, 질문 등}^{불심검문, 신체수}$)와 대물적 조사($_{사:수거, 시설검사 등}^{장부:서류열람, 물품검}$) 그리고 대가택 조사($_{식물 저장소 등의 임검}^{전당포·물품 보관소·음}$)로 분류된다.

권력적 조사는 즉시강제의 성격을 가질 수 있으며, 그 한도에서 즉시강제의 법리가 적용될 수 있다.[34]

---

33) 비권력적 조사는 법적 효과를 가져오지 않지만, 권력적 조사는 상대방에게 수인의무를 가져온다. 홍정선(기본행정법, 273면).

34) 김남진/김연태(480면).

V. 절 차

1. 사전통지

행정조사를 실시하고자 하는 행정기관의 장은 제9조에 따른 출석요구서, 제10조에 따른 보고요구서·자료제출요구서 및 제11조[35])에 따른 현장출입조사서(이하 "출석요구서등"이라 한다)를 조사개시 7일 전까지 조사대상자에게 서면으로 통지하여야 한다. 다만, ① 행정조사를 실시하기 전에 관련 사항을 미리 통지하는 때에는 증거인멸 등으로 행정조사의 목적을 달성할 수 없다고 판단되는 경우, ② 통계법 제3조 제2호에 따른 지정통계의 작성을 위하여 조사하는 경우, ③ 제5조 단서에 따라 조사대상자의 자발적인 협조를 얻어 실시하는 행정조사의 경우에는 행정조사의 개시와 동시에 출석요구서등을 조사대상자에게 제시하거나 행정조사의 목적 등을 조사대상자에게 구두로 통지할 수 있다(행정조사기본법 제17조 제1항).

행정기관의 장이 출석요구서등을 조사대상자에게 발송하는 경우 출석요구서등의 내용이 외부에 공개되지 아니하도록 필요한 조치를 하여야 한다(제2항).

2. 의견제출

조사대상자는 사전통지의 내용에 대하여 행정기관의 장에게 의견을 제출할 수 있다(행정조사기본법 제21조 제1항). 행정기관의 장은 조사대상자가 제출한 의견이 상당한 이유가 있다고 인정하는 경우에는 이를 행정조사에 반영하여야 한다(제2항).

3. 증표제시

현장조사를 하는 조사원은 그 권한을 나타내는 증표를 지니고 이를 조사대상자에게 내보여야 한다(행정조사기본법 제11조 제3항).

---

35) 조사원이 가택·사무실 또는 사업장 등에 출입하여 현장조사를 실시하는 경우에는 행정기관의 장은 ① 조사목적, ② 조사기간과 장소, ③ 조사원의 성명과 직위, ④ 조사범위와 내용, ⑤ 제출자료, ⑥ 조사거부에 대한 제재(근거 법령 및 조항 포함), ⑦ 그 밖에 당해 행정조사와 관련하여 필요한 사항이 기재된 현장출입조사서 또는 법령등에서 현장조사시 제시하도록 규정하고 있는 문서를 조사대상자에게 발송하여야 한다(행정조사기본법 제11조 제1항).

4. 조사결과의 통지

행정기관의 장은 법령등에 특별한 규정이 있는 경우를 제외하고는 행정조사의 결과를 확정한 날부터 7일 이내에 그 결과를 조사대상자에게 통지하여야 한다(행정조사기본법 제24조).

VI. 한 계

1. 실체상 한계

(1) 행정조사의 기본원칙

1) 행정조사는 조사목적을 달성하는데 필요한 최소한의 범위 안에서 실시하여야 하며, 다른 목적 등을 위하여 조사권을 남용하여서는 아니 된다(행정조사기본법 제4조 제1항).36)

2) 행정기관은 조사목적에 적합하도록 조사대상자를 선정하여 행정조사를 실시 하여야 한다(제2항).

3) 행정기관은 유사하거나 동일한 사안에 대하여는 공동조사 등을 실시함으로써 행정조사가 중복되지 아니하도록 하여야 한다(제3항).37)

4) 행정조사는 법령등의 위반에 대한 처벌보다는 법령등을 준수하도록 유도하는 데 중점을 두어야 한다(제4항).

5) 다른 법률에 따르지 아니하고는 행정조사의 대상자 또는 행정조사의 내용을 공표하거나 직무상 알게 된 비밀을 누설하여서는 아니 된다(제5항).

6) 행정기관은 행정조사를 통하여 알게 된 정보를 다른 법률에 따라 내부에서 이용하거나 다른 기관에 제공하는 경우를 제외하고는 원래의 조사목적 이외의 용도 로 이용하거나 타인에게 제공하여서는 아니 된다(제6항).

---

36) 대법원 2016. 12. 15. 선고 2016두47659 판결(세무조사가 과세자료의 수집 또는 신고내용의 정 확성 검증이라는 본연의 목적이 아니라 부정한 목적을 위하여 행하여진 것이라면 이는 세무조사에 중 대한 위법사유가 있는 경우에 해당하고 이러한 세무조사에 의하여 수집된 과세자료를 기초로 한 과세 처분 역시 위법하다).

37) 대법원 2006. 6. 2. 선고 2004두12070 판결(납세자에 대한 부가가치세부과처분이, 종전의 부가 가치세 경정조사와 같은 세목 및 같은 과세기간에 대하여 중복하여 실시된 위법한 세무조사에 기초하 여 이루어진 것이어서 위법하다고 한 원심의 판단을 수긍한 사례).

(2) 현장조사의 제한

현장조사는 해가 뜨기 전이나 해가 진 뒤에는 할 수 없다. 다만, ① 조사대상자(대리인 및 관리책임이 있는 자를 포함한다)가 동의한 경우, ② 사무실 또는 사업장 등의 업무시간에 행정조사를 실시하는 경우, ③ 해가 뜬 후부터 해가 지기 전까지 행정조사를 실시하는 경우에는 조사목적의 달성이 불가능하거나 증거인멸로 인하여 조사대상자의 법령등의 위반 여부를 확인할 수 없는 경우에는 그러하지 아니하다(행정조사기본법 제11조 제2항).

(3) 행정조사와 실력행사

만약 장부열람이나 임검 등을 상대방이 거부하는 경우, 조사자가 이러한 저항을 실력으로 배제할 수 있는가? 권력적 조사를 규정하는 개별 법규가 대체로 상대방의 거부·방해에 대하여 처벌 등의 제재를 규정하고 있는 것은 상대방의 저항이 위법임을 전제로 한 것이므로 비례원칙의 범위 안에서 상대방의 신체나 재산에 실력을 행사할 수 있다고 보는 견해도 있다(긍정설).[38]

그러나 통설적 견해는 실정법에서 행정조사거부에 대한 제재수단으로 과태료 부과, 영업취소 등을 규정하고 있는 것으로 보아, 이러한 제재수단을 통하여 행정조사를 간접적으로 강제할 수 있을 뿐이지, 직접적인 실력행사를 할 수는 없다고 본다(부정설). 통설적 견해가 타당하다.

2. 절차상 한계(행정조사와 영장주의)

(1) 문제의 소재

헌법 제12조 제3항 및 제16조의 영장주의가 권력적 행정조사를 위한 질문·검사·가택출입 등의 경우에도 적용될 것인지가 문제된다.

(2) 학설의 대립

이에 대해 즉시강제와 마찬가지로 영장불요설·영장필요설·절충설이 있으나, 절충설이 통설적 견해이다. 즉 권력적 조사에도 원칙적으로 영장주의가 적용되어야 하지만, 긴급을 요하는 불가피한 경우에는 예외가 인정될 수 있다고 본다.

---

38) 홍정선(기본행정법, 275면).

(3) 판례의 태도

대법원 2013. 9. 26. 선고 2013도7718 판결[39]

관세법 제246조 제1항, 제2항, 제257조, '국제우편물 수입통관 사무처리'($\substack{2011. 9. 30. \text{관세청} \\ \text{고시 제2011-40호}}$) 제1-2조 제2항, 제1-3조, 제3-6조, 구 '수출입물품 등의 분석사무 처리에 관한 시행세칙'($\substack{2013. 1. 4. \text{관세청훈령 제} \\ 1507호로 \text{개정되기 전의 것}}$) 등과 관세법이 관세의 부과·징수와 아울러 수출입물품의 통관을 적정하게 함을 목적으로 한다는 점($\substack{\text{관세법} \\ \text{제1조}}$)에 비추어 보면, 우편물 통관검사절차에서 이루어지는 우편물의 개봉, 시료채취, 성분분석 등의 검사는 수출입물품에 대한 적정한 통관 등을 목적으로 한 행정조사의 성격을 가지는 것으로서 수사기관의 강제처분이라고 할 수 없으므로, 압수·수색영장 없이 우편물의 개봉, 시료채취, 성분분석 등 검사가 진행되었다 하더라도 특별한 사정이 없는 한 위법하다고 볼 수 없다.

(4) 사 견

헌법상 영장주의는 모든 국가작용에서 존중되어야 하므로, 권력적 조사를 위해 압수·수색이 필요한 경우에도 원칙적으로 영장주의가 적용된다고 할 것이다. 물론 긴급을 요하는 불가피한 경우에는 예외를 인정할 수 있으나, 이 경우에도 침해가 장기간에 걸쳐 이루어지면 사후영장을 받는 것이 바람직하다.

VII. 권리구제

1. 위법한 행정조사에 기한 행정행위의 효력

(1) 문제의 소재

위법한 행정조사에 기초하여 이루어진 행정행위의 효력이 문제된다. 만일 위법한 행정조사를 통해 수집한 정보가 잘못된 경우 이에 근거한 행정행위는 그 전제가 되는 기초사실에 오류가 있는 것이므로 당연히 위법하다. 그러나 위법한 행정조사를 통해 획득한 정보에 아무런 문제가 없고 정확한 경우에도 행정조사의 위법이 이를 기초로 한 행정행위에 승계되는지 여부가 문제된다.

---

39) [비교 판례] 마약류 불법거래 방지에 관한 특례법 제4조 제1항에 따른 조치의 일환으로 특정한 수출입물품을 개봉하여 검사하고 그 내용물의 점유를 취득한 행위는 위에서 본 수출입물품에 대한 적정한 통관 등을 목적으로 조사를 하는 경우와는 달리, 범죄수사인 압수 또는 수색에 해당하여 사전 또는 사후에 영장을 받아야 한다(대법원 2017. 7. 18. 선고 2014도8719 판결).

(2) 학설의 대립

학설은 ① 행정조사가 위법한 경우 이를 기초로 한 행정행위도 위법하다는 견해(긍정설), ② 행정조사가 위법하다고 하더라고 곧바로 행정행위가 위법해지는 것은 아니라는 견해(부정설), ③ 행정조사에 중대한 위법(법령이 행정조사를 필수적인 절차로 규정하고 있으므나, 조사 자체가 위법하게 이루어진 경우 등)이 있는 경우에만 이를 기초로 한 행정행위도 위법하다고 보는 견해(절충설)로 대립된다.

(3) 판례의 태도

① 대법원 1985. 11. 12. 선고 84누250 판결

[1] 과세관청이 사실관계를 오인하여 과세처분을 한 경우, 그 사실관계 오인의 근거가 된 과세자료가 외형상 상태성을 결여하거나 또는 객관적으로 그 성립이나 내용의 진정을 인정할 수 없는 것임이 명백한 경우에는 이러한 과세자료만을 근거로 과세소득을 인정하여 행한 과세처분은 그 하자가 중대할 뿐 아니라 객관적으로도 명백하여 무효이다.

[2] 종합소득세의 부과처분에 있어서도 과세관청이 인정한 과세소득 중 그 일부는 명백히 인정되나 그 나머지 소득은 인정할 만한 적법한 과세자료가 없는 경우에 이와 같이 허무의 과세소득을 오인한 하자가 객관적으로 명백하다면 종합소득세 중 허무의 과세소득에 관한 부분은 당연무효라고 보아야 할 것이며 이러한 부과처분의 일부 무효 확인청구를 배제할 이유가 없다.

② 대법원 2016. 12. 27. 선고 2014두46850 판결

음주운전 여부에 관한 조사방법 중 혈액 채취(이하 '채혈'이라고 한다)는 상대방의 신체에 대한 직접적인 침해를 수반하는 방법으로서, 이에 관하여 도로교통법은 호흡조사와 달리 운전자에게 조사에 응할 의무를 부과하는 규정을 두지 아니할 뿐만 아니라, 측정에 앞서 운전자의 동의를 받도록 규정하고 있으므로(제44조제3항), 운전자의 동의 없이 임의로 채혈조사를 하는 것은 허용되지 아니한다. 그리고 수사기관이 범죄 증거를 수집할 목적으로 운전자의 동의 없이 혈액을 취득·보관하는 행위는 형사소송법상 '감정에 필요한 처분' 또는 '압수'로서 법원의 감정처분허가장이나 압수영장이 있어야 가능하고, 다만 음주운전 중 교통사고를 야기한 후 운전자가 의식불명 상태에 빠져 있는 등으로 호흡조사에 의한 음주측정이 불가능하고 채혈에 대한 동의를 받을 수도 없으며 법원으로부터 감정처분허가장이나 사전 압수영장을 발부받을 시간적 여유도 없는 긴급한 상황이 발생한 경우에는 수사기관은 예외적인 요건하에 음주운전 범죄의 증거 수집을 위하여 운전자의 동의나 사전 영장 없이 혈액을 채취하여 압수할 수 있으나 이 경우에도 형사소송법에 따라 사후에 지체 없이 법원으로부터 압수영장을 받아야 한다. 따라서 음주운전 여부에 대한 조사 과정에서 운전자 본인의 동의를 받지 아니하고 또한 법원의 영장도 없이 채혈조사를 한 결과를 근거로 한 운전면허 정지·취소 처분은 도로교통법 제44조 제3항을 위반한 것으로서 특별한 사정이 없는 한 위법한 처분으로 볼 수밖에 없다.

③ 대법원 2017. 3. 16. 선고 2014두8360 판결

[1] 세무조사는 국가의 과세권을 실현하기 위한 행정조사의 일종으로서 국세의 과세표준과 세액을 결정 또는 경정하기 위하여 질문을 하고 장부·서류 그 밖의 물건을 검사·조사하거나 그 제출을 명하는 일체의 행위를 말하며, 부과처분을 위한 과세관청의 질문조사권이 행하여지는 세무조사의 경우 납세자 또는 그 납세자와 거래가 있다고 인정되는 자 등(이하 '납세자' 등이라 한다)은 세무공무원의 과세자료 수집을 위한 질문에 대답하고 검사를 수인하여야 할 법적 의무를 부담한다. 한편 같은 세목 및 과세기간에 대한 거듭된 세무조사는 납세자의 영업의 자유나 법적 안정성 등을 심각하게 침해할 뿐만 아니라 세무조사권의 남용으로 이어질 우려가 있으므로 조세공평의 원칙에 현저히 반하는 예외적인 경우를 제외하고는 금지될 필요가 있다. 이러한 세무조사의 성질과 효과, 중복세무조사를 금지하는 취지 등에 비추어 볼 때, 세무공무원의 조사행위가 실질적으로 납세자 등으로 하여금 질문에 대답하고 검사를 수인하도록 함으로써 납세자의 영업의 자유 등에 영향을 미치는 경우에는 국세청 훈령인 구 조사사무처리규정(2010. 3. 30. 국세청 훈령 제1838호로 개정되기 전의 것)에서 정한 '현지확인'의 절차에 따른 것이라고 하더라도 그것은 재조사가 금지되는 '세무조사'에 해당한다고 보아야 한다. 그러나 과세자료의 수집 또는 신고내용의 정확성 검증 등을 위한 과세관청의 모든 조사행위가 재조사가 금지되는 세무조사에 해당한다고 볼 경우에는 과세관청으로서는 단순한 사실관계의 확인만으로 충분한 사안에서 언제나 정식의 세무조사에 착수할 수밖에 없고 납세자 등으로서도 불필요하게 정식의 세무조사에 응하여야 하므로, 납세자 등이 대답하거나 수인할 의무가 없고 납세자의 영업의 자유 등을 침해하거나 세무조사권이 남용될 염려가 없는 조사행위까지 재조사가 금지되는 '세무조사'에 해당한다고 볼 것은 아니다.

[2] 세무공무원의 조사행위가 재조사가 금지되는 '세무조사'에 해당하는지 여부는 조사의 목적과 실시경위, 질문조사의 대상과 방법 및 내용, 조사를 통하여 획득한 자료, 조사행위의 규모와 기간 등을 종합적으로 고려하여 구체적 사안에서 개별적으로 판단할 수밖에 없을 것인데, 세무공무원의 조사행위가 사업장의 현황 확인, 기장 여부의 단순 확인, 특정한 매출사실의 확인, 행정민원서류의 발급을 통한 확인, 납세자 등이 자발적으로 제출한 자료의 수령 등과 같이 단순한 사실관계의 확인이나 통상적으로 이에 수반되는 간단한 질문조사에 그치는 것이어서 납세자 등으로서도 손쉽게 응답할 수 있을 것으로 기대되거나 납세자의 영업의 자유 등에도 큰 영향이 없는 경우에는 원칙적으로 재조사가 금지되는 '세무조사'로 보기 어렵지만, 조사행위가 실질적으로 과세표준과 세액을 결정 또는 경정하기 위한 것으로서 납세자 등의 사무실·사업장·공장 또는 주소

지 등에서 납세자 등을 직접 접촉하여 상당한 시일에 걸쳐 질문하거나 일정한 기간 동안의 장부·서류·물건 등을 검사·조사하는 경우에는 특별한 사정이 없는 한 재조사가 금지되는 '세무조사'로 보아야 할 것이다.

[3] 국세청 소속 세무공무원이 옥제품 도매업체를 운영하면서 제품을 판매하는 갑이 현금매출 누락 등의 수법으로 세금을 탈루한다는 제보를 받고 먼저 현장조사(이하 '제1차 조사라 한다')를 하고 그 결과 갑이 부가가치세에 관한 매출을 누락하였다고 보아 세무조사(이하 '제2차 조사라 한다')를 한 후 부가가치세 부과처분을 한 사안에서, 세무공무원이 국세청 훈령인 구 조사사무처리규정(2010. 3. 30. 국세청 훈령 제1838호로 개정되기 전의 것)에서 정한 '현지확인'의 절차에 따라 제1차 조사를 하였다고 하더라도, 그것은 실질적으로 갑의 총 매출누락 금액을 확인하기 위하여 갑의 사업장에서 갑이나 직원들을 직접 접촉하여 9일간에 걸쳐 매출사실에 대하여 포괄적으로 질문조사권을 행사하고 과세자료를 획득하는 것이어서 재조사가 금지되는 '세무조사'로 보아야 하므로, 제2차 조사는 구 국세기본법(2010. 1. 1. 법률 제9911호로 개정되기 전의 것) 제81조의4 제2항에 따라 금지되는 재조사에 해당하므로 그에 기초하여 이루어진 처분이 위법한데도 이와 달리 제1차 조사는 '현지확인'에 해당할 뿐이고 제2차 조사는 현지확인 결과를 토대로 한 최초의 세무조사로 보아야 한다는 이유로 처분이 적법하다고 본 원심판결에 법리 오해의 위법이 있다고 한 사례.

2. 위법한 행정조사

권력적 행정조사는 항고쟁송의 대상이 되는 처분(권력적 사실행위)에 해당한다. 그러나 불심검문과 같이 단기간에 종료되는 행정조사는 원칙적으로 행정쟁송을 통해 그 취소를 구할 소의 이익이 없으므로 이 경우 국가배상을 청구할 수 있을 뿐이다.

3. 적법한 행정조사

적법한 행정조사에 의하여 특별한 재산상 손실을 입은 경우 손실보상을 청구할 수 있다. 이 경우 개별 법률에 근거가 필요하다(헌법 제23조 제3항).

4. 행정조사와 국민의 정보통제권

행정조사에 의하여 수집된 개인·기업·단체 등에 관한 정보가 유출될 경우에는 국민의 사생활이 완전히 노출되어 심각한 프라이버시침해를 가져올 수 있다. 특히 정보통신의 발달로 전산처리된 개인 등의 정보가 정보관리자의 의사에 관계없이 이용당할 개연성은 더욱 커졌다. 예컨대 정보수집자의 오류에 의해 특정인이 신용

불량자가 된 경우 이 특정인은 경제생활이 거의 마비되어 엄청난 피해를 입을 수도 있다는 가정도 할 수 있을 것이다.

따라서 행정조사활동에 의하여 수집된 개인 등의 정보에 관하여 국민의 정보통제권이 인정되어야 할 것이다. 정보통제권은 그 내용상 ① 자기정보에 대한 수집을 거부할 수 있는 권리, ② 자기정보에 대한 열람을 청구할 수 있는 권리, ③ 잘못된 자기정보에 대해 정정을 요구할 수 있는 권리, ④ 자기정보의 이용을 거부할 수 있는 권리 등이 포함되어야 할 것이다.

제 3 장 행정상 제재

제 1 절 행정벌

Ⅰ. 의 의

행정벌이란 행정법상의 의무위반에 대하여 일반통치권에 근거하여 과하는 제재로서의 처벌을 말한다. 행정벌은 과거의 의무위반에 대하여 제재를 가함으로써 '행정법규'의 실효성을 확보하려는 것이 직접적인 목적이지만, 아울러 간접적으로 의무자에게 심리적 압박을 가하여 의무자의 행정법상의 의무이행을 확보하려는 것 역시 행정벌의 중요한 취지이다.

Ⅱ. 성 질

1. 이행강제금 · 징계벌과의 구별

	행정벌	이행강제금(집행벌)	징계벌
권력의 기초	일반권력관계	일반권력관계	특별권력관계
목 적	의무위반에 대한 제재	장래 의무이행 확보	특별권력관계내부의 질서유지
요 건	고의 · 과실이라는 주관적 요건이 필요	의무불이행이라는 객관적 사실만으로 가능	내부질서위반
수 단	형벌, 과태료(행정질서벌)	가산금, 가산세	신분적 이익 박탈 (파면, 해임, 정직 등)
일사부재리	적 용	의무이행시까지 계속 반복 부과 가능	적 용 (다만, 형벌과 병과 가능)

2. 형사벌과의 구별

행정벌이나 형사벌은 모두 법규 위반에 대한 제재로서 형벌이 과하여지는 범죄라는 점에서 양자의 차이가 없다는 견해($^{구별부정설-}_{Trops}$)도 있으나, 대부분의 학자들은 양자의 구별을 인정하고 있는 경향이며, 그 구별기준에 관하여는 ① 보호규범의 성질에 따라 형사범은 문화규범을, 행정범은 국가목적규범을 위반한 행위라고 보는 견해($^{규범설-}_{Mayer}$), ② 형사범은 반도덕적·반사회적 행위를 범한 자연범이고, 행정범은 행정목적 위반에 대해 비난가능한 법정범이라는 견해($^{윤리설-}_{Garofalo}$), ③ 피침해이익의 성질에 따라 형사범은 법익을, 행정범은 공공복리를 침해한 행위라고 보는 견해($^{침해대상설-}_{Goldschmitt}$), ④ 생활질서를 기본적 생활질서와 파생적 생활질서로 구분하여 형사범은 전자를, 행정범은 후자를 위반한 것이라는 견해[1] 등이 있어 왔다.

그러나 양자는 규범·위반행위·피침해이익의 성질에 따라 구별될 수도 있지만 그 차이는 본질적인 것이 아니라 상대적·유동적인 것으로서 시대적 상황에 따라 다르게 평가될 수 있는 것이다. 예컨대 공무집행방해죄, 강제집행면탈죄 등은 행정범이 형사범으로 변화된 예라 할 수 있다. 양자를 구별하려는 실익은 ① 행정벌은 죄형법정주의에 반하지 않는 범위에서 형법총칙의 적용을 해석상 배제할 수 있다는 점과, ② 하나의 행위가 형사벌법규와 행정벌법규를 동시에 위반한 경우 상상적 경합이 아닌 법조경합으로 볼 수 있다는 점 등에 있다.[2]

Ⅲ. 행정형벌

1. 의 의

행정형벌이란 형법에 정하여져 있는 형벌($^{사형:징역·금고·자격상실;자격}_{정지:벌금·구류·과료;몰수}$)을 과하는 행정벌을 말한다.

형법 제8조는 "본법 총칙은 타 법령에 정한 죄에 적용한다. 단, 그 법령에 특별한 규정이 있는 때에는 예외로 한다."라고 규정하고 있다. 이는 행정범에 있어서도 원칙적으로 형법총칙이 적용된다는 것과 행정범의 특수성을 고려하여 형법총칙의 적용이 배제될 수 있다는 가능성도 동시에 명시하고 있는 것이다. 여기서 '특별한 규정'의 의미는 명문의 규정뿐만 아니라 죄형법정주의에 반하지 않는 범위에서 당해 규정의 합목적적 해석을 통하여 행정형벌의 특수성이 요구되는 경우에는 형법총칙의 적용을 배제할 수 있다는 것으로 이해된다.

---

1) 김동희(521면).
2) 김철용(471-472면).

2. 특수성

(1) 과실범의 처벌

행정형벌도 고의범만을 처벌함을 원칙으로 하는가 아니면 과실범처벌에 관한 명문규정이 없는 경우에도 행정목적 달성상 행정법규 위반이라는 객관적 사실만으로 처벌이 가능한 것인가라는 문제가 있을 수 있다.[3] 이는 전술한 바처럼 형법총칙의 적용을 배제할 수 있는 것은 죄형법정주의에 반하지 않는 범위 내에서 인정되는 것이므로 당연히 명문규정이 없을 경우에는 과실범을 처벌할 수 없다고 보는 것이 타당할 것이다. 그러나 판례는 법령에 과실범도 처벌한다는 명문의 규정이 있거나 해석상 과실범도 처벌한다는 취지가 명확한 경우에는 과실범을 처벌할 수 있다는 입장이다.

① 대법원 2010. 2. 11. 선고 2009도9807 판결

행정상의 단속을 주안으로 하는 법규라 하더라도 '명문규정이 있거나 해석상 과실범도 벌할 뜻이 명확한 경우'를 제외하고는 형법의 원칙에 따라 '고의'가 있어야 벌할 수 있다.

② 대법원 1993. 9. 10. 선고 92도1136 판결

구 대기환경보전법($\frac{1992.12.8.\ 법률\ 제4535}{호로\ 개정되기\ 전의\ 것}$)의 입법목적이나 제반 관계 규정의 취지 등을 고려하면, 법정의 배출허용기준을 초과하는 배출가스를 배출하면서 자동차를 운행하는 행위를 처벌하는 위 법 제57조 제6호의 규정은 자동차의 운행자가 그 자동차에서 배출되는 배출가스가 소정의 운행 자동차 배출허용기준을 초과한다는 점을 실제로 인식하면서 운행한 고의범의 경우는 물론 과실로 인하여 그러한 내용을 인식하지 못한 과실범의 경우도 함께 처벌하는 규정이다.

(2) 고의의 성립

행정벌에 있어서 고의의 성립에 관하여 자신의 행위에 대한 사실의 인식 외에 자신의 행위가 법령에 의하여 죄가 된다는 '위법성의 인식'도 필요한 것인가라는 문제가 있다.[4] 이에 대해서는 ① 일반인이 행정법규의 존재를 모두 알기란 현실적으로 어렵기 때문에 이를 인식한 경우에만 처벌한다면 행정벌의 존재의의가 상실될

---

3) 형법 제14조(과실) 정상적으로 기울여야 할 주의를 게을리하여 죄의 성립요소인 사실을 인식하지 못한 행위는 법률에 특별한 규정이 있는 경우에만 처벌한다.

4) 형법 제16조(법률의 착오) 자기의 행위가 법령에 의하여 죄가 되지 아니하는 것으로 오인한 행위는 그 오인에 정당한 이유가 있는 때에 한하여 벌하지 아니한다.

것이므로 행정범의 경우에는 위법성의 인식이 필요치 않다는 견해(인식불요설), ②
행정범은 행정법규를 위반한 범죄이므로 그 전제가 되는 행정법규의 존재를 알아야
만 위반행위를 비난할 수 있다는 견해(인식필요설), ③ 현실적 인식이 없더라도 인
식할 수 있는 가능성이 있는 경우에는 고의가 성립된다고 보는 견해(인식가능성설)
등이 대립하는바, 인식가능성설이 통설적 견해이다. 다만 개별 법률 중에는 형법 제
16조를 배제하는 명문규정을 두기도 한다.[5]

(3) 법인의 책임능력

현행법상 행정벌의 경우에는 행위자와 법인을 모두 처벌하는 양벌규정을 두는
경우가 일반적이다.[6] 그런데, 만약 법인의 처벌에 관하여 명문의 규정이 없는 경우
에는 법인을 처벌할 수 있는가라는 문제가 발생한다.

이에 대해서는 ① 행정형벌은 행정목적의 달성이라는 특수성에 비추어 법인에
대하여도 책임능력을 인정해야 하는 경우가 일반적이므로 법인을 처벌할 수 있다는
견해,[7] ② 법인의 대표자가 기관의 지위에서 행한 위반행위에 대해서는 법인을 처
벌할 수 있다는 제한적 책임설을 주장하는 견해[8] 등이 있으나, ③ 법인의 처벌에
관하여 명문의 규정이 없는 경우에는 법인의 책임능력을 부정하는 것이 통설과 판
례의 입장이다.

대법원 2005. 11. 10. 선고 2004도2657 판결

　[1] 헌법 제117조, 지방자치법 제3조 제1항, 제9조, 제93조, 도로법 제54조, 제83조,
제86조의 각 규정을 종합하여 보면, 국가가 본래 그의 사무의 일부를 지방자치단체의
장에게 위임하여 그 사무를 처리하게 하는 기관위임사무의 경우에는 지방자치단체는
국가기관의 일부로 볼 수 있는 것이지만, 지방자치단체가 그 고유의 자치사무를 처리하
는 경우에는 지방자치단체는 국가기관의 일부가 아니라 국가기관과는 별도의 독립한
공법인이므로, 지방자치단체 소속 공무원이 지방자치단체 고유의 자치사무를 수행하던
중 도로법 제81조 내지 제85조의 규정에 의한 위반행위를 한 경우에는 지방자치단체는
도로법 제86조의 양벌규정에 따라 처벌대상이 되는 법인에 해당한다.

---

5) 담배사업법 제31조(「형법」의 적용 제한) 이 법에서 정한 죄를 저지른 자에 대해서는 「형법」 제9조,
제10조 제2항, 제11조, 제16조, 제32조 제2항, 제38조 제1항 제2호 중 벌금 경합에 관한 제한가중규정
과 같은 법 제53조는 적용하지 아니한다. 다만, 징역형에 처할 경우 또는 징역형과 벌금형을 병과할
경우의 징역형에 대해서는 그러하지 아니하다.
6) 법인을 처벌하는 경우 그 형벌은 성질상 벌금, 과료, 몰수 등의 금전벌이다.
7) 김철용(474면).
8) 김동희(527면).

[2] 지방자치단체 소속 공무원이 압축트럭 청소차를 운전하여 고속도로를 운행하던 중 제한축중을 초과 적재 운행함으로써 도로관리청의 차량운행제한을 위반한 사안에서, 해당 지방자치단체가 도로법 제86조의 양벌규정에 따른 처벌대상이 된다고 한 사례.

(4) 타인의 행위에 대한 책임

행정벌은 행위자뿐만 아니라 사업주 등 책임자에 대하여 부과되기도 한다. 이때 사업주 등의 형사책임의 성질은 자신의 선임감독상의 의무를 태만히 한 과실책임(자기책임)이다.

대법원 2006. 2. 24. 선고 2005도7673 판결
   양벌규정에 의한 영업주의 처벌은 금지위반행위자인 종업원의 처벌에 종속하는 것이 아니라 독립하여 그 자신의 종업원에 대한 선임감독상의 과실로 인하여 처벌되는 것이므로 종업원의 범죄성립이나 처벌이 영업주 처벌의 전제조건이 될 필요는 없다.

(5) 절차적 특수성(예외적 특별절차)

행정형벌은 형사소송법이 정한 절차에 따라 법원이 과하는 것이 원칙이지만, 다음과 같은 예외가 인정되고 있다.

1) 통고처분

통고처분이란 조세범·관세범·출입국관리사범·경범죄사범·도로교통법위반사범 등에 대하여 국세청장·지방국세청장·세무서장·관세청장·세관장·출입국관리소장·경찰서장 등이 벌금·과료 등에 상당하는 금액(범칙금)의 납부를 명하는 절차를 말한다. 통고처분을 받은 자(범칙자)가 범칙금을 법정기한 내에 납부하면 과벌절차가 종료되며, 일사부재리의 원칙에 따라 형사소추가 불가능해진다. 그러나 범칙자가 통고처분에 대하여 이의가 있어 법정기간 내에 통고내용을 이행하지 않는 경우에는 통고처분의 효력은 당연히 소멸하며, 통고권자의 고발에 의하여 형사소송 절차로 이행하게 된다. 판례에 따르면, 통고처분은 행정소송의 대상이 되는 처분이 아니다.

① 대법원 1995. 6. 29. 선고 95누4674 판결
   도로교통법 제118조에서 규정하는 경찰서장의 통고처분은 행정소송의 대상이 되는 행정처분이 아니므로 그 처분의 취소를 구하는 소송은 부적법하고, 도로교통법상의 통고처분을 받은 자가 그 처분에 대하여 이의가 있는 경우에는 통고처분에 따른 범칙금의

납부를 이행하지 아니함으로써 경찰서장의 즉결심판청구에 의하여 법원의 심판을 받을 수 있게 될 뿐이다.

② 헌법재판소 2003. 10. 30.자 2002헌마275 결정

　[1] 통고처분의 상대방이 범칙금을 납부하지 아니하여 즉결심판, 나아가 정식재판의 절차로 진행되었다면 당초의 통고처분은 그 효력을 상실한다 할 것이므로 이미 효력을 상실한 통고처분의 취소를 구하는 헌법소원은 권리보호의 이익이 없어 부적법하다.

　[2] 도로교통법상의 통고처분은 처분을 받은 당사자의 임의의 승복을 발효요건으로 하고 있으며, 행정공무원에 의하여 발하여 지는 것이지만, 통고처분에 따르지 않고자 하는 당사자에게는 정식재판의 절차가 보장되어 있다. 통고처분 제도는 경미한 교통법규 위반자로 하여금 형사처벌절차에 수반되는 심리적 불안, 시간과 비용의 소모, 명예와 신용의 훼손 등의 여러 불이익을 당하지 않고 범칙금 납부로써 위반행위에 대한 제재를 신속·간편하게 종결할 수 있게 하여주며, 교통법규 위반행위가 홍수를 이루고 있는 현실에서 행정공무원에 의한 전문적이고 신속한 사건처리를 가능하게 하고, 검찰 및 법원의 과중한 업무 부담을 덜어 준다. 또한 통고처분제도는 형벌의 비범죄화 정신에 접근하는 제도이다. 이러한 점들을 종합할 때, 통고처분 제도의 근거 규정인 도로교통법 제118조 본문이 적법절차원칙이나 사법권을 법원에 둔 권력분립원칙에 위배된다거나, 재판청구권을 침해하는 것이라 할 수 없다.

2) 즉결심판

　20만원 이하의 벌금·구류·과료에 해당하는 행정형벌은 즉결심판에 관한 절차법에 따라 즉결심판절차에 의하여 부과될 수 있다. 이때 형의 집행은 경찰서장이 하고, 그 집행결과를 지체 없이 검사에게 보고하여야 한다. 피고인은 즉결심판의 선고·고지를 받은 날부터 7일 이내에 정식재판을 청구할 수 있다.

Ⅳ. 행정질서벌

1. 의　의

　행정질서벌이란 직접 행정목적을 침해하는 것은 아니고, 다만 행정목적 달성에 장해가 되는 정도의 위반행위, 예컨대, 신고·보고·장부비치 등의 의무를 태만히 한 경우에 과태료를 과하는 벌을 말한다. 금전을 부과한다는 점에서는 전술한 이행강제금과 같으나, 이행강제금은 행정상 강제집행의 일종임에 반하여, 행정질서벌은

행정상 제재수단으로서 행정목적을 직접 침해하지는 않았지만 행정의 원활한 수행을 방해한 각종의 의무위반에 대하여 부과하는 행정벌이라는 점에서 그 목적 자체가 다르다. 행정질서벌은 형법총칙이 적용되는 행정형벌과는 달리 「질서위반행위규제법」이 적용된다. 과태료의 부과·징수, 재판 및 집행 등의 절차에 관한 다른 법률의 규정 중 질서위반행위규제법의 규정에 저촉되는 것은 질서위반행위규제법으로 정하는 바에 따른다(질서위반행위
규제법 제5조).

2. 질서위반행위의 성립

(1) 질서위반행위의 정의

질서위반행위란 법률(지방자치단체의 조례를
포함한다. 이하 같다)상의 의무를 위반하여 과태료를 부과하는 행위를 말한다. 다만, ① 대통령령으로 정하는 사법(私法)상·소송법상 의무를 위반하여 과태료를 부과하는 행위, ② 대통령령으로 정하는 법률에 따른 징계사유에 해당하여 과태료를 부과하는 행위는 제외한다(질서위반행위규제
법 제2조 제1호).

(2) 질서위반행위 법정주의

법률에 따르지 아니하고는 어떤 행위도 질서위반행위로 과태료를 부과하지 아니한다(질서위반행위
규제법 제6조).

(3) 고의 또는 과실

고의 또는 과실이 없는 질서위반행위는 과태료를 부과하지 아니한다(질서위반행위
규제법 제7조).[9]

(4) 위법성의 착오

자신의 행위가 위법하지 아니한 것으로 오인하고 행한 질서위반행위는 그 오인에 정당한 이유가 있는 때에 한하여 과태료를 부과하지 아니한다(질서위반행위
규제법 제8조).

---

9) 질서위반행위규제법이 제정되기 전에, 대법원은 "과태료와 같은 행정질서벌은 행정질서유지를 위한 의무의 위반이라는 객관적 사실에 대하여 과하는 제재이므로 반드시 현실적인 행위자가 아니라도 법령상 책임자로 규정된 자에게 부과되고 원칙적으로 위반자의 고의·과실을 요하지 아니하나, 위반자가 그 의무를 알지 못하는 것이 무리가 아니었다고 할 수 있어 그것을 정당시할 수 있는 사정이 있을 때 또는 그 의무의 이행을 그 당사자에게 기대하는 것이 무리라고 하는 사정이 있을 때 등 그 의무해태를 탓할 수 없는 정당한 사유가 있는 때에는 이를 부과할 수 없다."고 판시하였다(대법원 2000. 5. 26. 선고 98두5972 판결).

(5) 책임연령

14세가 되지 아니한 자의 질서위반행위는 과태료를 부과하지 아니한다. 다만, 다른 법률에 특별한 규정이 있는 경우에는 그러하지 아니하다(질서위반행위규제법 제9조).

(6) 심신장애

심신장애로 인하여 행위의 옳고 그름을 판단할 능력이 없거나 그 판단에 따른 행위를 할 능력이 없는 자의 질서위반행위는 과태료를 부과하지 아니한다(질서위반행위규제법 제10조 제1항). 심신장애로 인하여 제1항에 따른 능력이 미약한 자의 질서위반행위는 과태료를 감경한다(제2항).

스스로 심신장애 상태를 일으켜 질서위반행위를 한 자에 대하여는 제1항 및 제2항을 적용하지 아니한다(제3항).

(7) 법인의 책임

법인의 대표자, 법인 또는 개인의 대리인·사용인 및 그 밖의 종업원이 업무에 관하여 법인 또는 그 개인에게 부과된 법률상의 의무를 위반한 때에는 법인 또는 그 개인에게 과태료를 부과한다(질서위반행위규제법 제11조 제1항).

(8) 다수인의 질서위반행위 가담

2인 이상이 질서위반행위에 가담한 때에는 각자가 질서위반행위를 한 것으로 본다(질서위반행위규제법 제12조 제1항). 신분에 의하여 성립하는 질서위반행위에 신분이 없는 자가 가담한 때에는 신분이 없는 자에 대하여도 질서위반행위가 성립한다(제2항). 신분에 의하여 과태료를 감경 또는 가중하거나 과태료를 부과하지 아니하는 때에는 그 신분의 효과는 신분이 없는 자에게는 미치지 아니한다(제3항).

(9) 수 개의 질서위반행위의 처리

하나의 행위가 2 이상의 질서위반행위에 해당하는 경우에는 각 질서위반행위에 대하여 정한 과태료 중 가장 중한 과태료를 부과한다(질서위반행위규제법 제13조 제1항). 제1항의 경우를 제외하고 2 이상의 질서위반행위가 경합하는 경우에는 각 질서위반행위에 대하여 정한 과태료를 각각 부과한다. 다만, 다른 법령(지방자치단체의 조례를 포함한다. 이하 같다)에 특별한 규정이 있는 경우에는 그 법령으로 정하는 바에 따른다(제2항).

(10) 과태료의 산정

행정청 및 법원은 과태료를 정함에 있어서 ① 질서위반행위의 동기·목적·방법·결과, ② 질서위반행위 이후의 당사자의 태도와 정황, ③ 질서위반행위자의 연령·재산상태·환경, ④ 그 밖에 과태료의 산정에 필요하다고 인정되는 사유를 고려하여야 한다(질서위반행위
규제법 제14조).

(11) 과태료의 시효

과태료는 행정청의 과태료 부과처분이나 법원의 과태료 재판이 확정된 후 5년간 징수하지 아니하거나 집행하지 아니하면 시효로 인하여 소멸한다(질서위반행위규제
법 제15조 제1항). 제1항에 따른 소멸시효의 중단·정지 등에 관하여는 국세기본법 제28조를 준용한다(제2
항).

3. 과태료의 부과 및 징수

(1) 사전통지 및 의견 제출

행정청이 질서위반행위에 대하여 과태료를 부과하고자 하는 때에는 미리 당사자(제11조 제2항에 따른 고용주
등을 포함한다. 이하 같다)에게 대통령령으로 정하는 사항을 통지하고, 10일 이상의 기간을 정하여 의견을 제출할 기회를 주어야 한다. 이 경우 지정된 기일까지 의견 제출이 없는 경우에는 의견이 없는 것으로 본다(질서위반행위규제
법 제16조 제1항). 당사자는 의견 제출 기한 이내에 대통령령으로 정하는 방법에 따라 행정청에 의견을 진술하거나 필요한 자료를 제출할 수 있다(제2
항). 행정청은 당사자가 제출한 의견에 상당한 이유가 있는 경우에는 과태료를 부과하지 아니하거나 통지한 내용을 변경할 수 있다(제3
항).

(2) 과태료의 부과

질서위반행위규제법에 따르면 과태료 부과는 행정청의 부과결정을 전치하도록 하고 있다. 이는 경미한 위반행위에 대하여 과태료의 부과를 처음부터 법원의 결정으로 하게 하는 것은 법원의 업무량을 과중하게 할 뿐만 아니라 국민에게도 번거롭기 때문이다. 또한, 행정기관의 부과결정을 전치시키지 않고 처음부터 법원이 과태료를 부과하는 경우, 위반사항을 발견하고 법원에 통보할 자는 주무행정기관인데 조사 및 통보절차가 불비하여 당해 주무행정기관은 위반행위가 있어도 통보하지 않고 방치하는 사례가 허다하여 위반행위에 대해 과태료를 부과하는 일이 오히려 예외적이 되어 과태료 규정의 실효성이 크지 못하기 때문이다.

행정청은 의견 제출 절차를 마친 후에 서면(당사자가 동의하는 경우에는 전자문서 를 포함한다. 이하 이 조에서 같다)으로 과태료를 부과하여야 한다(질서위반행위규제 법 제17조 제1항). 이때 서면에는 질서위반행위, 과태료 금액, 그 밖에 대통령령으로 정하는 사항을 명시하여야 한다(제2 항).

(3) 과태료 부과의 제척기간

행정청은 질서위반행위가 종료된 날(다수인이 질서위반행위에 가담한 경우 에는 최종행위가 종료된 날을 말한다)부터 5년이 경과한 경우에는 해당 질서위반행위에 대하여 과태료를 부과할 수 없다(질서위반행위규제 법 제19조 제1항). 다만, 행정청은 제36조 또는 제44조에 따른 법원의 결정이 있는 경우에는 그 결정이 확정된 날부터 1년이 경과하기 전까지는 과태료를 정정부과 하는 등 해당 결정에 따라 필요한 처분을 할 수 있다(제2 항).

(4) 이의제기

행정청의 과태료 부과에 불복하는 당사자는 제17조 제1항에 따른 과태료 부과 통지를 받은 날부터 60일 이내에 해당 행정청에 서면으로 이의제기를 할 수 있다(질서위반행위규제 법 제20조 제1항). 이의제기가 있는 경우에는 행정청의 과태료 부과처분은 그 효력을 상실한다(제2 항). 따라서 과태료 부과처분은 행정소송의 대상이 되는 행정처분으로 볼 수 없다는 것이 판례이다.

대법원 2012. 10. 11. 선고 2011두19369 판결
수도조례 및 하수도사용조례에 기한 과태료의 부과 여부 및 그 당부는 최종적으로 질서위반행위규제법에 의한 절차에 의하여 판단되어야 한다고 할 것이므로, 그 과태료 부과처분은 행정청을 피고로 하는 행정소송의 대상이 되는 행정처분이라고 볼 수 없다.

(5) 법원에의 통보

이의제기를 받은 행정청은 이의제기를 받은 날부터 14일 이내에 이에 대한 의견 및 증빙서류를 첨부하여 관할 법원에 통보하여야 한다. 다만, ① 당사자가 이의제기를 철회한 경우, ② 당사자의 이의제기에 이유가 있어 과태료를 부과할 필요가 없는 것으로 인정되는 경우에는 그러하지 아니하다(질서위반행위규제 법 제21조 제1항).

행정청은 사실상 또는 법률상 같은 원인으로 말미암아 다수인에게 과태료를 부과할 필요가 있는 경우에는 다수인 가운데 1인에 대한 관할권이 있는 법원에 이의제기 사실을 통보할 수 있다(제2 항).

행정청이 관할 법원에 통보를 하거나 통보하지 아니하는 경우에는 그 사실을 즉시 당사자에게 통지하여야 한다($^{제3}_{항}$). 당사자는 행정청으로부터 이러한 통지를 받기 전까지는 행정청에 대하여 서면으로 이의제기를 철회할 수 있다($^{제20조}_{제3항}$).

4. 과태료의 재판

(1) 관할 법원

과태료 사건은 다른 법령에 특별한 규정이 있는 경우를 제외하고는 당사자의 주소지의 지방법원 또는 그 지원의 관할로 한다($^{질서위반행위}_{규제법 제25조}$). 법원의 관할은 행정청이 이의제기 사실을 통보한 때를 표준으로 정한다($^{제26}_{조}$).

(2) 행정청 통보사실의 통지

법원은 행정청의 통보가 있는 경우 이를 즉시 검사에게 통지하여야 한다($^{질서위반행위}_{규제법 제30조}$).

(3) 심문 등

법원은 심문기일을 열어 당사자의 진술을 들어야 한다($^{질서위반행위규제}_{법 제31조 제1항}$). 법원은 검사의 의견을 구하여야 하고, 검사는 심문에 참여하여 의견을 진술하거나 서면으로 의견을 제출하여야 한다($^{제2}_{항}$). 법원은 행정청의 참여가 필요하다고 인정하는 때에는 행정청으로 하여금 심문기일에 출석하여 의견을 진술하게 할 수 있다($^{제32조}_{제1항}$).

법원은 상당하다고 인정하는 때에는 심문 없이 과태료 재판을 할 수 있다($^{제44}_{조}$). 당사자와 검사는 제44조에 따른 약식재판의 고지를 받은 날부터 7일 이내에 이의신청을 할 수 있다($^{제45조}_{제1항}$). 법원이 이의신청이 적법하다고 인정하는 때에는 약식재판은 그 효력을 잃는다($^{제50조}_{제1항}$). 이 경우 법원은 심문을 거쳐 다시 재판하여야 한다($^{제2}_{항}$).

(4) 직권에 의한 사실탐지와 증거조사

법원은 직권으로 사실의 탐지와 필요하다고 인정하는 증거의 조사를 하여야 한다($^{질서위반행위규제}_{법 제33조 제1항}$). 증거조사에 관하여는 민사소송법에 따른다($^{제2}_{항}$).

(5) 과태료 결정과 고지

과태료 재판은 이유를 붙인 결정으로써 한다($^{질서위반행위규제}_{법 제36조 제1항}$). 결정은 당사자와 검사에게 고지함으로써 효력이 생긴다($^{제37조}_{제1항}$). 결정의 고지는 법원이 적당하다고 인정하는 방법으로 한다. 다만, 공시송달을 하는 경우에는 민사소송법에 따라야 한다(제2항).

(6) 준용규정

비송사건절차법 제2조부터 제4조까지, 제6조, 제7조, 제10조(일종과 갑정을 제외한다) 및 제24조부터 제26조까지의 규정은 이 법에 따른 과태료 재판에 준용한다(질서위반행위규제법 제28조).

5. 과태료 재판에 대한 불복

당사자와 검사는 과태료 재판에 대하여 즉시항고를 할 수 있다. 이 경우 항고는 집행정지의 효력이 있다(질서위반행위규제법 제38조 제1항). 민사소송법의 항고에 관한 규정은 특별한 규정이 있는 경우를 제외하고는 이 법에 따른 항고에 준용한다(제40조).

6. 과태료 재판의 집행

과태료 재판은 검사의 명령으로써 집행한다. 이 경우 그 명령은 집행력 있는 집행권원과 동일한 효력이 있다(질서위반행위규제법 제42조 제1항).

7. 과태료 납부의 실효성 확보

질서위반행위규제법은 과태료 납부의 실효성을 제고하기 위하여, ① 자진납부자에 대한 감경(제18조), ② 가산금 징수 및 체납처분 등(제24조), ③ 관허사업의 제한(제52조), ④ 신용정보의 제공 등(제53조), ⑤ 고액·상습체납자에 대한 제재(제54조), ⑥ 자동차 관련 과태료 체납자에 대한 자동차 등록번호판의 영치(제55조)에 관한 규정을 마련하고 있다.

8. 입법론

현재 일반적인 과태료 부과절차는 행정청이 부과결정을 하고 상대방이 이에 동의하여 과태료를 납부하면 그것으로 과벌절차가 종료되고, 만약 이에 불복하면 행정청의 통보에 의해 법원이 비송사건절차법에 따라 과태료를 부과하는 것이다. 이때 법원은 행정청의 과태료부과처분에 대한 당부를 판단하는 것이 아니라 재판을 통해 위반자에 대하여 최초로 과태료를 부과한 것으로 보아야 한다. 따라서 행정청의 최초의 과태료 부과처분은 당사자의 이의제기가 있는 경우에는 그 효력을 상실 하며(질서위반행위규제법 제20조 제2항), 이는 과거 헌법재판소의 입장이기도 하다.

헌법재판소 1998. 9. 30.자 98헌마18 결정

행정기관의 과태료부과처분에 대하여 그 상대방이 이의를 제기함으로써 비송사건절 차법에 의한 과태료의 재판을 하게 되는 경우, 법원은 당초 행정기관의 과태료부과처분 을 심판의 대상으로 하여 그 당부를 심사한 후 이의가 이유 있다고 인정하여 그 처분을 취소하거나 이유 없다는 이유로 이의를 기각하는 재판을 하는 것이 아니라, 직권으로 과태료부과요건이 있는지를 심사하여 그 요건이 있다고 인정하면 새로이 위반자에 대 하여 과태료를 부과하는 것이므로, 행정기관의 과태료부과처분에 대하여 상대방이 이의 를 하여 그 사실이 비송사건절차법에 의한 과태료의 재판을 하여야 할 법원에 통지되면 당초의 행정기관의 부과처분은 그 효력을 상실한다 할 것이다. 따라서 이미 효력을 상 실한 피청구인의 과태료부과처분의 취소를 구하는 이 사건 심판청구는 권리보호의 이 익이 없다.

그러나 과태료의 부과는 행정처분이므로 법원이 아닌 행정청이 부과하여야 하 고, 이에 대한 이의신청이나 강제징수 또한 행정절차에 의하여야 하며, 이에 대한 소송 역시 행정소송의 방법에 의하여야 한다. 비송사건절차법에 의한 법원의 재판 (결정)으로 과태료의 부과처분에 갈음하는 것은 행정행위를 행정청 스스로가 하는 사법적 판결로 보았던 오토 마이어의 구시대적 경찰국가관을 답습하는 것이므로 시 급한 청산이 요청된다.

V. 행정형벌과 행정질서벌의 병과가능성

행정형벌과 행정질서벌은 모두 행정법상 의무위반에 대한 제재로서 가하는 행정 벌이므로 동일한 행위에 대하여 행정형벌과 행정질서벌을 병과하는 것은 일사부재 리의 원칙 또는 이중처벌금지의 원칙에 위반된다는 것이 통설적인 견해이다.

그러나 대법원은 행정법상의 질서벌인 과태료의 부과처분과 형사처벌은 그 성질 이나 목적을 달리하는 별개의 것이므로 행정법상의 질서벌인 과태료를 납부한 후에 형사처벌을 한다고 하여 이를 일사부재리의 원칙에 반하는 것이라고 할 수는 없다 는 입장이다[판례 ①].

이에 반해 헌법재판소는 동일한 행위를 대상으로 하여 형벌을 부과하면서 아울러 행정질서벌로서의 과태료까지 부과한다면 그것은 이중처벌금지의 기본정신에 배치되어 국가 입법권의 남용으로 인정될 여지가 있다고 판시하였다[판례 ②].

① 대법원 1996. 4. 12. 선고 96도158 판결

행정법상의 질서벌인 과태료의 부과처분과 형사처벌은 그 성질이나 목적을 달리하는 별개의 것이므로 행정법상의 질서벌인 과태료를 납부한 후에 형사처벌을 한다고 하여 이를 일사부재리의 원칙에 반하는 것이라고 할 수는 없으며, 자동차의 임시운행허가를 받은 자가 그 허가 목적 및 기간의 범위 안에서 운행하지 아니한 경우에 과태료를 부과하는 것은 당해 자동차가 무등록 자동차인지 여부와는 관계없이, 이미 등록된 자동차의 등록번호표 또는 봉인이 멸실되거나 식별하기 어렵게 되어 임시운행허가를 받은 경우까지를 포함하여, 허가받은 목적과 기간의 범위를 벗어나 운행하는 행위 전반에 대하여 행정질서벌로써 제재를 가하고자 하는 취지라고 해석되므로, 만일 임시운행허가기간을 넘어 운행한 자가 등록된 차량에 관하여 그러한 행위를 한 경우라면 과태료의 제재만을 받게 되겠지만, 무등록 차량에 관하여 그러한 행위를 한 경우라면 과태료와 별도로 형사처벌의 대상이 된다.

② 헌법재판소 1994. 6. 30.자 92헌바38 결정

헌법 제13조 제1항은 "모든 국민은…… 동일한 범죄에 대하여 거듭 처벌받지 아니한다."고 하여 이른바 "이중처벌금지의 원칙"을 규정하고 있는바, 이 원칙은 한번 판결이 확정되면 동일한 사건에 대해서는 다시 심판할 수 없다는 "일사부재리의 원칙"이 국가형벌권의 기속원리로 헌법상 선언된 것으로서, 동일한 범죄행위에 대하여 국가가 형벌권을 거듭 행사할 수 없도록 함으로써 국민의 기본권 특히 신체의 자유를 보장하기 위한 것이라고 할 수 있다. 이러한 점에서 헌법 제13조 제1항에서 말하는 "처벌"은 원칙으로 범죄에 대한 국가의 형벌권 실행으로서의 과벌을 의미하는 것이고, 국가가 행하는 일체의 제재나 불이익처분을 모두 그 "처벌"에 포함시킬 수는 없다 할 것이다. 다만, 행정질서벌로서의 과태료는 행정상 의무의 위반에 대하여 국가가 일반통치권에 기하여 과하는 제재로서 형벌(특히 형벌)과 목적·기능이 중복되는 면이 없지 않으므로, 동일한 행위를 대상으로 하여 형벌을 부과하면서 아울러 행정질서벌로서의 과태료까지 부과한다면 그것은 이중처벌금지의 기본정신에 배치되어 국가 입법권의 남용으로 인정될 여지가 있음을 부정할 수 없다.

제2절 금전적 제재

I. 과징금

1. 의 의

과징금이란 행정청이 일정한 행정법상의 의무를 위반한 자에 대하여 과하는 금전상 제재를 말한다.

원래 의미의 과징금이란, 행정법상 의무를 위반한 행위로 불법적 이익을 얻은 경우 그 경제적 이익을 박탈하는 것을 말한다. 실정법상의 예로는 독점규제 및 공정거래에 관한 법률에 의해 시장지배적 사업자가 남용행위를 한 경우에 매출액의 일정비율을 과징금으로 부과하는 것을 들 수 있다.

그러나 오늘날에는 국민생활에 중대한 영향을 미치는 인허가사업에 있어서 그 사업의 정지를 명할 위법사유가 있음에도 불구하고 공익의 보호를 이유로 사업을 계속하게 하고 대신 사업계속에 따르는 영업이익을 박탈하는 것으로 그 의미가 변형되고 있다. 예컨대, 시골에 하나밖에 없는 의원(醫院)이 행정법상의 의무를 위반하였다고 하여 영업정지 등을 명할 경우 지역주민들이 의료서비스를 받지 못하는 결과를 초래할 수도 있기 때문에 당해 의원으로 하여금 영업을 계속하게 하고, 대신 그 영업이익을 박탈하는 것이다. 이러한 변형된 과징금의 실정법상의 예로는, 여객자동차 운수사업법,[10] 대기환경보전법, 주차장법, 식품위생법 등에서 영업정지처분에 갈음하여 일정금액의 과징금을 부과하는 것들이 있다.[11] 과징금은 어떠한 경우이든 부분적이라도 부당이익의 환수가 있어야 한다.

① 대법원 2004. 3. 12. 선고 2001두7220 판결

부당지원행위에 대한 과징금은 부당지원행위 억지라는 행정목적을 실현하기 위한

---

10) 여객자동차 운수사업법 제88조 제1항은 "국토교통부장관, 시·도지사 또는 시장·군수·구청장은 여객자동차 운수사업자가 제49조의15 제1항 또는 제85조 제1항 각 호의 어느 하나에 해당하여 사업정지 처분을 하여야 하는 경우에 그 사업정지 처분이 그 여객자동차 운수사업을 이용하는 사람들에게 심한 불편을 주거나 공익을 해칠 우려가 있는 때에는 그 사업정지 처분을 갈음하여 5천만원 이하의 과징금을 부과·징수할 수 있다."고 규정하고 있다.

11) 식품위생법상 영업정지처분에 갈음하여 부과하는 과징금은 영업정지처분으로 인한 영업자의 불이익을 줄여주기 위한 수단으로서, 이는 주로 영업주의 편의를 위한 제도로 활용된다는 지적도 있다. 이일세(506면).

행정상 제재금으로서의 기본적 성격에 부당이득환수적 요소도 부가되어 있는 것으로서, 이중처벌금지원칙에 위반된다거나 무죄추정의 원칙에 위반된다고 할 수 없고, 구 독점규제및공정거래에관한법률(1999. 12. 28. 법률 제6043호로 개정되기 전의 것) 제24조의2가 지원주체에 대하여 과징금을 부과하도록 정한 것은 입법자의 정책판단에 기한 것이고, 반드시 지원객체에 대하여 과징금을 부과하는 것만이 입법목적 달성을 위한 적절한 수단이 된다고 할 수 없으며, 과징금액의 산정에 있어서 지원주체의 매출액에 대한 일정한 비율의 한도 내에서 과징금을 부과하도록 하고 있으나, 공정거래위원회로서는 같은 법 제55조의3 제1항에 정한 각 사유를 참작하여 개별 부당지원행위의 불법의 정도에 비례하는 상당한 금액의 범위 내에서만 과징금을 부과할 의무가 있다는 점 등을 고려하면, 비례원칙에 위배된다고도 할 수 없다.

② 대법원 2014. 10. 15. 선고 2013두5005 판결

구 여객자동차 운수사업법(2012. 2. 1. 법률 제11295호로 개정되기 전의 것) 제88조 제1항의 과징금부과처분은 제재적 행정처분으로서 여객자동차 운수사업에 관한 질서를 확립하고 여객의 원활한 운송과 여객자동차 운수사업의 종합적인 발달을 도모하여 공공복리를 증진한다는 행정목적의 달성을 위하여 행정법규 위반이라는 객관적 사실에 착안하여 가하는 제재이므로 반드시 현실적인 행위자가 아니라도 법령상 책임자로 규정된 자에게 부과되고 원칙적으로 위반자의 고의·과실을 요하지 아니하나, 위반자의 의무 해태를 탓할 수 없는 정당한 사유가 있는 등의 특별한 사정이 있는 경우에는 이를 부과할 수 없다.

2. 행정벌과의 구별(병과가능성)

과징금은 행정법상의 의무위반자에 대한 금전상 제재로서 과해진다는 점에서 행정벌과 유사하다. 그러나 ① 제재의 내용이 형법상 형벌이나 과태료가 아니고, ② 그 목적이 위반행위자에 대한 제재뿐만 아니라 불법적 이익을 박탈하거나 영업정지처분에 갈음하기 위한 것이며, ③ 법원이 아닌 행정청이 부과·징수하며, 그에 대한 불복은 행정쟁송절차에 의한다는 점에서 구별된다.

이와 관련하여, 동일한 행위에 대하여 과징금과 행정벌을 병과하는 것이 일사부재리의 원칙 내지 이중처벌금지의 원칙에 반하는지 여부가 문제된다. 이에 대해 헌법재판소와 대법원은 과징금은 헌법 제13조 제1항에서 금지하는 국가형벌권 행사로서의 '처벌'에 해당한다고는 할 수 없으므로, 형사처벌과 아울러 과징금을 병과하더라도 이중처벌금지의 원칙에 위반되지 않는다는 입장이다.[12)]

---

12) 이와 달리 형사벌과 과징금은 그 법적 성격이 다르기 때문에 이론상으로는 양자의 병과가 가능

① 헌법재판소 2003. 7. 24.자 2001헌가25 결정

행정권에는 행정목적 실현을 위하여 행정법규 위반자에 대한 제재의 권한도 포함되어 있으므로, '제재를 통한 억지'는 행정규제의 본원적 기능이라 볼 수 있는 것이고, 따라서 어떤 행정제재의 기능이 오로지 제재(및 이에 결부된 억지)에 있다고 하여 이를 헌법 제13조 제1항에서 말하는 국가형벌권의 행사로서의 '처벌'에 해당한다고 할 수 없는바, 구 독점규제및공정거래에관한법률 제24조의2에 의한 부당내부거래에 대한 과징금은 그 취지와 기능, 부과의 주체와 절차 등을 종합할 때 부당내부거래 억지라는 행정목적을 실현하기 위하여 그 위반행위에 대하여 제재를 가하는 행정상의 제재금으로서의 기본적 성격에 부당이득환수적 요소도 부가되어 있는 것이라 할 것이고, 이를 두고 헌법 제13조 제1항에서 금지하는 국가형벌권 행사로서의 '처벌'에 해당한다고는 할 수 없으므로, 공정거래법에서 형사처벌과 아울러 과징금의 병과를 예정하고 있더라도 이중처벌금지원칙에 위반된다고 볼 수 없으며, 이 과징금 부과처분에 대하여 공정력과 집행력을 인정한다고 하여 이를 확정판결 전의 형벌집행과 같은 것으로 보아 무죄추정의 원칙에 위반된다고도 할 수 없다.

② 대법원 2007. 7. 12. 선고 2006두4554 판결

구 부동산 실권리자명의 등기에 관한 법률($^{2007.\ 5.\ 11.\ 법률\ 제8418}_{호로\ 개정되기\ 전의\ 것}$) 제5조에 규정된 과징금은 그 취지와 기능, 부과의 주체와 절차 등에 비추어 행정청이 명의신탁행위로 인한 불법적인 이익을 박탈하거나 위 법률에 따른 실명등기의무의 이행을 강제하기 위하여 의무자에게 부과·징수하는 것일 뿐 그것이 헌법 제13조 제1항에서 금지하는 국가형벌권 행사로서의 처벌에 해당한다고 할 수 없으므로 위 법률에서 형사처벌과 아울러 과징금의 부과처분을 할 수 있도록 규정하고 있다 하더라도 이중처벌금지 원칙에 위반한다고 볼 수 없다.

3. 성 질

과징금은 일정한 금전납부를 명하는 급부하명의 성질을 가진다. 과징금 부과행위는 근거 법률의 규정에 따라 재량행위인 경우도 있고, 기속행위인 경우도 있다.

① 대법원 2002. 9. 24. 선고 2000두1713 판결

구 독점규제및공정거래에관한법률($^{1999.\ 2.\ 5.\ 법률\ 제5813}_{호로\ 개정되기\ 전의\ 것}$) 제6조, 제17조, 제22조, 제24조의2, 제28조, 제31조의2, 제34조의2 등 각 규정을 종합하여 보면, 공정거래위원회는 같은 법 위반행위에 대하여 과징금을 부과할 것인지 여부와 만일 과징금을 부과한다면 일정

하지만, 실질적으로는 이중처벌의 성질을 가지기 때문에 양자 중 택일적으로 부과하도록 관계 법령을 정비하여야 한다는 견해가 있다. 정하중/김광수(487면).

한 범위 안에서 과징금의 부과액수를 얼마로 정할 것인지에 관하여 재량을 가지고 있다 할 것이므로, 공정거래위원회의 같은 법 위반행위자에 대한 과징금 부과처분은 재량행위라 할 것이다.

② 대법원 2007. 7. 12. 선고 2005두17287 판결

부동산 실권리자명의 등기에 관한 법률 제3조 제1항, 제5조 제1항, 같은 법 시행령 제3조 제1항의 규정을 종합하면, 명의신탁자에 대하여 과징금을 부과할 것인지 여부는 기속행위에 해당하므로, 명의신탁이 조세를 포탈하거나 법령에 의한 제한을 회피할 목적이 아닌 경우에 한하여 그 과징금을 일정한 범위 내에서 감경할 수 있을 뿐이지 그에 대하여 과징금 부과처분을 하지 않거나 과징금을 전액 감면할 수 있는 것은 아니다.

대법원은 "부동산실권리자명의등기에관한법률 제5조에 의하여 부과된 과징금 채무는 대체적 급부가 가능한 의무이므로 위 과징금을 부과받은 자가 사망한 경우 그 상속인에게 포괄승계된다."고 판시한 바 있다.[13]

4. 법적 근거

과징금 부과행위는 부담적 행정행위이므로 법률의 근거가 필요하다. 과징금은 1980. 12. 31. 제정된 「독점규제 및 공정거래에 관한 법률」에서 처음 도입된 이후, 개별 법률에서 다양한 형식과 내용으로 규율되고 있다. 이에 개별 법률에 산재한 과징금 부과의 일반원칙과 기준을 명확히 하여 행정의 통일성을 제고하기 위하여 행정기본법은 과징금에 관한 규정을 마련하였다.

대법원 2020. 5. 28. 선고 2017두73693 판결

[1] 구 화물자동차 운수사업법 시행령(2017. 1. 10. 대통령령 제27782호로 개정되기 전의 것, 이하 '구 시행령'이라 한다) 제5조 제1항 [별표 1] 제재처분기준 제2호 및 비고 제4호에서 정한 '위반행위의 횟수에 따른 가중처분기준'은 위반행위에 따른 제재처분을 받았음에도 또다시 같은 내용의 위반행위를 반복하는 경우에 더욱 중하게 처벌하려는 데에 취지가 있다. 이러한 제도의 취지와 구 시행령 [별표 1] 비고 제4호의 문언을 종합하면, '위반행위의 횟수에 따른 가중처분기준'이 적용되려면 실제 선행 위반행위가 있고 그에 대하여 유효한 제재처분이 이루어졌음에도 그 제재처분일로부터 1년 이내에 다시 같은 내용의 위반행위가 적발된 경우이면 족하다고 보아야 한다. 선행 위반행위에 대한 선행 제재처분이 반드시 구 시행령 [별표 1] 제재처분기준 제2호에 명시된 처분내용대로 이루어진 경우이어야 할 필요는 없으며, 선행

13) 대법원 1999. 5. 14. 선고 99두35 판결.

제재처분에 처분의 종류를 잘못 선택하거나 처분양정에서 재량권을 일탈·남용한 하자가 있었던 경우라고 해서 달리 볼 것은 아니다.

[2] 화물자동차 운송사업자가 화물자동차 운수사업법(이하 '화물자동차법'이라 한다) 제19조 제1항 각호에서 정한 사업정지처분사유에 해당하는 위반행위를 한 경우에는 화물자동차법 제19조 제1항에 따라 사업정지처분을 하는 것이 원칙이다. 다만 입법자는 화물자동차 운송사업자에 대하여 사업정지처분을 하는 것이 운송사업의 이용자에게 불편을 주거나 그 밖에 공익을 해칠 우려가 있으면 대통령령으로 정하는 바에 따라 사업정지처분을 갈음하여 과징금을 부과할 수 있도록 허용하고 있다. 이처럼 입법자는 대통령령에 단순히 '과징금의 산정기준'을 구체화하는 임무만을 위임한 것이 아니라, 사업정지처분을 갈음하여 과징금을 부과할 수 있는 '위반행위의 종류'를 구체화하는 임무까지 위임한 것이라고 보아야 한다. 따라서 구 화물자동차 운수사업법 시행령(2017. 1. 10. 대통령령 제27782호로 개정되기 전의 것) 제7조 제1항 [별표 2] '과징금을 부과하는 위반행위의 종류와 과징금의 금액'에 열거되지 않은 위반행위의 종류에 대해서 사업정지처분을 갈음하여 과징금을 부과하는 것은 허용되지 않는다고 보아야 한다.

(1) 과징금 법정주의

행정청은 법령등에 따른 의무를 위반한 자에 대하여 법률로 정하는 바에 따라 그 위반행위에 대한 제재로서 과징금을 부과할 수 있다(행정기본법 제28조 제1항). 과징금의 근거가 되는 법률에는 과징금에 관한 ① 부과·징수 주체, ② 부과 사유, ③ 상한액, ④ 가산금을 징수하려는 경우 그 사항, ⑤ 과징금 또는 가산금 체납 시 강제징수를 하려는 경우 그 사항을 명확하게 규정하여야 한다(제2항). 행정기본법 제28조 제2항에 규정된 사항은 예시적인 것으로 보아야 한다.[14]

한편, 부담금이나 과태료와 달리 과징금의 경우 체납가산금에 대한 일반규정이 없어 개별 법률에 따라 체납가산금의 편차가 크므로, 체납가산금 부과의 형평성을 제고하고, 과중한 체납가산금 부과를 방지하기 위하여 개정안 제28조 제3항에서는 체납가산금의 상한에 관한 통일적인 일반규정을 마련하였다.

> **[개정안] 행정기본법 제28조(과징금의 기준)** ③ 제2항 제4호에 따라 체납된 과징금에 대한 가산금을 부과하는 규정을 정할 때에는 해당 가산금의 상한이 금융기관 등이 연체대출금에 대하여 적용하는 이자율 등을 고려하여 대통령령으로 정하는 금액을 넘지 아니하도록 규정하여야 한다.

---

14) 홍정선(행정기본법 해설, 209면).

(2) 과징금의 납부기한 연기 및 분할 납부

과징금은 한꺼번에 납부하는 것을 원칙으로 한다. 다만, 행정청은 과징금을 부과받은 자가 ① 재해 등으로 재산에 현저한 손실을 입은 경우, ② 사업 여건의 악화로 사업이 중대한 위기에 처한 경우, ③ 과징금을 한꺼번에 내면 자금 사정에 현저한 어려움이 예상되는 경우, ④ 그 밖에 ① 내지 ③에 준하는 경우로서 대통령령으로 정하는 사유가 있는 경우[15]로 과징금 전액을 한꺼번에 내기 어렵다고 인정될 때에는 그 납부기한을 연기하거나 분할 납부하게 할 수 있으며, 이 경우 필요하다고 인정하면 담보를 제공하게 할 수 있다(행정기본법 제29조).

5. 부 과

최근 대법원은 여러 가지 위반행위에 대해 변형된 과징금을 부과할 때 과징금 부과처분의 방법과 산정기준에 관한 법리를 제시하였다. 즉, 행정청은 원칙적으로 위반행위에 대해 일괄하여 하나의 과징금 부과처분을 하여야 하고, 예외적으로 처분 당시에 일부 위반행위를 인지하지 못한 경우에만 별도로 과징금 부과처분을 할 수 있다. 그러나 이 경우에도 과징금액의 산정은 일괄하여 하나의 과징금 부과처분을 하는 경우와의 형평을 고려하여야 한다. 이는 사후적 경합범의 처리에 관한 형법 제39조 제1항[16]의 법리를 차용한 것으로 보인다.

대법원 2021. 2. 4. 선고 2020두48390 판결

[1] 위반행위가 여러 가지인 경우에 행정처분의 방식과 한계를 정한 관련 규정들의 내용과 취지에다가, 여객자동차운수사업자가 범한 여러 가지 위반행위에 대하여 관할 행정청이 구 여객자동차 운수사업법(2020. 3. 24. 법률 제17091호로 개정되기 전의 것) 제85조 제1항 제12호에 근거하여 사업정지처분을 하기로 선택한 이상 각 위반행위의 종류와 위반 정도를 불문하고 사업정지처분의 기간은 6개월을 초과할 수 없는 점을 종합하면, 관할 행정청이 사업정지처분을 갈음하는 과징금 부과처분을 하기로 선택하는 경우에도 사업정지처분의 경우와 마찬가지로 여러 가지 위반행위에 대하여 1회에 부과할 수 있는 과징금 총액의 최고한도액은 5,000만원이라고 보는 것이 타당하다. 관할 행정청이 여객자동차운송사업자의

---

15) 행정기본법 시행령 제7조(과징금의 납부기한 연기 및 분할 납부) ② 법 제29조 제4호에서 "대통령령으로 정하는 사유"란 같은 조 제1호부터 제3호까지에 준하는 것으로서 과징금 납부기한의 연기나 과징금의 분할 납부가 필요하다고 행정청이 인정하는 사유를 말한다.

16) 제39조(판결을 받지 아니한 경합범, 수개의 판결과 경합범, 형의 집행과 경합범) ① 경합범 중 판결을 받지 아니한 죄가 있는 때에는 그 죄와 판결이 확정된 죄를 동시에 판결할 경우와 형평을 고려하여 그 죄에 대하여 형을 선고한다. 이 경우 그 형을 감경 또는 면제할 수 있다.

여러 가지 위반행위를 인지하였다면 전부에 대하여 일괄하여 5,000만원의 최고한도 내에서 하나의 과징금 부과처분을 하는 것이 원칙이고, 인지한 여러 가지 위반행위 중 일부에 대해서만 우선 과징금 부과처분을 하고 나머지에 대해서는 차후에 별도의 과징금 부과처분을 하는 것은 다른 특별한 사정이 없는 한 허용되지 않는다. 만약 행정청이 여러 가지 위반행위를 인지하여 그 전부에 대하여 일괄하여 하나의 과징금 부과처분을 하는 것이 가능하였음에도 임의로 몇 가지로 구분하여 각각 별도의 과징금 부과처분을 할 수 있다고 보게 되면, 행정청이 여러 가지 위반행위에 대하여 부과할 수 있는 과징금의 최고한도액을 정한 구 여객자동차 운수사업법 시행령(2018. 4. 10. 대통령령 제28793호로 개정되기 전의 것) 제46조 제2항의 적용을 회피하는 수단으로 악용될 수 있기 때문이다.

[2] 관할 행정청이 여객자동차운송사업자가 범한 여러 가지 위반행위 중 일부만 인지하여 과징금 부과처분을 하였는데 그 후 과징금 부과처분 시점 이전에 이루어진 다른 위반행위를 인지하여 이에 대하여 별도의 과징금 부과처분을 하게 되는 경우에도 종전 과징금 부과처분의 대상이 된 위반행위와 추가 과징금 부과처분의 대상이 된 위반행위에 대하여 일괄하여 하나의 과징금 부과처분을 하는 경우와의 형평을 고려하여 추가 과징금 부과처분의 처분양정이 이루어져야 한다. 다시 말해, 행정청이 전체 위반행위에 대하여 하나의 과징금 부과처분을 할 경우에 산정되었을 정당한 과징금액에서 이미 부과된 과징금액을 뺀 나머지 금액을 한도로 하여서만 추가 과징금 부과처분을 할 수 있다. 행정청이 여러 가지 위반행위를 언제 인지하였느냐는 우연한 사정에 따라 처분상대방에게 부과되는 과징금의 총액이 달라지는 것은 그 자체로 불합리하기 때문이다.

6. 권리구제

과징금 부과행위는 행정쟁송법상 처분에 해당한다. 따라서 항고쟁송의 대상이 된다. 재량행위의 성질을 갖는 과징금 부과처분에 대한 취소소송의 심리 결과, 재량권을 일탈하여 위법하다고 인정되면 법원은 그 전부를 취소할 수밖에 없고, 법원이 적정하다고 인정되는 부분을 초과한 부분만을 취소할 수는 없다.

그러나 만일 수 개의 위반행위에 대하여 외형상 하나의 과징금 부과처분을 하였으나, 수 개의 위반행위 중 일부의 위반행위에 대한 과징금 부과만이 위법하고, 소송상 그 일부의 위반행위를 기초로 한 과징금액을 산정할 수 있는 자료가 있는 경우에는 그 일부의 위반행위에 대한 과징금액에 해당하는 부분만을 취소하여야 한다.

① 대법원 1998. 4. 10. 선고 98두2270 판결

자동차운수사업면허조건 등을 위반한 사업자에 대하여 행정청이 행정제재수단으로 사업 정지를 명할 것인지, 과징금을 부과할 것인지, 과징금을 부과키로 한다면 그 금액

은 얼마로 할 것인지에 관하여 재량권이 부여되었다 할 것이므로 과징금부과처분이 법이 정한 한도액을 초과하여 위법할 경우 법원으로서는 그 전부를 취소할 수밖에 없고, 그 한도액을 초과한 부분이나 법원이 적정하다고 인정되는 부분을 초과한 부분만을 취소할 수 없다(금 1,000,000원을 부과한 당해 처분 중 금 100,000원을 초과하는 부분은 재량권 일탈·남용으로 위법하다며 그 일부분만을 취소한 원심판결을 파기한 사례).

② 대법원 2019. 1. 31. 선고 2013두14726 판결

　공정거래위원회가 위반행위에 대한 과징금을 부과하면서 여러 개의 위반행위에 대하여 외형상 하나의 과징금 납부명령을 하였으나 여러 개의 위반행위 중 일부의 위반행위에 대한 과징금 부과만이 위법하고 소송상 그 일부의 위반행위를 기초로 한 과징금액을 산정할 수 있는 자료가 있는 경우에는, 하나의 과징금 납부명령일지라도 그 일부의 위반행위에 대한 과징금액에 해당하는 부분만을 취소하여야 한다.

Ⅱ. 가산금과 가산세

　가산금이란 행정법상 급부의무의 불이행에 대한 제재로서 과하는 '금전부담'을 말한다.

　이에 반하여 가산세란 세법상의 의무위반에 대하여 과하여지는 제재로서의 '조세'를 말한다. 참고로 국세기본법에서는 가산세를 "이 법 및 세법에서 규정하는 의무의 성실한 이행을 확보하기 위하여 세법에 따라 산출한 세액에 가산하여 징수하는 금액"으로 정의하고 있다(제2조 제4호). 정부는 세법에서 규정한 의무를 위반한 자에게 국세기본법 또는 세법에서 정하는 바에 따라 가산세를 부과할 수 있는바(국세기본법 제47조 제1항), 국세기본법은 무신고가산세(제47조의2), 과소신고·초과환급신고가산세(제47조의3), 납부지연가산세(제47조의4), 원천징수 등 납부지연가산세(제47조의5)에 관한 규정을 두고 있다.

① 대법원 2017. 7. 11. 선고 2017두36885 판결

　가산세는 과세권의 행사와 조세채권의 실현을 용이하게 하기 위하여 납세의무자가 법에 규정된 신고, 납세 등 각종 의무를 위반한 경우에 법이 정하는 바에 따라 부과하는 행정적 제재로서, 정당한 사유가 있는 때에는 이를 부과하지 않는다(국세기본법 제48조 제1항). 따라서 단순한 법률의 부지나 오해의 범위를 넘어 세법 해석상 견해가 대립하는 등으로 납세의무자가 그 의무를 알지 못한 것에 책임을 귀속시킬 수 없는 합리적인 이유가 있을 때 또는 그 의무의 이행을 당사자에게 기대하기 어려운 사정이 있을 때 등 그 의무를 게을리한 점을 비난할 수 없는 정당한 사유가 있는 경우에는 가산세를 부과할 수 없다.

② 대법원 2002. 4. 12. 선고 2000두5944 판결

세법상 가산세는 과세권의 행사 및 조세채권의 실현을 용이하게 하기 위하여 납세자가 정당한 이유 없이 법에 규정된 신고·납세의무 등을 위반한 경우에 법이 정하는 바에 의하여 부과하는 행정상의 제재로서 납세자의 고의·과실은 고려되지 아니하는 것이고, 법령의 부지 또는 오인은 그 정당한 사유에 해당한다고 볼 수 없으며, 또한 납세의무자가 세무공무원의 잘못된 설명을 믿고 그 신고납부의무를 이행하지 아니하였다 하더라도 그것이 관계 법령에 어긋나는 것임이 명백한 때에는 그러한 사유만으로는 정당한 사유가 있는 경우에 해당한다고 할 수 없다.

제 3 절   비금전적 제재

Ⅰ. 공급거부

1. 의 의

공급거부란 행정법상의 의무를 위반하거나 불이행한 자에 대하여 일정한 행정상의 재화나 서비스의 제공을 거부하는 행정조치를 말한다. 예컨대, 건축법상 법령을 위반한 건축물 또는 이전명령을 받고서도 이에 응하지 않는 공장에 대하여 전화·전기·수도 등의 공급을 거부하는 조치가 이에 해당한다. 오늘날 행정에 의해 제공되는 재화나 서비스는 국민생활에 필수불가결한 것이므로, 이에 대한 공급거부는 매우 강력한 행정의 실효성 확보수단이다.

2. 성 질

판례에 의하면, 과거 건축법 규정을 위반한 건물임을 이유로 행정청이 한 단수조치는 행정처분에 해당하지만,[17] 행정청이 전기·전화의 공급자에게 그 위법 건축물에 대한 전기·전화공급을 하지 말아 줄 것을 요청한 행위는 권고적 성격의 행위에 불과한 것으로서 전기·전화공급자나 특정인의 법률상 지위에 직접적인 변동을 가져오는 것은 아니므로 항고소송의 대상이 되는 행정처분이 아니다.[18]

---

17) 대법원 1979. 12. 28. 선고 79누218 판결; 대법원 1985. 12. 24. 선고 84누598 판결.
18) 대법원 1996. 3. 22. 선고 96누433 판결.

3. 법적 근거

공급거부는 국민생활에 직접 피해를 줄 수 있는 성질의 조치인 까닭에 반드시 법적 근거를 요하고, 법규의 해석 역시 비례의 원칙·부당결부금지의 원칙 등에 의해 엄격하게 이루어져야 한다. 따라서 이른바 '보편적 서비스', 즉 최소한의 공공서비스에 해당하는 것의 공급을 거부하는 것은 인간다운 생활을 할 권리를 침해할 여지가 있으므로 제한된다. 참고로 과거 구 건축법 제69조 제2항[19]은 전기·전화·수도 또는 도시가스공급시설의 설치 또는 공급의 중지에 관하여 규정하고 있었으나, 이러한 공급거부가 부당결부금지의 원칙에 위반된다는 비판이 있어 2005. 11. 8. 개정 법률(제7696호)에서 삭제되었다. 현재 실정법상 공급거부에 관한 규정은 찾기 어렵다.

Ⅱ. 관허사업의 제한

관허사업의 제한은 일정한 행정법상의 의무를 위반하거나 불이행한 자에 대하여 인가·허가 등을 거부하거나 의무위반자가 기존에 향유하고 있는 인가·허가 등을 취소 또는 정지함으로써 행정법상의 의무이행을 간접적으로 강제하는 수단이다. 관허사업을 제한하기 위해서는 별도의 법적 근거가 필요하다.

관허사업의 제한에는 ① 의무위반사항과 관련된 특정 관허사업의 제한(건축법 제79조 제2항)과 ② 의무위반사항과 직접 관련이 없는 일반적인 관허사업의 제한(병역법 제76조 제2항)이 있다. 이 중에서 ②의 유형에 대해서는 부당결부금지의 원칙과 관련하여 문제가 있다는 지적[20]이 존재한다.

참고로 종래 구 국세징수법 제7조 제1항은 "세무서장은 납세자가 대통령령으로 정하는 사유 없이 국세를 체납하였을 때에는 허가·인가·면허 및 등록과 그 갱신(이하 "허가등"이라 한다)이 필요한 사업의 주무관서에 그 납세자에 대하여 그 허가등을 하지 아니할 것을 요구할 수 있다."고 규정하였으며, 제2항은 "세무서장은 허가등을 받아 사

---

19) 제69조(위반건축물등에 대한 조치등) ② 허가권자는 제1항의 규정에 의하여 허가 또는 승인이 취소된 건축물 또는 제1항의 규정에 의한 시정명령을 받고 이행하지 아니한 건축물에 대하여는 전기·전화·수도의 공급자, 도시가스사업자 또는 관계행정기관의 장에게 전기·전화·수도 또는 도시가스 공급시설의 설치 또는 공급의 중지를 요청하거나 당해 건축물을 사용하여 행할 다른 법령에 의한 영업 기타 행위의 허가를 하지 아니하도록 요청할 수 있다. 다만, 허가권자가 기간을 정하여 그 사용 또는 영업 기타 행위를 허용한 주택과 대통령령이 정하는 경우에는 그러하지 아니하다.

20) 김남진/김연태(589면).

업을 경영하는 자가 국세를 3회 이상 체납한 경우로서 그 체납액이 500만원 이상일 때에는 대통령령으로 정하는 경우를 제외하고 그 주무관서에 사업의 정지 또는 허가등의 취소를 요구할 수 있다."고 규정하고 있었다. 그러나 이에 대해서는 허가등을 받은 사업과 무관한 국세를 체납한 경우까지 적용되어 부당결부금지의 원칙에 위반된다는 비판이 제기되었고, 이에 2019. 12. 31. 개정된 국세징수법 제7조는 납세자가 "허가등을 받은 사업과 관련된 소득세, 법인세 및 부가가치세를 체납한 경우"로 한정하였다.

Ⅲ. 위반사실의 공표

1. 의 의

위반사실의 공표란, 행정법상 의무위반 또는 의무불이행이 있는 경우 그 명단과 위반사실 등을 공중이 알 수 있도록 공개하는 것을 말한다. 예컨대 고액조세체납자나 청소년에게 주류를 제공한 영업자 등의 명단을 공개하는 것이 이에 해당한다. 이는 개인의 명예나 신용을 담보로 의무이행을 확보하려는 제도로서, 비교적 간편하고 비용이 적게 든다는 장점이 있다. 그러나 위반사실의 공표는 의무위반자의 명예나 신용을 훼손함으로써 헌법상 기본권을 침해할 우려가 있고, 이를 통해 행정법상 의무이행을 간접적으로 강제하는 수단이라는 점에서 반드시 법적 근거를 필요로 하며, 잘못된 내용의 공표에 대해 손해배상청구, 정정공고 등과 같은 구제제도가 마련되어야 할 것이다. 또한, 공표를 할 때에는 공표의 필요성과 상대방의 기본권 사이의 이익형량이 요구되며, 의무위반과 무관한 내용을 공표하여서는 안 된다. 2022. 1. 11. 개정된 행정절차법 제40조의3에서는 '위반사실 등의 공표'에 관한 명문의 규정을 신설하였다.

헌법재판소 2003. 6. 26.자 2002헌가14 결정

헌법 제13조 제1항에서 말하는 '처벌'은 원칙적으로 범죄에 대한 국가의 형벌권 실행으로서의 과벌을 의미하는 것이고, 국가가 행하는 일체의 제재나 불이익처분을 모두 그 '처벌'에 포함시킬 수는 없다. 청소년 성매수자에 대한 신상공개를 규정한 청소년의성보호에관한법률 제20조 제1항은 "청소년의 성을 사는 행위 등의 범죄방지를 위한 계도"가 신상공개제도의 주된 목적임을 명시하고 있는바, 이 제도가 당사자에게 일종의 수치심과 불명예를 줄 수 있다고 하여도, 이는 어디까지나 신상공개제도가 추구하는 입법목적에 부수적인 것이지 주된 것은 아니다. 또한, 공개되는 신상과 범죄사실은 이미 공개재판에서 확정된 유죄판결의 일부로서, 개인의 신상 내지 사생활에 관한 새로운 내용이 아니고, 공익목적을 위하여 이를 공개하는 과정에서 부수적으로 수치심 등이 발생된다고 하여 이것을 기존의 형벌 외에 또 다른 형벌로서 수치형이나 명예형에 해당한다고 볼 수는 없다. 그렇다면, 신상공개제도는 헌법 제13조의 이중처벌금지 원칙에 위배되지 않는다.

2. 성 질

(1) 학설의 대립

위반사실의 공표에 대하여 학설은 ① 일정한 행정법상의 의무위반사항을 불특정 다수인에게 알리는 비권력적 사실행위이며, 그 자체로서는 아무런 법적 효과도 발생하지 않는다고 보는 견해와 ② 행정기관에 의하여 행하여지며, 그로 인하여 상대방의 명예·신용이 침해되기 때문에 권력적 사실행위라고 보는 견해로 대립한다.

(2) 판례의 태도

대법원은 병무청장이 병역법 제81조의2 제1항에 따라 병역의무 기피자의 인적사항 등을 인터넷 홈페이지에 게시하는 등의 방법으로 공개한 경우, 병무청장의 '공개결정'이 항고소송의 대상이 되는 행정처분에 해당한다고 보았다.

대법원 2019. 6. 27. 선고 2018두49130 판결

병무청장이 병역법 제81조의2 제1항에 따라 병역의무 기피자의 인적사항 등을 인터넷 홈페이지에 게시하는 등의 방법으로 공개한 경우 병무청장의 공개결정을 항고소송의 대상이 되는 행정처분으로 보아야 한다. 그 구체적인 이유는 다음과 같다.

① 병무청장이 하는 병역의무 기피자의 인적사항 등 공개는, 특정인을 병역의무 기피자로 판단하여 그 사실을 일반 대중에게 공표함으로써 그의 명예를 훼손하고 그에게 수치심을 느끼게 하여 병역의무 이행을 간접적으로 강제하려는 조치로서 병역법에 근거하여 이루어지는 공권력의 행사에 해당한다.

② 병무청장이 하는 병역의무 기피자의 인적사항 등 공개조치에는 특정인을 병역의무 기피자로 판단하여 그에게 불이익을 가한다는 행정결정이 전제되어 있고, 공개라는 사실행위는 행정결정의 집행행위라고 보아야 한다. 병무청장이 그러한 행정결정을 공개 대상자에게 미리 통보하지 않은 것이 적절한지는 본안에서 해당 처분이 적법한가를 판단하는 단계에서 고려할 요소이며, 병무청장이 그러한 행정결정을 공개 대상자에게 미리 통보하지 않았다거나 처분서를 작성·교부하지 않았다는 점만으로 항고소송의 대상

적격을 부정하여서는 아니 된다.

③ 병무청 인터넷 홈페이지에 공개 대상자의 인적사항 등이 게시되는 경우 그의 명예가 훼손되므로, 공개 대상자는 자신에 대한 공개결정이 병역법령에서 정한 요건과 절차를 준수한 것인지를 다툴 법률상 이익이 있다. 병무청장이 인터넷 홈페이지 등에 게시하는 사실행위를 함으로써 공개 대상자의 인적사항 등이 이미 공개되었더라도, 재판에서 병무청장의 공개결정이 위법함이 확인되어 취소판결이 선고되는 경우, 병무청장은 취소판결의 기속력에 따라 위법한 결과를 제거하는 조치를 할 의무가 있으므로 공개 대상자의 실효적 권리구제를 위해 병무청장의 공개결정을 행정처분으로 인정할 필요성이 있다. 만약 병무청장의 공개결정을 항고소송의 대상이 되는 처분으로 보지 않는다면 국가배상청구 외에는 침해된 권리 또는 법률상 이익을 구제받을 적절한 방법이 없다.

④ 관할 지방병무청장의 공개 대상자 결정의 경우 상대방에게 통보하는 등 외부에 표시하는 절차가 관계 법령에 규정되어 있지 않아, 행정실무상으로도 상대방에게 통보되지 않는 경우가 많다. 또한 관할 지방병무청장이 위원회의 심의를 거쳐 공개 대상자를 1차로 결정하기는 하지만, 병무청장에게 최종적으로 공개 여부를 결정할 권한이 있으므로, 관할 지방병무청장의 공개 대상자 결정은 병무청장의 최종적인 결정에 앞서 이루어지는 행정기관 내부의 중간적 결정에 불과하다. 가까운 시일 내에 최종적인 결정과 외부적인 표시가 예정된 상황에서, 외부에 표시되지 않은 행정기관 내부의 결정을 항고소송의 대상인 처분으로 보아야 할 필요성은 크지 않다. 관할 지방병무청장이 1차로 공개 대상자 결정을 하고, 그에 따라 병무청장이 같은 내용으로 최종적 공개결정을 하였다면, 공개 대상자는 병무청장의 최종적 공개결정만을 다투는 것으로 충분하고, 관할 지방병무청장의 공개 대상자 결정을 별도로 다툴 소의 이익은 없어진다.

3. 법적 근거

위반사실의 공표는 헌법 제17조에서 보호하는 사생활의 비밀과 자유를 침해할 우려가 있으므로 반드시 법적 근거를 필요로 한다. 위반사실의 공표를 비권력적 사실행위로 이해하는 학자들도 위반자의 명단과 위반사실을 공개하는 것은 그 상대방의 기본권, 특히 인격권과 프라이버시(privacy)권 등을 침해하는 부담적 행위이기 때문에 법률에 근거가 있어야 한다고 주장한다.[21]

현행 행정절차법 제40조의3 제1항은 "행정청은 법령에 따른 의무를 위반한 자의 성명·법인명, 위반사실, 의무 위반을 이유로 한 처분사실 등(이하 "위반사실 등"이라 한다)을 법률로 정하는 바에 따라 일반에게 공표할 수 있다."고 규정하고 있다. 그러나 행정청이 위반

---

21) 석종현/송동수(474면).

사실등을 공표하기 위해서는 위 행정절차법 규정만으로는 부족하고, 개별 법률의 근거가 필요하다. 개별 법률의 예로는 국세기본법 제85조의5(불성실기부금수령단체 등의 명단 공표), 병역법 제81조의2(병역의무 기피자의 인적사항 등의 공개), 식품위생법 제84조(위반사실 공표), 아동·청소년의 성보호에 관한 법률 제49조(등록정보의 공개) 등이 있다.

4. 절 차

(1) 증거와 근거 확인

행정청은 위반사실등의 공표를 하기 전에 사실과 다른 공표로 인하여 당사자의 명예·신용 등이 훼손되지 아니하도록 객관적이고 타당한 증거와 근거가 있는지를 확인하여야 한다(행정절차법 제40조의3 제2항).

(2) 사전통지 및 의견제출

행정청은 위반사실등의 공표를 할 때에는 미리 당사자에게 그 사실을 통지하고 의견제출의 기회를 주어야 한다. 다만, ① 공공의 안전 또는 복리를 위하여 긴급히 공표를 할 필요가 있는 경우, ② 해당 공표의 성질상 의견청취가 현저히 곤란하거나 명백히 불필요하다고 인정될 만한 타당한 이유가 있는 경우, ③ 당사자가 의견 진술의 기회를 포기한다는 뜻을 명백히 밝힌 경우에는 그러하지 아니하다(행정절차법 제40조의3 제3항). 의견제출의 기회를 받은 당사자는 공표 전에 관할 행정청에 서면이나 말 또는 정보통신망을 이용하여 의견을 제출할 수 있다(제4항). 이때 의견제출의 방법과 제출 의견의 반영 등에 관하여는 제27조 및 제27조의2를 준용한다. 이 경우 "처분"은 "위반사실등의 공표"로 본다(제5항).

(3) 공 표

위반사실등의 공표는 관보, 공보 또는 인터넷 홈페이지 등을 통하여 한다(행정절차법 제40조의3 제6항). 행정청은 위반사실등의 공표를 하기 전에 당사자가 공표와 관련된 의무의 이행, 원상회복, 손해배상 등의 조치를 마친 경우에는 위반사실등의 공표를 하지 아니할 수 있다(제7항).

5. 권리구제

(1) 행정쟁송

위반사실의 공표를 권력적 사실행위로 볼 경우 항고쟁송의 대상이 되는 행정처분에 해당한다. 그러나 위반사실의 공표는 그보다 선행하는 행정청의 공표 결정에 대한 집행행위의 성격을 가진다. 따라서 공표 결정을 처분으로 보아 항고소송을 제기하는 것이 논리적이다. 이때 공표 결정이 당사자에게 통지되지 않은 경우에도 공표 행위를 통해 대외적으로 표시되었다면 처분이 외부적으로 성립되었다고 할 것이다.

(2) 국가배상

만일 위법한 공표행위로 인하여 명예나 신용이 훼손된 경우에는 국가배상을 청구할 수 있다.

대법원 1998. 5. 22. 선고 97다57689 판결

[1] 일정한 행정목적 달성을 위하여 언론에 보도자료를 제공하는 등 이른바 행정상의 공표의 방법으로 실명을 공개함으로써 타인의 명예를 훼손한 경우, 그 대상자에 관하여 적시된 사실의 내용이 진실이라는 증명이 없더라도 그 공표의 주체가 공표 당시 이를 진실이라고 믿었고 또 그렇게 믿을 만한 상당한 이유가 있다면 위법성이 없는 것이고, 이 점은 언론을 포함한 사인에 의한 명예훼손의 경우와 다를 바가 없다 하겠으나, 그러한 상당한 이유가 있는지 여부의 판단에 있어서는 실명공표 자체가 매우 신중하게 이루어져야 한다는 요청에서 비롯되는 무거운 주의의무와 공권력을 행사하는 공표 주체의 광범한 사실조사 능력, 그리고 공표된 사실이 진실하리라는 점에 대한 국민의 강한 기대와 신뢰 등에 비추어 볼 때 사인의 행위에 의한 경우보다는 훨씬 더 엄격한 기준이 요구되므로, 그 공표사실이 의심의 여지없이 확실히 진실이라고 믿을 만한 객관적이고도 타당한 확증과 근거가 있는 경우가 아니라면 그러한 상당한 이유가 있다고 할 수 없다.

[2] 한국소비자보호원이 제품의 유통경로에 대한 조사 없이 제조자의 직접 공급지역 외에서 일반적인 거래가격보다 저렴한 가격으로 단지 외관만을 보고 구입한 시료를 바탕으로 '○○○막걸리'에서 유해물질이 검출되었다는 검사 결과를 언론에 공표한 사안에서, 공표의 기초가 된 시료가 원고 제품이라는 점에 대한 객관적이고도 타당한 확증과 근거가 있다고 볼 수 없으므로 공표 내용의 진실성을 오신한 데 상당한 이유가 없다고 한 사례.

(3) 결과제거청구권

당사자는 결과제거청구권에 의하여 잘못된 내용의 공표에 대한 정정이나 철회를 청구할 수 있다. 행정절차법은 "행정청은 공표된 내용이 사실과 다른 것으로 밝혀지거나 공표에 포함된 처분이 취소된 경우에는 그 내용을 정정하여, 정정한 내용을 지체 없이 해당 공표와 같은 방법으로 공표된 기간 이상 공표하여야 한다. 다만, 당사자가 원하지 아니하면 공표하지 아니할 수 있다."는 규정을 두고 있다($\frac{제40조의3}{제8항}$). 이때 공표의 정정과 같은 결과제거청구권은 공법상 당사자소송을 통해 실현할 수 있다.

Ⅳ. 취업제한

국가기관, 지방자치단체의 장 또는 고용주는 ① 병역판정검사, 재병역판정검사 또는 확인신체검사를 기피하고 있는 사람, ② 징집·소집을 기피하고 있는 사람, ③ 군복무 및 사회복무요원 또는 대체복무요원 복무를 이탈하고 있는 사람을 공무원이나 임직원으로 임용하거나 채용할 수 없으며, 재직 중인 경우에는 해직하여야 한다($\frac{병역법 제76}{조 제1항}$).

법원은 아동·청소년대상 성범죄 또는 성인대상 성범죄로 형 또는 치료감호를 선고하는 경우에는 판결($\frac{약식명령}{을 포함}$)로 그 형 또는 치료감호의 전부 또는 일부의 집행을 종료하거나 집행이 유예·면제된 날($\frac{벌금형을 선고받은 경우}{에는 그 형이 확정된 날}$)부터 일정기간 동안 "아동·청소년 관련기관등"[22]을 운영하거나 "아동·청소년 관련기관등"에 취업 또는 사실상 노무를 제공할 수 없도록 하는 명령을 성범죄 사건의 판결과 동시에 선고($\frac{약식명령의 경}{우에는 고지}$)하여야 한다. 다만, 재범의 위험성이 현저히 낮은 경우, 그 밖에 취업을 제한하여서는 아니 되는 특별한 사정이 있다고 판단하는 경우에는 그러하지 아니한다($\frac{아동·청소년의 성보}{호에 관한 법률 제56조}$ 제1항).

---

22) "아동·청소년 관련기관등"의 구체적인 범위에 대해서는 아동·청소년의 성보호에 관한 법률 제56조 제1항 각 호에서 규정하고 있다.

행정상 손해전보

제5편

제 1 장 행정상 손해배상

제 1 절 개 설

Ⅰ. 행정상 손해전보제도

행정작용으로 인하여 개인에게 손해 또는 손실이 발생한 경우에 행정주체가 이를 메워주는 것을 이른바 행정상 손해전보제도라 한다. 전통적으로 우리나라에서는 손해전보를 그 원인행위에 따라 두 가지로 나누어 하나는 국가 또는 공공단체의 불법행위로 인한 행정상의 손해배상(국가배상)으로, 다른 하나는 국가나 공공단체의 적법행위에 따르는 행정상의 손실보상으로 다루어 왔다.

현행 국가배상법에서는 행정상 손해배상을 인정하는 배상책임의 성립요건으로 ① 공무원의 직무상 위법행위로 인하여 발생한 손해(제2조)와 ② 영조물의 설치·관리의 하자로 인하여 발생한 손해(제5조)를 규정하고 있다. 전자와 관련하여서는 공무원의 행위로 인하여 발생한 손해를 국가가 배상하는 논거, 즉 '국가책임의 본질'에 관한 문제가 학계의 관심적 연구과제로 인식되고 있고, 후자와 관련하여서는 현행 국가배상법이 영조물의 설치·관리의 객관적 흠만 존재하면 배상책임이 발생하는 이른바 무과실책임주의를 취하고 있는가 아니면 설치·관리자의 주관적 과실도 요구하는 것인가라는 문제 등이 학계의 관심적 연구과제로 인식되고 있다.

그런데 흥미로운 것은 우리나라의 학계가 행정상 손해전보의 문제에서는 프랑스의 이론을 상당히 소개하고 있다는 사실이다. 국가책임의 본질에 관한 문제에서도 기관의 불법행위에 대하여는 국가 또는 지방자치단체가 자기책임을 지지만, 공무원의 고의 또는 중과실에 관하여는 국가가 공무원의 개인책임을 대신 부담하는 대위책임을 진다는 이른바 중간설이 프랑스법의 입장이라고 소개[1]하고 있으며, 국가배상법 제5조의 책임을 무과실책임으로 보면서[2] 프랑스의 위험책임이론과의 비교에 주목하고 있다.[3]

---

1) 김도창(636면).
2) 상계서(642면); 김남진/김연태(652면).

뿐만 아니라, 행정상 손실보상에 관하여도 1789년 프랑스 인권선언 제13조에 의한 '공적 부담 앞의 평등원칙'$\binom{\text{l'égalité devant les}}{\text{charges publiques}}$이 프랑스 손실보상제도의 근거가 되었으며, 독일과 우리나라에 영향을 준 것으로 설명하고 있다.[4] 이와 같이 국가의 손해전보에 대한 이론전개에 있어서는 어느 분야보다 '위험책임'$\binom{\text{responsabilité}}{\text{pour risque}}$이론을 비롯한 프랑스법 이론의 영향과 소개가 활발하다.

그러나 프랑스의 행정책임$\binom{\text{responsabilité}}{\text{administrative}}$이론과 우리나라의 손해전보이론의 대비(연구)는 비교법적 연구의 전제가 되는 개념·배경·범위·구조의 차이에 대한 충분한 이해의 결여로 인하여, 행정책임 분야에 있어서의 프랑스법 이론에 대한 지대한 관심에도 불구하고, 때로는 오히려 체계적 혼란을 초래하고 있다. 프랑스 행정법의 무과실책임$\binom{\text{위험책임과 적법행위에}}{\text{의한 손해보전책임}}$은 과실책임의 보충적 제도의 의미를 가진다. 또한, 우리나라의 손실보상에 해당하는 수용$\binom{\text{expropri-}}{\text{ation}}$에 대한 보상의 경우, 프랑스에서는 책임의 문제가 아닌 소유권의 이전$\binom{\text{le transfert de}}{\text{propriété}}$의 문제로서,[5] 1810년 3월 8일의 법률 이래 일반 사법판사$\binom{\text{juge}}{\text{judiciaire}}$가 금전에 의한 사전적 완전보상원칙에 따라 보상액을 결정한다. 따라서 수용절차에 있어서의 '공공적 필요의 선언'이나 '양도명령'과 같은 공권력 작용이 행정소송의 대상이 되는 것과는 달리, 단순한 소유권 이전을 위한 시가를 결정하는 것은 사법의 적용분야이기 때문에 행정작용으로 보지 아니한다. 이는 소유권 불가침을 선언한 프랑스 인권선언에서의 혁명정신에 따라 나폴레옹이 제도화한 것이다.

따라서 프랑스의 행정책임은 대체로 우리의 국가배상에 상응하는 것으로, 우리의 손실보상과는 그 개념의 기초를 달리하고 있다고 보는 것이 타당하다.

Ⅱ. 손해배상과 손실보상의 통합 논의

1. 논의의 배경

최근 손해전보제도 논의와 관련하여 침해의 원인이 된 행위의 위법·적법 여부에 따라 손해배상과 손실보상으로 이원화하여 다루어온 전통적인 접근방식에는 일

---

3) 김도창(642면); 김동희, "국가배상법 제5조의 배상책임의 성질", 월간고시, 1976년 11월호.

4) 김도창(654면); 변재옥, 「행정법강의Ⅰ」, 박영사, 1989, 522면.

5) Jean-Marie Auby, Pierre Bon, Droit administratif des biens, Dalloz, 1991, pp. 385-416, Titre 3, La phase judiciaire: Chapitre I, Le transfert de propriété Chapitre II, La fixation de l'indemnité 참조.

정한 한계가 있다는 문제가 제기되었다. 예컨대, 현행 헌법 제23조 제3항은 공공필
요에 의한 재산권의 수용·사용 또는 제한 및 그에 대한 보상은 법률로써 하도록
규정하고 있는데, 만약 공용수용을 함에 있어서 법률상 보상규정이 없는 경우에는
어떠한 제도로서 손해를 전보할 수 있는가라는 문제가 발생한다. 이론상 당해 법률
은 위헌으로서 무효이며, 따라서 당해 법률에 따른 수용은 위법한 행정작용이 될
것이다. 그러나 당해 법률의 위헌 여부를 판단할 수 없는 공무원에게서 과실을 발
견할 수가 없다. 결국 이러한 행정청의 수용행위는 위법·무과실로서 손해배상, 손
실보상의 어느 영역에도 포함되지 않는다.

이처럼 손해전보제도를 손해배상과 손실보상으로 이원화하고 있는 전통적 견해
의 흠결을 보완하기 위해, 다시 말해서 손해배상과 손실보상의 간격을 메워서 손해
전보제도의 불완전성을 개선하기 위해 이들 양 제도를 통합하는 이른바 '국가보상
제도'에 대한 논의가 등장하게 된 것이다.

2. 이론적 논의

이러한 통합현상의 근거로는 사법상 불법행위이론의 개인주의적·도의적 책임
으로서의 의미감소와 불법행위에 기한 손해배상과 적법행위에 기한 손실보상과의
중간적 영역을 차지하는 프랑스에서 유래한 위험책임의 존재를 들고 있다.

행정규범에 따른 적법행위에 기인한 손실보상과 민법상의 불법행위에 기인한 손
해배상을 단일한 법사상하에 구성하려는 노력은 오토 마이어(Otto Mayer)에 의하여 이미
시작된 바 있다.[6] 오토 마이어는 민법상의 불법행위 책임과 적법행위 보상의 공통
된 기본적 대원칙은, 이미 Sarwey 등에 의하여 주장된 바 있는, 형평의 원칙임을
천명하고 있다.[7] 오토 마이어는 '침해의 불법성, 즉 illicitus'를 당시 독일에서의 민
법상 불법행위에 국한시켜 좁게 해석하여 민법상 불법행위에는 해당하지 아니하나
형평의 원칙에는 반하는 불공정한 행위[8]에 대한 금전적 변상을 행정상 손실보상이
라고 불렀다. 그러나 프랑스의 행정책임이론에서 보듯이 국가의 책임이 입증과실,

---

6) "Il convient maintenant de réunir tous ces faits dans une idée unique… dans un grand
principe général qui réglera les effets economiques de l'activité de la puissance publique exercés
sur le sujet" Otto Mayer, Le droit administratif allemand T. VI, V. Giard & E. Briere, Paris, 1906,
p. 221.

7) Ibid., p. 222.

8) Ibid., p. 224.

추정과실, 무과실(不法行爲)을 포함하는 공법상의 폭넓은 '침해의 불법성'을 의미한다면, 이러한 의미에 있어서의 위법성인 'illicitus'에는 행정상 손실보상도 당연히 포함된다고 보아야 할 것이다.

프랑스의 행정책임이론에서는 적법하여 월권소송의 대상이 되지 않는 행정청의 작위 또는 부작위에 의한 손해라 할지라도 국가책임이 발생하는 경우가 있는데, 이것이 바로 프랑스 인권선언 제13조의 '공적 부담 앞의 평등의 원칙'을 침해한 불법행위로부터 발생한 손해에 대한 무과실책임이다. 이처럼 적법한(legalis) 행위에 대한 행정책임의 예로서 1923년 11월 30일의 꽁세이데따에 의한 '꾸이떼아(Couitéas) 판결'이 있다. 즉, 남부 튀니지에 있는 토지소유주가 그의 땅에 머물고 있던 유량민들을 추방하라는 법원의 판결을 얻었으나, 경찰은 대량의 경찰병력을 출동시키는 것은 치안상 부적절하다고 판단하여 법원의 추방결정의 집행을 거절하였다. 이와 같은 경찰의 과실 없는 행위에 대하여 국가는 토지소유주에 대하여 무과실책임이 있다고 판결하였다.

스페인에서도 수용은 "공익을 이유로 사전 지불에 의하여 개인의 소유권을 행정청 또는 다른 개인에게 강제로 이전시키는 것"이라고 보아 행정의 재산적 책임에서 제외시키고 있다.[9] 이탈리아 행정법, 독일 행정법, 프랑스 행정법의 이론적 영향을 모두 받고 있는 스페인 행정법에서는 재산적 책임을 행정규범에 대한 위반 여부(illegalis; 위법)에 따라 위법책임과 적법책임으로 나누어, 위법책임에는 ① 입증과실에 의한 책임, ② 추정과실에 의한 책임을 들고 있고, 적법책임에는 ① 부당이득, ② 공적 부담 앞의 평등에 위반한 책임, ③ 사회적 위험책임, ④ 특별희생책임 이론들에 의한 책임을 들고 있다. 그러나 한편으로는 모든 행정청의 책임을 공무 운영상의 손실에 의한 책임으로 단일화하는 방안을 모색하고 있다.[10]

---

9) Luis Ma. Cazorla Prieto, Enrique Arnaldo Alcubilla, Temas de Derecho Constitucional y Derecho Administrativo, Marcial pons, Madrid, 1988, p. 931.

10) Ibid., p. 952.

제2절 외국의 손해배상제도

I. 프랑스

프랑스의 국가배상책임이론은 꽁세이데따의 판례에 의해 형성되었다. 프랑스 국가배상책임의 특징은 서비스(직무)과실책임, 위험책임, 그리고 책임의 중복이론이라 할 수 있다.

서비스(직무)과실책임은 블랑꼬라는 어린아이가 보르도 국립연초공장 소속 마차에 치어 상해를 입은 사건에서, 국가가 공공사업에 고용한 사람의 과실로 사인에게 손해를 입힌 경우에는 개인과 개인의 관계를 규정한 민법의 원칙으로 규율할 수 없고, 그 성질상 행정재판소의 관할에 속한다고 판결한 관할쟁의재판소의 1873년 '블랑꼬(Blanco) 판결' 이후에 형성된 이론으로, 행정책임의 시발이 되었다. 이후 무과실 책임이론이 도입되어 완벽한 행정책임이론을 구성하게 되었다.

1. 과실책임

(1) 행정의 책임과 공무원의 책임 분리

행정의 책임과 공무원의 책임의 분리는 직무상의 과실과 개인적 과실을 구분하는 데 기초하고 있다. 즉 공무수행원(불어 의미의)의 과실로 인하여 야기되는 손해가 직무상의 과실이면 기관의 책임이 되지만, 개인적 과실로 인하여 손해가 야기된 경우에는 공무원 개인의 책임이 되어 이러한 개인적 과실은 행정작용으로부터 분리할 수 있는 과실이 된다.

분리할 수 있는 과실의 기준에 관하여, 라페리에르(Laferrière)는 "나약(faiblesses), 감정(passions), 경솔(impru- dences)에 의한 행위"를 들고 있다.[11] 판례에 의한 기준은 다음과 같다.

① 직무 이외의 행위,[12]
② 피해자에 대한 중상모략이나 보복 등과 같은 고의에 의한 행위,[13]
③ 경범죄나 과격한 사실행위에 해당하는 심각한 행위[14]

---

11) T.C. 5 mai 1877, Laumonier-Carriol, Recueil Lebon, p. 339, concl. Laferrière.
12) C.E. 27 oct. 1944, Ville de Nice, s. 1945, p. 320.
13) C.E. 25 fév. 1922, Immarigeon.
14) T.C. 14 jan. 1935, Thépaz.

이러한 공무원의 개인적 책임에 관하여는 행정법이 적용되지 아니하고, 사인과 마찬가지로 민법상의 불법행위책임이 적용되어 일반사법재판소에서 소송을 진행하게 된다. 따라서 이때 공무원의 책임은 엄격한 의미에서의 행정책임이 아니다.

(2) 책임의 중복

책임을 기관의 책임과 공무원의 책임으로 분리하였을 경우, 책임 있는 공무원이 지급불능인 상태일 때 피해자가 행정기관을 상대로 하여 손해의 배상을 받을 수 있도록 하기 위하여 꽁세이데따는 책임의 중복이론[15]을 만들어 내었다. 책임의 중복이론으로 인해 공무수행원이 행한 직무 외의 개인적 행위로서 업무와 전혀 관련이 없는 행위만이 책임의 중복이론의 적용을 받지 않는, 순수한 공무원의 사적 책임분야로 남게 되었다. 그러나 배상의 중복은 허용되지 아니한다.

따라서 피해자가 기관을 상대로 하여 행정소송을 제기하는 동시에 공무원을 상대로 하여 민사소송을 제기한 경우, 행정소송을 통해 이미 피해의 구제가 이루어지게 되면 민사소송에서의 피해자의 공무원에 대한 청구권은 기관이 대위하게 된다. 기관이 공무수행원의 배상책임을 대신 지거나 공무수행원이 기관의 배상책임을 대신 졌을 때에는 각각 상대방의 과실 비율에 따라 구상권을 행사할 수 있다. 이때, 공무수행원의 기관에 대한 책임은 금액의 배상이라기보다는 기관이 가하는 공무수행원에 대한 금전적 제재의 성격을 지닌다.

2. 무과실책임

무과실책임은 손해가 발생하였다는 사실만으로 과실이 없이도 배상을 하는 것으로 무과실책임의 종류에는 ① 위험책임($\frac{\text{la responsabilité}}{\text{pour risque}}$)과 ② 공적 부담 앞의 평등에 대한 파기책임($\frac{\text{la responsabilité pour rupture de l'égalité}}{\text{devant les charges publiques}}$)이 있다.

(1) 위험책임

국가 또는 공공단체는 그의 사명인 공공서비스의 수행에 있어 특정인을 특별한 위험상태에 노출시키게 되는 경우가 있는바, 이 경우 이러한 특별한 위험상태가 현실적으로 실현되어 그로 인하여 특정인이 특별한 손해를 입는 경우에 행정주체는

---

15) C.E. 3 fév. 1911, Anguet. 김동희, "한국과 프랑스의 국가보상제도의 비교고찰", 서울대학교 법학, 서울대학교 법학연구소, 1985, 183면. 판례 내용에 대한 소개 참조.

위험발생에 있어 과실 없이도 손해에 대한 배상책임을 진다. 즉, 위험책임의 발생원인은 행정주체에 의하여 자의적으로 조성된 특별한 위험상태의 존재 및 그의 현실적 발생에 있다. 그러나 그 위험발생의 결과 특정인에게 야기되는 손해는 일반 국민이 공공역무에서 받는 이익의 대가를 수인하여야 하는 정도를 훨씬 상회하는 특별한 손해이어야 한다. 위험책임의 적용분야는 다음과 같다.

① 행정요원(협력자)의 근무 중에 일어난 사고
② 위험물에 기인한 손해
③ 위험한 행정작용으로 인한 손해(예: 공공토목공사 중의 사고로 인하여 제3자에게 일어난 손해)
④ 폭동과 집회에 의한 손해

이 중에서 폭동과 집회에 의한 손해는 1986년 1월 9일 법률 제27조에 의한 것으로 폭동과 집회 중에 행해진 경범죄 또는 중범죄에 해당하는 폭력행위에 의하여 직접적으로 야기된 손해에 대하여 배상한다. 따라서 배달의 지연으로 인한 상업적 손실[16] 등과 같은 간접적 손해는 제외된다. 우리나라에서도 화염병에 의한 영세상인의 직접적 피해와 여의도 농민집회시의 원호대상상인들의 직접적 피해의 경우, 구제의 방안이 없어 언론에 크게 보도되었던바, 좋은 참고자료가 된다고 하겠다.

(2) 공적 부담 앞의 평등의 원칙에 대한 파기책임

몇 가지 경우의 무과실책임에 관하여는 '위험'의 개념으로 설명할 수 없는 것이 있다. 즉, 위험상태와는 이질적인 것이나 책임의 대상이 되는 무과실책임의 경우가 그것이다. 따라서 공적 부담 앞의 평등의 원칙만으로 성립되는 독자적 영역이 공적 부담 앞의 평등에 대한 파기책임이다. 공적 부담 앞의 평등에 대한 파기책임의 적용분야는 다음과 같다.

① 공공토목공사(travaux publics)로 인한 항상적 손해(사고가 아닌 손해)
② 적법한 행정행위로 인한 손해
　　㉠ 공익상 특정 기업에 부과된 사회경제적 조치[17]
　　㉡ 도시계획법에 위반된 건축물의 철거거부처분[18]

---

16) T.C. 13 fév. 1984, Haut-Commissaire en Nouvelle-Calédonie.
17) C.E. 28 oct. 1949; 김동희, 전게 논문, 194면 판례 내용 참조.
18) C.E. 20 mars 1974, Navara. 이 사건에서 꽁세이데따는 구체적 상황과의 관련에서는 당해 처분은 적법한 것이나, 그로 인하여 인근 가옥주에 발생한 손해는 배상되어야 한다고 판시하였다.

③ 판결의 집행거부

④ 법률과 조약으로 인한 손해

법률이나 조약에 의하여 경제적 손실을 입는 경우가 많으나, 이러한 경우의 피해는 행정청의 행위로 인한 손해가 아니므로 피해자는 무과실책임을 물을 수밖에 없다. 다만, 입법부의 행위 또는 통치행위에 대하여 행정부가 대위책임을 질 수 있는가 하는 문제는 여전히 의문으로 남아 있다. 그러나 평등의 견지에서 국가가 배상하는 것이 법적 정의감에 부합하므로, 현실적인 수단을 가지고 있는 행정부가 국가를 대표하여 책임을 지게 되는 경우가 생겨났다. 이 경우는 대위책임으로 볼 수밖에 없다.

법률로 인한 손해와 관련하여, 꽁세이데따는 'La Fleurette'라고 하는 회사제품이 건강에 유해하지 않음에도 불구하고 1934년 6월 29일 법률의 잘못된 규정에 의하여 생산이 중단된 1938년 1월 14일의 'La Fleurette 우유제품 주식회사 사건'에서, "법률조항, 입법과정 또는 사건의 상황전체 어디에서도 입법자들이 이해관계인이 정상적으로는 입지 아니할 부담을 입어도 좋다고 이해한 점을 발견할 수 없기 때문에 이러한 부담은 공익의 견지에서 공동체가 부담하여야 한다."고 판결하였다. 그러나 법률에 대한 국가책임의 경우 일반적으로 물가앙등과 같은 경제적 공익에 반하지 않아야 한다.

한편, 조약에 의한 경제적 손실에 대한 국가책임을 긍정한 판례로는 제2차 세계대전 기간 중 독일군이 사용한 건물의 소유주들이 1953년 2월 27일 독일과 연합국가들 사이에 맺어진 런던협정에 의해 보상을 받을 수 없게 되자 제기한 소송에서 국가의 배상책임을 인정한 1966년 3월 30일 꽁세이데따의 '방사전기에너지회사 사건'이 있다.

Ⅱ. 독 일

독일의 국가배상책임제도는 독일 민법 제839조 "공무원이 고의 또는 과실로 그 직무의무를 위반하여 제3자에게 손해를 발생하게 하면 그 손해를 배상하여야 한다."는 규정에 의해 성립한 공무원의 개인책임을 기본법 제34조 "공무수행자가 그 직무의무를 위반하여 제3자에게 손해를 발생하게 하면 원칙적으로 당해 공무원이 속한 국가 또는 공공단체가 책임을 부담하여야 한다."는 규정에 의해 국가가 대위인수하여 배상책임을 부담하는 구조를 유지하고 있다.

　참고로, 독일에서는 1982년 행정상 손해전보에 관한 일반법으로 국가책임법 $\binom{\text{Staatshaftungs-}}{\text{gesetz}}$이 제정되었으나, 연방헌법재판소에서 동법의 제정이 란트의 입법권을 침해한 것이라는 이유로 위헌판결을 받아 무효화된 바 있다.

제 3 절 공무원의 위법한 직무행위로 인한 손해배상

헌법 제29조 ① 공무원의 직무상 불법행위로 손해를 받은 국민은 법률이 정하는 바에 의하여 국가 또는 공공단체에 정당한 배상을 청구할 수 있다. 이 경우 공무원 자신의 책임은 면제되지 아니한다.
② 군인·군무원·경찰공무원 기타 법률이 정하는 자가 전투·훈련 등 직무집행과 관련하여 받은 손해에 대하여는 법률이 정하는 보상 외에 국가 또는 공공단체에 공무원의 직무상 불법행위로 인한 배상은 청구할 수 없다.

국가배상법 제2조(배상책임) ① 국가나 지방자치단체는 공무원 또는 공무를 위탁받은 사인(이하 "공무원"이라 한다)이 직무를 집행하면서 고의 또는 과실로 법령을 위반하여 타인에게 손해를 입히거나, 「자동차손해배상 보장법」에 따라 손해배상의 책임이 있을 때에는 이 법에 따라 그 손해를 배상하여야 한다. 다만, 군인·군무원·경찰공무원 또는 예비군대원이 전투·훈련 등 직무 집행과 관련하여 전사·순직하거나 공상을 입은 경우에 본인이나 그 유족이 다른 법령에 따라 재해보상금·유족연금·상이연금 등의 보상을 지급받을 수 있을 때에는 이 법 및 「민법」에 따른 손해배상을 청구할 수 없다.
② 제1항 본문의 경우에 공무원에게 고의 또는 중대한 과실이 있으면 국가나 지방자치단체는 그 공무원에게 구상할 수 있다.

Ⅰ. 국가배상법 제2조의 규정

　국가배상법 제2조 제1항 본문은 "국가나 지방자치단체는 공무원 또는 공무를 위탁받은 사인(이하 공무원이라 한다)이 직무를 집행하면서 고의 또는 과실로 법령을 위반하여 타인에게 손해를 입히거나, 자동차손해배상 보장법에 따라 손해배상의 책임이 있을 때에는 이 법에 따라 그 손해를 배상하여야 한다."라고 하여, 공무원의 위법한 직무행위로 인한 국가와 지방자치단체의 손해배상책임을 규정하고 있다. 헌법 제29조 제1항은 배상책임의 주체로 국가와 '공공단체'를 규정하고 있으나, 국가배상법 제2조 제1항 본문은 국가와 '지방자치단체'로 한정하고 있다. 아울러 제2항에서는 "제1항 본문의 경우에 공무원에게 고의 또는 중대한 과실이 있으면 국가나 지방자치단체는 그 공무원에게 구상할 수 있다."라고 하여 국가나 지방자치단체가 배상을 한 경우에 해당 공무원에게 구상할 수 있도록 규정하고 있다.

Ⅱ. 배상책임의 요건

1. 공무원

(1) 공무원의 범위

여기서의 공무원이란 가장 넓은 의미의 공무원을 말한다. 즉, 국가공무원법·지방공무원법 등에 의하여 공무원으로서의 신분을 가진 자에 국한하지 않고, '널리 공무를 위탁받아 실질적으로 공무에 종사하고 있는 일체의 자'를 포함한다는 것이 통설과 판례의 입장이다.[19] 신분상 공무원에는 행정부뿐만 아니라 입법부와 사법부 및 중앙선거관리위원회와 헌법재판소의 공무원도 포함한다.

따라서 국가배상법상 공무원이라 함은 기능상의 공무원을 가리킨다. 과거 판례에 따르면, 소집 중인 향토예비군, 시청소차 운전수, 미군부대 카투사, 소방대원, 통장 등은 공무원으로 인정되었음에 반하여, 의용소방대원 등은 공무원으로 인정되지 않았다. 그러나 오늘날 행정판례의 경향은 조직적 관점보다는 기능적 관점이 중요시되므로 과거 의용소방대를 국가기관이 아니라는 이유로 의용소방대원을 공무원으로 보지 아니한 대법원 1978. 7. 11. 선고 78다584 판결[20]은 아래의 대법원 2001. 1. 5. 선고 98다39060 판결에 의하여 변경되었음이 명백해졌다.

대법원 2001. 1. 5. 선고 98다39060 판결

[1] 국가배상법 제2조 소정의 '공무원'이라 함은 국가공무원법이나 지방공무원법에 의하여 공무원으로서의 신분을 가진 자에 국한하지 않고, 널리 공무를 위탁받아 실질적으로 공무에 종사하고 있는 일체의 자를 가리키는 것으로서, 공무의 위탁이 일시적이고 한정적인 사항에 관한 활동을 위한 것이어도 달리 볼 것은 아니다.

[2] 국가배상청구의 요건인 '공무원의 직무'에는 권력적 작용만이 아니라 비권력적 작용도 포함되며 단지 행정주체가 사경제주체로서 하는 활동만 제외된다.

[3] 국가배상법 제2조 제1항 소정의 '직무를 집행함에 당하여'라 함은 직접 공무원의

---

19) 2009. 10. 21. 국가배상법 개정으로 '공무를 위탁받은 사인'이 명문으로 규정되었다.

20) 대법원 1978. 7. 11. 선고 78다584 판결(소방법 제63조의 규정에 의하여 시, 읍, 면이 소방서장의 소방업무를 보조하게 하기 위하여 설치한 의용소방대를 국가기관이라고 할 수 없음은 물론 또 그것이 이를 설치한 시, 읍, 면에 예속된 기관이라고도 할 수 없다).

직무집행행위이거나 그와 밀접한 관계에 있는 행위를 포함하고, 이를 판단함에 있어서는 행위 자체의 외관을 객관적으로 관찰하여 공무원의 직무행위로 보여질 때에는 비록 그것이 실질적으로 직무행위에 속하지 않는다 하더라도 그 행위는 공무원이 '직무를 집행함에 당하여' 한 것으로 보아야 한다.

[4] 지방자치단체가 '교통할아버지 봉사활동 계획'을 수립한 후 관할 동장으로 하여금 '교통할아버지'를 선정하게 하여 어린이 보호, 교통안내, 거리질서 확립 등의 공무를 위탁하여 집행하게 하던 중 '교통할아버지'로 선정된 노인이 위탁받은 업무 범위를 넘어 교차로 중앙에서 교통정리를 하다가 교통사고를 발생시킨 경우, 지방자치단체가 국가배상법 제2조 소정의 배상책임을 부담한다고 인정한 원심의 판단을 수긍한 사례.

(2) 공무를 위탁받은 공법인

공무를 위탁받은 공법인은 행정주체이지 국가배상법 제2조 소정의 공무원이 아니라는 것이 대법원 판례의 입장이다. 따라서 공법인에게 경과실이 있는 경우에도 면책되지 않고, 피해자에 대하여 민법상 손해배상책임을 진다.

① 대법원 2010. 1. 28. 선고 2007다82950, 82967 판결

한국토지공사는 구 한국토지공사법(2007. 4. 6. 법률 제8340호로 개정되기 전의 것) 제2조, 제4조에 의하여 정부가 자본금의 전액을 출자하여 설립한 법인이고, 같은 법 제9조 제4호에 규정된 한국토지공사의 사업에 관하여는 공익사업을 위한 토지 등의 취득 및 보상에 관한 법률 제89조 제1항, 위 한국토지공사법 제22조 제6호 및 같은 법 시행령 제40조의3 제1항의 규정에 의하여 본래 시·도지사나 시장·군수 또는 구청장의 업무에 속하는 대집행권한을 한국토지공사에게 위탁하도록 되어 있는바, 한국토지공사는 이러한 법령의 위탁에 의하여 대집행을 수권받은 자로서 공무인 대집행을 실시함에 따르는 권리·의무 및 책임이 귀속되는 행정주체의 지위에 있다고 볼 것이지 지방자치단체 등의 기관으로서 국가배상법 제2조 소정의 공무원에 해당한다고 볼 것은 아니다.

② [비교 판례] 대법원 2003. 11. 14. 선고 2002다55304 판결

공무원이 법령에 명시적으로 작위의무가 규정되어 있음에도 그 의무를 불이행하는 경우에는 공무원이 그 직무를 집행함에 당하여 고의 또는 과실로 법령에 위반하여 타인에게 손해를 가한 때에 해당하여 국가배상책임을 인정할 수 있다 할 것이고, 공무원이 직무수행 중 불법행위로 타인에게 손해를 입힌 경우에 국가나 지방자치단체가 국가배상책임을 부담하는 외에 공무원 개인도 고의 또는 중과실이 있는 경우에는 불법행위로 인한 손해배상책임을 지며, 위와 같이 민간위탁을 받은 위탁기관도 그 범위 내에서 공무원으로 볼 수 있는바, 이 사건과 같이 구 수산청장으로부터 위탁받은 일정한 범위 내에서 활어인 뱀장어에 대하여 위 요령에 부합하는 수출추천 업무를 기계적으로 행사할 의무를 부담하는 피고(양만수산업협동조합)가 이 사건 수출제한조치를 취할 무렵에 국내 뱀장어 양식용 종묘가 모자란 실정으로 그 수출로 인하여 국내 양식용 종묘확보에 지장을 초래할 우려가 있다고 자의적으로 판단하여 그 추천업무를 행하지 않은 것은 공무원이 그 직무를 집행함에 당하여 고의로 법령에 위반하여 타인에게 손해를 가한 때에 해당한다고 보아야 할 것이므로, 피고는 불법행위자로서 손해배상책임을 부담한다 할 것이다.

2. 직무를 집행하면서

(1) 직무행위의 의미

직무행위의 의미에 관해서는 ① 공권력 작용만을 포함한다는 협의설, ② 공권력 작용과 관리작용만을 포함한다는 광의설, ③ 사경제작용까지 포함한다는 최광의설 등이 대립하고 있으나, 광의설이 통설과 판례의 입장이다. 이에 따르면, 국가배상법 제2조 제1항에서 말하는 직무행위란 영조물의 설치·관리작용(동법제5조)과 사경제작용을 제외한 행정작용을 말한다.

대법원 2004. 4. 9. 선고 2002다10691 판결

국가배상법이 정한 손해배상청구의 요건인 '공무원의 직무'에는 국가나 지방자치단체의 권력적 작용뿐만 아니라 비권력적 작용도 포함되지만 단순한 사경제의 주체로서 하는 작용은 포함되지 않는다.

(2) 직무행위의 범위

권력작용에는 명령적 행위·형성적 행위·준법률행위적 행정행위·사실행위·부작위 등의 종류와 관계없이, 일방적인 공권력 행사 또는 불행사가 모두 포함된다. 직무행위의 범위와 관련하여 비권력적 행위 중에서 공법상의 계약이 문제되는데, 계약의 내용에 포함된 계약상의 책임에 대하여는 공법상의 계약책임을 지나, 계약에 수반된 행위에 따른 책임은 국가배상법상의 책임의 대상이 된다. 비권력적인 사실행위로서의 정보제공 등의 행정지도 역시 국가배상의 대상이 된다.

직무행위의 범위를 행정의 활동형식에 따라 보다 구체적으로 살펴보면 다음과 같다. 다만 주의할 것은 '행정상 손해배상'의 문제에 대해 탐구하고 있는 까닭에 입법작용이나 사법(司法)작용은 논의의 대상에서 제외되어야 하나, 입법법이나 사법법이 불비한 경우 행정법에 따라 행정재판의 대상이 될 수도 있다는 점, 그리고 현행 국가배상법은 그 적용범위를 행정상 손해배상으로만 한정하고 있다고 보기 어려운 점 등을 고려하여, 일단 여기에서는 입법작용과 사법작용에 대해서만 검토하기로 한다(통치행위에 대해서는 제1편 제1장의 제2절 통치행위 부분을 참조할 것).

1) 입법작용

입법작용도 직무행위에 포함시키는 것이 일반적이다. 그러나 현실적으로 입법작용에 의해 개인에게 손해를 발생시킬 수 있는 경우로는 ① '위헌적 법률에 근거한 처분으로 침해를 입은 경우'와 ② '위헌적 법률에 의해 직접 침해를 입은 경우'를 생각할 수 있다. 전자의 경우에는 법률의 위헌성을 판단할 수 없는 공무원에게 과실을 인정하기가 어려우나, 후자의 경우에는 입법과정상 과실을 인정할 수 있다. 후자의 경우는 본질적으로 입법책임에 해당하나 행정소송에 의하여 (이론적으로) 행정책임을 진다면 이는 입법책임에 대한 대위책임을 지게 되는 것이다. 앞에서 설명한 프랑스 꽁세이데따의 1938년 1월 14일 'La Fleurette 판결'이 그 예이다. 그러나 우리 대법원은 "국회의원의 입법행위는 그 입법 내용이 헌법의 문언에 명백히 위반됨에도 불구하고 국회가 굳이 당해 입법을 한 것과 같은 특수한 경우가 아닌 한 국가배상법 제2조 제1항 소정의 위법행위에 해당된다고 볼 수 없다."는 입장이다(대법원1997. 6. 13. 선고 96다56115 판결).

이외에도 ③ '입법부작위'로 인한 국가배상책임이 문제될 수 있으나, 대법원은 "국가가 일정한 사항에 관하여 헌법에 의하여 부과되는 구체적인 입법의무를 부담하고 있음에도 불구하고 그 입법에 필요한 상당한 기간이 경과하도록 고의 또는 과실로 이러한 입법의무를 이행하지 아니하는 등 극히 예외적인 사정이 인정되는 사안에 한정하여 국가배상법 소정의 배상책임이 인정될 수 있다."고 판시하였다.

대법원 2008. 5. 29. 선고 2004다33469 판결[21]

우리 헌법이 채택하고 있는 의회민주주의하에서 국회는 다원적 의견이나 각가지 이익을 반영시킨 토론과정을 거쳐 다수결의 원리에 따라 통일적인 국가의사를 형성하는 역할을 담당하는 국가기관으로서 그 과정에 참여한 국회의원은 입법에 관하여 원칙적으로 국민 전체에 대한 관계에서 정치적 책임을 질 뿐 국민 개개인의 권리에 대응하여 법적 의무를 지는 것은 아니므로 국회의원의 입법행위는 그 입법 내용이 헌법의 문언에 명백히 위반됨에도 불구하고 국회가 굳이 당해 입법을 한 것과 같은 특수한 경우가 아닌 한 국가배상법 제2조 제1항 소정의 위법행위에 해당된다고 볼 수 없고(대법원 1997. 6. 13. 선고 96다56115 판결 등

---

21) 1951년 공비토벌 등을 이유로 국군병력이 작전수행을 하던 중에 거창군 일대의 지역주민이 희생된 이른바 '거창사건'으로 인한 희생자와 그 유족들이 국가를 상대로 손해배상청구소송을 제기한 사건이다.

참조), 같은 맥락에서 국가가 일정한 사항에 관하여 헌법에 의하여 부과되는 구체적인 입법의무를 부담하고 있음에도 불구하고 그 입법에 필요한 상당한 기간이 경과하도록 고의 또는 과실로 이러한 입법의무를 이행하지 아니하는 등 극히 예외적인 사정이 인정되는 사안에 한정하여 국가배상법 소정의 배상책임이 인정될 수 있으며, 위와 같은 구체적인 입법의무 자체가 인정되지 않는 경우에는 애당초 부작위로 인한 불법행위가 성립될 여지가 없다.

참고로, 대법원은 행정입법부작위와 관련하여, 구 군법무관임용법 제5조 제3항과 군법무관임용 등에 관한 법률 제6조가 군법무관의 보수의 구체적 내용을 시행령에 위임했음에도 불구하고 행정부가 정당한 이유 없이 시행령을 제정하지 않은 것은 불법행위에 해당한다고 보았다.

대법원 2007. 11. 29. 선고 2006다3561 판결

입법부가 법률로써 행정부에게 특정한 사항을 위임했음에도 불구하고 행정부가 정당한 이유 없이 이를 이행하지 않는다면 권력분립의 원칙과 법치국가 내지 법치행정의 원칙에 위배되는 것으로서 위법함과 동시에 위헌적인 것이 되는바, 구 군법무관임용법(1967. 3. 3. 법률 제1904호로 개정되어 2000. 12. 26. 법률 제6291호로 전문 개정되기 전의 것) 제5조 제3항과 군법무관임용 등에 관한 법률(2000. 12. 26. 법률 제6291호로 개정된 것) 제6조가 군법무관의 보수를 법관 및 검사의 예에 준하도록 규정하면서 그 구체적 내용을 시행령에 위임하고 있는 이상, 위 법률의 규정들은 군법무관의 보수의 내용을 법률로써 일차적으로 형성한 것이고, 위 법률들에 의해 상당한 수준의 보수청구권이 인정되는 것이므로, 위 보수청구권은 단순한 기대이익을 넘어서는 것으로서 법률의 규정에 의해 인정된 재산권의 한 내용이 되는 것으로 봄이 상당하고, 따라서 행정부가 정당한 이유 없이 시행령을 제정하지 않은 것은 위 보수청구권을 침해하는 불법행위에 해당한다.

2) 사법(司法)작용

독일 민법 제839조 제2항은 "법관이 판결을 함에 있어 직무상 의무를 위반한 경우에는 그 의무위반이 형법상 범죄행위에 해당하는 경우에 한하여 손해배상책임을 진다."라고 하여 사법작용을 직무행위에 포함하는 명문의 규정을 두고 있다.

반면 명문의 규정이 없는 우리나라는 판례에 의존할 수밖에 없는바, 대법원 2003. 7. 11. 선고 99다24218 판결에서는 "법관의 재판에 법령의 규정을 따르지 아니한 잘못이 있다 하더라도 이로써 바로 그 재판상 직무행위가 국가배상법 제2조 제1항에서 말하는 위법한 행위로 되어 국가의 손해배상책임이 발생하는 것은 아니고, 그 국가배상책임이 인정되려면 당해 법관이 위법 또는 부당한 목적을 가지고 재판을 하였다거나 법이 법관의 직무수행상 준수할 것을 요구하고 있는 기준을 현저하게 위반하는 등 법관이 그에게 부여된 권한의 취지에 명백히 어긋나게 이를 행사하였다고 인정할 만한 특별한 사정이 있어야 한다."고 판시하여 사법행위에 대한 배상책임의 기준을 마련한 다음, 헌법재판소 재판관이 청구기간 내에 제기된 헌법소원심판청구 사건에서 청구기간을 오인하여 각하결정을 한 경우, 이에 대한 불복절차 내지 시정절차가 없는 때에는 국가배상책임(위법성)을 인정할 수 있다고 하였다.

대법원 2003. 7. 11. 선고 99다24218 판결

[1] 법관의 재판에 법령의 규정을 따르지 아니한 잘못이 있다 하더라도 이로써 바로 그 재판상 직무행위가 국가배상법 제2조 제1항에서 말하는 위법한 행위로 되어 국가의 손해배상책임이 발생하는 것은 아니고, 그 국가배상책임이 인정되려면 당해 법관이 위법 또는 부당한 목적을 가지고 재판을 하였다거나 법이 법관의 직무수행상 준수할 것을 요구하고 있는 기준을 현저하게 위반하는 등 법관이 그에게 부여된 권한의 취지에 명백히 어긋나게 이를 행사하였다고 인정할 만한 특별한 사정이 있어야 한다.

[2] 재판에 대하여 따로 불복절차 또는 시정절차가 마련되어 있는 경우에는 재판의 결과로 불이익 내지 손해를 입었다고 여기는 사람은 그 절차에 따라 자신의 권리 내지 이익을 회복하도록 함이 법이 예정하는 바이므로, 불복에 의한 시정을 구할 수 없었던 것 자체가 법관이나 다른 공무원의 귀책사유로 인한 것이라거나 그와 같은 시정을 구할 수 없었던 부득이한 사정이 있었다는 등의 특별한 사정이 없는 한, 스스로 그와 같은 시정을 구하지 아니한 결과 권리 내지 이익을 회복하지 못한 사람은 원칙적으로 국가배상에 의한 권리구제를 받을 수 없다고 봄이 상당하다고 하겠으나, 재판에 대하여 불복절차 내지 시정절차 자체가 없는 경우에는 부당한 재판으로 인하여 불이익 내지 손해를 입은 사람은 국가배상 이외의 방법으로는 자신의 권리 내지 이익을 회복할 방법이 없으므로, 이와 같은 경우에는 배상책임의 요건이 충족되는 한 국가배상책임을 인정하지 않을 수 없다.

[3] 헌법재판소 재판관이 청구기간 내에 제기된 헌법소원심판청구 사건에서 청구기간을 오인하여 각하결정을 한 경우, 이에 대한 불복절차 내지 시정절차가 없는 때에는 국가배상책임(위법성)을 인정할 수 있다고 한 사례.

[4] 헌법소원심판을 청구한 자로서는 헌법재판소 재판관이 일자 계산을 정확하게 하여 본안판단을 할 것으로 기대하는 것이 당연하고, 따라서 헌법재판소 재판관의 위법한 직무집행의 결과 잘못된 각하결정을 함으로써 청구인으로 하여금 본안판단을 받을 기회를 상실하게 한 이상, 설령 본안판단을 하였더라도 어차피 청구가 기각되었을 것이라는 사정이 있다고 하더라도 잘못된 판단으로 인하여 헌법소원심판 청구인의 위와 같은 합리적인 기대를 침해한 것이고 이러한 기대는 인격적 이익으로서 보호할 가치가 있다

고 할 것이므로 그 침해로 인한 정신상 고통에 대하여는 위자료를 지급할 의무가 있다.

[5] 불법행위로 입은 정신적 고통에 대한 위자료 액수에 관하여는 사실심 법원이 제반 사정을 참작하여 그 직권에 속하는 재량에 의하여 이를 확정할 수 있다.

준사법기관인 검사의 수사와 공소제기 및 공소유지 행위와 관련하여, 대법원은 "무죄판결이 확정되었다고 하더라도 그러한 사정만으로 바로 검사의 구속 및 공소제기가 위법하다고 할 수 없고, 그 구속 및 공소제기에 관한 검사의 판단이 그 당시의 자료에 비추어 경험칙이나 논리칙상 도저히 합리성을 긍정할 수 없는 정도에 이른 경우에만 그 위법성을 인정할 수 있다."고 판시하였다.

대법원 2002. 2. 22. 선고 2001다23447 판결

[1] 검사는 수사기관으로서 피의사건을 조사하여 진상을 명백히 하고, 죄를 범하였다고 의심할 만한 상당한 이유가 있는 피의자에게 증거 인멸 및 도주의 염려 등이 있을 때에는 법관으로부터 영장을 발부받아 피의자를 구속할 수 있으며, 나아가 수집·조사된 증거를 종합하여 객관적으로 볼 때, 피의자가 유죄판결을 받을 가능성이 있는 정도의 혐의를 가지게 된 데에 합리적인 이유가 있다고 판단될 때에는 피의자에 대하여 공소를 제기할 수 있으므로 그 후 형사재판 과정에서 범죄사실의 존재를 증명함에 충분한 증거가 없다는 이유로 무죄판결이 확정되었다고 하더라도 그러한 사정만으로 바로 검사의 구속 및 공소제기가 위법하다고 할 수 없고, 그 구속 및 공소제기에 관한 검사의 판단이 그 당시의 자료에 비추어 경험칙이나 논리칙상 도저히 합리성을 긍정할 수 없는 정도에 이른 경우에만 그 위법성을 인정할 수 있다.

[2] 검찰청법 제4조 제1항은 검사는 공익의 대표자로서 범죄수사·공소제기와 그유지에 관한 사항 및 법원에 대한 법령의 정당한 적용의 청구 등의 직무와 권한을 가진다고 규정하고, 같은 조 제2항은 검사는 그 직무를 수행함에 있어 그 부여된 권한을 남용하여서는 아니 된다고 규정하고 있을 뿐 아니라, 형사소송법 제424조는 검사는 피고인을 위하여 재심을 청구할 수 있다고 규정하고 있고, 검사는 피고인의 이익을 위하여 항소할 수 있다고 해석되므로 검사는 공익의 대표자로서 실체적 진실에 입각한 국가 형벌권의 실현을 위하여 공소제기와 유지를 할 의무뿐만 아니라 그 과정에서 피고인의 정당한 이익을 옹호하여야 할 의무를 진다고 할 것이고, 따라서 검사가 수사 및 공판과정에서 피고인에게 유리한 증거를 발견하게 되었다면 피고인의 이익을 위하여 이를 법원에 제출하여야 한다.

[3] 강도강간의 피해자가 제출한 팬티에 대한 국립과학수사연구소의 유전자검사결과 그 팬티에서 범인으로 지목되어 기소된 원고나 피해자의 남편과 다른 남자의 유전자형이 검출되었다는 감정결과를 검사가 공판과정에서 입수한 경우 그 감정서는 원고의 무

죄를 입증할 수 있는 결정적인 증거에 해당하는데도 검사가 그 감정서를 법원에 제출하지 아니하고 은폐하였다면 검사의 그와 같은 행위는 위법하다고 보아 국가배상책임을 인정한 사례.

(3) 직무집행의 판단기준

'직무를 집행하면서'란 직무행위는 물론 객관적으로 직무의 범위에 속하는 것으로 보이는 행위, 직무와 밀접하게 관련된 것으로 인정된 행위 등을 모두 포함하는 의미이다.

직무집행의 판단기준에 관하여는, 공무집행자의 정당한 권한 내의 행위인지 또는 주관적으로 공무집행의 의사가 있었는지 여부와는 관계없이 '객관적으로 공무집행의 외관을 갖추고 있었는가'의 여부에 따라 결정된다는 이른바 '외형설(外形說)'이 통설과 판례의 입장이다. 직무의 범위에 대하여 판례의 태도를 살펴보면, ① 상관의 이삿짐 운반, 훈련휴식 중 꿩사냥, 비번 중인 공무원의 불심검문, 학군단 소속버스의 교수장례지원, 군 운전병에 의한 군용차량 운전 등은 직무행위성을 인정한 반면, ② 개인감정에 의한 총기사용, 결혼식 참석을 위한 군용차 운행, 군인의 휴식 중 비둘기사냥, 압류 도중 절도 등은 직무행위성을 부인하였다. 그러나 대법원 2001. 1. 5. 선고 98다39060 판결에서는 객관적 입장에서 본 외관을 기준으로 하여 직무와 밀접한 행위도 직무에 포함시키고 있다.

① 대법원 1966. 6. 28. 선고 66다781 판결

본조 제1항에서 말하는 "직무를 행함에 당하여"라는 취지는 공무원의 행위의 외관을 객관적으로 관찰하여 공무원의 직무행위로 보여질 때에는 비록 그것이 실질적으로 직무행위이거나 아니거나 또는 행위자의 주관적 의사에 관계없이 그 행위는 공무원의 직무집행행위로 볼 것이요 이러한 행위가 실질적으로 공무집행행위가 아니라는 사정을 피해자가 알았다 하더라도 그것을 "직무를 행함에 당하여"라고 단정하는데 아무런 영향을 미치는 것이 아니다.

② 대법원 2001. 1. 5. 선고 98다39060 판결

국가배상법 제2조 제1항 소정의 '직무를 집행함에 당하여'라 함은 직접 공무원의 직무집행행위이거나 그와 밀접한 관계에 있는 행위를 포함하고, 이를 판단함에 있어서는 행위 자체의 외관을 객관적으로 관찰하여 공무원의 직무행위로 보여질 때에는 비록 그것이 실질적으로 직무행위에 속하지 않는다 하더라도 그 행위는 공무원이 '직무를 집행함에 당하여' 한 것으로 보아야 한다.

③ **대법원 1971. 3. 23. 선고 70다2986 판결**

사고차량이 군용차량이고 이를 운전한 사람이 또한 군운전병인 것이 외관상 뚜렷한 이상, 그 안에 탄 사람이 민간인이고 그들을 부산역으로 운행하고 있었던 사실이 실제는 공무집행에 속하는 것이 아니라 하여도 일반인으로서는 그 내용에 관하여 알바 아니므로 소외 2가 위 차량을 운행하다가 저지른 본건 사고는 공무원이 그 직무를 수행함에 당하여 저지른 것으로 해석되어야 할 것이므로, 피고는 국가배상법에 의하여 손해를 배상할 의무 있다고 한 원심판단은 정당하며, 원판결에는 국가배상법 제2조의 법리를 오해한 위법이 있다고 할 수 없으므로 논지는 이유없다.

④ **대법원 1996. 5. 31. 선고 94다15271 판결**

공무원이 통상적으로 근무하는 근무지로 출근하기 위하여 자기 소유의 자동차를 운행하다가 자신의 과실로 교통사고를 일으킨 경우에는 특별한 사정이 없는 한 국가배상법 제2조 제1항 소정의 공무원이 '직무를 집행함에 당하여' 타인에게 불법행위를 한 것이라고 할 수 없으므로 그 공무원이 소속된 국가나 지방공공단체가 국가배상법상의 손해배상책임을 부담하지 않는다.

(4) 특수한 문제(부작위)

국가배상책임은 공무원의 소극적인 직무행위, 즉 부작위에 의해서도 인정될 수 있다. 이를 위해서는 공무원에게 작위의무가 인정되어야 하는데, 이는 국가배상의 요건 중 후술하는 '위법성'의 판단과 직결된다. 문제는 법령에서 작위의무를 규정하고 있지 않거나, 재량행위로 규정하고 있는 경우 작위의무를 어떻게 도출할 수 있을 것인가이다. 이를 해결하기 위해 판례는 초법규적 작위의무를 인정하거나 '재량권의 영으로의 수축이론'을 통해 직무상 의무(작위의무)를 인정한다.

① **대법원 2012. 7. 26. 선고 2010다95666 판결**

[1] 공무원의 부작위로 인한 국가배상책임을 인정하기 위하여는 공무원의 작위로 인한 국가배상책임을 인정하는 경우와 마찬가지로 "공무원이 그 직무를 집행함에 당하여 고의 또는 과실로 법령에 위반하여 타인에게 손해를 가한 때"라고 하는 국가배상법 제2조 제1항의 요건이 충족되어야 할 것이다. 여기서 '법령에 위반하여'라고 함은 엄격하게 형식적 의미의 법령에 명시적으로 공무원의 작위의무가 정하여져 있음에도 이를 위반하는 경우만을 의미하는 것은 아니고, 인권존중·권력남용금지·신의성실과 같이 공무원으로서 마땅히 지켜야 할 준칙이나 규범을 지키지 아니하고 위반한 경우를 포함하여 널리 그 행위가 객관적인 정당성을 결여하고 있는 경우도 포함한다. 따라서 국민의 생명·신체·재산 등에 대하여 절박하고 중대한 위험상태가 발생하였거나 발생할 상당한

우려가 있어서 국민의 생명 등을 보호하는 것을 본래적 사명으로 하는 국가가 초법규적·일차적으로 그 위험의 배제에 나서지 아니하면 국민의 생명 등을 보호할 수 없는 경우에는 형식적 의미의 법령에 근거가 없더라도 국가나 관련 공무원에 대하여 그러한 위험을 배제할 작위의무를 인정할 수 있을 것이다. 그러나 그와 같은 절박하고 중대한 위험상태가 발생하였거나 발생할 상당한 우려가 있는 경우가 아닌 한, 원칙적으로 공무원이 관련 법령에서 정하여진 대로 직무를 수행하였다면 그와 같은 공무원의 부작위를 가지고 '고의 또는 과실로 법령에 위반'하였다고 할 수는 없다. 따라서 공무원의 부작위로 인한 국가배상책임을 인정할 것인지 여부가 문제되는 경우에 관련 공무원에 대하여 작위의무를 명하는 법령의 규정이 없는 때라면 공무원의 부작위로 인하여 침해되는 국민의 법익 또는 국민에게 발생하는 손해가 어느 정도 심각하고 절박한 것인지, 관련 공무원이 그와 같은 결과를 예견하여 그 결과를 회피하기 위한 조치를 취할 수 있는 가능성이 있는지 등을 종합적으로 고려하여 판단하여야 한다.

[2] 갑이 경주보훈지청에 국가유공자에 대한 주택구입대부제도에 관하여 전화로 문의하고 대부신청서까지 제출하였으나, 담당 공무원에게서 주택구입대부금 지급을 보증하는 지급보증서제도에 관한 안내를 받지 못하여 대부제도 이용을 포기하고 시중은행에서 대출을 받아 주택을 구입함으로써 결과적으로 더 많은 이자를 부담하게 되었다고 주장하며 국가를 상대로 정신적 손해의 배상을 구한 사안에서, 주택구입대부제도에 있어서 지급보증서를 교부하는 취지와 성격, 관련 법령 등의 규정 내용, 지급보증서제도를 안내받지 못함으로 인하여 침해된 갑의 법익 내지 갑이 입은 손해의 내용과 정도, 관련 공무원이 갑이 입은 손해를 예견하거나 그 결과를 회피하기 위한 조치를 취할 수 있는 가능성의 정도 등 여러 사정을 종합하여 볼 때, 담당 공무원이 갑에게 주택구입대부제도에 관한 전화상 문의에 응답하거나 대부신청서의 제출에 따른 대부금지급신청안내문을 통지하면서 지급보증서제도에 관하여 알려주지 아니한 조치가 객관적 정당성을 결여하여 현저하게 불합리한 것으로서 고의 또는 과실로 법령을 위반하였다고 볼 수 없음에도, 담당 공무원에게 지급보증서제도를 안내하거나 설명할 의무가 있음을 전제로 그 위반에 대한 국가배상책임을 인정한 원심판결에 법리오해의 위법이 있다고 한 사례.

② 대법원 2004. 9. 23. 선고 2003다49009 판결

[1] 경찰은 범죄의 예방, 진압 및 수사와 함께 국민의 생명, 신체 및 재산의 보호 등과 기타 공공의 안녕과 질서유지도 직무로 하고 있고, 그 직무의 원활한 수행을 위하여 경찰관직무집행법, 형사소송법 등 관계 법령에 의하여 여러 가지 권한이 부여되어 있으므로, 구체적인 직무를 수행하는 경찰관으로서는 제반 상황에 대응하여 자신에게 부여된 여러 가지 권한을 적절하게 행사하여 필요한 조치를 취할 수 있는 것이고, 그러한 권한은 일반적으로 경찰관의 전문적 판단에 기한 합리적인 재량에 위임되어 있는 것이나, 경찰관에게 권한을 부여한 취지와 목적에 비추어 볼 때 구체적인 사정에 따라 경찰

관이 그 권한을 행사하여 필요한 조치를 취하지 아니하는 것이 현저하게 불합리하다고
인정되는 경우에는 그러한 권한의 불행사는 직무상의 의무를 위반한 것이 되어 위법하
게 된다.

　[2] 윤락녀들이 윤락업소에 감금된 채로 윤락을 강요받으면서 생활하고 있음을 쉽게
알 수 있는 상황이었음에도, 경찰관이 이러한 감금 및 윤락강요행위를 제지하거나 윤락
업주들을 체포·수사하는 등 필요한 조치를 취하지 아니하고 오히려 업주들로부터 뇌
물을 수수하며 그와 같은 행위를 방치한 것은 경찰관의 직무상 의무에 위반하여 위법하
므로 국가는 이로 인한 정신적 고통에 대하여 위자료를 지급할 의무가 있다고 한 사례.

　한편, 공무원의 부작위로 인해 발생한 손해에 대하여 국가배상을 청구하기 위해
서는 부작위와 손해 사이에 상당인과관계가 인정되어야 한다. 대법원은 상당인과관
계가 인정되기 위해서는 직무의무(작위의무)가 단순히 공공 일반의 이익을 위한 것
이거나 행정기관 내부의 질서를 규율하기 위한 것이 아니고, 전적으로 또는 부수적
으로 사회구성원 개인의 안전과 이익을 보호하기 위하여 설정된 것이어야 한다고
보아 이른바, '사익보호성'을 요구하고 있다. 이때 사익보호성이 인정된다고 하더라
도 직무상 의무위반행위와 손해 사이에 상당인과관계가 인정되는 범위 내에서 배상
책임을 진다.

① 대법원 2010. 9. 9. 선고 2008다77795 판결

　[1] 공무원이 고의 또는 과실로 그에게 부과된 직무상 의무를 위반하였을 경우라고
하더라도 국가는 그러한 직무상의 의무 위반과 피해자가 입은 손해 사이에 상당인과관
계가 인정되는 범위 내에서만 배상책임을 지는 것이고, 이 경우 상당인과관계가 인정되
기 위하여는 공무원에게 부과된 직무상 의무의 내용이 단순히 공공 일반의 이익을 위한
것이거나 행정기관 내부의 질서를 규율하기 위한 것이 아니고 전적으로 또는 부수적으
로 사회구성원 개인의 안전과 이익을 보호하기 위하여 설정된 것이어야 한다.

　[2] 구 식품위생법(2005. 1. 27. 법률 제7374/호로 개정되기 전의 것)은 제1조에서 "이 법은 식품으로 인한 위생상의
위해를 방지하고 식품영양의 질적 향상을 도모함으로써 국민보건의 증진에 이바지함을
목적으로 한다."고 규정하고 있고, 같은 법 제7조, 제9조, 제10조, 제16조 등에서는 식
품의약품안전청장 등으로 하여금 식품 또는 식품첨가물의 제조 등의 방법과 성분, 용기
와 포장의 제조 방법과 그 원재료, 표시 등에 대하여 일정한 기준 및 규격 등을 마련하
도록 하고, 그와 같은 기준 및 규격 등을 준수하는지 여부를 확인할 필요가 있거나 위
생상 위해가 발생할 우려나 국민보건상의 필요가 있을 경우 수입신고시 식품 등을 검사
하도록 규정하고 있다. 위와 같은 구 식품위생법의 관련 규정을 종합하여 보면, 같은
법 제7조, 제9조, 제10조, 제16조는 단순히 국민 전체의 보건을 증진한다고 하는 공공

일반의 이익만을 위한 것이 아니라, 그와 함께 사회구성원 개개인의 건강상의 위해를 방지하는 등의 개별적인 안전과 이익도 도모하기 위하여 설정된 것이라고 할 수 있다.

　[3] 구 식품위생법($^{2005.\ 1.\ 27.\ 법률\ 제7374}_{호로\ 개정되기\ 전의\ 것}$) 제7조, 제9조, 제10조, 제16조 등 관련 규정이 식품의약품안전청장 및 관련 공무원에게 합리적인 재량에 따른 직무수행 권한을 부여한 것으로 해석된다고 하더라도, 식품의약품안전청장 등에게 그러한 권한을 부여한 취지와 목적에 비추어 볼 때 구체적인 상황 아래에서 식품의약품안전청장 등이 그 권한을 행사하지 아니한 것이 현저하게 합리성을 잃어 사회적 타당성이 없는 경우에는 직무상 의무를 위반한 것이 되어 위법하게 된다. 그리고 위와 같이 식약청장등이 그 권한을 행사하지 아니한 것이 직무상 의무를 위반하여 위법한 것으로 되는 경우에는 특별한 사정이 없는 한 과실도 인정된다.

　[4] 어린이가 '미니컵 젤리'를 먹다가 질식하여 사망한 사안에서, 그 사고 발생 전에 미니컵 젤리에 대한 세계 각국의 규제 내용이 주로 곤약 등 미니컵 젤리의 성분과 용기의 규격에 대한 규제에 머물러 있었고, 대한민국 정부도 그 수준에 맞추어 미니컵 젤리의 기준과 규격, 표시 등을 규제하는 조치를 취하여 위 사고 발생 전까지 미니컵 젤리와 관련한 질식사고가 발생하지 않았던 점 등에 비추어, 비록 당시의 과학수준상 미니컵 젤리의 성분에 대하여 허위신고를 하더라도 그 진위를 가려내기 어려웠고, 위 사고 발생 후 시험 등을 통하여 그러한 허위신고의 가능성이 확인되고 곤약 등을 제외한 다른 성분을 함유한 미니컵 젤리로 인한 질식의 위험성이 드러났다고 하더라도, 위 사고 발생 무렵 식품의약품안전청장 및 관계 공무원이 그러한 위험성을 인식하거나 예견하기 어려웠던 점 등 여러 사정을 고려하여 보면, 식품의약품안전청장 및 관계 공무원이 위 사고 발생 시까지 구 식품위생법($^{2005.\ 1.\ 27.\ 법률\ 제7374}_{호로\ 개정되기\ 전의\ 것}$)상의 규제 권한을 행사하여 미니컵 젤리의 수입·유통 등을 금지하거나 그 기준과 규격, 표시 등을 강화하고 그에 필요한 검사 등을 실시하는 조치를 취하지 않은 것이 현저하게 합리성을 잃어 사회적 타당성이 없다거나 객관적 정당성을 상실하여 위법하다고 할 수 있을 정도에까지 이르렀다고 보기 어렵고, 그 권한 불행사에 과실이 있다고 할 수도 없다고 한 원심의 판단이 정당하다고 한 사례.

② 대법원 2008. 4. 10. 선고 2005다48994 판결

　[1] 공무원에게 부과된 직무상 의무의 내용이 단순히 공공 일반의 이익을 위한 것이거나 행정기관 내부의 질서를 규율하기 위한 것이 아니고 전적으로 또는 부수적으로 사회구성원 개인의 안전과 이익을 보호하기 위하여 설정된 것이라면, 공무원이 그와 같은 직무상 의무를 위반함으로 인하여 피해자가 입은 손해에 대하여는 상당인과관계가 인정되는 범위 내에서 국가가 배상책임을 지는 것이고, 이때 상당인과관계의 유무를 판단함에 있어서는 일반적인 결과 발생의 개연성은 물론 직무상 의무를 부과하는 법령 기타 행동규범의 목적이나 가해행위의 태양 및 피해의 정도 등을 종합적으로 고려하여야 하

며, 이는 지방자치단체와 그 소속 공무원에 대하여도 마찬가지이다.

　　[2] 유흥주점에 감금된 채 윤락을 강요받으며 생활하던 여종업원들이 유흥주점에 화재가 났을 때 미처 피신하지 못하고 유독가스에 질식해 사망한 사안에서, 지방자치단체의 담당 공무원이 위 유흥주점의 용도변경, 무허가 영업 및 시설기준에 위배된 개축에 대하여 시정명령 등 식품위생법상 취하여야 할 조치를 게을리 한 직무상 의무위반행위와 위 종업원들의 사망 사이에 상당인과관계가 존재하지 않는다고 한 사례.[22]

　　[3] 구 소방법(2003. 5. 29. 법률 제6893호 소
방기본법 부칙 제2조로 폐지)은 화재를 예방·경계·진압하고 재난·재해 및 그 밖의 위급한 상황에서의 구조·구급활동을 통하여 국민의 생명·신체 및 재산을 보호함으로써 공공의 안녕질서의 유지와 복리증진에 이바지함을 목적으로 하여 제정된 법으로서, 소방법의 규정들은 단순히 전체로서의 공공 일반의 안전을 도모하기 위한 것에서 더 나아가 국민 개개인의 인명과 재화의 안전보장을 목적으로 하여 둔 것이므로, 소방공무원이 소방법 규정에서 정하여진 직무상의 의무를 게을리 한 경우 그 의무 위반이 직무에 충실한 보통 일반의 공무원을 표준으로 할 때 객관적 정당성을 상실하였다고 인정될 정도에 이른 경우에는 국가배상법 제2조에서 말하는 위법의 요건을 충족하게 된다. 그리고 소방공무원의 행정권한 행사가 관계 법률의 규정 형식상 소방공무원의 재량에 맡겨져 있다고 하더라도 소방공무원에게 그러한 권한을 부여한 취지와 목적에 비추어 볼 때 구체적인 상황 아래에서 소방공무원이 그 권한을 행사하지 않은 것이 현저하게 합리성을 잃어 사회적 타당성이 없는 경우에는 소방공무원의 직무상 의무를 위반한 것으로서 위법하게 된다.

　　[4] 유흥주점에 감금된 채 윤락을 강요받으며 생활하던 여종업원들이 유흥주점에 화재가 났을 때 미처 피신하지 못하고 유독가스에 질식해 사망한 사안에서, 소방공무원이 위 유흥주점에 대하여 화재 발생 전 실시한 소방점검 등에서 구 소방법상 방염 규정 위반에 대한 시정조치 및 화재 발생시 대피에 장애가 되는 잠금장치의 제거 등 시정조치를 명하지 않은 직무상 의무 위반은 현저히 불합리한 경우에 해당하여 위법하고, 이러한 직무상 의무 위반과 위 사망의 결과 사이에 상당인과관계가 존재한다고 한 사례.

③ 서울고등법원 2005. 7. 20. 선고 2004나39179 판결

　　경찰관직무집행법이나 형사소송법 등 경찰관의 직무상 의무와 권한을 부여한 법령의 목적에 비추어 경찰공무원에게 일반적으로 화재를 예방하는 등의 직무상 의무를 인

---

22) 위 판결에서 대법원은 "식품위생법상 식품접객업의 시설기준을 정하여, 그 위반행위에 대하여 시설개수명령, 영업정지 등을 부과하도록 한 취지 및 건축법에서 무단 용도변경행위를 금지하고, 이에 위반한 건축물에 대하여 철거, 개축 등 필요한 조치를 명할 수 있도록 한 취지는 부수적으로라도 사회 구성원 개인의 안전과 이익을 보호하기 위하여 설정된 것"이라고 보았으나, 지방자치단체의 담당 공무원이 이 사건 유흥주점들에 관한 용도변경, 무허가 영업 및 시설기준에 위배된 개축에 대하여 시정명령 등 식품위생법상 취하여야 하는 조치를 게을리 한 직무상 의무위반행위와 망인들의 사망이라는 결과 사이에 상당한 인과관계가 없다고 보았다.

정하기는 어렵다고 할 것이고, 풍속영업의규제에관한법률의 목적은 선량한 풍속을 해하거나 청소년의 건전한 육성을 저해하는 행위 등을 규제하여 미풍양속의 보존과 청소년 보호에 이바지하려는 데 있는 것이어서(제1조), 위 법률 제6조 제1항에서 풍속영업자 등의 위반사항에 관하여 경찰서장이 허가관청에 통보하도록 한 것은 오로지 공공 일반의 이익을 위한 것으로 볼 것이지, 사회 구성원 개인의 안전과 이익을 위한 것이라고 볼 수 없으므로, 위 경찰공무원들의 직무상 의무위반행위와 위 망인들이 사망으로 입은 손해 사이에는 상당인과관계가 있다고 할 수 없고, 따라서 원고들의 이 부분 주장은 이유 없다.

④ 대법원 2001. 3. 9. 선고 99다64278 판결

[1] 구 도시계획법(2000. 1. 28. 법률 제6243호로 전문 개정되기 전의 것), 구 도시계획법시행령(2000. 7. 1. 대통령령 제16891호로 전문 개정되기 전의 것), 토지의 형질변경등행위허가기준등에관한규칙 등의 관련 규정의 취지를 종합하여 보면, 시장 등은 토지형질변경허가를 함에 있어 허가지의 인근 지역에 토사붕괴나 낙석 등으로 인한 피해가 발생하지 않도록 허가를 받은 자에게 옹벽이나 방책을 설치하게 하거나 그가 이를 이행하지 아니할 때에는 스스로 필요한 조치를 취하는 직무상 의무를 진다고 해석되고, 이러한 의무의 내용은 단순히 공공 일반의 이익을 위한 것이 아니라 전적으로 또는 부수적으로 사회구성원 개인의 안전과 이익을 보호하기 위하여 설정된 것이라 할 것이므로, 지방자치단체의 공무원이 그와 같은 위험관리의무를 다하지 아니한 경우 그 의무 위반이 직무에 충실한 보통 일반의 공무원을 표준으로 할 때 객관적 정당성을 상실하였다고 인정될 정도에 이른 경우에는 국가배상법 제2조에서 말하는 위법의 요건을 충족하였다고 봄이 상당하고, 허가를 받은 자가 위 규칙에 기하여 부가된 허가조건을 위배한 경우 시장 등이 공사중지를 명하거나 허가를 취소할 수 있는 등 형식상 허가권자에게 재량에 의한 직무수행권한을 부여한 것처럼 되어 있더라도 시장 등에게 그러한 권한을 부여한 취지와 목적에 비추어 볼 때 구체적인 사정에 따라 시장 등이 그 권한을 행사하여 필요한 조치를 취하지 아니하는 것이 현저하게 불합리하다고 인정되는 경우에는 그러한 권한의 불행사는 직무상의 의무를 위반하는 것이 되어 위법하게 된다.

[2] 토석채취공사 도중 경사지를 굴러 내린 암석이 가스저장시설을 충격하여 화재가 발생한 사안에서, 토지형질변경허가권자에게 허가 당시 사업자로 하여금 위해방지시설을 설치하게 할 의무를 다하지 아니한 위법과 작업 도중 구체적인 위험이 발생하였음에도 작업을 중지시키는 등의 사고예방조치를 취하지 아니한 위법이 있다고 한 사례.

3. 고의 또는 과실

(1) 의의(전통적 관점)

원래 고의란, 자신의 행위로 인한 일정한 결과의 발생가능성을 인식하고 또한 그 결과를 인용하는 것을 말한다. 과실이란 정상의 주의의무를 태만히 함으로써 위법한 결과의 발생을 인식하지 못한 경우를 말한다. 따라서 국가배상법 제2조를 해석함에 있어서 '고의 또는 과실로'라는 표현만을 충실하게 해석한다면 이는 객관적 위법성과는 다른 행위자의 주관적 책임요소를 규정한 것으로 보아야 할 것이다. 이는 후술하는 국가배상책임의 본질에 관한 대위책임설과 맥을 같이 한다. 그러나 국가배상책임의 본질을 자기책임으로 파악하는 입장에서는 고의·과실이란 공무원 개인의 주관적 책임요소가 아니라, 국가 또는 지방자치단체의 자기책임을 결정하는 데 필요한 '공무운영상의 객관적인 흠의 존재'라고 한다.

(2) 새로운 이론적 시도

근래에 와서는 대위책임설을 취하는 학자들 사이에서도 국가배상책임의 성립 여부가 행위자의 주관적 요소에 좌우될 경우 피해자의 구제가 불완전하다는 지적이 제기되기 시작하였고, 이러한 문제의 해결을 위하여 주관적 요소인 과실을 보다 객관화하거나 그 입증책임을 완화하려는 방안이 제시되고 있다.

1) 과실의 객관화

과실의 객관화란 ① 과실의 판단 기준을 당해 공무원이 아닌, 당해 직무를 담당하는 평균적 공무원으로 추상화해야 한다는 견해,[23] ② 과실을 '공무원의 위법행위로 인한 국가작용의 흠' 정도로 완화해야 한다는 견해,[24] ③ 과실을 판단함에 있어 가해공무원을 특정할 필요가 없다는 견해, 즉 어느 공무원의 행위인지가 불분명한 경우에도 그것이 공무원의 행위인 이상 국가가 배상책임을 진다는 견해,[25] ④ 위법성과 과실을 통합하여 일원적 관념으로 보려는 견해, 즉 위법성과 과실 중 어느 하나가 입증되면 다른 요건은 당연히 인정된다는 견해, ⑤ 과실을 '국가 등 행정주체의 작용이 정상적 수준에 미달한 상태'라고 보는 견해[26] 등을 일컫는 말이다.

---

23) 대법원 1987. 9. 22. 선고 87다카1164 판결.
24) 김도창(628면).
25) 이를 김남진 교수는 독일에 있어서의 조직과실, 프랑스의 공역무과실의 관념과 일맥상통하는 것이라고 설명한다. 김남진/김연태(624면). 대법원 1995. 11. 10. 선고 95다23897 판결.
26) 김동희(575면).

① 대법원 1987. 9. 22. 선고 87다카1164 판결

공무원의 직무집행상의 과실이라 함은 공무원이 그 직무를 수행함에 있어 당해직무를 담당하는 평균인이 보통(통상) 갖추어야 할 주의의무를 게을리한 것을 말한다.

② 대법원 1995. 11. 10. 선고 95다23897 판결

국가 소속 전투경찰들이 시위진압을 함에 있어서 합리적이고 상당하다고 인정되는 정도로 가능한 한 최루탄의 사용을 억제하고 또한 최대한 안전하고 평화로운 방법으로 시위진압을 하여 그 시위진압 과정에서 타인의 생명과 신체에 위해를 가하는 사태가 발생하지 아니하도록 하여야 하는데도, 이를 게을리한 채 합리적이고 상당하다고 인정되는 정도를 넘어 지나치게 과도한 방법으로 시위진압을 한 잘못으로 시위 참가자로 하여금 사망에 이르게 하였다는 이유로 국가의 손해배상 책임을 인정하되, 피해자의 시위에 참가하여 사망에 이르기까지의 행위를 참작하여 30% 과실상계를 한 원심판결을 수긍한 사례.

2) 입증책임의 완화

입증책임의 완화란 ① 피고에게 직무행위상 과실이 없었다는 사실을 입증할 책임을 부담시키는 입증책임의 전환과 ② 원고에게 손해를 발생케 한 피고의 행위가 입증되면 이러한 행위에서 일응 과실을 추정하는 일응추정의 이론 등을 말한다.

3) 검 토

이처럼 과실의 관념을 객관화하고 입증책임을 완화하려는 시도는 모두 과실을 행위자인 공무원 개인의 주관적 요소로 이해하는데서 오는 미봉책에 불과하다. 문제를 보다 근본적으로 해결하기 위해서는 ① 국가배상책임의 본질의 문제와 ② 고의·과실과 위법성의 관계설정에 대한 문제를 재검토해볼 필요가 있으며, 궁극적으로는 입법을 통해 과실을 국가책임의 필수적 요건으로 하지 말고 무과실책임을 수용하여야 할 것이다.

(3) 구체적 사례

1) 법령해석의 오류와 공무원의 과실

① 대법원 2001. 2. 9. 선고 98다52988 판결

법령에 대한 해석이 복잡, 미묘하여 워낙 어렵고, 이에 대한 학설, 판례조차 귀일되어 있지 않는 등의 특별한 사정이 없는 한 일반적으로 공무원이 관계 법규를 알지 못하거나 필요한 지식을 갖추지 못하고 법규의 해석을 그르쳐 행정처분을 하였다면 그가 법률전문가가 아닌 행정직 공무원이라고 하여 과실이 없다고는 할 수 없다.

② 대법원 2011. 1. 27. 선고 2009다30946 판결

[1] 구 교육공무원법($^{2005.\ 1.\ 27.\ 법률\ 제7353호}_{로\ 개정되기\ 전의\ 것}$)에 의하여 기간제로 임용되어 임용기간이 만료된 국·공립대학의 교원도 교원으로서의 능력과 자질에 관하여 합리적인 기준에 의한 공정한 심사를 받아 기준에 부합하면 특별한 사정이 없는 한 재임용되리라는 기대를 가지고 재임용 여부에 관하여 심사를 요구할 법규상 또는 조리상 신청권을 가진다. 그런데 이러한 국·공립대학 교원에 대한 재임용거부처분이 재량권을 일탈·남용한 것으로 평가되어 그것이 불법행위가 됨을 이유로 국·공립대학 교원 임용권자에게 손해배상책임을 묻기 위해서는 당해 재임용거부가 국·공립대학 교원 임용권자의 고의 또는 과실로 인한 것이라는 점이 인정되어야 한다. 그리고 위와 같은 고의·과실이 인정되려면 국·공립대학 교원 임용권자가 객관적 주의의무를 결하여 그 재임용거부처분이 객관적 정당성을 상실하였다고 인정될 정도에 이르러야 한다.

[2] 대법원 2004. 4. 22. 선고 2000두7735 전원합의체 판결 전까지 대법원은, 기간제로 임용된 국·공립대학 교원에 대하여 관련 법률의 어디에도 임용권자에게 임용기간이 만료된 자를 재임용할 의무를 지우거나 재임용절차 및 요건 등에 관하여 규율한 규정이 없다는 이유로, 기간을 정하여 임용된 대학교원은 그 임용기간의 만료로 대학교원으로서의 신분관계가 당연히 종료하는 것으로 보았고, 그 결과 임용기간의 만료에 따른 재임용의 기대권이나 재임용 여부에 관하여 합리적인 기준에 의한 공정한 심사를 요구할 권리의 존재를 부정하여 재임용 여부는 사법심사에서 제외되는 임면권자의 자유재량행위로 파악하여 왔다. 당시 사법기관이 이렇게 법해석을 하는 상황 아래에서 국·공립대학 교원 임용권자에 대하여, 위 대법원 전원합의체 판결이 선고되고 그에 따른 법해석의 변화로 비로소 인정되게 된 재임용심사신청권을 기초로 하여 종전의 국·공립대학 교원의 권리 내지 법익침해의 결과에 관하여 손해배상책임을 묻는 것은, 당시로선 일반적으로 존재하지 않는 것으로 해석되었던 규범의 준수를 요구하는 것이거나 현실적으로 실현 불가능한 주의의무의 이행을 기대하는 것에 지나지 아니한다. 그러므로 위 대법원 전원합의체 판결이 선고되기 전에 기간제로 임용된 국·공립대학 교원에 대하여 재임용이 거부된 경우에 그것이 부당하다는 이유로 국·공립대학 교원 임용권자에게 손해배상책임을 물을 수는 없다고 보아야 한다.

[3] 대법원 2004. 4. 22. 선고 2000두7735 전원합의체 판결이 선고된 후로는 기간제로 임용된 국·공립대학의 교원에게도 재임용 여부에 관하여 합리적인 기준에 의한 공정한 심사를 요구할 권리가 인정되고 있으므로, 국·공립대학 교원 임용권자가 과거 재임용이 거부된 교원에 대하여 특별한 사정 없이 재임용심사절차를 재개하지 아니하면 손해배상책임을 부담할 수 있게 된다. 그런데 재임용절차는 통상적으로 재임용신청과 재임용심사, 재임용 여부의 결정 순서로 진행되게 되므로, 국·공립대학 교원 임용권자가 재임용심사절차를 재개하지 아니함을 이유로 그에게 손해배상책임을 지우려면 그

전제로 먼저 당해 교원의 재심사신청의사가 확인되어야 한다. 따라서 당해 교원의 재심사신청의사가 표시되지 않은 상황에서 곧바로 국·공립대학 교원 임용권자에게 재심사의무의 불이행을 이유로 손해배상책임을 지우는 것은 타당하지 아니하며, 위법한 재임용거부로 인한 국·공립대학 교원 임용권자의 손해배상책임은 당해 교원의 재심사신청의사가 객관적으로 확인된 시점 이후에만 물을 수 있는 것이다.

[4] 대법원 2004. 4. 22. 선고 2000두7735 전원합의체 판결이 선고되기 전에 재임용심사에서 탈락한 국립대학 교원이 위 판결 선고 후 '대학교원 기간임용제 탈락자 구제를 위한 특별법'에 의하여 교원소청심사특별위원회에 재심사를 청구하여 재임용거부처분취소결정을 받고 복직한 다음 재임용거부로 입은 손해에 대하여 국가배상청구를 한 사안에서, 위 판결 선고 전까지 당해 교원이 복직하지 못함으로써 발생한 손해에 관하여는 임용권자의 고의나 과실을 인정할 수 없고, 위 판결 선고 후의 복직 지연에 따른 손해에 관하여는 임용권자가 당해 교원의 재심사신청의사를 명확히 확인할 수 있는 시점은 교원소청심사특별위원회에 재심사를 청구한 날 이후로 봄이 상당한데 그로부터 5개월 정도 후에 복직절차를 마쳤으므로 임용권자에게 특별히 복직절차의 지연에 따른 책임이 있다고 할 수 없다는 이유로 국가배상책임을 부정한 사례.

2) 재량준칙과 공무원의 과실

대법원 2002. 5. 10. 선고 2001다62312 판결

행정법규가 행정청으로서 지켜야 할 일정한 준칙을 규정함에 불과하고 그 범위 안에서 행정청의 재량에 일임하여 그 법규가 정하는 행정목적의 달성을 위하여 객관적으로 구체적 타당성에 적합하도록 하는 이른바 편의재량(공익재량, 합목적재량)의 경우에는 공익상의 필요, 합목적성의 여부는 행정청의 자유재량에 따라 결정하고 그에 적합하다고 인정되는 처분을 선택하는 것이므로, 그 경우에 한 처분에 있어 관계공무원이 공익성, 합목적성의 인정·판단을 잘못하여 그 재량권의 범위를 넘어선 행정행위를 한 경우가 있다 하더라도 공익성 및 합목적성의 적절 여부의 판단 기준은 구체적 사안에 따라 각각 동일하다 할 수 없을 뿐만 아니라, 구체적인 경우 어느 행정처분을 할 것인가에 관하여 행정청 내부에 일응의 기준을 정해 둔 경우 그 기준에 따른 행정처분을 하였다면 이에 관여한 공무원에게 그 직무상의 과실이 있다고 할 수 없다.27)

---

27) [판결 이유] 원심은 "피고 대한민국 산하의 산업자원부장관 또는 그 담당공무원은 그 재량권을 남용하여 원고에 대하여 업무정지처분을 내렸고, 피고 2는 잘못된 사실을 보고하여 위 처분이 내려지게 유도한 과실이 있으므로, 피고들은 연대하여 위 처분으로 인하여 원고가 입은 손해를 배상할 책임이 있다."는 원고의 주장에 대하여 원고가 인증위원회 심의기록을 허위작성한 점 및 태성엔지니어링에 대한 심사기록을 허위작성한 점, 선임심사원을 확보하지 아니한 점을 이유로 인정협회의 요청에 따라 산업자원부장관이 원고에게 3개월간의 업무정지처분을 하였고, 그 후 원고가 제기한 행정소송에서 위 업무정지처분의 사유는 인정되나 그 경위에 참작할 점이 있고 위반의 정도가 중하지 않다는 이유로 위 처분이 재량권의 남용에 해당한다고 하여 이를 취소하는 판결이 선고된 사실은 앞서 본 바와 같으

3) 행정입법 개정과 공무원의 과실

대법원 2013. 4. 26. 선고 2011다14428 판결

[1] 법령의 개정에서 입법자의 광범위한 재량이 인정되는 경우라 하더라도 구 법령의 존속에 대한 당사자의 신뢰가 합리적이고도 정당하며 법령의 개정으로 야기되는 당사자의 손해가 극심하여 새로운 법령으로 달성하고자 하는 공익적 목적이 그러한 신뢰의 파괴를 정당화할 수 없다면 입법자는 경과규정을 두는 등 당사자의 신뢰를 보호할 적절한 조치를 하여야 하며 이와 같은 적절한 조치 없이 새 법령을 그대로 시행하거나 적용하는 것은 허용될 수 없는바, 이는 헌법의 기본원리인 법치주의 원리에서 도출되는 신뢰보호의 원칙에 위배되기 때문이다. 그러나 입법자가 이러한 신뢰보호 조치가 필요한지를 판단하기 위하여는 관련 당사자의 신뢰의 정도, 신뢰이익의 보호가치와 새 법령을 통해 실현하고자 하는 공익적 목적 등을 종합적으로 비교·형량하여야 하는데, 이러한 비교·형량에 관하여는 여러 견해가 있을 수 있으므로, 행정입법에 관여한 공무원이 입법 당시의 상황에서 다양한 요소를 고려하여 나름대로 합리적인 근거를 찾아 어느 하나의 견해에 따라 경과규정을 두는 등의 조치 없이 새 법령을 그대로 시행하거나 적용하였다면, 그와 같은 공무원의 판단이 나중에 대법원이 내린 판단과 같지 아니하여 결과적으로 시행령 등이 신뢰보호의 원칙 등에 위배되는 결과가 되었다고 하더라도, 이러한 경우에까지 국가배상법 제2조 제1항에서 정한 국가배상책임의 성립요건인 공무원의 과실이 있다고 할 수는 없다.

[2] 2002. 3. 25. 대통령령 제17551호로 개정된 변리사법 시행령 제4조 제1항이 변리사 제1차 시험을 '절대평가제'에서 '상대평가제'로 변경함에 따라 2002. 5. 26. 상대평가제로 실시된 시험에서 불합격처분을 받았다가 그 후 위 시행령 부칙 중 위 조항을 공포 즉시 시행하도록 한 부분이 헌법에 위배되어 무효라는 대법원판결이 내려져 추가합격처분을 받은 갑 등이 국가배상책임을 물은 사안에서, 제반 사정에 비추어 위 시행령과 부칙의 입법에 관여한 공무원들은 입법 당시 상황에서 다양한 요소를 고려하여 나름대로 합리적인 근거를 찾아 어느 하나의 견해에 따라 위 시행령을 경과규정 등의 조치 없이 그대로 시행한 것이므로, 비록 대법원판결에서 위 시행령 부칙 중 위 조항을 즉시 시행하도록 한 부분이 헌법에 위배된다고 판단하여 결과적으로 부칙 제정행위가 위법한 것으로 되고 그에 따른 불합격처분 역시 위법하게 되어 위법한 법령의 제정 및 법령의 부당집행이라는 결과를 가져오게 되었더라도, 이러한 경우에까지 국가배상책임의 성립요건인 공무원의 과실이 있다고 단정할 수 없다는 이유로, 이와 달리 보아 국가배상

나, 앞서 본 근거법령상의 처분기준에 의하면, 산업자원부장관은 위와 같은 사유가 있으면 인증기관에 대하여 3개월 이내의 업무정지처분을 하도록 되어 있으므로, 위 업무정지처분이 재량의 범위를 넘어 위법한 것이라는 이유로 취소되었다고 하여도 산업자원부장관이나 그 담당 공무원이 위 법령의 기준에 따라 위와 같이 업무정지처분을 한 이상 거기에 어떠한 과실이 있었다고 볼 수 없다고 하여 원고의 위 주장을 배척하였다.

책임을 인정한 원심판결에는 국가배상책임에서 공무원의 직무상 과실에 관한 법리오해 등 위법이 있다고 한 사례.

4. 법령을 위반하여(위법성)

(1) 법령 위반의 의미

1) 학설의 대립

국가배상법 제2조의 "법령을 위반하여"라는 법문의 의미와 관련하여, 학설은 ① 국가배상의 위법을 항고소송의 위법과는 다른 개념으로 보면서, 직무행위의 결과 손해가 발생하였으면 위법성을 인정하는 견해(결과불법설), ② 국가배상의 요건인 위법은 가해행위 자체의 위법뿐만 아니라 피침해이익의 종류와 성질, 침해의 정도 및 가해행위의 태양 등을 종합적으로 고려하여 행위가 객관적으로 정당성을 결여한 경우를 의미한다고 보는 견해(상대적 위법성설), ③ 국가배상의 위법을 공무원의 직무상 의무 위반으로 보는 견해(직무의무 위반설),[28] ④ 국가배상의 위법은 직무행위가 법령에 위반하는 것을 의미한다고 보는 견해(행위위법설)로 대립하고 있다.

한편, 다수설인 ④ 행위위법설은 위법성 판단의 근거가 되는 법령의 범위를 어떻게 볼 것인지에 따라 국가배상의 위법을 항고소송의 위법과 동일하게 보아 성문법과 불문법을 의미한다고 보는 '협의설'과 국가배상에 있어서의 위법을 항고소송에서의 위법보다 넓게 보아 성문법 및 불문법 위반뿐만 아니라 인권존중·권력남용금지·신의성실 등의 위반도 포함하여 널리 그 행위가 객관적인 정당성을 결여하고 있음을 의미한다고 보는 '광의설'로 구분된다. 그러나 오늘날 인권존중·권력남용금지·신의성실 등은 해석상 또는 성문법상 행정법의 일반원칙으로 인정되고 있으므로 협의설과 실질적인 차이가 없다. 결국, 법문이나 그 해석 모두 국가배상법 제2조의 '법령 위반'을 행위규범의 위반, 즉 'illégal'의 의미로 이해하고 있다.

2) 판례의 태도

대법원의 태도는 일관성이 없으며, 주류적인 입장이 무엇인지에 대하여 학자들마다 평가가 엇갈리고 있다. 다만, 대법원 판례 중에는 '결과불법설'을 배제한 사례가 있다.[29]

---

28) 류지태/박종수(511면). 이에 따른 것으로 보이는 판결로는 대법원 2002. 2. 22. 선고 2001다23447 판결; 대법원 2008. 5. 29. 선고 2004다33469 판결 등이 있다.

29) 대법원 1997. 7. 25. 선고 94다2480 판결(경찰관들의 시위진압에 대항하여 시위자들이 던진 화

① **대법원 2000. 11. 10. 선고 2000다26807, 26814 판결**

[1] 국가배상책임은 공무원의 직무집행이 법령에 위반한 것임을 요건으로 하는 것으로서, 공무원의 직무집행이 법령이 정한 요건과 절차에 따라 이루어진 것이라면 특별한 사정이 없는 한 이는 법령에 적합한 것이고 그 과정에서 개인의 권리가 침해되는 일이 생긴다고 하여 그 법령적합성이 곧바로 부정되는 것은 아니다.

[2] 경찰관은 수상한 거동 기타 주위의 사정을 합리적으로 판단하여 어떠한 죄를 범하였거나 범하려 하고 있다고 의심할 만한 상당한 이유가 있는 자 또는 이미 행하여진 범죄나 행하여지려고 하는 범죄행위에 관하여 그 사실을 안다고 인정되는 자를 정지시켜 질문할 수 있고, 또 범죄를 실행 중이거나 실행 직후인 자는 현행범인으로, 누구임을 물음에 대하여 도망하려 하는 자는 준현행범인으로 각 체포할 수 있으며, 이와 같은 정지 조치나 질문 또는 체포 직무의 수행을 위하여 필요한 경우에는 대상자를 추적할 수도 있으므로, 경찰관이 교통법규 등을 위반하고 도주하는 차량을 순찰차로 추적하는 직무를 집행하는 중에 그 도주차량의 주행에 의하여 제3자가 손해를 입었다고 하더라도 그 추적이 당해 직무 목적을 수행하는 데에 불필요하다거나 또는 도주차량의 도주의 태양 및 도로교통상황 등으로부터 예측되는 피해발생의 구체적 위험성의 유무 및 내용에 비추어 추적의 개시·계속 혹은 추적의 방법이 상당하지 않다는 등의 특별한 사정이 없는 한 그 추적행위를 위법하다고 할 수는 없다.

② **대법원 2008. 6. 12. 선고 2007다64365 판결**

국가배상책임에 있어 공무원의 가해행위는 법령을 위반한 것이어야 하고, 법령을 위반하였다 함은 엄격한 의미의 법령 위반뿐 아니라 인권존중, 권력남용금지, 신의성실과 같이 공무원으로서 마땅히 지켜야 할 준칙이나 규범을 지키지 아니하고 위반한 경우를 포함하여 널리 그 행위가 객관적인 정당성을 결여하고 있음을 뜻하는 것이므로, 경찰관이 범죄수사를 함에 있어 경찰관으로서 의당 지켜야 할 법규상 또는 조리상의 한계를 위반하였다면 이는 법령을 위반한 경우에 해당한다.

3) 사 견

위법성에 관한 통설적 견해에 따르다 보면 해결하기 곤란한 문제가 발생한다. 이른바 행정청의 부작위로 인해 국민이 피해를 입는 경우이다. 예컨대 국가의 규제·관리·감독권의 불행사로 인하여 손해를 입은 국민이 국가에 대해 배상책임을 주장하기 위해서는 국가의 규제권 불행사에서 기속적 작위의무의 위반을 발견해야 할 것이다. 그러나 이러한 작위의무가 법령에 규정되어 있지 않거나, 설사 규정되어

염병에 의하여 발생한 화재로 인하여 손해를 입은 주민의 국가배상청구를 인정한 원심판결을 법리오해를 이유로 파기한 사례).

있다 하여도 그것이 재량행위라면 이를 부작위한다고 해서 '위법하다' 즉, '행위규범을 위반했다'라고 하기에는 다소 무리한 점이 있다. 따라서 이러한 흠결을 극복하기 위해 이른바 '재량권의 영으로의 수축이론'[30]을 원용하기도 한다. 국민의 생명·신체의 안전에 중대한 영향을 미치는 사안에 대해서는 행정청의 재량영역이 영으로 수축되어 행정청에게 기속적 의무가 발생하므로 이를 불행사한 것은 위법하다는 논리이다.

재량권 수축이론은 전전(戰前)의 독일에서 손해배상청구의 경우에 행정청의 부작위에 대한 위법을 인정하기 위한 논리로서 먼저 등장하여 행정소송에서의 처분의 위법을 인정하는 논리로 전개되었다.[31] 이는 결국 항고소송에서의 위법개념과 국가배상에서의 위법개념을 원칙적으로 동일하게 이해하는 것을 전제로 한다는 것이다.

그러나 프랑스의 경우에는 행정책임을 야기하는 위법한 행위가 계약에 의한 것이 아닐 때에는 이러한 행위의 고의성 여부에 따라 고의가 있을 때에는 불법행위(^{délit})라고 부르며, 고의가 없을 때에는 준불법행위($^{quasi-}_{délit}$)라고 부른다. 이러한 불법행위를 구성하는 행위들로는 1차적으로는 입증과실($^{une\ faute}_{prouvée}$)이 있는 경우, 2차적으로는 추정과실($^{une\ faute\ de}_{présomption}$)이 있는 경우, 3차적으로는 법률적 불법행위($^{délit}_{legal}$), 즉 무과실에 의한 법률적 책임[32]이 있는 경우 등이다.

따라서 행정책임을 야기하는 위법한 행위($^{acte}_{illicite}$)는 월권소송의 대상이 되는 비적법행위($^{acte}_{illégal}$)와는 다르다. 즉 월권소송에 있어서의 비적법성이론과 손해배상의 대상으로서의 과실책임이론은 상호 독립적이라 할 것이다.[33]

비적법성을 구성하는 엄격한 의미의 객관적인 하자에 공무원의 경솔이나 부주의는 포함되지 아니한다. 즉 서투른 운전이나 산만한 간호원의 태도가 비적법성을 구성하지는 않지만, 배상책임의 대상이 되는 과실을 구성할 수는 있다. 일반적으로 비적법성은 과실을 구성하여 행정청의 책임을 야기하지만, 비적법성에 의한 과실이 손해를 배상할 정도의 중한 과실이 되지 못할 때, 즉 단순과실에 불과할 때에는 비적법한 행위라도 행정책임의 대상이 되는 위법한 행위에는 해당하지 아니한다. 뿐만 아니라 비적법이 항상 과실이 되는 것도 아니다.

따라서 손해배상과 항고소송에 있어서의 위법개념은 분리하여, 손해배상에 있어

---

30) Ermessensschrumpfung auf Null.
31) 김철용(241면).
32) responsabilité légal sans faute prouvée ou présumée.
33) G. Vedel, P, Delvolvé, op. cit., p. 584.

서의 위법은 라틴어의 'illicitus'(도덕적 · 법률적으로 되지 않는다는 의미 허용)로 표현하고, 항고소송에 있어서의 위법은 라틴어의 'illegalis'(법률에 반한 라는 의미)로 표현하는 것이 타당할 것이다.[34]

우리나라의 경우에도 헌법 제29조는 "공무원의 직무상 불법행위"를 국가배상의 요건으로 정하고 있는바, 불법행위란 법률에 비추어 그 본질상 허용할 수 없는 것으로 평가되는 행위를 말한다. 따라서 이러한 헌법규정은 침해의 불법, 즉 'illicitus'를 의미한다. 그러므로 헌법규정을 근거로 제정된 국가배상법이 행위규범의 위반, 즉 'illégal'을 국가책임의 요건으로 규정하고 있는 것은 잘못이다. 결론적으로 국가배상법상 위법은 '타인에게 법이 허용하지 않는 침해를 발생시킨 국가 공행정작용의 흠', 즉 '침해의 불법'이라는 의미의 'illicitus'로 보아야 할 것이며, 국가배상법의 법문언을 조속히 정비해야 할 것이다.

(2) 항고소송 확정판결의 기판력과 국가배상청구소송

항고소송에서 어떠한 행정처분이 위법하거나 적법하다는 것이 확정된 경우, 그 확정판결의 기판력이 당해 처분의 위법을 이유로 제기한 국가배상청구소송에 미치는가? 이는 결국 전술한 국가배상청구의 요건 중 하나인 '법령 위반'의 의미를 어떻게 이해할 것인지의 문제와 직결된다.

이에 대하여 학설은 ① 긍정설(협의의 행위위법설), ② 부정설(결과불법설 · 상대적 위법성설 · 직무의무 위반설), ③ 제한적 기판력긍정설(광의의 행위위법설)로 대립하고 있다. 이 중에서 ③ 제한적 기판력긍정설은 국가배상의 위법개념을 항고소송의 위법개념보다 넓게 보아, 항고소송에서 행정처분의 위법성이 인정된 인용판결에 한하여 기판력이 미친다는 견해이다.

그러나 국가배상청구소송과 항고소송은 그 목적과 기능이 다르기 때문에 국가배상에 있어서의 위법개념은 항고소송에서의 위법개념과 분리하여 독자적으로 판단되어야 할 것이므로 항고소송의 확정판결의 내용은 하나의 참고자료로 보아야 한다.

대법원 2000. 5. 12. 선고 99다70600 판결

[1] 어떠한 행정처분이 후에 항고소송에서 취소되었다고 할지라도 그 기판력에 의하여 당해 행정처분이 곧바로 공무원의 고의 또는 과실로 인한 것으로서 불법행위를 구성한다고 단정할 수는 없는 것이고, 그 행정처분의 담당공무원이 보통 일반의 공무원을 표준으로 하여 볼 때 객관적 주의의무를 결하여 그 행정처분이 객관적 정당성을 상실하

---

34) 서원우 교수는 'illegalis'를 "행위규범 위반"으로, 'illicitus'를 "침해의 불법성"으로 표현하였다. 서원우, "현대행정과 위법성 개념", 고시계, 1985년 1월호, 102-103면.

였다고 인정될 정도에 이른 경우에 국가배상법 제2조 소정의 국가배상책임의 요건을 충족하였다고 봄이 상당할 것이며, 이 때에 객관적 정당성을 상실하였는지 여부는 피침해이익의 종류 및 성질, 침해행위가 되는 행정처분의 태양 및 그 원인, 행정처분의 발동에 대한 피해자측의 관여의 유무, 정도 및 손해의 정도 등 제반 사정을 종합하여 손해의 전보책임을 국가 또는 지방자치단체에게 부담시켜야 할 실질적인 이유가 있는지 여부에 의하여 판단하여야 한다.

[2] 개간허가 취소처분이 후에 행정심판 또는 행정소송에서 취소되었으나 담당공무원에게 객관적 주의의무를 결한 직무집행상의 과실이 없다는 이유로 국가배상책임을 부인한 사례.

5. 타인에 대한 손해의 발생

(1) 타 인

여기서 타인은 가해자인 공무원과 그의 위법한 직무행위에 가담한 자 이외의 모든 자를 의미한다. 따라서 자연인과 법인, 공무원과 민간인 모두 포함된다. 다만 피해자가 군인·군무원·경찰공무원 기타 법률이 정하는 자인 경우에는 국가배상법상 특례가 적용된다.

(2) 손 해

손해는 법익 침해로 인한 불이익을 말한다. 따라서 재산적 손해와 비재산적 손해(생명·신체·정신적 손해), 적극적 손해와 소극적 손해를 가리지 않는다. 다만, 최근 대법원은 행정절차는 그 자체가 독립적으로 의미를 가지는 것이라기보다는 행정의 공정성과 적정성을 보장하는 공법적 수단으로서의 의미가 크다는 점을 근거로 절차적 권리 침해로 인한 정신적 고통에 대한 국가배상책임은 제한적으로만 인정될 수 있다고 보았다.[35] 이러한 대법원의 태도는 행정절차의 수단적 성격을 중시하여 절차상 흠이 있더라도 소송에서 반드시 처분을 취소할 것은 아니라는 최근 판례의 경향[36]과도 부합한다.

---

35) 지방자치단체인 피고의 담당 공무원은 폐기물 매립장 설치와 관련하여 관련 법령에서 정한 주민의견 수렴절차를 거치지 않은 위법행위를 하였다(입지선정위원회의 설치와 그 위원회를 통한 입지선정과정을 배제한 채 마치 해당 절차가 이행된 것처럼 관련 서류를 위조하였다). 이에 매립장 인근 주민들이 절차적 권리 침해로 인한 정신적 손해배상을 청구한 사건이다.
36) 대법원 2021. 1. 28. 선고 2019두55392 판결; 대법원 2018. 3. 13. 선고 2016두33339 판결.

대법원 2021. 7. 29. 선고 2015다221668 판결

국가나 지방자치단체가 공익사업을 시행하는 과정에서 해당 사업부지 인근 주민들은 의견제출을 통한 행정절차 참여 등 법령에서 정하는 절차적 권리를 행사하여 환경권이나 재산권 등 사적 이익을 보호할 기회를 가질 수 있다. 그러나 법령에서 주민들의 행정절차 참여에 관하여 정하는 것은 어디까지나 주민들에게 자신의 의사와 이익을 반영할 기회를 보장하고 행정의 공정성, 투명성과 신뢰성을 확보하며 국민의 권익을 보호하기 위한 것일 뿐, 행정절차에 참여할 권리 그 자체가 사적 권리로서의 성질을 가지는 것은 아니다. 이와 같이 행정절차는 그 자체가 독립적으로 의미를 가지는 것이라기보다는 행정의 공정성과 적정성을 보장하는 공법적 수단으로서의 의미가 크므로, 관련 행정처분의 성립이나 무효 · 취소 여부 등을 따지지 않은 채 주민들이 일시적으로 행정절차에 참여할 권리를 침해받았다는 사정만으로 곧바로 국가나 지방자치단체가 주민들에게 정신적 손해에 대한 배상의무를 부담한다고 단정할 수 없다.

이와 같은 행정절차상 권리의 성격이나 내용 등에 비추어 볼 때, 국가나 지방자치단체가 행정절차를 진행하는 과정에서 주민들의 의견제출 등 절차적 권리를 보장하지 않은 위법이 있다고 하더라도 그 후 이를 시정하여 절차를 다시 진행한 경우, 종국적으로 행정처분 단계까지 이르지 않거나 처분을 직권으로 취소하거나 철회한 경우, 행정소송을 통하여 처분이 취소되거나 처분의 무효를 확인하는 판결이 확정된 경우 등에는 주민들이 절차적 권리의 행사를 통하여 환경권이나 재산권 등 사적 이익을 보호하려던 목적이 실질적으로 달성된 것이므로 특별한 사정이 없는 한 절차적 권리 침해로 인한 정신적 고통에 대한 배상은 인정되지 않는다. 다만 이러한 조치로도 주민들의 절차적 권리 침해로 인한 정신적 고통이 여전히 남아 있다고 볼 특별한 사정이 있는 경우에 국가나 지방자치단체는 그 정신적 고통으로 인한 손해를 배상할 책임이 있다. 이때 특별한 사정이 있다는 사실에 대한 주장 · 증명책임은 이를 청구하는 주민들에게 있고, 특별한 사정이 있는지는 주민들에게 행정절차 참여권을 보장하는 취지, 행정절차 참여권이 침해된 경위와 정도, 해당 행정절차 대상사업의 시행경과 등을 종합적으로 고려해서 판단해야 한다.

(3) 인과관계

국가배상책임이 인정되기 위해서는 공무원의 위법한 직무행위와 손해의 발생 사이에 상당인과관계가 인정되어야 한다.

대법원은 "일반적으로 국가 또는 지방자치단체가 권한을 행사할 때에는 국민에 대한 손해를 방지하여야 하고, 국민의 안전을 배려하여야 하며, 소속 공무원이 전적으로 또는 부수적으로라도 국민 개개인의 안전과 이익을 보호하기 위하여 법령에서 정한 직무상의 의무에 위반하여 국민에게 손해를 가하면 상당인과관계가 인정되는 범위 안에서 국가 또는 지방자치단체가 배상책임을 부담하는 것이지만, 공무원이 직무를 수행하면서 그 근거되는 법령의 규정에 따라 구체적으로 의무를 부여받았어도 그것이 국민의 이익과는 관계없이 순전히 행정기관 내부의 질서를 유지하기 위한 것이거나, 또는 국민의 이익과 관련된 것이라도 직접 국민 개개인의 이익을 위한 것이 아니라 전체적으로 공공 일반의 이익을 도모하기 위한 것이라면 그 의무에 위반하여 국민에게 손해를 가하여도 국가 또는 지방자치단체는 배상책임을 부담하지 아니한다."고 판시하였다.[37] 위 판결에 따르면, "공무원의 직무상 의무 위반행위와 국민의 손해 사이의 상당인과관계의 유무를 판단함에 있어서는 일반적인 결과발생의 개연성은 물론이고, 더 나아가 직무상 의무를 부과하는 법령 기타 행동규범의 목적이나 가해행위의 태양 및 피해의 정도 등 구체적인 사정을 종합적으로 고려하여야 한다."는 입장이다.

[상당인과관계를 인정한 판례]

① 대법원 1993. 2. 12. 선고 91다43466 판결

[1] 공무원에게 부과된 직무상 의무의 내용이 단순히 공공 일반의 이익을 위한 것이거나 행정기관 내부의 질서를 규율하기 위한 것이 아니고 전적으로 또는 부수적으로 사회구성원 개인의 안전과 이익을 보호하기 위하여 설정된 것이라면, 공무원이 그와 같은 직무상 의무를 위반함으로 인하여 피해자가 입은 손해에 대하여는 상당인과관계가 인정되는 범위 내에서 국가가 배상책임을 지는 것이고, 이때 상당인과관계의 유무를 판단함에 있어서는 일반적인 결과발생의 개연성은 물론 직무상 의무를 부과하는 법령 기타 행동규범의 목적이나 가해행위의 태양 및 피해의 정도 등을 종합적으로 고려하여야 할 것이다.

[2] 선박안전법이나 유선및도선업법의 각 규정은 공공의 안전 외에 일반인의 인명과 재화의 안전보장도 그 목적으로 하는 것이라고 할 것이므로 국가 소속 선박검사관이나 시 소속 공무원들이 직무상 의무를 위반하여 시설이 불량한 선박에 대하여 선박중간검사에 합격하였다 하여 선박검사증서를 발급하고, 해당 법규에 규정된 조치를 취함이 없이 계속 운항하게 함으로써 화재사고가 발생한 것이라면, 화재사고와 공무원들의 직무상 의무위반행위와의 사이에는 상당인과관계가 있다.

② 대법원 2003. 4. 25. 선고 2001다59842 판결

주민등록사무를 담당하는 공무원이 개명으로 인한 주민등록상 성명정정을 본적지

---

37) 대법원 2006. 4. 14. 선고 2003다41746 판결(하천법의 관련 규정에 비추어 볼 때, 하천의 유지·관리 및 점용허가 관련 업무를 맡고 있는 지방자치단체 담당공무원의 직무상 의무는 부수적으로라도 사회구성원 개개인의 안전과 이익을 보호하기 위하여 설정된 것이라고 본 사례).

관할관청에 통보하지 아니한 직무상 의무위배행위와 갑과 같은 이름으로 개명허가를 받은 듯이 호적등본을 위조하여 주민등록상 성명을 위법하게 정정한 을이 갑의 부동산에 관하여 불법적으로 근저당권설정등기를 경료함으로써 갑이 입은 손해 사이에는 상당인과관계가 있다고 한 사례.

③ 대법원 2003. 2. 14. 선고 2002다62678 판결

군행형법과 군행형법시행령이 군교도소나 미결수용실(이하 '교도소 등'이라 한다)에 대한 경계 감호를 위하여 관련 공무원에게 각종 직무상의 의무를 부과하고 있는 것은, 일차적으로는 그 수용자들을 격리보호하고 교정교화함으로써 공공 일반의 이익을 도모하고 교도소 등의 내부 질서를 유지하기 위한 것이라 할 것이지만, 부수적으로는 그 수용자들이 탈주한 경우에 그 도주과정에서 일어날 수 있는 2차적 범죄행위로부터 일반 국민의 인명과 재화를 보호하고자 하는 목적도 있다고 할 것이므로, 국가공무원들이 위와 같은 직무상의 의무를 위반한 결과 수용자들이 탈주함으로써 일반 국민에게 손해를 입히는 사건이 발생하였다면, 국가는 그로 인하여 피해자들이 입은 손해를 배상할 책임이 있다.

[상당인과관계를 부정한 판례]

① 대법원 2001. 4. 13. 선고 2000다34891 판결

[1] 공무원이 법령에서 부과된 직무상 의무를 위반한 것을 계기로 제3자가 손해를 입은 경우에 제3자에게 손해배상청구권이 발생하기 위하여는 공무원의 직무상 의무 위반행위와 제3자의 손해 사이에 상당인과관계가 있지 아니하면 아니되는 것이고, 상당인과관계의 유무를 판단함에 있어서는 일반적인 결과발생의 개연성은 물론 직무상 의무를 부과한 법령 기타 행동규범의 목적이나 가해행위의 태양 및 피해의 정도 등을 종합적으로 고려하여야 할 것인바, 공무원에게 직무상 의무를 부과한 법령의 보호목적이 사회 구성원 개인의 이익과 안전을 보호하기 위한 것이 아니고 단순히 공공일반의 이익이나 행정기관 내부의 질서를 규율하기 위한 것이라면, 가사 공무원이 그 직무상 의무를 위반한 것을 계기로 하여 제3자가 손해를 입었다 하더라도 공무원이 직무상 의무를 위반한 행위와 제3자가 입은 손해 사이에는 법리상 상당인과관계가 있다고 할 수 없다.

[2] 구 풍속영업의규제에관한법률(1999. 3. 31. 법률 제5942호로 개정되기 전의 것) 제5조에서 다른 법률에 의한 허가·인가·등록 또는 신고대상이 아닌 풍속영업을 영위하고자 하는 자로 하여금 대통령령이 정하는 바에 의하여 경찰서장에게 신고하도록 한 규정의 취지는 선량한 풍속을 해하거나 청소년의 건전한 육성을 저해하는 행위 등을 규제하여 미풍양속의 보존과 청소년보호에 이바지하려는 데 있는 것이므로(제조), 위 법률에서 요구되는 풍속영업의 신고 및 이에 대한 수리행위는 오로지 공공 일반의 이익을 위한 것으로 볼 것이고, 부수적으로라도 사회구성원의 개인의 안전과 이익 특히 사적인 거래의 안전을 보호하기 위한 것이라고 볼 수는 없다.

[3] 노래연습장의 시설 및 영업 일체를 양수한 후 구 풍속영업의규제에관한법률의 규정에 따라 영업주 명의변경을 위하여 경찰서장에게 풍속영업변경신고서를 제출하였으나, 위 노래연습장 건물에 이미 속셈학원과 컴퓨터학원이 있다는 것이 발견되어 전 영업주의 풍속영업신고서 수리행위가 잘못된 것으로 밝혀지자 경찰서장이 위 발급신고서를 반려한 경우, 경찰서장이 전 영업주의 영업신고서를 잘못 수리한 행위나 이를 즉시 시정하지 않은 행위와 영업변경신고서가 반려됨으로써 양수인이 입은 영업상 손해 사이에 상당인과관계가 없다고 한 사례.

② 대법원 2001. 10. 23. 선고 99다36280 판결

상수원수의 수질을 환경기준에 따라 유지하도록 규정하고 있는 관련 법령의 취지·목적·내용과 그 법령에 따라 국가 또는 지방자치단체가 부담하는 의무의 성질 등을 고려할 때, 국가 등에게 일정한 기준에 따라 상수원수의 수질을 유지하여야 할 의무를 부과하고 있는 법령의 규정은 국민에게 양질의 수돗물이 공급되게 함으로써 국민 일반의 건강을 보호하여 공공 일반의 전체적인 이익을 도모하기 위한 것이지, 국민 개개인의 안전과 이익을 직접적으로 보호하기 위한 규정이 아니므로, 국민에게 공급된 수돗물의 상수원의 수질이 수질기준에 미달한 경우가 있고, 이로 말미암아 국민이 법령에 정하여진 수질기준에 미달한 상수원수로 생산된 수돗물을 마심으로써 건강상의 위해 발생에 대한 염려 등에 따른 정신적 고통을 받았다고 하더라도, 이러한 사정만으로는 국가 또는 지방자치단체가 국민에게 손해배상책임을 부담하지 아니한다. 또한 상수원수 2급에 미달하는 상수원수는 고도의 정수처리 후 사용하여야 한다는 환경정책기본법령상의 의무 역시 위에서 본 수질기준 유지의무와 같은 성질의 것이므로, 지방자치단체가 상수원수의 수질기준에 미달하는 하천수를 취수하거나 상수원수 3급 이하의 하천수를 취수하여 고도의 정수처리가 아닌 일반적 정수처리 후 수돗물을 생산·공급하였다고 하더라도, 그렇게 공급된 수돗물이 음용수 기준에 적합하고 몸에 해로운 물질이 포함되어 있지 아니한 이상, 지방자치단체의 위와 같은 수돗물 생산·공급행위가 국민에 대한 불법행위가 되지 아니한다.

③ 대법원 2010. 7. 22. 선고 2010다13527 판결

개별공시지가 산정업무 담당공무원 등이 잘못 산정·공시한 개별공시지가를 신뢰한 나머지 토지의 담보가치가 충분하다고 믿고 그 토지에 관하여 근저당권설정등기를 경료한 후 물품을 추가로 공급함으로써 손해를 입었음을 이유로 그 담당공무원이 속한 지방자치단체에 손해배상을 구한 사안에서, 그 담당공무원 등의 개별공시지가 산정에 관한 직무상 위반행위와 위 손해 사이에 상당인과관계가 있다고 보기 어렵다고 판단한 사례.

④ 대법원 2015. 12. 23. 선고 2015다210194 판결

공무원이 법령에서 부과된 직무상 의무를 위반한 것을 계기로 제3자가 손해를 입은 경우에 제3자에게 손해배상청구권이 인정되기 위하여는 공무원의 직무상 의무 위반행위와 제3자의 손해 사이에 상당인과관계가 있어야 하고, 상당인과관계의 유무를 판단함에 있어서는 일반적인 결과발생의 개연성은 물론 직무상 의무를 부과한 법령 기타 행동규범의 목적이나 가해행위의 태양 및 피해의 정도 등을 종합적으로 고려하여야 할 것인바, 공무원에게 직무상 의무를 부과한 법령의 목적이 사회 구성원 개인의 이익과 안전을 보호하기 위한 것이 아니고 단순히 공공일반의 이익이나 행정기관 내부의 질서를 규율하기 위한 것이라면, 설령 공무원이 그 직무상 의무를 위반한 것을 계기로 하여 제3자가 손해를 입었다고 하더라도 공무원이 직무상 의무를 위반한 행위와 제3자가 입은 손해 사이에 상당인과관계가 있다고 할 수 없다.

원심은, 금융위원회의 설치 등에 관한 법률의 입법 취지 등에 비추어 볼 때, 피고 금융감독원에 금융기관에 대한 검사·감독의무를 부과한 법령의 목적이 금융상품에 투자한 투자자 개인의 이익을 직접 보호하기 위한 것이라고 할 수 없으므로, 피고 금융감독원 및 그 직원들의 위법한 직무집행과 부산2저축은행의 후순위사채에 투자한 원고들이 입은 손해 사이에 상당인과관계가 있다고 보기 어렵다고 판단하였다. 앞서 본 법리와 기록에 비추어 살펴보면, 원심의 위와 같은 판단은 정당하고, 거기에 상고이유 주장과 같이 국가배상책임에서 상당인과관계에 관한 법리를 오해한 위법이 없다.

Ⅲ. 배상책임의 본질

1. 문제의 제기

공무원의 행위로 인하여 발생한 손해에 대해 국가가 배상책임을 부담하는 까닭은 무엇인가? 이는 국가배상책임의 본질에 관한 문제이다.

지금까지 배상책임의 본질의 문제는 ① 배상책임의 성립요소로서 고의·과실을 어떻게 이해할 것인가라는 문제와 ② 직접 행위자인 공무원 개인에게는 국가배상책임과는 별도로 불법행위책임을 물을 수 없는 것인가라는 문제 등과 결부되어 함께 논의되어 왔다. 따라서 국가배상책임의 본질을 어떻게 이해하느냐에 따라 국가배상책임의 전체적인 틀이 달라지는 것이 종래의 일반적 경향이었다. 그러나 최근에는 국가배상책임의 본질과 공무원 개인의 책임문제는 직접 관련성이 없다는 견해가 등장하는 등 배상책임의 본질을 둘러싼 논쟁은 그 의미가 많이 축소되어가고 있다. 현재 대위책임설, 자기책임설, 중간설 등의 견해가 대립하고 있다.

2. 학설의 대립

(1) 대위책임설

과실책임주의의 논리귀결상 불법행위는 단체로서의 기관이 아닌 개인에 의해 발생할 수밖에 없으며, 위법행위는 이미 국가의 기관행위로서의 품격을 상실하였기에 국가의 행위로 보기 어렵기 때문에 배상책임의 본질은 공무원 개인의 불법행위책임으로 보아야 한다고 한다. 그러나 아무래도 손해전보력이 부족한 공무원 개인에게 모든 책임을 부담지울 경우에 피해자가 피해를 입증하고서도 손해배상을 받지 못하는 경우가 속출할 것이며, 공무원 개인에게도 가혹한 일이 아닐 수 없다. 따라서 국가가 배상책임을 부담하는 것은 피해자인 국민을 두텁게 보호하기 위해 배상자력이 있는 국가가 공무원 개인의 책임을 대위인수한 것으로 보아야 한다는 견해이다.

(2) 자기책임설

공무원은 국가가 결정한 의사의 집행자에 불과하며, 모든 행위의 효과는 국가에 귀속된다. 따라서 논리귀결상 위법행위로 인한 손해배상책임 역시 국가에 귀속되어야 하므로 국가가 배상책임을 부담하는 것은 국가의 자기책임에 따른 것으로 보아야 한다는 견해이다.

(3) 중간설

국가배상법 제2조 제2항은 공무원에게 고의 또는 중과실이 있는 경우에 국가나 지방자치단체가 그 공무원에게 구상할 수 있도록 규정하고 있다. 중간설은 이 규정의 의미를 고의 또는 중과실의 경우에는 기관행위로서의 품격을 이미 상실하였기에 공무원 개인의 책임으로 보아야 하지만, 국가가 그 책임을 일단 대위인수하고 나중에 이를 구상하도록 한 것이라고 한다. 그러나 경과실의 경우에는 기관행위로서 품격을 상실한 정도는 아니므로 국가의 자기책임으로서 공무원 개인의 책임을 국민이 물을 수 없다고 본다.

3. 판례의 태도

대법원 1996. 2. 15. 선고 95다38677 전원합의체 판결

[다수의견] 국가배상법 제2조 제1항 본문 및 제2항의 입법 취지는 공무원의 직무상 위법행위로 타인에게 손해를 끼친 경우에는 변제자력이 충분한 국가 등에게 선임감독

상 과실 여부에 불구하고 손해배상책임을 부담시켜 국민의 재산권을 보장하되, 공무원이 직무를 수행함에 있어 경과실로 타인에게 손해를 입힌 경우에는 그 직무수행상 통상 예기할 수 있는 흠이 있는 것에 불과하므로, 이러한 공무원의 행위는 여전히 국가 등의 기관의 행위로 보아 그로 인하여 발생한 손해에 대한 배상책임도 전적으로 국가 등에만 귀속시키고 공무원 개인에게는 그로 인한 책임을 부담시키지 아니하여 공무원의 공무집행의 안정성을 확보하고, 반면에 공무원의 위법행위가 고의·중과실에 기한 경우에는 비록 그 행위가 그의 직무와 관련된 것이라고 하더라도 그와 같은 행위는 그 본질에 있어서 기관행위로서의 품격을 상실하여 국가 등에게 그 책임을 귀속시킬 수 없으므로 공무원 개인에게 불법행위로 인한 손해배상책임을 부담시키되, 다만 이러한 경우에도 그 행위의 외관을 객관적으로 관찰하여 공무원의 직무집행으로 보여질 때에는 피해자인 국민을 두텁게 보호하기 위하여 국가 등이 공무원 개인과 중첩적으로 배상책임을 부담하되 국가 등이 배상책임을 지는 경우에는 공무원 개인에게 구상할 수 있도록 함으로써 궁극적으로 그 책임이 공무원 개인에게 귀속되도록 하려는 것이라고 봄이 합당하다.

[별개의견] 국가배상법 제2조 제2항의 입법취지가 공무원의 직무집행의 안정성 내지 효율성의 확보에 있음은 의문이 없는 바이나, 위 법 조항은 어디까지나 국가 등과 공무원 사이의 대내적 구상관계만을 규정함으로써, 즉 경과실의 경우에는 공무원에 대한 구상책임을 면제하는 것만으로써 공무집행의 안정성을 확보하려는 것이고, 대외적 관계 즉 피해자(국민)와 불법행위자(공무원) 본인 사이의 책임관계를 규율하는 취지로 볼 수는 없다. 그것은 국가배상법의 목적이 그 제1조가 밝히고 있는 바와 같이 국가 등의 손해배상책임과 그 배상절차 즉 국가 등과 피해자인 국민 간의 관계를 규정함에 있고 가해자인 공무원과 피해자인 국민 간의 관계를 규정함에 있는 것이 아닌 점에 비추어 보아도 명백하다.

[반대의견] 헌법 제29조 제1항 및 국가배상법 제2조 제1항의 규정이 공무원의 직무상 불법행위에 대하여 자기의 행위에 대한 책임에서와 같이 국가 또는 공공단체의 무조건적인 배상책임을 규정한 것은, 오로지 변제자력이 충분한 국가 또는 공공단체로 하여금 배상하게 함으로써 피해자 구제에 만전을 기한다는 것에 그치는 것이 아니라, 더 나아가 국민 전체에 대한 봉사자인 공무원들로 하여금 보다 적극적이고 능동적으로 공무를 수행하게 하기 위하여 공무원 개인의 배상책임을 면제한다는 것에 초점이 있는 것으로 보아야 한다.

4. 사 견

독일의 경우에는 전술한 바처럼 민법 제839조에 의해 성립한 공무원 개인의 불법행위책임을 기본법 제34조의 규정에 의해 국가가 대위인수하였다는 논리가 타당할 것이다. 그러나 우리의 경우에는 헌법 제29조 1항에서 "…국민은 ……국가 또는 공공단체에 정당한 배상을 청구할 수 있다."라고 규정하고 있으며, 국가배상법 제2조 제1항 역시 "국가나 지방자치단체는 …… 그 손해를 배상하여야 한다."라고 규정함으로써 국가의 배상책임을 분명히 밝히고 있는바, 그 어디에서도 대위책임의 흔적을 발견할 수 없다. 대위책임설을 주장하는 학자들은 ① 공무원의 고의·과실을 배상책임의 성립요건으로 하고 있다는 점과 ② 공무원에 대한 구상권을 규정하고 있는 국가배상법 제2조 제2항을 논거로 제시하고 있다. 그러나 배상책임의 성립요건이 무엇인가라는 문제와 배상책임을 부담하는 이유, 즉 배상책임의 본질의 문제는 별개의 문제이다. 따라서 공무원의 고의 또는 과실이란 배상책임의 성립요건 중의 하나에 불과한 것이고 그렇게 해서 성립한 배상책임을 국가가 부담하는 것은 공행정작용의 흠에 대한 국가 자신의 책임인 것이다. 아울러 공무원 개인에 대한 구상의 문제는 국가와 공무원 간의 내부적 문제로서 정책적 판단에 따른 것이지 배상책임의 본질과는 아무런 관계가 없다.

따라서 행정책임의 본질은 자기책임이다. 다만 공무원의 고의 또는 중과실로 인한 민사책임을 행정이 책임을 져주게 되는 경우에는 대위책임이 된다.

Ⅳ. 선택적 청구의 문제(공무원 개인의 불법행위책임)

1. 문제제기

선택적 청구란 국가배상과 별도로 피해자가 당해 공무원을 상대로 민사상의 불법행위에 기한 손해배상청구를 제기할 수 있는가라는 문제를 말한다. 그러나 '선택적'이라는 표현은 적당치 않다. 선택적이란 어느 것 하나만을 선택할 수 있다는 의미인바, 국가배상청구와 공무원 개인에 대한 배상청구를 동시에 제기하는 경우를 상정한다면 선택적이라는 표현보다는 '중첩적 책임'이라는 용어가 타당할 것이다.

아무튼 이 문제에 대해서는 공무원 개인의 책임을 긍정하는 견해, 부정하는 견해, 제한적으로 긍정하는 견해 등이 대립하고 있다.

2. 견해의 대립

선택적 청구 인정여부	평석자	논 거	국가배상책임의 본질과의 관련성
부정설	정하중 교수	외부법관계에서 개인의 공법상의 법률관계의 상대방은 항상 국가이며, 따라서 공무원과 국민 간에는 직접적으로 어떠한 법률관계가 성립되지 않음	밀접한 관련이 있음
	이상규 교수	대위책임의 성격에 비추어 그 대위책임자가 제 1차적인 배상책임을 진다는 것은 자연스러운 논리전개임	논리 필연적인 관련성은 없음
긍정설	류지태 교수	국가배상법 제2조 제2항은 명확하게 내부적 구상책임에 대해서만 언급하고 있을 뿐이고, 공무원의 외부적인 배상책임 문제는 전혀 언급하고 있지 않으므로 공무원 개인의 손해배상책임은 민법상의 일반적인 불법행위의 경우와 동일한 귀책사유의 요건에 따라 책임의 여부가 결정되는 것이 타당함	국가배상책임의 성질을 어떻게 이해하는가에 따라 차이가 있음
	홍준형 교수	경과실의 경우 공무원 개인의 책임을 면제해 줄 정책적 필요성이 있는 것은 사실이나, 경과실 면책을 인정하는 명문의 규정이 없는 이상 경과실의 선택적 청구를 부정할 수는 없음	이 문제의 해답은 반드시 자기책임설이나 대위책임설 중 어느 쪽을 취하느냐에 따라 주어지는 것은 아님
제한적 긍정설	김동희 교수	경과실의 경우에 공무원의 책임이 부인되는 것은 당해 행위가 전적으로 국가 등의 기관행위로 흡수되는 결과 자연인인 공무원 개인의 불법행위가 문제될 여지가 없기 때문임	
	판 례	헌법 제29조 제1항 본문과 단서 및 국가배상법 제2조를 그 입법 취지에 조화되도록 해석하면 공무원이 직무수행 중 불법행위로 타인에게 손해를 입힌 경우에 국가나 지방자치단체가 국가배상책임을 부담하는 외에 공무원 개인도 고의 또는 중과실이 있는 경우에는 불법행위로 인한 손해배상책임을 지고, 공무원에게 경과실뿐인 경우에만 공무원 개인은 손해배상책임을 부담하지 아니한다고 할 것임	

3. 판 례

대법원 1996. 2. 15. 선고 95다38677 전원합의체 판결

[다수의견] 공무원이 직무수행 중 불법행위로 타인에게 손해를 입힌 경우에 국가 등이 국가배상책임을 부담하는 외에 공무원 개인도 고의 또는 중과실이 있는 경우에는 불법행위로 인한 손해배상책임을 진다고 할 것이지만, 공무원에게 경과실뿐인 경우에는 공무원 개인은 손해배상책임을 부담하지 아니한다고 해석하는 것이 헌법 제29조 제1항 본문과 단서 및 국가배상법 제2조의 입법취지에 조화되는 올바른 해석이다.

[별개의견] 공무원의 직무상 경과실로 인한 불법행위의 경우에도 공무원 개인의 피해자에 대한 손해배상책임은 면제되지 아니한다고 해석하는 것이, 우리 헌법의 관계 규정의 연혁에 비추어 그 명문에 충실한 것일 뿐만 아니라 헌법의 기본권보장 정신과 법치주의의 이념에도 부응하는 해석이다.

[반대의견] 공무원이 직무상 불법행위를 한 경우에 국가 또는 공공단체만이 피해자에 대하여 국가배상법에 의한 손해배상책임을 부담할 뿐, 공무원 개인은 고의 또는 중과실이 있는 경우에도 피해자에 대하여 손해배상책임을 부담하지 않는 것으로 보아야 한다.

[반대보충의견] 주권을 가진 국민 전체에 대한 봉사자로서 공공이익을 위하여 성실히 근무해야 할 공무원이 공무수행 중 국민에게 손해를 가한 경우, 국민의 봉사자인 공무원이 봉사 대상이 되는 피해자인 국민과 직접 소송으로 그 시비와 손해액을 가리도록 그 갈등관계를 방치하는 것보다는 국가가 나서서 공무원을 대위하여 그 손해배상책임을 지고, 국가가 다시 내부적으로 공무원의 직무상 의무의 불이행 내용에 따라 고의·중과실이 있는 경우에만 구상의 형태로 그 책임을 물어 공무원의 국민과 국가에 대한 성실의무와 직무상 의무의 이행을 제도적으로 확보하겠다는 것이, 헌법 제29조 제1항 단서와 국가배상법 제2조 제2항의 취지라고 해석함이 이를 가장 조화롭게 이해하는 길이 될 것이다.

4. 사 견

헌법 제29조 제1항 단서규정의 면제되지 않는 공무원 개인의 책임에는 민사상, 형사상, 행정상 기관내부의 징계책임 등 모든 법률상의 책임이 포함되기 때문에 공무원 개인의 책임이 제외될 수 없다. 그러나 중간설에 따라 경과실의 경우 국가배상법상의 책임을 국가나 공공단체가 지는 자기책임으로서의 행정책임(^{행정소송의 대}_{상이 되는})으로 이해하는 한, 공무원의 경과실에 대한 책임을 국민이 민사소송을 통하여 당해 공무원을 상대로 물을 수는 없다고 보아야 한다.

V. 효 과

1. 배상책임자

(1) 국가 또는 지방자치단체

국가배상법 제2조 제1항의 배상책임자는 가해 공무원이 소속된 국가 또는 지방자치단체이다(^{상무}_{귀속}). 따라서 국가나 지방자치단체가 아닌 공법인은 국가배상법 제2조에 의한 배상책임을 지지 않고 민법에 의한다.

국가나 지방자치단체가 공무원의 위법한 직무행위로 인한 손해를 배상한 때에는 당해 공무원에게 고의 또는 중대한 과실이 있으면 그 공무원에게 구상할 수 있다(^{국가배상법}_{제2조 제2항}). 만일 공무원에게 경과실이 있는 경우 공무원은 피해자에게 직접 배상할 책임이 없음에도 직접 배상하였다면 이는 민법 제744조[38]의 도의관념에 적합한 비채변제가 되어 공무원은 국가에 대하여 국가의 피해자에 대한 손해배상책임의 범위 내에서 자신이 변제한 금액에 관하여 구상권을 취득한다.

① 대법원 2016. 6. 9. 선고 2015다200258 판결

[1] 국가배상법 제2조는, 공무원이 직무를 집행하면서 고의 또는 과실로 법령을 위반하여 타인에게 손해를 입힌 때에는 국가나 지방자치단체가 배상책임을 부담하고(^{제1}_항), 국가 등이 그 책임을 이행한 경우에 해당 공무원에게 고의 또는 중대한 과실이 있으면 그 공무원에게 구상할 수 있다(^{제2}_항)고 규정하고 있다. 이 경우 국가나 지방자치단체는 해당 공무원의 직무내용, 불법행위의 상황과 손해발생에 대한 해당 공무원의 기여 정도, 평소 근무태도, 불법행위의 예방이나 손실분산에 관한 국가 또는 지방자치단체의 배려의 정도 등 제반 사정을 참작하여 손해의 공평한 분담이라는 견지에서 신의칙상 상당하다고 인정되는 한도 내에서 구상권을 행사할 수 있다.

[2] 공무원의 직무상 불법행위로 손해를 입은 피해자가 국가배상청구를 하였을 때, 비록 그 소멸시효 기간이 경과하였다고 하더라도 국가가 소멸시효의 완성 전에 피해자의 권리행사나 시효중단을 불가능 또는 현저히 곤란하게 하였거나 객관적으로 피해자가 권리를 행사할 수 없는 장애사유가 있었다는 등의 사정이 있어 국가에게 채무이행의 거절을 인정하는 것이 현저히 부당하거나 불공평하게 되는 등 특별한 사정이 있는 경우에는, 국가가 소멸시효 완성을 주장하는 것은 신의성실 원칙에 반하여 권리남용으로서 허용될 수 없다. 이와 같이 공무원의 불법행위로 손해를 입은 피해자의 국가배상청구권

---

38) 제744조(도의관념에 적합한 비채변제) 채무 없는 자가 착오로 인하여 변제한 경우에 그 변제가 도의관념에 적합한 때에는 그 반환을 청구하지 못한다.

의 소멸시효 기간이 지났으나 국가가 소멸시효 완성을 주장하는 것이 신의성실의 원칙에 반하는 권리남용으로 허용될 수 없어 배상책임을 이행한 경우에는, 그 소멸시효 완성 주장이 권리남용에 해당하게 된 원인행위와 관련하여 해당 공무원이 그 원인이 되는 행위를 적극적으로 주도하였다는 등의 특별한 사정이 없는 한, 국가가 해당 공무원에게 구상권을 행사하는 것은 신의칙상 허용되지 않는다고 봄이 상당하다.

② 대법원 2014. 8. 20. 선고 2012다54478 판결

[1] 공무원이 직무수행 중 불법행위로 타인에게 손해를 입힌 경우에 국가 등이 국가배상책임을 부담하는 외에 공무원 개인도 고의 또는 중과실이 있는 경우에는 불법행위로 인한 손해배상책임을 지고, 공무원에게 경과실이 있을 뿐인 경우에는 공무원 개인은 손해배상책임을 부담하지 아니한다. 이처럼 경과실이 있는 공무원이 피해자에 대하여 손해배상책임을 부담하지 아니함에도 피해자에게 손해를 배상하였다면 그것은 채무자 아닌 사람이 타인의 채무를 변제한 경우에 해당하고, 이는 민법 제469조의 '제3자의 변제' 또는 민법 제744조의 '도의관념에 적합한 비채변제'에 해당하여 피해자는 공무원에 대하여 이를 반환할 의무가 없고, 그에 따라 피해자의 국가에 대한 손해배상청구권이 소멸하여 국가는 자신의 출연 없이 채무를 면하게 되므로, 피해자에게 손해를 직접 배상한 경과실이 있는 공무원은 특별한 사정이 없는 한 국가에 대하여 국가의 피해자에 대한 손해배상책임의 범위 내에서 공무원이 변제한 금액에 관하여 구상권을 취득한다고 봄이 타당하다.

[2] 공중보건의인 갑에게 치료를 받던 을이 사망하자 을의 유족들이 갑 등을 상대로 손해배상청구의 소를 제기하였고, 갑의 의료과실이 인정된다는 이유로 갑 등의 손해배상책임을 인정한 판결이 확정되어 갑이 을의 유족들에게 판결금 채무를 지급한 사안에서, 갑은 공무원으로서 직무 수행 중 경과실로 타인에게 손해를 입힌 것이어서 을과 유족들에 대하여 손해배상책임을 부담하지 아니함에도 을의 유족들에 대한 패소판결에 따라 그들에게 손해를 배상한 것이고, 이는 민법 제744조의 도의관념에 적합한 비채변제에 해당하여 을과 유족들의 국가에 대한 손해배상청구권은 소멸하고 국가는 자신의 출연 없이 채무를 면하였으므로, 갑은 국가에 대하여 변제금액에 관하여 구상권을 취득한다고 한 사례.

(2) 비용부담자(공무원의 선임·감독자와 비용부담자가 다른 경우)

국가배상법 제6조(비용부담자 등의 책임) ① 제2조·제3조 및 제5조에 따라 국가나 지방자치단체가 손해를 배상할 책임이 있는 경우에 공무원의 선임·감독 또는 영조물의 설치·관리를 맡은 자와 공무원의 봉급·급여, 그 밖의 비용 또는 영조물의 설치·관리 비용을 부담하는 자가 동일하지 아니하면 그 비용을 부담하는 자도 손해를 배상하여야 한다.
② 제1항의 경우에 손해를 배상한 자는 내부관계에서 그 손해를 배상할 책임이 있는 자에게 구상할 수 있다.

1) 비용부담자의 의미

공무원의 선임·감독자와 비용부담자가 다른 경우에는 비용부담자도 배상책임을 진다(국가배상법 제6조 제1항). 이때 비용부담자는 독립적인 배상주체이며, 공무원의 선임·감독자와는 민법상 부진정연대채무의 관계에 놓인다. 이처럼 배상책임자의 범위를 확대하여 피해자에게 선택적 청구권을 인정한 것은 소송에서 피고를 잘못 지정함으로써 오는 불이익을 방지하여 피해자를 보호하기 위한 것이다.

이때 비용부담자의 의미에 관하여, ① 대외적으로 비용을 지급하는 자라는 견해와 ② 법령의 규정에 의하여 실질적으로 내부관계에서 비용을 부담하는 자도 포함된다는 견해가 있으나, 피해의 구제를 폭넓게 보장한다는 점에서 실질적 부담자도 포함시키는 것이 타당하다(병존설).

① 대법원 1994. 12. 9. 선고 94다38137 판결

[1] 국가배상법 제6조 제1항 소정의 '공무원의 봉급·급여 기타의 비용'이란 공무원의 인건비만을 가리키는 것이 아니라 당해사무에 필요한 일체의 경비를 의미한다고 할 것이고, 적어도 대외적으로 그러한 경비를 지출하는 자는 경비의 실질적·궁극적 부담자가 아니더라도 그러한 경비를 부담하는 자에 포함된다.

[2] 구 지방자치법(1988. 4. 6. 법률 제4004호로 전문 개정되기 전의 것) 제131조(현행 제132조), 구 지방재정법(1988. 4. 6. 법률 제4006호로 전문 개정되기 전의 것) 제16조 제2항(현행 제18조 제2항)의 규정상, 지방자치단체의 장이 기관위임된 국가행정사무를 처리하는 경우 그에 소요되는 경비의 실질적·궁극적 부담자는 국가라고 하더라도 당해 지방자치단체는 국가로부터 내부적으로 교부된 금원으로 그 사무에 필요한 경비를 대외적으로 지출하는 자이므로, 이러한 경우 지방자치단체는 국가배상법 제6조 제1항 소정의 비용부담자로서 공무원의 불법행위로 인한 같은 법에 의한 손해를 배상할 책임이 있다.

② 대법원 1999. 6. 25. 선고 99다11120 판결

도로교통법 제3조 제1항은 특별시장·광역시장 또는 시장·군수(광역시의 군수를 제외)는 도로에서의 위험을 방지하고 교통의 안전과 원활한 소통을 확보하기 위하여 필요하다고 인정하는 때에는 신호기 및 안전표지를 설치하고 이를 관리하여야 하도록 규정하고, 도로교통법 시행령 제71조의2 제1항 제1호는 특별시장·광역시장이 위 법률규정에 의한 신호기 및 안전표지의 설치·관리에 관한 권한을 지방경찰청장에게 위임하는 것으로 규정하고 있는바, 이와 같이 행정권한이 기관위임된 경우 권한을 위임받은 기관은 권한을 위임한 기관이 속하는 지방자치단체의 산하 행정기관의 지위에서 그 사무를 처리하는 것이므로 사무귀속의 주체가 달라진다고 할 수 없고, 따라서 권한을 위임받은 기관 소속의 공무원이 위임사무처리에 있어 고의 또는 과실로 타인에게 손해를 가하였거나 위임사무로 설치·관리하는 영조물의 하자로 타인에게 손해를 발생하게 한 경우에는 권한을 위임한 관청이 소속된 지방자치단체가 국가배상법 제2조 또는 제5조에 의한 배상책임을 부담하고, 권한을 위임받은 관청이 속하는 지방자치단체 또는 국가가 국가배상법 제2조 또는 제5조에 의한 배상책임을 부담하는 것이 아니므로, 지방자치단체장이 교통신호기를 설치하여 그 관리권한이 도로교통법 제71조의2 제1항의 규정에 의하여 관할 지방경찰청장에게 위임되어 지방자치단체 소속 공무원과 지방경찰청 소속 공무원이 합동근무하는 교통종합관제센터에서 그 관리업무를 담당하던 중 위 신호기가 고장난 채 방치되어 교통사고가 발생한 경우, 국가배상법 제2조 또는 제5조에 의한 배상책임을 부담하는 것은 지방경찰청장이 소속된 국가가 아니라, 그 권한을 위임한 지방자치단체장이 소속된 지방자치단체라고 할 것이나, 한편 국가배상법 제6조 제1항은 같은 법 제2조, 제3조 및 제5조의 규정에 의하여 국가 또는 지방자치단체가 손해를 배상할 책임이 있는 경우에 공무원의 선임·감독 또는 영조물의 설치·관리를 맡은 자와 공무원의 봉급·급여 기타의 비용 또는 영조물의 설치·관리의 비용을 부담하는 자가 동일하지 아니한 경우에는 그 비용을 부담하는 자도 손해를 배상하여야 한다고 규정하고 있으므로 교통신호기를 관리하는 지방경찰청장 산하 경찰관들에 대한 봉급을 부담하는 국가도 국가배상법 제6조 제1항에 의한 배상책임을 부담한다.

2) 종국적 배상책임자

공무원의 선임·감독을 맡은 자와 공무원의 봉급·급여, 그 밖의 비용을 부담하는 자가 다른 경우, 손해를 배상한 자는 내부관계에서 그 손해를 배상할 책임이 있는 자에게 구상할 수 있다. 이때 궁극적인 배상책임자에 대하여는 명시적인 규정이 없는데, 학설은 ① 공무원의 선임·감독을 맡은 자가 궁극적인 배상책임을 부담한다고 보는 견해(사무귀속자설, 관리주체설), ② 당해 사무의 비용을 실질적으로 부담하는 자에게 최종적인 배상책임이 있다고 보는 견해(비용부담자설), ③ 손해발생의 기여도에 따라서 부담자를 정해야 한다고 보는 견해(기여도설)로 대립하고 있다. 생각건대, 공무원의 선임·감독을 맡은 자가 손해를 방지할 수 있는 위치에 있다는 점에서 ① 사무귀속자설(관리주체설)이 책임의 원칙에 부합한다.[39] 현재의 다수설적 견해이다.

대법원 2001. 9. 25. 선고 2001다41865 판결
국가배상법 제6조에서 공무원의 선임·감독자 또는 영조물의 설치·관리를 맡은 자

39) 김철용(739면).

와 비용부담자가 다를 경우 비용부담자도 배상책임을 지도록 하고 내부관계에서 구상할 수 있도록 규정한 취지는, 배상책임자가 불분명하여 피해자가 과연 누구를 손해배상 청구의 상대방으로 할 것인지를 알 수 없는 경우에 비용부담자도 배상책임을 지는 것으로 함으로써 피해자의 상대방 선택의 부담을 완화하여 피해구제를 용이하게 하고, 그 내부관계에서는 실질적인 책임이 있는 자가 최종적으로 책임을 지게 하려는 데 있는 것으로 풀이되는바, 원심이 확정한 바와 같이 이 사건 교통신호기의 관리사무는 원고(안산시)가 안산경찰서장에게 그 권한을 기관위임한 사무로서 피고 소속 경찰공무원들은 원고의 사무를 처리하는 지위에 있으므로, 원고가 그 사무에 관하여 선임·감독자에 해당하고, 그 교통신호기 시설은 지방자치법 제132조 단서의 규정에 따라 원고의 비용으로 설치·관리되고 있으므로, 그 신호기의 설치, 관리의 비용을 실질적으로 부담하는 비용부담자의 지위도 아울러 지니고 있는 반면, 피고는 단지 그 소속 경찰공무원에게 봉급만을 지급하고 있을 뿐이므로, 원고(안산시)와 피고(국가)사이에서 이 사건 손해배상의 궁극적인 책임은 전적으로 원고에게 있다고 봄이 상당하다.

2. 배상책임의 내용

(1) 손해배상액

헌법 제29조 제1항은 배상액과 관련하여 '정당한 배상'을 지급하도록 규정하고 있다. 국가배상법 제3조는 배상기준에 관하여 비교적 자세하게 규정하고 있는바, 제1항과 제2항에서는 생명·신체에 대한 손해배상기준을, 그리고 제3항에서는 물건의 멸실·훼손으로 인한 손해배상기준을 정하고 있다. 생명·신체에 대한 침해와 물건의 멸실·훼손으로 인한 손해 외의 손해는 불법행위와 상당한 인과관계가 있는 범위에서 배상한다(제4항).

(2) 국가배상법 제3조(배상기준)의 성질

국가배상법 제3조의 배상기준에 대한 규정이 법원을 구속하는가, 아니면 단순한 기준에 불과한 것인가에 대하여 견해가 나누어진다.

1) 제한규정설

동법 제3조의 규정이 법원을 구속한다는 견해이다. 동 규정의 입법취지가 배상범위를 명백히 하여 분쟁을 배제하기 위한 것이라는 점을 논거로 든다.

2) 기준규정설

동법 제3조의 규정은 단순한 기준에 불과하다는 견해이다. 동 규정이 '기준'이라는 용어를 사용하고 있다는 점, 만약 배상기준을 한정적으로 해석한다면 헌법상 정당한 보상에 저촉될 가능성이 있다는 점 등을 논거로 든다. 현재 통설과 판례의 입장이다.

대법원 1970. 1. 29. 선고 69다1203 전원합의체 판결

구 국가배상법($^{67.\,3.\,3.\,법률}_{제1899호}$) 제3조 제1항과 제3항의 손해배상의 기준은 배상심의회의 배상금 지급기준을 정함에 있어서의 하나의 기준을 정한 것에 지나지 아니하는 것이고 이로써 배상액의 상한을 제한한 것으로 볼 수 없다 할 것이며 따라서 법원이 국가배상법에 의한 손해배상액을 산정함에 있어서 그 기준에 구애되는 것이 아니라 할 것이니 이 규정은 국가 또는 공공단체에 대한 손해배상청구권을 규정한 구 헌법($^{62.\,12.\,26.}_{개정헌법}$) 제26조에 위반된다고 볼 수 없다.

3. 배상청구권의 양도 · 압류 금지

생명 · 신체의 침해로 인한 국가배상을 받을 권리는 양도하거나 압류하지 못한다($^{국가배상법}_{제4조}$).

4. 소멸시효

(1) 소멸시효 기간

1) 손해 및 가해자를 안 날로부터 3년

국가배상법에는 명문의 규정이 없다. 따라서 민법에 따라 피해자나 그 법정대리인이 그 손해 및 가해자를 안 날로부터 3년간 이를 행사하지 아니하면 시효로 인하여 소멸한다($^{제8조,\,민법}_{제766조\,제1항}$)[40]. 대법원은 "국가배상청구권에 관한 3년의 단기시효기간을 기산하는 경우에도 민법 제766조 제1항 외에 소멸시효의 기산점에 관한 일반규정인 민법 제166조 제1항이 적용되므로, 3년의 단기시효기간은 '손해 및 가해자를 안 날'에 더하여 '권리를 행사할 수 있는 때'가 도래하여야 비로소 시효가 진행한다."고 한다($^{대법원 2012.\,4.\,13.\,선}_{고 2009다33754 판결}$).

---

40) 제8조(다른 법률과의 관계) 국가나 지방자치단체의 손해배상 책임에 관하여는 이 법에 규정된 사항 외에는 「민법」에 따른다. 다만, 「민법」 외의 법률에 다른 규정이 있을 때에는 그 규정에 따른다.

대법원 2008. 5. 29. 선고 2004다33469 판결

국가배상법 제2조 제1항 본문 전단 규정에 따른 배상책임을 묻는 사건에 대하여는 같은 법 제8조의 규정에 의하여 민법 제766조 제1항 소정의 단기소멸시효제도가 적용되는 것인바, 여기서 가해자를 안다는 것은 피해자나 그 법정대리인이 가해 공무원이 국가 또는 지방자치단체와 공법상 근무관계가 있다는 사실을 알고, 또한 일반인이 당해 공무원의 불법행위가 국가 또는 지방자치단체의 직무를 집행함에 있어서 행해진 것이라고 판단하기에 족한 사실까지 인식하는 것을 의미한다. 한편, 민법 제766조 제1항 소정의 '손해 및 가해자를 안 날'이라 함은 손해의 발생, 위법한 가해행위의 존재, 가해행위와 손해의 발생 사이에 상당인과관계가 있다는 사실 등 불법행위의 요건사실에 대하여 현실적이고도 구체적으로 인식하였을 때를 의미하고, 피해자 등이 언제 불법행위의 요건사실을 현실적이고도 구체적으로 인식한 것으로 볼 것인지는 개별적 사건에 있어서의 여러 객관적 사정을 참작하고 손해배상청구가 사실상 가능하게 된 상황을 고려하여 합리적으로 인정하여야 한다.

2) 불법행위를 한 날부터 5년

민법 제766조 제2항은 "불법행위를 한 날로부터 10년을 경과한 때에도 전항과 같다."고 규정하고 있으나, 국가재정법 제96조 제2항은 금전의 급부를 목적으로 하는 국가에 대한 권리로서 시효에 관하여 다른 법률에 규정이 없는 것은 5년 동안 행사하지 아니하면 시효로 인하여 소멸한다고 규정하여 양 규정의 관계가 문제된다. 이에 판례는 여기서 말하는 '다른 법률의 규정'이란 국가재정법에서 규정하고 있는 5년의 소멸시효기간보다 짧은 기간의 소멸시효 규정이 있는 경우를 가리키는 것이므로, 이보다 긴 10년의 소멸시효를 규정한 민법 제766조 제2항은 이에 해당하지 않는다는 입장이다(대법원 2001. 4. 24. 선고 2000다57856 판결).

이때 5년의 소멸시효 기간의 기산점이 되는 '불법행위를 한 날'이란 가해행위가 있었던 날이 아니라 현실적으로 손해의 결과가 발생한 날을 의미하지만, 그 손해의 결과발생이 현실적인 것으로 되었다면 그 소멸시효는 피해자가 손해의 결과발생을 알았거나 예상할 수 있는가 여부에 관계없이 가해행위로 인한 손해가 현실적인 것으로 되었다고 볼 수 있는 때로부터 진행한다(대법원 2005. 5. 13. 선고 2004다71881 판결).

대법원 2008. 5. 29. 선고 2004다33469 판결

국가배상법 제2조 제1항 본문 전단 규정에 따른 배상청구권은 금전의 급부를 목적으로 하는 국가에 대한 권리로서 구 예산회계법(1989. 3. 31. 법률 제4102호로 전문 개정되었다가 2006. 10. 4. 법률 제8050호 국가재정법 부칙 제2조에 의하여 폐지된 것으로서, 2006. 12. 31.까지 시행된 것) 제96조 제2항, 제1항이 적용되므로 이를 5년간 행사하지 아니할 때에는 시효로 인하여 소멸한다.

(2) 소멸시효의 중단

국가배상청구소송을 제기하면 재판이 확정될 때까지 시효중단의 효력이 발생한다(민법 제170조). 배상심의회에 한 배상신청은 민법 제174조[41]의 최고에 해당한다.

대법원 1975. 7. 8. 선고 74다178 판결

피해자가 국가배상심의회에 손해배상을 신청한 것은 채무자에 대하여 손해배상채무 이행을 최고한 것에 해당하고 배상심의회가 위 신청에 대하여 심의하여 결정할 때까지는 국가는 그 이행의 유예를 구한 것에 해당하므로 이 경우 민법 174조 소정 6개월의 기간은 위 배상심의회의 결정이 있을 때까지 진행하지 아니한다.

(3) 소멸시효 완성의 항변권 제한

국가배상청구소송에서 국가가 소멸시효의 완성을 항변하는 것이 신의칙에 반하는 경우에는 허용될 수 없다.

대법원 2011. 10. 13. 선고 2011다36091 판결

[1] 채무자의 소멸시효에 기한 항변권 행사도 우리 민법의 대원칙인 신의성실 원칙과 권리남용금지 원칙의 지배를 받는 것이어서, 채무자가 시효완성 전에 채권자의 권리행사나 시효중단을 불가능 또는 현저히 곤란하게 하였거나, 그러한 조치가 불필요하다고 믿게 하는 행동을 하였거나, 객관적으로 채권자가 권리를 행사할 수 없는 장애사유가 있었거나, 또는 일단 시효완성 후에 채무자가 시효를 원용하지 아니할 것 같은 태도를 보여 권리자로 하여금 그와 같이 신뢰하게 하였거나, 채권자 보호의 필요성이 크고, 같은 조건의 다른 채권자가 채무의 변제를 수령하는 등의 사정이 있어 채무이행의 거절을 인정함이 현저히 부당하거나 불공평하게 되는 등의 특별한 사정이 있는 경우에는 채무자가 소멸시효 완성을 주장하는 것이 신의성실 원칙에 반하여 권리남용으로서 허용될 수 없다.

[2] 신병훈련을 마치고 부대에 배치된 군인이 선임병들에게서 온갖 구타와 가혹행위 및 끊임없는 욕설과 폭언에 시달리다가 전입한 지 채 열흘도 지나지 않은 1991. 2. 3. 부대 철조망 인근 소나무에 목을 매어 자살을 하였는데, 유족들이 망인이 사망한 날로부터 5년의 소멸시효 기간이 훨씬 경과한 2009. 12. 10.에야 국가를 상대로 손해배상을 구하는 소를 제기하자 국가가 소멸시효 완성의 항변을 한 사안에서, 군의 특성상 군 외

---

41) 제174조(최고와 시효중단) 최고는 6월내에 재판상의 청구, 파산절차참가, 화해를 위한 소환, 임의출석, 압류 또는 가압류, 가처분을 하지 아니하면 시효중단의 효력이 없다.

부에 있는 민간인이 군 내부에서 이루어진 불법행위에 관하여 그 존재 사실을 인식하는 것은 원칙적으로 불가능에 가까운 데다가, 위 사고 직후 부대 지휘관들이 부대원들에게 일상적으로 자행되고 있던 구타 및 가혹행위에 대하여 함구명령을 내린 사실, 사고 직후 사건을 조사한 헌병수사관들조차 위 사고를 망인의 복무부적응으로 인한 비관에 의한 자살로 결론을 내리고 사건을 종결한 사실 등에 비추어 보면, 비록 군 당국이 유족들의 국가배상청구권 행사를 직접적으로 방해하는 행위를 한 적은 없다고 하더라도, 유족들은 위 자살사고가 선임병들의 심한 폭행·가혹행위 및 이에 대하여 적절한 조치를 취하지 않은 부대관계자들의 관리·감독 소홀 등의 불법행위로 인하여 발생한 것이라는 점을 군의문사진상규명위원회의 2009. 3. 16.자 진상규명결정이 내려짐으로써 비로소 알았거나 알 수 있었다고 할 것이므로, 2009. 3. 16. 전까지의 기간 동안에는 유족들이 국가를 상대로 손해배상청구를 할 수 없는 객관적 장애가 있었다고 보아야 하고, 또한 병영문화의 선진화에 힘써야 할 책임을 지고 있는 국가가 후진적 형태의 군대 내 사고의 발생을 막지 못하고서도 망인이나 유족에 대하여 아무런 보상도 하지 않은 채 자신의 책임으로 빚어진 권리행사의 장애 상태 때문에 소멸시효 기간이 경과하였다는 점을 이유로 들어 망인이나 유족에 대한 손해배상책임을 면하는 결과를 인정한다면 이는 현저히 정의와 공평의 관념에 반하는 것이므로, 국가의 소멸시효 완성 항변은 신의성실의 원칙에 반하는 권리남용으로서 허용될 수 없다고 한 사례.

Ⅵ. 손해배상의 청구절차

1. 배상심의회

종래 국가배상법은 배상심의회의 배상결정을 거친 이후에 국가배상청구소송을 제기하는 이른바 결정전치주의를 취하였으나, 법개정으로 배상결정은 임의적 전치제도로 변경되었다.

(1) 구 성

국가나 지방자치단체에 대한 배상신청사건을 심의하기 위하여 법무부에 본부심의회를 둔다. 다만, 군인이나 군무원이 타인에게 입힌 손해에 대한 배상신청사건을 심의하기 위하여 국방부에 특별심의회를 둔다(제10조제1항). 본부심의회와 특별심의회는 대통령령으로 정하는 바에 따라 지구심의회를 둔다(제2항).

■ 국가배상법 시행규칙 [별지 제8호서식] <개정 2017. 3. 30.>

(앞 면)

배 상 신 청 서

접수번호	접수일자	처리기간

<table>
<tr><td rowspan="4">신 청 인</td><td colspan="2">성 명:　　　　　　　　　　　　　(인)</td><td colspan="2">생년월일 :</td></tr>
<tr><td colspan="2">주 소:</td><td colspan="2">(전화번호:　　　　　　　)</td></tr>
<tr><td colspan="2">직 업:</td><td colspan="2">피해자와의 관계 :</td></tr>
<tr><td colspan="4">다음　　　　　　에게 국가배상신청에 관한 일체의 권한을 위임함
위임인 성 명:　　　　　　(인)
대리인 성 명:　　　　　　(인) 생년월일 :
　　　　주 소:　　　　　　(전화번호 :　　　　)</td></tr>
<tr><td rowspan="3">피 해 자</td><td colspan="2">성 명:</td><td colspan="2">생년월일 :</td></tr>
<tr><td colspan="2">주 소:</td><td colspan="2"></td></tr>
<tr><td colspan="2">직 업:</td><td colspan="2">기왕의 신체상해 :</td></tr>
<tr><td rowspan="4">사 고 개 요
(상세한 것은
별지에 적음)</td><td colspan="4">발생일시 :</td></tr>
<tr><td colspan="4">발생장소 :</td></tr>
<tr><td colspan="4">가해자 소속 :　　　　　　성명 :</td></tr>
<tr><td colspan="4">사고내용 :</td></tr>
</table>

<table>
<tr><td rowspan="5">신 청 액</td><td>요 양 비</td><td>원</td><td>장 례 비</td><td>원</td></tr>
<tr><td>휴업배상</td><td>원</td><td>위 자 료</td><td>원</td></tr>
<tr><td>장해배상</td><td>원</td><td>재산손해</td><td>원</td></tr>
<tr><td>유족배상</td><td>원</td><td>기 타</td><td>원</td></tr>
<tr><td colspan="2">합 계</td><td></td><td>원</td></tr>
</table>

위 사 고 와 관련하어 이미 지급받은 금액	내 역	금 액	지급일자	지급자

사 전 지 급 신 청 액	내 역	금 액	사 유	

「국가배상법」 제12조에 따라 위와 같이 배상신청을 합니다.

　　　　　　　　　　　　　　　　　　　　　　年　　　　月　　　　일

○○지구배상심의회 위원장 귀하

첨 부 서 류	뒷면참조	수 수 료 없 음

210mm×297mm[백상지(80g/㎡) 또는 중질지(80g/㎡)]

(뒷 면)

첨부서류

배상종류	신청인(대표자) 제출서류	담당공무원 확인사항 (부동의하는 경우 해당서류 제출)
요 양 비	1. 요양비의 내용을 기입한 의사의 증명서 2. 요양 및 이를 치료할 비용의 청구서 및 영수증 등	주민등록등(초)본
휴 업 배 상	월수입액을 증명하는 관계증명서(시장·군수·구청장과 피해자 근무처의 장의 월수입액 증명서)	1. 주민등록등(초)본 2. 소득금액증명
장 해 배 상	신체장해의 종류를 기입한 의사의 증명서	1. 주민등록등(초)본 2. 소득금액증명
유족배상 및 장례비	1. 사망진단서 2. 가족관계증명서	1. 주민등록등(초)본 2. 소득금액증명
부동산 및 동산 손해배상	수리견적서 또는 수리인 영수증과 그 내역서	1. 주민등록등(초)본 2. 자동차등록원부등본
기 타 배 상	손해의 내용을 명백히 하는 서류	없 음

행정정보 공동이용 동의서

본인은 이 건 업무처리와 관련하여 「전자정부법」 제36조제1항에 따른 행정정보의 공동이용을 통하여 담당공무원이 위의 담당
공무원 확인사항을 확인하는 것에 동의합니다.

신청인(대표자)   (서명 또는 인)

신청서 제출시 참고사항

1. 신청서는 신청인의 주소지·소재지 또는 배상원인 발생지를 관할하는 지구배상심의회에 제출하여야 합니다.
2. 신청인이 피해자가 아닌 때에는 신청할 권리가 있음을 증명하는 서류를 첨부하여야 합니다.
3. 대리인에 의하여 신청을 하는 때에는 대리인에게 배상신청을 위임하여야 합니다.
4. 신청시 기재란의 지면이 부족한 경우에는 별지를 사용할 수 있습니다.
5. 신청서에는 신청인(대표자) 제출서류와 배상심의회에서 요청이 있는 때에는 추가로 해당서류를 제출하여 주시기 바랍니다.
6. 위의 서류 외에도 손해의 내용을 입증할 수 있는 서류·도면·사진 등을 첨부할 수 있습니다.

처리절차

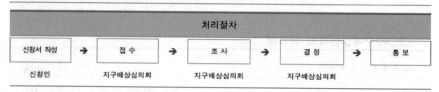

(2) 절 차

국가배상법에 따라 배상금을 지급받으려는 자는 그 주소지·소재지 또는 배상원인 발생지를 관할하는 지구심의회에 배상신청을 하여야 한다(제12조 제1항). 지구심의회는 배상신청을 받으면 지체 없이 증인신문·감정·검증 등 증거조사를 한 후 그 심의를 거쳐 4주일 이내에 배상금 지급결정, 기각결정 또는 각하결정(이하 "배상결정"이라 한다)을 하여야 한다(제13조 제1항). 심의회는 배상결정을 하면 그 결정을 한 날부터 1주일 이내에 그 결정정본을 신청인에게 송달하여야 한다(제14조 제1항).

(3) 재심신청

지구심의회에서 배상신청이 기각(일부 기각된 경우를 포함한다) 또는 각하된 신청인은 결정정본이 송달된 날부터 2주일 이내에 그 심의회를 거쳐 본부심의회나 특별심의회에 재심을 신청할 수 있다(제15조의2 제1항). 재심신청을 받은 지구심의회는 1주일 이내에 배상신청기록 일체를 본부심의회나 특별심의회에 송부하여야 한다(제2항). 본부심의회나 특별심의회는 위 신청에 대하여 심의를 거쳐 4주일 이내에 다시 배상결정을 하여야 한다(제3항).

(4) 배상결정의 효력

배상결정을 받은 신청인은 지체 없이 그 결정에 대한 동의서를 첨부하여 국가나 지방자치단체에 배상금 지급을 청구하여야 한다(제15조 제1항). 배상결정을 받은 신청인이 배상금 지급을 청구하지 아니하거나 지방자치단체가 대통령령으로 정하는 기간[42] 내에 배상금을 지급하지 아니하면 그 결정에 동의하지 아니한 것으로 본다(제3항). 이러한 경우에 신청인은 국가배상청구소송을 제기하여야 할 것이다.

그러나 국가가 배상책임자인 경우 신청인이 배상금 지급청구를 하면 확정적으로 배상책임을 지며, 배상금을 지급받지 못한 청구인은 당해 심의회의 소재지를 관할하는 지방법원에 배상결정서 정본을 제출하여 집행문 부여를 신청할 수 있다(국가배상법 시행령 제26조 제1항).

2. 손해배상청구소송

배상심의회의 배상결정이 임의적 전치제도로 변경되었으므로 피해자는 법원에

---

42) 국가배상법 시행령 제24조(지급시기) ① 지방자치단체의 배상금 지급기관의 장은 배상결정에 대한 동의를 하고 신청인으로부터 배상금 지급청구를 받은 때에는 2주일 이내에 배상금을 지급하여야 한다.

바로 국가배상청구소송을 제기할 수 있다. 국가배상법을 공법으로 보는 통설적 견해에 따를 경우 행정법원이 제1심 법원이 되고, 그 형식 또한 행정소송법상 당사자소송이 되어야 할 것이다. 그러나 현재까지 실무에서는 지방법원에서 민사소송절차에 따라 재판이 진행되고 있다.

Ⅶ. 손해배상청구의 제한

헌법 제29조 ② 군인·군무원·경찰공무원 기타 법률이 정하는 자가 전투·훈련 등 직무집행과 관련하여 받은 손해에 대하여는 법률이 정하는 보상 외에 국가 또는 공공단체에 공무원의 직무상 불법행위로 인한 배상은 청구할 수 없다.

국가배상법 제2조(배상책임) ① … 다만, 군인·군무원·경찰공무원 또는 예비군대원이 전투·훈련 등 직무 집행과 관련하여 전사·순직하거나 공상을 입은 경우에 본인이나 그 유족이 다른 법령에 따라 재해보상금·유족연금·상이연금 등의 보상을 지급받을 수 있을 때에는 이 법 및 「민법」에 따른 손해배상을 청구할 수 없다.

1. 의 의

헌법 제29조 제2항과 이에 근거한 국가배상법 제2조 제1항 단서는 군인 등의 국가배상청구를 제한하는 특례를 규정하고 있다. 이는 1967년 국가배상법에 처음 도입되었는데, 이에 대해 대법원이 평등원칙에 위반된다는 이유로 1971년 위헌판결[43]을 내리자 이후 1972년 유신 헌법에서 이를 헌법에 명시적으로 규정함으로써 위헌논쟁을 원천적으로 차단하였다. 그러나 이후에도 이와 관련하여 두 차례에 걸쳐 헌법소원이 제기되었으며, 헌법재판소는 헌법 제29조 제2항에 대한 청구는 각하하고, 국가배상법 제2조 제1항 단서에 대해서는 합헌결정을 하였다(다수의견).

헌법재판소 2001. 2. 22.자 2000헌바38 결정

[1] 헌법 및 헌법재판소의 규정상 위헌심사의 대상이 되는 법률은 국회의 의결을 거친 이른바 형식적 의미의 법률을 의미하는 것이므로 헌법의 개별규정 자체는 헌법소원에 의한 위헌심사의 대상이 아니다. 한편, 이념적·논리적으로는 헌법규범 상호 간의 우열을 인정할 수 있다 하더라도 그러한 규범 상호 간의 우열이 헌법의 어느 특정규정이 다른 규정의 효력을 전면적으로 부인할 수 있을 정도의 개별적 헌법규정 상호 간에

---

43) 대법원 1971. 6. 22. 선고 70다1010 전원합의체 판결[구 국가배상법(67. 3. 3. 법률 제1899호) 제2조 제1항 단행의 규정은 구 헌법(62. 12. 26. 개정헌법) 제26조 제8조 제9조 제32조 제2항에 위반한다].

효력상의 차등을 의미하는 것이라고 볼 수 없으므로, 헌법의 개별규정에 대한 위헌심사는 허용될 수 없다.

[2] 국가배상법 제2조 제1항 단서는 헌법 제29조 제1항에 의하여 보장되는 국가배상청구권을 헌법 내재적으로 제한하는 헌법 제29조 제2항에 직접 근거하고, 실질적으로 그 내용을 같이하는 것이므로 헌법에 위반되지 아니한다.

2. 입법 취지

헌법 제29조 제2항 및 이를 근거로 한 국가배상법 제2조 제1항 단서 규정의 입법 취지는, 국가 또는 공공단체가 위험한 직무를 집행하는 군인·군무원·경찰공무원 또는 향토예비군대원에 대한 피해보상제도를 운영하여, 직무집행과 관련하여 피해를 입은 군인 등이 간편한 보상절차에 의하여 자신의 과실 유무나 그 정도와 관계없이 무자력의 위험부담이 없는 확실하고 통일된 피해보상을 받을 수 있도록 보장하는 대신에, 피해 군인 등이 국가 등에 대하여 공무원의 직무상 불법행위로 인한 손해배상을 청구할 수 없게 함으로써, 군인 등의 동일한 피해에 대하여 국가 등의 보상과 배상이 모두 이루어짐으로 인하여 발생할 수 있는 과다한 재정지출과 피해 군인 등 사이의 불균형을 방지하고, 또한 가해자인 군인 등과 피해자인 군인 등의 직무상 잘못을 따지는 쟁송이 가져올 폐해를 예방하려는 데에 있고, 또 군인, 군무원 등 이 법률 규정에 열거된 자가 전투, 훈련 기타 직무집행과 관련하는 등으로 공상을 입은 데 대하여 재해보상금, 유족연금, 상이연금 등 별도의 보상제도가 마련되어 있는 경우에는 이중배상의 금지를 위하여 이들의 국가에 대한 국가배상법 또는 민법상의 손해배상청구권 자체를 절대적으로 배제하는 규정이다.[44]

3. 요 건

(1) 피해자가 군인·군무원·경찰공무원·예비군대원일 것

헌법은 "군인·군무원·경찰공무원 기타 법률이 정하는 자"라고 규정하고 있으나, 이를 구체화한 국가배상법에서는 예비군대원을 추가하고 있다. 이에 대해서는 위헌 여부가 문제되었으나, 헌법재판소는 합헌으로 보았다.[45]

---

44) 대법원 2002. 5. 10. 선고 2000다39735 판결.

45) 헌법재판소 1996. 6. 13.자 94헌바20 결정(향토예비군의 직무는 그것이 비록 개별 향토예비군대원이 상시로 수행하여야 하는 것이 아니라 법령에 의하여 동원되거나 소집된 때에 한시적으로 수행하게 되는 것이라 하더라도 그 성질상 고도의 위험성을 내포하는 공공적 성격의 직무이므로, 국가배상법

한편, 대법원은 현역병으로 입영하여 소정의 군사교육을 마치고 전임이 되어 전투경찰순경으로 임용된 자는 군인으로서의 신분을 상실하고 전투경찰순경의 신분을 취득한다 할 것이므로, 전투경찰순경은 군인이 아니라 경찰공무원에 해당한다고 보았다.[46] 그러나 현역병으로 입영하여 경비교도로 전임 임용된 자[47]와 공익근무요원[48]은 군인에 해당하지 않는다고 판시한 바 있다.

(2) 전투·훈련 등 직무집행과 관련하여 전사·순직하거나 공상을 입은 경우일 것

종전에는 "전투·훈련·기타 직무집행과 관련하거나 국방 또는 치안유지의 목적상 사용하는 시설 및 자동차·함선·항공기·기타 운반기구 안에서 전사·순직 또는 공상을 입은 경우"라고 규정되어 있었으나, 2005년 개정 법률에서 "전투·훈련 등 직무집행과 관련하여 전사·순직 또는 공상을 입은 경우"로 그 범위를 제한하는 내용으로 개정되었다. 이는 군인 등의 직무집행행위 중에서 '전투·훈련 또는 이에 준하는 직무집행'에 대해서만 국가배상청구를 제한하고, 그 외 일반적인 직무집행에 대해서는 국가배상청구를 가능하게 하여 그동안 불합리한 차별을 받아오던 군인 등에 대한 배상체계를 부분적으로 개선하기 위한 것이다. 그러나 대법원은 '전투·훈련 등 직무집행'의 의미를 여전히 종전의 '전투·훈련·기타 직무집행'과 동일한 의미로 해석하고 있다.[49]

제2조 제1항 단서가 그러한 직무에 종사하는 향토예비군대원에 대하여 다른 법령의 규정에 의한 사회보장적 보상제도를 전제로 이중보상으로 인한 일반인들과의 불균형을 제거하고 국가재정의 지출을 절감하기 위하여 임무수행 중 상해를 입거나 사망한 개별 향토예비군대원의 국가배상청구권을 금지하고 있는 데에는 그 목적의 정당성, 수단의 상당성 및 침해의 최소성, 법익의 균형성이 인정되어 기본권제한규정으로서 헌법상 요청되는 과잉금지의 원칙에 반한다고 할 수 없고, 나아가 그 자체로서 평등의 원리에 반한다거나 향토예비군대원의 재산권의 본질적인 내용을 침해하는 위헌규정이라고 할 수 없다).

46) 대법원 1995. 3. 24. 선고 94다25414 판결.
47) 대법원 1998. 2. 10. 선고 97다45914 판결.
48) 대법원 1997. 3. 28. 선고 97다4036 판결.
49) 대법원 2011. 3. 10. 선고 2010다85942 판결[경찰공무원이 낙석사고 현장 주변 교통정리를 위하여 사고현장 부근으로 이동하던 중 대형 낙석이 순찰차를 덮쳐 사망하자, 도로를 관리하는 지방자치단체가 국가배상법 제2조 제1항 단서에 따른 면책을 주장한 사안에서, 경찰공무원 등이 '전투·훈련 등 직무집행과 관련하여' 순직 등을 한 경우 같은 법 및 민법에 의한 손해배상책임을 청구할 수 없다고 정한 국가배상법 제2조 제1항 단서의 면책조항은 구 국가배상법(2005. 7. 13. 법률 제7584호로 개정되기 전의 것) 제2조 제1항 단서의 면책조항과 마찬가지로 전투·훈련 또는 이에 준하는 직무집행뿐만 아니라 '일반 직무집행'에 관하여도 국가나 지방자치단체의 배상책임을 제한하는 것이라고 해석하여, 위 면책 주장을 받아들인 원심판단을 정당하다고 한 사례].

(3) 본인이나 그 유족이 다른 법령에 따라 재해보상금·유족연금· 상이연금 등의 보상을 지급받을 수 있을 것

국가배상법 제2조 제1항 단서는 군인 등이 이러한 다른 법령에 따라 재해보상금 등의 보상을 지급받을 수 있는 경우에 한하여 적용된다. 국가유공자 등 예우 및 지원에 관한 법률 및 군인연금법은 여기서 말하는 다른 법령에 해당한다.[50]

따라서 군인 등이 전투·훈련 등 직무집행과 관련하여 공상을 입은 경우라고 하더라도 군인연금법 또는 국가유공자 등 예우 및 지원에 관한 법률에 의하여 재해보상금·유족연금·상이연금 등 별도의 보상을 받을 수 없는 경우에는 국가배상법 제2조 제1항 단서의 적용이 배제되어 국가배상을 청구할 수 있다.[51] 그러나 국가배상법 제2조 제1항 단서 규정은 다른 법령에 보상제도가 규정되어 있고, 그 법령에 규정된 상이등급 또는 장애등급 등의 요건에 해당되어 그 권리가 발생한 이상, 실제로 그 권리를 행사하였는지 또는 그 권리를 행사하고 있는지 여부에 관계없이 적용된다고 보아야 하고, 그 각 법률에 의한 보상금청구권이 시효로 소멸되었다고 하여 적용되지 않는다고 할 수는 없다. 따라서 이 경우에도 국가배상법 제2조 제1항 단서가 적용되어 국가배상을 청구할 수 없다.[52]

한편, 직무집행과 관련하여 공상을 입은 군인 등이 먼저 국가배상법에 따라 손해배상금을 지급받은 다음 보훈보상대상자 지원에 관한 법률이 정한 보상금 등 보훈급여금의 지급을 청구하는 경우, 국가배상법에 따라 손해배상을 받았다는 이유로 그 지급을 거부할 수 없다.

대법원 2017. 2. 3. 선고 2015두60075 판결

[1] 국가배상법 제2조 제1항 단서는 헌법 제29조 제2항에 근거를 둔 규정이고, 보훈

---

50) 대법원 1993. 5. 14. 선고 92다33145 판결.

51) 대법원 1997. 2. 14. 선고 96다28066 판결[군인 또는 경찰공무원으로서 교육훈련 또는 직무 수행 중 상이(공무상의 질병 포함)를 입고 전역 또는 퇴직한 자라고 하더라도 국가유공자예우등에관한법률에 의하여 국가보훈처장이 실시하는 신체검사에서 대통령령이 정하는 상이등급에 해당하는 신체의 장애를 입지 않은 것으로 판명되고 또한 군인연금법상의 재해보상 등을 받을 수 있는 장애등급에도 해당하지 않는 것으로 판명된 자는 위 각 법에 의한 적용 대상에서 제외되고, 따라서 그러한 자는 국가배상법 제2조 제1항 단서의 적용을 받지 않아 국가배상을 청구할 수 있다].

52) 대법원 2002. 5. 10. 선고 2000다39735 판결(공상을 입은 군인이 국가배상법에 의한 손해배상청구 소송 도중에 국가유공자등예우및지원에관한법률에 의한 국가유공자 등록신청을 하였다가 인과관계가 없어 공상군경 요건에 해당되지 않는다는 이유로 비해당결정 통보를 받고 이에 불복하지 아니한 후 위 법률에 의한 보상금청구권과 군인연금법에 의한 재해보상청구권이 모두 시효완성된 경우, 국가배상법 제2조 제1항 단서 소정의 '다른 법령에 의하여 보상을 받을 수 있는 경우'라 하여 국가배상청구를 할 수 없다고 한 사례).

보상대상자 지원에 관한 법률(이하 '자법'이라 한다 보훈보상)이 정한 보상에 관한 규정은 국가배상법 제2조 제1항 단서가 정한 '다른 법령'에 해당하므로, 보훈보상자법에서 정한 보훈보상대상자 요건에 해당하여 보상금 등 보훈급여금을 지급받을 수 있는 경우는 보훈보상자법에 따라 '보상을 지급받을 수 있을 때'에 해당한다. 따라서 군인·군무원·경찰공무원 또는 향토예비군대원이 전투·훈련 등 직무집행과 관련하여 공상을 입는 등의 이유로 보훈 보상자법이 정한 보훈보상대상자 요건에 해당하여 보상금 등 보훈급여금을 지급받을 수 있을 때에는 국가배상법 제2조 제1항 단서에 따라 국가를 상대로 국가배상을 청구 할 수 없다.

  [2] 전투·훈련 등 직무집행과 관련하여 공상을 입은 군인·군무원·경찰공무원 또 는 향토예비군대원이 먼저 국가배상법에 따라 손해배상금을 지급받은 다음 보훈보상자 법이 정한 보상금 등 보훈급여금의 지급을 청구하는 경우, 국가배상법 제2조 제1항 단 서가 명시적으로 '다른 법령에 따라 보상을 지급받을 수 있을 때에는 국가배상법 등에 따른 손해배상을 청구할 수 없다'고 규정하고 있는 것과 달리 보훈보상자법은 국가배상 법에 따른 손해배상금을 지급받은 자를 보상금 등 보훈급여금의 지급대상에서 제외하 는 규정을 두고 있지 않은 점, 국가배상법 제2조 제1항 단서의 입법 취지 및 보훈보상 자법이 정한 보상과 국가배상법이 정한 손해배상의 목적과 산정방식의 차이 등을 고려 하면 국가배상법 제2조 제1항 단서가 보훈보상자법 등에 의한 보상을 받을 수 있는 경 우 국가배상법에 따른 손해배상청구를 하지 못한다는 것을 넘어 국가배상법상 손해배 상금을 받은 경우 보훈보상자법상 보상금 등 보훈급여금의 지급을 금지하는 것으로 해 석하기는 어려운 점 등에 비추어, 국가보훈처장은 국가배상법에 따라 손해배상을 받았 다는 사정을 들어 보상금 등 보훈급여금의 지급을 거부할 수 없다.

4. 공동불법행위와 구상권

(1) 문제의 소재

  민간인과 직무집행 중인 군인(A)의 공동불법행위로 인하여 직무집행 중인 다른 군인(B)이 손해를 입은 경우, 민법의 일반원칙에 따르면, 민간인과 가해 군인(A)은 공동불법행위자로서 피해 군인(B)에 대하여 부진정연대채무를 부담하게 되므로(민법 제760조 제1항)53) 피해 군인(B)은 민간인에게 손해 전부에 대한 배상을 청구할 수 있으나, 국 가에 대해서는 국가배상법 제2조 제1항 단서에 따라 배상청구가 제한된다. 만일 민 간인이 피해 군인(B)에게 손해 전부를 배상하였다면 공동불법행위자인 군인(A)의

---

53) 제760조(공동불법행위자의 책임) ① 수인이 공동의 불법행위로 타인에게 손해를 가한 때에는 연 대하여 그 손해를 배상할 책임이 있다.

귀책부분에 대해 국가에게 구상권을 행사할 수 있는지가 문제된다.

(2) 헌법재판소

헌법재판소는 국가배상법 제2조 제1항 단서의 해석과 관련하여, 일반 국민이 직무집행 중인 군인과의 공동불법행위로 직무집행 중인 다른 군인에게 공상을 입혀 그 피해자에게 공동의 불법행위로 인한 손해를 배상한 다음 공동불법행위자인 군인의 부담부분에 관하여 국가에 대하여 구상권을 행사하는 것을 허용하지 아니한다고 해석하는 한, 헌법에 위반된다고 하여 한정위헌결정을 하였다.

헌법재판소 1994. 12. 29.자 93헌바21 결정

국가배상법 제2조 제1항 단서 중 군인에 관련되는 부분을, 일반국민이 직무집행 중인 군인과의 공동불법행위로 직무집행 중인 다른 군인에게 공상을 입혀 그 피해자에게 공동의 불법행위로 인한 손해를 배상한 다음 공동불법행위자인 군인의 부담부분에 관하여 국가에 대하여 구상권을 행사하는 것을 허용하지 않는다고 해석한다면, 이는 위 단서 규정의 헌법상 근거 규정인 헌법 제29조가 구상권의 행사를 배제하지 아니하는데도 이를 배제하는 것으로 해석하는 것으로서 합리적인 이유 없이 일반국민을 국가에 대하여 지나치게 차별하는 경우에 해당하므로 헌법 제11조, 제29조에 위반되며, 또한 국가에 대한 구상권은 헌법 제23조 제1항에 의하여 보장되는 재산권이고 위와 같은 해석은 그러한 재산권의 제한에 해당하며 재산권의 제한은 헌법 제37조 제2항에 의한 기본권제한의 한계 내에서만 가능한데, 위와 같은 해석은 헌법 제37조 제2항에 의하여 기본권을 제한할 때 요구되는 비례의 원칙에 위배하여 일반국민의 재산권을 과잉제한하는 경우에 해당하여 헌법 제23조 제1항 및 제37조 제2항에도 위반된다.

(3) 대법원

대법원은 헌법재판소의 한정위헌결정에 대하여 기속력을 인정하지 않는다. 따라서 민간인과 직무집행 중인 군인 등의 공동불법행위로 인하여 직무집행 중인 다른 군인 등이 피해를 입은 경우, 공동불법행위자 등이 부진정연대채무자로서 각자 피해자의 손해 전부를 배상할 의무를 부담하는 공동불법행위의 일반적인 경우와 달리 예외적으로 민간인은 피해 군인 등에 대하여 그 손해 중 국가 등이 민간인에 대한 구상의무를 부담한다면 그 내부적인 관계에서 부담하여야 할 부분을 제외한 나머지 자신의 부담부분에 한하여 손해배상의무를 부담하고, 한편 국가 등에 대하여는 그 귀책부분의 구상을 청구할 수 없다는 새로운 법리를 전개하고 있다.

대법원 2001. 2. 15. 선고 96다42420 전원합의체 판결

헌법 제29조 제2항, 국가배상법 제2조 제1항 단서의 입법 취지를 관철하기 위하여
는, 국가배상법 제2조 제1항 단서가 적용되는 공무원의 직무상 불법행위로 인하여 직무
집행과 관련하여 피해를 입은 군인 등에 대하여 위 불법행위에 관련된 일반국민(법인을 포함
한다. 이하 'ᄆ
'민간인'이
라 한다')이 공동불법행위책임, 사용자책임, 자동차운행자책임 등에 의하여 그 손해를 자
신의 귀책부분을 넘어서 배상한 경우에도, 국가 등은 피해 군인 등에 대한 국가배상책
임을 면할 뿐만 아니라, 나아가 민간인에 대한 국가의 귀책비율에 따른 구상의무도 부
담하지 않는다고 하여야 할 것이다. 그러나 위와 같은 경우, 민간인은 여전히 공동불법
행위자 등이라는 이유로 피해 군인 등의 손해 전부를 배상할 책임을 부담하도록 하면서
국가 등에 대하여는 귀책비율에 따른 구상을 청구할 수 없도록 한다면, 공무원의 직무
활동으로 빚어지는 이익의 귀속주체인 국가 등과 민간인과의 관계에서 원래는 국가 등
이 부담하여야 할 손해까지 민간인이 부담하는 부당한 결과가 될 것이고(가해 공무원에게 경과실
이 있는 경우에는 그 공무
원은 손해배상책임을 부담하지 아니하므로 민간인으로서는 자신이 손해발생에 기여한 귀책부분을 넘는 손해까지 종국적으로 부담하는 불이익을 받게 될 것이고,
가해 공무원에게 고의 또는 중과실이 있는 경우에도 그 무자력 위험을 사용관계에 있는 국가 등이 부담하는 것이 아니라 오히려 민간인이 감수하게 되는
결과가
된다.), 이는 위 헌법과 국가배상법의 규정에 의하여도 정당화될 수 없다고 할 것이다.
이러한 부당한 결과를 방지하면서 위 헌법 및 국가배상법 규정의 입법 취지를 관철하기
위하여는, 피해 군인 등은 위 헌법 및 국가배상법 규정에 의하여 국가 등에 대한 배상
청구권을 상실한 대신에 자신의 과실 유무나 그 정도와 관계없이 무자력의 위험부담이
없는 확실한 국가보상의 혜택을 받을 수 있는 지위에 있게 되는 특별한 이익을 누리고
있음에 반하여 민간인으로서는 손해 전부를 배상할 의무를 부담하면서도 국가 등에 대
한 구상권을 행사할 수 없다고 한다면 부당하게 권리 침해를 당하게 되는 결과가 되는
것과 같은 각 당사자의 이해관계의 실질을 고려하여, 위와 같은 경우에는 공동불법행위
자 등이 부진정연대채무자로서 각자 피해자의 손해 전부를 배상할 의무를 부담하는 공
동불법행위의 일반적인 경우와 달리 예외적으로 민간인은 피해 군인 등에 대하여 그 손
해 중 국가 등이 민간인에 대한 구상의무를 부담한다면 그 내부적인 관계에서 부담하여
야 할 부분을 제외한 나머지 자신의 부담부분에 한하여 손해배상의무를 부담하고, 한편
국가 등에 대하여는 그 귀책부분의 구상을 청구할 수 없다고 해석함이 상당하다 할 것
이고, 이러한 해석이 손해의 공평·타당한 부담을 그 지도원리로 하는 손해배상제도의
이상에도 맞는다 할 것이다.

제4절 공무원의 자동차 운행으로 인한 손해배상

국가배상법 제2조(배상책임) ① 국가나 지방자치단체는 … 「자동차손해배상 보장법」에 따라 손해배상의 책임이 있을 때에는 이 법에 따라 그 손해를 배상하여야 한다.

제8조(다른 법률과의 관계) 국가나 지방자치단체의 손해배상 책임에 관하여는 이 법에 규정된 사항 외에는 「민법」에 따른다. 다만, 「민법」 외의 법률에 다른 규정이 있을 때에는 그 규정에 따른다.

자동차손해배상 보장법 제3조(자동차손해배상책임) 자기를 위하여 자동차를 운행하는 자는 그 운행으로 다른 사람을 사망하게 하거나 부상하게 한 경우에는 그 손해를 배상할 책임을 진다. 다만, 다음 각 호의 어느 하나에 해당하면 그러하지 아니하다.
1. 승객이 아닌 자가 사망하거나 부상한 경우에 자기와 운전자가 자동차의 운행에 주의를 게을리 하지 아니하였고, 피해자 또는 자기 및 운전자 외의 제3자에게 고의 또는 과실이 있으며, 자동차의 구조상의 결함이나 기능상의 장해가 없었다는 것을 증명한 경우
2. 승객이 고의나 자살행위로 사망하거나 부상한 경우

I. 의 의

국가배상법 제2조 제1항 본문 후단은 국가나 지방자치단체에게 자동차손해배상 보장법에 따라 손해배상의 책임이 있을 때에도 국가배상법에 따라 그 손해를 배상하도록 규정하고 있다. 따라서 이 경우에도 이중배상금지의 원칙이 적용되고, 배상심의회에 배상신청을 할 수도 있다.

II. 자동차손해배상 보장법상 배상책임의 요건

자동차손해배상 보장법 제3조에 의한 손해배상책임이 성립하기 위해서는 ① 자기를 위하여 자동차를 운행할 것(운행자성: 운행지배와 운행이익이 있을 것), ② 그 운행으로 다른 사람을 사망하게 하거나 부상하게 할 것, ③ 제3조 각 호에서 규정하는 면책사유가 없을 것이 요구된다.

III. 공무원이 관용차를 운행한 경우

공무원이 직무를 집행하기 위하여 국가나 지방자치단체의 관용차를 운전하다가 인적 손해가 발생한 경우, 국가나 지방자치단체는 자기를 위하여 자동차를 운행하

는 자에 해당하므로 운행지배와 운행이익이 인정되어 자동차손해배상 보장법 제3
조에 따른 배상책임이 성립한다. 따라서 이 경우 국가배상법이 정하는 범위와 절차
에 따라 배상책임을 진다. 이때 공무원은 고의 또는 중대한 과실이 있는 경우에 한
하여 민법 제750조에 따라 피해자에 대하여 직접 손해배상책임을 진다.

한편, 공무원이 관용차를 사적인 용도로 무단운행하는 경우에도 국가나 지방자
치단체에게 운행자성이 인정될 여지가 있다.

① 대법원 1994. 12. 27. 선고 94다31860 판결

자동차손해배상보장법 제3조 소정의 '자기를 위하여 자동차를 운행하는 자'라고 함
은 자동차에 대한 운행을 지배하여 그 이익을 향수하는 책임주체로서의 지위에 있는 자
를 뜻하는 것인바, 공무원이 그 직무를 집행하기 위하여 국가 또는 지방자치단체 소유
의 공용차를 운행하는 경우, 그 자동차에 대한 운행지배나 운행이익은 그 공무원이 소
속한 국가 또는 지방자치단체에 귀속된다고 할 것이고 그 공무원 자신이 개인적으로 그
자동차에 대한 운행지배나 운행이익을 가지는 것이라고는 볼 수 없으므로, 그 공무원이
자기를 위하여 공용차를 운행하는 자로서 같은 법조 소정의 손해배상책임의 주체가 될
수는 없다.

② 대법원 1988. 1. 19. 선고 87다카2202 판결

국가소속 공무원이 관리권자의 허락을 받지 아니한 채 국가소유의 오토바이를 무단
으로 사용하다가 교통사고가 발생한 경우에 있어 국가가 그 오토바이와 시동열쇠를 무
단운전이 가능한 상태로 잘못 보관하였고 위 공무원으로서도 국가와의 고용관계에 비
추어 위 오토바이를 잠시 운전하다가 본래의 위치에 갖다 놓았을 것이 예상되는 한편
피해자들로 위 무단운전의 점을 알지 못하고 또한 알 수도 없었던 일반 제3자인 점에
비추어 보면 국가가 위 공무원의 무단운전에도 불구하고 위 오토바이에 대한 객관적,
외형적인 운행지배 및 운행이익을 계속 가지고 있었다고 봄이 상당하다.

Ⅳ. 공무원이 개인 자동차를 운행한 경우

공무원이 개인 소유의 자동차를 운행하던 중 인적 사고가 발생한 경우, 공무원
개인에게 운행자성이 인정되어 자동자손해배상 보장법상 배상책임을 지게 된다. 이
때 주의할 점은 사고가 공무원의 고의 또는 중과실에 것인지, 아니면 경과실에 의
한 것인지 여부를 불문한다는 것이다. 다만, 공무원의 직무수행 과정에서 사고가 발
생한 경우에는 국가배상책임이 인정될 수 있다.

① **대법원 1996. 3. 8. 선고 94다23876 판결**

　자동차손해배상보장법의 입법취지에 비추어 볼 때, 같은 법 제3조는 자동차의 운행이 사적인 용무를 위한 것이건 국가 등의 공무를 위한 것이건 구별하지 아니하고 민법이나 국가배상법에 우선하여 적용된다고 보아야 한다. 따라서, 일반적으로 공무원의 공무집행상의 위법행위로 인한 공무원 개인 책임의 내용과 범위는 민법과 국가배상법의 규정과 해석에 따라 정하여 질 것이지만, 자동차의 운행으로 말미암아 다른 사람을 사망하게 하거나 부상하게 함으로써 발생한 손해에 대한 공무원의 손해배상책임의 내용과 범위는 이와는 달리 자동차손해배상보장법이 정하는 바에 의할 것이므로, 공무원이 직무상 자동차를 운전하다가 사고를 일으켜 다른 사람에게 손해를 입힌 경우에는 그 사고가 자동차를 운전한 공무원의 경과실에 의한 것인지 중과실 또는 고의에 의한 것인지를 가리지 않고, 그 공무원이 자동차손해배상보장법 제3조 소정의 '자기를 위하여 자동차를 운행하는 자'에 해당하는 한 자동차손해배상보장법상의 손해배상책임을 부담한다.[54)]

② **대법원 1996. 5. 31. 선고 94다15271 판결**

　[1] 공무원이 통상적으로 근무하는 근무지로 출근하기 위하여 자기 소유의 자동차를 운행하다가 자신의 과실로 교통사고를 일으킨 경우에는 특별한 사정이 없는 한 국가배상법 제2조 제1항 소정의 공무원이 '직무를 집행함에 당하여' 타인에게 불법행위를 한 것이라고 할 수 없으므로 그 공무원이 소속된 국가나 지방공공단체가 국가배상법상의 손해배상책임을 부담하지 않는다.

　[2] 헌법 제29조 제1항과 국가배상법 제2조의 해석상 일반적으로 공무원이 공무수행 중 불법행위를 한 경우에, 고의·중과실에 의한 경우에는 공무원 개인이 손해배상책임을 부담하고 경과실의 경우에는 개인책임은 면책되며, 한편 공무원이 자기 소유의 자동차로 공무수행 중 사고를 일으킨 경우에는 그 손해배상책임은 자동차손해배상보장법이 정한 바에 의하게 되어, 그 사고가 자동차를 운전한 공무원의 경과실에 의한 것인지 중과실 또는 고의에 의한 것인지를 가리지 않고 그 공무원이 자동차손해배상보장법 제3조 소정의 '자기를 위하여 자동차를 운행하는 자'에 해당하는 한 손해배상책임을 부담한다.

---

54) 공무원이 직무상 자기 소유의 자동차를 운전하다가 사고를 일으킨 경우이다.

제 5 절　영조물의 설치·관리상의 하자로 인한 손해배상

국가배상법 제5조(공공시설 등의 하자로 인한 책임) ① 도로·하천, 그 밖의 공공의 영조물의 설치나 관리에 하자가 있기 때문에 타인에게 손해를 발생하게 하였을 때에는 국가나 지방자치단체는 그 손해를 배상하여야 한다. 이 경우 제2조 제1항 단서, 제3조 및 제3조의2를 준용한다.
② 제1항을 적용할 때 손해의 원인에 대하여 책임을 질 자가 따로 있으면 국가나 지방자치단체는 그 자에게 구상할 수 있다.

Ⅰ. 개 설

국가배상법 제5조 제1항은 "도로·하천, 그 밖의 공공의 영조물의 설치나 관리에 하자가 있기 때문에 타인에게 손해를 발생하게 하였을 때에는 국가나 지방자치단체는 그 손해를 배상하여야 한다."라고 규정함으로써 영조물의 하자로 인한 국가 등의 배상책임을 인정하고 있다. 영조물의 하자로 인한 배상책임은 헌법에 직접 규정된 바 없으나, 헌법 제29조 제1항의 취지를 고려하여 입법된 것으로 보인다.

Ⅱ. 국가배상법 제5조에 대한 이론적 고찰

1. 민법 제758조에 대한 특칙 여부

국가배상법 제5조의 공공의 영조물의 설치 또는 관리의 하자로 인한 국가 또는 지방자치단체의 배상책임은 종래 국가배상법이 제정되기 이전 민법 제758조[55]에 규정된 공작물등의 점유자 및 소유자의 책임에 의하여 인정되던 공공의 영조물의 설치·관리의 하자에 대한 배상책임을 법제화한데 지나지 않는 것으로, 다만 점유자의 면책규정을 두지 않았고, 그 대상을 공작물에 한정하지 않은 점에 차이가 있을 뿐이라는 견해[56]가 있다. 국가배상법 제5조는 일본의 국가배상법 제2조를 거의 그대로 옮겨 놓은 것으로 일본에서도 일본의 국가배상법 제2조를 민법에 대한 특칙으로 보는 견해[57]가 유력하다. 그러나 일본에서의 견해는 "민법의 적용으로 처리

---

55) 제758조(공작물등의 점유자, 소유자의 책임) ① 공작물의 설치 또는 보존의 하자로 인하여 타인에게 손해를 가한 때에는 공작물점유자가 손해를 배상할 책임이 있다. 그러나 점유자가 손해의 방지에 필요한 주의를 해태하지 아니한 때에는 그 소유자가 손해를 배상할 책임이 있다.

56) 천병태, 「행정구제법」(제2판), 삼영사, 2000, 300면.

가능했던 것에 대하여 배상책임을 국가가 부담한다는 것을 확인적으로 새롭게 한 조문을 설정하여 명백히 한다는 데에 주안점이 있는 것"[58])이기 때문에 "손해배상청구권의 성립요건이라는 점에서는 어느 쪽을 적용하는가에 따라 그렇게 큰 차이가 생기는 것은 아니다"[59])라고 하여 민법상의 법원리와의 차이점을 분명히 하지 않고 있다. 뿐만 아니라 일본에서는 "국가배상청구권은 공법과 사법의 구별을 전제로 하는 견해에 있어서도 사권이라고 하고 있으므로 당해 소송은 민사소송에 의한다"[60])고 한다.

그러나 공적 관리행위를 공행정행위로서 공법관계로 보는 입장[61])에서는 국가배상법 제5조를 민법의 특칙이 아닌 독립규정으로 보아야 한다. 대법원 1999. 6. 22. 선고 99다7008 판결은 국가의 철도운행사업은 사경제적 작용으로 민법의 규정에 따르나, "공공의 영조물인 철도시설물의 설치 또는 관리의 하자로 인한 불법행위를 원인으로 하여 국가에 대하여 손해배상청구를 하는 경우에는 국가배상법이 적용되므로 배상전치절차를 거쳐야 한다."고 하고 있는데, 이는 사경제적 작용과 공적 관리작용의 법적 성격을 달리하여 보고 있는 것이다. 이러한 경우에는 소송실무면에서도 실체법적 성격에 상응하여 공법상의 당사자소송에 의하여야 할 것이다.

2. 무과실책임의 여부

과실이란 일정한 사실을 인식할 수 있었음에도 불구하고 부주의로 인식하지 못

---

57) 鹽野宏(서원우·오세탁 공역), 「일본행정법론」, 법문사, 1996, 496면.

58) 상게서(523면).

59) 상게서(523면).

60) 상게서(520면).

61) 모리스 오류(M. Hauriou)는 공권력 행위와 공적 관리행위까지를 공법관계로 보고 사적 관리행위(사경제적 작용)는 사법관계로 보았다. 우리나라에서는 행정작용법관계를 일본의 예에 따라 권력관계, 관리관계, 국고관계로 구분함이 보통이다. 여기서 '권력관계'라 함은 행정주체가 공권력의 주체로서 우월적인 지위에서 국민에 대하여 일방적으로 명령·강제하는 관계를 말하며, '관리관계'란 행정주체가 비권력적인 관리자의 지위에서 공공복리를 위하여 공기업을 경영하거나 공적 재산을 관리하는 법률관계로 원칙적으로는 민사소송의 대상이 되는 사법관계나 실정법상 명문의 규정이 있거나 그 법률관계의 해석상 사법관계와 구별되는 공공성이 실증되는 한도 내에서 공법관계로 된다고 하고, '국고관계'란 행정주체가 국고의 주체로서 국민을 대하는 경우에는 사법관계로 본다는 것이다. 권력관계가 공법관계라는 점에 대하여는 의심의 여지가 없으므로 재론할 여지가 없다. 그러나 행정작용법관계는 행정소송의 대상이 되는 행정법관계와 민·형사소송의 대상이 되는 사법관계로 명확히 나누어질 수밖에 없는 것이기 때문에 관리관계를 원칙적으로는 사법관계나 공법적 특수성이 인정되는 한도 내에서 공법관계로 된다고 하는 것은 논리성의 결핍으로밖에 보이지 않는다. 행정법관계는 사법관계를 전제로 해서는 안 되며, 오히려 사법관계에 대한 부정논리로부터 출발하여야 할 것이다. 관리관계는 모리스 오류의 분류와 같이 공적 관리관계와 사적 관리관계로 명확히 나누어야 할 것이다.

한 것을 가리키는 것으로, 과실책임주의라 함은 고의(일정한 사실을 알곤 있)를) 또는 과실에 의
하여 타인에게 손해를 가한 경우에만 가해자가 손해배상책임을 지는 입법주의를 말
하며, 무과실책임주의는 가해자에게 과실이 없더라도 그 가해자의 행위에 의하여
손해가 발생하였다는 일정한 관계가 있으면 그것만으로 손해배상책임이 생긴다고
하는 원칙이다.62) 국가배상법 제5조는 단순히 "공공의 영조물의 설치나 관리에 하
자가 있기 때문에"라고 하여 고의나 과실에 의하여 발생한 손해는 물론이고, 고의
나 과실이 없는 손해에 대하여도 설치나 관리에 하자가 있으면 책임을 져야 하므로
무과실책임주의를 규정하고 있다. 따라서 국가배상법 제5조의 하자란 과실과 무과
실을 모두 포함하는 개념이다.

Ⅲ. 배상책임의 요건

1. 공공의 영조물

공공의 영조물이란 행정주체에 의하여 직접 공공의 목적에 제공되는 유체물, 즉
강학상 공물(公物)을 의미한다. 따라서 인공공물뿐만 아니라 하천 등과 같은 자연공
물도 이에 포함된다. 또한, 개개의 물건(動產)뿐만 아니라 물건의 집합체인 공공시설
도 포함된다.63) 그러나 국가나 지방자치단체의 소유에 속하는 유체물이라도 공물이
아닌 일반재산은 제외되며, 이로 인한 손해에 대해서는 민법 제758조(공작물등의 점유자,)가
적용된다. 대법원은 도로, 하천, 광장, 맨홀, 신호등, 공중전화부스, 공중화장실, 가
로수, 전신주 등을 영조물로 인정하였다. 그러나 공물로서의 성립요건을 결한 상태
에 있는 시설물은 일반재산에 불과하다(대법원 1981. 7. 7. 선). 고 80다2478 판결).

대법원 1998. 10. 23. 선고 98다17381 판결

[1] 국가배상법 제5조 제1항 소정의 '공공의 영조물'이라 함은 국가 또는 지방자치단
체에 의하여 특정 공공의 목적에 공여된 유체물 내지 물적 설비를 말하며, 국가 또는
지방자치단체가 소유권, 임차권 그 밖의 권한에 기하여 관리하고 있는 경우뿐만 아니라
사실상의 관리를 하고 있는 경우도 포함된다.

[2] 국가배상법 제5조 제1항 소정의 '설치상의 하자'라 함은 공공의 목적에 공여된 영
조물이 그 용도에 따라 통상 갖추어야 할 안전성을 갖추지 못한 상태에 있음을 말한다.

---

62) 권용우, 「불법행위론」, 고시원, 1974, 10면.
63) 김남진/김연태(649면).

[3] 지방자치단체가 비탈사면인 언덕에 대하여 현장조사를 한 결과 붕괴의 위험이 있음을 발견하고 이를 붕괴위험지구로 지정하여 관리하여 오다가 붕괴를 예방하기 위하여 언덕에 옹벽을 설치하기로 하고 소외 회사에게 옹벽시설공사를 도급 주어 소외 회사가 공사를 시행하다가 깊이 3m의 구덩이를 파게 되었는데, 피해자가 공사현장 주변을 지나가다가 흙이 무너져 내리면서 위 구덩이에 추락하여 상해를 입게 된 사안에서, 위 사고 당시 설치하고 있던 옹벽은 소외 회사가 공사를 도급받아 공사 중에 있었을 뿐만 아니라 아직 완성도 되지 아니하여 일반 공중의 이용에 제공되지 않고 있었던 이상 국가배상법 제5조 제1항 소정의 영조물에 해당한다고 할 수 없다고 한 사례.

2. 설치나 관리에 하자

(1) 의 의

설치란 영조물의 설계 및 건조를, 관리란 영조물의 유지·수선·보관을 의미하는 것으로 해석된다. 법규정상 '설치 및 관리'가 아닌 '설치나 관리'라고 한 까닭은 설치가 필요 없는 자연공물도 포함하여 규율할 필요가 있을 뿐만 아니라, 제방 등을 설치한 자연공물과 아무런 시설도 설치하지 않은 자연공물에 관한 배상책임이 서로 달라지지 않게 하기 위함이다.

(2) 하자의 의미

1) 개 설

국가배상법 제5조는 배상책임의 요건을 "영조물의 설치나 관리에 하자가 있기 때문에 타인에게 손해를 발생하게 하였을 때"라고만 규정하고 있는 까닭에, 이른바 '하자', 즉 '흠'의 개념 속에 설치·관리자의 주관적 과실이 포함되는 것인가 아니면 객관적 흠만 존재하면 되는 것인가라는 해석의 문제가 발생한다. 이에 대한 국내 학자들의 견해를 살펴보면 다음과 같다.

2) 견해의 대립

(가) 객관설

하자의 의미를 물적 상태에 결함이 있어서 통상 갖추어야 할 안전성을 결여하고 있는 것으로 보는 견해이다. 혹자는 이를 위험책임이론에 입각하였다고 설명하는 경우도 있으나,[64] 뒤에서 자세히 설명하는 바와 같이 통상 갖추어야 할 안전성은

---

64) 原田尙彦, 行政法要論, 學陽書房, 1991, 257면.

'추정과실'을 의미하는 것으로, 무과실책임이론의 내용 중 하나인 위험책임과는 다른 것이다. 객관설은 '객관적·물적 결함설'이라고도 한다.[65] 이에 의하면 영조물의 물적 결함으로 인하여 손해가 발생한 경우에는 ① 사고가 불가항력으로 인하여 발생한 때, ② 피해자의 과실에 의하여 손해가 발생한 때가 아닌 한, 국가의 배상책임이 인정된다. 그러나 이러한 면책 요건은 무과실책임에 대한 면책 요건이기 때문에 객관설은 과실책임과 무과실책임을 혼동하여 온 것으로 보인다. 과실을 객관화하여 추정과실로 보더라도 과실이 추정되지 않는 한 - 추정되는 과실도 없으면 - 책임을 지지 않기 때문에 이는 무과실책임과는 다른 것이다. 그럼에도 불구하고 무과실책임과 과실책임을 명확히 구분하지 않고 있는 객관설이 지금까지의 통설[66]과 다수의 판례태도였다.

대법원 1994. 11. 22. 선고 94다32924 판결

[1] 국가배상법 제5조 소정의 영조물의 설치·관리상의 하자라 함은 영조물의 설치 및 관리에 불완전한 점이 있어 이 때문에 영조물 자체가 통상 갖추어야 할 안전성을 갖추지 못한 상태에 있는 것을 말하는 것이다.

[2] 지방자치단체가 관리하는 도로 지하에 매설되어 있는 상수도관에 균열이 생겨 그 틈으로 새어 나온 물이 도로 위까지 유출되어 노면이 결빙되었다면 도로로서의 안전성에 결함이 있는 상태로서 설치·관리상의 하자가 있다고 한 사례.

[3] 국가배상법 제5조 소정의 영조물의 설치·관리상의 하자로 인한 책임은 무과실책임이고 나아가 민법 제758조 소정의 공작물의 점유자의 책임과는 달리 면책사유도 규정되어 있지 않으므로, 국가 또는 지방자치단체는 영조물의 설치·관리상의 하자로 인하여 타인에게 손해를 가한 경우에 그 손해의 방지에 필요한 주의를 해태하지 아니하였다 하여 면책을 주장할 수 없다.

[4] 영조물의 설치 또는 관리상의 하자로 인한 사고라 함은 영조물의 설치 또는 관리상의 하자만이 손해발생의 원인이 되는 경우만을 말하는 것이 아니고, 다른 자연적 사실이나 제3자의 행위 또는 피해자의 행위와 경합하여 손해가 발생하더라도 영조물의 설치 또는 관리상의 하자가 공동원인의 하나가 되는 이상 그 손해는 영조물의 설치 또는 관리상의 하자에 의하여 발생한 것이라고 해석함이 상당하다.

(나) 주관설(의무위반설)

하자의 의미를 객관설에서처럼 객관적·물적 결함상태만으로 이해하는 것이 아

---

65) 박윤흔(729면).
66) 석종현/송동수(537면); 홍정선(847면); 장태주, 「행정법개론」, 현암사, 2005, 591면 등.

니라, 관리자의 주관적 귀책사유로 인한 물적 결함의 발생으로 보아 배상책임을 지워야 한다는 견해이다. 여기서 주관적 귀책사유란 영조물의 관리자가 그 설치·관리에 있어 안전확보의무 내지 사고방지의무를 위반하였다는 것을 말한다. 그러므로 주관설은 입증된 과실에 대하여 책임을 묻는 것이다. 물론 이러한 의무위반설의 입장에 서면서도 관리자의 안전확보의무를 국가배상법 제2조의 과실책임보다는 더욱 고도화·객관화된 의무로 파악하는 견해67)도 있다.

최근에는 주관설에 입각한 판례들이 주류를 이루고 있다. 가령, 도로에 떨어져 있던 타이어에 걸려 주행 중인 차량이 전복된 사고68)와 도로에 방치된 쇠파이프를 주행 중인 차량이 쳐서 반대편 차로에서 마주 오던 차량의 운전자가 사망한 사고69)에서 법원은 도로의 안전상 결함이 객관적으로 보아 시간적·장소적으로 피고의 관리행위가 미칠 수 없는 상황 아래에 있는 경우에는 관리상의 하자를 인정할 수 없다고 판시하였다. 이와 관련하여, 김동희 교수는 "국가배상법 제5조상의 국가 등의 배상책임이 결과책임 또는 절대적 무과실책임이 아니고 보면, 그 배상책임의 요건으로서의 하자의 판단에 있어서는 관리자의 의무위반을 그 내용으로 하는 의무위반설적 이론구성이 동조상의 배상책임의 성격에 보다 부합하는 것으로 보인다."고 평가한다.70)

① 대법원 1997. 4. 22. 선고 97다3194 판결

[1] 도로의 설치 또는 관리의 하자는 도로의 위치 등 장소적인 조건, 도로의 구조, 교통량, 사고시에 있어서의 교통사정 등 도로의 이용상황과 그 본래의 이용목적 등 제반 사정과 물적 결함의 위치, 형상 등을 종합적으로 고려하여 사회통념에 따라 구체적으로 판단하여야 할 것인바, 도로의 설치 후 제3자의 행위에 의하여 그 본래 목적인 통행상의 안전에 결함이 발생한 경우에는 도로에 그와 같은 결함이 있다는 것만으로 성급하게 도로의 보존상 하자를 인정하여서는 안 되고, 당해 도로의 구조, 장소적 환경과 이용상황 등 제반 사정을 종합하여 그와 같은 결함을 제거하여 원상으로 복구할 수 있는데도 이를 방치한 것인지 여부를 개별적, 구체적으로 심리하여 하자의 유무를 판단하

---

67) 천병태(306면).
68) 대법원 1992. 9. 14. 선고 92다3243 판결.
69) 대법원 1997. 4. 22. 선고 97다3194 판결.
70) 김동희(593면). 그러나 시간적·공간적으로 관리권이 미치지 못한 경우 등에 배상책임을 인정하지 아니한 것은 제5조 배상이 '주관적 요소'를 배상요건으로 하기 때문인 것이 아니라, 프랑스에서처럼 도로의 이용자에 대한 국가의 설치·관리상의 책임은 추정과실책임을 원칙으로 하며, 불가항력에 의한 경우와 이용자에게 과실이 있는 경우 그리고 이른바 행정청이 '정상적 유지의 흠결'이 없었음을 증명하는 경우 등에는 추정과실이 면책되기 때문인 것으로 해석하는 것이 타당하다.

여야 한다.

[2] 승용차 운전자가 편도 2차선의 국도를 진행하다가 반대차선 진행차량의 바퀴에 튕기어 승용차 앞유리창을 뚫고 들어온 쇠파이프에 맞아 사망한 경우, 국가의 손해배상 책임을 부정한 사례.

② 대법원 2001. 7. 27. 선고 2000다56822 판결

[1] 국가배상법 제5조 제1항에 정해진 영조물의 설치 또는 관리의 하자라 함은 영조물이 그 용도에 따라 통상 갖추어야 할 안전성을 갖추지 못한 상태에 있음을 말하는 것이며, 다만 영조물이 완전무결한 상태에 있지 아니하고 그 기능상 어떠한 결함이 있다는 것만으로 영조물의 설치 또는 관리에 하자가 있다고 할 수 없는 것이고, 위와 같은 안전성의 구비 여부를 판단함에 있어서는 당해 영조물의 용도, 그 설치장소의 현황 및 이용 상황 등 제반 사정을 종합적으로 고려하여 설치·관리자가 그 영조물의 위험성에 비례하여 사회통념상 일반적으로 요구되는 정도의 방호조치의무를 다하였는지 여부를 그 기준으로 삼아야 하며, 만일 객관적으로 보아 시간적·장소적으로 영조물의 기능상 결함으로 인한 손해발생의 예견가능성과 회피가능성이 없는 경우 즉 그 영조물의 결함이 영조물의 설치·관리자의 관리행위가 미칠 수 없는 상황 아래에 있는 경우임이 입증되는 경우라면 영조물의 설치·관리상의 하자를 인정할 수 없다.

[2] 가변차로에 설치된 신호등의 용도와 오작동시에 발생하는 사고의 위험성과 심각성을 감안할 때, 만일 가변차로에 설치된 두 개의 신호기에서 서로 모순되는 신호가 들어오는 고장을 예방할 방법이 없음에도 그와 같은 신호기를 설치하여 그와 같은 고장을 발생하게 한 것이라면, 그 고장이 자연재해 등 외부요인에 의한 불가항력에 기인한 것이 아닌 한 그 자체로 설치·관리자의 방호조치의무를 다하지 못한 것으로서 신호등이 그 용도에 따라 통상 갖추어야 할 안전성을 갖추지 못한 상태에 있었다고 할 것이고, 따라서 설령 적정전압보다 낮은 저전압이 원인이 되어 위와 같은 오작동이 발생하였고 그 고장은 현재의 기술수준상 부득이한 것이라고 가정하더라도 그와 같은 사정만으로 손해발생의 예견가능성이나 회피가능성이 없어 영조물의 하자를 인정할 수 없는 경우라고 단정할 수 없다고 한 사례.

③ 대법원 2013. 10. 24. 선고 2013다208074 판결

[1] 국가배상법 제5조 제1항에 규정된 '영조물 설치·관리상의 하자'는 공공의 목적에 공여된 영조물이 그 용도에 따라 통상 갖추어야 할 안전성을 갖추지 못한 상태에 있음을 말한다. 그리고 위와 같은 안전성의 구비 여부는 영조물의 설치자 또는 관리자가 그 영조물의 위험성에 비례하여 사회통념상 일반적으로 요구되는 정도의 방호조치의무를 다하였는지를 기준으로 판단하여야 하고, 아울러 그 설치자 또는 관리자의 재정적·인적·물적 제약 등도 고려하여야 한다. 따라서 영조물인 도로의 경우도 그 설치 및 관

리에 있어 완전무결한 상태를 유지할 정도의 고도의 안전성을 갖추지 아니하였다고 하여 하자가 있다고 단정할 수는 없고, 그것을 이용하는 자의 상식적이고 질서 있는 이용방법을 기대한 상대적인 안전성을 갖추는 것으로 족하다.

[2] 갑이 차량을 운전하여 지방도 편도 1차로를 진행하던 중 커브길에서 중앙선을 침범하여 반대편 도로를 벗어나 도로 옆 계곡으로 떨어져 동승자인 을이 사망한 사안에서, 좌로 굽은 도로에서 운전자가 무리하게 앞지르기를 시도하여 중앙선을 침범하여 반대편 도로로 미끄러질 경우까지 대비하여 도로 관리자인 지방자치단체가 차량용 방호울타리를 설치하지 않았다고 하여 도로에 통상 갖추어야 할 안전성이 결여된 설치·관리상의 하자가 있다고 보기 어려운데도, 이와 달리 본 원심판결에 법리오해의 위법이 있다고 한 사례.

(다) 절충설

하자의 의미를 객관적인 물적 결함이 있는 경우는 물론 공물 관리자의 안전관리의무 위반이 있는 경우까지도 포함하는 것으로 봄으로써, 객관설보다 배상책임의 인정범위를 확대하려는 견해이다.[71] 이는 영조물 자체에는 결함이 없으나 그 관리행위에 잘못이 있어 그 영조물상에서 사고가 발생한 경우, 객관설에 입각하여서는 본조에 의한 배상책임을 묻기가 곤란하다는 약점을 보완하려는 시도이다.[72] 따라서 절충설은 입증된 과실 및 추정된 과실에 대한 책임을 묻고 있다.

대법원 1995. 2. 24. 선고 94다57671 판결

차량진입으로 인한 인신사고 당시에는 차도와의 경계선 일부에만 이동식쇠기둥이 설치되어 있고 나머지 부분에는 별다른 차단시설물이 없었으며 경비원도 없었던 것은, 평소 시민의 휴식공간으로 이용되는 여의도광장이 통상 요구되는 안전성을 결여하고 있었다 할 것이고, 만약 사고 후에 설치된 차단시설물이 이미 설치되어 있었고 경비원이 배치되어 있었더라면 가해자가 승용차를 운전하여 광장 내로 진입하는 것을 막을 수 있었거나, 설사 차량진입을 완전히 막지는 못하더라도 최소한 진입시에 차단시설물을 충격하면서 발생하는 소리나 경비원의 경고를 듣고 많은 사람들이 대피할 수 있었다고 보이므로, 차량진입으로 인한 사고와 여의도광장의 관리상의 하자 사이에는 상당인과관계가 있다고 한 사례.

(라) 위법·무과실책임설

영조물의 관리주체로서 국가 및 공공단체 등 행정주체가 지는 책임은 위법·무

---

71) 천병태(305면); 박윤흔(730면).
72) 천병태(305면).

과실책임이라는 견해이다. 예컨대, 도로의 하자로 인하여 손해가 발생한 경우에 국가가 배상책임을 지는 것은 국가가 교통안전의무를 위반하였기 때문이며, 국가의 교통안전의무는 공무원의 주관적인 과실과는 아무런 관계가 없는 국가의 법적 의무라는 것이다.[73] 이 설도 입증된 과실에 대한 책임을 묻는다는 점에서 주관설과 책임의 범위에 있어서는 차이가 없다.

3) 사 견

우리나라 국가배상법 제5조는 고의·과실을 요건으로 하고 있지 않다. 따라서 국가배상법 제5조상 '설치나 관리에 하자'의 의미는 고의나 과실에 의하여 발생한 손해는 물론이고, 고의나 과실이 없는 손해에 대하여도 배상책임이 발생하는 무과실책임을 포함하는 것으로 해석하는 것이 타당하다. 이처럼 '하자'의 의미를 과실과 무과실을 모두 포함하는 개념으로 이해한다면, 결국 '하자'가 정확히 무엇인가라는 것은 '과실의 입증정도'에 대한 문제가 될 것이다. 과실을 그 입증정도에 따라 분류해보면 다음과 같다.

① **입증과실**: 과실책임의 전형적인 예로 손해배상을 청구하는 피해자가 국가의 과실을 명백히 입증한 경우로, 이 경우 입증된 과실이 '하자'에 해당함은 달리 설명을 요하지 않는다.

② **추정과실**: 피해자측에서 국가의 행위로 손해가 발생한 것을 입증하면 이에 대하여 국가는 과실이 없음을 입증하여야 하고, 과실에 대한 입증책임이 피해자로부터 국가로 전환되어 국가가 과실이 없음을 입증하지 못하게 되면 주관적 요소인 과실이 객관화하여 국가의 과실이 추정된다. '하자'는 이러한 추정된 과실을 포함한다.

③ **무과실**: 과실이 입증되거나 추정되지 않는 경우에도 '하자'는 성립될 수 있다. 피해자는 비정상적인 손해의 발생을 입증하고 그 손해와 국가의 행위사이의 인과관계를 증명하기만 하면 국가의 과실이 추정되지 않고도 국가의 배상책임이 인정될 수 있는데, 이것은 국가에 과실은 없으나 국가의 행위에 의하여 손해가 발생하였다고 하는 사실이 바로 '국가운영상의 흠'에 해당되기 때문에 국가가 배상책임을 지는 것으로서, 과실은 없으나 국가의 운영에 있어 특정인을 특별한 위험상태에 노출시키거나(_{위험}), 공적 부담 앞의 평등을 보장하지 못하게 되는 경우를 말한다. '하자'란 바로 이러한 무과실로서의 '국가운영상의 흠'을 포함한다. 따라서 과실을 객관화하

---

73) 정하중, "국가배상법 제5조의 영조물의 설치·관리에 있어서 하자의 의미와 배상책임의 성격", 행정판례연구(Ⅲ), 1996, 215면; 김남진/김연태(652면).

는 이론에서 과실을 '국가운영상의 흠' 정도로 보자는 주장[74]은 추정과실과 무과실을 혼동시킬 우려가 있으므로 주의하여야 한다. 한편, 무과실책임이란 '결과책임'과는 다른 것으로, 무과실책임의 경우는 피해자의 과실이 있거나, 불가항력에 의한 경우에는 그 책임이 면제됨에 반하여, 결과책임에는 면책사유가 없다.

우리나라와 일본의 다수설은 '하자'를 무과실책임으로 보고 있으면서도, 동시에 객관적 추정과실인 '통상적 물적 안전성의 결여'를 무과실 위험책임으로 해석하는 오류를 범하고 있다. 국가배상법 제5조의 '하자'가 무과실책임이라는 것은 과실을 필요요건으로 하지 않고 무과실책임까지를 질 수 있다는 것이기 때문에, 어떤 사안에서 국가가 과실책임을 질 것인지, 아니면 무과실책임을 질 것인지의 책임 여부를 판단하는 아무런 준거가 되지 않는다. 그럼에도 불구하고 객관설은 '하자'가 곧 '통상적인 물적 안전성의 결여'만을 의미하는 것으로 해석하는 오류를 범하고 있으며, 주관설 또한 '하자'가 과실책임만을 의미하는 것으로 잘못 해석하고 있다.

한편, 우리 대법원도 2000. 2. 25. 선고 99다54004 판결에서 "국가배상법 제5조 제1항 소정의 영조물의 설치 또는 관리의 하자라 함은 영조물이 그 용도에 따라 통상 갖추어야 할 안전성을 갖추지 못한 상태에 있음을 말하는 것"이라고 하여 '추정과실'로 해석하는 오류를 범하고 있다. 위에서 살펴본 바에 따라 국가배상법 제5조의 '하자'는 입증과실$^{\text{(faute}}_{\text{prouvé)}}$, '통상 갖추어야 할 안전성의 흠결'$^{\text{(défaut)}}$인 추정과실$^{\text{(faute}}_{\text{présumée)}}$, '완전무결한 상태의 결함'$^{\text{(défectuosités, 물적}}_{\text{결함에 국한됨)}}$, 그리고 무과실책임의 대상까지를 모두 포함하는 '국가운영상의 흠'으로 해석하는 것이 타당하며, 다만 결과책임만을 배제하는 것으로 이해하여야 할 것이다.

따라서 '국가배상법 제5조 제1항 소정의 영조물의 설치 또는 관리의 하자라 함은 영조물의 설치 및 관리에 불완전한 점이 있거나, 영조물 자체가 통상 갖추어야 할 안전성을 갖추지 못한 상태에 있는 것을 말하는 것'으로 변경하거나 '국가운영상의 흠을 말하는 것'으로 변경하여 제3자 등에 대하여 무과실책임을 인정할 수 있는 가능성을 열어두는 한편, 이 사건과 같은 도로의 이용자에 대한 배상책임에 관하여는 '통상 갖추어야 할 안전성' 즉, 추정과실$^{\text{(faute}}_{\text{présumée)}}$의 책임 여부에 대하여 판단하여야 할 것이다.

---

74) 김도창(628면).

※ 정상적 유지의 흠결이론

프랑스에서는 국가의 운영, 즉 공공서비스의 운영에 있어서 발생한 손해 중에서 배상책임의 대상이 되는 것을 과실의 입증정도에 따라 입증과실책임, 추정과실책임, 무과실책임으로 나누면서, 영조물의 이용자가 아닌 제3자에게 발생한 손해에 대하여는 무과실책임을 지고, 도로의 이용자에 대해서는 추정과실책임을 진다고 한다. 추정과실책임은 ① 불가항력에 의한 경우, ② 이용자에게 과실이 있는 경우, ③ 행정청이 '정상적 유지의 흠결'($\binom{\text{défaut d'entretien}}{\text{normal}}$)이 없었음을 증명하는 경우 등에는 그 책임이 면책되는 것을 말한다. 따라서 '흠결'이란 곧 추정된 '과실'을 뜻하는 것이다. ①과 ②의 면책 요건은 무과실책임과 동일하나 추정과실책임의 경우는 ③ 행정청이 '정상적 유지의 흠결'($\binom{\text{défaut}}{\text{d'entretien normal}}$)이 없었음을 증명하는 경우에도 면책된다는 점이 무과실책임과 다르다.

우리나라와 일본에서 영조물의 하자를 해석하는 이론의 하나로 사용되고 있는 객관설에 입각한 '통상 갖추어야 할 안전성의 결여이론'은 문언이나 내용에 비추어 볼 때 프랑스법의 '정상적 유지의 흠결이론'을 도입한 것으로 보인다.[75] 프랑스의 '정상적 유지의 흠결이론'이란 공공 공사물의 이용자에게 발생한 손해에 대해 행정주체가 추정과실책임을 진다는 이론이다.[76] 국가는 공공 공사물을 정상적으로 설치 또는 유지하였다는 것을 증명함으로써 면책된다.[77] 정상적 유지의 흠결 개념은 공공 공사물의 이용자에 대한 위험 또는 불편의 원천을 구성하는 공공 공사물이 내포하는 결함을 말하는데, 그렇다고 공공 공사물의 모든 결함이 공공 공사물의 이용자에 대한 책임의 대상이 되는 '정상적 유지의 흠결'을 구성하는 것은 아니다.[78] 판례에 의하면, 어떤 경우에는 결함의 객관적 성격에 의하여 흠결을 판단하고, 어떤 경우에는 공공 공사물의 이용자인 피해자나 설치·관리자인 행정주체의 주관적 상태에 따라 흠결을 판단하며,[79] 물론 두 가지 요소를 다 고려하기도 한다. 따라서 정상적 유지의 흠결이론은 어디까지나 과실책임(추정과실)에 국한되는 이론이지, 위험책임과 같은 무과실책임이론이 아니다. 물론 '정상적 유지의 흠결이론'과 무과실책임이론으로서의 '위험책임이론'이 상대화되고 있는 것은 사실이나, 공공 공사물의 이용자에 대하여 명백히 '위험책임'을 인정하고 있는 판례[80]도 있

---

75) 이광윤(신행정법론, 143면).

76) Agathe Van Lang; Geneviève Godouin; Véronique Inserguet-Brisset, Dictionnaire de Droit administratif, Armand Colin, 1997, p. 105.

77) ibid.

78) Répertoire de la responsabilité administrative, Sirey, p. 161.

79) ibid, p. 162.

80) Dalleau 판결(C.E. 6 juillet 1973, ministre de l'Equipement c/Dalleau)은 처음으로 공공 공사물의 이용자에게 '위험한 물건' 이론을 적용하였다. 이 사건에서 레이니옹 섬에 위치한 생드니 드라 레이니옹 시를 섬의 주 항구에 연결하는 1번 국도는 바위로 된 절벽을 따라 길이 나 있어 매우 위험하여 매년 피해자가 발생하고 있었다. 꽁세이데따는 위 사건에서 1번 국도가 표지도 잘되어 있고 모든 주의가 기울어 지고 있어 특별히 감시되고 있다는 이유로 도로의 "유지는 정상적"이라고 평가하면서도, 도로 구간 자체가 "비정상적으로 위험한 공작물"이라고 하여 행정의 무과실책임을 인정하였다. 이와 같

으므로 '정상적 유지의 흠결이론'을 성급히 무과실책임이론으로 몰고 가기보다는 '추정 과실'로 보는 일반적인 견해가 타당하다.

(3) 자연공물(하천)에 대한 하자의 판단

자연공물, 특히 하천의 경우 위험을 내포한 상태에서 자연적으로 존재하는 것이고, 정확한 강수량의 예측이 어려울 뿐만 아니라 그 관리상 안전성을 확보하는 데 막대한 예산을 필요로 한다. 이러한 특수성을 반영하여 대법원은 하천의 관리상 하자를 판단함에 있어 그 기준을 인공공물보다 훨씬 완화하고 있다.[81)]

① 대법원 2003. 10. 23. 선고 2001다48057 판결

[1] 하천의 계획홍수위를 결정할 당시에 이미 간선도로의 건설이 상당정도 진척되어 있었던 경우 그 도로의 건설까지 고려하여 계획홍수위를 정하였을 가능성이 있는데다가, 관리청은 도로건설로 둔치가 정비되고 도로가 포장됨으로써 흐르는 유속이 빨라져 오히려 계획홍수위를 낮추는 효과가 있다고 주장하고 있으므로 도로의 건설로 다소 하천의 단면적이 감소된다고 하여 그것만으로 곧 수해의 위험성이 증대되는 것이 경험칙상 명백하다고 할 수는 없을 것이고 이 점은 증거에 의하여 확정하여야 한다고 한 사례.

[2] 자연영조물로서의 하천은 원래 이를 설치할 것인지 여부에 대한 선택의 여지가 없고, 위험을 내포한 상태에서 자연적으로 존재하고 있으며, 간단한 방법으로 위험상태를 제거할 수 없는 경우가 많고, 유수라고 하는 자연현상을 대상으로 하면서도 그 유수의 원천인 강우의 규모, 범위, 발생시기 등의 예측이나 홍수의 발생 작용 등의 예측이 곤란하고, 실제로 홍수가 어떤 작용을 하는지는 실험에 의한 파악이 거의 불가능하고 실제 홍수에 의하여 파악할 수밖에 없어 결국 과거의 홍수 경험을 토대로 하천관리를 할 수밖에 없는 특질이 있고, 또 국가나 하천관리청이 목표로 하는 하천의 개수작업을 완성함에 있어서는 막대한 예산을 필요로 하고, 대규모 공사가 되어 이를 완공하는 데 장기간이 소요되며, 치수의 수단은 강우의 특성과 하천 유역의 득실에 의하여 정해지는 것이므로 그 특성에 맞는 방법을 찾아내는 것은 오랜 경험이 필요하고 또 기상의 변화에 따라 최신의 과학기술에 의한 방법이 효용이 없을 수도 있는 등 그 관리상의 특수성도 있으므로 이와 같은 관리상의 특질과 특수성을 감안한다면, 하천의 관리청이 관계

이 (프랑스의) 판례는 '정상적 유지' 개념을 '위험' 개념과는 구분하여 과실책임을 인정하는 도구 개념으로 사용하고 있다.

81) 대법원 2007. 9. 21. 선고 2005다65678 판결(하천관리의 하자 유무는, 과거에 발생한 수해의 규모·발생의 빈도·발생원인·피해의 성질·강우상황·유역의 지형 기타 자연적 조건, 토지의 이용상황 기타 사회적 조건, 개수를 요하는 긴급성의 유무 및 그 정도 등 제반 사정을 종합적으로 고려하고, 하천관리에 있어서의 위와 같은 재정적·시간적·기술적 제약하에서 같은 종류, 같은 규모 하천에 대한 하천관리의 일반수준 및 사회통념에 비추어 시인될 수 있는 안전성을 구비하고 있다고 인정할 수 있는지 여부를 기준으로 하여 판단해야 한다).

규정에 따라 설정한 계획홍수위를 변경시켜야 할 사정이 생기는 등 특별한 사정이 없는 한, 이미 존재하는 하천의 제방이 계획홍수위를 넘고 있다면 그 하천은 용도에 따라 통상 갖추어야 할 안전성을 갖추고 있다고 보아야 하고, 그와 같은 하천이 그 후 새로운 하천시설을 설치할 때 기준으로 삼기 위하여 제정한 '하천시설기준'이 정한 여유고를 확보하지 못하고 있다는 사정만으로 바로 안전성이 결여된 하자가 있다고 볼 수는 없다.

[3] 100년 발생빈도의 강우량을 기준으로 책정된 계획홍수위를 초과하여 600년 또는 1,000년 발생빈도의 강우량에 의한 하천의 범람은 예측가능성 및 회피가능성이 없는 불가항력적인 재해로서 그 영조물의 관리청에게 책임을 물을 수 없다고 본 사례.

② **대법원 2014. 1. 23. 선고 2013다211865 판결**

[1] 자연영조물로서 하천은 이를 설치할 것인지 여부에 대한 선택의 여지가 없고, 위험을 내포한 상태에서 자연적으로 존재하고 있으며, 그 유역의 광범위성과 유수의 상황에 따른 하상의 가변성 등으로 인하여 익사사고에 대비한 하천 자체의 위험관리에는 일정한 한계가 있을 수밖에 없어, 하천 관리주체로서는 익사사고의 위험성이 있는 모든 하천구역에 대해 위험관리를 하는 것은 불가능하므로, 당해 하천의 현황과 이용 상황, 과거에 발생한 사고 이력 등을 종합적으로 고려하여 하천구역의 위험성에 비례하여 사회통념상 일반적으로 요구되는 정도의 방호조치의무를 다하였다면 하천의 설치·관리상의 하자를 인정할 수 없다.

[2] 수련회에 참석한 미성년자 갑이 유원지 옆 작은 하천을 가로질러 수심이 깊은 맞은 편 바위 쪽으로 이동한 다음 바위 위에서 하천으로 다이빙을 하며 놀다가 익사하자, 갑의 유족들이 하천 관리주체인 지방자치단체를 상대로 손해배상을 구한 사안에서, 하천 관리자인 지방자치단체가 유원지 입구나 유원지를 거쳐 하천에 접근하는 길에 수영금지의 경고표지판과 현수막을 설치함으로써 하천을 이용하는 사람들의 안전을 보호하기 위하여 통상 갖추어야 할 시설을 갖추었다고 볼 수 있고, 지방자치단체에게 사고 지점에 각별한 주의를 촉구하는 내용의 위험표지나 부표를 설치하는 것과 같은 방호조치를 취하지 않은 과실이 인정되더라도 익사사고와 상당인과관계가 있다고 보기 어려운데도 지방자치단체의 손해배상책임을 인정한 원심판결에 하천의 설치 또는 관리상 하자책임에 관한 법리오해의 위법이 있다고 한 사례.

(4) 기능적 하자의 문제

종래 대법원은 영조물의 설치·관리의 하자란 영조물이 통상 갖추어야 할 안전성을 결여한 상태를 의미한다고 보고, 이는 당해 영조물을 구성하는 물적 시설 그 자체에 있는 물리적·외형적 흠결이나 불비로 인하여 그 이용자에게 위해를 끼칠 위험성이 있는 경우로 한정하여 이해하였다.

제1장 행정상 손해배상 713

대법원 2004. 3. 12. 선고 2002다14242 판결

[1] 국가배상법 제5조 제1항에 정하여진 '영조물의 설치 또는 관리의 하자'라 함은 공공의 목적에 공여된 영조물이 그 용도에 따라 갖추어야 할 안전성을 갖추지 못한 상태에 있음을 말하고, 여기서 안전성을 갖추지 못한 상태, 즉 타인에게 위해를 끼칠 위험성이 있는 상태라 함은 당해 영조물을 구성하는 물적 시설 그 자체에 있는 물리적·외형적 흠결이나 불비로 인하여 그 이용자에게 위해를 끼칠 위험성이 있는 경우뿐만 아니라 그 영조물이 공공의 목적에 이용됨에 있어 그 이용상태 및 정도가 일정한 한도를 초과하여 제3자에게 사회통념상 참을 수 없는 피해를 입히는 경우까지 포함된다고 보아야 할 것이고, 사회통념상 참을 수 있는 피해인지의 여부는 그 영조물의 공공성, 피해의 내용과 정도, 이를 방지하기 위하여 노력한 정도 등을 종합적으로 고려하여 판단하여야 한다.

[2] 매향리 사격장에서 발생하는 소음 등으로 지역 주민들이 입은 피해는 사회통념상 참을 수 있는 정도를 넘는 것으로서 사격장의 설치 또는 관리에 하자가 있었다고 본 사례.

[3] 소음 등을 포함한 공해 등의 위험지역으로 이주하여 들어가서 거주하는 경우와 같이 위험의 존재를 인식하면서 그로 인한 피해를 용인하며 접근한 것으로 볼 수 있는 경우에 그 피해가 직접 생명이나 신체에 관련된 것이 아니라 정신적 고통이나 생활방해의 정도에 그치고, 그 침해행위에 상당한 고도의 공공성이 인정되는 때에는 위험에 접근한 후 실제로 입은 피해 정도가 위험에 접근할 당시에 인식하고 있었던 위험의 정도를 초과하는 것이거나 위험에 접근한 후에 그 위험이 특별히 증대하였다는 등의 특별한 사정이 없는 한 가해자의 면책을 인정하여야 하는 경우도 있을 수 있을 것이나, 일반인이 공해 등의 위험지역으로 이주하여 거주하는 경우라고 하더라도 위험에 접근할 당시에 그러한 위험이 문제가 되고 있지 아니하였고, 그러한 위험이 존재하는 사실을 정확하게 알 수 없었으며, 그 밖에 위험에 접근하게 된 경위와 동기 등의 여러 가지 사정을 종합하여 그와 같은 위험의 존재를 인식하면서 굳이 위험으로 인한 피해를 용인하였다고 볼 수 없는 경우에는 그 책임이 감면되지 아니한다고 봄이 상당하다.[82]

그러나 최근 일련의 판례들에서는 이른바 '기능적 하자'의 관념에 입각하여 안전성의 범위를 물적 하자에 국한하지 않고, (영조물 자체에는 물적 하자가 없는 경우라도) 영조물이 공공의 목적에 이용됨에 있어 그 이용상태 및 정도가 일정한 한도를 초과하여 제3자에게 사회통념상 참을 수 없는 피해를 입히는 경우까지 넓히는

---

82) 대법원 판례에 따르면, 이러한 경우에는 손해배상액의 산정에 있어 형평의 원칙상 과실상계에 준하여 감액사유로 고려하는 것이 상당하다는 입장이다. 대법원 2005. 1. 27. 선고 2003다49566 판결 (김포공항에서 발생하는 소음 등으로 인근 주민들이 입은 피해는 사회통념상 수인한도를 넘는 것으로서 김포공항의 설치·관리에 하자가 있다고 본 사례); 대법원 2010. 11. 25. 선고 2007다74560 판결.

한편, 무과실 위험책임을 도입하는 등 획기적인 발전을 이룩하였다.[83] 이때 제3자의 수인한도의 판단기준으로, 대법원은 "일반적으로 침해되는 권리나 이익의 성질과 침해의 정도뿐만 아니라 침해행위가 갖는 공공성의 내용과 정도, 그 지역환경의 특수성, 공법적인 규제에 의하여 확보하려는 환경기준, 침해를 방지 또는 경감시키거나 손해를 회피할 방안의 유무 및 그 난이 정도 등 여러 사정을 종합적으로 고려하여 구체적 사건에 따라 개별적으로 결정하여야 한다."는 입장이다(대법원 2005. 1. 27. 선고 2003다49566 판결).

하지만 여전히 대법원은 하자의 개념을 "그 용도에 따라 갖추어야 할 안전성을 갖추지 못한 상태"로 정의하여 추정과실로 해석하는 모순을 드러내고 있는바, 하자에 대한 정의는 '국가운영상의 흠'으로 시급히 변경되어야 할 것이다.

3. 손해의 발생

영조물의 설치 또는 관리상 하자로 인하여 손해가 발생하여야 하며, 하자와 손해 사이에는 상당인과관계가 인정되어야 한다.

Ⅳ. 효 과

1. 배상책임자

(1) 국가 또는 지방자치단체

국가배상법 제5조 제1항의 배상책임자는 영조물의 설치 또는 관리의 주체인 국가 또는 지방자치단체이다(사무귀속 주체). 따라서 국가나 지방자치단체가 아닌 공법인은 국가배상법 제5조에 의한 배상책임을 지지 않고 민법 제758조에 의한 책임을 지게 되는 모순점이 있다.

국가 또는 지방자치단체가 국가배상법 제5조 제1항에 따라 손해를 배상할 경우에 손해의 원인에 대하여 책임을 질 자가 따로 있으면 국가나 지방자치단체는 그 자에게 구상할 수 있다(국가배상법 제5조 제2항). 예컨대, 부실공사를 한 건설회사나 고의 또는 과실로 흠을 방치한 관계 공무원 등에 대한 구상권의 행사가 이에 해당한다.

---

83) 김동희 교수는 기능적 하자에 따른 국가배상책임의 법리는 프랑스의 공토목공사로 인하여 제3자가 받는 피해에 대한 무과실책임의 법리와 공통성이 있다고 평가한다. 김동희(596면).

(2) 비용부담자(영조물의 설치·관리자와 비용부담자가 다른 경우)

국가배상법 제6조(비용부담자 등의 책임) ① 제2조·제3조 및 제5조에 따라 국가나 지방자치단체가 손해를 배상할 책임이 있는 경우에 공무원의 선임·감독 또는 영조물의 설치·관리를 맡은 자와 공무원의 봉급·급여, 그 밖의 비용 또는 영조물의 설치·관리 비용을 부담하는 자가 동일하지 아니하면 그 비용을 부담하는 자도 손해를 배상하여야 한다.
② 제1항의 경우에 손해를 배상한 자는 내부관계에서 그 손해를 배상할 책임이 있는 자에게 구상할 수 있다.

1) 비용부담자의 의미

영조물의 설치·관리자와 비용부담자가 다른 경우에는 비용부담자도 배상책임을 진다(국가배상법 제6조 제1항). 이때 비용부담자는 독립적인 배상주체이며, 영조물의 설치·관리자와는 민법상 부진정연대채무의 관계에 놓인다. 비용부담자의 의미에 대하여는 전술한 바와 같다.

대법원 1995. 2. 24. 선고 94다57671 판결

여의도광장의 관리는 광장의 관리에 관한 별도의 법령이나 규정이 없으므로 서울특별시는 여의도광장을 도로법 제2조 제2항 소정의 "도로와 일체가 되어 그 효용을 다하게 하는 시설"로 보고 같은 법의 규정을 적용하여 관리하고 있으며, 그 관리사무 중 일부를 영등포구청장에게 권한위임하고 있어, 여의도광장의 관리청이 본래 서울특별시장이라 하더라도 그 관리사무의 일부가 영등포구청장에게 위임되었다면, 그 위임된 관리사무에 관한 한 여의도광장의 관리청은 영등포구청장이 되고, 같은 법 제56조에 의하면 도로에 관한 비용은 건설부장관이 관리하는 도로 이외의 도로에 관한 것은 관리청이 속하는 지방자치단체의 부담으로 하도록 되어 있어 여의도광장의 관리비용부담자는 그 위임된 관리사무에 관한 한 관리를 위임받은 영등포구청장이 속한 영등포구가 되므로, 영등포구는 여의도광장에서 차량진입으로 일어난 인신사고에 관하여 국가배상법 제6조 소정의 비용부담자로서의 손해배상책임이 있다.

2) 종국적 배상책임자

영조물의 설치·관리를 맡은 자와 영조물의 설치·관리 비용을 부담하는 자가 다른 경우에 손해를 배상한 자는 내부관계에서 그 손해를 배상할 책임이 있는 자에게 구상할 수 있다. 이와 관련하여 내부관계에서 그 손해를 배상할 책임이 있는 자, 즉 종국적인 배상책임자가 누구인가에 대한 논의는 전술한 바와 같다. 다만, 사무귀속자와 비용부담자로서의 지위가 두 행정주체 모두에게 중첩된 경우 기여도설을 취한 것으로 보이는 판례도 존재한다.

① 대법원 1998. 7. 10. 선고 96다42819 판결

[1] 도로법상 일반국도의 관리청은 원칙적으로 건설교통부장관으로 되어 있고($\frac{제22조}{제1항}$), 광역시 관할구역 안에 있는 일반국도의 경우에는 그 관리청이 광역시장으로 되어 있으며($\frac{제22조}{제2항}$),84) 도로의 신설, 개축 및 수선에 관한 공사와 그 유지는 법률에 특별한 규정이 없는 한 당해 도로의 관리청이 이를 행하도록 되어 있고($\frac{제24}{조}$), 도로에 관한 비용도 법률에 특별한 규정이 없는 한 관리청이 속하는 지방자치단체가 부담하는 것으로 되어 있으나($\frac{제56}{조}$), 다만 상급관청은 특히 필요하다고 인정할 때에 대통령령이 정하는 바에 의하여 관계 행정청이 관리하는 도로공사를 대행할 수 있는데, 이 경우 위 공사의 대행에 의하여 도로관리청이 변경되는 것이 아니고 상급관청이 관리청의 권한 중의 일부를 대행하는 것에 불과하다.

[2] 원래 광역시가 점유·관리하던 일반국도 중 일부 구간의 포장공사를 건설교통부 국토관리청이 시행하고 이를 준공한 후 광역시에 이관하려 하였으나 서류의 미비 기타의 사유로 이관이 이루어지지 않고 있던 중 도로의 관리상의 하자로 인한 교통사고가 발생하였다면 광역시와 국가가 함께 그 도로의 점유자 및 관리자로서 손해배상책임을 부담한다.

[3] 원래 광역시가 점유·관리하던 일반국도 중 일부 구간의 포장공사를 국가가 대행하여 광역시에 도로의 관리를 이관하기 전에 교통사고가 발생한 경우, 광역시는 그 도로의 점유자 및 관리자, 도로법 제56조, 제55조, 도로법시행령 제30조에 의한 도로관리비용 등의 부담자로서의 책임이 있고, 국가는 그 도로의 점유자 및 관리자, 관리사무 귀속자, 포장공사비용 부담자로서의 책임이 있다고 할 것이며, 이와 같이 광역시와 국가 모두가 도로의 점유자 및 관리자, 비용부담자로서의 책임을 중첩적으로 지는 경우에는, 광역시와 국가 모두가 국가배상법 제6조 제2항 소정의 궁극적으로 손해를 배상할 책임이 있는 자라고 할 것이고, 결국 광역시와 국가의 내부적인 부담 부분은, 그 도로의 인계·인수 경위, 사고의 발생 경위, 광역시와 국가의 그 도로에 관한 분담비용 등 제반 사정을 종합하여 결정함이 상당하다.

② 대법원 2015. 4. 23. 선고 2013다211834 판결

국가하천의 유지·보수 사무가 지방자치단체의 장에게 위임된 경우, 지방자치단체의 장은 국가기관의 지위에서 그 사무를 처리하는 것이므로, 국가는 국가배상법 제5조 제1항에 따라 영조물의 설치·관리 사무의 귀속주체로서 국가하천의 관리상 하자로 인한 손해를 배상하여야 한다. 국가가 국가하천의 유지·보수비용의 일부를 해당 시·도

---

84) 대법원은 일반국도에 대한 광역시장의 유지·관리사무의 법적 성격을 기관위임사무로 본다. 대법원 1993. 1. 26. 선고 92다2684 판결(도로법 제22조 제2항에 의하여 지방자치단체의 장인 시장이 국도의 관리청이 되었다 하더라도 이는 시장이 국가로부터 관리업무를 위임받아 국가행정기관의 지위에서 집행하는 것이므로 국가는 도로관리상 하자로 인한 손해배상책임을 면할 수 없다).

에 보조금으로 지급하였다면, 국가와 해당 시·도는 각각 국가배상법 제6조 제1항에 규정된 영조물의 설치·관리 비용을 부담하는 자로서 손해를 배상할 책임이 있다. 이와 같이 국가가 사무의 귀속주체 및 보조금 지급을 통한 실질적 비용부담자로서, 해당 시·도가 구 하천법 제59조 단서에 따른 법령상 비용부담자로서 각각 책임을 중첩적으로 지는 경우에는 국가와 해당 시·도 모두가 국가배상법 제6조 제2항 소정의 궁극적으로 손해를 배상할 책임이 있는 자에 해당한다.

2. 배상책임의 내용

국가배상법 제3조(^{배상})와 제3조의2(^{공제})는 공무원의 직무행위로 인한 손해배상의 기준에 관하여 규정하고 있으며, 이는 영조물의 설치나 관리의 하자로 인한 손해배상의 경우에도 준용된다(^{국가배상법 제5}_{조 제1항 후문}).

3. 국가배상법 제2조와 제5조의 경합

국가배상법 제2조와 제5조의 책임이 중복하여 발생한 경우 피해자는 어느 규정에 의해서도 배상을 청구할 수 있다. 즉, 제5조의 책임의 범위는 제2조에 의한 책임의 범위보다 넓으므로 제2조의 요건을 충족하는 범위 내에서는 제2조에 의한 책임과 제5조에 의한 책임이 경합하므로 선택적으로 청구할 수 있다.

제 2 장　행정상 손실보상

제 1 절　행정상 손실보상

I. 의 의

1. 전통적 견해

　행정상 손실보상이란 일반적으로 공공의 필요에 따른 적법한 공권력의 행사로 말미암아 사인(私人)에게 가하여지는 특별한 희생에 대하여 사유재산권의 보장과 전체적인 평등부담의 견지에서 행정주체가 행하는 조절적인 재산적 보상을 말하며, 행정상 손실보상은 공공의 필요에 의해 처음부터 국민의 사유재산권에 대한 부득이한 침해가 법률상 수권된 것으로서, 공행정작용 과정상 위법행위로 인한 행정상 손해배상과 구별된다고 설명하여 왔다.

　또한, 행정상 손실보상은 공권력의 행사로 인한 것이므로 그 보상은 공법적 성질을 가진다는 점에서 사법(私法)상 계약과 구별되며, 특정 개인이 입은 재산상 특별한 희생을 국민 전체의 공적 부담으로 조절해주는 보상이므로, 국민 모두가 부담하는 조세와 같은 일반적 부담이나 재산권 자체에 내재하는 사회적 제한에 대해서는 손실보상의 문제가 발생하지 않는다는 것이 행정상 손실보상에 관한 우리 학계의 일반적 설명이었다.[1]

　전통적으로 손해배상과 손실보상을 엄격히 구분하여야 한다는 견해의 논거를 살펴보면, ① 침해행위의 적법·위법을 엄격히 구분하여야 법치국가의 원리에 부합하는 것이며, ② 국가의 무과실책임은 국가배상법으로 수용하고, 손실보상제도는 국가의 적법행위에 국한시켜야 한다는 것이다.

대법원 2013. 6. 14. 선고 2010다9658 판결

　손실보상은 공공사업의 시행과 같이 적법한 공권력의 행사로 가하여진 재산상의 특별한 희생에 대하여 전체적인 공평부담의 견지에서 인정되는 것이므로, 공공사업의 시

---

1) 김남진/김연태(667면); 김동희(601면); 석종현/송동수(564면), 정형근(513면); 홍정선(858면) 등.

행으로 손해를 입었다고 주장하는 자가 보상을 받을 권리를 가졌는지의 여부는 해당 공공사업의 시행 당시를 기준으로 판단하여야 한다.

2. 사 견

전술한 손실보상에 대한 일반적 설명에는 다음과 같은 몇 가지 모순점이 있다.

첫째, 이미 전술한 바와 같이, 국가배상에서 말하는 위법성이라 함은 책임의 대상이 될 정도의 손해가 발생하였다고 하는 국가운영상의 흠을 말할 뿐이므로 객관적 법규범에 대한 위반을 말하는 것과는 개념상 서로 다르기 때문에, 침해행위의 적법·위법성 여부에 따라 손해배상과 손실보상을 구분하는 것은 타당하지 않다.

둘째, '수용' 개념의 범위에 있어 수용이 고전적인 소유권의 이전을 의미한다고 볼 때, ① 보상의 정도에 있어 상당보상주의를 택한다면 공익을 위한 불평등한 법관계이기 때문에 그 한도 내에서 손실보상의 개념이 유지될 수 있을 것이다. ② 그러나 완전보상주의를 택하여 강제매수에 따른 대금지급에 있어 어떠한 재산적 가치의 손해도 없거나 지극히 경미한 손해밖에 없는 정도라면, 대금지급의 문제는 사법(私法)상의 문제에 불과하기 때문에 행정법학에서 다룰 대상이 아니다.

뿐만 아니라 독일의 학설과 판례가 바이마르 시대로부터 1981년 7월 15일의 자갈채취 판결이 있을 때까지 '수용'의 범위를 소유권의 박탈뿐만 아니라 공용제한에 의한 재산상의 손해까지 포함시키는 것으로 이해한다면, 이것은 국가배상법의 법리에 의해 손해를 전보할 일이지 손실보상제도를 확대할 일이 아니다.

후술하는 수용유사침해(enteignungsgleicher Eingriff)란 그 용어가 주는 인상과는 달리 '실질적 수용'에 의한 침해를 의미하는 것인데,[2] 여기서 말하는 실질적 수용(expropriation matérielle)이란 그 손해의 정도가 수용에 버금간다는 뜻일 뿐, 그 침해의 성격은 '권리의 이전'이 아니라 '권리의 제한'이다. 즉 협의의 수용은 '재산권의 보장원칙'에 따라 보상해 주는 것으로서 이때의 보상은 수용의 전제조건이지만, 제한에 대한 보상은 평등의 원칙에 따라 보상해 주는 것으로 수용의 전제조건이 아니라 '침해의 결과'에 대한 국가의 재산적 책임의 문제인 것이다.

따라서 수용의 개념은 협의의 개념에 한정시켜야 하며, 우리나라 헌법 제23조 제3항에서 공공필요에 의한 재산권의 수용·사용 또는 제한에 대하여 동일한 보상

---

2) 이광윤, "공용제한 보상에 관한 비교법적 고찰", 성균관법학(제10권 제1호), 성균관대학교 법학연구소, 1999, 391-394면.

규정을 두고 있는 것은 입법상의 과오라고 평가된다. 그러므로 재산권의 제한에 대하여는 헌법과 국가배상법을 개정하여 국가배상법에서 공무원의 직무상 행위로 인한 국가의 무과실책임을 인정하도록 하여 수용개념과의 관련성을 단절시켜야 하며, 협의의 수용에 대한 보상은 완전보상주의를 취하고 있는 한 행정구제법의 대상이 아니므로 원칙적 완전보상주의를 취하고 있는 우리나라에서 더 이상 손실보상개념을 유지할 이유는 없어질 것이다.

Ⅱ. 근 거

1. 이론적 근거

손실보상의 이론적 근거에 관하여는 종래 기득권설,[3] 은혜설[4] 등이 논의되었으나, 오늘날에는 특별희생설이 통설적 견해로 소개되고 있다. 특별희생설이란 공익을 위하여 개인에게 부과된 특별한 희생은 이를 국민 전체의 부담으로 하여 보상하는 것이 정의와 공평에 합치된다는 견해이다.

특별희생설은 공평부담설과 그 맥을 같이 하는바, 전자는 재산권의 침해에, 후자는 보상의 부담에 중점을 둔 표현으로서, 특별희생설은 1794년 프로이센의 일반란트법 제74조[5]와 제75조[6]의 사상이 바이마르 헌법과 현행 독일 기본법에 계승되었다고 하며,[7] 공평부담설은 1789년 프랑스 '인간과 시민의 권리선언' 제13조[8]의 내용으로서, 정당하고도 사전적인 보상 아래에서만 재산권이 박탈될 수 있다는 표현이라고 한다.[9] 그러나 프랑스 '인간과 시민의 권리선언' 제13조는 협의의 수용과는 관련이 없는 무과실이론의 근거조항이므로, 여기서 설명하는 것은 매우 부적절하다.

---

3) 자연권으로서의 기득권은 불가침이라는 사상을 배경으로 재산권 역시 기득권에 포함되는바, 국가의 긴급사유에 의해 기득권을 침해할 경우에는 반드시 보상을 조건으로 허용된다는 견해이다. 그러나 오늘날 기득권 불가침의 원칙 자체가 지지를 받지 못하는 까닭에 이 견해는 타당성을 인정받지 못하고 있다.

4) 극단적인 공익 우선 및 국가권력 절대주의를 사상의 기조로 하여, 공익을 위하여 법률에 의한 국민의 재산권 침해를 당연시하였고, 따라서 이에 대한 보상은 국가가 배려하는 은혜에 불과하다는 견해이다.

5) 공공복리와 개인의 권리 사이에 충돌이 있는 경우에는 공공복리가 우선한다.

6) 제74조에 따라 자기의 특별한 권익이 희생된 자에게는 보상을 하여야 한다.

7) 홍정선(860면).

8) 공적 부담 앞의 평등원칙.

9) 한견우(629면).

2. 프랑스에서의 수용개념과 우리나라의 손실보상제도

1789년 프랑스 인권선언 제13조에 나타난 '공적 부담 앞의 평등의 원칙'이 우리나라에서는 위에서 살펴본 바와 같이 흔히 손실보상의 근거이론으로 인용되었으나, 프랑스에서는 우리의 손실보상에 해당하는 수용에 대한 보상은 보통법상의 금액 확정 이외의 의미가 없고, '공적 부담 앞의 평등의 원칙'은 무과실에 의한 행정책임 중에서 '공적 부담 앞의 평등에 대한 파기책임'의 기본이론으로 채택되고 있기 때문에, 우리나라 국가배상법 제5조에 의한 공물의 설치·관리상의 손해 중에서 사고에 의한 경우를 제외한 손해(이른바 ^{항상}
적 손해)에 대한 배상의 근거에 보다 가깝다고 할 것이다.

프랑스에서의 사전적 완전보상을 기본으로 하는 '수용'에 대한 금전보상은 프랑스 혁명의 부르주아적 성격으로 인하여 사적 소유권의 절대적 보호에 초점을 맞추고 있고, 이러한 사적 소유권이 공권력 작용에 의하여 이전되는 경우 공권력 행사 자체에 대하여는 합법성에 대한 통제와 행정책임에 의한 통제를 행하였으나, 보상 행위 자체는 보다 공평한 금액 확정이 되도록 하기 위하여 보통법상의 일반사법판사로 하여금 민사재판의 형태를 취하게 하고 있다. 즉, 프랑스에서의 수용보상은 특별한 희생을 강요하는데 대한 전체적인 공평부담의 견지에서 하는 조절적 보상이 아니라 일종의 강제매수에 따른 대금지불로 볼 수 있으며, 공법상의 무과실책임과는 관련이 없는 것이다.

결국 프랑스에서의 수용보상은 1789년 프랑스 인권선언 제13조[10]의 '공적 부담 앞의 평등의 원칙'에 따른 절차에 의한 것이 아니라, 제17조[11]의 '소유권의 신성불가침성과 사전적 정당보상원칙'에 따른 절차에 의하는 것이다.[12] 따라서 프랑스에서 유래한 위험책임이론의 존재가 행정상의 손해배상과 손실보상을 일원화시키는 중요한 요소로 간주되고 있는 경향에 대하여는 신중한 재검토가 요청된다고 하겠다.

---

10) 제13조: 군대와 행정의 지출을 위하여 공동의 부담이 필수적이다. 부담은 시민들의 능력에 따라 모든 시민에게 균등히 분담된다.

11) 제17조: 소유권은 신성불가침한 권리로 박탈될 수 없으며, 법률적으로 인정된 공통적 필요에 의하여 요구될 때에는 사전적 정당보상하에서만 가능하다.

12) "이 조항(공적 부담 앞의 평등의 원칙을 구체화한 1807년 9월 16일 법률 제30조)은 적용되지 아니하였다고 말할 수 있다. 왜냐하면 제재수단이 없었기 때문이며, 다른 한편으로는 소유권에 관한 일반개념에 부합하지 못했기 때문이다." Léon Duguit, Traité de Droit Constitutionnel, 3e éd., T.III, 1980, pp. 393-394.

3. 독일의 손실보상제도

독일에서는 손실보상과 국가배상을 비교할 때, 전통적으로 손실보상은 '공권력의 행사'라는 원인행위가 권력작용이므로 그 보상도 공법상의 권리인데 비하여, 국가 배상은 공무원의 사적 책임을 국가가 대위하여 배상해 주는 것을 본질로 하는 사법 상의 제도로 간주되어 왔다. 즉 손실보상제도는 중세 이후 관습적으로 발전되어 온 희생보상제도에 근거를 둔 것으로, 자연적 재산권 질서에 기초하여 획득된 신성불 가침한 기득권이 국가의 긴급한 필요에 의해 침해될 때, 이러한 침해는 특별한 희 생으로 공평부담의 원리에 의하여 보상되어야 한다는 것[13]이다.

여기서 손실보상제도가 공법적 성질을 가진다고 하는 이유는 ① 원인행위가 '공 권력의 행사'라고 하는 공법적 행위라는 점, ② 특별한 희생에 대한 공평부담의 견 지에서 행하는 조절적인 보상이므로 보상의 정도에 있어 완전보상일 필요는 없고 상당한 보상이면 족하기 때문에,[14] 이는 불평등한 법관계로서 공법적 성질을 가진 다는 점 때문이다.

그러나 원인행위가 공권력의 행사라고 하여 손실보상청구권까지도 공법적 성질 을 가지는 것으로 단정하기보다는 손실보상청구권 그 자체의 성질이 공법관계의 특 질을 지니는지를 살펴보아야 할 것이며,[15] 손실보상제도는 재산권을 보장하려는 제 도인바, 보장의 원칙으로서 사전적 완전보상제도를 택한다면 재산적 가치가 완전히 보장되기 때문에 기득권이 특별히 희생되었다고 볼 수 있을지도 의문이다.

4. 헌법 제23조 제3항의 효력

(1) 문제의 소재

헌법 제23조 제3항은 "공공필요에 의한 재산권의 수용·사용 또는 제한 및 그에 대한 보상은 법률로써 하되, 정당한 보상을 지급하여야 한다."고 규정함으로써 손실 보상의 헌법적 근거를 제시하고 있다.

그런데, 만약 법률에 공공필요에 따른 재산권의 침해에 관한 규정은 있으나 보 상에 대한 명시적 규정이 없는 경우, 보상청구가 가능할 것인가라는 문제가 발생한 다. 이는 결국 헌법 제23조 제3항의 '보상은 법률로써 하되'라는 부분을 어떻게 해

---

13) 정하중, "수용유사적 그리고 수용적 침해제도", 고시연구, 1994년 3월호, 90면.
14) 실제로 프러시아 일반 주법과 바이마르 헌법 모두 상당보상주의를 취하였다.
15) 김철용(765면).

석할 것인가의 문제이다. 이에 대해서는 견해가 대립하고 있다.

(2) 학설의 대립

1) 방침규정설

헌법상 동 규정은 입법자에 대한 방침을 정한 것에 불과하므로 보상에 관한 구체적 내용이 법률로써 정해져 있지 않으면 손실보상청구권이 성립하지 않는다는 견해이다. 사유재산의 보장을 헌법상 기본원칙으로 하고 있는 자유주의적 법치국가에서는 설득력이 없는 이론이다.

2) 직접효력설

재산권을 침해당한 국민은 헌법상 동 규정을 근거로 손실보상청구권을 행사할 수 있다는 견해로서, 헌법 제23조 제3항이 손실보상청구권의 직접적 근거가 된다는 입장이다.

3) 위헌무효설[16]

보상금 지급규정이 없는 법률은 위헌으로서 무효가 되며, 무효인 법률에 근거한 재산권 침해는 법적 근거가 없는 위법한 작용이므로 행정소송 또는 국가배상의 법리에 따라 해결할 수 있다는 견해이다. 그러나 현실적으로는 법률이 위헌무효인지를 판단할 수 있는 능력이 없는 공무원의 행위에서 과실을 발견하기가 어렵다는 지적이 있다. 물론, 전술한 바와 같이 과실의 개념을 객관화하거나, 위법의 개념을 '침해의 불법'으로 이해하려는 입장에서는 위와 같은 비판을 어느 정도 극복할 수 있을 것이다.

4) 유추적용설(간접효력설)

법률에 보상금 지급규정이 없는 경우에는 헌법 제23조 제1항(재산권)과 제11조(평등의무)를 이념으로, 헌법 제23조 제3항과 관계 법규정을 유추해석(적용)하여 보상하여야 한다는 견해이다. 이는 독일의 판례에 의해서 형성된 이른바 '수용유사침해이론'과 맥을 같이 한다.[17] 수용유사침해이론이란, 재산권의 침해행위가 위법한 것이기는

---

16) 위헌무효설은 헌법 제23조 제3항을 불가분조항(결부조항, 부대조항)으로 보는 것을 전제로 한다. 박균성(930면).

17) 유추적용설은 내용적으로는 ① 보상규정의 유추적용과 ② 수용유사침해이론이라는 이질적인 두 개의 법리를 구성요소로 하고 있다는 지적으로 김동희(611면). ①은 일반적인 법의 해석원리에 따른 것으로, 특정 재산권 침해에 대하여 보상규정을 두고 있지 않은 경우 이와 유사한 재산권 침해에 대하여 보상규정을 두고 있는 관계 법률의 규정을 유추적용한다는 것이다. 이에 대하여 손실보상의 법적

하나 만약 적법했더라면 그 내용 및 효과에 있어 수용에 해당했을 것이고, 그것이 사실상 관계인에게 특별한 희생을 부과한 것일 때에는 이러한 침해행위의 위법성에도 불구하고 이를 수용행위로 파악하여 보상하여야 한다는 이론이다.

5) 보상입법부작위위헌설

법률이 공공의 필요에 의한 재산권 침해를 규정하면서 보상규정을 두지 않는 경우, 재산권 침해를 규정한 당해 법률규정이 위헌으로 되는 것은 아니지만 보상규정을 두지 않은 입법부작위가 위헌이라는 견해이다.[18] 이에 따르면, 재산권을 침해당한 자는 보상입법부작위에 대하여 헌법소원을 제기하여야 한다.

(3) 판례의 태도

판례의 입장은 일관되어 있지 않다.

① 대법원 2011. 8. 25. 선고 2011두2743 판결

법률 제2292호 하천법 개정법률 제2조 제1항 제2호 (나)목 및 (다)목, 제3조에 의하면, 제방부지 및 제외지는 법률 규정에 의하여 당연히 하천구역이 되어 국유로 되는데도, 하천편입토지 보상 등에 관한 특별조치법(이하 '특별조치법'이라 한다)은 법률 제2292호 하천법 개정법률 시행일(1971. 7. 20.)부터 법률 제3782호 하천법 중 개정법률의 시행일(1984. 12. 31.) 전에 국유로 된 제방부지 및 제외지에 대하여는 명시적인 보상규정을 두고 있지 않다. 그러나 제방부지 및 제외지가 유수지와 더불어 하천구역이 되어 국유로 되는 이상 그로 인하여 소유자가 입은 손실은 보상되어야 하고 보상방법을 유수지에 관한 것과 달리할 아무런 합리적인 이유가 없으므로, 법률 제2292호 하천법 개정법률 시행일부터 법률 제3782호 하천법 중 개정법률 시행일 전에 국유로 된 제방부지 및 제외지에 대하여도 특별조치법 제2조를 유추적용하여 소유자에게 손실을 보상하여야 한다고 보는 것이 타당하다.

② 대법원 1999. 11. 23. 선고 98다11529 판결

정당한 어업허가를 받고 공유수면매립사업지구 내에서 허가어업에 종사하고 있던

근거와 관련하여 보상규정이 없는 경우란 관련 법규의 보상규정의 유추적용 자체가 불가능한 경우에 제기되는 문제로, 이와 관련하여 유추적용설은 헌법 제23조 제1항 및 제11조에 근거하며 '헌법 제23조 제3항'의 유추적용을 통해 보상을 청구할 수 있다고 하면서, 이는 수용유사침해의 법리에 따라 문제를 해결하려는 견해라고 하고 있다. 김동희(612면).

18) 김문현, "보상규정 없는 법률에 기한 수용적 재산권제한에 대한 권리구제방법", 고시연구, 2000년 8월호, 23면. 이는 우리 헌법 제23조 제3항이 독일 기본법 제14조 제3항과는 문언상 차이가 있으므로 불가분조항(결부조항, 부대조항)이 아니라는 점을 근거로 한다.

어민들에 대하여 손실보상을 할 의무가 있는 사업시행자가 손실보상의무를 이행하지 아니한 채 공유수면매립공사를 시행함으로써 실질적이고 현실적인 침해를 가한 때에는 불법행위를 구성하는 것이고, 이 경우 허가어업자들이 입게 되는 손해는 그 손실보상금 상당액이다.

③ 헌법재판소 1994. 12. 29.자 89헌마2 결정

우리 헌법은 제헌 이래 현재까지 일관하여 재산의 수용, 사용 또는 제한에 대한 보상금을 지급하도록 규정하면서 이를 법률이 정하도록 위임함으로써 국가에게 명시적으로 수용 등의 경우 그 보상에 관한 입법의무를 부과하여 왔는바, 해방 후 사설철도회사의 전 재산을 수용하면서 그 보상절차를 규정한 군정법령 제75호에 따른 보상절차가 이루어지지 않은 단계에서 조선철도의통일폐지법률에 의하여 위 군정법령이 폐지됨으로써 대한민국의 법령에 의한 수용은 있었으나 그에 대한 보상을 실시할 수 있는 절차를 규정하는 법률이 없는 상태가 현재까지 계속되고 있으므로, 대한민국은 위 군정법령에 근거한 수용에 대하여 보상에 관한 법률을 제정하여야 하는 입법자의 헌법상 명시된 입법의무가 발생하였으며, 위 폐지법률이 시행된 지 30년이 지나도록 입법자가 전혀 아무런 입법조치를 취하지 않고 있는 것은 입법재량의 한계를 넘는 입법의무불이행으로서 보상청구권이 확정된 자의 헌법상 보장된 재산권을 침해하는 것이므로 위헌이다.

④ 헌법재판소 1998. 12. 24.자 89헌마214 등 결정

도시계획법 제21조에 규정된 개발제한구역제도 그 자체는 원칙적으로 합헌적인 규정인데, 다만 개발제한구역의 지정으로 말미암아 일부 토지소유자에게 사회적 제약의 범위를 넘는 가혹한 부담이 발생하는 예외적인 경우에 대하여 보상규정을 두지 않은 것에 위헌성이 있는 것이고, 보상의 구체적 기준과 방법은 헌법재판소가 결정할 성질의 것이 아니라 광범위한 입법형성권을 가진 입법자가 입법정책적으로 정할 사항이므로, 입법자가 보상입법을 마련함으로써 위헌적인 상태를 제거할 때까지 위 조항을 형식적으로 존속케 하기 위하여 헌법불합치결정을 하는 것인바, 입법자는 되도록 빠른 시일 내에 보상입법을 하여 위헌적 상태를 제거할 의무가 있고, 행정청은 보상입법이 마련되기 전에는 새로 개발제한구역을 지정하여서는 아니되며, 토지소유자는 보상입법을 기다려 그에 따른 권리행사를 할 수 있을 뿐 개발제한구역의 지정이나 그에 따른 토지재산권의 제한 그 자체의 효력을 다투거나 위 조항에 위반하여 행한 자신들의 행위의 정당성을 주장할 수는 없다.

⑤ 헌법재판소 1999. 1. 28.자 97헌마9 결정

[1] 헌법소원은 헌법재판소법 제68조 제1항에 규정한 바와 같이 공권력의 불행사에 대하여서도 청구할 수 있지만, 입법부작위에 대한 헌법소원은 원칙적으로 인정될 수 없

고, 다만 헌법에서 기본권 보장을 위해 명시적인 입법위임을 하였음에도 입법자가 이를
이행하지 않거나, 헌법해석상 특정인에게 구체적인 기본권이 생겨 이를 보장하기 위한
국가의 행위의무 내지 보호의무가 발생하였음이 명백함에도 입법자가 아무런 입법조치
를 취하지 않고 있는 경우에만 예외적으로 인정될 수 있다. 기본권 보장을 위한 법규정
이 불완전하여 보충을 요하는 경우에는 그 불완전한 법규 자체를 대상으로 하여 그것이
헌법위반이라는 적극적인 헌법소원을 청구함은 별론으로 하고, 입법부작위를 헌법소원
의 대상으로 삼을 수는 없다.

[2] 구 도시계획법 제21조에 의하여 개발제한구역이 지정됨으로 인하여 재산권이 제
한된 자에 대하여 정당한 보상을 지급하는 법률을 제정하지 아니한 것이 위헌이라는 헌
법소원 심판청구는 이른바 부진정입법부작위에 해당하는 것이므로, 헌법소원의 대상으
로 할 수 없는 입법부작위를 그 대상으로 한 것으로서 부적법하다.[19]

(4) 소 결

직접효력설은 문리해석상 무리가 있을 뿐만 아니라 특별희생 여부를 입법자가
정하지 않은 경우에 법원이 이를 정해야 한다는 것인데, 현행 헌법의 해석상 불가
능하다. 보상은 법률로써 정하도록 규정한 제4공화국 헌법 이후부터 법률에서 보상
을 규정하지 아니한 손실보상을 법원은 일관되게 인정하지 않고 있다.[20]

유추적용이란 논리상 법률이 존재하고 당해 법률에 흠결이 있는 경우에 이와 유
사한 법률을 대신 적용하여 그 흠결을 메우기 위한 것인데, 헌법이 법률의 유추근
거가 된다는 것은 논리적으로 타당하지 않다. 또한 법률이 보상의 구체적 방법 등
을 결여하고 있는 경우에 유사 법률로부터는 유추적용이 가능하지만, 보상의 근거
자체를 유사 법률로부터 유추적용한다는 것은 불가능하다.

생각건대, 헌법 제23조 제3항은 불가분조항(부대조항)의 성격을 가진다고 보기
어려우므로,[21] 법률에서 보상의 근거를 규정하지 않은 경우 국민의 재산권을 지키

---

19) 이에 대하여는 "구 도시계획법 제21조가 정한 개발제한구역의 지정은 토지소유자에 대하여 특
별한 희생을 강요하는 경우로써 헌법 제23조 제3항 소정의 재산권의 제한과 정당한 보상에 관한 두
가지 입법사항에 속하는 문제라 할 것이나, 구 도시계획법 제21조의 규정은 재산권의 제한에 관한 입
법사항만을 규정하고 있을 뿐 그 제한으로 인한 정당한 보상에 관한 입법사항에 관하여서는 전혀 규
정하고 있지 아니하며 구 도시계획법의 어느 조항에서도 위 입법사항을 규정한 바가 없다. 따라서 이
경우는 여러 입법사항 중 일부의 입법사항에 대하여서는 규율하고 있으나 나머지 일부의 입법사항에
대하여서는 전혀 규율하고 있지 아니한 경우로서 이른바 (다수의견의 2분법으로 지칭하고 있는) 진정
입법부작위의 경우에 해당하여 이를 심판대상으로 한 헌법소원 심판청구는 적법하다."는 반대의견이
제시되었다.

20) 김철용(762면). [판례] 토지소유자가 그 소유토지를 도로로 개설하여 점유사용하고 있는 지방자
치단체에 대하여 손실보상을 청구하려면 개정헌법 20조 3항의 규정에 의하여 그 손실보상의 기준과
방법을 정한 법률에 의하여서만 가능하다(대법원 1976. 10. 12. 선고 76다1443 판결).

는 보다 현실적인 방법은 헌법재판소에 보상입법부작위에 대한 헌법소원을 청구함으로써 해결하는 것이다. 이를 통해 위헌결정을 받은 다음, 입법자가 법률을 개정하여 보상의 근거를 마련하면 그에 따라 보상을 받을 수 있을 것이다. 이에 대해서는 피해자 구제의 측면에서 우회적인 방식이라는 비판이 있으나, 헌법 제23조 제3항이 보상에 관하여 입법자가 법률로써 정하도록 규정하고 있는 이상 불가피하다.

헌법 제23조 제3항의 효력에 대한 견해의 대립은 궁극적으로 보상의 근거가 없는 법률에 의하여 국민의 재산권이 침해된 경우에 그 구제방법은 무엇인가라는 것에서 출발한 것이므로, 그 문제의 해결 역시 헌법규정의 효력이 직접효력인가 유추적용가능인가를 따지는 헌법의 해석론에 의존하기보다는 현실적인 구제가능한 방법을 제시하는 것이 타당할 것이다.

5. 경계이론과 분리이론

(1) 이론의 개관

1) 독일의 논의상황

독일 기본법 제14조 ① 재산권과 상속권은 보장된다. 그 내용과 한계는 법률로 정한다.
② 재산권은 의무를 수반한다. 그 행사는 동시에 공공의 복지에 기여하여야 한다.
③ 수용은 공공의 복지를 위해서만 허용된다. 수용은 보상의 종류와 범위를 정한 법률로써 또는 그러한 법률에 근거해서만 행하여질 수 있다. 보상은 공공의 이익과 당사자의 이익을 공정하게 형량하여 정하여야 한다. 보상액에 대해 다툼이 있는 때에는 일반 법원에 제소할 수 있다.

보상에 관한 규정이 없는 수용법률에 의하여 국민의 재산권이 침해된 경우에 법원이 판결로서 직접 보상을 해줄 수 있는 것인가? 독일에서는 후술하는 수용유사침해이론 등을 적용하여 보상이 가능하다고 보는 것이 독일 연방대법원(^{BGH}) 판례의 태도이다. 이러한 독일 판례의 태도, 즉 수용유사침해이론 등이 과연 타당한 것인가라는 의문을 일부 학자들이 제기하였고, 이러한 문제의식 중의 하나로 독일 연방헌법재판소의 판례를 통해 이른바 '분리이론'이 등장하게 되었다.

독일에서 재산권에 대한 사회적 제약과 수용의 구별은 특별한 희생이 있었는가의 여부에 따라 결정된다는 지금까지의 일반적 견해를 경계이론($^{Schwellen}_{Theorie}$)이라 하고,[22]

---

21) 김남진/김연태(683면).
22) 경계이론에 따르면, 재산권의 내용과 한계를 정한 법률이 사회적 제약의 범위를 넘어 특별한 희생을 야기하는 경우 그러한 사회적 제약을 넘는 모든 재산권 침해는 (넓은 의미의) 수용에 해당하는 것으로 본다(확장된 수용개념).

이에 반하여 재산권의 사회적 제약은 재산권의 '내용규정'이며, 재산권의 박탈을 의미하는 '수용규정'과는 서로 다른 법체계라고 이해하는 입장을 분리이론($^{Trennung}_{Theorie}$)이라한다.[23]

2) 우리나라의 경우

> **헌법 제23조** ① 모든 국민의 재산권은 보장된다. 그 내용과 한계는 법률로 정한다.
> ② 재산권의 행사는 공공복리에 적합하도록 하여야 한다.
> ③ 공공필요에 의한 재산권의 수용·사용 또는 제한 및 그에 대한 보상은 법률로써 하되, 정당한 보상을 지급하여야 한다.

우리나라에서도 전술한 독일 이론의 영향을 받아 헌법 제23조의 해석론으로 경계이론과 분리이론이 대립하고 있다.

경계이론이란 헌법 제23조 제1항, 제2항과 제3항을 하나의 카테고리로 이해하고, 다만 재산권의 침해정도에 따라 사회적 제약과 '수용 등'[24]이 구별될 뿐이라는 것이다. 결국 양자는 하나의 연속선상에 있는 것으로서, 침해의 정도가 수인한도를 넘어 가혹한 부담이 발생하는 경우에는 일반적 사회적 제약을 넘는 '수용 등'에 해당하고, 보상규정의 흠결에도 불구하고 직접 보상이 있어야 한다는 것이다.

반면에 분리이론은 헌법 제23조 제1항과 제2항은 재산권의 내용을 확정하여 사회적 제약을 규정한 일반·추상적인 '내용규정'으로서, 재산권의 내용을 정하는 법률이 법의 일반원칙($^{비례원}_{칙 등}$)을 위반한 경우에는 위헌법률이 되고 이러한 위헌성을 제거하기 위해서는 보상규정[25]을 마련해야 함에 반하여, 헌법 제23조 제3항은 재산권의 박탈에 대한 개별·구체적인 '수용규정'으로서, 수용에 관한 법률이 수용의 요건($^{공공필요, 보상규정}_{의 존재 여부 등}$)을 충족하지 못하는 경우에는 위헌법률이 된다는 것이다. 즉, 재산권의 내용규정과 수용규정은 입법의 형식과 그 목적에 따라 구분된다고 본다. 분리이론에 따를 경우, 보상규정이 없는 수용법률에 의해 재산권을 침해당한 경우에는 취소소송 등을 제기한 후 위헌법률심판제청신청을 통하여 위헌결정을 유도하고 입법적해결이 선행된 다음에야 비로소 보상이 가능하게 되는데, 이는 이른바 '존속보장적사고'를 배경으로 하고 있는 것이다. 소위 '분리이론'을 적용하였다고 주장하는 대표적인 판례는 다음과 같다.

---

23) 분리이론에서는 독일 기본법 제14조 제3항의 수용에 대해 공공필요에 의하여 특정 재산을 의도적으로 박탈하는 형식적 의미로 이해한다(좁은 의미의 수용).
24) 헌법 제23조 제3항의 문언상 재산권의 '수용'뿐만 아니라 '사용' 또는 '제한'이 포함된다.
25) 금전보상뿐만 아니라 매수청구권 등과 같은 기타 간접적 보상규정이라도 무관하다.

① 헌법재판소 1998. 12. 24.자 89헌마214 등 결정

입법자가 도시계획법 제21조를 통하여 국민의 재산권을 비례의 원칙에 부합하게 합헌적으로 제한하기 위해서는, 수인의 한계를 넘어 가혹한 부담이 발생하는 예외적인 경우에는 이를 완화하는 보상규정을 두어야 한다. 이러한 보상규정은 입법자가 헌법 제23조 제1항 및 제2항에 의하여 재산권의 내용을 구체적으로 형성하고 공공의 이익을 위하여 재산권을 제한하는 과정에서 이를 합헌적으로 규율하기 위하여 두어야 하는 규정이다. 재산권의 침해와 공익간의 비례성을 다시 회복하기 위한 방법은 헌법상 반드시 금전보상만을 해야 하는 것은 아니다. 입법자는 지정의 해제 또는 토지매수청구권제도와 같이 금전보상에 갈음하거나 기타 손실을 완화할 수 있는 제도를 보완하는 등 여러 가지 다른 방법을 사용할 수 있다.

② 헌법재판소 2004. 10. 28.자 2002헌바41 결정

이 사건 금지조항은 초등학교 교육의 능률화를 기하기 위하여 정화구역 안에 여관시설과 영업을 금지함으로써 재산권의 사회적 제약을 구체화하는 입법이라고 할 수 있으므로, 이는 공익목적을 위하여 개별적·구체적으로 이미 형성된 구체적 재산권을 박탈하거나 제한하는 것으로서 보상을 요하는 헌법 제23조 제3항 소정의 수용·사용 또는 제한과는 구별된다. 건물의 소유주로서는 건물을 "여관" 이외의 다른 용도로는 사용할 수 있으므로 건물의 기능에 합당한 사적인 효용성은 그대로 유지된다고 할 것이고, 기존시설에 대하여 5년간 여관업을 계속할 수 있도록 경과규정을 두고 있는 점에 비추어 여관영업권에 대하여 별도의 보상적 조치를 두지 않았다고 하더라도 이를 재산권에 내재하는 사회적 제약의 범주를 넘었다고 할 수는 없으므로, 이 사건 금지조항은 재산권을 침해하지 않는다.

그러나 이러한 분리이론에 대해서는 여러 가지 비판이 있는바, 이를 정리하면 다음과 같다. ① 분리이론은 위헌성 판단의 이론이지 수용보상의 문제가 아니다. ② 사회적 제약과 공용침해가 과연 일반·추상 및 개별·구체의 기준으로 명확히 구분될 수 있는지 의심스럽다. ③ 내용규정과 수용규정이 입법자의 결정에 따라 형식적으로 결정된다고 하나, 복잡한 정책환경의 변화를 고려할 때 재산권 제한이 '수용적 효과'를 초래할지의 여부를 입법단계에서 예견하기가 어렵다. ④ 독일 기본법은 제14조 제3항에서 수용만을 규정하고 있음에 반하여, 우리 헌법은 제23조 제3항에서 수용·사용·제한에 대한 정당한 보상을 규정하고 있는바, 독일에서와 같이 모든 '제한'을 재산권의 내용규정으로 보고, 이는 보상이 필요한 수용과 완전히 분리된다는 이론이 적용되기가 어렵다.[26]

(2) 종합적 사견

분리이론은 ① 재산권 침해의 원인행위의 적법성 여부에 따라 손해전보제도를 구분하는 것의 부당성, ② 공공필요에 의한 재산권의 수용·사용·제한을 손실보상이라는 하나의 법리로 설명할 때 발생하는 불합리성, ③ 우리나라 헌법 제23조 제3항이 이른바 결부조항이 아니라는 점 등으로 인하여 우리 헌법 제23조의 해석에 적용하는 것은 곤란하다. 특히 독일의 기본법규정은 제14조 제1항(일반권을)과 제2항 (재산권에)은 내용규정으로, 제3항은 수용규정(보상의 종류와)으로 분리가 가능한데 비하여, 대한민국 헌법 제23조는 내용규정과 수용규정이 분리되지 않고 제3항속에 함께 포함되어 있다.

명백한 문언상의 차이에도 불구하고 우리 헌법 제23조 제3항을 결부조항으로 해석하는 것은 학문적 사대주의의 표현일 가능성이 높다고 본다. 더구나 "재산권의 수용·사용 또는 제한"규정마저도 독일에서의 협의의 수용으로 해석하는 견해에 대하여는 협의의 수용이 뜻하는 '사소유권의 공소유권에로의 이전'의 의미를 이해하고 있는지 의심스럽다. 그럼에도 불구하고 헌법재판소의 다수의견이 독일의 분리이론을 채택하여 도시계획제한에 대한 위헌판단의 준거로 헌법 제23조 제3항을 배제한 것은 이해할 수 없다.

우리나라에 있어서의 도시계획제한에 대하여는 헌법 제23조 제1항 제2문의 재산권의 내용 및 한계규정뿐만 아니라 제23조 제3항도 동시에 적용되어야 하며, 제23조 제3항은 보상의 요부를 입법형성권에 맡기고 있으므로 헌법 제23조에 관한 한 위헌의 문제가 등장할 여지가 없다.

분리이론이 제기된 배경은 보상규정의 흠결이 있는 법률에 의하여 재산권을 침해당한 경우에 이를 해결하기 위한 논의에서 출발하였다고 앞에서 설명하였다. 그런데 문제는 앞에서 여러 차례 설명한 바와 같이 '수용에 대한 보상의 문제'와 '재산권 침해에 대한 국가책임의 문제'를 분리해서 생각하지 아니하고 수용에 대한 보상의 법리를 확대 적용하려다 보니 경계이론이니 분리이론이니 하는 문제가 제기되었다고 볼 수 있다.

공용제한에 대하여 보상을 하는 경우는 공용제한의 효과가 수인의 범위를 넘는 특별한 희생 또는 불평등을 초래하였다고 볼 때이다. 따라서 이러한 행정작용의 결과로 야기된 특별한 희생으로서의 불평등에 대한 보상은, 수용의 전제조건으로서

---

26) 김철용, "개발제한구역의 지정과 손실보상", 한국행정판례연구회 제150차 발표회의 자료집, 7-8면.

개인의 소유권을 보장하기 위해 강제매수의 대가로 박탈된 재산에 대한 대금지불을 하는 '협의의 수용'의 문제가 아니라, 국가의 '재산적 책임'의 문제이다. 이처럼 수인의 한도를 넘는 재산권 침해의 문제를 국가책임의 법리로 해결한다면 경계이론 또는 분리이론 등의 논쟁은 불필요한 것이다.[27)]

Ⅲ. 요 건

손실보상은 ① 공공필요에 따라 ② 타인의 재산권에 대한 ③ 적법한 공권적 침해로 인하여 ④ 개인에게 발생한 특별한 희생을 성립요건으로 한다.

1. 공공필요

공공필요란 도로·항만건설 등과 같은 특정한 공익사업뿐만 아니라 공공복리 또는 공공목적을 위한 경우를 모두 포함하는 개념이다. 헌법 제23조 제3항은 재산권수용의 주체를 국가·지방자치단체·공공단체에 한정하지 않고 있으므로 민간기업도 수용의 주체가 될 수 있다.

① 헌법재판소 2009. 9. 24.자 2007헌바114 결정

헌법 제23조 제3항은 정당한 보상을 전제로 하여 재산권의 수용 등에 관한 가능성을 규정하고 있지만, 재산권 수용의 주체를 한정하지 않고 있다. 위 헌법조항의 핵심은 당해 수용이 공공필요에 부합하는가, 정당한 보상이 지급되고 있는가 여부 등에 있는 것이지, 그 수용의 주체가 국가인지 민간기업인지 여부에 달려 있다고 볼 수 없다. 또한 국가 등의 공적 기관이 직접 수용의 주체가 되는 것이든 그러한 공적 기관의 최종적인 허부판단과 승인결정 하에 민간기업이 수용의 주체가 되는 것이든, 양자 사이에 공공필요에 대한 판단과 수용의 범위에 있어서 본질적인 차이를 가져올 것으로 보이지 않는다. 따라서 위 수용 등의 주체를 국가 등의 공적 기관에 한정하여 해석할 이유가 없다.

오늘날 산업단지의 개발에 투입되는 자본은 대규모로 요구될 수 있는데, 이러한 경우 산업단지개발의 사업시행자를 국가나 지방자치단체로 제한한다면 예산상의 제약으로 인해 개발사업의 추진에 어려움이 있을 수 있고, 만약 이른바 공영개발방식만을 고수할 경우에는 수요에 맞지 않는 산업단지가 개발되어 자원이 비효율적으로 소모될 개연성도 있다. 또한 기업으로 하여금 산업단지를 직접 개발하도록 한다면, 기업들의 참여를 유도할 수 있는 측면도 있을 것이다. 그렇다면 민간기업을 수용의 주체로 규정한

---

27) 이광윤(행정법이론, 241-251면).

자체를 두고 위헌이라고 할 수 없으며, 나아가 이 사건 수용조항을 통해 민간기업에게 사업시행에 필요한 토지를 수용할 수 있도록 규정할 필요가 있다는 입법자의 인식에도 합리적인 이유가 있다 할 것이다.

② 헌법재판소 2014. 10. 30.자 2011헌바172 등 결정

[1] 헌법 제23조 제3항에서 규정하고 있는 '공공필요'는 "국민의 재산권을 그 의사에 반하여 강제적으로라도 취득해야 할 공익적 필요성"으로서, '공공필요'의 개념은 '공익성'과 '필요성'이라는 요소로 구성되어 있는바, '공익성'의 정도를 판단함에 있어서는 공용수용을 허용하고 있는 개별법의 입법목적, 사업내용, 사업이 입법목적에 이바지 하는 정도는 물론, 특히 그 사업이 대중을 상대로 하는 영업인 경우에는 그 사업 시설에 대한 대중의 이용·접근가능성도 아울러 고려하여야 한다. 그리고 '필요성'이 인정되기 위해서는 공용수용을 통하여 달성하려는 공익과 그로 인하여 재산권을 침해당하는 사인의 이익 사이의 형량에서 사인의 재산권 침해를 정당화할 정도의 공익의 우월성이 인정되어야 하며, 사업시행자가 사인인 경우에는 그 사업 시행으로 획득할 수 있는 공익이 현저히 해태되지 않도록 보장하는 제도적 규율도 갖추어져 있어야 한다. 그런데 이 사건에서 문제된 지구개발사업의 하나인 '관광휴양지 조성사업' 중에는 고급골프장, 고급 리조트 등(이하 '고급골프장'
등이라 한다)의 사업과 같이 입법목적에 대한 기여도가 낮을 뿐만 아니라, 대중의 이용·접근가능성이 작아 공익성이 낮은 사업도 있다. 또한 고급골프장 등 사업은 그 특성상 사업 운영 과정에서 발생하는 지방세수 확보와 지역경제 활성화는 부수적인 공익일 뿐이고, 이 정도의 공익이 그 사업으로 인하여 강제수용 당하는 주민들의 기본권침해를 정당화할 정도로 우월하다고 볼 수는 없다.

따라서 이 사건 법률조항은 공익적 필요성이 인정되기 어려운 민간개발자의 지구개발사업을 위해서까지 공공수용이 허용될 수 있는 가능성을 열어두고 있어 헌법 제23조 제3항에 위반된다.[28]

[2] 헌법재판소가 이 사건 법률조항에 대하여 위헌결정을 선고하면, 공공필요성이 있는 지구개발사업 시행을 위한 민간개발자의 공공수용까지 허용되지 않는 결과가 되어 입법목적을 달성하기 어려운 법적 공백과 혼란이 예상되므로, 헌법불합치결정을 하

---

28) [재판관 박한철, 재판관 김창종, 재판관 강일원의 반대의견] 헌법재판소는 이미 여러 차례 민간사업자에게 수용권을 주는 조항 자체는 합헌이라고 결정하였고, 민간개발자에게 관광단지 조성을 위하여 토지 수용권을 부여한 관광진흥법 조항을 합헌으로 결정하면서 공공의 필요성을 인정하였다(헌재 2013. 2. 28. 2011헌바250). 관광단지 조성사업에 대해서 공공의 필요성을 인정할 수 있는 이상, 이미 지역균형개발법상 개발촉진지구개발계획에 포함됨으로써 공익성이 있다고 평가받은 지구개발사업으로서의 관광휴양지 사업에 대해서도 마땅히 공공의 필요성을 인정할 수 있다. 이 사건 법률조항은 공익목적을 위해 개발사업을 시행함에 있어 민간기업이 사업시행에 필요한 경우 토지를 수용할 수 있도록 규정할 필요가 있는 점, 수용에 요구되는 공공의 필요성 등에 대한 최종적인 판단권한이 국가와 같은 공적 기관에게 유보되어 있는 점, 공익성이 해태되지 않도록 보장하려는 제도적 장치를 갖추고 있는 점에서 헌법 제23조 제3항이 요구하는 '공공의 필요성'을 갖추고 있다.

되 이 사건 법률조항은 입법자가 개정할 때까지 계속 적용하기로 한다.

2. 재산권

손실보상의 요건으로서 재산권이란 법에 의해 보호되고 있는 일체의 재산적 가치 있는 권리를 말하며, 물권·채권·무체재산권과 같은 사법상 권리뿐만 아니라 공법상 권리도 포함된다. 그러나 여기서 재산적 가치의 의미는 현존하는 구체적 재산가치만을 의미하는 것으로, 기대이익과 같은 장래의 가치는 제외된다. 특히 판례는 자연 문화적인 학술가치는 특별한 사정이 없는 한, 손실보상의 대상이 되지 않는다는 입장이다.

대법원 1989. 9. 12. 선고 88누11216 판결

문화적, 학술적 가치는 특별한 사정이 없는 한 그 토지의 부동산으로서의 경제적, 재산적 가치를 높여 주는 것이 아니므로 토지수용법 제51조 소정의 손실보상의 대상이 될 수 없으니, 이 사건 토지가 철새 도래지로서 자연 문화적인 학술가치를 지녔다 하더라도 손실보상의 대상이 될 수 없다.

3. 적법한 공권적 침해

(1) 공권적 침해

공권적 침해란 공행정작용에 의한 강제적 침해를 의미한다. 헌법 제23조 제3항은 손실보상의 대상이 되는 공권적 침해의 전형적 유형으로 수용·사용·제한을 규정하고 있다. 여기서 ① '수용'이란 재산권의 박탈을, ② '사용'이란 재산권의 박탈에 이르지 아니하는 일시적 사용을, ③ '제한'이란 재산권자의 사용·수익에 대한 제한을 말한다.

(2) 침해의 적법성

손실보상이 인정되기 위해서는 공권적 침해가 법률에 근거하여 적법하게 이루어져야 한다. 나아가 개인의 재산권에 대한 공권적 침해는 공권력 주체에 의하여 의욕되고 지향되었거나 적어도 상대방의 재산상 손실에 대한 직접적인 원인이 되어야 한다.[29]

---

29) 이를 '침해의 직접성'이라고 하며, 엄격한 의미의 공용침해와 수용적 침해를 구분하는데 중요한 의미를 가진다고 한다. 김남진/김연태(677면).

대법원 1981. 10. 13. 선고 81다932 판결

피고 시가 원고 소유 토지를 법률상 원인 없이 사실상 도로로 사용하는 경우에는 도시계획법 또는 도로법의 규정에 의한 피고의 어떠한 처분 또는 제한으로 인하여 원고가 어떠한 손실을 입은 것이 아니므로 원고에게 부당이득반환청구권이 있음은 별론으로 하고, 도로법 제79조에 의한 손실보상청구권이 없다.

4. 특별한 희생

공용침해가 성립하기 위해서는 재산권에 대한 특별한 희생으로서의 손해가 발생하여야 한다. 그러나 재산권에 대하여 가해진 침해가 통상적인 '재산권의 사회적 제약'에 불과한 것인지, 아니면 이를 넘어서는 '특별한 손해'에 해당하는 것인지가 반드시 명확한 것만은 아니다. 재산권에 대한 침해가 전자에 해당할 경우에는 보상의 문제가 발생하지 않으므로 이는 매우 중요한 문제이다. 양자의 구별에 관한 학설상 논란은 재산권의 사회적 제약과 공용침해의 구별기준에 대하여 '경계이론'을 취할 때 문제된다.[30] 이는 특히 재산권에 대한 '제한'과 관련하여 의미가 있다.[31]

(1) 형식적 표준설

피해자의 인적 범위를 기준으로 피해자가 대다수의 일반 국민인지, 아니면 특정인 또는 특정 범위의 소수인지에 따라 사회적 제약과 특별한 희생을 구별하는 견해이다. 이 이론은 독일 연방대법원([BGH])의 판례를 통해 발전하였다.[32]

(2) 실질적 표준설

1) 수인한도설

재산권 침해의 정도가 상대방의 수인한도를 넘는 경우를 특별한 희생으로 보는 입장이다.

2) 사적 효용설

당해 재산권 본래의 개인적 효용이 본질적으로 침해당한 경우를 특별한 희생으

---

30) 김남진/김연태(683면).
31) 재산권의 수용과 사용의 경우 일반적으로 특별한 희생에 해당한다고 보기 때문에 법률에서 대부분 보상규정을 두고 있으나, 제한의 경우 사회적 제약의 범위 내인지 특별한 희생에 해당하는지 여부가 불명확한 경우가 많기 때문이다.
32) 이일세(638면).

로 이해하는 견해이다.

3) 목적위배설

재산권의 본래 목적과 기능을 침해당한 경우를 특별한 희생으로 보는 입장이다. 예컨대, 부동산투기억제를 위한 부동산거래제한이나 주택보급향상을 위한 임대강제 등은 부동산 본래의 기능을 침해한 것이 아니므로 특별한 희생이 아닌 반면에, 도로 확충을 위한 농지수용은 농지의 본래 기능을 침해한 것으로서 특별한 희생이 된다.

4) 보호가치설

재산권을 보호가치가 있는 것과 보호가치가 없는 것으로 나누어, 전자에 대한 침해만을 특별한 희생으로 보는 견해이다.

5) 중대설

재산권 침해의 중대성과 침해가 미치는 범위에 비추어 사인이 수인할 수 없는 침해에 대해서만 공용침해가 성립한다는 견해이다.

(3) 사회적(상황적) 구속설

실질적 표준설이 침해의 성질에 중점을 두고 사회적 제약과 특별한 희생의 기준을 찾으려 하는 것과는 달리, 사회적 구속설은 재산권의 사회적 제약에 초점을 맞추어 이를 넘어서는 제약만을 공용침해로 보아 보상을 해주어야 한다는 견해이다. 다시 말해서, 당해 토지가 놓여있는 위치나 상황에 따라 사회적 구속에 차이가 있는 것이므로 보상 여부를 결정할 때 이러한 구체적 상황을 고려하여야 한다는 것이다. 예컨대, 도시근교녹지의 개발을 제한하는 것은 당해 토지가 놓여 있는 위치나 상황에 비추어 볼 때 사회적 구속성이 강한 것으로서 특별한 희생이 아니다.

(4) 판 례

헌법재판소 1998. 12. 24.자 89헌마214 등 결정

개발제한구역 지정으로 인하여 토지를 종래의 목적으로도 사용할 수 없거나 또는 더 이상 법적으로 허용된 토지이용의 방법이 없기 때문에 실질적으로 토지의 사용·수익의 길이 없는 경우에는 토지소유자가 수인해야 하는 사회적 제약의 한계를 넘는 것으로 보아야 한다.

(5) 소 결

위 학설들은 나름대로 타당한 근거를 가지고 있으므로 재산권의 사회적 제약과 특별한 희생의 구별은 어느 하나의 입장만을 고수할 것이 아니라 구체적 사안에서 이들을 상호보완적으로 적용하여 판단하여야 할 것이다. 판례는 공공사업의 시행 당시를 기준으로 손실보상청구권의 유무($^{특별한}_{희생}$)를 판단하고 있다.[33]

Ⅳ. 내 용

1. 손실보상의 기준

(1) 완전보상설

침해로 인하여 피침해재산의 경제적 가치에 증감이 없도록 완전히 보상하여야 한다는 견해로서 미국 연방헌법 수정 제5조의 '정당한 보상'($^{just}_{compensation}$) 규정과 프랑스 인권선언의 '정당한 보상'($^{juste}_{indemnisation}$) 규정에서 유래하였는바, 우리나라 통설 및 판례의 입장이기도 하다. 이는 다시 ① '경제적 가치'를 객관적 교환가치(^{시가})만으로 이해하는 객관적 가치보상설과 ② 부대적 손실($^{영업손실·이전료·}_{소수잔존자보상 등}$)을 포함하는 것으로 이해하는 전부보상설로 견해가 나누어져 있다.

(2) 상당보상설

재산권의 사회적 구속성과 침해행위의 공공성에 비추어 재산권 침해에 대한 적정한 보상이 있으면 족하다는 견해이다. 다시 말해서, 재산권 침해에 대하여는 완전보상을 원칙으로 하되, 합리적인 이유가 있는 경우에는 완전보상에 미치지 못할 수도 있다는 것이다.

독일 기본법 제14조 제3항은 "보상은 공공의 이익과 당사자의 이익을 공정하게 형량하여 정하여야 한다."고 규정함으로써 상당보상설의 입장을 취하고 있는 것으

---

33) 대법원 2002. 11. 26. 선고 2001다44352 판결(공공사업의 시행과 같이 적법한 공권력의 행사로 가하여진 재산상의 특별한 희생에 대하여 전체적인 공평부담의 견지에서 손실보상이 인정되는 것이므로, 공공사업의 시행으로 손해를 입었다고 주장하는 자가 보상을 받을 권리를 가졌는지의 여부는 해당 공공사업의 시행 당시를 기준으로 판단하여야 하고, 그와 같은 공공사업의 시행에 관한 실시계획 승인과 그에 따른 고시가 된 이상 그 이후에 영업을 위하여 이루어진 각종 허가나 신고는 위와 같은 공공사업의 시행에 따른 제한이 이미 확정되어 있는 상태에서 이루어진 것으로 그 이후의 공공사업 시행으로 그 허가나 신고권자가 특별한 손실을 입게 되었다고는 볼 수 없다).

로 보인다.[34]

(3) 절충설

구체적 사정에 따라 정당한 보상은 완전보상일 수도, 또는 상당보상일 수도 있다는 견해로서, ① '작은 재산'의 침해에 대해서는 완전보상이, '큰 재산'의 침해에 대해서는 상당보상이 행하여져야 한다는 입장과 ② 기존의 재산법질서범위 안에서의 침해에는 완전보상을, 기존의 재산권에 대한 사회적 평가가 변화되어 행하여지는 침해에는 상당보상을 해야 한다는 입장 등이 있다.

2. 현행 헌법상의 보상기준

현행 헌법 제23조 제3항은 "…그에 대한 보상은 법률로써 하되, 정당한 보상을 지급하여야 한다."고 규정하고 있다. 그러나 이 규정만으로는 '정당한 보상'의 의미를 명확히 파악하기 어렵고, 여전히 해석의 여지가 남는다. 통설과 판례는 정당한 보상이란 '완전보상'을 의미한다고 본다(대법원 2001. 9. 25. 선고 2000두2426 판결).

헌법재판소 2001. 4. 26.자 2000헌바31 결정

헌법 제23조 제3항이 규정하는 정당한 보상이란 원칙적으로 피수용재산의 객관적인 재산가치를 완전하게 보상하는 완전보상을 의미하며, 토지의 경우에는 그 특성상 인근 유사토지의 거래가격을 기준으로 하여 토지의 가격형성에 미치는 제 요소를 종합적으로 고려한 합리적 조정을 거쳐서 객관적인 가치를 평가할 수밖에 없는데 이 때, 소유자가 갖는 주관적인 가치, 투기적 성격을 띠고 우연히 결정된 거래가격 또는 흔히 불리우는 호가, 객관적 가치의 증가에 기여하지 못한 투자비용이나 그 토지 등을 특별한 용도에 사용할 것을 전제로 한 가격 등에 좌우되어서는 안되며, 개발이익은 그 성질상 완전보상의 범위에 포함되지 아니한다.

3. 구체적인 보상기준(재산권 보상의 문제)

구체적인 보상기준에 관한 일반법은 존재하지 않는다. 이하에서는 「공익사업을 위한 토지 등의 취득 및 보상에 관한 법률」(이하 '토지보상법'이라고 함)의 내용을 중심으로 살펴본다.

---

34) 홍정선(877면).

(1) 보상액 산정의 기준과 방법

1) 보상액 산정의 기준시(가격시점)

보상액의 산정은 협의에 의한 경우에는 협의 성립 당시의 가격을, 재결에 의한 경우에는 수용 또는 사용의 재결 당시의 가격을 기준으로 한다(제67조 제1항). 이를 '시가보상의 원칙'이라고 한다. 한편, 같은 조 제2항에서는 "보상액을 산정할 경우에 해당 공익사업으로 인하여 토지등의 가격이 변동되었을 때에는 이를 고려하지 아니한다."고 함으로써 개발이익의 배제를 명시적으로 규정하고 있다.[35]

2) 보상액 산정의 방법

사업시행자는 토지등에 대한 보상액을 산정하려는 경우에는 감정평가법인등 3인 (제2항에 따라 시·도지사와 토지소유자가 모두 감정평가법인등을 추천하지 아니하거나 시·도지사 또는 토지소유자 어느 한쪽이 감정평가법인등을 추천하지 아니하는 경우에는 2인)[36]을 선정하여 토지등의 평가를 의뢰하여야 한다. 다만, 사업시행자가 국토교통부령으로 정하는 기준에 따라 직접 보상액을 산정할 수 있을 때에는 그러하지 아니하다(제68조 제1항).

(2) 토지에 대한 보상

1) 취득하는 토지의 보상

협의나 재결에 의하여 취득하는 토지에 대하여는 부동산 가격공시에 관한 법률에 따른 공시지가를 기준으로 하여 보상하되, 그 공시기준일부터 가격시점까지의 관계 법령에 따른 그 토지의 이용계획, 해당 공익사업으로 인한 지가의 영향을 받지 아니하는 지역의 대통령령으로 정하는 지가변동률, 생산자물가상승률[37]과 그 밖에 그 토지의 위치·형상·환경·이용상황 등을 고려하여 평가한 적정가격으로 보상하여야 한다(제70조 제1항).

여기서 공시지가는 '표준지 공시지가'를 의미하는바(부동산 가격공시에 관한 법률 제8조 제2호 가목), ① 사업인정 전 협의에 의한 취득의 경우에 공시지가는 해당 토지의 가격시점 당시 공시된 공시지가 중 가격시점과 가장 가까운 시점에 공시된 공시지가로 하며(제3항), ② 사업인정

---

35) 개발이익 환수에 관한 법률 제3조는 "시장·군수·구청장은 제5조에 따른 개발부담금 부과 대상 사업이 시행되는 지역에서 발생하는 개발이익을 이 법으로 정하는 바에 따라 개발부담금으로 징수하여야 한다."고 규정하고 있다.

36) 제68조(보상액의 산정) ② 제1항 본문에 따라 사업시행자가 감정평가법인등을 선정할 때 해당 토지를 관할하는 시·도지사와 토지소유자는 대통령령으로 정하는 바에 따라 감정평가법인등을 각 1인씩 추천할 수 있다. 이 경우 사업시행자는 추천된 감정평가법인등을 포함하여 선정하여야 한다.

37) 한국은행법 제86조에 따라 한국은행이 조사·발표하는 생산자물가지수에 따라 산정된 비율을 말한다.

후의 취득의 경우에 공시지가는 사업인정고시일 전의 시점을 공시기준일로 하는 공시지가로서, 해당 토지에 관한 협의의 성립 또는 재결 당시 공시된 공시지가 중 그 사업인정고시일과 가장 가까운 시점에 공시된 공시지가로 한다(제4항).

제3항 및 제4항에도 불구하고 공익사업의 계획 또는 시행이 공고되거나 고시됨으로 인하여 취득하여야 할 토지의 가격이 변동되었다고 인정되는 경우에는 제1항에 따른 공시지가는 해당 공고일 또는 고시일 전의 시점을 공시기준일로 하는 공시지가로서 그 토지의 가격시점 당시 공시된 공시지가 중 그 공익사업의 공고일 또는 고시일과 가장 가까운 시점에 공시된 공시지가로 한다(제5항).

토지에 대한 보상액은 가격시점에서의 현실적인 이용상황과 일반적인 이용방법에 의한 객관적 상황을 고려하여 산정하되, 일시적인 이용상황과 토지소유자나 관계인이 갖는 주관적 가치 및 특별한 용도에 사용할 것을 전제로 한 경우 등은 고려하지 아니한다(제2항).

① 헌법재판소 2007. 11. 29.자 2006헌바79 결정

토지수용으로 인한 손실보상액의 산정을 공시지가를 기준으로 하되 그 공시기준일부터 가격시점까지의 시점보정을 지가상승률 등에 의하여 행하도록 규정한 것은 공시지가가 공시기준일 당시의 표준지의 객관적 가치를 정당하게 반영하는 것이고, 표준지와 지가산정 대상토지 사이에 가격의 유사성을 인정할 수 있도록 표준지의 선정이 적정하며, 공시기준일 이후 수용 시까지의 시가변동을 산출하는 시점보정의 방법이 적정한 것으로 보이므로, 청구인의 재산권을 침해하였다고 볼 수 없다.

또한 당해 토지의 협의 성립 또는 재결 당시 공시된 공시지가 중 당해 사업인정고시일에 가장 가까운 시점에 공시된 공시지가로 하도록 규정한 것은 시점보정의 기준이 되는 공시지가에 개발이익이 포함되는 것을 방지하기 위한 것으로서 개발이익이 배제된 손실보상액을 산정하는 적정한 수단에 해당되므로 헌법 제23조 제3항에 위반된다고 볼 수 없다.

② 대법원 2018. 1. 25. 선고 2017두61799 판결

[1] 공익사업을 위한 토지 등의 취득 및 보상에 관한 법률과 그 시행규칙의 관련 규정에 의하면, 공법상 제한을 받는 토지에 대한 보상액을 산정할 때에 해당 공법상 제한이 구 도시계획법(2002. 2. 4. 법률 제6655호 국토의 계획 및 이용에 관한 법률 부칙 제2조로 폐지) 등에 따른 용도지역·지구·구역(이하 '용도지역 등'이라고 한다)의 지정 또는 변경과 같이 그 자체로 제한목적이 달성되는 일반적 계획제한으로서 구체적 도시계획사업과 직접 관련되지 아니한 경우에는 그러한 제한을 받는 상태 그대로 평가하여야 한다. 반면 도로·공원 등 특정 도시계획시설의 설치를 위한 계획결정과 같이

구체적 사업이 따르는 개별적 계획제한이거나, 일반적 계획제한에 해당하는 용도지역 등의 지정 또는 변경에 따른 제한이더라도 그 용도지역 등의 지정 또는 변경이 특정 공익사업의 시행을 위한 것일 때에는, 그 공익사업의 시행을 직접 목적으로 하는 제한으로 보아 그 제한을 받지 아니하는 상태를 상정하여 평가하여야 한다.

[2] 어느 수용대상 토지에 관하여 특정 시점에서 용도지역·지구·구역(이하 '용도지역' 등'이라고 한다)을 지정 또는 변경하지 않은 것이 특정 공익사업의 시행을 위한 것일 경우 이는 해당 공익사업의 시행을 직접 목적으로 하는 제한이라고 보아 용도지역 등의 지정 또는 변경이 이루어진 상태를 상정하여 토지가격을 평가하여야 한다. 여기에서 특정 공익사업의 시행을 위하여 용도지역 등을 지정 또는 변경하지 않았다고 볼 수 있으려면, 토지가 특정 공익사업에 제공된다는 사정을 배제할 경우 용도지역 등을 지정 또는 변경하지 않은 행위가 계획재량권의 일탈·남용에 해당함이 객관적으로 명백하여야만 한다.

2) 사용하는 토지의 보상

협의 또는 재결에 의하여 사용하는 토지에 대하여는 그 토지와 인근 유사토지의 지료, 임대료, 사용방법, 사용기간 및 그 토지의 가격 등을 고려하여 평가한 적정가격으로 보상하여야 한다(제71조 제1항).

(3) 부대적 손실에 대한 보상

1) 건축물등 물건에 대한 보상(이전비 보상)

건축물·입목·공작물과 그 밖에 토지에 정착한 물건(이하 "건축물 등"이라 한다)에 대하여는 이전에 필요한 비용(이하 "이전비"라 한다)으로 보상하여야 한다. 다만, ① 건축물등을 이전하기 어렵거나 그 이전으로 인하여 건축물등을 종래의 목적대로 사용할 수 없게 된 경우, ② 건축물등의 이전비가 그 물건의 가격을 넘는 경우, ③ 사업시행자가 공익사업에 직접 사용할 목적으로 취득하는 경우에는 해당 물건의 가격으로 보상하여야 한다(제75조 제1항).

2) 영업의 손실 등에 대한 보상

영업을 폐업하거나 휴업함에 따른 영업손실에 대하여는 영업이익과 시설의 이전비용 등을 고려하여 보상하여야 한다(제77조 제1항). 이때 손실보상의 대상이 되는 영업으로 인정되기 위해서는 ① 사업인정고시일등 전부터 적법한 장소에서 계속적으로 행하는 영업이어야 하고, ② 영업을 행함에 있어 관계 법령에 의한 허가등을 필요로 하는 경우에는 사업인정고시일등 전에 허가등을 받아 그 내용대로 행하는 영업이어야 한다(토지보상법 시행 규칙 제45조). 38)

대법원 2012. 12. 13. 선고 2010두12842 판결

구 공익사업법의 위임에 의한 그 시행규칙(2007. 4. 12. 건설교통부령 제556호로 개정되기 전 의 것, 이하 '구 공익사업법 시행규칙'이라 한다) 제45조는, 영업손실의 보상대상인 영업은 "관계 법령에 의한 허가·면허·신고 등을 필요로 하는 경우에는 허가 등을 받아 그 내용대로 행하고 있는 영업"에 해당하여야 한다고 규정하고 있다(제2호). 이는 위법한 영업은 보상대상에서 제외한다는 의미로서 그 자체로 헌법에서 보장한 '정당한 보상의 원칙'에 배치된다고 할 것은 아니다. 다만 영업의 종류에 따라서는 관련 행정법규에서 일정한 사항을 신고하도록 규정하고는 있지만 그러한 신고를 하도록 한 목적이나 관련 규정의 체제 및 내용 등에 비추어 볼 때 신고를 하지 않았다고 하여 영업 자체가 위법성을 가진다고 평가할 것은 아닌 경우도 적지 않고, 이러한 경우라면 신고 등을 하지 않았다고 하더라도 그 영업손실 등에 대해서는 보상을 하는 것이 헌법상 정당보상의 원칙에 합치하므로, 위 구 공익사업법 시행규칙의 규정은 그러한 한도에서만 적용되는 것으로 제한하여 새겨야 한다.[39]

농업의 손실에 대하여는 농지의 단위면적당 소득 등을 고려하여 실제 경작자에게 보상하여야 한다. 다만, 농지소유자가 해당 지역에 거주하는 농민인 경우에는 농지소유자와 실제 경작자가 협의하는 바에 따라 보상할 수 있다(제2항).

휴직하거나 실직하는 근로자의 임금손실에 대하여는 근로기준법에 따른 평균임금 등을 고려하여 보상하여야 한다(제3항).

3) 잔여지 보상[40]

(가) 잔여지에 대한 손실보상

사업시행자는 동일한 소유자에게 속하는 일단의 토지의 일부가 취득되거나 사용됨으로 인하여 잔여지의 가격이 감소하거나 그 밖의 손실이 있을 때 또는 잔여지에

---

38) 토지보상법 시행규칙 제45조(영업손실의 보상대상인 영업) 법 제77조 제1항에 따라 영업손실을 보상하여야 하는 영업은 다음 각 호 모두에 해당하는 영업으로 한다.
    1. 사업인정고시일등 전부터 적법한 장소(무허가건축물등, 불법형질변경토지, 그 밖에 다른 법령에서 물건을 쌓아놓는 행위가 금지되는 장소가 아닌 곳을 말한다)에서 인적·물적 시설을 갖추고 계속적으로 행하고 있는 영업. 다만, 무허가건축물등에서 임차인이 영업하는 경우에는 그 임차인이 사업인정고시일등 1년 이전부터 「부가가치세법」 제8조에 따른 사업자등록을 하고 행하고 있는 영업을 말한다.
    2. 영업을 행함에 있어서 관계 법령에 의한 허가등을 필요로 하는 경우에는 사업인정고시일등 전에 허가등을 받아 그 내용대로 행하고 있는 영업
39) 체육시설업의 영업주체가 영업시설의 양도나 임대 등에 의하여 변경되었으나 그에 관한 신고를 하지 않은 채 영업을 하던 중에 공익사업으로 영업을 폐지 또는 휴업하게 된 경우, 그 임차인 등의 영업이 보상대상에서 제외되는 위법한 영업이 아니라고 본 사례이다.
40) 잔여지에 대한 보상은 직접 수용의 대상이 되지 않은 토지에 대한 보상이라는 점에서 사업손실보상(간접보상)의 일종으로 보는 견해도 있다. 정하중/김광수(578면).

통로·도랑·담장 등의 신설이나 그 밖의 공사가 필요할 때에는 국토교통부령으로 정하는 바에 따라 그 손실이나 공사의 비용을 보상하여야 한다. 다만, 잔여지의 가격 감소분과 잔여지에 대한 공사의 비용을 합한 금액이 잔여지의 가격보다 큰 경우에는 사업시행자는 그 잔여지를 매수할 수 있다(제73조제1항).

제1항 본문에 따른 손실 또는 비용의 보상은 관계 법률에 따라 사업이 완료된 날 또는 제24조의2에 따른 사업완료의 고시가 있는 날(이하 "사업완료"일"이라 한다)부터 1년이 지난 후에는 청구할 수 없다(제2항).

대법원 2014. 9. 25. 선고 2012두24092 판결

구 공익사업을 위한 토지 등의 취득 및 보상에 관한 법률(2011. 8. 4. 법률 제11017호로 개정되기 전의 것, 이하 '공익사업법'이라고 한다) 제73조, 제75조의2와 같은 법 제34조, 제50조, 제61조, 제83조 내지 제85조의 규정 내용 및 입법 취지 등을 종합하면, 토지소유자가 사업시행자로부터 공익사업법 제73조, 제75조의2에 따른 잔여지 또는 잔여 건축물 가격감소 등으로 인한 손실보상을 받기 위해서는 공익사업법 제34조, 제50조 등에 규정된 재결절차를 거친 다음 그 재결에 대하여 불복할 때 비로소 공익사업법 제83조 내지 제85조에 따라 권리구제를 받을 수 있을 뿐이며, 특별한 사정이 없는 한 이러한 재결절차를 거치지 않은 채 곧바로 사업시행자를 상대로 손실보상을 청구하는 것은 허용되지 않는다 할 것이고, 이는 잔여지 또는 잔여 건축물 수용청구에 대한 재결절차를 거친 경우라고 하여 달리 볼 것은 아니다.[41]

(나) 잔여지에 대한 매수청구·수용청구

동일한 소유자에게 속하는 일단의 토지의 일부가 협의에 의하여 매수되거나 수용됨으로 인하여 잔여지를 종래의 목적에 사용하는 것이 현저히 곤란할 때에는 해당 토지소유자는 사업시행자에게 잔여지를 매수하여 줄 것을 청구할 수 있으며, 사업인정 이후에는 관할 토지수용위원회에 수용을 청구할 수 있다. 이 경우 수용의 청구는 매수에 관한 협의가 성립되지 아니한 경우에만 할 수 있으며, 사업완료일까지 하여야 한다(제74조제1항).

대법원 2010. 8. 19. 선고 2008두822 판결

[1] 구 '공익사업을 위한 토지 등의 취득 및 보상에 관한 법률'(2007. 10. 17. 법률 제8665호로 개정되기 전의 것) 제74

---

41) [사실관계] 원고는 이 사건 각 수용재결 및 이의재결에서 이 사건 잔여지 및 잔여 건축물에 대하여 수용청구를 하였을 뿐 가격감소로 인한 손실보상청구를 별도로 하지 아니하였으므로, 이 사건 각 수용재결 및 이의재결에서 그 수용청구가 기각되었을 뿐 이 사건 잔여지 및 잔여 건축물의 가격감소로 인한 손실보상에 대하여는 아무런 판단이 이루어지지 않았다.

조 제1항에 규정되어 있는 잔여지 수용청구권은 손실보상의 일환으로 토지소유자에게 부여되는 권리로서 그 요건을 구비한 때에는 잔여지를 수용하는 토지수용위원회의 재결이 없더라도 그 청구에 의하여 수용의 효과가 발생하는 형성권적 성질을 가지므로, 잔여지 수용청구를 받아들이지 않은 토지수용위원회의 재결에 대하여 토지소유자가 불복하여 제기하는 소송은 위 법 제85조 제2항에 규정되어 있는 '보상금의 증감에 관한 소송'에 해당하여 사업시행자를 피고로 하여야 한다.

　[2] 구 '공익사업을 위한 토지 등의 취득 및 보상에 관한 법률'(^{2007. 10. 17. 법률 제8665호로 개정되기 전의 것}) 제74조 제1항에 의하면, 잔여지 수용청구는 사업시행자와 사이에 매수에 관한 협의가 성립되지 아니한 경우 일단의 토지의 일부에 대한 관할 토지수용위원회의 수용재결이 있기 전까지 관할 토지수용위원회에 하여야 하고, 잔여지 수용청구권의 행사기간은 제척기간으로서, 토지소유자가 그 행사기간 내에 잔여지 수용청구권을 행사하지 아니하면 그 권리가 소멸한다. 또한 위 조항의 문언 내용 등에 비추어 볼 때, 잔여지 수용청구의 의사표시는 관할 토지수용위원회에 하여야 하는 것으로서, 관할 토지수용위원회가 사업시행자에게 잔여지 수용청구의 의사표시를 수령할 권한을 부여하였다고 인정할 만한 사정이 없는 한, 사업시행자에게 한 잔여지 매수청구의 의사표시를 관할 토지수용위원회에 한 잔여지 수용청구의 의사표시로 볼 수는 없다.

　[3] 토지소유자가 자신의 토지에 숙박시설을 신축하기 위해 부지를 조성하던 중 그 토지의 일부가 익산-장수 간 고속도로 건설공사에 편입되자 사업시행자에게 부지조성비용 등의 보상을 청구한 사안에서, 잔여지에 지출된 부지조성비용은 그 토지의 가치를 증대시킨 한도 내에서 잔여지의 감소로 인한 손실보상액을 산정할 때 반영되는 것일 뿐, 별도의 보상대상이 아니므로, 잔여지에 지출된 부지조성비용이 별도의 보상대상으로 인정되지 않는다면 토지소유자에게 잔여지의 가격 감소로 인한 손실보상을 구하는 취지인지 여부에 관하여 의견을 진술할 기회를 부여하고 그 당부를 심리 · 판단하였어야 함에도, 이러한 조치를 취하지 않은 원심판결에 석명의무를 다하지 않아 심리를 제대로 하지 않은 위법이 있다고 한 사례.

(다) 잔여 건축물의 손실에 대한 보상 등

사업시행자는 동일한 소유자에게 속하는 일단의 건축물의 일부가 취득되거나 사용됨으로 인하여 잔여 건축물의 가격이 감소하거나 그 밖의 손실이 있을 때에는 국토교통부령으로 정하는 바에 따라 그 손실을 보상하여야 한다(^{제75조의2 제1항 본문}).

한편, 동일한 소유자에게 속하는 일단의 건축물의 일부가 협의에 의하여 매수되거나 수용됨으로 인하여 잔여 건축물을 종래의 목적에 사용하는 것이 현저히 곤란할 때에는 그 건축물소유자는 사업시행자에게 잔여 건축물을 매수하여 줄 것을 청구할 수 있으며, 사업인정 이후에는 관할 토지수용위원회에 수용을 청구할 수 있다.

이 경우 수용청구는 매수에 관한 협의가 성립되지 아니한 경우에만 하되, 사업완료 일까지 하여야 한다(제2
항).

대법원 2015. 11. 12. 선고 2015두2963 판결

　　공익사업을 위한 토지 등의 취득 및 보상에 관한 법률(이하 '토지보상
법'이라 한다) 제75조의2 제1항, 제34조, 제50조, 제61조, 제83조 내지 제85조의 내용 및 입법 취지 등을 종합하면, 건축 물 소유자가 사업시행자로부터 토지보상법 제75조의2 제1항에 따른 잔여 건축물 가격 감소 등으로 인한 손실보상을 받기 위해서는 토지보상법 제34조, 제50조 등에 규정된 재결절차를 거친 다음 재결에 대하여 불복이 있는 때에 비로소 토지보상법 제83조 내 지 제85조에 따라 권리구제를 받을 수 있을 뿐, 재결절차를 거치지 않은 채 곧바로 사 업시행자를 상대로 손실보상을 청구하는 것은 허용되지 않고, 이는 수용대상 건축물에 대하여 재결절차를 거친 경우에도 마찬가지이다.

4. 손실보상의 새로운 내용(생활보상의 문제)

(1) 의　의

　　생활보상이란 재산권의 대물적 보상만으로 해결되지 않는 피수용자의 손실에 대 하여 행하여지는 생존배려 측면에서의 보상을 말한다. 예컨대, 비록 단칸방 허름한 집이지만 행복하게 살고 있던 가족이 당해 가옥을 수용당하여 대물적 보상을 받았 지만 그 보상액으로는 전세도 구할 수 없다면, 이 가족의 행복했던 삶은 어떻게 보 상해야 하는가하는 문제가 발생할 수 있다. 이러한 문제에 대한 접근을 포괄적으로 생활보상이라 한다. 즉, 생활보상은 침해가 없었던 것과 같은 생활상태를 실현하는 데 그 목적이 있다.

(2) 근　거

　　생활보상의 헌법적 근거로 일설은 헌법 제23조 제3항과 제34조 제1항의 인간다 운 생활을 할 권리를 들고 있으나(헌법 제23조 ;
제34조 결합설),[42] 생활보상은 사회국가의 원리에 기초 하고 있으므로 재산권 보장에 대한 근거인 헌법 제23조 제3항은 배제하는 것이 타 당하다. 따라서 생활보상에 대한 헌법적 근거는 헌법 제34조 제1항과 제2항이 된다 고 봄이 타당하다.

---

42) 홍정선(884면).

헌법 제34조 ① 모든 국민은 인간다운 생활을 할 권리를 가진다.
② 국가는 사회보장·사회복지의 증진에 노력할 의무를 진다.

헌법재판소 2006. 2. 23.자 2004헌마19 결정

이주대책은 헌법 제23조 제3항에 규정된 정당한 보상에 포함되는 것이라기보다는 이에 부가하여 이주자들에게 종전의 생활상태를 회복시키기 위한 생활보상의 일환으로서 국가의 정책적인 배려에 의하여 마련된 제도라고 볼 것이다. 따라서 이주대책의 실시 여부는 입법자의 입법정책적 재량의 영역에 속하므로 공익사업을위한토지등의취득및보상에관한법률시행령 제40조 제3항 제3호가 이주대책의 대상자에서 세입자를 제외하고 있는 것이 세입자의 재산권을 침해하는 것이라 볼 수 없다.

(3) 구체적 내용

1) 협의의 생활보상

협의의 생활보상이란 현재 당해 지역에서 누리고 있는 생활이익의 상실, 즉 재산권 보상으로 메워지지 아니하는 손실에 대한 대인주의적 보상을 말한다. 가령, ① 이주정착금($^{제78조}_{제1항}$)43), ② 주거이전비($^{제78조 제6항, 토지보상}_{법 시행규칙 제54조}$)44)45), ③ 동산이전비($^{제78조 제6항, 토지}_{보상법 시행규칙}$ $^{제55}_{조}$), ④ 이농비·이어비($^{제78조 제7항, 토지보}_{상법 시행규칙 제56조}$)46), ⑤ 주거용 건물의 최저보상액($^{토지보상법 시행규}_{칙 제58조 제1항}$)47) 등이 현행법상의 예라 할 수 있다.

대법원 2019. 4. 23. 선고 2018두55326 판결

토지보상법 제2조, 제78조에 의하면, 세입자는 사업시행자가 취득 또는 사용할 토지에 관하여 임대차 등에 의한 권리를 가진 관계인으로서, 공익사업을 위한 토지 등의 취득 및 보상에 관한 법률 시행규칙($^{이하 '토지보상법 시}_{행규칙'이라 한다}$) 제54조 제2항 본문에 해당하는 경우에는 주거이전에 필요한 비용을 보상받을 권리가 있다. 그런데 이러한 주거이전비는 당해 공

---

43) 제78조(이주대책의 수립 등) ① 사업시행자는 공익사업의 시행으로 인하여 주거용 건축물을 제공함에 따라 생활의 근거를 상실하게 되는 자(이하 "이주대책대상자"라 한다)를 위하여 대통령령으로 정하는 바에 따라 이주대책을 수립·실시하거나 이주정착금을 지급하여야 한다.

44) 제78조(이주대책의 수립 등) ⑥ 주거용 건물의 거주자에 대하여는 주거 이전에 필요한 비용과 가재도구 등 동산의 운반에 필요한 비용을 산정하여 보상하여야 한다.

45) 토지보상법 시행규칙 제54조 제1항은 주거용 건축물의 '소유자'에 대한 주거이전비를, 제2항은 주거용 건축물의 '세입자'에 대한 주거이전비를 각각 규정하고 있다.

46) 제78조(이주대책의 수립 등) ⑦ 공익사업의 시행으로 인하여 영위하던 농업·어업을 계속할 수 없게 되어 다른 지역으로 이주하는 농민·어민이 받을 보상금이 없거나 그 총액이 국토교통부령으로 정하는 금액에 미치지 못하는 경우에는 그 금액 또는 그 차액을 보상하여야 한다.

47) 토지보상법 시행규칙 제58조(주거용 건축물등의 보상에 대한 특례) ① 주거용 건축물로서 제33조에 따라 평가한 금액이 6백만원 미만인 경우 그 보상액은 6백만원으로 한다. 다만, 무허가건축물등에 대하여는 그러하지 아니하다.

익사업 시행지구 안에 거주하는 세입자들의 조기이주를 장려하여 사업추진을 원활하게 하려는 정책적인 목적과 주거이전으로 인하여 특별한 어려움을 겪게 될 세입자들을 대상으로 하는 사회보장적인 차원에서 지급되는 금원의 성격을 가지므로(대법원 2006. 4. 27. 선고), 적법하게 시행된 공익사업으로 인하여 이주하게 된 주거용 건축물 세입자의 주거이전비 보상청구권은 공법상의 권리이고, 따라서 그 보상을 둘러싼 쟁송은 민사소송이 아니라 공법상의 법률관계를 대상으로 하는 행정소송에 의하여야 한다.

세입자의 주거이전비 보상청구소송의 형태에 관하여 보건대, 토지보상법 제78조 제5항, 제9항, 토지보상법 시행규칙 제54조 제2항 본문, 제3항 등을 종합하여 보면, 주거이전비 보상청구권은 그 요건을 충족하는 경우에 당연히 발생하는 것이므로 주거이전비 보상청구소송은 행정소송법 제3조 제2호에 규정된 당사자소송에 의하여야 한다. 다만 도시정비법 제40조 제1항에 의하여 준용되는 토지보상법 제2조, 제50조, 제78조, 제85조 등을 종합하여 보면, 세입자의 주거이전비 보상에 관하여 재결이 이루어진 다음 세입자가 보상금의 증감 부분을 다투는 경우에는 토지보상법 제85조 제2항에 규정된 행정소송에 따라, 보상금의 증감 이외의 부분을 다투는 경우에는 같은 조 제1항에 규정된 행정소송에 따라 권리구제를 받을 수 있다(대법원 2008. 5. 29. 선고 2007). 그리고 이러한 법리는 주거용 건축물의 소유자가 사업시행자를 상대로 이주정착금, 주거이전비 및 이사비의 보상을 구하는 경우에도 그대로 적용된다.

2) 생활재건조치

생활재건조치란 사업시행자가 피수용자에게 직접 지급하는 보상금이 아니라 피수용자의 생활재건을 위해 가장 유용하게 보상금이 사용될 수 있도록 유도하는 각종 조치를 말한다. 현행법상의 예로, ① 이주희망자가 10호가 넘는 경우에 새로운 정착지를 조성해 주는 이주대책의 수립·실시(제78조), ② 주택도시기금의 지원(제3항), ③ 직업훈련의 실시(댐건설 및 주변지역지원 등에 관한 법률 제40조 제3항), ④ 고용(산업입지 및 개발에 관한 법률 제36조 제2항) 등이 있다.

사업시행자의 이주대책 수립·실시의무를 정하고 있는 토지보상법 제78조 제1항과 이주대책의 내용에 관하여 규정하고 있는 같은 조 제4항 본문은 당사자의 합의 또는 사업시행자의 재량에 의하여 적용을 배제할 수 없는 강행법규라는 것이 대법원 판례의 입장이다(대법원 2011. 6. 23. 선고 2007다 63089, 63096 전원합의체 판결). 한편, 이주대책에 따른 수분양권은 사업시행자가 이주대책에 관한 구체적인 계획을 수립하여 이를 해당자에게 통지 내지 공고한 후, 이주자가 이주대책에 정한 절차에 따라 사업시행자에게 이주대책대상자 선정신청을 하고 사업시행자가 이를 받아들여 이주대책대상자로 확인·결정하여야만 비로소 구체적인 수분양권이 발생하게 된다(대법원 1994. 5. 24. 선고 92 다35783 전원합의체 판결).

① 대법원 1994. 5. 24. 선고 92다35783 전원합의체 판결

[1] 공공용지의취득및손실보상에관한특례법상의 이주대책은 공공사업의 시행에 필요한 토지 등을 제공함으로 인하여 생활의 근거를 상실하게 되는 이주자들을 위하여 사업시행자가 기본적인 생활시설이 포함된 택지를 조성하거나 그 지상에 주택을 건설하여 이주자들에게 이를 그 투입비용 원가만의 부담하에 개별 공급하는 것으로서, 그 본래의 취지에 있어 이주자들에 대하여 종전의 생활상태를 원상으로 회복시키면서 동시에 인간다운 생활을 보장하여 주기 위한 이른바 생활보상의 일환으로 국가의 적극적이고 정책적인 배려에 의하여 마련된 제도이다.

[2] 같은 법 제8조 제1항이 사업시행자에게 이주대책의 수립·실시의무를 부과하고 있다고 하여 그 규정 자체만에 의하여 이주자에게 사업시행자가 수립한 이주대책상의 택지분양권이나 아파트 입주권 등을 받을 수 있는 구체적인 권리(수분양권)가 직접 발생하는 것이라고는 도저히 볼 수 없으며, 사업시행자가 이주대책에 관한 구체적인 계획을 수립하여 이를 해당자에게 통지 내지 공고한 후, 이주자가 수분양권을 취득하기를 희망하여 이주대책에 정한 절차에 따라 사업시행자에게 이주대책대상자 선정신청을 하고 사업시행자가 이를 받아들여 이주대책대상자로 확인·결정하여야만 비로소 구체적인 수분양권이 발생하게 된다.

[3] (1) 위와 같은 사업시행자가 하는 확인·결정은 곧 구체적인 이주대책상의 수분양권을 취득하기 위한 요건이 되는 행정작용으로서의 처분인 것이지, 결코 이를 단순히 절차상의 필요에 따른 사실행위에 불과한 것으로 평가할 수는 없다. 따라서 수분양권의 취득을 희망하는 이주자가 소정의 절차에 따라 이주대책대상자 선정신청을 한 데 대하여 사업시행자가 이주대책대상자가 아니라고 하여 위 확인·결정 등의 처분을 하지 않고 이를 제외시키거나 또는 거부조치한 경우에는, 이주자로서는 당연히 사업시행자를 상대로 항고소송에 의하여 그 제외처분 또는 거부처분의 취소를 구할 수 있다고 보아야 한다.

(2) 사업시행자가 국가 또는 지방자치단체와 같은 행정기관이 아니고 이와는 독립하여 법률에 의하여 특수한 존립목적을 부여받아 국가의 특별감독하에 그 존립목적인 공공사무를 행하는 공법인이 관계 법령에 따라 공공사업을 시행하면서 그에 따른 이주대책을 실시하는 경우에도, 그 이주대책에 관한 처분은 법률상 부여받은 행정작용권한을 행사하는 것으로서 항고소송의 대상이 되는 공법상 처분이 되므로, 그 처분이 위법부당한 것이라면 사업시행자인 당해 공법인을 상대로 그 취소소송을 제기할 수 있다.

[4] 이러한 수분양권은 위와 같이 이주자가 이주대책을 수립·실시하는 사업시행자로부터 이주대책대상자로 확인·결정을 받음으로써 취득하게 되는 택지나 아파트 등을 분양받을 수 있는 공법상의 권리라고 할 것이므로, 이주자가 사업시행자에 대한 이주대책대상자 선정신청 및 이에 따른 확인·결정 등 절차를 밟지 아니하여 구체적인 수분

양권을 아직 취득하지도 못한 상태에서 곧바로 분양의무의 주체를 상대방으로 하여 민사소송이나 공법상 당사자소송으로 이주대책상의 수분양권의 확인 등을 구하는 것은 허용될 수 없고, 나아가 그 공급대상인 택지나 아파트 등의 특정부분에 관하여 그 수분양권의 확인을 소구하는 것은 더더욱 불가능하다고 보아야 한다.

② 대법원 2011. 10. 13. 선고 2008두17905 판결

공익사업을 위한 토지 등의 취득 및 보상에 관한 법률은 제78조 제1항에서 "사업시행자는 공익사업의 시행으로 인하여 주거용 건축물을 제공함에 따라 생활의 근거를 상실하게 되는 자(이하 '이주대책대상자'라 한다)를 위하여 대통령령으로 정하는 바에 따라 이주대책을 수립·실시하거나 이주정착금을 지급하여야 한다."고 규정하고 있을 뿐, 생활대책용지의 공급과 같이 공익사업 시행 이전과 같은 경제수준을 유지할 수 있도록 하는 내용의 생활대책에 관한 분명한 근거 규정을 두고 있지는 않으나, 사업시행자 스스로 공익사업의 원활한 시행을 위하여 필요하다고 인정함으로써 생활대책을 수립·실시할 수 있도록 하는 내부규정을 두고 있고 내부규정에 따라 생활대책대상자 선정기준을 마련하여 생활대책을 수립·실시하는 경우에는, 이러한 생활대책 역시 "공공필요에 의한 재산권의 수용·사용 또는 제한 및 그에 대한 보상은 법률로써 하되, 정당한 보상을 지급하여야 한다."고 규정하고 있는 헌법 제23조 제3항에 따른 정당한 보상에 포함되는 것으로 보아야 한다. 따라서 이러한 생활대책대상자 선정기준에 해당하는 자는 사업시행자에게 생활대책대상자 선정 여부의 확인·결정을 신청할 수 있는 권리를 가지는 것이어서, 만일 사업시행자가 그러한 자를 생활대책대상자에서 제외하거나 선정을 거부하면, 이러한 생활대책대상자 선정기준에 해당하는 자는 사업시행자를 상대로 항고소송을 제기할 수 있다고 보는 것이 타당하다.

5. 사업손실보상(간접보상)

(1) 의 의

사업손실보상이란 공공사업의 시행 또는 완공으로 인하여 당해 '사업구역 밖'의 토지소유자 또는 영업자 등에 미치는 손실에 대한 간접보상을 말한다. 사업손실보상의 대상이 되는 손실로는 ① 공사 소음, 진동, 교통불편, 일조량 감소, 전파방해 등과 같은 물리적·기술적 손실과, ② 지역주민의 다수 이주 또는 어획량의 감소로 인한 지역경제의 침체 등과 같은 사회적·경제적 손실이 있을 수 있다.

(2) 성 질

학설은 간접보상을 생활보상의 한 내용으로 보는 견해, 손실보상의 하나로 보는

견해, 손실보상 및 생활보상과 구별되는 '확장된 보상 개념'으로 보는 견해로 대립된다. 그러나 간접보상의 본질은 재산권에 대한 보장이 아닌 국가책임의 대상이라는 점이므로 국가배상법 제5조에 의한 배상으로 정리해나가는 것이 필요하다고 본다.

(3) 근 거

현행 토지보상법이 시행되기 전, 토지등을 협의에 의하여 취득·사용하는 경우에 적용되는 공공용지의취득및손실보상에관한특례법시행규칙에는 간접손실의 보상에 관한 규정이 있었으나, 토지수용법에는 이러한 보상규정이 없었다. 그 결과, 사업시행자와 보상에 관한 협의가 이루어지지 않은 경우 간접손실을 입은 자가 구체적인 보상청구권을 행사할 수 없었다. 이에 대법원은 간접손실에 대하여 사업시행자와 협의가 이루어지지 아니하고, 그 보상에 관한 명문의 근거 법령이 없는 경우라도, 일정한 요건하에서 공공용지의취득및손실보상에관한특례법시행규칙상의 손실보상에 관한 규정을 유추적용하여 사업시행자에게 보상을 청구할 수 있다고 보았다.

대법원 1999. 10. 8. 선고 99다27231 판결

[1] 공공사업의 시행 결과 그 공공사업의 시행이 기업지 밖에 미치는 간접손실에 관하여 그 피해자와 사업시행자 사이에 협의가 이루어지지 아니하고 그 보상에 관한 명문의 근거 법령이 없는 경우라고 하더라도, 헌법 제23조 제3항은 "공공필요에 의한 재산권의 수용·사용 또는 제한 및 그에 대한 보상은 법률로써 하되, 정당한 보상을 지급하여야 한다."고 규정하고 있고, 이에 따라 국민의 재산권을 침해하는 행위 그 자체는 반드시 형식적 법률에 근거하여야 하며, 토지수용법 등의 개별 법률에서 공익사업에 필요한 재산권 침해의 근거와 아울러 그로 인한 손실보상 규정을 두고 있는 점, 공공용지의취득및손실보상에관한특례법 제3조 제1항은 "공공사업을 위한 토지 등의 취득 또는 사용으로 인하여 토지 등의 소유자가 입은 손실은 사업시행자가 이를 보상하여야 한다."고 규정하고, 같은 법 시행규칙 제23조의2 내지 7에서 공공사업시행지구 밖에 위치한 영업과 공작물 등에 대한 간접손실에 대하여도 일정한 조건하에서 이를 보상하도록 규정하고 있는 점에 비추어, 공공사업의 시행으로 인하여 그러한 손실이 발생하리라는 것을 쉽게 예견할 수 있고 그 손실의 범위도 구체적으로 이를 특정할 수 있는 경우라면 그 손실의 보상에 관하여 공공용지의취득및손실보상에관한특례법시행규칙의 관련 규정 등을 유추적용할 수 있다고 해석함이 상당하다.

[2] 수산업협동조합이 수산물 위탁판매장을 운영하면서 위탁판매 수수료를 지급받아 왔고, 그 운영에 대하여는 구 수산자원보호령(1991. 3. 28. 대통령령 제13333호로 개정되기 전의 것) 제21조 제1항에 의하여 그 대상지역에서의 독점적 지위가 부여되어 있었는데, 공유수면매립사업의 시행으로

그 사업대상지역에서 어업활동을 하던 조합원들의 조업이 불가능하게 되어 일부 위탁판매장에서의 위탁판매사업을 중단하게 된 경우, 그로 인해 수산업협동조합이 상실하게 된 위탁판매수수료 수입은 사업시행자의 매립사업으로 인한 직접적인 영업손실이 아니고 간접적인 영업손실이라고 하더라도 피침해자인 수산업협동조합이 공공의 이익을 위하여 당연히 수인하여야 할 재산권에 대한 제한의 범위를 넘어 수산업협동조합의 위탁판매사업으로 얻고 있는 영업상의 재산이익을 본질적으로 침해하는 특별한 희생에 해당하고, 사업시행자는 공유수면매립면허 고시 당시 그 매립사업으로 인하여 위와 같은 영업손실이 발생한다는 것을 상당히 확실하게 예측할 수 있었고 그 손실의 범위도 구체적으로 확정할 수 있으므로, 위 위탁판매수수료 수입손실은 헌법 제23조 제3항에 규정한 손실보상의 대상이 되고, 그 손실에 관하여 구 공유수면매립법^(1997. 4. 10. 법률 제5335호로 개정되기 전의 것) 또는 그 밖의 법령에 직접적인 보상규정이 없더라도 공공용지의취득및손실보상에관한특례법 시행규칙상의 각 규정을 유추적용하여 그에 관한 보상을 인정하는 것이 타당하다.

이후 2002년 토지수용법과 공공용지의취득및손실보상에관한특례법을 통합하여 제정된 토지보상법 제79조 제2항은 "공익사업이 시행되는 지역 밖에 있는 토지등이 공익사업의 시행으로 인하여 본래의 기능을 다할 수 없게 되는 경우에는 국토교통부령으로 정하는 바에 따라 그 손실을 보상하여야 한다."고 규정하여 간접보상의 근거를 마련하고 있으며, 이에 따라 토지보상법 시행규칙 제59조 내지 제65조는 간접보상의 대상이 되는 손실의 유형을 규정하고 있다.

이외에도 토지보상법 제79조 제1항은 "사업시행자는 공익사업의 시행으로 인하여 취득하거나 사용하는 토지^(잔여지를 포함한다) 외의 토지에 통로·도랑·담장 등의 신설이나 그 밖의 공사가 필요할 때에는 그 비용의 전부 또는 일부를 보상하여야 한다. 다만, 그 토지에 대한 공사의 비용이 그 토지의 가격보다 큰 경우에는 사업시행자는 그 토지를 매수할 수 있다."고 하여 공사비용에 대해 규정하고 있다.

(4) 유 형

현행 토지보상법 시행규칙상 간접보상의 대상인 손실의 유형으로는, ① 공익사업시행지구 밖의 대지^(조성된 대지를 말한다)·건축물·분묘 또는 농지^(계획적으로 조성된 유실수단지 및 죽림단지를 포함한다)가 공익사업의 시행으로 인하여 산지나 하천 등에 둘러싸여 교통이 두절되거나 경작이 불가능하게 된 경우^(제59조), ② 소유농지의 대부분이 공익사업시행지구에 편입됨으로써 건축물^(건축물의 대지 및 잔여농지를 포함한다)만이 공익사업시행지구 밖에 남게 되는 경우로서 그 건축물의 매매가 불가능하고 이주가 부득이한 경우^(제60조), ③ 공익사업의 시행으로 인하여 1개

마을의 주거용 건축물이 대부분 공익사업시행지구에 편입됨으로써 잔여 주거용 건축물 거주자의 생활환경이 현저히 불편하게 되어 이주가 부득이한 경우($^{제61}_{조}$), ④ 공익사업시행지구 밖에 있는 공작물등이 공익사업의 시행으로 인하여 그 본래의 기능을 다할 수 없게 되는 경우($^{제62}_{조}$), ⑤ 공익사업의 시행으로 인하여 해당 공익사업시행지구 인근에 있는 어업에 피해가 발생한 경우 사업시행자는 실제 피해액을 확인할 수 있는 때($^{제63}_{조}$), ⑥ 공익사업시행지구 밖에서 제45조에 따른 영업손실의 보상대상이 되는 영업을 하고 있는 자가 공익사업의 시행으로 인하여 배후지의 3분의 2 이상이 상실되어 그 장소에서 영업을 계속할 수 없는 경우 또는 진출입로의 단절, 그 밖의 부득이한 사유로 인하여 일정한 기간 동안 휴업하는 것이 불가피한 경우($^{제64}_{조}$), ⑦ 경작하고 있는 농지의 3분의 2 이상에 해당하는 면적이 공익사업시행지구에 편입됨으로 인하여 당해 지역($^{영 제26조 제1항 각 호}_{의 1의 지역을 말한다}$)에서 영농을 계속할 수 없게 된 경우($^{제65}_{조}$)가 있다.

(5) 권리구제

토지보상법 제79조 제1항 본문 및 제2항에 따른 비용 또는 손실의 보상은 관계 법률에 따라 사업이 완료된 날 또는 제24조의2에 따른 사업완료의 고시가 있는 날부터 1년이 지난 후에는 청구할 수 없다($^{제79조 제5항,}_{제73조 제2항}$).

간접손실보상과 환경정책기본법 제44조 제1항($^{환경오염의 피해에}_{대한 무과실책임}$)에 따른 손해배상은 근거 규정과 요건·효과를 달리하는 것으로서, 각 요건이 충족되면 성립하는 별개의 청구권이다.

토지보상법 제79조 제1항 및 제2항에 따른 비용 또는 손실이나 토지의 취득에 대한 보상은 사업시행자와 손실을 입은 자가 협의하여 결정하며($^{제80조}_{제1항}$), 협의가 성립되지 아니하였을 때에는 사업시행자나 손실을 입은 자는 대통령령으로 정하는 바에 따라 관할 토지수용위원회에 재결을 신청할 수 있다($^{제2}_{항}$).

대법원 2019. 11. 28. 선고 2018두227 판결

[1] 모든 국민의 재산권은 보장되고, 공공필요에 의한 재산권의 수용 등에 대하여는 정당한 보상을 지급하여야 하는 것이 헌법의 대원칙이고($^{헌법}_{제23조}$), 법률도 그런 취지에서 공익사업의 시행 결과 공익사업의 시행이 공익사업시행지구 밖에 미치는 간접손실 등에 대한 보상의 기준 등에 관하여 상세한 규정을 마련해 두거나 하위법령에 세부사항을 정하도록 위임하고 있다.

이러한 공익사업시행지구 밖의 영업손실은 공익사업의 시행과 동시에 발생하는 경우도 있지만, 공익사업에 따른 공공시설의 설치공사 또는 설치된 공공시설의 가동·운영으로 발생하는 경우도 있어 그 발생원인과 발생시점이 다양하므로, 공익사업시행지구 밖의 영업자가 발생한 영업상 손실의 내용을 구체적으로 특정하여 주장하지 않으면 사업시행자로서는 영업손실보상금 지급의무의 존부와 범위를 구체적으로 알기 어려운 특성이 있다. 공익사업을 위한 토지 등의 취득 및 보상에 관한 법률 제79조 제2항에 따른 손실보상의 기한을 공사완료일부터 1년 이내로 제한하면서도 영업자의 청구에 따라 보상이 이루어지도록 규정한 것(공익사업을 위한 토지 등의 취득 및 보상에 관한 법률
시행규칙(이하 '시행규칙'이라 한다) 제64조 제1항)이나 손실보상의 요건으로서 공익사업시행지구 밖에서 발생하는 영업손실의 발생원인에 관하여 별다른 제한 없이 '그 밖의 부득이한 사유'라는 추상적인 일반조항을 규정한 것(시행규칙 제64조
제1항 제2호)은 간접손실로서 영업손실의 이러한 특성을 고려한 결과이다.

위와 같은 공익사업시행지구 밖 영업손실보상의 특성과 헌법이 정한 '정당한 보상의 원칙'에 비추어 보면, 공익사업시행지구 밖 영업손실보상의 요건인 '공익사업의 시행으로 인한 그 밖의 부득이한 사유로 일정 기간 동안 휴업이 불가피한 경우'란 공익사업의 시행 또는 시행 당시 발생한 사유로 휴업이 불가피한 경우만을 의미하는 것이 아니라 공익사업의 시행 결과, 즉 그 공익사업의 시행으로 설치되는 시설의 형태·구조·사용 등에 기인하여 휴업이 불가피한 경우도 포함된다고 해석함이 타당하다.

[2] 공익사업을 위한 토지 등의 취득 및 보상에 관한 법률(이하 '토지보상
법'이라 한다) 제79조 제2항(그 밖의 토지에 관
한 비용보상 등)에 따른 손실보상과 환경정책기본법 제44조 제1항(환경오염의 피해에
대한 무과실책임)에 따른 손해배상은 근거 규정과 요건·효과를 달리하는 것으로서, 각 요건이 충족되면 성립하는 별개의 청구권이다. 다만 손실보상청구권에는 이미 '손해 전보'라는 요소가 포함되어 있어 실질적으로 같은 내용의 손해에 관하여 양자의 청구권을 동시에 행사할 수 있다고 본다면 이중배상의 문제가 발생하므로, 실질적으로 같은 내용의 손해에 관하여 양자의 청구권이 동시에 성립하더라도 영업자는 어느 하나만을 선택적으로 행사할 수 있을 뿐이고, 양자의 청구권을 동시에 행사할 수는 없다. 또한 '해당 사업의 공사완료일로부터 1년'이라는 손실보상 청구기간(토지보상법 제79조 제5
항, 제73조 제2항)이 도과하여 손실보상청구권을 더 이상 행사할 수 없는 경우에도 손해배상의 요건이 충족되는 이상 여전히 손해배상청구는 가능하다.

[3] 토지보상법 제26조, 제28조, 제30조, 제34조, 제50조, 제61조, 제79조, 제80조, 제83조 내지 제85조의 규정 내용과 입법 취지 등을 종합하면, 공익사업으로 인하여 공익사업시행지구 밖에서 영업을 휴업하는 자가 사업시행자로부터 토지보상법 시행규칙 제47조 제1항에 따라 영업손실에 대한 보상을 받기 위해서는, 토지보상법 제34조, 제50조 등에 규정된 재결절차를 거친 다음 그 재결에 대하여 불복이 있는 때에 비로소 토지보상법 제83조 내지 제85조에 따라 권리구제를 받을 수 있을 뿐이다. 이러한 재결절차를 거치지 않은 채 곧바로 사업시행자를 상대로 손실보상을 청구하는 것은 허용되지 않

는다.

　[4] 어떤 보상항목이 공익사업을 위한 토지 등의 취득 및 보상에 관한 법령상 손실
보상대상에 해당함에도 관할 토지수용위원회가 사실을 오인하거나 법리를 오해함으로
써 손실보상대상에 해당하지 않는다고 잘못된 내용의 재결을 한 경우에는, 피보상자는
관할 토지수용위원회를 상대로 그 재결에 대한 취소소송을 제기할 것이 아니라, 사업시
행자를 상대로 토지보상법 제85조 제2항에 따른 보상금증감소송을 제기하여야 한다.

V. 방 법

1. 보상의 방법

(1) 현금보상(금전보상)

　손실보상은 다른 법률에 특별한 규정이 있는 경우를 제외하고는 현금으로 지급
하여야 한다(토지보상법 제63
조 제1항 본문). 다만 예외적으로 현물보상, 채권보상, 매수보상 등을 하는
경우도 있다.

(2) 현물보상

　토지소유자가 원하는 경우로서 사업시행자가 해당 공익사업의 합리적인 토지이
용계획과 사업계획 등을 고려하여 토지로 보상이 가능한 경우에는 토지소유자가 받
을 보상금 중 현금 또는 채권으로 보상받는 금액을 제외한 부분에 대하여 그 공익
사업의 시행으로 조성한 토지로 보상할 수 있다(토지보상법 제63
조 제1항 단서).

(3) 채권보상

1) 임의적 채권보상

　사업시행자가 국가, 지방자치단체, 그 밖에 대통령령으로 정하는 공공기관의 운
영에 관한 법률에 따라 지정·고시된 공공기관 및 공공단체인 경우로서, ① 토지소
유자나 관계인이 원하는 경우(제1
호), ② 사업인정을 받은 사업의 경우에는 대통령령으
로 정하는 부재부동산 소유자의 토지에 대한 보상금이 대통령령으로 정하는 일정
금액을 초과하는 경우로서 그 초과하는 금액에 대하여 보상하는 경우(제2
호)에는 해당
사업시행자가 발행하는 채권으로 지급할 수 있다(토지보상법
제63조 제7항).

2) 의무적 채권보상

토지투기가 우려되는 지역으로서 대통령령으로 정하는 지역에서 ① 택지개발촉진법에 따른 택지개발사업, ② 산업입지 및 개발에 관한 법률에 따른 산업단지개발사업, ③ 그 밖에 대규모 개발사업으로서 대통령령으로 정하는 사업에 해당하는 공익사업을 시행하는 자 중 대통령령으로 정하는 공공기관의 운영에 관한 법률에 따라 지정·고시된 공공기관 및 공공단체는 제7항 제2호에 따른 부재부동산 소유자의 토지에 대한 보상금 중 대통령령으로 정하는 1억원 이상의 일정 금액48)을 초과하는 부분에 대하여는 해당 사업시행자가 발행하는 채권으로 지급하여야 한다(토지보상법 제63조 제8항).

3) 상환기간 및 이자

채권보상의 경우 채권의 상환 기한은 5년을 넘지 아니하는 범위에서 정하여야하며, 법에서 정한 이자율에 따른 이자를 지급하여야 한다(토지보상법 제63조 제9항).

4) 위헌성 논란

채권보상제도에 대해서는 ① 부재부동산 소유자에게는 당해 토지가 어차피 자산증식수단이므로 수익성이 보장되는 채권으로 보상을 하는 것은 헌법 위반이 아니라는 주장과, ② 토지소유자의 부재 여부에 따라 보상원칙이 달라지는 것은 헌법상평등원칙에 반한다는 주장이 대립하고 있다.

(4) 매수보상

매수보상이란 물건에 대한 이용제한으로 인하여 종래의 이용목적에 따라 사용하기가 곤란하게 된 경우에 그 물건의 매수청구권을 인정하고 그에 따라 그 물건을 매수함으로써 보상을 행하는 방법을 말한다.49) 가령, 사업인정고시가 된 후 ① 토지를 사용하는 기간이 3년 이상인 경우, ② 토지의 사용으로 인하여 토지의 형질이 변경되는 경우, ③ 사용하려는 토지에 그 토지소유자의 건축물이 있는 경우에 해당할 때에는 해당 토지소유자는 사업시행자에게 해당 토지의 매수를 청구하거나 관할 토지수용위원회에 그 토지의 수용을 청구할 수 있다. 이 경우 관계인은 사업시행자

---

48) 토지보상법 시행령 제27조(채권보상의 기준이 되는 보상금액 등) ① 법 제63조 제7항 제2호에서 "대통령령으로 정하는 일정 금액" 및 법 제63조 제8항 각 호 외의 부분에서 "대통령령으로 정하는 1억원 이상의 일정 금액"이란 1억원을 말한다.
49) 김남진/김연태(697면). 매수보상을 금전보상의 유형으로 보는 견해도 있다. 류지태/박종수(583면).

나 관할 토지수용위원회에 그 권리의 존속을 청구할 수 있다(토지보상법 제72조). 잔여지에 대한 매수 및 수용청구 역시 매수보상의 예이다(제74조 제1항).

사용하는 토지의 수용청구절차는 전술한 잔여지에 대한 수용청구절차와 그 구조가 동일하다.

대법원 2015. 4. 9. 선고 2014두46669 판결

공익사업을 위한 토지 등의 취득 및 보상에 관한 법률(이하 '토지보상법'이라고 한다) 제72조의 문언, 연혁 및 취지 등에 비추어 보면, 위 규정이 정한 수용청구권은 토지보상법 제74조 제1항이 정한 잔여지 수용청구권과 같이 손실보상의 일환으로 토지소유자에게 부여되는 권리로서 그 청구에 의하여 수용효과가 생기는 형성권의 성질을 지니므로, 토지소유자의 토지수용청구를 받아들이지 아니한 토지수용위원회의 재결에 대하여 토지소유자가 불복하여 제기하는 소송은 토지보상법 제85조 제2항에 규정되어 있는 '보상금의 증감에 관한 소송'에 해당하고, 피고는 토지수용위원회가 아니라 사업시행자로 하여야 한다.

2. 보상의 지급방법

(1) 사전보상 · 전액보상

사업시행자는 해당 공익사업을 위한 공사에 착수하기 이전에 토지소유자와 관계인에게 보상액 전액을 지급하여야 한다. 다만, 제38조에 따른 천재지변 시의 토지사용과 제39조에 따른 시급한 토지사용의 경우 또는 토지소유자 및 관계인의 승낙이 있는 경우에는 그러하지 아니하다(토지보상법 제62조).

(2) 개인별 보상

손실보상은 토지소유자나 관계인에게 개인별로 하여야 한다. 다만, 개인별로 보상액을 산정할 수 없을 때에는 그러하지 아니하다(토지보상법 제64조).

(3) 일괄보상

사업시행자는 동일한 사업지역에 보상시기를 달리하는 동일인 소유의 토지등이 여러 개 있는 경우 토지소유자나 관계인이 요구할 때에는 한꺼번에 보상금을 지급하도록 하여야 한다(토지보상법 제65조).

VI. 절 차

1. 보상액의 결정절차

손실보상액의 결정절차에 관하여는 일반적 규정이 없고 개별법에서 정하는 바에 따라 결정되는바, 대체로 ① 당사자 간의 협의에 의하는 경우, ② 토지수용위원회 등과 같은 재결기관의 재결에 의하는 경우, ③ 소송에 의하는 경우 등과 같은 절차가 있다. 이하에서는 토지보상법의 내용을 개관해보기로 한다.

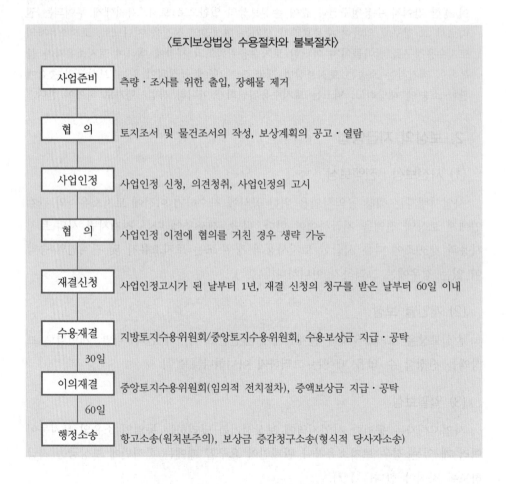

〈토지보상법상 수용절차와 불복절차〉

사업준비	측량·조사를 위한 출입, 장해물 제거
협 의	토지조서 및 물건조서의 작성, 보상계획의 공고·열람
사업인정	사업인정 신청, 의견청취, 사업인정의 고시
협 의	사업인정 이전에 협의를 거친 경우 생략 가능
재결신청	사업인정고시가 된 날부터 1년, 재결 신청의 청구를 받은 날부터 60일 이내
수용재결	지방토지수용위원회/중앙토지수용위원회, 수용보상금 지급·공탁
30일	
이의재결	중앙토지수용위원회(임의적 전치절차), 증액보상금 지급·공탁
60일	
행정소송	항고소송(원처분주의), 보상금 증감청구소송(형식적 당사자소송)

(1) 당사자 간의 협의

1) 사업인정 후의 협의

제20조에 따른 사업인정을 받은 사업시행자는 토지조서 및 물건조서의 작성, 보상계획의 공고·통지 및 열람, 보상액의 산정과 토지소유자 및 관계인과의 협의 절차를 거쳐야 한다. 이 경우 제14조부터 제16조까지 및 제68조를 준용한다(제26조제1항).50) 즉, 사업인정을 받은 사업시행자는 토지수용위원회에 재결을 신청하기 전에 필수적으로 협의절차를 거쳐야 한다.

그러나 사업인정 이전에 이미 협의절차를 거쳤으나 협의가 성립되지 아니하고 제20조에 따른 사업인정을 받은 사업으로서 토지조서 및 물건조서의 내용에 변동이 없을 때에는 사업인정 후의 협의절차를 거치지 아니할 수 있다. 다만, 사업시행자나 토지소유자 및 관계인이 제16조에 따른 협의를 요구할 때에는 협의하여야 한다(제2항).

2) 협의의 성질

협의의 성질을 둘러싸고 학설은 ① 사법상 계약설과 ② 공법상 계약설이 대립하고 있으며, 대법원은 사법상 계약설의 입장이다. 또한, 토지수용위원회의 수용재결이 있은 후라도 토지소유자 등과 사업시행자가 다시 협의하여 토지등의 취득이나 사용 및 그에 대한 보상에 관하여 임의로 계약을 체결할 수 있다고 한다.

① 대법원 2015. 11. 27. 선고 2015두48877 판결

토지보상법상 손실보상의 협의는 사업시행자와 토지등소유자 사이의 사법상 계약의 실질을 갖는다.

② 대법원 2013. 8. 22. 선고 2012다3517 판결

공익사업을 위한 토지 등의 취득 및 보상에 관한 법률(이하 '공익사업법'이라고 한다)에 의한 보상합의는 공공기관이 사경제주체로서 행하는 사법상 계약의 실질을 가지는 것으로서, 당사자 간의 합의로 같은 법 소정의 손실보상의 기준에 의하지 아니한 손실보상금을 정할 수 있으며, 이와 같이 같은 법이 정하는 기준에 따르지 아니하고 손실보상액에 관한 합의를 하였다고 하더라도 그 합의가 착오 등을 이유로 적법하게 취소되지 않는 한 유효하다. 따라서 공익사업법에 의한 보상을 하면서 손실보상금에 관한 당사자 간의 합의가 성립하면 그 합의 내용대로 구속력이 있고, 손실보상금에 관한 합의 내용이 공익사업법에서 정하는 손실보상 기준에 맞지 않는다고 하더라도 합의가 적법하게 취소되는 등의 특별

---

50) 사업시행자는 사업인정을 받기 전에도 토지등에 대한 보상에 관하여 토지소유자 및 관계인과 협의를 할 수 있으나(제16조), 이는 임의적 절차에 불과하다.

한 사정이 없는 한 추가로 공익사업법상 기준에 따른 손실보상금 청구를 할 수는 없다.

③ 대법원 2017. 4. 13. 선고 2016두64241 판결

공익사업을 위한 토지 등의 취득 및 보상에 관한 법률(이하 '토지보상법'이라 한다)은 사업시행자로 하여금 우선 협의취득 절차를 거치도록 하고, 협의가 성립되지 않거나 협의를 할 수 없을 때에 수용재결취득 절차를 밟도록 예정하고 있기는 하다. 그렇지만 일단 토지수용위원회가 수용재결을 하였더라도 사업시행자로서는 수용 또는 사용의 개시일까지 토지수용위원회가 재결한 보상금을 지급 또는 공탁하지 아니함으로써 재결의 효력을 상실시킬 수 있는 점, 토지소유자 등은 수용재결에 대하여 이의를 신청하거나 행정소송을 제기하여 보상금의 적정 여부를 다툴 수 있는데, 그 절차에서 사업시행자와 보상금액에 관하여 임의로 합의할 수 있는 점, 공익사업의 효율적인 수행을 통하여 공공복리를 증진시키고, 재산권을 적정하게 보호하려는 토지보상법의 입법 목적(제1조)에 비추어 보더라도 수용재결이 있은 후에 사법상 계약의 실질을 가지는 협의취득 절차를 금지해야 할 별다른 필요성을 찾기 어려운 점 등을 종합해 보면, 토지수용위원회의 수용재결이 있은 후라고 하더라도 토지소유자 등과 사업시행자가 다시 협의하여 토지 등의 취득이나 사용 및 그에 대한 보상에 관하여 임의로 계약을 체결할 수 있다고 보아야 한다.

④ 대법원 1997. 7. 8. 선고 96다53826 판결

기업자와 토지 소유자 사이에 토지수용법 제25조가 정하는 협의가 성립하였으나 기업자가 같은 법 제25조의2가 정하는 바에 따라 협의성립에 관하여 관할 토지수용위원회의 확인을 받지 아니한 경우에 기업자가 토지소유권을 취득하기 위하여는 법률행위로 인한 부동산물권변동의 일반원칙에 따라 소유권이전등기를 마쳐야 하고, 소유권이전등기를 마치지 아니하고도 토지소유권을 원시취득하는 것은 아니다.

3) 협의 성립의 확인

사업시행자와 토지소유자 및 관계인 간에 제26조에 따른 절차를 거쳐 협의가 성립되었을 때에는 사업시행자는 제28조 제1항에 따른 재결 신청기간 이내에 해당 토지소유자 및 관계인의 동의를 받아 대통령령으로 정하는 바에 따라 관할 토지수용위원회에 협의 성립의 확인을 신청할 수 있다(제29조제1항). 이에 따른 확인은 토지보상법에 따른 재결로 보며, 사업시행자, 토지소유자 및 관계인은 그 확인된 협의의 성립이나 내용을 다툴 수 없다(제4항).

대법원 2018. 12. 13. 선고 2016두51719 판결

공익사업을 위한 토지 등의 취득 및 보상에 관한 법률(이하 '토지보상법'이라 한다) 제29조에서 정한

협의 성립 확인제도는 수용과 손실보상을 신속하게 실현시키기 위하여 도입되었다. 토지보상법 제29조는 이를 위한 전제조건으로 협의 성립의 확인을 신청하기 위해서는 협의취득 내지 보상협의가 성립한 데에서 더 나아가 확인 신청에 대하여도 토지소유자 등이 동의할 것을 추가적 요건으로 정하고 있다. 특히 토지보상법 제29조 제3항은, 공증을 받아 협의 성립의 확인을 신청하는 경우에 공증에 의하여 협의 당사자의 자발적 합의를 전제로 한 협의의 진정 성립이 객관적으로 인정되었다고 보아, 토지보상법상 재결절차에 따르는 공고 및 열람, 토지소유자 등의 의견진술 등의 절차 없이 관할 토지수용위원회의 수리만으로 협의 성립이 확인된 것으로 간주함으로써, 사업시행자의 원활한 공익사업 수행, 토지수용위원회의 업무 간소화, 토지소유자 등의 간편하고 신속한 이익 실현을 도모하고 있다.

한편 토지보상법상 수용은 일정한 요건하에 그 소유권을 사업시행자에게 귀속시키는 행정처분으로서 이로 인한 효과는 소유자가 누구인지와 무관하게 사업시행자가 그 소유권을 취득하게 하는 원시취득이다. 반면, 토지보상법상 '협의취득'의 성격은 사법상 매매계약이므로 그 이행으로 인한 사업시행자의 소유권 취득도 승계취득이다. 그런데 토지보상법 제29조 제3항에 따른 신청이 수리됨으로써 협의 성립의 확인이 있었던 것으로 간주되면, 토지보상법 제29조 제4항에 따라 그에 관한 재결이 있었던 것으로 재차 의제되고, 그에 따라 사업시행자는 사법상 매매의 효력만을 갖는 협의취득과는 달리 확인대상 토지를 수용재결의 경우와 동일하게 원시취득하는 효과를 누리게 된다.

이처럼 간이한 절차만을 거치는 협의 성립의 확인에, 원시취득의 강력한 효력을 부여함과 동시에 사법상 매매계약과 달리 협의 당사자들이 사후적으로 그 성립과 내용을 다툴 수 없게 한 법적 정당성의 원천은 사업시행자와 토지소유자 등이 진정한 합의를 하였다는 데에 있다. 여기에 공증에 의한 협의 성립 확인 제도의 체계와 입법 취지, 그 요건 및 효과까지 보태어 보면, 토지보상법 제29조 제3항에 따른 협의 성립의 확인 신청에 필요한 동의의 주체인 토지소유자는 협의 대상이 되는 '토지의 진정한 소유자'를 의미한다. 따라서 사업시행자가 진정한 토지소유자의 동의를 받지 못한 채 단순히 등기부상 소유명의자의 동의만을 얻은 후 관련 사항에 대한 공증을 받아 토지보상법 제29조 제3항에 따라 협의 성립의 확인을 신청하였음에도 토지수용위원회가 신청을 수리하였다면, 수리 행위는 다른 특별한 사정이 없는 한 토지보상법이 정한 소유자의 동의 요건을 갖추지 못한 것으로서 위법하다. 진정한 토지소유자의 동의가 없었던 이상, 진정한 토지소유자를 확정하는 데 사업시행자의 과실이 있었는지 여부와 무관하게 그 동의의 흠결은 위 수리 행위의 위법사유가 된다. 이에 따라 진정한 토지소유자는 수리 행위가 위법함을 주장하여 항고소송으로 취소를 구할 수 있다.

(2) 토지수용위원회의 재결

1) 재결의 신청

제26조에 따른 협의가 성립되지 아니하거나 협의를 할 수 없을 때(제26조 제2항 단서에 따른 협의 요구가 없을 때를 포함)에는 사업시행자는 사업인정고시가 된 날부터 1년 이내에 대통령령으로 정하는 바에 따라 관할 토지수용위원회[51]에 재결을 신청할 수 있다(제28조 제1항). 여기서 재결은 ① 수용재결과 ② 보상재결로 나눌 수 있고, '원처분'에 해당한다.

2) 재결신청의 청구

사업인정고시가 된 후 협의가 성립되지 아니하였을 때에는 토지소유자와 관계인은 대통령령으로 정하는 바에 따라 서면으로 사업시행자에게 재결을 신청할 것을 청구할 수 있다(제30조 제1항). 여기서 '협의가 성립되지 아니한 때'에는 사업시행자가 토지소유자 등과 토지보상법 제26조에서 정한 협의절차를 거쳤으나 보상액 등에 관하여 협의가 성립하지 아니한 경우는 물론 토지소유자 등이 손실보상대상에 해당한다고 주장하며 보상을 요구하는데도 사업시행자가 손실보상대상에 해당하지 아니한다며 보상대상에서 이를 제외한 채 협의를 하지 않아 결국 협의가 성립하지 않은 경우도 포함된다.[52]

사업시행자는 그 청구를 받은 날부터 60일 이내에 대통령령으로 정하는 바에 따라 관할 토지수용위원회에 재결을 신청하여야 한다(제2항 전문). 만일 토지소유자나 관계인이 재결신청을 청구하였음에도 사업시행자가 재결신청을 하지 않으면 거부처분취소심판 또는 의무이행심판, 거부처분취소소송 또는 부작위위법확인소송을 제기할 수 있다. 다만 수용절차가 아직 개시되지 않은 경우에는 재결신청청구권이 인정되지 않으므로 거부처분 또는 부작위에 해당하지 않는다.[53]

대법원 2019. 8. 29. 선고 2018두57865 판결

공익사업을 위한 토지 등의 취득 및 보상에 관한 법률 제28조, 제30조에 따르면, 편입토지 보상, 지장물 보상, 영업·농업 보상에 관해서는 사업시행자만이 재결을 신청할

---

51) 토지등의 수용과 사용에 관한 재결을 하기 위하여 국토교통부에 중앙토지수용위원회를 두고, 특별시·광역시·도·특별자치도(이하 "시·도"라 한다)에 지방토지수용위원회를 둔다(제49조). 중앙토지수용위원회는 ① 국가 또는 시·도가 사업시행자인 사업, ② 수용하거나 사용할 토지가 둘 이상의 시·도에 걸쳐 있는 사업의 재결에 관한 사항을 관장하고(제51조 제1항), 지방토지수용위원회는 그 외의 사업의 재결에 관한 사항을 관장한다(제2항).

52) 대법원 2011. 7. 14. 선고 2011두2309 판결.

53) 대법원 2014. 7. 10. 선고 2012두22966 판결.

■ 공익사업을 위한 토지 등의 취득 및 보상에 관한 법률 시행규칙 [별지 제13호서식] <개정 2019. 7. 1.>

재결신청서

(앞쪽)

접수번호		접수일	
신청인 (사업시행자)	성명 또는 명칭		
	주소		
공익사업의 종류 및 명칭			
사업인정의 근거 및 고시일			
협의에 따른 취 득 및 사용 현 황	토지현황		
	물건현황		
	보상액 명세		
수용하거나 사용할 토지 등			
수용할 토지에 있는 물건			
보상액 및 그 명세			
사용하려는 경우	사용의 방법		
	사용의 기간		
토지소유자	성명 또는 명칭		
	주 소		
관계인	성명 또는 명칭		
	주 소		
중앙토지수용위원회와의 협의결 과			
수용 또는 사용의 개시예정일			
재결신청의 청구	청구일		
	청구인의 성명 또는 명칭		
	청구인의 주소		

「공익사업을 위한 토지 등의 취득 및 보상에 관한 법률」 제28조제1항·제30조제2항 및 같은 법
시행령 제12조제1항에 따라 위와 같이 재결을 신청합니다.

년   월   일

신청인(사업시행자)　　　인

토지수용위원회 위원장 귀하

| 첨부서류 | 1. 토지조서 또는 물건조서 각 1부
2. 협의경위서 1부
3. 사업계획서 1부
4. 사업예정지 및 사업계획을 표시한 도면 각 1부
5. 보상금을 채권으로 지급할 수 있는 경우에 해당함을 증명하는 서류와 채권으로 보상하는 보상
금의 금액, 채권원금의 상환방법 및 상환기일, 채권의 이자율과 이자의 지급방법 및 지급기일
을 적은 서류(「공익사업을 위한 토지 등의 취득 및 보상에 관한 법률」 제63조제7항에 따라
보상금을 채권으로 지급하려는 경우에만 제출합니다) 각 1부
6. 「공익사업을 위한 토지 등의 취득 및 보상에 관한 법률」 제21조제5항에 따른 중앙토지수용
위원회의 의견서 | 수수료

「공익사업을 위한
토지 등의 취득 및 보
상에 관한 법률 시행
규칙」 별표 1에서
정하는 금액 |

210mm×297mm[백상지 80g/㎡]

수 있고 토지소유자와 관계인은 사업시행자에게 재결신청을 청구하도록 규정하고 있으므로, 토지소유자나 관계인의 재결신청 청구에도 사업시행자가 재결신청을 하지 않을 때 토지소유자나 관계인은 사업시행자를 상대로 거부처분 취소소송 또는 부작위 위법확인소송의 방법으로 다투어야 한다. 구체적인 사안에서 토지소유자나 관계인의 재결신청 청구가 적법하여 사업시행자가 재결신청을 할 의무가 있는지는 본안에서 사업시행자의 거부처분이나 부작위가 적법한가를 판단하는 단계에서 고려할 요소이지, 소송요건 심사단계에서 고려할 요소가 아니다.

또 사업시행자가 위 기간을 넘겨서 재결을 신청하였을 때에는 그 지연된 기간에 대하여 소송촉진 등에 관한 특례법 제3조에 따른 법정이율을 적용하여 산정한 금액을 관할 토지수용위원회에서 재결한 보상금에 가산하여 지급하여야 한다(제30조).

대법원 2012. 12. 27. 선고 2010두9457 판결

[1] 구 공익사업을 위한 토지 등의 취득 및 보상에 관한 법률(2011. 8. 4. 법률 제11017호로 개정되기 전의 것, 이하 '구 공익사업법'이라고 한다) 제84조 제1항, 제85조, 제30조 등 관계 법령의 내용, 형식 및 취지를 종합하면, 구 공익사업법 제30조 제3항에서 정한 지연가산금은, 사업시행자가 재결신청의 청구를 받은 때로부터 60일을 경과하여 재결신청을 한 경우 관할 토지수용위원회에서 재결한 보상금(이하 '재결 보상금'이라고 한다)에 가산하여 토지소유자 및 관계인에게 지급하도록 함으로써, 사업시행자로 하여금 구 공익사업법이 규정하고 있는 기간 이내에 재결신청을 하도록 간접강제함과 동시에 재결신청이 지연된 데에 따른 토지소유자 및 관계인의 손해를 보전하는 성격을 갖는 금원으로, 재결 보상금에 부수하여 구 공익사업법상 인정되는 공법상 청구권이다. 그러므로 제소기간 내에 재결 보상금의 증감에 대한 소송을 제기한 이상, 지연가산금은 구 공익사업법 제85조에서 정한 제소기간에 구애받지 않고 그 소송절차에서 청구취지 변경 등을 통해 청구할 수 있다고 보는 것이 타당하다.

[2] 공익사업을 위한 토지 등의 취득 및 보상에 관한 법률 시행령 제8조 제1항, 제14조 제1항의 내용, 형식 및 취지를 비롯하여, 토지소유자 및 관계인이 협의기간 종료 전에 사업시행자에게 재결신청의 청구를 한 경우 구 공익사업을 위한 토지 등의 취득 및 보상에 관한 법률(2011. 8. 4. 법률 제11017호로 개정되기 전의 것, 이하 '구 공익사업법'이라고 한다) 제30조 제2항에서 정한 60일의 기간은 협의기간 만료일로부터 기산하여야 하는 점, 사업인정고시가 있게 되면 토지소유자 및 관계인에 대하여 구 공익사업법 제25조에서 정한 토지 등의 보전의무가 발생하고, 사업시행자에게는 구 공익사업법 제27조에서 정한 토지 및 물건에 관한 조사권이 주어지게 되는 이상, 협의기간 연장을 허용하게 되면 토지소유자 및 관계인에게 위와 같은 실질적인 불이익도 연장될 우려가 있는 점, 협의기간 내에 협의가 성립되지 아니하여 토지소유자 및 관계인이 재결신청의 청구까지 한 마당에 사업시행자의 협의기간 연장을 허

용하는 것은 사업시행자가 일방적으로 재결신청을 지연할 수 있도록 하는 부당한 결과를 가져올 수 있는 점 등을 종합해 보면, 사업시행자가 보상협의요청서에 기재한 협의기간을 토지소유자 및 관계인에게 통지하고, 토지소유자 및 관계인이 그 협의기간이 종료하기 전에 재결신청의 청구를 한 경우에는 사업시행자가 협의기간이 종료하기 전에 협의기간을 연장하였다고 하더라도 구 공익사업법 제30조 제2항에서 정한 60일의 기간은 당초의 협의기간 만료일로부터 기산하여야 한다고 보는 것이 타당하다.

3) 재결기간 및 재결사항

토지수용위원회는 제32조에 따른 심리를 시작한 날부터 14일 이내에 재결을 하여야 한다. 다만, 특별한 사유가 있을 때에는 14일의 범위에서 한 차례만 연장할 수 있다($\frac{제35}{조}$). 토지수용위원회는 ① 수용하거나 사용할 토지의 구역 및 사용방법, ② 손실보상, ③ 수용 또는 사용의 개시일과 기간, ④ 그 밖에 토지보상법 및 다른 법률에서 규정한 사항에 관하여 재결한다($\frac{제50조}{제1항}$).

토지수용위원회는 사업시행자, 토지소유자 또는 관계인이 신청한 범위에서 재결하여야 한다. 다만, 손실보상의 경우에는 증액재결을 할 수 있다($\frac{제2}{항}$).

4) 재결의 효력

사업시행자는 제38조($\frac{천재지변 시의}{토지의 사용}$) 또는 제39조($\frac{시급한 토지 사용}{에 대한 허가}$)에 따른 사용의 경우를 제외하고는 수용 또는 사용의 개시일($\frac{토지수용위원회가 재결로써 결정한 수용 또는}{사용을 시작하는 날을 말한다. 이하 같다}$)까지 관할 토지수용위원회가 재결한 보상금을 지급하여야 한다($\frac{제40조}{제1항}$).

사업시행자는 ① 보상금을 받을 자가 그 수령을 거부하거나 보상금을 수령할 수 없을 때($\frac{제1}{호}$), ② 사업시행자의 과실 없이 보상금을 받을 자를 알 수 없을 때($\frac{제2}{호}$), ③ 관할 토지수용위원회가 재결한 보상금에 대하여 사업시행자가 불복할 때($\frac{제3}{호}$),[54] ④ 압류나 가압류에 의하여 보상금의 지급이 금지되었을 때($\frac{제4}{호}$)에는 수용 또는 사용의 개시일까지 수용하거나 사용하려는 토지등의 소재지의 공탁소에 보상금을 공탁할 수 있다($\frac{제2}{항}$).

토지소유자 및 관계인과 그 밖에 토지소유자나 관계인에 포함되지 아니하는 자로서 수용하거나 사용할 토지나 그 토지에 있는 물건에 관한 권리를 가진 자는 수용 또는 사용의 개시일까지 그 토지나 물건을 사업시행자에게 인도하거나 이전하여

---

54) 사업시행자는 이 경우 보상금을 받을 자에게 자기가 산정한 보상금을 지급하고 그 금액과 토지수용위원회가 재결한 보상금과의 차액을 공탁하여야 한다. 이 경우 보상금을 받을 자는 그 불복의 절차가 종결될 때까지 공탁된 보상금을 수령할 수 없다(제40조 제4항).

야 한다($^{제}_{조}$⁴³). 사업시행자는 수용의 개시일에 토지나 물건의 소유권을 취득하며, 그 토지나 물건에 관한 다른 권리는 이와 동시에 소멸한다($^{제45조, 제1항,}_{원시취득}$).

5) 재결의 실효

사업시행자가 수용 또는 사용의 개시일까지 관할 토지수용위원회가 재결한 보상금을 지급하거나 공탁하지 아니하였을 때에는 해당 토지수용위원회의 재결은 효력을 상실한다($^{제42조}_{제1항}$). 사업시행자는 재결의 효력이 상실됨으로 인하여 토지소유자 또는 관계인이 입은 손실을 보상하여야 한다($^{제2}_{항}$).

2. 불복절차

(1) 이의신청(특별행정심판)

1) 이의의 신청

중앙토지수용위원회의 제34조⁵⁵⁾에 따른 재결에 이의가 있는 자는 중앙토지수용위원회에 이의를 신청할 수 있다($^{제83조}_{제1항}$). 지방토지수용위원회의 제34조에 따른 재결에 이의가 있는 자는 해당 지방토지수용위원회를 거쳐 중앙토지수용위원회에 이의를 신청할 수 있다($^{제2}_{항}$). 이의의 신청은 재결서의 정본을 받은 날부터 30일 이내에 하여야 한다($^{제3}_{항}$). 이때 이의신청은 특별행정심판의 성질을 가진다. 구 토지수용법하에서는 이의재결을 거친 후에만 행정소송을 제기할 수 있도록 하였으나($^{필요적}_{전치주의}$), 현행 토지보상법은 임의적 전치주의를 취하고 있다($^{제85조}_{제1항}$).

대법원 1992. 6. 9. 선고 92누565 판결

토지수용위원회의 수용재결에 대한 이의절차는 실질적으로 행정심판의 성질을 갖는 것이므로 토지수용법에 특별한 규정이 있는 것을 제외하고는 행정심판법의 규정이 적용된다고 할 것이다.

2) 이의신청에 대한 재결

중앙토지수용위원회는 제83조에 따른 이의신청을 받은 경우 제34조에 따른 재결이 위법하거나 부당하다고 인정할 때에는 그 재결의 전부 또는 일부를 취소하거

---

55) 제34조(재결) ① 토지수용위원회의 재결은 서면으로 한다.
  ② 제1항에 따른 재결서에는 주문 및 그 이유와 재결일을 적고, 위원장 및 회의에 참석한 위원이 기명날인한 후 그 정본을 사업시행자, 토지소유자 및 관계인에게 송달하여야 한다.

나 보상액을 변경할 수 있다(제84조). 이에 따라 보상금이 늘어난 경우 사업시행자는 재결의 취소 또는 변경의 재결서 정본을 받은 날부터 30일 이내에 보상금을 받을 자에게 그 늘어난 보상금을 지급하여야 한다. 다만, 제40조 제2항 제1호·제2호 또는 제4호에 해당할 때에는 그 금액을 공탁할 수 있다(제2항).

3) 이의신청에 대한 재결의 효력

토지보상법 제85조 제1항에 따른 기간 이내에 소송이 제기되지 아니하거나 그 밖의 사유로 이의신청에 대한 재결이 확정된 때에는 민사소송법상의 확정판결이 있은 것으로 보며, 재결서 정본은 집행력 있는 판결의 정본과 동일한 효력을 가진다(제86조 제1항).

(2) 행정소송

사업시행자,[56] 토지소유자 또는 관계인은 제34조에 따른 재결에 불복할 때에는 재결서를 받은 날부터 90일 이내에, 이의신청을 거쳤을 때에는 이의신청에 대한 재결서를 받은 날부터 60일 이내에 각각 행정소송을 제기할 수 있다. 이 경우 사업시행자는 행정소송을 제기하기 전에 제84조(제2항)에 따라 늘어난 보상금을 공탁하여야 하며, 보상금을 받을 자는 공탁된 보상금을 소송이 종결될 때까지 수령할 수 없다(제85조 제1항).

이때 행정소송의 형식은 ① 재결의 취소 또는 무효확인을 구하는 것이거나(항고소송), ② 보상금의 증액 또는 감액을 구하는 것이 있다. 물론 주위적으로는 재결에 대한 항고소송을, 예비적으로는 보상금증감청구소송을 제기할 수도 있다(청구의 주관적·예비적 병합).

1) 항고소송

수용재결에 대한 항고소송은 수용 여부, 수용 범위 등과 같이 수용 자체를 다투는 경우에 제기하는 소송형식이다. 즉, 사업인정 이후 수용재결에 이르기까지 사이에 존재하는 실체상·절차상 위법사유 중에서 보상금 결정과 관계가 없는 사유만을 주장할 수 있다.

---

56) 토지보상법 제87조(법정이율에 따른 가산지급) 사업시행자는 제85조 제1항에 따라 사업시행자가 제기한 행정소송이 각하·기각 또는 취하된 경우 다음 각 호의 어느 하나에 해당하는 날부터 판결일 또는 취하일까지의 기간에 대하여 「소송촉진 등에 관한 특례법」 제3조에 따른 법정이율을 적용하여 산정한 금액을 보상금에 가산하여 지급하여야 한다.
   1. 재결이 있은 후 소송을 제기하였을 때에는 재결서 정본을 받은 날
   2. 이의신청에 대한 재결이 있은 후 소송을 제기하였을 때에는 그 재결서 정본을 받은 날

만일 이의신청을 거쳐 항고소송을 제기하는 경우, 그 대상이 이의재결인지 아니면 제34조에 따른 수용재결($\frac{원처}{분}$)인지가 문제된다. 이에 대해 통설과 판례는 현행 토지보상법이 이의신청에 관하여 임의적 전치주의를 채택하고 있으므로, 행정소송법상 원처분주의에 따라 수용재결을 한 중앙토지수용위원회 또는 지방토지수용위원회를 피고로 하여 수용재결의 취소를 구하여야 하고, 이의재결 자체에 고유한 위법이 있는 경우에는 이의재결을 한 중앙토지수용위원회를 피고로 하여 이의재결의 취소를 구할 수 있다고 한다($\frac{원처}{분의}$).57)

대법원 2010. 1. 28. 선고 2008두1504 판결

공익사업을 위한 토지 등의 취득 및 보상에 관한 법률 제85조 제1항 전문의 문언 내용과 같은 법 제83조, 제85조가 중앙토지수용위원회에 대한 이의신청을 임의적 절차로 규정하고 있는 점, 행정소송법 제19조 단서가 행정심판에 대한 재결은 재결 자체에 고유한 위법이 있음을 이유로 하는 경우에 한하여 취소소송의 대상으로 삼을 수 있도록 규정하고 있는 점 등을 종합하여 보면, 수용재결에 불복하여 취소소송을 제기하는 때에는 이의신청을 거친 경우에도 수용재결을 한 중앙토지수용위원회 또는 지방토지수용위원회를 피고로 하여 수용재결의 취소를 구하여야 하고, 다만 이의신청에 대한 재결 자체에 고유한 위법이 있음을 이유로 하는 경우에는 그 이의재결을 한 중앙토지수용위원회를 피고로 하여 이의재결의 취소를 구할 수 있다고 보아야 한다.

2) 보상금증감청구소송

토지보상법 제85조 제1항에 따라 제기하려는 행정소송이 보상금의 증감에 관한 소송인 경우 그 소송을 제기하는 자가 토지소유자 또는 관계인일 때에는 사업시행자를, 사업시행자일 때에는 토지소유자 또는 관계인을 각각 피고로 한다($\frac{제85조}{제2항}$). 이는 수용재결이나 이의재결의 취소나 무효확인을 구하지 않고 보상금액만을 다투는 경우로서 '형식적 당사자소송'에 해당한다. 실무상 보상금 증액청구소송은 금전지급청구의 형태로, 보상금 감액청구소송은 채무부존재확인청구($\frac{아직 보상금을 지급}{하지 않은 경우}$) 또는 금전부당이득반환청구($\frac{이미 보상금을}{지급한 경우를}$)의 형태를 취한다.58)

---

57) 대법원 1986. 8. 19. 선고 85누280 판결(실효된 지방토지수용위원회의 재결을 유효한 재결로 보고서 한 중앙토지수용위원회의 이의재결은 위법하여 무효이다).
58) 「행정소송의 이론과 실무」, 서울행정법원 실무연구회, 사법발전재단, 2014, 443면.

[기재례]

① 토지소유자 또는 관계인이 사업시행자를 상대로 제기한 보상금 증액청구소송에서 원고의 청구가 일부 인용된 경우

1. 피고는 원고에게 10,000,000원[59] 및 이에 대한 2022. 3. 17.[60]부터 2023. 5. 17.[61]까지는 연 5%의, 그 다음날부터 다 갚는 날까지는 연 12%의 각 비율로 계산한 돈을 지급하라.

2. 원고의 나머지 청구를 기각한다.

3. 소송비용 중 1/3은 원고가, 나머지는 피고가 각 부담한다.

4. 제1항은 가집행할 수 있다.

② 사업시행자가 토지소유자 또는 관계인을 상대로 제기한 보상금 감액청구소송에서 원고의 청구가 인용된 경우

1. 원고의 피고에 대한 손실보상금채무 중 10,000,000원을 초과하는 부분은 존재하지 아니함을 확인한다.

2. 소송비용은 피고가 부담한다.

피보상자별로 어떤 토지, 물건, 권리 또는 영업이 손실보상 대상에 해당하는지, 나아가 보상금액이 얼마인지를 심리·판단하는 기초단위를 '보상항목'이라고 한다. 어떤 보상항목이 토지보상법상 손실보상의 대상이 됨에도 관할 토지수용위원회가 사실을 오인하거나 법리를 오해하여 손실보상 대상에 해당하지 않는다고 잘못된 내용의 재결을 한 경우, 피보상자는 그 재결에 대한 취소소송을 제기할 것이 아니라 사업시행자를 상대로 보상금 증감청구소송을 제기하여야 한다[판례 ①].

하나의 재결에서 피보상자별로 여러 보상항목에 관하여 심리·판단이 내려진 경우 피보상자 또는 사업시행자는 그중에서 일부에 관해서만 불복할 수 있으며, 이 경우 법원의 심판범위는 하나의 재결 내에서 소송당사자가 구체적으로 불복신청을 한 보상항목들로 제한된다. 이후 법원에서 감정을 실시한 결과 재결에서 정한 보상금액이 일부 보상항목은 과소하고 다른 보상항목은 과다한 것으로 판명되었다면, 법원은 보상항목 상호 간의 유용을 허용하여 항목별로 과다 부분과 과소 부분을 합산하여 보상금의 합계액을 정당한 보상금으로 결정할 수 있다[판례 ②].

---

59) 법원이 인정한 정당한 보상액에서 수용재결에서 정한 보상액(이의신청을 하지 않은 경우) 또는 이의재결에서 정한 보상액(이의신청을 한 경우)을 공제한 나머지 금액을 기재한다.

60) 수용재결에서 정한 수용일(수용개시일)의 다음 날을 말한다.

61) 판결 선고일을 말한다.

① 대법원 2018. 7. 20. 선고 2015두4044 판결

[1] 사업시행자가 동일한 토지소유자에 속하는 일단의 토지 일부를 취득함으로 인하여 잔여지의 가격이 감소하거나 그 밖의 손실이 있을 때 등에는 잔여지를 종래의 목적으로 사용하는 것이 가능한 경우라도 잔여지 손실보상의 대상이 되며, 잔여지를 종래의 목적에 사용하는 것이 불가능하거나 현저히 곤란한 경우이어야만 잔여지 손실보상청구를 할 수 있는 것이 아니다. 마찬가지로 잔여 영업시설 손실보상의 요건인 "공익사업에 영업시설의 일부가 편입됨으로 인하여 잔여시설에 그 시설을 새로이 설치하거나 잔여시설을 보수하지 아니하고는 그 영업을 계속할 수 없는 경우"란 잔여 영업시설에 시설을 새로이 설치하거나 잔여 영업시설을 보수하지 아니하고는 그 영업이 전부 불가능하거나 곤란하게 되는 경우만을 의미하는 것이 아니라, 공익사업에 영업시설 일부가 편입됨으로써 잔여 영업시설의 운영에 일정한 지장이 초래되고, 이에 따라 종전처럼 정상적인 영업을 계속하기 위해서는 잔여 영업시설에 시설을 새로 설치하거나 잔여 영업시설을 보수할 필요가 있는 경우도 포함된다고 해석함이 타당하다.

[2] 구 공익사업을 위한 토지 등의 취득 및 보상에 관한 법률(2013. 3. 23. 법률 제11690호로 개정되기 전의 것, 이하 '토지보상법'이라 한다) 제26조, 제28조, 제30조, 제34조, 제50조, 제61조, 제83조 내지 제85조의 규정 내용과 입법 취지 등을 종합하면, 공익사업에 영업시설 일부가 편입됨으로 인하여 잔여 영업시설에 손실을 입은 자가 사업시행자로부터 구 공익사업을 위한 토지 등의 취득 및 보상에 관한 법률 시행규칙(2014. 10. 22. 국토교통부령 제131호로 개정되기 전의 것) 제47조 제3항에 따라 잔여 영업시설의 손실에 대한 보상을 받기 위해서는, 토지보상법 제34조, 제50조 등에 규정된 재결절차를 거친 다음 그 재결에 대하여 불복이 있는 때에 비로소 토지보상법 제83조 내지 제85조에 따라 권리구제를 받을 수 있을 뿐이다. 이러한 재결절차를 거치지 않은 채 곧바로 사업시행자를 상대로 손실보상을 청구하는 것은 허용되지 않는다.

재결절차를 거쳤는지 여부는 보상항목별로 판단하여야 한다. 피보상자별로 어떤 토지, 물건, 권리 또는 영업이 손실보상대상에 해당하는지, 나아가 보상금액이 얼마인지를 심리·판단하는 기초 단위를 보상항목이라고 한다. 편입토지·물건 보상, 지장물 보상, 잔여 토지·건축물 손실보상 또는 수용청구의 경우에는 원칙적으로 개별물건별로 하나의 보상항목이 되지만, 잔여 영업시설 손실보상을 포함하는 영업손실보상의 경우에는 '전체적으로 단일한 시설 일체로서의 영업' 자체가 보상항목이 되고, 세부 영업시설이나 영업이익, 휴업기간 등은 영업손실보상금 산정에서 고려하는 요소에 불과하다. 그렇다면 영업의 단일성·동일성이 인정되는 범위에서 보상금 산정의 세부요소를 추가로 주장하는 것은 하나의 보상항목 내에서 허용되는 공격방법일 뿐이므로, 별도로 재결절차를 거쳐야 하는 것은 아니다.

[3] 어떤 보상항목이 공익사업을 위한 토지 등의 취득 및 보상에 관한 법령상 손실보상대상에 해당함에도 관할 토지수용위원회가 사실을 오인하거나 법리를 오해함으로써

손실보상대상에 해당하지 않는다고 잘못된 내용의 재결을 한 경우에는, 피보상자는 관할 토지수용위원회를 상대로 그 재결에 대한 취소소송을 제기할 것이 아니라, 사업시행자를 상대로 구 공익사업을 위한 토지 등의 취득 및 보상에 관한 법률(2013. 3. 23. 법률 제11690호로 개정되기 전의 것) 제85조 제2항에 따른 보상금증감소송을 제기하여야 한다.

② 대법원 2018. 5. 15. 선고 2017두41221 판결

[1] 하나의 재결에서 피보상자별로 여러 가지의 토지, 물건, 권리 또는 영업(이처럼 손실보상 대상에 해당하는지, 나아가 그 보상금액이 얼마인지를 심리·판단하는 기초 단위를 이하 '보상항목'이라고 한다)의 손실에 관하여 심리·판단이 이루어졌을 때, 피보상자 또는 사업시행자가 반드시 재결 전부에 관하여 불복하여야 하는 것은 아니며, 여러 보상항목들 중 일부에 관해서만 불복하는 경우에는 그 부분에 관해서만 개별적으로 불복의 사유를 주장하여 행정소송을 제기할 수 있다. 이러한 보상금 증감 소송에서 법원의 심판범위는 하나의 재결 내에서 소송당사자가 구체적으로 불복신청을 한 보상항목들로 제한된다.

법원이 구체적인 불복신청이 있는 보상항목들에 관해서 감정을 실시하는 등 심리한 결과, 재결에서 정한 보상금액이 일부 보상항목의 경우 과소하고 다른 보상항목의 경우 과다한 것으로 판명되었다면, 법원은 보상항목 상호 간의 유용을 허용하여 항목별로 과다 부분과 과소 부분을 합산하여 보상금의 합계액을 정당한 보상금으로 결정할 수 있다.

[2] 피보상자가 당초 여러 보상항목들에 관해 불복하여 보상금 증액 청구소송을 제기하였으나, 그중 일부 보상항목에 관해 법원에서 실시한 감정 결과 그 평가액이 재결에서 정한 보상금액보다 적게 나온 경우에는, 피보상자는 해당 보상항목에 관해 불복신청이 이유 없음을 자인하는 진술을 하거나 단순히 불복신청을 철회함으로써 해당 보상항목을 법원의 심판범위에서 제외하여 달라는 소송상 의사표시를 할 수 있다.

한편 사업시행자가 특정 보상항목에 관해 보상금 감액을 청구하는 권리는 공익사업을 위한 토지 등의 취득 및 보상에 관한 법률 제85조 제1항 제1문에서 정한 제소기간 내에 보상금 감액 청구소송을 제기하는 방식으로 행사함이 원칙이다. 그런데 사업시행자에 대한 위 제소기간이 지나기 전에 피보상자가 이미 위 보상항목을 포함한 여러 보상항목에 관해 불복하여 보상금 증액 청구소송을 제기한 경우에는, 사업시행자로서는 보상항목 유용 법리에 따라 위 소송에서 과다 부분과 과소 부분을 합산하는 방식으로 위 보상항목에 대한 정당한 보상금액이 얼마인지 판단 받을 수 있으므로, 굳이 중복하여 동일 보상항목에 관해 불복하는 보상금 감액 청구소송을 별도로 제기하는 대신 피보상자가 제기한 보상금 증액 청구소송을 통해 자신의 감액청구권을 실현하는 것이 합리적이라고 생각할 수도 있다.

이와 같이 보상금 증감 청구소송에서 보상항목 유용을 허용하는 취지와 피보상자의 보상금 증액 청구소송을 통해 감액청구권을 실현하려는 기대에서 별도의 보상금 감액 청구소송을 제기하지 않았다가 그 제소기간이 지난 후에 특정 보상항목을 심판범위에서 제외해 달라는 피보상자의 일방적 의사표시에 의해 사업시행자가 입게 되는 불이익 등을 고려하면, 사업시행자가 위와 같은 사유로 그에 대한 제소기간 내에 별도의 보상금 감액 청구소송을 제기하지 않았는데, 피보상자가 법원에서 실시한 감정평가액이 재결절차의 그것보다 적게 나오자 그 보상항목을 법원의 심판범위에서 제외하여 달라는 소송상 의사표시를 하는 경우에는, 사업시행자는 그에 대응하여 법원이 피보상자에게 불리하게 나온 보상항목들에 관한 법원의 감정 결과가 정당하다고 인정하는 경우 이를 적용하여 과다하게 산정된 금액을 보상금액에서 공제하는 등으로 과다 부분과 과소 부분을 합산하여 당초 불복신청된 보상항목들 전부에 관하여 정당한 보상금액을 산정하여 달라는 소송상 의사표시를 할 수 있다고 봄이 타당하다.

이러한 법리는 정반대의 상황, 다시 말해 사업시행자가 여러 보상항목들에 관해 불복하여 보상금 감액 청구소송을 제기하였다가 그중 일부 보상항목에 관해 법원 감정 결과가 불리하게 나오자 해당 보상항목에 관한 불복신청을 철회하는 경우에도 마찬가지로 적용될 수 있다.

제 2 절 행정상 손실보상의 흠결과 그 보완

I. 개 설

'수용'의 개념을 재산권의 이전문제로 좁게 해석하고, 기타의 문제는 이른바 '행정책임'의 문제로서 국가배상 등에 의존해야 한다는 필자의 견해로는 손실보상의 흠결문제는 발생하지 않는 것으로 이해되지만, 여전히 학계의 일반적 설명은 행정상 손실보상을 적법한 공권력의 행사로 인한 재산권의 침해에 대하여 행하여지는 재산적 보상이라고 설명하는 까닭에 ① 비재산적 침해, ② 위법·무과실로 인하여 발생한 침해 등에 대하여는 손실보상의 법리로는 보상이 불가능하다는 결론이 도출된다.

〈행정상 손해전보제도의 체계〉[62]

피해유형 \ 원인행위	세부유형	재산적 법익	비재산적 법익
위법한 공행정작용	고의 또는 과실	국가배상	
	무과실	수용유사침해	희생유사침해
적법한 공행정작용	의도적	손실보상	희생보상청구권
	비의도적	수용적 침해	희생적 침해

따라서 이 절에서는 손실보상의 흠결이 존재하는 것인가에 대한 논의는 생략하고, 다만 행정상 손실보상제도의 흠결을 보완하려는 이론들이라고 알려진 독일의 판례이론을 소개하고자 한다.

Ⅱ. 수용유사침해

1. 초기 연방대법원의 수용유사침해이론

재산권의 침해행위가 위법한 것이기는 하나 만약 적법했더라면 그 내용 및 효과에 있어 수용에 해당했을 것이고, 그것이 사실상 관계인에게 특별한 희생을 부과한 것일 때에는 이러한 침해행위의 위법성에도 불구하고 이를 수용행위로 파악하여야 한다는 이론으로서, 이 이론은 적법한 침해행위가 보상된다면 위법한 침해로 인한 손해는 당연히 구제되어야 한다는 논리에서 출발하였다.[63] 가령, 법률에 근거하여 재산권에 특별한 희생을 가하지만 보상규정이 없는 공용침해가 이에 해당한다.[64] 그러나 이후 1960년대에 이르러 연방대법원은 더 이상 개인에게 사회적 기속을 넘어서는 특별한 희생이 발생되었는지 여부는 따지지 않고 '침해의 위법성'만을 이유로 보상을 하였으며, 그 위법성이 보상규정의 결여에 기인하건, 기타 실정법규정의 위

---

62) 김철우, "위험사회에서 공법상 행정책임에 대한 연구-행정상 손해전보제도의 개선방안을 중심으로", 토지공법연구(제91집), 한국토지공법학회, 2020, 113면.

63) 홍준형(774면).

64) 독일은 2차 세계대전 이후 주택난 해소를 위해 개인의 주택을 무주택자에게 강제배정하는 법률을 제정하였는데, 법률에서 보상규정을 두지 않았다. 이로 인해 재산권을 침해당한 자들이 제기한 소송에서, 연방대법원은 보상규정 없는 법률에 근거하여 재산권을 침해한 것은 위법한 침해이며, 이 경우 적법한 침해와 마찬가지로 기본법 제14조 제3항을 유추적용해서 손실보상을 해주어야 한다고 판시하여 처음으로 수용유사침해에 의한 보상을 인정하였다. 1952. 6. 10, BGHZ 6, 270(290). 정하중, "수용유사적 그리고 수용적 침해제도", 고시연구, 1994년 3월호, 99면 이하.

반에 기인하건 불문하였다.[65] 이에 따라 수용유사침해는 특별한 희생에 대한 손실보상에서 재산권의 위법한 침해에 대한 국가배상의 성격으로 변질되었다.

2. 자갈채취결정과 이론의 수정

(1) 연방헌법재판소의 자갈채취결정

자갈채취사건[66]은 원고가 과거부터 자기 소유의 토지에서 채취하여 오던 자갈을 계속하여 채취하고자 주무관청에 허가를 신청하였으나, 행정청은 새로 제정된 법률 (Wasserrecht)상 당해 토지가 수원지로부터 가까운 곳에 있는 까닭에 허가를 거부하였고, 이에 원고가 당해 거부처분은 자신의 토지에 대한 사실상 수용에 해당한다고 하여 보상을 청구한 사건이다.

이에 대해 연방헌법재판소는 자갈채취를 위한 허가거부를 수용행위로 보지 않고, 손실보상의무도 인정하지 않았다. 나아가 보상규정이 없는 위헌적 법률에 근거한 위법한 수용에 대해서는 그 취소를 구할 수 있을 뿐이지, 법원이 취소에 갈음하여 보상을 허용함으로써 보상규정의 흠결을 치유할 권한은 없다고 결정하였다.

이 결정이 있은 후, 수용유사침해법리의 존속 여부에 대하여 학계와 판례가 많은 논쟁을 하였으나, 이 결정에도 불구하고 수용유사침해법리를 인정하는 것이 학계와 판례의 입장이다. 우리나라에서도 대체로 이를 인정하는 것이 학계의 입장이며, 대법원의 '문화방송주식 사건'[67]을 수용유사침해이론이 적용된 판례로서 소개하고 있다. 다만, 동 판결에서 대법원은 판결 이유에서 "과연 우리 법제하에서 그와 같은 이론을 채택할 수 있는 것인가는 별론으로 하더라도"라고 판시하여 명시적인 판단은 유보하고 있다.

---

65) 정하중/김광수(590면). 연방대법원은 공공필요에 의한 위법·유책의 재산권 침해의 경우에는 곧 수인한도를 넘는 특별희생에 해당한다고 하여 이 경우 더 이상 '특별한 희생'에 대한 요건심사는 필요하지 않다고 보았다. 1960. 4. 25, BGHZ 32, 208. 상게 논문, 99면.

66) Naßauskießungsbeschluß, BVerfGe 58, 300 : 1981. 7. 15.

67) [사실관계] 원고는 소외 주식회사 문화방송이 발행한 주식 150,000주를 소유하고 있었는데 원고의 대표이사이던 소외 1이 1980. 6.말경 당시 선포된 비상계엄에 따라 언론에 관한 업무를 담당하고 있던 피고 대한민국 산하 국군보안사령부의 정보처장이었던 소외 2로부터 원고 소유의 위 주식 모두를 언론통폐합조치의 수행을 위하여 피고 대한민국에게 증여할 것을 요구받고 처음에는 이를 거부하였으나 국군보안사령부의 계속적인 요구를 받고 만약 위 주식의 증여를 거부하면 위 소외 1이나 그러한 거부결정에 참여한 사람들의 신변 또는 원고 회사 등에 다른 손해가 가하여질지 모르겠다는 염려를 하게 되어 결국 같은 해 12. 8. 이 사건 주식을 피고 대한민국에게 교부하여 증여하게 되었고, 피고 대한민국은 이를 국유재산법 소정의 기부채납의 형식으로 증여받은 다음 1981. 12. 7. 이를 소외 한국방송공사에게 양도하였으며 한국방송공사는 1988. 12. 31. 이를 피고 방송문화진흥회에 양도하였다.

대법원 1993. 10. 26. 선고 93다6409 판결

　　[1] 수용이라 함은 공권력의 행사에 의한 행정처분의 일종인데, 비록 증여계약의 체결과정에서 국가공무원의 강박행위가 있었다 하더라도 그것만으로 증여계약의 체결이나 그에 따른 주식의 취득이 국가의 공권력의 행사에 의한 행정처분에 해당한다고 볼 수는 없고 어떤 법률관계가 불평등한 것이어서 민법의 규정이 배제되는 공법적 법률관계라고 하기 위하여는 그 불평등이 법률에 근거한 것이라야 할 것이고, 당사자 간의 불평등이 공무원의 위법한 강박행위에 기인한 것일 때에는 이러한 불평등은 사실상의 문제에 불과하여 이러한 점만을 이유로 당사자 사이의 관계가 민법의 규정이 배제되는 공법적 법률관계라고 할 수는 없다.

　　[2] 민법 제104조가 규정하는 현저히 공정을 잃은 법률행위라 함은 자기의 급부에 비하여 현저하게 균형을 잃은 반대급부를 하게 하여 부당한 재산적 이익을 얻는 행위를 의미하는 것이므로 증여계약과 같이 아무런 대가관계 없이 당사자 일방이 상대방에게 일방적인 급부를 하는 법률행위는 그 공정성 여부를 논의할 수 있는 성질의 법률행위가 아니다.

　　[3] 수용유사적 침해의 이론은 국가 기타 공권력의 주체가 위법하게 공권력을 행사하여 국민의 재산권을 침해하였고 그 효과가 실제에 있어서 수용과 다름없을 때에는 적법한 수용이 있는 것과 마찬가지로 국민이 그로 인한 손실의 보상을 청구할 수 있다는 것인데, 1980. 6.말경의 비상계엄 당시 국군보안사령부 정보처장이 언론통폐합조치의 일환으로 사인 소유의 방송사 주식을 강압적으로 국가에 증여하게 한 것이 위 수용유사행위에 해당되지 않는다고 한 사례.

(2) 이론의 수정

　　마우러 교수는 자갈채취결정으로 수용유사침해법리가 부정된 것이 아니라 수용유사침해의 성립요건이 하나 더 추가된 것이라고 설명하였다. 즉, 그는 "재산권은 3단계의 보장단계를 가지고 있는바, 제1단계는 재산권 침해를 방지하기 위한 방어권($\substack{\text{Abwehran-}\\\text{spruch}}$)이고, 제2단계는 사실상 박탈된 재산권의 반환을 청구하는 결과제거청구권($\substack{\text{Folgenbeseitig-}\\\text{ungsanspruch}}$)이며, 이들 제1·2단계의 조치를 취할 수 없거나, 취한다고 하여도 소기의 성과를 달성하기가 어려운 경우에 드디어 제3단계로서 수용유사침해로 인한 보상청구권을 행사할 수 있다."고 하였다. 다시 말해서, 연방헌법재판소의 "…위헌적 법률에 근거한 위법수용에 대해서는 그 취소를 구할 수 있을 뿐이지…"라는 결정은 수용유사침해를 부정하는 것이 아니라 '제1차적 구제수단의 행사가 불가능하거나 행사하여도 성과가 없을 것'이라는 소극적 요건을 충족한 이후에야 비로소 수용유사침해로 인한 보상청구를 할 수 있는 것으로 해석되어야 한다고 하였다.[68]

3. 법적 근거

종래에는 기본법 제14조 제3항(補償)에서 수용유사침해에 대한 보상의 근거를 유추하였으나, 기본법 제14조 제3항은 적법한 수용의 경우에만 적용된다는 전술한 자갈채취결정으로 오늘날에는 동 규정에서 더 이상 법적 근거를 발견하려 하지 않고, 지금까지 독일에서 관습헌법으로 인정되고 있는 프로이센 일반란트법 제74조와 제75조의 일반희생원칙에서 법적 근거를 찾고 있다.

4. 성립요건

(1) 재산권의 침해가 있어야 한다.

(2) 공권력의 행사로 인한 침해가 있어야 한다. 공권력의 행사는 법적 행위뿐만 아니라 사실행위도 포함한다. 특히 사실행위는 소극적 요건(제1단계 구제수단을 먼저 거칠 것)이 충족되기 때문에 수용유사침해를 바로 인정할 수 있다.

(3) 침해가 공권력의 행사로 직접 야기되어야 한다. 종래에는 침해의 의욕성 또는 의도성이 요구되었으나, 오늘날에는 공권력 행사가 직접 재산권의 침해를 발생시키면 족하다.

(4) 공용침해가 위법하여야 한다. 여기서 위법하다는 것은 침해가 아무런 법률상의 근거 없이 이루어진 경우, 헌법에 합치되지 않는 법률에 근거하여 이루어진 경우, 법률적 근거를 벗어나서 이루어진 경우 등을 말한다.

수용유사침해이론은 국가의 무과실책임에 해당하는 것인데, 우리나라의 국가배상법 제2조는 과실책임만 규정하고 있으므로 수용유사침해에 해당하는 손실에 대하여 국가배상법 제2조를 적용할 수 없다. 뿐만 아니라 국가배상법 제2조는 위법한 침해만을 대상으로 한다.

---

68) 홍준형(772면).

Ⅲ. 수용적 침해

1. 개 념

수용적 침해(enteignender Eingriff)란 그 자체로는 적법한 행정작용의 부수적 결과로서 의도되지 않은, 그리고 비정형적인 재산권의 침해를 말한다.[69] 따라서 본래는 손실보상의 범위에 포함되지 않는다.[70] 예컨대, 도로공사나 지하철공사 등으로 교통이 제한됨으로 인하여 주변 지역에 있는 상점들이 영업손실을 입은 때에 통상의 경우에는 수인되어야 할 사회적 제약이지만, 그 침해가 장기간 지속되는 경우에는 수인의 정도를 넘는 특별한 희생으로 보아 보상하여야 한다는 논리이다. 결국 수용적 침해는 예측할 수 없는 특별한 희생을 요건으로 한다는 점에서 예측이 가능한 공용수용과 구별되고, 적법한 행정작용에 의한 침해라는 점에서 수용유사침해와 다르다.

2. 법적 근거

수용적 침해의 법적 근거는 수용유사침해의 법적 근거와 마찬가지로 종래에는 기본법 제14조 제3항(수용)에서 보상의 근거를 유추하였으나, 자갈채취결정 이후에는 프로이센 일반란트법 제74조와 제75조의 일반희생원칙에서 찾고 있다.

3. 성립요건

(1) 재산권의 침해이어야 한다.
(2) 적법한 행정작용의 부수적 결과로 인한 침해이어야 한다.
(3) 침해가 공권력의 행사로 직접 야기되어야 한다.
(4) 침해가 수인의 한도를 넘는 특별희생이어야 한다.

수용적 침해이론과 관련하여, 우리나라의 국가배상법 제5조가 무과실책임을 수용하고 있으므로 수용적 침해에 해당하는 경우는 국가배상법 제5조에 의한 구제가 가능하다.

---

69) 상게서(785면).
70) 김남진/김연태(703면).

Ⅳ. 희생보상청구권

1. 개 념

희생보상청구권이란 적법한 행정작용으로 생명·신체·명예·자유 등과 같은 비재산적 가치가 침해당한 경우에 이에 대한 보상을 구하는 청구권을 말한다. 공용수용, 수용유사침해, 수용적 침해 등이 모두 재산적 침해에 대한 보상을 전제로 함에 반하여, 희생보상청구권은 비재산적 가치 역시 재산적 가치 못지않게 중요한 법익이며 따라서 이를 침해당한 경우에는 보상을 하는 것이 기본권 보장, 법치국가원리, 사회국가원리에 부합된다는 사상에서 나온 제도이다.

2. 법적 근거

수용유사침해, 수용적 침해에 대한 법적 근거와 마찬가지로 희생보상청구권 역시 프로이센 일반란트법 제74와 제75조, 즉 '공익을 위해 특별한 희생을 당한 자는 보상을 받아야 한다는 원칙'[71]에서 그 근거를 발견하고 있다. 이외에도 헌법상 법치주의와 평등의 원칙 등이 근거로 언급되기도 한다.[72]

3. 성립요건

(1) 비재산적 법익의 침해이어야 한다.
(2) 공공필요에 의한 적법한 행정작용(공권적작용)으로 인한 침해이어야 한다.
(3) 침해가 공권력의 행사로 직접 야기되어야 한다.
(4) 침해가 수인의 한도를 넘는 특별희생이어야 한다.

---

71) 이러한 일반희생원칙은 중세의 자연법사상인 희생보상사상에 기원을 두고 있다. 독일에서는 이러한 희생보상사상에 기초하여 관습법상 희생보상청구권이 인정되었으며, 이는 프로이센 일반란트법 제74조와 제75조에 처음으로 법제화되었다. 초기의 희생보상제도는 공공필요에 의한 재산권 침해와 비재산적 법익침해에 모두 인정되었으나, 손실보상제도가 확립된 이후에는 주로 공공필요에 의한 비재산적 법익침해에 한정되었다. 그러나 자갈채취결정 이후 수용유사침해와 수용적 침해의 법적 근거를 다시 프로이센 일반란트법 제74조와 제75조에서 찾고 있다. 이일세(667면).

72) 홍준형(790면).

4. 효 과

희생보상청구권의 보상내용은 치료비·간호비·일실수입 등과 같이 비재산적 법익의 침해로 인하여 발생한 재산적 손실이다. 따라서 정신적 손해에 대한 보상은 인정되지 않는다.[73] 이것 역시 국가책임의 영역에 포함되어야 할 것이다.

5. 우리나라 실정법상의 제도

우리나라에서는 소방기본법 제49조의2 제1항 제2호,[74] 감염병의 예방 및 관리에 관한 법률 제71조 제1항,[75] 경찰관직무집행법 제11조의2 제1항 제1호[76] 등이 희생보상청구권을 인정하고 있는 실정법상의 예라고 소개하고 있다.[77]

문제는 개별법에서 명문의 규정이 없는 경우에 보상을 청구할 수 있는지 여부이다. 이 경우 독일에서는 희생유사침해를 인정하고 있으나,[78] 우리나라에서는 이에 대한 인정 여부를 둘러싸고 수용유사침해의 문제와 마찬가지로 논란이 있다.

대법원 2014. 5. 16. 선고 2014두274 판결

구 전염병예방법(2009. 12. 29. 법률 제9847호 감염병의 예방 및 관리에 관한 법률로 전부 개정되기 전의 것, 이하 '구 전염병예방법'이라 한다) 제54조의2의 규정에 의한 국가의 보상책임은 무과실책임이기는 하지만, 책임이 있다고 하기 위해서는 질병, 장애

---

73) 김남진/김연태(709면).

74) 제49조의2(손실보상) ① 소방청장 또는 시·도지사는 다음 각 호의 어느 하나에 해당하는 자에게 제3항의 손실보상심의위원회의 심사·의결에 따라 정당한 보상을 하여야 한다.

2. 제24조 제1항 전단(소방본부장, 소방서장 또는 소방대장은 화재, 재난·재해, 그 밖의 위급한 상황이 발생한 현장에서 소방활동을 위하여 필요할 때에는 그 관할구역에 사는 사람 또는 그 현장에 있는 사람으로 하여금 사람을 구출하는 일 또는 불을 끄거나 불이 번지지 아니하도록 하는 일을 하게 할 수 있다)에 따른 소방활동 종사로 인하여 사망하거나 부상을 입은 자

75) 제71조(예방접종 등에 따른 피해의 국가보상) ① 국가는 제24조 및 제25조에 따라 예방접종을 받은 사람 또는 제40조 제2항에 따라 생산된 예방·치료 의약품을 투여받은 사람이 그 예방접종 또는 예방·치료 의약품으로 인하여 질병에 걸리거나 장애인이 되거나 사망하였을 때에는 대통령령으로 정하는 기준과 절차에 따라 다음 각 호의 구분에 따른 보상을 하여야 한다.

1. 질병으로 진료를 받은 사람: 진료비 전액 및 정액 간병비
2. 장애인이 된 사람: 일시보상금
3. 사망한 사람: 대통령령으로 정하는 유족에 대한 일시보상금 및 장제비

76) 제11조의2(손실보상) ① 국가는 경찰관의 적법한 직무집행으로 인하여 다음 각 호의 어느 하나에 해당하는 손실을 입은 자에 대하여 정당한 보상을 하여야 한다.

1. 손실발생의 원인에 대하여 책임이 없는 자가 생명·신체 또는 재산상의 손실을 입은 경우(손실발생의 원인에 대하여 책임이 없는 자가 경찰관의 직무집행에 자발적으로 협조하거나 물건을 제공하여 생명·신체 또는 재산상의 손실을 입은 경우를 포함한다)

77) 김남진/김연태(704면); 홍정선(921면).

78) 홍정선(926면).

또는 사망($\substack{\text{이하 '장애 등'} \\ \text{이라 한다}}$)이 당해 예방접종으로 인한 것임을 인정할 수 있어야 한다. 그러나 위와 같은 국가의 보상책임은 예방접종의 실시 과정에서 드물기는 하지만 불가피하게 발생하는 부작용에 대해서, 예방접종의 사회적 유용성과 이에 따른 국가적 차원의 권장 필요성, 예방접종으로 인한 부작용이라는 사회적으로 특별한 의미를 가지는 손해에 대한 상호부조와 손해분담의 공평, 사회보장적 이념 등에 터 잡아 구 전염병예방법이 특별히 인정한 독자적인 피해보상제도인 점, 구 전염병예방법 시행령($\substack{\text{2010. 3. 15. 대통령령 제22075} \\ \text{호로 개정되기 전의 것}}$) 제19조의2에 예방접종으로 인한 피해에 대한 보상기준이 항목별로 구체적으로 정해져 있는데 액수가 그리 크지 않은 점, 예방접종으로 인한 부작용으로 사망이라는 중대한 결과까지 초래될 가능성이 있는 반면, 장애 등의 발생 기전은 명확히 밝혀져 있지 않고 현재의 의학수준에 의하더라도 부작용을 완전히 방지할 수는 없는 점 등에 비추어, 구 전염병예방법 제54조의2의 규정에 의한 보상을 받기 위한 전제로서 요구되는 인과관계는 반드시 의학적 · 자연과학적으로 명백히 증명되어야 하는 것은 아니고, 간접적 사실관계 등 제반 사정을 고려할 때 인과관계가 있다고 추단되는 경우에는 증명이 있다고 보아야 한다. 인과관계를 추단하기 위해서는 특별한 사정이 없는 한 예방접종과 장애 등의 발생 사이에 시간적 · 공간적 밀접성이 있고, 피해자가 입은 장애 등이 당해 예방접종으로부터 발생하였다고 추론하는 것이 의학이론이나 경험칙상 불가능하지 않으며, 장애 등이 원인불명이거나 당해 예방접종이 아닌 다른 원인에 의해 발생한 것이 아니라는 정도의 증명이 있으면 족하다.

V. 행정상 결과제거청구권

1. 의 의

행정상 결과제거청구권이란, 위법한 행정작용의 결과로 계속 남아있는 위법한 상태로 인해 법률상의 이익을 침해받고 있는 자가 행정청에 대하여 그 위법한 상태를 제거해 줄 것을 청구할 수 있는 권리를 말한다. 행정상의 원상회복 또는 위법한 행정작용으로 인한 방해배제라고도 한다.[79] 예컨대 수용처분의 취소 후에도 당해 토지를 계속해서 공공용지로 사용하고 있는 경우에 당해 토지에 대한 반환을 청구하거나, 징발이 해제된 후에도 목적물을 계속해서 징발사용하는 경우에 그 반환을 청구하는 것이 이에 해당할 것이다.

이는 독일에서 대위책임제도에 입각한 국가배상책임의 흠결을 보완하기 위하여

---

79) 정형근(547면).

학설과 판례를 통해 발전하였으며, 그 적용영역이 점차 확대되고 있다.[80]

2. 성 질

(1) 공법상의 권리라는 면에서 사법(私法)상 물권적 청구권과 구별된다. 뿐만 아니라 동 법리는 명예훼손 발언과 같은 비재산적 침해의 경우에도 적용될 수 있는 까닭에 물권적 청구권으로 한정하기는 어렵다.[81]

(2) 고의 또는 과실을 요건으로 하고 금전배상을 내용으로 하는 국가배상과 구별된다.

(3) 적법행위로 인한 침해유형인 수용과 구별된다.

(4) 금전적 전보를 목적으로 하는 수용유사침해와 구별된다.

3. 법적 근거

판례이론을 통하여 결과제거청구권을 인정하고 있는 독일에서는 법치국가원리, 자유권적 기본권, 행정의 법률적합성의 원칙, 민법상의 방해배제청구권의 유추 등에서 법적 근거를 찾고 있다.[82] 간접적으로는 행정상 이행소송에 관한 행정법원법의 규정(제113조 제1항 제2문)이 언급되기도 한다.[83]

결과제거청구권을 인정하고 있는 우리나라 학자들도 대체적으로 독일의 경우와 마찬가지로 법치국가원리, 기본권규정, 민법상 방해배제청구권 등 관계 규정의 유추적용 등을 법적 근거로 주장하고 있다. 이외에도 행정소송법상 취소판결의 기속력에 관한 규정(제30조)을 결과제거청구권의 소송법적 근거라고 주장하는 견해도 있다.[84]

4. 성립요건

(1) 위법한 침해상태가 발생하여야 한다. 주의할 것은 '침해행위의 위법성'이 아니라 '침해상태의 위법성'에 중점이 있다는 사실이다. 예컨대, 행정청이 당초 적법하게 압류된 물건을 압류처분이 해제된 이후에도 계속 유치하고 있는 경우 결과제

---

80) 김남진/김연태(710면).
81) 상게서(711면).
82) 홍정선(929면).
83) 상게서(929면).
84) 김남진/김연태(711면).

거청구권을 행사할 수 있다면, 이는 압류행위가 위법해서가 아니라 당해 물건의 유치상태가 위법하기 때문이다.[85] 결국, 결과제거청구권의 성립요건은 '위법행위의 결과'가 아니라 '행정작용의 위법한 결과'인 것이다.

(2) 위법한 침해상태가 계속되어야 한다. 위법상태가 완료된 경우에는 국가배상 또는 손실보상의 문제만이 남을 것이다.

(3) 행정작용과 침해상태 사이에 인과관계가 존재하여야 한다.

(4) 결과제거의 가능성이 존재하여야 한다. 예컨대, 목적물의 멸실로 원상회복이 불가능한 경우에는 결과제거청구권의 문제가 발생하지 않을 것이다.

5. 내 용

(1) 결과제거청구권은 공행정작용으로 인해 야기된 위법한 침해상태의 제거, 즉 원상회복만을 그 내용으로 한다. 그러나 원상회복을 통한 피해구제가 어려운 경우에는 별도로 손해배상을 청구하여야 한다.

(2) 결과제거청구권은 공행정작용으로 발생된 '직접적'인 결과의 제거만을 청구할 수 있으며, 제3자의 개입을 통해 야기된 간접적인 결과의 제거는 청구할 수 없다.

6. 권리구제

결과제거청구권의 성질을 공권으로 보는 한, 이에 관한 쟁송절차는 행정소송의 일종인 당사자소송에 의하여야 한다. 만일 위법한 침해상태가 취소사유가 있는 위법한 행정행위에 의해 초래된 경우에는 당해 행정행위가 권한 있는 기관에 의해 취소되지 않는 한, 이에 대한 취소소송과 당사자소송을 병합하여 제기하여야 한다.

---

85) 홍준형(795면).

제**6**편

행정쟁송

제 1 장 개 관

I. 의 의

행정쟁송이란 행정상 법률관계에 관하여 분쟁이 발생한 경우 당사자의 청구에 의하여 이를 해결하기 위한 국가기관의 심판절차를 말한다. 행정쟁송에는 행정기관에 의해 심리·재결되는 행정심판과 법원에 의해 심리·판결되는 행정소송이 있다.

II. 기 능

행정쟁송은 국민이 위법하거나 부당한 행정작용으로부터 권리나 이익을 침해당한 경우 이를 구제하는 기능을 한다. 뿐만 아니라 행정작용의 적법성과 합목적성에 대한 심사를 통하여 행정통제의 역할을 수행한다. 이러한 행정쟁송절차의 보장은 실질적 법치주의 이념에도 부합한다.

III. 종 류

1. 주관적 쟁송과 객관적 쟁송

주관적 쟁송은 개인의 권리나 이익의 구제를 직접 목적으로 하는 쟁송을 말하고, 객관적 쟁송은 법적용의 적법성 또는 공익의 실현을 직접 목적으로 하는 쟁송을 말한다고 보는 것이 통설적 견해이다.[1] 이는 분쟁의 목적에 따른 구분으로 이에 따르면 항고쟁송과 당사자쟁송은 주관적 쟁송, 기관쟁송과 민중쟁송은 객관적 쟁송에 속한다고 보게 된다.

2. 항고쟁송과 당사자쟁송

항고쟁송은 행정의 공권력 행사 또는 불행사를 전제로 하여 그 행위의 위법 또

---

1) 김남진/김연태(724면).

는 부당을 주장하며 그 시정(是正)을 구하는 쟁송을 말하고, 당사자쟁송은 당사자 사이에서의 공법상 법률관계의 형성·존부에 관한 다툼에 대하여 그 심판을 구하는 쟁송을 말한다.

3. 기관쟁송과 민중쟁송

기관쟁송은 행정법규의 적정한 적용을 확보하기 위하여 국가 또는 공공단체의 기관 상호 간의 분쟁을 해결하기 위한 쟁송을 말하고, 민중쟁송은 행정법규의 위법한 적용을 시정하기 위하여 일반 민중 또는 선거인이 제기하는 쟁송을 말한다.[2]

4. 시심적 쟁송과 복심적 쟁송

시심적 쟁송은 행정법관계의 형성 또는 존부에 관한 제1차적인 행정작용 그 자체가 쟁송의 형식으로 행하여지는 경우의 쟁송을 말하고, 복심적 쟁송은 이미 행하여진 행정작용의 위법 또는 부당을 심판하는 쟁송을 말한다.

Ⅳ. 행정심판과 행정소송의 관계

종전에는 행정소송법 제18조에서 행정심판전치주의를 취하여 행정소송을 제기하기 위해서는 원칙적으로 행정심판을 거치도록 규정하고 있었다.[3] 그러나 1994년 위 조항이 개정되어 현재는 원칙적으로 행정심판이 임의적 절차로 운영되고 있다.[4] 다만, 국가공무원법·도로교통법·국세기본법 등에서 예외를 규정하고 있음을 유의하여야 한다.

---

2) 상게서(725면).
3) 제18조(행정심판과의 관계) ① 취소소송은 법령의 규정에 의하여 당해 처분에 대한 행정심판을 제기할 수 있는 경우에는 이에 대한 재결을 거치지 아니하면 이를 제기할 수 없다.
4) 제18조(행정심판과의 관계) ① 취소소송은 법령의 규정에 의하여 당해 처분에 대한 행정심판을 제기할 수 있는 경우에도 이를 거치지 아니하고 제기할 수 있다. 다만, 다른 법률에 당해 처분에 대한 행정심판의 재결을 거치지 아니하면 취소소송을 제기할 수 없다는 규정이 있는 때에는 그러하지 아니하다.

제2장 행정심판

제1절 개 설

헌법 제107조 ③ 재판의 전심절차로서 행정심판을 할 수 있다. 행정심판의 절차는 법률로 정하되, 사법절차가 준용되어야 한다.

I. 의 의

1. 개 념

실질적 의미의 행정심판이란 실정법제도와 관계없이 이론적인 면에서 파악한 관념으로, 광의로는 행정상 법률관계에 관하여 분쟁이 발생한 경우 행정기관이 심리·판단하는 쟁송절차를 통칭한다. 이 중에서 헌법 제107조 제3항의 요청에 따라 사법(司法)절차가 준용되는 쟁송절차를 '협의의 행정심판'이라고 한다.[1]

한편, 형식적 의미의 행정심판이란 행정심판을 제도적인 면에서 파악한 것으로서, 행정심판법의 적용을 받는 행정심판을 의미한다. 행정심판법은 협의의 행정심판에 대한 일반법으로 제정된 것이다.

실정법상으로는 행정심판이라는 용어 이외에 이의신청·심사청구·심판청구·재심신청 등의 다양한 용어가 사용되고 있다. 즉, 개별 법률에서 행정심판이라는 표현을 사용하지 않더라도 그 실질이 (협의의) 행정심판에 해당하면 행정심판에 속하게 되며, 이에 관한 특별한 규정이 있으면 그에 따르고, 그 외에는 일반법인 행정심판법이 보충적으로 적용된다(행정심판법 제4조 제2항). 행정심판법에 의한 행정심판을 일반행정심판, 개별 법률에 의한 행정심판을 특별행정심판이라고도 한다.

이하에서는 주로 형식적 의미의 행정심판을 중심으로 살펴보기로 한다.

---

1) 김철용(502면); 이일세(683면). 김남진 교수는 실질적 의미의 행정심판을 행정청이 일정한 공법적 결정을 함에 있어서 거치는 준사법적 절차로 정의한다. 김남진/김연태(728면).

헌법재판소 2001. 6. 28.자 2000헌바30 결정

[1] 헌법 제107조 제3항은 "재판의 전심절차로서 행정심판을 할 수 있다. 행정심판의 절차는 법률로 정하되, 사법절차가 준용되어야 한다"고 규정하고 있으므로, 입법자가 행정심판을 전심절차가 아니라 종심절차로 규정함으로써 정식재판의 기회를 배제하거나, 어떤 행정심판을 필요적 전심절차로 규정하면서도 그 절차에 사법절차가 준용되지 않는다면 이는 위 헌법조항, 나아가 재판청구권을 보장하고 있는 헌법 제27조에도 위반되며, 헌법 제107조 제3항은 사법절차가 "준용"될 것만을 요구하고 있으나 판단기관의 독립성과 공정성, 대심적 심리구조, 당사자의 절차적 권리보장 등의 면에서 사법절차의 본질적 요소를 현저히 결여하고 있다면 "준용"의 요청에마저 위반된다.

[2] 지방세 부과처분에 대한 이의신청 및 심사청구의 심의·의결기관인 지방세심의위원회는 그 구성과 운영에 있어서 심의·의결의 독립성과 공정성을 객관적으로 신뢰할 수 있는 토대를 충분히 갖추고 있다고 보기 어려운 점, 이의신청 및 심사청구의 심리절차에 사법절차적 요소가 매우 미흡하고 당사자의 절차적 권리보장의 본질적 요소가 결여되어 있다는 점에서 지방세법상의 이의신청·심사청구제도는 헌법 제107조 제3항에서 요구하는 "사법절차 준용"의 요청을 외면하고 있다고 할 것인데, 지방세법 제78조 제2항은 이러한 이의신청 및 심사청구라는 2중의 행정심판을 거치지 아니하고서는 행정소송을 제기하지 못하도록 하고 있으므로 위 헌법조항에 위반될 뿐만 아니라, 재판청구권을 보장하고 있는 헌법 제27조 제3항에도 위반된다 할 것이며, 나아가 필요적 행정심판전치주의의 예외사유를 규정한 행정소송법 제18조 제2항, 제3항에 해당하는 사유가 있어 행정심판제도의 본래의 취지를 살릴 수 없는 경우에까지 그러한 전심절차를 거치도록 강요한다는 점에서도 국민의 재판청구권을 침해한다 할 것이다.

2. 성 질

행정심판은 기본적으로 행정법상 분쟁에 대한 심판작용이면서 동시에 그 자체가 행정행위(재결)라는 이중적 성격을 가진다.[2] 행정소송법 제4조는 취소소송의 대상을 "처분등"이라고 규정하고 있는데, 이는 처분 및 행정심판에 대한 재결을 포함하는 개념이다(행정소송법 제2조 제1항 제1호).

---

2) 김동희(653면).

3. 구별제도

(1) 청원(請願)

청원은 널리 국민의 국정에 대한 의사표시로서, 국민은 ① 피해의 구제, ② 공무원의 위법·부당한 행위에 대한 시정이나 징계의 요구, ③ 법률·명령·조례·규칙 등의 제정·개정 또는 폐지, ④ 공공의 제도 또는 시설의 운영, ⑤ 그 밖에 청원기관의 권한에 속하는 사항에 대하여 청원기관에 청원할 수 있다(청원법 제5조).

청원법에 따라 국민이 청원을 제출할 수 있는 청원기관에는 ① 국회·법원·헌법재판소·중앙선거관리위원회, 중앙행정기관(대통령 소속 기관과 국무총리 소속 기관을 포함한다)과 그 소속 기관, ② 지방자치단체와 그 소속 기관, ③ 법령에 따라 행정권한을 가지고 있거나 행정권한을 위임 또는 위탁받은 법인·단체 또는 그 기관이나 개인이 있다(제4조).

(2) 진정(陳情)

진정이란 국민이 법정의 절차나 형식에 구애됨이 없이 행정청에 대하여 어떠한 희망을 진술하는 것을 말한다. 이는 법적 효과를 발생시키지 않는 사실행위에 불과하지만, 경우에 따라서는 행정청으로 하여금 직권으로 위법하거나 부당한 행정처분을 시정하는 수단으로 활용될 수 있다. 행정실무에서 진정서의 형식을 취하고 있더라도 행정심판청구로 보아야 할 경우가 있음을 주의하여야 한다.

대법원 1995. 9. 5. 선고 94누16250 판결

진정서에는 처분청과 청구인의 이름 및 주소가 기재되어 있고, 청구인의 기명날인이 되어 있으며 그 진정서의 기재내용에 의하여 심판청구의 대상이 되는 행정처분의 내용과 심판청구의 취지 및 이유를 알 수 있고, 거기에 기재되어 있지 않은 재결청, 처분이 있는 것을 안 날, 처분을 한 행정청의 고지의 유무 및 그 내용 등의 불비한 점은 어느 것이나 그 보정이 가능한 것이므로, 처분청에 제출한 처분의 취소를 구하는 취지의 진정서를 행정심판청구로 보아야 한다고 판시한 사례.

(3) 이의신청

행정기본법 제36조(처분에 대한 이의신청) ① 행정청의 처분(「행정심판법」 제3조에 따라 같은 법에 따른 행정심판의 대상이 되는 처분을 말한다. 이하 이 조에서 같다)에 이의가 있는 당사자는 처분을 받은 날부터 30일 이내에 해당 행정청에 이의신청을 할 수 있다.

② 행정청은 제1항에 따른 이의신청을 받으면 그 신청을 받은 날부터 14일 이내에 그 이의신청에 대한 결과를 신청인에게 통지하여야 한다. 다만, 부득이한 사유로 14일 이내에 통지할 수 없는 경우에는 그 기간을 만료일 다음 날부터 기산하여 10일의 범위에서 한 차례 연장할 수

있으며, 연장 사유를 신청인에게 통지하여야 한다.

③ 제1항에 따라 이의신청을 한 경우에도 그 이의신청과 관계없이 「행정심판법」에 따른 행정심판 또는 「행정소송법」에 따른 행정소송을 제기할 수 있다.

④ 이의신청에 대한 결과를 통지받은 후 행정심판 또는 행정소송을 제기하려는 자는 그 결과를 통지받은 날(제2항에 따른 통지기간 내에 결과를 통지받지 못한 경우에는 같은 항에 따른 통지기간이 만료되는 날의 다음 날을 말한다)부터 90일 이내에 행정심판 또는 행정소송을 제기할 수 있다.

⑤ 다른 법률에서 이의신청과 이에 준하는 절차에 대하여 정하고 있는 경우에도 그 법률에서 규정하지 아니한 사항에 관하여는 이 조에서 정하는 바에 따른다.

⑥ 제1항부터 제5항까지에서 규정한 사항 외에 이의신청의 방법 및 절차 등에 관한 사항은 대통령령으로 정한다.

⑦ 다음 각 호의 어느 하나에 해당하는 사항에 관하여는 이 조를 적용하지 아니한다.

1. 공무원 인사 관계 법령에 따른 징계 등 처분에 관한 사항
2. 「국가인권위원회법」 제30조에 따른 진정에 대한 국가인권위원회의 결정
3. 「노동위원회법」 제2조의2에 따라 노동위원회의 의결을 거쳐 행하는 사항
4. 형사, 행형 및 보안처분 관계 법령에 따라 행하는 사항
5. 외국인의 출입국·난민인정·귀화·국적회복에 관한 사항
6. 과태료 부과 및 징수에 관한 사항

1) 의 의

이의신청은 행정청의 위법·부당한 처분으로 인하여 권리·이익을 침해당한 자가 처분청 또는 그 상급행정청에게 그 재심사를 청구하는 내부적인 시정절차를 말한다. 실정법상으로는 이의신청·재심사청구·불복신청 등 다양한 용어로 불리고 있다.

대법원 2012. 3. 29. 선고 2011두26886 판결

지방자치법 제140조 제3항에서 정한 이의신청은 행정청의 위법·부당한 처분에 대하여 행정기관이 심판하는 행정심판과는 구별되는 별개의 제도이나, 이의신청과 행정심판은 모두 본질에 있어 행정처분으로 인하여 권리나 이익을 침해당한 상대방의 권리구제에 목적이 있고, 행정소송에 앞서 먼저 행정기관의 판단을 받는 데에 목적을 둔 엄격한 형식을 요하지 않는 서면행위이므로, 이의신청을 제기해야 할 사람이 처분청에 표제를 '행정심판청구서'로 한 서류를 제출한 경우라 할지라도 서류의 내용에 이의신청 요건에 맞는 불복취지와 사유가 충분히 기재되어 있다면 표제에도 불구하고 이를 처분에 대한 이의신청으로 볼 수 있다.

2) 이의신청과 행정심판의 구별

개별 법률에서 명칭은 이의신청으로 규정하고 있으나, 실질은 '(특별)행정심판'에 해당하는 경우가 있다는 점을 유의할 필요가 있다. 이처럼 이의신청이 본래적

의미의 이의신청인지 아니면 행정심판에 해당하는지는 ① 처분사유의 추가·변경
의 허용기준, ② 이의신청을 거친 후 재차 행정심판을 제기할 수 있는지,[3] ③ 행정
심판법 규정이 보충적으로 적용될 수 있는지 여부[4] 등에서 차이가 있으므로 양자의
구별실익이 존재한다. 이에 대한 구별기준으로는 심판기관, 사법절차의 준용 여부
(판단 의 독립성과 공정성·대심적 심리
기관 구조·당사자의 절차적 권리보장), 개별 법률에서 이의신청과 별도로 행정심판을 규정하고 있
는지 등을 종합적으로 고려하여야 할 것이다.

대법원 2012. 9. 13. 선고 2012두3859 판결

[1] 산업재해보상보험법 규정의 내용, 형식 및 취지 등에 비추어 보면, 산업재해보상
보험법상 심사청구에 관한 절차는 보험급여 등에 관한 처분을 한 근로복지공단으로 하
여금 스스로의 심사를 통하여 당해 처분의 적법성과 합목적성을 확보하도록 하는 근로
복지공단 내부의 시정절차에 해당한다고 보아야 한다. 따라서 처분청이 스스로 당해 처
분의 적법성과 합목적성을 확보하고자 행하는 자신의 내부 시정절차에서는 당초 처분
의 근거로 삼은 사유와 기본적 사실관계의 동일성이 인정되지 않는 사유라고 하더라도
이를 처분의 적법성과 합목적성을 뒷받침하는 처분사유로 추가·변경할 수 있다고 보
는 것이 타당하다.

[2] 근로복지공단이 '우측 감각신경성 난청'으로 장해보상청구를 한 근로자 갑에 대
하여 소멸시효 완성을 이유로 장해보상급여부지급결정을 하였다가, 갑이 불복하여 심사
청구를 하자 갑의 상병이 업무상 재해인 소음성 난청으로 보기 어렵다는 처분사유를 추
가하여 심사청구를 기각한 사안에서, 근로복지공단이 산업재해보상보험법상 심사청구
에 대한 자신의 심리·결정 절차에서 추가한 사유인 '갑의 상병과 업무 사이의 상당인
과관계 부존재'는 당초 처분의 근거로 삼은 사유인 '소멸시효 완성'과 기본적 사실관계
의 동일성이 인정되는지와 상관없이 처분의 적법성의 근거가 되는 것으로서 취소소송
에서 처음부터 판단대상이 되는 처분사유에 해당한다는 이유로, 갑의 상병과 업무 사이
의 상당인과관계 부존재를 처분사유 중 하나로 본 원심판단을 정당하다고 한 사례.

3) 이의신청과 행정쟁송의 관계

행정기본법이 제정되기 이전에는 법률에서 개별적으로 규정하고 있는 경우에만
이의신청이 허용되었으며, 이의신청과 행정심판 또는 행정소송과의 관계에 대하여

---

3) 행정심판법 제51조는 행정심판의 재청구를 금지하고 있는데, 만일 개별 법률에서 정한 이의신청
이 실질적으로 행정심판에 해당한다면, 이의신청 이후 행정심판법에 따라 새롭게 제기된 행정심판은
부적법하게 된다.

4) 행정심판법 제4조 ② 다른 법률에서 특별행정심판이나 이 법에 따른 행정심판 절차에 대한 특례
를 정한 경우에도 그 법률에서 규정하지 아니한 사항에 관하여는 이 법에서 정하는 바에 따른다.

논란이 있었다. 가령, 실무에서 이의신청을 제기한 경우 이의신청의 대상인 원처분에 대한 행정심판 또는 행정소송의 제기기간이 문제되었는데, 대법원은 민원사무처리에 관한 법률에서 정한 이의신청은 행정소송법 제20조 제1항 단서[5]의 행정심판이 아니기 때문에 동조에서 규정한 제소기간의 특례가 적용되지 않는다고 보아 이의신청에 대한 결과를 통지받은 날이 아니라 원처분이 있음을 안 날부터 취소소송의 제소기간을 기산하였다(대법원 2012. 11. 15. 선고 2010두8676 판결).

그러나 이 경우 이의신청절차가 진행 중에 쟁송제기 기간이 도과되어 당사자는 권리구제의 기회를 상실하게 될 위험이 있었다.[6] 이에 2021. 3. 23. 법률 제17979호로 제정된 행정기본법 제36조는 처분에 대한 이의신청에 관하여 일반적인 규정을 마련하면서, 제4항에서 '이의신청에 대한 결과를 통지받은 날'부터 90일 이내에 행정심판 또는 행정소송을 제기할 수 있다고 규정함으로써 이 문제를 입법적으로 해결하였다.

대법원 2016. 7. 27. 선고 2015두45953 판결

국가유공자 비해당결정 등 원결정에 대한 이의신청이 받아들여지지 아니한 경우에도 이의신청인으로서는 원결정을 대상으로 항고소송을 제기하여야 하고, 국가유공자 등 예우 및 지원에 관한 법률 제74조의18 제4항이 이의신청을 하여 그 결과를 통보받은 날부터 90일 이내에 행정심판법에 따른 행정심판의 청구를 허용하고 있고, 행정소송법 제18조 제1항 본문이 "취소소송은 법령의 규정에 의하여 당해 처분에 대한 행정심판을 제기할 수 있는 경우에도 이를 거치지 아니하고 제기할 수 있다."라고 규정하고 있는 점 등을 종합하면, 이의신청을 받아들이지 아니하는 결과를 통보받은 자는 통보받은 날부터 90일 이내에 행정심판법에 따른 행정심판 또는 행정소송법에 따른 취소소송을 제기할 수 있다.

＊법률에서 행정심판의 청구기간에 대한 특별한 규정을 둔 경우, 원고에게 유리하게 행정소송의 제소기간의 기산점을 정하였다는 점에서 의미가 있다.

4) 이의신청에 대한 결정의 법적 성격(처분성)

이의신청을 제기하였으나 기각결정이 있는 경우, 그 결정을 처분으로 볼 수 있

---

5) 제20조(제소기간) ① 취소소송은 처분등이 있음을 안 날부터 90일 이내에 제기하여야 한다. 다만, 제18조 제1항 단서에 규정한 경우와 그 밖에 행정심판청구를 할 수 있는 경우 또는 행정청이 행정심판청구를 할 수 있다고 잘못 알린 경우에 행정심판청구가 있은 때의 기간은 재결서의 정본을 송달받은 날부터 기산한다.

6) 이 때문에 개별 법률에서 쟁송제기 기간에 대한 특례를 규정하는 경우가 있다.

을 것인지에 대한 문제가 있다. 이에 대해 대법원은 위 판결($^{2010두}_{8676}$)에서 민원사무처리에 관한 법률에서 정한 이의신청을 하였으나 이를 받아들이지 않는 취지의 기각결정 내지는 그 취지의 통지는 항고소송의 대상이 되지 않는다고 보았다.

대법원 2012. 11. 15. 선고 2010두8676 판결

[1] 행정소송법 제18조 내지 제20조, 행정심판법 제3조 제1항, 제4조 제1항, 민원사무처리에 관한 법률(이하 '민원사무처리법'이라 한다) 제18조, 같은 법 시행령 제29조 등의 규정들과 그 취지를 종합하여 보면, 민원사무처리법에서 정한 민원 이의신청의 대상인 거부처분에 대하여는 민원 이의신청과 상관없이 행정심판 또는 행정소송을 제기할 수 있으며, 또한 민원 이의신청은 민원사무처리에 관하여 인정된 기본사항의 하나로 처분청으로 하여금 다시 거부처분에 대하여 심사하도록 한 절차로서 행정심판법에서 정한 행정심판과는 성질을 달리하고 또한 사안의 전문성과 특수성을 살리기 위하여 특별한 필요에 따라 둔 행정심판에 대한 특별 또는 특례 절차라 할 수도 없어 행정소송법에서 정한 행정심판을 거친 경우의 제소기간의 특례가 적용된다고 할 수도 없으므로, 민원 이의신청에 대한 결과를 통지받은 날부터 취소소송의 제소기간이 기산된다고 할 수 없다. 그리고 이와 같이 민원 이의신청 절차와는 별도로 그 대상이 된 거부처분에 대하여 행정심판 또는 행정소송을 제기할 수 있도록 보장하고 있는 이상, 민원 이의신청 절차에 의하여 국민의 권익 보호가 소홀하게 된다거나 헌법 제27조에서 정한 재판청구권이 침해된다고 볼 수도 없다.

[2] 민원사무처리에 관한 법률(이하 '민원사무처리법'이라 한다) 제18조 제1항에서 정한 거부처분에 대한 이의신청(이하 '민원 이의신청'이라 한다)은 행정청의 위법 또는 부당한 처분이나 부작위로 침해된 국민의 권리 또는 이익을 구제함을 목적으로 하여 행정청과 별도의 행정심판기관에 대하여 불복할 수 있도록 한 절차인 행정심판과는 달리, 민원사무처리법에 의하여 민원사무처리를 거부한 처분청이 민원인의 신청 사항을 다시 심사하여 잘못이 있는 경우 스스로 시정하도록 한 절차이다. 이에 따라, 민원 이의신청을 받아들이는 경우에는 이의신청 대상인 거부처분을 취소하지 않고 바로 최초의 신청을 받아들이는 새로운 처분을 하여야 하지만, 이의신청을 받아들이지 않는 경우에는 다시 거부처분을 하지 않고 그 결과를 통지함에 그칠 뿐이다. 따라서 이의신청을 받아들이지 않는 취지의 기각 결정 내지는 그 취지의 통지는, 종전의 거부처분을 유지함을 전제로 한 것에 불과하고 또한 거부처분에 대한 행정심판이나 행정소송의 제기에도 영향을 주지 못하므로, 결국 민원 이의신청인의 권리·의무에 새로운 변동을 가져오는 공권력의 행사나 이에 준하는 행정작용이라고 할 수 없어, 독자적인 항고소송의 대상이 된다고 볼 수 없다고 봄이 타당하다.

그러나 이후 대법원은 일련의 판례들에서 이의신청 기각결정의 처분성을 인정하기도 하였다. 즉, ① 당사자의 신청 없이 직권으로 원처분이 이루어졌고, 이의신청에 의해 비로소 당사자가 의견서 제출 등의 기회를 부여받게 되었으며, 피고도 이를 토대로 별도의 의사결정 과정과 절차를 거친 경우,[7] ② 개별 법령에 이의신청에 관한 명문규정이 없고, 소멸시효 또는 권리 행사기간의 제한에 관한 규정도 없으므로 언제든지 재신청을 할 수 있으며, 이의신청이 민원 처리에 관한 법률상 이의신청 기간을 도과하여 제기된 경우,[8] ③ 관계 법령이나 행정청이 사전에 공표한 처분기준에 신청기간을 제한하는 특별한 규정이 없으며, 피고가 이의신청에 대한 (기각)결정을 하면서 이에 대하여 이의가 있는 경우 그 결정 통보일부터 90일 이내에 행정심판이나 취소소송을 제기할 수 있다는 취지의 불복방법 안내를 한 경우[9]라는 특수한 사실관계에 주목하여 이의신청이라는 제목과 관계없이 당사자의 이의신청을 새로운 신청으로 보아 그에 대한 기각결정의 처분성을 인정한 것이다.

① 대법원 2016. 7. 14. 선고 2015두58645 판결

한국토지주택공사가 택지개발사업의 시행자로서 택지개발예정지구 공람공고일 이전부터 영업 등을 행한 자 등 일정 기준을 충족하는 손실보상대상자들에 대하여 생활대책을 수립·시행하였는데, 직권으로 갑 등이 생활대책대상자에 해당하지 않는다는 결정 (이하 '부적격통보라고 한다)을 하고, 갑 등의 이의신청에 대하여 재심사 결과로도 생활대책대상자로 선정되지 않았다는 통보(이하 '재심사통보라고 한다)를 한 사안에서, 부적격통보가 심사대상자에 대하여 한 한국토지주택공사가 생활대책대상자 선정 신청을 받지 아니한 상태에서 자체적으로 가지고 있던 자료를 기초로 일정 기준을 적용한 결과를 일괄 통보한 것이고, 각 당사자의 개별·구체적 사정은 이의신청을 통하여 추가로 심사하여 고려하겠다는 취지를 포함하고 있다면, 갑 등은 이의신청을 통하여 비로소 생활대책대상자 선정에 관한 의견서 제출 등의 기회를 부여받게 되었고 한국토지주택공사도 그에 따른 재심사과정에서 당사자들이 제출한 자료 등을 함께 고려하여 생활대책대상자 선정기준의 충족 여부를 심사하여 재심사통보를 한 것이라고 볼 수 있는 점 등을 종합하면, 비록 재심사통보가 부적격통보와 결론이 같더라도, 단순히 한국토지주택공사의 업무처리의 적정 및 갑 등의 편의를 위한 조치에 불과한 것이 아니라 별도의 의사결정 과정과 절차를 거쳐 이루어진 독립한 행정처분으로서 항고소송의 대상이 되므로, 이와 달리 본 원심판단에 법리오해의 잘못이 있다고 한 사례.

---

7) 대법원 2016. 7. 14. 선고 2015두58645 판결.
8) 대법원 2019. 4. 3. 선고 2017두52764 판결(피고는 원고의 이의신청에 따라 추가로 제출된 자료 등을 예방접종피해보상 전문위원회에서 새로 심의하도록 하여 그 의견을 들은 후 제2차 거부통보를 하였다).
9) 대법원 2021. 1. 14. 선고 2020두50324 판결.

② 대법원 2021. 1. 14. 선고 2020두50324 판결

수익적 행정처분을 구하는 신청에 대한 거부처분은 당사자의 신청에 대하여 관할 행정청이 이를 거절하는 의사를 대외적으로 명백히 표시함으로써 성립된다. 거부처분이 있은 후 당사자가 다시 신청을 한 경우에는 신청의 제목 여하에 불구하고 그 내용이 새로운 신청을 하는 취지라면 관할 행정청이 이를 다시 거절하는 것은 새로운 거부처분이라고 보아야 한다. 관계 법령이나 행정청이 사전에 공표한 처분기준에 신청기간을 제한하는 특별한 규정이 없는 이상 재신청을 불허할 법적 근거가 없으며, 설령 신청기간을 제한하는 특별한 규정이 있더라도 재신청이 신청기간을 도과하였는지는 본안에서 재신청에 대한 거부처분이 적법한가를 판단하는 단계에서 고려할 요소이지, 소송요건 심사 단계에서 고려할 요소가 아니다.

③ 대법원 2022. 3. 17. 선고 2021두53894 판결

[2] 수익적 행정처분을 구하는 신청에 대한 거부처분이 있은 후 당사자가 다시 신청을 한 경우에는 신청의 제목 여하에 불구하고 그 내용이 새로운 신청을 하는 취지라면 관할 행정청이 이를 다시 거절하는 것은 새로운 거부처분이라고 보아야 한다. 나아가 어떠한 처분이 수익적 행정처분을 구하는 신청에 대한 거부처분이 아니라고 하더라도, 해당 처분에 대한 이의신청의 내용이 새로운 신청을 하는 취지로 볼 수 있는 경우에는, 그 이의신청에 대한 결정의 통보를 새로운 처분으로 볼 수 있다.

[3] 갑 시장이 을 소유 토지의 경계확정으로 지적공부상 면적이 감소되었다는 이유로 지적재조사위원회의 의결을 거쳐 을에게 조정금 수령을 통지하자(1차 통지), 을이 구체적인 이의신청 사유와 소명자료를 첨부하여 이의를 신청하였으나, 갑 시장이 지적재조사위원회의 재산정 심의·의결을 거쳐 종전과 동일한 액수의 조정금 수령을 통지한(2차 통지) 사안에서, 구 지적재조사에 관한 특별법(2020. 4. 7. 법률 제17219호로 개정되기 전의 것) 제21조의2가 신설되면서 조정금에 대한 이의신청 절차가 법률상 절차로 변경되었으므로 그에 관한 절차적 권리는 법률상 권리로 볼 수 있는 점, 을이 이의신청을 하기 전에는 조정금 산정 결과 및 수령을 통지한 1차 통지만 존재하였고 을은 신청 자체를 한 적이 없으므로 을의 이의신청은 새로운 신청으로 볼 수 있는 점, 2차 통지서의 문언상 종전 통지와 별도로 심의·의결하였다는 내용이 명백하고, 단순히 이의신청을 받아들이지 않는다는 내용에 그치는 것이 아니라 조정금에 대하여 다시 재산정, 심의·의결절차를 거친 결과, 그 조정금이 종전 금액과 동일하게 산정되었다는 내용을 알리는 것이므로, 2차 통지를 새로운 처분으로 볼 수 있는 점 등을 종합하면, 2차 통지는 1차 통지와 별도로 행정쟁송의 대상이 되는 처분으로 보는 것이 타당함에도 2차통지의 처분성을 부정한 원심판단에 법리오해의 잘못이 있다고 한 사례.

그러나 전술한 바와 같이 행정기본법 제36조 제4항에서 이의신청을 거쳐 행정쟁

송을 제기하는 경우 제소기간의 기산점을 '이의신청에 대한 결과를 통지받은 날'로 명시한 이상, 이의신청 기각결정에 대해 처분성을 인정할 실익은 줄어들었다.

나아가 현재 국회에 제출된 행정기본법 개정안에서는 이의신청에 대한 결과를 통지받은 후 행정심판 또는 행정소송을 제기하려는 자는 이의신청 결과 통지가 아닌 '원처분(이의신청 결과 처분이 변경)된 경우에는 변경된 처분)'에 대하여 제기할 수 있다는 내용을 명확히 규정하고, 행정청이 이의신청 결과를 통지할 때 행정기본법 제36조 제4항에 따른 행정심판 또는 행정소송의 제기에 관한 사항을 안내하도록 하는 규정을 신설하였다.

[개정안] 행정기본법 제36조(처분에 대한 이의신청) ④ 이의신청에 대한 결과를 통지받은 후 행정심판 또는 행정소송을 제기하려는 자는 그 결과를 통지받은 날(제2항에 따른 통지기간 내에 결과를 통지받지 못한 경우에는 같은 항에 따른 통지기간이 만료되는 날의 다음 날을 말한다)부터 90일 이내에 제1항의 처분(이의신청 결과 처분이 변경된 경우에는 변경된 처분으로 한다)에 대하여 행정심판 또는 행정소송을 제기할 수 있다.

⑤ 행정청은 제2항 또는 다른 법률에 따라 이의신청에 대한 결과를 통지할 때에는 대통령령으로 정하는 바에 따라 제4항에 따른 행정심판 또는 행정소송을 제기할 수 있는 기간 등 행정심판 또는 행정소송의 제기에 관한 사항을 함께 안내하여야 한다. 다만, 이의신청에 대한 결과를 통지하기 전에 이미 신청인이 행정심판 또는 행정소송을 제기한 경우에는 안내하지 아니할 수 있다.

---

5) 행정기본법의 주요 내용

행정기본법상 이의신청은 처분의 당사자만 할 수 있으며, 그 대상은 행정심판법 제3조에 따라 같은 법에 따른 일반행정심판의 대상이 되는 처분이다(제36조제1항). 따라서 특별행정심판의 대상이 되거나 행정심판법의 적용이 배제되는 처분에 대해서는 행정기본법에 따른 이의신청을 할 수 없다. 또한 이의신청을 한 경우에도 그 이의신청과 관계없이 행정심판법에 따른 행정심판 또는 행정소송법에 따른 행정소송을 제기할 수 있다(제3항).

행정기본법상 이의신청과 개별 법률에서 규정한 이의신청은 일반법과 특별법의 관계에 있다. 따라서 다른 법률에서 이의신청과 이에 준하는 절차에 대하여 정하고 있는 경우에도 그 법률에서 규정하지 아니한 사항에 관하여는 행정기본법 제36조에서 정하는 바에 따른다(제5항).

Ⅱ. 기 능

행정심판은 행정소송과 달리 처분의 위법뿐만 아니라 부당에 대해서까지도 심사함으로써 행정에 대한 자율적인 통제기능을 수행한다. 예컨대 재량행위의 경우, 행정소송에서는 권력분립의 관점에서 일부 취소가 허용되지 않지만, 행정심판실무에서는 과징금의 액수 또는 영업정지 기간 등에서 일부 취소가 이루어지고 있다.

또한, 행정심판은 행정소송보다 시간과 비용이 절감되므로 신속한 권리구제가 이루어질 수 있고, 이로 인해 법원의 재판 부담이 경감된다.

행정심판법 제1조($\frac{목}{적}$)는 "이 법은 행정심판 절차를 통하여 행정청의 위법 또는 부당한 처분이나 부작위로 침해된 국민의 권리 또는 이익을 구제하고, 아울러 행정의 적정한 운영을 꾀함을 목적으로 한다."고 규정하고 있다.

Ⅲ. 종 류

1. 일반행정심판

일반행정심판이란 행정심판법에 의한 행정심판을 말한다. 현행 행정심판법에서는 항고심판에 대해서만 규정하고 있다.

(1) 취소심판

취소심판은 행정청의 위법 또는 부당한 처분을 취소하거나 변경하는 행정심판을 말한다($\frac{제5조}{제1호}$). 취소심판은 원칙적으로 처분이 있음을 알게 된 날부터 90일 이내, 처분이 있었던 날부터 180일 이내에 제기하여야 한다($\frac{제27조,\ 제1}{항,\ 제3항}$). 행정심판위원회는 취소심판의 청구가 이유가 있다고 인정하면 처분을 취소 또는 다른 처분으로 변경하거나 처분을 다른 처분으로 변경할 것을 피청구인에게 명한다($\frac{제43조}{제3항}$).

(2) 무효등확인심판

무효등확인심판이란 행정청의 처분의 효력 유무 또는 존재 여부를 확인하는 행정심판을 말한다($\frac{제5조}{제2호}$). 무효등확인심판의 경우 청구기간의 제한이 없다($\frac{제27조}{제7항}$). 행정심판위원회는 무효등확인심판의 청구가 이유가 있다고 인정하면 처분의 효력 유무 또는 처분의 존재 여부를 확인한다($\frac{제43조}{제4항}$).

(3) 의무이행심판

의무이행심판은 당사자의 신청에 대한 행정청의 위법 또는 부당한 거부처분이나 부작위에 대하여 일정한 처분을 하도록 하는 행정심판을 말한다(제5조제3호). 실무상 정보공개청구사건에서 주로 활용되고 있다. 거부처분에 대한 의무이행심판은 취소심판과 마찬가지로 청구기간의 제한이 있다(제27조제7항). 행정심판위원회는 의무이행심판의 청구가 이유가 있다고 인정하면 지체 없이 신청에 따른 처분을 하거나 처분을 할 것을 피청구인에게 명한다(제43조제5항). 행정소송법에서는 의무이행소송을 인정하지 않고 있으므로 거부처부에 대해서는 취소소송을, 부작위에 대해서는 부작위위법확인소송을 제기해야 한다.

2. 특별행정심판

> **행정심판법** 제4조(특별행정심판 등) ① 사안의 전문성과 특수성을 살리기 위하여 특히 필요한 경우 외에는 이 법에 따른 행정심판을 갈음하는 특별한 행정불복절차(이하 "특별행정심판"이라 한다)나 이 법에 따른 행정심판 절차에 대한 특례를 다른 법률로 정할 수 없다.
> ② 다른 법률에서 특별행정심판이나 이 법에 따른 행정심판 절차에 대한 특례를 정한 경우에도 그 법률에서 규정하지 아니한 사항에 관하여는 이 법에서 정하는 바에 따른다.
> ③ 관계 행정기관의 장이 특별행정심판 또는 이 법에 따른 행정심판 절차에 대한 특례를 신설하거나 변경하는 법령을 제정·개정할 때에는 미리 중앙행정심판위원회와 협의하여야 한다.

특별행정심판이란 특별법에 의한 행정심판을 말한다. 행정심판법은 행정심판제도의 통일적 운영을 가능하게 하고, 개별법에 의한 특별행정심판의 남설을 방지하기 위한 목적에서 사안의 전문성과 특수성을 살리기 위하여 특히 필요한 경우에 한하여 특별행정심판이나 행정심판법에 따른 행정심판절차에 대한 특례를 허용하고 있다. 이 경우 미리 중앙행정심판위원회와 협의하여야 한다. 현행법상 특별행정심판의 예로는 국가공무원 및 지방공무원법상 소청심사, 국세기본법상 심사청구·심판청구, 공익사업을 위한 토지 등의 취득 및 보상에 관한 법률상 이의신청, 공무원연금법상 심사청구,[10] 특허심판 등이 있다. 특별행정심판 중에는 항고심판뿐만 아니라 시심적 쟁송에 해당하는 당사자심판도 있다.

---

10) 대법원 2019. 8. 9. 선고 2019두38656 판결.

제 2 절 행정심판의 청구

행정심판은 청구인적격이 있는 자가 처분청(의무이행심판의 경우에는 청)을 피청구인으로 하여 처분 또는 부작위의 취소나 변경 등을 구하는 쟁송절차이다. 행정심판은 원칙적으로 심판청구의 기간 내에 심판청구서를 작성하여 피청구인이나 행정심판위원회에 제출하여야 한다.

Ⅰ. 청구인

1. 청구인능력

행정심판의 청구인이란 처분 또는 부작위에 불복하여 행정심판을 청구하는 자를 말한다. 청구인은 원칙적으로 권리능력이 있는 자연인 또는 법인이어야 하지만, 법인이 아닌 사단 또는 재단으로서 대표자나 관리인이 정하여져 있는 경우에는 그 사단이나 재단의 이름으로 심판청구를 할 수 있다(제14조). 여러 명의 청구인이 공동으로 심판청구를 할 때에는 청구인들 중에서 3명 이하의 선정대표자를 선정할 수 있다(제15조 제1항). 선정대표자는 다른 청구인들을 위하여 그 사건에 관한 모든 행위를 할 수 있다. 다만, 심판청구를 취하하려면 다른 청구인들의 동의를 받아야 하며, 이 경우 동의받은 사실을 서면으로 소명하여야 한다(제3항). 선정대표자가 선정되면 다른 청구인들은 그 선정대표자를 통해서만 그 사건에 관한 행위를 할 수 있다(제4항).

2. 청구인적격

행정심판법 제13조(청구인 적격) ① 취소심판은 처분의 취소 또는 변경을 구할 법률상 이익이 있는 자가 청구할 수 있다. 처분의 효과가 기간의 경과, 처분의 집행, 그 밖의 사유로 소멸된 뒤에도 그 처분의 취소로 회복되는 법률상 이익이 있는 자의 경우에도 또한 같다.
② 무효등확인심판은 처분의 효력 유무 또는 존재 여부의 확인을 구할 법률상 이익이 있는 자가 청구할 수 있다.
③ 의무이행심판은 처분을 신청한 자로서 행정청의 거부처분 또는 부작위에 대하여 일정한 처분을 구할 법률상 이익이 있는 자가 청구할 수 있다.

행정심판의 청구인이 될 수 있는 자격을 '청구인적격'이라고 하며, 이는 행정소송(항고소송)에서의 원고적격에 대응하는 개념이다. 처분의 상대방에 국한하지 않고 제3자라도 청구인적격을 갖추면 행정심판을 청구할 수 있다. 행정심판법은 청구인적격을 인정하기 위한 요건으로 행정소송법과 동일하게 '법률상 이익이 있는 자'를 규정하고 있다. 이에 대해서는 행정심판의 경우 행정소송과 달리 위법한 처분뿐만 아니라 부당한 처분도 그 대상이 되고 있는데, 부당한 처분에 의해서는 권리가 침해될 수 없으므로 청구인적격을 '법률상 이익이 있는 자'로 한정하는 것은 입법상 과오라고 보는 주장11)이 있다.

(1) 취소심판

취소심판은 처분의 취소 또는 변경을 구할 법률상 이익이 있는 자가 청구할 수 있다. 처분의 효과가 기간의 경과, 처분의 집행, 그 밖의 사유로 소멸된 뒤에도 그 처분의 취소로 회복되는 법률상 이익이 있는 자의 경우에도 또한 같다(제13조제1항). 여기서 '법률상 이익'의 개념은 항고소송에서의 원고적격에 관한 논의가 그대로 적용된다. 통설과 판례는 법률상 이익을 권리뿐만 아니라 '법률상 보호되는 이익'을 포함하는 의미로 이해하고 있다.

(2) 무효등확인심판

무효등확인심판은 처분의 효력 유무 또는 존재 여부의 확인을 구할 법률상 이익이 있는 자가 청구할 수 있다(제13조제2항). 구체적인 내용은 후술하는 무효등확인소송 부분을 참고하기 바란다.

(3) 의무이행심판

의무이행심판은 처분을 신청한 자로서 행정청의 거부처분 또는 부작위에 대하여 일정한 처분을 구할 법률상 이익이 있는 자가 청구할 수 있다(제13조제3항).

3. 청구인의 지위승계

청구인이 사망한 경우에는 상속인이나 그 밖에 법령에 따라 심판청구의 대상에 관계되는 권리나 이익을 승계한 자가 청구인의 지위를 승계한다(제16조제1항). 법인인 청구인이 합병에 따라 소멸하였을 때에는 합병 후 존속하는 법인이나 합병에 따라 설립

---

11) 김남진/김연태(738면). 이 견해는 법률상 이익이 권리와 내용적으로 다르지 않다는 점을 전제로 하고 있다. 이에 대해 개인의 권리 또는 이익은 위법한 처분뿐만 아니라 부당한 처분에 의해서도 침해될 수 있다는 점을 논거로 입법상 과오가 아니라는 비판이 있다. 김동희(675면).

된 법인이 청구인의 지위를 승계한다($\frac{제2}{항}$).

심판청구의 대상과 관계되는 권리나 이익을 양수한 자는 행정심판위원회의 허가를 받아 청구인의 지위를 승계할 수 있다($\frac{제5}{항}$). 이 경우 행정심판위원회는 지위승계 신청에 대하여 허가 여부를 결정하고, 지체 없이 신청인에게는 결정서 정본을, 당사자와 참가인에게는 결정서 등본을 송달하여야 한다($\frac{제7}{항}$). 만일 행정심판위원회가 지위승계를 허가하지 아니하면 신청인은 결정서 정본을 받은 날부터 7일 이내에 행정심판위원회에 이의신청을 할 수 있다($\frac{제8}{항}$).

4. 청구인의 대리인

청구인은 법정대리인 외에 ① 청구인의 배우자, 청구인 또는 배우자의 사촌 이내의 혈족, ② 청구인이 법인이거나 청구인능력이 있는 법인이 아닌 사단 또는 재단인 경우 그 소속 임직원, ③ 변호사, ④ 다른 법률에 따라 심판청구를 대리할 수 있는 자, ⑤ 그 밖에 행정심판위원회의 허가를 받은 자를 대리인으로 선임할 수 있다($\frac{제18조}{제1항}$).

청구인이 경제적 능력으로 인해 대리인을 선임할 수 없는 경우에는 행정심판위원회에 국선대리인을 선임하여 줄 것을 신청할 수 있다($\frac{제18조의2}{제1항}$).

Ⅱ. 피청구인의 적격 및 경정

행정심판은 처분을 한 행정청($\frac{의무이행심판의\ 경우에는\ 청}{구인의\ 신청을\ 받은\ 행정청}$)을 피청구인으로 하여 청구하여야 한다. 다만, 심판청구의 대상과 관계되는 권한이 다른 행정청에 승계된 경우에는 권한을 승계한 행정청을 피청구인으로 하여야 한다($\frac{제17조}{제1항}$).[12]

청구인이 피청구인을 잘못 지정한 경우에는 행정심판위원회는 직권으로 또는 당사자의 신청에 의하여 결정으로써 피청구인을 경정할 수 있다($\frac{제2}{항}$). 경정결정이 있으면 종전의 피청구인에 대한 심판청구는 취하되고 종전의 피청구인에 대한 행정심판이 청구된 때에 새로운 피청구인에 대한 행정심판이 청구된 것으로 본다($\frac{제4}{항}$).

---

12) 행정심판위원회는 행정심판이 청구된 후에 제1항 단서의 사유가 발생하면 직권으로 또는 당사자의 신청에 의하여 결정으로써 피청구인을 경정한다. 이 경우에는 제3항과 제4항을 준용한다(제5항).

Ⅲ. 행정심판의 대상

1. 개괄주의의 채택

행정심판법은 "행정청의 처분 또는 부작위에 대하여는 다른 법률에 특별한 규정이 있는 경우 외에는 이 법에 따라 행정심판을 청구할 수 있다($\frac{제3조}{제1항}$)."고 규정함으로써 개괄주의를 채택하고 있다.

그러나 대통령의 처분 또는 부작위에 대하여는 다른 법률에서 행정심판을 청구할 수 있도록 정한 경우 외에는 행정심판을 청구할 수 없다($\frac{제2}{항}$). 대통령은 행정부의 수반이라는 점에서 행정부 내에 설치된 행정기관이 대통령의 처분 또는 부작위에 대한 위법이나 부당을 심판하는 것은 부적절하기 때문이다.

2. 처분 또는 부작위

행정심판의 대상은 행정청의 처분 또는 부작위이다. '처분'이란 행정청이 행하는 구체적 사실에 관한 법집행으로서의 공권력의 행사 또는 그 거부, 그 밖에 이에 준하는 행정작용을 말하며($\frac{제2조}{제1호}$), '부작위'란 행정청이 당사자의 신청에 대하여 상당한 기간 내에 일정한 처분을 하여야 할 법률상 의무가 있는데도 처분을 하지 아니하는 것을 말한다($\frac{제2}{호}$). 여기서 처분과 부작위의 의미는 항고소송에서의 논의와 동일하다.

Ⅳ. 심판청구의 기간

행정심판법 제27조(심판청구의 기간) ① 행정심판은 처분이 있음을 알게 된 날부터 90일 이내에 청구하여야 한다.

② 청구인이 천재지변, 전쟁, 사변, 그 밖의 불가항력으로 인하여 제1항에서 정한 기간에 심판청구를 할 수 없었을 때에는 그 사유가 소멸한 날부터 14일 이내에 행정심판을 청구할 수 있다. 다만, 국외에서 행정심판을 청구하는 경우에는 그 기간을 30일로 한다.

③ 행정심판은 처분이 있었던 날부터 180일이 지나면 청구하지 못한다. 다만, 정당한 사유가 있는 경우에는 그러하지 아니하다.

④ 제1항과 제2항의 기간은 불변기간으로 한다.

⑤ 행정청이 심판청구 기간을 제1항에 규정된 기간보다 긴 기간으로 잘못 알린 경우 그 잘못 알린 기간에 심판청구가 있으면 그 행정심판은 제1항에 규정된 기간에 청구된 것으로 본다.

⑥ 행정청이 심판청구 기간을 알리지 아니한 경우에는 제3항에 규정된 기간에 심판청구를 할 수 있다.

⑦ 제1항부터 제6항까지의 규정은 무효등확인심판청구와 부작위에 대한 의무이행심판청구에는 적용하지 아니한다.

1. 원 칙

행정심판은 원칙적으로 처분이 있음을 알게 된 날부터 90일, 처분이 있었던 날부터 180일 이내에 청구하여야 한다(제27조 제1항,제3항 본문). 여기서 90일은 불변기간으로서(제4항), 직권조사사항이다. 위 90일과 180일 중에서 어느 하나라도 먼저 도과하면 행정심판을 청구할 수 없다. '처분이 있음을 알게 된 날'이란 당사자가 통지·공고 기타의 방법에 의하여 당해 처분이 있었다는 사실을 현실적으로 알게 된 날을 의미한다. 판례에 따르면, 처분서가 당사자의 주소에 송달되는 등으로 사회통념상 처분이 있음을 당사자가 알 수 있는 상태에 놓여진 때에는 반증이 없는 한 그 처분이 있음을 알았다고 추정한다. 한편, '처분이 있었던 날'이란 당해 처분이 대외적으로 표시되어 효력이 발생한 날을 말한다.

대법원 1995. 11. 24. 선고 95누11535 판결

[1] 행정심판법 제18조 제1항 소정의 심판청구기간 기산점인 '처분이 있음을 안 날'이라 함은 당사자가 통지·공고 기타의 방법에 의하여 당해 처분이 있었다는 사실을 현실적으로 안 날을 의미하고, 추상적으로 알 수 있었던 날을 의미하는 것은 아니라 할 것이며, 다만 처분을 기재한 서류가 당사자의 주소에 송달되는 등으로 사회통념상 처분이 있음을 당사자가 알 수 있는 상태에 놓여진 때에는 반증이 없는 한 그 처분이 있음을 알았다고 추정할 수는 있다.

[2] 아파트경비원이 관례에 따라 부재중인 납부의무자에게 배달되는 택지초과소유부담금 납부고지서를 수령한 경우 납부의무자가 아파트경비원에게 단순한 등기우편물 등의 수령권한을 위임한 것으로 볼 수는 있을지언정, 택지초과소유부담금 부과처분의 대상으로 된 사항에 관하여 납부의무자를 대신하여 처리할 권한까지 위임한 것으로 볼 수는 없고, 설사 위 경비원이 위 납부고지서를 수령한 때에 위 부과처분이 있음을 알았다고 하더라도 이로써 납부의무자 자신이 그 부과처분이 있음을 안 것과 동일하게 볼 수는 없다.

2. 예 외

(1) 90일에 대한 예외

청구인이 천재지변, 전쟁, 사변, 그 밖의 불가항력으로 인하여 처분이 있음을 알게 된 날부터 90일 이내에 심판청구를 할 수 없었을 때에는 그 사유가 소멸한 날부터 14일 이내에 행정심판을 청구할 수 있다. 다만, 국외에서 행정심판을 청구하는 경우에는 그 기간을 30일로 한다(제27조제2항). 이는 불변기간이다(제4항).

(2) 180일에 대한 예외

정당한 사유가 있는 경우에는 처분이 있었던 날부터 180일이 지난 뒤에도 행정심판을 청구할 수 있다(제27조 제3항 단서). 이는 제3자효 행정행위에 대해 제3자가 행정심판을 청구하는 경우에 의미가 있다.

> **대법원 1996. 9. 6. 선고 95누16233 판결**
>
> [1] 행정처분의 상대방이 아닌 제3자는 일반적으로 처분이 있는 것을 바로 알 수 없는 처지에 있으므로 처분이 있은 날로부터 180일이 경과하더라도 특별한 사유가 없는 한 구 행정심판법(1995. 12. 6. 법률 제5000호로 개정되기 전의 것) 제18조 제3항 단서 소정의 정당한 사유가 있는 것으로 보아 심판청구가 가능하나, 그 제3자가 어떤 경위로든 행정처분이 있음을 알았거나 쉽게 알 수 있는 등 행정심판법 제18조 제1항 소정의 심판청구기간 내에 심판청구가 가능하였다는 사정이 있는 경우에는 그 때로부터 60일[13] 이내에 행정심판을 청구하여야 한다.
>
> [2] 행정처분의 상대방이 아닌 제3자가 당사자로 된 소송에서 그 행정처분에 의하여 발급된 농지매매증명서가 증거로 제출되고 이를 기초로 판결이 선고된 경우, 그 제3자는 적어도 그 증거가 제출된 날 또는 적어도 그 판결문이 송달된 날 그 행정처분(농지매매증명 발급처분)이 있었음을 알았거나 쉽게 알 수 있었다고 보아야 하므로, 그 날로부터 60일이 지나서 제기한 행정심판 청구는 부적법하다는 이유로, 그 심판청구를 전심절차로 하여 제기한 행정소송을 각하한 사례.

(3) 오고지 또는 불고지한 경우

행정청이 심판청구 기간을 제1항에 규정된 기간(처분이 있음을 알게 된 날부터 90일 이내)보다 긴 기간으로 잘못 알린 경우 그 잘못 알린 기간에 심판청구가 있으면 그 행정심판은 제1항에 규정된 기간에 청구된 것으로 본다(제27조 제5항).

행정청이 심판청구 기간을 알리지 아니한 경우에는 제3항에 규정된 기간(처분이 있었던 날부터 180일 이내)에 심판청구를 할 수 있다(제6항).

3. 적용범위

행정심판청구의 기간에 관한 행정심판법 규정은 무효등확인심판청구와 부작위

---

13) 현행 행정심판법상 청구기간은 처분이 있음을 알게 된 날부터 90일 이내이다(제27조 제1항).

에 대한 의무이행심판청구에는 적용하지 아니한다($\frac{제27조}{제7항}$). 따라서 행정심판법상 심판청구의 기간 제한은 취소심판청구와 거부처분에 대한 의무이행심판청구에 대해서만 적용된다.

한편, 개별 법률에서 청구기간에 관하여 특별한 규정을 두고 있는 경우에는 그에 따라야 한다($\frac{소청심사 \ 청구기간은 \ 30일,}{국가공무원법 \ 제76조 \ 제1항}$).

V. 방식 및 절차

1. 방 식

행정심판청구는 서면으로 하여야 한다($\frac{제28조}{제1항}$). 처분에 대한 심판청구의 경우에는 심판청구서에 ① 청구인의 이름과 주소 또는 사무소($\frac{주소 \ 또는 \ 사무소 \ 외의 \ 장소에서 \ 송달받기를}{원하면 \ 송달장소를 \ 추가로 \ 적어야 \ 한다}$), ② 피청구인과 행정심판위원회, ③ 심판청구의 대상이 되는 처분의 내용, ④ 처분이 있음을 알게 된 날, ⑤ 심판청구의 취지와 이유, ⑥ 피청구인의 행정심판 고지 유무와 그 내용이 포함되어야 한다($\frac{제2}{항}$).

그러나 부작위에 대한 심판청구의 경우에는 이 중에서 ①, ②, ⑤의 사항과 그 부작위의 전제가 되는 신청의 내용과 날짜를 적어야 한다($\frac{제3}{항}$).

대법원 2000. 6. 9. 선고 98두2621 판결

[1] 구 행정소송법($\frac{1994. \ 7. \ 27. \ 법률 \ 제4770}{호로 \ 개정되기 \ 전의 \ 것}$) 제18조 제3항 제1호에서 행정심판의 제기 없이도 행정소송을 제기할 수 있는 경우로 규정하고 있는 '동종사건에 관하여 이미 행정심판의 기각재결이 있은 때'에 있어서의 '동종사건'이라 함은 당해 사건은 물론 당해 사건과 기본적인 점에서 동질성이 인정되는 사건을 가리킨다.

[2] 행정심판법 제19조, 제23조의 규정 취지와 행정심판제도의 목적에 비추어 보면 행정소송의 전치요건인 행정심판청구는 엄격한 형식을 요하지 아니하는 서면행위로 해석되므로, 위법 부당한 행정처분으로 인하여 권리나 이익을 침해당한 자로부터 그 처분의 취소나 변경을 구하는 서면이 제출되었을 때에는 그 표제와 제출기관의 여하를 불문하고 이를 행정소송법 제18조 소정의 행정심판청구로 보고, 불비된 사항이 보정가능한 때에는 보정을 명하고 보정이 불가능하거나 보정명령에 따르지 아니한 때에 비로소 부적법 각하를 하여야 할 것이며, 더욱이 심판청구인은 일반적으로 전문적 법률지식을 갖고 있지 못하여 제출된 서면의 취지가 불명확한 경우도 적지 않으나, 이러한 경우에도 행정청으로서는 그 서면을 가능한 한 제출자의 이익이 되도록 해석하고 처리하여야 한다.

[3] 비록 제목이 '진정서'로 되어 있고, 재결청의 표시, 심판청구의 취지 및 이유, 처

■ 행정심판법 시행규칙 [별지 제30호서식] <개정 2012.9.20>

행정심판 청구서

접수번호	접수일	

	성명	
청구인	주소	
	주민등록번호(외국인등록번호)	
	전화번호	
[ ] 대표자 [ ] 관리인 [ ] 선정대표자 [ ] 대리인	성명	
	주소	
	주민등록번호(외국인등록번호)	
	전화번호	
피청구인		
소관 행정심판위원회	[ ] 중앙행정심판위원회 [ ] ○○시·도행정심판위원회 [ ] 기타	
처분 내용 또는 부작위 내용		
처분이 있음을 안 날		
청구 취지 및 청구 이유	별지로 작성	
처분청의 불복절차 고지 유무		
처분청의 불복절차 고지 내용		
증거 서류		

「행정심판법」 제28조 및 같은 법 시행령 제20조에 따라 위와 같이 행정심판을 청구합니다.

년   월   일

청구인   (서명 또는 인)

○○행정심판위원회 귀중

첨부서류	1. 대표자, 관리인, 선정대표자 또는 대리인의 자격을 소명하는 서류(대표자, 관리인,선정대표자 또는 대리인을 선임하는 경우에만 제출합니다.) 2. 주장을 뒷받침하는 증거서류나 증거물	수수료 없음

처리 절차			

청구서 작성	→	접수	→	재결	→	송달
청구인		○○행정심판위원회		○○행정심판위원회		

210mm×297mm[백상지 80g/㎡]

분을 한 행정청의 고지의 유무 및 그 내용 등 행정심판법 제19조 제2항 소정의 사항들을 구분하여 기재하고 있지 아니하여 행정심판청구서로서의 형식을 다 갖추고 있다고 볼 수는 없으나, 피청구인인 처분청과 청구인의 이름과 주소가 기재되어 있고, 청구인의 기명이 되어 있으며, 문서의 기재 내용에 의하여 심판청구의 대상이 되는 행정처분의 내용과 심판청구의 취지 및 이유, 처분이 있은 것을 안 날을 알 수 있는 경우, 위 문서에 기재되어 있지 않은 재결청, 처분을 한 행정청의 고지의 유무 등의 내용과 날인 등의 불비한 점은 보정이 가능하므로 위 문서를 행정처분에 대한 행정심판청구로 보는 것이 옳다고 한 사례.

2. 절 차

(1) 심판청구서의 제출(피청구인 또는 행정심판위원회)

행정심판을 청구하려는 자는 심판청구서를 작성하여 피청구인이나 행정심판위원회에 제출하여야 한다. 이 경우 피청구인의 수만큼 심판청구서 부본을 함께 제출하여야 한다(제23조 제1항). 행정청이 제58조에 따른 고지를 하지 아니하거나 잘못 고지하여 청구인이 심판청구서를 다른 행정기관에 제출한 경우에는 그 행정기관은 그 심판청구서를 지체 없이 정당한 권한이 있는 피청구인에게 보내야 한다(제2항). 또한, 심판청구서를 보낸 행정기관은 지체 없이 그 사실을 청구인에게 알려야 한다(제3항). 이때 심판청구의 기간을 계산할 때에는 당초의 행정기관에 심판청구서가 제출되었을 때에 행정심판이 청구된 것으로 본다(제4항).

(2) 심판청구서를 피청구인에게 제출한 경우

1) 심판청구서와 답변서의 송부

피청구인이 제23조 제1항·제2항 또는 제26조 제1항[14]에 따라 심판청구서를 접수하거나 송부받으면 10일 이내에 심판청구서(제23조 제1항·제2항의 경우만 해당된다)와 답변서를 행정심판위원회에 보내야 한다. 다만, 청구인이 심판청구를 취하한 경우에는 그러하지 아니하다(제24조 제1항).[15]

다만, 심판청구가 그 내용이 특정되지 아니하는 등 명백히 부적법하다고 판단되

---

14) 제26조(위원회의 심판청구서 등의 접수·처리) ① 위원회는 제23조 제1항에 따라 심판청구서를 받으면 지체 없이 피청구인에게 심판청구서 부본을 보내야 한다.

15) 중앙행정심판위원회에서 심리·재결하는 사건인 경우 피청구인은 제1항 또는 제3항에 따라 행정심판위원회에 심판청구서 또는 답변서를 보낼 때에는 소관 중앙행정기관의 장에게도 그 심판청구·답변의 내용을 알려야 한다(제24조 제8항).

는 경우에 피청구인은 답변서를 행정심판위원회에 보내지 아니할 수 있다. 이 경우 심판청구서를 접수하거나 송부받은 날부터 10일 이내에 그 사유를 행정심판위원회에 문서로 통보하여야 한다($\frac{제2}{항}$). 그러나 이 경우에도 행정심판위원회 위원장이 심판청구에 대하여 답변서 제출을 요구하면 피청구인은 위원장으로부터 답변서 제출을 요구받은 날부터 10일 이내에 위원회에 답변서를 제출하여야 한다($\frac{제3}{항}$).

피청구인이 심판청구서를 보낼 때에는 심판청구서에 행정심판위원회가 표시되지 아니하였거나 잘못 표시된 경우에도 정당한 권한이 있는 행정심판위원회에 보내야 하며($\frac{제5}{항}$), 답변서를 보낼 때에는 청구인의 수만큼 답변서 부본을 함께 보내되, 답변서에는 ① 처분이나 부작위의 근거와 이유, ② 심판청구의 취지와 이유에 대응하는 답변, ③ 처분의 상대방이 아닌 제3자가 심판청구를 한 경우에는 처분의 상대방의 이름·주소·연락처와 제24조 제4항의 의무 이행 여부를 명확하게 적어야 한다($\frac{제6}{항}$).

2) 처분의 상대방에 대한 통지

피청구인은 처분의 상대방이 아닌 제3자가 심판청구를 한 경우에는 지체 없이 처분의 상대방에게 그 사실을 알려야 한다. 이 경우 심판청구서 사본을 함께 송달하여야 한다($\frac{제24조}{제4항}$).

3) 피청구인의 직권취소등

제23조 제1항·제2항 또는 제26조 제1항에 따라 심판청구서를 받은 피청구인은 그 심판청구가 이유 있다고 인정하면 심판청구의 취지에 따라 직권으로 처분을 취소·변경하거나 확인을 하거나 신청에 따른 처분($\frac{이하 이 조에서 "직권}{취소등"이라 한다}$)을 할 수 있다. 이 경우 서면으로 청구인에게 알려야 한다($\frac{제25조}{제1항}$). 피청구인은 직권취소등을 하였을 때에는 청구인이 심판청구를 취하한 경우가 아니면 제24조 제1항 본문에 따라 심판청구서·답변서를 보내거나 같은 조 제3항에 따라 답변서를 보낼 때 직권취소등의 사실을 증명하는 서류를 행정심판위원회에 함께 제출하여야 한다($\frac{제2}{항}$).

(3) 심판청구서를 행정심판위원회에 제출한 경우

행정심판위원회는 제23조 제1항에 따라 심판청구서를 받으면 지체 없이 피청구인에게 심판청구서 부본을 보내야 한다($\frac{제26조}{제1항}$). 행정심판위원회는 제24조 제1항 본문 또는 제3항에 따라 피청구인으로부터 답변서가 제출되면 답변서 부본을 청구인에게 송달하여야 한다(제2항).

VI. 심판청구의 변경·취하

1. 심판청구의 변경

(1) 청구의 취지나 이유의 변경 신청

청구인은 청구의 기초에 변경이 없는 범위에서 청구의 취지나 이유를 변경할 수 있다(제29조제1항). 행정심판이 청구된 후에 피청구인이 새로운 처분을 하거나 심판청구의 대상인 처분을 변경한 경우에는 청구인은 새로운 처분이나 변경된 처분에 맞추어 청구의 취지나 이유를 변경할 수 있다(제2항). 청구의 변경은 서면으로 신청하여야 한다. 이 경우 피청구인과 참가인의 수만큼 청구변경신청서 부본을 함께 제출하여야 한다(제3항).

(2) 허가 여부의 결정

행정심판위원회는 제1항 또는 제2항의 청구변경 신청에 대하여 허가할 것인지 여부를 결정하고, 지체 없이 신청인에게는 결정서 정본을, 당사자 및 참가인에게는 결정서 등본을 송달하여야 한다(제29조제6항). 신청인은 결정서 정본을 송달받은 날부터 7일 이내에 행정심판위원회에 이의신청을 할 수 있다(제7항).

(3) 효 과

청구의 변경결정이 있으면 처음 행정심판이 청구되었을 때부터 변경된 청구의 취지나 이유로 행정심판이 청구된 것으로 본다(제29조제8항).

2. 심판청구의 취하

청구인은 심판청구에 대하여 행정심판위원회의 의결이 있을 때까지 서면으로 심판청구를 취하할 수 있다(제42조제1항). 참가인은 심판청구에 대하여 행정심판위원회의 의결이 있을 때까지 서면으로 참가신청을 취하할 수 있다(제2항). 청구인 또는 참가인은 취하서를 피청구인 또는 행정심판위원회에 제출하여야 한다(제4항전문).

Ⅶ. 효 과

1. 행정심판위원회에 대한 효과

행정심판이 청구되면 행정심판위원회는 이를 심리하고, 재결할 의무가 있다. 이는 요건에 흠결이 있는 부적법한 심판청구의 경우에도 마찬가지이다.

2. 처분에 대한 효과

(1) 집행부정지의 원칙

행정심판이 청구되면 행정심판위원회는 이를 심리하고, 재결할 의무가 있다. 그러나 심판청구는 처분의 효력이나 그 집행 또는 절차의 속행에 영향을 주지 아니한다(제30조 제1항). 이는 입법정책에 속하는 문제로, 행정심판의 남용을 방지하고 행정의 원활한 운영을 확보한다. 참고로 독일은 집행정지가 원칙이며, 조세와 같은 금전납부를 명하는 처분에 한하여 집행부정지원칙을 취하고 있다.[16]

(2) 집행정지

1) 의 의

행정심판위원회는 처분, 처분의 집행 또는 절차의 속행 때문에 중대한 손해가 생기는 것을 예방할 필요성이 긴급하다고 인정할 때에는 직권으로 또는 당사자의 신청에 의하여 처분의 효력, 처분의 집행 또는 절차의 속행의 전부 또는 일부의 정지(이하 "집행정지"라 한다)를 결정할 수 있다(제30조 제2항 본문).

[기재례]

피신청인이 2023. 5. 17. 신청인에게 한 영업정지 1개월 처분의 집행을 동 처분에 대한 행정심판 청구사건의 재결이 있을 때까지 정지한다.

2) 요 건

집행정지의 적극적 요건으로는 ① 집행정지의 대상인 처분의 존재,[17] ② 적법한 심판청구의 계속, ③ 중대한 손해발생을 예방할 필요성, ④ 긴급한 필요가 있다.

---

16) 고영훈(548면).

17) 이미 처분의 집행이 완료되었거나 그 목적이 달성되어 소멸한 경우에는 집행정지는 불가능하다. 또한 거부처분이 집행정지의 대상이 되는지에 대해서도 논란이 있다(제3장 행정소송 부분 참조).

■ 행정심판법 시행규칙 [별지 제33호서식] <개정 2012.9.20>

집행정지신청서

접수번호	접수일	
사건명		

신청인	성명	
	주소	

피신청인	

신청 취지	

신청 원인	

소명 방법	

「행정심판법」 제30조제5항 및 같은 법 시행령 제22조제1항에 따라 위와 같이 집행정지를 신청합니다.

년   월   일

신청인   (서명 또는 인)

○○행정심판위원회 귀중

첨부서류	1. 신청의 이유를 소명하는 서류 또는 자료 2. 행정심판청구와 동시에 집행정지 신청을 하는 경우에는 심판청구서 사본과 접수증명서	수수료 없음

처리 절차			

신청서 작성	→	접수	→	결정	→	송달
신청인		○○행정심판위원회		○○행정심판위원회		

210mm×297mm[백상지 80g/㎡]

이 중에서 '중대한 손해'와 관련하여, 종전에는 행정소송법상 집행정지와 동일하게 '회복하기 어려운 손해'라고 규정하였으며, 이에 대해 대법원은 "특별한 사정이 없는 한 금전으로 보상할 수 없는 손해로서 이는 금전보상이 불능인 경우 내지는 금전보상으로는 사회관념상 행정처분을 받은 당사자가 참고 견딜 수 없거나 또는 참고 견디기가 현저히 곤란한 경우의 유형, 무형의 손해"를 의미하는 것으로 보았다.[18] 그러나 이와 같이 '회복하기 어려운 손해'의 의미를 엄격하게 해석할 경우, 금전부과처분에 대해서는 집행정지가 인정되기 어렵다는 비판이 있었으며, 이에 2010년 개정된 행정심판법은 '중대한 손해'로 그 요건을 완화하였다. 한편, '긴급한 필요'란 본안에 관한 재결을 기다릴 시간적 여유가 없는 경우를 말한다.

다만, 집행정지는 공공복리에 중대한 영향을 미칠 우려가 있을 때에는 허용되지 아니한다(제30조제3항). 이를 집행정지의 소극적 요건이라고 한다.

3) 절 차

집행정지 신청은 심판청구와 동시에 또는 심판청구에 대한 행정심판위원회나 소위원회의 의결이 있기 전까지, 신청의 취지와 원인을 적은 서면을 행정심판위원회에 제출하여야 한다. 다만, 심판청구서를 피청구인에게 제출한 경우로서 심판청구와 동시에 집행정지 신청을 할 때에는 심판청구서 사본과 접수증명서를 함께 제출하여야 한다(제30조제5항). 행정심판위원회는 집행정지에 관하여 심리·결정하면 지체 없이 당사자에게 결정서 정본을 송달하여야 한다(제7항).

4) 내 용

집행정지의 대상은 처분의 효력, 처분의 집행 또는 절차의 속행이고, 그 범위는 전부 또는 일부이다.

① 처분의 '효력정지'는 처분의 내용에 따르는 구속력·공정력·집행력 등을 정지시킴으로써 처분이 잠정적으로 존재하지 않는 상태에 놓이게 하는 것을 말한다. 주로 별도의 집행행위 없이 의사표시만으로써 완성되는 처분에 대하여 한다(영업취소·공무원 파면 철분 등). 다만, 처분의 효력정지는 처분의 집행 또는 절차의 속행을 정지함으로써 그 목적을 달성할 수 있을 때에는 허용되지 아니한다(제30조 제2항 단서). ② 처분의 '집행정지'는 처분의 효력은 유지하면서 처분 내용의 강제적 실현을 위한 집행력을 박탈하여 그 처분의 내용을 실현하는 행위를 금지하는 것을 말한다(대집행·외국인 강제 퇴거명령의 집행 등). ③ '절차의 속행

---

18) 대법원 2004. 5. 12.자 2003무41 결정.

정지'란 일련의 단계적 절차를 거쳐 행해지는 처분에서 처분의 효력은 유지하면서 그 처분의 후속절차의 진행을 잠정적으로 정지시키는 것을 의미한다($^{체납처분의}_{속행정지 등}$).

5) 효 력

집행정지결정은 행정심판의 당사자뿐만 아니라 관계 행정청 및 제3자도 기속한다.

6) 집행정지의 취소

행정심판위원회는 집행정지를 결정한 후에 집행정지가 공공복리에 중대한 영향을 미치거나 그 정지사유가 없어진 경우에는 직권으로 또는 당사자의 신청에 의하여 집행정지결정을 취소할 수 있다($^{제30조}_{제4항}$). 일반적으로 피청구인인 처분청이 하게 될 것이다. 이외에도 제3자효 행정행위에서 제3자가 행정심판과 집행정지를 신청한 경우, 처분의 상대방도 집행정지결정의 취소를 신청할 수 있다고 보는 견해가 있으나,[19] 이때 처분의 상대방은 행정심판의 당사자가 아니라는 점에서 소극적으로 보아야 할 것이고, 집행정지결정의 취소를 신청하기 위해서는 행정심판에 참가하고 있어야 한다.

집행정지결정의 취소신청은 심판청구에 대한 행정심판위원회나 소위원회의 의결이 있기 전까지 신청의 취지와 원인을 적은 서면을 행정심판위원회에 제출하여야 한다($^{제30조 제5}_{항 본문}$). 행정심판위원회는 집행정지의 취소에 관하여 심리·결정하면 지체 없이 당사자에게 결정서 정본을 송달하여야 한다($^{제}_{7}$).

7) 집행정지 또는 집행정지 취소에 관한 위원장의 권한

행정심판위원회의 심리·결정을 기다릴 경우 중대한 손해가 생길 우려가 있다고 인정되면 위원장은 직권으로 행정심판위원회의 심리·결정을 갈음하는 결정을 할 수 있다. 이 경우 위원장은 지체 없이 행정심판위원회에 그 사실을 보고하고 추인을 받아야 하며, 행정심판위원회의 추인을 받지 못하면 위원장은 집행정지 또는 집행정지 취소에 관한 결정을 취소하여야 한다($^{제30조}_{제6항}$).

(3) 임시처분

1) 의 의

전술한 집행정지제도는 소극적으로 침익적 처분의 효력 등을 정지시켜 현상유지적 기능을 하는데 그친다. 그러나 행정청이 사인의 신청에 대하여 위법 또는 부당

---

19) 김동희(684면).

하게 처분의 발급을 거부하거나 부작위하는 경우에는 집행정지가 유효적절한 수단이 되지 못한다. 이에 2010년 개정된 행정심판법은 이를 보완하기 위하여 가명령제도로서 임시처분제도를 도입하여 제31조 제1항에서 "행정심판위원회는 처분 또는 부작위가 위법·부당하다고 상당히 의심되는 경우로서 처분 또는 부작위 때문에 당사자가 받을 우려가 있는 중대한 불이익이나 당사자에게 생길 급박한 위험을 막기 위하여 임시지위를 정하여야 할 필요가 있는 경우에는 직권으로 또는 당사자의 신청에 의하여 임시처분을 결정할 수 있다."고 규정하고 있다.

가령, 국가공무원 공개경쟁채용 1차 시험에 불합격한 자가 행정심판을 청구한 경우 일단 2차 시험에 응시할 자격을 부여하고, 1차 시험 불합격처분의 위법 여부를 판단하는 경우를 상정할 수 있다.

[기재례]

피신청인은 신청인에게 2023. 9. 1.부터 2023. 9. 10.까지의 기간에 실시 예정인 '2023년도 5급 국가공무원 공개경쟁채용시험 제2차 시험'에 응시할 자격을 부여하라.

2) 요 건

임시처분을 하기 위해서는 ① 심판청구의 계속, ② 처분 또는 부작위가 위법·부당하다고 상당히 의심되는 경우일 것, ③ 처분 또는 부작위 때문에 당사자가 받을 우려가 있는 중대한 불이익이나 당사자에게 생길 급박한 위험을 막기 위하여 임시지위를 정하여야 할 필요가 있는 경우일 것, ④ 공공복리에 중대한 영향을 미칠 우려가 없을 것이 요구된다.

여기서 '심판청구의 계속'과 관련하여, 행정쟁송에서의 가구제는 본안청구의 범위 내에서만 인정되는 것으로 보아야 하므로 의무이행심판청구의 계속을 요건으로 한다는 견해가 있으나,[20] 이에 관한 명문의 규정이 없다는 점에서 동의하기 어렵다. 한편, 집행정지와 달리 임시처분은 본안의 이유 유무(위법성)에 관하여 명시적인 규정을 두고 있다. 즉, 임시처분은 본안 판단에 앞서 처분이 있는 것과 같은 상태를 창출하는 것이므로 집행정지보다 그 요건을 엄격히 하고 있다.

3) 절 차

임시처분에 관하여는 집행정지에 관한 행정심판법 제30조 제3항부터 제7항까지를 준용한다. 이 경우 같은 조 제6항 전단 중 "중대한 손해가 생길 우려"는 "중대한

---

20) 박균성(1094면).

■ 행정심판법 시행규칙 [별지 제34호서식] <개정 2012.9.20>

임시처분 신청서

접수번호		접수일	
사건명			
신청인	성명		
	주소		
피신청인			
신청 취지			
신청 원인			
소명 방법			

「행정심판법」 제31조제2항에 따라 위와 같이 임시처분을 신청합니다.

년   월   일

신청인   (서명 또는 인)

○○행정심판위원회 귀중

첨부서류	1. 신청의 이유를 소명하는 서류 또는 자료 2. 행정심판청구와 동시에 임시처분 신청을 하는 경우에는 심판청구서 사본과 접수증명서	수수료 없음

처리 절차			

신청서 작성 → 접수 → 결정 → 송달

신청인   ○○행정심판위원회   ○○행정심판위원회

210mm×297mm[백상지 80g/㎡]

불이익이나 급박한 위험이 생길 우려"로 본다($\frac{제31조}{제2항}$).

4) 임시처분의 보충성

임시처분은 제30조 제2항에 따른 집행정지로 목적을 달성할 수 있는 경우에는 허용되지 아니한다($\frac{제31조}{제3항}$). 임시처분은 당사자에게 적극적으로 어떤 법적 지위를 부여하는 제도이므로 소극적인 수단인 집행정지로 인해 손해의 발생을 막을 수 없는 경우에만 허용되는 수단이다.[21]

제3절   행정심판의 심리

Ⅰ. 행정심판기관(행정심판위원회)

1. 개   설

행정심판기관이란 행정심판의 청구를 수리하여 이를 심리·재결할 수 있는 권한을 가진 기관을 말한다. 종전에는 행정심판법에서 심리·의결기능과 재결기능을 분리하여 전자는 행정심판위원회가, 후자는 재결청이 각각 담당하였으나 현재는 신속하고 간소한 심판절차를 위하여 재결청의 개념을 없애고 행정심판위원회에서 심리·의결과 재결까지 모두 담당하고 있다. 행정심판위원회는 비상설 합의제행정청에 해당한다.

2. 설   치

(1) 처분 행정청 소속 행정심판위원회

다음 각 호의 행정청 또는 그 소속 행정청(행정기관의 계층구조와 관계없이 그 감독을 받거나 위탁을 받은 모든 행정청을 말하되, 위탁을 받은 행정청은 그 위탁받은 사무에 관하여는 위탁한 행정청의 소속 행정청으로 본다. 이하 같다)의 처분 또는 부작위에 대한 행정심판의 청구(이하 "심판청구"라 한다)에 대하여는 다음 각 호의 행정청에 두는 행정심판위원회에서 심리·재결한다($\frac{제6조}{제1항}$).

　　1. 감사원, 국가정보원장, 그 밖에 대통령령으로 정하는 대통령 소속기관의 장[22]

---

21) 김남진/김연태(761면).
22) 행정심판법 시행령 제2조(행정심판위원회의 소관 등) ① 「행정심판법」(이하 "법"이라 한다) 제6조

2. 국회사무총장·법원행정처장·헌법재판소사무처장 및 중앙선거관리위원회사무총장

3. 국가인권위원회, 그 밖에 지위·성격의 독립성과 특수성 등이 인정되어 대통령령으로 정하는 행정청[23]

(2) 중앙행정심판위원회

다음 각 호의 행정청의 처분 또는 부작위에 대한 심판청구에 대하여는 부패방지 및 국민권익위원회의 설치와 운영에 관한 법률에 따른 국민권익위원회(이하 "국민권익위원회"라 한다)에 두는 중앙행정심판위원회에서 심리·재결한다(제6조제2항).

1. 제1항에 따른 행정청 외의 국가행정기관의 장 또는 그 소속 행정청

2. 특별시장·광역시장·특별자치시장·도지사·특별자치도지사(특별시·광역시·특별자치시·도 또는 특별자치도의 교육감을 포함한다. 이하 "시·도지사"라 한다) 또는 특별시·광역시·특별자치시·도·특별자치도(이하 "시·도"라 한다)의 의회(의장, 위원회의 위원장, 사무처장 등 의회 소속 모든 행정청을 포함한다)

3. 지방자치법에 따른 지방자치단체조합 등 관계 법률에 따라 국가·지방자치단체·공공법인 등이 공동으로 설립한 행정청. 다만, 제3항 제3호에 해당하는 행정청은 제외한다.

(3) 시·도지사 소속 행정심판위원회

다음 각 호의 행정청의 처분 또는 부작위에 대한 심판청구에 대하여는 시·도지사 소속으로 두는 행정심판위원회에서 심리·재결한다(제6조제3항).

1. 시·도 소속 행정청

2. 시·도의 관할구역에 있는 시·군·자치구의 장, 소속 행정청 또는 시·군·자치구의 의회(의장, 위원회의 위원장, 사무국장, 사무과장 등 의회 소속 모든 행정청을 포함한다)

3. 시·도의 관할구역에 있는 둘 이상의 지방자치단체(시·군·자치구를 말한다)·공공법인 등이 공동으로 설립한 행정청

제1항 제1호에서 "대통령령으로 정하는 대통령 소속기관의 장"이란 대통령비서실장, 국가안보실장, 대통령경호처장 및 방송통신위원회를 말한다.

23) 행정심판법 시행령 제2조(행정심판위원회의 소관 등) ② 법 제6조 제1항 제3호에서 "대통령령으로 정하는 행정청"이란 고위공직자범죄수사처장을 말한다.

(4) 직근 상급행정기관 소속 행정심판위원회

대통령령으로 정하는 국가행정기관 소속 특별지방행정기관24)의 장의 처분 또는 부작위에 대한 심판청구에 대하여는 해당 행정청의 직근 상급행정기관에 두는 행정심판위원회에서 심리·재결한다(제6조 제4항).

(5) 특별행정심판위원회

개별 법률에서 설치하고 있는 특별행정심판위원회의 예로는 소청심사위원회·토지수용위원회·조세심판원 등이 있다.

3. 구 성

(1) 중앙행정심판위원회

중앙행정심판위원회는 위원장 1명을 포함하여 70명 이내의 위원으로 구성하되, 위원 중 상임위원은 4명 이내로 한다(제8조 제1항). 중앙행정심판위원회의 위원장은 국민권익위원회의 부위원장 중 1명이 된다(제2항).

중앙행정심판위원회의 회의(제6항에 따른 소위원회 회의는 제외한다)는 위원장, 상임위원 및 위원장이 회의마다 지정하는 비상임위원을 포함하여 총 9명으로 구성한다(제5항). 중앙행정심판위원회는 심판청구사건(이하 "사건"이라 한다) 중 도로교통법에 따른 자동차운전면허 행정처분에 관한 사건(소위원회가 중앙행정심판위원회에서 심리·의결하도록 결정한 사건은 제외한다)을 심리·의결하게 하기 위하여 4명의 위원으로 구성하는 소위원회를 둘 수 있다(제6항).

중앙행정심판위원회 및 소위원회는 구성원 과반수의 출석과 출석위원 과반수의 찬성으로 의결한다(제7항).

(2) 그 밖의 행정심판위원회

행정심판위원회(중앙행정심판위원회는 제외한다. 이하 이 조에서 같다)는 위원장 1명을 포함하여 50명 이내의 위원으로 구성한다(제7조 제1항). 행정심판위원회의 위원장은 그 행정심판위원회가 소속된 행정청이 된다(제2항).

---

24) 행정심판법 시행령 제3조(중앙행정심판위원회에서 심리하지 아니하는 특별지방행정기관의 처분 등) 법 제6조 제4항에서 "대통령령으로 정하는 국가행정기관 소속 특별지방행정기관"이란 법무부 및 대검찰청 소속 특별지방행정기관(직근 상급행정기관이나 소관 감독행정기관이 중앙행정기관인 경우는 제외한다)을 말한다.

행정심판위원회의 회의는 위원장과 위원장이 회의마다 지정하는 8명의 위원²⁵⁾으로 구성한다. 다만, 국회규칙, 대법원규칙, 헌법재판소규칙, 중앙선거관리위원회규칙 또는 대통령령(제6조 제3항에 따라 시·도지사 소속으로 두는 행정심판위원회의 경우에는 해당 지방자치단체의 조례)으로 정하는 바에 따라 위원장과 위원장이 회의마다 지정하는 6명의 위원²⁶⁾으로 구성할 수 있다(제5항).

행정심판위원회는 구성원 과반수의 출석과 출석위원 과반수의 찬성으로 의결한다(제6항).

(3) 위원의 제척·기피·회피

행정심판법은 행정심판의 객관적 공정성을 확보하기 위하여 해당 사건과 특별한 관계에 있는 위원을 그 사건의 심리·의결에서 배제시키는 제척·기피·회피제도를 두고 있다. 이에 관한 행정심판법 제10조 제1항부터 제7항까지의 규정은 사건의 심리·의결에 관한 사무에 관여하는 위원 아닌 직원에게도 준용한다(제10조 제8항). 제척 또는 기피 여부에 대한 위원장의 결정에 대해서는 불복신청을 하지 못한다(행정심판법 시행령 제12조 제6항).

1) 제 척

행정심판위원회의 위원은 다음 각 호의 어느 하나에 해당하는 경우에는 그 사건의 심리·의결에서 제척된다. 이 경우 제척결정은 행정심판위원회의 위원장(이하 "위원장"이라 한다)이 직권으로 또는 당사자의 신청에 의하여 한다(제10조 제1항).

1. 위원 또는 그 배우자나 배우자이었던 사람이 사건의 당사자이거나 사건에 관하여 공동 권리자 또는 의무자인 경우
2. 위원이 사건의 당사자와 친족이거나 친족이었던 경우
3. 위원이 사건에 관하여 증언이나 감정을 한 경우
4. 위원이 당사자의 대리인으로서 사건에 관여하거나 관여하였던 경우
5. 위원이 사건의 대상이 된 처분 또는 부작위에 관여한 경우

제척이란 법이 정한 사유에 해당하는 위원은 당연히 그 사건에 관한 심리·의결에서 배제되는 것이므로, 위원장의 제척결정은 확인적 의미에 불과하다. 제척사유가 있는 위원이 관여한 심리·의결은 본질적인 흠이 있는 위법한 것으로서 무효이다.

---

25) 그중 제4항에 따른 위촉위원은 6명 이상으로 하되, 제3항에 따라 위원장이 공무원이 아닌 경우에는 5명 이상으로 한다.
26) 그중 제4항에 따른 위촉위원은 5명 이상으로 하되, 제3항에 따라 공무원이 아닌 위원이 위원장인 경우에는 4명 이상으로 한다.

2) 기 피

당사자는 위원에게 공정한 심리·의결을 기대하기 어려운 사정이 있으면 위원장에게 기피신청을 할 수 있다(제10조). 전술한 제척사유는 여기서 제외된다.

3) 회 피

행정심판위원회의 회의에 참석하는 위원이 제척사유 또는 기피사유에 해당되는 것을 알게 되었을 때에는 스스로 그 사건의 심리·의결에서 회피할 수 있다. 이 경우 회피하고자 하는 위원은 위원장에게 그 사유를 소명하여야 한다(제10조).

4. 행정심판위원회의 권한승계

당사자의 심판청구 후 행정심판위원회가 법령의 개정·폐지 또는 제17조 제5항에 따른 피청구인의 경정결정에 따라 그 심판청구에 대하여 재결할 권한을 잃게 된 경우에는 해당 행정심판위원회는 심판청구서와 관계 서류, 그 밖의 자료를 새로 재결할 권한을 갖게 된 행정심판위원회에 보내야 한다(제12조). 송부를 받은 행정심판위원회는 지체 없이 그 사실을 청구인·피청구인·심판참가인에게 알려야 한다(제2항).

Ⅱ. 행정심판의 당사자 및 참가인

1. 당사자

행정심판의 당사자는 청구인과 피청구인이다. 행정심판법은 헌법 제107조 제3항의 취지에 따라 심리절차와 관련하여 청구인과 피청구인이 대립하는 대심적 구조를 취하고 있다. 청구인과 피청구인은 서로 대등한 지위에서 자신에게 유리한 주장을 하고 이를 뒷받침하는 증거를 제출할 수 있으며, 이를 바탕으로 행정심판위원회는 심리를 진행한다.

2. 참가인

(1) 심판의 참가

행정심판의 결과에 이해관계가 있는 제3자나 행정청은 해당 심판청구에 대한 행정심판위원회나 소위원회의 의결이 있기 전까지 그 사건에 대하여 심판참가를 할 수 있다($\frac{제20조}{제1항}$). 가령, 제3자효 행정행위에서 침익적 효과를 받는 제3자가 그 취소를 구하는 행정심판을 제기한 경우 당사자는 제3자와 처분청이지만, 수익적 효과를 받는 처분의 상대방은 행정심판의 결과에 직접적인 이해관계를 가지므로 그 심판절차에 참가하여 자신의 권익을 보호할 필요가 있는 것이다. 이처럼 행정심판의 참가제도는 심리의 적정을 도모하고 이해관계인의 권익을 보호하는 데 그 목적이 있다.

대법원 1997. 12. 26. 선고 96다51714 판결

　소송사건에서 당사자의 일방을 보조하기 위하여 보조참가를 하려면 당해 소송의 결과에 대하여 이해관계가 있어야 할 것인바, 여기에서 말하는 이해관계라 함은 사실상, 경제상 또는 감정상의 이해관계가 아니라 법률상의 이해관계를 가리킨다.

(2) 절　차

1) 신청에 의한 참가

　심판참가를 하려는 자는 참가의 취지와 이유를 적은 참가신청서를 행정심판위원회에 제출하여야 한다. 이 경우 당사자의 수만큼 참가신청서 부본을 함께 제출하여야 한다($\frac{제20조}{제2항}$). 행정심판위원회는 참가신청서를 받으면 참가신청서 부본을 당사자에게 송달하여야 한다($\frac{제3}{항}$). 행정심판위원회는 참가신청을 받으면 허가 여부를 결정하고, 지체 없이 신청인에게는 결정서 정본을, 당사자와 다른 참가인에게는 결정서 등본을 송달하여야 한다($\frac{제5}{항}$). 신청인은 결정서 정본을 송달받은 날부터 7일 이내에 행정심판위원회에 이의신청을 할 수 있다($\frac{제6}{항}$).

2) 행정심판위원회의 심판참가 요구

　행정심판위원회는 필요하다고 인정하면 그 행정심판 결과에 이해관계가 있는 제3자나 행정청에 그 사건 심판에 참가할 것을 요구할 수 있다($\frac{제21조}{제1항}$). 이때 요구를 받은 제3자나 행정청은 지체 없이 그 사건 심판에 참가할 것인지 여부를 행정심판위원회에 통지하여야 한다($\frac{제2}{항}$).

(3) 참가인의 지위

　참가인은 행정심판 절차에서 당사자가 할 수 있는 심판절차상의 행위를 할 수 있다($\frac{제22조}{제1항}$). 그러나 참가인은 당사자가 아니므로 심판청구를 취하할 수는 없다. 행정심판법에 따라 당사자가 행정심판위원회에 서류를 제출할 때에는 참가인의 수만큼 부본을 제출하여야 하고, 행정심판위원회가 당사자에게 통지를 하거나 서류를 송달할 때에는 참가인에게도 통지하거나 송달하여야 한다($^{제2}_{항}$).

참가인의 대리인 선임과 대표자 자격 및 서류 제출에 관하여는 제18조, 제19조 및 제22조 제2항을 준용한다($^{제3}_{항}$).

Ⅲ. 심리의 내용

1. 요건심리

요건심리는 당해 심판청구가 그 제기요건을 구비하고 있는지 여부를 심리하는 것을 말한다. 이를 '형식적 심리' 또는 '본안 전 심리'라고도 한다. 가령, ① 청구인 적격, ② 대상적격, ③ 피청구인적격, ④ 심판청구의 기간 준수 여부, ⑤ 권한 있는 행정심판위원회에 청구되었는지 여부, ⑥ 심판청구서의 기재사항의 구비 등이 이에 해당한다. 심리 결과, 그 요건을 갖추지 못하여 심판청구가 적법하지 아니하면 그 심판청구를 각하한다($^{제43조}_{제1항}$). 행정심판위원회는 심판청구가 적법하지 아니하나 보정할 수 있다고 인정하면 기간을 정하여 청구인에게 보정할 것을 요구할 수 있다. 다만, 경미한 사항은 직권으로 보정할 수 있다($^{제32조}_{제1항}$). 이에 따라 보정을 한 경우에는 처음부터 적법하게 행정심판이 청구된 것으로 본다($^{제4}_{항}$).

2. 본안심리

행정심판청구가 적법하게 제기된 경우 청구내용인 본안에 관하여 심리한다. 이를 실질적 심리라고도 한다. 심리 결과, 심판청구가 이유가 있다고 인정하면 인용재결을, 이유가 없다고 인정하면 기각재결을 한다($^{제43조 \ 제2항}_{내지 \ 제5항}$).

행정심판위원회는 심판청구가 이유가 있다고 인정하는 경우에도 이를 인용하는 것이 공공복리에 크게 위배된다고 인정하면 그 심판청구를 기각하는 재결을 할 수 있다($^{제44조}_{제1항}$). 이를 '사정재결'이라고 한다.

Ⅳ. 심리의 범위

1. 법률문제와 사실문제

행정심판위원회는 심판청구의 대상인 처분이나 부작위에 관하여 법률문제로서의 위법·적법의 문제뿐만 아니라 재량행위에서의 당·부당의 문제, 그리고 사실문제까지도 심리할 수 있다.

2. 직권심리

행정심판위원회는 필요하면 당사자가 주장하지 아니한 사실에 대하여도 심리할 수 있다($^{제39}_{조}$).

Ⅴ. 심리의 절차

1. 심리절차의 구조와 기본원칙

(1) 당사자주의적 구조(대심주의)

당사자주의란 청구인과 피청구인이 서로 대등한 입장에서 공격과 방어를 하고, 행정심판위원회는 중립적인 입장에서 이를 기초로 심리를 진행하는 것을 말한다.

(2) 처분권주의

행정심판은 청구인의 심판청구에 의하여 개시되고, 청구인이 심판대상과 범위를 결정하며, 청구인은 심판청구를 취하함으로써 심판절차를 종료시킬 수 있다. 그러나 행정심판법은 심판청구의 기간을 제한하고, 청구인낙을 부인하는 등 공익적인 관점에서 처분권주의에 일정한 제한을 가하고 있다.

(3) 직권탐지주의의 가미

행정심판위원회는 사건을 심리하기 위하여 필요하면 직권으로 증거조사를 할 수 있으며($^{제36조}_{제1항}$), 당사자가 주장하지 아니한 사실에 대하여도 심리할 수 있다($^{제39}_{조}$).

(4) 구술심리와 서면심리

행정심판의 심리는 구술심리나 서면심리로 한다. 다만, 당사자가 구술심리를 신청한 경우에는 서면심리만으로 결정할 수 있다고 인정되는 경우 외에는 구술심리를 하여야 한다($\substack{\text{제40조} \\ \text{제1항}}$).

(5) 비공개주의

행정심판위원회에서 위원이 발언한 내용이나 그 밖에 공개되면 행정심판위원회의 심리 · 재결의 공정성을 해칠 우려가 있는 사항으로서 대통령령으로 정하는 사항[27]은 공개하지 아니한다($\substack{\text{제41} \\ \text{조}}$).

2. 당사자의 절차적 권리

당사자는 ① 행정심판위원회 위원과 직원에 대한 기피신청권($\substack{\text{제10조 제2} \\ \text{항, 제8항}}$), ② 구술심리신청권($\substack{\text{제40조} \\ \text{제1항}}$), ③ 답변서제출요구권, ④ 보충서면제출권($\substack{\text{제33조} \\ \text{제1항}}$),[28] ⑤ 증거제출권($\substack{\text{제34} \\ \text{조} \\ \text{제1항}}$),[29] ⑥ 증거조사신청권($\substack{\text{제36조} \\ \text{제1항}}$)을 가진다.

3. 증거조사

(1) 증거조사의 방법

행정심판위원회는 사건을 심리하기 위하여 필요하면 직권으로 또는 당사자의 신청에 의하여 증거조사를 할 수 있다. 행정심판법은 증거조사의 방법으로 ① 당사자나 관계인(관계 행정기관 소속 공무원을 포함한다. 이하 같다)을 행정심판위원회의 회의에 출석하게 하여 신문하는 방법, ② 당사자나 관계인이 가지고 있는 문서 · 장부 · 물건 또는 그 밖의 증거자료의

---

27) **행정심판법 시행령 제29조(비공개 정보)** 법 제41조에서 "대통령령으로 정하는 사항"이란 다음 각호의 어느 하나에 해당하는 사항을 말한다.
  1. 위원회(소위원회와 전문위원회를 포함한다)의 회의에서 위원이 발언한 내용이 적힌 문서
  2. 심리 중인 심판청구사건의 재결에 참여할 위원의 명단
  3. 제1호 및 제2호에서 규정한 사항 외에 공개할 경우 위원회의 심리 · 재결의 공정성을 해칠 우려가 있다고 인정되는 사항으로서 총리령으로 정하는 사항
28) **제33조(주장의 보충)** ① 당사자는 심판청구서 · 보정서 · 답변서 · 참가신청서 등에서 주장한 사실을 보충하고 다른 당사자의 주장을 다시 반박하기 위하여 필요하면 위원회에 보충서면을 제출할 수 있다. 이 경우 다른 당사자의 수만큼 보충서면 부본을 함께 제출하여야 한다.
29) **제34조(증거서류 등의 제출)** ① 당사자는 심판청구서 · 보정서 · 답변서 · 참가신청서 · 보충서면 등에 덧붙여 그 주장을 뒷받침하는 증거서류나 증거물을 제출할 수 있다.

제출을 요구하고 영치하는 방법, ③ 특별한 학식과 경험을 가진 제3자에게 감정을 요구하는 방법, ④ 당사자 또는 관계인의 주소·거소·사업장이나 그 밖의 필요한 장소에 출입하여 당사자 또는 관계인에게 질문하거나 서류·물건 등을 조사·검증하는 방법을 규정하고 있다(제36조제1항).

(2) 증거조사의 촉탁

행정심판위원회는 필요하면 행정심판위원회가 소속된 행정청의 직원이나 다른 행정기관에 촉탁하여 증거조사를 하게 할 수 있다(제36조제2항).

4. 심리의 병합·분리

행정심판위원회는 필요하면 관련되는 심판청구를 병합하여 심리하거나 병합된 관련 청구를 분리하여 심리할 수 있다(제37조). 이는 심리에 한하여 적용된다.

5. 처분사유의 추가·변경

행정심판 단계에서 피청구인인 처분청이 처분 당시에 제시한 처분사유 외에 다른 사유를 추가하거나 변경할 수 있는지 여부가 문제된다. 판례에 따르면, 항고소송에서 처분청은 당초 처분의 근거로 삼은 사유와 기본적 사실관계의 동일성이 인정되는 한도 내에서만 다른 사유를 추가하거나 변경할 수 있는데, 이러한 법리는 행정심판에서도 그대로 적용된다고 한다.

대법원 2014. 5. 16. 선고 2013두26118 판결

행정처분의 취소를 구하는 항고소송에서 처분청은 당초 처분의 근거로 삼은 사유와 기본적 사실관계가 동일성이 있다고 인정되는 한도 내에서만 다른 사유를 추가 또는 변경할 수 있고, 이러한 기본적 사실관계의 동일성 유무는 처분사유를 법률적으로 평가하기 이전의 구체적 사실에 착안하여 그 기초인 사회적 사실관계가 기본적인 점에서 동일한지에 따라 결정되므로, 추가 또는 변경된 사유가 처분 당시에 이미 존재하고 있었다거나 당사자가 그 사실을 알고 있었다고 하여 당초의 처분사유와 동일성이 있다고 할 수 없다. 그리고 이러한 법리는 행정심판 단계에서도 그대로 적용된다.

Ⅵ. 위법·부당판단의 기준시점

1. 취소심판·무효확인심판

행정심판에서 위법·부당을 판단하는 기준시가 문제된다. 취소심판과 무효확인 심판의 경우, 통설과 판례는 원칙적으로 처분시를 기준으로 판단하여야 한다는 입 장이다. 그러나 제재적 처분의 경우 위법행위시의 사실관계와 법령에 따라 처분의 적법 여부를 판단하여야 한다. 한편, 행정심판은 위법성뿐만 아니라 합목적성까지 심리할 수 있다는 점에서 재결시를 기준으로 판단하여야 한다는 견해도 있다.[30]

2. 의무이행심판

의무이행심판에 있어서는 재결시를 기준으로 하여야 한다는 견해[31]와 부작위를 대상으로 하는 의무이행심판의 경우에는 재결시를 기준으로 하여야 한다는 견해[32]가 대립하고 있다. 생각건대, 의무이행심판은 과거에 행해진 거부처분이나 부작위의 위법·부당 여부를 판단하는 것이 아니라 거부처분이나 부작위에 대해 새로운 처분의 발급을 구한다는 점에서 재결시점을 기준으로 종전의 거부처분이나 부작위를 그대로 유지할 것인가 여부를 판단하는 것이 논리적이다. 다만, 공무원 채용시험 또는 사회보장급부 등과 같이 신청에 관한 처분의 근거 법규에 비추어 보아 (거부) 처분시점에서의 사실관계와 법령을 근거로 판단해야 하는 경우도 있다.[33]

대법원 2001. 7. 27. 선고 99두5092 판결

행정심판에 있어서 행정처분의 위법·부당 여부는 원칙적으로 처분시를 기준으로 판단하여야 할 것이나, 재결청은 처분 당시 존재하였거나 행정청에 제출되었던 자료뿐 만 아니라, 재결 당시까지 제출된 모든 자료를 종합하여 처분 당시 존재하였던 객관적 사실을 확정하고 그 사실에 기초하여 처분의 위법·부당 여부를 판단할 수 있다.

---

30) 김중권(680면).
31) 박균성(1114면).
32) 홍정선(1011면).
33) 「행정심판의 이론과 실무」, 국민권익위원회·중앙행정심판위원회, 2022, 554면.

제 4 절 행정심판의 재결

I. 의 의

재결이란 행정심판의 청구에 대하여 행정심판위원회가 행하는 판단을 말한다($\frac{제2}{제3}$
$\frac{조}{호}$). 이는 행정법상의 분쟁에 대하여 행정심판위원회가 일정한 절차를 거쳐서 판단·
확정하는 행위이므로 확인행위로서의 성질을 가진다. 또한 분쟁에 대한 판단작용이
라는 점에서 법원의 판결과 성질이 유사하므로 준사법행위의 성질도 가지고 있다.

II. 재결기간

재결은 피청구인 또는 행정심판위원회가 심판청구서를 받은 날부터 60일 이내에
하여야 한다. 다만, 부득이한 사정이 있는 경우에는 위원장이 직권으로 30일을 연
장할 수 있다($\frac{제45조}{제1항}$). 이 경우 위원장은 재결기간이 끝나기 7일 전까지 당사자에게
알려야 한다($\frac{제2}{항}$).

III. 재결의 방식

재결은 서면으로 한다($\frac{제46조}{제1항}$). 재결서에는 ① 사건번호와 사건명, ② 당사자·대
표자 또는 대리인의 이름과 주소, ③ 주문, ④ 청구의 취지, ⑤ 이유, ⑥ 재결한 날
짜가 포함되어야 한다($\frac{제2}{항}$). 재결서에 적는 이유에는 주문 내용이 정당하다는 것을
인정할 수 있는 정도의 판단을 표시하여야 한다($\frac{제3}{항}$).

IV. 재결의 범위

1. 불고불리의 원칙

행정심판위원회는 심판청구의 대상이 되는 처분 또는 부작위 외의 사항에 대하
여는 재결하지 못한다($\frac{제47조}{제1항}$).

[별지 제16호서식]

		○○○ 행 정 심 판 위 원 회 재 결 서		
① 사 건		행심 심판청구사건		
청 구 인	② 이 름			
	③ 주 소			
선정대표자 · 관리인 · 대리인	④ 이 름			
	⑤ 주 소			
⑥ 피청구인			⑦ 참 가 인	
⑧ 주 문				
⑨ 청구 취지				
⑩ 이 유	별지에 적은 내용과 같음			
⑪ 근거 법조문	「행정심판법」 제46조			

위 사건에 대하여 주문과 같이 재결합니다.

. . .

○○○ 행정심판위원회 (인)

210mm×297mm
[일반용지 60g/㎡(재활용품)]

2. 불이익변경금지의 원칙

행정심판위원회는 심판청구의 대상이 되는 처분보다 청구인에게 불리한 재결을 하지 못한다(제47조 제2항).

V. 재결의 종류

1. 각하재결

행정심판위원회는 심판청구가 적법하지 아니하면 그 심판청구를 각하한다(제43조 제1항).

2. 기각재결

행정심판위원회는 심판청구가 이유가 없다고 인정하면 그 심판청구를 기각한다 (제43조 제2항).

3. 사정재결

(1) 의 의

행정심판위원회는 심판청구가 이유가 있다고 인정하는 경우에도 이를 인용하는 것이 공공복리에 크게 위배된다고 인정하면 그 심판청구를 기각하는 재결을 할 수 있다. 이를 사정재결이라고 한다. 이 경우 행정심판위원회는 재결의 주문에서 그 처분 또는 부작위가 위법하거나 부당하다는 것을 구체적으로 밝혀야 한다(제44조 제1항).

(2) 요 건

사정재결은 국민의 권익보호와 행정의 적법성 확보를 목적으로 하는 행정쟁송제도에서는 공익과 사익을 합리적으로 조정하기 위하여 극히 예외적으로 인정되는 제도이다(종전의 소원법에서 는 인정되지 않음). 따라서 그 요건을 엄격하게 해석하여, 인용재결에 따른 공익침해의 정도가 기각재결에 따른 사익침해의 정도보다 월등하게 큰 경우에 한하여 인정되어야 할 것이다.

(3) 구제방법

행정심판위원회는 사정재결을 할 때에는 청구인에 대하여 상당한 구제방법을 취하거나 상당한 구제방법을 취할 것을 피청구인에게 명할 수 있다(제44조 제2항). 그 구제방법으로는 손해배상이나 원상회복 등이 활용될 수 있다.

(4) 적용범위

사정재결은 무효등확인심판에는 적용하지 아니한다(제44조 제3항). 즉, 아무리 법적 안정성의 확보나 공익적 관점에서 사정재결을 인정할 필요성이 크다고 하더라도 하자가 중대하고 명백하여 무효인 경우에는 허용되지 않는다.

4. 인용재결

(1) 취소·변경재결 및 변경명령재결

1) 의 의

행정심판위원회는 취소심판의 청구가 이유가 있다고 인정하면 처분을 취소 또는 다른 처분으로 변경하거나 처분을 다른 처분으로 변경할 것을 피청구인에게 명한다(제43조 제3항). ① 전자(취소재결·)는 형성재결, ② 후자(변경명령 재결)는 이행재결의 성질을 가진다.[34] 따라서 취소재결이 있은 후에 처분청이 다시 원처분을 취소하더라도 이는 단지 확인적 의미를 가지는데 불과하므로, 항고소송의 대상이 되는 행정처분이라고 할 수 없다.

[기재례]
  1. 피청구인이 2023. 5. 17. 청구인에게 한 영업취소처분을 취소한다.
  1. 피청구인이 2023. 5. 17. 청구인에게 한 영업정지 2개월 처분을 영업정지 45일에 갈음하는 과징금 부과처분으로 변경한다.

2) 내 용

취소재결에는 전부 취소와 일부 취소의 재결이 모두 포함된다. 한편, 변경재결에 있어서 '변경'의 의미와 관련하여 논란이 있으나, 다수설은 적극적 변경을 의미한다고 본다(원처분과 종류를 달리 하는 처분으로 변경). 그러나 이 경우에도 원처분보다 불리한 처분으로의 변경은 허용될 수 없다(제47조 제2항).

---

34) 2010년 행정심판법이 전면 개정되면서 '취소명령재결'은 삭제되었다.

(2) 무효등확인재결

행정심판위원회는 무효등확인심판의 청구가 이유가 있다고 인정하면 처분의 효력 유무 또는 처분의 존재 여부를 확인한다($^{제43조}_{제4항}$).

[기재례]

피청구인이 2023. 5. 17. 청구인에게 한 해임처분은 무효임을 확인한다.

(3) 의무이행재결

행정심판위원회는 의무이행심판의 청구가 이유가 있다고 인정하면 지체 없이 신청에 따른 처분을 하거나 처분을 할 것을 피청구인에게 명한다($^{제43조}_{제5항}$). ① 전자($^{처분}_{재결}$)는 형성재결, ② 후자($^{처분명령}_{재결}$)는 이행재결의 성질을 갖는다. 여기서 '신청에 따른 처분'이란 반드시 청구인이 신청한 내용대로의 처분만을 의미하는 것으로 해석할 것은 아니다.

1) 기속처분

만일 청구인이 기속처분을 신청한 경우에는 법적으로 당해 처분을 하여야 할 기속을 받고 있으므로 신청한 내용대로의 처분을 하거나, 처분을 할 것을 명하여야 한다. 이처럼 특정한 처분을 하도록 명하는 재결을 '특정처분명령재결'이라고 한다.

2) 재량처분

청구인이 재량처분을 신청한 경우, 행정청은 청구인의 신청에 대해 처분을 할 의무는 있으나, 종국적 처분의 내용에 대해서는 재량이 있으므로 반드시 신청한 내용대로 처분할 법적 의무는 없다. 따라서 이 경우에는 재결의 취지에 따라 하자 없는 재량행사를 통해 일정한 처분을 하도록 명하는 '일정처분명령재결'을 하게 된다. 이처럼 재량처분의 경우 처분청의 재량권을 존중하는 차원에서 행정심판위원회가 직접 처분재결을 하기보다 처분명령재결을 하는 것이 바람직하다.

[기재례]

1. 피청구인은 청구인이 2023. 5. 17. 피청구인에게 신청한 정보공개청구에 대하여 이를 이행하라.
1. 피청구인은 인천광역시 지방토지수용위원회에 청구인에 대한 지장물 손실보상금 수용재결 신청을 이행하라.

VI. 재결의 효력

1. 재결의 송달과 효력 발생

행정심판위원회는 지체 없이 당사자에게 재결서의 정본을 송달하여야 한다. 이 경우 중앙행정심판위원회는 재결 결과를 소관 중앙행정기관의 장에게도 알려야 한다(제48조 제1항). 재결은 청구인에게 재결서의 정본이 송달되었을 때에 그 효력이 생긴다(제2항). 행정심판위원회는 재결서의 등본을 지체 없이 참가인에게 송달하여야 한다(제3항). 처분의 상대방이 아닌 제3자가 심판청구를 한 경우 행정심판위원회는 재결서의 등본을 지체 없이 피청구인을 거쳐 처분의 상대방에게 송달하여야 한다(제4항).

행정심판의 재결은 행정행위의 성질을 가지므로 재결서의 정본이 청구인에게 송달되어 재결의 효력이 발생하면 형성력·불가쟁력·불가변력 등 행정행위로서의 효력이 발생한다. 행정심판법은 특히 기속력에 관하여 명문으로 규정하고 있다.

2. 기속력

(1) 의 의

행정심판청구를 인용하는 재결은 피청구인과 그 밖의 관계 행정청을 기속한다(제49조 제1항). 이러한 재결의 효력을 기속력이라고 한다. 기속력은 인용재결의 경우에만 인정되고, 각하재결과 기각재결에는 인정되지 않는다. 따라서 처분청은 기각재결이 있은 후에라도 정당한 사유가 있으면 직권으로 원처분을 취소·변경·철회할 수 있다.

(2) 내 용

1) 반복금지의무(소극적 부작위의무)

처분청과 관계 행정청은 인용재결이 있으면 재결의 취지에 반하는 행위를 하여서는 안 된다. 그러나 처분청이 종전과는 다른 사유로 다시 종전과 같은 내용의 처분을 하는 것은 재결의 기속력에 저촉되지 않는다. 여기에서 동일 사유인지 다른 사유인지는 종전 처분에 관하여 위법한 것으로 재결에서 판단된 사유와 기본적 사실관계에 있어 동일성이 인정되는 사유인지 여부에 따라 판단되어야 한다.[35] 그리

---

35) 대법원 2005. 12. 9. 선고 2003두7705 판결.

고 기본적 사실관계의 동일성 유무는 처분사유를 법률적으로 평가하기 이전의 구체적인 사실에 착안하여 그 기초인 사회적 사실관계가 기본적인 점에서 동일한지에 따라 결정되고, 추가 또는 변경된 사유가 종전 처분 당시에 그 사유를 명기하지 아니하였을 뿐 이미 존재하고 있었고 당사자도 그 사실을 알고 있었다고 하여 당초의 처분사유와 동일성이 있는 것이라고 할 수 없다.[36]

대법원 2003. 4. 25. 선고 2002두3201 판결

행정심판법 제37조가 정하고 있는 재결은 당해 처분에 관하여 재결주문 및 그 전제가 된 요건사실의 인정과 판단에 대하여 처분청을 기속하므로, 당해 처분에 관하여 위법한 것으로 재결에서 판단된 사유와 기본적 사실관계에 있어 동일성이 인정되는 사유를 내세워 다시 동일한 내용의 처분을 하는 것은 허용되지 않는다.

2) 재처분의무(적극적 처분의무)

(가) 거부처분에 대한 취소재결이나 무효등확인재결

재결에 의하여 취소되거나 무효 또는 부존재로 확인되는 처분이 당사자의 신청을 거부하는 것을 내용으로 하는 경우에는 그 처분을 한 행정청은 재결의 취지에 따라 다시 이전의 신청에 대한 처분을 하여야 한다(제49조제2항).[37]

신청에 따른 처분이 절차의 위법 또는 부당을 이유로 재결로써 취소된 경우에는 재처분의무에 관한 제49조 제2항을 준용한다(제4항). 이때 '신청에 따른 처분'이란 제3자효 행정행위를 말한다(A가 건축허가를 신청하여 건축허가처분을 받았으나, 인근 주민인 B가 절차위반을 이유로 건축허가처분에 대해 취소심판을 제기하여 인용된 경우). 이 경우 행정청은 재결의 취지에 따라 절차를 준수하여 다시 처분을 하여야 한다.

(나) 거부처분이나 부작위에 대한 처분명령재결

당사자의 신청을 거부하거나 부작위로 방치한 처분의 이행을 명하는 재결이 있으면 행정청은 지체 없이 이전의 신청에 대하여 재결의 취지에 따라 처분을 하여야 한다(제49조제3항). 이는 의무이행심판에서 문제된다.

(다) 처분에 대한 변경명령재결

취소심판에서 변경명령재결이 있으면, 처분을 한 행정청은 당해 처분을 변경하여야 한다. 이에 관한 명문의 규정은 없지만, 행정심판법 제49조 제1항에 의해 당

---

36) 대법원 2009. 11. 26. 선고 2009두15586 판결.

37) 과거에는 이러한 명문의 규정이 없어 학설상 논란이 있었으나, 2017년 개정된 행정심판법에서 이를 명문화하였다.

연히 인정된다고 할 것이다.

(3) 범 위

기속력이 미치는 주관적 범위는 피청구인인 행정청뿐만 아니라 그 밖의 모든 관계 행정청이다. 한편, 객관적 범위는 재결의 주문 및 그 전제가 된 요건사실의 인정과 판단, 즉 처분등의 구체적 위법사유에 관한 판단에 대하여만 미치고, 재결의 결론과 직접 관계가 없는 간접사실에 대한 판단에는 미치지 않는다.

대법원 2015. 11. 27. 선고 2013다6759 판결

행정심판의 재결은 피청구인인 행정청을 기속하는 효력을 가지므로 재결청이 취소심판의 청구가 이유 있다고 인정하여 처분청에 처분을 취소할 것을 명하면 처분청으로서는 재결의 취지에 따라 처분을 취소하여야 하지만, 나아가 재결에 판결에서와 같은 기판력이 인정되는 것은 아니어서 재결이 확정된 경우에도 처분의 기초가 된 사실관계나 법률적 판단이 확정되고 당사자들이나 법원이 이에 기속되어 모순되는 주장이나 판단을 할 수 없게 되는 것은 아니다.

(4) 부수적 효과

행정청은 처분의 취소 또는 무효확인 등의 재결이 있게 되면, 결과적으로 위법 또는 부당한 처분에 의하여 초래된 상태를 제거해야 할 의무를 진다(결과제거 의무).

법령의 규정에 따라 공고하거나 고시한 처분이 재결로써 취소되거나 변경되면 처분을 한 행정청은 지체 없이 그 처분이 취소 또는 변경되었다는 것을 공고하거나 고시하여야 한다(제49조 제5항).

법령의 규정에 따라 처분의 상대방 외의 이해관계인에게 통지된 처분이 재결로써 취소되거나 변경되면 처분을 한 행정청은 지체 없이 그 이해관계인에게 그 처분이 취소 또는 변경되었다는 것을 알려야 한다(제6항).

(5) 기속력의 이행확보

1) 행정심판위원회의 직접처분

행정심판위원회는 피청구인이 제49조 제3항[38]에도 불구하고 처분을 하지 아니하는 경우에는 당사자가 신청하면 기간을 정하여 서면으로 시정을 명하고 그 기간에 이행하지 아니하면 직접처분을 할 수 있다. 다만, 그 처분의 성질이나 그 밖의 불가

---

38) 거부처분이나 부작위에 대한 처분명령재결.

피한 사유로 행정심판위원회가 직접처분을 할 수 없는 경우에는 그러하지 아니하다 (제50조제1항). 가령, 재량처분이나 정보공개처분 또는 과도한 예산의 집행이 수반되는 처분 등이 이에 해당할 수 있다. 행정심판위원회는 직접처분을 하였을 때에는 그 사실을 해당 행정청에 통보하여야 하며, 그 통보를 받은 행정청은 행정심판위원회가 한 처분을 자기가 한 처분으로 보아 관계 법령에 따라 관리·감독 등 필요한 조치를 하여야 한다(제2항).

직접처분의 불복에 대해서는 간접강제와 달리 행정심판법에 명문의 규정이 없다. 생각건대, 직접처분은 행정심판작용의 일환이므로 이에 대해서는 재차 행정심판을 제기할 수는 없고(행정심판법제51조), 행정소송을 제기하여야 할 것이다.

대법원 2002. 7. 23. 선고 2000두9151 판결

행정심판법 제37조 제2항, 같은 법 시행령 제27조의2 제1항의 규정에 따라 재결청이 직접 처분을 하기 위하여는 처분의 이행을 명하는 재결이 있었음에도 당해 행정청이 아무런 처분을 하지 아니하였어야 하므로, 당해 행정청이 어떠한 처분을 하였다면 그 처분이 재결의 내용에 따르지 아니하였다고 하더라도 재결청이 직접 처분을 할 수는 없다.

[기재례]

피신청인은 이 사건 결정서를 송달받은 날부터 2주일 이내에 중앙행정심판위원회의 2016. 5. 17.자 2016-100 정보공개 이행 청구사건에 대한 인용재결 취지에 따라 신청인에게 신청인이 공개를 청구한 정보를 공개할 것을 명한다.

2) 행정심판위원회의 간접강제

행정심판위원회는 피청구인이 제49조 제2항39)(제49조 제4항에서 준용하는 경우를 포함한다) 또는 제3항40)에 따른 처분을 하지 아니하면 청구인의 신청에 의하여 결정으로 상당한 기간을 정하고 피청구인이 그 기간 내에 이행하지 아니하는 경우에는 그 지연기간에 따라 일정한 배상을 하도록 명하거나 즉시 배상을 할 것을 명할 수 있다(제50조의2제1항).

이는 재결의 집행력의 문제로서, 2017년 행정심판법 개정시 도입된 것이다.41) 즉, 행정심판위원회가 인용재결을 하였음에도 피청구인이 그 취지에 따른 적극적

---

39) 거부처분에 대한 취소재결이나 무효등확인재결.

40) 거부처분이나 부작위에 대한 처분명령재결.

41) 종전의 행정심판법에서는 처분명령재결에 따른 적극적 처분의무의 이행을 확보하기 위하여 전술한 '직접처분'제도를 두고 있었다. 그러나 처분의 성질이나 그 밖의 불가피한 사유가 있는 경우에는 직접처분이 제한되었으며, 거부처분에 대한 취소재결이나 무효등확인재결에 따른 적극적 처분의무를 이행하지 않는 경우에는 직접처분의 대상이 되지 않는다는 점에서 그 한계가 있었다.

처분의무를 이행하지 않는 경우에 그 이행을 확보하기 위한 강제수단이다. 이러한 간접강제는 ① 거부처분에 대한 취소재결이나 무효등확인재결, ② 거부처분이나 부작위에 대한 처분명령재결(의무이행심판), ③ 제3자효 행정행위에서 절차상 하자로 인한 취소재결의 경우에 모두 인정된다.

[기재례]

　피신청인이 신청인에 대하여, 이 사건 결정서의 정본을 송달받은 날부터 30일 이내에 중앙행정심판위원회의 2023-100 정보공개 거부처분 취소 청구사건의 재결 취지에 따른 처분을 하지 않을 때에는 피신청인은 신청인에게 위 기간의 만료일 다음 날부터 그 이행 완료일까지 1일 10만원의 비율로 계산한 돈을 지급하라.

〈행정심판의 유형에 따른 재결의 기속력 및 실효성 확보수단〉

유형 \ 제도	가구제	행정심판의 유형		재처분의무 (재결의 기속력)	실효성 확보
적극적 처분	집행정지 (제30조)	취소심판, 무효등확인심판		변경명령재결 (제49조 제1항)	×
소극적 처분	임시처분 (제31조)	거부	취소심판	취소재결 (제49조 제2항)	간접강제 (제50조의2)
			무효등확인심판	무효등확인재결 (제49조 제2항)	
			의무이행심판	처분명령재결 (제49조 제3항)	○ 직접처분 (제50조) ○ 간접강제 (제50조의2)
		부작위	의무이행심판		

행정심판위원회는 사정의 변경이 있는 경우에는 당사자의 신청에 의하여 간접강제결정의 내용을 변경할 수 있다(제2항). 행정심판위원회는 간접강제결정 또는 변경결정을 하기 전에 신청 상대방의 의견을 들어야 한다(제3항).

청구인은 간접강제결정 또는 변경결정에 불복하는 경우 그 결정에 대하여 행정소송을 제기할 수 있다(제4항). 간접강제결정 또는 변경결정의 효력은 피청구인인 행정청이 소속된 국가·지방자치단체 또는 공공단체에 미치며, 결정서 정본은 행정소송 제기와 관계없이 민사집행법에 따른 강제집행에 관하여는 집행권원과 같은 효력을 가진다. 이 경우 집행문은 위원장의 명에 따라 행정심판위원회가 소속된 행정청 소속 공무원이 부여한다(제5항).

3. 형성력

형성력이란 재결의 내용에 따라 기존의 법률관계에 변동을 가져오는 효력을 말한다. 이는 취소심판에서의 취소재결과 변경재결, 의무이행심판에서의 처분재결에서 인정된다. 재결의 형성력은 행정심판의 당사자뿐만 아니라 제3자에게도 미치므로 이를 대세적 효력이라고 한다.

대법원 1998. 4. 24. 선고 97누17131 판결

[1] 행정심판법 제32조 제3항에 의하면 재결청은 취소심판의 청구가 이유 있다고 인정할 때에는 처분을 취소·변경하거나 처분청에게 취소·변경할 것을 명한다고 규정하고 있으므로, 행정심판 재결의 내용이 처분청에게 처분의 취소를 명하는 것이 아니라 재결청이 스스로 처분을 취소하는 것일 때에는 그 재결의 형성력에 의하여 당해 처분은 별도의 행정처분을 기다릴 것 없이 당연히 취소되어 소멸되는 것이다.

[2] 당해 의약품제조품목허가처분취소재결은 보건복지부장관이 재결청의 지위에서 스스로 제약회사에 대한 위 의약품제조품목허가처분을 취소한 이른바 형성재결임이 명백하므로, 위 회사에 대한 의약품제조품목허가처분은 당해 취소재결에 의하여 당연히 취소·소멸되었고, 그 이후에 다시 위 허가처분을 취소한 당해 처분은 당해 취소재결의 당사자가 아니어서 그 재결이 있었음을 모르고 있는 위 회사에게 위 허가처분이 취소·소멸되었음을 확인하여 알려주는 의미의 사실 또는 관념의 통지에 불과할 뿐 위 허가처분을 취소·소멸시키는 새로운 형성적 행위가 아니므로 항고소송의 대상이 되는 처분이라고 할 수 없다.

[3] 당해 사안에서와 같이 원처분의 상대방이 아닌 제3자가 행정심판을 청구하여 재결청이 원처분을 취소하는 형성재결을 한 경우에 그 원처분의 상대방은 그 재결에 대하여 항고소송을 제기할 수밖에 없고, 이 경우 재결은 원처분과 내용을 달리 하는 것이어서 재결의 취소를 구하는 것은 원처분에 없는 재결 고유의 위법을 주장하는 것이 된다.

4. 불가쟁력

재결은 그 자체에 고유한 위법이 있는 경우에 그에 대한 행정소송을 제기할 수 있으나(행정소송법 제19조 단서), 그 제소기간이 경과하면 더 이상 그 효력을 다툴 수 없게 된다. 이를 불가쟁력이라고 한다.

5. 불가변력

재결은 쟁송절차를 거쳐 행하여진 준사법적 행위이므로, 일단 재결이 행하여진 이상 설령 그것이 위법하다고 하더라도 행정심판위원회는 스스로 재결을 취소하거나 변경할 수 없는 효력이 발생한다. 이를 불가변력이라고 한다.

Ⅶ. 재결에 대한 불복

1. 행정심판 재청구의 금지

행정심판청구에 대한 재결이 있으면 그 재결 및 같은 처분 또는 부작위에 대하여 다시 행정심판을 청구할 수 없다(제51조). 그러나 다른 법률에서 다단계의 행정심판을 인정하는 특별한 규정을 두고 있는 경우에는 그에 따른다.

2. 재결에 대한 행정소송

행정심판의 재결을 거쳐 행정소송을 제기하는 경우에도 행정소송의 대상은 원칙적으로 원처분이 된다(원처분주의). 그러나 재결 자체에 고유한 위법이 있을 경우 재결이 취소소송이나 무효등확인소송의 대상이 될 수 있다(행정소송법 제19조 단서, 제38조). 예컨대, 제3자효 행정행위에서 제3자가 행정심판을 청구하여 행정심판위원회가 원처분을 취소하거나 변경하는 재결을 한 경우, 원처분의 상대방이 재결의 취소를 구하는 행정소송을 제기하는 경우가 이에 해당한다.

3. 피청구인(처분청)의 불복가능성

행정심판위원회가 인용재결을 한 경우, 피청구인인 처분청이 이에 불복하여 행정소송을 제기할 수 있는지가 문제된다. 이에 대해 통설과 판례[42]는 행정심판법 제49조 제1항을 근거로 부정설의 입장이다. 헌법재판소 역시 행정심판청구를 인용하는 재결이 행정청을 기속하도록 규정한 행정심판법 제49조 제1항이 헌법 제101조 제1항, 제107조 제2항 및 제3항에 위배되지 않는다고 보았다.[43] 이에 반해, 원칙적

---

42) 대법원 1998. 5. 8. 선고 97누15432 판결.

43) 헌법재판소 2014. 6. 26.자 2013헌바122 결정(헌법 제101조 제1항과 제107조 제2항은 입법권 및 행정권으로부터 독립된 사법권의 권한과 심사범위를 규정한 것일 뿐이다. 헌법 제107조 제3항은

으로 부정설의 입장이지만, 지방자치단체의 자치사무에 속하는 처분에 대한 인용재결에 대해서는 지방자치단체의 장이 행정소송을 제기할 수 있다고 보는 제한적 긍정설이 존재한다.[44]

제 5 절 조 정

Ⅰ. 의 의

재결은 행정심판위원회에 의한 일방적이고 고권적인 판단작용이라는 점에서 당사자 간의 궁극적인 분쟁해결수단으로 기능하는데 한계가 있다. 과거에는 행정처분의 적법 여부는 당사자 간의 타협의 대상으로 볼 수 없다는 시각이 팽배하였으나, 2017년 행정심판법이 개정되면서 당사자 간의 합의가 가능한 사건의 경우 갈등을 조기에 해결할 수 있도록 조정제도를 신설하였다. 이는 당사자 간의 합의를 통해 분쟁을 원만하게 해결할 수 있다는 점에서 순기능이 있으나, 자칫 당사자의 합의에 의해 법치행정을 무력화시킬 수 있다는 점에서 역기능도 우려된다. 따라서 조정이 공공복리에 적합하지 아니하거나 해당 처분의 성질에 반하는 경우에는 조정을 할 수 없다(제43조의2 제1항 단서).

Ⅱ. 요 건

행정심판위원회는 당사자의 권리 및 권한의 범위에서 당사자의 동의를 받아 심판청구의 신속하고 공정한 해결을 위하여 조정을 할 수 있다(제43조의2 제1항 본문). 행정심판위원회는 조정을 함에 있어서 심판청구된 사건의 법적·사실적 상태와 당사자 및 이해관계자의 이익 등 모든 사정을 참작하고, 조정의 이유와 취지를 설명하여야 한다(제2항).

행정심판의 심리절차에서도 관계인의 충분한 의견진술 및 자료제출과 당사자의 자유로운 변론 보장 등과 같은 대심구조적 사법절차가 준용되어야 한다는 취지일 뿐, 사법절차의 심급제에 따른 불복할 권리까지 준용되어야 한다는 취지는 아니다. 그러므로 이 사건 법률조항은 헌법 제101조 제1항, 제107조 제2항 및 제3항에 위배되지 아니한다).

44) 박균성(1127면).

Ⅲ. 절 차

행정심판위원회는 조정을 하려는 경우에는 결정으로써 조정을 개시한다. 이 경우 행정심판위원회는 조정개시결정을 당사자와 참가인에게 서면 또는 행정심판법 제38조 제4항에 따른 간이통지방법으로 알려야 한다(행정심판법 시행령 제30조의2 제1항). 행정심판위원회는 조정이 성립하지 아니한 경우에는 행정심판법 제38조 제1항에 따라 심리기일을 지정한다(제4항).

조정은 당사자가 합의한 사항을 조정서에 기재한 후 당사자가 서명 또는 날인하고 위원회가 이를 확인함으로써 성립한다(제43조의2 제3항).

Ⅳ. 효 력

조정에 대하여는 행정심판법 제48조(재결의 송달과 효력 발생)·제49조(재결의 기속력 등)·제50조(행정심판위원회의 직접처분)·제50조의2(행정심판위원회의 간접강제)·제51조(행정심판 재청구의 금지)의 규정을 준용한다(제43조의2 제4항).

제 6 절 행정심판의 고지제도

Ⅰ. 의 의

행정청이 처분을 할 때는 그 처분의 상대방이나 이해관계인에게 해당 처분에 대하여 행정심판을 청구할 수 있는지 여부와 행정심판을 청구하는 경우의 필요한 사항을 알려야 할 의무가 있다. 이를 '고지제도'라고 한다.[45] 이는 처분의 상대방 등에게 행정 불복의 기회를 보장하는데 그 목적이 있다. 고지제도는 행정심판법뿐만 아니라 행정절차법(제26조)[46]과 공공기관의 정보공개에 관한 법률(제13조 제5항)에서도 규정하고 있으나, 고지의무 위반의 효과는 행정심판법에서만 규정하고 있다.

---

45) 불복방법에 관한 사항을 알려준다는 의미에서 '불복고지'라고도 한다.

46) 원래 고지는 행정청이 행정처분을 할 때 부수적으로 행해지는 것이므로 행정절차법에서 규율하는 것이 바람직하지만, 행정심판법이 제정될 당시인 1984년에는 행정절차법이 아직 제정되지 않았기 때문에 먼저 행정심판법에 고지에 관한 사항이 규정되었고, 이후 1996년 행정절차법이 제정되면서 행정절차법에서도 고지에 관한 규정을 두게 된 것이다. 이일세(725면).

Ⅱ. 법적 성질

고지는 행정처분의 상대방 등에게 일정한 사항을 알려주는 사실행위에 불과하며, 그 자체는 아무런 법적 효과를 발생시키지 않는다. 즉, 고지는 처분이 아니므로 항고쟁송의 대상이 될 수 없다.

Ⅲ. 종 류

1. 직권에 의한 고지

행정청이 처분을 할 때에는 처분의 상대방에게 ① 해당 처분에 대하여 행정심판을 청구할 수 있는지, ② 행정심판을 청구하는 경우의 심판청구 절차 및 심판청구 기간을 알려야 한다(제58조제1항). 이때 처분에는 서면에 의한 처분과 구두에 의한 처분이 모두 포함되며, 행정심판은 행정심판법상 행정심판뿐만 아니라 다른 법률에 의한 특별행정심판도 포함된다. 고지의 방법에는 특별한 제한이 없으며, 원칙적으로 처분시에 하여야 한다.

대법원 1992. 6. 9. 선고 92누565 판결

[1] 토지수용위원회의 수용재결에 대한 이의절차는 실질적으로 행정심판의 성질을 갖는 것이므로 토지수용법에 특별한 규정이 있는 것을 제외하고는 행정심판법의 규정이 적용된다고 할 것이다.

[2] 토지수용법 제73조 및 제74조의 각 규정을 보면 수용재결에 대한 이의신청기간을 재결서정본송달일로부터 1월로 규정한 것 외에는 행정심판법 제42조 제1항 및 같은 법 제18조 제6항과 다른 내용의 특례를 규정하고 있지 않으므로, 재결서정본을 송달함에 있어서 상대방에게 이의신청기간을 알리지 않았다면 행정심판법 제18조 제6항의 규정에 의하여 같은 조 제3항의 기간 내에 이의신청을 할 수 있다고 보아야 할 것이다.

2. 신청에 의한 고지

행정청은 이해관계인이 요구하면 ① 해당 처분이 행정심판의 대상이 되는 처분인지, ② 행정심판의 대상이 되는 경우 소관 행정심판위원회 및 심판청구 기간을 지체 없이 알려 주어야 한다. 이 경우 서면으로 알려 줄 것을 요구받으면 서면으로 알려 주어야 한다(제58조제2항). 처분의 상대방으로서 당연히 (직권)고지를 받아야 함에도

불구하고 고지를 받지 못한 자도 여기서의 이해관계인에 해당한다.[47]

Ⅳ. 효 과

1. 심판청구 절차에 대한 불고지 또는 오고지

행정청이 행정심판법 제58조에 따른 고지를 하지 아니하거나 잘못 고지하여 청구인이 심판청구서를 다른 행정기관에 제출한 경우에는 그 행정기관은 그 심판청구서를 지체 없이 정당한 권한이 있는 피청구인에게 보내야 하며(제23조제2항), 심판청구서를 보낸 행정기관은 지체 없이 그 사실을 청구인에게 알려야 한다(제3항). 이때 심판청구기간을 계산할 때에는 당초의 다른 행정기관에 심판청구서가 제출되었을 때에 행정심판이 청구된 것으로 본다(제4항).

2. 심판청구 기간에 대한 오고지 또는 불고지

(1) 오고지의 경우

행정청이 심판청구 기간을 제1항에 규정된 기간(처분이 있음을 알게 된 날부터 90일 이내)보다 긴 기간으로 잘못 알린 경우 그 잘못 알린 기간에 심판청구가 있으면 그 행정심판은 제1항에 규정된 기간에 청구된 것으로 본다(제27조제5항). 그러나 이 규정은 행정소송의 제기에는 적용되지 않는다.

대법원 2001. 5. 8. 선고 2000두6916 판결

[1] 행정소송법 제20조 제1항, 제3항에서 말하는 "취소소송은 처분 등이 있음을 안 날부터 90일 이내에 제기하여야 한다."는 제소기간은 불변기간이고, 다만 당사자가 책임질 수 없는 사유로 인하여 이를 준수할 수 없었던 경우에는 같은 법 제8조에 의하여 준용되는 민사소송법 제160조 제1항에 의하여 그 사유가 없어진 후 2주일 내에 해태된 제소행위를 추완할 수 있다고 할 것이며, 여기서 당사자가 책임질 수 없는 사유란 당사자가 그 소송행위를 하기 위하여 일반적으로 하여야 할 주의를 다하였음에도 불구하고 그 기간을 준수할 수 없었던 사유를 말한다.

[2] 행정청이 법정 심판청구기간보다 긴 기간으로 잘못 알린 경우에 그 잘못 알린 기간 내에 심판청구가 있으면 그 심판청구는 법정 심판청구기간 내에 제기된 것으로 본

---

47) 김남진/김연태(780면).

다는 취지의 행정심판법 제18조 제5항의 규정은 행정심판 제기에 관하여 적용되는 규정이지, 행정소송 제기에도 당연히 적용되는 규정이라고 할 수는 없다.

　　[3] 행정심판과 행정소송은 그 성질, 불복사유, 제기기간, 판단기관 등에서 본질적인 차이점이 있고, 임의적 전치주의는 당사자가 행정심판과 행정소송의 유·불리를 스스로 판단하여 행정심판을 거칠지 여부를 선택할 수 있도록 한 취지에 불과하므로 어느 쟁송 형태를 취한 이상 그 쟁송에는 그에 관련된 법률 규정만이 적용될 것이지 두 쟁송 형태에 관련된 규정을 통틀어 당사자에게 유리한 규정만이 적용된다고 할 수는 없으며, 행정처분시나 그 이후 행정청으로부터 행정심판 제기기간에 관하여 법정 심판청구기간보다 긴 기간으로 잘못 통지받은 경우에 보호할 신뢰 이익은 그 통지받은 기간 내에 행정심판을 제기한 경우에 한하는 것이지 행정소송을 제기한 경우에까지 확대된다고 할 수 없으므로, 당사자가 행정처분시나 그 이후 행정청으로부터 행정심판 제기기간에 관하여 법정 심판청구기간보다 긴 기간으로 잘못 통지받아 행정소송법상 법정 제소기간을 도과하였다고 하더라도, 그것이 당사자가 책임질 수 없는 사유로 인한 것이라고 할 수는 없다.

(2) 불고지의 경우

　행정청이 심판청구 기간을 알리지 아니한 경우에는 제3항에 규정된 기간(처분이 있었던 날부터 180일 이내)에 심판청구를 할 수 있다(제27조 제6항).

대법원 2008. 6. 12. 선고 2007두16875 판결

　　행정심판법 제18조 제6항에 의하면 행정청이 심판청구기간을 알리지 아니한 때에는 같은 조 제3항의 기간, 즉 처분이 있은 날로부터 180일 이내에 심판청구를 할 수 있다고 규정되어 있지만, 이러한 규정은 행정심판 제기에 관하여 적용되는 규정이지, 행정소송의 제기에도 당연히 유추적용되는 규정이라고 할 수는 없다.

3. 예외적 행정심판 전치주의에 대한 오고지

　취소소송은 법령의 규정에 의하여 당해 처분에 대한 행정심판을 제기할 수 있는 경우에도 이를 거치지 아니하고 제기할 수 있다. 다만, 다른 법률에 당해 처분에 대한 행정심판의 재결을 거치지 아니하면 취소소송을 제기할 수 없다는 규정이 있는 때에는 그러하지 아니하다(행정소송법 제18조 제1항). 그러나 이 경우에도 처분을 행한 행정청이 행정심판을 거칠 필요가 없다고 잘못 알린 때에는 행정심판을 제기함이 없이 취소소송을 제기할 수 있다(제3항 제4호).

4. 고지의 하자와 행정처분의 위법성

행정청이 처분을 함에 있어 고지의무를 이행하지 않거나 잘못된 고지를 하더라도 이로 인해 당해 처분이 위법하다고 보기는 어렵다.

대법원 2018. 2. 8. 선고 2017두66633 판결

행정절차법 제26조는 "행정청이 처분을 할 때에는 당사자에게 그 처분에 관하여 행정심판 및 행정소송을 제기할 수 있는지 여부, 그 밖에 불복을 할 수 있는지 여부, 청구절차 및 청구기간 그 밖에 필요한 사항을 알려야 한다."라고 규정하고 있다. 이러한 고지절차에 관한 규정은 행정처분의 상대방이 그 처분에 대한 행정심판의 절차를 밟는 데 편의를 제공하려는 것이어서 처분청이 위 규정에 따른 고지의무를 이행하지 아니하였다고 하더라도 경우에 따라 행정심판의 제기기간이 연장될 수 있음에 그칠 뿐, 그 때문에 심판의 대상이 되는 행정처분이 위법하다고 할 수는 없다.

제 7 절   전자정보처리조직을 통한 행정심판 절차의 수행

Ⅰ. 전자정보처리조직을 통한 심판청구

행정심판법에 따른 행정심판 절차를 밟는 자는 심판청구서와 그 밖의 서류를 전자문서화하고 이를 정보통신망을 이용하여 행정심판위원회에서 지정·운영하는 전자정보처리조직(행정심판 절차에 필요한 전자문서를 작성·제출·송달할 수 있도록 하는 하드웨어, 소프트웨어, 데이터베이스, 네트워크, 보안요소 등을 결합하여 구축한 정보처리능력을 갖춘 전자적 장치를 말한다. 이하 같다)을 통하여 제출할 수 있다(제52조 제1항). 이에 따라 제출된 전자문서는 행정심판법에 따라 제출된 것으로 보며, 부본을 제출할 의무는 면제된다(제2항).

전자정보처리조직을 통하여 제출된 전자문서는 그 문서를 제출한 사람이 정보통신망을 통하여 전자정보처리조직에서 제공하는 접수번호를 확인하였을 때에 전자정보처리조직에 기록된 내용으로 접수된 것으로 본다(제3항). 전자정보처리조직을 통하여 접수된 심판청구의 경우 행정심판법 제27조에 따른 심판청구 기간을 계산할 때에는 제3항에 따른 접수가 되었을 때 행정심판이 청구된 것으로 본다(제4항).

Ⅱ. 전자정보처리조직을 이용한 송달

피청구인 또는 행정심판위원회는 전자정보처리조직을 통하여 행정심판을 청구하거나 심판참가를 한 자에게 전자정보처리조직과 그와 연계된 정보통신망을 이용하여 재결서나 행정심판법에 따른 각종 서류를 송달할 수 있다. 다만, 청구인이나 참가인이 동의하지 아니하는 경우에는 그러하지 아니하다(제54조). 제1항 본문의 경우 행정심판위원회는 송달하여야 하는 재결서 등 서류를 전자정보처리조직에 입력하여 등재한 다음 그 등재 사실을 국회규칙, 대법원규칙, 헌법재판소규칙, 중앙선거관리위원회규칙 또는 대통령령으로 정하는 방법에 따라 전자우편 등으로 알려야 한다(제2항).

제1항에 따른 전자정보처리조직을 이용한 서류 송달은 서면으로 한 것과 같은 효력을 가진다(제3항). 제1항에 따른 서류의 송달은 청구인이 제2항에 따라 등재된 전자문서를 확인한 때에 전자정보처리조직에 기록된 내용으로 도달한 것으로 본다. 다만, 제2항에 따라 그 등재사실을 통지한 날부터 2주 이내(재결서 외의 서류는 7일 이내)에 확인하지 아니하였을 때에는 등재사실을 통지한 날부터 2주가 지난 날(재결서 외의 서류는 7일이 지난 날)에 도달한 것으로 본다(제4항).

Ⅲ. 준용규정

서면으로 심판청구 또는 심판참가를 한 자가 전자정보처리조직의 이용을 신청한 경우에는 행정심판법 제52조·제53조 및 제54조를 준용한다(제54조제5항).

제 3 장 행정소송

제 1 절 개 설

I. 의 의

1. 개 념

　행정소송이란 행정상 법률관계에 관한 분쟁에 대하여 법원이 정식의 소송절차에 의하여 행하는 재판을 말한다. 다시 말해 행정소송은 기본적으로 행정부의 행위를 대상으로 하여 행정부의 정치적 행위(통치행위)를 제외한 나머지 행정작용의 법적용과 책임에 대하여 재판하는 것이다. 행정소송과 헌법소송은 모두 공법상의 소송이지만, 행정소송은 이 중에서 헌법재판소의 관할로 인정되는 헌법소송 사항을 제외한다.

　현재 행정소송에 관한 일반법으로 행정소송법이 있다. 이는 1951년에 처음 제정되었으며, 당시에는 일본 행정사건소송특례법을 참조하여 14개의 조문을 두고 있었다. 이후 1980년대에 들어와 당시 국정과제였던 복지행정 이념과 다양화된 행정작용의 형식에 따른 행정소송제도 전반에 대한 정비의 목소리가 커지면서 1984년에 전부 개정되어 현재에 이르고 있다(이후 1988년에 헌법재판소의 관장사항인 권한쟁의심판을 기관소송에서 제외한다는 내용이 추가되었으며, 1994년에는 행정심판 임의적 전치주의, 행정소송의 3심제, 행정법원 설치 등 부분적인 개정이 이루어짐). 한편, 2000년대 이후에 와서 행정소송제도의 실효성을 확보하기 위하여 대법원과 법무부를 중심으로 여러 차례 개정 작업을 추진하였으나, 실제 입법으로 이어지지는 못하였다. 이처럼 행정소송법은 1984년에 개정된 이후 40년 가까이 큰 변화 없이 현재까지 이어져 오고 있는바, 국민의 재판청구권을 실질적으로 보장하기 위하여 시대변화를 반영한 개정 논의가 필요한 시점이다. 이러한 상황에서 대법원은 행정소송절차 규율하기 위하여 2023년 8월 31일 행정소송규칙(대법원규칙 제3108호)을 제정·시행하고 있으며, 주요 내용으로 ① 명령·규칙의 위헌판결 등 통보(제2조), ② 재판관할(제5조), ③ 피고경정(제6조), ④ 명령·규칙 소관 행정청에 대한 소송통지(제7조), ⑤ 답변서의 제출(제8조), ⑥ 처분사유의 추가·변경(제9조), ⑦ 집행정지의 종기(제10조), ⑧ 비공개정보의 열람·심사($\frac{제11}{조}$), ⑨ 피해자의 의견청취($\frac{제13}{조}$), ⑩ 사정판결($\frac{제14}{조}$), ⑪ 조정권고($\frac{제15}{조}$), ⑫ 부작위위법확인소송의 소송비용부담($\frac{제17}{조}$), ⑬ 당사자소송의 대상($\frac{제19}{조}$) 등을 담고 있다.

그러나 행정소송규칙은 행정재판의 편리성과 적정성을 제고하기 위한다는 목적으로 엄격한 의미에서 소송절차에 해당하지 않는 행정소송법에 대한 기존의 대법원 판례의 법리(해석론)를 상당수 입법화하고 있는바, 향후 행정소송법과의 관계에서 법률로 정해야 하는 입법사항과 행정소송규칙으로 규율할 수 있는 영역에 대한 고민이 필요할 것으로 보인다.

2. 행정심판과의 구별

행정심판법상 행정심판은 행정부에 소속된 행정심판위원회가 심리·판단하는 약식쟁송으로서, 모두 위법·부당한 처분을 대상으로 하는 항고심판이며, 원칙적으로 처분이 있음을 안 날부터 90일, 처분이 있는 날부터 180일 이내에 청구하여야 한다. 반면, 행정소송법상 행정소송은 사법부인 법원이 심리·판단하는 정식쟁송으로서, 위법한 처분을 대상으로 하는 항고소송뿐만 아니라 당사자소송, 민중소송, 기관소송이 포함되며, 처분이 있음을 안 날부터 90일, 처분이 있는 날부터 1년 이내에 제기하여야 하는 것이 원칙이다.

3. 외국의 행정소송제도

공법과 사법이 엄격히 구별되는 대륙법계 국가에서 행정소송은 일반법원이 아닌 행정사건을 전담하는 특별법원에서 특별한 소송절차에 의해 심리된다($\frac{행정국}{가형}$). 그러나 영미법계 국가의 경우 일반법원에서 행정사건도 함께 재판하고 있다($\frac{사법국}{가형}$). 이들 국가에서는 전통적으로 보통법($\frac{Common}{Law}$)에 대해 독자적인 법으로서 행정법이 성립되지 않았고, 행정권의 작용도 사인(私人)의 행위와 마찬가지로 보통법의 적용을 받았다.[1]

우리나라는 헌법 제101조에 의하여 대법원을 최고법원으로 하여 그 아래 각급 법원이 조직되어 있고, 각급 법원에 속하는 전문법원으로 행정법원이 있다. 이러한 전문법원의 운영은 보통재판소제도를 보완하기 위한 것으로 영미식의 일원적 법원 시스템의 특징이다. 그러나 기능상으로는 행정재판을 민·형사재판으로부터 분리

---

1) 김동희(707면).

하여 프랑스를 대표로 하는 '행정제도'(Régime administratif) 국가에서의 행정소송과 유사하게 운영하고 있다.[2] 즉, 형식에 있어서는 영미식을, 실질에 있어서는 '행정제도'를 따르고 있다고 평가할 수 있겠다.

Ⅱ. 기 능

행정소송법 제1조는 "이 법은 행정소송절차를 통하여 행정청의 위법한 처분 그 밖에 공권력의 행사·불행사 등으로 인한 국민의 권리 또는 이익의 침해를 구제하고, 공법상의 권리관계 또는 법적용에 관한 다툼을 적정하게 해결함을 목적으로 한다."고 규정하고 있다. 즉, 행정소송은 위법한 행정작용으로 인하여 침해당한 권익을 구제하고, 위법한 행정작용을 시정함으로써 행정의 적법성을 확보하는 기능을 한다.

Ⅲ. 종 류

행정소송법은 행정소송을 그 내용에 따라 항고소송, 당사자소송, 민중소송, 기관소송으로 구분하고 있다(제3조).[3] 여기서 항고소송과 당사자소송은 주관적 소송, 민중소송과 기관소송은 객관적 소송의 성격을 가진다고 보는 것이 통설적 견해이다.

1. 항고소송

항고소송이란 행정청의 처분등[4]이나 부작위에 대하여 제기하는 소송을 말한다(제3조 제1호). 행정소송법이 규정하고 있는 항고소송에는 ① 취소소송(행정청의 위법한 처분등을 취소 또는 변경하는 소송), ② 무효등확인소송(행정청의 처분등의 효력 유무 또는 존재 여부를 확인하는 소송), ③ 부작위위법확인소송(행정청의 부작위가 위법하다는 것을 확인하는 소송)이 있다(제4조).

---

2) 이광윤, "한국, 프랑스, 스페인의 행정소송 제도 운영에 관한 연구", 공법학연구(제7권 제1호), 한국비교공법학회, 2006, 571면.
3) 이와 달리, 소송의 성질에 따라 형성의 소, 확인의 소, 이행의 소로 구분할 수도 있다. 이 경우 취소소송은 형성의 소, 무효등확인소송과 부작위위법확인소송은 확인의 소, 당사자소송은 그 청구취지에 따라 확인의 소 또는 이행의 소에 해당한다.
4) "처분등"이란 처분 및 행정심판에 대한 재결을 말한다(제2조 제1항 제1호).

2. 당사자소송

당사자소송이란 행정청의 처분등을 원인으로 하는 법률관계에 관한 소송 그 밖에 공법상의 법률관계에 관한 소송으로서 그 법률관계의 한쪽 당사자를 피고로 하는 소송을 말한다(제3조 제2호).

3. 민중소송

민중소송은 국가 또는 공공단체의 기관이 법률에 위반되는 행위를 한 때에 직접 자기의 법률상 이익과 관계없이 그 시정을 구하기 위하여 제기하는 소송이다(제3조 제3호).

4. 기관소송

기관소송은 국가 또는 공공단체의 기관 상호 간에 있어서의 권한의 존부 또는 그 행사에 관한 다툼이 있을 때에 이에 대하여 제기하는 소송을 말한다. 다만, 헌법 재판소법 제2조의 규정에 의하여 헌법재판소의 관장사항으로 되는 소송은 제외한다(제3조 제4호).

Ⅳ. 한 계

행정소송은 법원(사법기관)에 의한 행정사건에 대한 재판이다. 따라서 행정소송은 재판작용(사법작용)으로서의 한계와 권력분립에서 나오는 한계를 가진다.

1. 사법(司法)의 본질에 의한 한계

행정소송은 재판작용(사법작용)이므로 법률상 쟁송, 즉 당사자 사이의 구체적인 권리·의무에 관한 다툼으로서, 법령의 적용에 의하여 해결될 수 있는 분쟁을 그 대상으로 한다(법원조직법 제2조 제1항).[5]

(1) 구체적 권리·의무에 관한 쟁송

단순한 사실관계의 문제, 추상적인 법령의 효력이나 해석에 관한 분쟁은 행정소

---

5) 제2조(법원의 권한) ① 법원은 헌법에 특별한 규정이 있는 경우를 제외한 모든 법률상의 쟁송을 심판하고, 이 법과 다른 법률에 따라 법원에 속하는 권한을 가진다.

송의 대상이 아니다. 법률상 이익과 반사적 이익을 구별하는 통설적 견해에 의하면, 반사적 이익의 침해에 대해서는 행정소송을 제기할 수 없다. 민중소송과 기관소송은 객관적 소송으로서 법률상 쟁송에 해당하지 아니하므로, 법률에 특별한 규정이 있는 경우에만 허용된다(행정소송법 제45조).

(2) 법령의 적용에 의하여 해결가능한 분쟁

구체적인 권리·의무에 관한 쟁송이라고 하더라도 학술·기술적 논쟁이나 예술성의 우열 등에 관한 다툼은 법령의 적용에 의하여 해결될 수 있는 성질이 아니므로 행정소송의 대상이 아니다.[6]

2. 권력분립에 의한 한계

(1) 통치행위

통치행위의 관념을 인정하는 견해에 따르면, 통치행위는 행정소송의 대상에서 제외된다.

(2) 재량행위

재량행위는 재량권의 일탈 또는 남용이 아닌 이상, 그 한계 내에서 재량을 그르친 경우라도 이는 부당한 재량행사에 불과하고 위법한 것은 아니므로 행정소송을 제기할 수 없다.

(3) 무명항고소송

무명항고소송이란 또는 법정외항고소송이란 행정소송법 제4조에서 규정하는 취소소송·무효등확인소송·부작위위법확인소송 이외의 항고소송을 말한다. 이에 대한 허용 여부는 행정소송법 제4조를 예시규정을 볼 것인지 아니면 제한규정으로 볼 것인지에 따라 결론을 달리한다.

1) 의무이행소송의 인정 여부

의무이행소송이란 행정청에게 행정처분을 신청하였는데, 거부되거나 아무런 응답이 없는 경우에 행정청에 대하여 일정한 처분을 하도록 명하는 판결을 구하는 행정소송을 말한다. 우리 법제상 의무이행소송이 허용되는지에 관해 학설은 ① 권력

---

6) 김동희(711면).

분립의 원칙에 반하여 허용되지 않는다고 보는 부정설과 ② 권력분립의 원칙을 실질적으로 이해하여, 권력분립은 견제와 균형의 원리에 의해 공권력 행사의 남용을 방지하여 국민의 권익보호를 위한 것이므로 의무이행소송을 허용하더라도 권력분립의 원칙에 반하지 않는다고 보는 긍정설로 대립하고 있다. 판례는 부정설의 입장이다. 우리나라는 독일과 달리 행정소송법에서 이를 명문으로 규정하고 있지 않으므로 입법자의 의사를 무시한 채 해석을 통해 이를 인정하는 것은 곤란하다.

대법원 1997. 9. 30. 선고 97누3200 판결

현행 행정소송법상 행정청으로 하여금 일정한 행정처분을 하도록 명하는 이행판결을 구하는 소송이나 법원으로 하여금 행정청이 일정한 행정처분을 행한 것과 같은 효과가 있는 행정처분을 직접 행하도록 하는 형성판결을 구하는 소송은 허용되지 아니한다.

2) 예방적 부작위소송의 인정 여부

예방적 부작위소송(예방적 금지소송)이란 장래 행정청이 일정한 처분을 할 것이 명백한 경우, 행정청에게 그 처분을 하지 말 것을 명하는 판결을 구하는 행정소송을 말한다 (가령, 정보공개청구에 대해 공개결정이 내려지기 전에 비공개를 원하는 제3자). 그 인정 여부에 대해 학설상 다툼이 있으나, 판례는 부정설의 입장이다.

대법원 2006. 5. 25. 선고 2003두11988 판결

행정소송법상 행정청이 일정한 처분을 하지 못하도록 그 부작위를 구하는 청구는 허용되지 않는 부적법한 소송이라 할 것이므로, 피고 국민건강보험공단은 이 사건 고시를 적용하여 요양급여비용을 결정하여서는 아니 된다는 내용의 원고들의 위 피고에 대한 이 사건 청구는 부적법하다 할 것이다.

3) 입법론

과거 행정소송법 개정과 관련하여 무명항고소송의 도입이 논의된 바 있다. 참고로 대법원이 2006년 입법의견 형식으로 국회에 제출한 행정소송법 개정안에서는 항고소송의 유형으로 부작위위법확인소송을 폐지하고, 의무이행소송[7]과 예방적 금지소송[8]을 신설하였다.

---

7) 당사자의 신청에 대한 행정청의 처분이나 명령 등의 거부(이하 "거부처분 등"이라 한다) 또는 부작위에 대하여 처분이나 명령 등을 하도록 하는 소송을 말한다(개정안 제4조 제3호).
8) 행정청이 장래에 일정한 처분이나 명령 등을 할 것이 임박한 경우에 그 처분이나 명령 등을 금지하는 소송을 말한다(개정안 제4조 제4호).

당시 개정안에 따르면, 법원은 행정청의 거부처분 등이나 부작위가 위법한 때에는 ① 당사자의 신청에 따른 처분이나 명령 등을 할 의무가 있음이 명백하고 그 의무를 이행하도록 하는 것이 상당하다고 인정하는 경우에는 행정청이 그 처분이나 명령 등을 하도록 선고하고, ② 그 밖의 경우에는 행정청이 당사자의 신청에 대하여 판결의 취지에 따라 처분이나 명령 등을 하도록 선고한다. 거부처분 등의 경우에는 이를 함께 취소한다(제51조). 한편, 법원은 행정청의 장래의 처분이나 명령 등이 위법하고, 그 처분이나 명령 등을 하지 않도록 하는 것이 상당하다고 인정하는 때에는 행정청에게 그 처분이나 명령 등을 하지 않도록 선고한다(제57조). 그러나 이러한 내용은 실제 입법으로 연결되지는 못하였다.

제 2 절   항고소송

제 1 관   취소소송

I. 개 설

1. 의 의

취소소송이란 행정청의 위법한 '처분등'(제4조제1호+)의 취소 또는 변경을 구하는 소송을 말한다(제4조제1호). 취소소송은 항고소송의 중심을 이루고 있으며, 실무에서 가장 많이 활용되는 소송형식이다. 취소소송은 취소사유가 있는 처분등을 대상으로 제기하는 것이 일반적이지만, 무효사유가 있는 처분등에 대해서도 제기할 수 있다. 이를 '무효선언을 구하는 의미의 취소소송'이라고 하며, 이 경우에도 취소소송의 형식을 취하고 있는 이상 취소소송의 적법요건을 구비하여야 한다.[9]

2. 성 질

취소소송이 주관적 소송인지 아니면 객관적 소송인지, 그리고 형성소송인지 아

---

9) 대법원 1990. 8. 28. 선고 90누1892 판결(과세처분의 무효선언을 구하는 의미에서 취소를 구하는 소송이라도 전심절차를 거쳐야 한다).

니면 확인소송인지에 대하여 학설이 대립하고 있다. 이에 대해 다수설은 취소소송이 주관적 소송이며, 형성소송의 성질을 가진다고 본다.

3. 소송물

소송물이란 소송에서 심판의 대상이 되는 사항을 말한다. 이는 법원에 의한 심리의 범위와 기판력의 객관적 범위의 문제와 직결되며, 소의 변경 및 청구의 병합에서도 중요한 의미를 가진다. 한편, 취소소송의 소송물이 무엇인지에 대하여 학설은 ① 처분의 위법성 일반으로 보는 견해(다수설), ② 처분의 개개의 위법성이라고 보는 견해, ③ 위법한 처분으로 자신의 권리가 침해되었다는 원고의 주장으로 보는 견해 등이 주장되고 있다. 판례는 처분의 위법성 일반을 취소소송의 소송물로 보고 있다.

대법원 1990. 3. 23. 선고 89누5386 판결

원래 과세처분이란 법률에 규정된 과세요건이 충족됨으로써 객관적, 추상적으로 성립한 조세채권의 내용을 구체적으로 확인하여 확정하는 절차로서, 과세처분 취소소송의 소송물은 그 취소원인이 되는 위법성 일반이고 그 심판의 대상은 과세처분에 의하여 확인된 조세채무인 과세표준 및 세액의 객관적 존부이다.

Ⅱ. 취소소송의 당사자

1. 당사자능력과 당사자적격

취소소송의 당사자는 원고와 피고이다. 취소소송에서 당사자로서 적법하게 소송을 수행하기 위해서는 당사자능력과 당사자적격이 인정되어야 한다.

당사자는 소송계속 중에 ① 소송승계와 ② 임의적 당사자변경을 통해 변경될 수 있다. 이 중에서 ① 소송승계는 소송계속 중에 분쟁의 주체인 지위가 제3자에게 이전됨에 따라 새로이 주체가 된 제3자가 당사자가 되어 소송을 속행하는 경우이며 (권한청 변경에 따른 피고경정, 민사소송 법 준용에 따른 포괄승계·특정승계), ② 임의적 당사자변경은 분쟁의 주체인 지위의 변경과는 상관없이 새로이 제3자가 소송에 가입하는 것을 말한다(잘못 지정한 피고의 경정, 소의 변경에 수반되는 피고 경정, 관련청구의 병합, 민사소송법 제68조의 필수적 공동소송에서 당사자 추가).[10] 이러한 당사자의 변경은 당사자의 동일성이 바뀌는 것이므로, 당사자의

---

10) 법원실무제요 행정(73면). 그러나 임의적인 원고의 변경은 원칙적으로 허용되지 않는다.

동일성을 해하지 않는 범위 내에서 당사자의 표시만을 정정하는 '당사자 표시정정'
과는 구별된다.

(1) 당사자능력

당사자능력이란 일반적으로 소송당사자가 될 수 있는 소송법상의 권리능력, 즉
자기의 이름으로 재판을 청구하거나 재판을 받을 수 있는 자격을 말한다. 당사자능
력은 소송요건으로, 당사자능력이 없는 자가 제기한 소나 당사자능력이 없는 자를
상대로 한 소는 부적법하다. 당사자능력은 자연인과 법인은 물론 비법인사단이나
재단에게도 인정되지만($\substack{\text{민사소송법} \\ \text{제52조}}$),[11] 동물의 경우 당사자능력이 인정되지 않는다.[12] 한
편, 독자적인 권리·의무의 주체가 아닌 법인의 기관이나 행정청은 당사자능력이
없으므로 논리상 원고가 될 수 없다. 다만, 행정소송법은 항고소송의 경우 소송수행
의 편의를 위해 처분을 한 행정청을 피고로 하도록 특별히 규정하고 있음을 유의할
필요가 있다($\substack{\text{제13조 제1항,} \\ \text{제38조}}$).

(2) 당사자적격

당사자적격이란 특정한 소송사건에서 당사자로서 소송을 수행하고 본안판결을
받기에 적합한 자격을 말한다. 당사자능력이 있다고 하더라도 구체적인 소송사건의
당사자가 되기 위해서는 당사자적격이 있어야 한다. 이는 소송요건에 해당하므로
법원은 당사자의 주장에 구애되지 않고 직권으로 심리·판단하여 그 흠결이 있는
경우 소를 각하하여야 한다.

2. 원 고

행정소송법 제12조(원고적격) 취소소송은 처분등의 취소를 구할 법률상 이익이 있는 자가 제
기할 수 있다. 처분등의 효과가 기간의 경과, 처분등의 집행 그 밖의 사유로 인하여 소멸된 뒤
에도 그 처분등의 취소로 인하여 회복되는 법률상 이익이 있는 자의 경우에는 또한 같다.

(1) 원고적격에 관한 전통적 논의

취소소송을 제기할 원고적격이 인정되기 위해서는 처분등의 취소를 구할 '법률

---

11) 제52조(법인이 아닌 사단 등의 당사자능력) 법인이 아닌 사단이나 재단은 대표자 또는 관리인이
있는 경우에는 그 사단이나 재단의 이름으로 당사자가 될 수 있다.

12) 대법원 2006. 6. 2.자 2004마1148, 1149 결정(도롱뇽은 천성산 일원에 서식하고 있는 도롱뇽목
도롱뇽과에 속하는 양서류로서 자연물인 도롱뇽 또는 그를 포함한 자연 그 자체로서는 소송을 수행할
당사자능력을 인정할 수 없다고 한 원심의 판단을 수긍한 사례).

상 이익'이 있어야 한다. 행정처분의 직접 상대방에게 당해 처분등의 취소를 구할
수 있는 원고적격이 인정된다는 점에 대해서는 이론(異論)이 없다. 그러나 행정처분
의 직접 상대방이 아닌 제3자에 대하여는 어느 범위까지 원고적격을 인정할 것인지
에 관하여 학설이 대립하고 있다. 이는 행정소송의 목적 내지 기능과 관련한 논의
로서, ① 권리를 침해받은 자만 원고가 될 수 있다는 '권리구제설', ② 권리뿐만 아
니라 법률에 의하여 보호되는 이익을 침해받은 자도 원고가 될 수 있다는 '법률상
보호이익설', ③ 법률상 보호되는 이익이 아니더라도 보호할 가치가 있는 이익을 침
해받은 자도 원고가 될 수 있다는 '보호할 가치 있는 이익구제설', ④ 개인의 이익
침해 여부와는 관계없이 처분의 위법을 주장하는 모든 자에게 원고적격을 인정하여
야 한다는 '적법성 보장설'이 그것이다. 현재 통설과 판례는 행정소송법 제12조 전
문의 문언에 충실하게 '법률상 보호이익설'을 따르고 있다.

(2) 법률상 보호이익설의 내용

현재 통설과 판례인 '법률상 보호이익설'에 의하면, 처분등으로 권리를 침해받은
자뿐만 아니라 법률에 의하여 보호되는 이익을 침해받은 자도 그 처분등의 취소를
구할 원고적격이 있다. 이는 공권의 확대이론으로 등장한 '보호규범론'과 맥을 같이
한다.

여기에서 말하는 법률에 의하여 보호되는 이익이란 법에 의하여 보호되고 있는
개별적·직접적·구체적인 이익이어야 하고, 공익보호의 결과 국민 일반이 공통적
으로 가지는 일반적·간접적·추상적인 이익과 같이 사실적·경제적 이해관계를
가지는데 불과한 경우에는 여기에 포함되지 않는다. 다만, 이 경우 그 법이 당해 처
분의 근거 법규만을 말하는지 아니면 관련 법규까지 포함하는지, 나아가 헌법규정
까지 포함되는지에 대하여는 논란이 있다. 특히 헌법상 기본권 침해를 이유로 한
원고적격의 인정 여부와 관련하여, 대법원은 새만금간척종합개발사업에서 환경영향
평가 대상지역 밖에 거주하는 주민에게 헌법상의 환경권 또는 환경정책기본법에 근
거하여 공유수면매립면허처분과 농지개량사업 시행인가처분의 무효확인을 구할 원
고적격이 없다고 보았다.[13] 그러나 헌법재판소는 일반 법규에서 경쟁자를 보호하는
규정을 별도로 두고 있지 않은 경우에도 기본권인 경쟁의 자유가 처분의 취소를 구
할 법률상 이익이 된다고 보았다.[14]

---

13) 대법원 2006. 3. 16. 선고 2006두330 전원합의체 판결.
14) 헌법재판소 1998. 4. 30.자 97헌마141 결정.

오늘날에는 오로지 공익만을 위하거나 사익만을 위한 행정법규는 드물고, 대부분 공익과 사익을 모두 보호하는 데 주안점이 있으므로 법률상 보호되는 이익과 공익보호에 따른 반사적 이익의 경계가 모호해지면서 양자의 구별이 상대화되고 있다. 최근에는 과거 반사적 이익의 문제로 보았던 것들이 법률에 의하여 보호되는 이익으로 해석되는 등 원고적격의 범위가 점차 확대되는 추세이다.

대법원 2015. 7. 23. 선고 2012두19496, 19502 판결

행정처분의 직접 상대방이 아닌 제3자라 하더라도 당해 행정처분으로 법률상 보호되는 이익을 침해당한 경우에는 취소소송을 제기하여 당부의 판단을 받을 자격이 있다. 여기에서 말하는 법률상 보호되는 이익은 당해 처분의 근거 법규 및 관련 법규에 의하여 보호되는 개별적·직접적·구체적 이익이 있는 경우를 말하고, 공익보호의 결과로 국민 일반이 공통적으로 가지는 일반적·간접적·추상적 이익과 같이 사실적·경제적 이해관계를 갖는 데 불과한 경우는 여기에 포함되지 아니한다. 또 당해 처분의 근거 법규 및 관련 법규에 의하여 보호되는 법률상 이익은 당해 처분의 근거 법규의 명문 규정에 의하여 보호받는 법률상 이익, 당해 처분의 근거 법규에 의하여 보호되지는 아니하나 당해 처분의 행정목적을 달성하기 위한 일련의 단계적인 관련 처분들의 근거 법규에 의하여 명시적으로 보호받는 법률상 이익, 당해 처분의 근거 법규 또는 관련 법규에서 명시적으로 당해 이익을 보호하는 명문의 규정이 없더라도 근거 법규 및 관련 법규의 합리적 해석상 그 법규에서 행정청을 제약하는 이유가 순수한 공익의 보호만이 아닌 개별적·직접적·구체적 이익을 보호하는 취지가 포함되어 있다고 해석되는 경우까지를 말한다.

(3) 구체적인 판례의 모습

1) 경업자소송

경업자소송이란 특정 영업자에 대한 처분에 대해 그와 경쟁관계에 있는 다른 영업자가 제기하는 소송을 말한다. 통설과 판례는 기본적으로 영업허가의 성질이 강학상 허가인지 아니면 특허인지에 따라 구분하여 판단하고 있다. 즉, 허가는 금지되었던 자연적 자유를 회복시켜 주는 명령적 행위에 불과하므로 신규허가나 허가사항의 변경으로 인해 기존업자의 이익을 침해하더라도 이는 반사적(사실상) 이익의 침해에 지나지 않기 때문에 기존업자는 이를 다툴 원고적격(^{법률상})이 없다는 것이다.[15]

---

15) 가령, ① 공중목욕장 영업허가에 대한 기존 공중목욕업자(대법원 1963. 8. 31. 선고 63누101 판결), ② 석탄가공업 허가에 대한 기존 허가업자(대법원 1980. 7. 22. 선고 80누33, 34 판결), ③ 숙박업 구조변경허가에 대한 인근 여관업자(대법원 1990. 8. 14. 선고 89누7900 판결), ④ 치과의원을 개

그러나 특허의 경우, 상대방에게 독점적이고 배타적인 권리를 설정해주는 형성적 행위의 성질을 가지므로 신규특허나 특허사항의 변경으로 인해 기존업자 받는 불이익은 권리의 침해에 해당하여 기존업자는 이를 다툴 원고적격(^{법률상}_{이익})이 인정된다고 본다.16) 다만, 최근에는 강학상 허가의 경우라도, 근거 법률이 특별히 경업자의 이익보호를 위해 업소 간 거리나 지역별 허가업소의 점포수를 제한하는 등의 규정을 두어 동종 업자간의 과당경쟁으로 인한 경영의 불합리를 방지하는 것을 목적으로 하고 있는 경우에는 경업자의 원고적격을 인정하고 있다.

대법원 2002. 10. 25. 선고 2001두4450 판결

[1] 행정처분의 직접 상대방이 아닌 제3자라 하더라도 당해 행정처분으로 인하여 법률상 보호되는 이익을 침해당한 경우에는 취소소송을 제기하여 그 당부의 판단을 받을 자격이 있다 할 것이나, 여기에서 말하는 법률상 보호되는 이익이란 당해 행정처분의 근거 법률에 의하여 보호되는 직접적이고 구체적인 이익을 말하고 제3자가 당해 행정처분과 관련하여 간접적이거나 사실적·경제적인 이해관계를 가지는 데 불과한 경우는 여기에 포함되지 아니한다.

[2] 일반적으로 면허나 인·허가 등의 수익적 행정처분의 근거가 되는 법률이 해당 업자들 사이의 과당경쟁으로 인한 경영의 불합리를 방지하는 것도 그 목적으로 하고 있는 경우, 다른 업자에 대한 면허나 인·허가 등의 수익적 행정처분에 대하여 미리 같은 종류의 면허나 인·허가 등의 수익적 행정처분을 받아 영업을 하고 있는 기존의 업자는 경업자에 대하여 이루어진 면허나 인·허가 등 행정처분의 상대방이 아니라 하더라도 당해 행정처분의 취소를 구할 당사자적격이 있다.

[3] 구 여객자동차운수사업법(^{2000. 1. 28. 법률 제6240}_{호로 개정되기 전의 것}) 제6조 제1항 제1호에서 '사업계획이 당해 노선 또는 사업구역의 수송수요와 수송력공급에 적합할 것'을 여객자동차운송사업의 면허기준으로 정한 것은 여객자동차운송사업에 관한 질서를 확립하고 여객자동차운송사업의 종합적인 발달을 도모하여 공공의 복리를 증진함과 동시에 업자 간의 경쟁으로 인한 경영의 불합리를 미리 방지하자는 데 그 목적이 있다 할 것이고, 한편 같은 법 제

설할 수 있도록 의원으로서의 근린생활시설로 변경한 용도변경처분에 대한 인근 치과의원 의사(대법원 1990. 5. 22. 선고 90누813 판결), ⑤ 약사에게 한약조제권을 인정해 주는 한약조제시험 합격처분에 대한 한의사(대법원 1998. 3. 10. 선고 97누4289 판결) 등이 이에 해당한다.

16) 대법원은 ① 선박운항사업면허처분에 대한 기존업자(대법원 1969. 12. 30. 선고 69누106 판결), ② 자동차운송사업면허에 대한 당해 노선의 기존업자(대법원 1974. 4. 9. 선고 73누173 판결), ③ 광업법이 정한 거리제한을 위배한 광구허가에 대한 인접 광업권자(대법원 1982. 7. 27. 선고 81누271 판결), ④ 기존 시외버스를 시내버스로 전환을 허용하는 사업계획변경인가처분에 대한 기존 시내버스업자(대법원 1987. 9. 22. 선고 85누985 판결), ⑤ 시외버스운송사업계획변경인가처분으로 노선 및 운행계통 등이 일부 중복될 경우에 그 인가처분에 대한 기존의 시외버스운송사업자(대법원 2010. 6. 10. 선고 2009두10512 판결)의 원고적격을 인정하였다.

3조 제1항 제1호와 같은 법 시행령($^{1999. \ 7. \ 23. \ 대통령령 \ 제16482}_{호로 \ 개정되기 \ 전의 \ 것}$) 제3조 제1호, 같은 법 시행규칙($^{1999. \ 12. \ 16. \ 건설교통부령}_{제223호로 \ 개정되기 \ 전의 \ 것}$) 제7조 제3항, 제4항 등의 각 규정을 종합하여 보면, 시내버스운송사업과 시외버스운송사업은 다 같이 운행계통을 정하고 여객을 운송하는 노선여객자동차운송사업에 속하므로, 위 두 운송사업이 면허기준, 준수하여야 할 사항, 중간경유지, 기점과 종점, 운행방법, 이용요금 등에서 달리 규율된다는 사정만으로 본질적인 차이가 있다고 할 수는 없으며, 시외버스운송사업계획변경인가처분으로 인하여 기존의 시내버스운송사업자의 노선 및 운행계통과 시외버스운송사업자들의 그것들이 일부 중복되게 되고 기존업자의 수익감소가 예상된다면, 기존의 시내버스운송사업자와 시외버스운송사업자들은 경업관계에 있는 것으로 봄이 상당하다 할 것이어서 기존의 시내버스운송사업자에게 시외버스운송사업계획변경인가처분의 취소를 구할 법률상의 이익이 있다.

2) 경원자소송

경원자소송이란 서로 경쟁관계에 있는 수인의 신청을 받아 우선순위에 따라 그 일부에 대하여만 인허가 등의 수익적 처분이 이루어진 경우, 인허가를 받지 못한 자가 심사의 오류 등을 주장하며 타인에 대한 인허가처분을 다투는 소송을 말한다. 이때 자신에 대한 불허가처분과 타인에 대한 인허가처분은 표리의 관계에 있으므로 자신에 대한 불허가처분의 취소를 구하거나 타인에 대한 인허가처분의 취소를 구하거나 양 청구를 병합하여 제기할 수 있다. 그러나 명백한 법적 장애로 인하여 원고 자신의 신청이 인용될 가능성이 처음부터 배제되어 있는 경우에는 당해 처분의 취소를 구할 정당한 이익이 없다는 것이 판례이다.

대법원 2009. 12. 10. 선고 2009두8359 판결

인·허가 등의 수익적 행정처분을 신청한 수인이 서로 경쟁관계에 있어서 일방에 대한 허가 등의 처분이 타방에 대한 불허가 등으로 귀결될 수밖에 없는 때 허가 등의 처분을 받지 못한 자는 비록 경원자에 대하여 이루어진 허가 등 처분의 상대방이 아니라 하더라도 당해 처분의 취소를 구할 원고적격이 있다. 다만, 명백한 법적 장애로 인하여 원고 자신의 신청이 인용될 가능성이 처음부터 배제되어 있는 경우에는 당해 처분의 취소를 구할 정당한 이익이 없다.

3) 이웃소송(인인소송)

이웃소송이란 특정 처분에 대하여 이웃주민들이 피해를 입었다고 주장하며 다투는 소송을 말한다. 이때 이웃주민에게 원고적격이 인정되기 위해서는 근거 법률 등에 의해 사익 보호성이 인정되어야 한다. 대법원 판례상 근거 법률 등에 의하여 보호되는 이익이 침해받거나 침해받을 우려가 있는 이웃주민의 예로는, ① 주거지역 내에 관계 법률에서 정한 제한면적을 초과한 연탄공장 건축허가처분으로 불이익을 받고 있는 제3거주자,17) ② 원자로시설 부지사전승인처분에 대하여 방사성물질에 의하여 보다 직접적이고 중대한 피해를 입으리라고 예상되는 지역 내의 주민,18) ③ 공유수면매립과 농지개량사업시행으로 인하여 직접적이고 중대한 환경피해를 입으 리라고 예상되는 환경영향평가 대상지역 안의 주민 및 환경상 이익에 대한 침해 또 는 침해우려가 있다는 것을 입증한 환경영향평가 대상지역 밖의 주민,19) ④ 공장설 립으로 수질오염 등이 발생할 우려가 있는 취수장에서 물을 공급받는 주민,20) ⑤ 구 국토의 계획 및 이용에 관한 법률 등의 건축제한을 받는 건축허가처분에 대하여 인근 주거지역에 거주하는 주민21) 등이 있다. 대법원은 환경영향평가 대상지역 안 의 주민과 근거 법규 등에서 환경상 침해를 받으리라고 예상되는 영향권의 범위가 구체적으로 규정되어 있는 경우 그 영향권 내에 거주하는 주민에 대해서는 환경상 이익의 침해 또는 침해우려가 있는 것으로 사실상 추정하여 원고적격을 인정하고 있다.

① 대법원 1998. 9. 4. 선고 97누19588 판결

원자력법 제12조 제2호(발전용 원자로 및 관계 시설의 위치·구조 및 설비가 대통령령이 정하는 기술수준에 적합하여 방사성물질 등에 의한 인체·물체·공공의 재해방지에 지장이 없을 것)의 취지는 원 자로 등 건설사업이 방사성물질 및 그에 의하여 오염된 물질에 의한 인체·물체·공공 의 재해를 발생시키지 아니하는 방법으로 시행되도록 함으로써 방사성물질 등에 의한 생명·건강상의 위해를 받지 아니할 이익을 일반적 공익으로서 보호하려는 데 그치는 것이 아니라 방사성물질에 의하여 보다 직접적이고 중대한 피해를 입으리라고 예상되 는 지역 내의 주민들의 위와 같은 이익을 직접적·구체적 이익으로서도 보호하려는 데 에 있다 할 것이므로, 위와 같은 지역 내의 주민들에게는 방사성물질 등에 의한 생명· 신체의 안전침해를 이유로 부지사전승인처분의 취소를 구할 원고적격이 있다.

② 대법원 2009. 9. 24. 선고 2009두2825 판결

환경상 이익에 대한 침해 또는 침해 우려가 있는 것으로 사실상 추정되어 원고적격 이 인정되는 사람에는 환경상 침해를 받으리라고 예상되는 영향권 내의 주민들을 비롯 하여 그 영향권 내에서 농작물을 경작하는 등 현실적으로 환경상 이익을 향유하는 사람

---

17) 대법원 1975. 5. 13. 선고 73누96, 97 판결.
18) 대법원 1998. 9. 4. 선고 97누19588 판결.
19) 대법원 2006. 3. 16. 선고 2006두330 전원합의체 판결.
20) 대법원 2010. 4. 15. 선고 2007두16127 판결.
21) 대법원 2015. 7. 9. 선고 2015두39590 판결.

도 포함된다. 그러나 단지 그 영향권 내의 건물·토지를 소유하거나 환경상 이익을 일 시적으로 향유하는 데 그치는 사람은 포함되지 않는다.

③ 대법원 2011. 9. 8. 선고 2009두6766 판결

구 장사 등에 관한 법률(2007. 5. 25. 법률 제8489호로 전부 개정되기 전의 것) 제14조 제3항, 구 장사 등에 관한 법률 시행령(2008. 5. 26. 대통령령 제20791호로 전부 개정되기 전의 것) 제13조 제1항 [별표 3]에서 납골묘, 납골탑, 가족 또는 종중·문중 납골당 등 사설납골시설의 설치장소에 제한22)을 둔 것은, 이러한 사설납골시설을 인가가 밀집한 지역 인근에 설치하지 못하게 함으로써 주민들의 쾌적한 주거, 경관, 보건위생 등 생활환경상의 개별적 이익을 직접적·구체적으로 보호하려는 데 취지가 있으므로, 이러한 납골시설 설치장소에서 500m 내에 20호 이상의 인가가 밀집한 지역에 거주하는 주민들은 납골당 설치에 대하여 환경상 이익 침해를 받거나 받을 우려가 있는 것으로 사실상 추정된다. 다만 사설납골시설 중 종교단체 및 재단법인이 설치하는 납골당에 대하여는 그와 같은 설치 장소를 제한하는 규정을 명시적으로 두고 있지 않지만, 종교단체나 재단법인이 설치한 납골당이라 하여 납골당으로서 성질이 가족 또는 종중, 문중 납골당과 다르다고 할 수 없고, 인근 주민들이 납골당에 대하여 가지는 쾌적한 주거, 경관, 보건위생 등 생활환경상의 이익에 차이가 난다고 볼 수 없다. 따라서 납골당 설치장소에서 500m 내에 20호 이상의 인가가 밀집한 지역에 거주하는 주민들에게는 납골당이 누구에 의하여 설치되는지를 따질 필요 없이 납골당 설치에 대하여 환경 이익 침해 또는 침해 우려가 있는 것으로 사실상 추정되어 원고적격이 인정된다고 보는 것이 타당하다.

④ 대법원 2010. 4. 15. 선고 2007두16127 판결

[1] 행정처분의 근거 법규 또는 관련 법규에 그 처분으로써 이루어지는 행위 등 사업으로 인하여 환경상 침해를 받으리라고 예상되는 영향권의 범위가 구체적으로 규정되어 있는 경우에는, 그 영향권 내의 주민들에 대하여는 당해 처분으로 인하여 직접적이고 중대한 환경피해를 입으리라고 예상할 수 있고, 이와 같은 환경상의 이익은 주민 개개인에 대하여 개별적으로 보호되는 직접적·구체적 이익으로서 그들에 대하여는 특단의 사정이 없는 한 환경상 이익에 대한 침해 또는 침해 우려가 있는 것으로 사실상 추정되어 법률상 보호되는 이익으로 인정됨으로써 원고적격이 인정되며, 그 영향권 밖의 주민들은 당해 처분으로 인하여 그 처분 전과 비교하여 수인한도를 넘는 환경피해를

---

22) 구 장사 등에 관한 법률 제14조 제3항, 같은 법 시행령 제13조 제1항 [별표 3]은 사설납골시설의 경우 납골묘, 납골탑과 납골당 중 가족 또는 종중·문중 납골당은 모두 사원·묘지·화장장 그 밖에 지방자치단체의 조례가 정하는 장소에 설치하여야 한다고 규정하고 있고, 파주시 장사시설의 설치 및 운영조례(2010. 4. 20. 제880호로 개정되기 전의 것) 제6조 본문은 위와 같은 사설납골시설을 설치할 수 있는 장소로 20호 이상의 인가가 밀집한 지역으로부터 500m 이상 떨어진 곳 등을 규정하고 있다.

받거나 받을 우려가 있다는 자신의 환경상 이익에 대한 침해 또는 침해 우려가 있음을 증명하여야만 법률상 보호되는 이익으로 인정되어 원고적격이 인정된다.

[2] 공장설립승인처분의 근거 법규 및 관련 법규인 구 산업집적활성화 및 공장설립에 관한 법률(2006. 3. 3. 법률 제7861호로 개정되기 전의 것) 제8조 제4호가 산업자원부장관으로 하여금 관계 중앙행정기관의 장과 협의하여 '환경오염을 일으킬 수 있는 공장의 입지제한에 관한 사항'을 정하여 고시하도록 규정하고 있고, 이에 따른 산업자원부 장관의 공장입지기준고시(제2004-98호) 제5조 제1호가 '상수원 등 용수이용에 현저한 영향을 미치는 지역의 상류'를 환경오염을 일으킬 수 있는 공장의 입지제한지역으로 정할 수 있다고 규정하고, 국토의 계획 및 이용에 관한 법률 제58조 제3항의 위임에 따른 구 국토의 계획 및 이용에 관한 법률 시행령(2006. 8. 17. 대통령령 제19647호로 개정되기 전의 것) 제56조 제1항 [별표 1] 제1호 (라)목 (2)가 '개발행위로 인하여 당해 지역 및 그 주변 지역에 수질오염에 의한 환경오염이 발생할 우려가 없을 것'을 개발사업의 허가기준으로 규정하고 있는 취지는, 공장설립승인처분과 그 후속절차에 따라 공장이 설립되어 가동됨으로써 그 배출수 등으로 인한 수질오염 등으로 직접적이고도 중대한 환경상 피해를 입을 것으로 예상되는 주민들이 환경상 침해를 받지 아니한 채 물을 마시거나 용수를 이용하며 쾌적하고 안전하게 생활할 수 있는 개별적 이익까지도 구체적·직접적으로 보호하려는 데 있다. 따라서 수돗물을 공급받아 이를 마시거나 이용하는 주민들로서는 위 근거 법규 및 관련 법규가 환경상 이익의 침해를 받지 않은 채 깨끗한 수돗물을 마시거나 이용할 수 있는 자신들의 생활환경상의 개별적 이익을 직접적·구체적으로 보호하고 있음을 증명하여 원고적격을 인정받을 수 있다.

[3] 김해시장이 소감천을 통해 낙동강에 합류하는 하천수 주변의 토지에 구 산업집적활성화 및 공장설립에 관한 법률 제13조에 따라 공장설립을 승인하는 처분을 한 사안에서, 상수원인 물금취수장이 소감천이 흘러 내려 낙동강 본류와 합류하는 지점 근처에 위치하고 있는 점, 수돗물은 수도관 등 급수시설에 의해 공급되는 것이어서 거주지역이 물금취수장으로부터 다소 떨어진 곳이라고 하더라도 수돗물의 수질악화 등으로 주민들이 갖게 되는 환경상 이익의 침해나 그 우려는 그 수돗물을 공급하는 취수시설이 입게 되는 수질오염 등의 피해나 그 우려와 동일하게 평가될 수 있는 점 등에 비추어, 공장설립으로 수질오염 등이 발생할 우려가 있는 물금취수장에서 취수된 물을 공급받는 부산광역시 또는 양산시에 거주하는 주민들도 위 처분의 근거 법규 및 관련 법규에 의하여 개별적·구체적·직접적으로 보호되는 환경상 이익, 즉 법률상 보호되는 이익이 침해되거나 침해될 우려가 있는 주민으로서 원고적격이 인정된다고 한 사례.[23)]

---

23) 이 사건 공장 설립 예정지인 김해시 상동면 매리 산 140-40 토지를 비롯한 그 일대 토지(이하 '이 사건 신청지'라 한다) 주변의 하천수는 소감천을 통해 낙동강에 합류하게 되는데, 상수원인 물금취수장은 소감천이 흘러 내려 낙동강 본류와 합류하는 지점에 근접하여 위치하고 있다(이 사건 신청지로부터 약 2.4km 떨어진 곳에 물금취수장이 위치함). 김해시장은 이 사건 신청지에 공장설립 승인신청이 있자 낙동강유역환경청장에게 사전환경성검토협의를 요청하였고, 낙동강유역환경청장은 이 사건 공장

4) 행정주체

행정기관이 행정처분의 상대방인 경우에도 행정기관은 독립된 권리·의무의 귀속주체가 아니므로 취소소송의 당사자능력이 없다. 따라서 이 경우 행정처분의 효과가 귀속되는 행정주체가 당사자능력과 당사자적격(원고적격)을 가진다. 만일 처분의 상대방이 지방자치단체인 경우, 지방자치단체는 공법인으로서 독립된 법인격 주체에 해당하므로 취소소송에서 원고적격이 인정될 수 있다.[24]

대법원 2014. 2. 27. 선고 2012두22980 판결

구 건축법($^{2011.\ 5.\ 30.\ 법률\ 제10755}_{호로\ 개정되기\ 전의\ 것}$) 제29조 제1항, 제2항, 제11조 제1항 등의 규정 내용에 의하면, 건축협의의 실질은 지방자치단체 등에 대한 건축허가와 다르지 않으므로, 지방자치단체 등이 건축물을 건축하려는 경우 등에는 미리 건축물의 소재지를 관할하는 허가권자인 지방자치단체의 장과 건축협의를 하지 않으면, 지방자치단체라 하더라도 건축물을 건축할 수 없다. 그리고 구 지방자치법 등 관련 법령을 살펴보아도 지방자치단체의 장이 다른 지방자치단체를 상대로 한 건축협의 취소에 관하여 다툼이 있는 경우에 법적 분쟁을 실효적으로 해결할 구제수단을 찾기도 어렵다. 따라서 건축협의 취소는 상대방이 다른 지방자치단체 등 행정주체라 하더라도 '행정청이 행하는 구체적 사실에 관한 법집행으로서의 공권력 행사'($^{행정소송법\ 제2}_{조\ 제1항\ 제1호}$)로서 처분에 해당한다고 볼 수 있고, 지방자치단체인 원고가 이를 다툴 실효적 해결 수단이 없는 이상, 원고는 건축물 소재지 관할 허가권자인 지방자치단체의 장을 상대로 항고소송을 통해 건축협의 취소의 취소를 구할 수 있다.

이와 같은 취지에서, 대법원은 국가기관인 법무부장관이 안양교도소를 재건축하기 위하여 관할 건축허가권자인 안양시장에게 협의를 신청하였으나 안양시장이 불가하다는 통보를 한 사안에서, 해당 국가기관이 속한 행정주체인 국가가 안양시장을 상대로 건축협의불가처분에 대한 취소소송을 제기할 원고적격을 가진다고 보았다.[25] 이 사건에서 대법원은 건축허가에 관한 사무는 물론, 건축허가를 의제하는 건축협의에 관한 사무도 지방자치단체의 자치사무라고 보면서, 허가권자인 지방자치

설립이 물금취수장에 미치는 영향 등을 이유로 '이 사건 신청지를 대상부지로 하는 공장설립은 바람직하지 않다'는 협의의견을 제시하였으나, 김해시장은 공장설립승인처분을 하였다. 이에 물금취수장의 수돗물을 공급받는 부산시와 양산시의 주민들이 공장설립승인처분에 대한 취소소송을 제기하였다. 대법원 판례에 따르면, 환경관련 소송에서 원고적격을 인정함에 있어서 영향권의 범위 내에 거주하는 자는 원고적격이 추정되는데, 이 사안은 취수장으로부터 상당한 거리가 떨어진 곳에 거주하는 자라도 수도관을 통해 수돗물을 공급받는 경우 영향권 내에 있는 것으로 본 판결이라는 점에서 그 의미가 있다.

24) 대법원 2014. 2. 27. 선고 2012두22980 판결; 대법원 2013. 2. 28. 선고 2012두22904 판결.
25) 대법원 2014. 3. 13. 선고 2013두15934 판결.

단체의 장이 국가에 대하여 건축협의를 거부하는 것은 해당 건축물을 건축하지 못하도록 권한을 행사하여 건축허가 의제의 법률효과 발생을 거부하는 것이며,[26] 구 건축법이나 구 지방자치법 등 관련 법령에서는 국가가 허가권자의 거부행위를 다투어 법적 분쟁을 직접적·실효적으로 해결할 수 있는 구제수단을 찾기 어렵다는 점을 들어 국가는 허가권자를 상대로 항고소송을 통해 그 거부처분의 취소를 구할 수 있다고 하였다.

이와 비교하여, 충북대학교 총장이 충남 연기군수에게 연기군 소재 토지에 대해 용도지역 변경을 위하여 국토이용계획의 변경을 신청하였으나 연기군수가 거부처분을 한 사안에서는, 국가가 연기군수를 상대로 취소소송을 제기하는 것은 허용되지 않는다고 하였다. 이는 연기군수가 한 처분이 국토이용계획과 관련한 국가의 기관위임사무의 처리에 해당하므로,[27] 이에 대해 감독권한을 가지는 국가기관이 감독권한의 행사를 통해 필요한 조치를 취할 수 있다고 보았기 때문이다.

대법원 2007. 9. 20. 선고 2005두6935 판결

건설교통부장관은 지방자치단체의 장이 기관위임사무인 국토이용계획 사무를 처리함에 있어 자신과 의견이 다를 경우 행정협의조정위원회에 협의·조정 신청을 하여 그 협의·조정 결정에 따라 의견불일치를 해소할 수 있고, 법원에 의한 판결을 받지 않고서도 행정권한의 위임 및 위탁에 관한 규정이나 구 지방자치법에서 정하고 있는 지도·감독을 통하여 직접 지방자치단체의 장의 사무처리에 대하여 시정명령을 발하고 그 사무처리를 취소 또는 정지할 수 있으며, 지방자치단체의 장에게 기간을 정하여 직무이행명령을 하고 지방자치단체의 장이 이를 이행하지 아니할 때에는 직접 필요한 조치를 할 수도 있으므로, 국가가 국토이용계획과 관련한 지방자치단체의 장의 기관위임사무의 처리에 관하여 지방자치단체의 장을 상대로 취소소송을 제기하는 것은 허용되지 않는다.

한편, 이 사건에서 예비적 공동소송으로서 '충북대학교 총장'도 예비적 원고가 되었는데, 대법원은 충북대학교 총장은 대한민국이 설치한 충북대학교의 대표자일 뿐 항고소송의 원고가 될 수 있는 당사자능력이 없어 이 부분 소는 부적법하다고 판시하였다. 그러나 헌법재판소는 교육부장관이 국립대학인 강원대학교 법학전문대

---

26) 국가가 허가권자와 건축에 관한 협의를 마치면 건축법 제29조 제1항에 의하여 건축허가가 의제되는 법률효과가 발생한다.

27) 구 국토이용관리법 등에 의하면, 원래 국토이용계획의 입안과 결정에 관한 사무는 중앙행정기관인 건설교통부장관의 고유업무인 국가사무이지만, 이 중에서 국토이용계획의 입안과 일정한 면적 범위 내의 토지에 관한 국토이용계획의 결정·변경에 관한 사무는 지방자치단체의 장에게 위임할 수 있다.

학원의 2015학년도 및 2016학년도 신입생 각 1명의 모집을 정지한 행위에 대하여 강원대학교가 헌법소원을 제기한 사건에서, '국립대학'에 대하여 대학의 자율권의 주체로서 청구인능력을 인정한 바 있다.[28]

헌법재판소 2015. 12. 23. 2014헌마1149 결정

헌법 제31조 제4항이 규정하는 교육의 자주성 및 대학의 자율성은 헌법 제22조 제1항이 보장하는 학문의 자유의 확실한 보장을 위해 꼭 필요한 것으로서 대학에 부여된 헌법상 기본권인 대학의 자율권이므로, 국립대학인 청구인도 이러한 대학의 자율권의 주체로서 헌법소원심판의 청구인능력이 인정된다.

5) 행정기관

행정기관은 독립된 법인격이 없으므로 취소소송의 당사자능력이 없다. 그러나 대법원 판례에 따르면, 행정기관이 법률에 근거하여 다른 행정기관에게 일정한 조치를 취하도록 요구하였고, 그 법률에서 조치요구에 불응하는 상대방 행정기관에 대해 제재규정과 같은 중대한 불이익을 직접적으로 규정하고 있으나, 그 행정기관이 조치요구를 다툴 별다른 방법이 없으며 조치요구의 취소를 구하는 항고소송을 제기하는 것이 유효·적절한 수단인 경우에는 행정기관에게도 취소소송의 당사자능력과 당사자적격(원고적격)이 인정된다고 한다.

대법원 2013. 7. 25. 선고 2011두1214 판결

갑이 국민권익위원회에 부패방지 및 국민권익위원회의 설치와 운영에 관한 법률(이하 '국민권익위원회법'이라 한다)에 따른 신고와 신분보장조치를 요구하였고, 국민권익위원회가 갑의 소속기관장인 을 시·도선거관리위원회 위원장에게 '갑에 대한 중징계요구를 취소하고 향후 신고로 인한 신분상 불이익처분 및 근무조건상의 차별을 하지 말 것을 요구'하는 내용의 조치요구를 한 사안에서, 국가기관 일방의 조치요구에 불응한 상대방 국가기관에 국민권익위원회법상의 제재규정과 같은 중대한 불이익을 직접적으로 규정한 다른 법령의 사례를 찾아보기 어려운 점, 그럼에도 을이 국민권익위원회의 조치요구를 다툴 별다른

---

28) 헌법재판소는 이 사건에서 헌법소원 심판청구의 보충성 요건과 관련하여, "청구인은 이 사건 모집정지에 대하여 행정소송을 제기하지 아니한 채 바로 헌법소원심판을 청구하였으므로 보충성 요건을 갖추었는지 여부가 문제되지만, 법인화되지 않은 국립대학은 영조물에 불과하고, 그 총장은 국립대학의 대표자일 뿐이어서 행정소송의 당사자능력이 인정되지 않는다는 것이 법원의 확립된 판례이므로(대법원 2010. 3. 11. 선고 2009두23129 판결; 대법원 2007. 9. 20. 선고 2005두6935 판결 등 참조), 설사 청구인이 이 사건 모집정지에 대하여 행정소송을 제기한다고 할지라도 부적법 각하될 가능성이 많아 행정소송에 의하여 권리 구제를 받을 가능성이 없는 경우에 해당되고, 따라서 보충성의 예외를 인정함이 상당하다(헌재 1995. 12. 28. 91헌마80 등 참조)."고 보았다.

방법이 없는 점 등에 비추어 보면, 처분성이 인정되는 위 조치요구에 불복하고자 하는 을로서는 조치요구의 취소를 구하는 항고소송을 제기하는 것이 유효·적절한 수단이므로 비록 을이 국가기관이더라도 당사자능력 및 원고적격을 가진다고 보는 것이 타당하고, 을이 위 조치요구 후 갑을 파면하였다고 하더라도 조치요구가 곧바로 실효된다고 할 수 없고 을은 여전히 조치요구를 따라야 할 의무를 부담하므로 을에게는 위 조치요구의 취소를 구할 법률상 이익도 있다고 본 원심판단을 정당하다고 한 사례.

6) 외국인

외국인이라도 행정처분의 취소를 구할 법률상 이익이 있는 경우에는 취소소송의 원고적격을 가진다. 대법원은 중국 국적 여성이 결혼이민($^{F-6}$) 사증발급을 신청하였다가 거부당하자 거부처분 취소소송을 제기하여 취소소송의 대상적격 및 원고적격이 다투어진 사건에서, "사증발급의 법적 성질, 출입국관리법의 입법 목적, 사증발급 신청인의 대한민국과의 실질적 관련성, 상호주의원칙 등을 고려하면, 우리 출입국관리법의 해석상 외국인에게는 사증발급 거부처분의 취소를 구할 법률상 이익이 인정되지 않는다."고 판시하였다.[29] 판례에 따르면, 사증발급 거부처분을 다투는 외국인은 아직 대한민국에 입국하지 않은 상태에서 대한민국에 입국하게 해달라고 주장하는 것으로, 대한민국과의 실질적 관련성 내지 대한민국에서 법적으로 보호가치 있는 이해관계를 형성한 경우는 아니어서, 해당 처분의 취소를 구할 법률상 이익을 인정하여야 할 법정책적 필요성도 크지 않다는 점을 논거로 한다. 반면, 국적법상 귀화불허가처분이나 출입국관리법상 체류자격변경 불허가처분, 강제퇴거명령 등을 다투는 외국인은 대한민국에 적법하게 입국하여 상당한 기간을 체류한 사람이므로, 이미 대한민국과의 실질적 관련성 내지 대한민국에서 법적으로 보호가치 있는 이해관계를 형성한 경우이어서, 해당 처분의 취소를 구할 법률상 이익이 인정된다고 한다.

또한, 대법원은 미국 국적의 재외동포[30]가 사증발급 거부처분에 대해 취소소송을 제기한 사건에서, 재외동포의 대한민국 출입국과 대한민국 안에서의 법적 지위를 보장함을 목적으로 재외동포의 출입국과 법적 지위에 관한 법률이 특별히 제정되어 시행 중이므로 원고는 사증발급 거부처분의 취소를 구할 법률상 이익이 인정된다고 보았다.[31]

---

29) 대법원 2018. 5. 15. 선고 2014두42506 판결.
30) 재외동포는 재외국민과 외국국적동포로 구분되는데, 이 사건에서 원고는 대한민국에서 출생하였으나 이후 미국 시민권을 취득함으로써 대한민국 국적을 상실한 외국국적동포이다.

7) 기 타

(가) 도로를 자유롭게 이용할 이익

일반적으로 도로는 국가나 지방자치단체가 직접 공중의 통행에 제공하는 것으로서 일반 국민은 이를 자유로이 이용할 수 있는 것이기는 하나, 그렇다고 하여 그 이용관계로부터 당연히 그 도로에 관하여 특정한 권리나 법령에 의하여 보호되는 이익이 개인에게 부여되는 것이라고까지는 말할 수 없으므로, 일반적인 시민생활에 있어 도로를 이용만 하는 사람은 그 용도폐지를 다툴 법률상의 이익이 있다고 말할 수 없지만, 공공용재산이라고 하여도 당해 공공용재산의 성질상 특정개인의 생활에 개별성이 강한 직접적이고 구체적인 이익을 부여하고 있어서 그에게 그로 인한 이익을 가지게 하는 것이 법률적인 관점으로도 이유가 있다고 인정되는 특별한 사정이 있는 경우에는 그와 같은 이익은 법률상 보호되어야 할 것이고, 따라서 도로의 용도폐지처분에 관하여 이러한 직접적인 이해관계를 가지는 사람이 그와 같은 이익을 현실적으로 침해당한 경우에는 그 취소를 구할 법률상의 이익이 있다.[32]

(나) 기존 도로를 폐지하고 새로운 도로를 개설한 경우 기존 도로를 이용할 이익

갑이 을 소유의 도로를 공로에 이르는 유일한 통로로 이용하였으나 갑 소유의 대지에 연접하여 새로운 공로가 개설되어 그 쪽으로 출입문을 내어 바로 새로운 공로에 이를 수 있게 된 경우, 갑이 을 소유의 도로에 대한 도로폐지허가처분의 취소를 구할 법률상 이익이 없다.[33]

(다) 횡단보도가 설치된 도로 인근에서 영업활동을 하는 자

도로교통법 제1조는, 이 법은 도로에서 일어나는 교통상의 모든 위험과 장해를 방지·제거하여 안전하고 원활한 교통을 확보함을 목적으로 한다고 규정하고 있고,

---

31) 대법원 2019. 7. 11. 선고 2017두38874 판결.

32) 대법원 1992. 9. 22. 선고 91누13212 판결(원심이 인정한 사실에 의하면, 원고가 거주하는 금강빌라의 주민들에 대하여는 그 빌라의 준공 당시부터 30m 대로에 연결되는 폭 6m의 진입로가 별도로 설치되어 있어 통행에 아무런 불편이 없고, 이 사건 도로는 빌라 뒤쪽 사유지 사이에 위치한 매우 좁은 도로로서 거의 일반통행에는 제공이 되지 않고 위 주민들의 산책로 등으로 가끔 이용될 뿐이어서 새마을사업으로 포장을 할 때에도 제외되었고, 1989. 1. 9.에는 소외인에게 전으로 점용허가까지 된 사실이 있었다는 것인바, 그렇다면 원고가 이 사건 도로를 산책로 등으로 가끔 이용하였던 정도의 이해관계만으로는 이 사건 도로의 용도폐지처분을 다툴 법률상의 이익이 있다고 할 수 없고, 원고가 주장하는 공원경관에 대한 조망의 이익이나 문화재의 매장 가능성 문화재 발견에 의한 표창 가능성에 따른 일반 국민으로서의 문화재 보호의 이해관계 역시 직접적이고 구체적인 이익이라고 할 수 없어, 원고는 이 사건 민영주택건설사업계획승인처분을 다툴 법률상의 이익이 없다고 판단한 원심의 조처도 정당하다고 할 것이다).

33) 대법원 1999. 12. 7. 선고 97누12556 판결.

이러한 목적을 달성하기 위하여 같은 법 제10조 제1항에서 횡단보도 설치에 관한 규정을 두고 있으며, 일반적으로 도로는 국가나 지방자치단체가 직접 공중의 통행에 제공하는 것으로서 일반 국민은 이를 자유로이 이용할 수 있으므로 이러한 횡단보도 설치에 관한 근거 법령의 규정취지와 도로의 이용관계에 비추어 볼 때, 횡단보도가 설치된 도로 인근에서 영업활동을 하는 자에게 횡단보도의 설치에 관하여 특정한 권리나 법령에 의하여 보호되는 이익이 부여되어 있다고 말할 수 없으므로, 이와 같은 사람은 횡단보도의 설치행위를 다툴 법률상의 이익이 있다고 할 수 없다.[34]

(라) 문화재를 향유할 이익

문화재는 문화재의 지정이나 그 보호구역으로 지정이 있음으로써 유적의 보존 관리 등이 법적으로 확보되어 지역주민이나 국민일반 또는 학술연구자가 이를 활용하고 그로 인한 이익을 얻는 것이지만, 그 지정은 문화재를 보존하여 이를 활용함으로써 국민의 문화적 향상을 도모함과 아울러 인류문화의 발전에 기여한다고 하는 목적을 위하여 행해지는 것이지, 그 이익이 일반 국민이나 인근 주민의 문화재를 향유할 구체적이고도 법률적인 이익이라고 할 수는 없다.[35]

(마) 쾌적한 환경에서 생활할 수 있는 환경상 이익의 향수주체

재단법인 갑 수녀원이, 매립목적을 택지조성에서 조선시설용지로 변경하는 내용의 공유수면매립목적 변경 승인처분으로 인하여 법률상 보호되는 환경상 이익을 침해받았다면서 행정청을 상대로 처분의 무효 확인을 구하는 소송을 제기한 사안에서, 공유수면매립목적 변경 승인처분으로 갑 수녀원에 소속된 수녀 등이 쾌적한 환경에서 생활할 수 있는 환경상 이익을 침해받는다고 하더라도 이를 가리켜 곧바로 갑 수녀원의 법률상 이익이 침해된다고 볼 수 없고, 자연인이 아닌 갑 수녀원은 쾌적한 환경에서 생활할 수 있는 이익을 향수할 수 있는 주체가 아니므로 위 처분으로 위와 같은 생활상의 이익이 직접적으로 침해되는 관계에 있다고 볼 수도 없으며, 위 처분으로 환경에 영향을 주어 갑 수녀원이 운영하는 쨈 공장에 직접적이고 구체적인 재산적 피해가 발생한다거나 갑 수녀원이 폐쇄되고 이전해야 하는 등의 피해를 받거나 받을 우려가 있다는 점 등에 관한 증명도 부족하다는 이유로, 갑 수녀원에 처분의 무효 확인을 구할 원고적격이 없다고 한 사례.[36]

---

34) 대법원 2000. 10. 27. 선고 98두8964 판결.
35) 대법원 1992. 9. 22. 선고 91누13212 판결.

(바) 법인의 주주

법인의 주주는 법인에 대한 행정처분에 관하여 사실상이나 간접적인 이해관계를 가질 뿐이어서 스스로 그 처분의 취소를 구할 원고적격이 없는 것이 원칙이라고 할 것이지만, 그 처분으로 인하여 법인이 더 이상 영업 전부를 행할 수 없게 되고, 영업에 대한 인허가의 취소 등을 거쳐 해산·청산되는 절차 또한 처분 당시 이미 예정되어 있으며, 그 후속절차가 취소되더라도 그 처분의 효력이 유지되는 한 당해 법인이 종전에 행하던 영업을 다시 행할 수 없는 예외적인 경우에는 주주도 그 처분에 관하여 직접적이고 구체적인 법률상 이해관계를 가진다고 보아 그 효력을 다툴 원고적격이 있다.[37]

(사) 학교법인의 임원

구 사립학교법($^{2005.\ 12.\ 29.\ 법률\ 제7802}_{호로\ 개정되기\ 전의\ 것}$) 제20조 제1항, 제2항은 학교법인의 이사장·이사·감사 등의 임원은 이사회의 선임을 거쳐 관할청의 승인을 받아 취임하도록 규정하고 있는바, 관할청의 임원취임승인행위는 학교법인의 임원선임행위의 법률상 효력을 완성케 하는 보충적 법률행위이다. 따라서 관할청이 학교법인의 임원취임승인신청에 대하여 이를 반려하거나 거부하는 경우 학교법인에 의하여 임원으로 선임된 사람은 학교법인의 임원으로 취임할 수 없게 되는 불이익을 입게 되는바, 이와 같은 불이익은 간접적이거나 사실상의 불이익이 아니라 직접적이고도 구체적인 법률상의 불이익이라 할 것이므로 학교법인에 의하여 임원으로 선임된 사람에게는 관할청의 임원취임승인신청 반려처분을 다툴 수 있는 원고적격이 있다.[38]

(4) 사 견

항고소송의 원고적격에 관하여 동일하게 주관적 소송관을 취하였던 독일과 일본의 경우에도 협소한 원고적격의 범위를 확대하는 방법에는 다소 차이가 있다. 가령, 독일은 원고적격을 '권리 침해'에 한정하면서 권리의 개념을 확장시켜 법규가 부분적으로나마 사익을 보호하고 있는 취지로 해석될 수 있으면 권리로 보는, 즉 부분적 권리를 권리에 포함시키고 있다. 그러나 일본은 '법률상의 이익'이라고 하여 해

---

36) 대법원 2012. 6. 28. 선고 2010두2005 판결.

37) 대법원 2005. 1. 27. 선고 2002두5313 판결(부실금융기관의 정비를 목적으로 은행의 영업 관련 자산 중 재산적 가치가 있는 자산 대부분과 부채 등이 타에 이전됨으로써 더 이상 그 영업 전부를 행할 수 없게 되고, 은행업무정지처분 등의 효력이 유지되는 한 은행이 종전에 행하던 영업을 다시 행할 수는 없는 경우, 은행의 주주에게 당해 은행의 업무정지처분 등을 다툴 원고적격이 인정된다고 한 사례).

38) 대법원 2007. 12. 27. 선고 2005두9651 판결.

석을 통한 융통성을 부여하는 방법을 취하여, 법률상 이익은 ① 권리, ② 법률에 의하여 보호받는 이익, ③ 보호가치 있는 이익, ④ 적법성 보장설로 해석된다고 하나 일반적으로 '법률에 의하여 보호받는 이익' 또는 '보호가치 있는 이익'으로 해석된다. 이 중에서 ② 법률에 의하여 보호받는 이익은 또다시 ②-1) 당해 처분의 근거로 되는 실체법규에 의하여 보호되는 이익으로 보는 견해, ②-2) 당해 처분의 절차요건 법규에 의하여 보호되는 이익을 포함하는 견해, ②-3) 당해 처분의 근거가 되는 법률뿐만 아니라 관계 법규의 목적·취지에 의하여 보호되는 이익을 포함하는 견해, ②-4) 헌법상의 기본권규정 또는 법의 일반원리에 의하여 보호되는 이익을 포함하는 견해로 나누어지는데, 이 중 ②-3)설은 처분의 직접적 근거 조항에 의하여 보호되는 이익이 아니므로 보호가치 있는 이익으로 해석할 수도 있고, ②-4)설은 기본권조항이나 법의 일반원리에 의하여 보호되지 않는 보호가치 있는 이익이란 존재하지 않으므로 명백히 보호가치 있는 이익에 해당한다. 따라서 ②-4)설의 입장에서는 '법률상의 이익'을 '보호가치 있는 이익'으로 해석하는 것과 마찬가지다. 우리나라에서도 대체로 일본의 논의를 따르고 있는데, 우리 행정소송법 제12조는 취소소송의 원고적격을 '법률상 이익'이 있는 자에게 한정하고 있는바, 문리해석상 법률상 이익을 사실상 이익을 포함하고 있는 보호가치 있는 이익으로 해석할 수는 없다. 따라서 법률상 이익을 권리는 아니지만 '법규준수의 이익'으로 보자는 것이다.[39)]

그러나 입법론적으로는 원고적격을 애매모호한 '법률상 이익'이란 표현보다는 '보호가치 있는 이익'으로 개정하는 것이 바람직하며, 이를 원고적격의 요건으로 삼는다면 (주관적 권리 개념이 필요하지 않기 때문에) 항고소송을 더 이상 개별적이고 주관적인 권리를 방어하는 주관적 소송으로 볼 근거가 없으므로, 항고소송을 객관적인 법규나 객관적인 상태의 이익을 방어하는 객관적 소송으로 보는 적법성 보장설과 차이가 없게 된다.[40)] 다만, 주의할 점은 행정행위의 적법성 여부를 다투는 소송의 성격을 객관적 소송으로 보고 있는 프랑스에서도 원고적격은 '직접적이고 확실한 손해'(충분한 이익 의 침해)가 발생하였다고 인정되는 자에게만 주어진다는 것이다. 즉, 취소소송의 적법성 유지 기능을 중시하는 객관적 소송관이 논리적으로 당연히 원고

---

39) 이광윤, "법률상의 이익과 공권의 관계", 성균관법학(제11권 제1호), 성균관대학교 법학연구소, 1999, 304면; 이광윤(신행정법론, 181면).

40) 보호가치 있는 이익설과 적법성 보장설은 출발점이 각각 주관적 소송과 객관적 소송으로 달랐을 뿐 실제적인 차이는 없다.

적격을 확대하는 것은 아니며, 원고적격의 광협은 '보호가치 있는 이익' 또는 '충분한 이익'을 판정하는 판사의 인식 여하에 달려 있다. 한 가지 흥미로운 점은 '권리 침해'를 취소소송의 원고적격의 요건으로 고수하고 있는 독일에서도 기본권규정으로부터 직접 권리가 부여되어 원고적격이 있다고 인정한 판례가 점점 증가하고 있다는 것인데,[41] 기본권규정으로부터 직접 권리가 도출되었다고 할 때의 '권리'는 범위에 있어 '보호가치 있는 이익'과 다르지 않다.

이상의 점들을 고려해 볼 때, 행정행위의 적법성 여부를 다투는 취소소송에서 원고적격을 획정함에 있어 더 이상 '주관적 권리'를 매개로 하는 것은 무의미하다. 이제야 말로 공권과 반사적 이익의 구별을 청산하고, 오랫동안 취소소송에 대하여 '주관적 권리'라는 족쇄를 채워온 주관적 소송에의 집착으로부터 벗어나 새로운 입법을 통한 해결을 모색할 때이다.

3. 권리보호의 필요(협의의 소의 이익)

(1) 의 의

원고에게 취소소송을 제기할 원고적격이 인정되더라도 본안판결을 구할 정당한 이익 내지 필요가 있을 때만 소를 제기할 수 있다(소익 없으면). 이를 '권리보호의 필요' 또는 '협의의 소(訴)의 이익'이라고 한다. 만일 법적으로 무의미한 제소까지 허용할 경우 한정된 사법자원의 낭비가 초래되고, 이로 인해 피고로서도 불필요하게 응소하여야 하는바, 이러한 폐단을 막기 위하여 인정된 제도이다.

전술한 원고적격도 본안판단을 구하는 것을 정당화시킬 수 있는 이익 내지 필요, 즉 넓은 의미에서의 소의 이익 개념에 포함되는 것이지만, 이는 당사자의 측면에서 본 주관적 이익이라는 점에서 협의의 소의 이익과는 관념상 구별된다.[42] 이러한 소의 이익은 소송요건 중 하나이다. 따라서 법원은 당사자의 주장에 구애됨이 없이 직권으로 조사하여 만일 그 흠결이 밝혀지면 소를 부적법 각하하여야 한다. 이는 사실심 변론종결시는 물론 상고심에서도 존속하여야 한다.[43]

---

41) H. Maurer, Manuel Droit Administratif Allemand; Traduit par Michel Fromont, L.G.D.J., 1994, pp. 163-166.

42) 법원실무제요 행정(50면).

43) 대법원 1996. 2. 23. 선고 95누2685 판결(사법시험 제1차 시험 불합격 처분의 취소를 구하는 소송을 제기하였는데 원심판결이 선고된 이후 새로이 실시된 사법시험 제1차 시험에 합격한 경우, 상고심 계속 중 소의 이익이 없게 되어 부적법하게 되었다고 판시한 사례).

(2) 행정소송법 제12조 제2문에 대한 해석

행정소송법 제12조의 제목은 '원고적격'이지만, 제12조 제2문은 "처분등의 효과가 기간의 경과, 처분등의 집행 그 밖의 사유로 인하여 소멸된 뒤에도 그 처분등의 취소로 인하여 회복되는 법률상 이익이 있는 자의 경우에는 또한 같다."고 규정하고 있다.

이에 대해 행정소송법 제12조 제2문을 제1문과 마찬가지로 원고적격에 관한 규정이라고 보는 견해도 있으나,[44] 다수설과 판례는 권리보호의 필요에 관한 규정이라고 본다.[45] 이에 따르면, 행정소송법이 원고적격이라는 제목 아래 하나의 조문에서 양자를 모두 규정하면서 다 같이 '법률상 이익'이라는 용어를 사용하고 있는 것은 입법상 과오라고 비판한다.[46] 이러한 관점에서 행정소송법 제12조 제2문의 '법률상 이익'을 제1문의 '법률상 이익'보다 넓은 의미로 이해하고, 여기에는 경제적 이익은 물론 명예·신용 등 인격적 이익을 포함한 모든 보호가치가 있는 정신적 이익이 포함된다고 해석한다.[47]

이러한 주장은 우리 행정소송법 제12조 제2문에 의한 소송과 독일 행정법원법 제113조 제1항 제4문에서 규정하고 있는 계속확인소송의 성격이 유사하다는 전제에서, 독일 법규정의 "행정행위가 위법이었음을 확인하는 것에 정당한 이익"에서 시사받은 것으로 보인다. 그러나 하나의 법조항 내에서 사용되고 있는 동일한 용어는 그 의미를 동일하게 해석하는 것이 원칙이다. 또한, 독일의 계속확인소송은 행정행위가 '취소소송을 제기한 이후 판결 전'에 직권취소 등의 사유로 소멸한 경우 단순히 그 위법성의 확인을 구하는 소송이라는 점에서 우리나라 행정소송법 제12조 제2문의 소송과는 그 구조와 기능을 달리한다. 따라서 독일의 이론을 무비판적으로 수용하기보다는 우리의 법제에 충실한 해석론을 전개하는 것이 필요하다. 생각건대, 행정소송법 제12조 제2문은 처분의 효력이 소멸된 이후 취소소송을 통한 권리보호의 필요에 관한 규정으로서, 해석을 통해 법률상 이익의 범위를 보호가치 있는 정당한 이익까지 확대하는 것은 곤란하다.

---

44) 홍정선(1146면).

45) 대법원 2018. 7. 12. 선고 2015두3485 판결(행정소송법 제12조 후문은 '처분 등의 효과가 기간의 경과, 처분 등의 집행 그 밖의 사유로 인하여 소멸된 뒤에도 그 처분 등의 취소로 인하여 회복되는 법률상 이익이 있는 자의 경우에는' 취소소송을 제기할 수 있다고 규정하여, 이미 효과가 소멸된 행정처분에 대해서도 권리보호의 필요성이 인정되는 경우에는 취소소송의 제기를 허용하고 있다).

46) 김남진/김연태(824면); 정하중/김광수(697면).

47) 김남진/김연태(825면); 정하중/김광수(697면).

(3) 판례의 태도

1) 원 칙

처분등의 효과가 기간의 경과, 처분등의 집행 그 밖의 사유로 인하여 소멸된 뒤에는 원칙적으로 그 처분등의 취소를 구할 소의 이익이 없다(가령, 영업정지나 면허). 그러나 처분등의 기간이 경과하였거나 그 집행이 종료된 경우에도 처분등의 취소로 인하여 회복되는 법률상 이익이 있는 경우에는 소의 이익이 있다. 이때 회복되는 이익이 단지 사실상 이익이나 명예·신용 등 인격적 이익에 불과한 경우에는 이에 해당되지 않는다.[48]

① 대법원 1989. 11. 14. 선고 89누4833 판결

행정처분에 그 효력기간이 정하여져 있는 경우에 그 처분의 효력 또는 집행이 정지된 바 없다면 위 기간의 경과로 그 행정처분의 효력은 상실되는 것이므로, 그 기간 경과 후에는 그 처분이 외형상 잔존함으로 인하여 어떠한 법률상 이득이 침해되고 있다고 볼만한 별다른 사정이 없는 한 그 처분의 취소를 구할 법률상의 이득이 없다고 할 것이다.[49]

② 대법원 1991. 7. 23. 선고 90누6651 판결

공유수면점용허가기간 중에 그 허가를 취소하는 처분이 있었다고 하여도 그 취소처분에 대한 법원의 집행정지결정으로 허가기간이 진행되어 허가기간이 경과하였다면 이로써 그 허가처분은 실효된 것이고 그 후 위 취소처분을 취소하더라도 허가된 상태로의 원상회복은 불가능하므로, 위 취소처분이 외형상 잔존함으로 말미암아 어떠한 법률상 불이익이 있다고 볼 만한 특별한 사정이 없는 한 위 취소처분의 취소를 구할 이익이 없다.

2) 제재처분의 전력(前歷)이 가중요건에 해당하는 경우

법령에서 제재처분을 받은 전력을 장래의 제재처분의 가중사유나 전제요건으로 규정한 경우에는 제재처분에서 정한 제재기간이 경과하였다 하더라도 예외적으로 소의 이익이 인정된다[판례 ①]. 이는 재량준칙의 법적 성질에 관한 문제로, 판례에

---

48) 법원실무제요 행정(63면).
49) [판결 이유] 이 사건 행정처분은 원고에 대하여 1989. 3. 20.부터 동년 4. 18.까지 30일간 파스퇴르 사과, 딸기, 오렌지 요구르트의 제조를 정지한다는 내용인데 위 행정처분의 효력 또는 집행이 정지되었다고 볼 아무런 자료 없이 원심 변론종결시(1989. 4. 24.)에 위 기간이 경과하였음이 명백하고, 또한 위 처분이 외형상 잔존함으로 인하여 어떠한 법률상 이익이 침해되었다는 별다른 사정도 발견할 수 없다.

따르면 제재처분의 기준을 법률이나 대통령령(^{시행}_령)에서 규정하고 있는 경우뿐만 아니라 법규성이 인정되지 않는 부령(^{시행}_{규칙})이나 지방자치단체의 규칙에서 정하고 있는 경우에도 마찬가지로 소의 이익이 인정된다[판례 ②].

① 대법원 2005. 3. 25. 선고 2004두14106 판결

[1] 행정처분에 그 효력기간이 정하여져 있는 경우 그 기간의 경과로 그 행정처분의 효력은 상실되는 것이므로 그 기간경과 후에는 그 처분이 외형상 잔존함으로 인하여 어떠한 법률상의 이익이 침해되고 있다고 볼 만한 별다른 사정이 없는 한 그 처분의 취소 또는 무효확인을 구할 법률상의 이익이 없다고 하겠으나, 위와 같은 행정처분의 전력이 장래에 불이익하게 취급되는 것으로 법에 규정되어 있어 법정의 가중요건으로 되어 있고, 이후 그 법정가중요건에 따라 새로운 제재적인 행정처분이 가해지고 있다면, 선행행정처분의 효력기간이 경과하였다 하더라도 선행행정처분의 잔존으로 인하여 법률상의 이익이 침해되고 있다고 볼 만한 특별한 사정이 있는 경우에 해당한다.

[2] 의료법 제53조 제1항은 보건복지부장관으로 하여금 일정한 요건에 해당하는 경우 의료인의 면허자격을 정지시킬 수 있도록 하는 근거 규정을 두고 있고, 한편 같은 법 제52조 제1항 제3호는 보건복지부장관은 의료인이 3회 이상 자격정지처분을 받은 때에는 그 면허를 취소할 수 있다고 규정하고 있는바, 이와 같이 의료법에서 의료인에 대한 제재적인 행정처분으로서 면허자격정지처분과 면허취소처분이라는 2단계 조치를 규정하면서 전자의 제재처분을 보다 무거운 후자의 제재처분의 기준요건으로 규정하고 있는 이상 자격정지처분을 받은 의사로서는 면허자격정지처분에서 정한 기간이 도과되었다 하더라도 그 처분을 그대로 방치하여 둠으로써 장래 의사면허취소라는 가중된 제재처분을 받게 될 우려가 있는 것이어서 의사로서의 업무를 행할 수 있는 법률상 지위에 대한 위험이나 불안을 제거하기 위하여 면허자격정지처분의 취소를 구할 이익이 있다.

② 대법원 2006. 6. 22. 선고 2003두1684 전원합의체 판결

[1] [다수의견] 제재적 행정처분이 그 처분에서 정한 제재기간의 경과로 인하여 그 효과가 소멸되었으나, 부령인 시행규칙 또는 지방자치단체의 규칙(^{이하 이들을}_{'규칙'이라고 한다})의 형식으로 정한 처분기준에서 제재적 행정처분(^{이하 '선행처분'}_{이라고 한다})을 받은 것을 가중사유나 전제요건으로 삼아 장래의 제재적 행정처분(^{이하 '후행처분'}_{이라고 한다})을 하도록 정하고 있는 경우, 제재적 행정처분의 가중사유나 전제요건에 관한 규정이 법령이 아니라 규칙의 형식으로 되어 있다고 하더라도, 그러한 규칙이 법령에 근거를 두고 있는 이상 그 법적 성질이 대외적·일반적 구속력을 갖는 법규명령인지 여부와는 상관없이,⁵⁰⁾ 관할 행정청이나 담당공무원은

---

50) 다수의견이 위와 같은 경우 선행처분의 취소를 구할 법률상 이익을 긍정하는 결론에는 찬성하지만, 그 이유에 있어서는 부령인 제재적 처분기준의 법규성을 인정하는 이론적 기초 위에서 그 법률

이를 준수할 의무가 있으므로 이들이 그 규칙에 정해진 바에 따라 행정작용을 할 것이 당연히 예견되고, 그 결과 행정작용의 상대방인 국민으로서는 그 규칙의 영향을 받을 수밖에 없다. 따라서 그러한 규칙이 정한 바에 따라 선행처분을 받은 상대방이 그 처분의 존재로 인하여 장래에 받을 불이익, 즉 후행처분의 위험은 구체적이고 현실적인 것이므로, 상대방에게는 선행처분의 취소소송을 통하여 그 불이익을 제거할 필요가 있다. 또한, 나중에 후행처분에 대한 취소소송에서 선행처분의 사실관계나 위법 등을 다툴 수 있는 여지가 남아 있다고 하더라도, 이러한 사정은 후행처분이 이루어지기 전에 이를 방지하기 위하여 직접 선행처분의 위법을 다투는 취소소송을 제기할 필요성을 부정할 이유가 되지 못한다. 그러한 쟁송방법을 막는 것은 여러 가지 불합리한 결과를 초래하여 권리구제의 실효성을 저해할 수 있기 때문이다. 오히려 앞서 본 바와 같이 행정청으로서는 선행처분이 적법함을 전제로 후행처분을 할 것이 당연히 예견되므로, 이러한 선행처분으로 인한 불이익을 선행처분 자체에 대한 소송에서 사전에 제거할 수 있도록 해주는 것이 상대방의 법률상 지위에 대한 불안을 해소하는 데 가장 유효적절한 수단이 된다고 할 것이고, 또한 그 소송을 통하여 선행처분의 사실관계 및 위법 여부가 조속히 확정됨으로써 이와 관련된 장래의 행정작용의 적법성을 보장함과 동시에 국민생활의 안정을 도모할 수 있다. 이상의 여러 사정과 아울러, 국민의 재판청구권을 보장한 헌법 제27조 제1항의 취지와 행정처분으로 인한 권익침해를 효과적으로 구제하려는 행정소송법의 목적 등에 비추어 행정처분의 존재로 인하여 국민의 권익이 실제로 침해되고 있는 경우는 물론이고 권익침해의 구체적·현실적 위험이 있는 경우에도 이를 구제하는 소송이 허용되어야 한다는 요청을 고려하면, 규칙이 정한 바에 따라 선행처분을 가중사유 또는 전제요건으로 하는 후행처분을 받을 우려가 현실적으로 존재하는 경우에는, 선행처분을 받은 상대방은 비록 그 처분에서 정한 제재기간이 경과하였다 하더라도 그 처분의 취소소송을 통하여 그러한 불이익을 제거할 권리보호의 필요성이 충분히 인정된다고 할 것이므로, 선행처분의 취소를 구할 법률상 이익이 있다고 보아야 한다.

　[2] 환경영향평가대행업무 정지처분을 받은 환경영향평가대행업자가 업무정지처분기간 중 환경영향평가대행계약을 신규로 체결하고 그 대행업무를 한 사안에서, '환경·교통·재해 등에 관한 영향평가법 시행규칙' 제10조 [별표 2] 2. 개별기준 (11)에서 환경영향평가대행업자가 업무정지처분기간 중 신규계약에 의하여 환경영향평가대행업무를 한 경우 1차 위반시 업무정지 6월을, 2차 위반시 등록취소를 각 명하는 것으로 규정하고 있으므로, 업무정지처분기간 경과 후에도 위 시행규칙의 규정에 따른 후행처분을 받지 않기 위하여 위 업무정지처분의 취소를 구할 법률상 이익이 있다고 한 사례.

상 이익을 긍정하는 것이 법리적으로는 더욱 합당하다는 별개의견(대법관 이강국)이 있다.

3) 원상회복이 불가능한 경우

행정처분이 기간의 경과 등으로 그 효과가 소멸한 때에 처분이 취소되어도 원상회복이 불가능하다고 보이는 경우에는 원칙적으로 소의 이익이 없다[판례 ①, ②].

그러나 이 경우라도 ① 취소로써 회복할 수 있는 다른 권리나 이익이 남아 있거나 ② 그 행정처분과 동일한 사유로 위법한 처분이 반복될 위험성이 있어 행정처분의 위법성 확인 내지 불분명한 법률문제에 대한 해명이 필요한 경우에는 예외적으로 그 처분의 취소를 구할 소의 이익을 인정할 수 있다[판례 ③, ④]. ②의 경우 반드시 해당 사건의 동일한 소송 당사자 사이에서 반복될 위험이 있는 경우만을 의미하는 것은 아니라는 것이 판례이다.

가령, 공무원에 대한 파면처분 등 징계처분 이후 정년이 도래한 경우, 그 처분의 취소를 통해 다시 공무원이 될 수는 없으나, 징계처분 이후의 급료나 퇴직금 청구를 구할 필요가 있거나 다른 공직에의 취임제한 등 법률상 불이익 배제를 위하여 필요한 때에는 그 취소를 구할 소의 이익이 있다.[51] 또한 공무원에 대한 파면처분 이후, 그 파면처분에 관하여 일반사면이 있었다고 할지라도 사면의 효과가 소급하지 않으므로 파면처분으로 이미 상실된 공무원의 지위가 회복되는 것은 아닌 이상, 여전히 파면처분의 위법을 주장하여 그 취소를 구할 소의 이익이 있다.[52]

한편, 이사취임승인 취소처분이 취소되면 비록 해당 이사의 임기가 만료되었다 하더라도 민법 제691조의 유추적용에 의하여 직무에 관한 긴급처리권을 가질 수 있으므로 소의 이익이 인정된다[판례 ⑤].

① 대법원 1992. 4. 24. 선고 91누11131 판결

[1] 위법한 행정처분의 취소를 구하는 소는 위법한 처분에 의하여 발생한 위법상태를 배제하여 원상으로 회복시키고 그 처분으로 침해되거나 방해받은 권리와 이익을 보호 구제하고자 하는 소송이므로 비록 그 위법한 처분을 취소한다 하더라도 원상회복이 불가능한 경우에는 그 취소를 구할 이익이 없다.

[2] 건축허가가 건축법 소정의 이격거리를 두지 아니하고 건축물을 건축하도록 되어

---

51) 동지 판례로, 대법원 2009. 1. 30. 선고 2007두13487 판결(지방의회 의원에 대한 제명의결 취소 소송 계속 중 의원의 임기가 만료된 사안에서, 제명의결의 취소로 의원의 지위를 회복할 수는 없다 하더라도 제명의결시부터 임기만료일까지의 기간에 대한 월정수당의 지급을 구할 수 있는 등 여전히 그 제명의결의 취소를 구할 법률상 이익이 있다고 본 사례); 대법원 1977. 7. 12. 선고 74누147 판결(징계처분으로서 감봉처분이 있은 후 공무원의 신분이 상실된 경우에도 위법한 감봉처분의 취소가 필요한 경우에는 위 감봉처분의 취소를 구할 소의 이익이 있다).

52) 대법원 1983. 2. 8. 선고 81누121 판결.

있어 위법하다 하더라도 그 건축허가에 기하여 건축공사가 완료되었다면 그 건축허가
를 받은 대지와 접한 대지의 소유자인 원고가 위 건축허가처분의 취소를 받아 이격거리
를 확보할 단계는 지났으며 민사소송으로 위 건축물 등의 철거를 구하는 데 있어서도
위 처분의 취소가 필요한 것이 아니므로 원고로서는 위 처분의 취소를 구할 법률상의
이익이 없다고 한 사례.[53]

② 대법원 2016. 8. 30. 선고 2015두60617 판결

갑 도지사가 도에서 설치·운영하는 을 지방의료원을 폐업하겠다는 결정을 발표하
고 그에 따라 폐업을 위한 일련의 조치가 이루어진 후 을 지방의료원을 해산한다는 내
용의 조례를 공포하고 을 지방의료원의 청산절차가 마쳐진 사안에서, 지방의료원의 설
립·통합·해산은 지방자치단체의 조례로 결정할 사항이므로, 도가 설치·운영하는 을
지방의료원의 폐업·해산은 도의 조례로 결정할 사항인 점 등을 종합하면, 갑 도지사의
폐업결정은 행정청이 행하는 구체적 사실에 관한 법집행으로서의 공권력 행사로서 입
원환자들과 소속 직원들의 권리·의무에 직접 영향을 미치는 것이므로 항고소송의 대
상에 해당하지만, 폐업결정 후 을 지방의료원을 해산한다는 내용의 조례가 제정·시행
되었고 조례가 무효라고 볼 사정도 없어 을 지방의료원을 폐업 전의 상태로 되돌리는
원상회복은 불가능하므로 법원이 폐업결정을 취소하더라도 단지 폐업결정이 위법함을
확인하는 의미밖에 없고, 폐업결정의 취소로 회복할 수 있는 다른 권리나 이익이 남아
있다고 보기도 어려우므로, 갑 도지사의 폐업결정이 법적으로 권한 없는 자에 의하여
이루어진 것으로서 위법하더라도 취소를 구할 소의 이익을 인정하기 어렵다고 한 사례.

③ 2020. 12. 24. 선고 2020두30450 판결

행정처분의 무효확인 또는 취소를 구하는 소가 제소 당시에는 소의 이익이 있어 적
법하였는데, 소송계속 중 해당 행정처분이 기간의 경과 등으로 그 효과가 소멸한 때에
처분이 취소되어도 원상회복이 불가능하다고 보이는 경우라도, 무효확인 또는 취소로써
회복할 수 있는 다른 권리나 이익이 남아 있거나 또는 그 행정처분과 동일한 사유로 위
법한 처분이 반복될 위험성이 있어 행정처분의 위법성 확인 내지 불분명한 법률문제에
대한 해명이 필요한 경우에는 행정의 적법성 확보와 그에 대한 사법통제, 국민의 권리
구제 확대 등의 측면에서 예외적으로 그 처분의 취소를 구할 소의 이익을 인정할 수 있
다. 여기에서 '그 행정처분과 동일한 사유로 위법한 처분이 반복될 위험성이 있는 경우'

---

53) [비교 판례] 대법원 2015. 11. 12. 선고 2015두47195 판결(건축허가를 받아 건축물을 완공하였
더라도 건축허가가 취소되면 그 건축물은 철거 등 시정명령의 대상이 되고 이를 이행하지 않은 건축
주 등은 건축법 제80조에 따른 이행강제금 부과처분이나 행정대집행법 제2조에 따른 행정대집행을 받
게 되며, 나아가 건축법 제79조 제2항에 의하여 다른 법령상의 인·허가 등을 받지 못하게 되는 등의
불이익을 입게 된다. 따라서 건축허가취소처분을 받은 건축물 소유자는 그 건축물이 완공된 후에도 여
전히 위 취소처분의 취소를 구할 법률상 이익을 가진다고 보아야 한다).

란 불분명한 법률문제에 대한 해명이 필요한 상황에 대한 대표적인 예시일 뿐이며, 반드시 '해당 사건의 동일한 소송 당사자 사이에서' 반복될 위험이 있는 경우만을 의미하는 것은 아니다.

④ 대법원 2002. 1. 11. 선고 2000두3306 판결

[1] 일반적으로 공장등록이 취소된 후 그 공장 시설물이 어떠한 경위로든 철거되어 다시 복구 등을 통하여 공장을 운영할 수 없는 상태라면 이는 공장등록의 대상이 되지 아니하므로 외형상 공장등록취소행위가 잔존하고 있다고 하여도 그 처분의 취소를 구할 법률상의 이익이 없다 할 것이나, 위와 같은 경우에도 유효한 공장등록으로 인하여 공장등록에 관한 당해 법률이나 다른 법률에 의하여 보호되는 직접적·구체적 이익이 있다면, 당사자로서는 공장건물의 멸실 여부에 불구하고 그 공장등록취소처분의 취소를 구할 법률상의 이익이 있다.

[2] 공장등록이 취소된 후 그 공장시설물이 철거되었다 하더라도 대도시 안의 공장을 지방으로 이전할 경우 조세특례제한법상의 세액공제 및 소득세 등의 감면혜택이 있고, 공업배치및공장설립에관한법률상의 간이한 이전절차 및 우선 입주의 혜택이 있는 경우, 그 공장등록취소처분의 취소를 구할 법률상의 이익이 있다고 한 사례.

⑤ 대법원 2007. 7. 19. 선고 2006두19297 전원합의체 판결

[1] 학교법인의 이사나 감사 전원 또는 그 일부의 임기가 만료되었다고 하더라도, 그 후임이사나 후임감사를 선임하지 않았거나 또는 그 후임이사나 후임감사를 선임하였다고 하더라도 그 선임결의가 무효이고 임기가 만료되지 아니한 다른 이사나 감사만으로는 정상적인 학교법인의 활동을 할 수 없는 경우, 임기가 만료된 구 이사나 감사로 하여금 학교법인의 업무를 수행케 함이 부적당하다고 인정할 만한 특별한 사정이 없는한, 민법 제691조를 유추하여 구 이사나 감사에게는 후임이사나 후임감사가 선임될 때까지 종전의 직무를 계속하여 수행할 긴급처리권이 인정된다고 할 것이며, 학교법인의 경우 민법상 재단법인과 마찬가지로 이사를 선임할 수 있는 권한은 이사회에 있으므로, 임기가 만료된 이사들의 참여 없이 후임 정식이사들을 선임할 수 없는 경우 임기가 만료된 이사들로서는 위 긴급처리권에 의하여 후임 정식이사들을 선임할 권한도 보유하게 된다.

[2] (가) 비록 취임승인이 취소된 학교법인의 정식이사들에 대하여 원래 정해져 있던 임기가 만료되고 구 사립학교법$\binom{2005. 12. 29. 법률 제7802}{호로 개정되기 전의 것}$ 제22조 제2호 소정의 임원결격사유 기간마저 경과하였다 하더라도, 그 임원취임승인취소처분이 위법하다고 판명되고 나아가 임시이사들의 지위가 부정되어 직무권한이 상실되면, 그 정식이사들은 후임이사 선임시까지 민법 제691조의 유추적용에 의하여 직무수행에 관한 긴급처리권을 가지게 되고 이에 터잡아 후임 정식이사들을 선임할 수 있게 되는바, 이는 감사의 경우에도 마찬

가지이다.

(나) 제소 당시에는 권리보호의 이익을 갖추었는데 제소 후 취소 대상 행정처분이 기간의 경과 등으로 그 효과가 소멸한 때, 동일한 소송 당사자 사이에서 동일한 사유로 위법한 처분이 반복될 위험성이 있어 행정처분의 위법성 확인 내지 불분명한 법률문제에 대한 해명이 필요하다고 판단되는 경우, 그리고 선행처분과 후행처분이 단계적인 일련의 절차로 연속하여 행하여져 후행처분이 선행처분의 적법함을 전제로 이루어짐에 따라 선행처분의 하자가 후행처분에 승계된다고 볼 수 있어 이미 소를 제기하여 다투고 있는 선행처분의 위법성을 확인하여 줄 필요가 있는 경우 등에는 행정의 적법성 확보와 그에 대한 사법통제, 국민의 권리구제의 확대 등의 측면에서 여전히 그 처분의 취소를 구할 법률상 이익이 있다.

(다) 임시이사 선임처분에 대하여 취소를 구하는 소송의 계속 중 임기만료 등의 사유로 새로운 임시이사들로 교체된 경우, 선행 임시이사 선임처분의 효과가 소멸하였다는 이유로 그 취소를 구할 법률상 이익이 없다고 보게 되면, 원래의 정식이사들로서는 계속 중인 소를 취하하고 후행 임시이사 선임처분을 별개의 소로 다툴 수밖에 없게 되며, 그 별소 진행 도중 다시 임시이사가 교체되면 또 새로운 별소를 제기하여야 하는 등 무익한 처분과 소송이 반복될 가능성이 있으므로, 이러한 경우 법원이 선행 임시이사 선임처분의 취소를 구할 법률상 이익을 긍정하여 그 위법성 내지 하자의 존재를 판결로 명확히 해명하고 확인하여 준다면 위와 같은 구체적인 침해의 반복 위험을 방지할 수 있을 뿐 아니라, 후행 임시이사 선임처분의 효력을 다투는 소송에서 기판력에 의하여 최초 내지 선행 임시이사 선임처분의 위법성을 다투지 못하게 함으로써 그 선임처분을 전제로 이루어진 후행 임시이사 선임처분의 효력을 쉽게 배제할 수 있어 국민의 권리구제에 도움이 된다.

(라) 그러므로 취임승인이 취소된 학교법인의 정식이사들로서는 그 취임승인취소처분 및 임시이사 선임처분에 대한 각 취소를 구할 법률상 이익이 있고, 나아가 선행 임시이사 선임처분의 취소를 구하는 소송 도중에 선행 임시이사가 후행 임시이사로 교체되었다고 하더라도 여전히 선행 임시이사 선임처분의 취소를 구할 법률상 이익이 있다.

4) 처분청이 처분을 직권취소한 경우

처분청이 직권으로 당초의 처분을 취소하고 새로운 처분을 하였다면 당초의 처분은 존재하지 않게 되므로, 존재하지 아니한 처분의 취소를 구하는 소는 원칙적으로 소의 이익이 없다[판례 ①]. 그러나 처분청의 직권취소에도 불구하고, ① 완전한 원상회복이 이루어지지 않아 취소로써 회복할 수 있는 다른 권리나 이익이 남아 있거나 또는 ② 동일한 소송 당사자 사이에서 그 행정처분과 동일한 사유로 위법한 처분이 반복될 위험성이 있어 행정처분의 위법성 확인 내지 불분명한 법률문제에 대한 해명이 필요한 경우에는 행정의 적법성 확보와 그에 대한 사법통제, 국민의 권리구제의 확대 등의 측면에서 예외적으로 그 처분의 취소를 구할 소의 이익을 인정할 수 있다[판례 ②, ③].

① 대법원 2002. 9. 6. 선고 2001두5200 판결

납품업자에 대한 입찰참가자격 제한처분을 직권으로 취소하고 제1심판결의 취지에 따라 그 제재기간만을 감경하여 입찰참가자격을 제한하는 내용의 새로운 처분을 다시 한 경우, 당초의 입찰참가자격 제한처분은 적법하게 취소되었다고 할 것이어서 그 처분의 취소를 구할 소의 이익이 없다고 한 사례.

② 대법원 2019. 6. 27. 선고 2018두49130 판결

행정처분의 무효확인 또는 취소를 구하는 소가 제소 당시에는 소의 이익이 있어 적법하였더라도, 소송 계속 중 처분청이 다툼의 대상이 되는 행정처분을 직권으로 취소하면 그 처분은 효력을 상실하여 더 이상 존재하지 않는 것이므로, 존재하지 않는 그 처분을 대상으로 한 항고소송은 원칙적으로 소의 이익이 소멸하여 부적법하다.

다만 처분청의 직권취소에도 불구하고 완전한 원상회복이 이루어지지 않아 무효확인 또는 취소로써 회복할 수 있는 다른 권리나 이익이 남아 있거나 또는 동일한 소송 당사자 사이에서 그 행정처분과 동일한 사유로 위법한 처분이 반복될 위험성이 있어 행정처분의 위법성 확인 내지 불분명한 법률문제에 대한 해명이 필요한 경우 행정의 적법성 확보와 그에 대한 사법통제, 국민의 권리구제의 확대 등의 측면에서 예외적으로 그 처분의 취소를 구할 소의 이익을 인정할 수 있을 뿐이다.

③ 대법원 2014. 2. 13. 선고 2013두20899 판결

[1] 교도소장이 수형자 갑을 '접견내용 녹음·녹화 및 접견 시 교도관 참여대상자'로 지정한 사안에서, 위 지정행위는 수형자의 구체적 권리의무에 직접적 변동을 가져오는 행정청의 공법상 행위로서 항고소송의 대상이 되는 '처분'에 해당한다고 본 원심판단을 정당한 것으로 수긍한 사례.

[2] 비록 피고가 이 사건 제1심판결 선고 이후 원고를 위 '접견내용 녹음·녹화 및 접견 시 교도관 참여대상자'에서 해제하기는 하였지만 앞으로도 원고에게 위와 같은 포괄적 접견제한처분을 할 염려가 있는 것으로 예상된다는 이유로 소의 이익을 인정한 사례.

5) 처분 후 이익 침해가 해소된 경우

처분 이후의 사정에 의하여 이익 침해가 해소된 경우에도 소의 이익이 없다. 따라서 치과의사 국가시험의 불합격처분 이후 새로 실시된 국가시험에 합격하였거나,[54] 사법시험 제1차 시험 불합격처분 후 새로 실시된 제1차 시험에 합격한 경우[55]에는 이전의 불합격처분의 취소를 구할 법률상 이익(利益)이 없다.

대법원 1993. 11. 9. 선고 93누6867 판결

치과의사국가시험 합격은 치과의사 면허를 부여받을 수 있는 전제요건이 된다고 할 것이나 국가시험에 합격하였다고 하여 위 면허취득의 요건을 갖추게 되는 이외에 그 자체만으로 합격한 자의 법률상 지위가 달라지게 되는 것은 아니므로 불합격처분 이후 새로 실시된 국가시험에 합격한 자들로서는 더 이상 위 불합격처분의 취소를 구할 법률상의 이익이 없다.

그러나 고등학교에서 퇴학처분을 받은 후 고등학교 졸업학력 검정고시에 합격하였다고 하더라도 그 시험의 합격으로 고등학교 학생으로서의 신분과 명예가 회복되는 것은 아니므로 여전히 퇴학처분의 취소를 구할 소의 이익이 있으며[판례 ①], 대학입학고사 불합격처분의 취소를 구하는 소송계속 중 당해년도의 입학시기가 지났더라도 당해년도의 합격자로 인정되면 다음년도의 입학시기에 입학할 수도 있다고 할 것이므로 불합격처분의 적법 여부를 다툴 소의 이익이 있다.[56]

또한, 현역병입영통지처분이 입영대상자의 입영으로 그 집행이 종료되었다고 하더라도 그 처분은 입영 이후의 법률관계에 영향을 미치고 있으므로 그 취소를 구할 소의 이익이 있으나[판례 ②], 현역병입영대상자로 병역처분을 받은 자가 그 취소소송 도중 모병(募兵)에 응하여 현역병으로 자진 입대한 경우에는 소의 이익이 없다는 것이 판례의 입장이다.[57]

---

54) 대법원 1993. 11. 9. 선고 93누6867 판결.
55) 대법원 2009. 9. 10. 선고 2008두2675 판결.
56) 대법원 1990. 8. 28. 선고 89누8255 판결.
57) 대법원 1998. 9. 8. 선고 98두9165 판결[원심이 적법히 인정한 사실관계에 의하면, 원고는 1993. 8. 17. 징병신체검사에서 신체등위 2급판정을 받고 피고로부터 현역병입영대상자로서의 병역처분을 받자, 원고는 1996. 7. 22. 색맹이라는 신체적 결함으로 인하여 현역병의 임무를 감당할 수 없음을 그 사유로 들어 피고에게 위 병역처분을 현역병징집면제처분으로 변경하여 달라는 신청을 하였으나, 피고는 1996. 11. 12. 색맹은 징병신체검사등검사규칙(1992. 1. 7. 개정된 국방부령 제428호)에 규정된 평가기준상 병역처분의 변경대상이 아니라는 이유로 이를 거부하는 이 사건 처분을 하였고, 그 후 원고는 이 사건 처분의 위법을 주장하며 그 취소를 구하는 이 사건 소를 제기하였으나 소송 도중 모병에 응하여 현역병으로 자진 입대하였는바, 사실관계가 이와 같다면, 원고가 당초에 이 사건 소를 제기한 현실적인 필요는 현역병으로서의 복무가 강제되는 징집을 면하기 위한 데에 있었다고 할 것이나, 소송 도중 원고가 지원에 의하여 현역병으로 채용되었을 뿐만 아니라 이 사건 처분이 취소된다고 하더라도 현역병으로 채용된 효력이 상실되지 아니하여 계속 현역병으로 복무할 수밖에 없으므로 더 이상 재판으로 이 사건 처분의 위법을 다툴 실제적인 효용 내지 실익이 사라졌다고 할 것이어서 이 사건 소는 결국 소의 이익이 없는 부적법한 소라고 할 것이다].

① 대법원 1992. 7. 14. 선고 91누4737 판결

고등학교졸업이 대학입학자격이나 학력인정으로서의 의미밖에 없다고 할 수 없으므로 고등학교졸업학력검정고시에 합격하였다 하여 고등학교 학생으로서의 신분과 명예가 회복될 수 없는 것이니 퇴학처분을 받은 자로서는 퇴학처분의 위법을 주장하여 그 취소를 구할 소송상의 이익이 있다.

② 대법원 2003. 12. 26. 선고 2003두1875 판결

병역법 제2조 제1항 제3호에 의하면 '입영'이란 병역의무자가 징집·소집 또는 지원에 의하여 군부대에 들어가는 것이고, 같은 법 제18조 제1항에 의하면 현역은 입영한 날부터 군부대에서 복무하도록 되어 있으므로 현역병입영통지처분에 따라 현실적으로 입영을 한 경우에는 그 처분의 집행은 종료되지만, 한편, 입영으로 그 처분의 목적이 달성되어 실효되었다는 이유로 다툴 수 없도록 한다면, 병역법상 현역입영대상자로서는 현역병입영통지처분이 위법하다 하더라도 법원에 의하여 그 처분의 집행이 정지되지 아니하는 이상 현실적으로 입영을 할 수밖에 없으므로 현역병입영통지처분에 대하여는 불복을 사실상 원천적으로 봉쇄하는 것이 되고, 또한 현역입영대상자가 입영하여 현역으로 복무하는 과정에서 현역병입영통지처분 외에는 별도의 다른 처분이 없으므로 입영한 이후에는 불복할 아무런 처분마저 없게 되는 결과가 되며, 나아가 입영하여 현역으로 복무하는 자에 대한 병적을 당해 군 참모총장이 관리한다는 것은 입영 및 복무의 근거가 된 현역병입영통지처분이 적법함을 전제로 하는 것으로서 그 처분이 위법한 경우까지를 포함하는 의미는 아니라고 할 것이므로, 현역입영대상자로서는 현실적으로 입영을 하였다고 하더라도, 입영 이후의 법률관계에 영향을 미치고 있는 현역병입영통지처분 등을 한 관할지방병무청장을 상대로 위법을 주장하여 그 취소를 구할 소송상의 이익이 있다.

6) 처분의 근거 법령이 폐지된 경우

처분의 근거 법령이 폐지되어 더 이상 신청한 처분이 불가능하게 된 경우에는 거부처분의 취소를 구할 소의 이익이 없다.

대법원 1999. 6. 11. 선고 97누379 판결

구 주택건설촉진법(1999. 2. 8. 법률 제5908호로 개정되기 전의 것)은 제32조의4에서 주택건설사업계획의 사전결정제도에 관하여 규정하고 있었으나 위 법률이 1999. 2. 8. 법률 제5908호로 개정되면서 위 제32조의4가 삭제되었고, 그 부칙 규정에 의하면 개정 후 법은 1999. 3. 1.부터 시행되며(부칙 제1조), 개정 후 법의 시행 당시 종전의 제32조의4의 규정에 의하여 사전결정을 한 주택건설사업은 종전의 규정에 따라 주택건설사업을 시행할 수 있다고 규정되어 있을 뿐(부칙 제2조), 개정 후 법의 시행 전에 사전결정의 신청이 있었으나 그 시행 당시 아직 사전결

정이 되지 않은 경우에도 종전의 규정에 의한다는 취지의 규정을 두지 아니하고 있고, 따라서 개정 전의 법에 기한 주택건설사업계획 사전결정반려처분의 취소를 구하는 소송에서 승소한다고 하더라도 위 반려처분이 취소됨으로써 사전결정신청을 한 상태로 돌아갈 뿐이므로, 개정 후 법이 시행된 1999. 3. 1. 이후에는 사전결정신청에 기하여 행정청으로부터 개정 전 법 제32조의4 소정의 사전결정을 받을 여지가 없게 되었다고 할 것이어서 더 이상 소를 유지할 법률상의 이익이 없게 되었다고 할 것이다.

7) 분쟁해결의 유효적절한 수단이 아닌 경우

처분에 대한 취소소송이 실효적이고 직접적인 권리구제수단이 될 수 없어 분쟁해결의 유효적절한 수단이라고 할 수 없는 경우에는 소의 이익이 없다.

① 대법원 2002. 5. 24. 선고 2000두3641 판결

기본행위인 이사선임결의가 적법·유효하고 보충행위인 승인처분 자체에만 하자가 있다면 그 승인처분의 무효확인이나 그 취소를 주장할 수 있지만, 이 사건 임원취임승인처분에 대한 무효확인이나 그 취소의 소처럼 기본행위인 임시이사들에 의한 이사선임결의의 내용 및 그 절차에 하자가 있다는 이유로 이사선임결의의 효력에 관하여 다툼이 있는 경우에는 민사쟁송으로서 그 기본행위에 해당하는 위 이사선임결의의 무효확인을 구하는 등의 방법으로 분쟁을 해결할 것이지 그 이사선임결의에 대한 보충적 행위로서 그 자체만으로는 아무런 효력이 없는 승인처분만의 무효확인이나 그 취소를 구하는 것은 특단의 사정이 없는 한 분쟁해결의 유효적절한 수단이라 할 수 없으므로, 임원취임승인처분의 무효확인이나 그 취소를 구할 법률상 이익이 없다.

② 대법원 2017. 10. 31. 선고 2015두45045 판결

행정청이 한 처분 등의 취소를 구하는 소송은 처분에 의하여 발생한 위법 상태를 배제하여 원래 상태로 회복시키고 처분으로 침해된 권리나 이익을 구제하고자 하는 것이다. 따라서 해당 처분 등의 취소를 구하는 것보다 실효적이고 직접적인 구제수단이 있음에도 처분 등의 취소를 구하는 것은 특별한 사정이 없는 한 분쟁해결의 유효적절한 수단이라고 할 수 없어 법률상 이익이 있다고 할 수 없다.

그런데 당사자의 신청을 받아들이지 않은 거부처분이 재결에서 취소된 경우에 행정청은 종전 거부처분 또는 재결 후에 발생한 새로운 사유를 내세워 다시 거부처분을 할수 있다. 그 재결의 취지에 따라 이전의 신청에 대하여 다시 어떠한 처분을 하여야 할지는 처분을 할 때의 법령과 사실을 기준으로 판단하여야 하기 때문이다. 또한 행정청이 재결에 따라 이전의 신청을 받아들이는 후속처분을 하였더라도 후속처분이 위법한 경우에는 재결에 대한 취소소송을 제기하지 않고도 곧바로 후속처분에 대한 항고소송을 제기하여 다툴 수 있다. 나아가 거부처분을 취소하는 재결이 있더라도 그에 따른 후속처분이 있기까지는 제3자의 권리나 이익에 변동이 있다고 볼 수 없고 후속처분 시에 비로소 제3자의 권리나 이익에 변동이 발생하며, 재결에 대한 항고소송을 제기하여 재결을 취소하는 판결이 확정되더라도 그와 별도로 후속처분이 취소되지 않는 이상 후속처분으로 인한 제3자의 권리나 이익에 대한 침해 상태는 여전히 유지된다. 이러한 점들을 종합하면, 거부처분이 재결에서 취소된 경우 재결에 따른 후속처분이 아니라 그 재결의 취소를 구하는 것은 실효적이고 직접적인 권리구제수단이 될 수 없어 분쟁해결의 유효적절한 수단이라고 할 수 없으므로 법률상 이익이 없다.

8) 기 타

(가) 사업양도에 따른 지위승계신고의 수리

영업자 지위승계신고의 수리는 강학상 인가와 성질이 다르므로, 그 수리대상인 사업양도·양수가 존재하지 아니하거나 무효인 때에는 수리를 하였다 하더라도 그 수리는 유효한 대상이 없는 것으로서 당연히 무효이다. 이 경우 사업의 양도행위가 무효라고 주장하는 자는 민사소송으로 양도·양수행위의 무효를 구함이 없이 허가관청을 상대로 하여 행정소송으로 신고수리처분의 무효확인을 구할 소의 이익이 있다.[58]

(나) 경원관계에서 탈락한 경원자

경원관계에서 인허가처분을 받지 못한 자는 경원자에 대한 인허가처분의 취소소송이나 무효등확인소송을 제기하여 구제받을 수 있을 뿐만 아니라 자신의 인허가 신청에 대한 거부처분의 취소를 구할 소의 이익도 있다.

대법원 2015. 10. 29. 선고 2013두27517 판결

인가·허가 등 수익적 행정처분을 신청한 여러 사람이 서로 경원관계에 있어서 한 사람에 대한 허가 등 처분이 다른 사람에 대한 불허가 등으로 귀결될 수밖에 없을 때 허가 등 처분을 받지 못한 사람은 신청에 대한 거부처분의 직접 상대방으로서 원칙적으로 자신에 대한 거부처분의 취소를 구할 원고적격이 있고, 취소판결이 확정되는 경우 판결의 직접적인 효과로 경원자에 대한 허가 등 처분이 취소되거나 효력이 소멸되는 것은 아니더라도 행정청은 취소판결의 기속력에 따라 판결에서 확인된 위법사유를 배제한 상태에서 취소판결의 원고와 경원자의 각 신청에 관하여 처분요건의 구비 여부와 우열을 다시 심사하여야 할 의무가 있으며, 재심사 결과 경원자에 대한 수익적 처분이 직권취소되고 취소판결의 원고에게 수익적 처분이 이루어질 가능성을 완전히 배제할 수

---

58) 대법원 2005. 12. 23. 선고 2005두3554 판결.

는 없으므로, 특별한 사정이 없는 한 경원관계에서 허가 등 처분을 받지 못한 사람은 자신에 대한 거부처분의 취소를 구할 소의 이익이 있다.

4. 피 고

행정소송법 제13조(피고적격) ① 취소소송은 다른 법률에 특별한 규정이 없는 한 그 처분등을 행한 행정청을 피고로 한다. 다만, 처분등이 있은 뒤에 그 처분등에 관계되는 권한이 다른 행정청에 승계된 때에는 이를 승계한 행정청을 피고로 한다.
② 제1항의 규정에 의한 행정청이 없게 된 때에는 그 처분등에 관한 사무가 귀속되는 국가 또는 공공단체를 피고로 한다.

(1) 피고적격

1) 일반론

(가) 처분등을 행한 행정청

취소소송은 다른 법률에 특별한 규정이 없는 한 그 처분등을 행한 행정청을 피고로 한다(제13조 제1). 행정청이란 국가 또는 공공단체와 같은 행정주체의 의사를 결정하여 외부에 표시할 수 있는 권한(권한)을 가진 기관을 말한다. 일반적으로 행정조직법상의 기관장이 이에 해당하지만, 예외도 존재한다.[59] 의사결정 표시기관이라는 점에서 행정조직법상의 행정청 개념과 반드시 일치하는 것은 아니다. 행정소송법은 행정청에 관한 정의규정을 두고 있지는 않으나, 제2조 제2항에서 "이 법을 적용함에 있어서 행정청에는 법령에 의하여 행정권한의 위임 또는 위탁을 받은 행정기관, 공공단체 및 그 기관 또는 사인이 포함된다."고 규정하고 있다.[60] 따라서 입법·사법기관은 물론 법령에 의하여 행정처분을 할 권한을 위임·위탁받은 공공단체와 그 기관을 포함하는 개념이며, 행정부의 기관만을 말하는 것도 아니다.[61]

결국 취소소송의 대상이 되는 처분등을 할 수 있는 자는 모두 여기서 말하는 행정청에 해당하며, 처분등을 외부적으로 그의 명의로 행한 행정청이 피고가 된다. 설령 처분을 하게 된 경위가 상급 행정청이나 다른 행정청의 지시나 통보에 의한 것이라고 하더라도 마찬가지이다. 외부적 표시기관이 아닌 내부기관에 의해 실질적으

---

59) 지방의회 의원의 징계를 의결한 지방의회가 이에 해당한다.
60) 행정심판법은 행정청에 대해 "행정청이란 행정에 관한 의사를 결정하여 표시하는 국가 또는 지방자치단체의 기관, 그 밖에 법령 또는 자치법규에 따라 행정권한을 가지고 있거나 위탁을 받은 공공단체나 그 기관 또는 사인(私人)을 말한다."고 정의하고 있다(제2조 제4호). 행정절차법에서도 이와 동일한 정의규정(제2조 제1호)을 두고 있다.
61) 법원실무제요 행정(67면).

로 의사가 결정되더라도 내부기관은 피고적격이 없다.[62]

피고적격이 없는 자를 상대로 취소소송을 제기한 경우에는 소가 각하되지만,[63] 피고경정의 절차를 통해 이를 바로 잡을 수 있다.

대법원 2014. 5. 16. 선고 2014두274 판결

취소소송은 다른 법률에 특별한 규정이 없는 한 그 처분 등을 행한 행정청을 피고로 한다(행정소송법 제13조 제1항). 여기서 '행정청'이라 함은 국가 또는 공공단체의 기관으로서 국가나 공공단체의 의견을 결정하여 외부에 표시할 수 있는 권한, 즉 처분권한을 가진 기관을 말하고, 대외적으로 의사를 표시할 수 있는 기관이 아닌 내부기관은 실질적인 의사가 그 기관에 의하여 결정되더라도 피고적격을 갖지 못한다.

(나) 권한이 위임·위탁된 경우

행정권한의 위임이나 위탁이 있으면 위임청은 위임사항의 처리에 관한 권한을 잃고 그 사항은 수임청의 권한이 된다. 따라서 수임 행정청이 위임받은 권한에 기하여 자신의 명의로 한 처분에 대하여는 수임 행정청이 정당한 피고가 된다. 참고로 국세징수법 제103조 제1항에 따라 한국자산관리공사가 하는 공매의 대행은 세무서장의 단순한 대리가 아니라 권한의 위임에 의한 것으로 보아야 하므로, 한국자산관리공사가 압류된 재산을 공매한 경우에 그 공매처분에 대한 항고소송은 수임청으로서 실제 공매를 행한 한국자산관리공사를 피고로 하여야 하고, 위임청인 세무서장은 피고적격이 없다.

① 대법원 2007. 8. 23. 선고 2005두3776 판결

에스에이치공사가 택지개발사업 시행자인 서울특별시장으로부터 이주대책 수립권한을 포함한 택지개발사업에 따른 권한을 위임 또는 위탁받은 경우, 이주대책 대상자들이 에스에이치공사 명의로 이루어진 이주대책에 관한 처분에 대한 취소소송을 제기함에 있어 정당한 피고는 에스에이치공사가 된다고 한 사례.

② 대법원 1996. 9. 6. 선고 95누12026 판결

성업공사에 의한 공매의 대행은 세무서장의 공매권한의 위임으로 보아야 하고 따라서 성업공사는 공매권한의 위임에 의하여 압류재산을 공매하는 것이므로, 성업공사가 공매를 한 경우에 그 공매처분에 대한 취소 또는 무효확인 등의 항고소송을 함에 있어

---

62) 징계처분은 이를 외부적으로 한 징계권자가 피고가 되며, 징계위원회는 피고적격을 갖지 못한다.
63) 대법원 1991. 10. 8. 선고 91누520 판결(구청장이 서울특별시장의 이름으로 한 직위해제 및 파면의 처분청은 서울특별시장이므로 구청장을 피고로 한 소를 각하한 원심의 판단이 정당하다고 한 사례).

서는 수임청으로서 실제로 공매를 행한 성업공사를 피고로 하여야 하고, 위임청인 세무서장은 피고적격이 없다.

(다) 권한의 대리·내부위임

권한의 대리나 내부위임의 경우에는 처분권한이 이관되는 것이 아니므로, 그 처분권한을 가진 원행정청의 이름으로 처분을 하여야 하고, 이 경우에는 원행정청이 피고적격을 가진다.

대법원 1991. 10. 8. 선고 91누520 판결

행정관청이 특정한 권한을 법률에 따라 다른 행정관청에 이관한 경우와 달리 내부적인 사무처리의 편의를 도모하기 위하여 그의 보조기관 또는 하급행정관청으로 하여금 그의 권한을 사실상 행하도록 하는 내부위임의 경우에는 수임관청이 그 위임된 바에 따라 위임관청의 이름으로 권한을 행사하였다면 그 처분청은 위임관청이므로 그 처분의 취소나 무효확인을 구하는 소송의 피고는 위임관청으로 삼아야 한다.

그러나 내부위임이나 대리권을 수여받은 것에 불과하여 원행정청 명의나 대리관계를 밝히지 않고는 자신의 명의로 처분을 할 권한이 없음에도 불구하고 행정청이 착오 등으로 권한 없이 그의 명의로 처분을 하였다면, 그 처분은 실체법상 정당한 권한이 없는 자가 한 위법한 처분이 될 것이지만, 이는 본안 판단사항일 뿐이므로 이 경우에도 피고는 권한 없이 처분을 한 행정청이 된다[판례 ①]. 즉, 외부적으로 그의 이름으로 처분을 한 자에게 정당한 권한이 있었는지 여부는 피고적격을 정하는데 고려할 사항이 아니다.

그러나 대리관계를 명시적으로 밝히지는 아니하였다 하더라도 처분명의자가 피대리 행정청 산하의 행정기관으로서 실제로 피대리 행정청으로부터 대리권한을 수여받아 피대리 행정청을 대리한다는 의사로 행정처분을 하였고 처분명의자는 물론 그 상대방도 그 행정처분이 피대리 행정청을 대리하여 한 것임을 알고서 이를 받아들인 예외적인 경우에는 피대리 행정청이 피고가 된다[판례 ②].

① 대법원 1994. 8. 12. 선고 94누2763 판결

행정처분의 취소 또는 무효확인을 구하는 행정소송은 다른 법률에 특별한 규정이 없는 한 그 처분을 행한 행정청을 피고로 하여야 하며, 행정처분을 행할 적법한 권한 있는 상급행정청으로부터 내부위임을 받은 데 불과한 하급행정청이 권한 없이 행정처분을 한 경우에도 실제로 그 처분을 행한 하급행정청을 피고로 하여야 할 것이지 그 처분을 행할 적법한 권한 있는 상급행정청을 피고로 할 것은 아니다.

② 대법원 2006. 2. 23.자 2005부4 결정

대리권을 수여받은 데 불과하여 그 자신의 명의로는 행정처분을 할 권한이 없는 행정청의 경우 대리관계를 밝힘이 없이 그 자신의 명의로 행정처분을 하였다면 그에 대하여는 처분명의자인 당해 행정청이 항고소송의 피고가 되어야 하는 것이 원칙이지만, 비록 대리관계를 명시적으로 밝히지는 아니하였다 하더라도 처분명의자가 피대리 행정청 산하의 행정기관으로서 실제로 피대리 행정청으로부터 대리권한을 수여받아 피대리 행정청을 대리한다는 의사로 행정처분을 하였고 처분명의자는 물론 그 상대방도 그 행정처분이 피대리 행정청을 대리하여 한 것임을 알고서 이를 받아들인 예외적인 경우에는 피대리 행정청이 피고가 되어야 한다.[64]

(라) 처분청과 처분을 통지한 기관이 다른 경우

처분청과 처분을 통지한 기관이 서로 다른 경우에는 처분청이 피고가 된다.

대법원 2014. 9. 26. 선고 2013두2518 판결

[1] 헌법 제11조 제3항과 구 상훈법(2011. 8. 4. 법률 제10985호로 개정되기 전의 것, 이하 같다) 제2조, 제33조, 제34조, 제39조의 규정 취지에 의하면, 서훈은 서훈대상자의 특별한 공적에 의하여 수여되는 고도의 일신전속적 성격을 가지는 것이다. 나아가 서훈은 단순히 서훈대상자 본인에 대한 수혜적 행위로서의 성격만을 가지는 것이 아니라, 국가에 뚜렷한 공적을 세운 사람에게 영예를 부여함으로써 국민 일반에 대하여 국가와 민족에 대한 자긍심을 높이고 국가적 가치를 통합·제시하는 행위의 성격도 있다. 서훈의 이러한 특수성으로 말미암아 상훈법은 일반적인 행정행위와 달리 사망한 사람에 대하여도 그의 공적을 영예의 대상으로 삼아 서훈을 수여할 수 있도록 규정하고 있다. 그러나 그러한 경우에도 서훈은 어디까지나 서훈대상자 본인의 공적과 영예를 기리기 위한 것이므로 비록 유족이라고 하더라도 제3자는 서훈수여 처분의 상대방이 될 수 없고, 구 상훈법 제33조, 제34조 등에 따라 망인을 대신하여 단지 사실행위로서 훈장 등을 교부받거나 보관할 수 있는 지위에 있을 뿐이다. 이러한 서훈의 일신전속적 성격은 서훈취소의 경우에도 마찬가지이므로, 망인에게 수여된 서훈의 취소에서도 유족은 그 처분의 상대방이 되는 것이 아니다.

이와 같이 망인에 대한 서훈취소는 유족에 대한 것이 아니므로 유족에 대한 통지에

---

64) 근로복지공단의 이사장으로부터 보험료의 부과 등에 관한 대리권을 수여받은 지역본부장이 대리의 취지를 명시적으로 표시하지 않고서 산재보험료 부과처분을 한 경우, 그러한 관행이 약 10년간 계속되어 왔고, 실무상 근로복지공단을 상대로 산재보험료 부과처분에 대한 항고소송을 제기하여 온 점 등에 비추어 지역본부장은 물론 그 상대방 등도 근로복지공단과 지역본부장의 대리관계를 알고 받아들였다는 이유로, 위 부과처분에 대한 항고소송의 피고적격이 근로복지공단에 있다고 한 사례.

의해서만 성립하여 효력이 발생한다고 볼 수 없고, 그 결정이 처분권자의 의사에 따라 상당한 방법으로 대외적으로 표시됨으로써 행정행위로서 성립하여 효력이 발생한다고 봄이 타당하다.

[2] 국무회의에서 건국훈장 독립장이 수여된 망인에 대한 서훈취소를 의결하고 대통령이 결재함으로써 서훈취소가 결정된 후 국가보훈처장이 망인의 유족 갑에게 '독립유공자 서훈취소결정 통보'를 하자 갑이 국가보훈처장을 상대로 서훈취소결정의 무효 확인 등의 소를 제기한 사안에서, 갑이 서훈취소 처분을 행한 행정청(대통령)이 아니라 국가보훈처장을 상대로 제기한 위 소는 피고를 잘못 지정한 경우에 해당하므로, 법원으로서는 석명권을 행사하여 정당한 피고로 경정하게 하여 소송을 진행해야 함에도 국가보훈처장이 서훈취소 처분을 한 것을 전제로 처분의 적법 여부를 판단한 원심판결에 법리오해 등의 잘못이 있다고 한 사례.

2) 개별적 검토

(가) 합의제행정기관

공정거래위원회, 방송통신위원회, 소청심사위원회, 토지수용위원회, 행정심판위원회와 같은 합의제행정기관이 한 처분에 대하여는 합의제행정기관의 대표가 아닌 합의제행정기관 자체가 피고가 되는 것이 원칙이다. 다만, 중앙노동위원회의 처분에 대한 소송은 중앙노동위원회 위원장을 피고로 하고(노동위원회법 제27조 제1항), 중앙해양안전심판원의 재결에 대한 소송은 중앙해양안전심판원장을 피고로 하는 특별한 규정(해양사고의 조사 및 심판에 관한 법률 제75조)을 두고 있다.

(나) 공법인·공무수탁사인

공법인(公社을 포)이나 공무수탁사인도 국가나 지방자치단체의 사무를 위임·위탁받아 행하는 범위 내에서 행정청에 해당하므로 피고적격을 가진다. 이때 행정권한을 위임·위탁받은 것은 공법인 그 자체이고 그 대표자가 아니므로 처분은 공법인의 이름으로 행하여진다. 따라서 처분에 대한 취소소송의 피고도 공법인이 된다.

(다) 지방의회

지방의회는 지방자치단체 내부의 의결기관에 불과할 뿐 지방자치단체의 의사를 외부에 표시할 권한이 없으므로 원칙적으로 취소소송의 피고가 될 수 없다. 따라서 이른바 '처분적 조례'에 대해 항고소송을 제기하는 경우, 그 피고는 조례를 공포한 지방자치단체의 장(교육·학예에 관한 조례는 시·도 교육감)이 된다.[65]

---

65) 대법원 1996. 9. 20. 선고 95누8003 판결.

그러나 지방의회 의원에 대한 징계의결[66]이나 지방의회 의장에 대한 불신임의결[67] 또는 지방의회의 의장선임의결[68]은 지방의회의 이름으로 행하여지는 처분이므로 이에 대한 항고소송의 피고는 모두 지방의회가 된다.

3) 다른 법률에 특별한 규정이 있는 경우

(가) 국가공무원에 대한 처분

국가공무원에 대한 징계처분 또는 징계부가금 부과처분, 강임·휴직·직위해제 또는 면직처분, 그 밖에 본인의 의사에 반한 불리한 처분이나 부작위에 관한 행정소송을 제기할 때에는 대통령의 처분 또는 부작위의 경우에는 소속 장관(대통령령으로 정하는 기관의 장을 포함)을, 중앙선거관리위원회 위원장의 처분 또는 부작위의 경우에는 중앙선거관리위원회 사무총장을 각각 피고로 한다(국가공무원법 제16조 제2항).

(나) 경찰공무원에 대한 처분

경찰공무원에 대한 징계처분, 휴직처분, 면직처분, 그 밖에 의사에 반하는 불리한 처분에 대한 행정소송은 경찰청장 또는 해양경찰청장을 피고로 한다. 다만, 제7조 제3항 및 제4항에 따라 임용권을 위임한 경우에는 그 위임을 받은 자를 피고로 한다(경찰공무원법 제34조).

(다) 국회의장이 행한 처분

국회의장이 한 처분에 대한 행정소송의 피고는 사무총장으로 한다(국회사무처법 제4조 제3항).

(라) 대법원장이 행한 처분

대법원장이 한 처분에 대한 행정소송의 피고는 법원행정처장으로 한다(법원조직법 제70조).

(마) 헌법재판소장이 행한 처분

헌법재판소장이 한 처분에 대한 행정소송의 피고는 헌법재판소 사무처장으로 한다(헌법재판소법 제17조 제5항).

4) 피고적격자의 변경

(가) 취소소송이 제기되기 전

처분등이 있은 뒤에 그 처분등에 관계되는 권한이 다른 행정청에 승계된 때에는

---

66) 대법원 1993. 11. 26. 선고 93누7341 판결.
67) 대법원 1994. 10. 11.자 94두23 결정.
68) 대법원 1995. 1. 12. 선고 94누2602 판결.

이를 승계한 행정청을 피고로 한다($_{항 단서}^{제13조 제1}$).

만일 처분등을 행한 행정청이 없게 된 때에는 그 처분등에 관한 사무가 귀속되는 국가 또는 공공단체를 피고로 한다($_{항}^{제2}$). 처분등을 행한 행정청이 직제개편 등에 의해 권한을 잃거나 폐지되고, 그 권한을 승계할 행정청도 없는 경우가 이에 해당될 수 있다. 여기서 '사무가 귀속되는'이란 '해당 행정청이 속한'과는 구별되는 개념이다. 따라서 지방자치단체 소속기관이 국가의 기관위임사무를 처리하다가 권한을 잃게 된 경우 그 사무는 국가에 귀속하므로 국가가 피고가 되어야 한다.[69]

(나) 취소소송이 제기된 후

취소소송이 제기된 후에 위와 같은 사유가 생긴 때에는 법원은 당사자의 신청 또는 직권에 의하여 피고를 경정한다. 이 경우에는 제14조 제4항 및 제5항의 규정을 준용한다($_{제6항}^{제14조}$).

(2) 피고경정

1) 의 의

피고의 경정이란 소송의 계속 중에 피고로 지정된 자를 다른 자로 변경하는 것을 말한다. 행정조직은 복잡하고 권한의 변경도 빈번하게 이루어질 뿐만 아니라 행정주체가 아닌 행정청을 피고로 보고 있어 행정소송에서 피고를 잘못 지정하는 경우가 적지 않다. 이 경우 소를 부적법한 것으로 보아 각하하게 되면, 다시 정당한 피고를 지정하여 제소하려고 하여도 제소기간의 도과 등으로 권리구제를 받을 수 없게 되는 경우가 있다. 이러한 문제를 해결하기 위하여 행정소송법은 민사소송법에 피고경정에 관한 규정을 두기 전부터 이미 피고경정제도를 마련해 두었다. 취소소송에서 규정한 피고경정에 관한 규정은 무효등확인소송, 부작위위법확인소송 및 당사자소송에도 준용된다($_{제44조 제1항}^{행정소송법 제38조,}$).

2) 민사소송과의 차이

민사소송에서 피고의 경정은 ① 제1심 변론을 종결할 때까지만 허용되고, ② 피고가 본안에 관하여 준비서면을 제출하거나, 변론준비기일에서 진술하거나 변론을 한 뒤에는 그의 동의를 받아야 하며, ③ 서면으로 신청하여야 한다($_{조 제1항, 제2항}^{민사소송법 제260}$).

그러나 행정소송에서 피고의 경정은 사실심 변론종결시까지 허용되고, 종전 피

---

69) 법원실무제요 행정(71면).

고의 동의를 요하지 않으며, 서면 또는 구두로도 신청할 수 있다.

원래 행정소송법에서는 민사소송법과 달리 피고경정이 허용되는 시기에 관한 명문의 규정이 없었으나, 대법원은 행정소송실무에서 피고경정을 사실심 변론종결시까지 허용하고 있었다. 2023년 8월 31일 새롭게 제정된 행정소송규칙(대법원규칙 제3108호)에서는 취소소송을 제기하는 국민의 예측가능성을 높이기 위하여 이러한 대법원 판례의 법리를 명문화하였다. 다만, 행정소송에서 사실심 변론종결시까지 허용되는 피고경정은 행정소송법 제14조 제1항에 따른 피고경정(잘못 지정한 피고경정)이며, 제14조 제6항에 따른 피고경정(권한청 변경에 따른 피고경정)은 상고심에서도 허용된다.[70]

> **행정소송규칙 제6조(피고경정)** 법 제14조 제1항에 따른 피고경정은 사실심 변론을 종결할 때까지 할 수 있다.

대법원 2006. 2. 23.자 2005부4 결정

> 행정소송법 제14조에 의한 피고경정은 사실심 변론종결에 이르기까지 허용되는 것으로 해석하여야 할 것이고, 굳이 제1심 단계에서만 허용되는 것으로 해석할 근거는 없다.

3) 행정소송에서 피고경정이 허용되는 경우

(가) 원고가 피고를 잘못 지정한 경우

원고가 피고를 잘못 지정한 때에는 법원은 원고의 신청에 의하여 결정으로써 피고의 경정을 허가할 수 있다(행정소송법 제14조 제1항). 이는 소송계속 중 당사자의 의사에 따라 당사자가 교체 또는 추가되는 임의적 당사자변경의 한 형태이다. 법원은 경정허가결정의 정본을 새로운 피고에게 송달하여야 한다(제2항). 원고의 신청을 각하하는 결정에 대하여는 즉시항고를 할 수 있다(제3항).

경정허가결정에 대하여 신청인은 불복하지 못하며, 종전 피고는 항고제기의 방법으로 불복할 수는 없으나, 행정소송법 제8조 제2항에 따라 준용되는 민사소송법 제449조[71]에서 정한 특별항고를 제기할 수 있다.[72] 한편, 경정허가결정은 새로운 피

---

70) 대법원 1999. 3. 6.자 98두8810 결정.

71) 제449조(특별항고) ① 불복할 수 없는 결정이나 명령에 대하여는 재판에 영향을 미친 헌법위반이 있거나, 재판의 전제가 된 명령·규칙·처분의 헌법 또는 법률의 위반여부에 대한 판단이 부당하다는 것을 이유로 하는 때에만 대법원에 특별항고를 할 수 있다.

72) 대법원 2006. 2. 23.자 2005부4 결정(행정소송에서 피고경정신청이 이유 있다 하여 인용한 결정에 대하여는 종전 피고는 항고제기의 방법으로 불복신청할 수 없고, 행정소송법 제8조 제2항에 의하여 준용되는 민사소송법 제449조 소정의 특별항고가 허용될 뿐이다).

고에 대한 관계에서는 중간적 재판의 성질을 가지므로, 새로운 피고는 자신에게 피고적격이 없다고 생각되더라도 이를 본안에서 다투면 되고, 경정허가결정에 대하여 독립하여 다툴 수는 없으며, 특별항고의 대상도 되지 않는다.[73]

(나) 취소소송이 제기된 후 권한청 변경

취소소송이 제기된 후에 제13조 제1항 단서(처분등에 관계되는 권한이 다른 행정청에 승계된 경우) 또는 제13조 제2항(처분등을 행한 행정청이 없게 된 경우)에 해당하는 사유가 생긴 때에는 법원은 당사자의 신청 또는 직권에 의하여 권한을 승계한 행정청 또는 처분등에 관한 사무가 귀속되는 국가 또는 공공단체로 피고를 경정한다(제14조 제6항). 이는 일반 민사소송에서 계쟁물 양도에 의한 승계의 특수한 형태이다.

(다) 소의 변경이 있는 경우

행정소송에서 소의 변경은 ① 행정소송법에서 특별히 규정하고 있는 소의 종류의 변경(제21조)과 처분변경으로 인한 소의 변경(제22조), ② 소의 종류를 변경하지 않는 경우로서 민사소송법 제262조의 준용에 의한 소의 변경[74]이 있다. 이 중에서 소의 종류의 변경에 수반하는 피고경정은 행정소송법 제21조에 따라 당연히 허용된다. 그러나 민사소송법이 준용되는 소의 변경의 경우 청구취지 및 원인을 변경하는 것 외에 피고경정까지 가능한지에 대하여 논란이 있을 수 있으나, 청구기초의 동일성, 제소기간 등 소변경의 일반요건을 갖춘 이상 청구취지 등의 변경과 아울러 또는 청구취지 등을 변경한 후 피고의 지정에 잘못이 있다는 이유로 행정소송법 제14조에 따라 법원의 허가를 얻어 피고의 경정이 가능하다고 본다.[75] 다만, 이 경우에는 제소기간에 관한 행정소송법상의 특례가 적용되지는 않는다고 할 것이다.[76]

4) 효 과

피고경정의 결정이 있은 때에는 새로운 피고에 대한 소송은 처음에 소를 제기한 때에 제기된 것으로 보며(제14조 제4항), 종전의 피고에 대한 소송은 취하된 것으로 본다(제5항).

---

73) 대법원 1994. 6. 29.자 93프3 결정(피고경정허가결정은 새로운 피고에 대한 관계에서는 중간적 재판의 성질을 갖는 것으로서 특별항고의 대상이 되는 불복을 신청할 수 없는 결정에는 해당하지 않는다.

74) 대법원 2013. 4. 26. 선고 2012두27954 판결.

75) 징계위원회를 피고로 하여 징계의결의 취소를 구하다가 징계처분의 취소를 구하는 것으로 청구취지를 변경하면서 피고를 징계권자로 변경하는 것을 생각해 볼 수 있다. 법원실무제요 행정(85면).

76) 대법원 2004. 11. 25. 선고 2004두7023 판결.

5. 공동소송

수인의 청구 또는 수인에 대한 청구가 처분등의 취소청구와 관련되는 청구인 경우에 한하여 그 수인은 공동소송인이 될 수 있다($^{행정소송법}_{제15조}$). 이는 관련청구의 주관적 병합에 해당한다.

6. 소송참가

(1) 제3자의 소송참가

1) 의 의

법원은 소송의 결과에 따라 권리 또는 이익의 침해를 받을 제3자가 있는 경우에는 당사자 또는 제3자의 신청 또는 직권에 의하여 결정으로써 그 제3자를 소송에 참가시킬 수 있다($^{행정소송법}_{제16조 제1항}$). 이는 주로 제3자효 행정행위에 대한 취소소송에서 문제된다. 취소소송에서 처분등을 취소하는 확정판결은 제3자에 대하여도 효력이 있으므로($^{제29조}_{제1항}$), 당해 소송에 이해관계를 갖는 제3자는 자신의 권익보호를 위하여 소송에 직접 참가하여 이익되는 사실을 주장하고, 필요한 자료를 제출할 필요가 있다. 예컨대, 폐기물처리업허가에 대해 인근 주민이 그 취소소송을 제기한 경우, 폐기물처리업허가를 받은 자가 당해 소송에 참가하는 경우가 이에 해당한다. 처분등을 취소하는 판결에 의하여 권리 또는 이익의 침해를 받은 제3자는 자기에게 책임 없는 사유로 소송에 참가하지 못함으로써 판결의 결과에 영향을 미칠 공격 또는 방어방법을 제출하지 못한 때에는 이를 이유로 확정된 종국판결에 대하여 재심의 청구를 할 수 있다($^{제31조}_{제1항}$).

2) 요 건

제3자의 소송참가가 인정되기 위해서는 ① 타인 간의 취소소송이 계속 중일 것, ② 소송의 결과에 따라 제3자의 권리 또는 이익의 침해를 받을 것이 요구된다.

첫 번째 요건과 관련하여, 적법한 소송이 계속되어 있는 한 심급을 묻지 않고 상고심에서도 가능하다.

두 번째 요건에서 소송의 결과에 따라 권리 또는 이익의 침해를 받는다는 것은 판결의 결론인 주문에 의하여 직접 권리나 이익의 침해를 받는다는 것을 말하나, 취소판결의 형성력 그 자체에 의하여 직접 권리나 이익의 침해를 받는 경우뿐만 아니라, 판결의 기속을 받은 피고 행정청이나 관계 행정청의 새로운 처분에 의하여 권리나 이익의 침해를 받게 되는 자도 포함된다.[77] 여기서 말하는 이익이란 법률상 이익을 의미하고, 단순한 사실상 이익이나 경제상 이익은 포함되지 않는다는 것이 통설과 판례[78]이다.

참가인은 소송당사자 이외의 제3자이어야 한다. 국가 또는 공공단체도 가능하나, 당사자능력이 없는 행정청은 행정소송법 제17조에 의한 참가만이 가능하다.[79] 판례에 따르면, 행정청은 민사소송법상 보조참가도 할 수 없다.

대법원 2002. 9. 24. 선고 99두1519 판결

타인 사이의 항고소송에서 소송의 결과에 관하여 이해관계가 있다고 주장하면서 민사소송법(2002. 1. 26. 법률 제6626 호로 전문 개정된 것) 제71조에 의한 보조참가를 할 수 있는 제3자는 민사소송법상의 당사자능력 및 소송능력을 갖춘 자이어야 하므로 그러한 당사자능력 및 소송능력이 없는 행정청으로서는 민사소송법상의 보조참가를 할 수는 없고 다만 행정소송법 제17조 제1항에 의한 소송참가를 할 수 있을 뿐이다(행정청에 불과한 서울특별시장의 보조 참가신청을 부적법하다고 한 사례).

3) 절 차

참가신청이 있으면 법원은 당사자의 이의가 없더라도 직권으로 그 요건의 존부를 심리하여 결정으로 허가하거나 각하하여야 하며,[80] 직권으로 제3자를 소송에 참가시킬 필요가 있다고 인정할 때에는 결정으로 참가를 명하여야 한다. 법원이 제3자의 참가를 허가하거나 명하는 결정을 하고자 할 때에는 미리 당사자 및 제3자의 의견을 들어야 하나(제16조 제2항), 그 의견에 구속되는 것은 아니다.

참가신청을 한 제3자는 그 신청을 각하한 결정에 대하여 즉시항고할 수 있다(제3항). 이와 달리 당사자가 제3자의 참가를 신청하였으나 각하된 경우에는 불복절차에 관하여 명문의 규정이 없다. 그러나 참가를 허가한 결정에 대하여는 당사자 및 제3자 누구도 독립하여 불복할 수 없다.

4) 효과(참가인의 지위)

법원의 참가결정에 따라 제3자는 참가인의 지위를 가지며, 소송에 참가한 제3자에 대하여는 민사소송법 제67조의 규정을 준용한다(제16조 제4항). 따라서 참가인은 피참가인과의 관계에서는 공동소송인에 준하는 지위에 서게 되나, 당사자로서 독자적 청

---

77) 법원실무제요 행정(88면).
78) 대법원 2008. 5. 29. 선고 2007두23873 판결.
79) 법원실무제요 행정(89면).
80) 이 점에서 민사소송법상 보조참가와는 차이가 있다(제73조 제1항).

구권을 가지고 있는 것은 아니므로 그 성질은 공동소송적 보조참가와 유사하다. 또한, 민사소송법 제67조[81]가 준용되므로 유리한 행위는 1인이 하여도 전원에 대하여 효력이 생기지만, 불리한 행위는 전원이 하지 않으면 효력이 없다.

한편 대법원 판례에 따르면, 행정소송 사건에서 참가인이 한 보조참가가 행정소송법 제16조가 규정한 제3자의 소송참가에 해당하지 않는 경우에도, 판결의 효력이 참가인에게까지 미치는 점 등 행정소송의 성질에 비추어 보면 그 참가는 민사소송법 제78조에 규정된 공동소송적 보조참가이다.

① 대법원 2013. 3. 28. 선고 2011두13729 판결

[1] 행정소송 사건에서 참가인이 한 보조참가가 행정소송법 제16조가 규정한 제3자의 소송참가에 해당하지 않는 경우에도, 판결의 효력이 참가인에게까지 미치는 점 등 행정소송의 성질에 비추어 보면 그 참가는 민사소송법 제78조에 규정된 공동소송적 보조참가이다.

[2] 공동소송적 보조참가는 그 성질상 필수적 공동소송 중에서는 이른바 유사필수적 공동소송에 준한다 할 것인데, 유사필수적 공동소송에서는 원고들 중 일부가 소를 취하하는 경우에 다른 공동소송인의 동의를 받을 필요가 없다. 또한 소취하는 판결이 확정될 때까지 할 수 있고 취하된 부분에 대해서는 소가 처음부터 계속되지 아니한 것으로 간주되며(민사소송법 제267조), 본안에 관한 종국판결이 선고된 경우에도 그 판결 역시 처음부터 존재하지 아니한 것으로 간주되므로, 이는 재판의 효력과는 직접적인 관련이 없는 소송행위로서 공동소송적 보조참가인에게 불이익이 된다고 할 것도 아니다. 따라서 피참가인이 공동소송적 보조참가인의 동의 없이 소를 취하하였다 하더라도 이는 유효하다. 그리고 이러한 법리는 행정소송법 제16조에 의한 제3자 참가가 아니라 민사소송법의 준용에 의하여 보조참가를 한 경우에도 마찬가지로 적용된다.

② 대법원 2017. 10. 12. 선고 2015두36836 판결

행정소송 사건에서 참가인이 한 보조참가가 행정소송법 제16조가 규정한 제3자의 소송참가에 해당하지 않는 경우에도, 판결의 효력이 참가인에게까지 미치는 점 등 행정소송의 성질에 비추어 보면 그 참가는 민사소송법 제78조에 규정된 공동소송적 보조참가라고 볼 수 있다. 민사소송법 제78조의 공동소송적 보조참가에는 필수적 공동소송에 관한 민사소송법 제67조 제1항, 즉 "소송목적이 공동소송인 모두에게 합일적으로 확정되어야 할 공동소송의 경우에 공동소송인 가운데 한 사람의 소송행위는 모두의 이익을

---

81) 제67조(필수적 공동소송에 대한 특별규정) ① 소송목적이 공동소송인 모두에게 합일적으로 확정되어야 할 공동소송의 경우에 공동소송인 가운데 한 사람의 소송행위는 모두의 이익을 위하여서만 효력을 가진다.

위하여서만 효력을 가진다."라고 한 규정이 준용되므로, 피참가인의 소송행위는 모두의 이익을 위하여서만 효력을 가지고, 공동소송적 보조참가인에게 불이익이 되는 것은 효력이 없으므로, 참가인이 상소를 할 경우에 피참가인이 상소취하나 상소포기를 할 수는 없다.

(2) 행정청의 소송참가

1) 의 의

법원은 다른 행정청을 소송에 참가시킬 필요가 있다고 인정할 때에는 당사자 또는 당해 행정청의 신청 또는 직권에 의하여 결정으로써 그 행정청을 소송에 참가시킬 수 있다(제17조제1항). 가령, 다툼의 대상인 처분등에 관하여 피고 행정청을 지휘·감독하는 상급 행정청이나 동의·협의 등을 함으로써 처분의 근거자료를 가지고 있는 관계 행정청 등이 이에 해당한다. 행정청의 소송참가는 직권심리주의와 밀접한 관련을 가지고 있다는 점에서 제3자의 이익보호를 주된 목적으로 하는 제3자의 소송참가와는 구별된다.[82]

2) 요 건

행정청의 소송참가가 인정되기 위해서는 ① 타인 간의 취소소송이 계속 중이고, ② 피고 행정청 이외의 다른 행정청이 피고 행정청을 위하여 참가하여야 하며, ③ 참가의 필요성이 있어야 한다. 여기에서 참가의 필요성은 관계되는 다른 행정청을 소송에 참가시킴으로써 소송자료 및 증거자료가 풍부하게 되어 그 결과 사건의 적정한 심리와 재판을 하기 위하여 필요한 경우를 가리킨다.[83]

3) 절 차

신청에 의하든 직권에 의하든, 법원이 참가 여부의 결정을 하고자 할 때에는 당사자 및 당해 행정청의 의견을 들어야 한다(제17조제2항). 그러나 그 의견에 기속되는 것은 아니다. 법원의 참가허부의 결정에 대하여는 당사자나 참가 행정청 모두 불복할 수 없다. 행정소송법 제17조는 제16조 제3항과 같은 불복규정을 두고 있지 않다.

4) 효과(참가인의 지위)

참가 행정청은 피고 행정청을 피참가인으로 하여서만 참가할 수 있다. 소송에 참가한 행정청에 대하여는 민사소송법 제76조의 규정을 준용한다(제17조제3항). 따라서 참

---

82) 김남진/김연태(837면).
83) 대법원 2002. 9. 24. 선고 99두1519 판결.

가 행정청은 보조참가인에 준하는 지위를 가지며, 공격·방어·이의·상소, 그 밖의 모든 소송행위를 할 수 있다. 그러나 피참가인의 소송행위와 저촉되는 행위는 할 수 없다.

참가 유형	행정소송법 제16조	행정소송법 제17조	민사소송법 제71조 참가
참가인	소송결과에 따라 권리나 이익의 침해를 받을 제3자	소송에 참가시킬 필요가 있다고 인정한 행정청	소송결과에 대하여 이해관계가 있는 제3자
피참가인	원고, 피고	피고	원고, 피고
신청권자	당사자, 제3자	당사자, 당해 행정청	제3자
신청요부	불요 (직권으로 가능)	불요 (직권으로 가능)	필요
결정요부	필요	필요	당사자가 이의를 신청한 경우에만 필요
의견청취	필요	필요	불요
불복절차	제3자의 참가신청이 각하되면 즉시항고(제3자)	없음	허가 여부의 결정에 대하여 즉시항고

Ⅲ. 취소소송의 대상

행정소송법 제2조(정의) ① 이 법에서 사용하는 용어의 정의는 다음과 같다.
1. "처분등"이라 함은 행정청이 행하는 구체적 사실에 관한 법집행으로서의 공권력의 행사 또는 그 거부와 그 밖에 이에 준하는 행정작용(이하 "처분"이라 한다) 및 행정심판에 대한 재결을 말한다.

제19조(취소소송의 대상) 취소소송은 처분등을 대상으로 한다. 다만, 재결취소소송의 경우에는 재결 자체에 고유한 위법이 있음을 이유로 하는 경우에 한한다.

1. 개 설

처분 개념은 1984년 행정소송법이 전면 개정되면서 명문화되었다. 행정소송법은 취소소송의 대상을 "처분등"이라고 규정하고 있으며(제19조 본문), "처분등"에 대해 "행정청이 행하는 구체적 사실에 관한 법집행으로서의 공권력의 행사 또는 그 거부와 그 밖에 이에 준하는 행정작용(처분) 및 행정심판에 대한 재결"로 정의하고 있다(제2조 제1 항 제1호). 따라서 취소소송의 대상은 '처분'과 '재결'이며, 소송에 대상에 관하여 개괄주의를 취하고 있음을 알 수 있다. 취소소송의 대상에 관한 행정소송법 제19조는 무효등확인소송과 부작위위법확인소송에도 준용한다(제38조 제1항, 제2항). 취소소송에 있어서 쟁송의 대상이 되는 행정처분의 존부는 소송요건으로서 직권조사사항이고 자백의 대상이 될 수 없으므로 설사 그 존재를 당사자들이 다투지 아니하더라도 그 존부에 관하여 의심이 있는 경우에는 이를 직권으로 밝혀 보아야 한다.[84]

2. 처 분

(1) 처분과 행정행위와의 관계

1) 학설의 대립

취소소송의 대상인 처분에 관하여 행정소송법은 "행정청이 행하는 구체적 사실에 관한 법집행으로서의 공권력의 행사 또는 그 거부와 그 밖에 이에 준하는 행정작용"이라고 정의하고 있다. 이는 행정절차법과 행정심판법에서 규정하고 있는 처분 개념과 동일하다. 그러나 이러한 명문의 규정에도 불구하고, 처분과 강학상 행정행위의 관계를 둘러싸고 여전히 논란이 있다.

학설은 ① 실체법적으로 행정행위의 개념을 먼저 정의한 다음 이에 해당하는 행정청의 행위에 대하여서만 쟁송법상의 처분성을 인정하려는 견해(실체법상 개념설, 一元說)와 ② 쟁송법상 처분 개념을 실체적 행정행위 개념과는 별도로 정립하여야 한다는 견해(쟁송법상 개념설, 二元說)로 대립하고 있다. 즉, 일원설은 행정행위와 처분이 동일하다고 보는 반면, 이원설은 행정행위와 처분이 다르다고 본다. 특히 이원설은 행정소송법상 처분 개념 중 '그 밖에 이에 준하는 행정작용'이라는 표현에 주목하여 강학상 행정행위에 해당하지 않는 비권력적 행위라고 하더라도 국민에게 계속적으로 사실상의 지배력을 미치는 행위는 민사소송 등 다른 구제수단이 없는 경우 처분성을 인정하여 취소소송의 대상이 되어야 한다고 주장한다. 참고로 일본에서는 이를 '형식적 행정행위'라는 관념으로 이해한다.

2) 판례의 태도

대법원은 처분 개념이 명문화되기 전부터 "항고소송의 대상이 되는 행정처분은 행정청의 공법상의 행위로서 특정사항에 대하여 법규에 의한 권리의 설정 또는 의무의 부담을 명하며, 기타 법률상의 효과를 발생케 하는 등의 국민의 권리의무에 직접 관계가 있는 행위를 말한다고 해석하여야 할 것이므로 특별한 사정이 없는

---

84) 대법원 1993. 7. 27. 선고 92누15499 판결.

한, 행정권 내부에 있어서의 행위라던가 알선, 권유, 사실상의 통지 등과 같이 상대방 또는 기타 관계자들의 법률상 지위에 직접적으로 법률적 변동을 일으키지 않는 행위 등은 항고소송의 대상이 될 수 없다고 해석하여야 할 것이다."라는 것이 기본적인 입장이며(대법원 1967. 6. 27. 선고 67누44 판결), 이러한 기조는 현재까지 유지되고 있다.[85]

다만, 판례 중에는 법률상 지위에 직접적인 법률적 변동을 일으키지 않는 행위라도 '국민의 권리의무에 직접적으로 영향을 미치는 행위'라는 점을 고려하여 처분성을 인정한 예가 있다(건축실고 판례행위).[86] 나아가 대법원은 '실체적 권리관계에 밀접하게 관련되어 있음'을 근거로 처분성을 인정하거나(지목변경신청 판례행위),[87] '분쟁을 조기에 근본적으로 해결'할 수 있다는 점을 처분성 판단의 기준으로 삼는 등(친일반민족행위자재산조사위원회의 재산조사개시결정)[88] 처분의 범위를 점점 확대해가는 경향을 보인다.

최근에는 "행정청의 행위가 항고소송의 대상이 될 수 있는지는 추상적·일반적으로 결정할 수 없고, 구체적인 경우에 관련 법령의 내용과 취지, 그 행위의 주체·내용·형식·절차, 그 행위와 상대방 등 이해관계인이 입는 불이익 사이의 실질적 견련성, 법치행정의 원리와 그 행위에 관련된 행정청이나 이해관계인의 태도 등을 고려하여 개별적으로 결정하여야 한다. 행정청의 행위가 '처분'에 해당하는지 불분명한 경우에는 그에 대한 불복방법 선택에 중대한 이해관계를 가지는 상대방의 인식가능성과 예측가능성을 중요하게 고려하여 규범적으로 판단하여야 한다."고 하고(대법원 2021. 1. 14. 선고 2020두50324 판결), "어떠한 처분에 법령상 근거가 있는지, 행정절차법에서 정한 처분절차를 준수하였는지는 본안에서 당해 처분이 적법한가를 판단하는 단계에서 고려

---

85) 대법원 2019. 2. 14. 선고 2016두41729 판결.

86) 대법원 2010. 11. 18. 선고 2008두167 전원합의체 판결(행정청의 어떤 행위가 항고소송의 대상이 될 수 있는지의 문제는 추상적·일반적으로 결정할 수 없고, 구체적인 경우 행정처분은 행정청이 공권력의 주체로서 행하는 구체적 사실에 관한 법집행으로서 국민의 권리의무에 직접적으로 영향을 미치는 행위라는 점을 염두에 두고, 관련 법령의 내용과 취지, 그 행위의 주체·내용·형식·절차, 그 행위와 상대방 등 이해관계인이 입는 불이익과의 실질적 견련성, 그리고 법치행정의 원리와 당해 행위에 관련한 행정청 및 이해관계인의 태도 등을 참작하여 개별적으로 결정하여야 한다).

87) 대법원 2004. 4. 22. 선고 2003두9015 전원합의체 판결.

88) 대법원 2009. 10. 15. 선고 2009두6513 판결(친일반민족행위자재산조사위원회의 재산조사개시결정이 있는 경우 조사대상자는 위 위원회의 보전처분 신청을 통하여 재산권행사에 실질적인 제한을 받게 되고, 위 위원회의 자료제출요구나 출석요구 등의 조사행위에 응하여야 하는 법적 의무를 부담하게 되는 점, '친일반민족행위자 재산의 국가귀속에 관한 특별법'에서 인정된 재산조사결정에 대한 이의신청절차만으로는 조사대상자에 대한 권리구제 방법으로 충분치 아니한 점, 조사대상자로 하여금 개개의 과태료 처분에 대하여 불복하거나 조사 종료 후의 국가귀속결정에 대하여만 다툴 수 있도록 하는 것보다는 그에 앞서 재산조사개시결정에 대하여 다툼으로써 분쟁을 조기에 근본적으로 해결할 수 있는 점 등을 종합하면, 친일반민족행위자재산조사위원회의 재산조사개시결정은 조사대상자의 권리·의무에 직접 영향을 미치는 독립한 행정처분으로서 항고소송의 대상이 된다고 봄이 상당하다).

할 요소이지, 소송요건 심사단계에서 고려할 요소가 아니다."라고도 하며(대법원 2020. 4. 9. 선고 2015다34444 판), "어떠한 처분의 근거나 법적인 효과가 행정규칙에 규정되어 있다고 하더라도, 그 처분이 행정규칙의 내부적 구속력에 의하여 상대방에게 권리의 설정 또는 의무의 부담을 명하거나 기타 법적인 효과를 발생하게 하는 등으로 그 상대방의 권리의무에 직접 영향을 미치는 행위라면, 이 경우에도 항고소송의 대상이 되는 행정처분에 해당한다고 보아야 한다."고 판시하였다(대법원 2021. 2. 10. 선고 2020두47564 판결).

3) 사 견

생각건대, 현행 행정소송법은 사회가 복잡해지고 행정작용의 유형이 다양화됨에 따라 가능한 처분의 범위를 확대하여 국민의 권익구제가 충실히 이루어지도록 하기 위해 쟁송법상 처분 개념을 학문상의 행정행위 개념보다 넓게 규정하고 있으므로 이원설이 실정법규정에 더 충실한 해석론이다. 따라서 취소소송의 대상인 처분은 강학상의 행정행위를 중심으로 이해하되, 이에 해당하지 않는 행위일지라도 국민의 권리의무에 직접 영향을 미치는 공권력적 작용은 처분성을 인정하여 취소소송의 대상으로 하고(권력적 사실행위, 일반처분, 구속적 행정계획 등), 단순한 비권력적 사실행위는 제외하는 것이 타당하다. 왜냐하면 행정소송법이 처분 개념의 표지로 "공권력의 행사 또는 그 거부와 그 밖에 이에 '준'하는 행정작용"으로 규정하고 있는 이상, 이원설에 의하더라도 처분의 범위를 무한정 확대할 수는 없고, 적어도 당해 행정작용이 공권력적 속성은 내포하고 있어야 하기 때문이다. 물론 이와 같이 처분의 개념을 이해하더라도 개별적으로 어떠한 행정작용이 처분에 포함된다고 볼 것인지에 관하여 다툼이 있는바, 이는 후술하는 처분의 개념요소에 대한 분석을 통해 살펴보기로 한다.

(2) 처분 개념의 분석

1) 행정청의 행위

처분은 행정청이 행하는 행위이다. 따라서 국·공립학교 교직원에 대한 교육부장관 또는 교육장 등이 한 징계처분은 취소소송의 대상이지만, 사립학교 재단이 한 사립학교 교직원에 대한 징계처분은 취소소송의 대상인 처분이 아니다.

행정청이란 학문적으로는 국가 또는 지방자치단체의 행정에 관한 의사를 결정하고 이를 외부에 표시할 수 있는 권한을 가진 행정기관을 말한다. 행정청은 원칙적으로 단독제 기관이지만, 합의제기관도 존재한다. 그러나 여기서의 행정청은 행정조직법적 의미가 아니라 기능적 의미의 행정청으로 보아야 한다. 따라서 행정조직법상의 행정청뿐만 아니라 입법기관[89]이나 사법(司法)기관도 처분을 하는 범위에서 행정청에 속하며, 행정권한의 위임 또는 위탁을 받은 공공단체 및 그 기관이나 사인도 여기에 포함된다.[90] 행정소송법도 "이 법을 적용함에 있어서 행정청에는 법령에 의하여 행정권한의 위임 또는 위탁을 받은 행정기관, 공공단체 및 그 기관 또는 사인이 포함된다."고 규정하고 있다(제2조). 대법원 판례에 의하면, 공법인 등 공공단체가 행하는 모든 행위가 행정소송의 대상이 되는 것은 아니고, 그중에서 법령에 의하여 국가 또는 지방자치단체의 사무를 위임받아 행하는 국민에 대한 권력적 행위만이 행정소송의 대상이 된다. 따라서 국가 또는 지방자치단체의 사무가 아닌 이들 공법인과 그 임직원 간의 내부 법률문제나 법률에 근거 없이 공법인이 내규 등에서 정한 바에 따라 자체적으로 행한 행위는 취소소송의 대상이 될 수 없다.[91]

대법원 2008. 1. 31. 선고 2005두8269 판결[92]

[1] 행정소송의 대상이 되는 행정처분이란 행정청 또는 그 소속기관이나 법령에 의하여 행정권한의 위임 또는 위탁을 받은 공공단체 등이 국민의 권리·의무에 관계되는 사항에 관하여 직접 효력을 미치는 공권력의 발동으로서 하는 공법상의 행위를 말하며, 그것이 상대방의 권리를 제한하는 행위라 하더라도 행정청 또는 그 소속기관이나 권한

---

89) 국회의원에 대한 징계처분에 대하여는 법원에 제소할 수 없다(헌법 제64조 제4항). 그러나 지방의회 의원에 대한 징계의결은 그로 인해 의원의 권리에 직접 법률효과를 미치는 행정처분의 일종으로서 행정소송의 대상이 된다(대법원 1993. 11. 26. 선고 93누7341 판결).

90) 예컨대, ① 도시 및 주거환경정비법상 주택재개발·재건축정비사업조합(대법원 2009. 9. 17. 선고 2007다2428 전원합의체 판결) 및 도시환경정비사업조합(대법원 2010. 4. 8. 선고 2009다27636 판결), ② 도시개발법상 도시개발구역 안의 토지소유자들이 도시개발사업을 위하여 설립한 조합(대법원 2002. 5. 28. 선고 2000다5817 판결), ③ 에스에이치공사(대법원 2007. 8. 23. 선고 2005두3776 판결), ④ 교통안전공단(대법원 2000. 9. 8. 선고 2000다12716 판결), ⑤ 성업공사(현 한국자산관리공사, 대법원 1997. 2. 28. 선고 96누1757 판결), ⑥ 대한주택공사(현 한국토지주택공사, 대법원 1992. 11. 27. 선고 92누3618 판결), ⑦ 농어촌진흥공사(현 한국농어촌공사, 대법원 1994. 6. 14. 선고 94누1197 판결), ⑧ 근로복지공단(대법원 2013. 2. 28. 선고 2012두22904 판결), ⑨ 공무원연금관리공단(현 공무원연금공단, 대법원 2004. 7. 8. 선고 2004두244 판결), ⑩ 국민건강보험공단(국민건강보험법 제90조) 등이 대표적이다.

91) 대법원 판례에 따르면, ① 도시 및 주거환경정비법상 재개발조합과 조합장 또는 조합임원 사이의 선임·해임 등을 둘러싼 법률관계(대법원 2009. 9. 24.자 2009마168, 169 결정), ② 서울특별시지하철공사(현 서울메트로) 사장의 소속 직원에 대한 징계처분(대법원 1989. 9. 12. 선고 89누2103 판결), ③ 공무원및사립학교교직원의료보험관리공단(현 국민건강보험공단) 직원의 근무관계(대법원 1993. 11. 23. 선고 93누15212 판결), ④ 한국철도시설공단이 그 내부규정에 따라 특정 회사에 대하여 향후 2년간 공사낙찰적격심사 시 종합취득점수의 10/100을 감점한다는 내용의 통보(대법원 2014. 12. 24. 선고 2010두6700 판결) 등은 모두 취소소송의 대상이 아니다.

92) 이 판결에 대한 비판적 평석으로 이광윤, "公法人의 處分", 행정판례연구(Vol. 22, No. 2), 한국행정판례연구회, 2017, 311-336면.

을 위임받은 공공단체 등의 행위가 아닌 한 이를 행정처분이라고 할 수 없다.

[2] 한국마사회가 조교사 또는 기수의 면허를 부여하거나 취소하는 것은 경마를 독점적으로 개최할 수 있는 지위에서 우수한 능력을 갖추었다고 인정되는 사람에게 경마에서의 일정한 기능과 역할을 수행할 수 있는 자격을 부여하거나 이를 박탈하는 것에 지나지 아니하므로, 이는 국가 기타 행정기관으로부터 위탁받은 행정권한의 행사가 아니라 일반 사법상의 법률관계에서 이루어지는 단체 내부에서의 징계 내지 제재처분이다.

2) 구체적 사실에 관한 법집행행위

처분은 '구체적 사실'에 관한 법집행행위이므로, 그 자체로서 국민의 구체적인 권리의무에 직접적인 변동을 초래케 하는 것이 아닌 일반적, 추상적인 법령 또는 내부적 내규 및 내부적 사업계획에 불과한 것 등은 그 대상이 될 수 없다.[93] 또한, 처분은 대외적으로 국민에게 직접적인 법적 효과를 발생시키는 행위이다. 행정청이 한 행위의 효과가 국민의 권리의무에 직접 영향을 미치는 것이라면 비록 처분의 근거나 효과가 법규가 아닌 행정규칙에 규정되어 있다고 하더라도 취소소송의 대상이 될 수 있다[판례 ①].[94] 이와 같은 맥락에서 최근 대법원은 검찰총장이 검사에 대하여 하는 '경고조치'에 대해 처분성을 인정하였다[판례 ②].

① 대법원 2002. 7. 26. 선고 2001두3532 판결

[1] 항고소송의 대상이 되는 행정처분이라 함은 원칙적으로 행정청의 공법상 행위로서 특정 사항에 대하여 법규에 의한 권리의 설정 또는 의무의 부담을 명하거나 기타 법률상 효과를 발생하게 하는 등으로 일반 국민의 권리 의무에 직접 영향을 미치는 행위를 가리키는 것이지만, 어떠한 처분의 근거나 법적인 효과가 행정규칙에 규정되어 있다고 하더라도, 그 처분이 행정규칙의 내부적 구속력에 의하여 상대방에게 권리의 설정 또는 의무의 부담을 명하거나 기타 법적인 효과를 발생하게 하는 등으로 그 상대방의 권리 의무에 직접 영향을 미치는 행위라면, 이 경우에도 항고소송의 대상이 되는 행정처분에 해당한다.

[2] 행정규칙에 의한 '불문경고조치'가 비록 법률상의 징계처분은 아니지만 위 처분을 받지 아니하였다면 차후 다른 징계처분이나 경고를 받게 될 경우 징계감경사유로 사용될 수 있었던 표창공적의 사용가능성을 소멸시키는 효과와 1년 동안 인사기록카드에 등재됨으로써 그 동안은 장관표창이나 도지사표창 대상자에서 제외시키는 효과 등이

---

93) 대법원 1994. 9. 10. 선고 94두33 판결.

94) 동지 판례로, 대법원 2004. 11. 26. 선고 2003두10251, 10268 판결(정부 간 항공노선의 개설에 관한 잠정협정 및 비밀양해각서와 건설교통부 내부지침에 의한 항공노선에 대한 운수권배분처분이 항고소송의 대상이 되는 행정처분에 해당한다고 한 사례).

있다는 이유로 항고소송의 대상이 되는 행정처분에 해당한다고 한 사례.

② **대법원 2021. 2. 10. 선고 2020두47564 판결**

[1] 항고소송의 대상이 되는 행정처분이란 원칙적으로 행정청의 공법상 행위로서 특정 사항에 대하여 법규에 의한 권리의 설정 또는 의무의 부담을 명하거나 기타 법률상 효과를 발생하게 하는 등으로 일반 국민의 권리 의무에 직접 영향을 미치는 행위를 가리키는 것이지만, 어떠한 처분의 근거나 법적인 효과가 행정규칙에 규정되어 있다고 하더라도, 그 처분이 행정규칙의 내부적 구속력에 의하여 상대방에게 권리의 설정 또는 의무의 부담을 명하거나 기타 법적인 효과를 발생하게 하는 등으로 그 상대방의 권리 의무에 직접 영향을 미치는 행위라면, 이 경우에도 항고소송의 대상이 되는 행정처분에 해당한다고 보아야 한다.

검사에 대한 경고조치 관련 규정을 위 법리에 비추어 살펴보면, 검찰총장이 사무검사 및 사건평정을 기초로 대검찰청 자체감사규정 제23조 제3항, 검찰공무원의 범죄 및 비위 처리지침 제4조 제2항 제2호 등에 근거하여 검사에 대하여 하는 '경고조치'는 일정한 서식에 따라 검사에게 개별 통지를 하고 이의신청을 할 수 있으며, 검사가 검찰총장의 경고를 받으면 1년 이상 감찰관리 대상자로 선정되어 특별관리를 받을 수 있고, 경고를 받은 사실이 인사자료로 활용되어 복무평정, 직무성과금 지급, 승진·전보인사에서도 불이익을 받게 될 가능성이 높아지며, 향후 다른 징계사유로 징계처분을 받게 될 경우에 징계양정에서 불이익을 받게 될 가능성이 높아지므로, 검사의 권리 의무에 영향을 미치는 행위로서 항고소송의 대상이 되는 처분이라고 보아야 한다.

[2] 검찰청법 제7조 제1항, 제12조 제2항, 검사징계법 제2조, 제3조 제1항, 제7조 제1항, 대검찰청 자체감사규정 제23조 제2항, 제3항, 사건평정기준 제2조 제1항 제2호, 제5조, 검찰공무원의 범죄 및 비위 처리지침 제4조 제2항 제2호, 제3항 [별표 1] 징계양정기준, 제4항, 제5항 등 관련 규정들의 내용과 체계 등을 종합하여 보면, 검찰총장의 경고처분은 검사징계법에 따른 징계처분이 아니라 검찰청법 제7조 제1항, 제12조 제2항에 근거하여 검사에 대한 직무감독권을 행사하는 작용에 해당하므로, 검사의 직무상 의무 위반의 정도가 중하지 않아 검사징계법에 따른 '징계사유'에는 해당하지 않더라도 징계처분보다 낮은 수준의 감독조치로서 '경고처분'을 할 수 있고, 법원은 그것이 직무감독권자에게 주어진 재량권을 일탈·남용한 것이라는 특별한 사정이 없는 한 이를 존중하는 것이 바람직하다.

(가) 법규명령·조례·규칙·고시

처분은 구체적 사실에 관한 법집행행위이므로, 일반적·추상적 규율의 성질을 가지는 명령은 처분에 해당하지 않는다(통설, 판례). 그러나 집행행위의 개입 없이도 그 자체로서 직접 국민의 구체적인 권리의무나 법적 이익에 영향을 미치는 등의 법률상 효과를 발생하는 이른바 처분적 명령은 예외적으로 항고소송의 대상이 된다. 대법원은 두밀분교를 폐교하는 경기도 조례, 항정신병 치료제의 요양급여에 관한 보건복지부 고시, 보건복지부 고시인 약제급여·비급여목록 및 급여상한금액표에 대해 모두 항고소송의 대상이 되는 처분에 해당한다고 보았다.[95]

대법원 2006. 9. 22. 선고 2005두2506 판결

[1] 어떠한 고시가 일반적·추상적 성격을 가질 때에는 법규명령 또는 행정규칙에 해당할 것이지만, 다른 집행행위의 매개 없이 그 자체로서 직접 국민의 구체적인 권리의무나 법률관계를 규율하는 성격을 가질 때에는 행정처분에 해당한다.

[2] 보건복지부 고시인 약제급여·비급여목록 및 급여상한금액표($\binom{\text{보건복지부 고시 제2002-}}{\text{46호로 개정된 것}}$)는 다른 집행행위의 매개 없이 그 자체로서 국민건강보험가입자, 국민건강보험공단, 요양기관 등의 법률관계를 직접 규율하는 성격을 가지므로 항고소송의 대상이 되는 행정처분에 해당한다고 한 사례.[96]

[3] 제약회사가 자신이 공급하는 약제에 관하여 국민건강보험법, 같은 법 시행령, 국민건강보험 요양급여의 기준에 관한 규칙($\binom{\text{2001. 12. 31. 보건}}{\text{복지부령 제207호}}$) 등 약제상한금액고시의 근거 법령에 의하여 보호되는 직접적이고 구체적인 이익을 향유하는데, 보건복지부 고시인 약제급여·비급여목록 및 급여상한금액표($\binom{\text{보건복지부 고시 제2002-}}{\text{46호로 개정된 것}}$)로 인하여 자신이 제조·공급하는 약제의 상한금액이 인하됨에 따라 위와 같이 보호되는 법률상 이익이 침해당할 경우, 제약회사는 위 고시의 취소를 구할 원고적격이 있다고 한 사례.

(나) 행정계획

행정계획은 법률·명령·처분·사실행위 등 다양한 형식을 가진다. 따라서 행정계획 중에서 그 자체로 국민의 권리의무에 직접적이고 구체적인 영향을 미치는

---

95) 대법원 1996. 9. 20. 선고 95누8003 판결; 대법원 2003. 10. 9.자 2003무23 결정; 대법원 2006. 9. 22. 선고 2005두2506 판결.

96) [판결 이유] 원심은 그 채용 증거들을 종합하여 판시와 같은 사실을 인정한 다음, ① 약제급여·비급여목록 및 급여상한금액표(보건복지부 고시 제2002-46호로 개정된 것, 이하 '이 사건 고시'라 한다)는 특정 제약회사의 특정 약제에 대하여 국민건강보험가입자 또는 국민건강보험공단이 지급하여야 하거나 요양기관이 상환받을 수 있는 약제비용의 구체적 한도액을 특정하여 설정하고 있는 점, ② 약제의 지급과 비용의 청구행위가 있기만 하면 달리 행정청의 특별한 집행행위의 개입 없이 이 사건 고시가 적용되는 점, ③ 특정 약제의 상한금액의 변동은 곧바로 국민건강보험가입자 또는 국민건강보험공단이 지급하여야 하거나 요양기관이 상환받을 수 있는 약제비용을 변동시킬 수 있다는 점 등에 비추어 보면, 이 사건 고시는 다른 집행행위의 매개 없이 그 자체로서 국민건강보험가입자, 국민건강보험공단, 요양기관 등의 법률관계를 직접 규율하는 성격을 가진다고 할 것이므로, 항고소송의 대상이 되는 행정처분에 해당한다는 취지로 판단하였는바, 관계 법령과 위 법리를 기록에 비추어 살펴보면, 원심의 위와 같은 판단은 정당한 것으로 수긍이 가고, 거기에 상고이유로 주장하는 채증법칙 위배 또는 고시의 처분성에 관한 법리오해의 위법이 없다.

경우에는 처분성을 인정할 수 있다. 판례에 따르면, 구 도시계획법 제12조의 '도시계획결정', 구 도시 및 주거환경정비법에 따른 주택재건축정비사업조합이 수립한 '사업시행계획' 및 '관리처분계획'은 이해관계인의 재산상 권리의무 등에 구체적이고 직접적인 영향을 미치는 구속적 행정계획으로서 독립된 행정처분에 해당한다.[97]

그러나 구 도시계획법 제10조의2 소정의 '도시기본계획', 구 농어촌도로 정비법 제6조 소정의 '농어촌도로기본계획', 구 하수도법 제5조의2에 의한 '하수도정비기본계획'은 그에 후속되는 하위계획의 지침이나 근거가 되는 것일 뿐 그 자체로 국민의 권리의무를 개별적 구체적으로 규제하는 직접적인 구속력이 없으므로 항고소송의 대상이 되는 처분에 해당하지 않는다.[98]

구 토지구획정리사업법 제57조, 제62조 등의 규정상 환지예정지 지정이나 환지처분은 그에 의하여 직접 토지소유자 등의 권리의무가 변동되므로 이를 항고소송의 대상이 되는 처분이라고 볼 수 있으나, '환지계획'은 위와 같은 환지예정지 지정이나 환지처분의 근거가 될 뿐 그 자체가 직접 토지소유자 등의 법률상의 지위를 변동시키거나 또는 환지예정지 지정이나 환지처분과는 다른 고유한 법률효과를 수반하는 것이 아니어서 이를 항고소송의 대상이 되는 처분에 해당한다고 할 수가 없다.[99]

(다) 비권력적 사실행위

행정청의 행위라도 아무런 법적 효과를 발생시키지 않는 권유·알선·행정지도 등 비권력적 사실행위는 처분이 아니다. 따라서 만일 행정지도에 불응한 것을 이유로 침익적 처분이 내려진 경우, 그 침익적 처분에 대한 취소소송에서 행정지도의 위법성을 간접적으로 주장할 수 있을 뿐이다. 그러나 '권고'의 형식으로 이루어진 행위라도 상대방에게 일정한 법률상 의무를 부담시키는 경우에는 처분에 해당한다는 점을 주의하여야 한다.[100]

---

97) 대법원 1982. 3. 9. 선고 80누105 판결; 대법원 2009. 11. 2.자 2009마596 결정; 대법원 2009. 9. 17. 선고 2007다2428 전원합의체 판결.

98) 대법원 2002. 10. 11. 선고 2000두8226 판결; 대법원 2000. 9. 5. 선고 99두974 판결; 대법원 2002. 5. 17. 선고 2001두10578 판결.

99) 대법원 1999. 8. 20. 선고 97누6889 판결.

100) 대법원 2010. 10. 14. 선고 2008두23184 판결(공정거래위원회의 '표준약관 사용권장행위'는 그 통지를 받은 해당 사업자 등에게 표준약관과 다른 약관을 사용할 경우 표준약관과 다르게 정한 주요 내용을 고객이 알기 쉽게 표시하여야 할 의무를 부과하고, 그 불이행에 대해서는 과태료에 처하도록 되어 있으므로, 이는 사업자 등의 권리·의무에 직접 영향을 미치는 행정처분으로서 항고소송의 대상이 된다).

① 대법원 1991. 11. 12. 선고 91누2700 판결

공무원이 소속 장관으로부터 받은 "직상급자와 다투고 폭언하는 행위 등에 대하여 엄중 경고하니 차후 이러한 사례가 없도록 각별히 유념하기 바람"이라는 내용의 서면에 의한 경고가 공무원의 신분에 영향을 미치는 국가공무원법상의 징계의 종류에 해당하지 아니하고, 근무충실에 관한 권고행위 내지 지도행위로서 그 때문에 공무원으로서의 신분에 불이익을 초래하는 법률상의 효과가 발생하는 것도 아니므로, 경고가 국가공무원법상의 징계처분이나 행정소송의 대상이 되는 행정처분이라고 할 수 없어 그 취소를 구할 법률상의 이익이 없다고 본 사례.

② 대법원 1995. 11. 21. 선고 95누9099 판결

[1] 항고소송의 대상이 되는 행정처분이라 함은 행정청의 공법상의 행위로서 특정사항에 대하여 법규에 의한 권리의 설정 또는 의무의 부담을 명하거나 기타 법률상 효과를 발생하게 하는 등 국민의 구체적인 권리의무에 직접적 변동을 초래하는 행위를 말하는 것이고, 행정권 내부에서의 행위나 알선, 권유, 사실상의 통지 등과 같이 상대방 또는 기타 관계자들의 법률상 지위에 직접적인 법률적 변동을 일으키지 아니하는 행위 등은 항고소송의 대상이 될 수 없다.

[2] 무단 용도변경을 이유로 단전조치된 건물의 소유자로부터 새로이 전기공급신청을 받은 한국전력공사가 관할 구청장에게 전기공급의 적법 여부를 조회한 데 대하여, 관할 구청장이 한국전력공사에 대하여 건축법 제69조 제2항, 제3항의 규정에 의하여 위 건물에 대한 전기공급이 불가하다는 내용의 회신을 하였다면, 그 회신은 권고적 성격의 행위에 불과한 것으로서 한국전력공사나 특정인의 법률상 지위에 직접적인 변동을 가져오는 것은 아니므로 항고소송의 대상이 되는 행정처분이라고 볼 수 없다고 한 사례.

③ 대법원 2014. 12. 11. 선고 2012두28704 판결

[1] 재단법인 한국연구재단이 갑 대학교 총장에게 연구개발비의 부당집행을 이유로 '해양생물유래 고부가식품·향장·한약 기초소재 개발 인력양성사업에 대한 2단계 두뇌한국(BK)21 사업' 협약을 해지하고 연구팀장 을에 대한 국가연구개발사업의 3년간 참여제한 등을 명하는 통보를 하자 을이 통보의 취소를 청구한 사안에서, 학술진흥 및 학자금대출 신용보증 등에 관한 법률 등의 입법 취지 및 규정 내용 등과 아울러 위 법 등 해석상 국가가 두뇌한국(BK)21 사업의 주관연구기관인 대학에 연구개발비를 출연하는 것은 '연구 중심 대학'의 육성은 물론 그와 별도로 대학에 소속된 연구인력의 역량 강화에도 목적이 있다고 보이는 점, 기본적으로 국가연구개발사업에 대한 연구개발비의 지원은 대학에 소속된 일정한 연구단위별로 신청한 연구개발과제에 대한 것이지, 그 소속 대학을 기준으로 한 것은 아닌 점 등 제반 사정에 비추어 보면, 을은 위 사업에 관한 협약의 해지 통보의 효력을 다툴 법률상 이익이 있다고 한 사례.

[2] 재단법인 한국연구재단이 갑 대학교 총장에게 연구개발비의 부당집행을 이유로 '해양생물유래 고부가식품·향장·한약 기초소재 개발 인력양성사업에 대한 2단계 두뇌한국(BK)21 사업' 협약을 해지하고 연구팀장 을에 대한 대학자체 징계 요구 등을 통보한 사안에서, 재단법인 한국연구재단이 갑 대학교 총장에게 을에 대한 대학 자체징계를 요구한 것은 법률상 구속력이 없는 권유 또는 사실상의 통지로서 을의 권리, 의무 등 법률상 지위에 직접적인 법률적 변동을 일으키지 않는 행위에 해당하므로, 항고소송의 대상인 행정처분에 해당하지 않는다고 본 원심판단은 정당하다고 한 사례.

(라) 단순한 관념 또는 사실의 통지

행정청이 이미 발생한 법률관계를 단순히 알리는 행위는 상대방의 법적 지위에 변동을 일으키는 것이 아니므로 처분이 아니다. 가령, 대통령의 서훈대상자에 대한 서훈취소결정은 처분에 해당하지만, 국가보훈처장의 서훈대상자 유족에 대한 서훈취소통보는 상대방 또는 기타 관계자들의 법률상 지위에 직접적인 법률적 변동을 일으키지 아니하는 행위로 항고소송의 대상이 될 수 없는 사실상의 통지에 해당한다.[101]

부당이득의 반환을 구하는 납세의무자의 국세환급금채권은 오납액의 경우에는 처음부터 법률상 원인이 없으므로 납부 또는 징수시에 이미 확정되어 있고, 초과납부액의 경우에는 신고 또는 부과처분의 취소 또는 경정에 의하여 조세채무의 전부 또는 일부가 소멸한 때에 확정되며, 환급세액의 경우에는 각 개별 세법에서 규정한 환급 요건에 따라 확정되는 것이다.[102] 따라서 국세기본법 제51조 제1항, 제52조 및 같은 법 시행령 제30조에 따른 세무서장의 국세환급금(국세환급가산금 포함)에 대한 결정은 이미 납세의무자의 환급청구권이 확정된 국세환급금에 대하여 내부적인 사무처리절차로서 과세관청의 환급절차를 규정한 것에 지나지 않고 그 규정에 의한 국세환급금의 결정에 의하여 비로소 환급청구권이 확정되는 것이 아니므로, 국세환급금결정이나 그 결정을 구하는 신청에 대한 환급거부결정 등은 항고소송의 대상이 되는 처분이라고 볼 수 없다.[103]

---

101) 대법원 2015. 4. 23. 선고 2012두26920 판결[구 상훈법(2011. 8. 4. 법률 제10985호로 개정되기 전의 것) 제8조는 서훈취소의 요건을 구체적으로 명시하고 있고 절차에 관하여 상세하게 규정하고 있다. 그리고 서훈취소는 서훈수여의 경우와는 달리 이미 발생된 서훈대상자 등의 권리 등에 영향을 미치는 행위로서 관련 당사자에게 미치는 불이익의 내용과 정도 등을 고려하면 사법심사의 필요성이 크다. 따라서 기본권의 보장 및 법치주의의 이념에 비추어 보면, 비록 서훈취소가 대통령이 국가원수로서 행하는 행위라고 하더라도 법원이 사법심사를 자제하여야 할 고도의 정치성을 띤 행위라고 볼 수는 없다].

102) 대법원 2009. 3. 26. 선고 2008다31768 판결.

국가공무원법 제69조에 의하면 공무원이 제33조 각 호의 1에 해당할 때에는 당연히 퇴직한다고 규정하고 있으므로, 국가공무원법상 당연퇴직은 결격사유가 있을 때 법률상 당연히 퇴직하는 것이지 공무원관계를 소멸시키기 위한 별도의 행정처분을 요하는 것이 아니며, 당연퇴직의 인사발령은 법률상 당연히 발생하는 퇴직사유를 공적으로 확인하여 알려주는 이른바 관념의 통지에 불과하고 공무원의 신분을 상실시키는 새로운 형성적 행위가 아니므로 행정소송의 대상이 되는 독립한 행정처분이라고 할 수 없다.[104]

① 대법원 1999. 7. 23. 선고 97누10857 판결

국가공무원법 제67조, 구 공무원복무규정(1996. 12. 14. 대통령령 제14825 호로 개정되기 전의 것) 제15조, 제16조 제5항, 제17조 등의 각 규정에 비추어 보면, 공무원의 연가보상비청구권은 공무원이 연가를 실시하지 아니하는 등 법령상 정해진 요건이 충족되면 그 자체만으로 지급기준일 또는 보수지급기관의 장이 정한 지급일에 구체적으로 발생하고 행정청의 지급결정에 의하여 비로소 발생하는 것은 아니라고 할 것이므로, 행정청이 공무원에게 연가보상비를 지급하지 아니한 행위로 인하여 공무원의 연가보상비청구권 등 법률상 지위에 아무런 영향을 미친다고 할 수는 없으므로 행정청의 연가보상비 부지급 행위는 항고소송의 대상이 되는 처분이라고 볼 수 없다.

② 대법원 2019. 2. 14. 선고 2016두41729 판결

국민건강보험공단이 갑 등에게 '직장가입자 자격상실 및 자격변동 안내' 통보 및 '사업장 직권탈퇴에 따른 가입자 자격상실 안내' 통보를 한 사안에서, 국민건강보험 직장가입자 또는 지역가입자 자격 변동은 법령이 정하는 사유가 생기면 별도 처분 등의 개입 없이 사유가 발생한 날부터 변동의 효력이 당연히 발생하므로, 국민건강보험공단이 갑 등에 대하여 가입자 자격이 변동되었다는 취지의 '직장가입자 자격상실 및 자격변동 안내' 통보를 하였거나, 그로 인하여 사업장이 국민건강보험법상의 적용대상사업장에서 제외되었다는 취지의 '사업장 직권탈퇴에 따른 가입자 자격상실 안내' 통보를 하였더라도, 이는 갑 등의 가입자 자격의 변동 여부 및 시기를 확인하는 의미에서 한 사실상 통지행위에 불과할 뿐, 위 각 통보에 의하여 가입자 자격이 변동되는 효력이 발생한다고 볼 수 없고, 또한 위 각 통보로 갑 등에게 지역가입자로서의 건강보험료를 납부하여야 하는 의무가 발생함으로써 갑 등의 권리의무에 직접적 변동을 초래하는 것도 아니라는 이유로, 위 각 통보의 처분성이 인정되지 않는다고 보아 그 취소를 구하는 갑 등의 소를 모두 각하한 원심판단이 정당하다고 한 사례.

---

103) 대법원 1994. 12. 2. 선고 92누14250 판결.
104) 대법원 1995. 11. 14. 선고 95누2036 판결.

(마) 장부기재행위

행정사무집행의 편의를 위하여 또는 사실증명의 자료로 삼기 위하여 공적 장부에 일정한 사항을 기재하거나 기재된 사항을 변경하는 행위 또는 그 기재내용의 수정요구를 거부하는 행위 등은 모두 그 자체만으로 국민에게 구체적으로 어떤 권리를 제한하거나 의무를 명하는 등 법률적 효과를 발생시키는 것이 아니므로 항고소송의 대상이 되는 처분에 해당하지 않는다.

그러나 최근 대법원은 토지대장상 지목변경신청에 대한 거부행위, 건축물대장의 작성신청을 거부한 행위, 건축물대장 합병행위, 건축물대장을 직권말소한 행위, 토지대장을 직권으로 말소한 행위, 건축물대장의 용도변경신청을 거부한 행위에 대해 국민의 권리관계에 영향을 미치는 것이라는 이유로 처분성을 인정하였다.[105]

① 대법원 2009. 2. 12. 선고 2007두17359 판결

구 건축법(2005. 11. 8. 법률 제7696호로 개정되기 전의 것, 이하 '구 건축법'이라 한다) 제29조 제2항, 구 건축물대장의 기재 및 관리 등에 관한 규칙(2007. 1. 16. 건설교통부령 제547호로 전문 개정되기 전의 것, 이하 '구 건축물대장규칙'이라 한다) 제1조, 제5조 제1항, 제2항, 제3항의 각 규정에 의하면, 구 건축법 제18조의 규정에 의한 사용승인(다른 법령에 의하여 사용승인으로 의제되는 준공검사·준공인가 등을 포함한다)을 신청하는 자 또는 구 건축법 제18조의 규정에 의한 사용승인을 얻어야 하는 자 외의 자는 건축물대장의 작성 신청권을 가지고 있고, 한편 건축물대장은 건축물에 대한 공법상의 규제, 지방세의 과세대상, 손실보상가액의 산정 등 건축행정의 기초자료로서 공법상의 법률관계에 영향을 미칠 뿐만 아니라, 건축물에 관한 소유권보존등기 또는 소유권이전등기를 신청하려면 이를 등기소에 제출하여야 하는 점 등을 종합해 보면, 건축물대장의 작성은 건축물의 소유권을 제대로 행사하기 위한 전제요건으로서 건축물 소유자의 실체적 권리관계에 밀접하게 관련되어 있으므로 건축물대장 소관청의 작성신청 반려행위는 국민의 권리관계에 영향을 미치는 것으로서 항고소송의 대상이 되는 행정처분에 해당한다.

② 대법원 2013. 10. 24. 선고 2011두13286 판결

토지대장은 토지에 대한 공법상의 규제, 개발부담금의 부과대상, 지방세의 과세대상, 공시지가의 산정, 손실보상가액의 산정 등 토지행정의 기초자료로서 공법상의 법률관계에 영향을 미칠 뿐만 아니라, 토지에 관한 소유권보존등기 또는 소유권이전등기를 신청하려면 이를 등기소에 제출해야 하는 점 등을 종합해 보면, 토지대장은 토지의 소유권

---

105) 대법원 2004. 4. 22. 선고 2003두9015 전원합의체 판결; 대법원 2009. 2. 12. 선고 2007두17359 판결; 대법원 2009. 5. 28. 선고 2007두19775 판결; 대법원 2010. 5. 27. 선고 2008두22655 판결; 대법원 2013. 10. 24. 선고 2011두13286 판결; 대법원 2009. 1. 30. 선고 2007두7277 판결. 다만, 토지대장의 소유자명의변경신청을 거부한 행위에 대해서는 처분성을 부정하였다(대법원 2012. 1. 12. 선고 2010두12354 판결).

을 제대로 행사하기 위한 전제요건으로서 토지 소유자의 실체적 권리관계에 밀접하게 관련되어 있으므로, 이러한 토지대장을 직권으로 말소한 행위는 국민의 권리관계에 영향을 미치는 것으로서 항고소송의 대상이 되는 행정처분에 해당한다.

(바) 질의회신이나 진정에 대한 답변

행정 각 부처의 장 등이 일반 국민의 소관 법령의 해석에 관한 질의에 대하여 하는 회신은 법원을 구속하지 못함은 물론 그 상대방이나 기타 관계자들의 법률상의 지위에 직접적으로 변동을 가져 오게 하는 것이 아니므로 특별한 사정이 없는 한 그 자체로서 항고소송의 대상이 될 수는 없다.[106] 진정사건이나 청원에 대한 처리결과 통보 등도 마찬가지이다.

그러나 공사중지를 명하여 달라는 진정에 대하여 민원회신이라는 형식을 통하여 거부통보를 하였다고 하더라도 그 실질이 공사중지명령을 청구할 수 있는 신청권자의 신청을 거부하는 행위라면 이는 처분에 해당한다는 점을 주의하여야 한다.[107]

① 대법원 2014. 4. 24. 선고 2013두7834 판결

구 민원사무 처리에 관한 법률(2012. 10. 22. 법률 제11492호로 개정되기 전의 것, 이하 '구 민원사무처리법'이라 한다) 제19조 제1항, 제3항, 구 민원사무 처리에 관한 법률 시행령(2012. 12. 20. 대통령령 제24235호로 개정되기 전의 것) 제31조 제3항의 내용과 체계에 다가 사전심사청구제도는 민원인이 대규모의 경제적 비용이 수반되는 민원사항에 대하여 간편한 절차로써 미리 행정청의 공적 견해를 받아볼 수 있도록 하여 민원행정의 예측가능성을 확보하게 하는 데에 취지가 있다고 보이고, 민원인이 희망하는 특정한 견해의 표명까지 요구할 수 있는 권리를 부여한 것으로 보기는 어려운 점, 행정청은 사전심사결과 가능하다는 통보를 한 때에도 구 민원사무처리법 제19조 제3항에 의한 제약이 따르기는 하나 반드시 민원사항을 인용하는 처분을 해야 하는 것은 아닌 점, 행정청은 사전심사결과 불가능하다고 통보하였더라도 사전심사결과에 구애되지 않고 민원사항을 처리할 수 있으므로 불가능하다는 통보가 민원인의 권리의무에 직접적 영향을 미친다고 볼 수 없고, 통보로 인하여 민원인에게 어떠한 법적 불이익이 발생할 가능성도 없는 점 등 여러 사정을 종합해 보면, 구 민원사무처리법이 규정하는 사전심사결과 통보는 항고소송의 대상이 되는 행정처분에 해당하지 아니한다.

② 대법원 2003. 2. 11. 선고 2002두10735 판결

공업배치및공장설립에관한법률 제9조에 따라 시장·군수 또는 구청장이 토지 소유자 기타 이해관계인의 신청이 있는 경우에 그 관할구역 안의 토지에 대하여 지번별로

---

106) 대법원 1992. 10. 13. 선고 91누2441 판결.
107) 대법원 2014. 2. 27. 선고 2011두25449 판결.

공장설립이 가능한지 여부를 확인하여 통지하는 공장입지기준확인은, 공장을 설립하고
자 하는 사람이 공장설립승인신청 등 공장설립에 필요한 각종 절차를 밟기 전에 어느
토지 위에 공장설립이 가능한지 여부를 손쉽게 확인할 수 있도록 편의를 도모하기 위하
여 마련된 절차로서 그 확인으로 인하여 신청인 등 이해관계인의 지위에 영향을 주는
법률상의 효과가 발생하지 아니하므로, 공장입지기준확인 그 자체는 항고소송의 대상이
될 수 없다.

(사) 행정기관 내부행위

행정기관의 내부적 사무처리절차 또는 행정기관 상호 간의 내부적 행위는 대외
적으로 국민의 권리의무에 직접 영향을 미치는 것이 아니므로 처분에 해당하지 않
는다.

따라서 행정청 내부의 중간처분,[108] 상급행정기관의 하급행정기관에 대한 승인·
동의·지시 등은 행정기관 내부적 행위에 불과하므로 취소소송의 대상이 될 수 없
다. 판례에 따르면, 징계처분에서 징계위원회의 징계의결 및 그 통고, 병역법에 따
른 징병검사시 군의관이 하는 신체등위판정, 경찰공무원 시험승진후보자 명부에 등
재된 자가 승진임용되기 전에 감봉 이상의 징계처분을 받은 경우 임용권자가 당해
인을 시험승진후보자 명부에서 삭제한 행위, 운전면허 행정처분처리대장상 벌점의
배점, 도지사가 군수의 국토이용계획변경결정 요청을 반려한 행위는 모두 행정기관
내부의 행위로서 직접 국민의 권리의무에 영향이 없으므로 처분이 아니다.[109]

① 대법원 2016. 12. 27. 선고 2014두5637 판결

갑 시장이 감사원으로부터 감사원법 제32조에 따라 을에 대하여 징계의 종류를 정
직으로 정한 징계 요구를 받게 되자 감사원법 제36조 제2항에 따라 감사원에 징계 요
구에 대한 재심의를 청구하였고, 감사원이 재심의청구를 기각하자 을이 감사원의 징계
요구와 그에 대한 재심의결정의 취소를 구하고 갑 시장이 감사원의 재심의결정 취소를
구하는 소를 제기한 사안에서, 징계 요구는 징계 요구를 받은 기관의 장이 요구받은 내
용대로 처분하지 않더라도 불이익을 받는 규정도 없고, 징계 요구 내용대로 효과가 발

---

108) 중간처분이라고 하더라도 그 자체로 국민의 권리의무에 직접 영향이 있는 법적 행위라면 처분
에 해당한다. 토지수용절차 중의 한 단계인 '사업인정'(대법원 1994. 5. 24. 선고 93누24230 판결), 택
지개발촉진법상의 택지개발예정지구지정 및 택지개발사업시행자에 대한 '택지개발계획승인'(대법원
1992. 8. 14. 선고 91누11582 판결), 친일반민족행위자재산조사위원회의 '재산조사개시결정'(대법원
2009. 10. 15. 선고 2009두6513 판결) 등이 그 예이다.

109) 대법원 1983. 2. 8. 선고 81누314 판결; 대법원 1993. 8. 27. 선고 93누3356 판결; 대법원
1997. 11. 14. 선고 97누7325 판결; 대법원 1994. 8. 12. 선고 94누2190 판결; 대법원 2008. 5. 15. 선
고 2008두2583 판결.

생하는 것도 아니며, 징계 요구에 의하여 행정청이 일정한 행정처분을 하였을 때 비로소 이해관계인의 권리관계에 영향을 미칠 뿐, 징계 요구 자체만으로는 징계 요구 대상 공무원의 권리·의무에 직접적인 변동을 초래하지도 아니하므로, 행정청 사이의 내부적인 의사결정의 경로로서 '징계 요구, 징계 절차 회부, 징계'로 이어지는 과정에서의 중간처분에 불과하여, 감사원의 징계 요구와 재심의결정이 항고소송의 대상이 되는 행정처분이라고 할 수 없고, 감사원법 제40조 제2항을 갑 시장에게 감사원을 상대로 한 기관소송을 허용하는 규정으로 볼 수는 없고 그 밖에 행정소송법을 비롯한 어떠한 법률에도 갑 시장에게 '감사원의 재심의 판결'에 대하여 기관소송을 허용하는 규정을 두고 있지 않으므로, 갑 시장이 제기한 소송이 기관소송으로서 감사원법 제40조 제2항에 따라 허용된다고 볼 수 없다고 한 사례.

② 대법원 1995. 5. 12. 선고 94누13794 판결

이른바 고발은 수사의 단서에 불과할 뿐 그 자체 국민의 권리의무에 어떤 영향을 미치는 것이 아니고, 특히 독점규제및공정거래에관한법률 제71조는 공정거래위원회의 고발을 위 법률위반죄의 소추요건으로 규정하고 있어 공정거래위원회의 고발조치는 사직당국에 대하여 형벌권 행사를 요구하는 행정기관 상호간의 행위에 불과하여 항고소송의 대상이 되는 행정처분이라 할 수 없으며, 더욱이 공정거래위원회의 고발 의결은 행정청 내부의 의사결정에 불과할 뿐 최종적인 처분은 아닌 것이므로 이 역시 항고소송의 대상이 되는 행정처분이 되지 못한다.

3) 공권력의 행사

(가) 공법상 계약과의 구별

공권력의 행사는 행정청이 법에 의하여 고권적 지위에서 일방적으로 명령·강제하는 공법상 행위를 말한다. 따라서 공법상 계약이나 합동행위, 행정청의 사법(私法)상 행위는 이에 포함되지 않는다. 대법원은 도지사의 전문직공무원인 공중보건의사에 대한 채용계약 해지의 의사표시와 국방부장관의 계약직공무원인 국방홍보원장에 대한 채용계약 해지의 의사표시는 행정청으로서 공권력을 행사하여 행하는 행정처분이 아니라 채용계약 관계의 한쪽 당사자로서 대등한 지위에서 행하는 의사표시라고 보았다.[110] 이 경우 채용계약 해지의 의사표시에 대하여는 공법상 당사자소송으로 그 의사표시의 무효확인을 구하여야 한다. 또한, 서울특별시장이 시민감사옴부즈만 공개채용 과정에서 최종 합격자로 공고된 자에 대하여 임용을 하지 않겠다고 통보한 행위에 대해서도 원고의 채용계약 청약에 대하여 '승낙을 거절하는

---

110) 대법원 1996. 5. 31. 선고 95누10617 판결; 대법원 2002. 11. 26. 선고 2002두5948 판결.

의사표시'로서 행정청이 대등한 당사자의 지위에서 하는 의사표시라고 보았다.

대법원 2014. 4. 24. 선고 2013두6244 판결

행정청이 자신과 상대방 사이의 근로관계를 일방적인 의사표시로 종료시켰다고 하더라도 곧바로 그 의사표시가 행정청으로서 공권력을 행사하여 행하는 행정처분이라고 단정할 수는 없고, 관계 법령이 상대방의 근무관계에 관하여 구체적으로 어떻게 규정하고 있는지에 따라 그 의사표시가 항고소송의 대상이 되는 행정처분에 해당하는 것인지 아니면 공법상 계약관계의 일방 당사자로서 대등한 지위에서 행하는 의사표시인지 여부를 개별적으로 판단하여야 한다. 이러한 법리는 공법상 근무관계의 형성을 목적으로 하는 채용계약의 체결 과정에서 행정청의 일방적인 의사표시로 계약이 성립하지 아니하게 된 경우에도 마찬가지이다.

한 가지 주의할 점은 한국산업단지공단이 국가산업단지 입주업체에게 입주계약 위반을 이유로 한 입주계약 해지통보는 단순히 대등한 당사자의 지위에서 형성된 공법상 계약을 계약당사자의 지위에서 종료시키는 의사표시에 불과하다고 볼 것이 아니라 행정청인 관리권자(산업통상자원부장관)로부터 관리업무를 위탁받은 한국산업단지공단이 우월적 지위에서 입주업체에게 일정한 법률상 효과를 발생하게 하는 것으로서 항고소송의 대상이 되는 행정처분에 해당한다고 보았다는 점이다.[111] 이는 관계 법령을 통해 한국산업단지공단의 지위, 입주계약해지의 절차, 그 해지통보에 수반되는 법적 의무 및 그 의무를 불이행한 경우의 형사적 내지 행정적 제재 등을 종합적으로 고려한 결과이다.[112]

(나) 행정소송 이외의 다른 불복절차를 마련하고 있는 경우

공권력의 행사라도 근거 법률에서 행정소송이 아닌 다른 절차에 의하여 불복할 것을 예정하고 있는 경우에는 취소소송의 대상이 될 수 없다. 가령, 과태료처분이나 통고처분, 검사 또는 사법경찰관의 구금·압수 또는 압수물의 환부에 관한 처분, 검사의 불기소처분, 고등검찰청의 항고기각결정, 검사의 공소, 공탁관이나 등기관의 처분 등이 이에 해당한다.

---

111) 대법원 2011. 6. 30. 선고 2010두23859 판결.

112) 이와 같이 공법상 계약관계에서 개별 행위의 성질을 규명하여 그에 따라 행정소송의 유형을 확정할 경우 발생하는 문제점에 대한 지적 및 대안으로 김철우, "프랑스 행정계약에 관한 법제의 변화 및 이론적 동향", 공법연구(제50집 제4호), 한국공법학회, 2022, 232면.

대법원 2000. 3. 28. 선고 99두11264 판결

[1] 행정소송법 제2조 소정의 행정처분이라고 하더라도 그 처분의 근거 법률에서 행정소송 이외의 다른 절차에 의하여 불복할 것을 예정하고 있는 처분은 항고소송의 대상이 될 수 없다.

[2] 형사소송법에 의하면 검사가 공소를 제기한 사건은 기본적으로 법원의 심리대상이 되고 피의자 및 피고인은 수사의 적법성 및 공소사실에 대하여 형사소송절차를 통하여 불복할 수 있는 절차와 방법이 따로 마련되어 있으므로 검사의 공소제기가 적법절차에 의하여 정당하게 이루어진 것이냐의 여부에 관계없이 검사의 공소에 대하여는 형사소송절차에 의하여서만 이를 다툴 수 있고 행정소송의 방법으로 공소의 취소를 구할 수는 없다.

4) 공권력 행사의 거부

(가) 의 의

거부처분이란 행정청이 사인으로부터 공권력의 행사를 신청받고 형식적 요건의 불비를 이유로 이를 각하하거나 이유가 없다고 하여 신청된 내용의 행위를 하지 아니할 의사를 표시하는 행위를 말한다. 거부처분은 신청을 받아들이지 않았다는 점에서 부작위와 같으나, 적극적으로 거부의사를 나타냈다는 점에서 부작위와 구별된다. 행정청이 당사자의 신청에 대하여 거부처분을 한 경우에는 거부처분에 대하여 취소소송을 제기하여야 하는 것이지 행정처분의 부존재를 전제로 한 부작위위법확인소송을 제기할 수 없다.[113]

(나) 거부처분의 요건

대법원 판례에 따르면, "국민의 적극적 행위 신청에 대하여 행정청이 그 신청에 따른 행위를 하지 않겠다고 거부한 행위가 항고소송의 대상이 되는 행정처분에 해당하는 것이라고 하려면, ① 그 신청한 행위가 공권력의 행사 또는 이에 준하는 행정작용이어야 하고, ② 그 거부행위가 신청인의 법률관계에 어떤 변동을 일으키는 것이어야 하며, ③ 그 국민에게 그 행위발동을 요구할 법규상 또는 조리상의 신청권이 있어야 하는바, 여기에서 '신청인의 법률관계에 어떤 변동을 일으키는 것'이라는 의미는 신청인의 실체상의 권리관계에 직접적인 변동을 일으키는 것은 물론, 그렇지 않다 하더라도 신청인이 실체상의 권리자로서 권리를 행사함에 중대한 지장을 초래하는 것도 포함한다."고 판시하고 있다.[114] 이러한 판례의 법리에 대하여는 처

---

113) 대법원 1992. 4. 28. 선고 91누8753 판결.
114) 대법원 2007. 10. 11. 선고 2007두1316 판결.

분성과 원고적격의 문제를 혼동하고 있다거나 소송요건 단계에서 본안의 문제를 선취하고 있다는 학설상 비판이 존재한다.

(다) 신청권의 의미

대법원은 "거부처분의 처분성을 인정하기 위한 전제요건이 되는 신청권의 존부는 구체적 사건에서 신청인이 누구인가를 고려하지 않고 관계 법규의 해석에 의하여 일반 국민에게 그러한 신청권을 인정하고 있는가를 살펴 추상적으로 결정되는 것이고, 신청인이 그 신청에 따른 단순한 응답을 받을 권리를 넘어서 신청의 인용이라는 만족적 결과를 얻을 권리를 의미하는 것은 아니므로, 국민이 어떤 신청을 한 경우에 그 신청의 근거가 된 조항의 해석상 행정발동에 대한 개인의 신청권을 인정하고 있다고 보이면 그 거부행위는 항고소송의 대상이 되는 처분으로 보아야 하고, 구체적으로 그 신청이 인용될 수 있는가 하는 점은 본안에서 판단하여야 할 사항이다."라고 판시한 바 있다.[115] 즉, 판례에서 요구하는 신청권은 신청인의 개별적 특성을 고려하지 않으며, 신청에 대한 인용 여부와도 관계가 없다는 점에서 위와 같은 지적은 부적절하다.

그러나 판례와 같이 신청권을 거부처분의 요건으로 삼는 경우 처분성을 판단함에 있어 법관의 자의가 개입되어 그 범위가 지나치게 축소될 여지가 있다는 점에서 재고를 요한다. 물론 대법원은 최근 일련의 판례들을 통해 신청권의 요건을 완화하여 처분의 범위를 확대하고 있으나,[116] 근본적으로는 거부행위의 처분성 문제를 신청권의 존재가 아닌 신청행위에 대한 공권력 행사 여부(공익을 위한 우월적 지위에서의 일방적 결정)의 관점에서 접근하는 것이 바람직하다.

---

115) 대법원 2009. 9. 10. 선고 2007두20638 판결(금강수계 중 상수원 수질보전을 위하여 필요한 지역의 토지 등의 소유자가 국가에 그 토지 등을 매도하기 위하여 매수신청을 하였으나 유역환경청장 등이 매수거절의 결정을 한 사안에서, 위 매수거절을 항고소송의 대상이 되는 행정처분으로 보지 않는다면 토지 등의 소유자로서는 재산권의 제한에 대하여 달리 다툴 방법이 없게 되는 점 등에 비추어, 그 매수 거부행위가 공권력의 행사 또는 이에 준하는 행정작용으로서 항고소송의 대상이 되는 행정처분에 해당한다고 한 사례).

116) 대표적으로, 대법원 2003. 9. 23. 선고 2001두10936 판결(국토이용계획변경승인거부처분취소), 대법원 2004. 4. 28. 선고 2003두1806 판결(도시계획시설변경입안의제안거부처분취소), 대법원 2015. 3. 26. 선고 2014두42742 판결(도시계획시설결정폐지신청거부처분취소); 대법원 2014. 2. 27. 선고 2011두25449 판결(건축허가처분취소); 대법원 2017. 6. 15. 선고 2013두2945 판결(주민등록번호변경신청거부처분취소) 등이 있다.

(라) 판례의 모습

① 대법원 2015. 3. 26. 선고 2014두42742 판결

국토의 계획 및 이용에 관한 법률은 국토의 이용·개발과 보전을 위한 계획의 수립 및 집행 등에 필요한 사항을 규정함으로써 공공복리를 증진시키고 국민의 삶의 질을 향상시키는 것을 목적으로 하면서도 도시계획시설결정으로 인한 개인의 재산권행사의 제한을 줄이기 위하여, 도시·군계획시설부지의 매수청구권($^{제47}_{조}$), 도시·군계획시설결정의 실효($^{제48}_{조}$)에 관한 규정과 아울러 도시·군관리계획의 입안권자인 특별시장·광역시장·특별자치시장·특별자치도지사·시장 또는 군수($^{이하 '입안권}_{자'라 한다}$)는 5년마다 관할 구역의 도시·군관리계획에 대하여 타당성 여부를 전반적으로 재검토하여 정비하여야 할 의무를 지우고($^{제34}_{조}$), 주민($^{이해관계자}_{포함}$)에게는 도시·군관리계획의 입안권자에게 기반시설의 설치·정비 또는 개량에 관한 사항, 지구단위계획구역의 지정 및 변경과 지구단위계획의 수립 및 변경에 관한 사항에 대하여 도시·군관리계획도서와 계획설명서를 첨부하여 도시·군관리계획의 입안을 제안할 권리를 부여하고 있고, 입안제안을 받은 입안권자는 그 처리 결과를 제안자에게 통보하도록 규정하고 있다. 이들 규정에 헌법상 개인의 재산권 보장의 취지를 더하여 보면, 도시계획구역 내 토지 등을 소유하고 있는 사람과 같이 당해 도시계획시설결정에 이해관계가 있는 주민으로서는 도시시설계획의 입안권자 내지 결정권자에게 도시시설계획의 입안 내지 변경을 요구할 수 있는 법규상 또는 조리상의 신청권이 있고, 이러한 신청에 대한 거부행위는 항고소송의 대상이 되는 행정처분에 해당한다.

② 대법원 2004. 4. 27. 선고 2003두8821 판결

문화재보호법은 문화재를 보존하여 이를 활용함으로써 국민의 문화적 생활의 향상을 도모함과 아울러 인류문화의 발전에 기여함을 목적으로 하면서도, 문화재보호구역의 지정에 따른 재산권행사의 제한을 줄이기 위하여, 행정청에게 보호구역을 지정한 경우에 일정한 기간마다 적정성 여부를 검토할 의무를 부과하고, 그 검토사항 등에 관한 사항은 문화관광부령으로 정하도록 위임하였으며, 검토 결과 보호구역의 지정이 적정하지 아니하거나 기타 특별한 사유가 있는 때에는 보호구역의 지정을 해제하거나 그 범위를 조정하여야 한다고 규정하고 있는 점, 같은 법 제8조 제3항의 위임에 의한 같은법 시행규칙 제3조의2 제1항은 그 적정성 여부의 검토에 있어서 당해 문화재의 보존 가치 외에도 보호구역의 지정이 재산권 행사에 미치는 영향 등을 고려하도록 규정하고 있는 점 등과 헌법상 개인의 재산권 보장의 취지에 비추어 보면, 문화재보호구역 내에 있는 토지소유자 등으로서는 위 보호구역의 지정해제를 요구할 수 있는 법규상 또는 조리상의 신청권이 있다고 할 것이고, 이러한 신청에 대한 거부행위는 항고소송의 대상이 되는 행정처분에 해당한다.

③ 대법원 2004. 6. 11. 선고 2001두7053 판결[117]

구 교육공무원법(1999. 1. 29. 법률 제5717호로 개정되기 전의 것) 및 구 교육공무원임용령(1999. 9. 30. 대통령령 16564호로 개정되기 전의 것) 등 관계 법령에 대학교원의 신규임용에 있어서의 심사단계나 심사방법 등에 관하여 아무런 규정을 두지 않았다고 하더라도, 대학 스스로 교원의 임용규정이나 신규채용업무시행지침 등을 제정하여 그에 따라 교원을 신규임용하여 온 경우, 임용지원자가 당해 대학의 교원임용규정 등에 정한 심사단계 중 중요한 대부분의 단계를 통과하여 다수의 임용지원자 중 유일한 면접심사 대상자로 선정되는 등으로 장차 나머지 일부의 심사단계를 거쳐 대학교원으로 임용될 것을 상당한 정도로 기대할 수 있는 지위에 이르렀다면,[118] 그러한 임용지원자는 임용에 관한 법률상 이익을 가진 자로서 임용권자에 대하여 나머지 심사를 공정하게 진행하여 그 심사에서 통과되면 대학교원으로 임용해 줄 것을 신청할 조리상의 권리가 있다고 보아야 할 것이고, 또한 유일한 면접심사 대상자로 선정된 임용지원자에 대한 교원신규채용업무를 중단하는 조치는 교원신규채용절차의 진행을 유보하였다가 다시 속개하기 위한 중간처분 또는 사무처리절차상 하나의 행위에 불과한 것이라고는 볼 수 없고, 유일한 면접심사 대상자로서 임용에 관한 법률상 이익을 가지는 임용지원자에 대한 신규임용을 사실상 거부하는 종국적인 조치에 해당하는 것이며, 임용지원자에게 직접 고지되지 않았다고 하더라도 임용지원자가 이를 알게 됨으로써 효력이 발생한 것으로 보아야 할 것이므로, 이는 임용지원자의 권리 내지 법률상 이익에 직접 관계되는 것으로서 항고소송의 대상이 되는 처분 등에 해당한다.

④ 대법원 2018. 6. 15. 선고 2016두57564 판결

대학의 장 임용에 관하여 교육부장관의 임용제청권을 인정한 취지는 대학의 자율성

---

117) [비교 판례] 원심이 인정한 사실 및 기록에 의하면, 원고는 피고가 시행한 2001학년도 상반기 경북대학교 전임교원공개채용에서 사회과학대학 정치외교학과에 지원하여 교육공무원법(2000. 1. 28. 법률 제6211호로 개정된 것) 제11조, 교육공무원임용령(1999. 9. 30. 대통령령 제16564호로 개정된 것) 제4조의3 및 그 위임에 따른 경북대학교 교원임용규정 및 전임교원공개채용심사지침(이하 '이 사건 임용규정 등'이라 한다)이 정하는 바에 따라 서류심사위원회, 학과심사위원회, 대학공채인사위원회의 각 심사를 최고득점자로 통과하였으나, 대학교공채조정위원회의 채용유보건의에 따라 2000. 10. 30. 피고로부터 교원임용을 거부한다는 통보(이하 '이 사건 통보'라 한다)를 받은 사실, 원고가 신규교원으로 임용되기 위하여는 이 사건 임용규정 등이 정하는 바에 따라 대학교공채조정위원회를 통과하여 면접대상자로 결정된 다음, 면접심사에 합격하여 임용예정자로 결정되고, 나아가 교육공무원법 제26조 제2항에 의한 대학인사위원회의 동의를 얻어 임용후보자가 되는 절차를 거쳐야 하는 사실을 알 수 있는바, 그렇다면 원고로서는 피고에게 자신의 임용을 요구할 권리가 없을 뿐 아니라 단순한 임용지원자에 불과하여 임용에 관한 법률상 이익을 가진다고도 볼 수 없어, 임용 여부에 대한 응답을 신청할 법규상 또는 조리상 권리도 없다고 할 것이므로 이 사건 통보는 항고소송의 대상이 되는 행정처분에 해당하지 아니한다(대법원 2003. 10. 23. 선고 2002두12489 판결).

118) 이 사건에서 관련 규정에 따르면, 대학교원의 신규임용심사는 자격심사·전공적격심사·연구실적심사·공개강의심사·면접심사 등의 5단계로 구분하여 시행되는데, 4단계 공개강의심사를 거친 결과, 원고가 유일한 면접심사 대상자로 결정되어 마지막 5단계인 면접심사만을 남겨 두고 있던 중, 원고가 지원한 분야의 교원신규채용업무가 중단되었다.

과 대통령의 실질적인 임용권 행사를 조화시키기 위하여 대통령의 최종적인 임용권 행사에 앞서 대학의 추천을 받은 총장 후보자들의 적격성을 일차적으로 심사하여 대통령의 임용권 행사가 적정하게 이루어질 수 있도록 하기 위한 것이다.

대학의 추천을 받은 총장 후보자는 교육부장관으로부터 정당한 심사를 받을 것이라는 기대를 하게 된다. 만일 교육부장관이 자의적으로 대학에서 추천한 복수의 총장 후보자들 전부 또는 일부를 임용제청하지 않는다면 대통령으로부터 임용을 받을 기회를 박탈하는 효과가 있다. 이를 항고소송의 대상이 되는 처분으로 보지 않는다면, 침해된 권리 또는 법률상 이익을 구제받을 방법이 없다. 따라서 교육부장관이 대학에서 추천한 복수의 총장 후보자들 전부 또는 일부를 임용제청에서 제외하는 행위는 제외된 후보자들에 대한 불이익처분으로서 항고소송의 대상이 되는 처분에 해당한다고 보아야 한다.

다만 교육부장관이 특정 후보자를 임용제청에서 제외하고 다른 후보자를 임용제청함으로써 대통령이 임용제청된 다른 후보자를 총장으로 임용한 경우에는, 임용제청에서 제외된 후보자는 대통령이 자신에 대하여 총장 임용 제외처분을 한 것으로 보아 이를 다투어야 한다(대통령의 처분의 경우 소속 장관이 행정소송의 피고가 된다. 국가공무원법 제16조 제2항). 이러한 경우에는 교육부장관의 임용제청 제외처분을 별도로 다툴 소의 이익이 없어진다.

⑤ 대법원 2017. 6. 15. 선고 2013두2945 판결

갑 등이 인터넷 포털사이트 등의 개인정보 유출사고로 자신들의 주민등록번호 등 개인정보가 불법 유출되자 이를 이유로 관할 구청장에게 주민등록번호를 변경해 줄 것을 신청하였으나 구청장이 '주민등록번호가 불법 유출된 경우 주민등록법상 변경이 허용되지 않는다'는 이유로 주민등록번호 변경을 거부하는 취지의 통지를 한 사안에서, 피해자의 의사와 무관하게 주민등록번호가 불법 유출된 경우 개인의 사생활뿐만 아니라 생명·신체에 대한 위해나 재산에 대한 피해를 입을 우려가 있고, 실제 유출된 주민등록번호가 다른 개인정보와 연계되어 각종 광고 마케팅에 이용되거나 사기, 보이스피싱 등의 범죄에 악용되는 등 사회적으로 많은 피해가 발생하고 있는 것이 현실인 점, 반면 주민등록번호가 유출된 경우 그로 인하여 이미 발생하였거나 발생할 수 있는 피해 등을 최소화할 수 있는 충분한 권리구제방법을 찾기 어려운데도 구 주민등록법(2016. 5. 29. 법률 제14191호로 개정되기 전의 것)에서는 주민등록번호 변경에 관한 아무런 규정을 두고 있지 않은 점, 주민등록법령상 주민등록번호 변경에 관한 규정이 없다거나 주민등록번호 변경에 따른 사회적 혼란 등을 이유로 위와 같은 불이익을 피해자가 부득이한 것으로 받아들여야 한다고 보는 것은 피해자의 개인정보자기결정권 등 국민의 기본권 보장의 측면에서 타당하지 않은 점, 주민등록번호를 관리하는 국가로서는 주민등록번호가 유출된 경우 그로 인한 피해가 최소화되도록 제도를 정비하고 보완해야 할 의무가 있으며, 일률적으로 주민등록번호를 변경할 수 없도록 할 것이 아니라 만약 주민등록번호 변경이 필요한 경우가 있다면 그 변경에 관한 규정을 두어서 이를 허용해야 하는 점 등을 종합하면, 피해자의 의사와 무관하게 주민등록번호가 유출된 경우에는 조리상 주민등록번호의 변경을 요구할 신청권을 인정함이 타당하고, 구청장의 주민등록번호 변경신청 거부행위는 항고소송의 대상이 되는 행정처분에 해당한다고 한 사례.

⑥ 대법원 2005. 11. 25. 선고 2004두12421 판결

과거에 법률에 의하여 당연퇴직된 공무원이 자신을 복직 또는 재임용시켜 줄 것을 요구하는 신청에 대하여 그와 같은 조치가 불가능하다는 행정청의 거부행위는 당연퇴직의 효과가 계속하여 존재한다는 것을 알려주는 일종의 안내에 불과하므로 당연퇴직된 공무원의 실체상의 권리관계에 직접적인 변동을 일으키는 것으로 볼 수 없고, 당연퇴직의 근거 법률이 헌법재판소의 위헌결정으로 효력을 잃게 되었다고 하더라도 당연퇴직된 이후 헌법소원 등의 청구기간이 도과한 경우에는 당연퇴직의 내용과 상반되는 처분을 요구할 수 있는 조리상의 신청권을 인정할 수도 없다고 할 것이어서, 이와 같은 경우 행정청의 복직 또는 재임용거부행위는 항고소송의 대상이 되는 행정처분에 해당한다고 할 수 없다.

5) 그 밖에 이에 준하는 행정작용

행정소송법상 처분의 개념을 분석해보면, ① 행정청이 행하는 구체적 사실에 관한 법집행으로서의 공권력의 행사 또는 그 거부와 ② 그 밖에 이에 준하는 행정작용으로 구분할 수 있다. 다수설인 쟁송법적 개념설(이원설)에 의하면, ①은 강학상 행정행위(실체법상 행정행위)에 해당하며, ② '그 밖에 이에 준하는 행정작용'은 학문상의 행정행위에 해당하지는 않지만, 실질적으로 국민 생활을 일방적으로 규율하거나 국민의 법적 지위에 영향을 미치는 행정작용으로서 그에 대한 적절한 불복절차가 없는 경우 처분성을 인정할 수 있다고 한다. 이처럼 행정소송법이 처분을 정의함에 있어 '그 밖에 이에 준하는 행정작용'이라는 다소 포괄적인 개념을 사용한 것은 처분의 범위를 확대함으로써 현실적으로 권리구제의 필요성이 인정되는 다양한 행정작용을 행정소송의 대상으로 삼기 위한 취지인 것은 분명하다. 문제는 그 범위를 어디까지 인정할 것인가 여부이며, 이를 둘러싸고 이원설(二元說) 내에서도 다툼이 있다.

생각건대, 우리 행정소송의 구조를 살펴보면, 권력작용에 대한 항고소송(취소소송)과 비권력작용에 대한 당사자소송으로 대별된다는 점에서 '그 밖에 이에 준하는 행정작용'의 개념요소에는 적어도 '법집행으로서의 공권력의 행사'라는 요소가 포함되는 것으로 해석하여야 할 것이다.[119]

따라서 '그 밖에 이에 준하는 행정작용'은 전형적인 행정행위에는 해당하지 않지

만 법집행으로서 권력적 성질을 가지는 행정작용($^{권력적 \, 사실행위 \cdot 일반처}_{분 \cdot \, 차분적 \, 법규명령 \, 등}$)을 말하며, 공권력
행사로서의 실체성이 없는 이른바 '형식적 행정행위'는 여기서 제외하는 것이 타당
하다.[120] 만일 이러한 비권력작용까지 모두 처분으로 본다면 그 개념과 범위 획정의
어려움으로 인한 체계 혼란 및 이 경우에도 강학상 행정행위에서 인정되는 공정력
이나 불가쟁력이 그대로 인정되는지 여부, 나아가 당사자소송 또는 민사소송($^{갈처}_{같}$)과
의 관계를 어떻게 정리할 것인가와 같은 복잡한 문제가 발생한다. 실효적인 권리구
제라는 관점만을 중시하여 취소소송의 성격과 기능을 도외시한 채 형식적 행정행위
의 관념을 준거로 처분의 범위를 무제한 확대할 것이 아니라 차라리 당사자소송 등
을 활용하는 것이 바람직하다.

(3) 특수한 처분

이상에서 처분의 개념요소를 중심으로 기본적인 처분의 유형을 살펴보았다. 이
하에서는 실무에서 문제가 되는 특수한 처분들에 대해 판례의 법리를 중심으로 살
펴보기로 한다.

1) 반복된 행위

침익적 처분이 내려진 후 그 처분에서 명한 의무의 이행이 없을 때 다시 동일한
내용의 처분을 하는 경우가 있다. 이때 상대방의 의무는 처음의 처분으로 발생하는
것이고, 나중에 이루어진 행위는 단지 이행촉구 내지 기한연기의 통보에 불과하므
로 처분이 아니다.

① 대법원 1994. 10. 28. 선고 94누5144 판결

건물의 소유자에게 위법건축물을 일정기간까지 철거할 것을 명함과 아울러 불이행
할 때에는 대집행한다는 내용의 철거대집행 계고처분을 고지한 후 이에 불응하자 다시
제2차, 제3차 계고서를 발송하여 일정기간까지의 자진철거를 촉구하고 불이행하면 대
집행을 한다는 뜻을 고지하였다면 행정대집행법상의 건물철거의무는 제1차 철거명령
및 계고처분으로서 발생하였고 제2차, 제3차의 계고처분은 새로운 철거의무를 부과한
것이 아니고 다만 대집행기한의 연기통지에 불과하므로 행정처분이 아니다.

---

119) 김남진/김연태(854면); 류지태/박종수(718면).
120) 쟁송법상의 처분을 강학상 행정행위와 동일한 개념으로 보는 '일원설'에서는 '그 밖에 이에 준
하는 행정작용'을 일반처분(일반적·구체적 규율, 물적 행정행위)과 처분적 법규명령에 한정시킨다.
권력적 사실행위는 사실행위와 수인하명이 결합된 합성행위로서, 이 중에서 강학상 행정행위인 '수인
하명'에 대해서만 취소소송을 제기하는 것이라고 한다. 정하중/김광수(720면).

② 대법원 2005. 10. 28. 선고 2003두14550 판결

지방병무청장이 보충역 편입처분을 받은 자에 대하여 복무기관을 정하여 공익근무요원 소집통지를 한 이상 그것으로써 공익근무요원으로서의 복무를 명하는 병역법상의 공익근무요원 소집처분이 있었다고 할 것이고, 그 후 지방병무청장이 공익근무요원 소집대상자의 원에 의하여 또는 직권으로 그 기일을 연기한 다음 다시 공익근무요원 소집통지를 하였다고 하더라도 이는 최초의 공익근무요원 소집통지에 관하여 다시 의무이행기일을 정하여 알려주는 연기통지에 불과한 것이므로, 이는 항고소송의 대상이 되는 독립한 행정처분으로 볼 수 없다.

이와 비교하여, 거부처분의 경우는 국민이 신청할 수 있는 횟수 등을 제한하는 법규가 없는 이상, 동일한 내용을 수회 신청할 수 있고, 그에 따라 거부처분이 수회 있을 수 있다. 이 경우 거부처분은 각각 독립적인 처분이 된다.

대법원 1997. 3. 28. 선고 96누18014 판결

거부처분은 관할 행정청이 국민의 처분신청에 대하여 거절의 의사표시를 함으로써 성립되고, 그 이후 동일한 내용의 새로운 신청에 대하여 다시 거절의 의사표시를 한 경우에는 새로운 거부처분이 있는 것으로 보아야 한다.

2) 경정처분

행정청이 일정한 처분을 한 후에 그 처분을 감축 또는 확장하는 경우가 있다. 이는 주로 과세처분 등 각종 부담금 부과처분에서 볼 수 있으나, 징계처분이나 영업정지처분과 같은 제재처분에서도 이루어진다. 이 경우 처음에 한 처분을 '당초 처분', 후의 처분을 '경정처분'이라고 하는데, 어느 처분을 대상으로 취소소송을 제기하여야 하는지가 문제된다. 판례는 과세처분의 경우 ① 감액경정처분과 ② 증액경정처분을 구분하여 다르게 보고 있다.

(가) 감액경정처분

감액경정처분은 당초 처분의 전부를 취소하고 새로이 처분을 한 것이 아니라, 당초 처분의 일부 효력을 취소하는 처분으로, 항고소송의 대상은 경정처분으로 감액되고 남은 당초의 처분이다[판례 ①]. 이러한 법리는 행정청이 과징금 부과처분을 하였다가 감액처분을 한 경우에도 동일하게 적용된다[판례 ②].

① 대법원 1991. 9. 13. 선고 91누391 판결

과세관청이 조세부과처분을 한 뒤에 그 불복절차과정에서 국세청장이나 국세심판소

장으로부터 그 일부를 취소하도록 하는 결정을 받고 이에 따라 당초 부과처분의 일부를 취소, 감액하는 내용의 경정결정을 한 경우 위 경정처분은 당초 부과처분과 별개 독립의 과세처분이 아니라 그 실질은 당초 부과처분의 변경이고, 그에 의하여 세액의 일부 취소라는 납세자에게 유리한 효과를 가져오는 처분이라 할 것이므로 그 경정결정으로도 아직 취소되지 않고 남아 있는 부분이 위법하다고 하여 다투는 경우에는 항고소송의 대상이 되는 것은 당초의 부과처분 중 경정결정에 의하여 취소되지 않고 남은 부분이 된다 할 것이고, 경정결정이 항고소송의 대상이 되는 것은 아니라 할 것이므로, 이 경우 제소기간을 준수하였는지 여부도 당초처분을 기준으로 하여 판단하여야 할 것이다.

② 대법원 2008. 2. 15. 선고 2006두3957 판결

과징금 부과처분에서 행정청이 납부의무자에 대하여 부과처분을 한 후 그 부과처분의 하자를 이유로 과징금의 액수를 감액하는 경우에 그 감액처분은 감액된 과징금 부분에 관하여만 법적 효과가 미치는 것으로서 처음의 부과처분과 별개 독립의 과징금 부과처분이 아니라 그 실질은 당초 부과처분의 변경이고, 그에 의하여 과징금의 일부 취소라는 납부의무자에게 유리한 결과를 가져오는 처분이므로 처음의 부과처분이 전부 실효되는 것은 아니며, 그 감액처분으로도 아직 취소되지 않고 남아 있는 부분이 위법하다고 하여 다투는 경우 항고소송의 대상은 처음의 부과처분 중 감액처분에 의하여 취소되지 않고 남은 부분이고 감액처분이 항고소송의 대상이 되는 것은 아니다.

(나) 증액경정처분

증액경정처분이 있는 경우 당초 신고나 결정은 증액경정처분에 흡수됨으로써 독립한 존재가치를 잃게 되어 원칙적으로 당초 신고나 결정에 대한 불복기간의 경과 여부 등에 관계없이 증액경정처분만이 항고소송의 심판대상이 되고, 납세자는 그 항고소송에서 당초 신고나 결정에 대한 위법사유도 함께 주장할 수 있다.

그런데 구 국세기본법(2010. 1. 1. 법률 제9911호로 개정되기 전의 것, 이하 같다) 제22조의2 제1항은 "세법의 규정에 의하여 당초 확정된 세액을 증가시키는 경정은 당초 확정된 세액에 관한 이 법 또는 세법에서 규정하는 권리·의무관계에 영향을 미치지 아니한다."고 규정하고 있는 바, 위 규정의 문언내용 및 그 주된 입법취지가 증액경정처분이 있더라도 불복기간의 경과 등으로 확정된 당초 신고나 결정에서의 세액에 대한 불복을 제한하려는 데 있는 점을 고려하면, 확정된 당초 신고나 결정에서의 세액에 관하여는 취소를 구할 수 없고 증액경정처분에 의하여 증액된 세액의 한도 내에서만 취소를 구할 수 있다 할 것이다. 나아가 과세관청이 증액경정처분 후에 당초 신고나 결정에 위법사유가 있다는 이유로 쟁송절차와 무관하게 직권으로 일부 감액경정처분을 한 경우에는 그

실질이 증액된 세액을 다시 감액한 것이 아니라 당초 신고나 결정에서의 세액을 감액한 것인 만큼, 납세자는 이와는 상관없이 여전히 증액경정처분에 의하여 증액된 세액의 취소를 구할 수 있다.[121]

대법원 2009. 5. 14. 선고 2006두17390 판결

국세기본법 제22조의2의 시행 이후에도 증액경정처분이 있는 경우, 당초 신고나 결정은 증액경정처분에 흡수됨으로써 독립한 존재가치를 잃게 된다고 보아야 하므로, 원칙적으로는 당초 신고나 결정에 대한 불복기간의 경과 여부 등에 관계없이 증액경정처분만이 항고소송의 심판대상이 되고, 납세의무자는 그 항고소송에서 당초 신고나 결정에 대한 위법사유도 함께 주장할 수 있다고 해석함이 타당하다.

(다) 경정처분이 수회 있는 경우

경정처분이 수회 있는 경우에도 위에서 본 법리가 그대로 적용된다.

대법원 1996. 7. 30. 선고 95누6328 판결

과세처분이 있은 후 이를 증액하는 경정처분이 있으면 당초 처분은 경정처분에 흡수되어 독립된 존재가치를 상실하여 소멸하는 것이고, 그 후 다시 이를 감액하는 재경정처분이 있으면 재경정처분은 위 증액경정처분과는 별개인 독립의 과세처분이 아니라 그 실질은 위 증액경정처분의 변경이고 그에 의하여 세액의 일부 취소라는 납세의무자에게 유리한 효과를 가져오는 처분이라 할 것이므로, 그 감액하는 재경정결정으로도 아직 취소되지 않고 남아 있는 부분이 위법하다 하여 다투는 경우 항고소송의 대상은 그 증액경정처분 중 감액재경정결정에 의하여 취소되지 않고 남은 부분이고, 감액재경정결정이 항고소송의 대상이 되는 것은 아니다. 이러한 법리는 국세심판소가 심판청구를 일부 인용하면서 정당한 세액을 명시하여 취소하지 아니하고 경정기준을 제시하여 당해 행정청으로 하여금 구체적인 과세표준과 세액을 결정하도록 함에 따라, 당해 행정청이 감액경정결정을 함에 있어 심판결정의 취지에 어긋나게 결정하거나 혹은 그 결정 자체에 위법사유가 존재하여 그에 대하여 별도의 쟁송수단을 인정하여야 할 특별한 사정이 없는 한 마찬가지로 적용된다.

3) 변경처분

행정청이 종전처분을 변경하는 내용의 후속처분을 한 경우, 취소소송의 대상이 무엇인지가 문제된다.

대법원은 후속처분이 종전처분을 완전히 대체하는 것이거나 주요 부분을 실질적

---

121) 대법원 2011. 4. 14. 선고 2010두9808 판결.

으로 변경하는 내용인 경우에는 특별한 사정이 없는 한 종전처분은 효력을 상실하
고 후속처분만이 취소소송의 대상이 된다고 한다. 따라서 취소소송의 계속 중에 이
러한 변경처분이 있게 되면 종전처분에 대한 취소소송은 소의 이익이 없어진다.

대법원 2012. 10. 11. 선고 2010두12224 판결

선행처분의 주요 부분을 실질적으로 변경하는 내용으로 후행처분을 한 경우에 선행
처분은 특별한 사정이 없는 한 그 효력을 상실하지만, 후행처분이 있었다고 하여 일률
적으로 선행처분이 존재하지 않게 되는 것은 아니고 선행처분의 내용 중 일부만을 소폭
변경하는 정도에 불과한 경우에는 선행처분이 소멸한다고 볼 수 없다.

그러나 후속처분의 내용이 종전처분의 유효를 전제로 내용 중 일부만을 추가·
철회·변경하는 것이고 추가·철회·변경된 부분이 내용과 성질상 나머지 부분과
불가분적인 것이 아닌 경우에는 종전처분이 여전히 취소소송의 대상이 된다고 한
다. 그러므로 종전처분에 대한 취소소송의 계속 중에 이와 같은 변경처분이 있더라
도 종전처분에 대한 취소소송은 여전히 소의 이익이 인정된다.

① 대법원 2015. 11. 19. 선고 2015두295 전원합의체 판결

기존의 행정처분을 변경하는 내용의 행정처분이 뒤따르는 경우, 후속처분이 종전처
분을 완전히 대체하는 것이거나 주요 부분을 실질적으로 변경하는 내용인 경우에는 특별
한 사정이 없는 한 종전처분은 효력을 상실하고 후속처분만이 항고소송의 대상이 되지
만, 후속처분의 내용이 종전처분의 유효를 전제로 내용 중 일부만을 추가·철회·변경
하는 것이고 추가·철회·변경된 부분이 내용과 성질상 나머지 부분과 불가분적인 것
이 아닌 경우에는, 후속처분에도 불구하고 종전처분이 여전히 항고소송의 대상이 된다.
따라서 종전처분을 변경하는 내용의 후속처분이 있는 경우 법원으로서는, 후속처분
의 내용이 종전처분 전체를 대체하거나 주요 부분을 실질적으로 변경하는 것인지, 후속
처분에서 추가·철회·변경된 부분의 내용과 성질상 나머지 부분과 가분적인지 등을
살펴 항고소송의 대상이 되는 행정처분을 확정하여야 한다.[122]

---

122) [판결 이유] 원심판결 이유 및 기록에 의하면, 피고 동대문구청장은 2012. 11. 14. 원고 롯데쇼
핑 주식회사, 주식회사 에브리데이리테일, 주식회사 이마트, 홈플러스 주식회사, 홈플러스스토어즈 주
식회사(변경 전 상호: 홈플러스테스코 주식회사, 이하 같다)에 대하여 그들이 운영하는 서울특별시 동
대문구 내 대형마트 및 준대규모점포의 영업제한 시간을 오전 0시부터 오전 8시까지로 정하고(이하
'영업시간 제한 부분'이라 한다) 매월 둘째 주와 넷째 주 일요일을 의무휴업일로 지정하는(이하 '의무
휴업일 지정 부분'이라 한다) 내용의 처분을 한 사실, 위 처분의 취소를 구하는 소송이 이 사건 원심에
계속 중이던 2014. 8. 25. 위 피고는 위 원고들을 상대로 영업시간 제한 부분의 시간을 '오전 0시부터
오전 10시'까지로 변경하되, 의무휴업일은 종전과 동일하게 유지하는 내용의 처분(이하 '2014. 8. 25.
자 처분'이라 한다)을 한 사실을 알 수 있다. 이러한 사실관계를 앞서 본 법리에 비추어 보면, 2014.

② 대법원 2015. 2. 12. 선고 2013두987 판결

공정거래위원회가 부당한 공동행위를 행한 사업자로서 구 독점규제 및 공정거래에 관한 법률^(2013. 7. 16. 법률 제11937호로 개정되기 전의 것) 제22조의2에서 정한 자진신고자나 조사협조자에 대하여 과징금 부과처분^(이하 '선행처분'이라 한다)을 한 뒤, 독점규제 및 공정거래에 관한 법률 시행령 제35조 제3항에 따라 다시 자진신고자 등에 대한 사건을 분리하여 자진신고 등을 이유로 한 과징금 감면처분^(이하 '후행처분'이라 한다)을 하였다면, 후행처분은 자진신고 감면까지 포함하여 처분 상대방이 실제로 납부하여야 할 최종적인 과징금액을 결정하는 종국적 처분이고, 선행처분은 이러한 종국적 처분을 예정하고 있는 일종의 잠정적 처분으로서 후행처분이 있을 경우 선행처분은 후행처분에 흡수되어 소멸한다. 따라서 위와 같은 경우에 선행처분의 취소를 구하는 소는 이미 효력을 잃은 처분의 취소를 구하는 것으로 부적법하다.

③ 대법원 2016. 12. 27. 선고 2016두43282 판결

구 독점규제 및 공정거래에 관한 법률^(2016. 3. 29. 법률 제14137호로 개정되기 전의 것, 이하 '공정거래법'이라 한다) 제22조의2 제1항, 제3항, 구 독점규제 및 공정거래에 관한 법률 시행령^(2016. 9. 29. 대통령령 제27529호로 개정되기 전의 것, 이하 '공정거래법 시행령'이라 한다) 제35조 제1항, 제3항, 제4항, 구 부당한 공동행위 자진신고자 등에 대한 시정조치 등 감면제도 운영고시^(2015. 1. 2. 공정거래위원회 고시 제2014-19호로 개정되기 전의 것) 제12조 제1항의 취지와 공정거래위원회의 시정명령 및 과징금 부과처분^(이하 통칭하여 '과징금 등 처분'이라 한다)과 자진신고 등에 따른 감면신청에 대한 감면기각처분은 근거조항이 엄격히 구분되고, 자진신고 감면인정 여부에 대한 결정은 공정거래법령이 정한 시정조치의 내용과 과징금산정 과정에 따른 과징금액이 결정된 이후, 자진신고 요건 충족 여부에 따라 결정되므로, 과징금 등 처분과 자진신고 감면요건이 구별되는 점, 이에 따라 공정거래위원회로서는 자진신고가 있는 사건에서 시정명령 및 과징금 부과의 요건과 자진신고 감면 요건 모두에 대하여 심리·의결할 의무를 부담하는 점, 감면기각처분은 자진신고 사업자의 감면신청에 대한 거부처분의 성격을 가지는 점 등을 종합하면, 공정거래위원회가 시정명령 및 과징금 부과와 감면 여부를 분리 심리하여 별개로 의결한 후 과징금 등 처분과 별도의 처분서로 감면기각처분을 하였다면, 원칙적으로 2개의 처분, 즉 과징금 등 처분과 감면기각처분이 각각 성립한 것이고, 처분의 상대방으로서는 각각의 처분에 대하여 함께 또는 별도로 불복할 수 있다. 따라서 과징금 등 처분과 동시에 감면기각처분의 취소를 구하는 소를 함께 제기했더라도, 특별한 사정이

---

8. 25.자 처분은 종전처분 전체를 대체하거나 그 주요 부분을 실질적으로 변경하는 내용이 아니라, 의무휴업일 지정 부분을 그대로 유지한 채 영업시간 제한 부분만을 일부 변경하는 것으로서, 2014. 8. 25.자 처분에 따라 추가된 영업시간 제한 부분은 그 성질상 종전처분과 가분적인 것으로 여겨진다. 따라서 2014. 8. 25.자 처분으로 종전처분이 소멸하였다고 볼 수는 없고, 종전처분과 그 유효를 전제로 한 2014. 8. 25.자 처분이 병존하면서 위 원고들에 대한 규제 내용을 형성한다고 할 것이다. 그러므로 이와 다른 전제에서 2014. 8. 25.자 처분에 따라 종전처분이 소멸하여 그 효력을 다툴 법률상 이익이 없게 되었다는 취지의 피고 동대문구청장의 이 부분 상고이유 주장은 이유 없다.

없는 한 감면기각처분의 취소를 구할 소의 이익이 부정된다고 볼 수 없다.

3. 재 결

(1) 개 설

취소소송의 대상은 처분과 행정심판에 대한 재결이다(행정소송법 제19조, 제2조 제1항 제1호). 여기서 말하는 재결에는 행정심판법이 적용되는 형식적 의미의 행정심판뿐만 아니라 개별 법률에서 규정하는 특별행정심판이 모두 포함된다. 원처분과 이에 대한 재결은 모두 행정청의 공권력 행사로서 다 같이 취소소송의 대상이 될 수 있으나, 아무런 제한 없이 양자를 모두 소송의 대상으로 허용할 경우 판결의 저촉이나 소송경제에 반하는 등의 문제가 발생한다. 따라서 원칙적으로 원처분만을 소송의 대상으로 허용하거나 재결에 대하여만 소를 허용하는 등의 제한이 필요하게 되었다. 즉, 원처분주의와 재결주의가 그것이다. 다만 한 가지 유념할 것은 이러한 소송의 대상에 대한 결정방식으로서 원처분주의와 재결주의는 행정심판 전치주의와는 직접적인 관련이 없다는 점이다. 즉, 행정심판 전치주의를 취하면서도 원처분주의를 취할 수도 있고, 재결주의를 취할 수도 있다.

(2) 원처분주의와 재결주의

'원처분주의'란 원처분과 재결에 대하여 모두 소를 제기할 수 있도록 하되, 원처분의 위법은 원처분취소소송에서만 주장할 수 있고, 재결취소소송에서는 원처분의 하자가 아닌 재결에 고유한 하자에 대하여만 주장할 수 있도록 하는 제도이다. 이에 반해 '재결주의'는 원처분에 대하여는 제소 자체가 허용되지 아니하고 재결에 대하여만 제소를 인정하되, 재결 자체의 위법뿐만 아니라 원처분의 위법도 재결취소소송에서 주장할 수 있도록 하는 제도를 말한다. 그러나 재결주의는 원처분에 의해 권익을 침해받았음에도 재결을 기다려 소를 제기하여야 한다는 점에서 권리구제가 지연될 뿐만 아니라 재결과 원처분의 위법을 모두 다투는 경우 심리판단의 순서와 판결의 구속력의 범위 등에서 복잡한 문제가 발생한다.[123]

현행 행정소송법 제19조 단서는 원처분뿐만 아니라 재결에 대하여도 취소소송을 제기할 수 있도록 하되, 재결에 대한 취소소송의 경우에는 원처분의 위법을 이유로 할 수 없고, 재결 자체에 고유한 위법이 있음을 이유로 하는 경우에 한하도록 하여

---

123) 법원실무제요 행정(147면).

원칙적으로 원처분주의를 채택하고 있다.

(3) 재결 자체에 고유한 위법

재결에 대한 취소소송은 원칙적으로 재결 자체에 고유한 위법이 있음을 이유로 하는 경우에 한하는데, 재결 자체에 고유한 위법이란 원처분에는 없고 재결에만 있는 하자를 말한다. 여기에는 ① 재결 주체의 위법(권한이 없는 행정심판위원회가 재결하거나 행정심판위원회의 구성원에게 결격사유가 있는 경우 등), ② 재결의 형식이나 절차의 위법(서면에 의하지 아니한 재결이나 재결서에 포함되어야 할 사항이 누락된 경우 등), ③ 재결 내용의 위법(적법하게 제기된 행정심판을 각하하거나 위법하게 인용재결을 하여 제3자의 권리를 침해하는 경우 등)이 있다.

1) 각하재결

행정심판청구가 적법함에도 이를 부적법한 것으로 보아 각하한 경우는 청구인의 실체적 심리를 받을 권리를 침해하는 것으로서 재결 자체에 고유한 위법이 있는 경우에 해당하므로 각하재결에 대해 취소소송을 제기할 수 있다.

대법원 2001. 7. 27. 선고 99두2970 판결

행정소송법 제19조에 의하면 행정심판에 대한 재결에 대하여도 그 재결 자체에 고유한 위법이 있음을 이유로 하는 경우에는 항고소송을 제기하여 그 취소를 구할 수 있고, 여기에서 말하는 '재결 자체에 고유한 위법'이란 그 재결 자체에 주체, 절차, 형식 또는 내용상의 위법이 있는 경우를 의미하는데, 행정심판청구가 부적법하지 않음에도 각하한 재결은 심판청구인의 실체심리를 받을 권리를 박탈한 것으로서 원처분에 없는 고유한 하자가 있는 경우에 해당하고, 따라서 위 재결은 취소소송의 대상이 된다.

2) 기각재결

기각재결의 경우에도 재결 자체에 고유한 위법이 있으면 재결에 대한 취소소송을 제기할 수 있다(재결에 이유모순의 위법이 있거나 행정심판법 제44조를 위반한 사정재결 등). 그러나 원처분을 유지하는 기각재결의 경우 이처럼 재결 자체에 고유한 위법이 있는 경우는 예외적이다. 따라서 재결이 아닌 원처분에 대하여 바로 취소소송을 제기하는 것이 더 일반적이고 직접적인 구제방법이다.

대법원 1996. 2. 13. 선고 95누8027 판결

행정처분에 대한 행정심판의 재결에 이유모순의 위법이 있다는 사유는 재결처분 자체에 고유한 하자로서 재결처분의 취소를 구하는 소송에서는 그 위법사유로서 주장할 수 있으나, 원처분의 취소를 구하는 소송에서는 그 취소를 구할 위법사유로서 주장할 수 없다.

3) 취소심판의 인용재결

취소심판의 인용재결에는 행정심판위원회 스스로가 직접 처분을 취소 또는 변경하는 형성재결과 처분청에 대하여 처분의 변경을 명하는 변경명령재결(이행재결)이 있다(^{행정심판법}_{제43조 제3항}).

형성재결의 경우 재결 자체에 고유한 위법이 있으면 그 재결 외에 그에 따른 별도의 처분이 없으므로 재결 자체가 취소소송의 대상이 된다.

그러나 이행재결의 경우 재결 외에도 그에 따른 별도의 후속처분이 있으므로 소송의 대상과 관련하여 논란이 있다. 이에 대해 학설은 ① 이행재결과 그에 따른 처분은 별개의 독립된 처분이므로 각각 취소소송의 대상이 된다는 견해, ② 후속처분은 이행재결의 기속력에 따른 것이므로 재결을 대상으로 취소소송을 제기하여야 한다는 견해, ③ 처분명령재결이 있더라도 후속처분이 있기 전까지는 권리 침해의 잠재적인 가능성만 있으므로 후속처분만이 취소소송의 대상이 된다는 견해 등이 주장되고 있다. 대법원은 취소명령재결이 인정되던 구 행정심판법하에서 이행재결인 취소명령재결과 그에 따른 취소처분이 모두 항고소송의 대상이 된다고 판시한 바 있다. 이러한 논의는 의무이행심판에서 이행재결인 처분명령재결과 그에 따른 후속처분 사이에서도 거의 동일하게 적용된다.

대법원 1993. 9. 28. 선고 92누15093 판결

[1] 행정심판법 제37조 제1항의 규정에 의하면 재결은 행정청을 기속하는 효력을 가지므로 재결청이 취소심판의 청구가 이유 있다고 인정하여 처분청에게 처분의 취소를 명하면 처분청으로서는 그 재결의 취지에 따라 처분을 취소하여야 하지만, 그렇다고 하여 그 재결의 취지에 따른 취소처분이 위법할 경우 그 취소처분의 상대방이 이를 항고소송으로 다툴 수 없는 것은 아니다.

[2] 재결 취지에 따른 취소처분의 상대방이 재결 자체의 효력을 다투는 별소를 제기하였고 그 소송에서 판결이 확정되지 아니하였다 하여 재결의 취지에 따른 취소처분의 취소를 구하는 항고소송 사건을 심리하는 법원이 그 청구의 당부를 판단할 수 없는 것이라고 할 수 없다.

(가) 형성재결(취소·변경재결)
가) 전부 취소
a) 침익적 처분에 대해 그 취소를 구하는 행정심판에서 전부 인용재결이 내려진

경우, 청구인이 재결에 대해 취소소송을 제기하는 경우는 생각하기 어렵다.

b) 재결취소소송은 제3자효 행정행위에 대한 인용재결에서 주로 문제가 된다. 예컨대, A에 대한 폐기물처리업허가에 대하여 인근 주민 B가 취소심판을 제기하여 취소재결이 내려진 경우, A는 수익적 처분인 원처분(폐기물처리업허가)에 대하여는 다툴 이유가 없고, 재결로 인하여 비로소 권익을 침해받게 되었으므로 취소재결을 대상으로 취소소송을 제기할 수밖에 없다. 이때 인용재결인 취소재결은 원처분과 내용을 달리하는 것이므로, 그 인용재결의 취소를 구하는 것은 원처분에는 없는 재결 자체에 고유한 위법을 주장하는 셈이어서 이러한 인용재결은 행정소송법 제19조 단서에 따라 취소소송의 대상이 된다.[124] 그러나 취소재결 이후 행하여진 처분청의 취소는 원처분이 취소·소멸되었음을 확인하여 알려주는 의미의 사실 또는 관념의 통지에 불과할 뿐 새로운 형성적 행위가 아니므로 처분성이 인정되지 않는다.[125]

대법원 1997. 12. 23. 선고 96누10911 판결

[1] 이른바 복효적 행정행위, 특히 제3자효를 수반하는 행정행위에 대한 행정심판청구에 있어서 그 청구를 인용하는 내용의 재결로 인하여 비로소 권리이익을 침해받게 되는 자는 그 인용재결에 대하여 다툴 필요가 있고, 그 인용재결은 원처분과 내용을 달리하는 것이므로 그 인용재결의 취소를 구하는 것은 원처분에는 없는 재결에 고유한 하자를 주장하는 셈이어서 당연히 항고소송의 대상이 된다.

[2] 당해 재결과 같이 그 인용재결청인 문화체육부장관 스스로가 직접 당해 사업계획승인처분을 취소하는 형성적 재결을 한 경우에는 그 재결 외에 그에 따른 행정청의 별도의 처분이 있지 않기 때문에 재결 자체를 쟁송의 대상으로 할 수밖에 없다고 본 사례.

[3] 인용재결의 취소를 구하는 당해 소송은 그 인용재결의 당부를 그 심판대상으로 하고 있고, 그 점을 가리기 위하여는 행정심판청구인들의 심판청구원인 사유에 대한 재결청의 판단에 관하여도 그 당부를 심리·판단하여야 할 것이므로, 원심으로서는 재결청이 원처분의 취소 근거로 내세운 판단사유의 당부뿐만 아니라 재결청이 심판청구인의 심판청구원인 사유를 배척한 판단 부분이 정당한가도 심리·판단하여야 한다.

주의할 점은, 위 사례에서 A가 폐기물처리업허가를 신청하였으나 행정청이 이를 거부하자 거부처분의 취소를 구하는 행정심판을 제기하여 인용재결이 내려진 경우,

---

124) 일설은 이 경우 인용재결은 처분의 직접 상대방인 A에 대해서는 불이익한 최초의 처분이므로 이때 재결에 대한 취소소송은 행정소송법 제19조 본문에 의한 소송으로 보아야 한다고 주장한다. 김용섭, "취소소송의 대상으로서의 행정심판의 재결", 행정법연구(제3호), 1998, 226면.

125) 대법원 1998. 4. 24. 선고 97누17131 판결.

이웃 주민인 B가 그 재결의 취소를 구하기 위해 제기한 취소소송은 소의 이익이 없다는 것이다.[126) 이는 거부처분이라는 특수성에 기인한 것으로, 이와 달리 A가 자신에게 내려진 폐기물처리업허가에 대한 취소처분의 취소를 구하기 위해 행정심판을 제기하여 받아들여진 경우, 이웃 주민인 B는 그 인용재결을 대상으로 취소소송을 제기할 수 있다.

나) 일부 취소재결 · 변경재결

a) 침익적 처분에 대해 그 취소를 구하는 행정심판에서 '일부 취소재결'($\binom{3개월 영업정지}{처분을 재결에서}$ $\binom{2개월 영업정지}{처분으로 감경}$)이나 보다 경미한 처분으로 변경하는 '적극적 변경재결'($\binom{공무원에 대한 파면처분을 재}{결에서 해임처분으로 감경}$)이 내려진 경우, 무엇을 대상으로 누구를 피고로 하여 취소소송을 제기하여야 하는지가 문제된다. 이 경우 일부 취소재결과 변경재결은 단지 원처분을 양적 · 질적으로 감축(減縮)한 것에 불과하므로 일부 취소되고 남은 또는 변경된 원처분을 대상으로 하고 원처분청을 피고로 하여 소송을 제기하여야 할 것이며, 만일 적극적 변경재결 중에서 내용적으로 원처분을 일부 감축한 것이 아니라 이를 대체하는 새로운 처분으로 볼 수 있는 경우에는 변경재결을 대상으로 하고 행정심판위원회를 피고로 하여야 할 것이다($\binom{2개월 영업정지처분을 재결에서 이에 갈음}{하는 과징금 부과처분으로 변경한 경우}$).

이와 달리 일부 취소재결은 일부 취소되고 남은 원처분이 소송의 대상이 되지만, 변경재결은 원처분을 완전히 대체하는 새로운 처분이므로 변경재결이 소송의 대상이 되며, 행정심판위원회가 피고가 되어야 한다고 주장하는 견해[127)도 있다.

대법원 1993. 8. 24. 선고 93누5673 판결

항고소송은 원칙적으로 당해 처분을 대상으로 하나, 당해 처분에 대한 재결 자체에 고유한 주체, 절차, 형식 또는 내용상의 위법이 있는 경우에 한하여 그 재결을 대상으로 할 수 있다고 해석되므로, 징계혐의자에 대한 감봉 1월의 징계처분을 견책으로 변경한 소청결정 중 그를 견책에 처한 조치는 재량권의 남용 또는 일탈로서 위법하다는 사유는 소청결정 자체에 고유한 위법을 주장하는 것으로 볼 수 없어 소청결정의 취소사유가 될 수 없다.

b) 제3자효 행정행위에서 일부 취소재결이나 변경재결로 인하여 비로소 권리나 이익을 침해받은 자($\binom{재결로 인하여 원처분보}{다 더 불리하게 된 자}$)는 재결 자체에 고유한 위법이 있음을 이유로 그

---

126) 대법원 2017. 10. 31. 선고 2015두45045 판결.
127) 박균성(1223면).

재결에 대하여 다툴 수 있다.

(나) 이행재결(변경명령재결)

a) 침익적 처분에 대해 그 취소를 구하는 행정심판에서 변경명령재결(이행재결)이 내려진 경우, ① 원처분과 ② 변경명령재결 외에도 ③ 재결에 따른 변경처분이 있으므로 그중 취소소송의 대상이 무엇인지가 문제된다. 이 경우 변경명령재결에 따른 변경처분이 원처분보다 유리한 처분이라면 이는 새로운 처분이 아니라 원처분이 실질적으로 감축된 것에 불과하므로 변경된 원처분을 대상으로 취소소송을 제기하여야 하고, 제소기간의 준수 여부도 원처분을 기준으로 삼아야 한다. 그러나 변경명령재결에 따른 변경처분이 원처분을 대체하는 새로운 처분이라면 변경명령재결과 변경처분에 대하여 각각 취소소송을 제기할 수 있을 것이다.[128]

대법원 2007. 4. 27. 선고 2004두9302 판결

행정청이 식품위생법령에 따라 영업자에게 행정제재처분을 한 후 그 처분을 영업자에게 유리하게 변경하는 처분을 한 경우, 변경처분에 의하여 당초 처분은 소멸하는 것이 아니고 당초부터 유리하게 변경된 내용의 처분으로 존재하는 것이므로, 변경처분에 의하여 유리하게 변경된 내용의 행정제재가 위법하다 하여 그 취소를 구하는 경우 그 취소소송의 대상은 변경된 내용의 당초 처분이지 변경처분은 아니고, 제소기간의 준수 여부도 변경처분이 아닌 변경된 내용의 당초 처분을 기준으로 판단하여야 한다.[129]

b) 제3자효 행정행위의 경우, 제3자가 제기한 행정심판에서 내려진 변경명령재결 및 그에 따른 변경처분으로 권익을 침해받은 처분의 상대방은 변경명령재결과 변경

---

128) 대법원 1993. 9. 28. 선고 92누15093 판결.

129) [판결 이유] 원심이 확정한 사실관계 및 기록에 의하면, 피고는 2002. 12. 26. 원고에 대하여 3월의 영업정지처분이라는 이 사건 당초처분을 하였고, 이에 대하여 원고가 행정심판청구를 하자 재결청은 2003. 3. 6. "피고가 2002. 12. 26. 원고에 대하여 한 3월의 영업정지처분을 2월의 영업정지에 갈음하는 과징금부과처분으로 변경하라"는 일부기각(일부인용)의 이행재결을 하였으며, 2003. 3. 10. 그 재결서 정본이 원고에게 도달한 사실, 피고는 위 재결취지에 따라 2003. 3. 13. "3월의 영업정지처분을 과징금 560만원으로 변경한다"는 취지의 이 사건 후속 변경처분을 함으로써 이 사건 당초처분을 원고에게 유리하게 변경하는 처분을 하였으며, 원고는 2003. 6. 12. 이 사건 소를 제기하면서 청구취지로써 2003. 3. 13.자 과징금부과처분의 취소를 구하고 있음을 알 수 있다. 앞서 본 법리에 비추어 보면, 이 사건 후속 변경처분에 의하여 유리하게 변경된 내용의 행정제재인 과징금부과가 위법하다 하여 그 취소를 구하는 이 사건 소송에 있어서 위 청구취지는 이 사건 후속 변경처분에 의하여 당초부터 유리하게 변경되어 존속하는 2002. 12. 26.자 과징금부과처분의 취소를 구하고 있는 것으로 보아야 할 것이고, 일부기각(일부인용)의 이행재결에 따른 후속 변경처분에 의하여 변경된 내용의 당초처분의 취소를 구하는 이 사건 소 또한 행정심판재결서 정본을 송달받은 날로부터 90일 이내 제기되어야 하는데 원고가 위 재결서의 정본을 송달받은 날로부터 90일이 경과하여 이 사건 소를 제기하였다는 이유로 이 사건 소가 부적법하다고 판단한 원심판결은 정당하고, 상고이유는 받아들일 수 없다.

처분에 대하여 모두 취소소송을 제기할 수 있다.[130] 그 반대의 경우도 마찬가지다.

4) 의무이행심판의 인용재결

(가) 형성재결(처분재결)

의무이행심판에서 처분재결은 형성재결이므로, 이로 인해 권익을 침해당한 자가 그 효력을 다투고자 하는 경우 재결 자체를 대상으로 취소소송을 제기할 수 있다.

(나) 이행재결(처분명령재결)

의무이행심판에서 처분명령재결이 내려지고 그에 따라 행정청이 후속처분을 함으로써 권익을 침해받은 자는 무엇을 대상으로 취소소송을 제기할 것인지가 문제된다. 이때 ① 특정한 처분을 하도록 명하는 재결, 즉 '특정처분명령재결'에 대하여는 취소심판에서 변경명령재결과 변경처분에 관한 논의가 그대로 적용될 수 있다.

그러나 ② 재결의 취지에 따라 하자 없는 재량행사를 통해 일정한 처분을 하도록 명하는 '일정처분명령재결'의 경우, 행정청은 신청에 대해 처분을 할 의무는 있으나 반드시 신청한 내용대로 처분할 법적 의무는 없고 종국적 처분의 내용에 대해서는 재량이 있으므로, 그에 따른 후속처분을 기다렸다가 후속처분에 대해 취소소송을 제기하는 것이 보다 실효적이고 직접적인 권리구제수단이다.

(4) 행정소송법 제19조 단서를 위반한 경우

재결 자체에 고유한 위법이 본안 판단사항인지 아니면 소송요건인지 학설상 다툼이 있다. 이에 대해 판례는 소송요건으로 보아 각하하여야 한다고 판시한 것도 있고,[131] 기각하여야 한다고 판시한 것도 있다.[132]

(5) 원처분주의에 대한 예외

1) 재결주의의 특수성

개별 법률에서 원처분주의에 대한 예외로서 재결주의를 취하고 있는 경우가 있다. 이 경우 원처분은 취소소송의 대상이 될 수 없고(원처분의 취소를 구하는 것은 부적법하여 각하사유가 됨), 재결만이 취소소송의 대상이 된다. 따라서 취소소송을 제기하기 위해서는 그 논리적인 전제로서 취소소송을 제기하기 전에 행정심판을 반드시 경유할 것이 요구되므로 행정심판

---

130) 대법원 1993. 9. 28. 선고 92누15093 판결.
131) 대법원 1989. 10. 24. 선고 89누1865 판결.
132) 대법원 1994. 1. 25. 선고 93누16901 판결.

임의주의에 관한 행정소송법 제18조는 적용되지 않고, 재결에 대한 취소소송에서는 행정소송법 제19조 단서와 같은 제한이 없으므로 원고는 재결 자체에 고유한 하자뿐만 아니라 재결로서 치유되지 않고 남은 원처분의 하자도 당연히 주장할 수 있다.[133] 다만, 재결주의가 적용되는 처분이라고 하더라도 당해 처분이 당연무효인 경우에는 그 효력은 처음부터 발생하지 않는 것이므로, 원처분무효확인의 소도 제기할 수 있다.

대법원 2001. 5. 8. 선고 2001두1468 판결

토지수용법과 같이 재결전치주의를 정하면서 원처분인 수용재결에 대한 취소소송을 인정하지 아니하고 재결인 이의재결에 대한 취소소송만을 인정하고 있는 경우에는 재결을 거치지 아니하고 원처분인 수용재결취소의 소를 제기할 수 없는 것이며 행정소송법 제18조는 적용되지 아니하고, 따라서 수용재결처분이 무효인 경우에는 재결 그 자체에 대한 무효확인을 소구할 수 있지만, 토지수용에 관한 취소소송은 중앙토지수용위원회의 이의재결에 대하여 불복이 있을 때에 제기할 수 있고 수용재결은 취소소송의 대상으로 삼을 수 없으며, 이의재결에 대한 행정소송에서는 이의재결 자체의 고유한 위법사유뿐 아니라 이의신청사유로 삼지 않은 수용재결의 하자도 주장할 수 있다.

2) 재결주의의 예

현행법에서 재결주의를 규정하고 있는 예로는, ① 감사원의 변상판정에 대한 감사원의 재심의 판정(감사원법 제36조, 제40조), ② 지방노동위원회 등의 처분에 대한 중앙노동위원회의 재심 판정(노동위원회법 제26조, 제27조 제1항), ③ 대한변호사협회 변호사징계위원회의 결정에 대한 법무부 변호사징계위원회의 결정(변호사법 제98조의4 제3항, 제100조 제1항, 제4항) 등이 있다.

① 대법원 1984. 4. 10. 선고 84누91 판결

감사원의 변상판정처분에 대하여서는 행정소송을 제기할 수 없고, 재결에 해당하는 재심의 판정에 대하여서만 감사원을 피고로 하여 행정소송을 제기할 수 있다.

② 대법원 1995. 9. 15. 선고 95누6724 판결

노동위원회법 제19조의2 제1항의 규정은 행정처분의 성질을 가지는 지방노동위원회의 처분에 대하여 중앙노동위원장을 상대로 행정소송을 제기할 경우의 전치요건에 관한 규정이라 할 것이므로 당사자가 지방노동위원회의 처분에 대하여 불복하기 위하여는 처분 송달일로부터 10일 이내에 중앙노동위원회에 재심을 신청하고 중앙노동위원회

---

133) 법원실무제요 행정(151면).

의 재심판정서 송달일로부터 15일 이내에 중앙노동위원장을 피고로 하여 재심판정취소
의 소를 제기하여야 할 것이다.

Ⅳ. 행정심판과의 관계

1. 임의적 전치주의(원칙)

취소소송은 법령의 규정에 의하여 당해 처분에 대한 행정심판을 제기할 수 있는
경우에도 이를 거치지 아니하고 제기할 수 있다(행정소송법 제18조 제1항). 여기서 말하는 행정심판
에는 행정심판법상 행정심판뿐만 아니라 특별행정심판도 포함된다. 종전에는 행정
소송법이 필요적 전치주의를 취하여 원칙적으로 행정심판을 거치지 않으면 취소소
송을 제기할 수 없도록 하였으나, 1994. 7. 27. 개정되어 1998. 3. 1.부터 시행된 행
정소송법은 행정소송에서 3심제를 채택함과 아울러 원칙적으로 행정심판을 거치지
않고도 취소소송을 제기할 수 있도록 하는 임의적 전치주의를 취하고 있다. 이는
입법정책의 문제로서, 독일은 필요적 전치주의를 택하고 있는데 반하여, 프랑스와
일본은 임의적 전치주의를 취하고 있다.[134] 우리나라의 경우 당사자는 원칙적으로
행정심판의 실익을 고려하여 자신의 선택에 따라 행정심판을 거쳐 취소소송을 제기
할 수도 있고, 행정심판을 거치지 않고 취소소송을 제기할 수도 있으며, 경우에 따
라서는 행정심판과 취소소송을 동시에 제기할 수도 있다.

2. 필요적 전치주의(예외)

(1) 의 의

행정소송법 제18조 제1항 본문은 임의적 행정심판 전치주의를 원칙으로 하면서
도 그 단서에서 "다만, 다른 법률에 당해 처분에 대한 행정심판의 재결을 거치지 아
니하면 취소소송을 제기할 수 없다는 규정이 있는 때에는 그러하지 아니하다."고
규정하여 예외적으로 필요적 전치주의가 적용될 수 있음을 밝히고 있다. 이 경우
행정심판을 청구하기만 하면 되는 것이 아니라 원칙적으로 재결까지 거칠 것을 요
한다는 점에서 '필요적 재결 전치주의'라고도 한다.[135] 취소소송의 원고는 전치절차

---

134) 이일세(795면).
135) 법원실무제요 행정(172면).

인 행정심판절차에서 주장하지 아니한 공격방어방법을 소송절차에서 새롭게 주장할 수 있으며, 전치절차에서 철회하였던 주장도 다시 할 수 있다.[136] 필요적 전치주의에 관한 규정은 처분의 직접 상대방이 아닌 제3자가 취소소송을 제기하는 경우에도 적용된다.[137]

　　한편, 다른 법률에서 필요적 전치주의를 규정하고 있는 경우로는 ① 공무원에 대한 징계 기타 불이익처분(국가공무원법 제16조 제1항, 교육공무원법 제53조 제1항, 지방공무원법 제20조의2), ② 국세기본법과 관세법상의 처분(국세기본법 제56조 제2항, 관세법 제120조 제2항), ③ 운전면허취소처분 등 도로교통법에 의한 각종 처분(도로교통법 제142조) 등이 있다. 그러나 지방세법상 처분의 경우, 구 지방세법 제78조 제2항이 헌법재판소에서 위헌으로 결정된 뒤 삭제되었으므로 임의적 전치주의가 적용된다는 점을 주의하여야 한다.[138] 그 밖에 노동위원회의 결정 등과 같이 원처분이 아니라 행정심판의 재결만이 취소소송의 대상이 되는 사건도 행정심판을 거쳐야 하지만, 이는 재결주의가 채택된 결과이므로 일반적인 필요적 전치주의 사건과는 구별된다.

(2) 요　건

1) 행정심판 청구가 적법할 것

　　필요적 전치주의는 행정청에게 반성할 기회를 주어 스스로 위법·부당한 처분을 시정할 수 있도록 하기 위한 것이므로 행정심판 청구는 적법한 것이어야 한다. 만일 심판청구가 부적법하여 각하되거나, 보정요구를 받고도 이에 불응하여 각하된 경우에는 필요적 전치의 요건을 충족하였다고 볼 수 없다.

　　그러나 행정심판 청구가 적법한지 여부는 법원이 최종적으로 판단할 문제이므로 행정심판위원회의 판단에 구속되지 않는다. 따라서 적법한 행정심판 청구임에도 행정심판위원회가 부적법하다고 각하한 경우에도 적법한 행정심판절차를 거친 것으로 보아야 한다. 또한 보정사항이 없음에도 보정명령을 하거나 보정할 사항이 경미하여 직권으로 보정할 수 있음에도 불구하고 보정요구를 한 다음 심판청구인이 이에 불응한다 하여 심판청구를 각하한 경우에는 그 각하결정 자체가 위법한 것으로 이 경우에도 전치요건을 갖춘 것으로 보아야 할 것이다.

대법원 1988. 9. 27. 선고 88누3758 판결

　　보정요구를 할 수 없는 심사청구의 실질적인 내용에 대하여 보정요구를 하고 이에

---

136) 대법원 1996. 6. 14. 선고 96누754 판결; 대법원 1990. 11. 13. 선고 90누943 판결.
137) 대법원 1989. 5. 9. 선고 88누5150 판결.
138) 헌법재판소 2001. 6. 28.자 2000헌바30 결정; 대법원 2003. 8. 22. 선고 2001두3525 판결.

응하지 아니하였다 하여 그 청구를 각하하는 결정을 하였다면 그 결정은 심사청구에 대한 기각결정이 있었던 것으로 보고 그 다음의 구제수단인 심판청구 또는 행정소송을 제기할 수 있다.

이와 반대로, 부적법한 행정심판에 대해 행정심판위원회가 적법한 것으로 오인하고 본안판단을 하였다 하더라도 행정심판 전치의 요건을 충족하였다고 볼 수 없다.

대법원 1991. 6. 25. 선고 90누8091 판결

행정처분의 취소를 구하는 항고소송의 전심절차인 행정심판청구가 기간도과로 인하여 부적법한 경우에는 행정소송 역시 전치의 요건을 충족치 못한 것이 되어 부적법 각하를 면치 못하는 것이고, 이 점은 행정청이 행정심판의 제기기간을 도과한 부적법한 심판에 대하여 그 부적법을 간과한 채 실질적 재결을 하였다 하더라도 달라지는 것이 아니다.

2) 행정심판의 재결 이후에 취소소송을 제기할 것

필요적 전치주의가 적용되는 사건에서는 행정심판 재결의 존재가 소송요건이다. 따라서 만일 행정심판의 재결이 있기 전에 취소소송을 제기하면 부적법한 소로서 각하하여야 한다. 그러나 소송요건의 충족 여부는 변론종결시를 기준으로 하는 것이므로 소송계속 중에 재결이 있게 되면 그 하자는 치유된다는 것이 판례의 입장이다. 이러한 법리는 행정심판을 청구조차 하지 않고 취소소송을 제기하였으나 변론종결시까지 전치의 요건을 충족한 경우에도 동일하게 적용된다.[139]

대법원 1987. 4. 28. 선고 86누29 판결

전심절차를 밟지 아니한 채 증여세부과처분 취소소송을 제기하였다면 제소 당시로 보면 전치요건을 구비하지 못한 위법이 있다 할 것이지만, 소송계속 중 심사청구 및 심판청구를 하여 각 기각결정을 받았다면 원심 변론종결일 당시에는 위와 같은 전치요건 흠결의 하자는 치유되었다고 볼 것이다.

3) 심판청구와 취소소송의 관련성

행정심판의 청구인과 취소소송의 원고는 원칙적으로는 동일인이어야 한다. 그러나 취소소송의 원고가 행정심판 청구인과 동일한 지위에 있거나 그 지위를 실질적으로 승계한 경우에는 원고 자신이 행정심판을 거치지 않은 경우에도 그 취소소송

---

139) 법원실무제요 행정(176면).

은 적법하고, 동일한 처분에 법률상 이해관계를 갖는 1인이 적법한 행정심판을 거친 경우 다른 이해관계인은 행정심판을 거치지 않고 바로 취소소송을 제기할 수 있다(일적 관련).

대법원 1988. 2. 23. 선고 87누704 판결

　[1] 행정소송을 제기함에 있어서 행정심판을 먼저 거치도록 한 것은 행정관청으로 하여금 그 행정처분을 다시 검토케 하여 시정할 수 있는 기회를 줌으로써 행정권의 자주성을 존중하고 아울러 소송사건의 폭주를 피함으로써 법원의 부담을 줄이고자 하는 데 그 취지가 있다.

　[2] 동일한 행정처분에 의하여 여러 사람이 동일한 의무를 부담하는 경우 그 중 한 사람이 적법한 행정심판을 제기하여 행정처분청으로 하여금 그 행정처분을 시정할 수 있는 기회를 가지게 한 이상 나머지 사람은 행정심판을 거치지 아니하더라도 행정소송을 제기할 수 있다.

한편, 행정심판의 대상인 처분과 취소소송의 대상인 처분은 원칙적으로 동일하여야 한다(통설). 다만, "서로 내용상 관련되는 처분 또는 같은 목적을 위하여 단계적으로 진행되는 처분 중 어느 하나가 이미 행정심판의 재결을 거친 때"에는 행정심판을 제기함이 없이 취소소송을 제기할 수 있다(행정소송법 제18조 제3항 제2호).

(3) 적용범위

1) 재결이나 재결에 따른 처분

행정심판의 재결에 대한 취소소송에서는 다시 행정심판을 청구할 필요가 없을 뿐만 아니라 청구할 수도 없다(행정심판법 제51조). 또한 재결에 따른 처분에 대해 취소소송을 제기하는 경우에도 다시 행정심판절차를 거칠 필요가 없다.[140]

2) 취소소송 이외의 행정소송

개별법상 필요적 전치를 요하는 처분이라도 그 처분에 대해 취소소송과 부작위위법확인소송을 제기하는 경우에만 행정심판의 재결을 거치면 되고(행정소송법 제38조 제2항, 제18조 제1항 단서), 무효등확인소송을 제기하는 경우에는 행정심판의 재결을 거칠 필요가 없다(제38조 제1항). 무효인 처분은 처음부터 그 효력이 발생하지 않기 때문이다. 그러나 무효선언을 구하는 의미의 취소소송은 그 실질이 무효확인을 구하는 소송이라 하더라도 취소소송

---

140) 상게서(175면).

의 형식을 취하고 있는 이상 취소소송이 갖추어야 할 소송요건인 행정심판 전치의 요건을 충족하여야 한다.[141]

행정심판은 항고쟁송이기 때문에 당사자소송에는 성질상 필요적 전치주의가 적용되지 않는다(제44조 제1항).

민중소송과 기관소송은 개별법상 행정심판 전치를 요할 수 있으나, 구체적인 내용은 그 소송을 인정하고 있는 개별 법률의 규정에 따른다.

(4) 필요적 전치주의의 완화

1) 행정심판의 재결을 기다릴 필요가 없는 경우

필요적 전치주의의 경우에도 ① 행정심판청구가 있은 날로부터 60일이 지나도 재결이 없는 때, ② 처분의 집행 또는 절차의 속행으로 생길 중대한 손해를 예방하여야 할 긴급한 필요가 있는 때, ③ 법령의 규정에 의한 행정심판기관이 의결 또는 재결을 하지 못할 사유가 있는 때, ④ 그 밖의 정당한 사유가 있는 때에는 행정심판의 재결을 거치지 아니하고 취소소송을 제기할 수 있다(행정소송법 제18조 제2항). 이는 행정심판청구는 하여야 하나 그 재결을 기다릴 필요 없이 취소소송을 제기할 수 있는 경우로서, 행정심판을 제기할 필요조차 없는 경우와는 구별된다.

위 ①의 경우 원칙적으로 취소소송을 제기한 날에 충족되어야 하지만, 소송요건은 변론종결시까지 충족되면 되는 것이므로 그때까지 60일 경과라는 요건이 충족되면 필요적 전치주의에 대한 흠이 치유되는 것으로 본다.[142]

2) 행정심판을 제기할 필요가 없는 경우

필요적 전치주의의 경우에 ① 동종사건에 관하여 이미 행정심판의 기각재결이 있은 때, ② 서로 내용상 관련되는 처분 또는 같은 목적을 위하여 단계적으로 진행되는 처분 중 어느 하나가 이미 행정심판의 재결을 거친 때, ③ 행정청이 사실심의 변론종결 후 소송의 대상인 처분을 변경하여 당해 변경된 처분에 관하여 소를 제기하는 때, ④ 처분을 행한 행정청이 행정심판을 거칠 필요가 없다고 잘못 알린 때에는 행정심판을 제기함이 없이 취소소송을 제기할 수 있다(제18조 제3항).

---

141) 대법원 1990. 8. 28. 선고 90누1892 판결(과세처분의 무효선언을 구하는 의미에서 취소를 구하는 소송이라도 전심절차를 거쳐야 한다); 대법원 1987. 6. 9. 선고 87누219 판결(행정처분의 당연무효를 선언하는 의미에서 그 취소를 구하는 행정소송을 제기하는 경우에는 전치절차와 그 제소기간의 준수 등 취소소송의 제소요건을 갖추어야 한다).

142) 법원실무제요 행정(182면).

이 중에서 ③의 경우는 취소소송이 사실심에 계속되고 있는 동안에 소송의 대상인 처분이 행정청에 의하여 변경된 때에는 행정소송법 제22조에 따라 변경된 처분에 맞추어 소를 변경할 수 있고, 또 변경된 처분에 대해서는 따로 행정심판을 거칠 필요가 없는 것(제22조 제3항)과의 균형상 인정된다. 또한 ④의 경우는 처분청이 아닌 재결청이 잘못 고지한 경우에도 유추적용할 수 있다는 것이 판례이다.

① 대법원 1993. 9. 28. 선고 93누9132 판결

행정소송법 제18조 제3항 제1호 소정의 '동종사건'에는 당해 사건은 물론이고, 당해 사건과 기본적인 점에서 동질성이 인정되는 사건도 포함되는 것으로서, 당해 사건에 관하여 타인이 행정심판을 제기하여 그에 대한 기각재결이 있었다든지 당해 사건 자체는 아니더라도 그 사건과 기본적인 점에서 동질성을 인정할 수 있는 다른 사건에 대한 행정심판의 기각재결이 있을 때도 여기에 해당한다.

② 대법원 1993. 6. 29. 선고 92누19194 판결

선후 수 개의 행정처분 중 선행정처분과 후행정처분이 서로 내용상 관련되어 일련의 발전적 과정에서 이루어지거나, 후행정처분이 선행정처분의 필연적 결과로서 이루어지거나, 선행정처분에 대한 행정심판에 대하여 재결이 있는 때에는 후행정처분에 대한 행정심판도 동일한 운명에 처하게 되는 등 상호 일련의 상관관계가 있는 경우에는 형식적으로는 별개의 행정처분이라 하여도 분쟁사유가 공통성을 내포하고 있어서 선행정처분에 대한 전치절차의 이행만으로도 이미 처분행정청으로 하여금 재고, 시정할 기회를 부여한 것이라고 볼 수 있고, 이와 같은 경우에는 후행정처분에 대하여 다시 전치요건을 갖추지 아니하더라도 행정소송으로 다툴 수 있다.

③ 대법원 1989. 10. 10. 선고 89누2806 판결

서울특별시장이 한 석유판매업허가의 취소처분과 관할소방서장이 한 주유취급소 설치허가의 취소처분은 처분행정청과 그 처분에 대한 행정심판의 재결청을 각각 달리하고 있고 후자의 처분이 전자의 필연적 결과로 이루어진 것이라는 등 일련의 상관관계가 있다고 할 수도 없는 것이므로 전자의 처분이 취소되었다 하여 반드시 후자의 처분이 당연무효로 되는 것도 아니고 전자의 처분에 대한 전심절차를 후자의 처분에 대한 취소소송에 원용할 수도 없다.

④ 대법원 1996. 8. 23. 선고 96누4671 판결

행정소송법 제18조 제3항 제4호의 규정이 행정청이 행정심판을 거칠 필요가 없다고 잘못 알린 때에는 행정심판을 제기하지 않고도 취소소송을 제기할 수 있도록 행정심판전치주의에 대한 예외를 두고 있는 것은 행정에 대한 국민의 신뢰를 보호하려는 것이므

로, 처분청이 아닌 재결청이 이와 같은 잘못된 고지를 한 경우에도 행정소송법 제18조 제3항 제4호의 규정을 유추·적용하여 행정심판을 제기함이 없이 그 취소소송을 제기할 수 있다고 할 것이고, 이 때에 재결청의 잘못된 고지가 있었는지 여부를 판단함에 있어서는 반드시 행정조직상의 형식적인 권한분장에 구애될 것이 아니라 담당자의 조직상의 지위와 임무, 당해 언동을 하게 된 구체적인 경위 및 그에 대한 행정심판청구인의 신뢰가능성에 비추어 실질에 의하여 판단하여야 한다.

Ⅴ. 제소기간

행정소송법 제20조(제소기간) ① 취소소송은 처분등이 있음을 안 날부터 90일 이내에 제기하여야 한다. 다만, 제18조 제1항 단서에 규정한 경우와 그 밖에 행정심판청구를 할 수 있는 경우 또는 행정청이 행정심판청구를 할 수 있다고 잘못 알린 경우에 행정심판청구가 있은 때의 기간은 재결서의 정본을 송달받은 날부터 기산한다.
② 취소소송은 처분등이 있은 날부터 1년(제1항 단서의 경우는 재결이 있은 날부터 1년)을 경과하면 이를 제기하지 못한다. 다만, 정당한 사유가 있는 때에는 그러하지 아니하다.
③ 제1항의 규정에 의한 기간은 불변기간으로 한다.

1. 개 설

(1) 일반론

취소소송은 처분등이 있음을 안 날부터 90일, 처분등이 있은 날부터 1년 이내에 제기하여야 한다. 다만, 행정심판 청구를 한 경우에는 재결서의 정본을 송달받은 날부터 90일, 재결이 있은 날부터 1년 이내에 제기하여야 한다. 이때 90일과 1년의 두 기간 중 어느 하나의 기간이라도 경과하게 되면 부적법한 소가 된다. 기간의 계산은 행정소송법에 특별한 규정이 없으므로 초일을 산입하지 않는 등 민법의 규정에 따른다(행정소송법 제8조 제2항, 민사소송법 제170조).

대법원 2008. 2. 1. 선고 2007두20997 판결

행정소송법 제20조가 제소기간을 규정하면서 '처분 등이 있은 날' 또는 '처분 등이 있음을 안 날'을 각 제소기간의 기산점으로 삼은 것은 그때 비로소 적법한 취소소송을 제기할 객관적 또는 주관적 여지가 발생하기 때문이므로, 처분 당시에는 취소소송의 제기가 법제상 허용되지 않아 소송을 제기할 수 없다가 위헌결정으로 인하여 비로소 취소소송을 제기할 수 있게 된 경우, 객관적으로는 '위헌결정이 있은 날', 주관적으로는 '위헌결정이 있음을 안 날' 비로소 취소소송을 제기할 수 있게 되어 이때를 제소기간의 기산점으로 삼아야 한다.

(2) 제소기간에 관한 특수한 문제

만일 취소소송을 제기하기 전에 행정청이 처분을 변경한 경우 제소기간의 기산점은 어느 처분을 대상으로 삼을 것인가? 단순히 처분이 정정된 경우에는 당초 처분을 기준으로 하고, 처분의 내용을 변경한 경우에는 당초 처분과 변경된 처분의 동일성이 유지되는지 여부에 따라 동일성이 유지되는 경우에는 당초 처분을, 동일성이 유지되지 않는 경우에는 변경된 처분을 기준으로 제소기간의 준수 여부를 판단하여야 할 것이다.[143]

한편, 소송계속 중에 민사소송법에 의해 소를 변경하는 경우 소변경은 원칙적으로 제소기간 내에 이루어져야 한다(소송계속 중 소송의 대상인 처분이 변경되어 소를 변경하는 경우에는 변경이 있음을 안 날로부터 60일 이내). 따라서 취소소송계속 중에 청구취지를 변경하여 구소가 취하되고 새로운 소가 제기된 것으로 변경되었을 때에 새로운 소에 대한 제소기간의 준수 여부는 원칙적으로 소의 변경이 있은 때를 기준으로 하여야 한다.[144] 소송계속 중 관련청구의 병합으로 취소소송을 제기한 경우에도 관련청구소송이 병합 제기된 때를 기준으로 제소기간을 계산한다.[145]

그러나 행정소송법은 일정한 경우 제소시점의 소급을 인정하는 예외 규정을 두고 있으며, 해석을 통해 이를 인정하기도 한다. 예컨대, ① 피고의 경정(행정소송법 제14조 제4항), ② 필수적 공동소송인의 추가(민사소송법 제68조 제3항), ③ 소의 종류의 변경(행정소송법 제21조, 제37조 제42조), ④ 민사소송과 취소소송 사이의 소의 변경, ⑤ 소의 변경 후의 청구가 변경 전의 청구와 소송물이 실질적으로 동일하거나 밀접한 관계가 있어 변경 전의 청구에 이미 변경 후의 청구까지 포함되어 있다고 볼 수 있는 경우[146]가 이에 해당한다.

① 대법원 2018. 11. 15. 선고 2016두48737 판결[147]

독점규제 및 공정거래에 관한 법률 제54조 제1항에 따르면, 위 법에 의한 공정거래

---

143) 법원실무제요 행정(221면).

144) 대법원 2004. 11. 25. 선고 2004두7023 판결.

145) 대법원 2012. 12. 13. 선고 2010두20782, 20799 판결.

146) 대법원 2018. 11. 15. 선고 2016두48737 판결; 대법원 2012. 11. 29. 선고 2010두7796 판결; 대법원 2019. 7. 4. 선고 2018두58431 판결; 대법원 2005. 12. 23. 선고 2005두3554 판결 등 참조.

147) [사실관계] ① 피고는 2014. 9. 15. 원고에게 과징금 44억 9,100만원을 부과하는 선행 과징금납부명령을 하였고, 이와 함께 같은 날 독점규제 및 공정거래에 관한 법률 시행령 제35조 제3항 등에 따라 원고가 2순위 조사협조자에 해당함을 이유로 하여 과징금을 27억 4,400만원으로 감액하는 후행 과징금납부명령(이하 '이 사건 후행 처분'이라 한다)을 하였다. ② 원고는 위 각 과징금납부명령을 통지받은 날부터 30일 이내인 2014. 10. 17. 피고를 상대로 선행 과징금납부명령의 취소를 구하는 소를 제기하였다가 2015. 6. 8.에 이르러 주위적으로 이 사건 후행 처분의 무효확인을 구하고, 예비적으로 그 취소를 구하는 청구취지를 추가하였다.

위원회의 처분에 대하여 불복의 소를 제기하고자 할 때에는 처분의 통지를 받은 날 또는 이의신청에 대한 재결서의 정본을 송달받은 날부터 30일 이내에 소를 제기하여야 한다.

청구취지를 추가하는 경우, 청구취지가 추가된 때에 새로운 소를 제기한 것으로 보므로, 추가된 청구취지에 대한 제소기간 준수 등은 원칙적으로 청구취지의 추가·변경 신청이 있는 때를 기준으로 판단하여야 한다. 그러나 선행 처분의 취소를 구하는 소를 제기하였다가 이후 후행 처분의 취소를 구하는 청구취지를 추가한 경우에도, 선행 처분이 종국적 처분을 예정하고 있는 일종의 잠정적 처분으로서 후행 처분이 있을 경우 선행 처분은 후행 처분에 흡수되어 소멸되는 관계에 있고, 당초 선행 처분에 존재한다고 주장되는 위법사유가 후행 처분에도 마찬가지로 존재할 수 있는 관계여서 선행 처분의 취소를 구하는 소에 후행 처분의 취소를 구하는 취지도 포함되어 있다고 볼 수 있다면, 후행 처분의 취소를 구하는 소의 제소기간은 선행 처분의 취소를 구하는 최초의 소가 제기된 때를 기준으로 정하여야 한다.

② 대법원 2012. 11. 29. 선고 2010두7796 판결

당초의 조세부과처분에 대하여 적법한 취소소송이 계속 중에 동일한 과세목적물에 대하여 당초의 부과처분을 증액 변경하는 경정결정 또는 재경정결정이 있는 경우에 당초 부과처분에 존재하고 있다고 주장되는 취소사유(위법성의_{실체상의})가 경정결정 또는 재경정결정에도 마찬가지로 존재하고 있어 당초 부과처분이 위법하다고 판단되면 경정결정 또는 재경정결정도 위법하다고 하지 않을 수 없는 경우 원고는 경정결정 또는 재경정결정에 대하여 따로 전심절차를 거칠 필요 없이 청구취지를 변경하여 경정결정 또는 재경정결정의 취소를 구할 수 있고, 이러한 경우 당초의 소송이 적법한 제소기간 내에 제기된 것이라면 경정결정 또는 재경정결정에 대한 청구취지변경의 제소기간 준수 여부는 따로 따질 필요가 없다.

2. 행정심판 청구를 하지 않은 경우

(1) 처분이 있음을 안 날부터 90일

취소소송은 처분이 있음을 안 날부터 90일 이내에 제기하여야 한다(제20조 제1항 본문). 이 기간은 불변기간이므로(제3항), 당사자가 책임질 수 없는 사유로 기간을 준수할 수 없었던 경우에는 추후보완이 허용되어 그 사유가 없어진 날부터 2주 이내(그 사유가 없어질 당시 외국에 있던 당사자에 대하여는 30일)에 취소소송을 제기할 수 있다(제8조 제2항, 민사소송법 제173조 제1항). 여기서 당사자가 책임질 수 없는 사유란 당사자가 그 소송행위를 하기 위하여 일반적으로 하여야 할 주의를 다하였음에도 불구하고 그 기간을 준수할 수 없었던 사유를 말한다.[148)]

이때 '처분이 있음을 안 날'이란 "통지, 공고 기타의 방법에 의하여 당해 처분이 있었다는 사실을 현실적으로 안 날을 의미하고 구체적으로 그 행정처분의 위법 여부를 판단한 날을 가리키는 것은 아니다."는 것이 판례이다.[149] 즉, 처분에 대한 현실적인 인식이 필요하다는 점에서 뒤에서 보는 '처분이 있은 날'(처분을 알 수 있는 상태에 놓여진 날)과는 구별된다. 다만, 처분을 기재한 서류가 당사자의 주소에 송달되는 등으로 사회통념상 처분이 있음을 당사자가 알 수 있는 상태에 놓여진 때에는 반증이 없는 한 그 처분이 있음을 알았다고 추정할 수 있다(판례).

대법원 2002. 8. 27. 선고 2002두3850 판결

[1] 국세기본법의 적용을 받는 처분과 달리 행정심판법의 적용을 받는 처분인 과징금부과처분에 대한 심판청구기간의 기산점인 행정심판법 제18조 제1항 소정의 '처분이 있음을 안 날'이라 함은 당사자가 통지·공고 기타의 방법에 의하여 당해 처분이 있었다는 사실을 현실적으로 안 날을 의미하고, 추상적으로 알 수 있었던 날을 의미하는 것은 아니라 할 것이며, 다만 처분을 기재한 서류가 당사자의 주소에 송달되는 등으로 사회통념상 처분이 있음을 당사자가 알 수 있는 상태에 놓여진 때에는 반증이 없는 한 그 처분이 있음을 알았다고 추정할 수는 있다.

[2] 아파트 경비원이 관례에 따라 부재중인 납부의무자에게 배달되는 과징금부과처분의 납부고지서를 수령한 경우, 납부의무자가 아파트 경비원에게 우편물 등의 수령권한을 위임한 것으로 볼 수는 있을지언정, 과징금부과처분의 대상으로 된 사항에 관하여 납부의무자를 대신하여 처리할 권한까지 위임한 것으로 볼 수는 없고, 설사 위 경비원이 위 납부고지서를 수령한 때에 위 부과처분이 있음을 알았다고 하더라도 이로써 납부의무자 자신이 그 부과처분이 있음을 안 것과 동일하게 볼 수는 없다고 한 사례.[150]

또한, 처분이 있음을 알았다고 하기 위해서는 유효한 처분의 존재가 전제되어야 하므로, 아직 외부적으로 성립되지 않은 처분이나 상대방 있는 행정처분이 상대방에게 고지되지 않은 경우 등은 비록 상대방이 그 내용을 다른 경로를 통하여 알게 되었다고 하더라도 제소기간이 진행되지 않는다.

대법원 2019. 8. 9. 선고 2019두38656 판결

[1] 상대방 있는 행정처분은 특별한 규정이 없는 한 의사표시에 관한 일반법리에 따

---

148) 대법원 2001. 5. 8. 선고 2000두6916 판결.
149) 대법원 1991. 6. 28. 선고 90누6521 판결.
150) [비교 판례] 아르바이트 직원이 납부고지서를 수령한 경우, 납부의무자는 그때 (개발부담금)부과처분이 있음을 알았다고 추정할 수 있다고 한 사례(대법원 1999. 12. 28. 선고 99두9742 판결).

라 상대방에게 고지되어야 효력이 발생하고, 상대방 있는 행정처분이 상대방에게 고지되지 아니한 경우에는 상대방이 다른 경로를 통해 행정처분의 내용을 알게 되었다고 하더라도 행정처분의 효력이 발생한다고 볼 수 없다.

　[2] 취소소송의 제소기간 기산점으로 행정소송법 제20조 제1항이 정한 '처분 등이 있음을 안 날'은 유효한 행정처분이 있음을 안 날을, 같은 조 제2항이 정한 '처분 등이 있은 날'은 그 행정처분의 효력이 발생한 날을 각 의미한다. 이러한 법리는 행정심판의 청구기간에 관해서도 마찬가지로 적용된다.

　[3] 피고가 인터넷 홈페이지에 이 사건 처분의 결정 내용을 게시한 것만으로는 행정절차법 제14조에서 정한 바에 따라 송달이 이루어졌다고 볼 수 없고, 원고가 그 홈페이지에 접속하여 결정 내용을 확인하여 알게 되었다고 하더라도 마찬가지이다. 또한 피고가 이 사건 처분서를 행정절차법 제14조 제1항에 따라 원고 또는 그 대리인의 주소·거소·영업소·사무소로 송달하였다거나 같은 조 제3항 또는 제4항에서 정한 요건을 갖추어 정보통신망을 이용하거나 혹은 관보, 공보, 게시판, 일간신문 중 하나 이상에 공고하고 인터넷에도 공고하는 방법으로 송달하였다는 점에 관한 주장·증명도 없다. 따라서 이 사건 처분은 상대방인 원고에게 고지되어 효력이 발생하였다고 볼 수 없으므로, 이에 관하여 구 공무원연금법 제80조 제2항에서 정한 심사청구기간이나 행정소송법 제20조 제1항, 제2항에서 정한 취소소송의 제소기간이 진행한다고 볼 수 없다.

　통상 고시 또는 공고에 의하여 행정처분을 하는 경우에는 그 처분의 상대방이 불특정 다수인이고, 그 처분의 효력이 불특정 다수인에게 일률적으로 적용되는 것이므로, 그 행정처분에 이해관계를 갖는 자는 고시 또는 공고가 있었다는 사실을 현실적으로 알았는지 여부에 관계없이 고시가 효력을 발생하는 날에 행정처분이 있음을 알았다고 보아야 하고, 따라서 그에 대한 취소소송은 그 날로부터 90일 이내에 제기하여야 한다[판례 ①].

　그러나 특정인에 대한 처분으로서, 주소불명이나 송달불능으로 인하여 관보, 공보, 게시판, 일간신문 중 하나 이상에 공고하고 인터넷에도 공고하는 방법으로 처분서를 송달하는 경우에는 원래 고시·공고에 의하도록 되어 있는 처분이 아니므로 공고일로부터 14일이 경과한 때에 송달의 효력이 발생하나(행정절차법 제14조 제4항, 제15조 제3항), 그 날에 상대방이 처분이 있음을 알았다고 볼 수는 없다[판례 ②].

① 대법원 2007. 6. 14. 선고 2004두619 판결

　[4] 통상 고시 또는 공고에 의하여 행정처분을 하는 경우에는 그 처분의 상대방이 불특정 다수인이고 그 처분의 효력이 불특정 다수인에게 일률적으로 적용되는 것이므로, 그 행정처분에 이해관계를 갖는 자가 고시 또는 공고가 있었다는 사실을 현실적으

로 알았는지 여부에 관계없이 고시가 효력을 발생하는 날 행정처분이 있음을 알았다고 보아야 한다.

[5] 인터넷 웹사이트에 대하여 구 청소년보호법에 따른 청소년유해매체물 결정 및 고시처분을 한 사안에서, 위 결정은 이해관계인이 고시가 있었음을 알았는지 여부에 관계없이 관보에 고시됨으로써 효력이 발생하고, 그가 위 결정을 통지받지 못하였다는 것이 제소기간을 준수하지 못한 것에 대한 정당한 사유가 될 수 없다고 한 사례.

② 대법원 2006. 4. 28. 선고 2005두14851 판결

행정소송법 제20조 제1항 소정의 제소기간 기산점인 '처분이 있음을 안 날'이라 함은 당사자가 통지, 공고 기타의 방법에 의하여 당해 처분이 있었다는 사실을 현실적으로 안 날을 의미하는바, 특정인에 대한 행정처분을 주소불명 등의 이유로 송달할 수 없어 관보·공보·게시판·일간신문 등에 공고한 경우에는, 공고가 효력을 발생하는 날에 상대방이 그 행정처분이 있음을 알았다고 볼 수는 없고, 상대방이 당해 처분이 있었다는 사실을 현실적으로 안 날에 그 처분이 있음을 알았다고 보아야 한다.

(2) 처분이 있은 날부터 1년

취소소송은 처분이 있은 날부터 1년을 경과하면 이를 제기하지 못한다. 다만, 정당한 사유151)가 있는 때에는 그러하지 아니하다(제20조제2항). 즉, 1년은 불변기간이 아니다. 가령, 처분이 공고에 의해 송달되었거나(행정절차법제14조 제4항) 행정기관의 잘못된 안내로 제소기간을 경과한 경우, 처분의 상대방이 아닌 제3자가 취소소송을 제기하는 경우 등이 이에 해당할 수 있다.152)

여기서 '처분이 있은 날'이란 처분의 효력이 발생한 날을 말한다. 따라서 처분이 단순히 행정기관 내부적으로 결정된 것만으로는 부족하고 외부에 표시되어야 하며, 상대방 있는 처분의 경우에는 상대방에게 도달됨을 요한다. 이때 '도달'이란 상대방이 현실적으로 그 내용을 인식할 필요는 없고, '상대방이 알 수 있는 상태' 또는 '양지할 수 있는 상태'이면 충분하다. 따라서 처분서가 본인에게 직접 전달되지 않더라도 우편함에 투입되거나, 동거친족·가족·고용원 등에게 교부되어 본인의 세력범위 내 또는 생활지배권의 범위 내에 들어간 경우에는 도달되었다고 보아야 한다.

---

151) 대법원 1991. 6. 28. 선고 90누6521 판결(행정소송법 제20조 제2항 소정의 "정당한 사유"란 불확정 개념으로서 그 존부는 사안에 따라 개별적, 구체적으로 판단하여야 하나 민사소송법 제160조의 "당사자가 그 책임을 질 수 없는 사유"나 행정심판법 제18조 제2항 소정의 "천재, 지변, 전쟁, 사변 그 밖에 불가항력적인 사유"보다는 넓은 개념이라고 풀이되므로, 제소기간 도과의 원인 등 여러 사정을 종합하여 지연된 제소를 허용하는 것이 사회통념상 상당하다고 할 수 있는가에 의하여 판단하여야 한다).

152) 법원실무제요 행정(214면).

그러나 도달은 우편법상 '배달'과는 다른 개념으로, 우편법 제31조에 따른 적법한 배달이 있었다고 하여 도달되었다고 단정할 수는 없음을 주의하여야 한다(대법원 1993. 11. 26. 선고 93누17478 판결).

수령인은 반드시 성년일 필요는 없고, 사리를 변별할 지능이 있으면 된다.

처분의 송달방법 및 장소, 수령인 등에 대하여는 ① 처분의 근거 법률에 특별한 규정이 있으면 그에 따르고,[153] ② 특별한 규정이 없는 경우에는 행정절차법 제14조(송달) 및 제15조(송달의 효력 발생)에 의하며, ③ 그 외에는 민법의 일반원칙에 의한다.

① 대법원 1990. 7. 13. 선고 90누2284 판결

행정심판을 제기하지 아니하거나 그 재결을 거치지 아니하는 사건에 대한 제소기간을 규정한 행정소송법 제20조 제2항에서 "처분이 있은 날"이라 함은 상대방이 있는 행정처분의 경우는 특별한 규정이 없는 한 의사표시의 일반적 법리에 따라 그 행정처분이 상대방에게 고지되어 효력이 발생한 날을 말한다고 할 것이다.

② 대법원 1999. 3. 18. 선고 96다23184 전원합의체 판결

국세기본법에는 민사소송법 제169조(구속자에 대한 송달)와 같은 특별규정이나 민사소송법 중 송달에 관한 규정을 준용하는 규정이 없으므로 구치소 등에 구속된 사람에 대한 납세고지서의 송달은 특별한 사정이 없으면 국세기본법 제8조 제1항에 따라 주소·거소·영업소 또는 사무소로 하면 되고, 이 경우 그곳에서 송달받을 사람을 만나지 못한 때에는 그 사용인 기타 종업원 또는 동거인으로서 사리를 판별할 수 있는 사람에게 송달할 수 있다.[154]

3. 행정심판 청구를 한 경우

(1) 제소기간

행정심판을 청구한 경우에는 재결서의 정본을 송달받은 날부터 90일 이내에 취소소송을 제기하여야 한다(제20조 제1항 단서). 이 기간은 불변기간이다(제3항). 이 경우에도 재결이 있은 날부터 1년을 경과하면 취소소송을 제기하지 못한다. 다만 정당한 사유가 있는 때에는 그러하지 아니하다(제2항). 이는 (적법한) 행정심판을 청구하여 재결이 있

---

153) 행정심판법 제57조(서류의 송달) 이 법에 따른 서류의 송달에 관하여는 「민사소송법」 중 송달에 관한 규정을 준용한다.

154) 그러나 2018. 12. 31. 국세기본법 제8조 제5항(제1항에도 불구하고 송달받아야 할 사람이 교정시설 또는 국가경찰관서의 유치장에 체포·구속 또는 유치된 사실이 확인된 경우에는 해당 교정시설의 장 또는 국가경찰관서의 장에게 송달한다)이 신설되었다.

은 후 원처분에 대하여 취소소송을 제기하는 경우에 적용되며, 만일 이때 재결을 대상으로 취소소송을 제기하는 때에는 재결이 있음을 안 날부터 90일, 재결이 있은 날부터 1년 이내에 취소소송을 제기하여야 할 것이다.

이때 '재결서 정본을 송달받은 날'이란 재결서 정본을 본인이 직접 수령한 경우뿐만 아니라 보충송달·유치송달·공시송달 등 민사소송법이 정한 바에 따라 적법하게 송달된 모든 경우를 포함한다(행정심판법 제48조, 제57조). 또한 '재결이 있은 날'이란 재결이 내부적으로 성립한 날을 말하는 것이 아니라 재결의 효력이 발생한 날을 말한다. 그런데 재결은 청구인에게 재결서의 정본이 송달되었을 때 그 효력이 발생하므로(행정심판법 제48조 제2항), 재결이 있은 날이란 결국 재결서의 정본이 송달된 날을 의미한다. 따라서 청구인이 재결서의 정본을 송달받은 날부터 90일이 지나면 제20조 제1항 단서에 따라 취소소송의 제소기간은 경과하게 되고, 제2항에서 규정한 '재결이 있은 날부터 1년'이라는 제소기간은 무의미하다.

입법론으로는 행정소송법 제20조 제1항 단서에서 규정한 90일의 제소기간 기산점을 '재결이 있음을 안 날'로 개정하는 것이 바람직하다.

(2) 요 건

행정소송법 제20조 제1항 단서(행정심판 청구가 있을 때)에서 말하는 '행정심판 청구'란 적법한 행정심판 청구를 말한다. 만일 행정심판 청구가 위법하여 각하되었다면 행정심판 청구가 없었던 것과 마찬가지이므로, 이러한 경우 원처분에 대한 취소소송의 제소기간은 재결서의 정본을 송달받은 날(재결이 있은 날)이 아닌 '원처분이 있음을 안 날' 및 '원처분이 있은 날'로부터 각각 기산하여야 한다.[155] 법원은 행정심판위원회의 의사에 구속되지 않고 행정심판 청구의 적법 여부를 판단하여야 한다.

대법원 2011. 11. 24. 선고 2011두18786 판결

행정소송법 제18조 제1항, 제20조 제1항, 구 행정심판법(2010. 1. 25. 법률 제9968호로 전부 개정되기 전의 것) 제18조 제1항을 종합해 보면, 행정처분이 있음을 알고 처분에 대하여 곧바로 취소소송을 제기하는 방법을 선택한 때에는 처분이 있음을 안 날부터 90일 이내에 취소소송을 제기하여야 하고, 행정심판을 청구하는 방법을 선택한 때에는 처분이 있음을 안 날부터 90일 이내에 행정심판을 청구하고 행정심판의 재결서를 송달받은 날부터 90일 이내에 취소소송을 제기하여야 한다. 따라서 처분이 있음을 안 날부터 90일 이내에 행정심판을 청구

---

155) 만일 각하재결 자체에 고유한 위법이 있음을 이유로 재결에 대해 취소소송을 제기하는 경우에는 '재결이 있음을 안 날' 및 '재결이 있은 날'이 각각 기산점이 된다(제20조 제1항 본문, 제2항).

하지도 않고 취소소송을 제기하지도 않은 경우에는 그 후 제기된 취소소송은 제소기간을 경과한 것으로서 부적법하고, 처분이 있음을 안 날부터 90일을 넘겨 청구한 부적법한 행정심판청구에 대한 재결이 있은 후 재결서를 송달받은 날부터 90일 이내에 원래의 처분에 대하여 취소소송을 제기하였다고 하여 취소소송이 다시 제소기간을 준수한 것으로 되는 것은 아니다.

(3) 적용범위

행정심판을 청구한 경우란, ① 필요적 전치사건, ② 임의적 전치사건, ③ 법령상 행정심판청구가 금지되어 있지만, 행정청이 행정심판청구를 할 수 있다고 잘못 알린 경우에 행정심판청구를 한 경우를 모두 포함한다.[156] 이 중 ③의 경우와 관련하여, 이미 제소기간이 지나 불가쟁력이 발생하여 불복청구를 할 수 없었던 경우라면 그 후에 행정청이 행정심판청구를 할 수 있다고 잘못 알렸다고 하더라도 그 때문에 처분 상대방이 적법한 제소기간 내에 취소소송을 제기할 수 있는 기회를 상실하게 된 것은 아니므로 이러한 경우에 잘못된 안내에 따라 청구된 행정심판 재결서 정본을 송달받은 날부터 다시 취소소송의 제소기간이 기산되는 것은 아니다[판례 ①].

여기서 말하는 행정심판은 행정심판법에 따른 일반행정심판과 행정심판법 제4조에 의한 특별행정심판을 말한다[판례 ②].

① 대법원 2012. 9. 27. 선고 2011두27247 판결

행정소송법 제20조 제1항은 '취소소송은 처분 등이 있음을 안 날부터 90일 이내에 제기하여야 하나 행정청이 행정심판청구를 할 수 있다고 잘못 알린 경우에 행정심판청구가 있은 때의 기간은 재결서의 정본을 송달받은 날부터 기산한다'고 규정하고 있는데, 위 규정의 취지는 불가쟁력이 발생하지 않아 적법하게 불복청구를 할 수 있었던 처분 상대방에 대하여 행정청이 법령상 행정심판청구가 허용되지 않음에도 행정심판청구를 할 수 있다고 잘못 알린 경우에, 잘못된 안내를 신뢰하여 부적법한 행정심판을 거치느라 본래 제소기간 내에 취소소송을 제기하지 못한 자를 구제하려는 데에 있다. 이와 달리 이미 제소기간이 지남으로써 불가쟁력이 발생하여 불복청구를 할 수 없었던 경우라면 그 이후에 행정청이 행정심판청구를 할 수 있다고 잘못 알렸다고 하더라도 그 때문에 처분 상대방이 적법한 제소기간 내에 취소소송을 제기할 수 있는 기회를 상실하게 된 것은 아니므로 이러한 경우에 잘못된 안내에 따라 청구된 행정심판 재결서 정본을

---

156) 임의적 전치사건은 행정심판을 청구하였더라도 재결을 기다릴 필요 없이 소를 제기할 수 있고, 필요적 전치사건에서도 행정심판 청구가 있은 날로부터 60일이 지나도 재결이 없는 때에는 재결을 기다릴 필요 없이 소송을 제기할 수 있다. 그렇다고 하여 그때부터 제소기간이 진행되는 것은 아니고, 재결서 정본을 송달받을 때까지는 제소기간이 진행되지 않는다. 법원실무제요 행정(215면).

송달받은 날부터 다시 취소소송의 제소기간이 기산되는 것은 아니다. 불가쟁력이 발생하여 더 이상 불복청구를 할 수 없는 처분에 대하여 행정청의 잘못된 안내가 있었다고 하여 처분 상대방의 불복청구 권리가 새로이 생겨나거나 부활한다고 볼 수는 없기 때문이다.

② 대법원 2014. 4. 24. 선고 2013두10809 판결

[1] 행정소송법 제20조 제1항에 따르면, 취소소송은 처분 등이 있음을 안 날부터 90일 이내에 제기하여야 하는데, 행정심판청구를 할 수 있는 경우에 행정심판청구가 있은 때의 기간은 재결서의 정본을 송달받은 날부터 기산한다. 이처럼 취소소송의 제소기간을 제한함으로써 처분 등을 둘러싼 법률관계의 안정과 신속한 확정을 도모하려는 입법 취지에 비추어 볼 때, 여기서 말하는 '행정심판'은 행정심판법에 따른 일반행정심판과 이에 대한 특례로서 다른 법률에서 사안의 전문성과 특수성을 살리기 위하여 특히 필요하여 일반행정심판을 갈음하는 특별한 행정불복절차를 정한 경우의 특별행정심판(행정심판법 제4조)을 뜻한다.

[2] 갑 광역시 교육감이 공공감사에 관한 법률(이하 '공공감사법'이라 한다) 등에 따라 을 학교법인이 운영하는 병 고등학교에 대한 특정감사를 실시한 후 병 학교의 학교장과 직원에 대하여 징계(해임)를 요구하는 처분을 하였는데, 을 법인이 위 처분에 대한 이의신청을 하였다가 기각되자 위 처분의 취소를 구하는 소를 제기한 사안에서, 공공감사법상의 재심의신청 및 구 갑 광역시교육청 행정감사규정상의 이의신청은 자체감사를 실시한 중앙행정기관 등의 장으로 하여금 감사결과나 그에 따른 요구사항의 적법·타당 여부를 스스로 다시 심사하도록 한 절차로서 행정심판을 거친 경우의 제소기간의 특례가 적용될 수 없다고 보고, 이의신청에 대한 결과통지일이 아니라 을 법인이 위 처분이 있음을 알았다고 인정되는 날부터 제소기간을 기산하여 위 소가 제소기간의 도과로 부적법하다고 본 원심판단을 정당하다고 한 사례.

4. 특별규정

개별 법률에서 제소기간에 관하여 특별한 규정을 두기도 한다. 예컨대, 공익사업을 위한 토지 등의 취득 및 보상에 관한 법률 제85조 제1항은 "사업시행자, 토지소유자 또는 관계인은 제34조에 따른 재결에 불복할 때에는 재결서를 받은 날부터 90일 이내에, 이의신청을 거쳤을 때에는 이의신청에 대한 재결서를 받은 날부터 60일 이내에 각각 행정소송을 제기할 수 있다."고 규정하고 있으며, 교원의 지위 향상 및 교육활동 보호를 위한 특별법 제10조 제4항은 "제1항에 따른 심사위원회의 결정에 대하여 교원, 사립학교법 제2조에 따른 학교법인 또는 사립학교 경영자 등 당사자

(_{공공단체는})는 그 결정서를 송달받은 날부터 30일 이내에 행정소송법으로 정하는 바에
따라 소송을 제기할 수 있다."는 규정을 두고 있다.

VI. 관할법원

1. 재판관할

> **법원조직법** 제40조의4(심판권) 행정법원은 「행정소송법」에서 정한 행정사건과 다른 법률에 따
> 라 행정법원의 권한에 속하는 사건을 제1심으로 심판한다.

재판관할이란 각 법원 상호 간에 재판권의 분장관계를 정해 놓은 것을 말한다.
행정사건의 1심을 행정법원이 관할하도록 한 것은 전속관할에 해당하므로[판례 ①],
민사소송법상 합의관할이나 변론관할은 허용되지 않는다(_{민사소송법}
_{제31조}). 그러나 민사소송
은 전속관할에 해당하지 않으므로, 만일 민사사건을 행정사건으로 잘못 알고 서울
행정법원에 제기한 소송에서 피고가 관할위반 항변을 하지 않아 본안에 대하여 변
론을 하였다면 민사소송법 제30조에 따라 서울행정법원에 변론관할이 생기게 된다
[판례 ②].

① 대법원 2009. 10. 15. 선고 2008다93001 판결
　　도시 및 주거환경정비법상의 주택재건축정비사업조합을 상대로 관리처분계획안과
사업시행계획안에 대한 총회결의의 무효확인을 구하는 소를 민사소송으로 제기한 사안
에서, 그 소는 행정소송법상 당사자소송에 해당하므로 행정법원에 전속관할이 있다고
한 사례.

② 대법원 2013. 2. 28. 선고 2010두22368 판결
　　민사소송인 이 사건 소가 서울행정법원에 제기되었는데도 피고는 제1심법원에서 관
할위반이라고 항변하지 아니하고 본안에 대하여 변론을 한 사실을 알 수 있는바, 공법
상의 당사자소송 사건인지 민사사건인지 여부는 이를 구별하기가 어려운 경우가 많고
행정사건의 심리절차에 있어서는 행정소송의 특수성을 감안하여 행정소송법이 정하고
있는 특칙이 적용될 수 있는 점을 제외하면 심리절차면에서 민사소송절차와 큰 차이가
없는 점 등에 비추어 보면, 행정소송법 제8조 제2항, 민사소송법 제30조에 의하여 제1
심법원에 변론관할이 생겼다고 봄이 상당하다.

(1) 토지관할

1) 보통재판적

취소소송의 제1심 관할법원은 피고의 소재지를 관할하는 행정법원으로 한다(행정소송법 제9조 제1항). 다만, ① 중앙행정기관, 중앙행정기관의 부속기관과 합의제행정기관 또는 그 장, ② 국가의 사무를 위임 또는 위탁받은 공공단체 또는 그 장을 피고로 하여 취소소송을 제기하는 경우에는 대법원 소재지를 관할하는 행정법원에 제기할 수 있다(제2항).

한편, 종래 대법원은 "공법인을 피고로 한 행정소송에서 지역본부 또는 지사 등이 권한위임을 받아 수행한 업무에 관한 처분을 소송의 대상으로 하는 경우에는 그 지점 등 소재지의 관할법원도 관할권을 가진다고 보아야 한다."고 판시하여 근로복지공단의 요양·보험급여의 결정에 관하여 내부위임을 받아 업무를 수행한 지역본부를 관할하는 법원도 관할을 가진다고 보았다(대법원 2011. 8. 16. 자 2011무67 결정). 이러한 판례의 태도를 반영하여, 행정소송규칙 제5조 제1항은 "국가의 사무를 위임 또는 위탁받은 공공단체 또는 그 장에 대하여 그 지사나 지역본부 등 종된 사무소의 업무와 관련이 있는 소를 제기하는 경우에는 그 종된 사무소의 소재지를 관할하는 행정법원에 제기할 수 있다."는 내용을 명문으로 규정하였다.

2) 특별재판적

토지의 수용 기타 부동산 또는 특정의 장소에 관계되는 처분등에 대한 취소소송은 그 부동산 또는 장소의 소재지를 관할하는 행정법원에 이를 제기할 수 있다(제9조 제3항). 여기서 '기타 부동산 또는 특정의 장소에 관계되는 처분등'이란 부동산에 관한 권리의 설정, 변경 등을 목적으로 하는 처분, 부동산에 관한 권리행사의 강제, 제한, 금지 등을 명령하거나 직접 실현하는 처분, 특정구역에서 일정한 행위를 할 수 있는 권리나 자유를 부여하는 처분, 특정구역을 정하여 일정한 행위의 제한·금지를 하는 처분 등을 말한다(행정소송규칙 제5조 제2항). 이 역시 취소소송을 제기하는 국민의 예측가능성을 제고하기 위해 행정소송법 제9조 제3항에 관한 기존 대법원의 해석론(대법원 2004. 4. 10. 자 2003무56 결정)을 반영한 입법이다.

3) 행정법원이 설치되지 않는 지역

행정법원이 설치되지 않은 지역에 있어서의 행정법원의 권한에 속하는 사건은 행정법원이 설치될 때까지 해당 지방법원 본원 및 춘천지방법원 강릉지원이 관할한다(법원조직법 부칙〈제4765
호, 1994. 7. 27〉제2조).

4) 토지관할의 전속성 여부

대법원 판례에 의하면, 행정소송법 제9조나 제40조에 항고소송이나 당사자소송의 토지관할에 관하여 이를 전속관할로 하는 명문의 규정이 없는 이상 이들 소송의 토지관할을 전속관할이라 할 수 없다(대법원 1994. 1. 25. 선
고 93누18655 판결). 따라서 당사자의 합의에 따른 합의관할이나 변론관할도 생기며, 항소심에서는 제1심 법원의 관할위반을 주장할 수 없다(민사소송법
제411조).

그러나 행정법원의 역할을 대신할 수 없는 지방법원 지원(강릉지원
제외)은 행정사건을 취급할 수 없으므로 합의관할 등이 생길 여지도 없다.

(2) 사물관할

행정법원의 심판권은 판사 3명으로 구성된 합의부에서 행사한다. 행정법원이 설치되지 않는 지역에서 지방법원 본원 및 춘천지방법원 강릉지원이 행정법원의 기능을 대신하는 경우에도 마찬가지이다. 다만, 단독판사가 심판할 것으로 행정법원 합의부가 결정한 사건의 심판권은 단독판사가 행사한다(법원조직법
제7조 제3항).

(3) 심급관할

행정법원은 지방법원급으로서 행정소송도 3심제를 채택하고 있다. 그러나 행정사건 중에는 1심이 고등법원의 전속관할로 되어 있는 경우도 있으므로 주의하여야 한다(독점규제 및 공정거래에 관한 법률
제100조, 특허법 제186조 제1항).

2. 사건의 이송

법원은 소송의 전부 또는 일부에 대하여 관할권이 없다고 인정하는 경우에는 결정으로 이를 관할법원에 이송한다(행정소송법 제8조 제2항,
민사소송법 제34조 제1항). 이 규정은 원고의 고의 또는 중대한 과실 없이 행정소송이 심급을 달리하는 법원에 잘못 제기된 경우에도 적용한다(행정소송법
제7조). 이송결정이 확정된 때에는 소송은 처음부터 이송받은 법원에 계속된 것으로 본다(민사소송법
제40조 제1항). 이송은 법원 간 이전이므로 동일 법원 내에서 담당 재판부를 달리하는 것은 '사무분담'의 문제일 뿐 이송에 속하지 않는다.

대법원 1997. 5. 30. 선고 95다28960 판결

행정소송법 제7조는 원고의 고의 또는 중대한 과실 없이 행정소송이 심급을 달리하는 법원에 잘못 제기된 경우에 민사소송법 제31조 제1항을 적용하여 이를 관할 법원에 이송하도록 규정하고 있을 뿐 아니라, 관할 위반의 소를 부적법하다고 하여 각하하는 것보다 관할 법원에 이송하는 것이 당사자의 권리구제나 소송경제의 측면에서 바람직하므로, 원고가 고의 또는 중대한 과실 없이 행정소송으로 제기하여야 할 사건을 민사소송으로 잘못 제기한 경우, 수소법원으로서는 만약 그 행정소송에 대한 관할도 동시에 가지고 있다면 이를 행정소송으로 심리·판단하여야 하고, 그 행정소송에 대한 관할을 가지고 있지 아니하다면 당해 소송이 이미 행정소송으로서의 전심절차 및 제소기간을 도과하였거나 행정소송의 대상이 되는 처분 등이 존재하지도 아니한 상태에 있는 등 행정소송으로서의 소송요건을 결하고 있음이 명백하여 행정소송으로 제기되었더라도 어차피 부적법하게 되는 경우가 아닌 이상 이를 부적법한 소라고 하여 각하할 것이 아니라 관할 법원에 이송하여야 한다.

Ⅶ. 취소소송 제기의 효과

취소소송이 제기되면 소송계속의 효과가 발생한다. 따라서 중복제소가 금지되고, 소송참가의 기회가 생기며, 관련청구소송의 이송·병합이 인정된다. 그러나 취소소송이 제기되더라도 처분등의 효력이나 그 집행 또는 절차의 속행은 정지되지 않는다.

1. 관련청구소송의 이송

행정소송법 제10조(관련청구소송의 이송 및 병합) ① 취소소송과 다음 각 호의 1에 해당하는 소송(이하 "관련청구소송"이라 한다)이 각각 다른 법원에 계속되고 있는 경우에 관련청구소송이 계속된 법원이 상당하다고 인정하는 때에는 당사자의 신청 또는 직권에 의하여 이를 취소소송이 계속된 법원으로 이송할 수 있다.
  1. 당해 처분등과 관련되는 손해배상·부당이득반환·원상회복 등 청구소송
  2. 당해 처분등과 관련되는 취소소송

(1) 의 의

취소소송과 관련청구소송이 각각 다른 법원에 계속되고 있는 경우에 관련청구소송을 취소소송이 계속된 법원으로 이송할 수 있다. 이는 소송경제의 도모, 심리의 중복 및 재판의 모순·저촉을 막기 위해 주된 청구인 취소소송이 계속된 법원으로

관련청구소송을 이송하여 취소소송과 변론병합을 통해 한꺼번에 처리하도록 하는 데 그 목적이 있다. 여기서 관련청구소송이란 ① 당해 처분등과 관련되는 손해배상·부당이득반환·원상회복 등 청구소송과 ② 당해 처분등과 관련되는 취소소송을 말한다(제10조 제1항).

①의 경우는 청구의 내용 또는 발생원인이 취소소송의 대상인 처분등과 법률상·사실상 공통되어 있는 소송, 처분의 효력 유무나 존재 여부가 선결문제가 되어 있는 소송 등을 말하는 것으로, 당사자소송이든 민사소송이든 불문한다. 국가 또는 공공단체나 제3자를 피고로 하는 소송일 수도 있다.

대법원 2000. 10. 27. 선고 99두561 판결

행정소송법 제10조 제1항 제1호는 행정소송에 병합될 수 있는 관련청구에 관하여 '당해 처분 등과 관련되는 손해배상·부당이득반환·원상회복 등의 청구'라고 규정함으로써 그 병합요건으로 본래의 행정소송과의 관련성을 요구하고 있는바, 이는 행정소송에서 계쟁 처분의 효력을 장기간 불확정한 상태에 두는 것은 바람직하지 않다는 관점에서 병합될 수 있는 청구의 범위를 한정함으로써 사건의 심리범위가 확대·복잡화되는 것을 방지하여 그 심판의 신속을 도모하려는 취지라 할 것이므로, 손해배상청구 등의 민사소송이 행정소송에 관련청구로 병합되기 위해서는 그 청구의 내용 또는 발생원인이 행정소송의 대상인 처분 등과 법률상 또는 사실상 공통되거나, 그 처분의 효력이나 존부 유무가 선결문제로 되는 등의 관계에 있어야 함이 원칙이다.

②의 경우는 증거관계, 쟁점, 공격방어방법 등의 상당부분이 공통되어 함께 심리함이 타당한 사건을 말한다. 예컨대, 수인이 각각 별도로 제기한 동일처분 등의 취소를 구하는 소송, 경원자에 대한 면허처분의 취소를 구하는 소송과 자신에 대한 면허거부처분의 취소를 구하는 소송, 특정 행정목적 달성을 위하여 일련의 절차를 이루는 처분으로 위법이 승계되는 처분등의 취소를 구하는 소송, 원처분취소소송과 재결취소소송 등이 이에 해당한다.[157]

취소소송에서 관련청구소송의 이송에 관한 규정은 무효등확인소송, 부작위위법확인소송 및 당사자소송에도 준용된다(제38조, 제44조 제2항).

(2) 요 건

관련청구소송의 이송을 위해서는 ① 취소소송과 관련청구소송이 서로 다른 법원

---

157) 법원실무제요 행정(40면).

에 계속 중일 것, ② 관련청구소송이 계속된 법원이 관련청구소송을 취소소송이 계속된 법원에 이송함이 상당하다고 인정할 것, ③ 당사자의 신청 또는 법원의 직권에 의한 결정이 있을 것이 요구된다. 이는 취소소송이 항소심에 계속 중이고 관련청구소송은 1심에 계속 중인 경우에도 가능하다. 그러나 그 반대의 경우는 허용되지 않는다.[158]

(3) 효 과

소송을 이송받은 법원은 이송결정에 따라야 한다($\substack{\text{기속력, 민사소송} \\ \text{법 제38조 제1항}}$). 따라서 소송을 이송받은 법원은 사건을 다시 다른 법원에 이송하지 못한다($\substack{\text{제2} \\ \text{항}}$). 그러나 심급관할을 위배한 이송결정의 기속력은 이송받은 상급심 법원에는 미치지 아니하므로, 이송받은 상급심 법원은 사건을 관할 법원에 이송하여야 한다.[159]

이송결정이 확정된 때에는 소송은 처음부터 이송받은 법원에 계속된 것으로 본다($\substack{\text{민사소송법} \\ \text{제40조 제1항}}$). 따라서 제소기간 준수 여부는 처음 소장을 접수한 때를 기준으로 판단한다.

2. 관련청구소송의 병합

행정소송법 제10조(관련청구소송의 이송 및 병합) ② 취소소송에는 사실심의 변론종결시까지 관련청구소송을 병합하거나 피고 외의 자를 상대로 한 관련청구소송을 취소소송이 계속된 법원에 병합하여 제기할 수 있다.

제15조(공동소송) 수인의 청구 또는 수인에 대한 청구가 처분등의 취소청구와 관련되는 청구인 경우에 한하여 그 수인은 공동소송인이 될 수 있다.

(1) 의 의

취소소송에는 사실심의 변론종결시까지 관련청구소송을 병합하거나, 피고 외의 자를 상대로 한 관련청구소송을 취소소송이 계속된 법원에 병합하여 제기할 수 있다($\substack{\text{제10조} \\ \text{제2항}}$). 이는 소송경제와 관련사건의 판결의 모순·저촉을 피하기 위해 하나의 절차 내에서 여러 개의 청구를 한꺼번에 심리·재판하는 절차이다.

관련청구소송의 병합은 행정소송인 취소소송의 관할법원에 관련청구($\substack{\text{민사소송} \\ \text{을 포함}}$)를 병합하는 방식이므로, 다른 관련청구에 취소청구를 병합할 수 없다. 그러나 행정소송

---

158) 상게서(39면).
159) 대법원 2000. 1. 14. 선고 99두9735 판결.

상호 간에는 어느 쪽에 병합하여도 무방하다. 이처럼 행정소송법은 민사소송과 달리 동종의 소송절차뿐만 아니라 서로 다른 소송절차(행정소송과)라도 관련청구이기만 하면 취소소송을 관할하는 행정법원에 병합을 허용하고 있다(민사소송에서는 여러 개의 청구가 같은 종류의 소송절차에서 심판될 수 있는 것이면 각 청구 사이에 원칙적으로 견련관계를 요). 취소소송에서 관련청구소송의 병합에 관한 규정은 무효등확인 하지 않음, 민사소송법 제253조). 취소소송에서 관련청구소송의 병합에 관한 규정은 무효등확인소송, 부작위위법확인소송 및 당사자소송에도 준용된다(제38조, 제44조제2항). 이는 민사소송법에 대한 특별규정이므로 민사소송법에 의한 청구의 병합요건이 충족되는 한 이 역시 허용된다고 할 것이다.

관련청구소송의 병합은 사실심 변론종결 전까지만 가능하며, 원시적 병합이든 후발적 병합이든 불문한다.

(2) 병합의 형태

1) 객관적 병합

취소소송의 원고는 관련된 청구를 병합하여 제소하거나, 사실심 변론종결시까지 언제나 추가하여 병합제소할 수 있다(제10조 제2항 전단). 이를 관련청구의 '객관적 병합'이라고 한다. 이때 병합의 태양에 따라 민사소송과 마찬가지로 ① 단순병합, ② 선택적 병합, ③ 예비적 병합이 있을 수 있다.

2) 주관적 병합

취소소송의 원고는 취소소송의 피고 이외의 자를 상대로 한 관련청구소송을 취소소송과 병합하여 제소하거나, 취소소송이 계속된 법원에 추가로 병합하여 제기할 수 있고, 수인의 원고가 처음부터 공동소송인으로 관련청구를 병합제소할 수 있다(제10조 제2항 후단, 제15조). 이를 관련청구의 '주관적 병합'이라고 한다. 이러한 병합에는 민사소송에서와 마찬가지로 ① 통상의 공동소송, ② 고유필수적 공동소송, ③ 유사필수적 공동소송이 있을 수 있다. 예컨대, 복수의 행정청에 의한 공동처분이나 합유인 물건에 대한 수용처분 등의 취소청구는 고유필수적 공동소송에 속한다.

한편, 2002. 1. 26. 개정된 민사소송법 제70조[160]는 '주관적 · 예비적 병합'을 명문으로 규정하고 있으므로, 행정소송에서도 이러한 병합이 가능하다. 이러한 형태는 주위적 청구의 피고가 국가 · 공공단체와 같은 행정주체이고, 예비적 청구의 피

---

160) 제70조(예비적 · 선택적 공동소송에 대한 특별규정) ① 공동소송인 가운데 일부의 청구가 다른 공동소송인의 청구와 법률상 양립할 수 없거나 공동소송인 가운데 일부에 대한 청구가 다른 공동소송인에 대한 청구와 법률상 양립할 수 없는 경우에는 제67조 내지 제69조를 준용한다. 다만, 청구의 포기 · 인낙, 화해 및 소의 취하의 경우에는 그러하지 아니하다.

고가 그 소속 행정기관인 경우에 이를 인정할 실익이 있다. 행정소송법 제28조 제3항은 "원고는 피고인 행정청이 속하는 국가 또는 공공단체를 상대로 손해배상, 제해시설의 설치 그 밖에 적당한 구제방법의 청구를 당해 취소소송 등이 계속된 법원에 병합하여 제기할 수 있다."고 규정하여, 사정판결의 경우 주관적·예비적 병합을 허용하고 있다. 따라서 원고는 주위적으로 행정청을 피고로 하여 제기한 처분에 대한 취소소송이 사정판결에 의하여 기각될 것을 대비하여 예비적으로 국가 또는 지방자치단체를 피고로 한 손해배상청구소송을 병합할 수 있다.

3) 제3자에 의한 추가적 병합의 가능성

행정소송법 제10조 제2항의 병합에는 제3자에 의한 관련청구병합은 포함되지 않는다. 따라서 다수 원고가 단일 또는 다수 피고에 대하여 각자의 관련청구소송을 병합하고자 하는 경우에는 처음부터 행정소송법 제15조에 의한 공동소송인이 되어야 하고, 소 제기 후에 추가적 병합은 불가능하다.

(3) 요 건

관련청구의 병합 요건으로는 ① 각 청구가 관련청구일 것, ② 주된 청구인 취소소송에 관련청구소송을 병합할 것, ③ 각 청구가 적법요건(전치절차, 제소기간, 당사자적격 등)을 갖출 것이 필요하다. 소송계속 중에 관련청구의 병합으로 취소소송을 제기한 경우에도 병합 제기된 때를 기준으로 제소기간을 계산한다[판례 ①].161) 그러나 관련청구소송의 피고는 주된 소송의 피고와 동일할 필요는 없다(행정청을 피고로 하는 취소소송에 국가를 피고로 하는 손해배상청구소송을 병합하는 경우).

만일 주된 청구가 부적법하여 각하되면 그에 병합된 관련청구도 각하하여야 한다[판례 ②]. 다만, 취소소송 등을 제기한 당사자가 당해 처분등에 관계되는 사무가 귀속되는 국가 또는 공공단체에 대한 당사자소송을 관련청구로 병합한 경우 취소소송 등이 부적법하다면 당사자소송의 병합청구로서 행정소송법 제21조 제1항에 의한 소변경을 할 의사를 아울러 가지고 있었다고 볼 수 있는 경우 병합청구 당시 유효한 소변경청구가 있었던 것으로 볼 수 있다[판례 ③].

① 대법원 2012. 12. 13. 선고 2010두20782, 20799 판결

[1] 선행처분의 주요 부분을 실질적으로 변경하는 내용으로 후행처분을 한 경우에 선행처분은 특별한 사정이 없는 한 그 효력을 상실하지만, 후행처분이 있었다고 하여 일률적으로 선행처분이 존재하지 않게 되는 것은 아니고 선행처분의 내용 중 일부만을

---

161) 법원실무제요 행정(222면).

소폭 변경하는 정도에 불과한 경우에는 선행처분이 소멸한다고 볼 수 없다.

[2] 선행처분이 후행처분에 의하여 변경되지 아니한 범위 내에서 존속하고 후행처분은 선행처분의 내용 중 일부를 변경하는 범위 내에서 효력을 가지는 경우에, 선행처분의 취소를 구하는 소를 제기한 후 후행처분의 취소를 구하는 청구를 추가하여 청구를 변경하였다면 후행처분에 관한 제소기간 준수 여부는 청구변경 당시를 기준으로 판단하여야 하나, 선행처분에만 존재하는 취소사유를 이유로 후행처분의 취소를 청구할 수는 없다.

② 대법원 2001. 11. 27. 선고 2000두697 판결

[3] 행정소송법 제38조, 제10조에 의한 관련청구소송의 병합은 본래의 항고소송이 적법할 것을 요건으로 하는 것이어서 본래의 항고소송이 부적법하여 각하되면 그에 병합된 관련청구도 소송요건을 흠결한 부적합한 것으로 각하되어야 한다.

[4] 도로관리청이 원인자부담금 부과처분에 의한 부과금 징수를 위하여 압류처분을 하고 그에 이어 압류등기를 한 경우, 이해관계인은 그 압류처분에 대한 항고소송 외에 그 압류등기의 말소청구소송을 제기할 수 있고, 그 경우 행정소송법 제38조, 제10조에서 말하는 본래의 항고소송은 원인자부담금 부과처분 또는 압류처분에 대한 항고소송을 모두 포함한다.

③ 대법원 1992. 12. 24. 선고 92누3335 판결

[3] 취소소송 등을 제기한 당사자가 당해 처분 등에 관계되는 사무가 귀속되는 국가 또는 공공단체에 대한 당사자소송을 행정소송법 제10조 제2항에 의하여 관련 청구로서 병합한 경우 위 취소소송 등이 부적법하다면 당사자는 위 당사자소송의 병합청구로서 같은 법 제21조 제1항에 의한 소변경을 할 의사를 아울러 가지고 있었다고 봄이 상당하고, 이러한 경우 법원은 청구의 기초에 변경이 없는 한 당초의 청구가 부적법하다는 이유로 병합된 청구까지 각하할 것이 아니라 병합청구 당시 유효한 소변경청구가 있었던 것으로 받아들여 이를 허가함이 타당하다.

[4] 취소소송을 제기하였다가 나중에 당사자소송으로 변경하는 경우에는 행정소송법 제21조 제4항, 제14조 제4항에 따라 처음부터 당사자소송을 제기한 것으로 보아야 하므로 당초의 취소소송이 적법한 기간 내에 제기된 경우에는 당사자소송의 제소기간을 준수한 것으로 보아야 할 것이다.

(4) 절차 및 심리

원시적으로 관련청구를 병합하여 제기할 경우 소장에 관련청구까지 포함하여 청구하면 된다. 관련청구를 추가적으로 제기하는 경우(후발적병합)에는 소송 중의 소에 해당하므로 소변경서를 제출하는 방식에 의한다. 새로운 피고가 추가되는 경우에도 마

찬가지이다. 이 경우 법원의 피고경정결정을 받을 필요가 없다.[162]

취소소송에 민사소송이 관련청구소송으로 병합된 경우, 처분의 위법성과 같이 주된 청구와 심리가 공통되는 부분에는 행정소송법이 적용되어야 하지만, 손해배상액 산정과 같이 심리가 공통되지 않는 부분은 민사소송절차에 따라야 한다.

대법원 2009. 4. 9. 선고 2008두23153 판결

[1] 행정소송법 제10조는 처분의 취소를 구하는 취소소송에 당해 처분과 관련되는 부당이득반환소송을 관련 청구로 병합할 수 있다고 규정하고 있는바, 이 조항을 둔 취지에 비추어 보면, 취소소송에 병합할 수 있는 당해 처분과 관련되는 부당이득반환소송에는 당해 처분의 취소를 선결문제로 하는 부당이득반환청구가 포함되고, 이러한 부당이득반환청구가 인용되기 위해서는 그 소송절차에서 판결에 의해 당해 처분이 취소되면 충분하고 그 처분의 취소가 확정되어야 하는 것은 아니라고 보아야 한다.

[2] 보험료부과처분에 대한 취소소송에서 90,946,000원의 보험료부과처분 중 67,194,980원의 보험료부과처분을 취소하면서도, 관련 청구로 병합된 부당이득반환소송에서는 그 처분의 취소를 전제로 인용 여부를 판단하지 않고 처분의 취소가 확정되지 않았다는 이유로 기각한 것은 위법하다고 한 사례.

3. 소의 변경

(1) 개 설

소(訴)는 당사자·청구·법원으로 구성된다. 소의 변경이란 원고가 소송의 계속 중에 소송의 대상인 청구의 전부 또는 일부를 변경하는 것을 말하며, 청구의 변경이라고도 한다. 청구 그 자체가 아닌 청구를 이유 있게 하기 위한 공격방어방법의 변경은 이에 해당하지 않는다. 이처럼 소의 변경은 원고의 소송상 청구(訴訟)가 변경되는 경우이며, 당사자의 변경은 소송승계와 임의적 당사자변경, 법원의 변경은 이송의 문제일 뿐이다. 소의 변경은 당초의 소에 의하여 개시된 소송절차가 유지되며, 그때까지의 소송자료가 새로운 소송에 승계된다는 소송경제적 관점에서 의미가 있으나, 소의 변경으로 인해 소송이 지연됨으로써 공법상 법률관계의 조속한 안정이라는 공익이 저해될 우려가 있다는 지적도 있다.[163]

---

162) 대법원 1989. 10. 27.자 89두1 결정(행정소송법 제10조 제2항의 관련청구의 병합은 그것이 관련청구에 해당하기만 하면 당연히 병합청구를 할 수 있으므로 법원의 피고경정결정을 받을 필요가 없다).

163) 이러한 점 때문에 독일 행정법원법 제91조 제1항에서는 다른 소송관계인이 동의하거나 법원이 적절하다고 인정하는 경우에 소의 변경이 허용될 수 있는 것으로 규정하고 있다고 한다. 이승훈, "행정소송에서의 소의 변경", 행정법학(제24호), 한국행정법학회, 2023, 153면.

민사소송에서 청구의 변경은 법원과 당사자의 동일성을 유지하면서 청구의 기초
가 바뀌지 아니하는 한도 안에서 청구의 취지 또는 원인의 변경만이 허용되지만
(제262조, 소송
물의 변경), 행정소송에서는 ① 피고의 변경을 포함한 소의 종류의 변경(제21
조)과 ② 소
송목적물의 변경이 뒤따르는 처분변경으로 인한 소의 변경(제22
조)도 허용된다. 행정소
송법 제21조와 제22조가 정하는 소의 변경은 그 규정에 의하여 특별히 인정되는 것
으로서 민사소송법상 소의 변경을 배척하는 것이 아니다. 따라서 행정소송법 제21
조와 제22조에 해당하지 않는 유형의 소의 변경에 대해서는 민사소송법 제262조가
준용될 수 있다. 예컨대, 금전부과처분의 일부 취소를 구하다가 청구취지 확장을 통
해 전부 취소를 구하는 것과 같이 소의 종류나 소송의 대상인 처분의 변경이 없는
경우가 대표적이다.[164] 한편, 행정소송법 제21조와 제22조에 의한 소변경이 가능한
경우에도 민사소송법상 소변경이 가능한지에 관하여 논란이 있으나, 실무에서는 제
소기간의 문제가 없다면 이들을 엄격하게 구별하지 않는다.

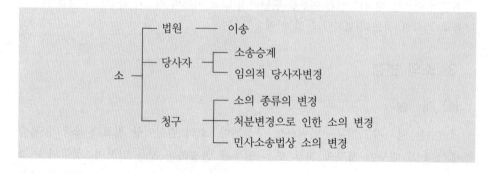

(2) 행정소송법상 소의 종류의 변경

1) 의 의

법원은 취소소송을 당해 처분등에 관계되는 사무가 귀속하는 국가 또는 공공단
체에 대한 당사자소송 또는 취소소송 외의 항고소송으로 변경하는 것이 상당하다고
인정할 때에는 청구의 기초에 변경이 없는 한 사실심의 변론종결시까지 원고의 신
청에 의하여 결정으로써 소의 변경을 허가할 수 있다(행정소송법
제21조 제1항). 행정소송법상 인정
되는 소의 종류의 변경에는 ① 항고소송과 당사자소송 간의 변경 및 ② 항고소송
내에서 취소소송, 무효등확인소송, 부작위법확인소송 간의 변경이 있다(제21조 제1항,
제37조, 제42조).

---

164) 대법원 2013. 4. 26. 선고 2012두27954 판결.

그러나 행정소송과 민사소송 간의 소변경은 불가능하다.

한편, 소의 변경의 유형에는 ① 종래의 청구를 새로운 청구로 대체하는 교환적 변경과 ② 종래의 청구를 유지하면서 새로운 청구를 추가하는 추가적 변경이 있다. 행정소송법상 소의 종류의 변경에 교환적 변경이 포함된다는 것에는 다툼이 없으나, 추가적 변경도 포함되는지에 대하여는 논란이 있다.[165] 가령, 토지수용위원회를 상대로 수용재결에 대한 취소소송을 제기하였다가 예비적으로 사업시행자를 상대로 보상금 증액청구소송을 추가하는 경우를 생각해볼 수 있다. 판례는 소극설의 입장으로 보이나, 적극설로 평가하는 견해[166]도 있다. 생각건대, 이 경우 추가적 변경을 허용하지 않을 특별한 이유가 없으며, 만일 추가적 변경을 허용하지 않는다면 행정소송법 제10조 제2항의 관련청구소송의 병합 또는 민사소송법 제262조에 의한 소의 변경이 가능할 것이나 이에 따르면 제소시점의 소급이 인정되지 않는 문제가 있다. 따라서 행정소송법 제21조에 의한 소의 종류의 변경에는 추가적 변경도 포함된다고 보는 것이 타당하며, 추가적 변경에 의한 주관적·예비적 병합도 가능하다고 본다(행정소송법 제8조 제2항, 민사소송법 제70조 제1항, 제68조 제1항).

대법원 1989. 10. 27.자 89두1 결정

소위 주관적, 예비적 병합은 행정소송법 제28조 제3항과 같은 예외적 규정이 있는 경우를 제외하고는 원칙적으로 허용되지 않는 것이고, 또 행정소송법상 소의 종류의 변경에 따른 당사자(피고)의 변경은 교환적 변경에 한한다고 봄이 상당하므로 예비적 청구만이 있는 피고의 추가경정신청은 허용되지 않는다.

2) 요 건

소의 종류의 변경이 인정되기 위해서는 ① 취소소송이 사실심에 계속 중이고 변론종결 전일 것(소가 부적법하더라도 각하되기 전이면 가능함), ② 청구의 기초에 변경이 없을 것, ③ 소의 변경이 상당하다고 인정될 것, ④ 신소가 적법할 것이 요구된다(전치절차, 제소기간, 대상적격 등). 다만 제소기간과 관련하여, 당사자소송을 취소소송으로 변경하는 경우 취소소송은 당사자소송을

---

165) 행정소송법 제21조에 의한 소의 변경은 교환적 변경에 한한다고 보는 견해로 홍정선(1155면); 정하중/김광수(749면); 이일세(808면).

166) 하명호(659면). 이 견해는 적극설의 근거로 대법원 2009. 7. 23. 선고 2008두10560 판결(당사자가 동일한 신청에 대하여 부작위법확인의 소를 제기하였으나 그 후 소극적 처분이 있다고 보아 처분취소소송으로 소를 교환적으로 변경한 후 여기에 부작위법확인의 소를 추가적으로 병합한 경우, 최초의 부작위법확인의 소가 적법한 제소기간 내에 제기된 이상 그 후 처분취소소송으로의 교환적 변경과 처분취소소송에의 추가적 변경 등의 과정을 거쳤다고 하더라도 여전히 제소기간을 준수한 것으로 봄이 상당하다)을 들고 있다.

제기한 때에 제기된 것으로 보기 때문에, 처음 당사자소송을 제기한 때로 소급하여 제소기간의 준수 여부를 판단한다(제42조, 제21조 제4 항, 제14조 제4항).

위 ②의 요건과 관련하여, 청구의 대상인 처분등이나 부작위 자체가 서로 다른 때에는 원칙적으로 청구의 기초가 같다고 할 수 없다. 대체로 전 소송으로 달성하려던 권리·이익의 구제와 같은 기반에서 다른 청구로 변경하는 경우라야 청구의 기초에 변경이 없다(공무원지위확인청구를 파.면직분취소청구로 변경).167) 만일 이러한 요건을 갖추지 못하였음에도 피고가 소변경에 동의하거나 이의를 제기하지 않고 변론하였다면 흠이 치유되었다고 봄이 타당하다(있음).

대법원 1963. 2. 21. 선고 62누231 판결

행정처분의 취소 또는 변경을 구하는 소송에 있어서는 취소 또는 변경을 구하는 행정처분이 다른 경우에는 그 소송의 목적물이 달라지므로 그 행정처분의 변경에 의한 청구의 변경은 특단의 사유가 없는 한 허용되지 않는다.

3) 절 차

소의 종류의 변경은 일종의 소송 중의 소제기에 해당하므로 원고가 서면(소변경)으로 신청하여야 한다(민사소송법 제248조 제1항).

소의 종류의 변경은 법원의 허가결정이 있어야 한다(행정소송법 제21조 제1항). 만일 소의 변경을 허가하면 피고를 달리하게 될 때에는 법원은 허가결정에 앞서 새로이 피고로 될 자의 의견을 들어야 한다(제2항). 법원은 소의 변경에 관한 요건을 직권으로 조사하여 그 요건이 인정되지 않으면 불허가결정을 하여야 한다. 허가결정은 피고에게 고지하여야 한다. 소의 변경에 의해 피고가 변경되는 경우에는 허가결정의 정본을 새로운 피고에게 송달하여야 한다(제21조 제4항, 제14조 제2항).

4) 효 과

소의 변경을 허가하는 결정이 있으면 신소는 구소를 제기한 때에 제기된 것으로 보며(제소시점의 소급, 제21조 제4항, 제14조 제4항), 구소는 취하된 것으로 본다(제21조 제4항, 제14조 제5항). 또한 피고가 변경되는 경우 종전의 피고는 당연히 탈퇴하고, 새로운 피고가 당사자가 된다.

따라서 제소기간의 준수 여부는 구소를 제기한 시점을 기준으로 판단하며,168) 구

---

167) 법원실무제요 행정(277면).

168) 이는 시효중단이나 법률상 기간준수의 효과가 소변경신청서를 법원에 제출한 때에 발생하도록 규정한 민사소송법 제265조에 대한 특칙이다.

소에서의 소송자료와 소송절차는 신소에 유효하게 승계되지만, 피고의 변경이 있는
때에는 종전의 소송결과는 새로운 피고의 원용이 없는 한 효력이 없다.

5) 불 복

허가결정에 대하여는 신·구소의 피고 모두 즉시항고할 수 있다(제21조제3항). 그러나
불허가결정에 대하여는 독립하여 불복할 수 없고(단, 민사소송법 제449조에 의한 특별항고는 가능함), 종국판결에 대한
상소로써만 다툴 수 있다.[169]

(3) 행정소송법상 처분변경으로 인한 소의 변경

1) 의 의

법원은 행정청이 소송의 대상인 처분을 소가 제기된 후 변경한 때에는 원고의
신청에 의하여 결정으로써 청구의 취지 또는 원인의 변경을 허가할 수 있다(행정소송법 제22조 제1항). 원래 소송의 대상인 처분이 변경되어 청구를 변경하는 것은 소송의 목적물이
달라져 청구의 기초에 변경이 있을 수 있으므로 행정소송법 제21조 및 민사소송법
제262조에 의한 소의 변경이 허용되지 않을 수 있다. 그러나 이러한 경우에 소의
변경을 인정하지 않으면 원고는 자신에게 책임 없는 사유로 무용한 소송절차를 반
복하여 신속한 권리구제가 어렵게 된다. 이러한 점 때문에 행정소송법은 처분변경
으로 인한 소의 변경을 특별히 인정하고 있다. 이는 취소소송뿐만 아니라 무효등확
인소송 및 당사자소송에서도 인정된다(제38조 제1항, 제44조 제1항).

2) 요 건

처분변경으로 인한 소의 변경을 하기 위해서는 ① 당해 소송의 대상인 처분이
변경될 것과 ② 원고가 처분의 변경이 있음을 안 날로부터 60일 이내에 소의 변경
을 신청할 것이 필요하다(제22조 제2항). 이외에도 소변경의 일반적 요건으로서 ③ 구소가
사실심에 계속되어 있어야 하고, 변경되는 신소도 적법하여야 한다.

이때 처분의 변경은 처분청(상급감독청포함)의 직권 또는 행정심판을 통한 재결에 의하여
종전의 처분이 소극적 또는 적극적으로 변경된 경우를 말한다. 그러나 종전처분을
완전히 대체하거나 주요부분을 실질적으로 변경하여야 하는 것은 아니다. 또한, 행
정심판 전치주의가 적용되어 종전처분에 대하여 행정심판을 거쳤으면 변경된 처분

---

169) 대법원 1992. 9. 25. 선고 92누5096 판결(청구취지변경을 불허한 결정에 대하여는 독립하여 항
고할 수 없고 종국판결에 대한 상소로써만 다툴 수 있다).

에 대하여 따로 행정심판을 거칠 필요가 없다(제22조 제3항).

대법원 2019. 7. 4. 선고 2018두58431 판결

행정소송법상 취소소송은 처분 등이 있음을 안 날부터 90일 이내에 제기하여야 하고, 처분 등이 있은 날부터 1년을 경과하면 제기하지 못한다(행정소송법 제20조 제1항, 제2항). 그리고 청구취지를 변경하여 구소가 취하되고 새로운 소가 제기된 것으로 변경되었을 때에 새로운 소에 대한 제소기간의 준수 등은 원칙적으로 소의 변경이 있은 때를 기준으로 하여야 한다(대법원 2004. 11. 25. 선고 2004두7023 판결 등 참조).

그러나 선행 처분에 대하여 제소기간 내에 취소소송이 적법하게 제기되어 계속 중에 행정청이 선행 처분서 문언에 일부 오기가 있어 이를 정정할 수 있음에도 선행 처분을 직권으로 취소하고 실질적으로 동일한 내용의 후행 처분을 함으로써, 선행 처분과 후행 처분 사이에 밀접한 관련성이 있고 선행 처분에 존재한다고 주장되는 위법사유가 후행 처분에도 마찬가지로 존재할 수 있는 관계인 경우에는 후행 처분의 취소를 구하는 소변경의 제소기간 준수 여부는 따로 따질 필요가 없다(대법원 2012. 11. 29. 선고 2010두7796 판결 등 참조).

3) 절 차

소의 종류의 변경과 동일하게 법원의 허가결정이 필요하다. 피고의 변경과 관련한 의견청취 및 정본의 송달 등을 제외한 나머지는 소의 종류의 변경과 같다.

4) 효 과

소의 변경을 허가하는 결정이 있으면 신소가 제기되고 구소는 취하된 것으로 본다(교환적). 만일 처분변경으로 인해 종전처분과 변경된 처분이 병존하는 경우에는 추가적 변경의 형태로 소의 변경이 이루어질 수 있다.

5) 불 복

법원의 허가결정에 대해서는 독립하여 불복할 수 없다(소의 종류의 변경과 차이). 소의 변경신청이 부적법한 경우에는 소의 변경을 불허한다는 결정을 할 수도 있고, 결정을 별도로 하지 않고 종국판결의 이유에서 판단하여도 된다.

(4) 민사소송법상 소의 변경

민사소송법 **제262조(청구의 변경)** ① 원고는 청구의 기초가 바뀌지 아니하는 한도 안에서 변론을 종결할 때(변론 없이 한 판결의 경우에는 판결을 선고할 때)까지 청구의 취지 또는 원인을 바꿀 수 있다. 다만, 소송절차를 현저히 지연시키는 경우에는 그러하지 아니하다.

행정소송의 원고는 행정소송법 제8조 제2항에 의해 준용되는 민사소송법 제262조에 따라 청구의 기초가 바뀌지 아니하는 한도 안에서 변론을 종결할 때(변론 없이 한 판결의 경우에는 판결을 선고할 때)까지 청구의 취지 또는 원인을 변경할 수 있다[판례 ①]. 이 경우 교환적 변경 뿐만 아니라 추가적 변경도 가능하다. 소변경이 적법하다고 판단되면 법원은 별도의 허가결정 없이 변경된 소에 관하여 심리를 진행하면 되지만(행정소송법 제21조 및 제22조에 의한 소변경은 허가결정이 필요함), 법원이 적법하지 않다고 인정한 때에는 직권으로 또는 상대방의 신청에 따라 변경을 허가하지 아니하는 결정을 하여야 한다(민사소송법 제263조).

이 경우 원칙적으로 행정소송법상의 제소시점에 관한 특례가 적용되지 않으므로, 행정소송이라 하더라도 민사소송법에 따른 청구의 변경에는 소의 변경이 있은 때(소변경신청서를 법원에 제출한 때)를 기준으로 새로운 소에 대한 제소기간의 준수 여부를 판단하여야 한다[판례 ②].

민사소송법에 따른 청구의 변경은 동종의 절차에서 심리할 수 있는 때에만 허용되므로 행정소송과 민사소송 간의 소변경은 불가능하다.[170]

① 대법원 1999. 11. 26. 선고 99두9407 판결

행정소송법 제21조와 제22조가 정하는 소의 변경은 그 법조에 의하여 특별히 인정되는 것으로서 민사소송법상의 소의 변경을 배척하는 것이 아니므로, 행정소송의 원고는 행정소송법 제8조 제2항에 의하여 준용되는 민사소송법 제235조에 따라 청구의 기초에 변경이 없는 한도에서 청구의 취지 또는 원인을 변경할 수 있다.

② 대법원 2004. 11. 25. 선고 2004두7023 판결

취소소송은 처분 등이 있음을 안 날부터 90일 이내에 제기하여야 하고, 처분 등이 있은 날부터 1년을 경과하면 제기하지 못하며(행정소송법 제20조 제1항, 제2항), 청구취지를 변경하여 구소가 취하되고 새로운 소가 제기된 것으로 변경되었을 때에 새로운 소에 대한 제소기간의 준수 등은 원칙적으로 소의 변경이 있은 때를 기준으로 하여야 한다.[171]

---

170) 법원실무제요 행정(287면).
171) [판결 이유] 원심판결 이유에 의하면 원심은, 그 채용 증거들에 의하여 판시와 같은 사실을 인정한 다음, 원고가 2002. 6. 26.자 처분인 판시 이 사건 제2 처분의 취소를 구하는 소를 제소기간 내에 제기하였다가 2002. 9. 9. 제1심에서 2000. 8. 5.자 처분인 판시 이 사건 제1 처분의 취소를 구하는 것으로 청구취지를 교환적으로 변경하였고, 2003. 9. 23. 원심에서 다시 청구취지를 교환적으로 변경하여 이 사건 제2 처분의 취소청구를 선택적 청구 중의 하나로 하고 있으나, 위 2003. 9. 23.자 청구취지의 변경은 원고가 이 사건 제2 처분이 있음을 안 날로부터 90일, 그 처분이 있은 날로부터 1년을 경과한 후에 이루어진 것임이 역수상 명백하므로 이 사건 소 중 이 사건 제2 처분에 관한 취소청구 부분의 소는 제소기간을 준수하지 못하여 부적법하다고 판단하였는바, 이는 위의 법리에 따른 것으로서 옳고, 거기에 상고이유의 주장과 같은 행정소송의 제소기간에 관한 법리를 오해한 위법이 있다고 할 수 없다.

(5) 행정소송과 민사소송 사이의 소의 변경

과거에는 민사소송으로 취급되던 사건들이 최근 들어 행정소송의 대상으로 판단됨에 따라 행정소송으로 제기하여야 할 사건을 민사소송으로 잘못 제기한 경우에 ① 민사소송을 행정소송으로 변경할 수 있을 것인지, 만일 가능하다면 ② 이때 제소기간의 준수 여부를 판단하는 기준시점은 언제인지가 문제된다. 현재 행정소송법에는 이에 관한 명문의 규정이 없다.

이에 대해 대법원은 원고가 고의 또는 중대한 과실 없이 행정소송으로 제기해야 할 사건을 민사소송으로 잘못 제기한 경우 수소법원이 그 행정소송에 대한 관할을 가지고 있지 않다면 관할 법원에 이송 후 소변경을 해야 한다는 법리를 설시하여 왔다[판례 ①].[172] 나아가 대법원은 이에 따라 사건이 행정법원으로 이송된 후 취소소송으로 소변경이 이루어진 경우 취소소송에 대한 제소기간의 준수 여부는 원칙적으로 처음에 소를 제기한 때를 기준으로 해야 한다고 판시하였다[판례 ②].

민사소송과 행정소송 사이의 소변경을 허용하지 않을 이유가 없으므로 불필요한 논란을 방지하고 국민의 권익구제를 위한 차원에서 행정소송법에 이에 관한 근거 규정을 두는 것이 필요하다.

① 대법원 1999. 11. 26. 선고 97다42250 판결

행정소송법 제7조는 원고의 고의 또는 중대한 과실 없이 행정소송이 심급을 달리하는 법원에 잘못 제기된 경우에 민사소송법 제31조 제1항을 적용하여 이를 관할 법원에 이송하도록 규정하고 있을 뿐 아니라 관할 위반의 소를 부적법하다고 하여 각하하는 것보다 관할 법원에 이송하는 것이 당사자의 권리 구제나 소송경제의 측면에서 바람직하므로, 원고가 고의 또는 중대한 과실 없이 행정소송으로 제기하여야 할 사건을 민사소송으로 잘못 제기한 경우 수소법원으로서는 만약 그 행정소송에 대한 관할도 동시에 가지고 있는 경우라면, 행정소송으로서의 전심절차 및 제소기간을 도과하였거나 행정소송의 대상이 되는 처분 등이 존재하지도 아니한 상태에 있는 등 행정소송으로서의 소송요건을 결하고 있음이 명백하여 행정소송으로 제기되었더라도 어차피 부적법하게 되는 경우가 아닌 이상, 원고로 하여금 항고소송으로 소 변경을 하도록 하여 그 1심법원으로 심리·판단하여야 한다.

② 대법원 2022. 11. 17. 선고 2021두44425 판결

행정소송법 제8조 제2항은 "행정소송에 관하여 이 법에 특별한 규정이 없는 사항에

---

172) 대법원 1999. 11. 26. 선고 97다42250 판결; 대법원 1996. 2. 15. 선고 94다31235 전원합의체 판결; 대법원 1997. 5. 30. 선고 95다28960 판결.

대하여는 법원조직법과 민사소송법 및 민사집행법의 규정을 준용한다."라고 규정하고 있고, 민사소송법 제40조 제1항은 "이송결정이 확정된 때에는 소송은 처음부터 이송받은 법원에 계속된 것으로 본다."라고 규정하고 있다. 한편 행정소송법 제21조 제1항, 제4항, 제37조, 제42조, 제14조 제4항은 행정소송 사이의 소 변경이 있는 경우 처음 소를 제기한 때에 변경된 청구에 관한 소송이 제기된 것으로 보도록 규정하고 있다. 이러한 규정 내용 및 취지 등에 비추어 보면, 원고가 행정소송법상 항고소송으로 제기해야 할 사건을 민사소송으로 잘못 제기한 경우에 수소법원이 그 항고소송에 대한 관할을 가지고 있지 아니하여 관할법원에 이송하는 결정을 하였고, 그 이송결정이 확정된 후 원고가 항고소송으로 소 변경을 하였다면, 그 항고소송에 대한 제소기간의 준수 여부는 원칙적으로 처음에 소를 제기한 때를 기준으로 판단하여야 한다.

한편, 대법원은 공법상 당사자소송에 대하여도 청구의 기초가 바뀌지 아니하는 한도 안에서 민사소송으로 소 변경이 가능하다고 해석한다(대법원 2023. 6. 29. 선고 2022두44262 판결).

4. 가구제

행정청의 위법한 처분으로 인해 권리·이익이 침해된 경우, 취소소송을 제기하여 판결이 확정되기까지는 오랜 시간이 소요된다. 따라서 취소소송에서 승소하더라도 그때는 이미 회복할 수 없는 손해가 발생하여 실효적인 권리구제가 이루어지지 못하는 경우가 많다. 이를 방지하기 위하여 본안소송의 계속을 전제로 하여 판결이 확정되기까지 잠정적으로 권리구제를 도모하는 것을 가구제라고 한다. 가구제의 수단으로는 집행정지와 가처분이 있다.

(1) 집행부정지의 원칙

취소소송의 제기는 처분등의 효력이나 그 집행 또는 절차의 속행에 영향을 주지 아니한다(행정소송법 제23조 제1항).

(2) 집행정지

1) 의 의

취소소송이 제기된 경우에 처분등이나 그 집행 또는 절차의 속행으로 인하여 생길 회복하기 어려운 손해를 예방하기 위하여 긴급한 필요가 있다고 인정할 때에는 본안이 계속되고 있는 법원은 당사자의 신청 또는 직권에 의하여 처분등의 효력이나 그 집행 또는 절차의 속행의 전부 또는 일부의 정지(이하 "집행정지"라 한다)를 결정할 수 있다

$\binom{제23조\ 제2}{항\ 본문}$. 집행정지는 집행적 성격의 처분, 즉 집행적 결정$\binom{décision}{exécutoire}$에 대하여만 할 수 있다. 집행적 결정이란 제3자에게 권리나 의무를 부여하거나 사회적 강제력을 행사함으로써 법질서를 이전과 다른 방향으로 바꾸는 일방적 결정을 말한다. 따라서 계약과 같이 상대방의 동의를 구하는 행위는 집행정지의 대상이 아니다.

이처럼 집행정지는 처분의 효력이나 집행을 정지시키는 것에 불과하므로, 소극적인 의미의 가구제이다. 이는 무효등확인소송의 경우에 준용되지만, 부작위위법확인소송에는 준용되지 않는다$\binom{제38조\ 제1}{항,\ 제2항}$.

[기재례]

　1. 피신청인이 2023. 5. 17. 신청인에 대하여 한 제1종 보통운전면허취소처분은 이 법원 2023구단123호 자동차운전면허취소처분 취소 청구사건의 판결 선고일부터 30일이 되는 날까지 그 집행을 정지한다.

　1. 피신청인이 2023. 5. 17. 신청인에 대하여 한 입찰참가자격제한처분은 이 법원 2023구합123호 입찰참가자격제한처분 취소 청구사건의 판결 선고일부터 30일이 되는 날까지 그 효력을 정지한다.

　1. 신청외 강남세무서장이 2023. 5. 17. 한 증여세부과처분에 기하여 서울 서초구 서초동 1234 대 1000㎡에 대하여 피신청인이 진행 중인 공매절차는 이 법원 2023구합123호 증여세부과처분 취소 청구사건의 판결 선고일부터 30일이 되는 날까지 그 속행을 정지한다.

2) 요 건

(가) 적극적 요건

집행정지의 적극적 요건으로는 ① 집행정지의 대상인 처분등의 존재, ② 적법한 본안소송의 계속, ③ 회복하기 어려운 손해예방의 필요성, ④ 긴급한 필요가 있다. 집행정지의 결정을 신청함에 있어서는 그 이유에 대한 소명이 있어야 한다$\binom{제23조}{제4항}$. 따라서 적극적 요건에 대한 주장·소명책임은 신청인에게 있다.

a) 처분등이 효력기간의 경과, 집행종료, 목적달성 등으로 인하여 소멸한 경우에는 그 대상이 없으므로 집행정지가 허용되지 않는다. 문제는 거부처분에 대하여 집행정지(효력정지)가 인정될 수 있는지 여부인데, 거부처분은 그 효력을 정지하여도 거부처분이 없었던 신청 당시의 상태로 돌아가는데 그치므로 신청인의 법적 지위에 아무런 변동이 없다. 집행정지에 관한 행정소송법 제23조 제6항도 취소판결의 기속력에 관한 제30조 제1항만 준용할 뿐 거부처분에 대한 처분의무를 규정한 제30조

제2항을 준용하지 않으므로, 거부처분의 효력이 정지되더라도 행정청은 정지결정의 취지에 따라 신청에 따른 처분을 할 의무가 없다.[173] 따라서 거부처분에 대한 집행정지 신청은 신청의 이익이 없어 부적법하다는 것이 통설과 판례의 태도이다. 그러나 거부처분이 있기 전의 상태로 돌아가는 것만으로도 법적인 이익이 있다면 집행정지 신청이 무조건 부적법하다고만 볼 것은 아니다(외국인의 체류기간 갱신허가신청에 대한 거부처분, 국가시험 원서접수신청에 대한거부처분 등).

대법원 1991. 5. 2.자 91두15 결정

허가신청에 대한 거부처분은 그 효력이 정지되더라도 그 처분이 없었던 것과 같은 상태를 만드는 것에 지나지 아니하는 것이고 그 이상으로 행정청에 대하여 어떠한 처분을 명하는 등 적극적인 상태를 만들어 내는 경우를 포함하지 아니하는 것이므로, 교도소장이 접견을 불허한 처분에 대하여 효력정지를 한다 하여도 이로 인하여 위 교도소장에게 접견의 허가를 명하는 것이 되는 것도 아니고 또 당연히 접견이 되는 것도 아니어서 접견허가거부처분에 의하여 생길 회복할 수 없는 손해를 피하는 데 아무런 보탬도 되지 아니하니 접견허가거부처분의 효력을 정지할 필요성이 없다.

b) 집행정지는 본안소송이 법원에 적법하게 계속되고 있어야 한다. 따라서 집행정지 신청은 본안소송의 제기 후 또는 그와 동시에 하여야 한다.

대법원 1975. 11. 11. 선고 75누97 판결

행정처분의 집행정지는 행정처분집행 부정지의 원칙에 대한 예외로서 인정되는 일시적인 응급처분이라 할 것이므로 집행정지결정을 하려면 이에 대한 본안소송이 법원에 제기되어 계속 중임을 요건으로 하는 것이므로 집행정지결정을 한 후에라도 본안소송이 취하되어 소송이 계속하지 아니한 것으로 되면 집행정지결정은 당연히 그 효력이 소멸되는 것이고 별도의 취소조치를 필요로 하는 것이 아니다.

c) '회복하기 어려운 손해'와 관련하여, 대법원은 "특별한 사정이 없는 한 금전으로 보상할 수 없는 손해로서 이는 금전보상이 불능인 경우뿐만 아니라 금전보상으로는 사회관념상 행정처분을 받은 당사자가 참고 견딜 수 없거나 또는 참고 견디기가 현저히 곤란한 경우의 유형, 무형의 손해를 일컫는다."고 판시하였다[판례 ①].[174] 이에 관한 주장·소명책임은 원칙적으로 신청인에게 있다.[175] 이때 손해의

---

173) 법원실무제요 행정(제292면).
174) 대법원 1992. 4. 29.자 92두7 결정(현역병입영처분취소의 본안소송에서 신청인이 승소판결을 받을 경우에는 신청인이 특례보충역으로 해당 전문분야에서 2개월 남짓만 더 종사하여 5년의 의무종사기간을 마침으로써 구 병역법 제46조 제1항에 의하여 방위소집복무를 마친 것으로 볼 것이나, 만일 위 처분의 효력이 정지되지 아니한 채 본안소송이 진행된다면 신청인은 입영하여 다시 현역병으로 복

규모가 현저하게 클 필요는 없으며, 기업의 경우 '중대한 경영상 위기'가 기준이 될 수 있다[판례 ②].

① 대법원 1992. 8. 7.자 92두30 결정

[1] 미결수용 중 다른 교도소로 이송된 피고인이 그 이송처분의 취소를 구하는 행정소송을 제기하고 아울러 그 효력정지를 구하는 신청을 제기한 데 대하여 법원에서 위 이송처분의 효력정지신청을 인용하는 결정을 하였고 이에 따라 신청인이 다시 이송되어 현재 위 이송처분이 있기 전과 같은 교도소에 수용 중이라 하여도 이는 법원의 효력정지 결정에 의한 것이어서 그로 인하여 효력정지신청이 그 신청의 이익이 없는 부적법한 것으로 되는 것은 아니다.

[2] 행정처분의 집행정지나 효력정지결정을 하기 위하여는 행정소송법 제23조 제2항에 따라 회복하기 어려운 손해를 예방하기 위하여 긴급한 필요가 있어야 하고, 여기서 말하는 "회복하기 어려운 손해"라 함은 특별한 사정이 없는 한 금전으로 보상할 수 없는 손해라 할 것이며 이는 금전보상이 불능한 경우뿐만 아니라 금전보상으로는 사회관념상 행정처분을 받은 당사자가 참고 견딜 수 없거나 또는 참고 견디기가 현저히 곤란한 경우의 유형, 무형의 손해를 일컫는다.

[3] 상고심에 계속 중인 형사피고인을 안양교도소로부터 진주교도소로 이송함으로써 위 "회복하기 어려운 손해"가 발생할 염려가 있다고 본 사례.[176]

[4] 행정처분의 효력정지나 집행정지를 구하는 신청사건에 있어서는 행정처분 자체의 적법 여부는 원칙적으로는 판단할 것이 아니고 그 행정처분의 효력이나 집행을 정지할 것인가에 대한 행정소송법 제23조 제2항 소정의 요건의 존부만이 판단의 대상이 되나 본안소송에서의 처분의 취소가능성이 없음에도 불구하고 처분의 효력정지나 집행정지를 인정한다는 것은 제도의 취지에 반하므로 집행정지사건 자체에 의하여도 신청인의 본안청구가 이유 없음이 명백할 때에는 행정처분의 효력정지나 집행정지를 명할 수 없다.

무하지 않을 수 없는 결과 병역의무를 중복하여 이행하는 셈이 되어 불이익을 입게 되고 상당한 정신적 고통을 받게 될 것임은 짐작하기 어렵지 아니하며 이와 같은 손해는 쉽게 금전으로 보상할 수 있는 성질의 것이 아니어서 사회관념상 '회복하기 어려운 손해'에 해당된다고 한 사례).

175) 대법원 1999. 12. 20.자 99무42 결정.

176) [결정 이유] 신청인 및 그 가족들의 주소는 서울이고 위 형사피고사건의 상고심에서 신청인을 위하여 선임된 변호인도 서울지방변호사회 소속 변호사임을 알 수 있으므로 신청인이 그에 관한 형사피고사건이 상고심에 계속 중에 안양교도소로부터 진주교도소로 이송되는 경우에는 그로 인하여 변호인과의 접견이 어려워져 방어권의 행사에 지장을 받게 됨은 물론 가족이나 친지 등과의 접견권의 행사에도 장애를 초래할 것임이 명백하고 이로 인한 손해는 금전으로 보상할 수 없는 손해라 할 것이어서 원심이 이 사건 이송처분으로 인하여 신청인에게 회복할 수 없는 손해가 발생할 염려가 있다고 본 것은 결국 정당하고 논지는 이유 없다.

② **대법원 2001. 10. 10.자 2001무29 결정**

사업여건의 악화 및 막대한 부채비율로 인하여 외부자금의 신규차입이 사실상 중단된 상황에서 285억 원 규모의 과징금을 납부하기 위하여 무리하게 외부자금을 신규차입하게 되면 주거래은행과의 재무구조개선약정을 지키지 못하게 되어 사업자가 중대한 경영상의 위기를 맞게 될 것으로 보이는 경우, 그 과징금납부명령의 처분으로 인한 손해는 효력정지 내지 집행정지의 적극적 요건인 '회복하기 어려운 손해'에 해당한다고 한 사례.

d) '긴급한 필요'란 손해발생의 가능성이 절박하여 본안판결을 기다릴 만한 시간적 여유가 없는 경우를 말한다. 판례는 회복하기 어려운 손해예방의 필요와 연계하여 함께 판단하고 있다.

대법원 2011. 4. 21.자 2010무111 전원합의체 결정

행정소송법 제23조 제2항에서 정하고 있는 효력정지 요건인 '회복하기 어려운 손해'란, 특별한 사정이 없는 한 금전으로 보상할 수 없는 손해로서 금전보상이 불가능한 경우 내지는 금전보상으로는 사회관념상 행정처분을 받은 당사자가 참고 견딜 수 없거나 참고 견디기가 현저히 곤란한 경우의 유형, 무형의 손해를 일컫는다. 그리고 '처분 등이나 그 집행 또는 절차의 속행으로 인하여 생길 회복하기 어려운 손해를 예방하기 위하여 긴급한 필요'가 있는지는 처분의 성질과 태양 및 내용, 처분상대방이 입는 손해의 성질·내용 및 정도, 원상회복·금전배상의 방법 및 난이 등은 물론 본안청구의 승소가능성 정도 등을 종합적으로 고려하여 구체적·개별적으로 판단하여야 한다.

(나) 소극적 요건

집행정지는 공공복리에 중대한 영향을 미칠 우려가 있을 때에는 허용되지 아니한다($\frac{제23조}{제3항}$). 또한 집행정지는 본안소송과는 구별되는 임시적인 보전절차이므로 본안의 이유 유무, 즉 승소가능성 여부는 원칙적으로 집행정지의 요건이 될 수 없다. 그러나 예외적으로 본안청구가 이유 없음이 명백한 경우에도 집행정지를 인정하는 것은 제도의 취지에 반하므로 '본안청구가 이유 없음이 명백하지 아니할 것'을 집행정지의 소극적 요건으로 보아야 한다는 것이 통설과 판례이다[판례 ①]. 소극적 요건에 대한 주장·소명책임은 행정청에게 있다[판례 ②].

① **대법원 1997. 4. 28.자 96두75 결정**

행정처분의 효력정지나 집행정지를 구하는 신청사건에서 행정처분 자체의 적법 여부는 궁극적으로 본안재판에서 심리를 거쳐 판단할 성질의 것이므로 원칙적으로는 판단할 것이 아니고 그 행정처분의 효력이나 집행을 정지할 것인가에 대한 행정소송법 제 23조 제2항, 제3항에 정해진 요건의 존부만이 판단의 대상이 된다고 할 것이지만, 효력 정지나 집행정지는 신청인이 본안소송에서 승소판결을 받을 때까지 그 지위를 보호함 과 동시에 후에 받을 승소판결을 무의미하게 하는 것을 방지하려는 것이어서 본안소송 에서 처분의 취소가능성이 없음에도 처분의 효력이나 집행의 정지를 인정한다는 것은 제도의 취지에 반하므로 효력정지나 집행정지사건 자체에 의하여도 신청인의 본안청구 가 이유 없음이 명백하지 않아야 한다는 것도 효력정지나 집행정지의 요건에 포함시켜 야 한다.

② **대법원 1999. 12. 20.자 99무42 결정**

행정소송법 제23조 제3항에서 집행정지의 요건으로 규정하고 있는 '공공복리에 중대 한 영향을 미칠 우려'가 없을 것이라고 할 때의 '공공복리'는 그 처분의 집행과 관련된 구체적이고도 개별적인 공익을 말하는 것으로서 이러한 집행정지의 소극적 요건에 대 한 주장·소명책임은 행정청에게 있다.

3) 절 차

집행정지는 본안소송이 계속되고 있는 법원이 당사자의 신청 또는 직권으로 할 수 있다(제23조제2항). 항소심과 상고심도 가능하다. 통상 집행정지 신청인과 피신청인은 본 안소송의 원고와 피고일 것이나, 집행정지의 대상이 본안소송의 대상인 처분이 아 니라 그 집행 또는 절차의 속행행위일 때에는 그 집행 또는 속행행위를 담당하는 행정청이 피신청인이 되므로 본안소송의 피고와 달라질 수 있다. 집행정지의 결정 을 신청함에 있어서는 그 이유에 대한 소명이 있어야 한다(제4항).

4) 내 용

집행정지의 대상은 처분의 효력, 처분의 집행 또는 절차의 속행이고, 그 범위는 전부 또는 일부이다. 그 의미에 대하여는 행정심판법상 집행정지와 동일하다. 다만, 처분의 효력정지는 처분등의 집행 또는 절차의 속행을 정지함으로써 목적을 달성할 수 있는 경우에는 허용되지 아니한다(제23조 제2항 단서).

대법원 2000. 1. 8.자 2000무35 결정

산업기능요원 편입 당시 지정업체의 해당 분야에 종사하지 아니하였음을 이유로 산 업기능요원의 편입이 취소된 사람은 편입되기 전의 신분으로 복귀하여 현역병으로 입 영하게 하거나 공익근무요원으로 소집하여야 하는 것으로 되어 있는데, 그 취소처분에 의하여 생기는 손해로서 그 동안의 근무실적이 산업기능요원으로서 종사한 것으로 인정받지 못하게 된 손해 부분은 본안소송에서 그 처분이 위법하다고 하여 취소하게 되면 그 취소판결의 소급효만으로 그대로 소멸되게 되므로, 그 부분은 그 처분으로 인하여 생기는 회복할 수 없는 손해에 해당한다고 할 수가 없고, 결국 그 취소처분으로 인하여 입게 될 회복할 수 없는 손해는 그 처분에 의하여 산업기능요원 편입이 취소됨으로써 편입 이전의 신분으로 복귀하여 현역병으로 입영하게 되거나 혹은 공익근무요원으로 소집되는 부분이라고 할 것이며, 이러한 손해에 대한 예방은 그 처분의 효력을 정지하지 아니하더라도 그 후속절차로 이루어지는 현역병 입영처분이나 공익근무요원 소집처분 절차의 속행을 정지함으로써 달성할 수가 있으므로, 산업기능요원편입취소처분에 대한 집행정지로서는 그 후속절차의 속행정지만이 가능하고 그 처분 자체에 대한 효력정지는 허용되지 아니한다.

법원은 재량으로 집행정지의 시기·기간·방법·범위 등을 적절하게 정할 수 있다. 신청인이 효력정지를 구하여도 이에 구애받지 않고, 절차의 속행정지를 할 수 있다. 만일 처분의 내용이 가분(可分)인 경우에 그 일부만을 정지하는 것도 가능하다.[177] 예컨대, 압류재산 일부에 대하여만 압류집행을 정지하거나 영업정지처분 중 일정 기간만 정지하는 것, 과징금 부과처분의 일부에 대한 집행정지 등이 그 예이다. 반면, 공무원 지위는 불가분이므로 공무원 면직처분을 급여 부분과 그 밖의 공무원 지위 부분으로 나누어 급여 부분만 정지하는 것과 같은 일부 정지는 허용될 수 없다.[178]

> **행정소송규칙 제10조(집행정지의 종기)** 법원이 법 제23조제2항에 따른 집행정지를 결정하는 경우 그 종기는 본안판결 선고일부터 30일 이내의 범위에서 정한다. 다만, 법원은 당사자의 의사, 회복하기 어려운 손해의 내용 및 그 성질, 본안 청구의 승소가능성 등을 고려하여 달리 정할 수 있다.

행정소송법 제23조 제2항은 집행정지에 관하여 규정하면서 그 시기와 종기를 따로 규정하고 있지 않으므로 법원은 이를 자유롭게 정할 수 있으나, 처분의 효력을 소급하여 정지하는 것은 허용되지 않는다.

한편, 종래 실무에서는 집행정지의 종기를 '본안판결 선고시'까지 정하는 경우가 많았으나(본안판결 확정시로 정하는 경우 본안에서 패소한 원고가 집행 정지 기간을 연장하기 위하여 상소를 남용할 우려가 있음), 이러한 경우 본안판결이 선고되면 원고의 본안 승소 여부와 상관없이 집행정지의 효력이 종료됨과 동시에 처분의 효력이 부활하게 되어 원고는 새로운 집행정지를 신청하여야 하며, 그렇지 않으면 항소심

---

177) 법원실무제요 행정(304면).
178) 상게서(305면).

에서는 이미 집행이 종료되어 소의 이익이 없어지게 된다. 이러한 문제를 예방하기 위해 그동안 서울행정법원을 중심으로 집행정지의 종기를 본안판결 선고 후 30일까지로 하는 실무관행이 자리 잡고 있었다.

이에 행정소송규칙은 위와 같은 실무례를 반영하여 집행정지의 종기를 본안판결 선고일부터 30일 이내의 범위에서 정하도록 하되, 특별한 사정이 있는 경우 이와 달리 정할 수 있는 예외를 허용하는 규정을 두게 되었다.

대법원 2022. 2. 11. 선고 2021두40720 판결

[1] 행정소송법 제23조에 따른 집행정지결정의 효력은 결정 주문에서 정한 종기까지 존속하고, 그 종기가 도래하면 당연히 소멸한다. 따라서 효력기간이 정해져 있는 제재적 행정처분에 대한 취소소송에서 법원이 본안소송의 판결 선고 시까지 집행정지결정을 하면, 처분에서 정해 둔 효력기간(집행정지결정 당시, 이미 일부집행되었다면 그 나머지 기간)은 판결 선고 시까지 진행하지 않다가 판결이 선고되면 그때 집행정지결정의 효력이 소멸함과 동시에 처분의 효력이 당연히 부활하여 처분에서 정한 효력기간이 다시 진행한다. 이는 처분에서 효력기간의 시기와 종기를 정해 두었는데, 그 시기와 종기가 집행정지기간 중에 모두 경과한 경우에도 특별한 사정이 없는 한 마찬가지이다. 이러한 법리는 행정심판위원회가 행정심판법 제30조에 따라 집행정지결정을 한 경우에도 그대로 적용된다. 행정심판위원회가 행정심판 청구 사건의 재결이 있을 때까지 처분의 집행을 정지한다고 결정한 경우에는, 재결서 정본이 청구인에게 송달된 때 재결의 효력이 발생하므로(행정심판법 제48조 제2항, 제1항 참조) 그때 집행정지결정의 효력이 소멸함과 동시에 처분의 효력이 부활한다.

[2] 효력기간이 정해져 있는 제재적 행정처분의 효력이 발생한 이후에도 행정청은 특별한 사정이 없는 한 상대방에 대한 별도의 처분으로써 효력기간의 시기와 종기를 다시 정할 수 있다. 이는 당초의 제재적 행정처분이 유효함을 전제로 그 구체적인 집행시기만을 변경하는 후속 변경처분이다. 이러한 후속 변경처분도 특별한 규정이 없는 한 의사표시에 관한 일반법리에 따라 상대방에게 고지되어야 효력이 발생한다. 위와 같은 후속 변경처분서에 효력기간의 시기와 종기를 다시 특정하는 대신 당초 제재적 행정처분의 집행을 특정 소송사건의 판결 시까지 유예한다고 기재되어 있다면, 처분의 효력기간은 원칙적으로 그 사건의 판결 선고 시까지 진행이 정지되었다가 판결이 선고되면 다시 진행된다. 다만 이러한 후속 변경처분 권한은 특별한 사정이 없는 한 당초의 제재적 행정처분의 효력이 유지되는 동안에만 인정된다. 당초의 제재적 행정처분에서 정한 효력기간이 경과하면 그로써 처분의 집행은 종료되어 처분의 효력이 소멸하는 것이므로(행정소송법 제12조 후문 참조), 그 후 동일한 사유로 다시 제재적 행정처분을 하는 것은 위법한 이중처분에 해당한다.

5) 효 력

집행정지(효력정지)결정이 고지되면 행정청의 별도 절차 없이 그 종기 때까지 잠정적으로 행정처분이 없었던 것과 같은 상태로 된다(형성). 그러나 집행정지결정은 판결이 아니므로 기판력이 발생하지 않는다.

집행정지의 결정은 제3자에 대하여도 효력이 있으며(제29조 제2항), 그 사건에 관하여 당사자인 행정청과 그 밖의 관계 행정청을 기속한다(제23조 제6항). 이에 위반하는 행정처분은 무효이다.

집행정지결정에서 효력발생시기를 별도로 정하지 않은 때에는 결정이 고지된 때부터 장래를 향하여 그 효력이 발생하며, 소급효를 갖지 않는다.[179]

① 대법원 2003. 7. 11. 선고 2002다48023 판결

[1] 행정소송법 제23조에 정해져 있는 처분에 대한 집행정지는 행정처분의 집행으로 인하여 회복하기 어려운 손해를 예방하기 위하여 긴급한 필요가 있고 달리 공공복리에 중대한 영향을 미치지 아니할 것을 요건으로 하여 본안판결이 있을 때까지 당해 행정처분의 집행을 잠정적으로 정지함으로써 위와 같은 손해를 예방하고자 함에 그 취지가 있고, 그 집행정지의 효력 또한 당해 결정의 주문에 표시된 시기까지 존속하다가 그 시기의 도래와 동시에 당연히 소멸한다.

[2] 일정한 납부기한을 정한 과징금부과처분에 대하여 '회복하기 어려운 손해'를 예방하기 위하여 긴급한 필요가 있고 달리 공공복리에 중대한 영향을 미치지 아니한다는 이유로 집행정지결정이 내려졌다면 그 집행정지기간 동안은 과징금부과처분에서 정한 과징금의 납부기간은 더 이상 진행되지 아니하고 집행정지결정이 당해 결정의 주문에 표시된 시기의 도래로 인하여 실효되면 그 때부터 당초의 과징금부과처분에서 정한 기간(집행정지결정 당시 이미 일부 진행되었다면 그 나머지 기간)이 다시 진행하는 것으로 보아야 한다.

② 대법원 2017. 7. 11. 선고 2013두25498 판결

구 사회적기업 육성법(2010. 6. 8. 법률 제10360 호로 개정되기 전의 것)에 의하면, 노동부장관은 사회서비스를 제공하는 사회적기업에 대하여 예산의 범위 안에서 공개모집 및 심사를 통하여 사회적기업의 운영에 필요한 인건비·운영경비·자문비용 등의 재정적인 지원을 할 수 있다(제14조 제1항). 그리고 구 보조금의 예산 및 관리에 관한 법률(2011. 7. 25. 법률 제10898호 보조금 관리에 관한 법률로 개정되기 전의 것, 이하 '보조금법'이라 한다)에 의하면, 보조금의 예산편성 및 관리에 관하여는 다른 법률에 특별한 규정이 있는 것을 제외하고는 보조금법이 정하는 바에 따르고(제3조 제1항), 보조사업자가 보조금을 다른 용도에 사용하거나 보조금 교부결정의 내용 등에 위반한 때에는 보조금 교부결정의 전부 또는 일부를

---

179) 법원실무제요 행정(309면).

취소할 수 있으며($^{제30조}_{제1항}$), 보조금의 교부결정을 취소한 경우에 취소된 부분의 보조사업에 대하여 이미 보조금이 교부되어 있을 때에는 취소한 부분에 해당하는 보조금의 반환을 명하여야 한다($^{제31조}_{제1항}$).

한편 행정소송법 제23조에 의한 효력정지결정의 효력은 결정주문에서 정한 시기까지 존속하고 그 시기의 도래와 동시에 효력이 당연히 소멸하므로, 보조금 교부결정의 일부를 취소한 행정청의 처분에 대하여 법원이 효력정지결정을 하면서 주문에서 그 법원에 계속 중인 본안소송의 판결 선고 시까지 처분의 효력을 정지한다고 선언하였을 경우, 본안소송의 판결 선고에 의하여 정지결정의 효력은 소멸하고 이와 동시에 당초의 보조금 교부결정 취소처분의 효력이 당연히 되살아난다.

따라서 효력정지결정의 효력이 소멸하여 보조금 교부결정 취소처분의 효력이 되살아난 경우, 특별한 사정이 없는 한 행정청으로서는 보조금법 제31조 제1항에 따라 취소처분에 의하여 취소된 부분의 보조사업에 대하여 효력정지기간 동안 교부된 보조금의 반환을 명하여야 한다.

6) 불 복

집행정지의 결정 또는 기각의 결정에 대하여는 즉시항고할 수 있다. 이 경우 집행정지의 결정에 대한 즉시항고에는 결정의 집행을 정지하는 효력이 없다($^{제23조}_{제5항}$).

대법원 2011. 4. 21.자 2010무111 전원합의체 결정

[다수의견] 행정처분의 효력정지나 집행정지를 구하는 신청사건에서는 행정처분 자체의 적법 여부를 판단할 것이 아니고 행정처분의 효력이나 집행 등을 정지시킬 필요가 있는지 여부, 즉 행정소송법 제23조 제2항에서 정한 요건의 존부만이 판단대상이 된다. 나아가 '처분 등이나 그 집행 또는 절차의 속행으로 인한 손해발생의 우려' 등 적극적 요건에 관한 주장·소명 책임은 원칙적으로 신청인 측에 있으며, 이러한 요건을 결여하였다는 이유로 효력정지 신청을 기각한 결정에 대하여 행정처분 자체의 적법 여부를 가지고 불복사유로 삼을 수 없다.

7) 집행정지의 취소

집행정지의 결정이 확정된 후 집행정지가 공공복리에 중대한 영향을 미치거나 그 정지사유가 없어진 때에는 당사자의 신청 또는 직권에 의하여 결정으로써 집행정지의 결정을 취소할 수 있다($^{제24조}_{제1항}$). 집행정지결정의 취소결정은 고지됨으로써 당연히 효력을 발생하고(^{혈성}), 집행정지결정에 의하여 정지되었던 처분의 효력은 다시 장래에 향하여 회복되며, 제3자에 대하여도 효력이 있다($^{제29조}_{제2항}$).

집행정지결정의 취소결정과 이에 대한 불복의 경우에는 제23조 제4항 및 제5항
의 규정을 준용한다(_{제24조}_{제2항}).

(3) 가처분

1) 의 의

가처분이란 금전 이외의 계쟁물에 관한 청구권의 집행을 보전하거나 다툼이 있
는 권리관계에 대하여 임시의 지위를 정하기 위하여 하는 가구제제도이다(_{민사집행법}_{제300조}).
행정소송에서는 급부 또는 수익적 처분의 신청에 대한 부작위·거부처분 등에 대
하여 중요한 의미를 가진다.

2) 항고소송에서 가처분의 인정 여부

전술한 집행정지는 단지 소극적으로 처분등의 효력이나 그 집행 또는 절차의 속
행을 정지시키는데 불과하므로 그 한계가 있다. 그러나 행정소송법에는 가처분에
관한 명시적 규정이 없으므로, 민사집행법이 정하고 있는 가처분제도가 항고소송에
서도 인정될 수 있는지가 문제된다. 이에 대하여 학설은 ① 법원이 가처분을 하는
것은 권력분립원칙에 따르는 사법권의 한계를 벗어나는 것이고, 행정소송법 제23조
제2항은 공익과의 관련성 때문에 집행정지만을 인정하고 가처분을 배제하는 특별
규정이라는 점을 이유로 민사집행법상 가처분이 준용될 수 없다고 보는 부정설과
② 행정소송법 제8조 제2항에 따라 민사집행법상 가처분에 관한 규정이 준용될 수
있다고 보는 긍정설, ③ 항고소송에서는 원칙적으로 집행정지에 의하고, 집행정지
로는 가구제의 목적을 달성할 수 없는 경우에 한하여 민사집행법상 가처분이 준용
될 수 있다고 보는 제한적 긍정설로 대립하고 있다. 판례는 부정설의 입장이다.

> ① 대법원 2009. 11. 2.자 2009마596 결정
> 항고소송의 대상이 되는 행정처분의 효력이나 집행 혹은 절차속행 등의 정지를 구하
> 는 신청은 행정소송법상 집행정지신청의 방법으로서만 가능할 뿐 민사소송법상 가처분
> 의 방법으로는 허용될 수 없다.

> ② 대법원 1992. 7. 6.자 92마54 결정
> [1] 민사소송법상의 보전처분은 민사판결절차에 의하여 보호받을 수 있는 권리에 관
> 한 것이므로, 민사소송법상의 가처분으로써 행정청의 어떠한 행정행위의 금지를 구하는
> 것은 허용될 수 없다 할 것이다.
> [2] 채권자가, 채무자와 제3채무자(국가)를 상대로 채무자의 공유수면매립면허권에

관하여, "채무자는 이에 대한 일체의 처분행위를 하여서는 아니되며, 제3채무자는 위 면허권에 관하여 채무자의 신청에 따라 명의개서 기타 일체의 변경절차를 하여서는 아니된다."는 요지의 내용을 신청취지로 하여 가처분신청을 한 데 대하여, 원심이, 채무자에 대한 신청부분은 인용하면서도, 제3채무자에 대한 부분에 대하여는, 위 신청취지를 채무자가 면허권을 타에 양도할 경우 면허관청으로 하여금 그 양도에 따른 인가를 금지하도록 명해 달라는 뜻으로 풀이한 후, 이 부분 신청은 허용될 수 없다고 한 조치를 수긍한 사례.

　[3] 공유수면매립면허의 양도에 있어서는 관할관청의 인가라는 행정처분이 있어야 그 효력이 있는 것이다.

3) 검　토

국민의 실효적인 권리구제를 도모하기 위해 다양한 가구제 수단을 마련하는 것이 필요하다. 그러나 가구제는 그 본질상 본안판결에서 구하는 내용의 범위를 초과할 수 없는 한계가 있다. 즉, 항고소송에서 가구제로서 가처분이 허용되기 위해서는 먼저 본안소송으로 의무이행소송 또는 예방적 부작위소송이 인정되어야 할 것이다. 따라서 입법론으로는 별론으로 하더라도 항고소송에서 가처분을 인정하는 것은 현행 행정소송법의 체계와 맞지 않는다. 다만, 공법상 법률관계를 대상으로 하는 당사자소송에는 집행정지제도가 준용되지 않으므로(^{제44조}_{제1항}), 민사집행법상 가처분에 관한 규정이 준용될 수 있다(통설, 판례[180]).

Ⅷ. 취소소송의 심리

행정소송의 심리는 행정소송법에 특별한 규정이 없는 한, 민사소송법의 규정이 준용된다(^{행정소송법}_{제8조 제2항}). 따라서 행정소송에도 원칙적으로 당사자에게 소송절차의 개시, 심판의 범위 및 절차의 종결에 대하여 처분의 자유를 인정하는 '처분권주의'와 소송자료인 사실 및 증거의 수집, 제출의 책임을 당사자에게 부과하고 당사자가 수집, 제출한 소송자료만을 재판의 기초로 삼는 '변론주의'(^{소송요건에 관한 사항은 변론주의가 적용되지 않는}_{직권조사사항이므로 자백의 대상이 아님을 주의})를 포함하여 변론 및 그 준비, 증거에 관한 민사소송법상 여러 원칙들이 적용된다.

다만, 행정소송법은 행정소송의 공익성을 고려하여 행정심판기록의 제출명령(^{제25}_조)과 직권심리(^{제26}_조)에 관하여 특별히 규정하고 있다.

---

180) 대법원 2015. 8. 21.자 2015무26 결정.

1. 심리의 대상

취소소송은 원고가 소장의 기재를 통해 특정한 소송물을 대상으로 심리가 진행된다. 소송물을 기준으로 중복제소 해당 여부, 청구의 병합 또는 소의 변경 유무가 결정되고, 공격·방어방법의 제출, 주장·증명책임의 분배도 소송물이 전제가 된다. 또한 기판력의 객관적 범위도 소송물에 의해 정하여진다는 점에서 취소소송에서 소송물은 중핵(中核)을 이룬다. 전술하였듯이 무엇이 취소소송의 소송물인가를 둘러싸고 다양한 학설이 주장되고 있으나, 통설과 판례는 소송물을 '처분의 위법성 일반'이라고 본다.

대법원 1996. 4. 26. 선고 95누5820 판결

취소판결의 기판력은 소송물로 된 행정처분의 위법성 존부에 관한 판단 그 자체에만 미치는 것이므로 전소와 후소가 그 소송물을 달리하는 경우에는 전소 확정판결의 기판력이 후소에 미치지 아니한다.

2. 심리의 내용

취소소송의 심리에는 ① 취소소송이 소송요건을 갖추어 적법한지 여부를 심리하는 요건심리와 ② 청구의 인용 여부에 관한 본안심리가 있다.

(1) 요건심리

요건심리의 대상이 되는 소송요건은 처분등의 존재 및 행정소송사항일 것, 당사자능력, 당사자적격 및 소의 이익, 재판권 및 관할, 제소기간, 전심절차 등이다. 소송요건의 구비 여부에 대한 기준시점은 사실심 변론종결시이므로, 제소 당시에 소송요건의 흠결이 있더라도 사실심 변론종결시까지 보완하면 그 흠은 치유된다(^{다만 제}_{소기간의} 준수 여부는 제소시점
을 기준으로 한다). 소송요건은 사실심 변론종결시는 물론 상고심에서도 존속하여야 한다.[181] 소송요건의 구비 여부는 법원의 직권조사사항이다. 요건심리 결과 소송요건이 불비된 경우 보정을 명하고, 보정할 수 없으면 부적법한 소이므로 각하의 소송판결을 한다.

대법원 2004. 12. 24. 선고 2003두15195 판결

행정소송에서 쟁송의 대상이 되는 행정처분의 존부는 소송요건으로서 직권조사사항

---

181) 대법원 2007. 4. 12. 선고 2004두7924 판결; 대법원 1996. 2. 23. 선고 95누2685 판결.

이고, 자백의 대상이 될 수 없는 것이므로, 설사 그 존재를 당사자들이 다투지 아니한
다 하더라도 그 존부에 관하여 의심이 있는 경우에는 이를 직권으로 밝혀 보아야 할 것
이고, 사실심에서 변론종결시까지 당사자가 주장하지 않던 직권조사사항에 해당하는 사
항을 상고심에서 비로소 주장하는 경우 그 직권조사사항에 해당하는 사항은 상고심의
심판범위에 해당한다.

(2) 본안심리

본안심리와 관련하여 처분의 위법성 판단의 기준시점이 문제된다. 이는 처분시
와 판결시(사실심 변론) 사이에 처분의 근거가 된 사실관계 또는 법령이 변경된 경우, 처
분시와 판결시 중에서 언제를 위법판단의 기준시점으로 삼을 것인가의 문제이다.

이에 대해 통설과 판례는 처분시의 사실관계와 법령을 기준으로 처분의 위법 여
부를 판단하여야 한다는 처분시설의 입장이다. 만일 법원이 처분 이후의 사정변경
을 고려하여 당해 처분을 유지할 것인지를 판단하게 되면 법원이 행정감독적 기능
을 하게 되어 권력분립의 원칙에 반하기 때문이다. 이때 처분시설의 의미는 행정처
분이 있을 때의 법령과 사실상태를 기준으로 하여 위법 여부를 판단할 것이며 처분
후 법령의 개폐나 사실상태의 변동에 영향을 받지 않는다는 것이고, 처분 당시 존
재하였던 자료나 행정청에 제출되었던 자료만으로 위법 여부를 판단한다는 의미는
아니다. 따라서 처분 당시의 사실상태 등에 대한 입증은 사실심 변론종결 당시까지
할 수 있다. 그러나 판례에 따르면, 행정청이 재량의 범위 내에서 행정처분시 참작
할 자료제출의 시한을 정한 경우 그 시한을 도과하여 불이익한 행정처분을 받은 후
행정소송에서 새로운 자료를 제출하여 위 행정처분의 취소를 구할 수는 없다.[182]

한편, 제재적 처분의 경우에도 처분 자체에 대한 위법성 판단(재량권 일탈·)의 기준시
점은 처분시가 된다. 그러나 제재처분의 대상이 되는 제재사유(행위)에 대한 위법
판단은 법령등에 특별한 규정이 있는 경우를 제외하고는 법령등을 위반한 행위 당
시의 법령등에 따른다. 다만, 행위 후 법령등이 유리하게 개정된 경우에는 해당 법
령등에 특별한 규정이 없다면 변경된 법령등을 적용한다(행정기본법 제14조 제3항).

사정판결의 경우 처분등의 위법 여부는 처분시를 기준으로 판단하여야 하지만,

---

182) 대법원 1995. 11. 10. 선고 95누8461 판결("1993년도 개인택시운송사업면허지침"에서 운전경
력을 산정함에 있어서 경력증명의 추가보완을 금하고 제출된 서류만으로 심사하도록 하였음에도 불구
하고 개인택시 운송사업면허를 신청함에 있어서 택시 운전경력을 주장하였거나 그 운전경력증명서를
제출하지 아니한 운전자가 행정소송에서 면허신청시 제출되지 아니한 운전경력에 관한 새로운 자료를
제출하여 개인택시 운송사업면허 제외처분이 위법하다고 주장할 수는 없다).

처분등을 취소하는 것이 현저히 공공복리에 적합하지 아니한지는 변론종결시를 기준으로 판단하여야 한다.[183)

① **대법원 1993. 5. 27. 선고 92누19033 판결**

항고소송에 있어서 행정처분의 위법 여부를 판단하는 기준 시점에 대하여 판결시가 아니라 처분시라고 하는 의미는 행정처분이 있을 때의 법령과 사실상태를 기준으로 하여 위법 여부를 판단할 것이며 처분 후 법령의 개폐나 사실상태의 변동에 영향을 받지 않는다는 뜻이고 처분 당시 존재하였던 자료나 행정청에 제출되었던 자료만으로 위법 여부를 판단한다는 의미는 아니므로, 처분 당시의 사실상태 등에 대한 입증은 사실심 변론종결 당시까지 할 수 있고, 법원은 행정처분 당시 행정청이 알고 있었던 자료뿐만 아니라 사실심 변론종결 당시까지 제출된 모든 자료를 종합하여 처분 당시 존재하였던 객관적 사실을 확정하고 그 사실에 기초하여 처분의 위법 여부를 판단할 수 있다.

② **대법원 2008. 7. 24. 선고 2007두3930 판결**

행정소송에서 행정처분의 위법 여부는 행정처분이 행하여졌을 때의 법령과 사실 상태를 기준으로 하여 판단하여야 하고, 처분 후 법령의 개폐나 사실상태의 변동에 의하여 영향을 받지는 않으므로, 난민 인정 거부처분의 취소를 구하는 취소소송에서도 그 거부처분을 한 후 국적국의 정치적 상황이 변화하였다고 하여 처분의 적법 여부가 달라지는 것은 아니다.

③ **대법원 2015. 5. 28. 선고 2015두36256 판결**

행정소송에서 행정처분의 위법 여부는 행정처분이 행하여졌을 때의 법령과 사실상태를 기준으로 하여 판단해야 하고, 이는 독점규제 및 공정거래에 관한 법률에 기한 공정거래위원회의 시정명령 및 과징금 납부명령(이하 '명령 등'이라 한다)에서도 마찬가지이다. 따라서 공정거래위원회의 과징금 납부명령 등이 재량권 일탈·남용으로 위법한지는 다른 특별한 사정이 없는 한 과징금 납부명령 등이 행하여진 '의결일' 당시의 사실상태를 기준으로 판단하여야 한다.

3. 심리의 범위

행정소송에서도 민사소송과 마찬가지로 소의 제기 및 종료, 심판의 대상이 당사자에 의하여 결정되는 처분권주의가 원칙적으로 적용되므로(행정소송법 제8조 제2항, 민사소송법 제203조), 법원은 원고의 청구취지, 즉 청구범위·액수 등을 초과하여 판결할 수 없다.[184) 행정소송법

---

183) 대법원 1970. 3. 24. 선고 69누29 판결.
184) 대법원 1995. 4. 28. 선고 95누627 판결(행정소송에 있어서도 당사자의 신청의 범위를 넘어서

제26조는 직권심리주의를 취하고 있으나, 이는 원고의 청구범위를 초월하여 그 이상의 청구를 인용할 수 있다는 의미가 아니라 원고의 청구범위를 유지하면서 그 범위 내에서 필요에 따라 주장 외의 사실에 관하여도 판단할 수 있다는 뜻이다.[185]

법원은 법률문제와 사실문제에 관하여 심리할 수 있고, 재량행위에 대해서도 재량권의 일탈 또는 남용 여부를 심리할 수 있다(행정소송법 제27조).

4. 심리의 진행

(1) 주장책임

변론주의하에서 법원은 당사자가 주장하지 않은 사실을 판결의 기초로 삼을 수 없다. 여기서 사실은 주요사실만을 말한다. 따라서 당사자는 자신에게 유리한 주요사실을 변론에서 주장하지 않으면 그 사실이 존재하지 않는 것으로 취급되어 불이익 또는 패소의 위험을 받게 된다. 이를 주장책임이라고 한다.

판례에 따르면, 행정소송에 있어서 특단의 사정이 있는 경우를 제외하면 당해 행정처분의 적법성에 관하여는 당해 처분청이 이를 주장·입증하여야 할 것이나 행정소송에 있어서 직권주의가 가미되어 있다고 하여도 여전히 변론주의를 기본 구조로 하는 이상 행정처분의 위법을 들어 그 취소를 청구함에 있어서는 직권조사사항을 제외하고는 그 취소를 구하는 자가 위법사유에 해당하는 구체적인 사실을 먼저 주장하여야 한다.[186]

또한, 법원의 석명권 행사는 사안을 해명하기 위하여 당사자에게 그 주장의 모순된 점이나 불완전·불명료한 부분을 지적하여 이를 정정·보충할 수 있는 기회를 주고, 계쟁사실에 대한 증거의 제출을 촉구하는 것을 그 내용으로 하는 것이며, 당사자가 주장하지도 않은 법률효과에 관한 요건사실이나 공격방어방법을 시사하여 그 제출을 권유하는 행위는 변론주의의 원칙에 위배되고 석명권 행사의 한계를 일탈한 것이 된다.[187]

심리하거나 재판하지 못한다).
185) 대법원 1987. 11. 10. 선고 86누491 판결.
186) 대법원 2000. 3. 23. 선고 98두2768 판결.
187) 대법원 2005. 1. 14. 선고 2002두7234 판결.

(2) 직권심리

행정소송법 제26조(직권심리) 법원은 필요하다고 인정할 때에는 직권으로 증거조사를 할 수 있고, 당사자가 주장하지 아니한 사실에 대하여도 판단할 수 있다.

행정소송에 있어서도 원칙적으로 변론주의가 적용되므로, 전술한 주장책임의 문제가 발생하지만, 행정소송법 제26조는 직권심리를 규정하여 주장책임에 대한 예외를 인정하고 있다(제26조 후단).

행정소송법 제26조의 해석과 관련하여, 행정소송에서는 변론주의가 적용되지 않고 직권탐지주의가 적용된다는 견해(직권탐지설)도 있으나, 대법원은 변론주의원칙을 보완하기 위한 예외규정에 불과한 것으로 본다(변론주의). 즉, 법원이 아무런 제한 없이 당사자가 주장하지 아니한 사실을 판단할 수 있는 것은 아니고, 일건 기록에 현출되어 있는 사항에 관하여서만 직권으로 증거조사를 하고 이를 기초로 하여 판단할 수 있다고 한다[판례 ①, ②].

다만, 행정소송에서도 당사자주의나 변론주의의 기본 구도는 여전히 유지된다고 할 것이므로, 새로운 사유를 인정하여 행정처분의 정당성 여부를 판단하는 것은 당초의 처분사유와 기본적 사실관계에 있어서 동일성이 인정되는 한도 내에서만 허용된다[판례 ③].

① 대법원 1994. 10. 11. 선고 94누4820 판결

행정소송법 제26조가 법원은 필요하다고 인정할 때에는 직권으로 증거조사를 할 수 있고, 당사자가 주장하지 아니한 사실에 대하여도 판단할 수 있다고 규정하고 있지만, 이는 행정소송의 특수성에 연유하는 당사자주의, 변론주의에 대한 일부 예외 규정일 뿐 법원이 아무런 제한 없이 당사자가 주장하지 아니한 사실을 판단할 수 있는 것은 아니고, 일건 기록에 현출되어 있는 사항에 관하여서만 직권으로 증거조사를 하고 이를 기초로 하여 판단할 수 있을 따름이고, 그것도 법원이 필요하다고 인정할 때에 한하여 청구의 범위 내에서 증거조사를 하고 판단할 수 있을 뿐이다.

② 대법원 2010. 2. 11. 선고 2009두18035 판결

행정소송에서 기록상 자료가 나타나 있다면 당사자가 주장하지 않았더라도 판단할 수 있고, 당사자가 제출한 소송자료에 의하여 법원이 처분의 적법 여부에 관한 합리적인 의심을 품을 수 있음에도 단지 구체적 사실에 관한 주장을 하지 아니하였다는 이유만으로 당사자에게 석명을 하거나 직권으로 심리·판단하지 아니함으로써 구체적 타당성이 없는 판결을 하는 것은 행정소송법 제26조의 규정과 행정소송의 특수성에 반하므로 허용될 수 없다.

③ 대법원 2013. 8. 22. 선고 2011두26589 판결

국가유공자 인정 요건, 즉 공무수행으로 상이를 입었다는 점이나 그로 인한 신체장애의 정도가 법령에 정한 등급 이상에 해당한다는 점은 국가유공자 등록신청인이 증명할 책임이 있지만, 그 상이가 '불가피한 사유 없이 본인의 과실이나 본인의 과실이 경합된 사유로 입은 것'이라는 사정, 즉 지원대상자 요건에 해당한다는 사정은 국가유공자 등록신청에 대하여 지원대상자로 등록하는 처분을 하는 처분청이 증명책임을 진다고 보아야 한다. 이러한 점과 더불어 공무수행으로 상이를 입었는지 여부와 그 상이가 불가피한 사유 없이 본인의 과실이나 본인의 과실이 경합된 사유로 입은 것인지 여부는 처분의 상대방의 입장에서 볼 때 방어권 행사의 대상과 방법이 서로 다른 별개의 사실이고, 그에 대한 방어권을 어떻게 행사하는지 등에 따라 국가유공자에 해당하는지 지원대상자에 해당하는지에 관한 판단이 달라져 법령상 서로 다른 처우를 받을 수 있는 점 등을 종합해 보면, 같은 국가유공자 비해당결정이라도 그 사유가 공무수행과 상이 사이에 인과관계가 없다는 것과 본인 과실이 경합되어 있어 지원대상자에 해당할 뿐이라는 것은 기본적 사실관계의 동일성이 없다고 보아야 한다. 따라서 처분청이 공무수행과 사이에 인과관계가 없다는 이유로 국가유공자 비해당결정을 한 데 대하여 법원이 그 인과관계의 존재는 인정하면서 직권으로 본인 과실이 경합된 사유가 있다는 이유로 그 처분이 정당하다고 판단하는 것은 행정소송법이 허용하는 직권심사주의의 한계를 벗어난 것으로서 위법하다.

(3) 증명책임

1) 본 안

소송상 일정한 사실의 존부가 증명되지 않은 경우 이러한 사실이 존재하지 않는 것으로 다루어져 불이익 또는 패소의 위험을 받게 된다. 이를 증명책임(입증책임)이라고 한다. 행정소송에서 증명책임이 누구에게 있는가와 관련하여, ① 원고책임설, ② 피고책임설, ③ 법률요건분류설, ④ 독자분배설 등 다양한 견해가 주장되고 있으나, 대법원은 "민사소송법의 규정이 준용되는 행정소송에 있어서 입증책임은 원칙적으로 민사소송의 일반원칙에 따라 당사자 간에 분배되고"라고 판시하여 민사소송상의 법률요건분류설[188]에 입각하고 있다. 판례에 따르면, 대체로 침해적 처분에서 권리근거규정의 요건사실이라고 할 처분의 적법사유에 대한 증명책임은 피고(행정청)에게, 사회복지행정 분야의 급부신청에 대한 거부처분에 있어서의 처분요건에

---

188) 법률요건분류설은 실체법규를 권리근거규정과 권리장애·소멸규정으로 구분하여, 권리의 존재를 주장하는 자는 권리근거규정의 요건사실을, 그 부존재를 주장하는 자는 권리장애규정과 권리소멸규정의 요건사실을 각각 증명하여야 한다는 견해이다.

관한 증명책임은 이를 주장하는 자에게 각 있으며, 권리장애사유 또는 소멸사유에 대한 증명책임은 이를 주장하는 자에게 있다고 한다.[189]

그러나 민사소송은 권리관계의 존부가 소송의 대상이지만, 취소소송은 처분의 위법성을 대상으로 한다는 점에서 구조상 차이가 있는바, 기본적으로 법률요건분류설에 따르는 것이 타당할 것이나 취소소송의 특수성을 감안하여 개별적·구체적인 기준을 마련할 필요가 있다.

① 대법원 1984. 7. 24. 선고 84누124 판결

민사소송법의 규정이 준용되는 행정소송에 있어서 입증책임은 원칙적으로 민사소송의 일반원칙에 따라 당사자 간에 분배되고 항고소송의 경우에는 그 특성에 따라 당해 처분의 적법을 주장하는 피고에게 그 적법사유에 대한 입증책임이 있다 할 것인바 피고가 주장하는 당해 처분의 적법성이 합리적으로 수긍할 수 있는 일응의 입증이 있는 경우에는 그 처분은 정당하다 할 것이며 이와 상반되는 주장과 입증은 그 상대방인 원고에게 그 책임이 돌아간다고 할 것이다.

② 대법원 1984. 12. 11. 선고 84누225 판결

과세처분의 취소를 구하는 항고소송에서 과세관청은 실체상의 과세요건 뿐만 아니라 과세처분의 절차상 적법요건에 대하여도 이를 구비하였음을 입증할 책임이 있다.

③ 대법원 1986. 4. 8. 선고 86누107 판결

허가신청에 대하여 허가기준 미달을 이유로 불허가한 처분이 적법하다는 주장과 입증의 책임은 처분청에게 있다.

④ 대법원 2019. 7. 4. 선고 2018두66869 판결

결혼이민[F-6 (다)목] 체류자격을 신청한 외국인에 대하여 행정청이 그 요건을 충족하지 못하였다는 이유로 거부처분을 하는 경우에는 '그 요건을 갖추지 못하였다는 판단', 다시 말해 '혼인파탄의 주된 귀책사유가 국민인 배우자에게 있지 않다는 판단' 자체가 처분사유가 된다. 부부가 혼인파탄에 이르게 된 여러 사정들은 그와 같은 판단의 근거가 되는 기초 사실 내지 평가요소에 해당한다. 결혼이민[F-6 (다)목] 체류자격 거부처분 취소소송에서 원고와 피고 행정청은 각자 자신에게 유리한 평가요소들을 적극적으로 주장·증명하여야 하며, 수소법원은 증명된 평가요소들을 종합하여 혼인파탄의 주된 귀책사유가 누구에게 있는지를 판단하여야 한다. 수소법원이 '혼인파탄의 주된 귀책사유가 국민인 배우자에게 있다'고 판단하게 되는 경우에는, 해당 결혼이민[F-6 (다)

---

189) 법원실무제요 행정(342면).

목] 체류자격 거부처분은 위법하여 취소되어야 하므로, 이러한 의미에서 결혼이민[F-6 (다)목] 체류자격 거부처분 취소소송에서도 그 처분사유에 관한 증명책임은 피고 행정청에 있다.

⑤ 대법원 1970. 1. 27. 선고 68누10 판결

행정처분의 위법을 주장하여 그 처분의 취소를 구하는 소위 항고소송에 있어서는 그 처분이 적법하였다고 주장하는 피고에게 그가 주장하는 적법사유에 대한 입증책임이 있다할 것이나 특별한 사유에 대한 주장과 입증책임은 원고에게 있다고 함이 상당하다 할 것인바, 본건에 있어서 국가공무원법 제73조의2 제2항에 의하면 직위를 해제한 뒤에 해제사유가 소멸되었을 때에는 임용권자 또는 임용제청권자는 지체 없이 직위를 부여한다라고 규정하고 있으므로 위 직위해제 후에 해제사유가 소멸되었다는 주장과 입증책임은 본건 원고에게 있다할 것이므로 이와 같은 견지에서 원심이 입증책임을 원고에게 있다고 판단하였음은 정당하고 논지가 말하는 법리오해, 심리미진, 이유불비의 위법은 없으므로 논지는 모두 이유 없다 할 것이다.

⑥ 대법원 1987. 12. 8. 선고 87누861 판결

자유재량에 의한 행정처분이 그 재량권의 한계를 벗어난 것이어서 위법하다는 점은 그 행정처분의 효력을 다투는 자가 이를 주장·입증하여야 하고 처분청이 그 재량권의 행사가 정당한 것이었다는 점까지 주장·입증할 필요는 없다.

2) 소송요건사실

소송요건은 직권조사사항이지만, 그 존부가 불명일 때에는 부적법한 소로서 각하되기 때문에 원고의 불이익으로 판단되므로 결국 이에 대한 증명책임은 원고에게 있다고 할 것이다.

(4) 직권증거조사

소송자료(資料)의 수집책임을 당사자에게 부과하는 변론주의의 한 축인 입증책임은 행정소송의 공익적 요청으로 일부 수정된다. 행정소송법 제26조 전단은 "법원은 필요하다고 인정할 때에는 직권으로 증거조사를 할 수 있고"라고 규정하여 직권증거조사를 통해 변론주의를 보충하고 있다. 실제 소송에서 직권증거조사의 범위를 구체적으로 정하는 것은 어려운 문제이지만, 적어도 소송제도와 공공복리에 관한 소송요건사실에 대하여는 법원이 적극적으로 직권증거조사를 하여야 할 의무가 있다고 한다. 그 외의 사항에 대하여는 증명이 불충분한 경우에 당사자에게 석명권을 행사하여 주장에 대하여 증명을 촉구하거나 그 주장사실에 대하여 직권으로 증거조

사를 하여 주장사실의 존부를 확정하여야 할 것이다.[190] 물론 민사소송법 제292조
도 "법원은 당사자가 신청한 증거에 의하여 심증을 얻을 수 없거나, 그 밖에 필요하
다고 인정한 때에는 직권으로 증거조사를 할 수 있다."고 하여 직권에 의한 증거조
사를 규정하고 있으나, 행정소송의 공익적 성격을 감안할 때 민사소송보다 직권증
거조사를 할 필요성이 더 크다.

대법원 1986. 4. 8. 선고 86누16 판결

행정소송의 전제인 전심절차를 적법하게 거친 여부는 당사자의 주장유무에 불구하
고 법원이 직권으로 조사할 소송요건이므로 내국세부과처분을 받은 자가 감사원법 제
43조 소정의 심사청구를 하는 경우 그 제척기간의 준수 여부도 직권으로 조사하여야
한다.

(5) 행정심판기록의 제출명령

법원은 당사자의 신청이 있는 때에는 결정으로써 재결을 행한 행정청에 대하여
행정심판에 관한 기록의 제출을 명할 수 있다(행정소송법 제25조 제1항). 이 경우 제출명령을 받은 행
정청은 지체 없이 당해 행정심판에 관한 기록을 법원에 제출하여야 한다(제2항). 여기
에서 '행정심판에 관한 기록'이란 행정심판청구서와 답변서 및 재결서뿐만 아니라
행정심판위원회의 회의록 기타 행정심판위원회에서의 심리를 위하여 제출된 모든
증거자료 등을 포함한다. 행정심판기록 제출명령의 대상이 되는 것은 당해 행정소
송의 대상인 처분에 관한 행정심판기록에 한한다. 법원의 결정에 대하여는 즉시항
고를 할 수 있다(민사소송법 제348조).

5. 처분사유의 추가·변경

(1) 의 의

행정청은 개별적 사안에서 구체적 사실관계를 확정하고, 법령을 적용하여 처분
을 한다. 따라서 모든 처분에는 행정청이 처분시에 인정한 근거 사실과 적용한 근
거 법규가 존재하고, 이를 합하여 '처분사유(이유)'라고 한다. 행정청은 처분을 할 때
에는 원칙적으로 당사자에게 그 근거와 이유를 제시하여야 한다(행정절차법 제23조 제1항). 그런데
행정청이 처분 당시에 사실인정을 그르치거나 근거 법규의 해석·적용을 잘못한
경우, 취소소송의 심리과정에서 처분의 적법성을 뒷받침하기 위해 처분시에는 처분

---

190) 법원실무제요 행정(348면).

의 근거로 고려하지 않았던 사실상 또는 법률상 근거를 새로운 처분사유로 주장할
수 있는지가 문제된다. 이것이 처분사유의 추가·변경의 문제이다.

(2) 허용 여부

1) 문제 제기

통설과 판례는 취소소송의 소송물은 '처분의 위법성 일반'으로 보고 있는바, 취
소소송에서는 소송의 대상이 되는 처분의 동일성을 해하지 않는 범위 내에서 처분
의 위법 여부에 관한 모든 주장과 항변이 허용된다. 일반적으로 처분은 주체, 일시,
상대방, 주문에 의해 특정되므로 이들이 처분의 동일성을 식별하는 요소가 된다는
점에 대하여는 이견이 없다. 따라서 처분의 주체, 일시, 상대방, 주문 등이 다르면
별개의 처분이 되고, 소송물($^{처분의\ 위법}_{성\ 일반}$)도 달라지게 된다.

그런데 처분사유는 처분의 동일성을 결정짓는 요소가 아니라는 것이 통설적 견
해이므로, 이를 관철하면 처분사유를 추가하거나 변경하더라도 처분의 동일성을 해
하거나 소송물의 범위를 벗어나는 경우는 없으므로 이는 무제한적으로 허용된
다.[191] 그러나 실제 소송에서 심리의 대상이 되는 것은 당해 처분의 위법성 일반이
아닌 구체적인 개개의 위법사유이다. 따라서 처분사유의 추가·변경을 제한 없이
허용한다면 소송경제에는 유리할 수 있으나 원고는 소송에서 불의타를 받아 방어권
을 행사하는데 상당한 어려움을 겪게 되고, 행정청은 처분시에 경솔하게 처분을 할
우려가 있으며, 법원의 심리에도 혼란을 줄 우려가 있으므로 이를 합리적인 범위
내에서 소송상 제한할 필요가 있다.

2) 학설 및 판례

학설은 ① 처분사유의 추가·변경이 자유롭게 허용된다고 보는 긍정설($^{취소소송의\ 소송}_{물을\ 위법성\ 일반}$
$_{으로\ 보는}^{견해}$), ② 행정청은 새로운 처분사유를 추가 또는 변경할 수 없다고 보는 부정설
($^{취소소송의\ 소송물을\ 개개의\ 구체적}_{인\ 처분사유의\ 존부라고\ 보는\ 견해}$), ③ 기속행위, 재량행위, 제재처분, 거부행위 등 행위의 유형
및 취소소송, 의무이행소송 등 소송의 유형에 따라 달리 보아야 한다는 개별적 결
정설, ④ 원래의 처분사유와 기본적 사실관계가 동일한 범위 내에서만 처분사유의
추가·변경이 허용된다고 보는 제한적 긍정설로 대립하고 있다.[192] 통설과 판례는
제한적 긍정설의 입장이다.

---

191) 하명호(696면).
192) 상게서(697면).

이에 행정소송규칙 제9조에서는 "행정청은 사실심 변론을 종결할 때까지 당초의 처분사유와 기본적 사실관계가 동일한 범위 내에서 처분사유를 추가 또는 변경할 수 있다."고 규정하여 이러한 법리를 명문화하고 있다.

3) 사 견

처분사유의 추가·변경에 대한 문제를 이론적으로만 접근하여 제한 없이 허용한다면 분쟁의 일회적 해결을 도모할 수 있으나 원고의 방어권이 침해된다. 반대로 처분사유의 추가·변경을 전혀 허용하지 않는다면 원고는 행정청이 처분 당시 제시하였던 처분사유에 집중하여 수월하게 승소할 수 있을지 몰라도 행정청은 판결이 확정된 이후 다른 처분사유를 제시하여 동일한 내용의 처분을 할 수 있다(취소판결의 기속력은 판결에서 위법한 것으로 판단된 개개의 처분사유에 대해서만 미침).

따라서 소송경제의 요청과 분쟁의 일회적 해결 및 원고의 방어권 보장을 모두 고려하는 제한적 긍정설이 타당하다.

(3) 범위(한계)

1) 판단 기준(기본적 사실관계의 동일성)

행정처분의 취소를 구하는 항고소송에 있어서, 처분청은 당초 처분의 근거로 삼은 사유와 기본적 사실관계가 동일성이 있다고 인정되는 한도 내에서만 다른 사유를 추가하거나 변경할 수 있고, 여기서 기본적 사실관계의 동일성 유무는 처분사유를 법률적으로 평가하기 이전의 구체적인 사실에 착안하여 그 기초인 사회적 사실관계가 기본적인 점에서 동일한지 여부에 따라 결정된다. 이와 같이 기본적 사실관계와 동일성이 인정되지 않는 별개의 사실을 들어 처분사유로 주장하는 것이 허용되지 않는다고 해석하는 이유는 행정처분의 상대방의 방어권을 보장함으로써 실질적 법치주의를 구현하고 행정처분의 상대방에 대한 신뢰를 보호하고자 함에 그 취지가 있고, 추가 또는 변경된 사유가 당초의 처분시 그 사유를 명기하지 않았을 뿐 처분시에 이미 존재하고 있었고 당사자도 그 사실을 알고 있었다 하여 당초의 처분사유와 동일성이 있는 것이라 할 수 없다.[193]

만일 행정청이 당초 처분의 근거로 제시한 사유가 실질적인 내용이 없는 경우에는 기본적 사실관계가 동일한지 여부를 판단할 대상조차 없는 것이므로 소송단계에서 처분사유를 추가할 수 없다.[194]

---

193) 대법원 2003. 12. 11. 선고 2001두8827 판결.

2) 처분의 근거 법령의 추가·변경

처분청이 처분 당시에 적시한 구체적 사실을 변경하지 아니하는 범위 내에서 단지 그 처분의 근거 법령만을 추가·변경하거나 당초의 처분사유를 구체적으로 표시하는 것에 불과한 경우에는 새로운 처분사유를 추가하거나 변경하는 것이라고 볼 수 없다.[195] 그러나 처분의 근거 법령을 변경하는 것이 종전 처분과 동일성을 인정할 수 없는 별개의 처분을 하는 것과 다름 없는 경우에는 허용될 수 없다.

대법원 2011. 5. 26. 선고 2010두28106 판결

[1] 도로는 도로의 형태를 갖추고, 도로법에 따른 노선 지정 또는 인정 공고 및 도로구역 결정·고시를 한 때 또는 도시계획법이나 도시재개발법에서 정한 절차를 거쳐야 비로소 도로법 적용을 받는 도로로 되는 것이고, 도로로 실제 사용되었다는 사정만으로는 도로법 적용을 받는 도로라고 할 수 없다.

[2] 행정청이 도로 일부를 침범한 건물 소유자들에게 사용·수익허가 없이 해당 도로를 무단 점유하고 있다는 이유로 도로법 제94조에 따라 변상금 부과처분을 한 사안에서, 위 도로가 도로법에 따른 노선 지정 또는 인정 공고 및 도로구역 결정·고시되었다는 점을 인정할 자료가 없고, 일반인의 통행을 위한 도로로 실제 사용되어 온 사정만으로는 도로법 적용을 받는 도로라고 할 수 없으므로, 위 도로가 도로법 적용을 받는 도로에 해당한다고 보아 변상금 부과처분이 적법하다고 본 원심판결에 법리를 오해한 위법이 있다고 한 사례.

[3] 행정처분이 적법한지는 특별한 사정이 없는 한 처분 당시 사유를 기준으로 판단하면 되고, 처분청이 처분 당시 적시한 구체적 사실을 변경하지 아니하는 범위 내에서 단지 처분의 근거 법령만을 추가·변경하는 것은 새로운 처분사유의 추가라고 볼 수 없으므로 이와 같은 경우에는 처분청이 처분 당시 적시한 구체적 사실에 대하여 처분 후 추가·변경한 법령을 적용하여 처분의 적법 여부를 판단하여도 무방하다. 그러나 처분의 근거 법령을 변경하는 것이 종전 처분과 동일성을 인정할 수 없는 별개의 처분을 하는 것과 다름 없는 경우에는 허용될 수 없다.

[4] 행정청이 점용허가를 받지 않고 도로를 점용한 사람에 대하여 도로법 제94조에 의한 변상금 부과처분을 하였다가 처분에 대한 취소소송이 제기된 후 해당 도로가 도로법의 적용을 받는 도로에 해당하지 않을 경우를 대비하여 처분의 근거 법령을 도로의 소유자가 국가인 부분은 구 국유재산법(2009. 1. 30. 법률 제9401호로 전부 개정되기 전의 것, 이하 같다) 제51조와 그 시행령 등으로, 소유자가 서울특별시 종로구인 부분은 구 공유재산 및 물품관리법(2010. 2. 4. 법률 제10006호로 개정되기 전의 것, 이하 같다) 제81조와 그 시행령 등으로 변경하여 주장한 사안에서, 도로법과 구 국유재산법령 및 구

---

194) 대법원 2017. 8. 29. 선고 2016두44186 판결.
195) 대법원 2008. 2. 28. 선고 2007두13791, 13807 판결.

공유재산 및 물품관리법령의 해당 규정은 별개 법령에 규정되어 입법 취지가 다르고, 해당 규정내용을 비교하여 보면 변상금의 징수목적, 산정 기준금액, 징수 재량 유무, 징수절차 등이 서로 달라 위와 같이 근거 법령을 변경하는 것은 종전 도로법 제94조에 의한 변상금 부과처분과 동일성을 인정할 수 없는 별개의 처분을 하는 것과 다름 없어 허용될 수 없으므로, 이와 달리 판단한 원심판결에 법리를 오해한 위법이 있다고 한 사례.

3) 처분사유의 근거가 되는 기초사실·평가요소의 추가

처분사유 자체가 아니라 그 근거가 되는 기초사실이나 평가요소에 지나지 않는 사정은 추가로 주장할 수 있다.

대법원 2018. 12. 13. 선고 2016두31616 판결

[1] 구 국적법(2017. 12. 19. 법률 제15249호로 개정되기 전의 것, 이하 같다) 제5조 각호와 같이 귀화는 요건이 항목별로 구분되어 구체적으로 규정되어 있다. 그리고 성질상 행정절차를 거치기 곤란하거나 거칠 필요가 없다고 인정되어 처분의 이유제시 등을 규정한 행정절차법이 적용되지 않는다(제3조 제2항 제9호). 귀화의 이러한 특수성을 고려하면, 귀화의 요건인 구 국적법 제5조 각호 사유 중 일부를 갖추지 못하였다는 이유로 행정청이 귀화 신청을 받아들이지 않는 처분을 한 경우에 '그 각호 사유 중 일부를 갖추지 못하였다는 판단' 자체가 처분의 사유가 된다.

[2] 외국인 갑이 법무부장관에게 귀화신청을 하였으나 법무부장관이 심사를 거쳐 '품행 미단정'을 불허사유로 국적법상의 요건을 갖추지 못하였다며 신청을 받아들이지 않는 처분을 하였는데, 법무부장관이 갑을 '품행 미단정'이라고 판단한 이유에 대하여 제1심 변론절차에서 자동차관리법위반죄로 기소유예를 받은 전력 등을 고려하였다고 주장하였다가 원심 변론절차에서 불법 체류한 전력이 있다는 추가적인 사정까지 고려하였다고 주장한 사안에서, 법무부장관이 처분 당시 갑의 전력 등을 고려하여 갑이 구 국적법(2017. 12. 19. 법률 제15249호로 개정되기 전의 것, 이하 같다) 제5조 제3호의 '품행단정' 요건을 갖추지 못하였다고 판단하여 처분을 하였고, 그 처분서에 처분사유로 '품행 미단정'이라고 기재하였으므로, '품행 미단정'이라는 판단 결과를 위 처분의 처분사유로 보아야 하는데, 법무부장관이 원심에서 추가로 제시한 불법 체류 전력 등의 제반 사정은 불허가처분의 처분사유 자체가 아니라 그 근거가 되는 기초 사실 내지 평가요소에 지나지 않으므로, 법무부장관이 이러한 사정을 추가로 주장할 수 있다고 한 사례.

(4) 개별적 판례의 검토

1) 기본적 사실관계의 동일성을 부정한 예

① 대법원 1983. 10. 25. 선고 83누396 판결

구청위생과 직원인 원고가 이 사건 당구장이 정화구역외인 것처럼 허위표시를 함으로써 정화위원회의심의를 면제하여 허가처분 하였다는 당초의 징계사유와 정부문서규정에 위반하여 이미 결제된 당구장허가처분 서류의 도면에 상사의 결제를 받음이 없이 거리표시를 기입하였다는 원심인정의 비위사실과는 기본적 사실관계가 동일하지 않으므로 징계처분취소소송에서 이를 징계사유로 추가 또는 변경할 수 없는 것이고 원고에 대한 당초의 징계처분사유가 징계대상이 안된다고 인정되는 이상 후자의 사실을 들어서 원고에 대한 피고의 징계처분이 정당하다고 인정할 수는 없는 것이다.[196]

② 대법원 1996. 9. 6. 선고 96누7427 판결

주류면허 지정조건 중 제6호 무자료 주류판매 및 위장거래 항목을 근거로 한 면허취소처분에 대한 항고소송에서, 지정조건 제2호 무면허판매업자에 대한 주류판매를 새로이 그 취소사유로 주장하는 것은 기본적 사실관계가 다른 사유를 내세우는 것으로서 허용될 수 없다고 한 사례.

③ 대법원 1999. 3. 9. 선고 98두18565 판결

입찰참가자격을 제한시킨 당초의 처분 사유인 정당한 이유 없이 계약을 이행하지 않은 사실과 항고소송에서 새로 주장한 계약의 이행과 관련하여 관계 공무원에게 뇌물을 준 사실은 기본적 사실관계의 동일성이 없다고 한 사례.

④ 대법원 1991. 11. 8. 선고 91누70 판결

피고는 석유판매업허가신청에 대하여 당초 사업장소인 토지가 군사보호시설구역 내에 위치하고 있는 관할 군부대장의 동의를 얻지 못하였다는 이유로 이를 불허가하였다가, 소송에서 위 토지는 탄약창에 근접한 지점에 위치하고 있어 공공의 안전과 군사시설의 보호라는 공익적인 측면에서 보아 허가신청을 불허한 것은 적법하다는 것을 불허가사유로 추가한 경우, 양자는 기본적 사실관계에 있어서의 동일성이 인정되지 아니하는 별개의 사유라고 할 것이므로 이와 같은 사유를 불허가처분의 근거로 추가할 수 없다고 본 사례.

2) 기본적 사실관계의 동일성을 인정한 예

① 대법원 1992. 10. 9. 선고 92누213 판결

지입제 운영행위에 대하여 자동차운송사업면허를 취소한 행정처분에 있어서 당초의

---

196) 이처럼 징계처분 취소소송에 있어서도 처분청은 당초의 징계처분사유와 기본적 사실관계의 동일성이 인정되는 한도 내에서만 징계처분사유를 추가하거나 변경할 수 있다. 그러나 단순히 정상관계에 영향을 미치는 사실의 추가·변경은 허용된다. 따라서 징계처분에서 징계사유로 삼지 아니한 비위행위라고 하더라도 징계종류 선택의 자료로서 피징계자의 평소의 소행과 근무성적, 당해 징계처분 사유 전후에 저지른 비위행위 사실 등은 징계양정에 있어서의 참작자료로 삼을 수 있는 것이다(대법원 2002. 5. 28. 선고 2001두10455 판결).

취소근거로 삼은 자동차운수사업법 제26조를 위반하였다는 사유와 직영으로 운영하도록 한 면허조건을 위반하였다는 사유는 기본적 사실관계에 있어서 동일하다.[197]

② 대법원 2001. 9. 28. 선고 2000두8684 판결

토지형질변경 불허가처분의 당초의 처분사유인 국립공원에 인접한 미개발지의 합리적인 이용대책 수립시까지 그 허가를 유보한다는 사유와 그 처분의 취소소송에서 추가하여 주장한 처분사유인 국립공원 주변의 환경·풍치·미관 등을 크게 손상시킬 우려가 있으므로 공공목적상 원형유지의 필요가 있는 곳으로서 형질변경허가 금지 대상이라는 사유는 기본적 사실관계에 있어서 동일성이 인정된다고 한 사례.[198]

③ 대법원 2004. 11. 26. 선고 2004두4482 판결

주택신축을 위한 산림형질변경허가신청에 대하여 행정청이 거부처분을 하면서 당초 거부처분의 근거로 삼은 준농림지역에서의 행위제한이라는 사유와 나중에 거부처분의 근거로 추가한 자연경관 및 생태계의 교란, 국토 및 자연의 유지와 환경보전 등 중대한 공익상의 필요라는 사유는 기본적 사실관계에 있어서 동일성이 인정된다고 한 사례.[199]

④ 대법원 2002. 3. 12. 선고 2000두2181 판결

[1] 과세처분취소소송에서의 소송물은 과세관청의 처분에 의하여 인정된 과세표준 및 세액의 객관적 존부이고, 과세관청으로서는 소송 도중이라도 사실심 변론종결시까지 그 처분에서 인정한 과세표준 또는 세액의 정당성을 뒷받침하기 위하여 처분의 동일성이 유지되는 범위 내에서 처분사유를 교환·변경할 수 있으며, 과세관청이 종합소득세 부과처분의 정당성을 뒷받침하기 위하여 합산과세되는 종합소득의 범위 안에서 그 소득의 원천만을 달리 주장하는 것은 처분의 동일성이 유지되는 범위 내의 처분사유 변경

---

197) [판결 이유] 원심판결 이유에 의하면, 원심은 원고가 이 사건 버스 6대를 지입제로 운영하는 행위가 당초의 이 사건 행정처분 사유인 자동차운수사업법 제26조의 명의이용금지에 위반되는 행위라고 할 수는 없으나, 피고는 원고에게 이 사건 버스운송사업면허 및 증차인가처분을 함에 있어서 그 버스를 직영으로 운영토록 하고 이를 위반하는 경우 그 면허 및 인가를 취소할 수 있다는 조건을 붙였는데 원고의 이 사건 버스 6대에 대한 지입제 운영행위는 면허 및 인가처분시에 유보된 취소권의 행사대상이 될 뿐만 아니라 위 면허 및 인가조건에 위반한 것으로서 자동차운수사업법 제31조 제1항 제1호의 면허취소대상에 해당하고, 위 면허 및 인가조건위반의 취소사유는 당초의 취소사유와 기본적 사실관계에 있어서 동일하므로 결국 이 사건 행정처분은 적법하다 고 판단하였는바, 원심의 위와 같은 판단은 정당하고, 거기에 행정처분 취소사유에 관한 법리오해의 위법이 없다.

198) [판결 이유] 그 내용이 모두 이 사건 신청지가 북한산국립공원에 인접하여 있다는 점을 공통으로 하고 있을 뿐만 아니라, 그 취지도 도시환경의 보전 등 중대한 공익상의 필요가 있어 형질변경을 불허한다는 것으로서, 당초 이 사건 처분의 근거로 삼은 사유와 변경된 처분사유는 기본적 사실관계에 있어서 동일성이 인정된다고 판단된다.

199) [판결 이유] 그 내용이 모두 이 사건 임야가 준농림지역에 위치하고 있다는 점을 공통으로 하고 있을 뿐 아니라 그 취지 또한 자연환경의 보전을 위하여 개발행위를 제한할 필요가 있어서 산림형질변경을 불허한다는 것으로서 기본적 사실관계의 동일성이 인정된다고 할 것이다.

에 해당하여 허용된다고 할 것인바, 처분의 동일성이 유지되는 범위 내에서 처분사유를 변경하는 것은 새로운 처분이라고 할 수 없으므로 국세부과의 제척기간이 경과되었는지 여부도 당초의 처분시를 기준으로 판단하여야 하고 처분사유 변경시를 기준으로 판단하여서는 아니 된다.

[2] 과세관청이 과세대상 소득에 대하여 이자소득이 아니라 대금업에 의한 사업소득에 해당한다고 처분사유를 변경한 것은 처분의 동일성이 유지되는 범위 내에서의 처분사유 변경에 해당하여 허용되며, 또 그 처분사유의 변경이 국세부과의 제척기간이 경과한 후에 이루어졌는지 여부에 관계없이 국세부과의 제척기간이 경과되었는지 여부는 당초의 처분시를 기준으로 판단하여야 한다고 한 사례.

* 대법원은 조세소송에서 총액주의에 입각하여 분쟁의 일회적 해결을 위해 처분사유의 추가·변경을 폭넓게 허용하고 있음.

6. 행정소송규칙에서 정한 절차상 특례

(1) 명령·규칙 소관 행정청에 대한 소송통지

법원은 명령·규칙의 위헌 또는 위법 여부가 쟁점이 된 사건에서 그 명령·규칙 소관 행정청이 피고와 동일하지 아니한 경우에는 해당 명령·규칙의 소관 행정청에 소송계속 사실을 통지할 수 있다(행정소송규칙 제7조 제1항). 예컨대 기관위임사무 또는 공법인이 한 처분에서 처분의 근거가 된 명령·규칙의 위헌·위법이 문제되는 경우가 이에 해당한다. 이 경우 소송계속 사실을 통지받은 소관 행정청은 소송에 참가하거나, 소송참가를 하지 않더라도 법원에 해당 명령·규칙의 위헌 또는 위법 여부에 관한 의견서를 제출할 수 있다(제2항). 이러한 소송계속의 통지는 일정한 법률효과를 발생시키는 소송고지(訴訟告知)와는 다르다.

(2) 답변서의 제출

취소소송에서 피고가 원고의 주장을 다투는 경우에는 소장의 부본을 송달받은 날부터 30일 이내에 ① 사건의 표시(제1호), ② 피고의 명칭과 주소 또는 소재지(제2호), ③ 대리인의 이름과 주소 또는 소송수행자의 이름과 직위(제3호), ④ 청구의 취지에 대한 답변(제4호), ⑤ 처분등에 이른 경위와 그 사유(제5호), ⑥ 관계 법령(제6호), ⑦ 소장에 기재된 개개의 사실에 대한 인정 여부(제7호), ⑧ 항변과 이를 뒷받침하는 구체적 사실(제8호), ⑨ 제7호 및 제8호에 관한 피고의 증거방법과 원고의 증거방법에 대한 의견(제9호), ⑩ 덧붙인 서류의 표시(제10호), ⑪ 작성한 날짜(제11호), ⑫ 법원의 표시(제12호)가 포함된 답변서를 제출하여야 한다(행정소송규칙 제8조 제1항). 답변서에는 제1항 제9호에 따른 증거방법 중 증명이 필요한 사실에 관한 중요한 서증의 사본을 첨부하여야 한다(제2항).

원래 취소소송에서 답변서의 제출기한, 기재사항 및 첨부서류 등은 행정소송법 제8조 제2항을 통해 준용되는 민사소송법 제256조 제1항과 민사소송규칙 제65조를 따르면 될 것이나, 행정소송규칙은 신속한 재판과 적정한 심리를 위해 취소소송의 특성을 반영한 내용을 포함시켜 실질적인 답변서의 적시 제출의무를 규정하고 있다. 답변서의 기재사항 중 ⑤ 처분등에 이른 경위와 그 사유 및 ⑥ 관계 법령은 행정소송의 특수성으로 인해 피고인 행정청이 소송실무에서 답변서에 기재하였던 내용을 명문화한 것이다. 여기서 '처분등에 이른 경위와 그 사유'란 소송의 대상이 되는 처분등을 특정하고 그 내용을 이해하는데 필요한 사항으로, 처분청·처분일자·처분의 상대방·처분사유·처분내용 등을 말하며, '관계 법령'이란 당해 처분등을 발령한 근거가 되는 법령을 말한다.[200] 이는 통상 판결서 이유 부분에 기재하는 사항으로, 재판장은 필요한 경우 이를 각각 별지로 작성하여 따로 제출하도록 촉구할 수 있다(제4항).

(3) 비공개 정보의 열람·심사

정보공개·비공개처분취소소송에서는 해당 정보가 정보공개법에서 규정한 비공개정보에 해당하는지 여부가 중요한 쟁점이다. 따라서 법원은 피고로부터 해당 정보를 제출받아 비공개로 열람하여 비공개 정보인지 여부를 판단하게 된다. 이를 '인카메라(in camera)심리'라고 한다.

행정소송규칙 제11조는 정보공개법 제27조의 위임에 따라 같은 법 제20조 제2항의 비공개 열람·심사에 관한 구체적 절차를 기존의 재판 실무례에 따라 규정함으로써, 당사자의 참여권이 배제되는 비공개 열람·심사의 예견가능성 및 절차적 투명성을 높여 국민의 알권리 및 재판청구권을 실질적으로 보장하고 있다.

> **행정소송규칙 제11조(비공개 정보의 열람·심사)** ① 재판장은 「공공기관의 정보공개에 관한 법률」 제20조 제1항에 따른 취소소송 사건, 같은 법 제21조 제2항에 따른 취소소송이나 이를 본안으로 하는 집행정지신청 사건의 심리를 위해 같은 법 제20조 제2항에 따른 비공개 열람·심사를 하는 경우 피고에게 공개 청구된 정보의 원본 또는 사본·복제물의 제출을 명할 수 있다.
> ② 제1항에 따른 제출 명령을 받은 피고는 변론기일 또는 심문기일에 해당 자료를 제출하여야

---

200) 이희준, "행정재판의 편리성 제고를 위한 행정소송규칙의 제정", 행정소송규칙 제정안의 의의와 행정재판실무의 변화 방향, 서울행정법원 개원 25주년 기념 공동학술대회 발표문, 2023. 7., 24면.

한다. 다만, 특별한 사정이 있으면 재판장은 그 자료를 다른 적당한 방법으로 제출할 것을 명할 수 있고, 이 경우 자료를 제출받은 재판장은 지체 없이 원고에게 제1항의 명령에 따른 자료를 제출받은 사실을 통지하여야 한다.

③ 제2항에 따라 제출된 자료는 소송기록과 분리하여 해당 사건을 심리하는 법관만이 접근할 수 있는 방법으로 보관한다.

④ 법원은 제1항의 취소소송이나 집행정지신청 사건에 대한 재판이 확정된 경우 제2항에 따라 제출받은 자료를 반환한다. 다만, 법원은 당사자가 그 자료를 반환받지 아니한다는 의견을 표시한 경우 또는 위 확정일부터 30일이 지났음에도 해당 자료를 반환받지 아니하는 경우에는 그 자료를 적당한 방법으로 폐기할 수 있다.

⑤ 당사자가 제1항의 취소소송이나 집행정지신청 사건의 재판에 관하여 불복하는 경우 법원은 제2항에 따라 제출받은 자료를 제3항에 따른 방법으로 상소법원에 송부한다.

비공개 열람·심사를 위한 자료제출명령은 재판장의 소송지휘권 행사의 일환으로서 독립하여 불복할 수 없고, 종국판결에 대한 불복을 통하여 다툴 수 있다. 가령, 피고 행정청이 공개청구 대상 정보가 정보공개법 제20조 제3항에 해당함을 이유로 재판장의 자료제출명령의 적법성을 다투는 경우가 이에 해당할 수 있다. 행정소송규칙 제11조 제1항은 정보공개법 제20조 제3항의 예외를 배제하는 효력이 있는 것은 아니므로 이를 근거로 정보공개법에 반하는 취지의 제출명령을 할 수는 없다.[201]

(4) 행정청의 비공개 처리

행정소송에서는 비공개가 요구되는 개인정보 등을 많이 취급하므로 피고 행정청 또는 관계 행정청이 법원에 개인정보 등이 포함된 문서를 제출함에 있어 해당 부분에 직접 비공개 처리를 할 수 있는 근거를 행정소송규칙에 마련하였다.

즉, 피고 또는 관계 행정청이 민사소송법 제163조 제1항 각 호[202]의 어느 하나에 해당하는 정보 또는 법령에 따라 비공개 대상인 정보가 적혀 있는 서면 또는 증거를 제출·제시하는 경우에는 해당 정보가 공개되지 아니하도록 비실명 또는 공란으로 표시하거나 그 밖의 적절한 방법으로 제3자가 인식하지 못하도록 처리(이하 "비공개 처리"라 한다)할 수 있다(행정소송규칙 제12조 제1항). 이를 통해 행정청 등의 부담을 경감시키고, 개인정보 등을 다층적으로 보호할 수 있게 되었다(대법원규칙인 「재판기록 열람·복사 규칙」에서도 비실명처리를 규정하고 있음).

---

201) 김도형, "행정재판의 적정성 제고를 위한 행정소송규칙의 제정", 행정소송규칙 제정안의 의의와 행정재판실무의 변화 방향, 서울행정법원 개원 25주년 기념 공동학술대회 발표문, 2023. 7., 44면.
202) 1. 소송기록 중에 당사자의 사생활에 관한 중대한 비밀이 적혀 있고, 제3자에게 비밀 기재부분의 열람 등을 허용하면 당사자의 사회생활에 지장이 클 우려가 있는 때
2. 소송기록 중에 당사자가 가지는 영업비밀(부정경쟁방지및영업비밀보호에관한법률 제2조 제2호에 규정된 영업비밀을 말한다)이 적혀 있는 때

법원은 피고 또는 관계행정청이 비공개 처리를 한 경우에도 사건의 심리를 위해 필요하다고 인정하는 경우에는 ① 비공개 처리된 정보의 내용, ② 비공개 처리를 하지 않은 서면 또는 증거를 제출·제시할 것을 명할 수 있다(제2항). 법원은 이 자료를 다른 사람이 보도록 하여서는 안 된다. 다만, 당사자는 법원에 해당 자료의 열람·복사를 신청할 수 있다(제3항). 이에 대해서는 법원이 제출된 자료가 비공개 대상 등이 아니라고 판단하는 경우에 한하여 결정을 통해 허가할 수 있으며, 그렇지 않은 경우라면 그 신청을 기각하게 될 것이다. 열람·복사 신청에 관한 결정에 대해서는 즉시항고를 할 수 있으며(제4항), 열람·복사 신청을 인용하는 결정은 확정되어야 효력을 가진다(제5항).

(5) 피해자의 의견 청취

행정소송규칙은 행정소송의 당사자가 아니지만 해당 처분사유와 밀접한 연관성이 있는 징계처분 사건의 성희롱 피해자·성폭력 피해자, 학교폭력 사건의 피해학생 및 그 보호자가 증인신문에 의하지 않고서도 소송절차에서 피해의 정도, 처분에 대한 의견, 그 밖에 해당 사건에 관한 의견을 구술·서면으로 자유롭게 진술할 수 있는 근거를 마련하였다. 이는 형사소송규칙 제134조의10 이하에서 규정하고 있는 '범죄피해자 등의 의견진술제도'를 참고한 것으로 보인다.

> **행정소송규칙** 제13조(피해자의 의견 청취) ① 법원은 필요하다고 인정하는 경우에는 해당 처분의 처분사유와 관련하여 다음 각 호에 해당하는 사람(이하 '피해자'라 한다)으로부터 그 처분에 관한 의견을 기재한 서면을 제출받는 등의 방법으로 피해자의 의견을 청취할 수 있다.
> 1. 「성폭력방지 및 피해자보호 등에 관한 법률」 제2조 제3호의 성폭력피해자
> 2. 「양성평등기본법」 제3조 제2호의 성희롱으로 인하여 피해를 입은 사람
> 3. 「학교폭력예방 및 대책에 관한 법률」 제2조 제4호의 피해학생 및 그 보호자
> ② 당사자와 소송관계인은 제1항에 따라 청취한 피해자의 의견을 이용하여 피해자의 명예 또는 생활의 평온을 해치는 행위를 하여서는 아니 된다.
> ③ 제1항에 따라 청취한 의견은 처분사유의 인정을 위한 증거로 할 수 없다.

본 규정을 통해 피해자의 절차 참여의 기회가 확대되고 법원의 적정한 심리가 이루어질 수 있으나, 이에 대해서는 ① 당사자가 아닌 제3자의 의견제출을 허용하는 특칙으로 특정 유형의 피해자에 대해서만 제한적으로 인정하고 있는 점, ② 이에 따라 청취한 의견은 처분사유의 인정을 위한 증거로 사용할 수는 없으나(제3항), 법관의 심증형성과 재판결과에 사실상 영향을 미칠 수 있는 점, ③ 형사피해자의 재판절차진술권은 헌법 제27조 제5항에서 명시하고 있으므로 행정소송과 관련된 피

해자와 동일시하기 어렵다는 점 등을 논거로 법률로 정해야 할 입법사항이라는 비판이 가능하다.

IX. 취소소송의 판결

1. 판결의 종류

판결이란 법원이 소송의 목적인 구체적 쟁송을 해결하기 위하여 원칙적으로 변론을 거쳐서 그에 대한 법적 판단을 선언하는 행위를 말한다. 취소소송의 판결도 민사소송과 마찬가지로 여러 가지 기준에 따라 ① 종국판결과 중간판결, ② 소송판결과 본안판결, ③ 전부판결과 일부판결, ④ 기각판결과 인용판결로 구분할 수 있다. 다만, 기각판결의 한 유형으로 사정판결이 인정되고 있다는 점에서 민사소송과 구별된다. 이하에서는 중요한 의미를 가지는 종국판결을 중심으로 살펴보기로 한다.

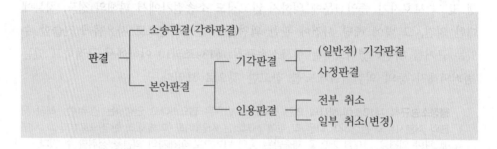

(1) 각하판결

각하판결은 소송요건을 결하고 있는 소에 대하여 본안심리를 하지 않고 부적법 각하하는 소송판결을 말한다.

(2) 기각판결

본안심리 결과 원고의 청구가 이유 없다고 하여 배척하는 내용의 판결이다.

(3) 사정판결

1) 의 의

원고의 청구가 이유 있다고 인정하는 경우에도 처분등을 취소하는 것이 현저히 공공복리에 적합하지 아니하다고 인정하는 때에는 법원은 원고의 청구를 기각할 수 있다(행정소송법 제28조 제1항 전문). 이를 사정판결이라고 한다. 사정판결은 위법한 처분등을 그대로 유지하는 기각판결의 일종이므로 법치행정의 원칙과 개인의 권리구제라는 헌법 이념과 상충될 소지가 크다. 따라서 사정판결의 경우 법원은 그 판결의 주문에서 그 처분등이 위법함을 명시하여야 한다(제28조 제1항 후문).[203] 그러므로 사정판결로 원고의 청구가 기각되더라도 처분등의 위법성에 대하여는 기판력이 발생한다. 사정판결의 정당성의 근거는 기성사실의 존중이다.

대법원 2009. 12. 10. 선고 2009두8359 판결

행정처분이 위법한 때에는 이를 취소함이 원칙이고 그 위법한 처분을 취소·변경하는 것이 도리어 현저히 공공의 복리에 적합하지 않은 경우에 극히 예외적으로 위법한 행정처분의 취소를 허용하지 않는다는 사정판결을 할 수 있으므로, 사정판결의 적용은 극히 엄격한 요건 아래 제한적으로 하여야 하고, 그 요건인 '현저히 공공복리에 적합하지 아니한가'의 여부를 판단할 때에는 위법·부당한 행정처분을 취소·변경하여야 할 필요와 그 취소·변경으로 발생할 수 있는 공공복리에 반하는 사태 등을 비교·교량하여 그 적용 여부를 판단하여야 한다. 아울러 사정판결을 할 경우 미리 원고가 입게 될 손해의 정도와 구제방법, 그 밖의 사정을 조사하여야 하고, 원고는 피고인 행정청이 속하는 국가 또는 공공단체를 상대로 손해배상 등 적당한 구제방법의 청구를 당해 취소소송 등이 계속된 법원에 청구할 수 있는 점(행정소송법 제28조 제2항, 제3항) 등에 비추어 보면, 사정판결제도가 위법한 처분으로 법률상 이익을 침해당한 자의 기본권을 침해하고, 법치행정에 반하는 위헌적인 제도라고 할 것은 아니다.

2) 요 건

사정판결이 인정되기 위해서는 ① 취소소송일 것, ② 원고의 청구가 이유 있으나 처분등을 취소하는 것이 현저히 공공복리에 저합하지 않을 것이 요구된다.

① 대법원 2016. 7. 14. 선고 2015두4167 판결

행정소송법 제28조에서 정한 사정판결은 행정처분이 위법함에도 불구하고 이를 취소·변경하게 되면 그것이 도리어 현저히 공공의 복리에 적합하지 않은 경우에 극히 예외적으로 할 수 있으므로, 그 요건에 해당하는지는 위법·부당한 행정처분을 취소·

---

203) 대법원 1990. 2. 27. 선고 89누1346 판결(행정소송의 대상인 처분이 위법하다고 할지라도 행정소송법 제28조 제1항이 정한 사유가 있을 때에는 법원으로서는 사정판결을 하여 원고의 청구를 기각할 수 있다고 할 것이나, 이 경우에도 법원은 그 판결의 주문에서 그 처분 등이 위법함을 명시하여야 하는 것이므로, 원심법원이 위법한 처분을 적법하다고 판단하여 판결주문에서 원고의 청구를 기각하였을 뿐이라면 처분의 적법 여부에 관한 원심판단의 위와 같은 잘못은 판결에 영향을 미치게 되는 것이다).

변경하여야 할 필요와 취소·변경으로 발생할 수 있는 공공복리에 반하는 사태 등을 비교·교량하여 엄격하게 판단하되, 처분에 이르기까지의 경과 및 처분 상대방의 관여 정도, 위법사유의 내용과 발생원인 및 전체 처분에서 위법사유가 관련된 부분이 차지하는 비중, 처분을 취소할 경우 예상되는 결과, 특히 처분을 기초로 새로운 법률관계나 사실상태가 형성되어 다수 이해관계인의 신뢰 보호 등 처분의 효력을 존속시킬 공익적 필요성이 있는지 여부 및 정도, 처분의 위법으로 인해 처분 상대방이 입게 된 손해 등 권익 침해의 내용, 행정청의 보완조치 등으로 위법상태의 해소 및 처분 상대방의 피해 전보가 가능한지 여부, 처분 이후 처분청이 위법상태의 해소를 위해 취한 조치 및 적극성의 정도와 처분 상대방의 태도 등 제반 사정을 종합적으로 고려하여야 한다.

나아가 사정판결은 처분이 위법하나 공익상 필요 등을 고려하여 취소하지 아니하는 것일 뿐 처분이 적법하다고 인정하는 것은 아니므로, 사정판결의 요건을 갖추었다고 판단되는 경우 법원으로서는 행정소송법 제28조 제2항에 따라 원고가 입게 될 손해의 정도와 배상방법, 그 밖의 사정에 관하여 심리하여야 하고, 이 경우 원고는 행정소송법 제28조 제3항에 따라 손해배상, 제해시설의 설치 그 밖에 적당한 구제방법의 청구를 병합하여 제기할 수 있으므로, 당사자가 이를 간과하였음이 분명하다면 적절하게 석명권을 행사하여 그에 관한 의견을 진술할 수 있는 기회를 주어야 한다.

② 대법원 1995. 7. 28. 선고 95누4629 판결

재개발조합설립 및 사업시행인가처분이 처분 당시 법정요건인 토지 및 건축물 소유자 총수의 각 3분의 2 이상의 동의를 얻지 못하여 위법하나, 그 후 90% 이상의 소유자가 재개발사업의 속행을 바라고 있어 재개발사업의 공익목적에 비추어 그 처분을 취소하는 것은 현저히 공공복리에 적합하지 아니하다고 인정하여 사정판결을 한 사례.

③ 대법원 2001. 8. 24. 선고 2000두7704 판결

이른바 '원고 사건'에서의 징계면직된 검사의 복직이 검찰조직의 안정과 인화를 저해할 우려가 있다는 등의 사정은 검찰 내부에서 조정·극복하여야 할 문제일 뿐이고 준사법기관인 검사에 대한 위법한 면직처분의 취소 필요성을 부정할 만큼 현저히 공공복리에 반하는 사유라고 볼 수 없다는 이유로, 사정판결을 할 경우에 해당하지 않는다고 한 사례.

3) 심 리

사정판결을 할 사정이 있음에 관한 주장·증명책임은 피고인 행정청에게 있다. 그러나 당사자의 주장이 없는 경우에도 법원이 직권으로 사정판결을 할 수 있다. 판례에 따르면 사정판결을 하여야 할 공익성의 판단 기준시는 변론종결시이다.[204]

---

204) 대법원 1970. 3. 24. 선고 69누29 판결(피고가 위 건축불허가 처분당시에 위 처분이 위법하다

이러한 판례의 입장을 반영하여 행정소송규칙 제14조는 "법원이 법 제28조 제1항에 따른 판결을 할 때 그 처분등을 취소하는 것이 현저히 공공복리에 적합하지 아니한지 여부는 사실심 변론을 종결할 때를 기준으로 판단한다."고 규정하고 있다.

법원이 사정판결을 함에 있어서는 미리 원고가 그로 인하여 입게 될 손해의 정도와 배상방법 그 밖의 사정을 조사하여야 한다(제28조제2항).

① 대법원 1995. 7. 28. 선고 95누4629 판결

행정소송법 제26조, 제28조 제1항 전단의 각 규정에 비추어 보면, 법원은 행정소송에 있어서 행정처분이 위법하여 운전자의 청구가 이유 있다고 인정하는 경우에도 그 처분 등을 취소하는 것이 현저히 공공복리에 적합하지 아니하다고 인정하는 때에는 원고의 청구를 기각하는 사정판결을 할 수 있고, 이러한 사정판결을 할 필요가 있다고 인정하는 때에는 당사자의 명백한 주장이 없는 경우에도 일건 기록에 나타난 사실을 기초로 하여 직권으로 사정판결을 할 수 있다.

② 대법원 1991. 11. 8. 선고 91누2854 판결

상고심에서 비로소 원심이 사정판결을 하였어야 한다고 주장하고, 또 기록상 행정처분을 취소하는 것이 현저히 공공복리에 적합하지 않다는 자료가 현출되어 있지도 아니하다면, 사정판결을 하지 아니한 원심판결에 판단유탈 및 심리미진의 위법이 없다고 한 사례.

4) 구제방법

원고의 취소청구가 사정판결로 인해 기각된 경우에는 소송비용은 피고의 부담으로 한다(제32조).

원고는 피고인 행정청이 속하는 국가 또는 공공단체를 상대로 손해배상, 제해시설의 설치 그 밖에 적당한 구제방법의 청구를 당해 취소소송 등이 계속된 법원에 병합하여 제기할 수 있다(제28조제3항). 이는 처분등이 위법하기는 하나 사정판결에 의해 취소되지 않는 데에 따르는 손해배상이나 제해시설의 설치 등을 구하는 것이다. 따라서 이때 보전할 손해는 위법한 처분등을 취소한다면 배상하지 않을 손해를 말한

고 하더라도 본건 구두변론 종결당시에는 이미 진주시 도시계획 재정비 결정으로 도시계획법 제21조에 의한 녹지지역으로 지정고시 되었는 만큼 동조의 규정에 의하면 녹지지역 내에서는 보건위생 또는 보안에 필요한 시설 및 녹지지역으로서의 효용을 해할 우려가 없는 용도에 공하는 건축물이 아니면 건축을 할 수 없다고 규정한 위 법조의 취지로 보아 본건 건축불허가 처분을 취소하는 것은 현저히 공공의 복리에 적합하지 아니하다고 인정되는 것인데도 불구하고 원심이 원고의 청구를 인용하였음은 행정소송법 제12조의 법리를 오해한 위법을 면치 못할 것이니 소론 중 이 점에 관한 논지는 이유있다).

다.[205] 손해의 산정시점은 사실심 변론종결시가 된다. 구제방법청구의 병합은 피고 행정청의 사정판결 주장이 인용될 것을 전제로 하므로 주관적·예비적 병합의 형태를 띤다.

[기재례]

① 손해배상청구 등이 병합되지 않는 경우
1. 원고의 청구를 기각한다.
2. 피고가 2023. 5. 17. A대학교에 대하여 한 법학전문대학원 설치인가처분은 위법하다.
3. 소송비용은 피고가 부담한다.
② 손해배상청구가 병합된 경우
1. 원고의 피고 A시장에 대한 건축불허가처분 취소 청구를 기각한다.
2. 피고 A시장이 2023. 5. 17. 원고에 대하여 한 건축불허가처분은 위법하다.
3. 피고 A시는 원고에게 10,000,000원을 지급하라.
4. 원고의 피고 A시에 대한 나머지 청구를 기각한다.
5. 소송비용 중 1/3은 원고가, 나머지는 피고들이 각 부담한다.
6. 제3항은 가집행할 수 있다.

5) 불 복

사정판결에 대해서는 원고와 피고 모두 상소할 수 있다. 구제방법청구가 병합된 경우뿐만 아니라 병합되지 않은 경우에도 피고는 처분등이 위법하지 않다고 다투었는데, 법원이 위법하나 사정판결의 사유가 있다고 하여 원고의 청구를 기각하고 주문에서 처분등이 위법함을 명시한 경우 피고도 상소할 수 있다.

6) 적용범위

무효등확인소송·부작위위법확인소송·당사자소송에서는 사정판결을 할 수 없다(제38조 제1항, 제2항, 제44조 제1항). 민중소송 또는 기관소송으로서 처분등의 취소를 구하는 소송에는 그 성질에 반하지 아니하는 한 취소소송에 관한 규정이 준용되므로(제46조 제1항), 그 범위 안에서 사정판결을 할 수 있을 것이다.

대법원 1996. 3. 22. 선고 95누5509 판결
당연무효의 행정처분을 소송목적물로 하는 행정소송에서는 존치시킬 효력이 있는 행정행위가 없기 때문에 행정소송법 제28조 소정의 사정판결을 할 수 없다.

---

205) 법원실무제요 행정(380면).

(4) 취소 · 변경판결

1) 취소 · 변경의 의미

처분등의 취소 또는 변경을 구하는 원고의 청구가 이유 있다고 인정하여 그 전부 또는 일부를 인용하는 판결을 말한다. 취소 · 변경판결은 처분등의 위법성을 확인하는데 그치지 않고 처분등의 효력을 소멸시키는 형성력을 수반한다.

행정소송법 제4조 제1호는 취소소송에 대해 "행정청의 위법한 처분등을 취소 또는 변경하는 소송"으로 정의하고 있는바, 여기서 '변경'은 적극적 변경이 아니라 소극적 변경인 '일부 취소'를 의미한다는 것이 다수설과 판례이다. 따라서 법원으로 하여금 행정청이 일정한 행정처분을 행한 것과 같은 효과가 있는 행정처분을 직접 행하도록 하는 형성판결을 구하는 소송은 허용되지 아니한다.[206]

[기재례]

1. 피고가 2023. 5. 17. 원고에 대하여 한 과징금 10,000,000원의 부과처분을 취소한다.
1. 피고가 2023. 5. 17. 원고에 대하여 한 국가유공자등록거부처분을 취소한다.
1. 대통령이 2023. 5. 17. 원고에 대하여 한 파면처분을 취소한다.
1. 피고가 2023. 5. 17. 원고에 대하여 한 증여세 10,000,000원의 부과처분 중 5,000,000원을 초과하는 부분을 취소한다.

2) 일부 취소의 요건

처분의 일부 취소와 관련하여, 대법원은 "외형상 하나의 행정처분이라 하더라도 가분성이 있거나 그 처분대상의 일부가 특정될 수 있다면 그 일부만의 취소도 가능하고 그 일부의 취소는 당해 취소부분에 관하여 효력이 생긴다."는 입장이다.

① 대법원 1995. 11. 16. 선고 95누8850 전원합의체 판결

[1] 한 사람이 여러 종류의 자동차 운전면허를 취득하는 경우뿐 아니라 이를 취소 또는 정지함에 있어서도 서로 별개의 것으로 취급하는 것이 원칙이고, 한 사람이 여러 종류의 자동차 운전면허를 취득하는 경우 1개의 운전면허증을 발급하고 그 운전면허증의 면허번호는 최초로 부여한 면허번호로 하여 이를 통합관리하고 있다고 하더라도, 이는 자동차 운전면허증 및 그 면허번호 관리상의 편의를 위한 것에 불과할 뿐 그렇다고 하여 여러 종류의 면허를 서로 별개의 것으로 취급할 수 없다거나 각 면허의 개별적인 취소 또는 정지를 분리하여 집행할 수 없는 것은 아니다.

---

206) 대법원 1997. 9. 30. 선고 97누3200 판결.

　[2] 외형상 하나의 행정처분이라 하더라도 가분성이 있거나 그 처분대상의 일부가 특정될 수 있다면 그 일부만의 취소도 가능하고 그 일부의 취소는 당해 취소부분에 관하여 효력이 생긴다고 할 것인바, 이는 한 사람이 여러 종류의 자동차 운전면허를 취득한 경우 그 각 운전면허를 취소하거나 그 운전면허의 효력을 정지함에 있어서도 마찬가지이다.

　[3] 제1종 보통, 대형 및 특수 면허를 가지고 있는 자가 레이카크레인을 음주운전한 행위는 제1종 특수면허의 취소사유에 해당될 뿐 제1종 보통 및 대형 면허의 취소사유는 아니므로, 3종의 면허를 모두 취소한 처분 중 제1종 보통 및 대형 면허에 대한 부분은 이를 이유로 취소하면 될 것이나, 제1종 특수면허에 대한 부분은 원고가 재량권의 일탈·남용하여 위법하다는 주장을 하고 있음에도, 원심이 그 점에 대하여 심리·판단하지 아니한 채 처분 전체를 취소한 조치는 위법하다고 하여 원심판결 중 제1종 특수면허에 대한 부분을 파기환송한 사례.

② 대법원 2000. 12. 12. 선고 99두12243 판결

　외형상 하나의 행정처분이라 하더라도 가분성이 있거나 그 처분대상의 일부가 특정될 수 있다면 일부만의 취소도 가능하고 그 일부의 취소는 당해 취소부분에 관하여만 효력이 생기는 것인바, 공정거래위원회가 사업자에 대하여 행한 법위반사실공표명령은 비록 하나의 조항으로 이루어진 것이라고 하여도 그 대상이 된 사업자의 광고행위와 표시행위로 인한 각 법위반사실은 별개로 특정될 수 있어 위 각 법위반사실에 대한 독립적인 공표명령이 경합된 것으로 보아야 할 것이므로, 이 중 표시행위에 대한 법위반사실이 인정되지 아니하는 경우에 그 부분에 대한 공표명령의 효력만을 취소할 수 있을 뿐, 공표명령 전부를 취소할 수 있는 것은 아니다.

③ 대법원 2012. 3. 29. 선고 2011두9263 판결

　국가유공자 등 예우 및 지원에 관한 법률 제4조 제1항 제6호 등 관련 법령의 내용, 형식 및 입법취지를 비롯하여 국가유공자등록신청 당시 신청인이 여러 개의 상이를 주장함으로써 국가유공자요건의 관련 사실을 확인하는 과정에서 여러 개의 상이가 문제되는 경우 각각의 상이 별로 국가유공자요건에 해당하는지 여부에 대한 심사가 이루어지는 점, 이에 따라 법의 적용대상자로 될 상이를 입은 것이 아닌 사람 또는 국가유공자요건이 인정되지 않은 상이에 대하여는 상이등급의 판정을 위한 신체검사를 실시하지 아니하는 점, 나아가 여러 개의 상이를 주장하면서 국가유공자등록신청을 한 신청인의 의사는 단지 국가유공자로 등록되는 데 그치는 것이 아니라 교육훈련 또는 직무수행 중 입은 각각의 상이의 정도와 그 상이등급에 상응하는 국가유공자로 등록해 줄 것을 구하는 것이라고 봄이 타당한 점, 외형상 하나의 행정처분이라 하더라도 가분성이 있거나 그 처분대상의 일부가 특정될 수 있다면 그 일부만의 취소도 가능하고 그 일부의 취소는 당해 취소부분에 관하여 효력이 생긴다고 할 것인 점 등을 종합하면, 여러 개의 상이에 대한 국가유공자요건비해당처분에 대한 취소소송에서 그 중 일부 상이가 국가유공자요건이 인정되는 상이에 해당하더라도 나머지 상이에 대하여 위 요건이 인정되지 아니하는 경우에는 국가유공자요건비해당처분 중 위 요건이 인정되는 상이에 대한 부분만을 취소하여야 할 것이고, 그 비해당처분 전부를 취소할 수는 없다고 할 것이다.

(가) 금전부과처분이 기속행위인 경우

과세처분이나 개발부담금부과처분, 산업재해보상보험료부과처분, 환지청산금부과처분 등[207]과 같이 금전부과처분이 기속행위인 경우에 제출된 자료에 의하여 적법하게 부과될 정당한 금액을 산정할 수 있을 때에는 부과처분 전체를 취소할 것이 아니라 정당한 부과금액을 초과하는 부분만 일부 취소하여야 한다[판례 ①].

그러나 제출된 자료만으로는 적법하게 부과될 정당한 금액을 산정할 수 없을 때에는 부과처분 전부를 취소할 수밖에 없고, 이 경우 법원이 직권에 의하여 적극적으로 합리적이고 타당성 있는 산정방법을 찾아내어 부과할 정당한 세액을 계산할 의무까지 지는 것은 아니다[판례 ②].

① 대법원 2004. 7. 22. 선고 2002두868 판결

개발부담금부과처분 취소소송에 있어 당사자가 제출한 자료에 의하여 적법하게 부과될 정당한 부과금액이 산출할 수 없을 경우에는 부과처분 전부를 취소할 수밖에 없으나, 그렇지 않은 경우에는 그 정당한 금액을 초과하는 부분만 취소하여야 한다.

② 대법원 2016. 7. 14. 선고 2015두4167 판결

일반적으로 금전 부과처분 취소소송에서 부과금액 산출과정의 잘못 때문에 부과처분이 위법한 것으로 판단되더라도 사실심 변론종결 시까지 제출된 자료에 의하여 적법하게 부과될 정당한 부과금액이 산출되는 때에는 부과처분 전부를 취소할 것이 아니라 정당한 부과금액을 초과하는 부분만 취소하여야 하지만, 처분청이 처분 시를 기준으로 정당한 부과금액이 얼마인지 주장·증명하지 않고 있는 경우에도 법원이 적극적으로 직권증거조사를 하거나 처분청에게 증명을 촉구하는 등의 방법으로 정당한 부과금액을 산출할 의무까지 부담하는 것은 아니다.

(나) 재량행위

과징금납부명령이나 영업정지처분과 같이 행정청에 재량이 인정되는 처분이 위

---

207) 대법원 2001. 6. 12. 선고 99두8930 판결; 대법원 2004. 7. 22. 선고 2002두868 판결; 대법원 2011. 12. 22. 선고 2010두16189 판결; 서울고등법원 1993. 10. 13. 선고 92구32014 판결.

법한 경우에는 처분 전부를 취소하여야 하고, 법원이 적정하다고 인정하는 부분만의 일부 취소는 허용되지 않는다. 재량처분에 대하여 법원으로서는 재량권의 일탈·남용 여부만 판단할 수 있을 뿐이지 재량권의 범위 내에서 어느 정도가 적정한 것인지에 관하여는 판단할 수 없기 때문이다. 이러한 법리는 과징금이 법정 최고한도를 초과하는 경우라고 하더라도 동일하게 적용된다. 따라서 이 경우 법원은 처분 전부를 취소하여야 하고, 그 최고한도를 넘는 부분만을 일부 취소할 수는 없다.

대법원 2007. 10. 26. 선고 2005두3172 판결

처분을 할 것인지 여부와 처분의 정도에 관하여 재량이 인정되는 과징금 납부명령에 대하여 그 명령이 재량권을 일탈하였을 경우 법원으로서는 재량권의 일탈 여부만 판단할 수 있을 뿐이지 재량권의 범위 내에서 어느 정도가 적정한 것인지에 관하여 판단할 수 없으므로 그 전부를 취소할 수밖에 없고, 법원이 적정하다고 인정되는 부분을 초과한 부분만 취소할 수는 없는 것이며(대법원 1998. 4. 10. 선고 98두2270 판결 참조), 또한 수 개의 위반행위에 대하여 하나의 과징금 납부명령을 하였으나 수 개의 위반행위 중 일부의 위반행위만이 위법하지만, 소송상 그 일부의 위반행위를 기초로 한 과징금액을 산정할 수 있는 자료가 없는 경우에는 하나의 과징금 납부명령 전부를 취소할 수밖에 없다(대법원 2004. 10. 14. 선고 2003두2881 판결 참조).

2. 판결의 효력

(1) 자박력(구속력·불가변력)

행정소송에서도 판결이 일단 선고되면 선고법원 자신도 이에 구속되어 그 판결을 스스로 취소하거나 변경할 수 없다. 이를 판결의 자박력 또는 구속력이라고 한다. 다만, 판결에 잘못된 계산이나 기재, 그 밖에 이와 비슷한 잘못이 있음이 분명한 때에 법원은 직권으로 또는 당사자의 신청에 따라 경정결정을 할 수 있다(민사소송법 제211조 제1항).

(2) 불가쟁력(형식적 확정력)

판결에 대한 상소기간이 도과하거나 그 밖의 사유로 상소할 수 없는 때에는 더 이상 판결에 대하여 다툴 수 없게 된다. 이를 판결의 형식적 확정력이라고 한다(다만 재심사유가 있는 경우에는 형식적 확정력이 배제될 수 있음). 이는 판결의 내용과는 관계가 없으나, 판결내용의 효력발생의 요건이 된다.

(3) 기판력(실질적 확정력)

1) 의 의

취소소송의 판결이 확정되면, 확정된 판단내용은 당사자와 법원을 구속하여 이후 동일한 사항이 소송상 문제가 되었을 때 당사자는 그에 반하는 주장을 할 수 없고, 법원도 이에 모순·저촉되는 판단을 할 수 없다. 이러한 확정판결의 내용적 효력을 기판력이라고 한다. 기판력은 소송절차의 반복과 모순된 재판의 방지라는 법적 안정성의 요청에 따라 일반적으로 인정되고 있다.[208] 행정소송법에는 기판력에 관한 명문의 규정이 없지만, 민사소송법에서 기판력을 규정하고 있고($^{제216조,}_{제218조}$), 이는 행정소송에도 준용되므로, 행정소송의 판결에도 기판력이 인정된다.

대법원 2001. 1. 16. 선고 2000다41349 판결

기판력이라 함은 기판력 있는 전소판결의 소송물과 동일한 후소를 허용하지 않는 것임은 물론, 후소의 소송물이 전소의 소송물과 동일하지 않다고 하더라도 전소의 소송물에 관한 판단이 후소의 선결문제가 되거나 모순관계에 있을 때에는 후소에서 전소판결의 판단과 다른 주장을 하는 것을 허용하지 않는 작용을 하는 것이다.

2) 범 위

(가) 주관적 범위

민사소송법 제218조(기판력의 주관적 범위) ① 확정판결은 당사자, 변론을 종결한 뒤의 승계인(변론 없이 한 판결의 경우에는 판결을 선고한 뒤의 승계인) 또는 그를 위하여 청구의 목적물을 소지한 사람에 대하여 효력이 미친다.

기판력은 당사자 및 당사자와 동일시할 수 있는 그 승계인에게 미치고, 제3자에게는 미치지 않는 것이 원칙이다. 그러나 취소소송은 편의상 권리주체가 아닌 처분청을 피고로 하기 때문에 그 판결의 기판력은 당해 처분의 효력이 귀속하는 국가 또는 공공단체에도 미친다[판례 ①]. 대법원은 관계 행정청에 대하여도 기판력이 미치는 것으로 본다[판례 ②].

① 대법원 1998. 7. 24. 선고 98다10854 판결

과세처분 취소소송의 피고는 처분청이므로 행정청을 피고로 하는 취소소송에 있어서의 기판력은 당해 처분이 귀속하는 국가 또는 공공단체에 미친다.

---

208) 김동희(814면).

② 대법원 1992. 12. 8. 선고 92누6891 판결

행정처분취소청구를 기각하는 판결이 확정되면 그 처분이 적법하다는 점에 관하여 기판력이 생기고 그 소의 원고뿐만 아니라 관계 행정기관도 이에 기속된다 할 것이므로 면직처분이 위법하지 아니하다는 점이 판결에서 확정된 이상 원고가 다시 이를 무효라 하여 그 무효확인을 소구할 수는 없다.

(나) 객관적 범위

민사소송법 제216조(기판력의 객관적 범위) ① 확정판결은 주문에 포함된 것에 한하여 기판력을 가진다.

기판력은 확정판결의 주문에 포함된 것에 한하여 인정된다. 그런데 판결의 주문에는 소송물에 관한 법률적 판단이 표시되는 것이므로, 결국 기판력은 소송물에 관한 판단에만 발생한다. 한편, 통설과 판례는 취소소송의 소송물을 '처분의 위법성 일반'으로 보는바, 이에 따르면 처분이 위법하다는 것 또는 처분이 적법하다는 것에 대하여만 기판력이 미치고, 판결 이유 중에 적시된 사실인정·선결적 법률관계·항변·개개의 구체적인 위법사유에 관한 판단 등에는 기판력이 미치지 않는다[판례 ①, ②]. 만일 전소와 후소가 각기 다른 처분에 관한 것이어서 그 소송물을 달리하는 경우에는 전소 확정판결의 기판력이 후소에 미치지 않는다[판례 ③]. 따라서 처분에 대한 취소판결이 확정된 이후 행정청이 새로운 처분을 하게 되면, 그 새로운 처분은 종전 처분과는 별개의 처분이므로 종전 처분에 대한 판결의 기판력이 새로운 처분에는 미치지 않으며, 이는 취소판결의 기속력의 법리에 따라 해결되어야 한다.

① 대법원 2000. 2. 25. 선고 99다55472 판결

확정판결의 기판력은 그 판결의 주문에 포함된 것, 즉 소송물로 주장된 법률관계의 존부에 관한 판단의 결론 그 자체에만 미치는 것이고 판결이유에서 설시된 그 전제가 되는 법률관계의 존부에까지 미치는 것은 아니다.

② 대법원 2014. 11. 27. 선고 2014두37665 판결

행정청이 관련 법령에 근거하여 행한 공사중지명령의 상대방이 명령의 취소를 구한 소송에서 패소함으로써 그 명령이 적법한 것으로 이미 확정되었다면, 이후 이러한 공사중지명령의 상대방은 그 명령의 해제신청을 거부한 처분의 취소를 구하는 소송에서 그 명령의 적법성을 다툴 수 없다. 그와 같은 공사중지명령에 대하여 그 명령의 상대방이 해제를 구하기 위해서는 명령의 내용 자체로 또는 성질상으로 명령 이후에 원인사유가 해소되었음이 인정되어야 한다.

③ 대법원 1996. 4. 26. 선고 95누5820 판결

[1] 취소판결의 기판력은 소송물로 된 행정처분의 위법성 존부에 관한 판단 그 자체에만 미치는 것이므로 전소와 후소가 그 소송물을 달리하는 경우에는 전소 확정판결의 기판력이 후소에 미치지 아니한다.

[2] 전 소송은 이 사건에서의 피고 보조참가인이 원고가 되어 피고를 상대로 피고가 1990. 2. 3.에 한 이 사건 변경승인취소처분의 취소를 구하는 소송에서 이 사건에서의 원고가 피고 보조참가인이 되어 원고(의 삭제에서의 피)의 청구를 다투는 형식이었는데 반하여, 이 사건 소송은 원고가 피고를 상대로 1988. 9. 6.자 피고의 이 사건 변경승인의 무효확인(주위적으로) 또는 취소(예비적으로)를 구하는 소송에서 피고 보조참가인이 피고를 보조하여 원고의 청구를 다투는 것이어서, 전 소송과 이 사건 소송은 그 청구취지를 달리하는 것이므로 전 소송의 판결의 기판력은 그 소송물이었던 1990. 2. 3.자 변경승인취소처분의 위법성 존부에 관한 판단 그 자체에만 미치는 것이고 그 소송물을 달리하는 이 사건 소에는 미치지 아니한다고 보아야 할 것이다.

(다) 시간적 범위

기판력은 사실심 변론종결시를 기준으로 발생한다. 따라서 당사자가 사실심의 변론종결시를 기준으로 그때까지 제출하지 않은 공격방어방법은 그 뒤 다시 동일한 소송을 제기하여 이를 주장할 수 없다.[209]

3) 관련 문제(무효등확인소송·국가배상청구소송)

소송물에 관한 통설 및 판례의 입장에 따르면, 취소소송에서 청구기각 판결이 확정된 경우 해당 처분이 적법하다는 것에 기판력이 발생한다. 따라서 이후 동일한 처분에 대해 무효확인소송을 제기하더라도 취소소송에서 청구가 기각된 확정판결의 기판력이 무효확인소송에도 미친다.

그러나 이와 반대로 무효확인소송에서의 청구기각 판결의 기판력은 취소소송에는 미치지 않는다(무효확인소송의 소송물은 처분의 위법성 중에서도 중대·/명백한 위법성으로 취소소송보다 소송물의 범위가 좁다).

대법원 2003. 5. 16. 선고 2002두3669 판결

과세처분의 취소소송은 과세처분의 실체적, 절차적 위법을 그 취소원인으로 하는 것으로서 그 심리의 대상은 과세관청의 과세처분에 의하여 인정된 조세채무인 과세표준 및 세액의 객관적 존부, 즉 당해 과세처분의 적부가 심리의 대상이 되는 것이며, 과세처분 취소청구를 기각하는 판결이 확정되면 그 처분이 적법하다는 점에 관하여 기판력

---

209) 대법원 1992. 2. 25. 선고 91누6108 판결.

이 생기고 그 후 원고가 이를 무효라 하여 무효확인을 소구할 수 없는 것이어서 과세처분의 취소소송에서 청구가 기각된 확정판결의 기판력은 그 과세처분의 무효확인을 구하는 소송에도 미친다.

한편, 처분에 대한 취소소송에서 본안판결이 확정된 이후 동일한 사유로 국가배상청구소송이 제기된 경우 취소소송에서의 판결의 기판력이 국가배상청구소송에도 미치는가? 이는 국가배상청구의 요건인 위법성의 개념을 어떻게 볼 것인가에 관한 논의로, 만일 취소소송에서의 위법성과 동일한 개념으로 본다면 기판력이 미친다고 할 것이다. 물론 이러한 경우에도 국가배상청구소송에서 인용판결이 내려지기 위해서는 국가배상책임이 성립되기 위한 다른 요건사실도 인정되어야 한다.

(4) 형성력

> **행정소송법 제29조(취소판결 등의 효력)** ① 처분등을 취소하는 확정판결은 제3자에 대하여도 효력이 있다.
> ② 제1항의 규정은 제23조의 규정에 의한 집행정지의 결정 또는 제24조의 규정에 의한 그 집행정지결정의 취소결정에 준용한다.

1) 의 의

판결의 형성력이란 판결의 내용에 따라 기존의 법률관계를 발생·변경·소멸시키는 힘을 말한다. 처분이나 재결을 취소하는 판결이 확정되면 취소된 처분이나 재결의 효력은 처분청의 별도의 행위를 기다릴 것 없이 처분시에 소급하여 소멸되고, 그로써 그 처분이나 재결을 근거로 하여 형성된 기존의 법률관계에 변동을 가져오게 된다. 이는 처분등을 취소하는 청구인용 판결의 경우에만 발생한다. 청구인용 판결이 선고된 것만으로는 부족하고 그 판결이 확정되어야 한다.[210]

행정소송법 제29조 제1항은 무효등확인소송과 부작위위법확인소송에도 준용되므로($제38조$), 원고승소 확정판결에는 형성력이 인정된다. 집행정지결정이나 그 취소결정에도 형성력이 인정된다($제29조 제2항$).

① 대법원 1991. 10. 11. 선고 90누5443 판결

행정처분을 취소한다는 확정판결이 있으면 그 취소판결의 형성력에 의하여 당해 행정처분의 취소나 취소통지 등의 별도의 절차를 요하지 아니하고 당연히 취소의 효과가 발생한다.

---

210) 대법원 1969. 1. 28. 선고 68다1466 판결.

② 대법원 1989. 5. 9. 선고 88다카16096 판결

과세처분을 취소하는 판결이 확정되면 그 과세처분은 처분시에 소급하여 소멸하므로 그 뒤에 과세관청에서 그 과세처분을 갱정하는 갱정처분을 하였다면 이는 존재하지 않는 과세처분을 갱정한 것으로서 그 하자가 중대하고 명백한 당연무효의 처분이다.

③ 대법원 1993. 6. 25. 선고 93도277 판결

영업의 금지를 명한 영업허가취소처분 자체가 나중에 행정쟁송절차에 의하여 취소되었다면 그 영업허가취소처분은 그 처분시에 소급하여 효력을 잃게 되며, 그 영업허가취소처분에 복종할 의무가 원래부터 없었음이 확정되었다고 봄이 타당하고, 영업허가취소처분이 장래에 향하여서만 효력을 잃게 된다고 볼 것은 아니므로 그 영업허가취소처분 이후의 영업행위를 무허가영업이라고 볼 수는 없다.

④ 대법원 1999. 2. 5. 선고 98도4239 판결

피고인이 행정청으로부터 자동차 운전면허취소처분을 받았으나 나중에 그 행정처분 자체가 행정쟁송절차에 의하여 취소되었다면, 위 운전면허취소처분은 그 처분시에 소급하여 효력을 잃게 되고, 피고인은 위 운전면허취소처분에 복종할 의무가 원래부터 없었음이 후에 확정되었다고 봄이 타당할 것이고, 행정행위에 공정력의 효력이 인정된다고 하여 행정소송에 의하여 적법하게 취소된 운전면허취소처분이 단지 장래에 향하여서만 효력을 잃게 된다고 볼 수는 없다.

2) 근 거

취소판결의 형성력은 행정소송의 제도적 목적으로부터 당연히 도출되며, 취소판결의 제3자효를 규정한 행정소송법 제29조 제1항도 간접적인 근거가 된다.

3) 형성력의 주관적 범위(제3자효)

처분등을 취소하는 확정판결은 제3자에 대하여도 효력이 있다($\frac{제29조}{제1항}$). 이를 취소판결의 '제3자효' 또는 '대세효'라고 한다. 여기서 제3자란 이해관계 있는 모든 제3자를 말하며,[211] 특히 제3자효 행정행위에 대한 취소소송에서 의미가 있다. 제3자의 예로는, 체납처분절차로서 공매처분에 대해 체납자가 취소소송을 제기하여 취소판결이 확정된 경우 경락인, 경업자소송에서 기존업자(특허업)가 신규면허처분에 대해 취소소송을 제기하여 확정된 경우 신규업자 등이 이에 해당한다.

따라서 특정 처분에 대하여 이미 취소판결이 확정되었다면 그 처분의 효력은 상실하여 더 이상 존재하지 않으며 이러한 효력은 모든 제3자에게 미치는 것이므로,

---

211) 법원실무제요 행정(392면).

다른 사람(제3자)은 그 처분의 취소 또는 무효확인을 구할 소의 이익이 인정되지 않는다. 이러한 법리는 동일한 처분에 대하여 여러 사람이 각자 취소 또는 무효등확인소송을 제기하였는데, 그중 한 소송에서 먼저 취소 또는 무효등확인판결이 확정된 경우에도 마찬가지로 적용되며, 이 경우 나머지 소송들은 모두 소의 이익이 없어 각하되어야 한다.[212)

그러나 처분등을 취소하는 확정판결이 제3자에게 효력이 있다고 하더라도 일반적으로 판결의 효력은 주문에 포함된 것에 한하여 미치는 것이므로, 취소판결 자체의 효력으로써 그 행정처분을 기초로 하여 새로 형성된 제3자의 권리까지 당연히 그 행정처분 전의 상태로 환원되는 것이라고는 할 수 없고, 단지 취소판결의 존재와 취소판결에 의하여 형성되는 법률관계를 소송당사자가 아니었던 제3자라 할지라도 이를 용인하지 않으면 안 된다는 것을 의미한다.

대법원 1986. 8. 19. 선고 83다카2022 판결

[1] 행정처분을 취소하는 확정판결이 제3자에 대하여도 효력이 있다고 하더라도 일반적으로 판결의 효력은 주문에 포함한 것에 한하여 미치는 것이니 그 취소판결 자체의 효력으로써 그 행정처분을 기초로 하여 새로 형성된 제3자의 권리까지 당연히 그 행정처분 전의 상태로 환원되는 것이라고는 할 수 없고, 단지 취소판결의 존재와 취소판결에 의하여 형성되는 법률관계를 소송당사자가 아니었던 제3자라 할지라도 이를 용인하지 않으면 아니된다는 것을 의미하는 것에 불과하다 할 것이며, 따라서 취소판결의 확정으로 인하여 당해 행정처분을 기초로 새로 형성된 제3자의 권리관계에 변동을 초래하는 경우가 있다 하더라도 이는 취소판결 자체의 형성력에 기한 것이 아니라 취소판결의 위와 같은 의미에서의 제3자에 대한 효력의 반사적 효과로서 그 취소판결이 제3자의 권리관계에 대하여 그 변동을 초래할 수 있는 새로운 법률요건이 되는 까닭이라 할 것이다.

[2] 환지계획변경처분으로 원고명의의 소유권이전등기가 경료되었으나 그후 위 변경처분으로 인하여 불이익을 입게 된 소외인이 동 처분의 취소를 구하는 행정소송을 제기하여 승소판결을 받아 이를 근거로 원고명의의 소유권이전등기의 말소청구소송을 제기하여 동 소외인 승소판결이 확정됨에 따라 원고가 그 소유권상실의 손해를 입게 된 경우, 원고명의의 소유권이전등기는 위 취소판결 자체의 효력에 의하여 당연히 말소되는 것이 아니라 소외인이 위 취소판결의 존재를 법률요건으로 주장하여 원고에게 그 말소를 구하는 소송을 제기하여 승소의 확정판결을 얻어야 비로소 말소될 수 있는 것이며, 위 말소청구소송에서의 승패 또한 위 취소판결의 존재가 주장되었다는 한 가지 사실만

---

212) 대법원 2010. 9. 9. 선고 2010두5943 판결.

으로 바로 판가름나는 것이라 할 수 없고 당사자의 주장 입증내용에 따라 달라질 여지가 있는 것이라 할 것이므로 원고는 위 말소청구의 소장 부본을 송달받은 때가 아니라 위 말소청구의 소에서 원고패소가 확정됨으로써 비로소 그 손해를 알게 되었다고 봄이 상당하다.

이와 같이 소송에 참가하여 자신의 이익을 방어하거나 주장할 기회를 갖지 못한 제3자에 대하여 판결의 효력을 미치게 한다는 것은 소송법의 원칙에 어긋나고, 국민의 재판청구권을 침해할 여지가 있다. 이러한 제3자를 보호하기 위한 방편으로 행정소송법은 ① 제3자의 소송참가(제16조)와 ② 재심청구제도(제31조)를 마련하고 있다.

(5) 기속력

> **행정소송법** 제30조(취소판결 등의 기속력) ① 처분등을 취소하는 확정판결은 그 사건에 관하여 당사자인 행정청과 그 밖의 관계 행정청을 기속한다.
> ② 판결에 의하여 취소되는 처분이 당사자의 신청을 거부하는 것을 내용으로 하는 경우에는 그 처분을 행한 행정청은 판결의 취지에 따라 다시 이전의 신청에 대한 처분을 하여야 한다.
> ③ 제2항의 규정은 신청에 따른 처분이 절차의 위법을 이유로 취소되는 경우에 준용한다.

1) 의 의

처분등을 취소 또는 변경하는 판결이 확정되면 소송당사자인 행정청과 관계 행정청은 그 내용에 따라 행동하여야 할 실체법적 의무를 지게 되는바, 이를 기속력이라고 한다. 이는 청구인용 판결에서만 인정된다.

2) 성 질

기속력의 법적 성질에 관하여는 ① 기판력의 일종으로 보는 기판력설과 ② 취소판결의 효력을 보장하기 위해 행정소송법이 특별히 인정한 효력으로 보는 특수효력설로 대립하고 있으며, 특수효력설이 통설이다.

3) 내 용

(가) 반복금지효

취소소송에서 청구인용 판결이 확정되면 행정청(피고 행정청뿐만 아니라 모든 관계 행정청)은 동일한 사실관계 아래에서 동일 당사자에게 동일한 내용의 처분등을 반복하여서는 안 된다.

그러나 처분의 사실관계가 같지 않다면 취소판결이 확정된 후 같은 당사자에게 동일한 내용의 처분을 하더라도 기속력에 반하지 않는다. 이 경우 처분의 사실관계가 같은지는 기본적 사실관계에서 동일성이 인정되는지에 따라 판단된다. 즉, 새로운 처분의 처분사유가 종전 처분에 대한 확정판결에서 위법한 것으로 판단한 처분사유와 기본적 사실관계에서 동일성이 인정되지 않는다면 새로운 처분은 종전 처분과 같은 내용의 처분일지라도 기속력에 반하지 않는다. 이와 달리 기본적 사실관계가 같다면 적용 법조를 달리하거나 처분사유를 변경하여 동일한 처분을 하는 것은 기속력에 반한다.[213]

처분의 취소사유가 행정처분의 절차나 형식상 하자인 경우 행정청이 적법한 절차나 형식을 갖추어 다시 같은 내용의 처분을 하는 것은 새로운 처분으로서 기속력에 반하지 않는다.

대법원 2005. 12. 9. 선고 2003두7705 판결

재결의 기속력은 재결의 주문 및 그 전제가 된 요건사실의 인정과 판단, 즉 처분 등의 구체적 위법사유에 관한 판단에만 미친다고 할 것이고, 종전 처분이 재결에 의하여 취소되었다 하더라도 종전 처분시와는 다른 사유를 들어서 처분을 하는 것은 기속력에 저촉되지 않는다고 할 것이며, 여기에서 동일 사유인지 다른 사유인지는 종전 처분에 관하여 위법한 것으로 재결에서 판단된 사유와 기본적 사실관계에 있어 동일성이 인정되는 사유인지 여부에 따라 판단되어야 한다.

(나) 거부처분취소에 따른 재처분의무

판결에 의하여 취소되는 처분이 당사자의 신청을 거부하는 것을 내용으로 하는 경우에는 그 처분을 행한 행정청은 판결의 취지에 따라 다시 이전의 신청에 대한 처분을 하여야 한다(제30조 제2항). 이는 거부처분에 대한 취소판결이 확정된 경우 그 실효성을 확보하기 위한 것으로, 이 경우 그 처분을 한 행정청은 원고의 새로운 신청을 기다리지 않고 판결의 취지에 따라 이전의 신청에 대하여 재처분을 하여야 한다.

그러나 이때 반드시 원고의 청구를 인용하여야 하는 것은 아니다. 판례에 따르면, 처분의 적법 여부는 그 처분이 행하여진 때의 법령과 사실을 기준으로 판단하는 것이므로(처불) 확정판결의 당사자인 처분 행정청은 종전 처분 후에 발생한 새로운 사유를 내세워 다시 거부처분을 할 수 있고, 그러한 처분도 제30조 제2항에서 규정한 재처분에 해당한다(예컨대, 거부처분 후에 법령이 개정·시행된 경우 개정된 법령 및 허가기준을 새로운 사유로 들어 다시 이전의 신청에 대한 거부처분을 하는 것은 확정판결의 기속력에 반하지 않는다). 이때 새로운 사유인지는 종전 처분에 관하여 위법한 것으로 판결에서 판단된 사유와 기본적 사실관계의 동일성이 인정되는 사유인지에 따라 판단되어야 하며, 추가 또는 변경된 사유가 처분 당시에 그 사유를 명기하지 않았을 뿐 이미 존재하고 있었고 당

---

213) 대법원 1990. 12. 11. 선고 90누3560 판결.

사자도 그 사실을 알고 있었다고 하여 당초 처분사유와 동일성이 있는 것이라고 할 수는 없다.

따라서 처분 이후는 물론 처분 당시 이미 존재하고 있었던 사실이라도 확정판결에서 위법한 것으로 인정한 처분사유와는 다른 사유라면 이를 근거로 다시 거부처분을 할 수 있으며, 이러한 처분도 재처분에 해당한다. 이는 결국 취소소송에서 거부처분에 대한 위법성 판단의 기준시점 및 처분사유의 추가·변경과 기속력의 객관적 범위의 문제와도 직결된다.

① 대법원 2011. 10. 27. 선고 2011두14401 판결

[1] 행정소송법 제30조 제2항에 의하면, 행정청의 거부처분을 취소하는 판결이 확정된 경우에는 처분을 행한 행정청이 판결의 취지에 따라 이전 신청에 대하여 재처분을 할 의무가 있다. 행정처분의 적법 여부는 행정처분이 행하여진 때의 법령과 사실을 기준으로 판단하는 것이므로 확정판결의 당사자인 처분 행정청은 종전 처분 후에 발생한 새로운 사유를 내세워 다시 거부처분을 할 수 있고, 그러한 처분도 위 조항에 규정된 재처분에 해당한다. 여기에서 '새로운 사유'인지는 종전 처분에 관하여 위법한 것으로 판결에서 판단된 사유와 기본적 사실관계의 동일성이 인정되는 사유인지에 따라 판단되어야 하고, 기본적 사실관계의 동일성 유무는 처분사유를 법률적으로 평가하기 이전의 구체적인 사실에 착안하여 그 기초인 사회적 사실관계가 기본적인 점에서 동일한지에 따라 결정되며, 추가 또는 변경된 사유가 처분 당시에 그 사유를 명기하지 않았을 뿐 이미 존재하고 있었고 당사자도 그 사실을 알고 있었다고 하여 당초 처분사유와 동일성이 있는 것이라고 할 수는 없다.

[2] 고양시장이 갑 주식회사의 공동주택 건립을 위한 주택건설사업계획승인 신청에 대하여 미디어밸리 조성을 위한 시가화예정 지역이라는 이유로 거부하자, 갑 회사가 거부처분의 취소를 구하는 소송을 제기하여 승소판결을 받았던 위 판결이 그대로 확정되었는데, 이후 고양시장이 해당 토지 일대가 개발행위허가 제한지역으로 지정되었다는 이유로 다시 거부하는 처분을 한 사안에서, 재거부처분은 종전 거부처분 후 해당 토지 일대가 개발행위허가 제한지역으로 지정되었다는 새로운 사실을 사유로 하는 것으로, 이는 종전 거부처분 사유와 내용상 기초가 되는 구체적인 사실관계가 달라 기본적 사실관계가 동일하다고 볼 수 없다는 이유로, 행정소송법 제30조 제2항에서 정한 재처분에 해당하고 종전 거부처분을 취소한 확정판결의 기속력에 반하는 것은 아니라고 본 원심판단을 수긍한 사례.

② 대법원 1998. 1. 7.자 97두22 결정

[1] 행정소송법 제30조 제2항의 규정에 의하면 행정청의 거부처분을 취소하는 판결

이 확정된 때에는 그 처분을 행한 행정청이 판결의 취지에 따라 이전의 신청에 대하여 재처분할 의무가 있으나, 이 때 확정판결의 당사자인 처분 행정청은 그 확정판결에서 적시된 위법사유를 보완하여 새로운 처분을 할 수 있다.

　　[2] 행정처분의 적법 여부는 그 행정처분이 행하여 진 때의 법령과 사실을 기준으로 하여 판단하는 것이므로 거부처분 후에 법령이 개정·시행된 경우에는 개정된 법령 및 허가기준을 새로운 사유로 들어 다시 이전의 신청에 대한 거부처분을 할 수 있으며 그러한 처분도 행정소송법 제30조 제2항에 규정된 재처분에 해당된다.

　　[3] 건축불허가처분을 취소하는 판결이 확정된 후 국토이용관리법 시행령이 준농림지역 안에서의 행위제한에 관하여 지방자치단체의 조례로써 일정 지역에서 숙박업을 영위하기 위한 시설의 설치를 제한할 수 있도록 개정된 경우, 당해 지방자치 단체장이 위 처분 후에 개정된 신법령에서 정한 사유를 들어 새로운 거부처분을 한 것이 행정소송법 제30조 제2항 소정의 확정판결의 취지에 따라 이전의 신청에 대한 처분을 한 경우에 해당한다.

③ 대법원 2005. 1. 14. 선고 2003두13045 판결

　　[1] 행정소송법 제30조 제2항의 규정에 의하면 행정청의 거부처분을 취소하는 판결이 확정된 경우에는 그 처분을 행한 행정청이 판결의 취지에 따라 이전의 신청에 대하여 재처분할 의무가 있다고 할 것이나, 그 취소사유가 행정처분의 절차, 방법의 위법으로 인한 것이라면 그 처분 행정청은 그 확정판결의 취지에 따라 그 위법사유를 보완하여 다시 종전의 신청에 대한 거부처분을 할 수 있고, 그러한 처분도 위 조항에 규정된 재처분에 해당한다.

　　[2] 방송위원회가 중계유선방송사업자에게 한 종합유선방송사업 승인거부처분이 심사의 기준시점을 경원자와 달리하여 평가한 것이 위법이라는 사유로 취소하는 확정판결의 취지에 따라 재처분 무렵을 기준으로 재심사한 결과에 따라 이루어진 재승인거부처분도 행정소송법 제30조 제2항에 규정된 재처분에 해당한다고 한 사례.

(다) 절차 위법을 이유로 취소된 경우의 재처분의무

　신청에 따른 처분이 절차의 위법을 이유로 취소되는 경우에는 그 처분을 행한 행정청은 판결의 취지에 따라 다시 이전의 신청에 대한 처분을 하여야 한다(제30조 제3항, 제2항). 이는 제3자효 행정행위에 의하여 권익을 침해받았다고 주장하는 제3자가 제기한 취소소송에서 당해 처분이 절차상 위법을 이유로 취소된 경우에 적용된다. 여기서 말하는 절차에는 좁은 의미의 절차(상급기관의 승인, 다른 기관의 통의, 의결, 대외적 표시)뿐만 아니라 처분을 하기 위한 주체적 요건(합의제기관의 구성, 정당한 권한의 보유 등) 및 형식을 포함한다.214) 적법한 절차를 준수하여 다시 같

---

214) 법원실무제요 행정(390면).

은 내용의 처분을 하는 때에도 새로운 처분으로서 기속력에 반하지 않는다.

(라) 결과제거의무(원상회복의무)

처분에 대한 취소판결이 확정되면 행정청은 그 처분으로 초래된 위법상태를 제거하여 원상회복할 의무를 진다. 대법원도 행정소송법 제38조 제1항에서는 행정소송법 제30조를 무효확인소송에도 준용하고 있으므로 무효확인판결 자체만으로도 판결의 기속력 등에 따른 원상회복이나 결과제거조치에 의하여 그 실효성 확보가 가능하므로, 무효확인소송의 보충성을 반드시 인정해야 할 실제적인 필요성도 크지 않다고 판시하여,[215] 기속력의 내용으로 원상회복 또는 결과제거조치의무를 인정하고 있다.

대법원 2019. 10. 17. 선고 2018두104 판결

어떤 행정처분을 위법하다고 판단하여 취소하는 판결이 확정되면 행정청은 취소판결의 기속력에 따라 그 판결에서 확인된 위법사유를 배제한 상태에서 다시 처분을 하거나 그 밖에 위법한 결과를 제거하는 조치를 할 의무가 있다($\frac{행정소송법}{제30조}$). 그리고 행정처분이 불복기간의 경과로 인하여 확정될 경우 그 확정력은, 처분으로 인하여 법률상 이익을 침해받은 자가 해당 처분이나 재결의 효력을 더 이상 다툴 수 없다는 의미일 뿐, 더 나아가 판결에 있어서와 같은 기판력이 인정되는 것은 아니어서 처분의 기초가 된 사실관계나 법률적 판단이 확정되고 당사자들이나 법원이 이에 기속되어 모순되는 주장이나 판단을 할 수 없게 되는 것은 아니다.

4) 범 위

(가) 주관적 범위

기속력은 그 사건에 관하여 당사자인 행정청과 그 밖의 관계 행정청에게 미친다($\frac{제30조}{제1항}$). 여기서 관계 행정청이란 소송당사자인 행정청과 같은 행정주체에 속하는 행정청이나 동일한 사무계통에 속하는 상하관계에 있는 행정청에 한하지 않고, 취소된 처분을 전제로 하여 이와 관련된 처분이나 부수적 행위를 할 수 있는 모든 행정청을 포함한다.

(나) 객관적 범위

기속력은 주로 판결의 실효성 확보를 위하여 인정되는 효력으로서 판결의 주문뿐만 아니라 그 전제가 되는 처분등의 구체적 위법사유에 관한 이유 중의 판단에

---

215) 대법원 2008. 3. 20. 선고 2007두6342 전원합의체 판결.

대하여도 인정된다. 그러나 판결의 결론과 직접 관계가 없는 방론이나 간접사실에 관한 판단에는 미치지 않는다.

대법원 2001. 3. 23. 선고 99두5238 판결

행정소송법 제30조 제1항에 의하여 인정되는 취소소송에서 처분 등을 취소하는 확정판결의 기속력은 주로 판결의 실효성 확보를 위하여 인정되는 효력으로서 판결의 주문뿐만 아니라 그 전제가 되는 처분 등의 구체적 위법사유에 관한 이유 중의 판단에 대하여도 인정되고, 같은 조 제2항의 규정상 특히 거부처분에 대한 취소판결이 확정된 경우에는 그 처분을 행한 행정청은 판결의 취지에 따라 다시 처분을 하여야 할 의무를 부담하게 되므로, 취소소송에서 소송의 대상이 된 거부처분을 실체법상의 위법사유에 기하여 취소하는 판결이 확정된 경우에는 당해 거부처분을 한 행정청은 원칙적으로 신청을 인용하는 처분을 하여야 하고, 사실심 변론종결 이전의 사유를 내세워 다시 거부처분을 하는 것은 확정판결의 기속력에 저촉되어 허용되지 아니한다.

(다) 시간적 범위

기속력의 시간적 범위는 처분의 위법성 판단의 기준시점에 관한 문제이다. 처분의 위법 여부는 원칙적으로 처분 당시의 사실과 법령을 기준으로 판단하므로, 판결의 기속력은 처분 당시에 존재하였던 사유에만 미친다. 따라서 행정청은 처분 후에 발생한 새로운 사유를 들어 다시 종전과 같은 내용의 처분을 하더라도 기속력에 반하지 않는다.

5) 위반의 효과

기속력에 반하는 처분은 위법하며, 그 흠이 중대하고 명백하여 당연무효이다.

대법원 1990. 12. 11. 선고 90누3560 판결

확정판결의 당사자인 처분행정청이 그 행정소송의 사실심 변론종결 이전의 사유를 내세워 다시 확정판결과 저촉되는 행정처분을 하는 것은 허용되지 않는 것으로서 이러한 행정처분은 그 하자가 중대하고도 명백한 것이어서 당연무효라 할 것이다.

(6) 집행력(간접강제)

행정소송법 제34조(거부처분취소판결의 간접강제) ① 행정청이 제30조 제2항의 규정에 의한 처분을 하지 아니하는 때에는 제1심 수소법원은 당사자의 신청에 의하여 결정으로써 상당한 기간을 정하고 행정청이 그 기간 내에 이행하지 아니하는 때에는 그 지연기간에 따라 일정한 배상을 할 것을 명하거나 즉시 손해배상을 할 것을 명할 수 있다.
② 제33조와 민사집행법 제262조의 규정은 제1항의 경우에 준용한다.

1) 의 의

집행력이란 확정판결에 의하여 강제집행을 할 수 있는 효력을 말한다. 이는 확정된 이행판결에만 인정된다. 처분등을 취소하는 판결이 확정된 경우에는 처분등의 효력이 소급적으로 소멸되어 위법한 처분등이 없는 것과 같은 상태가 되므로 원고는 완전한 권리구제를 받게 된다. 이는 무효등확인판결이 확정된 경우에도 마찬가지이다. 즉, 확인판결이나 형성판결은 그 확정에 의하여 기속력과 기판력 또는 형성력이 발생하여 그 판결을 구하는 목적이 달성되므로, 원칙적으로 강제집행의 문제가 발생하지 않는다.

그러나 거부처분 취소판결이 확정된 경우에는 그것만으로 처분이 행하여진 상태가 되는 것이 아니므로, 처분청으로 하여금 판결의 취지에 따른 재처분을 하도록 하고 이를 이행하지 않을 경우 판결의 실효성을 확보하기 위하여 강제로 집행할 수 있는 수단이 필요하다. 이에 행정소송법은 거부처분 취소판결이 확정된 경우, 그 처분을 행한 행정청으로 하여금 기속력에 따라 판결의 취지에 따른 처분을 할 의무를 부과하는 한편, 부대체적 작위의무에 대한 강제집행 방법인 간접강제를 규정하여 이를 통해 집행력을 확보하고 있다.

[기재례]

피신청인은 이 결정의 정본을 받은 날로부터 30일 이내에 신청인에 대하여 이 법원 2023구합123 정보공개거부처분 취소 청구사건의 확정판결의 취지에 따른 처분을 하지 않을 때에는 신청인에 대하여 위 기간이 마치는 다음 날부터 처분 시까지 1일 10만원의 비율에 의한 돈을 지급하라.

2) 적용범위

행정소송법 제34조는 무효등확인소송의 경우에 준용하는 규정이 없으므로 거부처분이 무효확인소송에서 무효로 확정된 경우에는 처분청이 판결의 취지에 따른 재처분의무를 질 뿐, 이에 대한 간접강제는 허용되지 않는다는 것이 판례이다. 간접강제에 관한 규정은 부작위위법확인소송에는 준용된다(제38조제2항).

대법원 1998. 12. 24.자 98무37 결정

행정소송법 제38조 제1항이 무효확인 판결에 관하여 취소판결에 관한 규정을 준용함에 있어서 같은 법 제30조 제2항을 준용한다고 규정하면서도 같은 법 제34조는 이를 준용한다는 규정을 두지 않고 있으므로, 행정처분에 대하여 무효확인 판결이 내려진 경우에는 그 행정처분이 거부처분인 경우에도 행정청에 판결의 취지에 따른 재처분의무가 인정될 뿐 그에 대하여 간접강제까지 허용되는 것은 아니라고 할 것이다.

3) 요 건

간접강제를 하기 위해서는 ① 거부처분 취소판결이 확정될 것, ② 상당한 기간 내에 판결의 취지에 따른 처분을 하지 않을 것이 요구된다. 특히 ②와 관련하여, 행정청이 아무런 재처분을 하지 않고 있는 경우뿐만 아니라 재처분을 하였다고 하더라도 판결에 취지에 따른 처분이 아니라면 기속력에 반하여 무효이므로, 이는 아무런 재처분을 하지 않은 것과 마찬가지이다.

대법원 2002. 12. 11.자 2002무22 결정

[1] 거부처분에 대한 취소의 확정판결이 있음에도 행정청이 아무런 재처분을 하지 아니하거나, 재처분을 하였다 하더라도 그것이 종전 거부처분에 대한 취소의 확정판결의 기속력에 반하는 등으로 당연무효라면 이는 아무런 재처분을 하지 아니한 때와 마찬가지라 할 것이므로 이러한 경우에는 행정소송법 제30조 제2항, 제34조 제1항 등에 의한 간접강제신청에 필요한 요건을 갖춘 것으로 보아야 한다.

[2] 주택건설사업 승인신청 거부처분의 취소를 명하는 판결이 확정되었음에도 행정청이 그에 따른 재처분을 하지 않은 채 위 취소소송 계속 중에 도시계획법령이 개정되었다는 이유를 들어 다시 거부처분을 한 사안에서, 개정된 도시계획법령에 그 시행 당시 이미 개발행위허가를 신청 중인 경우에는 종전 규정에 따른다는 경과규정을 두고 있으므로 위 사업승인신청에 대하여는 종전 규정에 따른 재처분을 하여야 함에도 불구하고 개정 법령을 적용하여 새로운 거부처분을 한 것은 확정된 종전 거부처분 취소판결의 기속력에 저촉되어 당연무효라고 한 사례.

4) 절 차

간접강제결정은 변론 없이 할 수 있다. 그러나 변론을 열지 않고 결정을 하는 경우에도 결정하기 전에 처분을 할 의무가 있는 행정청을 심문하여야 한다(제34조 제2항, 민사집행법 제262조).

5) 불 복

간접강제결정에 대한 불복에 관하여 행정소송법은 아무런 규정을 두고 있지 않으나, 민사집행법에 따른 즉시항고를 할 수 있다고 할 것이다(민사집행법 제261조 제2항). 다만, 즉시항고는 집행정지의 효력을 가지지 않는다(민사집행법 제15조 제6항).

6) 배상금의 추심

간접강제결정이 있은 후에도 의무행정청이 그 결정에서 정한 상당한 기간 내에 확정된 판결의 취지에 따른 처분을 하지 않는 경우에는 신청인은 간접강제결정을 집행권원으로 하여 집행문의 부여를 받아 집행할 수 있다. 이때 위 결정은 피신청인이었던 행정청이 소속하는 국가 또는 공공단체에 그 효력이 미치므로 이들 소유의 재산에 대하여 집행할 수 있다(제34조 제2항, 제33조).

한편, 간접강제결정에서 정한 의무이행기간이 경과한 후에라도 확정판결의 취지에 따른 재처분이 행하여지면 배상금을 추심함으로써 심리적 강제를 꾀한다는 당초의 목적이 소멸하여 처분상대방이 더 이상 배상금을 추심하는 것은 허용되지 않는다.

간접강제결정의 집행력을 배제하기 위해서는 청구에 관한 이의의 소(민사집행법 제44조)를 제기하여야 한다.[216)

대법원 2004. 1. 15. 선고 2002두2444 판결

행정소송법 제34조 소정의 간접강제결정에 기한 배상금은 거부처분취소판결이 확정된 경우 그 처분을 행한 행정청으로 하여금 확정판결의 취지에 따른 재처분의무의 이행을 확실히 담보하기 위한 것으로서, 확정판결의 취지에 따른 재처분의무내용의 불확정성과 그에 따른 재처분에의 해당 여부에 관한 쟁송으로 인하여 간접강제결정에서 정한 재처분의무의 기한 경과에 따른 배상금이 증가될 가능성이 자칫 행정청으로 하여금 인용처분을 강제하여 행정청의 재량권을 박탈하는 결과를 초래할 위험성이 있는 점 등을 감안하면, 이는 확정판결의 취지에 따른 재처분의 지연에 대한 제재나 손해배상이 아니고 재처분의 이행에 관한 심리적 강제수단에 불과한 것으로 보아야 하므로, 특별한 사정이 없는 한 간접강제결정에서 정한 의무이행기한이 경과한 후에라도 확정판결의 취지에 따른 재처분의 이행이 있으면 배상금을 추심함으로써 심리적 강제를 꾀할 목적이 상실되어 처분상대방이 더 이상 배상금을 추심하는 것은 허용되지 않는다.

3. 판결의 선고

(1) 절 차

취소소송에서의 판결의 형식, 선고 등의 절차는 행정소송법에 특별한 규정이 없

---

216) 대법원 2001. 11. 13. 선고 99두2017 판결(청구취지상으로는 거부처분 취소판결의 집행력 배제를 구하고 있지만 그 청구원인에서는 거부처분 취소판결의 취지에 따른 처분을 하였음을 이유로 거부처분 취소판결의 간접강제결정의 집행력 배제를 구하고 있는 경우, 그 소송의 법적 성질은 청구이의의 소로서 민사소송에 해당한다).

으므로 민사소송법의 규정이 준용된다.

(2) 명령 · 규칙의 위헌판결 등 공고

행정소송에 대한 대법원 판결에 의하여 명령 · 규칙이 헌법 또는 법률에 위반된
다는 것이 확정된 경우에는 대법원은 지체 없이 그 사유를 행정안전부장관에게 통
보하여야 한다(행정소송법제6조 제1항). 이때 통보를 받은 행정안전부장관은 지체 없이 이를 관보에
게재하여야 한다(동제2항).

그러나 부수적 규범통제의 경우 명령 · 규칙의 소관 행정청과 행정소송의 피고가
다른 경우가 많고, 1심과 2심의 판결이 항소나 상고되지 않고 확정된 경우에는 행
정소송법 제6조가 적용되지 않는다는 문제가 있다. 이에 행정소송규칙은 "대법원은
재판의 전제가 된 명령 · 규칙이 헌법 또는 법률에 위배된다는 것이 법원의 판결에
의하여 확정된 경우에는 그 취지를 해당 명령 · 규칙의 소관 행정청에 통보하여야
한다."는 규정과(제2조제1항), 이를 위해 "대법원 외의 법원이 제1항과 같은 취지의 재판을
하였을 때에는 해당 재판서 정본을 지체 없이 대법원에 송부하여야 한다."는 규정
을 신설하였다(동항제2항).

따라서 심급을 불문하고 재판의 전제가 된 명령 · 규칙이 헌법 또는 법률에 위반
된다는 판결이 확정되면 그 취지를 명령 · 규칙의 소관 행정청에 통보하여 개정 등
정비를 촉진하고자 하는 것이 위 규정의 입법취지이다. 이는 부수적 규범통제[217]에
서 적용되고, 통보 대상은 법원의 확정 판결에 한하며(집행정지신청 사건은 제외), 통보의 상대방은
명령 · 규칙을 개정하거나 폐지할 실질적 권한이 있는 소관 행정청이 된다.

(3) 종국판결의 부수적 재판

1) 가집행선고

행정처분의 취소 또는 변경을 구하는 취소소송은 확정되어야 집행력이 생기므로
가집행선고를 할 수 없다. 무효등확인소송이나 부작위위법확인소송에서도 성질상
가집행선고가 허용되지 않는다. 행정소송에서 가집행선고는 재산적 청구에 관한 당
사자소송에 한한다(민사소송법제213조 제1항).

---

217) 명령 · 규칙 자체를 다투는 직접적 규범통제에서는 명령 · 규칙의 소관 행정청이 당해 사건의
피고가 되므로 명령 · 규칙에 대한 법원의 판단을 바로 알 수 있고, 판결의 효력에 의해 명령 · 규칙이
폐지되므로 소관 행정청에게 따로 그 취지를 통보할 필요가 없다.

2) 소송비용

소송비용의 범위 및 그 재판에 관하여는 행정소송법에 특별한 규정이 없는 한 민사소송법의 규정에 따른다. 다만, 행정소송법은 ① 사정판결과 ② 행정청이 처분 등을 취소·변경한 경우에 대한 특례를 규정하고 있다. 즉, 취소청구가 사정판결에 의하여 기각되거나 행정청이 처분등을 취소 또는 변경함으로 인하여 청구가 각하 또는 기각된 경우에는 소송비용은 피고가 부담한다($^{제32}_{조}$). 이는 패소자 소송비용부담 원칙에 대한 예외를 규정하고 있는 민사소송법 제99조 및 제100조와 마찬가지로 공평의 원칙을 반영한 것이다.

소송비용에 관한 재판이 확정된 때에는 피고 또는 참가인이었던 행정청이 소속 하는 국가 또는 공공단체에 그 효력을 미친다($^{제33}_{조}$). 따라서 행정청이 소속하는 국가 또는 공공단체는 자신의 이름으로 비용채권자로서 소송비용확정신청을 할 수 있고, 또 강제집행을 위하여 집행문이 부여된다. 당해 행정청의 소속관계는 사무의 귀속 관계와는 다르므로 기관위임사무의 경우 행정처분의 효과는 위임기관인 국가에 귀속되지만 소송비용부담의 재판은 수임기관인 처분청이 속한 공공단체에 그 효력이 생긴다.[218]

4. 판결에 대한 불복

(1) 항소·상고

제1심 법원($^{행정법원·지방}_{법원 본원 등}$)의 종국판결에 대하여는 고등법원에 항소할 수 있고($^{민사소송법}_{제390조}_{제1항}$), 고등법원이 항소심 또는 제1심으로 한 종국판결에 대하여는 대법원에 상고할 수 있다($^{민사소송법}_{제422조 제1항}$). 항소와 상고의 제기 등에 관하여는 민사소송에서와 같다.

행정소송의 상고사건에도 상고심절차에 관한 특례법상 심리불속행에 관한 규정이 적용된다($^{상고심절차에 관한}_{특례법 제2조, 제4조}$).

(2) 재 심

1) 민사소송법에 의한 재심

취소소송에도 민사소송법에 의한 재심이 일반적으로 인정된다.

---

218) 법원실무제요 행정(402면).

2) 행정소송법에 의한 재심

처분등을 취소하는 확정판결은 제3자에게도 효력이 미친다. 이에 따라 자기에게 책임 없는 사유로 소송에 참가하지 못하여 판결 결과에 영향을 미칠 공격방어방법을 제출하지 못한 제3자의 권익을 보호하기 위하여 행정소송법은 확정된 종국판결에 대한 제3자의 재심청구를 인정하고 있다(제31조제1항). 제3자는 확정판결이 있음을 안 날로부터 30일 이내, 판결이 확정될 날로부터 1년 이내에 재심청구를 제기하여야 하며(제2항), 이는 불변기간이다(제3항).

5. 판결에 의하지 않는 취소소송의 종료

(1) 소의 취하

취소소송은 일반적으로 종국판결이 확정(상소기간 도과·상소권 포기 등)됨으로써 종료된다. 그러나 취소소송에서도 처분권주의가 적용되므로 원고는 소의 취하를 통해 일방적으로 취소소송을 종료시킬 수 있다. 다만, 피고가 본안에 관하여 준비서면을 제출하거나 변론준비기일에서 진술하거나 변론을 한 후에는 피고의 동의를 받아야 한다. 이외에도 쌍방 불출석으로 인한 소취하나 상소취하의 간주에 관한 민사소송법 제268조는 취소소송에도 준용된다.

(2) 청구의 포기·인낙

민사소송법 제220조는 "화해, 청구의 포기·인낙을 변론조서·변론준비기일조서에 적은 때에는 그 조서는 확정판결과 같은 효력을 가진다."고 규정하고 있다. 취소소송에서도 청구의 포기·인낙을 인정할 수 있는 것인지에 관하여 학설상 다툼이 있다. 생각건대, 처분권주의에 따라 원고 스스로 청구를 포기하는 것은 허용된다고 할 것이다. 그러나 청구의 인낙의 경우, 이를 자유롭게 허용하게 되면 제3자효 행정행위에서 제3자의 권익을 해할 우려가 있는 뿐만 아니라 항상 적법한 처분을 해야 할 행정청의 의무가 왜곡될 우려가 있으므로 허용되지 않는다고 보아야 한다.

참고로 행정소송에 관한 부제소합의는 당사자가 임의로 처분할 수 없는 공법상 권리관계를 대상으로 한 소권을 당사자의 합의로 포기하는 것이므로 허용될 수 없다는 것이 판례의 태도이다.

대법원 1998. 8. 21. 선고 98두8919 판결

지방자치단체장이 도매시장법인의 대표이사에 대하여 위 지방자치단체장이 개설한 농수산물도매시장의 도매시장법인으로 다시 지정함에 있어서 그 지정조건으로 '지정기간 중이라도 개설자가 농수산물 유통정책의 방침에 따라 도매시장법인 이전 및 지정취소 또는 폐쇄 지시에도 일체 소송이나 손실보상을 청구할 수 없다.'라는 부관을 붙였으나, 그 중 부제소특약에 관한 부분은 당사자가 임의로 처분할 수 없는 공법상의 권리관계를 대상으로 하여 사인의 국가에 대한 공권인 소권을 당사자의 합의로 포기하는 것으로서 허용될 수 없다.

(3) 화해·조정

다수설은 취소소송의 공익적 성격을 고려하여 재판상 화해는 허용될 수 없다는 입장이다. 또한, 행정소송법 제8조 제2항은 행정소송에 관하여 민사조정법을 준용하지 않으므로 조정도 허용되지 않는다고 해석된다.

그러나 실무에서는 일정한 사건의 경우 재판부가 피고에게 해당 처분을 적절하다고 인정되는 처분으로 변경할 것을 권고하고, 원고에게는 변경처분이 이루어지면 소를 취하할 것을 권고하는 '사실상 화해' 또는 '조정권고'가 소송지휘권 차원에서 활용되고 있다. 실무상 ① 영업취소·정지처분, ② 이행강제금·과징금부과처분, ③ 조세부과처분, ④ 징계처분, ⑤ 운전면허취소·정지처분, ⑥ 산업재해, ⑦ 국가유공자, ⑧ 재개발·재건축 등 법리상 다툼의 여지가 거의 없는 정형적인 사건에서 주로 이용되고 있다. 그러나 행정소송법에는 조정권고에 관한 법적 근거가 없으므로 재판부에 따라 그 활용방식에 차이를 보이는 등 실무상 혼선이 야기되기도 하는 바, 제도의 통일적인 운영을 위해 이에 관한 근거 규정을 행정소송규칙에 마련하였다. 이는 취소소송뿐만 아니라 무효등확인소송과 부작위위법확인소송에도 준용된다(행정소송규칙 제18조, 당사자소송에는 재판상 화해가 활용되고 있음).

> **행정소송규칙 제15조(조정권고)** ① 재판장은 신속하고 공정한 분쟁 해결과 국민의 권익 구제를 위하여 필요하다고 인정하는 경우에는 소송계속 중인 사건에 대하여 직권으로 소의 취하, 처분등의 취소 또는 변경, 그 밖에 다툼을 적정하게 해결하기 위해 필요한 사항을 서면으로 권고할 수 있다.
> ② 재판장은 제1항의 권고를 할 때에는 권고의 이유나 필요성 등을 기재할 수 있다.
> ③ 재판장은 제1항의 권고를 위하여 필요한 경우에는 당사자, 이해관계인, 그 밖의 참고인을 심문할 수 있다.

이에 따르면, 조정권고는 재판장의 직권에 의하여 이루어지고(당사자의 신청은 직권 발동을 촉구하는 의미), 이유를 기재한 서면으로 할 수 있으며(월의), 재판장은 필요한 경우 심문기일을 지정하여 당사자 등을 심문할 수 있다.

그러나 조정권고는 당사자의 소송행위가 결합되어야 사건이 종결된다는 점에서 그 자체로 법적 효력이 있는 것이 아니지만, 당사자에게 사실상 구속력이 있으며, 합의를 통해 제3자의 권익 또는 관계 행정청의 권한을 침해할 여지가 있고, 남용될 경우 법치행정의 원리가 무력화될 수 있다는 점에서 그 요건과 절차를 엄격하게 정하여 법률에서 규율하는 것이 바람직하다.

(4) 당사자의 사망

취소소송 중 성질상 승계가 허용되지 않는 소송에서 원고가 사망한 경우 소송은 중단되지 않고 종료한다. 성질상 승계가 허용되는 소송이라도 원고가 사망한 후 소송을 승계할 자가 없을 때에는 소송은 종료된다.

대법원 2007. 7. 26. 선고 2005두15748 판결

공무원으로서의 지위는 일신전속권으로서 상속의 대상이 되지 않으므로, 의원면직처분에 대한 무효확인을 구하는 소송은 당해 공무원이 사망함으로써 중단됨이 없이 종료된다.

제2관 무효등확인소송

Ⅰ. 개 설

1. 의 의

무효등확인소송이란 행정청의 처분등의 효력 유무 또는 존재 여부의 확인을 구하는 소송을 말한다(행정소송법). 여기에는 처분이나 재결의 무효확인소송·유효확인소송·존재확인소송·부존재확인소송·실효확인소송이 포함된다.

무효 또는 부존재인 처분은 처음부터 당연히 법률상 효력이 없거나 부존재하나, 처분이 외형상 존재함으로써 행정청이 유효한 처분으로 오인하여 집행할 우려가 있다. 따라서 무효 또는 부존재인 처분등의 상대방이나 이해관계인은 그 무효 또는 부존재를 공적으로 선언받을 필요가 있는바, 여기에 무효등확인소송의 존재 의의가

있다. 이하에서는 취소소송과 구별되는 무효등확인소송의 고유한 논점을 중심으로
살펴본다.

[기재례]

피고가 2023. 5. 17. 원고에 대하여 한 개발부담금 10,000,000원의 부과처분은 무효
임을 확인한다.

2. 성 질

무효등확인소송은 적극적으로 처분등의 효력을 소멸시키거나 부여하는 것이 아
니라 처분등의 효력 유무나 존재 여부를 확인·선언하는데 지나지 않는다는 점에
서 확인소송에 속한다. 그러나 무효등확인소송은 처분등으로 말미암은 현재 법률관
계의 확인을 구하는 것이 아니라 처분등의 효력이나 존부 자체를 그 대상으로 한다
는 점에서 항고소송의 성질을 아울러 가진다. 행정소송법도 무효등확인소송을 항고
소송의 일종으로 규정하면서, 취소소송에 관한 대부분의 규정을 준용하고 있다($\binom{제4}{조,}$
$\binom{제38조}{제1항}$). 다만, ① 예외적 행정심판 전치주의($\binom{제18}{조}$), ② 제소기간($\binom{제20}{조}$), ③ 재량처분의 취
소($\binom{제27}{조}$), ④ 사정판결($\binom{제28}{조}$), ⑤ 소송비용의 부담($\binom{제32}{조}$), ⑥ 거부처분취소판결의 간접강
제($\binom{제34}{조}$)에 관한 규정은 준용되지 않는다.

3. 소송물

무효등확인소송의 소송물은 처분등의 유효·무효, 존재·부존재이고, 청구취지
만으로 소송물의 동일성이 특정된다.

대법원 1992. 2. 25. 선고 91누6108 판결

과세처분무효확인소송의 경우 소송물은 권리 또는 법률관계의 존부 확인을 구하는
것이며, 이는 청구취지만으로 소송물의 동일성이 특정된다고 할 것이고 따라서 당사자
가 청구원인에서 무효사유로 내세운 개개의 주장은 공격방어방법에 불과하다고 볼 것
이며, 한편 확정된 종국판결은 그 기판력으로서 당사자가 사실심의 변론종결시를 기준
으로 그때까지 제출하지 않은 공격방어방법은 그 뒤 다시 동일한 소송을 제기하여 이를
주장할 수 없다.

4. 취소소송과의 관계

(1) 병합형태

무효확인소송과 취소소송은 종류를 달리하는 별개의 소송이지만, 양자 모두 처분등에 위법한 흠이 있음을 이유로 그 효력의 배제를 구한다는 점에서 유사하며, 흠의 정도에 따른 상대적 차이만 존재한다. 동일한 행정처분에 대한 무효확인과 취소청구는 서로 양립할 수 없는 청구로서 주위적·예비적 청구로서만 병합이 가능하고 선택적 청구로서의 병합이나 단순 병합은 허용되지 아니한다.

대법원 1999. 8. 20. 선고 97누6889 판결

행정처분에 대한 무효확인과 취소청구는 서로 양립할 수 없는 청구로서 주위적·예비적 청구로서만 병합이 가능하고 선택적 청구로서의 병합이나 단순 병합은 허용되지 아니한다.

(2) 제소기간

동일한 행정처분에 대하여 무효확인의 소를 제기하였다가 그 후 그 처분의 취소를 구하는 소를 추가적으로 병합한 경우, 주된 청구인 무효확인의 소가 적법한 제소기간 내에 제기되었다면 추가로 병합된 취소청구의 소도 적법하게 제기된 것으로 보아야 한다.

대법원 2005. 12. 23. 선고 2005두3554 판결

하자 있는 행정처분을 놓고 이를 무효로 볼 것인지 아니면 단순히 취소할 수 있는 처분으로 볼 것인지는 동일한 사실관계를 토대로 한 법률적 평가의 문제에 불과하고, 행정처분의 무효확인을 구하는 소에는 특단의 사정이 없는 한 그 취소를 구하는 취지도 포함되어 있다고 보아야 하는 점 등에 비추어 볼 때, 동일한 행정처분에 대하여 무효확인의 소를 제기하였다가 그 후 그 처분의 취소를 구하는 소를 추가적으로 병합한 경우, 주된 청구인 무효확인의 소가 적법한 제소기간 내에 제기되었다면 추가로 병합된 취소청구의 소도 적법하게 제기된 것으로 봄이 상당하다.

　*소의 변경 후의 청구가 변경 전의 청구와 소송물이 실질적으로 동일하거나 밀접한 관계가 있어 변경 전의 청구에 이미 변경 후의 청구까지 포함되어 있다고 볼 수 있는 경우에는 당초의 소 제기시를 기준으로 제소기간의 준수 여부를 판단하고 있음.

(3) 무효확인소송을 제기하였으나 취소사유에 불과한 경우

일반적으로 행정처분의 무효확인을 구하는 소에는 원고가 그 처분의 취소를 구하지 아니한다고 밝히지 아니한 이상 그 처분이 만약 당연무효가 아니라면 그 취소를 구하는 취지도 포함되어 있는 것으로 보아야 한다.[219] 따라서 처분에 대한 무효확인소송을 제기하였으나 그 처분에 취소사유에 불과한 흠이 있고, 취소소송의 제기에 필요한 소송요건을 구비하였다고 보일 때에는 무효가 아니면 취소라도 구하는 취지인지를 석명하여, 처분의 취소를 구하지 않음이 명백하지 않은 이상, 취소소송으로 소를 변경하도록 한 후 취소판결을 하여야 한다. 이처럼 원고가 착오로 취소소송 대신 무효확인소송을 제기한 경우 시정할 기회를 주기 위해 행정소송규칙에서는 무효확인소송에서 재판장의 석명권 행사에 대하여 규정하고 있다.

> **행정소송규칙** 제16조(무효확인소송에서 석명권의 행사) 재판장은 무효확인소송이 법 제20조에 따른 기간 내에 제기된 경우에는 원고에게 처분등의 취소를 구하지 아니하는 취지인지를 명확히 하도록 촉구할 수 있다. 다만, 원고가 처분등의 취소를 구하지 아니함을 밝힌 경우에는 그러하지 아니하다.

그러나 행정심판절차를 거치지 아니한 까닭에 행정처분 취소의 소를 무효확인의 소로 변경한 경우에는 무효확인을 구하는 취지 속에 그 처분이 당연무효가 아니라면 그 취소를 구하는 취지까지 포함된 것으로 볼 여지가 전혀 없다고 할 것이므로 법원으로서는 그 처분이 당연무효인가 여부만 심리판단하면 충분하다.[220]

(4) 취소소송을 제기하였으나 무효사유에 해당하는 경우

처분에 대한 취소소송을 제기하였으나 그 처분에 무효사유에 해당하는 흠이 있으면, 처분을 취소하는 원고 전부승소 판결을 하여야 한다. 이러한 취소소송을 통상 '무효를 선언하는 의미의 취소소송'이라고 하며, 형식상 취소소송에 속하기 때문에 제소기간 등 취소소송의 소송요건을 갖추어야 한다.[221]

대법원 1970. 5. 26. 선고 70누30 판결

원고가 그 청구취지로서 행정처분의 취소를 구하고 있는 이상 원심이 원고에 대하여 행정처분의 무효확인을 구하는 여부를 석명할 의무는 없다고 할 것이고 또 행정처분의

---

219) 대법원 1994. 12. 23. 선고 94누477 판결.
220) 대법원 1987. 4. 28. 선고 86누887 판결.
221) 대법원 1990. 8. 28. 선고 90누1892 판결(과세처분의 무효선언을 구하는 의미에서 취소를 구하는 소송이라도 전심절차를 거쳐야 한다).

취소를 청구하는 내용에는 무효확인을 구하는 취지도 포함되어 있다고는 볼 수 없다.

Ⅱ. 소의 이익

1. 학설의 대립

무효등확인소송은 처분등의 효력 유무 또는 존재 여부의 확인을 구할 법률상 이익이 있는 자가 제기할 수 있다($\frac{제35}{조}$). 여기서 말하는 확인을 구할 법률상 이익의 의미와 관련하여, 학설은 ① 원고의 권리나 법률상 지위에 현존하는 불안이나 위험을 제거하기 위하여 확인판결을 받는 것이 유효·적절한 때와 같은 즉시확정의 법률상 이익으로 보는 견해와 ② 민사소송에서의 확인의 이익보다 넓은 개념으로서, 취소소송과 마찬가지로 법규에 의하여 보호되는 이익으로 보는 견해(통설)로 대립된다. ①설에 따르면, 현재의 법률관계에 관하여 다른 구제수단에 의하여 분쟁이 해결되지 않는 경우에 한하여 무효등확인소송이 보충적으로 인정된다고 본다.

2. 판례의 태도

종전 대법원은 "행정처분에 대한 무효확인의 소에 있어서 확인의 이익은 그 대상인 법률관계에 관하여 당사자 사이에 분쟁이 있고, 그로 인하여 원고의 권리 또는 법률상의 지위에 불안·위험이 있어 판결로써 그 법률관계의 존부를 확정하는 것이 위 불안·위험을 제거하는 데 필요하고도 적절한 경우에 인정되는 것"이라고 판시하여 ①설의 입장이었다($\frac{대법원\ 2006.\ 5.\ 12.\ 선}{고\ 2004두14717\ 판결}$).

그러나 이후 판례를 변경하여 "행정처분의 근거 법률에 의하여 보호되는 직접적이고 구체적인 이익이 있는 경우에는 행정소송법 제35조에 규정된 '무효확인을 구할 법률상 이익'이 있다고 보아야 하고, 이와 별도로 무효확인소송의 보충성이 요구되는 것은 아니므로 행정처분의 무효를 전제로 한 이행소송 등과 같은 직접적인 구제수단이 있는지 여부를 따질 필요가 없다고 해석함이 상당하다."고 판시하였다.

① **대법원 2008. 3. 20. 선고 2007두6342 전원합의체 판결**

행정소송은 행정청의 위법한 처분 등을 취소·변경하거나 그 효력 유무 또는 존재 여부를 확인함으로써 국민의 권리 또는 이익의 침해를 구제하고 공법상의 권리관계 또는 법 적용에 관한 다툼을 적정하게 해결함을 목적으로 하므로, 대등한 주체 사이의 사법상 생활관계에 관한 분쟁을 심판대상으로 하는 민사소송과는 목적, 취지 및 기능 등을 달리한다. 또한 행정소송법 제4조에서는 무효확인소송을 항고소송의 일종으로 규정하고 있고, 행정소송법 제38조 제1항에서는 처분 등을 취소하는 확정판결의 기속력 및 행정청의 재처분 의무에 관한 행정소송법 제30조를 무효확인소송에도 준용하고 있으므로 무효확인판결 자체만으로도 실효성을 확보할 수 있다. 그리고 무효확인소송의 보충성을 규정하고 있는 외국의 일부 입법례와는 달리 우리나라 행정소송법에는 명문의 규정이 없어 이로 인한 명시적 제한이 존재하지 않는다. 이와 같은 사정을 비롯하여 행정에 대한 사법통제, 권익구제의 확대와 같은 행정소송의 기능 등을 종합하여 보면, 행정처분의 근거 법률에 의하여 보호되는 직접적이고 구체적인 이익이 있는 경우에는 행정소송법 제35조에 규정된 '무효확인을 구할 법률상 이익'이 있다고 보아야 하고, 이와 별도로 무효확인소송의 보충성이 요구되는 것은 아니므로 행정처분의 무효를 전제로 한 이행소송 등과 같은 직접적인 구제수단이 있는지 여부를 따질 필요가 없다고 해석함이 상당하다.

② 대법원 2008. 6. 12. 선고 2008두3685 판결

국세청이 국세체납을 이유로 토지를 압류한 후 공매처분한 경우, 그 소유권자는 국가 또는 매수인을 상대로 부당이득반환청구의 소나 소유권이전등기말소청구의 소를 제기하여 직접 위법상태를 제거할 수 있는지 여부에 관계없이 압류처분 및 매각처분에 대한 무효확인을 구할 수 있다고 한 사례.

Ⅲ. 입증책임

무효등확인소송에서 입증책임을 당사자에게 어떻게 분배할 것인가와 관련하여, 학설은 ① 취소소송의 경우와 동일하게 보는 견해와 ② 원고가 입증책임을 져야 한다고 보는 견해로 대립하고 있으나, 판례는 ②설의 입장이다.

대법원 2023. 6. 29. 선고 2020두46073 판결

민사소송법이 준용되는 행정소송에서 증명책임은 원칙적으로 민사소송의 일반원칙에 따라 당사자 간에 분배되고, 항고소송은 그 특성에 따라 해당 처분의 적법성을 주장하는 피고에게 적법사유에 대한 증명책임이 있으나, 예외적으로 행정처분의 당연무효를 주장하여 무효 확인을 구하는 행정소송에서는 원고에게 행정처분이 무효인 사유를 주장·증명할 책임이 있고, 이는 무효 확인을 구하는 뜻에서 행정처분의 취소를 구하는 소송에 있어서도 마찬가지이다.

Ⅳ. 준용규정

1. 소의 변경

취소소송의 소의 변경에 관한 행정소송법 제21조의 규정은 무효등확인소송을 취소소송 또는 당사자소송으로 변경하는 경우에 준용한다(제조37). 이때 제소기간의 준수 여부는 변경 전 소 제기 당시를 기준으로 판단한다(제21조 제4항 제14조 제4항).

2. 기타 준용규정

행정소송법 제9조(재판 관할), 제10조(관련청구소송의 이송 및 병합), 제13조(피고 적격), 제14조(피고 경정), 제15조(공동 소송), 제16조(제3자의 소송참가), 제17조(행정청의 소송참가), 제19조(취소소송 의 대상), 제22조(처분변경으로 인 한 소의 변경), 제23조(집행 정지), 제24조(집행정지 의 취소), 제25조(행정심판기록 의 제출명령), 제26조(직권 심리), 제29조(취소판결 등 의 효력), 제30조(취소판결 등 의 기속력), 제31조(제3자에 의한 재심청구), 제33조(소송비용에 관한 재판의 효력)의 규정은 무효등확인소송의 경우에 준용된다(제38조 제1항).

제3관 부작위위법확인소송

Ⅰ. 개 설

1. 의 의

부작위위법확인소송이란 행정청의 부작위가 위법하다는 것을 확인하는 소송이다(행정소송법 제4조 제3호). 즉, 행정청이 당사자의 신청에 대하여 상당한 기간 내에 신청을 인용하는 적극적 처분 또는 각하하거나 기각하는 등의 소극적 처분을 하여야 할 법률상 응답의무가 있음에도 불구하고 이를 하지 아니하는 경우, 그 부작위가 위법하다는 것을 확인함으로써 행정청의 응답을 신속하게 하도록 하여 부작위 또는 무응답이라고 하는 소극적 위법상태를 제거하는 것을 목적으로 하는 소송이다.

원래 행정청의 위법한 부작위에 대한 가장 직접적이고 실효적인 권리구제수단은 의무이행소송이지만, 현행 행정소송법은 이를 인정하지 않고 있다. 따라서 당사자는 행정청의 위법한 부작위에 대하여 먼저 ① 부작위위법확인소송을 제기하여 인용판결을 받은 다음, ② 판결의 기속력에 따라 행정청으로 하여금 일정한 처분

$\left(\substack{\text{적극적 처분이든 소극} \\ \text{적 처분이든 불문함}}\right)$을 하도록 강제하고$\left(\substack{\text{제38조 제2항,} \\ \text{제30조 제2항}}\right)$, ③ 그 처분에 대해 불만이 있는 경우 다시 그 처분의 취소 등을 구하는 행정소송을 제기하여야 한다. 만일 부작위위법확인판결이 내려졌음에도 행정청이 아무런 처분을 하지 않는 경우, 제1심 수소법원은 당사자의 신청에 의하여 결정으로써 상당한 기간을 정하고 행정청이 그 기간 내에 이행(처분)하지 아니하는 때에는 그 지연기간에 따라 일정한 배상을 할 것을 명하거나 즉시 손해배상을 할 것을 명할 수 있다$\left(\substack{\text{제38조 제2} \\ \text{항, 제34조}}\right)$.

이러한 점에서 부작위위법확인소송은 의무이행소송과 비교하여 간접강제 수단을 통한 우회적인 구제방식이다. 이하에서는 부작위위법확인소송의 특수한 문제를 살펴본다.

[기재례]

원고가 2023. 5. 17. 피고에 대하여 한 토지형질변경허가신청에 관한 피고의 부작위가 위법임을 확인한다.

2. 성 질

부작위위법확인소송은 확인소송의 성질을 가진다. 그러나 이는 행정청이 아무런 응답$\left(\substack{\text{인용처분이든 기각} \\ \text{처분이든 불문함}}\right)$을 하지 않는 것이 위법하다는 확인을 구하는 것이지, 원고의 신청을 인용하지 않는 것이 위법하다는 확인을 구하는 소송이 아니다. 한편, 부작위위법확인소송은 행정청의 소극적 태도인 부작위에 의하여 형성된 위법한 상태의 제거를 목적으로 한다는 점에서 항고소송의 성질을 가진다. 행정소송법도 부작위위법확인소송을 항고소송의 유형으로 규정하면서, 취소소송에 관한 대부분의 규정을 준용하고 있다$\left(\substack{\text{제4조, 제38} \\ \text{조 제2항}}\right)$. 다만, 그중에서 처분이 있음을 전제로 하는 규정, 즉 ① 처분변경으로 인한 소의 변경$\left(\substack{\text{제22} \\ \text{조}}\right)$, ② 집행정지$\left(\substack{\text{제23} \\ \text{조}}\right)$, ③ 집행정지의 취소$\left(\substack{\text{제24} \\ \text{조}}\right)$, ④ 사정판결$\left(\substack{\text{제28} \\ \text{조}}\right)$, ⑤ 소송비용의 부담$\left(\substack{\text{제32} \\ \text{조}}\right)$에 관한 규정은 준용되지 않는다.

Ⅱ. 소의 이익

1. 원고적격

부작위위법확인소송은 처분의 신청을 한 자로서 부작위의 위법의 확인을 구할 법률상 이익이 있는 자만이 제기할 수 있다$\left(\substack{\text{제36} \\ \text{조}}\right)$. 즉, 처분의 신청을 현실적으로 한 자만이 원고적격이 있으며, 처분의 신청을 하지 않은 제3자 등은 제기할 수 없다.

2. 협의의 소의 이익

부작위위법확인소송에도 취소소송에서 일반적으로 요구되는 소의 이익에 관한 내용이 그대로 적용된다. 따라서 ① 부작위위법확인소송의 변론종결시까지 행정청의 처분으로 부작위 상태가 해소된 경우[판례 ①], ② 당사자의 신청이 있은 이후 당사자에게 생긴 사정의 변화로 인하여 부작위가 위법하다는 확인을 받는다고 하더라도 종국적으로 침해되거나 방해받은 권리와 이익을 보호·구제받는 것이 불가능하게 된 경우[판례 ②]에는 소의 이익을 상실하게 된다.

① 대법원 1990. 9. 25. 선고 89누4758 판결

부작위위법확인의 소는 행정청이 국민의 법규상 또는 조리상의 권리에 기한 신청에 대하여 상당한 기간 내에 그 신청을 인용하는 적극적 처분 또는 각하하거나 기각하는 등의 소극적 처분을 하여야 할 법률상의 응답의무가 있음에도 불구하고 이를 하지 아니하는 경우, 판결(사실심의 구두변론 종결)시를 기준으로 그 부작위의 위법을 확인함으로써 행정청의 응답을 신속하게 하여 부작위 내지 무응답이라고 하는 소극적인 위법상태를 제거하는 것을 목적으로 하는 것이고, 나아가 당해 판결의 구속력에 의하여 행정청에게 처분 등을 하게 하고 다시 당해 처분 등에 대하여 불복이 있는 때에는 그 처분 등을 다투게 함으로써 최종적으로는 국민의 권리이익을 보호하려는 제도이므로, 소제기의 전후를 통하여 판결시까지 행정청이 그 신청에 대하여 적극 또는 소극의 처분을 함으로써 부작위상태가 해소된 때에는 소의 이익을 상실하게 되어 당해 소는 각하를 면할 수가 없는 것이다.

② 대법원 2002. 6. 28. 선고 2000두4750 판결

[1] 부작위위법확인의 소는 행정청이 당사자의 법규상 또는 조리상의 권리에 기한 신청에 대하여 상당한 기간 내에 그 신청을 인용하는 적극적 처분을 하거나 각하 또는 기각하는 등의 소극적 처분을 하여야 할 법률상의 응답의무가 있음에도 불구하고 이를 하지 아니하는 경우, 그 부작위의 위법을 확인함으로써 행정청의 응답을 신속하게 하여 부작위 내지 무응답이라고 하는 소극적인 위법상태를 제거하는 것을 목적으로 하는 것이고, 나아가 그 인용 판결의 기속력에 의하여 행정청으로 하여금 적극적이든 소극적이든 어떤 처분을 하도록 강제한 다음, 그에 대하여 불복이 있을 경우 그 처분을 다투게 함으로써 최종적으로는 당사자의 권리와 이익을 보호하려는 제도이므로, 당사자의 신청이 있은 이후 당사자에게 생긴 사정의 변화로 인하여 위 부작위가 위법하다는 확인을 받는다고 하더라도 종국적으로 침해되거나 방해받은 권리와 이익을 보호·구제받는 것

이 불가능하게 되었다면 그 부작위가 위법하다는 확인을 구할 이익은 없다.

[2] 지방자치단체가 조례를 통하여 노동운동이 허용되는 사실상의 노무에 종사하는 공무원의 구체적 범위를 규정하지 않고 있는 것에 대하여 버스전용차로 통행위반 단속 업무에 종사하는 자가 부작위위법확인의 소를 제기하였으나 상고심 계속 중에 정년퇴직한 경우, 위 조례를 제정하지 아니한 부작위가 위법하다는 확인을 구할 소의 이익이 상실되었다고 한 사례.

Ⅲ. 부작위위법확인소송의 대상

1. 부작위의 의의

부작위위법확인소송의 대상은 행정청의 '부작위'이다. 여기서 부작위라 함은 "행정청이 당사자의 신청에 대하여 상당한 기간 내에 일정한 처분을 하여야 할 법률상 의무가 있음에도 불구하고 이를 하지 아니하는 것을 말한다(제2조 제1항 제2호). 따라서 행정청의 모든 부작위가 부작위위법확인소송의 대상이 되는 것이 아니라, 당사자의 신청을 전제로 행정청이 그 신청에 대하여 일정한 처분을 할 의무가 있음에도 불구하고 하지 아니하는 경우의 부작위만 소송의 대상이 된다.

2. 부작위의 요건

(1) 처분의 신청

부작위가 성립하기 위해서는 당사자가 행정청에 대하여 '처분등'을 신청하여야 한다. 그러므로 비권력적 사실행위나 사법상 계약체결 등을 구하는 사법상의 청구에 대한 부작위는 이에 해당하지 않는다. 행정소송법 제2조 제1항 제2호는 '처분등'이 아닌 '처분'을 하지 아니한 것만을 부작위라고 규정하고 있으나, 일반적으로 재결신청에 대한 부작위도 부작위위법확인소송의 대상에 포함되는 것으로 해석한다.[222]

대법원 1995. 3. 10. 선고 94누14018 판결

형사본안사건에서 무죄가 선고되어 확정되었다면 형사소송법 제332조 규정에 따라 검사가 압수물을 제출자나 소유자 기타 권리자에게 환부하여야 할 의무가 당연히 발생

---

222) 법원실무제요 행정(156면).

한 것이고, 권리자의 환부신청에 대한 검사의 환부결정 등 어떤 처분에 의하여 비로소 환부의무가 발생하는 것은 아니므로 압수가 해제된 것으로 간주된 압수물에 대하여 피압수자나 기타 권리자가 민사소송으로 그 반환을 구함은 별론으로 하고 검사가 피압수자의 압수물 환부신청에 대하여 아무런 결정이나 통지도 하지 아니하고 있다고 하더라도 그와 같은 부작위는 현행 행정소송법상의 부작위위법확인소송의 대상이 되지 아니한다.

(2) 법규상·조리상 신청권의 존재

대법원 판례에 따르면, "행정청이 국민으로부터 어떤 신청을 받고서 그 신청에 따르는 내용의 행위를 하지 아니한 것이 항고소송의 대상이 되는 위법한 부작위가 된다고 하기 위하여서는 국민이 행정청에 대하여 그 신청에 따른 행정행위를 해 줄 것을 요구할 수 있는 법규상 또는 조리상의 권리가 있어야 하며 이러한 권리에 의하지 아니한 신청을 행정청이 받아들이지 아니하였다고 해서 이 때문에 신청인의 권리나 법적 이익에 어떤 영향을 준다고 할 수 없는 것이므로 이를 들어 위법한 부작위라고 할 수 없을 것이다."는 입장이다.[223]

대법원 2000. 2. 25. 선고 99두11455 판결

　[1] 행정소송법 제4조 제3호가 정하는 부작위위법확인의 소는 행정청이 당사자의 법규상 또는 조리상의 권리에 기한 신청에 대하여 상당한 기간 내에 신청을 인용하는 적극적 처분 또는 각하하거나 기각하는 등의 소극적 처분을 하여야 할 법률상 응답의무가 있음에도 불구하고 이를 하지 아니하는 경우 그 부작위가 위법하다는 것을 확인함으로써 행정청의 응답을 신속하게 하여 부작위 또는 무응답이라고 하는 소극적 위법상태를 제거하는 것을 목적으로 하는 제도이고, 이러한 소송은 처분의 신청을 한 자로서 부작위가 위법하다는 확인을 구할 법률상의 이익이 있는 자만이 제기 할 수 있는 것이므로, 당사자가 행정청에 대하여 어떠한 행정처분을 하여 줄 것을 요청할 수 있는 법규상 또는 조리상의 권리를 갖고 있지 아니하거나 부작위의 위법확인을 구할 법률상의 이익이 없는 경우에는 항고소송의 대상이 되는 위법한 부작위가 있다고 볼 수 없거나 원고적격이 없어 그 부작위위법확인의 소는 부적법하다.

　[2] 외무공무원의 정년 등을 규정한 외무공무원법상 일반 국민이나 국회의원 등이 외무공무원의 임면권자에 대하여 특임공관장의 임면과정이나 지위 변경 등에 관하여 어떠한 신청을 할 수 있다는 규정이 없을 뿐 아니라, 나아가 국회의원은 헌법이 부여한 권한에 따라 국정감사·조사권, 국무위원 등의 국회출석요구권·질문권, 국무위원 등

---

223) 대법원 1992. 10. 27. 선고 92누5867 판결.

의 해임건의권 등의 다양한 권한행사를 통하여 행정부의 위법·부당한 행위를 통제할 수 있고, 또한 국회법상 국회통일외교통상위원회는 외무공무원의 인사에 관한 사항 등 외교통상부 소관에 속하는 의안과 청원의 심사 등의 직무를 행하도록 규정되어 있기는 하지만, 이러한 규정들에 의하여 국회의원이 국무위원인 외교통상부장관에 대하여 정치적인 책임을 물을 수 있음은 별론으로 하고 국회의원 개개인에게 특임공관장의 인사사항에 관한 구체적인 신청권을 부여한 것이라고 할 수 없어서, 국회의원에게는 대통령 및 외교통상부장관의 특임공관장에 대한 인사권 행사 등과 관련하여 대사의 직을 계속 보유하게 하여서는 아니된다는 요구를 할 수 있는 법규상 신청권이 있다고 할 수 없고, 그 밖에 조리상으로도 그와 같은 신청권이 있다고 보여지지 아니한다.

(3) 상당한 기간의 경과

부작위가 되기 위해서는 행정청이 일정한 처분을 하여야 할 상당한 기간이 지나도 아무런 처분을 하지 아니하여야 한다. 여기서 상당한 기간이란 사회통념상 당해 신청에 대해 행정청이 처분을 하는데 필요한 것으로 인정되는 기간을 말한다. 행정절차법 제19조 제1항에 근거한 처분의 처리기간이나 민원 처리에 관한 법률 제36조 제1항에 의한 민원처리기준표에서 규정한 처리기간, 기타 법령이 일정한 신청에 대하여 특별히 규정하고 있는 처분기간이 경과하면 특별한 사정이 없는 한 상당한 기간을 경과하였다고 할 것이다. 일반적으로 소를 제기하고 변론종결시까지는 상당한 기간이 경과할 것이므로 실무에서 이 요건은 특별히 문제되지 않는다.

(4) 처분의 부존재

부작위위법확인소송은 당사자의 신청에 대한 행정청의 처분이 존재하지 아니하는 경우에만 허용된다. 따라서 무효인 처분은 물론 당사자의 신청에 대한 행정청의 거부처분이 있는 경우에는 부작위위법확인소송을 제기할 수 없다. 이는 법령에서 일정 기간의 부작위에 대하여 인용처분 또는 거부처분으로 의제하는 특별한 규정을 두고 있는 경우에도 마찬가지이다.

① **대법원 1998. 1. 23. 선고 96누12641 판결**

행정청이 당사자의 신청에 대하여 거부처분을 한 경우에는 항고소송의 대상인 위법한 부작위가 있다고 볼 수 없어 그 부작위위법확인의 소는 부적법하다.

② **대법원 1992. 5. 8. 선고 91누11261 판결**

행정소송은 구체적 사건에 대한 법률상 분쟁을 법에 의하여 해결함으로써 법적 안정을 기하자는 것이므로 부작위위법확인소송의 대상이 될 수 있는 것은 구체적 권리의무에 관한 분쟁이어야 하고 추상적인 법령에 관하여 제정의 여부 등은 그 자체로서 국민의 구체적인 권리의무에 직접적 변동을 초래하는 것이 아니어서 그 소송의 대상이 될 수 없다.

Ⅳ. 심리 및 판결

1. 심리의 범위

의무이행소송과 달리 부작위위법확인소송에서는 부작위의 위법을 확인하는데 그치며, 신청이 실체법상 요건을 갖추고 있는지 여부는 심리의 범위에 포함되지 않는다고 보는 것이 통설적 견해이다. 따라서 법원은 행정청이 행하여야 할 처분의 내용까지 심사할 수는 없으므로 인용판결의 기속력은 신청의 실체적인 내용에는 미치지 않는다. 이러한 절차적 심리설에 따르면, 부작위가 성립하면 그 자체로 위법하다.[224]

① **대법원 1992. 7. 28. 선고 91누7361 판결**

부작위위법확인의 소는 행정청이 국민의 법규상 또는 조리상의 권리에 기한 신청에 대하여 상당한 기간 내에 그 신청을 인용하는 적극적 처분을 하거나 또는 각하 내지 기각하는 등의 소극적 처분을 하여야 할 법률상의 응답의무가 있음에도 불구하고 이를 하지 아니하는 경우 판결시를 기준으로 그 부작위의 위법함을 확인함으로써 행정청의 응답을 신속하게 하여 부작위 내지 무응답이라고 하는 소극적인 위법상태를 제거하는 것을 목적으로 하는 것이고, 나아가 당해 판결의 구속력에 의하여 행정청에게 처분 등을 하게 하고, 다시 당해 처분 등에 대하여 불복이 있는 때에는 그 처분 등을 다투게 함으로써 최종적으로는 국민의 권리이익을 보호하려는 제도이다.

② **대법원 2010. 2. 5.자 2009무153 결정**

신청인이 피신청인을 상대로 제기한 부작위위법확인소송에서 신청인의 제2 예비적 청구를 받아들이는 내용의 확정판결을 받았다. 그 판결의 취지는 피신청인이 신청인의 광주광역시 지방부이사관 승진임용신청에 대하여 아무런 조치를 취하지 아니하는 것 자체가 위법함을 확인하는 것일 뿐이다. 따라서 피신청인이 신청인을 승진임용하는 처분을 하는 경우는 물론이고, 승진임용을 거부하는 처분을 하는 경우에도 위 확정판결의

---

224) 대법원 2009. 7. 23. 선고 2008두10560 판결(행정청이 위와 같은 권리자의 신청에 대해 아무런 적극적 또는 소극적 처분을 하지 않고 있다면 그러한 행정청의 부작위는 그 자체로 위법하다).

취지에 따른 처분을 하였다고 볼 것이다. 그런데 위 확정판결이 있은 후에 피신청인은 신청인의 승진임용을 거부하는 처분을 하였다. 따라서 결국 신청인의 이 사건 간접강제 신청은 그에 필요한 요건을 갖추지 못하였다는 것이다. 관련 법리와 기록에 비추어 살펴보면, 원심의 위와 같은 판단은 정당한 것으로 수긍할 수 있고, 거기에 재항고이유의 주장과 같이 부작위위법확인판결의 내용을 오해하거나 부작위위법확인소송에 관한 법리를 오해한 위법이 있다고 할 수 없다.

2. 위법판단의 기준시

부작위위법확인소송은 기왕의 처분을 다투는 것이 아니라 부작위의 위법을 확인하는 것이며, 부작위가 위법하다는 판결이 확정되면 행정청은 그 판결에 따라 처분을 하여야 한다(제38조 제2항, 제30조 제2항). 따라서 그 판단의 대상은 사실심 변론종결 당시 처분의무의 존재라 할 것이므로, 사실심 변론종결시를 기준으로 부작위의 위법 여부를 판단하여야 한다.

대법원 1999. 4. 9. 선고 98두12437 판결

부동산강제경매사건의 최고가매수신고인이 애당초 농지취득자격증명발급신청을 한 목적이 경락기일에서 경매법원에 이를 제출하기 위한 데에 있고 행정청이 적극적인 처분을 하지 않고 있는 사이 위 경락기일이 이미 도과하였다 하더라도, 위 사실만으로 위 신고인이 부동산을 취득할 가능성이 전혀 없게 되었다고 단정할 수는 없으므로 위 경락기일이 이미 도과함으로써 위 신고인이 농지취득자격증명을 발급받을 실익이 없게 되었다거나 행정청의 부작위에 대한 위법확인을 구할 소의 이익이 없게 되었다고 볼 수는 없으며, 또한 부작위 위법 여부의 판단 기준시는 사실심의 구두변론종결시이므로 행정청이 원심판결 선고 이후에 위 신고인의 위 신청에 대하여 거부처분을 함으로써 부작위 상태가 해소되었다 하더라도 달리 볼 것은 아니다.

3. 입증책임

부작위위법확인소송에서 원고가 처분을 신청하였다는 것과 상당한 기간이 경과하였다는 것에 대하여 원고가 증명책임을 진다. 반면, 상당기간이 경과한 경우에 이를 정당화할 특단의 사정이 있었다는 점에 대하여는 행정청이 증명하여야 한다.

4. 소송비용

부작위위법확인소송 계속 중에 행정청이 처분을 하는 경우 더 이상 부작위 상태가 아니므로 부작위위법확인소송은 소의 이익이 없게 되어 각하되게 된다. 이 경우 패소자 소송비용부담원칙에 따라 소송비용을 전부 원고에게 부담시킨다면 공평의 원칙에 반하는 부당한 결과를 초래하게 된다. 이러한 문제를 방지하기 위해 행정소송규칙 제17조에서는 "법원은 부작위위법확인소송 계속 중 행정청이 당사자의 신청에 대하여 상당한 기간이 지난 후 처분등을 함에 따라 소를 각하하는 경우에는 소송비용의 전부 또는 일부를 피고가 부담하게 할 수 있다."는 내용을 규정하고 있다. 이는 그동안 명문의 규정이 없음에도 패소자 소송비용부담원칙의 예외에 관한 규정들의 해석을 통해 피고에게 소송비용의 전부 또는 일부를 부담시키는 실무례를 반영한 것이다.

Ⅴ. 준용규정

1. 소의 변경

취소소송의 소의 변경에 관한 행정소송법 제21조의 규정은 부작위위법확인소송을 취소소송 또는 당사자소송으로 변경하는 경우에 준용한다(제37조). 이때 제소기간의 준수 여부는 변경 전 소 제기 당시를 기준으로 판단한다(제21조 제4항, 제14조 제4항).

소의 변경은 원고가 처음부터 거부처분을 부작위로 오인하고 부작위위법확인소송을 제기한 경우뿐만 아니라 부작위위법확인소송의 심리 중에 행정청이 거부처분을 한 경우에도 가능하다. 대법원 판례도 동일한 입장으로 보인다.[225]

2. 기타 준용규정

행정소송법 제9조(재판관할), 제10조(관련청구소송의 이송 및 병합), 제13조(피고적격), 제14조(피고경정), 제15조(공동소송), 제16조(제3자의 소송참가), 제17조(행정청의 소송참가), 제18조(행정심판과의 관계), 제19조(취소소송의 대상), 제20조(기간),[226] 제25조

---

225) 대법원 2021. 12. 16. 선고 2019두45944 판결(원심으로서는 이 사건을 당사자소송에서 항고소송으로 소 변경을 할 것인지에 관해서 석명권을 행사하여 원고가 적법한 소송형태를 갖추도록 했어야 하고, 만일 원고가 부작위위법확인소송으로 소 변경을 한 후 경기남부보훈지청장이 거부처분을 한다면 다시 거부처분 취소소송으로 소 변경을 할 것인지에 관해서도 석명권을 행사해야 한다).

226) 제소기간에 관한 규정 중에서 처분이 있는 것을 전제로 한 제20조 제1항 본문은 준용되지 않

(행정심판기록) 제출명령), 제26조(직권), 제27조(재량처분), 제29조(취소판결 등), 제30조(취소판결 등), 제31조(제3자에의한), 청구), 제33조(소송비용에 관한), 제34조(거부처분취소판결의 간접강제)의 규정은 부작위위법확인소송의 경우에 준용된다(제38조).

대법원 2009. 7. 23. 선고 2008두10560 판결

[1] 4급 공무원이 당해 지방자치단체 인사위원회의 심의를 거쳐 3급 승진대상자로 결정되고 임용권자가 그 사실을 대내외에 공표까지 하였다면, 그 공무원은 승진임용에 관한 법률상 이익을 가진 자로서 임용권자에 대하여 3급 승진임용을 신청할 조리상의 권리가 있고, 이러한 공무원으로부터 소청심사청구를 통해 승진임용신청을 받은 행정청 으로서는 상당한 기간 내에 그 신청을 인용하는 적극적 처분을 하거나 각하 또는 기각 하는 등의 소극적 처분을 하여야 할 법률상의 응답의무가 있다. 그럼에도, 행정청이 위 와 같은 권리자의 신청에 대해 아무런 적극적 또는 소극적 처분을 하지 않고 있다면 그 러한 행정청의 부작위는 그 자체로 위법하다.

[2] 부작위위법확인의 소는 부작위상태가 계속되는 한 그 위법의 확인을 구할 이익 이 있다고 보아야 하므로 원칙적으로 제소기간의 제한을 받지 않는다. 그러나 행정소송 법 제38조 제2항이 제소기간을 규정한 같은 법 제20조를 부작위위법확인소송에 준용하 고 있는 점에 비추어 보면, 행정심판 등 전심절차를 거친 경우에는 행정소송법 제20조 가 정한 제소기간 내에 부작위위법확인의 소를 제기하여야 한다.

[3] 당사자가 동일한 신청에 대하여 부작위위법확인의 소를 제기하였으나 그 후 소 극적 처분이 있다고 보아 처분취소소송으로 소를 교환적으로 변경한 후 여기에 부작위 위법확인의 소를 추가적으로 병합한 경우, 최초의 부작위위법확인의 소가 적법한 제소 기간 내에 제기된 이상 그 후 처분취소소송으로의 교환적 변경과 처분취소소송에의 추 가적 변경 등의 과정을 거쳤다고 하더라도 여전히 제소기간을 준수한 것으로 봄이 상당 하다.227)

는다. 따라서 부작위위법확인소송에 준용되는 경우는 행정심판을 거쳐 부작위위법확인소송을 제기하 는 경우이다.

227) [판결 이유] 원심이 적법하게 확정한 사실 및 기록에 의하면, 원고는 2004. 9. 30. ○○광역시 소청심사위원회에 '피고는 원고를 지방부이사관(3급)으로 승진임용하라'는 취지의 소청심사청구를 하 였는데, 위 소청심사위원회는 2006. 2. 20. 원고의 소청심사청구를 기각하였고, 원고는 그 무렵 그 결 정문을 송달받은 사실, 원고는 위 결정문을 송달받은 날부터 적법한 제소기간 내인 2006. 3. 8. 이 사 건 제2 예비적 청구를 청구취지로 한 이 사건 부작위위법확인의 소를 제기한 사실, 그 후 2006. 8. 17. 제1심 제1회 변론기일에 이 사건 제2 예비적 청구가 '피고가 2006. 3. 30.자로 원고에 대하여 한 지방 부이사관승진임용거부처분은 취소한다'는 취지의 취소소송으로 교환적으로 변경되었다가, 2007. 7. 26. 환송 전 원심 제1회 변론기일에 이 사건 제2 예비적 청구가 추가적으로 변경된 사실, 그 후 이 사건 환송판결로 원고가 취소소송으로 구한 2006. 3. 30.자 승진임용거부처분은 존재하지 않는 것으로 판명 된 사실 등을 알 수 있는바, 위 법리에 비추어 보면, 이 사건 부작위위법확인의 소는 앞에서 본 바와 같이 소청심사결정이 있은 2006. 2. 20.부터 적법한 제소기간 내인 2006. 3. 8. 제기되었음은 역수상

제3절   당사자소송

Ⅰ. 개 설

1. 의 의

당사자소송이란 행정청의 처분등을 원인으로 하는 법률관계에 관한 소송 그 밖에 공법상의 법률관계에 관한 소송으로서 그 법률관계의 한쪽 당사자를 피고로 하는 소송이다(행정소송법 제3조 제2호).

여기서 '처분등을 원인으로 하는 법률관계'란 처분등에 의하여 발생·변경·소멸된 법률관계를 말하며, '그 밖에 공법상의 법률관계'란 처분등을 원인으로 하지 아니한 그 밖에 공법이 규율하는 법률관계를 말한다.

당사자소송은 처분등이나 부작위 이외의 공법상 법률관계 일반을 대상으로 하며, 민사소송과 마찬가지로 확인소송·이행소송 등 다양한 형태의 소송유형이 존재한다.

2. 다른 소송과의 구분

(1) 당사자소송과 항고소송

당사자소송에서는 행정청의 처분등을 원인으로 하더라도 처분등의 효력 자체가 소송의 대상이 아니라 그로 인한 법률관계 자체가 소송의 대상이 되고, 처분등을 행한 행정청이 아닌 그 법률관계의 권리주체인 한쪽 당사자를 피고로 하는 점에서 항고소송과 다르다. 예컨대, 공무원 해임처분이 무효인 경우 그 처분 자체를 소송의 대상으로 하여 해임처분 무효확인을 구하는 소송은 항고소송이지만, 그 해임처분이 무효임을 전제로 당사자가 여전히 공무원의 지위에 있다는 법률관계의 확인을 구하는 소송은 당사자소송이다.

(2) 당사자소송과 민사소송

당사자소송은 행정법원의 전속관할에 속하며, 행정소송법 규정이 적용된다는 점

명백하므로, 그 후 위와 같은 내용의 청구취지의 교환적·추가적 변경이 있었다는 사정만으로 적법하게 제기된 부작위위법확인의 소가 부적법하게 되는 것은 아니다.

에서 민사소송과 구분할 실익이 있다. 일반적으로 당사자소송은 공법상 법률관계를 대상으로 한다는 점에서 사법관계를 대상으로 하는 민사소송과 구분된다.

그러나 무엇을 기준으로 공법관계와 사법관계를 구분할 것인지에 관하여, ① 소송물을 기준으로 그것이 공법상의 권리이면 행정사건이고 사법상의 권리이면 민사사건이라는 견해와 ② 소송물의 전제가 되는 법률관계를 기준으로 행정사건과 민사사건을 구분하는 견해가 대립하고 있다. 예컨대, ①설에 의하면 공무원지위확인은 행정사건, 소유권확인이나 부당이득반환청구는 민사사건으로 보지만, ②설에서는 소유권확인소송이라도 행정처분의 무효 등을 원인으로 할 때는 행정사건, 매매계약의 무효를 원인으로 할 때는 민사사건으로 본다. 판례는 대체로 ①설을 따르고 있다고 평가된다. 그러나 판례에 의하더라도 무엇이 공법상 권리이고 사법상 권리인지는 여전히 명확하지 않다.

3. 당사자소송의 활성화 논의

당사자소송은 1985년 개정 행정소송법에서 처음으로 규정되었다. 그러나 그동안 취소소송을 중심으로 규정된 행정소송법의 체계와 처분성의 확대가 곧 국민의 권익구제에 기여한다는 단편적 인식 등으로 인해 당사자소송을 제기하여야 할 사안임에도 무리하게 처분성을 확대하여 항고소송을 인정하거나 사법관계로 보아 민사소송의 문제로 보는 실무관행이 오랫동안 자리 잡고 있었다. 최근에 와서는 이에 대한 반성적 고려로 학계를 중심으로 당사자소송 활용론이 대두되었으며, 이에 발맞추어 대법원도 당사자소송의 영역을 확대하는 경향을 보이고 있다.

판례에 의하면, ① 하천법 부칙($^{1984.}_{12.\ 31.}$) 제2조 제1항 및 '법률 제3782호 하천법 중 개정법률 부칙 제2조의 규정에 의한 보상청구권의 소멸시효가 만료된 하천구역 편입토지 보상에 관한 특별조치법' 제2조 제1항의 규정에 의한 손실보상금의 지급을 구하거나 손실보상청구권의 확인을 구하는 소송, ② 도시 및 주거환경정비법상의 주택재건축정비사업조합을 상대로 관리처분계획안에 대한 조합 총회결의의 효력을 다투는 소송, ③ 조합설립변경인가 또는 사업시행계획안에 대한 인가가 이루어지기 전에 행정주체인 재건축조합을 상대로 그 조합설립변경결의 또는 사업시행계획결의의 효력 등을 다투는 소송, ④ 지방자치단체가 보조금 지급결정을 하면서 일정 기한 내에 보조금을 반환하도록 하는 교부조건을 부가한 사안에서, 보조사업자에 대한 지방자치단체의 보조금반환청구소송, ⑤ 납세의무자에 대한 국가의 부가가치세 환급세액 지급의무에 대응하는 국가에 대한 납세의무자의 부가가치세 환급세액 지급청구소송 등은 당사자소송에 해당한다.[228]

그러나 소송실무에서 특정 사건이 민사사건인지 행정사건인지, 또 행정사건 중에서 항고소송을 제기하여야 하는지 아니면 당사자소송을 제기하여야 하는지를 판별하는 것은 어려운 문제이다. 이는 단순히 법해석의 문제에 그치지 않고 정책적 판단(사법자원의 배분)의 문제이기도 하다. 행정소송규칙은 행정소송법 제3조 제2호에 따른 당사자소송 개념의 불확정성과 행정의 발전에 따른 당사자소송의 확대 경향 등으로 소송유형을 잘못 선택하는 경우가 발생하고 이로 인해 이송이나 심리의 중복과 같은 절차의 낭비가 초래되는 것을 줄이기 위해 법이론이나 재판 실무를 통해 그동안 정립된 당사자소송의 예시를 규정하고 있다. 다만, 판례의 변경이 필요한 과오납세금에 대한 부당이득반환소송과 국가배상소송은 여기서 제외하고 있으며, '공법상 계약에 따른 권리·의무의 확인 또는 이행청구 소송'을 당사자소송의 예시로 규정하고 있으나 무엇이 공법상 계약에 해당하는지에 대해서는 여전히 해석론으로 남겨두고 있다는 점에서 아쉬움이 남는다.

> **행정소송규칙 제19조(당사자소송의 대상)** 당사자소송은 다음 각 호의 소송을 포함한다.
>   1. 다음 각 목의 손실보상금에 관한 소송
>   가. 「공익사업을 위한 토지 등의 취득 및 보상에 관한 법률」 제78조 제1항 및 제6항에 따른 이주정착금, 주거이전비 등에 관한 소송
>   나. 「공익사업을 위한 토지 등의 취득 및 보상에 관한 법률」 제85조 제2항에 따른 보상금의 증감(增減)에 관한 소송
>   다. 「하천편입토지 보상 등에 관한 특별조치법」 제2조에 따른 보상금에 관한 소송
>   2. 그 존부 또는 범위가 구체적으로 확정된 공법상 법률관계 그 자체에 관한 다음 각 목의 소송
>   가. 납세의무 존부의 확인
>   나. 「부가가치세법」 제59조에 따른 환급청구
>   다. 「석탄산업법」 제39조의3 제1항 및 같은 법 시행령 제41조 제4항 제5호에 따른 재해위로금 지급청구
>   라. 「5·18민주화운동 관련자 보상 등에 관한 법률」 제5조, 제6조 및 제7조에 따른 관련자 또는 유족의 보상금 등 지급청구
>   마. 공무원의 보수·퇴직금·연금 등 지급청구
>   바. 공법상 신분·지위의 확인
>   3. 처분에 이르는 절차적 요건의 존부나 효력 유무에 관한 다음 각 목의 소송
>   가. 「도시 및 주거환경정비법」 제35조 제5항에 따른 인가 이전 조합설립변경에 대한 총

---

228) 대법원 2006. 5. 18. 선고 2004다6207 전원합의체 판결; 대법원 2009. 9. 17. 선고 2007다2428 전원합의체 판결; 대법원 2010. 7. 29. 선고 2008다6328 판결; 대법원 2011. 6. 9. 선고 2011다2951 판결; 대법원 2013. 3. 21. 선고 2011다95564 전원합의체 판결.

회결의의 효력 등을 다투는 소송
나. 「도시 및 주거환경정비법」 제50조 제1항에 따른 인가 이전 사업시행계획에 대한 총회결의의 효력 등을 다투는 소송
다. 「도시 및 주거환경정비법」 제74조 제1항에 따른 인가 이전 관리처분계획에 대한 총회결의의 효력 등을 다투는 소송
4. 공법상 계약에 따른 권리·의무의 확인 또는 이행청구 소송

Ⅱ. 종 류

1. 형식적 당사자소송

형식적 당사자소송이란 처분이나 재결을 원인으로 하는 법률관계에 관한 소송으로서 그 원인이 되는 처분등에 불복하여 소송을 제기할 때 처분청을 피고로 하는 것이 아니라 그 법률관계의 한쪽 당사자를 피고로 하는 소송을 말한다.

예를 들어 토지수용에 있어서 토지소유자 또는 사업시행자는 토지수용위원회의 재결 중 보상액에 대해서만 불복이 있는 경우 상대방 당사자를 피고로 하여 보상금의 증액 또는 감액청구소송을 제기할 수 있다(공익사업을 위한 토지 등의 취득 및 보상에 관한 법률 제85조 제2항). 이와 같이 실질적으로는 행정청이 한 처분등의 효력을 다투는 소송이지만 처분등을 직접 대상으로 하지 않고 처분등의 결과로서 형성된 법률관계를 대상으로, 그리고 항고소송과 같이 처분청을 피고로 하지 않고 실질적 이해관계를 가진 법률관계의 한쪽 당사자를 피고로 하여 제기하는 소송을 형식적 당사자소송이라고 한다. 만일 위 사례에서 토지소유자 또는 사업시행자가 재결을 대상으로, 그리고 토지수용위원회를 피고로 하는 항고소송을 제기하는 경우, 소송에서 승소하더라도 보상금액에 관한 새로운 재결이 필요하고 이에 불복할 경우 다시 항고소송을 제기하여야 하므로 분쟁의 일회적 해결이 어렵다는 점에서 형식적 당사자소송을 인정할 실익이 존재한다.

형식적 당사자소송은 처분 또는 재결 자체의 공정력을 제거하지 않고, 그에 의하여 형성된 법률관계를 다툼으로써 궁극적으로 처분등의 내용을 판결로써 변경하는 것이므로 행정소송법 제3조 제2호 전단을 근거로 하여 일반적으로 인정할 수 없고, 개별 법률에 특별한 규정(특허법 제187조 단서)이 있는 경우에 한하여 허용된다는 것이 다수설적 견해이다.[229]

---

229) 이처럼 처분이 있다고 해서 반드시 법원에 의해 취소소송의 형식으로 공정력을 배제하여야 하는 것은 아니고, 개별 법률의 규정을 통해 처분에 의해 형성된 법률관계를 소송의 대상으로 하여 그 법률관계에 대한 판단으로 처분의 공정력을 배제할 수 있다. 안철상, "공법상 당사자소송에 관한 연

※ 손실보상금 채권에 관한 압류 및 추심명령과 보상금 증액청구소송

대법원은 공익사업을 위한 토지 등의 취득 및 보상에 관한 법률 제85조 제2항에 따른 보상금 증액청구의 소는 당사자소송의 형식을 취하고 있지만, 실질적으로 재결을 다투는 항고소송의 성질을 가지므로, 토지소유자 또는 관계인(이하 '토지소유자 등'이라 한다)에 대하여 금전채권을 가지고 있는 제3자는 재결에 대하여 간접적이거나 사실적·경제적 이해관계를 가질 뿐 재결을 다툴 법률상의 이익이 있다고 할 수 없어 직접 또는 토지소유자 등을 대위하여 보상금 증액청구의 소를 제기할 수 없고, 토지소유자 등의 손실보상금 채권에 관하여 압류 및 추심명령이 있더라도 추심채권자가 재결을 다툴 지위까지 취득하였다고 볼 수는 없다는 입장이다. 따라서 토지소유자 등의 사업시행자에 대한 손실보상금 채권에 관하여 압류 및 추심명령이 있더라도, 추심채권자가 보상금 증액청구의 소를 제기할 수 없고, 채무자인 토지소유자 등이 보상금 증액청구의 소를 제기하고 그 소송을 수행할 당사자적격을 상실하지 않는다. 이러한 판례의 태도는 토지소유자 등이 보상금 증액청구의 소를 제기하였는데 그 손실보상금 채권에 관하여 압류 및 추심명령이 있다는 이유로 원고가 소송을 수행할 당사자적격을 상실하였다고 보아 그 소를 각하하는 판결이 확정되면 제소기간의 경과로 누구도 다시 보상금 증액청구의 소를 제기할 수 없게 되는 불합리한 결과를 막기 위하여 종전의 판례(대법원 2013. 11. 14. 선고 2013두9526 판결)를 변경한 것이다. 변경된 대법원 판례에 의하면, 이 경우 추심채권자는 채무자인 토지소유자 등이 제기한 보상금 증액청구의 소에 행정소송법 제44조 제1항, 제16조에 따라 소송참가를 하거나 행정소송법 제8조 제2항의 준용에 따라 민사소송법상 보조참가를 할 수 있다고 한다.

그러나 대법원이 추심채권자는 재결에 대하여 간접적이거나 사실적·경제적 이해관계를 가질 뿐 재결을 다툴 법률상 이익이 없다고 보면서 행정소송법 제16조에 따라 소송참가를 할 수 있다고 보는 것은 소송참가의 요건으로 법률상 이익의 침해를 요구하는 기존의 판례 법리[230]와 배치되며, 만일 토지소유자 등이 보상금 증액청구의 소를 제기하기 전에 압류 및 추심명령이 있었으나 토지소유자 등이 소를 제기하지 않는다면 추심채권자로서는 소송에 참가할 수 있는 기회가 없다는 점에서 문제가 있다.

대법원 2022. 11. 24. 선고 2018두67 전원합의체 판결[231]

공익사업을 위한 토지 등의 취득 및 보상에 관한 법률(이하 '토지보상법'이라 한다) 제85조 제2항에 따른 보상금의 증액을 구하는 소(이하 '보상금 증액 청구의 소'라 한다)의 성질, 토지보상법상 손실보상금 채권의 존부 및 범위를 확정하는 절차 등을 종합하면, 토지보상법에 따른 토지소유자 또는 관계

구", 건국대학교 대학원 박사학위논문, 2004, 37면.

230) 대법원 2008. 5. 29. 선고 2007두23873 판결.

231) [비교 판례] 채권에 대한 압류 및 추심명령이 있으면 제3채무자에 대한 이행의 소는 추심채권자만이 제기할 수 있고 채무자는 피압류채권에 대한 이행소송을 제기할 당사자적격을 상실한다(대법원 2000. 4. 11. 선고 99다23888 판결). * 민사소송의 법리와 구별됨.

인()의 사업시행자에 대한 손실보상금 채권에 관하여 압류 및 추심명령이 있더라도, 추심채권자가 보상금 증액 청구의 소를 제기할 수 없고, 채무자인 토지소유자 등이 보상금 증액 청구의 소를 제기하고 그 소송을 수행할 당사자적격을 상실하지 않는다고 보아야 한다. 그 상세한 이유는 다음과 같다.

① 토지보상법 제85조 제2항은 토지소유자 등이 보상금 증액 청구의 소를 제기할 때에는 사업시행자를 피고로 한다고 규정하고 있다. 위 규정에 따른 보상금 증액 청구의 소는 토지소유자 등이 사업시행자를 상대로 제기하는 당사자소송의 형식을 취하고 있지만, 토지수용위원회의 재결 중 보상금 산정에 관한 부분에 불복하여 그 증액을 구하는 소이므로 실질적으로는 재결을 다투는 항고소송의 성질을 가진다.

행정소송법 제12조 전문은 "취소소송은 처분 등의 취소를 구할 법률상 이익이 있는 자가 제기할 수 있다."라고 규정하고 있다. 앞서 본 바와 같이 보상금 증액 청구의 소는 항고소송의 성질을 가지므로, 토지소유자 등에 대하여 금전채권을 가지고 있는 제3자는 재결에 대하여 간접적이거나 사실적·경제적 이해관계를 가질 뿐 재결을 다툴 법률상의 이익이 있다고 할 수 없어 직접 또는 토지소유자 등을 대위하여 보상금 증액 청구의 소를 제기할 수 없고, 토지소유자 등의 손실보상금 채권에 관하여 압류 및 추심명령이 있더라도 추심채권자가 재결을 다툴 지위까지 취득하였다고 볼 수는 없다.

② 토지보상법 등 관계 법령에 따라 토지수용위원회의 재결을 거쳐 이루어지는 손실보상금 채권은 관계 법령상 손실보상의 요건에 해당한다는 것만으로 바로 존부 및 범위가 확정된다고 볼 수 없다. 토지소유자 등이 사업시행자로부터 손실보상을 받기 위해서는 사업시행자와 협의가 이루어지지 않으면 토지보상법 제34조, 제50조 등에 규정된 재결절차를 거친 뒤에 그 재결에 대하여 불복이 있는 때에 비로소 토지보상법 제83조 내지 제85조에 따라 이의신청 또는 행정소송을 제기할 수 있을 뿐이고, 이러한 절차를 거치지 않은 채 곧바로 사업시행자를 상대로 손실보상을 청구하는 것은 허용되지 않는다.

이와 같이 손실보상금 채권은 토지보상법에서 정한 절차로서 관할 토지수용위원회의 재결 또는 행정소송 절차를 거쳐야 비로소 구체적인 권리의 존부 및 범위가 확정된다. 아울러 토지보상법령은 토지소유자 등으로 하여금 위와 같은 손실보상금 채권의 확정을 위한 절차를 진행하도록 정하고 있다. 따라서 사업인정고시 이후 위와 같은 절차를 거쳐 장래 확정될 손실보상금 채권에 관하여 채권자가 압류 및 추심명령을 받을 수는 있지만, 그 압류 및 추심명령이 있다고 하여 추심채권자가 위와 같은 손실보상금 채권의 확정을 위한 절차에 참여할 자격까지 취득한다고 볼 수는 없다.

③ 요컨대, 토지소유자 등이 토지보상법 제85조 제2항에 따라 보상금 증액 청구의 소를 제기한 경우, 그 손실보상금 채권에 관하여 압류 및 추심명령이 있다고 하더라도 추심채권자가 그 절차에 참여할 자격을 취득하는 것은 아니므로, 보상금 증액 청구의

소를 제기한 토지소유자 등의 지위에 영향을 미친다고 볼 수 없다. 따라서 보상금 증액 청구의 소의 청구채권에 관하여 압류 및 추심명령이 있더라도 토지소유자 등이 그 소송을 수행할 당사자적격을 상실한다고 볼 것은 아니다.

2. 실질적 당사자소송

(1) 의 의

실질적 당사자소송이란 공법상의 법률관계에 관한 소송으로서 그 법률관계의 한쪽 당사자를 피고로 하는 소송을 말한다. 따라서 대립하는 당사자 간의 공법상 권리 또는 법률관계 그 자체가 소송물이 된다. 여기에는 ① 처분이나 재결을 원인으로 하는 법률관계에 관한 소송(형식적 당사자소송에 해당하는 것은 제외)과 ② 그 밖의 공법상 법률관계에 관한 소송이 있다. 일반적으로 당사자소송이라고 하면 실질적 당사자소송을 의미한다.

(2) 유 형

1) 처분등을 원인으로 하는 법률관계에 관한 소송

과세처분의 무효를 전제로 한 조세채무부존재확인소송과 같이 처분으로 형성된 법률관계 그 자체를 다투는 소송이 이에 해당한다는 점에 대해서는 다툼이 없다. 그러나 처분을 기초로 하면서도 처분으로 형성된 법률관계 그 자체가 아닌 다른 법률관계를 다투는 소송, 가령 처분의 무효로 인한 부당이득반환청구소송, 처분의 위법으로 인한 손해배상청구소송 등이 당사자소송에 속하는지에 관하여는 견해대립이 있다.

이에 대해 ① 판례는 소송물의 성질을 기준으로 당사자소송과 민사소송을 구분하여 부당이득반환청구 또는 손해배상청구는 사법상 권리이므로 민사소송으로 보는데 반하여, ② 다수설은 소송물의 전제가 되는 법률관계를 기준으로 양자를 구분하여 이 경우에도 '처분등을 원인으로 하는 법률관계에 관한 소송'에 속하는 것으로 보아 당사자소송으로 이해한다.[232]

---

232) 다수설은 이처럼 처분의 효력을 전제로 한 경우는 물론 그렇지 않은 경우에도 공법상 원인으로 발생한 부당이득에 대한 반환청구소송은 공익상 요청을 이유로 당사자소송으로 보아야 한다는 입장이며, 동일한 취지에서 국가배상청구소송도 당사자소송으로 본다.

2) 그 밖의 공법상 법률관계에 관한 소송

(가) 공법상 신분이나 지위의 확인에 관한 소송

판례에 의하면, ① 공무원, 국·공립학교 학생, 지방의회 의원, 국가유공자 등의 신분이나 지위의 확인을 구하는 소송은 당사자소송에 속한다. 다만, 처분에 의해 신분이나 지위가 변동되는 경우 항고소송을 통해 직접 당해 처분의 효력을 다툴 수 있으므로 이 경우 당사자소송을 제기할 실익이 크지 않다. 그러나 처분이 개입되지 않은 경우에는 당사자소송을 통해 지위확인의 소를 제기할 수밖에 없다.

대법원 1990. 10. 23. 선고 90누4440 판결

국가의 훈기부상 화랑무공훈장을 수여받은 것으로 기재되어 있는 원고가 태극무공훈장을 수여받은 자임을 확인하라는 이 소 청구는, 이러한 확인을 구하는 취지가 국가유공자로서의 보상 등 예우를 받는 데에 필요한 훈격을 확인받기 위한 것이더라도, 항고소송이 아니라 공법상의 법률관계에 관한 당사자소송에 속하는 것이므로 행정소송법 제30조의 규정에 의하여 국가를 피고로 하여야 할 것이다.

한편, ② 국가 또는 지방자치단체와의 채용계약에 의하여 일정 기간 연구업무 등에 종사하는 계약직 공무원이 행정청의 일방적 채용계약 해지통고의 효력을 다투는 방법은 그 해지통고를 공권력적 작용으로 볼 수 없어 항고소송에 의할 수 없고, 계약해지 의사표시의 무효확인이나 지위확인을 구하는 당사자소송에 의하여야 한다. 지방계약직 공무원 채용계약의 체결 과정에서 행정청의 일방적 의사표시로 계약이 성립하지 않게 된 경우도 마찬가지이다.[233] ③ 도시 및 주거환경정비법상 정비사업시행자로서 행정주체인 주택재개발조합 등을 상대로 한 조합원지위의 확인 청구도 당사자소송의 대상이다.[234]

(나) 공법상 금전지급청구에 관한 소송

공법상의 급부청구권이 근거 법령상 행정청의 1차적 판단 없이 곧바로 구체적으로 발생한다고 해석된다면, 당사자의 그 지급신청에 대한 행정청의 거부의사표시는 사실상·법률상 의견을 밝힌 것에 불과하여 처분에 해당한다고 볼 수 없으므로 그 취소를 구하는 항고소송을 제기할 수 없고, 당사자소송으로 이행을 구하여야 한다.

판례에 의하면, ① 광주민주화운동관련자보상등에관한법률에 기한 보상금[판례①], ② 공무원의 연가보상비, ③ 퇴직연금 결정 후 공무원연금법령의 개정 등으로

---

233) 대법원 1993. 9. 14. 선고 92누4611 판결; 대법원 2014. 4. 24. 선고 2013두6244 판결.
234) 대법원 1996. 2. 15. 선고 94다31235 전원합의체 판결.

퇴직연금 중 일부 금액의 지급이 정지된 경우 미지급 퇴직연금, ④ 지방소방공무원이 소속 지방자치단체를 상대로 한 초과근무수당[판례 ②], ⑤ 명예퇴직한 법관의 미지급 명예퇴직수당액 등의 지급을 구하는 소송[판례 ③]은 공법상의 법률관계에 관한 소송인 공법상 당사자소송에 해당한다.[235]

① 대법원 1992. 12. 24. 선고 92누3335 판결

[1] 광주민주화운동관련자보상등에관한법률 제15조 본문의 규정에서 말하는 광주민주화운동관련자보상심의위원회의 결정을 거치는 것은 보상금 지급에 관한 소송을 제기하기 위한 전치요건에 불과하다고 할 것이므로 위 보상심의위원회의 결정은 취소소송의 대상이 되는 행정처분이라고 할 수 없다.

[2] 같은 법에 의거하여 관련자 및 유족들이 갖게 되는 보상 등에 관한 권리는 헌법 제23조 제3항에 따른 재산권침해에 대한 손실보상청구나 국가배상법에 따른 손해배상청구와는 그 성질을 달리하는 것으로서 법률이 특별히 인정하고 있는 공법상의 권리라고 하여야 할 것이므로 그에 관한 소송은 행정소송법 제3조 제2호 소정의 당사자소송에 의하여야 할 것이며 보상금 등의 지급에 관한 법률관계의 주체는 대한민국이다.

[비교 판례] 대법원 2008. 4. 17. 선고 2005두16185 전원합의체 판결 [다수의견]

[1] '민주화운동관련자 명예회복 및 보상 등에 관한 법률' 제2조 제1호, 제2호 본문, 제4조, 제10조, 제11조, 제13조 규정들의 취지와 내용에 비추어 보면, 같은 법 제2조 제2호 각 목은 민주화운동과 관련한 피해 유형을 추상적으로 규정한 것에 불과하여 제2조 제1호에서 정의하고 있는 민주화운동의 내용을 함께 고려하더라도 그 규정들만으로는 바로 법상의 보상금 등의 지급 대상자가 확정된다고 볼 수 없고, '민주화운동관련자 명예회복 및 보상 심의위원회'에서 심의·결정을 받아야만 비로소 보상금 등의 지급 대상자로 확정될 수 있다. 따라서 그와 같은 심의위원회의 결정은 국민의 권리의무에 직접 영향을 미치는 행정처분에 해당하므로, 관련자 등으로서 보상금 등을 지급받고자 하는 신청에 대하여 심의위원회가 관련자 해당 요건의 전부 또는 일부를 인정하지 아니하여 보상금 등의 지급을 기각하는 결정을 한 경우에는 신청인은 심의위원회를 상대로 그 결정의 취소를 구하는 소송을 제기하여 보상금 등의 지급대상자가 될 수 있다.

[2] '민주화운동관련자 명예회복 및 보상 등에 관한 법률' 제17조는 보상금 등의 지급에 관한 소송의 형태를 규정하고 있지 않지만, 위 규정 전단에서 말하는 보상금 등의 지급에 관한 소송은 '민주화운동관련자 명예회복 및 보상 심의위원회'의 보상금 등의 지급신청에 관하여 전부 또는 일부를 기각하는 결정에 대한 불복을 구하는 소송이므로

---

235) 대법원 1992. 12. 24. 선고 92누3335 판결; 대법원 1999. 7. 23. 선고 97누10857 판결; 대법원 2004. 7. 8. 선고 2004두244 판결(공무원연금); 대법원 2003. 9. 5. 선고 2002두3522 판결(군인연금); 대법원 2013. 3. 28. 선고 2012다102629 판결; 대법원 2016. 5. 24. 선고 2013두14863 판결.

취소소송을 의미한다고 보아야 하며, 후단에서 보상금 등의 지급신청을 한 날부터 90일을 경과한 때에는 그 결정을 거치지 않고 위 소송을 제기할 수 있도록 한 것은 관련자 등에 대한 신속한 권리구제를 위하여 위 기간 내에 보상금 등의 지급 여부 등에 대한 결정을 받지 못한 때에는 지급 거부 결정이 있는 것으로 보아 곧바로 법원에 심의위원회를 상대로 그에 대한 취소소송을 제기할 수 있다고 규정한 취지라고 해석될 뿐, 위 규정이 보상금 등의 지급에 관한 처분의 취소소송을 제한하거나 또는 심의위원회에 의하여 관련자 등으로 결정되지 아니한 신청인에게 국가를 상대로 보상금 등의 지급을 구하는 이행소송을 직접 제기할 수 있도록 허용하는 취지라고 풀이할 수는 없다.

② 대법원 2013. 3. 28. 선고 2012다102629 판결

지방자치단체와 그 소속 경력직 공무원인 지방소방공무원 사이의 관계, 즉 지방소방공무원의 근무관계는 사법상의 근로계약관계가 아닌 공법상의 근무관계에 해당하고, 그 근무관계의 주요한 내용 중 하나인 지방소방공무원의 보수에 관한 법률관계는 공법상의 법률관계라고 보아야 한다. 나아가 지방공무원법 제44조 제4항, 제45조 제1항이 지방공무원의 보수에 관하여 이른바 근무조건 법정주의를 채택하고 있고, 지방공무원 수당 등에 관한 규정 제15조 내지 제17조가 초과근무수당의 지급 대상, 시간당 지급 액수, 근무시간의 한도, 근무시간의 산정 방식에 관하여 구체적이고 직접적인 규정을 두고 있는 등 관계 법령의 내용, 형식 및 체제 등을 종합하여 보면, 지방소방공무원의 초과근무수당 지급청구권은 법령의 규정에 의하여 직접 그 존부나 범위가 정하여지고 법령에 규정된 수당의 지급요건에 해당하는 경우에는 곧바로 발생한다고 할 것이므로, 지방소방공무원이 자신이 소속된 지방자치단체를 상대로 초과근무수당의 지급을 구하는 청구에 관한 소송은 행정소송법 제3조 제2호에 규정된 당사자소송의 절차에 따라야 한다.

③ 대법원 2016. 5. 24. 선고 2013두14863 판결

[1] 공법상의 법률관계에 관한 당사자소송에서는 그 법률관계의 한쪽 당사자를 피고로 하여 소송을 제기하여야 한다(행정소송법 제3조
제2호, 제39조). 다만 원고가 고의 또는 중대한 과실 없이 당사자소송으로 제기하여야 할 것을 항고소송으로 잘못 제기한 경우에, 당사자소송으로서의 소송요건을 결하고 있음이 명백하여 당사자소송으로 제기되었더라도 어차피 부적법하게 되는 경우가 아닌 이상, 법원으로서는 원고가 당사자소송으로 소 변경을 하도록 하여 심리·판단하여야 한다.

[2] 명예퇴직수당 지급대상자의 결정과 수당액 산정 등에 관한 구 국가공무원법(2012.10. 22. 법률 제11489호로 개정되기 전의 것) 제74조의2 제1항, 제4항, 구 법관 및 법원공무원 명예퇴직수당 등 지급규칙(2011. 1. 31. 대법원규칙 제2320호로 개정되기 전의 것, 이하 '명예퇴직수당규칙'이라 한다) 제3조 제1항, 제2항, 제7조, 제4조 [별표 1]의 내용과 취지 등에 비추어 보면, 명예퇴직수당은 명예퇴직수당 지급신청자 중에서 일정한 심사를

거쳐 피고가 명예퇴직수당 지급대상자로 결정한 경우에 비로소 지급될 수 있지만, 명예퇴직수당 지급대상자로 결정된 법관에 대하여 지급할 수당액은 명예퇴직수당규칙 제4조 [별표 1]에 산정 기준이 정해져 있으므로, 위 법관은 위 규정에서 정한 정당한 산정 기준에 따라 산정된 명예퇴직수당액을 수령할 구체적인 권리를 가진다. 따라서 위 법관이 이미 수령한 수당액이 위 규정에서 정한 정당한 명예퇴직수당액에 미치지 못한다고 주장하며 차액의 지급을 신청함에 대하여 법원행정처장이 거부하는 의사를 표시했더라도, 그 의사표시는 명예퇴직수당액을 형성·확정하는 행정처분이 아니라 공법상의 법률관계의 한쪽 당사자로서 지급의무의 존부 및 범위에 관하여 자신의 의견을 밝힌 것에 불과하므로 행정처분으로 볼 수 없다. 결국 명예퇴직한 법관이 미지급 명예퇴직수당액에 대하여 가지는 권리는 명예퇴직수당 지급대상자 결정 절차를 거쳐 명예퇴직수당규칙에 의하여 확정된 공법상 법률관계에 관한 권리로서, 그 지급을 구하는 소송은 행정소송법의 당사자소송에 해당하며, 그 법률관계의 당사자인 국가를 상대로 제기하여야 한다.

그러나 각종 사회보장 관계 법률은 당사자가 관련 급부를 받기 위해서는 그 신청과 이에 대한 행정청의 심사를 거친 인용결정에 의하도록 규정하고 있어 법령의 요건에 해당하는 것만으로 바로 구체적 청구권이 발생하는 것이 아니라 행정청의 인용결정에 의하여 비로소 구체적 청구권이 발생한다. 따라서 이 경우 법령이 규정한 요건에 해당하여 급부를 받을 권리가 있는 자라고 하더라도 먼저 신청과 그에 대한 행정청의 인용결정 없이 곧바로 급부청구를 하는 것은 허용되지 않으며, 기각결정이 있으면 그 결정에 대해 항고소송을 제기하여야 한다. 이때 항고소송이 아닌 당사자소송을 제기하면 구체적인 권리가 발생하지 않은 경우이므로 기각판결이 내려질 것이다.

대법원은 ① 공무원연금법상 퇴직급여결정, ② 군인연금법상 퇴직연금 등의 지급결정, ③ 특수임무수행자 보상에 관한 법률상 보상금지급대상자의 확정결정, ④ 의료보호법상 진료기관의 보호비용 청구에 대하여 보호기관의 결정 등은 처분에 해당하므로 항고소송을 제기하여야 한다는 입장이다.[236] 물론 행정청의 인용결정이 있었음에도 불구하고 급부가 이루어지지 않을 경우 그 급부를 청구하는 소송은 당사자소송이 될 것이다.

---

236) 대법원 1996. 12. 6. 선고 96누6417 판결; 대법원 2003. 9. 5. 선고 2002두3522 판결; 대법원 2008. 12. 11. 선고 2008두6554 판결; 대법원 1999. 11. 26. 선고 97다42250 판결.

대법원 2003. 9. 5. 선고 2002두3522 판결

[1] 구 군인연금법(2000. 12. 30. 법률 제6327 호로 개정되기 전의 것)과 같은 법 시행령(2000. 12. 30. 대통령령 제17099 호로 개정되기 전의 것)의 관계 규정을 종합하면, 같은 법에 의한 퇴역연금 등의 급여를 받을 권리는 법령의 규정에 의하여 직접 발생하는 것이 아니라 각 군 참모총장의 확인을 거쳐 국방부장관이 인정함으로써 비로소 구체적인 권리가 발생하고, 위와 같은 급여를 받으려고 하는 자는 우선 관계 법령에 따라 국방부장관에게 그 권리의 인정을 청구하여 국방부장관이 그 인정 청구를 거부하거나 청구 중의 일부만을 인정하는 처분을 하는 경우 그 처분을 대상으로 항고소송을 제기하는 등으로 구체적 권리를 인정받은 다음 비로소 당사자소송으로 그 급여의 지급을 구하여야 할 것이고, 구체적인 권리가 발생하지 않은 상태에서 곧바로 국가를 상대로 한 당사자소송으로 그 권리의 확인이나 급여의 지급을 소구하는 것은 허용되지 아니한다.

[2] 국방부장관의 인정에 의하여 퇴역연금을 지급받아 오던 중 군인보수법 및 공무원보수규정에 의한 호봉이나 봉급액의 개정 등으로 퇴역연금액이 변경된 경우에는 법령의 개정에 따라 당연히 개정규정에 따른 퇴역연금액이 확정되는 것이지 구 군인연금법(2000. 12. 30. 법률 제6327 호로 개정되기 전의 것) 제18조 제1항 및 제2항에 정해진 국방부장관의 퇴역연금액 결정과 통지에 의하여 비로소 그 금액이 확정되는 것이 아니므로, 법령의 개정에 따른 국방부장관의 퇴역연금액 감액조치에 대하여 이의가 있는 퇴역연금수급권자는 항고소송을 제기하는 방법으로 감액조치의 효력을 다툴 것이 아니라 직접 국가를 상대로 정당한 퇴역연금액과 결정, 통지된 퇴역연금액과의 차액의 지급을 구하는 공법상 당사자소송을 제기하는 방법으로 다툴 수 있다 할 것이고, 같은 법 제5조 제1항에 그 법에 의한 급여에 관하여 이의가 있는 자는 군인연금급여재심위원회에 그 심사를 청구할 수 있다는 규정이 있다 하여 달리 볼 것은 아니다.

(다) 공법상 계약에 관한 소송

행정주체 상호 간 또는 행정주체와 사인 간의 공법상 계약을 둘러싼 분쟁에 관한 소송은 당사자소송이다. 공법상 계약의 무효확인, 공법상 계약에 의한 의무의 확인, 공법상 계약에 따른 의무의 이행, 공법상 계약에 대한 해지 의사표시의 무효확인 등이 그 대상이다. 그러나 행정주체와 사인이 체결하는 계약 중에는 판례가 사법상 계약으로 보는 것도 있으므로 주의를 요한다. 또한, 공법상 계약과 관련된 분쟁이라도 다툼의 대상이 되는 행위가 공권력 행사로서 처분의 성격을 가지는 경우에는 당사자소송이 아니라 항고소송의 대상이 된다.

대법원 2021. 2. 4. 선고 2019다277133 판결

공법상 계약이란 공법적 효과의 발생을 목적으로 하여 대등한 당사자 사이의 의사표시의 합치로 성립하는 공법행위를 말한다. 공법상 계약의 한쪽 당사자가 다른 당사자를 상대로 효력을 다투거나 이행을 청구하는 소송은 공법상의 법률관계에 관한 분쟁이므로 분쟁의 실질이 공법상 권리·의무의 존부·범위에 관한 다툼이 아니라 손해배상액의 구체적인 산정방법·금액에 국한되는 등의 특별한 사정이 없는 한 공법상 당사자소송으로 제기하여야 한다.

(라) 처분의 위법 여부에 직접 영향을 미치는 공법상 법률관계에 관한 소송

처분에 이르는 절차적 요건의 존부 또는 효력 유무에 관한 소송은 그 결과에 따라 처분의 위법 여부에 직접 영향을 미치는 공법상 법률관계에 관한 것이므로 당사자소송의 대상이 된다.

대법원 2009. 9. 17. 선고 2007다2428 전원합의체 판결

[1] 도시 및 주거환경정비법상 행정주체인 주택재건축정비사업조합을 상대로 관리처분계획안에 대한 조합 총회결의의 효력 등을 다투는 소송은 행정처분에 이르는 절차적 요건의 존부나 효력 유무에 관한 소송으로서 그 소송결과에 따라 행정처분의 위법 여부에 직접 영향을 미치는 공법상 법률관계에 관한 것이므로, 이는 행정소송법상의 당사자소송에 해당한다.

[2] 도시 및 주거환경정비법상 주택재건축정비사업조합이 같은 법 제48조에 따라 수립한 관리처분계획에 대하여 관할 행정청의 인가·고시까지 있게 되면 관리처분계획은 행정처분으로서 효력이 발생하게 되므로, 총회결의의 하자를 이유로 하여 행정처분의 효력을 다투는 항고소송의 방법으로 관리처분계획의 취소 또는 무효확인을 구하여야 하고, 그와 별도로 행정처분에 이르는 절차적 요건 중 하나에 불과한 총회결의 부분만을 따로 떼어내어 효력 유무를 다투는 확인의 소를 제기하는 것은 특별한 사정이 없는 한 허용되지 않는다.

[3] 도시 및 주거환경정비법상의 주택재건축정비사업조합을 상대로 관리처분계획안에 대한 총회결의의 무효확인을 구하는 소를 민사소송으로 제기한 사안에서, 그 소는 행정소송법상 당사자소송에 해당하므로 전속관할이 행정법원에 있다고 한 사례.

[4] 주택재건축정비사업조합의 관리처분계획에 대하여 그 관리처분계획안에 대한 총회결의의 무효확인을 구하는 소가 관할을 위반하여 민사소송으로 제기된 후에 관할 행정청의 인가·고시가 있었던 경우 따로 총회결의의 무효확인만을 구할 수는 없게 되었으나, 이송 후 행정법원의 허가를 얻어 관리처분계획에 대한 취소소송 등으로 변경될 수 있음을 고려하면, 그와 같은 사정만으로 이송 후 그 소가 부적법하게 되어 각하될 것이 명백한 경우에 해당한다고 보기 어려우므로, 위 소는 관할법원인 행정법원으로 이송함이 상당하다고 한 사례.

Ⅲ. 당사자소송의 소송요건

1. 소의 이익

(1) 원고적격

민사소송상의 당사자능력을 갖는 자만이 당사자소송의 원고가 될 수 있다. 그러나 당사자소송에서는 항고소송과 같은 원고적격에 관한 제한은 없고, 일반 민사소송의 원고적격에 관한 규정이 그대로 준용된다(행정소송법 제8조 제2항).

(2) 협의의 소의 이익

당사자소송에서의 소의 이익은 민사소송에서와 같다. 따라서 지방자치단체와 채용계약에 의하여 채용된 계약직 공무원이 그 계약기간 만료 이전에 채용계약 해지 등의 불이익을 받은 후 그 계약기간이 만료된 경우, 채용계약해지의 의사표시에 대해 무효확인을 구할 소의 이익이 없다.

대법원 2002. 11. 26. 선고 2002두1496 판결

지방자치단체와 채용계약에 의하여 채용된 계약직공무원이 그 계약기간 만료 이전에 채용계약 해지 등의 불이익을 받은 후 그 계약기간이 만료된 때에는 그 채용계약 해지의 의사표시가 무효라고 하더라도, 지방공무원법이나 지방계약직공무원규정 등에서 계약기간이 만료되는 계약직공무원에 대한 재계약의무를 부여하는 근거 규정이 없으므로 계약기간의 만료로 당연히 계약직공무원의 신분을 상실하고 계약직공무원의 신분을 회복할 수 없는 것이므로, 그 해지의사표시의 무효확인청구는 과거의 법률관계의 확인청구에 지나지 않는다 할 것이고, 한편 과거의 법률관계라 할지라도 현재의 권리 또는 법률상 지위에 영향을 미치고 있고 현재의 권리 또는 법률상 지위에 대한 위험이나 불안을 제거하기 위하여 그 법률관계에 관한 확인판결을 받는 것이 유효 적절한 수단이라고 인정될 때에는 그 법률관계의 확인소송은 즉시확정의 이익이 있다고 보아야 할 것이나, 계약직공무원에 대한 채용계약이 해지된 경우에는 공무원 등으로 임용되는 데에 있어서 법령상의 아무런 제약사유가 되지 않을 뿐만 아니라, 계약기간 만료 전에 채용계약이 해지된 전력이 있는 사람이 공무원 등으로 임용되는 데에 있어서 그러한 전력이 없는 사람보다 사실상 불이익한 장애사유로 작용한다고 하더라도 그것만으로는 법률상의 이익이 침해되었다고 볼 수는 없으므로 그 무효확인을 구할 이익이 없다.

2. 피고적격

당사자소송은 항고소송과 달리 행정청을 피고로 하는 것이 아니고 권리·의무의 귀속주체인 국가·공공단체 그 밖의 권리주체를 피고로 한다($\frac{제39}{조}$). 국가를 당사자 또는 참가인으로 하는 소송에서는 법무부장관이 국가를 대표한다($\frac{국가를 당사자로 하는 소}{송에 관한 법률 제2조}$). 형식적 당사자소송의 피고적격에 대하여는 개별 법률에서 정하고 있다.

대법원 2000. 9. 8. 선고 99두2765 판결

납세의무부존재확인의 소는 공법상의 법률관계 그 자체를 다투는 소송으로서 당사자소송이라 할 것이므로 행정소송법 제3조 제2호, 제39조에 의하여 그 법률관계의 한쪽 당사자인 국가·공공단체 그 밖의 권리주체가 피고적격을 가진다.

3. 재판관할

취소소송의 재판관할에 관한 행정소송법 제9조의 규정은 당사자소송의 경우에 준용되므로 피고의 소재지를 관할하는 행정법원에 원칙적으로 재판관할이 인정된다. 그러나 당사자소송은 항고소송과는 달리 국가·공공단체 기타 권리주체를 피고로 하는 것으로, 국가나 공공단체가 피고인 경우에는 해당 소송과 구체적인 관계가 있는 관계 행정청의 소재지를 피고의 소재지로 본다($\frac{제40}{조}$). 여기서 관계 행정청이란 공법상 법률관계의 원인이 되는 처분등을 한 행정청 또는 당해 공법상 법률관계에 관하여 직접적인 관계가 있는 행정청을 말한다. 이 경우 행정소송법 제9조 제2항과 제3항도 준용되므로, 관계 행정청이 중앙행정기관 또는 그 장일 때에는 대법원 소재지의 행정법원도 관할이 있다.[237]

4. 제소기간

당사자소송은 법령에서 특별히 제소기간을 제한하고 있지 않는 이상 제소기간의 제한을 받지 않는다. 만일 당사자소송에 관하여 법령에 제소기간이 정하여져 있는 때에는 그 기간은 불변기간으로 한다($\frac{제41}{조}$).

---

237) 법원실무제요 행정(33면).

Ⅳ. 준용규정

1. 소의 변경

행정소송법 제21조의 규정은 당사자소송을 항고소송으로 변경하는 경우에 준용한다($제42조$).

2. 기타 준용규정

행정소송법 제10조($\frac{관련청구소송의}{이송 및 병합}$), 제14조($\frac{피고}{경정}$), 제15조($\frac{공동}{소송}$), 제16조($\frac{제3자의}{소송참가}$), 제17조($\frac{행정}{청의}$ 소송참가), 제22조($\frac{처분변경으로 인}{한 소의 변경}$), 제25조($\frac{행정심판기록}{의 제출명령}$), 제26조($\frac{직권}{심리}$), 제30조($\frac{취소판결 등}{의 기속력}$) 제1항, 제32조($\frac{소송비용}{의 부담}$), 제33조($\frac{소송비용에 관한}{재판의 효력}$)의 규정은 당사자소송의 경우에 준용한다($제44조$).

3. 해석론

당사자소송은 실질적으로 민사소송과 유사한 성격을 가지므로 재판상 화해의 대상이 될 수 있다는 것이 다수설적 견해이다. 실무에서도 행정상 손실보상이나 보상금증감에 관한 소송에서 활용하고 있다.[238] 취소소송에 적용되는 조정권고에 관한 행정소송규칙 제15조는 당사자소송에는 준용되지 않는다($\frac{행정소송규칙}{제20조}$).

한편, 당사자소송에는 집행정지에 관한 규정이 준용되지 않는 대신 민사집행법상 가처분 규정이 준용된다.

대법원 2015. 8. 21.자 2015무26 결정

도시 및 주거환경정비법상 행정주체인 주택재건축정비사업조합을 상대로 관리처분계획안에 대한 조합 총회결의의 효력을 다투는 소송은 행정처분에 이르는 절차적 요건의 존부나 효력 유무에 관한 소송으로서 소송결과에 따라 행정처분의 위법 여부에 직접 영향을 미치는 공법상 법률관계에 관한 것이므로, 이는 행정소송법상 당사자소송에 해당한다. 그리고 이러한 당사자소송에 대하여는 행정소송법 제23조 제2항의 집행정지에 관한 규정이 준용되지 아니하므로($\frac{행정소송법 제44}{조 제1항 참조}$), 이를 본안으로 하는 가처분에 대하여는 행정소송법 제8조 제2항에 따라 민사집행법상 가처분에 관한 규정이 준용되어야 한다.

---

238) 법원실무제요 행정(368면).

제4절 객관적 소송

Ⅰ. 개 설

객관적 소송이란 개인의 권익구제보다는 공익적 견지에서 행정의 적법성을 보장하기 위한 소송이다.

객관적 소송에는 민중소송과 기관소송이 있으며, 민중소송 및 기관소송은 법률이 정한 경우에 법률에 정한 자에 한하여 제기할 수 있다(행정소송법 제45조).

Ⅱ. 종 류

1. 민중소송

민중소송이란 국가 또는 공공단체의 기관이 법률에 위반되는 행위를 한 때에 직접 자기의 법률상 이익과 관계없이 그 시정을 구하기 위하여 제기하는 소송을 말한다(행정소송법 제3조 제3호).

민중소송은 행정법규의 적정한 집행을 보장하기 위하여 원고적격의 요건을 완화하여 일반인에게 제소권을 인정하는 예외적인 행정소송이다. 그러나 일반인이 제소할 수 있다고 해서 그 범위가 무제한적인 것이 아니며, 또한 모든 위법사항에 대하여 제소가 인정되는 것도 아니다. 즉, 어느 범위의 일반인이 어떤 위법사항에 대하여 시정을 소구할 수 있는지는 입법정책의 문제로서, 이는 개별 법률에 의해 결정될 것이다.

현행법상 인정되는 민중소송의 예로는 ① 국민투표법이 인정한 국민투표무효의 소송(제92조), ② 공직선거법이 정한 선거소송(제222조) 및 당선소송(제223조),239) ③ 지방자치법이 정한 주민소송(제22조) 등이 있다.

대법원은 국민투표에 관하여 국민투표법 또는 국민투표법에 의하여 발하는 명령에 위반하는 사실이 있는 경우라도 국민투표의 결과에 영향이 미쳤다고 인정하는 때에 한하여 국민투표의 전부 또는 일부의 무효를 판결한다(국민투표법 제93조). 이는 선거소송

---

239) 당선무효소송는 선거무효소송과 달리 선거인은 제소할 수 없고, 후보자를 추천한 정당과 후보자만이 제기할 수 있으므로 주관적 소송으로 보아야 한다는 견해도 있다. 정형근(788면).

과 당선소송에서도 마찬가지이다($\begin{smallmatrix}공직선거법\\제224조\end{smallmatrix}$).

2. 기관소송

(1) 의　의

행정소송법상 기관소송이란 국가 또는 공공단체의 기관 상호 간에 있어서의 권한의 존부 또는 그 행사에 관한 다툼이 있을 때에 이에 대하여 제기하는 소송을 말한다($\begin{smallmatrix}행정소송법 제3\\조 제4호 본문\end{smallmatrix}$). 기관이라 함은 법인 기타 단체의 의사를 결정하거나 그 실행에 참여하는 지위에 있어 그 행위가 법인의 행위로 되는 자를 말한다.

기관소송이란 한마디로 과거에는 소송의 대상이 아니었던 행정조직 내부관계의 소송을 말한다($\begin{smallmatrix}이때 내부관계에는 국가와 공공단체 또는\\공공단체 상호 간의 관계를 포함한다\end{smallmatrix}$). 본래 행정기관 사이의 주관쟁의(主管爭議), 기타 권한에 관한 쟁의는 해당 기관 공통의 상급기관이 있을 때에는 그 상급기관에 의하여 행정적으로 해결되어야 하고, 법원의 권한에 속하지 않는 것이 원칙이다. 그러나 기관쟁의를 해결할 적당한 기관이 없거나 특별히 공정한 제3자의 판단을 구하는 것이 적절한 경우에 법률은 법원에의 제소를 인정하고 있다.[240] 이러한 행정조직법 내부의 소송은 각국의 입법례에 따라 새로운 소송유형을 창설할 수도 있고(일본), 이보다 먼저 발달하였던 행정작용법관계의 적법성에 관한 소송이나 법률관계의 획정에 관한 소송형태를 차용할 수도 있다(프랑스).

한국의 기관소송은 1984년 행정소송법이 전부 개정되면서 일본의 기관소송제도를 도입한 것으로, 법률이 정한 경우에 법률에 정한 자에 한하여 제기할 수 있다($\begin{smallmatrix}제45\\조\end{smallmatrix}$). 이를 '기관소송 법정주의'라고 한다.

(2) 기관소송의 성격

기관소송이란 행정의 내부관계소송을 가리키는 말이므로 그 성격 역시 객관적 소송에 국한될 수 없고 외부소송과 마찬가지로 객관적인 적법성에 관한 소송과 주관적인 권리에 관한 소송으로 나누어볼 수 있으나, 현재까지는 적법성에 관한 소송을 중심으로 규정하고 있다.

우리나라 행정소송법상 기관소송은 이익의 분쟁이 아닌 권한의 분쟁에 해당하며, 여기서 권한이라 함은 헌법 · 법률 또는 법규명령에 의하여 부여된 법률상 유효한 행위를 할 수 있는 범위를 말한다. 이러한 권한은 헌법, 법률, 명령이라고 하는

---

240) 법원실무제요 행정(20면).

'객관적인 법'으로부터 직접 발생하며 법과 마찬가지로 일반성과 항구성을 가지기 때문에 객관적 법적 상태를 의미한다. 따라서 기관소송은 권리 또는 이익의 침해를 전제로 하지 않고 바로 법규에 대한 위법 여부를 다투게 되는 객관적 소송의 성격을 가진다.

기관소송은 주로 지방자치법에서 문제되어 왔으며, 특히 국가기관인 주무부장관 또는 상급지방자치단체의 장에 의한 감독관계에 대한 소송이 그 핵심이다. 문제는 최근 들어 국가 또는 공공단체의 기관 상호 간의 권한분쟁이 꾸준히 증가하고 있으며 이론상 기관소송을 통해 해결할 수 있는 사안임에도, 입법의 불비로 인해 기관소송을 제기할 수 없는 경우가 상당히 많다는 점이다. 이러한 문제를 입법적으로 해결하기 위하여 대법원은 2006년 기관소송 법정주의를 일부 폐지하는 내용의 행정소송법 개정안($^{제65}_{조}$)을 입법의견 형태로 국회에 제출하였으나, 법개정에는 이르지 못하였다.

(3) 기관소송의 범위

1) 학설의 대립

기관소송의 범위와 관련하여, 학설은 ① 행정소송법 제3조 제4호를 문리해석하여 동일한 법주체 내부의 기관 간의 다툼만을 의미한다고 보는 견해(협의설)와 ② 상이한 법주체의 기관 간의 다툼도 포함된다고 보는 견해(광의설)로 대립하고 있다. 광의설은 국가기관과 공공단체($^{지방자치단}_{체를 포함}$)의 기관 상호 간과 국가와 공공단체 또는 공공단체 상호간 또는 서로 다른 공공단체($^{지방자치단}_{체를 포함}$)의 기관 상호 간의 다툼에서 의미가 있다. 협의설에 의하면 이러한 분쟁은 기관소송의 범위에서 제외되어 그 성격에 따라 항고소송 또는 당사자소송으로 볼 여지가 있다.

2) 사 견

국가는 원래 단일한 법인격주체로서 소송상 당사자능력을 인정받아 왔으나 공공단체의 당사자능력은 매우 제한적으로만 허용되어 왔으며, 국가와 공공단체와의 관계를 내부법관계로서의 행정조직법관계가 아닌 외부법관계로서 행정작용법관계로 일반화하는 추세는 대륙법 국가들에 있어서는 최근의 현상일 뿐이다. 중앙집권국가에서 지방자치단체는 국가의 행정기관일 뿐이며, 독립된 법인격주체로 볼 수 없다. 지방자치단체에게 행정권($^{pouvoir}_{exécutif}$)이 분권되어 권리·의무관계의 주체로서의 독립된 법인격이 주어진다 하더라도 당사자능력은 일반적으로 제한되어 왔다. 즉, 지방자치단체의 위법한 결정을 취소하기 위해서는 법원의 판결을 필요로 했던 영국법의 전통과는 달리 대륙법 국가에서는 일반적으로 국익의 통일성을 유지하기 위해 후견적 감독(사전승인권, 취소 : 철)이라고 하는 행정적 통제방법을 채택하여 왔다. 이러한 후견적 감독이 있을 경우, 지방자치단체에게는 원칙적으로 자신의 자치(autonomie)와 존재 및 사법상의 권리를 방어하기 위하여만 당사자능력이 부여된다. 각국은 점차 이와 같은 후견적 감독을 폐지하고 지방자치단체에 대한 사법적 감독방법을 채택하여 전면적인 당사자능력을 인정하는 추세이지만, 지방자치단체가 아닌 공공단체에 대한 후견적 감독은 여전히 존재한다.

그러나 우리나라의 경우 기관소송이 도입된 1984년 당시에는 지방분권화가 전혀 이루어지지 않은 중앙집권국가였으므로 지방자치단체는 당연히 행정소송법 제3조 제4호 국가기관에 포함되는 것으로 해석할 수밖에 없다. 더구나 현행 지방자치법에서는 행정적 통제방법인 후견적 감독을 인정하고 있으며(제188조,제189조), 지방자치단체 상호 간의 분쟁에 관하여 주관쟁의를 규정하고 있다(제165조). 주관쟁의의 당사자가 되는 지방자치단체의 지위는 행정기관일 뿐 완전한 당사자능력을 인정받은 독립된 법인격주체로 보기 어렵다.241) 이러한 점을 고려해볼 때 지방자치단체를 포함한 공공단체가 비록 법인격을 획득하였다고 하더라도 특별한 법률의 근거하에서만 소송의 당사자가 되므로 국가와 공공단체 또는 공공단체 상호 간의 관계를 전면적인 외부 법관계로 보기는 어렵다.

따라서 개념상으로는 기관소송의 범위를 동일한 법주체에 속하는 기관 간의 다툼으로 한정하지 않고 상이한 법주체의 기관 간의 다툼도 포함된다고 해석하여, ① 국가기관 상호 간, ② 공공단체의 기관 상호 간 또는 공공단체 간 ③ 국가기관과 공공단체의 기관 상호 간 또는 국가와 공공단체 간을 모두 포함한다고 보는 것이 기관소송의 제도적 취지에도 부합한다. 물론 실정법상의 규정에 의하여 기관소송에서 제외할 수는 있다.

(4) 권한쟁의심판과의 관계

1) 권한쟁의심판의 대상과 성격

기관소송은 행정소송의 한 유형으로서 행정부의 기관 상호 간의 소송을 의미하며, 이는 행정작용을 대상으로 한다. 이에 비해 권한쟁의심판은 헌법재판의 한 유형

---

241) 이광윤(신행정법론, 199면).

으로서 이는 정치작용을 하는 의회 및 헌법기관들 상호 간의 재판을 의미한다.

헌법재판소법 제2조의 규정에 의하여 헌법재판소의 관장사항으로 되는 소송은 기관소송에서 제외된다(행정소송법 제3조 제4호 단서). 이는 1988년 헌법재판소가 창설되고 권한쟁의심판을 관할함에 따라 기관소송과 권한쟁의심판 사이의 충돌을 막기 위해 1988년 개정 행정소송법에 삽입되었다.

헌법재판소법 제2조 제4호는 "국가기관 상호 간, 국가기관과 지방자치단체 간 및 지방자치단체 상호 간의 권한쟁의에 관한 심판"을 헌법재판소의 관장사항으로 규정하고 있다. 따라서 국가기관 상호 간, 국가기관과 지방자치단체 간 및 지방자치단체 상호 간에 권한의 유무 또는 범위에 관하여 다툼이 있을 때에는 해당 국가기관 또는 지방자치단체는 헌법재판소에 권한쟁의심판을 청구할 수 있다(헌법재판소법 제61조 제1항). 권한쟁의심판은 헌법재판으로서, 법률의 규정에 의하여 제한적으로 인정되는 기관소송과는 달리 피청구인의 처분 또는 부작위가 헌법 또는 법률에 의하여 부여받은 청구인의 권한을 침해하였거나 침해할 현저한 위험이 있는 경우에는 언제나 심판의 청구가 가능하다(제2항).

우리나라의 공법적 전통은 국가 또는 지방자치단체가 주관적 권리를 향유하는 것이 아니라 객관적 법질서에 의한 국가기능을 수행한다고 보고 있기 때문에, 여기서 침해되는 것은 능력으로서의 권한(compé-tence)이지 이익으로서의 주관적 권리(droit subjectif)로 볼 수는 없다. 즉, 권한쟁의심판은 이익의 분쟁이 아닌 권한의 분쟁으로서 객관적인 법질서의 유지를 목적으로 하는 객관적 쟁송이라는 점에서 기관소송과 성격을 같이 한다.

2) 권한쟁의심판의 문제점

국가기관과 지방자치단체 간 및 지방자치단체 상호 간의 권한쟁의는 헌법적 분쟁이 아닌 법률적 분쟁으로 행정소송에 의하여 해결되어야 함에도 이를 헌법재판소의 관할로 정하고 있는 것은 연방제 국가에서 국가기관과 주(州) 간 또는 각 주(州) 상호 간의 권한분쟁을 권한쟁의에 포함시킨 것을 잘못 수용한 것으로 이론적으로 문제가 있다. 우리나라는 프랑스와 같은 단일국가로서 지방자치단체는 법률에 의하여 국가로부터 형식적 의미의 행정권만을 분권받은데 불과하다. 헌법분쟁이 되려면 헌법상 국가기관, 즉 지방에 있어서는 행정·입법·사법권을 모두 가지고 있는 연방국가에서의 주(州)나 행정권 및 지역입법권을 가지고 있는 지역국가에서의 지역 간의 분쟁, 연방과 주(州) 또는 국가와 지역 간의 분쟁이어야 한다.

그러나 우리나라 헌법 제117조 제2항은 "지방자치단체의 종류는 법률로 정한다."고 규정하여 지방자치단체의 창설 자체가 법률적 사항으로 되어 있어 지방자치단체는 헌법상 기관이 아니다. 또한, 헌법 제117조 제1항은 자치입법권의 범위를 "법령의 범위 안"으로 한정하여 종속명령보다 하위의 효력을 인정하고 있는바, 이는 행정재판의 대상에 불과하다. 즉, 자치입법의 경우 법률과의 관계에서 법률에 반하여 무효인지 여부의 문제가 생길 뿐 국회와 지방자치단체(지방의회) 사이에 헌법적 차원의 권한분쟁이 생길 여지가 없다.

따라서 국가기관과 지방자치단체 간 및 지방자치단체 상호 간의 분쟁은 권한쟁의심판이 아닌 기관소송의 대상으로 보아야 한다.

(5) 기관소송의 예

현행법상 인정되는 기관소송으로는 ① 지방의회의 재의결에 대한 지방자치단체의 장의 소송($_{\text{조, 제192조}}^{\text{지방자치법 제120}}$), ② 교육·학예에 관한 시·도의회의 재의결에 대한 교육감의 소송($_{\text{한 법률 제28조}}^{\text{지방교육자치에 관}}$), ③ 주무부장관이나 상급 지방자치단체의 장의 감독처분인 취소·정지처분에 대한 이의소송($_{\text{자치사무에 한함}}^{\text{지방자치법 제188조,}}$), ④ 주무부장관이나 상급 지방자치단체의 장의 위임사무에 대한 감독처분인 직무이행명령에 대한 이의소송($_{\text{제189조}}^{\text{지방자치법}}$)이 있다.

이 중에서 ③의 경우 동일한 법인격 내부의 소송이 아니라는 이유로 기관소송이 아닌 항고소송으로 보아야 한다는 견해가 있다. 그러나 우리나라 지방자치법 제188조에서 국가와 지방자치단체 또는 광역지방자치단체와 기초지방자치단체 간의 감독은 강력한 행정적 통제방법에 의존하고 있다. 즉, 국가사무의 경우 철저한 상하관계에 기초하여 행정적 감독만 인정하고 있으며, 자치사무에 있어서는 행정적 통제의 방법을 채택하는 한편 이에 대한 방어소송만 인정하고 있는데 불과하다. 이는 아직까지는 우리나라의 경우 국가와 지방자치단체 또는 광역지방자치단체와 기초지방자치단체 간의 감독관계를 법률에 의한 행정의 원리가 직접적으로 적용되는 처분을 발할 수 있는 외부관계로 보는 것이 아니라 행정조직의 '내부적 행위'로 본다는 것을 의미한다. 따라서 이를 항고소송으로 볼 수는 없다.

Ⅲ. 준용규정

1. 취소소송에 관한 규정

민중소송 또는 기관소송으로서 처분등의 취소를 구하는 소송에는 그 성질에 반하지 아니하는 한 취소소송에 관한 규정을 준용한다(제46조 제1항).

2. 무효등확인소송 또는 부작위위법확인소송에 관한 규정

민중소송 또는 기관소송으로서 처분등의 효력 유무 또는 존재 여부나 부작위의 위법의 확인을 구하는 소송에는 그 성질에 반하지 아니하는 한 각각 무효등확인소송 또는 부작위위법확인소송에 관한 규정을 준용한다(제46조 제2항).

3. 당사자소송에 관한 규정

민중소송 또는 기관소송으로서 행정소송법 제46조 제1항 및 제2항에 규정된 소송 외의 소송에는 그 성질에 반하지 아니하는 한 당사자소송에 관한 규정을 준용한다(제46조 제3항).

판례색인

사항색인

저자 약력

이 광 윤
....

성균관대학교 법과대학 법학과 졸업
성균관대학교 대학원 법학과 법학석사
파리 제 XII 대학 법학박사
성균관대학교 법과대학 조교수, 부교수, 교수
성균관대학교 비교법연구소장, 법과대학장 역임
한국공법학회 학술장려상 수상
파리 제 XII 대학 초빙교수(교수 1등급 3호봉)
워싱턴 대학 법학전문대학원 객원연구원
휴스턴 대학 법학전문대학원 객원연구원
토론토 대학 법학전문대학원 객원연구원
파리 제 I 대학 초빙교수(교수 1등급 3호봉)
사법시험·행정고시·입법고시·외무고시·변리사시험 등 시험위원
유럽헌법학회 회장, 한국환경법학회 회장, 한국행정법학회 회장 역임
현재 성균관대학교 법학전문대학원 명예교수

김 철 우
....

성균관대학교 법과대학 법학과 졸업(2004~2009)
성균관대학교 대학원 법학과 법학석사
성균관대학교 대학원 법학과 법학박사
제49회 사법시험 합격(2007)
40기 사법연수원 수료
군법무관
경인 법무법인 변호사
법무법인(유한) 충정 변호사
현재 세명대학교 사회과학대학 법학과 부교수

일반행정법 [제3판]

2006년 3월 10일 초판 인쇄
2012년 6월 25일 전면개정판 발행
2024년 2월 25일 제3판 1쇄 발행

저 자 이 광 윤 · 김 철 우
발행인 배   효   선

발행처 도서
출판 **法 文 社**

주 소 10881 경기도 파주시 회동길 37-29
등 록 1957년 12월 12일 제2-76호(윤)
전 화 031-955-6500~6 팩 스 031-955-6525
E-mail (영업) bms@bobmunsa.co.kr
        (편집) edit66@bobmunsa.co.kr
홈페이지 http://www.bobmunsa.co.kr

조 판 광 진 사

정가 51,000원   ISBN 978-89-18-91478-7